중세 철학사

—아우구스티누스에서 스코투스까지—

F. 코플스톤 지음 / 박영도 옮김

서 광 사

이 책은 Frederick Copleston의
A History of Philosophy(전9권)의 제2권인
Mediaeval Philosophy: Augustine to Scotus
(Westminster, Maryland: The Newman Press, 1962)를
완역한 것이다.

중세철학사

F. 코플스톤 지음
박영도 옮김

펴낸이—김신혁, 이숙
펴낸곳—도서출판 서광사
출판등록일—1977. 6. 30.
출판등록번호—제 406-2006-000010호

(10881) 경기도 파주시 회동길 77-12 (문발동)
Tel: (031) 955-4331 / Fax: (031) 955-4336
E-mail: phil6161@chol.com
http://www.seokwangsa.co.kr / http://www.seokwangsa.kr

제1판 제1쇄 펴낸날 · 1988년 4월 20일
제1판 제12쇄 펴낸날 · 2020년 3월 10일

ISBN 978-89-306-0800-8 93160

옮긴이의 말

저자 코플스톤(Rev. Frederick Charles Copleston, 1907～)은 가톨릭의 신부(Priest)로서 예수회 회원(S. J.)이면서 영국 학사원 회원(F.B.A.)이다.

그는 영국 사머세트 주의 토톤에서 1907년 4월 10일에 태어나서 옥스퍼드의 말보로 대학과 세인트 존 대학에서 수학하고 철학 박사 학위를 획득한 뒤, 1939년～1970년에는 옥스퍼드의 헤이스로프 대학에서 철학사 교수, 1952년～1969년에는 해마다 한 학기 동안 로마의 그레고리아노 대학에서 형이상학 교수, 1970년～1974년에는 헤이스 로프 대학 학장, 1972년～1974년에는 런던대학 학부장, 1972년～1974년에는 런던 대학 철학사(개인 강좌) 교수, 1975년～1982년에는 미국 캘리포니아 상타 클라라 대학 객원 교수를 역임했으며, 1975년부터는 옥스퍼드의 세인트 존 대학의 명예 회원으로 있다.

그의 저서로는 《철학사》(*A History of Philosophy,* 전 9권, 1946～1975), 《니체》(*Nietzsche,* 1942), 《쇼펜하우어》(*Schopenhauer,* 1946), 《현대 철학》(*Contemporary Philosophy,* 1956), 《철학과 문화》(*Philosophies and Cultures,* 1980), 《종교와 일자》(*Religion and in Rusia,* 1982)와 《러시아의 철학》(*Philosophy in Russia,* 1986) 등이 있다.

이 《중세 철학사》는, 코플스톤이 옥스퍼드의 헤이스로프 대학의 철학사 교수로 있으면서 저술했던 그의 대저 《철학사》 9권 가운데서 중세 부분인 제 2권을 완역한 것이다.

코플스톤의 주저이면서 대표작인 《철학사》는 고대 그리스에서 현대에 이르는 서양의 철학 사상을 상세하게 서술한 것으로서, 외국에서는 물론 국내에서도 높이 평가되고 있다.

《중세 철학사》에서 코플스톤은, 중세 사상의 전개 경로를 밝히면서 특수한 문제에 대해서는 논쟁의 과정을 구체적으로 소개하고 논술하고 있으며, 이론(異論)에 대해서는 대체로 온건한 평가를 내리고 있다.

번역 과정에 있어서 이해를 돕기 위해 필요하다고 생각되는 부분은 *를 사용해서 옮긴이 주를 달았다. 라틴어 원문은 번역하여 〈 〉에 넣고, 필요하다고 생각되는 경우 이외에는 원어를 남기지 않았으며, 고유 명사 특히 인명은 가능한 한 라틴어로 표기하기로 했다.

이《중세 철학사》를 통해서 우리는 중세 철학이 참으로 철학적인 가치를 지니고 있고, 근세 철학이 중세 철학에 의해서 어떻게 규정되어 있는가를 알 수 있는 동시에 또한 20세기 초기까지 서구 사상계에 중세 철학과 중세 문화 일반에 관한 무지와 편견이 얼마나 만연되어 있었는가를 알 수 있을 것이다.

본래는《철학사》제 2권 중세 철학사 가운데 성 아우구스티누스와 성 토마스 아퀴나스의 부분만을 따로 번역할 예정이었으나 서광사의 요청에 의해서 완역하게 된 것이다.

출판의 어려움 가운데서도 분량이 많은 이 책의 출판을 쾌히 승락한 서광사 김신혁 사장님, 편집과 교정을 정성들여 도와주신 서광사편집부 여러분, 그리고 인명과 내용의 색인을 맡아 준 철학과 박정균 군에게 깊은 사의를 표한다.

1988년 1월
부산대학교 연구실에서
옮긴이

차 례

제 3 부 10, 11, 12 세기

제 4 부 이슬람교와 유태교의 철학 : 번역

제 5 부 13 세기

제 1 장
서　　론

1

8세기 후반의 카롤링거 르네상스(처음으로 두드러진 중세 철학자 요한네스 스코투스 에리우제나는 810년경에 태어났다)와 4세기말 사이에 형성된 철학 사상과 체계를 중세 철학으로 이해하여, 처음에는 이 철학사의 제 2권에서 중세의 시기 전체를 통한 철학의 발전을 고찰할 생각이었다. 그러나 깊이 생각한 후에 중세 철학을 두 권으로 나누어 설명하는 것이 좋으리라고 확신하게 되었다. 이 철학사의 제 1권이[1] 신(新)플라톤주의의 고찰로 끝남으로써 초기 그리스도교 저작가들의 철학 사상을 조금도 다루지 않았기 때문에, 이 책(제 2권)에서 그들의 사상에 대해서 약간 언급하는 것이 좋으리라고 생각되었다. 니사의 성 그레고리우스나 성 아우구스티누스와 같은 사람들은 로마 제국 시대에 속하고 그들의 철학적 계보가 매우 폭넓게 이해된 의미에서의 플라톤주의와 함께 하기 때문에 중세인이라고 불리워질 수 없음이 확실하지만, 그들이 그리스도교적 사상가들이었고 중세에 커다란 영향을 끼쳤다는 것 또한 사실이다. 성 아우구스티누스를 이해하지 않고는 성 안셀무스나 성 보나벤투라를 거의 이해하지 못할 것이며, 니사의 성 그레고리우스나 위디오니시우스의 사상을 알지 않고는 요한네스 에리우제나의 사상을 이해하지 못할 것이다. 그러므로 중세 철학사를 연대상 로마 제국 시대에 속하는 사상가들의 고찰에서 시작하는 데 대해서는

1) *A History of Philosophy,* 제 1권, Greece and Rome, Newman, 1946.

그다지 변명할 필요가 없다고 생각된다.

따라서 이 제 2 권은 초기 그리스도교 시대에서 시작하여 요한네스 둔스 스코투스(1265 년경~1308 년)를 포함하는 13 세기말까지의 중세 철학사를 언급하고 있다. 제 3 권에서는 르네상스의 철학, 15 세기와 16 세기의 철학, 그리고 비록 프란치스코 수아레즈(Francisco de Suárez)는 데카르트 탄생 21 년 후인 1671 년까지 살아 있기는 했지만 스콜라 사상의 '은시대'(Silver Age)의 철학까지도 포함하여 다루고자 한다. 이러한 배열은 임의에 의한 것처럼 보일지 모르며, 사실 어느 정도는 그러하다. 그러나 중세 철학과 근대 철학의 경계선을 분명하게 그을 수 있는지에 대해서는 매우 의심스럽다. 일반적인 분류 방법과는 달리, 데카르트를 후기 스콜라 철학자들에 함께 포함시키는 것도 하나의 좋은 사례라고 말할 수 있을 것이다. 그러나 나는 그러한 방법을 취할 생각은 없다. 만일 내가 다음의 제 3 권 안에 '근대'에 속하는 것이 적당하다고 생각되는 어떤 철학자들을 포함시킨다면 그 이유는 주로 편의상의 이유로서, 제 4 권에서 영국의 프란시스 베이컨과 프랑스의 데카르트에서 칸트까지 포함하는 주도적인 철학 체계들 사이의 상호 관련을 체계적으로 전개하기 위한 준비에 있다. 그러나 어떠한 분류 방법을 취하든간에 잊어서는 안 되는 것은, 철학 사상의 역사는 물샐 틈없는 배의 구획실처럼 완전히 구분되지는 않는다는 것과, 그 사상의 변천은 돌발적이 아니고 점진적이기 때문에 거기에는 서로 겹치는 부분과 서로 관련되는 부분이 있고, 따라서 잇따르는 체계들이 칼로 베듯이 서로 잘라지는 것은 아니라는 것이다.

2

중세 철학은 진지하게 연구될 만한 가치가 없는 것이라고 생각한 시대가 있었다. 즉 한때는 중세 철학이 신학과 사실상 구별될 수 없을 만큼 신학에 종속되어 있어서, 신학과 구별될 수 없는 한에서 그것은 실속없는 억지 이론이나 말장난에 불과한 것으로 당연히 생각되었던 것이다. 달리 말하면, 서구 철학에는 당연히 두 개의 주요한 시대밖에 없는 것으로 생각되고 있었다. 즉 사실상 플라톤과 아리스토텔레스의 철학을 의미하는 고대와, 교회의 권위가 최고의 세력을 떨치고 인간 이성은 무거운 족쇄로 속박되어 쓸모없고 환상적인 신학 연구에 틀어박

힐 수밖에 없었던 중세의 어두운 밤을 거친 뒤, 사변 이성이 다시 자유를 누리기 시작하여 드디어 데카르트와 같은 사상가가 이 족쇄를 풀어 이성을 자유롭게 했던 근대이다. 그리고 중세에 있어서의 철학은 노예였던 반면에, 고대와 근대에 있어서의 철학은 자유인으로 생각되었던 것이다.

중세 일반이 대체로 경멸을 받고 있었던 것과 같은 운명을 중세 철학도 당연히 함께 했다는 사실은 별문제로 하고, 중세 사상가들에 대한 경멸을 초래한 일부 요인은 확실히 베이컨이나 데카르트와 같은 사람들이 스콜라주의에 관해서 사용했던 말투였다. 아리스토텔레스주의자들이 아리스토텔레스적인 비판의 관점으로 플라톤주의자를 평가하기가 일쑤이듯이, 베이컨이나 데카르트에 의해서 분명하게 시작된 운동을 찬미하는 자들은 중세 철학을 이들 철학자의 눈으로 보기가 일쑤였던 것이다. 그러나 예컨대 프란시스 베이컨이 스콜라 학자들에 대해서 말해야 했던 것 가운데 많은 것은 정신을 희생시키고 문자를 존중했던 후기의 '쇠퇴한' 스콜라 학자들에게는 적용될지 모르나, 중세의 위대한 사상가들에게 적용되는 것은 부당하다는 것을 그들은 알아채지 못하고 있다. 처음부터 이러한 관점에서 중세 철학을 본다면, 역사가들이 중세 철학에 대해서 치밀하고 직접적인 지식을 얻기란 거의 기대할 수 없을 것이다. 말하자면 그들은 중세 사상이 지니고 있는 풍요한 다양성과 그 심오함을 알지도 못한 채, 그들을 보지도 듣지도 아니하고 중세 철학을 비난했던 것이다. 따라서 그들에게 있어서 중세 철학은 무엇이든 천편 일률적이며 무미 건조한 말장난이고, 또 신학자들에게 노예처럼 종속하는 것에 지나지 않았다. 그러나 비록 중세 철학자들이 신학이라는 외적인 요인의 영향을 받았다고 할지라도, 근대의 철학자들도 역시 신학과는 다른 요인이기는 하지만 어쨌든 외적인 요인들의 영향을 받고 있었다는 사실을 그들이 깨닫지 못했던 것은 그들이 충분히 비판적이 아니었기 때문이다. 가령 우리가 둔스 스코투스는 적어도 존 로크만큼 위대한 영국 철학자로 간주될 만하다고 지적할지라도, 이러한 대부분의 역사가들에게는 그것이 무의미한 제안으로 생각되었을 것이다. 또 한편 그들은 데이비드 흄의 명민성은 찬양하면서도 이 뛰어난 스코틀랜드 사람(흄)의 철학에 특별히 도움을 주었다고 일반적으로 생각되고 있는 비판주의의 많은 것을 이미 중세 후기의 약간의 철학자들이 앞서서 제공했다는 사실을 모르고 있었던 것이다.

그 사람 자체가 하나의 위대한 철학자였던 헤겔이 중세 철학과 중세 철학자들에 대해 취한 태도를 한 사례로 들어 두겠다. 철학의 역사에 대한 헤겔의 변증법적 관념은, 중세 철학이 철학 사상의 발전에 본질적인 도움을 주었다는 것을 시사하고 있으며, 또 헤겔 자신이 중세 철학의 단순한 통속적인 반대자가 아니었다는 데서 이는 하나의 흥미있는 사례이다. 그런데 헤겔은 중세 철학이 하나의 유익한 역할, 즉 그리스도교의 '절대적 내용'을 철학적인 용어로 표현하는 역할을 다했다는 것을 인정하고는 있지만, 그러나 그는 중세 철학은 하느님을 '외적'인 어떤 것으로 표현하는 신앙 내용의 형식적인 반복에 불과하다고 주장하고 있다. 그러나 만일 헤겔에 있어서의 신앙이 종교적인 의식 양식으로서의 철학적 또는 사변적인 입장, 즉 순수 이성의 입장에 비하여 확실히 열등하다는 것을 생각한다면, 그에게 있어서의 중세 철학은 단지 명목상의 철학에 지나지 않음이 분명하다. 따라서 그는 스콜라 철학은 실제로 신학이라고 주장하고 있다. 그렇다고 해서 헤겔이 하느님은 신학뿐만 아니라 철학의 대상도 아니라고 생각하는 것은 아니다. 말하자면 중세 철학은 철학 자체가 고찰하고 있는 것과 동일한 대상을 고찰하기는 하지만, 그러나 그것은 신학의 외적인 관계들(예컨대 자유로운 창조적 원인에 대한 외적인 결과라는 하느님과 세계의 관계)을 철학의 체계적, 학(學)적, 합리적, 필연적인 범주와의 관계로 바꾸는 대신에 한결같이 신학의 범주를 따라서 그 대상을 취급했다고 그는 생각하고 있다. 따라서 중세 철학은 내용상으로는 철학이지만 형식상으로는 신학으로서, 헤겔의 관점에서 볼 때 중세 철학의 역사는 지극히 단조로워서 사람들이 거기서 사상의 참다운 진보와 발전의 어떠한 단계를 알아보려고 했지만 결국 허사가 되곤 했다.

중세 철학에 대한 헤겔의 견해가 자기 자신의 독특한 체계, 즉 종교와 철학, 신앙과 이성, 직접성과 간접성의 관계에 대한 자신의 견해에 의존하고 있는 한 이 책에서 이를 논할 수는 없다. 하지만 중세 철학에 대한 헤겔의 취급이 중세 철학 사조에 대한 그의 얼마나 절실한 무지에서 비롯되어 있는가를 지적해 두고 싶다. 물론 헤겔주의자라면 중세 철학의 발전에 대한 참된 지식을 가질 수 있을 것이며, 더구나 헤겔주의자라면 이 점에 대한 헤겔의 일반적인 견해를 차용할 수도 있을 것이다. 그러나 헤겔 자신이 자신의 철학사 강의를 편집하여 출판하지는 않았다는 것을 고려할지라도, 헤겔이 중세 철학에 대한 참된 지식을 가지고 있지 않았다는 사실은 의심할 여지가 없다. 예컨대 로저 베이컨을 '신비주의'에 포함시키고, "로저 베이컨은 특히 물리학을 취급했으나 아무런 영향도 주지 않았다. 그는 화약, 거울, 망원경을 발명하고, 1297 년에 사망했다"는 것밖에는 말하고 있지 않는 저자에게 어떻게 중세 철학에 대한 참된 지식이 있다고 할 수 있겠는가? 헤겔이 중세 철학에 관한 정보들을 테네만(Tennemann)이나 브루커(Johann Jackob Brucker)와 같은 학자들로부터 얻은 것은 사실이지만, 중세 철학에 대한 최초의 가치있는 연구가 나왔던 것은 19 세기 중엽이었다.

헤겔의 예를 들었으나, 물론 이 철학자를 비난할 생각은 없다. 오히려 1880 년경부터의 현대 학자들의 업적에 의해서 중세 철학에 관한 우리들의 지식에 일대 변화가 일어났다는 것을 부각시키려고 한 것뿐이다. 헤겔과 같은 사람이 무의식적으로 범하는 오해는 어렵지 않게 이해되고 용서될 수 있으나, 보임커(C. Baeumker), 에르레(Franz Ehrle), 그라프만(Martin Grabmann), 모리스 드 울프(Maurice de Wulf), 펠스터(E. Pelster), 가이아(B. Geyer), 만도네(P. Mandonnet), 펠짜(A. Pelzer) 등과 같은 학자들의 업적이 나온 오늘에 와서는 이제 그러한 오해가 좀처럼 용서받지 못할 것이다. 여러 가지 원저의 출판과 이미 출판된 저서들의 교정판에 의해서 중세 철학이 백일하에 드러나고, 가라키의 프란치스코회 신부들에 의해서 출판된 훌륭한 간행물, 수많은 연구 논문집(*Beiträge zur Geschichte der Philosophie und Theologie des Mittelalters*)의 출판, 모리스 드 울프의 철학사와 같은 여러 철학사의 출판, 질송의 명쾌한 연구, 미국의 중세 학술원의 꾸준한 업적 등등을 지니고 있는 오늘에 와서는 중세 철학자들을 '천편 일률적'이라든가, 중세 철학에는 풍요성과 다양성이 없다든가, 중세 사상가들은 한결같이 수준이 낮고 업적이 빈약한 사람들이라고 생각할 수는 없을 것이다. 게다가 또 질송과 같은 학자는 우리가 중세 철학과 근대 철학의 연속성을 깨닫는 데 이바지했으며, 그는 또 데카르트 사상이 이전에 생각되었던 것보다는 얼마나 더 중세 사상에 의존하고 있었는가를 제시해 주었다. 여러 원문의 출판이나 해석에 관해서 아직도 해야 할 일들이 엄청나게 많이 남아 있으나(여기에서는 다만 오캄의 《명제집 주해》를 지적해 둘 필요가 있다), 현재로는 중세 철학의 사조와 발전, 유형과 구조, 흐름의 기복(起伏) 등을 개관할 수 있게 되었다.

3

중세 철학이 때때로 생각되어 왔던 것보다는 사실 더 풍부하고 더 다양했을지라도, 그것이 실제로 구별할 수 없을 만큼 신학과 밀접한 관계에 있었던 것 또한 사실이 아닐까? 예컨대 중세 철학자들의 대다수는 성직자들이나 신학자들로서 하나의 신학자나 심지어 호교가라는 정신 자세에서 철학 연구를 수행하고 있었다는 것이 사실이 아닐까?

우선 첫째로, 철학에 대한 신학의 관계 그 자체는 중세 사상에 있어서 하나의 중요한 주제였다는 것과, 여러 사상가들은 이 문제에 대해서 제각기 다른 태도를 취했다는 것을 지적해 둘 필요가 있다. 중세 초기의 사람들은 인간 이성으로 가능한 데까지 계시 내용을 이해하려는 노력에서 출발하여, 〈알기 위해서 믿는다〉(**Credo, ut intelligam**)라는 격률을 따라서 이성적인 논리를 신앙의 신비에 적용하여 그 신비를 이해하려고 했다. 이러한 방법으로 그들은 스콜라 신학의 기초를 쌓았던 것이다. 왜냐하면 계시의 내용이라는 의미에서의 신학적인 내용에 이성을 적용하는 것은 신학이며 또 신학으로 남기 때문이다. 즉 그것은 철학으로는 되지 않는다. 사실 어떤 사상가들은 이성에 의해서 신앙의 신비를 최대한 깊이 통찰하려고 한 나머지 얼핏 보기에는 헤겔 이전의 헤겔주의자로 불리울 수 있으리만큼 합리주의자로 보이는데, 그렇지만 이들을 근대적인 의미에서의 '합리주의자'로 본다는 것은 실로 하나의 시대 착오이다. 왜냐하면, 예컨대 성 안셀무스나 생 빅토르의 리카르두스(**Ricardus a St. Victore**)와 같은 사람들이 '필연적인 논거'에 의해서 삼위 일체의 신비를 증명하려고 했을 때, 그들은 그 교리의 어떤 변형을 묵인한다든지 하느님의 온전한 계시를 손상시킬 의도는 조금도 없었기 때문이다. (이 문제에 대해서는 이 책 후반부에서 다루겠다.) 여기까지 그들은 확실히 신학자로서 행위하고 있었다. 그러나 사실 그들이 철학과 신학의 영역에 명확한 경계를 설정하지 않았을지라도, 그들은 확실히 철학적인 주제를 추구하여 철학적인 논증을 전개했던 것이다. 예를 든다면 성 안셀무스는 우선 스콜라 신학의 창시자의 한 사람으로 중요하겠지만, 예컨대 하느님의 존재에 대한 합리적인 증명에 의해서 스콜라 철학의 성장에 이바지하기도 했던 것이다. 아벨라르두스(**Petrus Abaelardus**)를 무조건 철학자라고 부르고, 성 안셀무스를 무조건 신학자라고 부르는 것은 부적절하다고 하겠다. 어쨌든 13세기에는,

계시 내용을 전제로 하고 있는 신학과 계시에 적극적으로 의지하지는 않는 인간 이성의 활동인 철학(물론 이에 '자연 신학'으로 불리우는 것도 포함하여)이 성 토마스 아퀴나스에 의해서 명확하게 구별되었다. 그리고 동일한 13세기에 성 보나벤투라가 전일(全一)주의자로 불리워질 수 있는 견해, 즉 아우구스티누스적인 견해를 잘 알아서 단호하게 지지했던 것도 사실이다. 그러나 비록 이 프란치스코회의 박사가 하느님에 대한 순수 철학적인 인식은 바로 철학 자체의 불완전성으로 말미암아 온전하지 못하다고 믿고 있었을지라도, 그는 또한 이성만으로 알아낼 수 있는 철학적인 진리가 있다는 것은 잘 알고 있었다. 그러므로 성 보나벤투라와 성 토마스의 차이는 다음과 같이 이야기되어 왔다.[2)] 성 토마스는 만족스러운 철학 체계를 생각해 내는 일이 **원리적으로** 가능하며, 이 철학 체계가 가령 하느님에 대한 인식에 있어서는 불완전하나 결코 허위는 아니라고 주장한 반면에, 성 보나벤투라는 바로 이러한 불완전성 또는 불충분성이 사실을 왜곡하는 특성을 지니고 있기 때문에 참다운 자연 철학은 신앙의 빛없이도 가능하겠지만 참다운 형이상학은 불가능하다고 주장했다. 성 보나벤투라는, 만일 철학자가 하느님이 한 본성(일체) 안에 있는 세 위격(삼위)임을 동시에 알지 아니하고 하느님의 유일성을 이성에 의해서 증명하고 주장한다고 한다면, 그는 하느님의 유일성이 아닌 어떤 유일성을 하느님에게 돌리고 있다고 생각했던 것이다.

둘째로, 성 토마스가 철학에 '특권'을 주었을 때, 그는 더할 나위없이 신중했다. 피상적인 관찰자에게는, 성 토마스가 교의 신학과 철학의 명확한 구분을 주장했을 때 그는 단순히 형식주의적인 구별을 주장했을 뿐이며, 이 구별은 그의 사상에 아무런 영향도 끼치지 않았고 또 실제로 그는 그것을 그다지 중대하다고 생각하지 않았던 것으로 보일런지 모른다. 그러나 이러한 견해는, 다음의 예에서 알 수 있듯이 전혀 옳지 못하다. 계시는 시간 속에서의 세계의 창조, 즉 세계의 비(非)영원성을 가르치고 있다고 성 토마스는 믿고 있었지만, 그러나 그는 철학자 자신은 비록 세계가 창조자로서의 하느님에게 의존하고 있음을 증명할 수 있을지라도 그 세계가 영원으로부터 창조되었다든가 또는 시간 속에서 창조되었다는 것을 증명할 수는 없다는 것을 주장하여 이를

2) 이 대담한 주장은 질송에 의해서 제창되었으나, 어떤 수정이 요구된다. 이 책의 pp. 316~327 참조.

집요하게 논했던 것이다. 이러한 관점을 주장한다는 점에서 그는 예컨대 성 보나벤투라와는 일치하지 않았으나, 그가 바로 이러한 견해를 주장했다는 사실은 철학과 교의 신학이 지니는 영역의 이론적인 경계를 그가 실제로 신중하게 받아들였다는 것을 분명하게 보여주고 있다.

세째로, 만일 중세 철학이 신학에 지나지 않는다는 말이 실제로 사실이라고 한다면, 우리는 같은 신앙을 받아들이는 사상가들은 같은 철학을 받아들이고, 또는 그들 상호간의 차이는 계시 내용에 논리를 적용하는 방법의 차이로 그친다는 것을 당연히 알아야 할 것이다. 그러나 사실은 이와는 전혀 다르다. 성 보나벤투라, 성 토마스 아퀴나스, 둔스 스코투스, 에지디우스 로마누스, 그리고 매우 안심하고 말할 수 있는 윌리암 오컴도 같은 신앙을 받아들이고 있었다. 그러나 그들의 철학적인 사고는 결코 철두 철미하게 같은 것은 아니었다. 물론 그들의 철학이 신학의 여러 요구에 균등하게 일치하고 있는가 아닌가는 별문제이다.(윌리암 오컴의 철학이 이들 요구에 완전히 일치하고 있다고는 거의 생각될 수 없을 것이다.) 그러나 이 문제는 우리의 논점과는 관계가 없다. 왜냐하면 그들 모두가 정통파의 신학에 일치하든 아니하든, 이들 철학은 실제로 존재했고 또 같은 것이 아니었기 때문이다. 역사가는 중세 철학의 발전과 분화의 다양한 계보를 알아 낼 수 있으며, 만일 역사가가 그것을 알아 낼 수 있다고 한다면 중세 철학이라는 고유한 철학이 분명히 있음에 틀림없다. 왜냐하면 존재하지 않고서는 역사를 지닐 수 없기 때문이다.

이 책에서 철학과 신학의 관계에 대한 여러 가지의 견해를 고찰하지 않으면 안 되겠지만, 현재 이 문제에 대해서는 이 이상으로 장황하게 이야기하고 싶지 않다. 그러나 그리스도교 신앙이라는 공통적인 배경 때문에 중세 사상가들에 있어서 세계는 대체로 동일한 견지에서 해석되었다는 것을 처음부터 인정해 두는 편이 좋을 것으로 생각된다. 사상가가 신학과 철학의 영역에 대해서 명확한 구별을 주장했든 부정했든, 그 어느 경우에도 그들은 그리스도인으로서 세계를 고찰했고 또 그렇게 고찰하지 않을 수 없었던 것이다. 사상가가 자신의 철학적인 논의에 있어서 그리스도교의 계시에서 떠나는 일은 있을지라도, 그리스도교적인 사고 방식이나 신앙은 여전히 그의 정신의 배후에 존재하고 있었다. 하지만 그것은 그의 철학적 논의가 철학적인 논증이 아니라든가 또는 그의 이론적 증명이 합리적인 증명이 못 된다는 의미가 아니다. 말하자면 각각의 논증이나 증명을 어디까지나 그 장점이나 단점에 비추어 다루어야 할 것이며, 저자가 그리스도인이라는 이유로 그 논증이나 증명을 간단하게 그 이면에 숨어 있는 신학으로 처리해서는 안 될 것이다.

4

비록 중세 철학자의 대부분이 그리스도인이었으며 게다가 또 그 대부분이 신학자였을지라도 중세 철학이라는 고유한 철학이 실제로 존재했거나 또는 어쨌든 존재할 수 있었음을 지금까지 논해 온 이상, 끝으로 이 책(그리고 그 다음 책 — 원서의 제 3 권)의 목적과 주제를 다루는 방법에 대해서 말해 두고자 한다.

물론 나는 알려져 있는 모든 중세 철학자들의 알려진 모든 견해를 소개하려고 생각하고 있지는 않다. 달리 말하면, 이 철학사의 제 2 권과 제 3 권은 중세 철학의 백과 사전을 만들기 위해서 계획되어 있는 것이 아니다. 또 한편, 중세 철학의 단순한 개요나 일련의 인상을 말하는 것도 나의 의도가 아니다. 나는 중세 철학의 발전과 그 전개의 여러 가지 국면을 알기 쉽고 조리있게 설명하려고 애써 왔다. 그러기 위해서 많은 사상가들을 생략했고, 그 사상 내용을 보아서 특별히 중요하고 흥미있는 사상가들이나 철학의 어떤 특수 유형 또는 그 발전 단계를 나타내어 설명하는 사상가들을 선택하여 고찰의 대상으로 삼았다. 이들 사상가들 가운데 어떤 사람에 대해서는 그들의 견해를 어느 정도 상세하게 논함으로써 상당한 지면을 할애했다. 이러한 것이 어쩌면 전반적인 연관과 발전의 경로를 모호하게 할지 모르나, 위에서 말해 두었듯이 중세 철학의 단순한 개요를 말하는 것이 나의 의도는 아니다. 그리고 중세 사상의 풍부한 다양성을 명백하게 하기 위해서는 주도적인 철학 체계를 어느 정도 상세하게 다룰 수밖에 없을 것이다. 연관과 발전의 중요한 경로를 명백하게 하고 동시에 선택된 철학자들의 생각들을 어느 정도 상세하게 개진한다는 것은 확실히 쉬운 일이 아니다. 물론 내가 취급했거나 생략한 것 또는 제각기 할애했던 지면의 수가 누구에게나 이해되리라고는 생각할 수 없을 것이다. 숲만을 보고 나무를 보지 못하거나 나무만을 보고 숲을 보지 못하는 일은 매우 쉬우나, 그 양자를 동시에 분명히 보기란 여간 어려운 일이 아니다. 하지만 이는 시도해 볼 만한 일이라고 생각한다. 나는 주저하지 아니하고 성 보나벤투라, 성 토마스, 둔스 스코투스, 그리고 오컴의 철학에 상당한 지면을 할애하여 고찰하는 한편, 중세 철학의 전반적인 발전을 그 초기의 몸부림에서부터 빛나는 성숙기를 통해 말기의 쇠퇴에 이르기까지 밝혀 보려고 노력해 왔다.

'쇠퇴'에 대해서 언급한다면, 그것은 역사가로서가 아니라 철학자로서 말하고 있는 것이라고 반론될지도 모른다. 과연 그 말은 지당하겠지만, 그러나 중세 철학 안에 있는 명확한 유형을 알아 내려면 하나의 선택 원리를 지니지 않으면 안 되고, 그러한 한에서는 적어도 하나의 철학자가 아니면 안 된다. '쇠퇴'라는 말은 실은 평가적인 색채와 성질을 지니고 있으므로, 이러한 말을 사용하는 것은 역사가의 정당한 분야를 넘어서는 것이라고 생각해도 좋다. 아마도 어떤 의미에서는 그럴 것이다. 헤겔주의자이거나 마르크스주의자이든, 실증주의자이거나 칸트주의자이든 아무런 철학적인 입장도 없이 역사를 서술하지는 않는다. 그리고 만일 학설을 단순히 나열함으로써 철학의 역사를 이해하기 어렵게 만든다면, 실제로 필요한 어떤 입장을 취했다고 하여 어찌 토마스주의자만이 비난받아야 하겠는가?

그러므로 나는 '쇠퇴'라는 말을 글자 그대로의 쇠퇴로 생각한다. 왜냐하면 솔직하게 말하여, 중세 철학은 세 가지의 주요 단계로 분류된다고 생각되기 때문이다. 첫째는 12 세기까지와 12 세기를 포함하는 예비적 단계, 다음으로는 13 세기의 구성적 종합의 시기, 끝으로는 14 세기의 몰락해 가는 파괴적인 비판의 시기이다. 그러나 또 다른 관점에서 나는 주저하지 아니하고 당연히 다음의 것을 인정한다. 즉 이 세번째의 마지막 단계는 불가피한 단계로서, 긴 안목에서 본다면 그것은 스콜라 철학자들로 하여금 비판에 직면하여 자신들의 원리를 더욱 확고하게 전개하고 확립하며 또 게다가 그것을 뒤잇는 철학에 의해 제공될 필요가 있을지 모르는 적극적인 모든 가치를 이용하도록 격려한다는 이점도 있다고 생각된다. 관점에 따라서는, 고대 철학에 있어서 소피스트 시대(대체로 플라톤적인 의미에서 '소피스트'라는 말을 사용한다면)는, 특히 구성적인 사상을 쇠퇴시킨다는 그 특징에 의해서 바로 하나의 쇠퇴의 시기였으나, 그러함에도 불구하고 그것은 그리스 철학에 있어서 하나의 불가피한 단계였으며, 긴 안목에서 본다면 그것은 적극적인 가치를 가져온 시대라고 생각해도 좋을 것이다. 적어도 플라톤이나 아리스토텔레스의 사상의 가치를 인정하는 사람이라면, 소피스트의 활동과 비판을 철학에 있어서 하나의 순전한 불행으로만 볼 수는 없다.

그러므로 이 책(원서의 제 2 권)과 다음 책(원서의 제 3 권)의 전반적인 계획은 중세 철학 발전의 주요한 국면과 경로를 제시하는 일이다. 제일 먼저 교부 시대를 간단하게 다루고 나아가서 중세에 실제로 영향을 미쳤던 그리스도교 사상가들, 즉 보에시우스, 위디오니시우스, 특히 히포의 성 아우구스티누스를 언급하기로 한다. 이 책의 다소 서론적인 부분 다음에 본연적인 중세 사상의 예비적인 단계, 즉 카롤링거 르네상스, 여러 학파들의 확립, 보편 개념에 관한 논쟁과 점차 증대하는 변증론의 사용, 11 세기의 성 안셀무스의 적극적인 업적, 12 세기의 학파들, 특히 샤르트르 학파와 생 빅토르 학파의 순서로 언급한다. 그 다음에는 아라비아 철학과 유태 철학을 언급할 필요가 있다. 왜냐하면 이 책에서 취급하는 것은 본래 중세 그리스도교의 철학이기 때문에, 아라비아 철학과 유태 철학을 취급하는 것은 그 철학 자체를 위해서라기보다는, 오히려 아라비아인들과 유태인들이 아리스토텔레스의 체계가 서구 그리스도교 세계에 충분히 알려지게 된 하나의 중요한 경로였다는 사실 때문이다. 두번째의 단계는 13 세기의 위대한 종합의 단계, 특히 성 보나벤투라, 성 토마스 아퀴나스, 둔스 스코투스의 철학이다. 그 다음의 단계, 즉 14 세기의 단계는 새로운 방향들과 넓은 의미에서의 오컴주의 학파의 파괴적인 비판을 내용으로 하고 있다. 마지막으로는 중세에서 근대로 이행하는 시기에 속하는 사상을 취급해 두었다. 그러므로 이 철학사의 제 4 권에서부터 곧 일반적으로 '근대 철학'으로 불리우고 있는 것에 대한 고찰을 시작할 수 있을 것이다.

결론으로서 다음의 두 가지 점을 거론해 두는 것이 좋을 것이다. 첫째로 비록 문제의 사상가들이 자신들이 의미하고 있는 바를 모르고 있다 하더라도 과거의 사상가들의 사상을 자기 자신의 사상이나 현대 철학자들의 사상으로 대체해 놓은 것이 철학사가의 할 일이라고는 생각되지 않는다는 것이다. 플라톤이 상기설(想起說, the doctrine of reminiscence)을 말할 때 그는 신(新)칸트주의를 주장하고 있지는 않았다. 그리고 성 아우구스티누스가 〈내가 속는다면, 나는 존재한다〉(Si fallor, sum)고 말함으로써 사상에서 데카르트를 앞질러 있다고 할지라도, 아우구스티누스의 철학을 억지로 데카르트 철학의 틀에 끼워 넣으려는 것은 큰 잘못이라고 하겠다. 또 한편으로는, 근대와 현대의 철학자들에 의해서 제기되어 왔던 어떤 문제들은 비록 다른 배경에서이기는 하지만 중세에서도 제기되었다. 그리고 그 질문이나 해답의 유사성에 주의를 기울이는 것은 옳은 일이다. 또 한편, 근대와 현대의 어떤 철학자가 일으킨 여러 가지의 어려움에 어떤 중세 철학자가 자기 자신의 체계에 근거하여 대처할 수가 있겠는가를 묻는 일은 조금도 부당한 것이 아니다. 그러므로 근대 철학을 지나치게 참고하는 것은 피했지만, 필요에 따라서 근대 철학과 비교하고 또 근대 사상의 연구자에게 일어나기 쉬운 어려움에 대처할 수 있는 능력이 중세 철학의 체계에 있는가 없는가를 논하기로 했다. 그러나 지면을 고려해서뿐만이 아니라 역사적인 성격도 고려하여, 이러한 비교와 논의에 깊이 접어들지 않기로 했다.

둘째로 거론해 두어야 할 점은 다음과 같다. 주로 마르크스주의의 영향에 의해서 철학사가는 자신의 시대의 사회적 및 정치적인 배경을 주시하고 철학의 발전과 사상에 끼치는 사회적 및 정치적인 요인들의 영향을 마땅히 밝혀야 한다는 어떤 요구가 있다. 그러나 철학사의 기술을 적당한 범위에서 유지하기 위해서는 사회적 및 정치적인 사건이나 발전에 대해서가 아니라 철학 그 자체에 집중하지 않으면 안 된다는 사실은 별문제로 하고라도, 모든 철학 또는 철학의 모든 부분이 한결같이 사회적 및 정치적인 상황의 영향을 받고 있다고 생각하는 것은 터무니없는 일이다. 철학자의 정치 사상을 이해하기 위해서는 현실의 정치적인 배경에 대한 다소의 지식을 가지는 것이 분명 바람직스러운 것이지만, 그러나 본질과 존재의 관계에 대한 성 토마스의 학설이라든가 또는 존재 개념의 일의적(一義的)인 성격에 대한 스코투스의 학설을 논의하기 위해서는 정치적 및 경제적인 배경을 참조할 필요가 전혀 없다. 게다가 또 철학은 정치나 경제만이 아니라 다른 요인들의 영향도 받는다. 플라톤은 그리스의 수학의 진보로부터 영향을 받았다. 중세 철학은 신학과는 구별되지만 확실히 신학의 영향을 받고 있다. 물리학의 발전에 대한 고찰은 물리 세계에 대한 데카르트의 견해와 관계가 있다. 그리고 생물학이 베르그송에 끼친 영향은 절대적이었다. 이러한 예는 얼마든지 들 수 있다. 따라서 단지 경제나 정치 발전만을 강조하여 여타 학문들의 진보를 경제사에 의해서 궁극적으로 설명함으로써 마르크스주의적인 철학 이론을 진리로 나타내려는 것은 큰 잘못이라고 생각한다. 지면의 관계로 중세 철학의 정치·사회·경제적인 배경에 대해서 충분히 언급할 수 없었음은 별문제로 하고, 이른바 '관념적인 상부 구조'를 마땅히 경제적인 상황에서 해석해야 한다는 부당한 요구를 나는 일부러 무시해 왔던 것이다. 이 책은 중세라는 일정한 시대의 철학의 역사이며, 이는 중세의 정치사도 아니며 경제사도 아닌 것이다.

제 1 부

중세 이전의 학파들

제 2 장
교부시대

1. 그리스도교와 그리스 철학

그리스도교는 하나의 계시 종교(啓示宗敎)로서 세상에 나타났다. 즉 그리스도교는 추상적인 이론적 체계로서가 아니라 속죄, 구원, 사랑에 대한 가르침으로서 그리스도를 통해서 세상에 주어진 것이다. 그리고 그리스도가 자신의 사도들을 파견했던 것은 교수직을 차지하도록 하기 위해서가 아니라 설교하도록 하기 위해서였다. 그리스도교는 '길'(the Way), 즉 실제로 하느님에게로 걸어가야 할 길로서, 고대의 사상 체계나 학파에 더해진 또 하나의 철학 체계가 아니다. 사도들과 그들의 후계자들이 마음을 쏟았던 것은 하나의 철학 체계를 생각해 내는 일이 아니라 세상을 회개시키는 일이었다. 더우기 사도들의 선교가 유태인들을 대상으로 했던 한에서는, 그들은 철학적인 공격보다도 오히려 신학적인 공격에 마주치지 않을 수 없었다. 그러나 한편 유태인이 아닌 사람들에 관해서는, 아테네에서 행하였던 성 바울로의 유명한 설교의 말을 제외한다면 그들이 아카데믹한 의미에서의 그리스 철학자들과 대결했거나 접촉했는지 알 수가 없다.

그러나 그리스도교가 견고하게 뿌리를 내려 성장함에 따라서, 그것은 유태인들과 정치상의 권위자들만이 아니라 이교도의 지식 계급이나 학자들 사이에도 혐의와 적의를 불러일으키게 되었던 것이다. 그리스도교를 겨냥했던 숱한 공격에는 단순히 무지, 경솔한 믿음에서 비롯하는 혐의, 미지의 것에 대한 공포, 그리고 오전(誤傳) 등에 기인하는 것도 있었으나 이론적인 차원, 즉 철학적인 근거에서 가해진 공격도 있었다. 그래서 그리스도교는 이들 공격에 대처하지 않을 수 없었다. 이는 신학적인 논증만이 아니라 철학적인 논증도 사용할 수밖에 없었음을 의미하고 있다. 그러므로 초기 그리스도교의 호교가들과 교부들의 저서 가운데 철학적인 요소들이 있기는 하지만, 그러나 거기서 철학적인 체계를 구한다는 것은 분명 소용없는 일이라고 하겠다. 왜냐하면 이들의 관심사는 본래 신학적인 것, 즉 신앙을 옹호하는 일이었기 때문이다. 하지만 그리스도교가 보다 견고하게 확립되고 보다더 잘 알려지게 되며, 또 그리스도교의 학자들이 그 시대의 사상이나 학문을 발전시킬 수 있게 됨에 따라서 철학적인 요소가 더욱 강하게 드러나는 경향이 있었으며, 이교의 전문적인 철학자들의 공격에 대처하는 것이 문제가 되는 경우에는 특히 그러했던 것이다.

그리스도교 철학의 성장에 대한 호교론의 영향은 우선 그리스도교에 대한 외부로부터의 요인, 즉 적대적인 공격에 기인했음이 분명하다. 그러나 이 성장에는 외부로부터의 공격과는 관계없는 또 다른 내적인 원인도 있었다. 보다 지적인 그리스도인들은 자연히 가능한 한 많은 계시의 내용을 통찰하여 신앙의 관점에서 세계와 인생에 대한 하나의 포괄적인 견해를 형성하고 싶어했다. 이 두번째의 동기는 대체로 첫번째의 동기보다는 뒤에 오는 것이지만 어쨌든 하나의 체계를 형성하는 데 영향을 미쳤으며, 교부들에 관한 한에서는 성 아우구스티누스의 사상에 있어서 절정을 이루었던 것이다. 하지만 첫번째의 동기, 즉 신앙의 교리를 통찰하려는 욕구(〈알기 위해서 믿는다〉는 태도)*는 어떤 의미에서 처음부터 작용하고 있었다. 한편으로는 이해하여 올바르게 평가하려는 단순한 요구에서, 또 한편으로는 이교에 대항해서 교리를 보다 명확하게 정의하려는 필요에서 최초의 계시 내용이 더욱 명료하게 됨으로써, 함축되어 있었던 것이 명확하게 드러났다는 의미에서 '발전'되었던 것이다. 예컨대 그리스도인들은 처음부터 그리스도는 하느님이면서 동시에 인간이라는 것을 받아들이고 있었지만, 그러나 이 사실이 함축하고 있는 의미가 명확하게 되어, 가령 그리스도의 완전한 인성(人性)은 그리스도 자신이 인간적인 의지를 소유하고 있음을 의미한다는 신학적인 정의(定義) 가운데 두어졌던 것은 훨씬 뒤의 일이었다. 이러한 정의는 물론 신학적인 것인데, 함축적인 것으로부터 이러한 명시적인 것으로의 전개는 신학이라는 학문에 있어서 하나의 진보였지만, 그

*이는 안셀무스의 입장을 선수쓰고 있는 태도이다.

러나 그 논증과 정의의 과정에 있어서는 철학으로부터 빌어 온 개념들과 범주가 사용되고 있었던 것이다. 나아가서 그리스도인들은 출발점으로서의 그들 자신의 철학(즉 아카데믹한 의미에서의 철학)을 지니고 있지 않았기 때문에 당시의 지배적인 철학, 즉 플라톤주의에서 파생되었지만 다른 요소들에 의해 깊이 침투된 철학에 의지했던 것은 극히 당연한 일이었다. 따라서 대충 말한다면, 초기 그리스도교 저술가들의 철학적인 관념들은 그 성격상 플라톤적이거나 또는 신(新)플라톤주의적(스토아주의와 혼합된)이었고 그 플라톤적인 전통은 철학적인 관점에서 보면 오랫동안 그리스도교 사상을 계속 지배하고 있었다고 말해도 좋을 것이다. 하지만 그 경우, 그리스도교의 저술가들은 신학과 철학을 명확하게 구별하고 있지 않았다는 것을 유의하지 않으면 안 된다. 즉 그들은 오히려 그리스도교적인 예지 또는 넓은 의미에서의 '철학'을 제시하는 것을 목적으로 했으며, 이는 비록 엄밀한 의미에서의 철학적인 요소들을 내포하고 있기는 하지만 본래는 신학적인 것이었다. 철학사가의 할 일은 어쨌든 이러한 철학적인 요소들을 뽑아 내는 일이다. 말하자면 철학사가가 본래 교리 신학이나 성서 주해의 역사가가 아닌 이상, 그러한 철학사가에게 초기 그리스도교 사상의 완전한 모습을 제시할 것을 기대한다는 것은 〈다소〉 무리라고 하겠다.

한편으로 이교의 철학자들은 교회와 교회의 교리를 공격하는 경향이 있었던 반면에, 또 한편으로 그리스도교의 호교가들과 신학자들은 그들 자신의 목적에 부합된다고 생각될 경우에는 자신들을 반대하는 자들의 무기마저도 빌리는 경향이 있었으므로, 그리스도교의 저술가들이 고대의 철학을 그리스도교의 적이나 경쟁자로 보는가, 아니면 그것을 유용한 병기고나 보고(寶庫) 또는 심지어 그리스도교를 위한 섭리적 준비로 보는가에 따라서 그들이 고대 철학에 대해서 당연히 상이한 태도를 취했을 것으로 예상된다. 그러므로 테르툴리아누스(**Tertullianus**)가 이교의 철학을 이 세상의 어리석음과 거의 같은 것으로 보았던 반면에, 알렉산드리아의 클레멘스(**Clemens Alexandrinus**)는 철학을 하느님의 한 선물로, 즉 마치 유태인들의 교육 수단이 율법이었던 것과 같이 그것이 이교 세계를 그리스도로 이끄는 교육 수단이었다고 보았던 것이다. 그는 실은 이전에 유스티노스가 생각했듯이, 플라톤이 자신의 지식을 모세와 예언자들로부터 빌어 왔다(필론의 주장)고 생각했다. 그러나 필론(**Philon ho Alexandreus**)이 그리스 철학과 구약 성서를 조화시키려고 했던 것과 같이, 클레멘스는 그리스 철학과 그리스도교를 조화시키려고 했던 것이다. 결국 승리를 거두었던 것은 테르툴리아누스의 태도가 아니라 클레멘스의 태도였다. 왜냐하면 성 아우구스티누스는 그리스도교의 〈세계관〉을 제시할 때에 신플라톤주의적인 사고 방식을 풍부하게 사용했기 때문이다.

2. 그리스 호교가들 : 아리스티데스, 순교자 성 유스티노스, 타시아노스, 아테나고라스, 테오필로스

철학적인 요소들을 내포하고 있는 그리스도교 저술가들의 최초의 그룹이면서, 특히 이교의 공격에 대한 그리스도교 신앙의 옹호(또는 그리스도교가 이 세상에 존재할 권리가 있음을 제국의 권위자들에게 보여주는 일)에 관계했던 초기의 호교가들로서 아리스티데스, 유스티노스, 멜리토(Melito), 타시아노스, 아테나고라스, 안티오키아의 테오필로스와 같은 사람들을 열거할 수 있다. 이 책의 주제를 위한 준비로서만 덧붙여지는 교부 철학에 대한 극히 간단한 서술에서는 모든 호교가들을 다룰 수도 없고 그들 중 어떤 사람에 대해서 충분히 다룰 수도 없다. 나의 의도는 오히려 그들의 저서들에 내포되어 있는 철학적인 요소들을 지적하는 데 있다.

1. 아리스티데스 '아테네의 철학자'로 불리우는 마르치아누스 아리스티데스(Marcianus Aristides)는 한 권의 《호교론》(*Apology*)을 썼는데, 이는 140년경의 것으로서 황제 안토니누스 피우스에게 제출되었던 것이다.[1] 이 저서의 대부분은 그리스와 이집트의 이교신(異教神)에 대한 공격에 할당되어 있으며 그리스인들의 윤리에 대해서도 비판하고 있다. 그러나 시작하면서 아리스티데스는 "세계의 배열을 보고 경탄한다"고 말했는데, "세계와 세계 안에 있는 모든 것이 어떤 다른 추진력에 의해 움직여지고 있다"는 것을 이해하고, "움직이는 것은 움직여지는 것보다 더 강력하다"고 생각하여, 그는 세계를 움직이는 것은 "모든 것을 인간을 위해서 만든 만물의 하느님이다"고 결론짓고 있다. 그러므로 아리스티데스는 세계에 있어서의 설계와 질서에서 그리고 운동의 사실에서 매우 간결한 형식으로 논증을 도출하여 그 설계자와 원동자를 그리스도교의 하느님과 동일시하며, 나아가서 이에 영원, 완전, 무한, 예지, 선함 등의 속성들을 부여하고 있다. 이리하여 순수한 철

1) *Texts and Studies*, 제 1 권으로 출판된 판으로부터의 인용.

학적인 이유에서가 아니라 그리스도교를 옹호하려는 목적에서 매우 초보적인 하나의 자연 신학이 여기에 등장하고 있다.

2. 유스티노스 철학에 대한 더욱 뚜렷한 태도는 플라비우스 유스티노스(Flavius Justinos, 순교자 성 유스티노스)의 저서에서 볼 수 있다. 그는 100년경에 네아폴리스(나블루스)에서 이교도인 부모에게서 태어나서 그리스도교인이 되어 164년경에 로마에서 순교했다. 그는 자신의 저서 《트리폰과의 대화》(*Dialogue with Trypho*)에서, 비록 철학의 참다운 본질과 그 통일성이 그렇게 많은 철학 학파들의 존재로부터 분명한 만큼 대부분의 사람들에 의해서 그렇게 인정되지는 못했을지라도, 철학은 인간을 하느님에게로 이끌려는 의도로 고안된 극히 귀중한 하느님의 선물이라고 단언하고 있다.[2] 그 자신에 대해 말할 것 같으면, 그는 처음으로 교육을 받기 위해서 스토아 학파에 들어갔으나 하느님에 관한 그들의 이론에 불만을 품고서 페리파토스 학파로 갔는데, 결국 그들도 탐욕적인 사람들이라는 것이 판명되자 그들마저도 버리고 말았던 것이다.[3] 페리파토스 학파에서 탈퇴한 후, 그는 변함없는 꾸준한 열의를 가지고 명성있는 피타고라스 학파로 들어갔으나, 그의 스승이 될 사람이 보기에 그는 음악, 기하학, 천문학의 지식이 없어서 철학에는 맞지 않았다. 그는 그와 같은 지식들을 얻는 데 많은 시간을 보내기 싫어서 플라톤주의자가 되었고, 비물질적인 이데아설을 좋아한 나머지 하느님의 명확한 직관을 기대하기 시작했던 것이다. 유스티노스에 의하면 하느님의 직관이야말로 플라톤 철학의 목적이다.[4] 그러나 그 후 멀지 않아 그는 우연히 한 그리스도인을 만나게 되었고 그 사람은 그에게 이교 철학뿐만 아니라 플라톤 철학도 불충분하다는 것을 가르쳐 주었다.[5] 따라서 유스티노스는 이교 사상으로부터 교화된 개종자의 한 실례이며, 그는 자신의 개종을 하나의 과정으로 여겼기 때문에 그리스 철학에 대해서 단순히 부정적이고 적의있는 태도를 취할 수가 없었던 것이다.

《트리폰과의 대화》에서 플라톤주의와 관련해서 그가 한 말은, 그가 분명히 플라톤 철학에 대해서 지니고 있었던 존경을 보여주고 있다. 비록 하느님에 대한 확고하고 안전하며 틀림없는 인식, 즉 참다운 '철학'은 계시를 받아들임으로써만 얻어질 수 있다는 확신을 그가 가지게 되었을지라도, 그는 비물질적인 세계, 즉 본질을 초월한 존재에 관한 플라톤의 학설을 높이 평가하여 그 존재를 하느님과 동일시했던 것이다.

2) 2, 1. 3) 2, 3. 4) 2, 4~6. 5) 3, 1 이하.

그는 두 권의 《호교론》에서, 자신이 하느님을 '데미우르고스'(**Demiurgos**)로 표현하고 있을 때처럼 플라톤적인 용어를 자주 사용하고 있다.[6] 유스티노스가 플라톤주의적 또는 신플라톤주의적인 용어나 문구를 사용하는 경우, 그가 그 말들을 정확하게 플라톤적인 의미에서 이해하고 있었다고는 말하고 싶지 않다. 말하자면 그가 플라톤적인 말들을 사용했던 것은 오히려 그의 철학적인 훈련과 플라톤주의에 대한 그 자신의 공감의 결과이다. 따라서 그는 그리스도교의 교리와 플라톤의 가르침 사이의 유사성, 예컨대 사후의 상벌에 관한 주장의 유사성을 필요에 따라서는 주저하지 않고 지적하고 있으며,[7] 그리고 그가 소크라테스에 감탄하고 있었던 것은 분명하다. 소크라테스가 〈로고스〉에 힘입어 또는 〈로고스〉의 도구가 되어서 사람들을 거짓으로부터 진리로 애써 이끌려고 했을 때, 나쁜 사람들은 하느님을 섬기지 않는 무신론자라고 하여 그를 사형에 처했다. 그와 마찬가지로 강생된(**incarnate**) 로고스(말씀) 그 자체를 따르고 복종하면서 거짓된 신들을 비난했던 그리스도인들도 무신론자로 불리워졌던 것이다.[8] 달리 말하면, 진리를 섬기는 소크라테스의 일들이 그리스도의 완전한 사업을 위한 하나의 준비였듯이, 소크라테스의 유죄 선고는 이른바 그리스도와 그의 추종자들에 대한 유죄 선고의 한 예행 연습 또는 예시였던 것이다. 그리고 또 인간들의 행위는 스토아 학파가 생각했듯이 그렇게 운명에 의해 결정되어 있는 것이 아니며, 인간들은 자신들의 자유로운 선택에 따라서 선하게 또는 악하게 행위하고 있다. 그러나 소크라테스와 그와 같은 사람들이 박해를 받는 반면 에피쿠로스와 그와 같은 사람들이 존경을 받고 있는 것은 나쁜 악령이 작용하기 때문이다.[9]

그래서 유스티노스는 엄밀한 의미에서 신학과 철학을 분명하게 구별하지 않았다. 말하자면 오직 하나의 예지 즉 하나의 '철학'이 있는데, 이는 그리스도 안에서 그리스도를 통해서 계시된다. 그러나 이교 철학에 있어서의 최선의 요소, 특히 플라톤주의는 이를 위한 하나의 준비였던 것이다. 이교 철학자들이 과연 진리를 간파했다고 한다면, 그들은 〈로고스〉에 힘입어서 그렇게 했을 뿐이다. 하지만 그리스도야말로 강생한 로고스(말씀) 자체이다. 그리스 철학의 견해와 그리스도교에 대한 그리스 철학의 관계에 대한 견해는 후세의 저작자들에게 상당한 영향을 미쳤던 것이다.

6) 예를 들어 *Apol.*, I, 8, 2.

7) 같은 책, I, 8, 4

8) 같은 책, I, 5, 3 이하.

9) 같은 책, II, 6(7), 3.

3. 타시아노스 이레네우스에 의하면,[10] 타시아노스(Tatianos)는 유스티노스의 제자였다. 그는 시리아 출신으로서 그리스에서 문학과 철학 교육을 받고 그리스도인이 되었다. 타시아노스가 어떤 의미에서 순교자 유스티노스의 제자였다는 것을 의심할 하등의 이유가 없다. 그러나 그의 저서《그리스인들에게 고함》(*Address to the Greeks*)에서 볼 때, 그는 그리스 철학이 지니는 보다 정신적인 측면에 대한 유스티노스의 공감을 공유하고 있지 않았음이 분명하다. 타시아노스는, 우리는 하느님의 업적에서 하느님을 안다고 말하고 있다. 그는 하나의 로고스(말씀)의 설을 가지고 있으며, 영혼(ψυχή)과 심령(πνεῦμα)을 구별하고, 시간 안에서의 창조를 가르치고, 자유 의지를 강조하고 있다. 하지만 이 모든 것을 그는 성서와 그리스도교의 가르침에서 취했을 뿐이고, 비록 자기 자신은 그리스의 학문과 사상의 영향을 전적으로 받지 않을 수 없었지만 그 학문과 사상을 이용하는 일은 거의 없었다. 그는 실제로 극단적인 엄격주의로 기울어졌다. 그리고 성 이레네우스와 성 예로니무스의 말에서 볼 때,[11] 타시아노스는 유스티노스의 순교 후에 교회를 버리고 발렌티누스의 그노시스주의에 빠져들었고, 이어서 엔크라트파(금욕주의) 교단을 설립하여, 포도주를 마시거나 여성들이 장신구를 사용하는 것만이 아니라 심지어 결혼 그 자체도 부정이고 간통이라고 비난했다는 것을 알 수 있다.[12]

타시아노스는 확실히 피조물로부터 하느님의 존재를 증명해 내는 인간 정신의 능력을 인정하여, 신학을 전개함에 있어서 철학적인 개념과 범주를 사용했었다. 예컨대 하느님의 순일(純一)한 본질로부터 발출할 때의 그 로고스(말씀)는 인간의 말처럼 '공허하게 되는 것'이 아니라, 그 본질이 존속하여 하느님의 창조의 도구가 된다고 주장한다. 이리하여 그는 말씀의 발출을 설명하기 위해서 인간의 사고 양식과 언어 표현 양식의 유비를 사용하고 있다. 하지만 그는 창조설을 주장할 때 데미우르고스에 관한《티마이오스》(*Timaeus*)의 서술 내용을 생각나게 하는 말을 사용하고 있다. 그러나 그가 비록 이교 철학으로부터 취한 용어와 관념을 사용했을지라도, 그는 그것을 어떤 공감하는 기분에서가 아니라, 오히려 그리스 철학자들이 지녔던 진리는 무엇이든 성서에서 취해진 것이며 그들이 그것에 덧붙인 것은 무엇이든 오류이며 곡해에

10) *Against the Heresies*, I, 28.
11) 예를 들어 *Adv. Jovin.*, 1, 3; *Comm. in Amos.*
12) Iren., *Against the Heresies*, I, 28.

불과하다는 생각에서 사용했던 것이다. 예컨대 그는 스토아 학파는 섭리의 교리를 곡해하여 악마적인 숙명적 결정론으로 돌려 버렸다고 말하고 있다. 그리스 사상에 대해서 이다지도 적의를 나타내었고 이교적인 '궤변'과 그리스도교적인 예지를 그렇게 날카롭게 구별했던 한 저술가가 스스로 이단자로 끝나지 않으면 안 되었던 것은 참으로 역사적인 하나의 아이로니이다.

4. 아테나고라스 그리스인들에 대한 아테나고라스(Athenagoras)의 접근은 보다 재치있었고 순교자 유스티노스의 접근 방법과 일치하고 있었다. 그는 177년경에 《그리스도인들을 위한 변호론》(*Plea for the Christians*)을 써서 "아르메니아와 사르마시아의 정복자들이자 무엇보다 철학자들"인 마르쿠스 아우렐리우스와 콤모두스에게 바쳤다. 그는 이 책에서 그리스도교가 무신론, 야만적인 향연, 근친 상간을 가르친다는 세 가지 비난에 대해서 그리스도인들을 변호하고 있다. 그리고 첫째의 비난에 답하여, 그는 영원하고 신령한 유일신에 대한 그리스도교 신앙을 논리적으로 변호하고 있다. 그는 우선 여러 그리스 철학자들, 예컨대 필로라오스(Philolaos), 플라톤, 아리스토텔레스, 스토아 학파의 철학자들을 인용하고 있다. 그리고 그는 플라톤의 《티마이오스》를 인용하여, 거기서는 우주의 창조자이자 아버지인 자를 찾아보기가 어려우며, 비록 찾았다 하더라도 그를 모든 사람들에게 알릴 수는 없다고 주장했다. 그리고 그는 플라톤이 데미우르고스에 대해 말한다고 해서 무신론자로 불리우지는 않는데, 유일신을 믿는 그리스도인들이 어찌하여 무신론자라고 불리워야 하느냐고 반문하고 있다. 시인들과 철학자들은 신적인 충동에 감동되어 하느님을 찾으려고 했으며, 사람들은 그들의 말을 따르고 있다. 그렇다면 예언자들의 입을 통해서 말하고 있는 바로 그 하느님의 영(靈)에 귀를 기울이려고 하지 않는 것은 얼마나 어리석은 일이겠는가.

아테나고라스는 나아가서 신체를 지닌 수많은 신(神)들이란 있을 수 없다는 것과, 물질을 만드는 하느님은 물질을 초월하지 않으면 안 된다는 것(비록 그는 공간과의 관계를 떠나서는 하느님을 거의 생각하지 못할지라도), 그리고 소멸할 수 있는 것의 원인은 소멸할 수 없는 정신적인 것이 아닐 수 없다는 것을 제시하고 있으며, 그리고 그는 특히 플라톤의 증언에 호소하고 있다. 이리하여 그는 순교자 유스티노스와 같은 태도를 취하고 있다. 비록 그리스 철학자들이 진리의 어떤 것을 간파하기는 했을지라도, 그리스도교의 계시에 의해서만 충분하게 얻어지는 하나의 참다운 '철학' 또는 예지가 있는 것이다. 달리 말한다면 그리스의 사상가들이나 시인들에 대한 존경이야말로 마르쿠스 아우렐리우스와 같은 생각깊은 사람들로 하여금, 비록 신앙을 받아들이게 하지는 않을지라도 마땅히 그리스도교를 올바로 평가하고 존중하게 할 것이다. 그의 첫번째 목적은 신학적이고 호교적이었으나, 그는 그 목적을 추구하는 과정에서 철학적인 논제와 논증을 이용하고 있다. 가령 육체가 부활한다는 교리가 합리적임을 증명하려는 시도 가운데서, 그는 플라톤의 견해를 반대하여 신체는 하나의 온전한 인간에 속해 있어서 인간은 단순히 신체를 사용하는 하나의 영혼이 아니라는 자신의 확신을 분명히하고 있다.[13)]

5. 테오필로스 안티오키아의 테오필로스(Theophilos)는, 180 년경에 자신의 이교도 친구인 아우톨리쿠스를 위해서 쓴 그의 책《아우톨리쿠스에게》(*Ad Autolycum*)에서 이교도 지식인에 대해서 비슷한 태도를 취했다. 그는 하느님을 알고자 하는 사람에게는 도덕적인 청렴이 필요함을 강조하고 나서, 나아가서 하느님의 불가해성, 능력, 예지, 영원성, 불변성 등의 속성들에 대해서 언급하고 있다. 인간의 영혼 그 자체는 보이지 않을지라도 신체의 움직임을 통해서 지각되듯이, 하느님 그 자체는 보이지 않지만 그의 섭리나 업적을 통해서 지각된다. 그가 반드시 그리스 철학자들의 견해를 정확하게 들어서 말한 것은 아니지만, 그리고 비록 플라톤이 무(無)로부터의 창조를 가르치지 않았다는 점에서(테오필로스는 이 점을 분명히 확신한다), 그리고 결혼에 관한 가르침에서(테오필로스는 이에 대해 정확하게 소개하고 있지 않다) 잘못을 범했지만, 그러나 그는 플라톤을 분명히 존경하고 있었으며 플라톤을 "그리스 철학자들 가운에서도 가장 존경할 만한 철학자"[14)]로 생각했다.

3. 그노시스주의와 이에 반대하는 저술가들 : 성 이레네우스, 히폴리토스

지금까지 언급한 호교가들은 그리스어로 저술했는데, 주로 그리스도교를 공격하는 이교도들에게 답하는 일에 관계하고 있었다. 여기서는

13) *On the Resurrection.* 14) *Ad Autol.*, 3, 6.

그노시스주의에 대한 위대한 반대자 성 이레네우스에 대해서 간단하게 고찰하겠으나, 편의상 이에 히폴리토스를 추가하기로 한다. 이 양자는 다 그리스어로 저술했고 또 2세기에 번창했던 그노시스주의와 싸웠던 것이다. 더구나 히폴리토스의 저서는 보다 폭넓은 관심을 보이고 있으며, 사실 그리스의 철학과 철학자들을 풍부하게 인용하고 있다.

여기서는 그노시스주의에 관해서 다음과 같이 말하는 것으로 충분하다. 일반적으로 그노시스주의는 성서적·그리스도교적인 요소와 그리스적·동방적인 요소의 기이한 융합으로서, 〈지식〉(gnosis)으로 신앙을 대신한다고 공언하며, 일반적인 그리스도인들에 비하여 뛰어나다고 자부하는 사람들에게 하느님, 창조, 악의 기원, 구원에 관한 교설을 베풀었다. '그리스도교적인' 형태의 그노시스주의가 있기 전에 이미 유태적인 그노시스주의가 있었는데, 전자는 특히 그들이 그리스도교적인 주제를 빌어 온 한에서는 그리스도교의 한 이단으로 간주될 수 있다. 비록 그노시스주의가 2세기에 있어서 진정한 한 위기였고 그들이 '지식'으로 제공했던 기이한 영지적(靈知的)인 사색으로 그리스도인들을 유혹하고 매혹시켰다고 할지라도, 동방적·그리스적인 요소가 너무나 두드러져서 그것을 일반적 의미에서의 그리스도교의 한 이단이라고 부를 수는 없는 것이다. 사실 게린토스, 마르치온(Marcion), 오피트파, 바실리데스(Basilides), 발렌티누스(Valentinus) 등 수많은 그노시스 체계가 있었다. 우리는 마르치온이 파문을 당했던 한 그리스도인이었다는 것과 오피트파는 아마 알렉산드리아의 유태인 출신이었으리라는 것은 알고 있는 반면, 바실리데스와 발렌티누스(2세기)와 같은 유명한 그노시스주의자들에 관해서는 그들이 일찌기 그리스도인들이었다는 것을 알고 있지 못하다.

일반적으로 그노시스주의의 특징은 하느님과 물질의 이원론이며, 명확하지는 않지만 이는 후의 마니교적인 체계에 가까웠다. 하느님과 물질 사이에 생겨나는 넓은 간격은 그노시스주의자들에 의해서 일련의 유출 과정, 또는 그리스도 역시 그 가운데 위치하는 중재적인 존재자들로 메꾸어졌다. 그 유출 과정의 완성은 구제에 의해서 하느님으로 돌아가는 것이었다.

당연히 예상되듯이 마르치온의 체계에는 그리스도교적인 요소가 두드러져 있다. 구약 성서의 하느님, 즉 데미우르고스는 신약 성서의 하느님보다 하위이며, 신약 성서의 하느님은 예수 그리스도 안에서 자신이 계시되기까지는 알려지지 않았었다. 그러나 바실리데스와 발렌티누스의 체계에서는 그리스도교적인 요소가 그다지 중요하지 않다. 말하자면 그리스도는 신적이거나 반(半)신적인 유출의 환상적인 계열에 있어서의 한 하위 존재(aion)이고, 그의 사명은 단순히 구제를 위한 지식 또는 〈그노시스〉(영적인 지식)를 인간에게 전달하는 것이라고 묘사되고 있다. 물질은 악하므로, 이는 최고신(最高神)의 활동 결과일 수 없고, 유태인들에 의해서 숭배되었고 또 자신이 최고신이라고 자처했던 '위대한 아르콘'(great Archon)에서 비롯되고 있다. 그러므로 그노시스의 체계가 완전히 마니교적인 의미에서의 이원론적인 체계는 아니었다. 왜냐하면 데미우르고스가 구약 성서의 하느님과 동일시됨으로써 악에 대한 독립된 본래의 원리로는 되지 않았기(신플라톤주의적인 요소가 너무나 두드러져서 절대적인 이원론으로는 인정되지 않는다) 때문이다. 그리고 〈그노시스〉의 여러 체계에 있어서 공통적인 주요한 특징은 이원론적인 경향에 있다기보다는 오히려 〈그노시스〉를 구제를 위한 수단으로 강조한다는 데 있었다. 그리스도교적인 요소의 채용은, 그리스도교를 동화시켜 신앙을 〈그노시스〉로써 대체하려고 하는 데서 주로 기인하였다. 그노시스주의의 여러 체계가 지니는 특징들을 이 이상으로 언급하여 유출 과정의 여러 계열을 상세히 다루는 것은 번거롭고 무익한 일이다. 그 대략은, 그리스도교 자체와 근거 불확실한 위조 문헌에서 취해진 잡다한 그리스도교적인 요소들과 동방적·그리스적(예컨대 신피타고라스주의적·신플라톤주의적)인 주제와의 혼합이라고 지적하는 것으로 충분할 것이다. 오늘 우리에게 있어서는, 어떻게 그노시스주의가 그 당시의 교회에 있어서 하나의 위험이 될 수 있었고 또 건전한 정신에 대해 매혹적일 수 있었던가를 이해하기란 어려운 일이다. 그러나 철학적인 학파와 신비적인 종교가 어울려서 인간의 정신적인 요구를 충족시키려고 하고 있었을 시대에 그노시스주의가 생겨났다는 것을 기억하지 않으면 안 된다. 게다가 또 '동방의 예지'라는 거짓된 마력에 둘러싸여 있는 밀교적이고 영지적인 체계들은, 훨씬 후대에 있어서도 어떤 사람들에게 그 매력을 완전하게 잃는 일은 없었던 것이다.

1. 성 이레네우스 성 이레네우스(St. Irenaeus, 137년 또는 140년경에 태어남)는 그노시스주의자들에 반대하여 《이단 논박론》(*Adversus Haereses*)을 저술하고, 만물과 하늘과 땅의 창조자인 유일의 하느님이 있다고 주장하고 있다. 그는 예컨대 세계의 계획으로부터의 논증과 보편적인 동의에 기인하는 논증에 호소하여, 이교도들마저도 이성을 사용함으로써 피조물 그 자체로부터 창조자인 하느님의 실존을 깨닫고 있

었다고 말하고 있다.[15] 하느님은 세계를 필연적으로가 아니라 자유로이 창조했다.[16] 더구나 하느님은 세계를 무로부터 창조했으며, 마치 그노시스주의자들이 '아낙사고라스, 엠페도클레스, 플라톤'[17]에 의지한 것처럼 미리부터 존재하는 질료에서 세계를 창조했던 것은 아니다. 그러나 비록 인간 정신이 이성과 계시에 의해서 하느님을 알 수 있게 될지라도, 본래 그 본질이 인간 지성을 초월하여 있는 하느님을 완전히 파악할 수는 없다. 그노시스주의자들이 그런 것처럼, 하느님의 형언할 수 없는 신비를 아는 체하여 겸손된 믿음과 사랑을 무시해 버리는 것은 지나친 자만과 거만에 지나지 않는다. 영혼 재생설은 그릇된 것인 반면에, 계시된 도덕률은 자연법을 폐지하지 않고 충족시키고 확장한다. 결국 "사도들의 가르침은 참다운 〈그노시스〉이다."[18]

이레네우스에 의하면, 그노시스주의자들은 그들의 의견 대부분을 그리스 철학자들로부터 빌어 왔던 것이다. 그래서 그는 그노시스주의자들이 윤리학을 에피쿠로스와 키니코스 학파로부터 빌어 오고 재생설(doctrine of reincarnation)을 플라톤으로부터 빌어 온 것을 비난하고 있다. 그노시스주의자의 설을 그리스 철학에 연계시키려 하는 경향에 있어서 이레네우스의 뒤를 밀접하게 따랐던 사람이 히폴리토스이다.

2. 히폴리토스 히폴리토스(Hippolytos, 236년경에 사망한 것으로 추정됨)는, 포티오스에 의하면,[19] 이레네우스의 제자이며 그의 학설과 저서를 이용했음이 분명하다. 《철학 사상》(*Philosophumena,* 이 책은 이제 일반적으로 히폴리토스의 책으로 인정되고 있다)의 서문에서 그는, 그노시스주의자들(이들에 의해서 그리스 철학자들은 더욱 곤란하게 되었지만)의 여러 가지 견해가 어떻게 그리스 철학자들로부터 취해졌는가를 제시함으로써 그들의 표절 행위를 폭로할 의도 — 비록 그 의도는 오직 불충분하게만 충족되었지만 — 를 밝히고 있다. 그리고 그는 이 일을 쉽게 하기 위해서 우선 철학자들의 여러 견해를 열거하고 있으나, 그의 설명은 비록 그 전부는 아닐지라도 주로 테오프라스토스(Theophrastos)의 학설집에 의거하고 있다. 하지만 그의 설명이 반드시 정확한 것은 아니다. 그가 그리스인들에 대해 주로 가하는 비난은, 그들은 우아한 문장으로 피조물의 여러 부분들을 찬미하고는 있었지만, 그러나 자신의 예지와 예견에 따라서 모든 것을 무로부터 만든 만물의 창조자에 대해서는 모르고 있었다는 것이다.

15) 2, 9, 1. 16) 2, 1, 1 ; 2, 5, 3. 17) 2, 14, 4.
18) 4, 33, 8. 19) *Bibl.* cod. 121.

4. 라틴 호교가들 : 미누치우스 펠릭스, 테르툴리아누스, 아르노비우스, 락탄시우스

지금까지의 저작자들은 그리스어로 저술했으나, 미누치우스 펠릭스, 테르툴리아누스, 아르노비우스, 락탄시우스 등의 라틴 호교가들 그룹도 있었다. 그 가운데서도 가장 중요한 인물이 테르툴리아누스이다.

1. 미누치우스 펠릭스 미누치우스 펠릭스(Minucius Felix)가 저술한 시기가 테르툴리아누스보다 앞인지 뒤인지는 확실하지 않으나, 어쨌든 그의 저서 《옥타비우스》(*Octavius*)에서 보듯이, 그리스 철학에 대한 그의 태도는 테르툴리아누스보다 더욱 호의적이었다. 하느님의 실존은 자연의 질서와 그리고 유기체 특히 인체가 지니고 있는 목적성에서 확실하게 감지될 수 있고, 하느님의 유일성은 우주 질서의 단일성에서 추론될 수 있다고 논하면서 그는 그리스 철학자들도 이러한 진리를 인정하고 있었다고 주장했다. 아리스토텔레스는 하나인 하느님을 인정했고, 스토아 학파에는 하느님의 섭리설이 있었는가 하면, 플라톤은 《티마이오스》에서 우주의 창조자 하느님 아버지에 대해서는 거의 그리스도교적인 용어로 말하고 있다.

2. 테르툴리아누스 그러나 테르툴리아누스(Tertullianus)는 그리스 철학에 대해서 다소 달리 말하고 있다. 그는 160년경 이교도 부모에게서 태어나서 법률을 전공하고(로마에서 변호사 개업을 했다) 또 그리스도인이 되었으나, 결국 엄격하고 극단적인 청교도 기질(Puritanism)의 한 형태인 몬타누스파 이단에 빠지고 말았다. 그는 라틴어로 저술한 최초의 뛰어난 그리스도교 저술가였으며, 그의 저서에서는 이교와 이교적 학문에 대한 경멸이 분명하게 엿보인다. 그리스인의 제자이며 오류의 친구인 철학자와, 천국의 학도이며 오류의 원수이며 진리의 친구인 그리스도인이 무엇을 공통적으로 지니고 있을까?[20] 누구든 그리스도를 떠나서는 하느님을 알 수 없고 성령을 떠나서는 그리스도를 알 수 없기 때문에, 소크라테스의 지혜도 충분한 것이 아니다. 더구나 소크라테스는 자기 스스로 말하고 있듯이 다이모니온의 인도를 받고 있지 않았는가![21] 플라톤에 관해서 말한다면, 그는 우주의 창조자인 하느님 아버지를 깨닫기란 어렵다고 말했으나, 한편 극히 소박한 그리스도인마저도 이미 하느님을 찾아내었던 것이다.[22] 게다가 또 발렌티노

20) *Apol.*, 46. 21) *De Anima*, 1. 22) *Apol.*, 46.

스가 플라톤주의자들로부터, 마르치온이 스토아 학파로부터 그 견해를 빌어 왔다는 점에서 그들 그리스 철학자들은 이단의 개조(창시자)[23]인데, 그러나 그 자신들은 사상들을 구약 성서에서 빌어 와서는 그것을 왜곡하여 자기 자신들의 생각이라고 주장하고 있었다.[24]

그러나 테르툴리아누스 자신이 그리스도교의 예지와 그리스 철학을 대조시키고 있었음에도 불구하고, 그 자신은 철학적인 주제를 발전시켜 스토아 학파의 영향을 받고 있었던 것이다. 하느님의 실존은 하느님의 업적에서 확실하게 알려지고[25] 또 하느님은 창조된 것이 아니라는 데서 하느님의 완전성은 논증될 수 있다(창조된 것만이 불완전하다)는 것을 그는 주장하고 있다.[26] 하지만 그는 하느님까지 포함하여 모든 것이 몸을 지니며 유형적이라는 놀라운 주장을 하고 있다. "존재하는 모든 것은 자기 나름대로의 유형한 존재이다. 비존재 이외의 모든 것은 유형의 존재를 지니고 있다."[27] "비록 '하느님은 하나의 정신'일지라도, 하느님이 하나의 〈유형적인〉 실체라는 것을 누가 부정하겠는가?" 왜냐하면 정신은 자기 고유의 종류와 형태에 따른 하나의 유형적인 실체를 지니고 있기 때문이다.[28] 이러한 서술로부터 많은 학자들은, 테르툴리아누스가 유물론적인 학설을 주장하여 마치 스토아파가 하느님을 물질적인 것으로 생각했듯이 하느님을 실제로 물질적인 존재로 생각했다고 결론지었던 것이다. 그러나 테르툴리아누스에 있어서 '유형체'(**body**)라는 말은 흔히 단지 실체(**substance**)만을 의미하고 있어서, 그가 유형성(**materiality**)을 하느님의 속성으로 말할 때 그는 단지 하느님에게 실체성을 부여하고 있는 데 지나지 않는다고 지적한 학자도 있었다. 이 설명에 의하면, 테르툴리아누스가 하느님은 자기 나름의 한 〈유형체〉(**corpus sui generis**)이며, 〈유형체〉(**corpus**)이면서 동시에 〈정신〉(**spiritus**)이라고 말하는 경우, 그는 하느님이 하나의 정신적인 실체라는 의미로 말하고 있다고 하겠다. 즉 그의 말의 용법은 틀렸을지 모르나, 그의 생각은 받아들여질 수 있을 것이다. 확실히 우리가 이 설명을 불가능한 것으로 배척할 권리는 없지만, 영혼은 괴로워할 수 있으므로 하나의 유형적인 실체일 수밖에 없다고 인간의 영혼에 대해서 테르툴리아누스가 말하고 있는 것은 사실이다.[29] 하지만 그는 영혼의 본성에 관해서는 그다지 분명하게 말하고 있지 않다. 그리고 《호교론》(*Apology*)

---

23) *De Anima,* 3.
24) *Apol.,* 47.
25) *De Resurrect.,* 2～3
26) *Herm.,* 28.
27) *De Carne Christi,* 11.
28) *Adv. Prax.,* 7.
29) *De Anima,* 7 ; 8 참조.

에서[30] 그는 사악한 사람들의 신체도 부활하는 이유로서, "영혼은 단단한 실체, 즉 육체가 없이는 고통을 당할 수가 없다"는 것을 들어 말하고 있다. 그러므로 비록 테르툴리아누스의 말에서는 가끔 꽤 조잡한 유물론 사상이 풍기고 있을지라도, 그가 말하고자 하는 의미는 그의 말이 때때로 보여주고 있는 그러한 것이 아니었을지도 모른다는 것이 가장 적절할 것이다. 유아의 영혼은 마치 일종의 싹처럼[31] 아버지의 정자(精子)로부터 파생된다고 그가 말하고 있을 때, 그것은 분명히 그가 유물론적인 설을 주장하고 있는 것으로 보일지 모른다. 그러나 이 '영혼출생설'(traducianism)은 한편 원죄의 전승을 설명하기 위한 하나의 신학적인 근거를 위해서 채용되었던 것이다. 그리고 동일한 관점을 취한 후대의 학자들 가운데는, 이 학설이 유물론적인 의미를 지니고 있음을 분명히 알지 못하고서 위와 같은 신학적인 이유에서 그 학설을 채용했던 사람도 있었다. 물론 이러한 것이 테르툴리아누스가 하나의 유물론자가 아니었다는 것을 보여주는 것은 아니지만, 그러나 적어도 그의 일반적인 생각이 그가 사용했던 말과 언제나 일치해 있다는 확신을 가지기까지는 어쨌든 간단하게 잘라 말할 수는 없을 것이다. 의지의 자유와 영혼의 본성적인 불멸성에 대한 그의 학설은, 논리적인 관점에서 볼 때 순수한 유물론과는 거의 일치하지 않을 것이다. 하지만 그가 유물론자임을 딱 잘라서 부정해도 좋다는 것은 아닐 것이다. 왜냐하면 그는, 그 자신이 영혼의 속성이라고 생각했던 것들 가운데 어떤 것은 온전한 유물론적인 입장과 양립할 수 없다는 것을 깨닫지 못하고 유물론적인 학설을 주장했을지도 모르기 때문이다.

그리스도교 사상에 대한 테르툴리아누스의 위대한 공헌 가운데 하나는, 라틴어로써 신학의 용어를 그리고 어느 정도로는 철학의 용어를 개발한 사실이다. 〈페르소나〉(persona)라는 말의 전문적인 사용은 그의 저서에서 처음으로 발견되고 있다. 하느님의 신격(神格)은 〈페르소나들〉로서 구별되어 있으나, 그들은 서로 달리 나누어져 있는 〈실체〉들이 아니다.[32] 말씀에 대한 그의 교설에서[33] 그는 분명히 스토아 학파들, 즉 제논(Zenon ho Kyprios)과 클레안테스(Cleanthes)에 의거해 있다.[34] 하지만 테르툴리아누스의 신학적인 발전에 대해서, 그리고 그가 정통인가 비정통인가에 대해서는 여기서 언급할 필요가 없다.

3. 아르노비우스 아르노비우스(Arnobius)는 그의 책 《이방인 반

30) 48.
31) 19 참조.
32) *Adv. Prax.*, 12.
33) *Sermo, Ratio.*
34) *Apol.*, 21.

박론》(*Adversus Gentes*, 303 년경)에서 영혼에 관해서 몇 가지 기묘한 고찰을 하고 있다. 그는 플라톤의 영혼 선재설(靈魂先在說)에 반대하여 창조설(creationism)을 주장하고 있기는 하지만, 창조하는 작용자를 하느님보다 하위의 존재로 보고 있다. 그리고 그는 영혼의 불멸성이 **무상**(無償)으로 베풀어진 성격이라고 주장하여 영혼의 본성적인 불멸성을 부정하고 있다. 그 동기 중 하나는 분명히, 그리스도인이 되어 도덕적인 생활을 하기 위한 하나의 논증으로서 이 불멸성의 무상으로 베풀어진 성격을 사용하는 데 있었다. 또 그는 플라톤의 상기설(想起說)과 싸우는 한편, 하느님이 지니고 있는 관념들을 제외한 우리의 모든 관념들은 경험에 그 기원을 두고 있다고 주장하고 있다. 그는 어린 시절에 고독, 침묵, 그리고 무지 가운데서 자라난 한 아이를 상정하여 그 아이는 결국 아무것도 모를 것이라고 말하고 있다. 말하자면 그 아이는 '상기'에 의해서는 어떠한 지식도 지니지 않을 것이다. 플라톤이 자신의 설을 옹호하기 위해 《메논》(*Menon*)에서 행한 증명은 설득력이 없는 것이다.[35]

4. 락탄시우스 락탄시우스(Lactantius, 250 년경~325 년경)는 모든 형태의 영혼 출생설에 반대하여, 영혼의 기원은 하느님의 직접적인 창조에 있다는 것을 자신의 저서 《하느님의 업적에 관하여》(*De opificio Dei*)에서[36] 분명하게 주장했다.

5. 알렉산드리아의 교리 문답 학파 : 클레멘스, 오리제네스

성 이레네우스와 히폴리토스가 공격했던 대로 그노시스주의는 그리스도교와 적당히 결합되어 있다는 점에서 하나의 이단적인 사색의 체계 또는 더 정확하게는 일련의 체계였으며, 이는 동방의 그리스도교적인 요소에다 그리스 사상의 요소들을 융합하고 있는 것이다. 그 결과, 이단의 온상으로 생각되는 그노시스주의와 그리스 철학의 연관성을 과장했던 그리스도교 저작자들의 편에서는 그리스 철학에 대한 결정적인 반대를 야기시키게 되었으며, 또 한편으로는 비이단적인 '그노시스', 즉 그리스도교의 신학적·철학적인 체계를 수립하려는 노력에 공헌하게 되었던 것이다. 이러한 노력은 알렉산드리아의 교리 문답 학파가 지니고 있었던 특징이었는데, 그 학파에서 가장 유명한 사람은 클레멘스와

35) 2, 20 이하. 36) 19.

오리제네스 두 사람이다.

1. 클레멘스 티투스 플라비우스 클레멘스(Titus Flavius Clemens, 알렉산드리아의 클레멘스)는 150년경에 아테네에서 태어나서, 202년 또는 203년에 알렉산드리아에 와서 219년경에 거기서 사망했다. 그는 후에 〈알기 위해서 믿는다〉(Credo, ut intelligam)라는 정식으로 요약되었던 태도에 힘입어서, 거짓된 〈그노시스〉에 대립된 것으로서의 참다운 〈그노시스〉에 있는 그리스도교적인 예지에 대해 체계적인 설명을 전개하려고 애썼다. 그 과정에서 그는 순교자 유스티노스가 그리스 철학자들을 취급했던 정신을 따랐으며, 그 철학자들의 저서를 하나의 어리석고 잘못된 견해로서가 아니라 오히려 그리스도교를 위한 하나의 준비, 즉 계시 종교를 위한 그리스 세계의 한 교육으로 보았던 것이다. 하느님의 로고스(말씀)는 언제나 영혼(인간)들을 조명하고 있었던 것이다. 말하자면 유태인들은 모세와 예언자들의 가르침을 받고 있었던 반면에 그리스인들은 자신들의 현인들 즉 철학자들을 지니고 있었으므로, 그리스인들에 있어서의 철학은 마치 유태인들에게 있어서의 율법과 같은 것이었다.[37] 클레멘스는 유스티노스를 따르면서, 그리스인들이 구약성서에서 빌어 와서는 그것들을 여러 가지의 동기에서 왜곡했다고 생각했던 것은 사실이지만, 그러나 그는 그(하느님의) 로고스(말씀)의 빛이 그리스 철학자들로 하여금 많은 진리를 얻을 수 있게 했다는 것과, 비록 플라톤이 모든 철학자들 가운데서 가장 위대할지라도 철학은 실제로 단순한 한 그리스 학파의 특권이 아니라, 정도의 차이는 있지만 각이한 학파들 가운데 나타나 있는 일련의 진리라는 것을 굳게 확신하고 있었다.[38]

하지만 철학은 단순히 그리스도교를 위한 하나의 준비였을 뿐만 아니라, 그리스도교를 이해하는 데 있어서 하나의 보조 수단이기도 하다. 사실 단순히 믿기만 하고 이해하려고 노력하지 않는 사람은 어른에 비하여 어린 아이와 같은 것이다. 비록 학문, 사색, 추론이 계시와 조화되지 않으면 진리일 수 없지만 명목적인 신앙, 즉 단지 수동적으로 받아들여지는 신앙은 이상적인 신앙이 아니다. 달리 말하면 알렉산드리아의 클레멘스는 최초의 그리스도교 학자로서, 그리스도교를 철학과의 관계에서 보고 신학의 체계화와 그 전개에 있어서 사변적인 이성을 사용하려고 했던 것이다. 말하자면 그가 하느님에 대한 실제적인 **긍정적** 인식을 모두 배척하고 있음을 주목하는 것은 흥미로운 일이다. 이를테

37) *Strom.*, 1, 5.　　38) *Paedagogus*, 3, 11.

면 사람들은 사실 무엇무엇이 하느님의 속성이 아닌가에 대해서만 알고 있다. 예를 들어 하느님은 유(類)도 아니고 종(種)도 아니라는 것, 즉 하느님은 우리가 경험해 왔거나 상상할 수 있는 여하한 것도 초월해 있다는 것만을 알고 있다는 것이다. 우리가 완전성을 하느님의 속성이라고 단정하는 것은 정당하나, 동시에 우리가 하느님에게 적용하고 있는 모든 명사(名辭)는 부적당하며, 따라서 어떤 의미에서 그것은 적용될 수 없는 것임을 명심하지 않으면 안 된다. 따라서 플라톤이 《국가》(*Republic*)에서 선과 관련해 언급한 어떤 말들과 필론에 근거하여 클레멘스는 신비가들에게 매우 소중한 〈부정의 길〉(via negativa)을 주장했다. 이는 위디오니시우스의 저서에서 고전적인 표현이 되었다.

2. 오리제네스 알렉산드리아의 교리 문답 학파의 가장 중요한 교사인 오리제네스(Origenes)는 185 년 내지 186 년에 태어났다. 그는 그리스 철학자들의 저서를 연구하였고, 플로티노스의 스승인 아모니오스 사카스(Ammonios Sakkas)의 강의를 들었다고 전해지고 있다. 그의 몇 가지 학설과 서품(그는 마태오 복음 19 장 12 절을 문자 그대로 해석한 탓으로 자신을 고자로 만들었음에도 불구하고 팔레스티나에서 주교들에 의해 사제로 서품되었다고 전해지고 있다)에 반대하여 종교 회의(231 년과 232 년)가 진행되었기 때문에, 그는 알렉산드리아 학파의 지도자의 위치를 포기하지 않으면 안 되었다. 그 뒤 그는 팔레스티나의 체사레아에 한 학파를 설립했는데, 성 그레고리우스 타우마투르구스(St. Gregorius Thaumaturgus)는 그 당시 그의 제자들 가운데 한 사람이었다. 그는 254 년 내지 255 년에 사망했는데, 그의 죽음은 데치우스 황제의 박해에서 그가 견뎌야만 했던 고문의 결과였다.

오리제네스는 니케아 공의회 이전의 그리스도교 저술가들 가운데서 저작과 학식이 가장 풍부한 사람이었다. 그가 정통적인 그리스도인이 되어 그렇게 존속하고자 하는 의향을 지니고 있었음을 의심할 수는 없으나, 플라톤의 철학과 그리스도교를 조화시키려는 욕망과 성서를 우화적으로 해석하려는 정열로 인해 그는 몇 가지의 이단적인 견해를 갖기에 이르렀던 것이다. 그는 플라톤주의 또는 오히려 신플라톤주의의 영향하에서, 순전히 정신적인 단일(*μονάς*) 또는 일자(*ἑνάς*)이며[39] 진리와 이성 또는 존재와 본질을 초월하는 하느님(이교도 철학자 첼소스에 반대하는 자신의 저서에서,[40] 그는 플라톤의 정신을 따라 〈하느님은 이성과 존재를 넘어서 있는 것〉이라고 말하고 있다)은 세계를 영원으

39) *De principiis*, 1, 1, 6.

40) 같은 책, 7, 38.

로부터 그리고 하느님의 본성의 필연성에 의해서 창조했다고 주장했다. 선(善)인 하느님은 결코 '활동하지 않고' 있을 수 없었다. 왜냐하면 선은 언제나 자신을 전달하고 자신을 전파하는 경향을 지니고 있기 때문이다. 게다가 또 만일 하느님이 세계를 시간 속에서 창조했다고 한다면, 즉 만일 세계가 존재하기 이전에 이미 '시간'이 있었다고 한다면 하느님의 불변성은 손상될 것이며, 이는 있을 수 없는 일이다.[41] 이 두 가지의 이유는 신플라톤주의에 의존하여 파악되어졌다. 하느님은 과연 물질의 창조자이며 따라서 엄밀하게 그리스도교적인 의미에서의 창조주이기는 하지만,[42] 그러나 무수한 세계가 있고 이들은 잇달아서 생겨나며 모든 것이 서로 다르다.[43] 악은 결핍으로서 적극적인 것이 아니므로, 하느님을 악의 창시자라고 비난할 수는 없다.[44] 로고스 또는 말씀은 창조의 범형(範型), 이데아들의 이데아(ἰδέα ἰδεῶν)[45]이므로, 만물은 로고스에 의해서 창조되고 로고스는 하느님과 피조물의 중개자로서 작용하고 있다.[46] 하느님 안에서의 최후의 발출이 성령이고 이 성령 바로 아래에 창조된 신령체들이 있는데, 이들은 성령의 힘을 통해서 성자와 결합하여 들어 올려져서 하느님의 아들들이 되고 결국에는 성부인 하느님의 생명에 참여한다.[47]

영혼들은 하느님에 의해서 그 성질이 서로 완전히 유사하게 창조되었으나, 전생에 있어서의 죄로 인하여 그들은 육체를 입게 되었다. 따라서 영혼들 사이의 질적인 차이는 이 세상에 오기 이전의 그들의 행위 때문이다. 영혼들은 지상에서 의지의 자유를 누리고 있으나, 그들의 행동은 단순히 자신들의 자유로운 선택에 의할 뿐만 아니라 하느님의 은총에 의하기도 한다. 이 은총은 영혼이 신체와 결합하기 이전의 상태에서 행한 행위에 따라서 각자에게 할당되어 있다. 그러함에도 불구하고 모든 영혼, 심지어 악령과 악마까지도 정화의 고통을 통해서 마침내 하느님과의 일치에 이르게 된다. 이는 만물 복귀설(επανόρθωσις, ἀποκατάστασις πάντων)인데, 이에 의하면 만물은 자신들의 궁극적인 근원으로 되돌아가며 또한 하느님은 모든 것 가운데 있는 모든 것이 된다.[48] 물론 이는 지옥에 관한 정통적인 교리를 부정하는 것이다.

오리제네스의 사상에 관한 위의 얼마되지 않는 언급에 의해서도, 그

41) 같은 책, 1, 2, 10 ; 3, 4, 3.
42) 같은 책, 2, 1, 4.
43) 같은 책, 3, 5, 3 ; 2, 3, 4~5.
44) *In Joann.*, 2, 7.
45) *Contra Celsum,* 6, 64.
46) *De principiis,* 2, 6, 1.
47) 같은 책, 6, 1~3.
48) 같은 책, 3, 6, 1 이하 ; 1, 6, 3 참조.

가 그리스도교의 교리와 플라톤적·신플라톤적 철학의 융합을 시도했음이 명백할 것이다. 비록 신성(神性) 가운데서이기는 하지만, 삼위 일체에 있어서의 성자와 성령은 플라톤적·신플라톤주의적 유출설의 영향을 가리킨다고 이야기되고 있다. '이데아들의 이데아'로서의 로고스설과 영원하고 필연적인 창조설은 그 연원을 같이하고 있는 반면에, 영혼의 선재설은 플라톤적인 것이다. 물론 오리제네스가 채용한 철학적인 관념들은 그에 의해서 그리스도교적인 배경과 테두리 안으로 통합되었기 때문에, 그는 바로 그리스도교의 최초의 위대한 체계적인 사상가로 생각되어도 좋을 것이다. 그러나 비록 그가 철학적인 관념들을 자기 나름대로 해석한 성서의 구절과 결부시켰을지라도, 그리스 사상에 열중했던 나머지 그는 때때로 비정통적인 생각을 지니기도 했던 것이다.

6. 그리스 교부들 : 성 바실리오스, 에우세비오스, 니사의 성 그레고리우스

4세기와 5세기의 그리스 교부들은 주로 신학적인 문제를 다루었다. 373년에 사망한 성 아타나시우스(St. Athanasius)는 아리우스파의 강력한 반대자였으며, 신학자로 알려지고 390년에 사망했던 나치안츠의 성 그레고리우스(St. Gregorius Nazianzenus)는 삼위 일체의 신학과 그리스도론 신학에 관한 저서로 특히 주목할 만하다. 성 요안네스 크리소스토모스(Joannes Chrysostomos, 406년 사망)는 교회의 가장 위대한 웅변가 가운데 한 사람으로서, 그리고 성서에 관한 그의 저술로 유명하다. 삼위 일체와 (그리스도의) 위격적 결합 등의 교의를 취급함에 있어서 교부들은 물론 철학적인 용어와 표현을 사용했지만, 그러나 그들이 신학에 합리적인 사고를 적용했다고 하여 그들이 엄밀한 의미에서의 철학자가 되는 것은 아니다. 여기서는 그들의 설명을 생략하지 않을 수 없으나, 다음의 사실만은 지적해 두겠다. 성 바실리오스(St. Basilios, 375년 사망)는 나치안츠의 성 그레고리우스와 함께 아테네의 학원에서 배웠고, 《청년을 위해서》(*Ad Adolescentes*)에서 그는 비도덕적인 부분을 생략하기는 했으나 그리스의 시인, 웅변가, 역사가, 그리고 철학자에 대한 연구를 권하고 있다. 말하자면 그리스의 문학과 학문이 교육상 유익한 것이기는 하지만, 그러나 도덕 교육은 문학이나 철학의 교육보다도 더욱 중요하다. (성 바실리오스 자신은 동물에 대한 서술에서 그 대부분을 분명히 아리스토텔레스의 그에 관한 저서에 의존하고 있다.)

여기서 그리스 교부들의 신학적인 사색에 대해서 고찰할 수는 없지만, 그러나 이 시기의 뛰어난 두 인물, 역사가 에우세비오스와 니사의 성 그레고리우스에 대해서는 약간 언급해 두지 않을 수 없다.

1. 에우세비오스 체사레아의 에우세비오스(Eusebios)는 265년경 팔레스티나에서 태어나서 313년 자신의 태생지인 체사레아의 주교가 되고, 339년 내지 340년에 그곳에서 사망했다. 위대한 교회사가로 잘 알려져 있는 그는, 자신의 그리스도교 호교론으로도 중요하다. 그리고 그를 호교가의 차원에서 다루는 것은 그리스 철학에 대한 그의 태도 때문이다. 왜냐하면 비록 그 자신이 그리스 철학자들의 오류와 많은 철학파들간의 모순을 충분히 알아채고 있었을지라도, 그는 대체로 그리스 철학, 특히 플라톤주의를 그리스도교를 위한 이교 세계의 준비로 보고 있었기 때문이다. 때로는 심하게 말하는 경우도 있으나, 그리스 철학에 대한 그의 태도는 대체로 공감적이며 그 진가를 인정하고 있는데, 이러한 태도는 15권으로 이루어진 《복음의 준비》(*Praeparatio evangelica*)에서 특히 명백하게 나타나 있다. 에우세비오스가 그리스도교에 대한 포르피리오스(Porphyrios)의 공격에 대해서 답하여 저술한 25권의 저서가 남아 있지 않은 것은 매우 유감스러운 일이다. 왜냐하면 플로티노스의 제자이며 뛰어난 그 신플라톤주의자에 대한 그의 대답은, 틀림없이 그의 철학적인 사고를 적지 않게 밝혀 줄 것으로 생각되기 때문이다. 그러나 《복음의 준비》는 에우세비오스가 순교자 유스티노스, 알렉산드리아의 클레멘스, 그리고 오리제네스의 일반적인 사고에 동조했다는 것만이 아니라 그가 그리스어의 문헌을 폭넓게 읽고 있었다는 것도 충분히 보여주고 있다. 사실 그는 학식이 매우 풍부한 사람이었으며, 그리고 그의 저서는 저서가 상실되고만 사상가들의 철학을 알 수 있는 자료의 하나이다.

선행자들에 대한 에우세비오스 자신의 태도를 말한다면, 그는 특히 플라톤의 진가를 알고 있다고 생각해도 좋을 것이다. 사실 그는 《복음의 준비》에서 세 권(제 11권~제 13권)을 플라톤주의에 할애하고 있다. 클레멘스는 플라톤을 그리스어로 저술하고 있는 모세라고 말했으며, 그리고 에우세비오스는 클레멘스에 동의하여 플라톤과 모세는 일치하고 있어서[49] 플라톤을 구원 섭리의 한 예언자라고 불러도 좋다고[50] 생각했다. 클레멘스와 오리제네스처럼, 그리고 또 필론처럼 에우세비오

49) 11, 28. 50) 13, 13.

스는 플라톤이 밝히고 있는 진리를 구약 성서에서 빌어 온 것이라고 생각했으며,[51] 그러면서 동시에 플라톤이 자기 단독으로 진리를 발견했거나 또는 하느님의 조명을 받았을 가능성도 적극적으로 인정하고 있다.[52] 어쨌든 플라톤은 자신의 신관(神觀)에 있어서 히브리인들의 성전(聖典)과 일치하고 있을 뿐만 아니라, 자신의 서간에서는 삼위 일체의 관념을 암시하고도 있다. 이 점에서 에우세비오스는 물론 신플라톤주의적인 의미에서 플라톤을 해석하여 일자 또는 선, 〈누우스〉(Nous) 또는 정신, 그리고 세계 영혼이라는 세 원리를 언급하고 있다.[53] 그 이데아들은 하느님의 이데아들, 로고스의 이데아들, 창조의 범형들이며, 그리고 《티마이오스》에 있어서의 창조에 대한 묘사는 창세기에 묘사되어 있는 것과 비슷하다.[54] 그리고 또 플라톤의 영혼 불멸론은 성서와 일치하고 있는 반면에,[55] 《파이드로스》(*Phaedrus*)의 윤리관은 에우세비오스에게 성 바울로를 연상시키고 있다.[56] 심지어 플라톤의 정치 이념은 유태인의 신정 정치에 실현되어 있다.[57]

그럼에도 불구하고, 플라톤이 이러한 진리를 주장함에 있어서 오류가 없지 않았다는 것 역시 사실이다.[58] 플라톤의 신론(神論)과 창조설은 자신의 유출설에 의해서, 그리고 물질의 영원성을 받아들임으로써 더럽혀지고, 그의 영혼론과 영혼 불멸설은 자신의 영혼 선재설과 영혼 재생설에 의해서 손상되어 있다. 그러므로 플라톤은 비록 그가 하나의 '예언자'였을지라도, 그 이상의 것은 못되었던 것이다. 즉 그는 약속된 진리의 나라에 접근하기는 했으나, 자기 자신이 그 나라에 들어가지는 않았다. 이를테면 그리스도교만이 진정한 철학인 것이다. 게다가 또 플라톤의 철학은 매우 지적이어서 대중은 알아 보지 못하는 고상한 것이었던 반면에, 그리스도교는 만인을 위한 것이어서 남녀·빈부·지식 유무를 막론하고 모든 사람이 '철학자'가 될 수 있다.

플라톤에 대한 에우세비오스의 해석을 여기서 논하는 것은 적당하지 않다. 대부분의 그리스 그리스도교 저술가들과 마찬가지로 그가 그리스 철학자들 가운데서 플라톤에게 영예를 돌리고 있다는 것과, 또 초기의 모든 그리스도교 저술가들과 마찬가지로 그가 엄밀한 의미에서의 신학과 철학을 실제로는 구별하지 않고 있다는 것을 지적하는 것으로 충분하다. 그리스도교에서만 온전하게 찾아지는 하나의 예지가 있다.

---

51) 10, 1 ; 10, 8 ; 10, 14.
52) 11, 8. 53) 11, 16 ; 11, 20. 54) 11, 23 ; 11, 29 ; 11, 31.
55) 11, 27. 56) 12, 27. 57) 13, 12 ; 12, 16. 58) 13, 19.

그리스 사상가들은 그들이 그리스도교를 예상하고 있는 한에서만 참다운 철학 또는 예지에 이르게 되었던 것이다. 그러한 참다운 철학을 재촉했던 사람들 가운데서 플라톤이 가장 뛰어나 있기는 하지만, 그러나 그마저도 진리의 문턱에만 머물고 말았다. 물론 플라톤을 비롯하여 다른 그리스의 사상가들이, 비록 한편으로는 그들 나름대로 '철학'을 이해한 결과라고 할지라도 어쨌든 구약 성서로부터 빌어 왔다는 것은, '철학'을 단순히 인간적인 사색의 결과만이 아니라 계시 내용까지도 포함하는 것으로 매우 폭넓게 해석하고 있는 에우세비오스와 같은 그리스도교 저작자들의 결심을 굳히게 했던 것이다. 사실 플라톤에 대해서 매우 호의적인 평가를 하고 있었음에도 불구하고, 에우세비오스와 다른 사람들이 그리스 철학자들은 구약 성서에서 빌어 왔다고 확신하고 있는 이상 논리적으로는 당연히, 하느님으로부터의 직접적인 조명에 힘입지 않은 인간적인 사색은 진리를 추구함에 있어서 그다지 큰 도움이 되지는 않을 것이다. 왜냐하면 플라톤마저도 진리를 더럽혔던 그 오류들은 오직 인간적인 사색의 결과였기 때문이다. 그리스 철학에 포함되어 있는 진리가 구약 성서, 즉 계시에서 유래한다고 말한다면, 그리스 철학에 있는 오류들은 인간적인 사색에 근거하고 있다는 결론은 거의 피할 수가 없으며, 따라서 인간의 사색 능력에 관해서는 호의적인 평가를 하지 못할 것이다. 이는 교부들의 매우 일반적인 태도였으며, 그리고 그것은 중세 스콜라학에 있어서, 비록 최종적으로 보급된 견해, 즉 성 토마스 아퀴나스나 둔스 스코투스의 견해는 되지 않았다고 할지라도 13세기에 있어서 성 보나벤투라에 의해서는 분명하게 표명되어 있었던 것이다

2. 그레고리우스 그리스 교부들 가운데 가장 학식있고 철학적인 입장에서 가장 흥미있는 인물의 한 사람은 성 바실리오스의 동생인 니사의 성 그레고리우스(Gregorius Nyssenus)이다. 그는 체사레아(팔레스티나가 아닌 카파도키아의)에서 335년경에 태어나서 수사학의 교사로 있은 후에 니사의 주교가 되어 395년경에 사망했다.

니사의 그레고리우스는, 계시 내용은 신앙에 의해서 받아들여지는 것으로서 추론의 논리적인 과정의 결과가 아니며, 신앙의 신비는 철학적·학문적인 결론이 아니라는 것을 분명하게 이해하고 있었다. 만일 그것이 학문적인 결론이라고 한다면, 그리스도인들에 의해서 수행되고 있는 초자연적인 신앙과 그리스의 철학적인 사색은 구별될 수 없을 것이다. 또 한편으로는, 신앙에는 합리적인 근거가 있다. 왜냐하면 논리

적으로 말하여, 권위에 근거하여 신앙의 신비를 받아들인다는 것은 어떤 예비적인 진리, 특히 철학적으로 증명할 수 있는 하느님의 존재를 자연적인 추론에 의해서 확인할 수 있음을 전제로 하고 있기 때문이다. 따라서 신앙의 우위성이 반드시 유지되어야 할지라도, 철학의 도움을 구하는 것은 극히 당연한 일이다. 윤리학, 자연 철학, 논리학, 수학은 진리의 전당을 꾸미는 장식품일 뿐만 아니라 예지와 덕의 생활에 이바지할 수도 있는 것이다. 하느님의 말씀이 인간의 추론에 의해서 판정되지 아니하고 인간의 추론이 하느님의 말씀에 의해서 판정되지 않으면 안 되는 이상,[59] 비록 하느님의 계시가 진리의 시금석과 규준으로 받아들여지지 않으면 안 될지라도 그 학문들을 멸시하거나 거부해서는 안 된다.[60] 그리고 또 교의에 관해서 인간의 사색과 추론을 사용하는 것은 옳은 일이지만, 그 결론이 성서와 일치하지 않는다면 그것은 정당하지가 않을 것이다.[61]

우주의 질서는 하느님의 존재를 증명하고 있다. 그리고 하느님의 필연적인 완전성에서 하나이신 하느님이 존재한다는 하느님의 유일성을 논증할 수 있다. 그레고리우스는 나아가서 유일의 하느님 안에 위격(페르소나)의 삼위성이 있는 이유를 밝히려고 한다.[62] 예컨대 하느님은 로고스, 말, 이성을 지니고 있지 않으면 안 된다. 하느님은 인간 이하일 수가 없다. 인간도 이성을 지니고 말을 가지고 있다. 그러나 하느님의 로고스는 잠깐 지속하는 그러한 어떤 것일 수는 없다. 이를테면 그것은 영원히 살아 있는 것이 아니면 안 된다. 인간의 내심어(內心語, interword)는 덧없는 우연한 것이지만, 하느님 안에는 그러한 것이 있을 수가 없다. 로고스는 본성에 있어서 성부와 하나이다. 왜냐하면 유일한 하느님이 있을 뿐이어서 로고스와 성부, 말씀과 발언자 사이의 구별은 관계의 구별에 지나지 않기 때문이다. 여기서 그레고리우스의 삼위 일체론 그 자체를 상세히 다룰 필요는 없으나, 그가 어떤 의미에서 이 교의를 '증명'하려고 하고 있다는 것은 흥미있는 일이다. 왜냐하면 그것은 삼위 일체를 연역하고 〈필연적인 논거〉에 의해서 증명하려는 후의 성 안셀무스와 생 빅토르의 리카르두스(Ricardus a St. Victore)의 선례가 되었기 때문이다.

59) *De amima et resurrectione ; P.G.,* 46, 49C 참조.
60) *De Vita Moysis ; P.G.,* 44, 336DG, 360 BC.
61) *Contra Eunom.* ; *P.G.,* 45, 341B 참조.
62) *Oratio Catechetica* ; *P.G.,* 45 참조.

하지만 성 그레고리우스의 의도는 분명히 성 안셀무스의 의도와 마찬가지로, 변증론을 적용하여 신앙의 신비를 더욱 명료하게 하는 것이었지 교의의 정통성을 떠나서 그 신비를 '합리화'하려는 것은 아니었다. 마찬가지로 '인간'이라는 말은 일차적으로는 보편적인 인간에게 적용되고 오직 이차적으로만 개별적인 인간에게 적용된다는 그의 설은, 그 신앙의 신비를 더욱 명료하게 하려는 하나의 시도였던 것이다. 이 설명은 다음과 같이 적용된다. '하느님'이라는 말은 일차적으로는 하나인 하느님의 본질을 지시하고, 이차적으로만 하느님의 세 위격을 가리킨다. 따라서 그리스도교를 삼신론(三神論)이라고 비난하는 것은 옳지 않다. 그러나 비록 이 설명이 삼신론이라는 혐의를 타파하고 그 신앙의 신비를 더욱 명료하게 하기 위해서 채용되었을지라도, 그것은 좋은 성과를 거두지 못한 설명이었다. 왜냐하면 그 설명은 보편자에 관한 개념 실재론(실념론, hyperrealist)적인 견해를 함축하고 있기 때문이다.

보편자에 관한 성 그레고리우스의 '플라톤주의'는 그의 책 《인간의 일에 대해서》(*De hominis opificio*)에서 분명하게 드러난다. 그는 거기서 천상의 인간, 즉 이념적인 인간에 대해서 지상의 인간을, 보편자에 대해서 경험의 대상을 구별하고 있다. 전자는 이념적인 인간 또는 이념적인 인간 존재로서 오직 신적인 이데아 안에만 존재하고, 성(性)이 결정되어 있지 않은, 즉 남자도 아니고 여자도 아닌 것이다. 후자는 경험적인 인간 존재로서 이념의 한 표현이며, 성(性)이 결정되어 있고, 많은 개별적인 인간 가운데 이른바 '분할되어' 부분적으로 나타나 있는 이념적인 존재이다. 따라서 그레고리우스에 의하면, 개별적인 피조물은 하느님의 로고스 안에 있는 이념으로부터의 유출에 의해서가 아니라 창조에 의해서 생겨나는 것이다. 이러한 설명은 분명히 신플라톤주의와 필론의 사상에 이르기까지 소급하고 있으며, 또 이는 니사의 성 그레고리우스의 저서에서 많은 영향을 받았던 중세의 최초로 뛰어난 철학자 요한네스 스코투스 에리우제나에 의해서 채용되었다. 그러나 그레고리우스는 성(性)이 결정되어 있지 않은 이념적인 존재가 일찍 실제로 존재하고 있었다는 것을 의미하려고는 하지 않았다는 것을 잊어서는 안 된다. 하느님이 지니고 있는 인간의 이데아는 종말론적으로만 실현될 것이다. 그 경우(그레고리우스가 해석한 성 바울로의 말에 의하면) 천국에는 결혼이 없으므로 남녀의 구별도 없을 것이다.

하느님은 피조물이 하느님의 선에 참여할 수 있도록 하기 위해서 세계를 충만한 선과 사랑으로 창조했다. 그러나 비록 하느님은 선이어서 선으로부터 세계를 창조했다고 할지라도, 하느님은 세계를 필연성에서가 아니라 자유로이 창조했던 것이다. 하느님은 이 자유에 인간을 참여하게 하신 것이다. 그리고 하느님은 이 자유를 존중한 나머지, 만일 인간이 원한다면 악을 선택하는 것도 인간에게 허락한다. 악은 인간의 자유로운 선택의 결과이므로 하느님에게는 책임이 없다. 하느님이 악을 예견하고 이를 허락한 것은 사실이다. 그러나 이러한 예견에도 불구하고 하느님은 인간을 창조했던 것이다. 왜냐하면 하느님은 자신이 결국 모든 인간을 자기 자신에게로 데려올 것까지도 알고 있었기 때문이다. 이렇게 그레고리우스는 오리제네스의 '만물 복귀설'(**theory of restoration of all things**)을 받아들였다. 말하자면 모든 인간과 악마나 타락한 천사들마저도, 적어도 내세의 정화 작용을 통해서 마침내 하느님에게로 향한다. 비록 그레고리우스가 개인의 불멸성을 확실히 받아들였다고 할지라도, 결국 어떤 의미에서 인간 개개인은 이념적인 것으로 돌아가서 그 속에 포함된다. 하느님 즉 만물의 근원인 원리로 만물이 복귀한다는 생각과, 하느님이 '모든 것에 있어서 모든 것'이라는 그러한 상태에 이른다는 생각 역시 요한네스 스코투스 에리우제나가 성 그레고리우스로부터 빌어 왔던 것이다. 심지어 요한네스 스코투스가 같은 말에 다른 의미를 부여한 일이 있었다고 인정되는 경우일지라도, 그의 어떤 애매한 용어를 해석함에 있어서는 적어도 성 그레고리우스의 사상에 마땅히 유의해야 할 것이다.

니사의 성 그레고리우스가 오리제네스의 만물 복귀설에 참가하기는 했지만, 그는 오리제네스처럼 플라톤의 영혼 선재설을 받아들이지는 아니했다. 그는 《인간의 일에 대해서》[63] 가운데서, 《원리론》(*De Principiis*)의 저자(오리제네스)는 그리스 학설에 의해서 바른 길을 잃었다고 말하고 있다. 육체의 어느 한 부분에 틀어박혀 있지 아니하는 영혼은 창조된 본질(*ουσία γεννητή*)이며 유기적인 감각적 신체를 지닌 살아 있는 지적인 본질로서, 신체의 기관이 기능을 지속하는 한에서 생명을 부여하고 감각적인 대상을 지각하는 능력을 지니고 있는 본질이다.[64] 영혼은 단순하고 합성되어 있지 않으므로(*απλῆν καὶ ασύνθετον*) 육체보다 오래 살아남을 능력을 지니고 있으나,[65] 결국 그 육체와 다시 결합한다. 이와 같이 영혼은 정신적이고 형체가 없는 것이다. 그러나 그레고리우스에 의하면 신체, 즉 구체적이고 물질적인 대상도 그 자체는 형

63) *P.G.*, 44, 229 이하.
64) *De anima et res.*; *P.G.*, 46, 29.
65) 같은 책, 44.

체가 없는 성질들로 이루어져 있는데, 그러면 영혼은 육체와 어떻게 다른가? 그는《인간의 일에 대해서》에서[66] 색깔, 단단함, 양(量), 무게와 같은 성질들의 결합은 신체 가운데서 일어나는데 반하여, 이들 성질의 분리는 신체가 소멸하는 결과를 가져온다고 말하고 있다. 그 앞 장에서 그는 하나의 딜레마를 제시한다. 즉 물질적인 것이 하느님으로부터 유래한다고 한다면, 그 경우 그것의 근원으로서의 하느님은 자기 자신 안에 물질을 포함하는 물질적인 것이 되고, 만일 하느님이 물질적인 것이 아니라고 한다면 물질적인 것은 하느님으로부터 유래하는 것이 아니고 영원한 것이 된다. 하지만 그레고리우스는 하느님의 물질성이나 이원론 모두를 거부하고 있는데, 여기서는 당연히 신체를 이루고 있는 성질들은 물질적이 아니라는 결론이 나온다고 하겠다. 그레고리우스는 〈무로부터의〉 창조를 주장하면서도, 어떻게 하느님이 무로부터 그 성질들을 창조하는가를 우리는 이해할 수 없다고 말하고 있다. 그러나 그에게 있어서 신체를 형성하는 성질들 그 자체는 신체가 아니라고 생각하는 것은 이치에 맞는 일이다. 사실 그 성질들은 신체일 수 없을 것이다. 왜냐하면 그 성질들의 **결합**에서, 또 **결합**을 통해서가 아니면 구체적인 신체라고는 전혀 존재하지 않기 때문이다. 아마도 그는《티마이오스》에 있어서의 성질들에 관한 플라톤의 학설에 영향을 받았을 것으로 생각된다. 그렇다면 어떻게 그 성질들이 정신적인 것이 아니겠는가? 그리고 만일 그 성질들이 정신적이라고 한다면, 영혼은 본질적으로 육체와 어떻게 다른가? 이에 대한 대답은 틀림없이, 비록 그 성질들이 결합하여 신체를 **형성하고** 그 자체가 '신체들'이라고 불리워질 수는 없을지라도, 물질을 형성하는 것이 그 성질들의 기능인 이상은 물질에 대한 본질적인 관계를 지니고 있다고 할 것이다. 그와 비슷한 어려움이 아리스토텔레스·토마스의 질료 형상론(質料形相論)에 관련해서도 생겨난다. 제 1 질료는 그 자체가 물체는 아니나 물체가 지니고 있는 하나의 원리이다. 그렇다면 도대체 제 1 질료 그 **자체**는 비물질적이며 정신적인 것과는 어떻게 다른가? 토마스주의 철학자들은, 제 1 질료는 그 자체만으로는 결코 **존재**하지 않으며 또 그것은 분량을 요구하여 구체적인 물체에 대한 본질적인 관련을 지니고 있다고 대답한다. 아마도 니사의 그레고리우스도 제 1 성질들에 관해서 그것과 유사한 무엇을 말할 수밖에 없었을 것이다. 나아가서 물질의 구조에 관한 어떤 현대 이론에 있어서도 그와 비슷한 어려움이 생겨나고 있음을 주목해도

66) 24 장.

좋다. 만일 플라톤이 오늘에 살아 있다고 한다면, 그는 그러한 현대 이론을 환영할 것이다. 그리고 니사의 성 그레고리우스도 그것을 따르지 않으리라고는 생각되지 않는다.

위에서 말한 것처럼, 니사의 그레고리우스가 플라톤주의, 신플라톤주의, 그리고 필론의 저서에서 깊은 영향을 받았음이 분명하다. (예를 들어 인간의 목적으로서의 〈하느님과의 닮음〉(ὁμοίωσις θεῷ), '단독자를 향한 단독자의 날아오름', 정의 자체, 〈에로스〉, 그리고 이상적인 미(美)로의 상승에 대해서 그는 언급하고 있다.) 하지만 비록 그레고리우스가 분명히 플로티노스의 주제와 표현을 사용했고 또 이보다는 덜하지만 필론의 주제와 표현을 사용했다고 할지라도, 그는 이를 언제나 플로티노스적이고 필론적인 의미로 사용하고 있지는 않았다는 것을 강조해 두지 않으면 안 된다. 오히려 그는 그리스도교의 교리를 해명하고 설명하기 위해서 플로티노스나 플라톤의 표현을 사용하고 있었던 것이다. 예컨대 '하느님과의 닮음'은 은총의 결과이며, 하느님의 활동하에서 인간의 자유로운 협동으로 이루어지는 전개 또는 세례 때에 영혼에 심어진 하느님의 모습(εἰκών)의 전개이다. 그리고 또 정의 그 자체는 하나의 추상적인 덕(德)도 아니고 〈누우스〉 안에 있는 하나의 이데아도 아니다. 그것은 영혼에 깃들어 있는 로고스이며, 이 로고스가 깃듦으로써 덕이 분유(分有)된다. 게다가 또 이 로고스는 플로티노스의 〈누우스〉도 아니고 필론의 로고스도 아니다. 그것은 삼위 일체의 제 2의 위격이다. 그리고 하느님과 피조물 사이에 하느님보다 하위의 실체가 발출하는 일은 없다.

마지막으로, 니사의 성 그레고리우스가 체계적인 신비 신학의 최초의 참다운 창시자였다는 것은 주목할 만한 일이다. 여기서도 그는 플로티노스와 필론의 테마를 사용하고 있으나, 그는 그것을 그리스도교적인 의미에서 또 그리스도 중심적인 사상의 테두리 안에서 이용했던 것이다. 당연한 말이지만, 인간의 정신은 감각적인 대상을 인식하기에 적합하게 되어 있다. 그리고 인간 정신은 감각적인 사물들을 깊이 생각함으로써 하느님과 하느님의 본질들을 알 수 있게 되어 있다. (상징 신학, 이는 한편으로는 현대적인 의미에서의 자연 신학과 같은 것이다.) 또 한편으로는, 비록 인간 인식의 고유 대상이 본래 감각적인 사물일지라도 이들 사물은 완전하게 실재하는 것이 아니어서, 비물질적인 실재, 즉 인간이 정신적으로 이끌리고 있는 그 실재의 상징 또는 표현으로서가 아니라면 그것은 망상이나 환각에 지나지 않는다. 영혼 가운데 계속 일어나는 긴장은 ἀνελπιστία의 상태, 즉 '절망'으로 이끈다. 이는 신비주의의 탄생이다. 왜냐하면 영혼은 사랑에 의해서 자신이 이끌려 가고 있는 하느님을 알지도 못한 채, 하느님에 이끌려서 자신의 본래의 인식 대상을 떠나고 있기 때문이다. 말하자면 영혼은 중세의 저서에서 **미지의 구름**이라고 부르고 있는 암흑에로 접어드는 것이다.(이 단계는 위디오니시우스에게 깊은 영향을 끼친 부정 신학에 해당한다.) 영혼의 상승에는 이른바 두 가지의 운동이 있다. 즉 삼위 일체인 하느님 안에 깃드는 것과, 영혼이 자기 자신의 초월을 추구하여 '무아경'이라는 절정에 이르는 것이다. 오리제네스는 필론의 무아경을 지적으로 해석했는데, 이는 몬타누스파의 터무니없는 언행으로 인해 다른 모든 형태의 '무아지경'을 의심했기 때문이다. 그러나 그레고리우스는 무아지경을 무엇보다도 먼저 무아적인 **사랑**으로 해석하여 영혼이 추구하는 노력의 절정에 두었다.

하느님을 싸고 있는 '암흑'은 우선 하느님 본질의 완전한 초월성 때문이다. 그리고 그레고리우스는 천국에서도 영혼은 언제나 사랑에 이끌려 쉬지 않고 계속 하느님을 향해서 돌진하고 있다는 결론을 내렸다. 정적(靜的)인 상태는 만족이 아니면 죽음을 의미할 것이다. 그러나 정신 생활은 끊임없는 전진을 요구하고 있으며, 그리고 하느님의 초월적인 본성이 그와 같은 전진을 재촉하고 있다. 왜냐하면 인간 정신은 결코 하느님을 충분하게 이해할 수가 없기 때문이다. 그러므로 어떤 의미에서 '하느님의 암흑'은 **언제나** 지속한다. 그리고 그레고리우스가 지적인 인식보다도 이 암흑에서의 인식에 우위성을 부여했다는 것은 사실이며, 이는 그가 인간 지성을 경멸해서가 아니라 하느님의 초월성을 깨닫고 있었기 때문이다.

영혼의 상승에 관한 성 그레고리우스의 도식은 플로티노스의 도식과 어느 정도 유사성을 지니고 있으면서 동시에 철저하게 그리스도 중심적이다. 영혼의 전진은 하느님의 로고스인 그리스도의 활동이다. 그리고 또 그의 이상은 하느님과의 단독적인 일치가 아니라 오히려 그리스도가 지니는 〈충만함〉의 실현이다. 말하자면 한 영혼의 전진은 다른 영혼들에게 은총과 축복을 가져다 주며, 개인 안에 하느님이 내재해 있다는 것은 인간의 전체에 영향을 미친다. 그의 신비주의는 그 성격상 철저하게 성사적(聖事的)이기도 하다. 즉 〈하느님의 모습〉은 세례에 의해서 회복되고, 하느님과의 일치는 성체(聖體)에 의해서 촉진된다. 요컨대 니사의 성 그레고리우스의 저서들은, 위디오니시우스와 십자가의 성 요한에 이르기까지의 신비주의자들이 직접 간접으로 많은 영감을 얻어 왔던 원천일 뿐만 아니라, 그것은 또한 인식과 사랑의 여러 가지 단계를 거쳐서 신비 생활과 지복 직관(至福直觀)에 이르는 영혼의 전진을 묘사하고 있는 그리스도교적인 철학 체계의 근원이기도 하다. 십자가의 성 요한과 같은 순수 영성적인 저술가가 그레고리우스에까지 소급하는 계열에 있는가 하면, 신비 철학자 성 보나벤투라도 그 계열에 속해 있다.

7. 라틴 교부 : 성 암브로시우스

라틴 교부들 가운데서 가장 위대한 교부가 히포의 성 아우구스티누스임에는 하등의 의심도 없다. 그의 사상은 중세에 있어서 중요하므로 장(章)을 따로 하여 상세하게 고찰하기로 하고, 이 절(節)에서는 밀라노의 주교 성 암브로시우스(St. Ambrosius, 333 년경～397 년)에 대해서 간략하게 서술하는 것으로 충분하다.

성 암브로시우스는 철학에 대해서 전형적인 로마인의 태도를 취했다. 즉 형이상학적인 사색에 대한 재능이나 취미와는 거의 관련되지 않는 실천적이며 윤리적인 문제에 관심을 두고 있었다. 그는 교리와 성서에 관한 자신의 저서에서는 주로 그리스 교부들에 의존하고 있었으나, 윤리학에서는 치체로(Marcus Tullius Cicero)의 영향을 받고 있었다. 그리고 391 년경에 밀라노의 성직자에게 연설했던 《성직자들의 의무에 대해서》(*De officiis ministrorum*)는 로마의 위대한 웅변가(치체로)의 《의무에 대해서》(*De officiis*)의 그리스도교적인 재판이었다. 성 암브로시우스는 그 책에서 덕을 분류하고 취급함에 있어서 세밀한 부분에 이르기까지 치체로를 따르고 있지만, 그러나 그 전체의 취급 방법은 물론 그리스도교적인 정신으로 충만되어 있고, 또 행복은 덕을 소유하는 데서 찾아진다는 스토아적인 이상은, 영원한 행복은 하느님 안에 있다는 궁극적인 이상에 의해서 보완되어 있다. 그러나 성 암브로시우스는 그리스도교적인 윤리에 특별하게 어떤 새로운 공헌을 하고 있는 것은 아니다. 그의 저서가 지니는 중요성은 오히려 그 뒤를 잇는 사상에 끼치는 영향에, 즉 윤리학에 관한 그 뒤의 저술가들에 의해서 이용된다는 점에 있다.

8. 성 요한네스 다마셰누스

위에서 이미 본 바와 같이 그리스 교부들은 주로 플라톤적인 전통의 영향을 받고 있었으나, 그러나 아리스토텔레스 철학이 결국 서구의 라틴 세계에 유리하게 받아들여질 길을 준비하는 데 도움이 되었던 하나의 요인은 그리스 교부들 가운데 최후의 사람인 성 요한네스 다마셰누스의 저서였다.

성 요한네스 다마셰누스(**St. Johannes Damascenus**)는 추측컨대 749년 말경에 사망한 것으로 보이며, 그는 단순히 '성상 파괴주의자'의 단호한 반대자였을 뿐만 아니라, 신학의 분야에서 하나의 위대한 체계가이기도 했다. 따라서 그는 동방의 스콜라학자로 볼 수 있다. 그는 새로운 자기 개인의 견해를 제시하지 아니하고 믿음이 깊고 학식있는 사람들의 사상을 보존하고 전수하는 것을 의도하고 있다고 분명히 말하고 있다. 따라서 그의 저서들로부터 내용의 새로움을 찾는 일은 소용없을 것이다. 그렇다고 하더라도 그가 자신을 앞선 사람들의 사상을 체계적이고 질서있게 서술하는 데 있어서의 일종의 독창성은 그에게 돌려도 좋을 것이다. 그의 주저는《지혜의 원천》(*Fount of Wisdom*)인데, 그 제 1부에서 그는 아리스토텔레스의 논리학과 존재론을 간략하게 논하고 있으며, 아리스토텔레스 이외의 다른 저술가, 예컨대 포르피리오스도 인용하고 있다. 이 제 1부 변증론에서 그는 알렉산드리아의 클레멘스와 양(兩) 그레고리우스의 견해를 채용하여, 철학과 세속 학문들은 신학의 도구 또는 시녀라는 자신의 생각을 분명히하고 있다.[67] 이는 알렉산드리아의 유태인 필론에까지 거슬러 올라가며 중세에서는 자주 되풀이되었던 견해이다. 그의 대저 제 2부에서는 자기를 앞선 저작가들에 의해서 제공된 자료를 활용하여 이단의 역사를 기술하고 있고, 제 3부 정통 신앙론에서는 4권에 걸쳐서 정통적인 교부 신학을 질서 정연하게 다루고 있다. 이 제 3부는 1151년 피사의 부르군디우스에 의해서 라틴어로 번역되어, 특히 페트루스 롬바르두스, 성 알베르투스(**St. Albertus Magnus**), 성 토마스 아퀴나스에 의해서 이용되었다. 동방에 있어서 성 요한네스 다마셰누스는 서방에 있어서의 성 토마스 아퀴나스와 거의 다름없는 존경을 받고 있다.

67) *P.G.*, 94, 532 AB.

9. 요 약

그리스 교부들의 저서나 아우구스티누스를 제외한 라틴 교부들의 저서에서 하나의 체계적인 철학적 종합을 찾으려 한다는 것이 쓸데없는 일이라는 것은 위에서 본 간단한 개관에서도 명백하다. 그리스 교부들은 철학과 신학의 영역을 명확하게 구별하지 아니하고 그리스도교를 하나의 참다운 예지 또는 '철학'으로 보고 있었다. 그들은 그리스 철학을 그리스도교에 대한 예비 교육으로 보는 경향이 있었다. 따라서 그리스 철학을 다룸에 있어서 그들의 주요한 관심사는 그 철학이 그리스도교적인 진리를 예상하고 있다는 점과, 그리고 그것은 그들에게 명백했던 진리로부터 일탈하고 있다는 점을 지적하는 일이었다. 그들은 전자가 자주 구약 성서에서 빌어 온 데 있다고 보았고, 후자는 인간적인 사색의 약점과 그리고 독창성을 추구하는 철학자 자신들의 부당한 욕망과 허영심에 있다고 생각했던 것이다. 그들이 그리스 철학으로부터 사상을 채용했을 때 그것을 일반적으로 받아들였던 것은, 그것을 엄밀한 의미에서 하나의 철학 체계로 통합하기 위해서가 아니라 그것이 그리스도교적인 예지를 설명하고 제시하는 데 도움이 될 것으로 생각했기 때문이다.

그럼에도 불구하고 교부들의 저서 가운데는, 위에서 보았듯이 철학적인 요소들이 들어 있는 것이다. 예컨대 그들은 하느님 존재의 이론적인 논증 특히 질서와 목적에 의한 논증을 사용하고 있다. 그리고 그들은 영혼의 기원과 본성에 대해서 사색하고 있다. 니사의 그레고리우스는 자연 철학 또는 우주론의 분야에 속하는 어떤 생각마저도 하고 있었다. 더구나 그들의 여러 논증, 예컨대 하느님의 존재 증명은 사실 발전된 어떠한 체계적인 엄밀한 방법으로도 이루어져 있지 않기 때문에, 도대체 이를 논증으로 생각한다는 것은 부적당하다고 생각될지 모른다. 하지만 교부 사상을 간략하게 취급함으로써도 그리스도교적인 철학 사상에 대해서 거의 모르고 있는 사람들이 잊어 버리기 쉬운 하나의 관점을 충분히 밝힐 수 있으므로, 그러한 비난은 해당되지 않을 것으로 생각한다. 최근에 가톨릭 철학자들 가운데 특수한 지위가 주어져 있는 성토마스 아퀴나스가 아리스토텔레스의 체계로부터 매우 많은 것을 채용했고 또 '근세' 초기의 사상가들, 예컨대 데카르트와 프란시스 베이컨이 스콜라적인 아리스토텔레스주의를 세차게 비난했다는 이유로

흔히 그리스도교적인 철학, 적어도 가톨릭 철학은 아리스토텔레스주의를 의미하고 있는 데 불과하다고 생각되고 있다. 그러나 그 후의 여러 세기의 일들을 여기서 고려하지 않더라도 교회의 교부들로부터 깊은 존경을 받았던 그리스 사상가는 아리스토텔레스가 아니라 플라톤이었다는 것은 교부 사상의 개략을 살펴보아도 충분히 알 수 있다. 이는 신플라톤주의가 당시의 지배적인 유력한 철학이었다는 사실과, 그리고 교부들은 대체로 플라톤을 신플라톤주의적인 해석과 전개하에서 보았을 뿐만 아니라 적어도 많은 경우 아리스토텔레스에 관해서는 비교적 조금밖에 알고 있지 않았다는 사실에 큰 이유가 있었을런지 모른다. 그러나 그 원인이야 어떻든 교부들이 플라톤을 그리스도교의 선구자로 보는 경향이 있었다는 것과, 그리고 그들이 채용했던 철학적인 요소들이 대부분 플라톤적인 전통에서 채용되었다는 것은 여전히 사실이다. 나아가서 교부들의 사상 특히 아우구스티누스의 사상이 중세 초기의 사람들에게 그리고 성 안셀무스나 성 보나벤투라와 같은 뛰어난 사상가들에게만이 아니라 성 토마스 아퀴나스 자신에게마저도 깊은 영향을 미쳤다는 것을 생각한다면, 적어도 역사적인 관점에서 볼 때 교부 사상에 대해서 알아 둔다는 것은 바람직하고 또 유익한 것임을 알게 될 것이다.

제 3 장
성 아우구스티누스 1

1. 생애와 저작

라틴 그리스도교계에 있어서 아우구스티누스(Aurelius Augustinus)의 이름은 문학적 관점에서나 신학적 관점에서 교부들 가운데서 가장 위대한 교부로서 뛰어나 있으며, 성 토마스 아퀴나스와 그 학파의 아리스토텔레스주의에도 불구하고 — 특히 이 아리스토텔레스주의는 아프리카의 그 위대한 박사를 조금도 경시하거나 더구나 헐뜯는 일이 없었기 때문에 — 13 세기까지 서양 사상을 지배하여 결코 그 빛을 잃는 일이 없었다. 사실 중세 사상의 흐름을 이해하기 위해서는 아우구스티누스 철학을 알아 두는 것이 매우 중요하다. 이 책에서 아우구스티누스 사상의 가치를 충분하게 논할 수는 없지만, 그러나 개괄적으로나마 취급해 두지 않을 수 없다.

아우구스티누스는 354 년 11 월 13 일 누미디아 주의 타가스테에서, 이교도인 아버지 파트리치우스와 그리스도교인인 어머니 성녀 모니카 사이에서 태어났다. 어머니는 이 아이를 그리스도인으로 길렀으나, 아우구스티누스의 세례는, 바람직하지 않은 일이기는 하나 당시의 일반적인 습관을 따라서 연기되었다.[1] 이 아이는 타가스테의 교사로부터 라틴어와 산수의 초보를 배웠으나, 그에게는 공부하는 것보다 노는 것이 더 매력적이어서 그는 언제나 놀이에서 승리자가 되기를 바랬다. 그는 하나의 이야기로 생각했던 호메로스의 시(詩)에 매력을 갖기는 했

1) *Conf.*, 1, 11,17.

지만, 뒤에 가서 시작했던 그리스어는 좋아하지 않았다. 아우구스티누스가 실제로 그리스어를 전혀 몰랐다는 것은 사실이 아니지만 결코 그 말을 쉽게 읽을 만큼은 배우지 않았던 것이다.

365 년경 아우구스티누스는 마다우라에 가서 라틴 문학과 문법에 대한 지식의 기초를 닦았다. 마다우라는 여전히 이교가 꽤 성한 곳이었다. 이 소년은 당시의 일반적인 풍조와 라틴 문학의 고전 연구로 인하여 그의 어머니가 지니고 있는 신앙으로부터 떠나게 되는데, 이는 타가스테에서 허송 세월하는 그 시기(369 년~370 년)에서는 피할 수가 없었던 것이다. 그의 아버지가 가톨릭인이 되고 나서 죽었던 370 년에, 아우구스티누스는 일찍 본 적이 없는 큰 도시 카르타고에서 수사학(修辭學)을 공부하기 시작했다. 큰 항구 도시이며 정치의 중심 도시인 카르타고가 지니는 방탕한 풍조와, 동방에서 수입된 예배 의식과 결부된 음란한 종교 의식의 광경은 남국의 사람 아우구스티누스가 이미 성년에 이르러 발랄하고 격렬한 정열을 지니게 된 사실과 더불어 그를 그리스도교의 도덕적인 이상으로부터 사실 멀어지게 했던 것이다. 그리고 멀지 않아 그는 한 여성을 만나 10 년 이상이나 함께 살았는데, 카르타고에서 생활한지 2 년째 되던 해에 그는 한 아들을 가졌다. 그러나 그의 문란한 생활에도 불구하고, 아우구스티누스는 수사학에 있어서 매우 뛰어난 학생으로서 결코 공부에 게으르지 않았다.

아우구스티누스가 마니교의[2] 가르침을 받아들였던 것은, 이 청년의 마음을 진리의 탐구로 향하게 했던 치체로(Cicero)의 《호르텐시우스》(*Hortensius*)를 읽고 나서 좀 지나서였다. 그가 보기에 마니교는 그리스도교의 조잡하고 불합리한 교리와는 달리 진리를 합리적으로 나타내고 있는 것처럼 생각되었다. 그리스도인들은 하느님이 세계 전체를 창조했고 하느님은 선하다고 주장했다. 그렇다면 그들은 악과 고통의 존재를 어떻게 설명할 수 있을까? 그러나 마니교도들은 이원론을 주장했다. 그 이원론에 의하면, 두 개의 궁극적인 원리가 있어서 하나는 선(善)의 원리이자 빛의 원리인 신(神) 또는 오르마즈드(Ormuzd)이고, 또 하나는 악(惡)의 원리이자 어둠의 원리인 아리만(Ahriman)이다. 이들 두 원리는 영원하고 양자간의 싸움도 영원하다. 그리고 그 싸움은, 서로 대립되는 그 두 원리의 산물인 세계 가운데 반영되고 있다. 인간

2) Manes 또는 Mani에 의해서 3 세기에 시작된 마니교는 페르시아에 기원을 두고 있으며, 페르시아적인 요소와 그리스도교적인 요소의 혼합물이다.

에 있어서 빛으로 이루어진 영혼은 선의 원리에 의한 것이며, 더욱 조잡한 물질에서 이루어진 육체는 악의 원리에 의한 것이다. 그 체계가 악의 문제를 설명할 수 있는 것으로 보였고, 그리고 그 체계는 기본적으로 유물주의이기 때문에 아우구스티누스에게 좋은 인상을 주었던 것이다. 왜냐하면 그는 아직 감각으로 지각될 수 없는 비물질적인 존재가 어떻게 있을 수 있는가를 깨닫지 못했기 때문이다. 자기 자신의 정열과 관능적인 욕망을 의식하고 있던 그는, 이제 자신의 그러한 결과를 자기 자신 밖에 있는 악의 원인에 돌릴 수 있을 것으로 생각했다. 게다가 또 마니교도는 성교와 육식을 금하고 단식과 같은 금욕의 실천을 명했지만, 이러한 실천은 선택된 사람들에게만 의무지워졌고 아우구스티누스가 속해 있었던 '청중들'에게는 의무지워지지 않았다.

이제 도덕적으로 지적으로 그리스도교로부터 떠난 아우구스티누스는, 374년 타가스테로 돌아와서 거기서 1년간 문법과 라틴 문학을 가르치고 나서, 374년 가을에 카르타고에 수사학 학교를 열었다. 그는 자신의 애인과 아들 아데오다투스와 함께 살았는데, 그가 시(인상적인 작품이지만 현존하지 않는다)에 입상하고 최초의 산문 《미와 적합성》(*De pulchro et apto*)을 발표한 것은 이 시기였다. 카르타고에서 383년까지 머물러 있었으나, 어떤 중요한 사건이 일어났던 것은 아우구스티누스가 로마로 떠나기 직전의 일이었다. 아우구스티누스는 마니교도가 대답할 수 없는 어려운 문제, 예컨대 인간의 사고에 있는 확실성의 근거 문제, 두 개의 원리가 영원한 투쟁의 상태에 있는 이유 등에 대해 고민하고 있었다. 흔히 파우스투스로 불리우는 마니교의 고명한 주교가 카르타고에 오는 일이 있었을 때, 아우구스티누스는 자신이 안고 있는 어려운 문제에 대한 만족스러운 해답을 그에게서 얻어 보려고 결심했다. 그러나 그는 파우스투스에서 공감과 호감을 느끼기는 했지만, 그의 말에서 자신이 찾고 있었던 지적인 만족을 찾아내지는 못했다. 따라서 그가 로마로 출발했을 때, 그가 지니고 있었던 마니교의 신앙은 이미 다소 흔들리고 있었다. 그가 로마로 여행하게 되었던 이유는, 한편으로는 카르타고의 학생들은 품행이 나쁘고 다루기가 어려웠던 반면에 로마의 학생들은 품행이 좋다고 듣고 있었기 때문이며, 다른 한편으로는 그가 제국의 수도에서 보다 큰 성공을 거두어 보려는 희망을 품고 있었기 때문이다. 로마에 도착한 아우구스티누스는 수사학 학교를 열었다. 그러나 학생들은 교실에서는 품행이 좋았으나, 수업료의 납일기일이 이르기 직전에 전학하는 폐단이 있었다. 그래서 그는 직장을 찾아, 384년 시 당국의 수사학 교사로서 밀라노에 직장을 얻었다. 그가 비록 명목상 마니교의 신앙을 지지하고 있고 여전히 몇몇 마니교의 입장, 예컨대 유물주의를 받아들이고는 있었지만, 마니교의 신앙을 거의 잃어 버리거나 아카데미아 학파의 회의론에 매혹되지 않았다면 결국 로마를 떠날 수가 없었을 것이다.

밀라노에서 아우구스티누스는 밀라노 주교 성 암브로시우스의 성서에 관한 설교로 인해 그리스도교에 대해 좀더 좋게 생각하게 되었다. 그러나 그는 세례 예비자가 될 준비는 되어 있었으나, 아직 그리스도교의 진리를 확신하고 있지는 않았다. 게다가 그의 욕정은 너무나 강했다. 그의 어머니는 결혼이 그의 생활을 개선하리라는 희망에서 어떤 소녀와 결혼할 것을 원했으나, 그 소녀는 너무 어려서 아우구스티누스는 그 시기를 기다릴 수가 없었다. 그래서 그는 그의 아들 아데오다투스의 어머니 대신에 다시 다른 여성을 얻었다. 아데오다투스의 어머니와는 사실 결혼(事實結婚) 때문에 유감스럽게도 이미 갈라져 있었던 것이다. 이 무렵에 아우구스티누스는 빅토리누스(Victorinus)의 라틴어 번역인 '플라톤파'의 어떤 논문을 읽었는데, 이 논문은 플로티노스의 《에네아데스》(*Enneades*)일 가능성이 가장 크다. 신(新)플라톤주의의 영향으로 그는 유물주의의 속박에서 해방되어 비물질적인 존재의 관념을 쉽게 받아들일 수가 있었다. 그 외에 또 악을 어떤 적극적인 것으로보다는 오히려 결핍으로 보는 플로티노스의 생각은, 마니교적인 이원론에 의지하지 않고서도 어떻게 악의 문제에 접근할 수 있을 것인가를 그에게 보여주었던 것이다. 달리 말하면 이 시기의 신 플라톤주의의 역할은 아우구스티누스에게 그리스도교의 합리성을 깨달을 수 있게 한 일이다. 그리고 그는 다시 신약 성서, 특히 성 바울로의 글을 읽기 시작했다. 신플라톤주의는 그에게 정신적인 것에 대한 사색의 관념과 예지에 대한 지적 감각의 관념을 시사한 반면에, 신약 성서는 생활을 예지에 따라서 이끌어 갈 필요도 있다는 것을 그에게 보여주었던 것이다.

이러한 생각은 심플리치아누스와 폰티시아누스 그 두 사람과의 만남에 의해서 강화되었다. 노년의 사제 심플리치아누스가 신플라톤주의자 빅토리누스의 그리스도교로의 개종 이야기를 아우구스티누스에게 들려주었더니, 그 청년은 자신도 "그렇게 하겠다는 욕망으로 불탔다."[3] 또 한편 폰티시아누스가 이집트의 성 안토니우스의 생애에 대한 이야기를

3) *Conf.*, 8, 5, 10.

들려 주었더니, 그 이야기를 듣고 아우구스티누스는 자기 자신의 도덕적 상태가 정말 싫어졌다.[4] 그 이후로 격렬한 도덕상의 갈등이 계속되었으나, 그 갈등이 절정에 달한 것은 그의 집 뜰에서 일어났던 유명한 장면에서였다. 그때 아우구스티누스는 〈책을 들어 읽어라! 들어 읽어라!〉고 거듭 부르짖는 한 아이의 소리를 담너머로 듣고서 되는 대로 신약 성서를 펼쳤는데, 그는 우연히 로마서에[5] 있는 성 바울로의 말을 발견했다. 이것이 그로 하여금 결정적인 도덕적 회심을 일으키게 했던 것이다.[6] 이 회심이 하나의 도덕적인 회심, 의지의 회심이며, 지적인 회심의 결과였음은 극히 명백한 일이다. 신플라톤 학파의 저서를 읽은 것이 아우구스티누스의 지적 회심의 한 계기가 되었다면, 그의 도덕적 회심은 인간적인 관점에서 볼 때 암브로시우스의 설교와 심플리치아누스 및 폰티시아누스의 훈화에 의해서 준비되어 신약 성서에 의해서 강화되고 결정되었던 것이다. 두번째의 회심 또는 도덕적 회심의 고민은, 한편 자기 자신에게는 그것을 성취할 힘이 없음을 느끼면서도 자신이 마땅히 무엇을 해야 할 것인가를 이미 알고 있었다는 사실에 의해 강화되었다. 그러나 어쨌든 그가 뜰에서 읽었던 성 바울로의 말에, 은총에 이끌려서 '진정한 동의'를 했고, 그럼으로써 그의 삶은 변화되었던 것이다. 이 회심은 386년 여름에 일어났다.

아우구스티누스는 폐병을 앓고 있었는데, 그것은 그가 전부터 바라고 있었던 자신의 교수직 사퇴의 구실이 되어 주었다. 카시치아쿰에서의 독서와 사색 그리고 동료들과의 토론을 통해서, 그리고 신플라톤 학파의 철학으로부터 채용한 개념과 주제를 수단으로 하여 그는 그리스도교에 대해서 보다 나은 이해를 하려고 노력했다. 그러나 그의 그리스도교관은 그의 후기에 비하여 아직도 매우 불완전하고 신플라톤주의적 색채를 띠고 있었다. 이 은퇴 시기부터 저술하기 시작한 그의 저서는 《아카데미아 학파를 반박함》(*Contra Academicos*, 386년), 《지복의 삶》(*De Beata Vita*, 386년), 《질서론》(*De Ordine*, 386년)이다. 밀라노에 돌아와서 아우구스티누스는 《영혼의 불멸론》(*De Immortalitate Animae*, 387년)을 썼으며, 《독백》(*Soliloquia*)도 이때쯤 씌어졌다. 그리고 《음악론》(*De Musica*)을 쓰기 시작했다. 아우구스티누스는 387년의 성 토요일에 성 암브로시우스로부터 세례를 받고 곧 그날 저녁에 아프리카로 되돌아가기 시작했으나, 이탈리아에 와 있었던 그의 어머니가 오스티아에서 함께 배를 기다리고 있는 동안에 죽었다. (《고백록》에서 이야기되

4) 같은 책, 8, 7, 16.
5) Rom., 13, 13~14.
6) *Conf.*, 8, 8~12.

고 있는 그 유명한 장면은 오스티아에서 있었던 일이다.)[7] 아우구스티누스는 아프리카로 돌아가는 것을 연기하고 로마에 머물고 있는 동안에 《자유 의지론》(*De libero arbitrio*), 《영혼의 크기에 대해서》(*De Quantitate Animae*), 《카톨릭 교회의 습속과 마니교의 습속》(*De moribus ecclesiae Catholicae et de moribus Manichaeorum*)을 저술했다. 그리고 388년 가을에 그는 아프리카를 향해서 배로 떠났다.

타가스테에 돌아와서 아우구스티누스는 자그마한 수도원 형식의 단체를 만들었다. 이 시기(388 년~391 년)에 《마니교들에 반대하는 창세기론》(*De Genesi contra Manichaeos*), 《교사론》(*De Magistro*), 《참된 종교》(*De Vera Religione*)를 집필하기 시작하는 한편, 그는 《음악론》을 완성시켰다. 그리고 앞서 언급했던 《가톨릭 교회의 습속과 마니교의 습속》도 끝마무리하거나 완성시킨 것으로 생각된다. 카시치아쿰에서 아우구스티누스가 결코 결혼하지 않겠다는 결심을 한 것은 사실이나, 그가 서품을 받을 뜻이 없었음은 분명하다. 왜냐하면 히포의 주교가 391 년 카르타고에서 서쪽으로 약 150 마일이나 되는 그 항구 도시를 방문했을 때 아우구스티누스를 사제로 임명했으나, 그것은 아우구스티누스 자신의 뜻이 아니었기 때문이다. 주교가 아우구스티누스의 협력을 원했기 때문에, 그는 히포에 정주하여 수도원을 설립했다. 그리고 그는 마니교도들과의 논쟁에 착수하여 《신앙의 유익》(*De utilitate credendi*), 《두 개의 영혼》(*De duabus animabus*), 《포르투나투스 논박》(*Disputatio contra Fortunatum*), 아프리카의 주교 회의에서 행한 사도 신경에 관한 강연 《신앙과 신경》(*De Fide et Symbolo*), 그리고 도나투스파를* 공박하는 《도나투스파에 대한 시편 주해》(*Psalmus contra partem Donati*)를 저술했다. 또 그는 창세기에 대한 축어적(逐語的)인 주석을 시작했으나, 그 제명이 가리키는 것처럼(《미완성의 창세기 축어 주석》) 미완성으로 끝났다. 여러 가지의 주해서(로마서와 갈라디아서에 관한)만이 아니라 《문제집》(*De diversis quaestionibus*, 389 년~396 년), 《마니교도 아디만투스 반박》(*Contra Adimantum Manichaeum*), 《산상수훈》(*De sermone Domini in monte*), 《거짓말에 대해서》(*De Mendacio*), 그리고 《절제론》(*De Continentia*)도 아우구스티누스의 사제 생활 초기에 씌어진 것이다.

---

7) 9, 10, 23~26.

* 도나투스(Donatus, 313 년~347 년)에 의해서 제창된 북아프리카 교회의 이단 사상이다. 성사는 그 집행에 의해서 은총이 주어지는 것(성사의 事效性)이 아니고 집전자의 성성과 정통성에 따라 성사의 효력 여부가 결

395 년 내지 396 년 아우구스티누스는 히포의 보좌 주교로 축성되었고, 그 축성식이 있고 나서 멀지 않아 그의 거주지 안에 또 하나의 수도원을 설립했다. 그의 축성식 후 1 년도 못 된 396 년에 히포의 주교 발레리우스(Valerius)가 사망하자, 아우구스티누스는 그의 뒤를 이어 히포의 주교가 되어 죽을 때까지 그 지위에 있었다. 이로 인하여 그는 조용한 기도와 연구 생활에 몰두할 수 있기는커녕, 도리어 도나투스파의 분파가 확고한 기반을 지니고 있는 하나의 교구를 관리하는 일에 직면하지 않을 수 없게 되었다. 그러나 아우구스티누스의 개인적인 기호야 어떠하든간에, 그는 도나투스파를 반박하는 설교와 토론과 저술에 열의를 가지고 반(反)도나투스파 투쟁에 헌신했던 것이다. 이러한 활동에도 불구하고 그는 《심플리치아누스에 따르는 문제집》(*De diversis quaestionibus ad Simplicianum,* 397 년), 《그리스도교 교의》(*De Doctrina Christiana*)의 일부(제 4 권은 426 년에 추가되었다), 《고백록》(*Confessions*)의 일부(그 전체는 400 년에 완성되었다), 《욥기 주해서》(*Annotationes in Job*)와 같은 책들을 저술하는 여유를 가졌었다. 아우구스티누스는 또 성서의 문제에 관해서 위대한 학자 성 예로니무스(St. Jeronimus)와 논쟁적인 편지들을 교환했다.

성 아우구스티누스는 그의 가장 위대한 저서 가운데 하나이면서 15 권으로 구성된 《삼위 일체론》(*De Trinitate*)을 400 년에 시작하여 417 년에 완성했다. 그리고 401 년에는 《창세기 축어 주석》(*De Genesi ad litteram*) 12 권을 쓰기 시작하여 415 년에 완성했다. 같은 해(400 년)에 《교리를 가르치는 길잡이》(*De catechizandis rudibus*), 《복음서의 일치》(*De Consensu Evangelistarum*), 《수도자의 일》(*De Opera Monachorum*), 《마니교도 파우스투스 논박》(*Contra Faustum Manichaeum,* 33 권), 치르타의 도나투스파의 주교인 《페틸리아누스 논박》(*Contra litteras Petiliani*)의 제 1 권 등이 나왔는데, 그 제 2 권은 401 년~402 년에, 제 3 권은 402 년~403 년에 씌어졌다. 이들 저서를 이어서, 비록 여러 가지의 간행물이 보존되어 있지는 않지만, 《도나투스파의 문법 학자 크레스코니우스 논박》(*Contra*

정된다(성사의 人效性)는 그의 주장은 아우구스티누스를 비롯한 후대 교부들에 의해서 반박되었다. 그리고 교회는 성인들만의 교회이어야 한다는 그의 극히 제한적이고 엄격한 교회관은 모두 교회에 의해서 반박 단죄되었다. 도나투스파는 5 세기부터 영향력을 잃었으며 7 세기경에는 자취를 감추었다.

Cresconium grammaticum partis Donati, 402 년)과 같은 반도나투스파의 다른 저서와 마니교도들을 반박하는 여러 가지의 저서를 속간했다. 이러한 논쟁적인 활동에 더하여, 아우구스티누스는 끊임없이 설교를 하고 편지를 쓰고 있었다. 예컨대 410 년 디오스코루스(Dioscorus)에게 보낸 편지에서,[8] 아우구스티누스는 치체로에 관한 어떤 물음에 답하여 이교 철학에 대한 자신의 견해를 개진하면서도 신플라톤주의에 대한 강한 애착을 보이고 있다.

마침내는 도나투스파에 대한 제국의 칙령이 내려졌으며, 그리고 당시에 행해졌던 회의 후인 411 년경에 아우구스티누스는 또 하나의 반대파인 펠라지우스파에 주의를 돌릴 수 있게 되었다. 원죄를 부정함으로써 인간의 구원에 있어서의 인간 의지의 역할을 과장하고 은총의 역할을 얕보는 펠라지우스(Pelagius, 360 년~429 년)는, 410 년 첼레스시우스를 동반하여 카르타고를 방문했다. 411 년에 펠라지우스가 동방으로 떠난 뒤, 첼레스시우스는 카르타고의 종교 회의에서 파문되었다. 펠라지우스는 자신의 이설을 변호하기 위해서 아우구스티누스의 《자유 의지론》에서 몇몇 문장을 인용하려고 했다. 그러나 주교 아우구스티누스는 《죄인의 응보와 용서 그리고 유아의 세례》(*De peccatorum meritis et remissione, et de baptismo parvulorum, ad Marcellinum*)에서 자신의 입장을 명확히했으며, 이어서 같은 해(412 년)에 《영(靈)과 문자》(*De spiritu et littera*), 그 다음으로 《신앙과 행위》(*De fide et operibus,* 413 년), 《자연과 은총에 대해서 펠라지우스파를 반박함》(*De natura et gratia contra Pelagium,* 415 년), 그리고 《인간의 의로움의 완성》(*De perfectione iustitiae hominis,* 415 년)에서 자신의 입장을 확고히했다. 그러나 아우구스티누스는 반(反)펠라지우스 논쟁으로는 만족하지 아니하고, 야만족의 제국 침입을 배경으로 씌어진 가장 위대하고 가장 유명한 저서 《신국론》(*De Civitate Dei,* 426 년에 완성) 22 권을 413 년에 쓰기 시작했고, 또 《시편 상해》(*Enarrationes in Psalmos*)를 준비했다. 나아가서, 그는 스페인의 주교 프리실리아누스에게서 비롯된 이설에 반대하는 책 《프리실아누스와 오리제네스의 무리를 반박함》(*Ad Orosium, contra Priscillianistas et Origenistas,* 415 년)과 반펠라지우스 논쟁의 과정에서 《펠라지우스 소송 의사(議事)》(*De Gestis Pelagii,* 417 년) 및 《그리스도의 은총과 원죄》(*De Gratia Christi et peccato originali,* 418 년)를 발표했다. 아우구스티누스는 이러한 모든 저서도 부족하게 보여서 수많은 편지와 설교는 말할 것도

8) *Epist.,* 118.

없고 《삼위 일체론》을 완성하고, 《요한 복음서론》(*In Joannis Evangelium,* 416 년~417 년)과 《요한의 편지 주해》(*In Epistolas Joannis ad Parthos,* 416 년)를 썼다.

418 년 펠라지우스파는 처음에는 아프리카 주교 회의에서, 다음으로는 황제 호노리우스에 의해서, 마지막으로는 교황 조시무스에 의해서 이단으로 선고받았으나 논쟁은 아직 끝나지 않았다. 아우구스티누스는 에클라눔의 이단 주교 율리아누스(Julianus Apostata)로부터 원죄의 개념을 고안해 내었다고 비난받자 《결혼과 육욕에 대해서》(*De nuptiis et concupiscentia,* 419 년~420 년)라는 책을 써서 이에 대답했다. 그러면서 한편, 420 년에 그는 두 권으로 된 《펠라지우스의 두 서간을 반박함》(*Contra duas epistolas Pelagianorum ad Bonifatium Papam*)을 교황 보니파시우스에게 썼으며, 그리고 이어서 421 년에 《펠라지우스의 이설의 옹호자 율리아누스를 반박함》(*Contra Julianum haeresis Pelagianae defensorem,* 6 권)을 썼다. 《영혼과 그 기원》(*De anima et eius origine,* 419 년), 《거짓말을 배척함》(*Contra mendacium ad Consentium,* 420 년), 《율법서와 예언서를 반대하는 자에 답하여》(*Contra adversarium Legis et Prophetarum,* 420 년), 《라우렌시우스에게 보낸 요강, 신앙과 희망과 사랑》(*Enchiridion ad Laurentium, De fide, spe, caritate,* 421 년), 《죽은 이를 위한 배려》(*De cura pro mortuis gerenda, ad Paulinum Nolanum,* 420 년~421 년) 등도 이 시기에 씌어졌다.

426 년 아우구스티누스는 자신이 이제 오래 살지 못할 것으로 느껴져서 자신의 후계자로 사제 에라클리우스(Eraclius)를 지명하여 자기 교구의 장래를 준비했는데, 이 지명은 사람들의 절찬을 받았다. 그러나 그 성인의 집필 활동은 결코 끝나지 않았다. 426 년에서 427 년에 걸쳐 그는 《은총과 자유 의지에 대해서 발렌티누스에게 부침》(*De gratia et libero arbitrio ad Valentinum*), 《힐책과 은총》(*De correptione et gratia*), 두 권으로 된 《개정록》(*Retractiones*)을 발표했는데, 이 《개정록》은 자신의 저서들을 비판적으로 개관한 것으로서, 저작 연대를 결정하는 데 매우 중요한 것이다. 이 시기에는 줄곧 제국의 상황이 악화 일로에 있었으며, 429 년에는 젠세리쿠스가 반달족을 이끌고 스페인에서 아프리카로 왔다. 그러나 아우구스티누스는 저술을 계속하고 있었다. 427 년 그는 《성서 선집》(*Speculum de Scriptura Sacra*) 즉 성서의 원문 발췌를, 그리고 428 년에는 《이단론》(*De haeresibus ad Quodvultdeum*)을 발표하고, 428 년에서 429 년에는 《성도들의 예정》(*De praedestinatione sanctorum ad Prosperum*)과 《인내의 선물》(*De dono perseverantiae ad Prosperum*)을 이어서 발표

하였다. 이어서 아우구스티누스는 429 년 《미완성의 율리아누스 논박》(*Opus imperfectum contra Julianum*)을 쓰기 시작했다. 그것은 이전에 씌어졌으나 428 년에야 비로소 성인의 손에 들어왔던, 펠라지우스파의 율리아누스에 의한 반(反)아우구스티누스 입장의 논문에 대한 반박이었다. 그러나 그는 이 저서를 완성하지 못하고 죽었다. (그래서 미완성이라는 제목이 붙여졌다.) 아우구스티누스는 아리우스파와도 접촉하여 428 년에 《아리우스파의 주교 막시미누스와의 대화》(*Collatio cum Maximino Arianorum episcopo*)와 《이단자 막시미누스를 반박함》(*Contra Maximinum haereticum*)을 발표했다.

430 년의 늦은 봄 또는 이른 여름에 반달족이 히포를 포위했는데, 아우구스티누스는 포위된 그 가운데서 통회 성영(the Penitential Psalms)을 외우면서 430 년 8 월 28 일 죽었다. 그는 아무런 유언도 남기지 않았는데, 포시디우스(Possidius)는 그 이유가 하느님의 한 빈자로서 그가 가진 것이 아무 것도 없었기 때문이라고 말하고 있다. 그 후 반달족은 그 도시를 불태웠으나 성당과 아우구스티누스의 서재는 그대로 남아 있었다. 포시디우스는 아우구스티누스의 생애를 기록했는데, 그 기록은 《라틴 교부집》(*Patrologia Latina*)에 수록되어 있다. "하느님의 일에 대해서 그(아우구스티누스)가 기록한 것을 읽는 사람은 큰 교훈을 얻을 것이다. 그러나 그가 교회에서 설교하는 것을 듣고 볼 수 있었다면 더 많은 교훈을 얻었을 것이며, 또 그와 친밀한 대화를 나눌 특권이 주어져 있었던 사람들은 특히 그러했을 것으로 나는 생각한다.[9]

2. 성 아우구스티누스와 철학

내가 위에서 성 아우구스티누스의 신학 논쟁들에 대해서 언급하고 수많은 신학적인 논문들을 열거한 것이 예상 밖의 것으로 생각될지도 모르겠다. 그러나 몇몇 예외는 있을지라도, 아우구스티누스는 우리가 생각하고 있는 순전히 철학적인 저서를 쓰지 않았다는 것은, 그의 생애와 활동에 대한 위에서의 간단한 서술을 보아서도 명백할 것이다. 물론 이 책(철학사)과 같은 철학 서적에서 아우구스티누스의 순전히 신학적인 학설을 취급하려는 사람은 없겠지만, 그러나 그의 철학적인 학설을 끌어내기 위해서는 당연히 신학적인 저서에 자주 의지하지 않으

9) *Vita S. Aug.*, 31.

면 안 된다. 그러므로 아우구스티누스의 인식론에 대한 지식을 얻기 위해서는 《삼위 일체론》에서 그와 관련된 원문을 찾아볼 필요가 있는가 하면, 《창세기 축어 주석》은 〈종자적 형상설〉(the theory of rationes seminales)을 전개하고 있고 《고백록》은 시간론을 포함하고 있다. 교의 신학과 철학의 영역을 분명하게 구별하는 것이 보통이 되어 있는 오늘의 사람들에게는, 이러한 신학적 주제와 철학적 주제의 혼합이 이상하게도 비조직적인 것으로 보일지 모른다. 그러나 다른 교부들이나 초기의 그리스도교 저자들과 마찬가지로 아우구스티누스가 그러한 구별을 분명하게 하지 않았다는 것을 명심하지 않으면 안 된다. 그러나 그렇다고 하여 아우구스티누스가 진리에 이르는 지성의 능력을 계시없이는 인정하지 않았다거나, 더구나 그것을 부정한 일은 없다. 오히려 그는 그리스도교의 예지를 하나의 전체로 보았으며, 자신의 지성에 의해서 그리스도교의 신앙을 통찰하고 세계와 인생을 그리스도교적인 예지에 비추어서 보려고 노력했던 것이다. 예컨대 그는 이성에 의한 논증을 하느님의 존재 증명에 인용할 수 있음을 잘 알고 있었지만, 그러나 그에게 관심을 가지게 한 것은 하느님의 존재에 대한 단순한 지적인 동의보다는 오히려 마음으로부터의 동의이며 의지에 의한 하느님에의 적극적인 귀의였다. 그리고 실제로는 이러한 하느님에의 귀의가 하느님의 은총을 필요로 하고 있음을 그는 잘 알고 있었던 것이다. 한마디로 말해서 아우구스티누스가 신학자의 역할과 '자연적 인간'을 고찰하는 철학자의 역할이라는 두 역할을 다한 것은 아니다. 오히려 그는 구체적인 인간, 타락하여 구원받을 인류로서의 인간, 실로 진리에 이를 수는 있으나 언제나 하느님의 은총에 이끌려 구원을 가져다 주는 진리를 얻기 위해서 은총을 필요로 하는 인간을 고찰하고 있었던 것이다. 하느님의 존재에 대해 사람을 납득시켜야 하는 문제가 있을 경우라도, 아우구스티누스는 그 증명(하느님의 존재 증명)을 인간의 회심이나 구원의 전체 과정의 한 단계 또는 한 수단으로 보았다고 하겠다. 말하자면 그가 그 증명을 **그 자체로서** 합리적이라고 인정했겠지만, 그러나 그는 그 증명에 마음으로부터 힘차게 동의하기 위한 정신적인 자세가 필요함을 정말 자각하고 있었을 뿐만 아니라, 구체적인 인간에 대한 하느님의 의도를 따른다면 하느님의 존재에 대한 인식으로는 충분하지 않고 은총에 이끌려서 하느님의 계시에 대한 초자연적인 신앙으로 그리고 그리스도의 가르침과 일치하는 삶으로 마땅히 이끌어야 한다는 것을 분명하게 자각하고 있었다고 하겠다. 이성의 역할은 사람을 신앙으로 이끄는 데 있으며, 신앙을 일단 가지고 있는 사람의 이성이 다할 역할은 신앙에서 얻은 바를 깊이 통찰하는 데 있다. 그러나 우선 아우구스티누스가 관심을 갖게 된 것은 하느님에 대한 영혼의 전체적인 관계이다. 우리가 이미 보았듯이 아우구스티누스에 있어서 이성은 자기 자신의 회심의 지적인 단계에서만이 아니라 그의 회심 후에도 그 역할을 지니고 있었다. 이를테면 그는 자기 자신의 체험을 일반화하여, 비록 예지로 접근함에 있어서 이성이 인간의 신앙 준비에 도움이 되겠지만 예지의 온전함은 신앙의 내용을 통찰하는 데 있다고 생각했다. "하느님의 섭리와 이루 말할 수 없는 은혜에 의해서 이루어지는 영혼의 치료는 모든 면에서 완전히 뛰어나 있다. 왜냐하면 그것은 권위와 이성으로 나누어지기 때문이다. 권위는 우리에게 신앙을 요구하고 또 인간을 가르쳐 이성을 준비시킨다. 이성은 이해와 인식으로 이끌며, 누구를 믿어도 좋은가 하는 문제가 고려되고 있는 경우에도 권위는 이성을 전혀 무시하지 않는다"[10)]

이러한 태도는 아우구스티누스적인 전통의 특징이다. 성 안셀무스의 목적은 〈알기 위해서 믿는다〉(Credo, ut intelligam)는 말로 표현되어 있는가 하면, 한편 13세기에 있어서 성 보나벤투라는 신학과 철학의 영역을 뚜렷하게 구별하는 것을 분명히 거부했다. 교의 신학과 철학이라는 학문간의 토마스주의의 구별은 그 두 학문에 있어서 채택될 진행 양식의 구별을 따르는 것으로서, 의심할 나위없이 중세 초기의 태도로부터 필연적으로 도출되었던 것이다. 그러나 이러한 고찰을 떠나서, 이 구별은 계시와 '계시의 도움을 받지 않는' 이성의 지식과의 구별, 즉 초자연적인 영역과 자연적인 영역간의 현실적인 실제적 구별과 일치하는 매우 큰 이점을 분명히 가지고 있다. 그것은 동시에 초자연적인 것에 대한 교리와 자연적 질서에서의 인간 능력에 대한 학설을 옹호하는 것이기도 하다. 그러나 또 한편 아우구스티누스적인 태도는 **있는 그대로의** 인간, 즉 구체적인 인간을 언제나 고찰한다는 이점을 지니고 있다. 왜냐하면 〈사실〉, 인간은 단지 유일의 궁극 목적인 하나의 초자연적인 목적을 지니고 있기 때문이다. 그리고 현실적 존재에 관한 한, 타락하여 구원받을 인간밖에 존재하지 않는다. 말하자면 초자연적인 소명이나 목적을 지니지 않은 순전히 '자연적인 인간'이란 결코 존재하지도 않았고 현재에 존재하지도 않으며 앞으로도 존재하지 않을 것이다. 토마

10) *De vera relig.*, 24, 45.

스주의는 물론 구체적인 인간이 유일의 초자연적 목적을 지니고 있다는 사실을 소홀히하지 아니하고 초자연적인 것과 자연적인 것, 신앙과 이성의 구별을 강조하고 있다고 한다면, 아우구스티누스는 초자연적인 신앙과 은총이 무상으로 베풀어진다는 성격을 조금도 무시하지 아니하고, 언제나 구체적인 인간을 직시하고 우선 하느님에 대한 인간의 현실적 관계에 관심을 지니고 있다.

이러한 이유에서, 아우구스티누스의 '순전히 철학적인' 관념을 그의 사상의 전체 구조에서 해명하지 않으면 안 된다는 것은 극히 당연한 일이다. 이는 물론 아우구스티누스의 사상을 다소 토마스주의적인 관점에서 고찰하는 것이 된다. 그러나 그것은 부당한 연구 방법임을 나타내는 것이 아니라 아우구스티누스의 어떠한 관념이 아카데믹한 의미에서 철학적인가를 묻고 있는 것을 나타내는 셈이다. 이는 사실 그의 관념을 그 사상의 전체적인 관계에서 떼어 놓는 것이 되지만, 그러나 철학이란 무엇인가에 대한 관념을 전제하고 있는 철학자에게서는 달리 어찌할 도리가 없다. 그러나 아우구스티누스의 철학 사상 — 이 말을 토마스주의적인 의미에서 사용하여 — 에 이와 같이 파고드는 것은, 적어도 토마스주의의 아카데믹한 객관적인 분위기에 익숙한 사람에게는 성 아우구스티누스의 지적 업적이 오히려 빈약하다는 생각을 안겨다 주기 쉽다는 것을 인정하지 않으면 안 된다. 왜냐하면 아우구스티누스는 결코 철학 체계 그 자체를 애써 완성시킨 것은 아니며, 토마스주의자가 익숙해져 있는 방법으로 철학 사상을 전개하거나 정의하지도 않았고 구체화하지도 않았기 때문이다. 그 결과, 아우구스티누스가 개별적인 관념이나 명제를 어떤 의미로 사용했으며 그것을 어떻게 정확하게 이해했는지를 명확하게 말하기가 어려운 경우가 드물지 않다. 이를테면 그의 여러 가지 관념에는 우리에게 불만을 주고 우리를 당황하게 하고 이상하게 느끼게 하는 애매함이나 암시 그리고 불명확한 뜻들이 종종 있다. 어쩌면 엄격한 토마스주의자는, 아우구스티누스의 철학에는 성 토마스만큼 완전하게 언급되고 명확하게 표현되어 정의된 것은 아무 것도 없다고 주장할런지 모르겠다. 그러나 아우구스티누스적인 전통은 오늘날에도 그 생명을 잃지 않고 있다는 것이 사실이다. 그리고 어쩌면 아우구스티누스 사상에 있어서 바로 체계화의 미완성이나 결여 또는 바로 그 '암시성'이 그 전통의 생명을 적극적으로 오래 지속시키는 하나의 뒷받침일런지 모른다. 왜냐하면 '아우구스티누스주의자'는 전체적으로 수용 또는 거부되거나 제거될 하나의 완벽한 체계를 상대하고 있는 것이 아니라, 연구 방법이나 착상에 있어서 상당한 발전의 가능성을 지닌 어떤 기본적인 관념을 상대하고 있기 때문이다. 따라서 아우구스티누스주의자는, 비록 아우구스티누스 자신이 실제로 말한 것으로부터 떠나 있을지라도 여전히 아우구스티누스의 정신에 완전히 충실할 수가 있는 것이다.

제 4 장
성 아우구스티누스 2 : 인식

1. 지복을 목적으로 하는 인식

우선 먼저 성 아우구스티누스의 '인식론'을 언급하면, 마치 아우구스티누스가 인식에 대한 이론을 그 자체 목적으로서 혹은 형이상학에 이르는 방법론적인 준비로서 애써 완성시키려고 했다는 인상을 줄지도 모른다. 그러나 이 인상은 잘못되었다고 하겠다. 왜냐하면 아우구스티누스는 이른바 인식론을 먼저 열심히 전개하고 나서 다음으로 인식의 실재론적인 이론에 근거하여 체계적인 형이상학을 구성하려고 했던 것은 결코 아니기 때문이다. 스피노자 자신의 말에 의하면,[1] 그가 하느님 또는 실체에 대한 철학의 전개를 목적으로 했던 이유는 그러한 철학만이 정신과 마음을 온전히 만족시키고 영혼에 행복을 가져다 주는 무한하고 영원한 대상에 대한 관상이기 때문이라고 한다면, 더욱더 아우구스티누스에게는 그 같은 말을 할 수 있을 것이다. 왜냐하면 아우구스티누스는, 진리의 인식은 순전히 아카데믹한 목적을 위해서가 아니라 참된 행복, 참된 지복(至福)을 가져다 주는 것으로서 추구되어야 한다는 사실을 강조했기 때문이다. 인간은 자신의 부족함을 느끼고 자기 자신보다 더욱 위대한 대상, 즉 평화와 행복을 가져다 줄 수 있는 하나의 대상을 잡으려고 손을 뻗친다. 그리고 이러한 대상에 대한 인식은 평화와 행복을 달성하기 위한 필수 조건이다. 그러나 그는 인식을 하나의 목적, 즉 지복과의 관계에서 보고 있다. 현명한 자만이 행복할 수

1) *De Intellectus Emendatione.*

가 있으며, 예지는 진리의 인식을 요구한다. 그러나 아우구스티누스가 사색 그 자체를 목적으로 생각한 데는 아무런 문제가 없다. 《아카데미아 학파를 반박함》에서 청년 리첸시우스가 예지는 진리의 탐구에 있다고 주장하고, 레싱(Gotthold Ephraim Lessing, 1729년~1781년)처럼, 행복은 진리의 실제적인 획득이나 소유에 있다기보다는 오히려 진리의 추구에 있다고 말하는 데 대해서 아우구스티누스는 진리에 대한 아무런 지식도 갖지 않은 사람이 예지를 지니고 있다는 것은 터무니없는 일이라고 반론하고 있다. 《지복의 삶》에서[2] 그는, 소유하려고 하는 것을 소유하고 있지 않은 자는 아무도 행복하지 않다고 말하고 있다. 따라서 진리를 찾고 있으나 아직 그것을 찾아내지 못한 사람은 진정으로 행복하다고 말할 수 없다. 아우구스티누스가 스스로 진리를 갈구했던 것은, 그가 그것의 필요를 느꼈기 때문이다. 그는 스스로 도달한 관점에서 자신의 성장 과정을 돌이켜 보고, 그 과정을 그리스도와 그리스도교적인 예지의 탐구 또는 하느님의 미(美)의 매력으로 해석했으며, 그리고 그는 이 체험을 일반화했던 것이다. 그러나 자기 자신의 체험을 이렇게 일반화하는 것이, 그의 관념이 온전히 주관적이었음을 의미하는 것은 아니다. 그는 자신의 심적 내성(內省)에 의해서 인간 영혼이 지니는 원동력을 자기에게 드러낼 수 있었던 것이다.

그럼에도 불구하고, 아우구스티누스는 아카데믹한 의미에서의 '주지주의자'가 아니었고 그의 철학은 행복주의적이었다고 말하는 것은 그가 확실성의 문제를 분명히 의식하고 있지 않았다는 말이 아니다. 그렇다고 "인간은 확실성에 이를 수 있는가?" 하는 문제에 아우구스티누스가 열중하고 있었다고 생각하는 것은 잘못이라고 하겠다. 곧 알게 되겠지만, 그가 이 문제에 대답하기는 했지만, 그러나 그의 성숙기에 있어서의 관심은 오히려 "어떻게 우리는 확실성에 이를 수 있는가?" 하는 문제였다. 우리는 사실 확실성에 이를 수 있다고 생각될지라도, "유한하고 변화하는 인간 정신이 어떻게 영원한 진리, 즉 그 정신을 규제하고 지배하며 따라서 이를 초월하는 진리에 대한 확실한 인식에 이를 수가 있는가?" 하는 문제가 남아 있다. 마니교의 신앙이 좌절되고 나서, 아우구스티누스는 아카데미아파의 회의론에 유혹되어 타락했다. 이 유혹에 대해서 거두었던 자신의 승리를 그는 《아카데미아 학파를 반박함》에서 말하고 있으며, 거기서 그는 적어도 어떤 사실에 대해서는 틀림

2) 2, 10과 14; 4, 27 이하.

없이 확실성에 이를 수 있음을 보여주고 있다. 이것을 볼 때 우리는, 그가 '플라톤파의 저서들'을 읽고서 어떻게 영원하고 필연적인 진리를 확실히 알 뿐만 아니라 이 진리가 영원하고 필연적이라는 것도 알 수 있는가 하는 문제에 착안했다는 것을 알 수 있는 것이다. 플라톤은 이 사실을 상기설(the theory of reminiscence)에 의해서 설명했다. 그러나 아우구스티누스는 이를 어떻게 설명하려고 했던가. 그가 이 문제에 대해서 관심을 품게 되었던 것은 확실히 그 문제 자체 때문이지만, 그러나 그는 또 자신이 올바른 해답이라고 생각했던 그 속에 이미 하느님의 존재와 작용이 분명하게 증명되어 있다고 보았던 것이다. 이리하여 영원한 진리의 인식은, 이 인식을 반성함으로써 마땅히 영혼을 하느님 자신과 하느님의 활동에 대한 인식으로 이끌어 간다는 것이다.

2. 회의주의에 대항하여

이미 말한 바와 같이, 아우구스티누스는《아카데미아 학파를 반박함》에서 우선 예지는 행복에 관계하고 진리의 인식은 예지에 관계하고 있음을 애써 제시하고 있다. 그러나 그는 또, 회의주의자일지라도 어떤 진리에 대한 확신, 예컨대 상반하는 두 개의 명제 가운데 하나는 진리이고 다른 것은 허위라는 것에 대한 확신을 지니고 있다는 것을 명백히하고 있다. "하나의 세계가 있거나 그렇지 않으면 여럿의 세계가 있다는 것은 확실하다. 만일 여럿의 세계가 있다고 한다면, 세계의 수가 유한하거나 그렇지 않으면 무한하다는 것도 확실하다." 그와 마찬가지로 나는 세계에는 시작도 끝도 없든가, 시작은 있으나 끝이 없든가, 시작은 없으나 끝은 있든가, 시작도 있고 끝도 있든가 그 중 어느 하나라는 것을 알고 있다. 달리 말하면, 나는 적어도 모순율을 확신하고 있다.[3] 나아가서 나는 현상과 실재는 언제나 일치하고 있다고 생각하는 데서 때때로 속고 있다고 할지라도 적어도 나의 주관적인 인상(印象)만은 확실하다고 생각하고 있다. "나는 감각에 대해서 하등 불평할 것이 없다. 왜냐하면 감각이 줄 수 있는 그 이상의 것을 감각에 요구하는 것은 부당하기 때문이다. 말하자면 눈은 볼 수 있는 것은 무엇이든 정확하게 보고 있다. 그렇다면 물 속에 노(oar)가 있을 경우, 눈이 보고 있는 그것은 정확한가? 매우 정확하다. 왜냐하면 비록 노가 그

3) *C. Acad.*, 3, 10, 23.

렇게(즉 굽게) 보이는 이유가 인정될지라도, 그 노가 물에 넣어져 있는 경우에 그것이 곧게 보였다고 한다면, 오히려 나를 그르치게 하는 나의 눈을 마땅히 비난해야 할 것이다. 왜냐하면 그러한 상황에서 눈이 마땅히 보아야 할 것을 보려고 하지 않았기 때문이다. …그러나 내가(굽게 보이는 사실에) 동의한다면 어떤 사람은 내가 기만당하고 있다고 말할 것이다. 그러므로 현상이 제시하고 있는 것 이상의 것에 동의하지 않는다면 속는 일은 없을 것이다. 왜냐하면 아무리 회의주의자일지라도 "나는 이 대상이 내게는 희게 보인다는 것을 알고 있다. 이 소리는 내게 즐거움을 주고 있음을 나는 알고 있으며, 이 냄새는 나에게 만족스럽다는 것을 나는 알고 있다. 나는 이것이 나에게는 단맛이 난다는 것을 알고 있으며, 이것은 나에게는 차갑게 느껴지고 있음을 나는 알고 있다"[4]고 말하는 사람을 거부할 수 없기 때문이다. 성 아우구스티누스는 위 대목에서 에피쿠로스 학파를 언급하고 있으나, 그가 거기서 말하고 있는 것은 분명히, 사물이 감각에 드러나는 그대로 객관적으로 존재하고 있다고 판단하는 데서 우리는 기만당하고 있을지 모르나, 감각 그 자체는 결코 거짓말을 하거나 속이지 않는다는 것이다. 노가 단순히 굽게 보이는 그 자체는 아무런 속임수도 아니다. 왜냐하면 그 경우 노가 곧게 보인다고 한다면, 어딘가 나의 눈이 잘못되어 있을 것이기 때문이다. 나아가서 만일 내가 노 그 자체가 실제로 굽어 있다고 판단한다면, 나는 판단에 있어서 그릇되어 있다. 그러나 내가 단지 "그것이 나에게는 굽게 보인다"고 말하는 한에서는, 나는 진실을 말하고 있는 셈이며, 나는 진실을 말하고 있다는 것을 알고 있다. 그와 마찬가지로 내가 더운 방안에서 나와서 미지근한 물 속에 나의 손을 넣는다면, 물은 나에게 차갑게 느껴질 것이다. 그러나 그때 내가 단지 "물은 나에게 차갑게 **여겨진다**"고 말하는 한에서는, 나는 확실히 진리라고 확신하고 있는 그 무엇을 말하고 있으며, 어떠한 회의주의자도 이 경우의 나를 부정할 수는 없다.

그리고 또, 의심하고 있는 그 누구도 자신이 의심하고 있다는 사실만은 알고 있다. 따라서 그는 적어도 이 진리만은, 즉 그가 의심하고 있는 사실만은 확신하고 있는 것이다. 그러므로 진리와 같은 것의 존재 여부를 의심하고 있는 사람은 누구든 적어도 하나의 진리만은 알고 있다. 따라서 바로 의심하는 그의 능력 자체가 진리와 같은 사실이 있

4) 같은 책, 3, 11, 26.

다는 것을 그에게 마땅히 확신시켜 주고 있다고 하겠다.[5] 우리는 또 수학적인 진리를 확신하고 있다. 누구든 7에 3을 더하면 10이 된다고 말하는 경우, 그는 마땅히 10이 되어야 한다고 말하고 있는 것이 아니라 10이 된다는 것을 말하고 있는 것이다.[6]

3. 경험적 인식

그러나 실재하는 존재에 대해서는 어떤가. 우리는 어떤 실재하는 대상의 존재를 확신하고 있는가. 그렇지 않으면 우리의 확신은 추상적인 원리와 수학적인 원리에만 한정되어 있는가. 인간은 적어도 자신의 존재를 확신하고 있다고 아우구스티누스는 대답하고 있다. 가령 인간이 다른 피조물이나 하느님의 존재를 의심하고 있다고 가정할지라도 그가 의심하고 있다는 그 사실 자체가 그가 존재하고 있다는 것을 보여주고 있다. 왜냐하면 만일 그가 존재하지 않는다면, 그는 의심조차 할 수도 없기 때문이다. 인간은 자신이 존재하고 있다고 생각하도록 속고 있다는 말은 아무런 소용이 없다. 왜냐하면 "만일 당신이 존재하지 않는다면, 당신은 어떤 일에 있어서도 속을 수가 없기"[7] 때문이다. 이와 같이 아우구스티누스는 데카르트의 생각을 앞질러서, 〈만일 내가 속고 있다면 나는 존재한다〉(Si fallor, sum)고 말하고 있다.

아우구스티누스는 존재라고 하면 곧 생활과 인식 작용을 연상하고 있다. 《자유 의지론》에서[8] 그는, 인간에게 있어서 자신이 존재한다는 것은 분명하며, 이 사실은 만일 인간이 살아 있지 않다면 분명하지 않을 것이며 또 분명할 수도 없을 것이라고 지적하고 있다. 게다가 또, 인간은 자신이 존재하고 있다는 사실이나 자신이 살고 있다는 사실을 알고 있다는 것도 자신에게는 분명하다. 따라서 인간은 세 가지의 사실, 즉 자신이 존재한다는 것, 자신이 살고 있다는 것, 그리고 자신이 인식하고 있다는 것을 확신하고 있다. 그와 마찬가지로 《삼위 일체론》에서[9] 그는, 인간이 잠들어서 꿈속에서 그러한 것들을 보고 있다고 회의주의자가 넌즈시 말한들 소용이 없다고 말하고 있다. 왜냐하면 인간은 자신이 잠들어 있다는 사실이 아니라 자신이 살아 있다는 사실, 즉 "그가 잠들어 있건 깨어 있건간에 그는 살아 있다"는 것을 긍정하고 있기

5) *De vera relig.*, 39, 73.
6) *De lib. arbit.*, 12, 34.
7) 2, 3, 7.
8) 2, 3, 7
9) 15, 12, 21.

때문이다. 비록 그가 미치광이일지라도 여전히 그는 살아 있을 것이다. 그리고 또 인간은 자신이 바라고 있는 바를 확실히 의식하고 있다. 만일 어떤 사람이 자신은 행복하기를 바라고 있다고 말하는 경우, 그가 속고 있다고 그에게 암시해 주는 것은 건방진 수작에 불과하다. 회의론자적인 철학자들은 신체상의 감각과 그 감각이 우리를 기만하는 방법에 대해서 허튼 소리를 할지 모르지만, 그러나 그들은 감각의 힘을 빌지 않고는 정신이 스스로 지니고 있는 확실한 인식을 무효로 할 수가 없다.[10] "우리는 존재하고 있으며, 우리는 존재하고 있다는 사실을 알고 있고, 또 우리는 이 사실과 이 사실에 대한 인식을 사랑하고 있다. 내가 방금 열거한 이 세 가지의 것에 대해서는, 우리를 속일지 모른다는 불안이 생기지 않는다. 왜냐하면 우리는 외적인 대상의 경우처럼 신체상의 감각에 의해서 그 세 가지에 이르지는 않기 때문이다."[11]

이리하여 아우구스티누스는 우리가 내적 체험, 즉 자기 의식에 의해서 인식하고 있는 것의 확실성을 주장하고 있다. 그러나 그는 외적인 대상, 즉 우리가 감각에 의해서 알고 있는 사물의 인식에 관해서는 어떻게 생각하고 있는가? 우리는 이들 외적 대상에 관해서도 확실성을 지니고 있는가? 아우구스티누스는 감각의 대상에 관련되는 판단에서 우리가 속을 수 있다는 것을 잘 알고 있었다. 그리고 그의 몇 가지 말들은 예컨대 뜨거움 또는 차거움에 관한 판단이 어느 정도까지는 감각기관의 상태에 의존한다는 의미에서 감각 인상의 상대성을 그가 알고 있었음을 밝혀 주고 있다. 더구나 그는 감각에 의해서 파악될 수 있는 대상이 인간 지성의 본연적인 대상이라고는 생각하지 않았다. 그는 주로 하느님을 향하는 영혼의 태도에 관심을 가지고 있었기 때문에, 정신이 하느님에게로 올라감에 있어서 비록 영혼 자체가 더 적합한 하나의 출발점일지라도 유형적(有形的)인 대상들도 이 경우의 한 출발점이 된다고 그에게는 생각되었던 것이다. 말하자면 우리는 진리가 깃들어 있는 우리들 자신을 재발견하여 하느님의 모습인 영혼을 하느님에게 이르는 징검다리로 마땅히 사용해야 한다는 것이다.[12] 비록 감각의 대상인 유형적인 것이 본질적으로 변화할 수 있어서 하느님을 드러내는 데는 영혼보다 훨씬 적절하지 못할지라도, 또 감각적인 것에 집중함으로써 더 해로운 오류가 생길지라도 우리는 인식의 대부분에 있어서 감각

10) 같은 책, 같은 곳.　　11) *De Civit. Dei*, 11, 26.

12) *De vera relig.*, 39, 72 ; *Serm.*, 330, 3 ; *Retract.*, 1, 8, 3 ; 등등 참조.

에 의존하고 있으며, 그리고 아우구스티누스는 감각의 대상에 관해서 순전히 회의적인 태도를 취할 의도라고는 조금도 갖지를 않았다. 감각인식에 있어서의 오류의 가능성을 인정하는 것은 감각에 대한 신뢰를 전면적으로 거부하는 것과는 전적으로 다른 것이다. 그런 까닭에, 철학자들은 감각에 반대하여 말할런지 모르나 자기의 존재 의식을 거부할 수는 없다고 말한 뒤에, 곧 이어서 아우구스티누스는 다음과 같이 말하고 있다. 즉 "우리가 신체상의 감각에 의해서 익혀 온 진리를 의심할 생각은 조금도 없다. 왜냐하면 우리는 감각에 의해서 하늘과 땅을 아는 방법을 배워 왔기 때문이다." 우리는 또 다른 이들의 증언을 근거로 하여 많은 것을 배우고 있으며, 우리가 때때로 속고 있다는 사실은 모든 증언을 믿지 않을 아무런 정당한 이유가 되지 않는다. 따라서 우리가 때때로 감각의 대상에 관해서 속고 있다는 사실이 철저한 회의론의 근거가 되지는 않는다. "우리들 자신의 감각만이 아니라 다른 이들의 감각도 우리의 인식에 많은 보탬이 되어 왔다는 것을 우리는 인정하지 않으면 안 된다."[13] 실제 생활에 있어서 감각을 신뢰할 필요가 있으며,[14] 그리고 감각은 결코 믿을 바가 못된다고 생각하는 사람은 감각을 믿음으로써 범할지 모르는 어떠한 오류보다도 더욱 큰 오류를 범하게 된다. 그러므로 아우구스티누스는, 우리는 감각을 '믿고' 있어서 우리가 다른 이들의 증언을 신뢰하듯이 감각을 신뢰하고 있다고 말하고 있다. 그러나 그는 가끔 '믿는다'는 말을 직접적인 내적 인식에 반대하여 사용하고 있지만, 이러한 '믿음'에 충분한 동기가 없다는 것을 말하려는 것은 아니다. 그러므로 어떤 사람이 예컨대 이것 또는 저것을 이해한다거나 바라고 있다는 자기 자신의 정신 상태에 관한 사실을 나에게 말하는 경우, 나는 그것을 '믿는다'. 그가 단순히 자기 개인의 정신에 있어서가 아니라 인간 정신 자체에 있어서 진실한 것을 말하는 경우, "나는 그것을 인정하여 이에 동의한다. 왜냐하면 나는 그가 말하고 있는 것이 진실하다는 것을 자기 의식과 내성(內省)에 의해서 알고 있기 때문이다."[15] 요컨대 아우구스티누스는 〈만일 내가 속고 있다면, 나는 존재한다〉는 말에 의해서 데카르트의 생각을 앞지르고 있었을지라도, 그는 외계가 실제로 존재하고 있느냐 없느냐를 문제삼지는 않았다. 비록 우리가 흔히 외계에 대해서 잘못된 판단을 하고, 또 우리들 자신의 감각에 의한 증거이든 다른 이들에 의한 증거이든 외계에 대한 그 증거가 언제나 신뢰할 수는 없다는 것을 그가 분명히 알고 있

13) *De Trinit.*, 15, 12, 21.   14) *Conf.*, 6, 5, 7.   15) *De Trinit.*, 9, 6, 9.

었을지라도, 외계가 존재한다는 것에 대해서 그는 조금도 의심을 품지 않았던 것이다. 그는 영원한 진리의 인식과 이 인식이 지니는 하느님에 대한 관계에 특히 관심을 지니고 있었기 때문에, 감각의 대상인 변화하는 사물의 인식에 대한 고찰에 많은 시간을 바칠 수는 없었다. 사실, 그의 '플라톤주의'는 영성적인 것에 대한 그의 관심과 태도에 관련되어 있기 때문에, 그는 유형적인 대상들을 인식의 본래 대상으로는 보지 않게 되었다. 왜냐하면 그 유형적인 대상들은 변화할 수 있고 또 그 대상들에 대한 우리의 인식은 그 대상들 자체와 마찬가지로 언제나 같은 상태에 있지 아니하는 감각이라는 신체 기관에 의존해 있기 때문이다. 만일 우리가 감각 대상에 대한 '참다운 인식'을 지니고 있지 않다고 한다면, 그것은 단순히 주관의 어떤 결함에 의해서일 뿐만 아니라 객관의 근본적인 결함 때문이기도 하다. 달리 말하면, 감각 인식에 대한 아우구스티누스의 태도는 데카르트적이라기보다는 오히려 플라톤적이라고 할 수 있다.[16]

4. 감각의 본성

인식의 최저 단계는 감각에 의존하는 감각 인식이다. 플라톤의 영혼론(심리학)을 따라서 아우구스티누스는 감각 작용을 감각 기관을 도구로서 사용하는 영혼의 행위로 보았다. 〈감각은 신체에 속하지 아니하고 신체를 통해서 영혼에 속한다.〉 영혼은 신체 전체에 생명을 부여하고 있으나, 영혼이 신체의 어떤 부분, 즉 특정한 감각 기관에서 그 활동을 증가하거나 강화하는 경우 감각 능력을 행사한다.[17] 이 이론에서는 감각 인식에 있어서의 어떠한 결함도 감각 작용의 도구, 즉 감각 기관과 감각 대상 그 양자의 가변성에서 생겨날 수밖에 없게 된다. 이는 아우구스티누스가 실제로 생각한 바이다. 인간의 이성혼(理性魂)은 자신 가운데서 또 자신을 통해서 영원한 진리를 관상할 때 비로소 참다운 인식을 하게 되고 참다운 확실성에 이른다. 말하자면 이성혼이 물질적인 세계를 향하여 신체상의 기관을 사용할 때는 참다운 인식에 이를 수 없다. 아우구스티누스는 플라톤과 더불어 참다운 인식의 대상은

16) 스코투스는, 감각 인식이라는 것은 원죄와 관련되어 있을지도 모른다는 성 아우구스티누스의 생각을 되풀이했다.

17) *De Musica*, 6～5, 9, 10 참조 ; *De Trinit.*, 11, 2, 2～5.

불변한다고 생각했는데, 이에서 변화하는 대상의 인식은 참다운 인식이 아니라는 결론이 반드시 나온다. 이러한 인식은 실제 생활에 절대로 필요한 인식의 한 형태 또는 한 단계인 것이다. 그렇기 때문에, 변화하는 것의 영역에만 집중하는 사람은 불변적인 것의 영역을 경시하지만 사실 인식의 본래 의미에서는 이 영역이야말로 인간 영혼에 상응하는 대상이다.

엄밀한 의미에서 감각은 물론 인간이나 짐승에게 공통적이다. 그러나 인간은 유형적인 사물에 대한 이성적인 인식을 지닐 수 있고 또 실제로 지니고 있다. 성 아우구스티누스는 《삼위 일체론》에서,[18] 짐승은 유형적인 것들을 감각하여 그것을 기억하거나 자신에게 이로운 것은 추구하고 해로운 것은 피할 수 있으나, 일부러 그것을 기억하거나 마음대로 그것을 생각해 낼 수 없으며 이성의 사용을 필요로 하는 어떠한 다른 작용도 수행하지 못한다고 지적하고 있다. 그 까닭에 감각 대상의 인식에 관해서는 인간의 인식이 짐승의 인식에 비하여 본질적으로 우수한 것이다. 나아가서 인간은 유형적인 사물에 관하여 이성적인 판단을 내릴 수 있으며 그것을 영원한 규준에 비추어서 알 수가 있다. 가령 한 대상이 다른 것보다 더 아름답다고 판단한다면, 이 비교 판단(미의 객관성을 인정하는 경우)은 미의 영원한 규준에 대한 관계를 의미하고 있다. 또 한편으로, 어떤 선은 곧고 또 어떤 선은 곧지 않다든지, 이 도형은 잘 그려진 원이라는 판단은 이념상의 똑바름과 완전한 기하학적인 원에 대한 관계를 의미하고 있다. 달리 말하면 이러한 비교 판단은 '이데아'(이는 순전히 주관적인 것으로 이해되어서는 안 된다)에 대한 관계를 의미하고 있다. "비유형적인 영원한 이념을 따라 이러한 유형적인 사물들을 판단하는 것은 고차적인 이성의 역할이다. 만일 그 영원한 이념이 인간 정신을 초월해 있지 않다면, 그것은 확실히 불변적일 수 없을 것이다. 그러나 우리 자신의 어떤 것이 이 이념에 이어져 있지 않다면, 우리는 유형적인 사물들을 판단할 규준으로서 그 이념을 사용할 수 없을 것이다. … 그러나 이와 같이 유형적이고 현세적인 것을 취급하는 우리 자신의 그 능력은 우리와 짐승들에게 공통되지 않다는 의미에서는 과연 이성적이지만 그러나 말하자면 우리 정신의 이성적인 실체로부터 도출되어 있다. 이 실체에 의해서 우리는 가지적인 불변의 진리에 의존하고 집착하며, 또 이 실체는 보다 하위의 것들을 취급하고 지배하는 일을 맡고 있다."[19]

18) 12, 2, 2.

19) 같은 책, 같은 곳.

이것이 바로 성 아우구스티누스가 말하고자 하는 것이다. 인식이라고 부를 수 있는 한에 있어서 인식의 최저 단계는 감각이며, 이는 인간과 짐승들에게 공통적인 것이다. 그리고 인간의 특유한 인식의 최고 단계는, 감각의 도움없이 단지 정신에 의해서 이루어지는 영원한 것(예지)에의 관상이다. 그러나 이 두 단계 가운데는 일종의 중간 단계가 있어서, 거기서 정신은 영원하고 비유형적인 규준을 따라서 유형적인 대상들에 대해서 판단하고 있다. 이 인식의 단계는 하나의 이성적인 단계이므로 짐승들에게는 없는 인간 특유의 것이다. 그러나 이 단계는 감각을 사용하여 감각적인 대상에 관계하므로, 영원한 비유형적인 대상에 대한 직접적인 관상의 단계보다는 한층 낮은 단계이다. 나아가서 이성의 이와 같은 저급한 사용은 행위를 대상으로 하는 반면에 예지는 실천적이 아니라 관상적이다. "현세적인 사물들을 이용하는 우리의 행위는 영원한 것의 관상과는 다르다. 전자는 인식으로, 후자는 예지로 분류된다. …이러한 구별에 의해서 예지는 관상에 속하고 인식은 행위에 속해 있음을 이해하지 않으면 안 된다."[20] 관상적인 예지를 증진시키는 것이 이상이기는 하지만, 동시에 우리의 이성은 한편 '현세 생활을 위해서 불가결한' 가변적인 유형적 사물들을 이용하도록 되지 않으면 안된다. 그러나 우리가 현세적인 것을 소중히 할 경우, 우리는 이로 하여금 영원한 것을 달성하는 데 도움이 되게 하여 "현세적인 것을 가볍게 넘어서 영원한 것으로 나아간다"는 식으로 그렇게 해야 한다.[21]

이러한 사고 방식은 뚜렷하게 플라톤적인 성격을 띠고 있다. 그 성격에서 볼 때 그것은 플라톤과 마찬가지로 영원한 비물질적인 실재에 비해 감각 대상을 경시하고, 생활에 불가피한 실제적인 지식을 인정하기를 거의 싫어하며, '관조적인'(theoretic) 관상을 강조하면서 인식론적인 상승을 지향하여 영혼의 정화를 촉진하고 감각의 속박으로부터 자유로와질 것을 강조하고 있다. 그러나 아우구스티누스의 태도가 플라톤주의를 단순히 채용한 데 불과하다고 보는 것은 잘못이라고 하겠다. 플라톤적이며 신(新)플라톤주의적인 주제들이 이용되고 있기는 하지만, 그러나 아우구스티누스의 관심은 무엇보다도 먼저 인간의 초자연적인 목적, 즉 하느님의 소유와 직관에 있는 지복의 달성에 있다. 그리고 그는 플라톤적인 전통에서 채용하여 주지주의적인 표현 방법을 흔히 사용하고 있음에도 불구하고, 그의 사상의 구조 전체에서는 언제나 사랑

20) 같은 책, 12, 14, 22.

21) 같은 책, 12, 13, 21.

이 우위를 차지하고 있다. 〈나의 중력은 나의 사랑이다〉(**Pondus meum, amor meus**). [22] 사실 이·점에 있어서도 플라톤주의와 유사하지만, 아우구스티누스에 있어서의 목적은 비위격적(非位格的)인 선(善)이 아니라 위격적인 하느님에 도달하는 데 있음을 잊어서는 안 된다. 그는 사실 그리스도교의 근본적인 인생 철학을 전개하는 데 훌륭하게 적용될 수 있다고 생각한 학설을 플라톤주의 가운데서 찾았던 것이다.

5. 이데아

감각의 대상, 즉 유형적인 것은 그 가치에 있어서 인간 지성에 미치지 못한다. 인간 지성은 그 감각 대상을, 그것이 도저히 미치지 못하는 어떤 규준과의 관계에서 판단하고 있다. 그러나 정신에 의해서 그것이 발견되어 정신이 그것에 반드시 동의하고, 그것을 고치거나 실제와는 달리 있을 것으로 판단할 여지가 없다는 의미에서 인간 정신을 초월하는 다른 인식 대상이 있다. 예컨대 나는 어떤 예술 작품을 보고 그것이 더 또는 덜 아름답다고 판단하고 있으나, 이 판단은 미의 규준, 즉 하나의 객관적인 규준이 존재한다는 것만이 아니라 내가 그 규준을 인식하고 있다는 것마저도 나타내고 있는 것이다. 그 이유로서, 만일 내가 미의 규준이나 미 자체 또는 미의 이데아에 대한 어떤 인식을 가지고 있지 않다면 어떻게 내가 이 아치(**arch**) 또는 저 그림이 아름다움에 있어서 불완전하며 결함이 있다고 판단할 수 있을 것인가? 만일 아름다운 것들처럼 가변적이거나 불완전하지 아니하고 불변하여 항구적이고 완전하며 영원한 하나의 객관적인 규준이 없다고 한다면, 내가 객관적이라고 생각하고 있는 그 판단이 어떻게 근거를 지닐 수 있겠는가? [23] 그리고 기하학자는 완전한 원과 선을 생각하여 이 완전한 규준을 따라서 이에 근사한 원과 선을 판단하고 있다. 둥근 것들은 일시적이며 사라지나, 원형 그 자체의 본성이나 원의 이데아(관념)와 그 본질은 변하지 않는다. 또 우리는 일곱 개의 사과에 세 개의 사과를 더하여 열 개의 사과로 만든다. 우리가 헤아리는 그 사과들은 감각적이며 가변적인 대상들로서 일시적이며 소멸하지만, 사물을 떠나서 그 자체로서 생각되어진 일곱과 셋이라는 수가 더함으로써 열(10)이 된다고

22) *Conf.*, 13, 9, 10.

23) *De Trinit.*, 9, 6, 9~11 참조.

수학자는 알고 있으며, 이 진리는 필연적이고 영원하여 감각적인 세계나 인간적인 정신에 의존하지 않는다는 것을 그는 깨닫고 있다.[24] 이 영원한 진리들은 만인에게 공통된다. 예컨대 어떤 사람에게 차갑게 생각된다 하여 그것이 다른 사람에게도 반드시 차갑게 생각되는 것은 아니듯이 감각이 개인적인데 비해 수학적인 진리들은 만인에게 공통적이며, 개개인의 정신은 이 진리들을 받아들여 이 진리들은 정신 자체의 작용에서 독립해 있는 절대적인 진리성과 타당성을 지니고 있다고 인정하지 않을 수 없다.

이 점에 있어서 아우구스티누스의 태도는 분명히 플라톤적이다. 예컨대 선과 미의 규준은 플라톤의 제 1 원리(ἀρχαί)인 범형적(範型的)인 이데아에 상응하는 반면에, 이념상의 기하학적인 도형은 플라톤의 사유(διάνοια)의 대상인 수학적 대상(τὰ μαθηματικά)에 상응한다. 따라서 플라톤의 학설에 관해 생겨날 수 있는 같은 문제가 아우구스티누스의 학설에 관해서도 다시 일어난다. 즉 "이들 이데아는 어디에 있는가" 하는 문제이다. (물론 두 사상가에 있어서 문제의 '이데아'는 주관적인 관념이 아니라 객관적인 본질이며, '어디에'라는 물음은 장소를 말함이 아니고, '이데아'는 〈본래〉 불멸하므로, 존재론적인 사태나 상태라고 불리울 수 있는 것을 말한다는 것을 잊어서는 안 된다.) 신플라톤주의자들은 비위격적인 비물질적 본질의 영역, 이를테면 발행되어진 플라톤의 저서에서 적어도 외관상으로는 본질로 지정되어 있는 조건을 받아들이기에 어려움을 느껴서, 플라톤의 이데아들을 하느님에 관한 사유 내용으로 해석하여 그것을 〈누우스〉(Nous) 안에, 즉 일자(the One)로부터 최초로 유출하는 실체로서의 신적 정신 안에 '배치'했던 것이다. (로고스 안에 포함된 것으로서의 이데아에 대한 필론의 이론과 비교하라.) 만일 아우구스티누스가 신플라톤주의의 유출설(流出說, the emanation theory)을 받아들이지 않았다는 사실을 참작한다면, 우리는 그가 이 입장을 받아들였다고 말할 수 있다. 범형적인 이데아와 영원한 진리는 하느님 안에 있다. "이데아는 어떤 원형적인 형상 또는 확고한 불변적인 본질이며, 이는 스스로 형성된 것이 아니라 영원히 존재하여 변함이 없는 것으로서 하느님의 지성 안에 포함되어 있는 것이다."[25] 하느님이 세계를 바보처럼 창조했다고 말하지 않으려면, 이 견해를 받아들이지 않을 수 없다.[26]

---

24) 같은 책, 12, 14, 22～23 ; 12, 15, 24 ; *De lib. arbit.*, 2, 13, 35 ; 2, 8, 20～24.
25) *De Ideis*, 2.
26) *Retract.*, 1, 3, 2 참조.

6. 하느님의 이데아

그러나 곧 어떤 어려움이 생겨난다. 만일 인간 정신이 범형적인 이데아와 영원한 진리를 보고, 게다가 이들 이데아와 진리가 하느님의 정신 안에 있다면 인간 정신은 결국 하느님의 본질을 보는 셈이 되지 않는가? 왜냐하면 하느님의 정신은 그 속에 포함되어 있는 모든 것과 더불어 존재론적으로 하느님의 본질과 동일하기 때문이다. 어떤 저작자들은 아우구스티누스가 실제로 그렇게 생각했다고 믿어 왔다. 철학자들 가운데서도 말브랑슈(Nicolas de Malebranche)는, 인간 정신은 하느님 안에 있는 영원한 이데아를 본다는 그의 이론 때문에 아우구스티누스를 지지한다는 것을 분명히 했으나, 인간 정신은 하느님의 본질을 보되 있는 그대로 보는 것(천국에 있는 자들의 초자연적인 직관)이 아니라 〈밖으로〉 분유될 수 있는 것, 즉 창조의 범형으로서 본다고 말함으로써, 그는 이 경우 인간 정신이 하느님의 본질을 보게 된다는 그럴듯한 논리적인 결론을 피하려고 했다. 본체론자(ontologist)도 영혼은 직접 하느님을 직관한다는 그들의 이론 때문에 아우구스티누스를 분명하게 지지하고 있다.

그런데 아우구스티누스의 몇몇 원문들을 그대로 취한다면, 그러한 해석을 지지하지 않을 수 없게 된다. 그러나 아우구스티누스가 때로는 본체론을 가르친 것처럼 보인다고 할지라도, 그의 사상 전체를 고려한다면 그러한 해석은 분명히 승인할 수 없을 것으로 생각된다. 나는 감히 아우구스티누스가 일관된 주장을 하지 않은 것은 결코 아니라고 말할 용기가 확실히 없지만, 그러나 내가 확신하고 있는 것은, 아우구스티누스의 본체론적인 해석은 영성적인 성격을 띤 자신의 학설과 잘 맞지 않기 때문에, 만일 비본체론적인 해석에 유리한 다른 원문이 있다고 한다면(사실 그러한 원문이 있다) 분명히 본체론적인 원문에는 마땅히 제 2 차적인 위치와 부차적인 가치가 주어져야 한다는 것이다. 전혀 선인(善人)이 아니면서도 영원하고 필연적이 진리 예컨대 수학적인 진리를 이해할 수 있는 사람은 그 진리들을 그 궁극적인 근거에서 알지는 못해도 진리를 확실히 인식하고 있음을 아우구스티누스는 충분히 알고 있었다. 그런데 아우구스티누스는 영성적인 성격을 띤 자신의 학설에서 하느님에게 다가가기 위해서는 도덕적인 정화가 필요함을 크게 강조하고 있고, 또 하느님의 직관은 내세에서 구원받은 자에게 약속되어 있음을 충분히 알고 있다고 한다면, 어떻게 그는 선인이 아닌 그러한 사람이 하느님의 본질을 본다고 생각할 수가 있었을까? 나아가서 성 아우구스티누스 자신이 회심하기 이전에 감각적인 아름다움의 단계를 식별할 수가 있었던 것과 꼭 마찬가지로, 정신적으로나 도덕적으로 하느님으로부터 멀리 있는 사람도 캔터베리의 성당은 콘세트 식의 막사보다도 더 아름답다고 충분히 평가할 수 있다. 《고백록》의 유명한 대목에서 그는 감탄하여 부르짖고 있다. 즉 "옛것이면서도 새로운 당신의 아름다움이여, 너무나 늦게서야 나는 당신을 사랑하게 되었읍니다. … 당신이 아름답게 창조한 당신의 피조물에 나는 추악한 태도로 몸을 의지해 왔읍니다."[27] 그와 마찬가지로 《영혼의 크기에 대해서》[28]에서 그는 미의 관상이 영혼 상승의 종극이 됨을 분명히 긍정하고 있다. 이러한 가르침에서 볼 때, 영원하고 필연적인 진리를 파악함에 있어서 영혼이 실제로 하느님 정신의 내용 자체를 파악하고 있다고 아우구스티누스가 생각했으리라고는 생각할 수 없다. 그가 그와 같이 생각했다고 나타내는 것처럼 보이는 대목은, 문자 그대로 받아들이면 그의 사상의 일반적인 경향과 맞지 않는 플라톤적 및 신플라톤주의적인 표현을 채용했기 때문이라고 설명될 수 있다. 인간 정신에 의해서 파악된 그 영원한 진리의 상태를 아우구스티누스가 어떻게 생각하고 있었는지 정확하게 설명할 수는 없을 것으로 생각된다.(어쩌면 그는 이 문제의 본체론적인 측면을 결코 해결하지 않았을지 모른다.) 그러나 순수한 신플라톤주의적 또는 본체론적인 해석을 받아들이기보다는, 오히려 영원한 진리와 관념이 하느님 안에 있기 때문에, 그것이 관념 발생적인 역할을 다한다고 생각하는 편이, 더 정확하게 말하면 하느님으로부터 인간 정신에 오는 '빛'에 의해서 인간 정신은 영원한 진리 안에 있는 불변성과 필연성의 특징을 알 수가 있다고 생각하는 편이 좋을 것으로 생각된다.

그러나 아우구스티누스의 본체론적인 해석에 대해서는 다시 다음과 같이 생각할 수도 있을 것이다. 성 아우구스티누스는 영원한 필연적인 진리의 파악을 하느님의 존재 증명으로 사용하여, 이러한 진리는 불변적인 영원한 근거를 요구한다고 말하고 있다. 여기서 이 이상의 논의는 하지 않겠으나 다음의 것을 지적해 둘 필요가 있다. 즉 만일 이 논

27) *Conf.*, 10, 27, 38.

28) 35, 79.

증이 어떤 의미를 지닐 수가 있다고 한다면, 그것은 정신이 하느님을 알지 아니하고 동시에 어쩌면 한편 하느님의 존재를 의심하거나 심지어 부정하고 있을지라도 영원한 필연적인 그 진리를 알 수 있다는 가능성을 분명히 전제하고 있다. "당신네들은 하느님의 존재를 의심하거나 부정하고 있지만, 그러나 당신네들은 절대적인 진리를 인식하고 있다는 것을 인정하지 않으면 안 된다. 그리고 나는 이러한 진리의 인식이 하느님의 존재를 암시하고 있다는 것을 당신네들에게 증명해 보이겠다"고 아우구스티누스가 어떤 사람에게 말하려고 하고 있을지라도, 회의론자나 무신론자가 하느님이나 하느님의 정신의 실제적인 내용에 대한 어떤 직관을 갖는다고 그가 생각했다는 것은 거의 불가능하다. 아우구스티누스의 이러한 사고 방식은 본체론적인 해석을 배제하고 있는 것으로 생각된다. 그러나 이 문제에 대해 이 이상으로 추구하기보다는 차라리 아우구스티누스의 조명설(照明說, theory of illumination)에 대해서 약간 언급할 필요가 있다. 왜냐하면, 비록 이 조명설의 해석 그 자체가 다소 불확실하다는 것을 인정하지 않으면 안 되겠지만 그것에 의해서 그의 입장을 이해하기가 더욱 쉽기 때문이다.

7. 조명과 추상

사물에 대한 불변적인 진리는, 그 사물이 태양에 의하듯이 조명되지 아니하면 알 수가 없다고 아우구스티누스는 말하고 있다.[29] 정신을 조명하는 하느님의 빛은 하느님으로부터 온다. 하느님은 '지성의 빛'으로서, 지성에 있어서 밝은 그 모든 것은 하느님 안에서, 하느님에 의해서, 하느님을 통해서 밝아진다.[30] 아우구스티누스 학파에 공통적인 이 빛의 학설에 있어서 아우구스티누스는 플라톤이 선의 이데아를 태양에 비교하고 있는 데까지 소급하는 신플라톤주의적인 주제,[31] 즉 하위의 지적 대상 또는 이데아를 비추는 선의 이데아를 이용하고 있다. 플로티노스에 있어서 일자(一者) 또는 하느님은 태양이며 초월적인 빛이다. 그러나 빛을 비유로 사용했다는 그 자체는, 아우구스티누스가 의도한 바를 그다지 명백하게 나타내고 있는 것은 아니다. 다행하게도 《삼위일체론》에[32] 있는 약간의 대목의 원문이 크게 도움이 된다. 이 책에서

29) *Solil*, 1, 8, 15.
30) 같은 책, 1, 1, 3.
31) *Rep.*, 514~518.
32) 12, 15, 24.

성 아우구스티누스는, 정신의 본성은 "창조자의 섭리를 따라서 자연적인 질서 안에 있는 가지적인 사물을 향할 때, 마치 육안이 유형적인 빛 가운데서 주변 대상을 보는 것과 마찬가지로 독특한 어떤 무형적인 빛 가운데서 그 가지적인 것을 보는 것과 같다"고 말하고 있다. 이 말은, 문제의 그 조명은 마치 육안의 대상에 대해서 태양의 빛이 수행하는 바로 그와 같은 역할을 정신의 대상에 대해서 수행하는 하나의 정신적인 조명이라는 것을 가리키고 있는 것처럼 생각된다. 달리 말하면 태양의 빛이 유형적인 것을 육안에 보이게 하듯이, 하느님의 조명은 영원한 진리를 정신에 보이게 하고 있다. 그러므로 정신에 의해서 보여지는 것은 조명 그 자체도 아니고 지성의 태양인 하느님도 아니고, 오히려 필연적인 영원한 진리에 있는 필연성과 영원성이라는 특성이 하느님의 작용에 의해서 정신에 보여지는 것이라고 하겠다. 이는 확실히 본체론적인 이론이 아니다.

그러나 왜 아우구스티누스는 이러한 조명을 요구했으며, 어째서 그것이 필요하다고 생각했을까? 왜냐하면 인간 정신은 변화하고 현세적이므로, 불변적이고 영원한 것은 인간 정신을 초월하여 그 정신의 능력의 범위를 넘어서 있는 것으로 생각되기 때문이다. "인간 정신이 자기 자신을 알고 사랑할 때는 불변적인 것의 어떠한 것도 알지도 사랑하지도 않는다."[33] 그리고 만일 진리가 "우리의 정신과 똑같은 것이라면, 그 진리도 변화할 것이다." 왜냐하면 우리의 정신은 진리를 보기는 하지만 때에 따라서 그 정도의 차이가 있으며, 바로 그러한 사실이 정신 자체는 변화하는 것임을 보여주고 있기 때문이다. 사실 진리는 우리의 정신에 대해서 보다 못한 것도 동등한 것도 아니고 "보다 낫고 보다 뛰어나 있는 것이다."[34] 따라서 우리의 정신을 초월하는 것을 파악하기 위해서는 하느님의 조명이 필요하다. "왜냐하면 피조물이 제아무리 이성적이고 지적일지라도 스스로 조명되지는 아니하고 영원한 진리를 분유(分有)함으로써 조명되기 때문이다."[35] "하느님은 인간의 정신을 이성적이고 지적으로 창조하셨고, 이에 의해서 정신은 하느님의 빛을 이해할 수 있으며 … 그리고 하느님은 스스로 정신을 조명하여, 진리에 의해서 드러나 있는 것만이 아니라 진리 그 자체마저도 정신의 눈에 의해서 파악할 수 있다."[36] 이 빛은 진리들을 비추어 변화하는 현세적인 인간 정신으로 하여금 진리들이 지니는 불변성과 영원성의 특성

33) *De Trinit.*, 9, 6, 9.

34) *De lib. arbit.*, 2, 13, 35.

35) *In. Ps.* 119 ; *Serm.*, 23, 1.

36) *In Ps.* 118 ; *Serm.*, 18, 4.

을 볼 수 있게 한다.

우리가 이미 보았듯이, 하느님의 조명은 주어진 어떤 독특한 것이라고 성 아우구스티누스는 분명히 말하고 있다. 그러므로 조명설을, 하느님은 인간 지성을 유지하며 창조하고 또 지성의 자연적인 빛은 하나의 분유된 빛이라는 사실을 말하는 데 불과한 것으로 돌려 버리기는 거의 불가능하다고 생각된다. 성 토마스가 성 아우구스티누스에게 보였던 그 같은 존경을 그에게 보이고자 하는 토마스주의자들은, 당연히 그 두 위대한 신학적 철학자가 지니는 의견의 근본적인 차이를 인정하기를 싫어하여 그 양자가 지니는 사상의 차이를 줄이는 방법으로 성 아우구스티누스를 해석하고 싶어한다. 그러나 성 아우구스티누스는 '빛'이라는 말로써 하느님의 통상적인 협력마저 포함하여 지성 그 자체나 그 지성의 활동을 의미하려고 한 것은 결코 아니다. 그가 하느님의 조명의 존재와 활동을 자명한 것으로 가정했던 것은 틀림없이 인간 지성의 결함 때문이다. 특별한 하느님의 조명을 요청했다는 점에서 아우구스티누스는 잘못되었고, 그러한 조명의 필요성을 부정했다는 점에서 성 토마스는 옳았다고 말하는 것은 이해가 가는 태도이기는 하지만, 그러나 비록 성 아우구스티누스가 애매하게 또 비유의 도움으로 말한 것을 성 토마스는 애매하지 않게 명백히 말하고 있었다는 것을 인정할지라도, 만일 그 두 사람의 사상가가 말하고 있었던 것은 같은 것이라고 말하려고 한다면 그것은 그 양자의 입장을 조화시키기 위해서 지나친 억지를 쓰는 것처럼 생각된다.

하느님의 조명이 지니는 역할은 영원한 진리에 있는 필연성의 요소를 정신이 볼 수 있게 하는 것이라는 아우구스티누스 사상의 해석을 받아들여, 나는 여하한 형식의 본체론적인 해석도 거부한다는 것을 이미 말해 두었다. 이를 거부한다는 것은 정신이 예컨대 미의 이데아를 하느님 가운데 있는 그대로 직접 본다는 아우구스티누스의 해석을 분명히 거부하는 것이 된다. 그러나 하느님은 실제로 미의 이데아나 이미 만들어져 있는 다른 규범적인 이데아(즉 이 이데아와의 관계에서 이것은 저것보다 더 아름답다든가, 이 행위는 저 행위보다 더 올바르다고 말하는, 정도(**degree**)에 대한 비교 판단을 우리는 하고 있다)를 정신 속에 주입시킨다는 아우구스티누스의 해석도 나는 인정하고 싶지 않다. 이 극단적인 관념 발생론적인 견해는 하느님이 지니는 조명의 역할을 일종의 이존적(離存的)인 능동 지성의 역할로 생각해 버리게 될 것이다. 사실 그렇게 된다면 하느님 자신은 인간 정신에 이데아를 주입시키는 존재론적으로 이존적인 하나의 능동 지성이 되고, 인간의 감성이나 지성은 아무런 역할도 하지 않고 순전히 수동적 역할밖에는 하지 않을 것이다. (물론 능동 지성을 언급했다고 하여, 아우구스티누스가 아리스토텔레스적인 영혼론에 따라서 생각했거나 말했다는 의미는 아니다.) 이러한 해석은 틀림없이 여러 가지로 말해질 수 있겠지만,[37] 충분하게 만족한 것은 못된다고 생각된다. 성 아우구스티누스에 의하면, 정신에 대한 하느님의 조명의 활동은 시각에 대한 태양 빛의 역할과 비슷하다. 그리고 비록 태양의 빛이 유형적인 사물을 볼 수 있게 할지라도, 아우구스티누스는 확실히 조명을 인간의 주관 속에서 대상의 표상을 만들어 내는 것으로는 생각하지 않았다. 그리고 비록 아우구스티누스의 사상에 있어서 하느님의 조명이 플라톤 철학에 있어서의 상기(想起)에 해당하여 그 조명은 어떤 관념 발생론적인 역할을 수행하는 것처럼 생각될지라도, 아우구스티누스가 문제로 삼았던 것은 우리들이 지니고 있는 개념이나 관념의 내용에 관한 문제가 아니라 **확실성**의 문제라는 것을 잊어서는 안 된다. 말하자면 판단이나 관념의 실제적인 내용보다도 확실한 판단의 형식과 규범적인 이데아의 형식을 문제로 삼고 있는 것이다. 아우구스티누스는 《삼위 일체론》에서,[38] 정신은 "신체의 감각을 통해서 유형적인 것에 대한 지식을 쌓고 있다"고 말하고 있다. 그리고 그가 어쨌든 개념의 형성을 다루고 있는 한에서, 인간 정신이 감각적인 것 가운데 있는 가지적인 것을 판별하여 적어도 어떤 의미에서는 추상 작용과 동등한 것을 수행한다고 그는 생각한 것으로 보인다. 그러나 예컨대 유형적인 것이 더 또는 덜 아름답다는 것을 식별하여 불변적인 규준을 따라서 대상을 판단하게 되는 경우에 정신은 영원한 이데아가 지니는 규제 작용의 빛에 의해서 판단하지만, 그러나 그 이데아 자체는 정신에 보이지 않는다. 비록 정신이 미 그 자체를 직접적으로 보지는 않을지라도, 미 그 자체는 대상이 어느 만큼 미의 규준에 가까운가를 식별할 수 있게끔 정신의 활동을 조명하고 있다. 아우구스티누스에 있어서의 조명이 플라톤에 있어서의 상기의 기능을 대신하고 있다는 것은 이러한 의미에서이다. 나아가서 비록 아우구스티누스가 7, 3, 10이라는 개념을 **우리가 어떻게 가지게 되는가**를 명확하게 지적하고 있지는 않지만, 조명의 역할은 이들 수의 개념을 주입하는 일이 아니라 7에 3을 더하면 10이 된다는 판단을 조명하여 우리로 하여

37) 가령 *Dictionnaire de théologie catholique* 가운데 E. Portalié에 의한 아우구스티누스의 항을 보라.

38) 9, 3, 3.

금 이 판단의 필연성과 영원성을 식별하게 하는 일이다. 이미 참조한 대목[39] 또는 다른 대목으로부터[40] 다음과 같이 결론지을 수 있는 것이다. 우리는 예컨대 말(馬)이라는 유형적인 대상의 개념을 감각에 의거하여 얻고 영혼과 같은 비물질적인 대상의 개념을 자기 의식과 해석을 통해서 얻게 되는 반면에, 이들 대상에 관한 우리의 확실한 판단은 영원한 이데아의 규제적인 작용하에서 '조명'에 의해 이루어지고 있다. 나는 아우구스티누스의 견해에 있어서는 사실 그러하다고 생각하고 있듯이, 만일 조명이 관념 발생론적인 역할을 지니고 있다고 한다면 그 역할은 마치 내용을 주입하는 것처럼 개념의 내용에 대해서가 아니라 개념에 관한 우리의 판단이 지니는 성질 또는 대상의 어떤 특성에 대한 우리의 식별, 즉 규범이나 규준에 대한 그 관계를 찾아내는 데 관계할 것이다. 그리고 그 규준은 사물의 개념 자체 안에 들어 있지 않을 것이다. 만일 그렇다고 한다면 성 아우구스티누스와 성 토마스의 차이는 추상 작용에 대한 그들의 태도에 있다기보다는(왜냐하면 아우구스티누스가 분명하게 말하든 말하지 않든간에 그의 견해는 위에서의 해석과 마찬가지로 적어도 어떤 형식의 추상 작용을 요구하고 있기 때문이다), 오히려 영원하고 필연적인 진리를 정신이 인식함에 있어서 하느님의 창조 작용과 보존 작용 이외에 하느님의 특별한 조명 작용을 요청할 필요가 있다고 아우구스티누스가 생각했던 반면에 성 토마스는 그렇게 생각하지 않았다는 데 있다.

조명에 대한 이와 같은 해석은 성 아우구스티누스가 어째서 영원한 진리에 있는 필연성과 불변성의 성질을 하느님의 존재 증명의 구성 요소가 되는 것으로 생각했는지 이해할 수 있으나, 본체론적인 해석으로는 그것을 설명할 수 없을 것이다. 왜냐하면 만일 정신이 하느님이나 하느님의 이데아들을 직접 알고 있다고 한다면, 어떠한 하느님의 존재 증명도 필요없기 때문이다. 개념의 내용이 어떻게 형성되고 있는가에 대해서 아우구스티누스가 상세하게 설명하지 않았던 것은 유감스러운 일이기는 하지만, 그러나 비록 그가 심리학적인 관찰에 흥미를 지니고 있었을지라도 그는 그 흥미를 학문적인 동기에서라기보다는 오히려 영성적이고 종교적인 동기에서 가졌었기 때문에 역시 그것도 이해할 수 있다. 이를테면 그가 무엇보다 먼저 관심을 보였던 것은 하느님에 대한 영혼의 관계이다. 그리고 영원한 진리의 필연성과 불변성(인간 정

39) 같은 책, 같은 곳.

40) *Solil.*, 1, 8, 15; *In Joann. Evang.*, 35, 8, 3; *De Trinit.*, 9, 15, 24; 등등.

신의 우연성과 가변성에 대조되는 것으로서) 그리고 조명설은 이 관계를 밝혀서 영혼을 자극하여 하느님에게로 향하게 하는 데 도움이 되었던 반면에, 개념의 형성과 같은 것에 관한 연구는 〈나를 인식하고 당신을 인식하나이다〉(Noverim me, noverim Te)에 대해서 그다지 명백한 관계를 지니지 않았다고 하겠다.

위에서 말한 바를 요약해 두겠다. 성 아우구스티누스는 필연, 불변, 영원의 진리를 우리가 어떻게 얻게 되는가 하는 문제를 제기하고 있다. 우리가 이러한 인식을 얻게 되는 것은, 그에게 있어서는 확실히 경험으로부터이다. 우리는 이러한 인식을 단순히 감각 경험으로부터 얻을 수는 없다. 왜냐하면 유형적인 대상은 우연적이고 가변적이며 일시적이기 때문이다. 우리는 진리를 우리의 정신으로부터도 끌어낼 수 없다. 왜냐하면 정신도 역시 우연적이며 변화하기 때문이다. 거기다 또 이러한 진리는 우리의 정신을 규제하고 지배하며, 그 자신을 의무로서 우리의 정신에 부과하고 있다. 그리고 만일 진리가 우리에게 의존해 있다면 그러한 일은 없을 것이다. 따라서 유일한 필연, 불변, 영원의 존재인 하느님의 작용하에서 우리는 이러한 진리를 알 수 있게 된다. 하느님은 우리의 정신을 비추는 태양과 같고 또는 우리를 가르치는 교사와도 같다. 이 점에서 해석상의 어려움이 시작하고 있으나 나는 다음과 같이 해석하고 싶다. 우리가 지니고 있는 유형적인 대상의 개념 내용은 감각 경험과 이에 대한 성찰에서 유래되는 반면에, 하느님의 이데아들이 끼치는 규제적인 영향(이는 하느님의 영향을 의미한다)에 의해서, 현세에서는 직관할 수 없는 영원한 초감각적인 실재에 대한 피조물들의 관계를 우리는 볼 수 있고, 하느님의 빛에 의해서는 필연적인 판단 안에 나타나 있는 개념들 상호 관계에 있어서의 필연성, 불변성, 영원성의 요소를 정신은 식별할 수 있는 것이다. 그러나 성 아우구스티누스는 비유를 사용했기 때문에, 또 그는 본래 인식의 과정에 대해서 체계적이고 '스콜라 철학적'으로 신중하게 정의된 설명을 함에 있어서 흥미를 가지고 있지 않았기 때문에, 그의 사상에 대해서 그가 말한 모든 것을 충분하게 설명할 수 있는 결정적인 해석을 할 수 있을 것으로는 생각되지 않는다.

제 5 장
성 아우구스티누스 3 : 하느님

1. 영원한 진리로부터의 증명

성 아우구스티누스가 즐겨 사용했던 주요한 하느님의 존재 증명은 사유(思維)로부터의 증명, 즉 안으로부터의 증명이라고 말해도 좋을 것이다. 이 증명의 출발점은 필연적이고 불변적인 진리, 즉 "당신이 당신의 것으로나 나의 것으로도 그리고 다른 어느 누구의 것으로도 부를 수 없으면서도 모든 사람들에게 현존하고, 모든 사람들에게 한결같이 주어져 있는"[1] 진리를 정신은 파악한다는 데 있다. 정신은 그 진리 앞에 머리를 숙여 그것을 받아들이지 않으면 안 되므로, 이 진리는 정신을 초월해 있다. 정신은 이 진리를 구성하지도 않으며 그것을 수정할 수도 없다. 오히려 거꾸로 정신은, 이 진리가 정신을 초월하여 정신의 사고를 규제하고 있음을 인정하고 있다. 만일 진리가 정신보다 못하다고 한다면 정신은 진리를 바꾸거나 수정할 수가 있을 것이며, 또 한편 만일 진리가 정신과 동등하거나 같은 성질의 것이라고 한다면 진리 그 자체는 정신이 변화하듯이 변화할 것이다. 정신은 진리를 파악함에 있어서 그 명확성의 정도가 때에 따라 다르지만 진리는 변함없이 언제나 같은 것이다. "그러므로 만일 진리가 우리의 정신보다 못하지도 않고 동등하지도 않다고 한다면, 진리는 마땅히 초월하여 뛰어나 있을 수밖에 없다."[2]

그러나 영원한 진리는 존재에 근거하여 모든 진리들의 근원을 반영

1) *De lib. arbit.*, 2, 12, 33.

2) 같은 책, 같은 곳.

하고 있다. 마치 인간의 상상력이 자신의 바탕이 되어 있는 인간 정신의 불완전성과 가변적인 성격을 반영하고, 감각적인 인상이 자신의 근거가 되어 있는 유형적인 대상을 반영하고 있듯이 영원한 진리는 자신의 근원인 진리 자체를 나타내어 하느님의 필연성과 불변성을 반영하고 있다. 이는 모든 본질적인 규준에 적용된다. 예컨대 어떤 행위가 더 또는 덜 올바르다고 판단한다면, 우리는 그 행위를 본질적인 불변의 규준, 즉 본질이나 '이데아'에 따라서 판단하고 있다. 구체적인 인간의 행위는 달라질지라도 그 규준만은 한결같이 변화하지 않는다. 예컨대 우리는 구체적인 행위에 대해서 영원하고 완전한 규준에 비추어서 판단하고 있으며, 그리고 이 규준은 영원하고 온전히 완전한 존재에 근거하지 않으면 안 된다. 만일 절대적인 진리를 알 수 있는 영역이 있다고 한다면, 그것은 진리의 근원, 즉 "그 안에서, 그에 의해서, 그를 통해서 모든 점에서 참다운 것들이 참답게 되는 그 진리"밖에는 생각될 수 없다.[3)]

영원하고 필연적인 진리의 근원인 하느님에 대한 이 논증은, '아우구스티누스 학파'에 의해서 받아들여졌을 뿐만 아니라 라이프니츠와 같은 저명한 여러 철학자들의 사상 가운데서도 다시 나타나고 있다.

2. 피조물과 일반적 동의로부터의 증명

성 아우구스티누스가 과연 하느님의 존재를 유형적인 외계(外界)로부터 증명하고 있기는 하지만, 그러나 그 문제에 관한 그의 표현은 학문적인 의미에서 전개된 증명이라기보다는 오히려 암시하거나 연상시키는 간략한 서술이다. 말하자면 그의 관심은 하느님이 존재한다는 것을 무신론자에게 증명하기보다는 오히려 영혼이 자기 자신 안에서 체험할 수 있는 하느님, 즉 살아 있는 하느님을 모든 피조물이 어떻게 나타내고 있는가를 설명하는 데 있었다. 그에게 흥미를 가지게 했던 것은 하느님을 향하는 영혼의 다이나믹한 태도였지 순수 이론적인 결론을 지닌 변증법적 논증을 구성하는 일은 아니었다. 최고의 존재가 있다는 것을 순전히 지적인 동의에 의해서 인정하기보다는 그 진리를 몸소 뼈저리게 느끼게 하는 것이 더욱 나은 일이다. 영혼은 행복을 찾고 있으나 많은 이들은 그 행복을 자신들 밖에서 찾는 경향이 있다. 그래

3) *Solil.*, 1, 1, 3.

서 피조물은 영혼이 찾고 있는 완전한 행복을 영혼에게 줄 수는 없으나, 안에서 찾아지지 않으면 안 되는 살아 있는 하느님을 가리켜 주고 있다는 것을 성 아우구스티누스는 보여주려고 노력하고 있다. 아우구스티누스의 증명을 우선 이론적인 의미에서의 변증법적인 증명으로 간주하여, 이에 대해서는 성 토마스가 더욱 적절하게 표현했다는 이유로 그것을 불충분하고 보잘것 없는 것으로 생각하지 않기 위해서는 아우구스티누스의 근본적으로 종교적이며 영성적인 태도에 유의하지 않으면 안 된다. 이 두 사람이 목적으로 하는 바는 온전히 같은 것이 아니었다.

이를테면 아우구스티누스가 시편 73편을 주석하여, "나는 당신의 영혼을 보지 않는데 당신이 살아 있다는 것을 어떻게 내가 알겠는가? 어떻게 내가 알겠는가? 나는 말하고 있고 나는 걷고 있고 나는 일하고 있으니까 하고 당신은 대답할 것이다. 어리석은 자여, 신체의 작용을 보고 나는 당신이 살아 있음을 아는데, 당신은 창조의 업적을 보고도 창조자를 알지 못하는가" 하고 말할 때 그는 과연 하느님의 활동 결과로부터 하느님의 존재 증명을 말하고 있기는 하지만, 그러나 그는 그 증명을 이른바 증명 자체를 위해서 전개하고 있는 것이 아니다. 즉 그는 성서를 해설하는 가운데서 그 증명을 주석의 형식으로 제시하고 있다. 그와 마찬가지로, 그는《신국론》에서[4] "세계와 모든 볼 수 있는 것들의 질서, 배열, 아름다움, 변화, 운동이야말로, 형언할 수 없고 볼 수도 없을 만큼 위대하고 또 아름다운 하느님에 의해서만 만들어졌음을 말없이 보여주고 있다"고 주장하고 있으나, 그는 거기서 체계적인 하느님의 존재 증명을 제시하려고 시도하고 있다기보다는 오히려 그리스도인들에게 하나의 사실을 연상시키고 있다. 그리고 또 아우구스티누스는 창세기를 주석하여[5] "창조자의 능력과 그의 만물을 지배하는 전능한 힘은 모든 각 피조물에 있어서 자기 존재가 존속하는 원인이며, 만일 이 힘이 창조된 것을 언제든 더 이상 섭리하지 않는다면, 곧 그 모든 종(種)들은 소멸하거나 그 모든 자연은 멸망하고 말 것이다. …" 고 말하고 있으나, 그는 거기서 하느님이 피조물을 보존하고 있다는 사실과 그 필연성을 말하고 있으며, 철학적으로 그것을 증명하고 있다기보다는 오히려 이미 인정되어 있는 사실을 자신의 독자들에게 깨닫게 하고 있다.

4) 11, 4, 2.

5) *De Gen. ad litt.*, 4, 22, 22.

다시 요약하여 말하면, 아우구스티누스는 이미 알고 있는 바를 일반적인 동의로부터의 논증으로서 제시하고 있다. 그는 이렇게 말하고 있다. "참다운 하느님의 능력이라는 것은, 이성적인 피조물이 자기 이성을 사용하기만 한다면 그 이성적인 피조물(인간)에게 전혀 드러나지 않고 있을 수는 없다. 왜냐하면 본성이 지나치게 타락해 있는 약간의 사람들을 예외로 한다면, 전 인류가 하느님은 세계의 창조자라고 인정하고 있기 때문이다."[6] 비록 어떤 사람이 다수의 신(神)들이 존재한다고 생각하고 있을지라도, 그는 여전히 '신들의 한 하느님'을 "이 이상으로 뛰어나고 고귀한 것은 존재할 수 없는 어떤 것으로서 … " 생각하려고 하고 있다. 그리고 "하느님을 존엄성에 있어서 다른 모든 것보다 뛰어난 것으로 믿고 있다는 점에서 모든 사람들은 일치하고 있다."[7] 성 안셀무스는 '본체론적인 증명'에서 하느님에 관한 보편적인 관념으로서 "그 이상으로 큰 것은 생각될 수 없는 것"을 들고 있으나, 그는 틀림없이 아우구스티누스의 이러한 말의 영향을 받고 있었다.

3. 여러 단계가 하나의 과정을 이루는 증명

질송(Etienne Gilson)은 《성 아우구스티누스 연구 입문》(*Introduction à l'étude de Saint Augustin*)에서,[8] 성 아우구스티누스의 사상에는 실제로 하나의 긴 하느님의 존재 증명, 즉 여러 단계들로 이루어진 하나의 증명이 있다고 말하고 있다.[9] 이를테면 최초의 회의의 단계와 이 회의에 대한 반박, 즉 진리 탐구를 위한 일종의 방법적인 준비이면서 정신의 진리 획득 가능성을 보증하는 〈만일 내가 속는다면, 나는 존재한다〉를 통한 반박으로부터 영혼(인간)은 감각의 세계를 생각하기 시작한다. 그러나 영혼(인간)은 이 세계에서는 자신이 찾는 진리를 발견하지 못한다. 그래서 그는 내면으로 향하여 자신이 잘못하기 쉽고 변덕스럽다는 것을 생각한 나머지 자신을 초월하여 자신에게 의지하지 아니하는 불변의 진리를 찾아낸다. 이리하여 영혼(인간)은 모든 진리의 근원으로서의 하느님을 파악하기에 이른다.

질송이 제시한 아우구스티누스의 하느님의 존재 증명에 대한 그 전

6) *In Joann. Evang.*, 106, 4. 7) *De doct. Christ.*, 1, 7, 7. 8) 2 장.
9) 또한 G. Grunwald, *Geschichte der Gottesbeweise im Mittelalter*, in *Beiträge*, 6, 3, p. 6 참조.

반적인 묘사는 틀림없이 그 성인의 정신을 잘 나타내고 있으며, 더구나 그것은 사유로부터의 증명 또는 영원한 진리로부터의 증명을 두드러지게 하고 있다는 큰 장점을 지니고 있을 뿐만 아니라, 그 '증명'을 행복의 원천, 즉 객관적인 지복(至福)으로서의 하느님을 찾는 영혼(인간)의 추구와 연결시키고 있다는 이점도 지니고 있다. 이러한 의미에서 그 증명은 단순히 학문적이며 이론적인 삼단 논법의 연속이나 연쇄로 끝나지 않는다. 이러한 관점은 예컨대 아우구스티누스의 제 241 의 설교에서 볼 수 있는 한 대목에 의해서도 확인된다.[10] 그 대목에서 성 아우구스티누스는 인간 영혼을 다음과 같이 묘사하고 있다. 즉 인간 영혼은 감각적인 사물들을 문제삼고 있으면서, 볼 수 있는 세계, 즉 변화하는 사물들의 아름다움은 불변하는 미에 의한 창조와 그 반영임을 감각적인 사물들이 고백하고 있는 소리를 인간 영혼이 엿듣고 있는 것처럼 묘사하고 있다. 그 다음으로 영혼은 내면을 향하여 가서 자신을 발견하고 신체에 대한 영혼의 우위를 깨닫는다. "인간은 이 두 가지를 보고, 숙고하고, 탐구하여 그 각자가 인간에 있어서는 변화한다는 것을 알아내었다." 그래서 정신은 신체와 영혼 양자가 변화한다는 것을 알고 나서 불변적인 것을 찾아 나선다. "이와 같이 인간은 하느님께서 창조한 것들을 통해서 창조자인 하느님을 인식하기에 이르렀던 것이다." 따라서 성 아우구스티누스는 우리가 하느님에 대한 '자연학' 또는 '이성적'인 인식이라고 부르고 있는 것을 결코 부정하지 않는다. 그러나 하느님에 대한 이 이론적인 인식은 지복화의 진리를 찾는 영혼의 추구와의 친밀한 관계에서 고찰되어 그 자체가 영혼에 대한 하느님의 일종의 자기 계시(自己啓示)로 간주되고 있다. 이 계시는 그리스도에 의한 완전한 계시에서 완성되고, 그리스도교적인 기도 생활에서 확인된다. 따라서 아우구스티누스는 자연 신학과 계시 신학의 영역을 명확하게 나누지 않고 있다고 하겠으나, 이는 그가 이성과 신앙의 구별을 알지 못해서가 아니라 오히려 영혼의 하느님 인식을 지복의 유일한 대상이며 근원인 하느님에 대한 영혼의 영성적인 추구와의 친밀한 관계에서 보았기 때문이다. 하르나크(Carl Gustav Adolf von Harnack)는 아우구스티누스가 학문에 대한 신앙의 관계를 분명하게 하지 않았다고 비난하고 있으나,[11] 그는 그 성인이 우선 하느님의 영성적인 체험을 문제삼고 있었다는 것과, 신앙과 이성은 하나의 유기적인 통일을 이루고 있

10) *Serm.*, 241, 2, 2 와 3, 3.

11) *Lehrbuch der Dogmengeschichte*, 제 3 판, t. 3, p. 119.

는 체험 가운데서 제각기 수행할 역할을 지니고 있다는 것을 이해하지 못하고 있다.

4. 하느님의 속성

피조물의 세계가 매우 불충분하기는 하지만 하느님을 반영하여 나타내고 있다는 것과, 또 "만일 크든 작든 찬미할 만한 가치가 사물의 본성 가운데 인정된다면, 그것은 가장 뛰어나고 형언할 수 없는 창조자의 찬미에 적용되지 않으면 안 된다"는 것을 아우구스티누스는 주장하고 있다. 피조물은 과연 소멸하려는 경향이 있기는 하지만, 그러나 그것은 그것이 존재하는 한에서는 어떤 형상을 지니고 있다. 그리고 이 형상은 감퇴하거나 소멸할 수도 없는 어떤 형상의 반영이다.[12] 그러므로 마치 피조물의 선성(善性)과 그 적극적인 실재성이 하느님의 선을 드러내고[13] 우주의 질서와 안정성이 하느님의 예지를 드러내듯이,[14] 자연의 질서와 통일은 창조자의 유일성을 분명히 나타내고 있다.[15] 또 한편으로는 하느님은 자존하는 영원 불변의 존재로서 무한하며, 또 무한하기 때문에 파악할 수 없다. 하느님은 완전 그 자체이며 '순일'(純一)하며, 그래서 하느님의 예지와 인식, 하느님의 선과 능력은 하느님 자신의 본질이며, 이 본질에는 우유성(偶有性)이 없다.[16] 그러므로 하느님은 자신의 영원성에 의해 시간을 초월하듯이 자신의 영성, 무한성, 순일성에 의해서 공간을 초월한다. 말하자면 "하느님 자신에는 공간의 간격도 연장도 없다. 그러나 하느님의 불변하는 탁월한 힘 때문에 만물이 하느님 안에 있으므로 하느님은 만물에 내재하면서, 동시에 만물을 초월하여 있으므로 하느님은 만물 밖에 있다. 그래서 또한 하느님에게는 시간의 간격도 연장도 없지만, 그러나 하느님의 불변하는 영원성 때문에 하느님은 만물에 앞서서 존재하므로 만물보다 오래되었고 또 만물이 있은 뒤에도 존재하므로 만물보다 젊다."[17]

---

12) *De lib. arbit.*, 2, 17, 46.

13) 같은 책, 3, 23, 70.

14) *De Trinit.*, 11, 5, 8.

15) *De Civit. Dei*, 11, 28.

16) *De Trinit.*, 5, 2, 3 ; 5, 11, 12 ; 6, 4, 6 ; 6, 10, 11 ; 15, 43, 22 ; *In Joann. Evang.*, 99, 4 ; 등등.

17) *De Gen. ad litt.*, 8, 26, 48.

5. 범형론

하느님은 자신이 만들고자 했던 모든 것을 영원으로부터 알고 있었다. 즉 하느님은 자신이 그것을 만들었기 때문에 알고 있는 것이 아니라 오히려 그 반대이다. 말하자면 창조된 것은 시간 가운데서만 존재하게 되었지만, 하느님은 태초에 그것을 알고 있었던 것이다. 피조물의 형상(**species**)은 자신의 이데아 또는 〈이념〉(**rationes**)을 하느님 안에 두고 있어서, 하느님은 자기 자신 안에서, 자신이 창조할 수 있었고 창조하고자 했던 것들을 자기 자신을 반영할 수 있는 것으로 보았던 것이다. 하느님은 창조하기 전에는 그것들을 자기 안에 있는 그대로, 즉 범형(範型, **Exemplar**)으로서 알고 있었으나, 그것들을 지금 있는 그대로, 즉 하느님의 자기 본질의 밖으로의 유한한 반영으로서 창조했던 것이다.[18] 하느님은 알지 아니하고는 아무 것도 행하지 않았으며, 자신이 창조하고자 했던 모든 것을 미리 알고 있었다. 그러나 하느님의 인식은 인식의 작용과 다른 것이 아니라 "하나의 영원 불변하는 형언하기 어려운 직관"[19]이다. 하느님이 인간의 자유로운 행위마저도 보고, '예견하고', 예컨대 "우리가 하느님에게 무엇을 간구할 것이며, 그리고 하느님은 언제 누구에게 또 어떤 문제에 대해서 말을 듣거나 또는 듣지 않을 것인가"를[20] '미리' 아는 것은, 과거도 미래도 없는 이 영원한 인식 작용, 즉 직관에 의하고 있다. 이 마지막의 문제점에 대해서는 아우구스티누스의 은총론에 대한 고찰이 필요하므로, 여기서는 충분한 논의를 시도할 수가 없다.

하느님은 영원으로부터 자기 자신의 본질을 관조하므로, 자기 자신 가운데서 있을 수 있는 모든 유한한 본질, 즉 하느님 자신의 무한한 완전성의 유한한 반영을 보고 있다. 따라서 사물들의 본질 또는 〈이념〉은 하느님의 이데아로서 영원으로부터 하느님의 정신 안에 존재하고 있다. 그러나 앞서 말했던 하느님의 순일성에 관한 아우구스티누스의 학설을 고려한다면, 이를 하느님 안에 '우유성', 즉 존재(본체)론적으로 하느님의 본질과는 다른 이데아가 있다는 의미로 알아들어서는 안 된다. 《고백록》에서[21] 성 아우구스티누스는 피조물의 영원한 '이념'은 하

18) 같은 책, 5, 15, 33; *Ad Orosium*, 8, 9 참조.
19) *De Trinit.*, 15, 7, 13.
20) 같은 책, 15, 13, 22.
21) 1, 6, 9.

느님 안에 변함없이 존속한다고 강조하고 있으며, 《이데아론》(*De Ideis*)에서[22] 그는 하느님의 이데아는 "사물들의 어떤 원형적인 형상 또는 항구적인 불변의 이념으로서, 이는 스스로 형성되지 아니하고 하느님의 정신 안에 영원히 들어 있어서 언제나 변함없다"고 설명하고 있다. "이들 형상은 생성하지도 소멸하지도 아니하고, 생성하거나 소멸하는 모든 것은 그 형상들을 따라서 형성되어 있다." 이의 당연한 결과는, 피조물은 하느님의 정신 안에 있는 원형을 구현하여 본받고 있는 한에서 존재론적인 진리를 지니고 있으며, 그리고 하느님 자신은 진리의 규준이라는 것이다. 이 범형론은 물론 신(新)플라톤주의적인 학설의 영향을 받았는데, 그 학설에 의하면 플라톤의 범형적인 이데아는 〈누우스〉(Nous) 안에 들어 있다. 그렇지만 아우구스티누스에 있어서 그 이데아는 말씀 가운데 들어 있으며, 그 말씀은 신플라톤주의의 〈누우스〉처럼 하위의 실체(hypostasis)가 아니라 삼위 일체 가운데 둘째의 위격이며 이는 성부와 일체(consubstantial)인 것이다.[23] 범형론은 아우구스티누스에게서 중세로 전해졌던 것이다. 비록 이것이 아우구스티누스 학파의 특징으로 생각될 수 있을지라도, 성 토마스는 이를 부정하지 않았다는 것을 잊어서는 안 된다. 물론 성 토마스는 이 학설을 말함에 있어서 하느님 안에 존재론적으로 분리되어 있는 이데아들이 있다는 의미가 되지 않도록 조심했다. 왜냐하면 그러할 경우 하느님 안에는 세 위격간의 차이 이외는 어떠한 실재적인 구별도 없게 되므로, 그것은 하느님의 순일성을 손상시키는 하나의 학설이 될 것이기 때문이다.[24] 아퀴나스는 이 점에서 아우구스티누스의 후계자였지만, 범형론 및 하느님의 말씀 안에는 하느님의 이데아들이 있다는 것을 가장 많이 강조했던 13세기의 성 보나벤투라는, 이 강조로 인해 플라톤의 이데아를 배척했던 형이상학자 아리스토텔레스에 반대하는 그의 태도가 강화되었던 것이다.

22) 2. 23) *De Trinit.*, 4, 1, 3,
24) 예를 들어 *Summa Theol.*, Ia, 15, 2 와 3 참조.

제 6 장
성 아우구스티누스 4: 세계

아우구스티누스 사상의 일반적인 경향과 양상이 일단 제시될 경우, 성 아우구스티누스가 물질적인 세계를 그 자체를 위해서 고찰하는 데 특히 흥미를 가지고 있었다고는 거의 생각할 수 없을 것이다. 즉 그의 사상은 하느님에 대한 영혼의 관계를 중심으로 하고 있다. 그러나 전반적으로 보아서 그의 철학에 물질 세계에 대한 학설이 들어 있기는 하지만, 그것은 아우구스티누스 이전의 사상가들에게 채용되어 그리스도교의 테두리 안에 집어 넣어진 요소들로 이루어져 있다. 하지만 아우구스티누스가 자신의 사상을 위해서 그 이전의 사상가들에게 순전히 기계적으로 의지했다고 생각하는 것은 잘못이라고 하겠다. 말하자면 그는 하느님에 대한 자연의 관계와 그 의존성을 강조하는 데 가장 적합하다고 생각되는 측면을 역설했기 때문이다.

1. 무로부터의 자유로운 창조

이교의 사상가들에 의해서는 전개되지 않았으나, 다른 그리스도교의 사상가들과 마찬가지로 아우구스티누스에 의해서 주장된 학설은 하느님의 자유로운 행위에 의한 무로부터의 세계 창조론이다. 플로티노스의 유출설에서 세계는 어떤 방법으로 하느님으로부터 유출하는 것으로 묘사되고 있는데, 유출시에 하느님은 어떠한 의미로도 감소하거나 변화하지도 않는다는 것이다. 그러나 플로티노스에 있어서 하느님은 자유로이 행위하지 아니하고(왜냐하면 그는 이러한 행위는 하느님 안에 변화를 가정하게 된다고 생각했기 때문이다), 오히려 〈본성의 필연성에서〉 행위하며, 하느님의 선은 필연적으로 스스로 확산한다. 그리스도교의 가르침의 영향을 가장 많이 받았을 이교 사상가들 한 둘을 제외하면, 신(新)플라톤주의에서는 무로부터의 자유로운 창조설이라고는 전혀 찾아볼 수 없다. 아우구스티누스는 플라톤이 시간 속에서 무로부터의 창조를 가르쳤다고 생각한 것 같지만, 아리스토텔레스의 《티마이오스》 해석에도 불구하고, 플라톤이 실제로 그와 같은 생각을 암시하여 말하려고 했다는 것은 믿기 어렵다. 그러나 이 문제에 관한 플라톤의 견해를 아우구스티누스가 어떻게 생각했든간에 그는 무로부터의 자유로운 창조설을 분명히 말하고 있으며, 그리고 하느님의 온전한 탁월성과 하느님에 대한 세계의 완전한 의존성을 강조하고 있는 그에게 있어서 그것은 매우 중요한 것이다. 모든 것은 자신들의 존재를 하느님에게 신세지고 있다.[1)]

2. 질 료

그래도 사물이 형상없는 어떤 질료로부터 만들어졌다고 생각하겠는가? 이 형상없는 질료는 하느님으로부터 독립해 있지는 않을까? 아우구스티누스는 무엇보다도 먼저 당신들이 형상이 전혀 없는 질료에 대해서 말하고 있는지 아니면 완전히 형상화된 질료와의 비교에서만 형상없는 질료에 대해서 말하고 있는지를 묻고 있다. 만일 전자의 경우라면, 당신은 무와 같은 것에 대해서 말하고 있는 셈이다. "하느님이 만물을 창조할 때, 그 근거가 되었던 것은 종(種)도 형상도 지니고 있지 않은 것이다. 이는 무에 지나지 않는 것이다." 그러나 후자의 경우에 대해서, 즉 완성된 형상을 지니고 있지는 않으나 형상을 받아들이는 능력을 지니고 있다는 의미에서 미완성의 형상을 지니고 있는 질료에 대해서 당신이 말하고 있다면, 그러한 질료는 온전한 무가 아니라 어떤 것으로서 하느님으로부터만 가지는 어떤 존재를 지니고 있는 셈이 된다. "그러므로 우주가 형상없는 어떤 질료로부터 창조되었다고 할지라도, 바로 이 질료는 온전히 무와 같은 어떤 것으로부터 창조되었던 것이다."[2)] 《고백록》[3)]에서 아우구스티누스는 이 질료를 물체의 가변

1) *De lib. arbit.*, 3, 15, 42.
2) *De vera relig.*, 18, 35～36 참조.
3) 12, 6, 6.

성과 동일시하여 (이는 질료가 가능적인 요소라고 말하는 것과 같은 것이다), 만일 그것을 '무'라고 부르거나 존재하지 않는 것이라고 주장할 수가 있다면 그렇게 하겠다고 그는 말하고 있다. 그러나 만일 이 질료가 형상을 받아들이는 능력이라고 한다면 온전히 무라고 부를 수는 없다. 나아가서 《참된 종교》에서[4] 그는, 형상의 소유만이 아니라 형상의 수용 능력마저도 선이며, 그리고 선한 것이 온전한 무일 수는 없다고 말하고 있다. 그러나 온전한 무가 아닌 이 질료 자체는 하느님의 창조물이며, 시간 속에서 형상화된 것을 앞서 있는 것이 아니라 형상과 함께 창조된 것이다.[5] 그리고 그는 "하느님이 무로부터 만들어 낸 형상화되지 않은 질료"를 창세기 1장 1절에서 하느님의 최초 창조물로 천지(하늘과 땅)와 동일시했다.[6] 달리 말하면, 아우구스티누스는 하느님이 일체의 형상을 떠나서 형상이 전혀 없는 '제 1 질료'를 무로부터 창조한 것이 아니라 형상과 질료를 함께 창조했다는 스콜라 학설을 소박한 형식으로 말하고 있다. 그렇지만 우리가 아우구스티누스의 표현을 보다 정교한 스콜라 학설의 소박한 표현이라고 생각한다고 할지라도, 성 아우구스티누스는 모든 피조물이 하느님에게 본질적으로 의존하고 있고 모든 물질적인 피조물은 일단 존재하고 나서도 소멸할 수 있는 본성을 지니고 있다는 것을 강조하는 이상으로는 철학적인 학설 자체의 전개에 관심을 갖지 않았다는 것을 유의하지 않으면 안 된다. 물질적인 피조물은 자신의 존재 근거를 하느님에게 두고 있으나, 그 존재는 가변성을 면치 못한다.

3. 종자적인 형상

성 토마스는 인정하지 않았지만, 아우구스티누스 자신과 그의 후계자들에게는 소중했고 또 피조물의 인과 활동(因果活動)을 희생시켜서 하느님의 활동을 높이기 위해서 계획했던 하나의 학설은 〈종자적 형상설〉(the theory of rationes seminales)로서, 시간의 흐름에 따라서 발전하게 되어 있는 사물들에 대한 배종설(胚種說)이었다. 우선 영혼의 기원에 대한 거론은 생략하고 적어도 신체에 관해서는 인간마저도 "존재하기로 되어 있지만 아직 만들어져 있지 않은 것이 만들어지는 방법으로,

4) 같은 책, 같은 곳.
5) *De Gen. ad litt.*, 1, 15, 29.
6) *De Gen. contra Manich.*, 1, 17, 11.

즉 눈에 보이지 않게 잠재적이고 인과적으로"[7] 〈종자적 형상〉에서 창조되었던 것이다. 〈종자적 형상〉이란, 최초에 하느님에 의해서 습한 요소에서 창조되어 시간의 흐름과 더불어 여러 가지의 종으로 발전하는 사물들의 배종 또는 눈에 보이지 않는 능력 내지 가능성이다. 이 배종적인 가능성에 대한 관념은 플로티노스의 철학에서 발견될 수 있었고 틀림없이 아우구스티누스에 의해서 발견되었으나, 최종적으로는 스토아 학파의 〈종자적 형상〉(*λόγοι σπερματικοί*)으로 소급된다. 그러나 이는 그 내용이 매우 애매한 관념이다. 성 아우구스티누스는 실은 이것을 경험의 대상이라든지 보고 만질 수 있는 것이라고는 결코 생각하지 않았다. 즉 그것은 눈으로는 볼 수 없지만, 원초적인 형상 또는 하느님의 계획을 따라서 발전하는 형상의 가능성을 지니고 있다. 비록 필요한 조건이나 환경 및 여타의 외부 작용이 없음으로써 자기 발전이 방해되거나 저지될지라도,[8] 그 종자적인 형상은 완전히 수동적인 것은 아니고 자기 발전을 지향하고 있다. 이 점에서 성 아우구스티누스의 학설을 지지했던 성 보나벤투라는 그 〈종자적 형상〉을, 아직은 현실적으로 장미꽃이 아니지만 필요한 적극적인 작용이 주어져서 그것을 방해하는 부정적인 작용이 없다면 장미꽃으로 발육할 장미 봉오리에 비유했다.

성 아우구스티누스가 직접적인 경험의 대상이 되지 않는 것에 관해서 이러한 다소 애매한 학설을 주장했지만, 그가 그것을 주장했던 이유를 생각해 본다면 그다지 놀랄 일은 아닐 것이다. 이 학설은 성서 주석의 문제의 결과에서 나온 것이며 학문상의 문제에서 생겨난 것이 아니다. 즉 문제가 일어난 것은 다음과 같은 점에 있다. 집회서[9]에 의하면 "영원히 살아 계신 분이 온 우주 만물을 창조하셨다"고 되어 있으나, 한편 창세기에 의하면 예컨대 고기와 새들은 창조의 닷샛 '날'에 비로소 나타났던 반면에, 지상의 가축과 짐승은 엿샛 '날'에 비로소 나타났다. (아우구스티누스는 '날'을 오늘의 24 시간의 하루로 해석하지 않았다. 왜냐하면 태양은 나흗날에 비로소 만들어졌기 때문이다.) 하느님이 만물을 함께 창조했다는 것과 피조물이 전과 후로 나누어져 만들어졌다는 것, 즉 만물은 함께 창조되지 않았다는 이 두 가지의 진술은 어떻게 조화될 수 있는가? 하느님은 과연 최초에 만물을 함께 창조하기는 했지만, 그러나 이 모두를 같은 조건에서 창조하지는 않았다고 하

7) *De Gen. ad litt.*, 6, 5, 8.   8) *De Trinit.*, 3, 8, 13.   9) 18, 1.

는 것이 그 문제에 대한 성 아우구스티누스의 해결 방법이었다. 이를테면 하느님은 많은 것들, 모든 식물, 고기, 새, 동물, 그리고 인간 자신을 눈에 보이지 않게 잠재적으로 가능적으로 배종, 즉 〈종자적 형상〉으로 창조했다. 이러한 방법으로 하느님은 최초에 지상의 모든 식물이 실제로 땅 위에 자라나기 이전에 창조했으며[10] 인간마저도 그렇게 창조했다. 그는 이렇게 구별함으로써 집회서와 창세기 사이의 명백한 모순을 해결하려고 했던 것이다. 만일 실제로 형상이 완성된 것을 두고 말하고 있다면, 이에 언급하고 있는 것은 집회서가 아니라 창세기이며, 만일 배종적 또는 종자적인 창조를 포함하여 생각한다면, 이에 언급하고 있는 것은 집회서이다.

아우구스티누스는 어째서 일상적인 의미에서의 '종자', 즉 눈에 보이는 식물의 씨앗이나 낟알 등으로 만족하지 않았는가? 그 이유는, 땅은 씨앗을 앞서서 푸른 풀을 돋아나게 한다고 창세기에서[11] 말하고 있기 때문이다. 그렇게 이야기되고 있는 것은 자신의 종을 번식시키는 여타의 생물에 대해서도 마찬가지이다. 그래서 그는 다른 종류의 종자를 수단으로서 말할 수밖에 없다고 생각했던 것이다. 예컨대 하느님은 최초에, 하느님의 계획과 활동에 따라서 정해진 시간에 실제적인 밀(小麥)로 자라나서 일상적인 의미에서의 밀알(종자)을 맺는 밀의 〈종자적 형상〉을 창조했다.[12] 게다가 하느님은 모든 씨앗이나 모든 알들을 최초부터 현실적인 것으로 창조하지 않았으며, 따라서 그것들도 역시 종자적 형상〉을 필요로 한다. 그러므로 각 종들은 장차 발전할 가능성과 특수한 구성 부분과 더불어 최초부터 적절한 종자적인 형상으로 창조되었던 것이다.

위에서 이야기된 바에 의해서, 성 아우구스티누스는 본래 과학적인 문제를 생각한 것이 아니라 오히려 성서 주석의 문제를 생각하고 있었음이 분명하다고 하겠다. 따라서 라마르크(Jean de Lamarck, 1744년~1829년, 프랑스의 박물학자, 진화론자)나 다윈(Charles Robert Darwin, 1809년~1882년, 영국의 박물학자, 진화론자)이 의미하는 진화론의 반대자 또는 적대자로서 그를 예거한다는 것은 사실 어처구니없는 일이다.

10) *De Gen. ad litt.*, 5, 4, 7~9.

11) Gen. 1, 11.

12) *De Gen. ad litt.*, 5, 4, 9.

4. 수

성 아우구스티누스는 피타고라스의 사상에까지 소급하고 있는 플라톤의 수론(数論)을 이용했다. 물론 그가 수를 다루는 방법은, 그가 완전수와 불완전수에 대해서 언급하거나 성서에서 수를 언급하는 대목을 해석하는 때처럼 때로는 기발하고 심지어 환상적인 것으로 보인다. 그러나 일반적으로 말하면, 그는 수를 질서와 형식, 아름다움과 완전성, 비율과 법칙의 원리로 간주하고 있다. 따라서 이데아들은 영원한 수인 반면에, 물체들은 시간적인 수로서 시간 속에서 나타나고 있다. 물체들은 실은 여러 가지의 방법으로 수들로 생각될 수 있으며, 이를테면 질서있고 관계된 많은 부분들로 이루어지는 통일체로서, 지속적인 여러 단계로 전개되는 것으로서(예컨대 식물이 발아하고, 잎이 나고, 꽃을 피워서 열매를 맺고, 씨를 퍼뜨린다), 또는 공간적으로 잘 배치된 많은 부분들로 이루어지는 것으로서, 즉 달리 말하면 수 그 자체, 장소적이거나 공간적인 수, 그리고 시간적인 수를 본받고 있는 것으로서 생각될 수 있다. '종자적인 형상'을 숨겨진 수라고 한다면 물체들은 드러난 수이다. 나아가서 수학적인 수가 1에서 시작하여 그 자체가 완전한 정수인 수로 끝나는 것과 마찬가지로 존재자들의 위계는 최고의 일자, 즉 하느님에게서 시작하며, 일자인 하느님은 존재자를 생겨나게 하고 여러 가지의 차등을 지닌 완전한 통일체 가운데 반영되어 있다. 수학적인 수와 형이상학적인 수 사이의 비교 또는 평행 관계는 물론 플로티노스에서 유래하고 있다. 그리고 일반적으로 아우구스티누스가 수를 취급하는 방법은 피타고라스적인 플라톤적 전통에서 이미 다루어졌던 것에 어떤 실질적인 내용도 더하고 있지 않다.

5. 영혼과 육체

물질적인 창조의 절정을 이루고 있는 것은 인간이며, 인간은 육체와 불멸하는 영혼으로 이루어지고 있다. 인간이 영혼과 육체로 이루어져 있다는 사실에 관한 아우구스티누스의 태도는, 그가 "하나의 육체를 지닌 하나의 영혼은 두 인격이 아니라 한 인간을 이루고 있다"[13]고 말하

13) *In Joann. Evang.*, 19, 5, 15.

는 것을 보아도 매우 분명하다. 이러한 분명한 점을 왜 여기서 언급할 필요가 있는가? 그 이유는 아우구스티누스가 영혼을 본래 하나의 실체, 즉 육체를 지배하는 사명을 지닌 어떤 이성적 실체(**substantia quaedam rationis particeps, regendo corpori accomodata**)라고[14] 말하고 심지어는 인간을 "죽을 운명에 있는 현세의 육체를 사용하는 이성적인 영혼"이라고[15] 정의하고 있기 때문이다. 영혼에 대한 이러한 플라톤적인 태도는 이미 우리가 보았듯이 아우구스티누스의 감각론에 반영되어 있다. 그는 감각 작용은 정신 물리학적인 전체적 유기체의 활동이라기보다는 오히려 신체를 하나의 도구로 사용하는 영혼의 작용이라고 표현하고 있다. 사실 감각 작용은 영혼이 신체의 어떤 부분에 힘을 주어서 활동하게 하는 긴장의 일시적인 강화이다. 영혼은 육체보다는 뛰어나 있으므로 육체로부터 영향을 받을 수는 없지만, 그러나 외부 자극에 의해서 신체에 일어나는 변화를 감지하고 있다.

6. 불멸성

인간의 영혼은 짐승의 혼(魂)처럼 육체를 살아 움직이게 하지만, 그것은 하나의 비물질적인 원리이다. 어떤 사람은 예컨대 자신의 영혼이 공기로 이루어져 있다고 말하거나 그렇게 생각할 수도 있겠지만, 그러나 그는 그 영혼이 공기로 이루어져 있다는 것을 결코 알 수는 없다. 반면에 그는 자신이 지성적이어서 생각한다는 것을 잘 알고 있다. 그리고 그에게는 공기가 생각할 수 있다고 가정할 만한 아무런 이유가 없다.[16] 거기다 또 영혼의 비물질성과 실체성은 영혼의 불멸성을 확실하게 하고 있다. 이 점에 대해서 아우구스티누스는 플라톤에 소급하는 논증을 사용하고 있다.[17] 예컨대 영혼은 생명의 원리이고 또 두 대립물은 양립할 수 없으므로 영혼은 죽을 수 없다는《파이돈》(*Phaedon*)의 논증을 아우구스티누스는 이용하고 있다. 어쨌든 이 논증이 그다지 설득력이 없다는 것은 별문제로 하고, 아우구스티누스는 이를 수정하지 않고는 받아들일 수 없었던 것이다. 왜냐하면 이 논증은 영혼이 자존(그 자체

14) *De quant. animae,* 13, 21.
15) *De moribus eccl.,* 1, 27, 52 ; *In Joann. Evang.,* 19, 5, 15.
16) *De Gen. ad litt.,* 7, 21, 28 ; *De Trinit.,* 10, 10, 14.
17) *Solil.,* 2, 19, 33 ; *Ep.,* 3, 4 ; *De Immortal An.,* 1~6 장 참조.

에 의해서 존재)하거나 또는 하느님의 일부라는 것을 의미하는 것으로 보였기 때문이다. 그러므로 그는 이 논증을 수정하여 영혼은 생명을 분유(分有)한다고 말함으로써, 영혼의 존재와 본질이 여하한 대립도 허용하지 않는 하나의 원리로부터 주어진다고 주장하고, 또 이 원리(이는 어떠한 대립도 허용하지 않는다)로부터 주어진 영혼의 존재는 바로 **생명**이기 때문에 영혼은 죽을 수 없다고 말하고 있다. 그러나 이 논증은 분명히 동물의 혼도 불멸한다는 의미로 이해될런지 모른다. 왜냐하면 동물의 혼도 생명의 원리이기 때문이다. 그렇다면 그 논증은 너무 지나쳤다고 하겠다. 그러므로 이 논증은 플라톤에서 유래하는 또 다른 논증, 즉 영혼은 불멸의 진리를 파악한다는 것이 영혼 자체의 불멸성을 보여주고 있다는 취지의 논증과의 관계에서 이해되지 않으면 안 된다. 《영혼의 크기에 대해서》에서[18] 아우구스티누스는, 감각 능력은 지니고 있으나 추론하고 인식하는 능력은 가지고 있지 않은 짐승들의 혼(魂)과, 그 두 능력을 다 지니고 있는 인간 영혼을 구별하고 있다. 따라서 이 논증은 인간 영혼에게만 적용된다. 인간 영혼은 영원 불멸하는 이데아들을 파악할 수가 있으므로 인간 영혼 그 자체는 이데아들과 유사하고 '신적'이라고 플라톤은 말했다. 그러나 아우구스티누스는 영혼의 선재(先在)는 인정하지 않으면서도 영혼의 불멸성을 그와 같은 방법으로 증명하고 있다. 게다가 또 그는 지복에의 욕구, 즉 완전한 행복에 대한 욕망으로부터 논하고 있으며, 이는 아우구스티누스주의자들, 예컨대 성 보나벤투라가 매우 좋아하는 논증이 되었던 것이다.

7. 영혼의 기원

아우구스티누스는 영혼이 하느님에 의해서 창조되었음을 분명하게 주장했으나,[19] 그가 영혼의 기원에 대한 정확한 때와 방법에 관해서 확신을 가지고 있었던 것으로는 생각되지 않는다. 그는 일종의 플라톤적인 영혼 선재설을 적당히 다루어 본 것 같으나, 영혼이 지상에 오기 전에 범한 과실에 대한 벌로서 육체 안에 갇히게 되었다는 것은 인정하지 않았다. 그러나 그에게 주요한 문제는, 하느님이 각자의 영혼을 따로따로 창조했는가 아니면 아담의 영혼 가운데서 여타의 모든 영혼을 창조하여 영혼이 부모에 의해서 '유전되는가'(Traducianism, 영혼 출생

18) 28, 54 이하.

19) *De anima et eius origine*, 1, 4, 4.

설)이다. 이 둘째의 견해에는 논리적으로 보아서 유물론적인 영혼관이 포함되어 있는 것으로 보이지만 사실상 아우구스티누스는 이러한 견해를 주장하지 않았으며, 영혼은 장소적인 확산에 의해서 신체에 내재하는 것이 아니라고 강조했다.[20] 그러나 그가 영혼 출생설로 기울게 된 것은 철학상의 이유가 아니라 신학상의 이유였다. 왜냐하면 그는 이러한 방법을 취할 때 원죄가 영혼에 전달된 결함으로 설명될 수 있을 것이라고 생각했기 때문이다. 만일 원죄를 그 자체가 하나의 결여가 아니라 어떤 적극적인 것이라고 간주한다면, 각자의 인간 영혼이 하느님에 의해서 따로따로 창조되었다고 주장하는 데는, 극복할 수 없는 것은 아니지만 하나의 어려움이 따른다. 그러나 그 어려움은 별문제로 하고도, 영혼 출생설은 영혼이 정신적이며 비물질적인 성격을 지닌다는 분명한 주장과 모순된다는 사실에는 변함이 없다.

20) *Ep.*, 156.

제 7 장
성 아우구스티누스 5 : 윤리

1. 행복과 하느님

성 아우구스티누스의 윤리학은, 전형적인 그리스 윤리학으로 불리우고 있는 그것과 마찬가지로 행복주의적인 성격을 지니고, 인간 행위에 대해서 어떤 목표 즉 행복을 제시하고 있다. 그러나 이 행복은 하느님에게서만 발견된다. "인간의 최고선을 육체에 두고 있는 에피쿠로스 학파는 자신의 희망을 자기 자신에게 두고 있다."[1) 그러나 "이성적인 피조물은… 스스로 행복하게 되는 선(善)일 수는 없게끔 만들어져 있다."[2) 이를테면 인간 존재는 변화하고 그 자체로는 불충분한 것이어서, 자기 자신 이상의 것인 불변하는 대상을 소유하는 데서만 행복을 찾을 수 있다. 덕 그 자체마저도 목표가 될 수 없다. "당신을 행복하게 하는 것은 당신의 영혼의 덕이 아니며, 그것은 당신에게 덕을 주고 당신을 격려하여 바라게 하고 행위하는 힘을 당신에게 주어 온 그 분이다."[3) 인간에게 행복을 가져다 줄 수 있는 것은 에피쿠로스 학파의 이상도 스토아 학파의 이상도 아니며, 그것은 하느님 자신이다. "그러므로 하느님에게 이르려는 노력이 지복의 바램이며 하느님에 이르는 것이 지복 그 자체이다."[4) 아우구스티누스는 인간 존재가 지복 내지 행복을 추구하고 있고 지복이란 어떤 목적에 도달하는 데 있음을 철학에서 확인했지만, 그렇다는 사실을 자신의 경험에서도 잘 알고 있었다. 말하자면 이 목적이 하느님이라는 것을 이해하는 데 있어서 그가 플로

1) *Serm.*, 150, 7, 8.
2) *Ep.*, 140, 23, 56.
3) *Serm.*, 150, 8, 9.
4) *De moribus eccl.*, 1, 11, 18.

티노스 철학의 도움을 받았지만, 그는 그 사실을 자기 자신의 개인적인 경험에서도 알고 있었던 것이다. 그러나 그가 행복은 영원 불변의 대상인 하느님에게 도달하고 그를 소유하는 데서 찾아진다고 말했을 때, 그가 생각하고 있었던 바는 하느님에 대한 단순한 철학적·이론적인 사색이 아니라 사랑에 의한 하느님과의 일치와 그 소유였으며, 그리고 은총에 힘입은 인간 노력의 목표로서 그리스도인들에게 실은 철저하게 제시되어 있는 하느님과의 초자연적인 일치였던 것이다. 따라서 아우구스티누스의 사상에 있어서 자연적인 윤리와 초자연적인 윤리를 완전히 갈라 놓을 수는 없다. 왜냐하면 그가 구체적인 인간을 다루고 있지만, 그 구체적인 인간은 초자연적인 소명을 지니고 있기 때문이다. 이리하여 그는, 신플라톤주의자들은 그리스도에 의해서 계시된 내용을 다소 이해하고 있었고 신플라톤주의는 그 계시 진리의 불완전하고 부분적인 실현에 불과하다고 생각했던 것이다.

그러므로 아우구스티누스의 윤리학은 근본적으로 사랑의 윤리학이다. 이를테면 인간이 하느님에게 이르려고 애쓰고 결국 하느님을 소유하여 누리는 것은 의지에 의해서이다. "그러므로 중간적인 선인 의지가 불변하는 선에 충실할 때 … 인간은 거기서 지복의 삶을 찾아 얻는다."[5] "왜냐하면 만일 하느님이 인간의 최고선이라고 한다면 … 그 최고선을 구하는 것이 잘 사는 일이므로, 잘 산다는 것은 분명히 모든 마음을 다하고 온 목숨을 다하고 온 뜻을 다하여 하느님을 사랑하는 데 지나지 않는 것이 된다."[6] 사실 성 마태오에 의해서[7] 기록된 그리스도의 말씀인 "네 마음을 다하고 목숨을 다하고 뜻을 다하여 주님이신 너희 하느님을 사랑하라" 그리고 "네 이웃을 네 몸같이 사랑하라"를 인용한 후에, 아우구스티누스는 다음과 같이 단언하고 있다. "여기에 자연 철학이 있다. 왜냐하면 온갖 자연물의 모든 원인은 창조자인 하느님 안에 있기 때문이다." 그리고 "여기에 윤리학이 있다. 왜냐하면 우리가 사랑해야 할 그것, 즉 하느님과 이웃을 타당한 방법으로 사랑하지 아니하고는 착하고 올바른 삶은 이루어지지 않기 때문이다."[8] 따라서 아우구스티누스의 윤리학은 사랑의 원동력인 의지의 역학(〈나의 사랑은 나의 중력이다〉)을[9] 중심으로 전개되고 있다. 그러나 지복에의 도달, 즉 "불변하는 선의 분유(分有)"는 은총의 도움에 의하지 아니하

5) *De lib. arbit.*, 2, 19, 52.
6) *De moribus eccl.*, 1, 25, 46.
7) 22, 37～39.
8) *Ep.*, 137, 5, 17.
9) *Conf.*, 13, 9, 10.

고는, 즉 "창조자가 무상으로 베푸는 자비를"[10] 받지 아니하고는 인간에게 있어서 불가능한 것이다.

2. 자유와 의무

그러나 의지는 자유이며 자유 의지는 도덕적인 의무를 지니고 있다. 그리스 철학자들은 행복을 행위의 목적으로 생각하고 있었다. 그리고 그들이 의무의 관념을 가지고 있지 않았다고는 말할 수 없다. 아우구스티누스는 하느님과 하느님의 창조에 대해서 명확하게 생각하고 있었기 때문에, 그는 그리스인들이 할 수 있었던 이상으로 도덕적인 의무에 확고한 형이상학적인 기초를 부여할 수 있었던 것이다.

의무의 불가피한 근거는 자유이다. 의지는 자유이기 때문에 불변적인 선을 외면하여 가변적인 선에 집착함으로써 하느님과의 관계를 떠나서 영혼의 선 아니면 육체의 선을 자신의 대상으로 삼을 수 있다. 그러나 의지는 필연적으로 행복 즉 만족을 추구하고 있으며, 그리고 〈사실상〉 이 행복은 불변하는 선인 하느님 안에서만 찾아 얻어질 수 있지만, 그러나 인간은 현세에서는 하느님을 직관하지 못하므로 하느님 대신에 가변적인 선에 눈을 돌려 이에 집착할 수가 있다. 그리고 "이렇게 하느님을 외면하고 눈을 돌리는 것은 강제에 의한 것이 아니라 자발적인 행위에 의한 것이다."[11]

하느님을 향하거나 아니면 등지는 것은 인간 의지의 자유이지만, 그러나 역시 인간 정신은 자신이 추구하는 그것, 즉 행복은 불변하는 선인 하느님을 소유하는 데서만 찾아 얻어질 수 있다는 사실뿐만 아니라, 의지가 이 선을 향하는 것은 창조자인 하느님에 의해서 고취되고 의지되어 있다는 사실도 인정하지 않으면 안 된다. 하느님을 외면함으로써 의지는, 하느님에 의해서 하느님 자신을 위해서 만들어져서 인간 본성에 나타나 있는 신법(神法)을 위반하고 있다. 모든 인간은 어느 정도 도덕적인 규준과 법을 알고 있다. 이를테면 "하느님을 두려워하지 않는 사람도 … 인간의 여러 가지 행위를 올바르게 비난하거나 칭찬하고 있다." 비록 사람들이 자신의 행위에 있어서 개인적으로 이 법들을 따르지는 않을지라도, 그들이 따라 살아야 할 법을 알지 못한다면 어떻

10) *Ep.*, 140, 21, 14.

11) *De lib. arbit.*, 2, 19, 35.

게 비난하거나 칭찬할 수가 있었겠는가? 그들은 어디서 이러한 규칙을 알고 있는가? 그들이 자신들의 정신 안에서 그것을 알고 있는 것은 아니다. 왜냐하면 그들의 정신은 변덕스러운 반면에 '정의의 법'은 불변적이기 때문이다. 그리고 그들은 자신들의 성격 가운데서 그것을 알고 있는 것도 아니다. 왜냐하면 그 성격들은 〈본래〉 바르지 않기 때문이다. 아우구스티누스는 애매하기는 하지만 그의 상투적인 표현 방법에 의해서, 그들은 "진리라고 불리우는 그 빛의 책 가운데서" 그 도덕적인 규칙을 알고 있다고 말한다. "둥근 반지의 각인이 밀납에 찍혀지면서도 그 원형을 지니고 있듯이", 영원한 도덕률은 인간의 마음 가운데 새겨져 있다. 사실상 법을 모르는 사람들도 다소 있기는 하지만, 그들마저도 때로는 보편적으로 존재하는 진리의 빛남에 감동된다."[12] 이와 같이 인간 정신은 하느님의 빛으로 영원한 이론적인 진리를 알듯이, 그와 같은 빛으로 자유 의지를 이끄는 실천적인 진리 또는 원리를 아는 것이다. 본성적으로, 즉 있는 그대로의 인간 본성을 볼 때 인간은 하느님을 향해 있다. 그러나 인간은 하느님의 영원법을 반영하고 있는 도덕률을 따름으로써만 그 본성의 원동력을 발휘할 수 있다. 그리고 도덕률은 자의적인 규칙이 아니라 하느님의 본성과 하느님에 대한 인간의 관계에서 유래하고 있다. 그 도덕법은 하느님의 제멋대로의 변덕이 아니며, 그 법의 준수는 하느님이 원하는 바이다. 왜냐하면 인간이 하느님의 뜻한 바대로 마땅히 그렇게 되기를 하느님이 원하지 않고서는, 하느님이 인간을 창조하는 일은 없을 것이기 때문이다. 의지는 자유이지만, 동시에 의지는 도덕적인 의무를 따라야 하며, 그리고 하느님을 사랑하는 일은 하나의 의무인 것이다.

3. 은총의 필요성

하느님에 대한 인간의 관계는 무한한 존재에 대한 유한한 피조물의 관계이다. 그 결과 하느님의 도움인 은총없이는 이 양자 사이에 놓여 있는 깊은 간격이 메워질 수 없다. 하느님을 사랑하는 뜻을 갖기 시작하기 위해서는 은총이 필요하다. "인간을 자유롭게 하는 하느님의 은총의 도움없이 자기 자신의 힘으로 인간이 올바르게 살아가려고 한다

12) *De Trinit.*, 14, 15, 21.

면, 인간은 죄에 정복당하고 만다. 그러나 인간은 자유 의지에 의해서 자유롭게 하는 이 해방자를 믿고 은총을 받아들일 수가 있다.[13] "법은 은총이 추구되기 위해서 주어지고 은총은 법이 완수되기 위해서 주어진다."[14] "법은 우리의 의지가 연약함을 보여주는데, 그것은 은총이 그 의지의 연약함을 치유하기 위해서이다."[15] 은총없이는 충족될 수 없는 그것을 가르치고 명령하는 법이 인간에게 그의 연약함을 보여줌은, 이렇게 밝혀진 그 연약함으로 말미암아 인간이 구제자(구세주)에게 도움을 청하게 하기 위해서이다. 그리고 그 구제자의 치유에 의해서 의지는 자신의 연약함으로 인하여 불가능하다고 알아낸 바를 행할 수 있게 된다.[16]

여기서 아우구스티누스의 은총론과 자유 의지에 대한 은총의 관계에 대한 문제를 언급하기에는 부적당하겠으나, 어쨌든 이는 하나의 어려운 문제이다. 그러나 아우구스티누스가 하느님의 사랑을 도덕률의 본질로 삼고 있는 것은, 은총에 의해서 이룩되는 들어 높임을 필요로 하는 의지와 하느님의 결합을 가리키고 있음을 이해할 필요가 있다. 이는 그가 있는 그대로의 인간(구체적인 인간), 즉 초자연적인 소명이 주어진 인간을 고찰하면서 다루고 있다는 사실을 생각한다면 극히 당연한 일이며, 또 그것은 그가 철학의 예지를 성서의 예지로 보충하여 완성하고 있음을 의미하고 있다. 도식화한다면, 철학자 아우구스티누스와 신학자 아우구스티누스를 구분할 수 있다. 그러나 아우구스티누스 자신의 눈에서 본다면, 참다운 철학자란 있는 그대로의 구체적인 실재를 보는 사람인데, 은총과 구원의 섭리를 고려하지 않고서는 실재를 있는 그대로 볼 수 없다.

4. 악

도덕적인 완성이 하느님을 사랑하는 일, 즉 의지로 하여금 하느님을 향하게 하여 다른 모든 능력, 가령 감각들을 이 방향으로 조화시키는 데 있다고 한다면, 악(惡)은 의지의 방향을 하느님으로부터 멀리하는 데 있다. 그러나 악 그 자체, 즉 도덕적인 악이란 무엇인가? 그것은 어

13) *Expos. quarumdam prop. ex epist. ad Rom.*, 44.
14) *De spir. et litt.*, 19, 34. 15) 같은 책, 9, 15. 16) *Ep.*, 145, 3, 4.

떤 적극적인 것인가? 무엇보다도 먼저 악이란 하느님에 의해서 창조된 것이라는 의미에서 어떤 적극적인 것일 수가 없다. 말하자면 도덕적인 악의 원인은 창조자에 있는 것이 아니라 피조물의 의지에 있다. 선한 것들의 원인은 하느님의 선하심이지만, 악의 원인은 불변하는 선을 외면하는 피조물의 의지이다.[17] 즉 악이란 불변의 무한한 선을 피조물의 의지가 외면하는 것이다.[18] 그러나 악은 엄밀하게 '어떤 것'(thing)이라고 말할 수 없다. 왜냐하면 '어떤 것'이라는 이 말은 하나의 적극적인 실재를 의미하기 때문이다. 만일 도덕적인 악이 하나의 적극적인 실재라고 한다면, 무(無)로부터 무엇을 창조하는 적극적인 능력을 피조물에는 돌릴 수 없으므로 그 악은 창조자에게 돌릴 수밖에 없게 된다. 그러므로 악은 "본질로부터 이탈하여 비존재(非存在)로 향하는 그 것이다. … 그것은 존재하는 것을 존재하지 않는 것이 되게 하려는 것이다."[19] 질서와 척도가 있는 모든 것은 그 원인을 하느님에게 돌려야 하겠지만, 하느님을 외면하는 의지에는 무질서가 있다. 의지 그 자체는 선이지만, 그러나 인간 행위에 책임이 있는 올바른 질서가 없거나 오히려 그것을 결하고 있는 것은 악이다. 그러므로 도덕적인 악이란 피조물의 의지에 있어서 올바른 질서의 결여에 지나지 않는다.

악을 하나의 결여로 생각하는 것은 플로티노스의 학설이며, 거기서 아우구스티누스는 마니교에 대한 해답을 찾아내었던 것이다. 왜냐하면 만일 악이 하나의 결여이고 적극적인 것이 아니라면, 도덕적인 악의 탓을 선한 창조자에게 돌리거나 악의 원인이 되는 악의 어떤 궁극적인 원리를 생각해 내는 일은 더 이상 없어지기 때문이다. 이 설은 아우구스티누스로부터 일반적으로 스콜라 학자들에게 받아들여졌으며, 그리고 유명한 여러 철학자들 가운데서, 예컨대 라이프니츠에서 그 지지자를 찾아볼 수 있다.

5. 두 개의 나라

도덕성의 원리는 하느님에 대한 사랑이며 악의 본질은 하느님으로부터의 일탈이라고 한다면, 결과적으로 인류는 두 개의 커다란 진영으로

---

17) *Enchirid.*, 23.
18) *De lib. arbit.*, 1, 16, 35.
19) *De moribus eccl.*, 2, 2, 2.

갈라질 수 있다. 즉 하느님을 사랑하여 자기보다도 차라리 하느님을 택하는 진영과 하느님보다도 차라리 자기를 택하는 진영으로 갈라지게 된다. 인간이 궁극적으로 어느 진영에 속하는가는 의지의 성격, 즉 의지를 지배하고 있는 사랑의 성격에 달려 있다. 아우구스티누스는 인류의 역사를 이 두 원리의 변증법의 역사로 보고 있는데, 하나는 예루살렘의 나라를 이루고 다른 하나는 바빌론의 나라를 형성하는 데 있다. "각자는 자신이 무엇을 사랑하고 있는지 자문해 보라. 그러면 그는 자신이 어느 나라에 속하는 시민인지를 알게 될 것이다."[20] "두 종류의 사랑이 있다. …이 두 종류의 사랑은 인류 가운데서 건설되는 두 나라로 구별되고 있다. … 말하자면 그 두 나라가 혼합하는 가운데서 세월은 지나고 있다."[21] "당신들은 두 나라가 있다는 것을 듣고 알고 있다. 그 두 나라는 현재에는 스스로 혼합되어 있으나 마음 가운데서는 분리되어 있다."[22]

그리스도인에게 있어서 역사가 매우 중요함은 당연한 일이다. 인간이 타락한 것도 역사에서이며, 인간이 구원받는 것도 역사에서이다. 즉 그리스도의 몸(또는 교회)이 지상에서 점진적으로 성장 발전하여 하느님의 계획이 전개되는 것은 역사 안에서이다. 그리스도인에게 있어서 계시의 내용을 떠난 역사는 의미가 없다. 그러므로 아우구스티누스가 역사를 그리스도인의 입장에서 보았고, 또 그의 견해가 우선 영성적이며 도덕적이었다는 것은 그다지 이상한 일은 아니다. 우리가 아우구스티누스의 사상에서 역사 철학에 대해서 말하는 경우, '철학'이라는 말을 그리스도적인 예지라는 넓은 의미로 이해하지 않으면 안 된다. 역사의 사실에 대한 인식은 주로 자연적 인식, 예컨대 앗시리아나 바빌로니아 제국의 존재와 발전에 대한 인식일 것이다. 그러나 사실을 해석하고 그것에 의무를 부여하여 그것을 판단하는 원리는 사실 그 자체로부터는 얻어지지 않는다. 일시적이고 지나가는 것은 영원한 것에 비추어서 판정된다. 아우구스티누스에게 있어서 바빌로니아 국가의 화신(도덕적인 의미에서)이라고 생각되었던 앗시리아의 측면만을 주시하려는 그의 경향이 현대의 역사가에게 좋게 받아들여지지 않으리라는 것은 충분히 이해가 가지만, 그러나 아우구스티누스는 보통의 의미에서의 역사가가 지니는 역할을 수행하려고 했던 것이 아니라 오히려 그가

20) *In Ps.*, 64, 2.
21) *De Gen. ad litt.*, 11, 15, 20.
22) *In Ps.*, 136, 1.

마음에 그렸던 그대로 역사의 '철학'을 제시하려고 했던 것이다. 그리고 그가 이해했던 그대로 역사의 '철학'이란 역사적인 현상과 사건들의 영성적이며 도덕적인 의미를 알아보는 일이었다. 사실 적어도 역사 철학이라는 것이 있을 수 있는 한에서, 적어도 그리스도인은 그리스도교적인 역사 철학만이 충분한 것일 수 있다는 점에서 아우구스티누스에 동의할 것이다. 비(非)그리스도인에게 있어서 예컨대 유태인들의 위치는, 그리스도인이 보기에 그것이 차지하고 있는 위치와는 근본적으로 다르다. 그리스도인의 위치가 역사의 신학적인 해석이며 교의에 비추어서 역사를 보는 것이라고 반론된다고 할지라도 — 이는 분명히 그럴 수 있지만 — 이 반론은 아우구스티누스에게는 아무런 어려움도 끼치지 않을 것이다. 왜냐하면 그에게는 그 반론이 나타내고 있듯이 신학과 철학을 철저하게 분리할 생각이 전혀 없었기 때문이다.

제 8 장
성 아우구스티누스 6 : 국가

1. 국가와 바빌론 나라는 동일하지 않다

이미 앞에서 말한 바와 같이, 아우구스티누스는 자신이 보았던 개인의 경우와 마찬가지로 역사에서도 두 개의 사랑, 즉 하느님에 대한 사랑 및 신법에의 순종과 그리고 자기, 쾌락, 현세에 대한 사랑이라는, 역사를 이끄는 두 개의 원리가 서로 싸우고 있음을 보았던 것이다. 그러므로 그가 가톨릭 교회 안에서의 천상적인 나라 예루살렘의 실현을 보았듯이, 국가 특히 이교 국가에서의 바빌론 나라의 체현(體現)을 보았던 것은 극히 당연한 일이다. 이 문제에 대한 그의 태도로 말미암아, 그에게 있어서 하느님의 나라는 가시적(可視的)인 사회로서의 교회와 동일시되고 바빌론의 나라는 국가 그 자체와 동일시될 수 있다고 생각되기가 쉬웠다. "정의가 없다면 왕국들은 강도의 큰 무리들이 아니고 무엇인가? 강도의 한 무리는 하나의 작은 왕국이 아니고 무엇인가?" 하고 그는 묻고 있지 않는가? 그리고 그는 알렉산드로스 대왕에 대한 해적의 대답, 즉 "나는 하나의 작은 배로 그 짓을 하니까 강도로 불리우고, 당신은 하나의 큰 함대로 그 짓을 하니까 하나의 황제로 불리우고 있다"[1]는 말을 인정하고 있지 않은가? 앗시리아와 이교의 로마는 부정, 폭력, 강탈, 압제에 의해서 건설되고 확대되고 유지되었다. 그렇다면 이는 국가와 바빌론 나라가 동일한 것임을 인정하는 것이 아닌가?

아우구스티누스가 예루살렘의 나라, 즉 하느님의 나라가 교회 안에

1) *De Civit. Dei*, 4, 4.

나타나 있다고 생각했듯이, 앗시리아와 로마의 이교적인 제국에서 바빌론 나라의 가장 대표적인 역사적 모습을 찾아볼 수 있다고 생각했던 것은 부정할 수 없다. 그러함에도 불구하고 천상의 나라와 지상의 나라라는 관념은 도덕적이며 영성적인 것이고, 그 내용은 어떤 현실적인 체제와 정확하게 상응하는 것이 아니다. 예컨대 어떤 사람이 그리스도인이면서 교회에 속해 있을지라도, 만일 그의 행위의 원리가 자기애로서 하느님에 대한 사랑이 아니라면, 그는 영성적으로나 도덕적으로는 바빌론의 나라에 속해 있다. 그리고 또 만일 한 국가 관리의 행위가 하느님의 사랑에 의해서 다스려져서 그가 정의와 사랑을 추구한다면, 그는 영성적으로나 도덕적으로는 예루살렘의 나라에 속해 있다. "우리는 이제 현세의 직무를 맡고 있을지라도 예루살렘의 시민, 즉 천상 왕국의 시민임을 알고 있다. 예컨대 홍의 재상으로서, 행정 장관으로서, 영조관(營造官)으로서, 지방 총독으로서, 황제로서 봉사하면서 지상의 국가를 지도하고 있을지라도 만일 그가 그리스도인이거나 충실한 신자라고 한다면 자신의 마음을 천상에 둘 것이다. … 그러므로 천상 왕국의 시민들이 바빌론의 일들에 종사하여 지상의 나라에서 현세적인 어떤 일을 하고 있음을 볼지라도 우리는 그들에게 실망하지 않을 것이다. 그리고 또 천상적인 일들에 종사하고 있는 사람들을 본다 하여 우리가 곧 그들을 기뻐하지는 않을 것이다. 왜냐하면 악덕의 자식들마저도 때로는 모세의 자리를 차지하기 때문이다. … 그러나 그들을 매우 엄격하게 서로 갈라 놓는 심판의 때가 올 것이다. …"[2] 따라서 비록 도덕적·영성적인 의미에서 바빌론의 나라가 국가, 특히 이교의 국가와 동일시되기 쉽고 예루살렘의 나라가 가시적인 조직으로서의 교회와 동일시되기 쉬울지라도, 완전하게 동일한 것은 아니다. 말하자면 예컨대 어떤 사람이 교회의 공직자라는 이유로 반드시 그가 예루살렘의 영성적인 나라의 한 시민이라고 단정하는 것은 부당하다. 왜냐하면 그의 영성적이며 도덕적인 상태와의 관계에 있어서는 그는 바빌론의 나라에 속할 수가 있기 때문이다. 게다가 또 만일 국가가 반드시 바빌론의 나라와 일치한다고 한다면 어떠한 그리스도인도 국가의 직무를 맡는다는 것은 부당할 것이며, 그 국가를 도울 수는 있을지라도 그가 하나의 시민이 되는 것마저도 부당할 것이다. 확실히 성 아우구스티누스는 그러한 생각에는 동의하지 않았던 것이다.

2) *In Ps.*, 51, 6.

2. 이교 국가는 참다운 정의를 실현하지 않는다

그러나 만일 국가와 바빌론 나라가 단순히 동일시될 수 없다면, 성 아우구스티누스는 국가 자체가 정의에 근거하고 있다거나 또는, 적어도 참다운 정의가 어떠한 현실적인 이교 국가에서도 실현되어 있지 않다고는 생각하지 않았음이 확실하다. 이교의 국가에서도 일종의 정의가 실현되고 있음은 매우 분명한 일이다. 그러나 참다운 정의는 하느님이 요구하는 숭배를 하느님에게 마땅히 바쳐야 함을 요구하고 있다. 그리고 이교의 로마는 그러한 숭배를 바치지 아니했고, 사실상 그리스도교 시대에 있어서 로마는 그러한 숭배를 하지 못하도록 전력을 다했던 것이다. 또 한편으로는, 이교의 로마는 엄연히 하나의 국가였던 것이다. 그렇다면 참다운 정의(正義)는 국가의 정의(定義)에 포함되어서는 안 된다는 결론을 어떻게 피할 수 있는가? 만일 참다운 정의가 국가의 정의(定義)에 포함된다고 한다면, 이교의 로마는 하나의 국가임을 부정하는 이상한 입장이 되고 말 것이다. 따라서 아우구스티누스는 사회를 "그것이 사랑하는 것에 대한 일반적인 동의에 의해서 결합된 이성적인 피조물의 대중"[3]이라고 정의하고 있다. 만일 그 사회가 사랑하는 것이 선한 것이라면 그것은 선한 사회일 것이며, 만일 사회가 사랑하는 것이 악한 것이라면 그것은 악한 사회일 것이다. 그러나 인민의 정의(定義)에서는 그 사회가 사랑하는 것이 선한 것이냐 악한 것이냐에 관해서는 어떤 말도 할 수 없다. 왜냐하면 인민의 정의(定義)는 이교의 국가에도 적용될 것이기 때문이다.

물론 이것이 아우구스티누스에 있어서의 국가가 비도덕적인 영역에 속해 있다는 것은 아니다. 오히려 반대로 같은 도덕 법칙이 개인에게와 마찬가지로 국가에도 적용된다는 것이다. 그가 지적하고자 하는 것은, 그리스도교적인 국가가 아니면 그 국가는 참다운 정의를 실현하지 않을 것이며 실제로 하나의 도덕 국가가 되지 못할 것이라는 점이다. 이를테면 인간을 선한 시민으로 만드는 것은 그리스도교라는 것이다. 국가 그 자체는 권력 행사의 한 도구로서 원죄의 결과에서 비롯되어 있으며, 원죄의 사실과 그 결과가 있는 한에서는 국가는 하나의 불가피

3) *De Civit. Dei,* 19, 24.

한 제도이다. 그러나 그리스도교적인 국가가 아니라면, 정의의 국가라는 것은 문제가 되지 않는다. "신앙과 견고한 일치의 유대를 바탕으로 하는 국가보다도 더 완전하게 설립되어 유지되는 국가는 없다. 그때 비로소 최고의 가장 참다운 선인 하느님은 모든 사람들에 의해서 사랑을 받고 또 사람들은 하느님을 위해서 서로 사랑하므로, 그들은 위선을 버리고 하느님 안에서 서로 사랑한다."[4] 달리 말하면, 제멋대로 하게 내버려 두어지는 경우에 국가는 현세적인 사랑에 의해서 이끌어지지만, 그러나 국가는 보다 높은 원리, 즉 그리스도교에서 도출되지 않으면 안되는 원리에 의해서 이끌어질 수도 있다.

3. 교회는 국가보다 위에 있다

위에서 말한 데서 두 가지의 중요한 결과가 생겨난다. (1) 그리스도 교회는 자신의 천상적인 지도 원리에 의해서 시민 사회를 형성하려고 한다. 즉 그리스도 교회는 지상의 누룩으로서 활동할 사명을 지니고 있다. 그리스도 교회와 그 사명에 관한 아우구스티누스의 생각은 본질적으로 역동적이고 사회적인 것이다. 말하자면 교회는 자신의 원리에 의해서 국가에 침투하지 않으면 안 된다. (2) 그러므로 교회는 실제로 유일하게 완전한 사회이며 확실히 국가보다 위에 있다. 왜냐하면 국가가 자신의 원리를 교회로부터 취하지 않으면 안 된다는 것은, 국가는 교회 위에 있을 수 없고 교회와 같은 수준에도 있을 수 없음을 의미하고 있기 때문이다. 이러한 견해를 주장하는 점에서 아우구스티누스는 국가에 대해서 교회를 보다 높은 지위에 두는 중세적인 입장의 선두에 서 있는 것이다. 그리고 그는 도나투스파를 진압하기 위해서 국가의 도움을 철저하게 요청했다. 왜냐하면 그의 견해에 의하면, 교회는 그리스도가 지상의 왕국들을 그것에로 종속시켰던 상위의 사회이며, 따라서 교회는 현세의 권력을 이용할 권리를 지니고 있기 때문이다.[5] 그러나 국가와 교회의 관계에 대한 아우구스티누스의 견해가 비록 동방 그리스도교국의 특징이 아니라 서방 그리스도교국의 특징이 되었을지라도, 그의 견해에 반드시 시민 생활과 사회 생활의 의미를 약화시키는 경향이 있는 것은 아니다. 크리스도퍼 도슨(Christopher Dawson)이 지적하고

---

4) *Ep.*, 137, 5, 18.

5) 같은 책, 105, 5, 6; 35, 3 참조.

있듯이,[6] 아우구스티누스는 국가로부터 신성(神性)의 성격을 박탈하기는 했지만, 그는 동시에 국가에 대해서마저도 인간의 자유로운 인격과 도덕적인 책임의 가치를 강조함으로써 "자유로운 인격과 도덕적인 목적을 추구하는 공동 노력을 바탕으로 하는 사회 질서의 이상을 실현할 수 있게 했던 것이다."

6) *A Monument to St. Augustine*, pp. 76~77.

제 9 장
위디오니시우스

1. 저작과 저자

성 바울로에 의한 아테네의 개종자 디오니시우스 아레오파기타(Dionysius Areopagita)의 것으로 생각되는 그 저작은, 신비주의자들이나 신비 신학의 저작가들 가운데서만이 아니라, 성 알베르투스 마그누스(St. Albertus Magnus)나 성 토마스 아퀴나스와 같은 전문적인 신학자들과 철학자들 가운데서도 중세를 통해서 높은 평가를 받고 있었다. 물론 이 저작에 경의와 존경을 표했던 것은, 대체로 원저자에 대한 오인 때문이었다. 이 오인은 원저자가 다음과 같이 가명을 사용한 데서 비롯되었다. "저자인 사제 디오니시우스가 동료 사제 티모테오스에게 바친다."[1] 533 년에는 안티오키아의 총 대주교 세베루스가 그리스도 단성론(單性論)을 지지하여 디오니시우스의 저작을 인용하고 있다. 이는 그 저작이 그때 이미 권위있는 것으로 간주되고 있었다고 보아도 좋은 하나의 증거이다. 그러나 비록 세베루스가 이단설을 지지하여 이 문제의 저작을 인용했다고 할지라도, 이 저작을 성 디오니시우스의 것으로 간주했다는 것은 이 저작의 정통성에 대한 의혹을 씻어 준 셈이다. 비록 에페소스의 히파티우스가 그 저작의 신빙성을 의심했을지라도, 그 저작은 동방 교회에 널리 유포되어 7 세기에는 막시무스 콘페소르에 의해서 주석되고 8 세기에는 동방 교회의 위대한 성 요한네스 다마셰누스의 흥미를 끌었던 것이다.

---

1) *Exordium* to the *Divine Names.*

서방에서는 교황 마르티누스 1세가 649년의 제 1회 라테라노 교회 회의에서 그 저작을 권위있는 것으로서 인용했다. 그리고 858년경 요한네스 스코투스 에리우제나(Johannes Scotus Eriugena)는 독두왕(禿頭王) 찰스의 부탁으로, 827년에 황제 미카엘 발부스로부터 독신왕(篤信王) 루드비히에게 증정되었던 그리스어의 원서에서 이를 번역했다. 요한네스 스코투스는 위디오니시우스(Pseudo-Dionysius)의 저작을 번역하는 동시에 이를 주석하기도 하여 서방 그리스도교계에 있어서 최초로 일련의 주석서를 내었던 것이다. 예컨대 생 빅토르의 위고(1141년 사망)는 에리우제나의 번역본을 이용하여 《천계 위계론》(天界位階論, *De coelesti Hierarchia*)을 주석하고, 로버트 그로스테스트(1253년 사망)와 알베르투스 마그누스(1280년 사망)도 디오니시우스의 저작을 주석했다. 성 토마스 아퀴나스는 1261년경 《신명론》(*Divine Names*)의 주해서를 저술했다. 이 주석자들은 누구나, 예컨대 카르투지오 회원 디오니시우스처럼 그 저작의 신빙성을 인정하고 있었다. 그러나 때가 지남에 따라서 이들 저작은 한층 발전된 신(新)플라톤주의에서 취해진 중요한 요소들을 구체화했고, 또 그것은 사실상 신플라톤주의와 그리스도교를 조화시키려는 한 시도였으며, 그리고 그 저작은 실제의 디오니시우스 아레오파기타보다도 훨씬 뒤의 한 저자의 것일 수밖에 없다는 것이 자연히 명백하게 되었던 것이다. 하지만 이들 저작의 신빙성에 대한 문제와 그것이 그리스도교적인 입장에서 보아서 정통성을 지니고 있는가 없는가의 문제는 같은 것이 아니다. 그리고 17세기에는 이들 저작의 신빙성을 공격하는 비판이 시작되면서 동시에 그 정통성도 크게 공격받고 있었으나, 그 저작의 신빙성을 인정하지 않는다는 것은 그것이 그리스도교 교의와 일치하지 않는다는 것을 반드시 인정하는 것은 아니다. 비록 성 바울로의 개인적인 제자에 의해서 씌어졌다는 단순한 그 이유만으로 그 저작의 정통성을 주장할 수는 없다는 것이 이미 분명할지라도 말이다. 나 개인의 생각으로는, 그 저작은 일원론을 부정했다는 점에서는 정통적이나, 적어도 삼위 일체의 문제에 대해서 그 저작이 그리스도교의 정통적인 교의와 일치할 수 있을지 매우 의심스럽다. 원저자의 의도는 어쨌든간에, 그의 말이 애매하다는 것 외에도, 아퀴나스도 인정했듯이, 그 말 그대로는 아우구스티누스나 토마스 아퀴나스의 삼위 일체론과는 거의 일치하지 않는다. 그리스도교에 있어서 본질적인 강생(降生)의 교의에 대해서도 충분하게 고려하지 않았다고 반박될지 모르지만, 그러나 저자는 분명하게 이 교의를 주장하고 있다. 어쨌든 비록 중심적인 교의일지라도, 하나의 특정한 교의에 대해서 거의 언급하고 있지 않다는 것이 그것을 부정하고 있다는 것과 같은 것은 아니다. 위디오니시우스의 강생에 관계된 대목을 대충 들추어 보더라도, 예컨대 교회 박사인 십자가의 성 요한의 신비설을 정통이 아니라고 거부하려고 하지 않는 한, 그것을 강생의 교의에 관해서 전혀 정통이 아니라고 부정할 수는 없을 것으로 생각된다.

이제는 이들 저작이 실제로 디오니시우스 아레오파기타의 저서라고는 아무도 생각하지 않으나, 그렇다고 확실한 저자가 밝혀진 것은 아니다. 어쩌면 이들 저작은 5세기말에 씌어졌을 것이다. 왜냐하면 그 저작들은 분명히 신플라톤주의자 프로클로스(Proclos, 418년~485년)의 사상을 내포하고 있기 때문이다. 그리고 그 가운데 히에로테우스로 통하는 인물은 시리아의 신비가 스테펜 바르 사다일리(Stephen Bar Sadaili)였을 것으로 추정된다. 위디오니시우스의 저작이 어느 정도 프로클로스의 철학에 의거하고 있다고 한다면 그것은 5세기의 최후 10년 이전에 씌어졌다고는 생각될 수 없고, 또 한편 그 저작이 533년의 종교 회의에 고소되었으므로 500년보다는 훨씬 뒤에 씌어졌을 리도 없다. 그러므로 그 저작들의 작성 연대를 500년경으로 보는 것이 확실히 옳고, 또 한편 그것의 기원을 시리아에 두는 추정도 이치에 맞는다. 그 저자는 신학자이면서 성직자이기도 했다는 것은 틀림이 없다. 그러나 몇몇 학자들이 경솔하게 생각했듯이 그가 세베루스 자신이었을리는 없다. 어쨌든 그 저자가 누구인가를 확인하는 것은 흥미있는 일이겠지만, 그것은 아마도 추측을 벗어날 수 있을 것 같지는 않다. 그리고 이 저작들에 대한 주요한 관심은 저자 자신에게 있다기보다는 그것의 내용과 그것이 후대에 미친 영향에 있다. 이들 저작은 《신명론》, 《신비 신학》(*De mystica Theologia*), 《천계 위계론》, 《교회 위계론》(*De ecclesiastica Hierarchia*), 그리고 10통의 서간들이다. 이 저작들은 미뉴(Migne)의 《그리스 교부집》(*Patrologia Graeca*)의 제 3권과 제 4권에 수록되어 있고, 그 교정판은 갓 시작했을 뿐이다.

2. 긍정의 길

모든 사색의 중심이 되는 하느님에게로 나아가는 두 가지의 길로서 긍정의 길(*καταφατική*)과 부정의 길(*ἀποφατική*)이 있다. 긍정의 길 또는 방법에서 정신은 "가장 보편적인 명제에서 시작하여 중간항(中間項)을 거쳐서 개별적인 명칭으로 나아간다."[2] 이렇게 정신은 '최고류'(最高類)에서 시작하고 있다. 위디오니시우스는 《신명론》에서[3] 이 긍정적인 방법을 따라서 선, 생명, 예지, 능력과 같은 명사들이 어떻게 초월적인 방식으로 하느님에게 적용되는가를 제시하고, 또 그 명사들이 하느님으로부터 유래함으로써만, 그리고 하느님에 내속하는 성질로서가 아니라 실체적인 통일태로서 하느님 안에 있는 그 성질들을 피조물이 분유(分有)하는 여러 가지의 정도에 따라서 어떻게 피조물에게 적용되는가를 보여주고 있다. 그러므로 그는 가장 보편적인 이름인 선의 관념이나 명사에서 시작하고 있다. 실재적이든 가능적이든 모든 것(만물)은 어느 정도 선을 분유하고 있으므로, 그 선은 가장 보편적인 명사이면서 동시에 그 선은 하느님의 본성을 나타내고 있다. 즉 "하나(一者)인 하느님 이외에는 어떠한 것도 선이 아니다."[4] 하느님은 선으로서 넘쳐 흐르는 창조의 원천이며 그 창조의 궁극 목적이기도 하다. 그리고 선으로부터 선성(善性)의 한 표상인 빛이 생겨나므로, 선은 '빛'이라는 이름으로 통하며 표상 가운데 나타나는 것의 원형이다.[5] 여기에는 신플라톤주의의 빛이 동기가 되어 있으며, 그리고 특히 위디오니시우스가 나아가서 선을 미, 즉 초본질적인 미라고 말하고 또 플로티노스의 《에네아데스》(*Enneades*)에서 다시 나타나는 플라톤의 《향연》(*Symposium*)의 구절을 사용하고 있을 때는 언제나 그가 신플라톤주의에 의거하고 있음을 명백히 알 수 있다. 그리고 또 그가 《신명론》의 13장에서[6] '하나'를 "모든 것 가운데서 가장 중요한 명사"로서 언급하고 있을 때는, 그가 일자라는 궁극 원리에 대한 플로티노스 학설에 의거하여 말하고 있음이 명백하다.

그러므로 간단하게 말하면, 긍정적인 방법은 피조물 가운데서 발견되는 완전성, 즉 하느님의 영성적인 본성과 일치되는 그 완전성을 하느님에게 돌리는 것을 의미한다. 하지만 이들 완전성은 피조물 안에 있는 것과 같은 모양으로 하느님 안에 있지 않다. 왜냐하면 하느님 안에서는 이들 완전성이 아무런 불완전성도 없이 있으며, 그리고 하느님의 본성에 돌려지는 명사들의 경우에 있어서의 그 완전성들은 상호간의 아무런 실재적인 구별도 지니고 있지 않기 때문이다. 긍정의 길(방법)에

2) *Myst. Theol.*, 2.
3) 같은 책, 3.
4) *Div. Names*, 2, 1; St. Matt. 19, 17.
5) *Div. Names*, 4, 4.
6) 13, 1.

서 최고류로부터 출발한다는 것은 마땅히 하느님에게 가장 유사한 것으로부터 출발해야 한다는 것임을 저자는 말하고 있으며, 그리고 실제로 하느님은 공기나 돌이라기보다는 생명이며 선이라고 긍정하는 편이 더욱 정확하다.[7] '생명'이나 '선'이라는 명사들은 하느님 안에 실제로 존재하는 무엇을 가리키고 있지만, 그러나 하느님이 공기나 돌이라고 하는 것은 단지 비유적인 의미에서이거나 또는 하느님이 그러한 사물들의 원인이라는 의미에서 말하는 데 지나지 않는다. 그러나 비록 어떤 명사들이 다른 명사보다도 하느님에게 더 잘 어울린다고 할지라도, 위디오니시우스는 우리에게 있어서는 그 명사들에 의해서 하느님의 충분한 인식과 개념을 도저히 나타낼 수 없다고 신중하게 말하고 있다. 그리고 그는 이러한 신념을 하느님은 본질을 초월하는 본질, 본질을 초월하는 미와 같은 것이라고 말함으로써 나타내고 있다. 그는 단순히 플라톤적인 전통에서 유래하는 구절들을 되풀이하고 있는 것이 아니라, 하느님 안에 실제로 있는 명사들의 객관적인 관계나 내용은 우리들에 의해서 경험되는 명사들의 내용을 무한히 초월하여 있다는 진리를 말해 주고 있다. 가령 우리가 하느님은 지성을 지니고 있다고 말하는 경우일지라도, 그것은 인간 지성, 즉 우리가 직접 경험하여 그 경험에서 명사를 도출하고 있는 바로 그 지성을 하느님에게 돌리는 것을 의미하지 않는다. 그것은, 하느님은 우리가 지성이라고 경험하고 있는 그 이상의 것이며 무한히 그 이상의 것이라는 것을 의미하고 있다. 이 사실은 그가 하느님을 두고 초지성(超知性) 또는 초본질적 지성(超本質的 知性)이라고 말하는 데서 가장 잘 나타나고 있다.

3. 부정의 길

긍정의 길은 위디오니시우스에 의해서 주로 《신명론》과 그의 상실된 《상징 신학》(*Symbolical Theology*)과 《신성론 요강》(*Outlines of Divinity*)에서 추구되고 있었으나, 부정의 길, 즉 피조물이 지니고 있는 불완전성을 하느님으로부터 제거하는 길은 《신비 신학》의 특징이다. 그 두 길의 구별은 프로클로스에 기인하고 있으나 위디오니시우스에 의해서 발전되어 그리스도교의 철학과 신학에 전수되고, 예컨대 성 토마스 아퀴

7) *Myst. Theol.*, 3.

나스에 의해서 받아들여졌던 것이다. 그러나 위디오니시우스는 긍정의 길보다도 부정의 길이 뛰어난 것으로 보고 있었다. 그렇기 때문에 하느님으로부터 가장 멀리 떨어져 있는 일들, 예컨대 "술에 취함이나 광란"[8]을 하느님에 대해서 부정하는 데서 시작하여 점차 피조물이 지니는 여러 속성과 성질들을 하느님에 대해서 부정하는 것으로 나아가서, 마침내 '초본질적인 암흑'(the super-essential Darkness)[9]에까지 이른다. 하느님은 온전히 초월적이므로, 우리가 하느님을 가장 잘 찬미할 수 있는 길은 "존재하고 있는 모든 것을 부정하거나 제거하는 일이며, 이는 마치 대리석에서 상(像)을 조각하는 사람이 잠재적인 표상에 대한 선명한 지각을 방해하는 모든 장애물을 제거하고 오로지 이 제거에 의해서만 숨어 있는 아름다움 속에 숨겨져 있는 상(像)을 나타내는 것과 같은 것이다."[10] 인간은 하느님을 인간의 형태로 생각하는(anthropomorphic conception) 경향이 있다. 그래서 이러한 인간적인 너무나 인간적인 생각들을 〈제거의 길〉(via remotionis)에 의해서 벗겨낼 필요가 있다. 그러나 위디오니시우스는 이러한 과정에서 하느님 자신이 무엇이냐 하는 명확한 관념이 떠오르게 된다고는 생각하지 않는다. 말하자면 조각상과의 비교를 잘못 알아들어서는 안 된다. 정신이 하느님에 대한 관념(생각)으로부터 인간의 사고 양식과 하느님에 대한 불충분한 개념들을 말끔히 제거해 버릴 때, '무지의 암흑'[11]으로 접어드는 가운데 정신은 "지성에 의한 모든 파악을 단념하고 온전히 닿을 수도 볼 수도 없는 것으로 휩싸여 … 온전히 알 수 없는 하느님과 결합된다."[12] 이는 신비주의의 영역이다. 하지만 '무지의 암흑'은 하느님이라는 대상 그 자체의 불가지성(不可知性) 때문이 아니라 인간 정신의 유한성 때문이다. 인간 정신은 빛이 지나치게 밝으면 볼 수 없게 되어 있다. 이 설은 확실히 한편 신플라톤주의의 영향을 받고 있기도 하지만, 그러나 그것은 또 그리스도교의 신비 신학자, 특히 니사의 성 그레고리우스의 저작 가운데서도 발견되고 있다. 그리고 또 이 후자의 저작은 언어나 표현에 관해서는 신플라톤주의적인 저작의 영향을 받기는 했지만, 그것은 또한 개인적인 체험의 표현이기도 했던 것이다.

---

8) 같은 책, 3. 9) 같은 책, 2. 10) 같은 책, 같은 곳.

11) 중세의 신비주의적인 저작인 *The Cloud of Unknowing*의 저자는 틀림없이 위디오니시우스의 저작에 직접 또는 간접으로 의거했을 것이다.

12) *Myst. Theol.*, 1.

4. 삼위 일체의 신플라톤주의적 해석

위디오니시우스에 대한 신플라톤주의의 영향은 그의 삼위 일체론에서 매우 강하게 나타나고 있다. 왜냐하면 그는 위격(位格)들의 차이 이면에 일자를 찾으려는 욕망에 고무되어 있는 것으로 보이기 때문이다. 그는 위격들의 구별은 하나의 영원한 구별이어서 가령 성부는 성자가 아니고 성자는 성부가 아니라는 것을 인정하고는 있지만, 그러나 그가 말하고 있는 바를 될수록 정확하게 해석하는 한에 있어서는, 그가 생각하고 있는 위격들의 구별은 나타남(현시)의 차원에 있는 것으로 생각된다. 이 나타남은 영원한 나타남이고 위격들간의 구별은 하느님 안에 있어서의 영원한 구별이므로, 이는 서로 다른 피조물에 하느님이 외적으로 나타나는 것과는 구별되어야 하는 것이다. 그러나 하느님 자체는 나타남의 차원을 초월하여 구별될 수 없는 유일자이다. 물론 정통적인 삼위 일체론을 따라서 하나이며 나누어지지 아니하는 하느님의 위격들 그 각자도 실체적으로는 동일한 하느님의 본성이라고 생각함으로써 위디오니시우스의 표현이 지니는 근거를 제시할 수 있을 것이다. 그러나 확실하지는 않지만, 대체로 그 원저자는 플로티노스의 일자설(一者說)의 영향을 받았을 뿐만 아니라 유일성, 선, 존재 등의 속성들마저도 초월한다는 프로클로스의 제 1 원리설에도 영향을 받았을 가능성이 크다. 초본질적인 유일성은 프로클로스의 제 1 원리를 나타내고 있는 것처럼 생각되고, 본성의 유일성에 있어서의 세 위격들의 구별은 신플라톤주의적인 유출설을 나타내고 있는 것처럼 보인다. 왜냐하면 궁극적인 하느님 또는 절대자의 자기 현시나 자기 계시에는 하나의 영원한 단계가 있다고 한다면, 그것은 어쨌든 하나의 단계이기 때문이다. 모든 것을 초월하는 하느님은 유일성과 삼위성을 지니고 있다고 우리가 말하는 경우, 그것은 우리가 알 수 있는 그러한 유일성이나 삼위성이 아니다. … (더구나) "우리는 모든 명칭을 초월해 있는 그것에 '삼위성'과 '유일성'이라는 명칭을 적용하고 존재를 초월해 있는 그것을 존재라는 형식으로 표현하고는 있지만 … (그 초월적인 하느님은) 어떠한 이름(명사)도 갖지 않으며 이성에 의해서는 파악될 수도 없다. … '선'이라는 명칭일지라도, 우리가 그러한 명칭이 어울린다고 생각해서 하느님에게 갖다 붙이는 것은 아니다. … "[13] (하느님은) "유일성도 선도 아

13) *Div. Names*, 13, 3.

니고 성령도 성자도 성부도 아니다. … 그것은 비존재의 범주에도 존재의 범주에도 속하지 않는다."[14]

이러한 문장들은 그가 실제로 한 말에서가 아니라 이 저자의 의도에서 볼 때 다음과 같이 옹호될 수 있다. 즉 비록 하느님의 실체는 수(數)적으로 하나이고 또 하느님의 세 위격 각자에는 본질적인 실재적 구별은 없을지라도, 가령 '성부'라는 명사는 위격으로서 성자에 속하지 아니하고 제 1 의 위격에 속해 있다고 말하는 것은 옳다고 지적할 수 있으며, 그리고 제 1 의 위격에 적용되는 '성부'라는 명사는, 비록 인간의 말로 표현하기에는 가장 적합할지라도 어디까지나 인간 관계에서 빌어와서 유비적(類比的)인 의미에서 적용되는 데 불과하므로, 우리들 마음 가운데 있는 '성부'의 개념 내용은 하느님 안에 실재하는 그것에 적용하기에는 불충분하다는 것을 인정할 수도 있다. 게다가 또 위디오니시우스는 위격의 삼위성과 개별적인 페르소나 각자에 적용되는 명사(이름)에 대해 언급하면서 분명히 "하느님의 초본질설(超本質說)에 있어서의 구별"을 논하고 있다.[15] 그리고 그는 "하느님 안에 있는 모든 구별을 혼동하고 있음"[16]을 분명히 부정하여, '초생명적' 또는 '초현명적'과 같은 명사는 '하느님 전체'에 속하는 반면에 '제각기 구별된 명사', 즉 '성부', '성자', '성령'이라는 명사들은 "서로 바꾸어질 수 없고 또 공통성을 갖지 않는다"[17]는 것을 인정하고 있다. 그리고 비록 하느님의 위격들은 "온전히 구별되지 않는 초월적인 유일성 안에서" "공동으로 영속하면서 내재하고는 있지만, 거기에는 아무런 혼동도 없다."[18] 그러나 비록 위디오니시우스가 삼위 일체의 문제에 관해서 말할 수밖에 없는 많은 것이 정통 신학의 입장에서 해석되고 변호될 수는 있을지라도, 하지만 이른바 위격들의 구별 이면에서 구별되지 않는 초초월적(super-transcendent)인 유일성을 찾으려는 강한 경향을 거의 똑똑하게 알아볼 수 있다. 위디오니시우스는 의도에 있어서는 정통적인 삼위 일체론자였지만, 신플라톤주의 철학의 영향이 강해서 그 두 요소간의 긴장이 그 양자를 조화시키려는 그의 시도의 저변을 이루어 저절로 그의 문장 속에서 드러나고 있음이 아마도 사실이라고 하겠다.

14) *Myst. Theol.*, 5.
15) *Div. Names*, 2, 5.
16) 같은 책, 2.
17) 같은 책, 3.
18) 같은 책, 4.

5. 창조에 대한 애매한 가르침

하느님에 대한 세계의 관계에 관해서, 위디오니시우스는 사물의 세계로의 하느님의 '유출'(πρόοδος)을 말하고 있다.[19] 그러나 그는 신플라톤주의의 유출설과 그리스도교의 창조설을 결합시키려고 노력하고 있으며, 그는 결코 범신론자가 아니다. 예컨대 하느님은 실재하는 모든 것에 존재를 부여하므로, 하느님은 자기 자신으로부터 존재하는 사물들을 생겨나게 함으로써 다수화된다고 말해지고 있기는 하지만, 그러나 동시에 하느님은 '자기 다수화'의 행위에 있어서마저도 하나(一者)로 머물러 있고 유출의 과정에 있어서마저도 아무런 분화가 없다.[20] 프로클로스는 본래의 원리는 유출의 과정에 의해서도 줄어들지 않는다고 주장했고 위디오니시우스는 이 점에 있어서 프로클로스의 설을 답습하고 있다. 그러나 그 신플라톤주의의 영향은, 그가 하느님의 의지 또는 창조 행위의 자유에 대한 창조의 관계를 분명하게 이해하지 않았다는 데 있는 것으로 생각된다. 왜냐하면 하느님은 세계와 다른 데도 불구하고, 그는 창조를 마치 하느님의 선의 필연적이고 심지어 자연 발생적인 결과라도 되는 것처럼 말하는 경향이 있기 때문이다. 하느님은 나누어짐도 없고 자기 자신을 다수화하는 일도 없이 개별적으로 분리되어 있는 모든 사물들 안에 존재하고 있다. 그리고 비록 이들 사물은 하느님에서 발원하는 선을 분유하고 있고 어떤 의미에서는 하느님의 어떤 '연장'으로 생각될지라도 하느님 자신은 그 사물들의 다수화에 영향을 받지 않는다. 요컨대 세계는 하느님의 선의 흘러 넘침이기는 하지만, 그것은 하느님 자신이 아니다. 위디오니시우스는 하느님의 내재성에 관해서만 아니라 하느님의 초월성에 대해서도 말하고 있음이 분명하다. 그러나 그는 하느님의 내적인 발출과 창조시의 외적인 발출 사이에 일종의 평행선을 긋기를 좋아할 뿐만 아니라 세계를 하느님의 넘치는 선의 유출로 묘사하기를 좋아했기 때문에, 그는 결국 창조가 하느님의 자연 발생적인 작용인 것처럼, 또 하느님이 본성의 필연성에 의해서 창조한 것처럼 말하게 되었던 것이다.

위디오니시우스는 하느님은 만물의 초월적인 원인이라고 여러 번 말하고 있다. 이에 더하여 그는 범형적(範型的)이면서 원형적인 이데아,

19) 같은 책, 5, 1. 20) 같은 책, 2, 11.

즉 하느님 안에 있는 '예정 질서'(*προορισμοί*)를 따라서 세계를 창조했다고 설명하고 있다.[21] 그리고 또 하느님은 만물의 목적인(目的因)이어서 선으로서의 자기 자신에게 만물을 끌어들인다.[22] 그러므로 하느님은 "만물의 시원이면서 종극이며,"[23] "만물의 원인으로서의 시원이고 만물의 목적으로서의 종극이다."[24] 따라서 하느님으로부터의 출발과 하느님으로의 회귀가 있으며, 다수화하는 과정과 서로 통하는 과정과 그리고 되돌아가는 과정이 있다. 이러한 생각은 '아레오파기타'의 번역자 요한네스 스코투스 에리우제나의 철학의 바탕이 되었다.

6. 악의 문제

위디오니시우스는 하느님의 선을 크게 강조했기 때문에, 그는 이제 당연히 악의 존재와 악에서 생겨나는 문제에 몰두하지 않을 수 없었다. 그는 이 문제를 《신명론》에서 다루고 있으나,[25] 적어도 부분적으로는 프로클로스의 《악의 기체에 대해서》(*De subsistentia mali*)에 의존하고 있다. 우선 첫째로 만일 악이 어떤 적극적인 것이라고 한다면 그 악의 원인을 하느님에게 돌려야 하겠으나, 실제로는 악은 어떤 적극적인 것이 결코 아니다. 왜냐하면 악이라는 것은 아무런 존재도 지니고 있는 것이 아니기 때문이라고 그는 말하고 있다. 악은 생산적이며 때로는 선마저도 낳으며, 그리고 예컨대 절제와는 반대되는 방탕은 일종의 나쁜 것이면서도 적극적인 것이므로 악은 적극적인 것이 아니면 안 된다는 반론에 대해서, 바로 어떠한 것도 악으로서는 생산적이 아니며 단지 그것이 선한 것인 한에서 또는 선한 행위에 의해서만 생산적이라고 그는 대답하고 있다. 말하자면 악 그 자체는 오직 파괴와 타락으로 향할 뿐이다. 악 그 자체가 아무런 적극적인 존재도 아니라는 것은 선과 존재가 동의어(同義語)라는 데서 분명하다. 존재하는 것은 모두가 선에서 나오며, 존재하는 한에서는 선이다. 그렇다면 이는 악과 비존재는 바로 같은 것임을 의미하는가? 위디오니시우스는 분명 그렇다고 말할 것처럼 보인다. 그러나 그의 진의는 "존재하는 한에서의 모든 피조물은 선이며 선 자체로부터 나오고, 그리고 피조물이 선 자체를 잃은 한에서는 그것은 선도 아니고 존재하지도 않는다"[26]는 그의 진술에서 나타

21) 같은 책, 5, 8. 22) 같은 책, 4, 4 이하. 23) 같은 책, 4, 35.
24) 같은 책, 5, 10. 25) 같은 책, 4, 18 이하. 26) 같은 책, 4, 20.

나고 있다. 달리 말하여 악은 하나의 상실이거나 결여이다. 이를테면 악은 단순히 비존재나 존재의 부재(不在)에 있는 것이 아니라 마땅히 존재해야 할 선의 결여에 있다. 예컨대 죄인도 존재, 생명, 실존, 의지를 지니고 있는 한에서는 선이다. 악은 마땅히 존재해야 하면서 실제로는 존재하지 않는 선의 결여에서, 즉 도덕률에 대한 의지의 잘못된 관계와 개별적인 덕의 부재 등에서 이루어지고 있다.

결국 존재하고 있는 것으로 간주되는 한에서는 어떠한 피조물도 악일 수 없는 셈이다. 악마들마저도 그것이 존재하는 한에서는 선이다. 왜냐하면 악마들은 자신들의 존재를 선 자체로부터 얻어 왔고 그 존재는 선으로서 존속하기 때문이다. 악마들은 자신들의 존재, 즉 자신들의 자연적인 구조 때문에 악한 것이 아니라 "오직 천사적인 덕의 결여에 의해서만"[27] 악한 것이다. 악마들은 자신들의 고유한 덕들이 상실되고 결여되어 있음으로써만 악하다고 일컬어진다." 그와 같은 것은 악인들에 대해서도 말할 수 있다. 악인들은 "선한 성품이나 선한 행위의 결여에 의해서, 또 그들 자신의 연약함에 의한 실패나 타락에 의해서" 악하다고 일컬어진다. "따라서 악은 악마들 가운데서나 우리들 가운데서도 악으로서는 존재하지 않으며 오직 우리들 고유의 덕들이 지니는 완전성의 상실이나 결여로서만 존재할 뿐이다."[28]

도덕적이 아닌 물리(자연)적인 악도 그 같은 방법으로 다루어진다. "어떠한 자연의 힘도 악한 것이 아니다. 자연의 악은 한 사물이 그 본래의 기능을 다하지 못하는 데 있다."[29] 그리고 또 "보기 흉함이나 질병은 형식상의 결여이며 질서의 결핍이다." 이것은 온전히 악한 것이 아니라, "오히려 보다 작은 선이다."[30] 물질도 질서, 아름다움, 형상을 분유하고[31] 있기 때문에, 물질 자체가 악일 수는 없다. 물질 그 자체가 악일 수 없는 것은 물질이 선 자체로부터 생겨나고 또 그것이 자연에 필요하기 때문이다. 두 가지의 궁극적인 원리, 즉 선과 악에 따로따로 의지할 필요가 없다. "요컨대 선은 하나의 보편적인 원인에서 생기고 악은 많은 부분적인 결여에서 생긴다."[32]

어떤 사람들은 악을 원하므로 악은 욕구의 대상으로서 어떤 적극적인 것이 아닐 수 없다고 말하는 것에 대해서 위디오니시우스는 모든 행위는 선을 대상으로 하고 있지만, 그러나 행위자는 본래의 선, 즉 욕구의 대상이 무엇인지에 대해서 그르칠 수 있으므로 그들의 행위가 잘

27) 같은 책, 23. 28) 같은 책, 24. 29) 같은 책, 26.
30) 같은 책, 27. 31) 같은 책, 28. 32) 같은 책, 30.

못을 저지르고 있다고 대답한다. 죄의 경우, 죄인은 참다운 선과 올바름을 아는 능력을 지니고 있으므로 그 죄인의 '잘못'은 도덕적으로 그의 탓이다.[33] 더구나 하느님의 섭리가 사람들을 그들의 의지를 거슬러서까지 덕으로 마땅히 이끌어야 한다는 반론은 당치도 않는 말이다. 왜냐하면 "본성을 무시하는 것은 섭리에 어울리지 않기 때문이다." 말하자면 섭리는 자유로운 선택을 인정하고 또 그것을 존중한다.[34]

7. 정통적인가 비정통적인가

결론으로서 다음과 같이 말할 수 있을 것이다. 페르디난드 크리스찬 바우르(Ferdinand Christian Baur)[35]가 위디오니시우스의 그리스도교 삼위일체론은, 그리스도교적인 내용도 없는 그리스도교적인 용어로 단순히 형식적으로 설명한 데 불과하고 또 그의 체계는 강생(降生)의 교의를 인정하지 않을 것이라고 말하고 있는 것은 지나친 말이라고 하겠지만, 그러나 그의 사상에는 그가 채용한 신플라톤주의 철학과 그가 믿었던 — 이를 부정할 아무런 이유가 없다 — 그리스도교 교의 사이의 긴장이 있었음을 인정하지 않으면 안 된다. 위디오니시우스는 그 두 요소를 조화시키고 그리스도교적인 신학과 그리스도교적인 신비주의를 신플라톤주의 철학의 테두리와 도식 가운데서 표현하려고 했던 것이다. 그러나 그 두 요소가 충돌하는 경우에는 신플라톤주의가 우위를 점하는 경향이 있었다는 것은 아무래도 부정할 수 없다. 특정 개인으로서의 그리스도의 강생은, 포르피리오스와 같은 이교의 신플라톤주의자가 반대했던 그리스도교의 한 주요점이다. 그리고 이미 말한 바와 같이, 위디오니시우스가 강생의 교의를 부정했다는 것은 인정할 수 없을지라도 그가 이 교의를 받아들이는 것은 그의 철학 체계에 잘 어울리지 않으며 또 그 교의 자체는 그의 현존하는 저작 가운데서 그다지 역할을 하지 않고 있다. 만일 중세의 그리스도교 사상가들이 원저자의 가명을 그대로 받아들이지 않았다고 한다면, 과연 이 저작이 실제로 그들에게 끼쳤던 그러한 영향을 끼쳐 왔을 것인가가 의심스러울 것은 당연하다.

---

33) 같은 책, 4, 35.　　34) 같은 책, 33.

35) 그의 책 *Christliche Lehre von der Dreieinigkeit und Menschwerdung Gottes*, 제 2권, p. 42.

제 10 장
보에시우스, 가시오도루스, 이시도루스

1. 보에시우스에 의한 아리스토텔레스 사상의 전달

고대 세계의 철학이 중세에 전해진 하나의 경로가 위디오니시우스의 저작이라고 한다면, 어떤 의미에서는 보완적이기는 하지만 또 하나의 경로는 보에시우스(Anicius Manlius Severinus Boethius, 480 년～524 년 또는 525 년)의 저작이다. 그는 그리스도인으로서 아테네에서 교육을 받고 이어서 동(東)고트 족의 왕 테오도리쿠스 밑에서 고위 행정직을 맡고 있었으나 끝내는 반역죄의 혐의로 처형되었다. 내가 위에서 '보완적'이라는 말을 사용했던 것은, 위디오니시우스가 중세 초기의 철학, 특히 요한네스 스코투스 에리우제나의 철학에 신(新)플라톤적인 사색에서 취한 요소들을 심어 주는 데 도움이 되었던 반면에 보에시우스는 적어도 아리스토텔레스 논리학의 지식을 중세 초기의 사람들에게 전해 주었기 때문이다. 이 《철학사》의 제 1 권에서[1] 그의 저작을 열거해 두었으므로, 여기서는 그것을 되풀이 할 필요가 없고 단지 그가 아리스토텔레스의 《오르가논》(*Organon*)을 라틴어로 번역하여 이를 주석했고 그 외에 포르피리오스의 《아리스토텔레스의 범주론 입문》(*Isagoge*)도 주석하고 논리학에 대한 여러 독창적인 논문들을 썼다는 것만을 지적하는 것으로 충분하다. 게다가 또 그는 신학에 관한 여러 소논문을 썼으며, 그리고 그의 유명한 《철학의 위안》(*De Consolatione Philosophiae*)을 옥중에서 집필했다.

---

1) p. 485.

그가 자신의 최초 계획대로 《오르가논》 이외의 아리스토텔레스의 저서들을 과연 번역했는지의 여부는 확실하지 않지만, 그러나 현존하는 그의 저서에서는 여러 가지의 분명한 아리스토텔레스적인 학설에 대해서 언급하고 있다. 중세 초기의 사상가들은 보편(普遍)의 문제에 관한 논쟁에 주로 관심을 가지고 있었으며, 그 출발점으로서 그들은 포르피리오스와 보에시우스의 어떤 원전들을 채택하고 있었다. 그리고 그들은 보에시우스의 저작 가운데서 볼 수 있는 아리스토텔레스의 형이상학 학설에는 거의 주의하지 않았던 것이다. 중세의 최초로 위대한 사변적인 사상가 요한네스 스코투스 에리우제나는 아리스토텔레스의 영향보다도 오히려 위디오니시우스나 신플라톤주의에 의거하는 저작가들에게 힘입은 바가 많았으며, 그리고 아리스토텔레스의 사상 계보에 근거하는 종합이 시도되었던 것은, 12 세기말에서 13 세기초에 결쳐서 아리스토텔레스의 저작집(corpus)을 서구에서 이용할 수 있게 되고부터이다. 하지만 아리스토텔레스의 중요한 학설이 보에시우스의 저작에 편입되어 있었다는 사실에는 변함이 없다. 예컨대 에우티케스(Eutyches)를 반박하는 신학적인 저서[2] 가운데서 보에시우스는 분명히 신체들의 공통적인 기체(基體)인 '질료'(質料)에 대해서 언급하고 있다. 이 질료는 유형적인 실체인 신체에 있어서의 실체적인 변화의 기초가 되며 그 변화를 가능하게 하는 것이다. 그 반면에 비유형적인 실체에 있어서 이 질료의 부재(不在)는, 한 비유형적인 실체의 다른 비유형적인 실체로의 변화와 한 유형적인 실체의 다른 비유형적인 실체로의 변화 또는 이와 반대 방향으로의 변화를 불가능하게 한다. 이 논의는 신학적인 입장에서 신학적인 목적으로 이루어지고 있다. 왜냐하면 "신성(神性)과의 결합은 인성(人性)의 상실을 의미한다"[3]고 주장한 에우티케스를 반박하여, 보에시우스는 그리스도에 있어서 신성과 인성은 구별되면서 그 양자는 실재적이라는 것을 제시하려고 하기 때문이다. 이 신학적인 입장에는 어떤 철학적인 논의가 포함되어 있으며, 그리고 그 가운데서 사용되고 있는 범주는 아리스토텔레스적인 성격을 지니고 있다. 그와 마찬가지로 《삼위 일체론》(*De Trinitate*)[4] 가운데서 보에시우스는 질료와 서로 관계 있는 원리, 즉 형상(形相)에 대해서 언급하고 있다. 예컨대 지구는 순전한 질료이기 때문에 지구인 것이 아니라, 이 지구가 자기 고유의 한 형상이기 때문에 지구인 것이다. ('순전한 질료'를 표현하는데 보에시우스는 그리스어의 ἄποια ὕλη를 사용하고 있다. 이는 틀림없

2) *Contra Eutychen*, 6.　3) 같은 책, 5.　4) 2.

이 아프로디시아스의 알렉산드로스로부터 채용했다).[5] 그 반면에 하느님, 즉 하느님의 실체는 질료없는 형상으로서 어떤 기체일 수가 없다. 순수 형상으로서의 하느님은 하나이다.

그리고 또 《삼위 일체론》에서,[6] 보에시우스는 열 개의 범주(Praedicamenta)를 열거하고 나아가서 우리가 하느님을 '실체'라고 부를 경우 하느님은 피조물이 실체인 것과 같은 의미에서의 실체임을 의미하는 것은 아니라고 설명하고 있다. 즉 하느님은 '초(超)실체적인 실체'이다. 그와 마찬가지로, 우리가 하느님에게는 '의로운' 또는 '위대한'이라는 성질이 있다고 단정하는 경우, 하느님이 타고난 성질을 지니고 있다는 것을 의미하는 것은 아니다. 왜냐하면 "하느님에게 있어서 의롭다는 것과 하느님이라는 것은 하나이며 같은 것이고", "인간은 단순히 위대하나, 하느님은 위대함 그 자체이기" 때문이다. 《에우티케스 반박론》(*Contra Eutychen*)에는[7] 보에시우스의 유명한 위격(位格)의 정의, 〈이성적 본성을 지닌 개체적 실체〉(naturae rationalis individua substantia)가 있다. 이 정의는 성 토마스에게 받아들여졌고 스콜라 학파들에 있어서 고전적인 정의가 되었다.

2. 자연 신학

삼위 일체론에서 보에시우스는 주로 성 아우구스티누스에 의존하고 있었다. 그러나 《철학의 위안》에서 그는 아리스토텔레스의 계통에 근거하여 자연 신학의 윤곽을 전개했다. 이렇게 그는 철학의 최고 부분인 자연 신학과, 자연 신학과는 달리 자신의 전제를 계시로부터 받아들이고 있는 교의 신학을 은연중에 구별했던 것이다. 그 제 3 권에서[8] 그는 부동(不動)의 원동자(原動者)로서의 하느님의 존재에 대한 이론적인 논증을 하고 있는 반면에, 그 제 5 권에서는[9] 인간의 자유와 하느님의 예지(豫知)를 조화시키는 경우에 분명하게 일어나는 어려움에 대해서 논하고 있다. "하느님이 만물을 보고 있으면서 잘못 볼 수는 없다고 한다면, 하느님의 섭리가 장차 있으리라고 예견하는 것이 반드시 일어나지 않으면 안 된다. 그러므로 하느님이 영원으로부터 인간의 행위만이 아니라 인간의 의도나 의지마저도 예지하고 있다고 한다면, 자유

---

5) 후자의 *De Anima*, 17, 17, 그리고 그의 *De anima ibri mantissa*, 124, 7 참조.
6) 4.　7) 3.　8) 12.　9) 2 이하.

의지라는 것은 있을 수 없다."[10] 이에 대해서 하느님이 미래의 사건들을 알고 있기 때문에 그 사건들이 일어나는 것이 아니라, 오히려 그 사건들이 일어나기 때문에 하느님은 그 사건들을 알고 있다고 대답한들 그다지 만족스러운 대답은 아니다. 왜냐하면 그렇게 생각한다면 피조물의 일시적인 사건들이나 행위가 하느님의 영원한 예지의 원인이 되기 때문이다. 오히려 엄밀하게 말한다면, 하느님은 어떠한 것도 "미리 알고 있는 것"(예지)은 아니라고 말하는 것이 마땅하다. 왜냐하면 하느님은 영원하고 영원성은 〈끝없는 생명의 전체적이고 동시적이며 완전한 소유〉(**interminabilis vitae tota simul et perfecta possessio**)[11]라는 유명한 구절로 정의되기 때문이다. 그리고 하느님의 인식은 하느님에게 있어서 미래에 있는 것에 대한 예지(미리 아는 것)가 아니라 하느님에게 있어서 영원히 현재에 있는 것, 즉 결코 사라져 가지 않는 순간에 대한 인식이다. 그리고 현재에 있는 사건에 대한 인식은 그 사건에 필연성을 부과하지 않는다. 따라서 인간의 관점에서는 미래이지만 하느님의 관점에서는 현재인 인간의 자유로운 행위에 대한 하느님의 인식은, 그 행위를 이미 결정되어 있는 필연적(자유가 없다는 의미에서)인 것으로 만들지는 않는다. "언제나 현재에 있는" 하느님의 직관이 지니는 그 영원성은 "미래에 있는 행위의 성질과 일치하고 있다."

보에시우스는 아리스토텔레스만이 아니라 포르피리오스와 여타의 신플라톤주의 저작가들, 그리고 치체로에도 의거하고 있다. 그리고 철학 또는 사변적인 학문을 자연학(물리학), 수학, 신학으로 분류한 것은 포르피리오스의 《아리스토텔레스의 범주론 입문》에서 직접 채용한 것으로 생각된다. 그러나 포르피리오스 자신은 아리스토텔레스에 힘입고 있었다는 것을 유의하지 않으면 안 된다. 어쨌든 이전의 그리스도교 철학을 주로 지배하고 있었던 신플라톤주의적인 성격에서 본다면, 보에시우스 사상에 있어서의 아리스토텔레스주의적인 요소는 특히 신플라톤주의적인 요소에 비하여 더욱 두드러지고 더욱 중요한 것이다. 그는 신플라톤주의를 생각나게 하는 방식으로 하느님의 선과 그 선의 유출에 대해서 언급하여 《철학의 위안》에서,[12] "하느님의 실체는 선에 불과하다"고 말하고 있다. 때때로 하느님으로부터의 피조물의 발출에 관하여 〈흘러 나오다〉(**defluere**)라는 용어를 사용하고 있음은 사실이지만,[13] 그러나 그는 하느님과 세계의 구별이나 그리스도교의 창조론에

10) 5, 3. 11) 5, 6 12) 3, 9 13) *Lib. de hebdom.*, 173 참조.

대해서는 태도를 분명히 하고 있다. 그러므로 그는 "아무런 변화도 없이, 하느님 자신만이 알고 있는 의지의 작용에 의해서, 하느님은 스스로 세계를 만들 것을 결의하여 온전한 무(無)였던 세계를 생겨나게 하는 것이며 결코 하느님 자신의 실체로부터 세계를 도출하는 것이 아니다"[14]고 명백하게 주장하고, 하느님의 실체가 〈밖으로 확산된다〉[15]거나 또는 "존재하는 것은 모두가 신(神)이다"는[16] 것을 부정하고 있다.

3. 중세에 미친 영향

보에시우스가 매우 중요한 인물이었다고 위에서 말한 것은, 그가 그 당시에 이용할 수 있었던 아리스토텔레스에 관한 지식의 대부분을 중세 초기로 전해 주었기 때문이다. 이외에 그의 신학에 대한 철학적인 범주의 적용은 신학적인 학문의 발전을 도왔던 반면에, 그의 철학적인 용어의 사용이나 정의(定義)는 신학과 철학 그 양자에 도움이 되었던 것이다. 마지막으로 그가 썼던 주석이 미친 영향에 대해서 언급해 두었다. 왜냐하면 이러한 종류의 저술은 중세인들이 주석을 저술하는 경우에 아주 좋아했던 하나의 방법이 되었기 때문이다. 비록 독창적이고 독자적인 철학자로서 특히 뛰어나지는 않았을지라도, 보에시우스는 하나의 전달자로서 중요한 의미를 지니고 있고 또 비단 신플라톤주의자들로부터만이 아니라 중세의 위대한 철학적인 종합에 지배적인 영향을 주었다고 생각되는 사상을 지닌 철학자로부터 채용한 용어들로 그리스도교의 교의를 나타내려고 시도했던 하나의 철학자로서 중요한 의미를 지니고 있다.

4. 가시오도루스의 일곱 개 인문학과 영혼의 영성

가시오도루스(Cassiodorus, 477 년경~565 년 또는 570 년경)는 보에시우스의 제자였으며, 자신의 스승과 마찬가지로 한때 동고트 족의 왕

14) *De Fide Catholica.*

15) *De Consol. Phil.*, 3, 12.

16) *Quomodo Substantiae.* 물론 나는 아리스토텔레스에게 어떤 창조설이 있다고 말하고 싶지는 않다.

테오도리쿠스에게 시중들고 있었다. 《인문학과론》(*De artibus ac disciplinis liberalium litterarum*, 이 책은 그의 《학문론 *Institutiones*》의 제 2 권에 해당한다)에서 그는 일곱 개의 인문학과, 즉 세 개의 〈화법에 관한 학〉(문법, 변증론, 수사학)과 네 개의 〈실재에 관한 학〉(산수, 기하, 음악, 천문학)을 다루었다. 그는 사상의 참신성과 독창성을 의도하지 아니하고 오히려 다른 저작가들로부터 발췌한 학문의 개요를 제시하는 것을 의도했던 것이다.[17] 마르시아누스 가펠라(**Martianus Capella**)의 저서와 마찬가지로, 학예에 관한 그의 저서는 중세 초기에 교재로 널리 사용되었다. 《영혼론》(*De anima*)에서 가시오도루스는 인간 영혼의 영성을 증명함에 있어서 성 아우구스티누스와 클라우디아누스 마메르투스(**Claudianus Mamertus**, 474 년경 사망)에 의거하고 있다. 영혼은 변화할 수 있고 악을 행할 수 있으므로 하느님의 일부일 수가 없는 반면에, 영혼은 정신적인 것을 인식의 대상으로 할 수 있고, 또 그 자체가 정신적인 것만이 정신적인 것을 알 수가 있으므로 영혼은 물질적인 것이 아니고 물질적일 수가 없다. 영혼은 정신(영성)적인 것으로서 신체의 전체에 전체적으로 있으며, 또 영혼은 분할될 수 없고 연장될 수도 없으므로 신체의 각 부분에 전체적으로 존재한다. 하지만 영혼은 신체의 어떤 부분, 예컨대 어떤 감각 기관에 경우에 따라서 보다 강하게 또는 보다 약하게 작용한다.[18]

5. 이시도루스의 《어원록》과 《명제집》

가시오도루스는 독창적인 사상가라기보다는 '전달자'였다. 이시도루스(636 년경 사망)에 대해서도 그와 같이 말할 수 있다. 그는 서(西)고트 왕국의 세빌야의 대주교가 되었으며, 그의 백과 전서 《어원록》(*Originum seu Etymologiarum libri XX*, 語源綠)은 중세 초기에 널리 보급되어 유명한 수도원의 도서관에는 모두 비치되어 있었다. 이 저서에서 이시도루스는 일곱 개의 인문학과를 다루고, 또 성서, 법률, 의학, 건축술, 농업, 전쟁, 항해술 등의 문제에 대해서 매우 많은 과학적 및 준(準)과학적인 사실과 이론을 취급하고 있다. 그는 하느님에게 두는 주권의 기원, 도덕성이 지니는 최고 권위, 그리고 시민 사회에서의 법과

---

17) *De anima*, 12.

18) 같은 책, 4.

정의에 대해서, 나아가서 군주의 행위에 대해서마저도 자신의 신념을 밝히고 있다. 《어원록》 이외에, 성 아우구스티누스와 성 대(大)그레고리우스에서 발췌한 신학적·도덕적인 문제들을 집성한 그의 《명제집》(*Libri tres sententiarum*)도 널리 사용되었다. 수에 관한 그의 논문 《수론》(*Liber Numerorum*, 数論)은 성서에 있는 수에 대해서 논하고 있으며, 그것은 수에 부여하고 있는 신비적인 의미에 있어서 극히 기발한 데가 종종 있다.

제 2 부
카롤링거 왕조 르네상스

제 11 장
카롤링거 왕조 르네상스

1. 카롤루스 대제

771 년 카를로망이 죽음으로써, 카롤루스는 프랑크 영토의 유일한 지배자가 되었다. 이어서 그의 롬바르드 왕국의 파괴와 그의 일반적인 정책에 의해서, 그는 그 세기가 끝날 무렵 서구 그리스도교 세계에 있어서 최고의 통치자가 되었다. 800 년 12 월 25 일 교황에 의해 거행된 그의 황제로서의 대관식은 바로 그의 제국 정치의 성공과 프랑크 왕권의 절정을 상징하고 있었다. 프랑크 제국은 그 후 붕괴되어 제관(帝冠)은 독일로 옮겨지게 되나, 얼마 동안 카롤루스는 서구 그리스도교 세계에서 당당한 지배자였으며 메로빙거 왕조에서 절박하게 요구되었던 재건과 개혁에 착수할 수 있었다. 카롤루스 황제는 결코 단순한 군인이 아니었고, 또한 단순히 군인과 정치적인 통솔자의 자질을 겸비하고 있는 것만도 아니었다. 그는 교육의 보급과 개선에 의한 신하들의 문화적인 수준의 향상 작업도 마음 속 깊이 계획하고 있었다. 이 계획의 실천을 위해서 그는 학자들과 교육상의 지도자들을 필요로 했으나 프랑크 왕국 내에서는 그러한 사람들을 구하기가 쉽지 않았으므로, 그는 그들을 외국에서 끌어들이지 않으면 안 되었다. 로마화되었던 골(Gaul) 사람들의 옛 문화는 5 세기에 이미 급속하게 쇠퇴하고 있었고 6 세기 7 세기에 이르러서는 실제로 매우 저하되어 있었다. 당시 어떤 학교에서든지 종교 교육을 실시하고 있는 것 외에는 읽기와 쓰기, 그리고 초보적인 라틴어밖에 가르치지 않았다. 카롤루스가 이탈리아 사람인 피사의 베드로와 바울로 디아코누스와 같은 외국의 학자들을 기용했던 것은 학

문이나 교육의 이러한 비참한 상태를 구제하기 위해서이다. 피사의 베드로가 카롤루스의 궁정 학교에서 라틴어를 가르치고 있었을 당시 그는 이미 나이가 많았던 것으로 생각되는 반면에, 바울로 디아코누스(부제 바울로 바르네프리두스)는 포로가 되어 있었던 형제를 석방시킬 셈으로 782 년 프랑스로 가서 782 년에서 786 년까지 그리스어를 가르쳤으며, 그 후 몬테 카시노에 은퇴하여 《롬바르드의 역사》(*History of the Lombards*)를 저술했다. 궁정 학교의 또 다른 한 사람의 이탈리아인 교사는 아귈레이아의 바울리누스로서, 그는 777 년에서 787 년경까지 가르쳤다.

일단의 이탈리아 출신 문법학자들 이외에, 망명자로서 프랑스에 왔던 두 사람의 스페인 사람을 들 수 있다. 즉 816 년 리용의 대주교가 되었던 아고바르두스와, 오를레앙의 주교가 되어 821 년에 사망한 테오다르프이다. 테오다르프는 라틴 고전에 정통하고 있었고 또한 그 자신이 라틴 시인이었다. 그런데 중세 최고(最高)의 것으로 알려져 있는 퀸틸리아누스의 사본이 테오다르프의 개인 장서에서 발견되었다. 하지만 카롤루스의 교육 사업의 실제적인 효과라는 관점에서 볼 때, 그 이탈리아인들과 스페인 사람들은 유명한 잉글랜드의 학자 요크의 앨퀸에 비하면 무색할 정도이다.

2. 앨퀸과 궁정 학교

앨퀸(Alcuin, 730 년~804 년경)은 요크에서 초보 교육을 받았다. 669 년 이래로, 즉 그리스의 수도자 타르소스의 테오도루스가 캔터베리 대주교로서 이 지방에 와서부터 수도원장 하드리아누스와 함께 캔터베리의 학교를 발전시키고 그 도서관을 충실하게 만든 이래로 잉글랜드에서의 학문은 발전하게 되었다. 이러한 일은 베네딕트 비스코프와 알델름과 같은 사람들에 의해서 계승되었다. 전자는 웨어마우스(674 년)와 쟈로(682 년)의 수도원을 설립하고, 후자는 테오도루스와 하드리아누스 밑에서 연구한 뒤에 월트셔 주(州)의 맘스베리의 수도원을 설립하여 그 수도원장이 되었다. 그러나 앵글로 색슨의 학자들 가운데서 보다 중요한 인물은 위대한 주석학자이며 역사학자였던 비드(Bede, 674 년~735 년)이다. 그는 쟈로의 성직자이면서 수도자였다. 요크의 학교가 잉글랜드의 문화 및 교육의 지도적인 중심지가 되고 그 도서관의 장서가 풍부함으로 유명하게 되었던 것은, 비드의 동료이면서 비드가 사망하기 직전에 요크의 대주교가 되었던 그의 제자 에그버트의 노력 때문이었다.

요크에서 앨퀸은 특히 앨버트의 애호를 받고 있었다. 앨버트와 함께 그는 로마로 여행하는 도중에 카롤루스를 만났으며, 그리고 앨버트는 767년 요크의 대주교로서 에그버트의 뒤를 잇게 되자 학교의 주요한 일을 앨퀸에게 맡겼다. 그러나 781년 앨퀸은 앨버트의 명을 받아 로마로 가서 파르마에서 재차 카롤루스를 만났다. 왕은 그 만남을 기회로 자기에게 시중들어 줄 것을 이 잉글랜드 학자에게 권유했다. 앨퀸은 자기 나라의 왕과 대주교의 허락을 얻은 뒤에 이 초청을 받아들여 782년 궁정 학교의 지도를 인계받았다. 그는 796년까지(786년 영국으로의 짧은 여행과 790년에서 793년까지의 보다 긴 여행을 제외한다면) 이 학교를 관리하고 있었다. 그 해에 그는 투르 생 마르텡의 수도원을 위임받아 거기서 만년을 보냈다.

777년경 카롤루스는 풀다의 수도원장 바우갈프에게 편지를 보내[1] 수도원장과 회원들에게 학문의 열의를 가지도록 권고했다. 이는 교육에 대한 그의 끊임없는 배려의 한 예에 지나지 않는다. 그러나 카롤루스의 이름과 특별히 관련되어 있는 학교는 이른바 궁정 학교로서, 황제가 새로이 창설한 것은 아니지만 그 학교의 발전은 그 황제의 덕택이었다. 카롤루스 밑에서 발전하기 이전에는 그 학교는 왕실의 왕자들이나 고위 귀족의 자제들이 기사도의 생활 방법을 몸에 익히기 위해서 훈련하는 목적으로 존속해 왔던 것으로 보이나, 그 황제가 지적인 훈련을 강조하여 개혁한 결과 학생들은 궁정 이외의 넓은 범위에서 모여들게 된 것으로 생각된다. 프랑스의 학자들은 보통 이 궁정 학교가 파리 대학의 기원이었다고 말하고 있다. 그러나 후에 독두왕(禿頭王) 샤를(Charles the Bald, 877년 사망)에 의해서 그 황제의 궁정이 파리로 옮겨진 것으로 생각되고는 있지만, 본래는 파리에 있었던 것이 아니라 아헨 또는 엑스 라 샤펠에 있었음을 유의하지 않으면 안 된다. 그러나 파리 대학은 결국 파리의 여러 학교가 합병하여 이루어진 것이므로, 그 궁정 학교는 관계가 다소 희박하기는 하지만 어떤 의미에서 파리 대학의 먼 기원이었다고 말할 수 있다.

궁정 학교의 계통을 세움에 있어서 카롤루스의 주요한 조력자가 되

1) 그러나 만약 Baugulf가 788년에 대수도원장이 되었다면, 그 편지는 그 해 이전에 씌어졌었을 수가 없다.

었던 것은 앨퀸이었으며, 그의 저작에서 교과 과정을 어느 정도 알 수 있다. 앨퀸은 확실히 독창적인 사상가는 아니었으며, 그의 대화 형식으로 씌어진 교육상의 저작은 대부분 그 이전의 저작가들에 의존하고 있다. 예컨대 《수사학》(*De Rhetorica*)은 다른 저작가들에 더하여 치체로를 이용하고 있는 반면에, 그 밖의 논문에서는 도나투스, 프리스키아누스, 가시오도루스, 보에시우스, 이시도루스, 비드 등에 의거하고 있다. 앨퀸은 저작가로서는 독창적이지 않고 평범하여 철학자라고 일컬을 수 없으나, 교사로서는 뛰어났으며 성공적이었다고 생각된다. 카롤링거 왕조 르네상스의 가장 잘 알려져 있는 몇 사람의 인물, 예컨대 라바누스 마우루스는 그의 제자였다. 투르의 생 마르텡 수도원으로 은퇴하고서도 그가 교육 활동을 계속했다는 것은, 황제에게 보낸 유명한 편지에서 분명하다. 그 편지에서 앨퀸은, 어떻게 그가 어떤 젊은이들에게는 성서의 꿀을 주고 또 다른 젊은이들에게는 고대 문학의 술로 취하게 하려고 했는가를 말하고 있다. 즉 그는 어떤 사람에게는 문법 연구의 사과(**apples**)로 양육하는 반면에, 다른 사람들에게는 푸른 하늘을 수놓은 반짝이는 천체들의 질서를 보여주고 있다.(카롤루스 자신이 천문학에 상당한 흥미를 가지고 있었으므로, 그 두 사람은 이 문제에 관해서 상통하는 바가 있었다.)

투르에서 앨퀸은 요크의 서구 최고의 도서관으로부터 가지고 왔던 사본의 복사로 도서관을 풍부하게 했다. 그는 또 사본들을 베끼는 방법을 개량하는 데 전념했다. 799 년의 편지에서[2] 그는 투르의 '무교양'(**rusticity**)과 날마다 싸우고 있음을 말하고 있으며, 이 편지에서 우리는 개혁의 길이 언제나 쉬운 길만은 아니었음을 생각할 수 있다. 또한 앨퀸은 확실히 성서의 사본들을 정확하게 베끼고 수정하는 일을 중요시했다. 왜냐하면 그는 이에 대해서 800 년과[3] 801 년[4] 카롤루스에게 보낸 편지에서 분명히 말하고 있기 때문이다. 그러나 '앨퀸의 개정판'으로 알려져 있고 황제가 명령했던 불가타(**Vulgata**) 성서의 개정판을 만드는 데 그가 어떠한 역할을 했는지는 확실하지가 않다. 하지만 황제의 개혁을 성취함에 있어서 그 학자가 차지했던 중요한 위치에서 본다면, 그가 이 중요한 작업의 지도적인 역할을 담당했다고 보는 것은 지극히 당연하다고 생각된다. 이 작업은 사본이 훼손되는 것을 막는 데 도움이 되었던 것이다.

2) *Ep.*, 4, 172. 3) 같은 책, 195. 4) 같은 책, 205.

3. 그 밖의 학교, 교과 과정, 도서관

다른 학교들의(말하자면 궁정 학교와 투르의 학교 이외의) 발전에 관해서 우리는 상트 갈렌, 고르비에, 풀다 수도원의 부속 학교들을 들 수 있다. 수도원에서의 교육은 비단 수도회의 회원이 될 학생들만이 아니라 다른 학생들을 위해서도 베풀어지고 있었다. 하지만 두 개의 학교가 따로따로 유지되고 있었던 것으로 생각된다. 즉 〈스콜라 클라우스트리〉(schola claustri)는 수도자 지망생들을 위한 학교이고, 〈스콜라 엑스테리오르〉(schola exterior)는 외부 학생들을 위한 것이다. 그래서 상트 갈렌에서는 수도자를 위한 학교는 수도원 영내에 있었던 반면에, 외부 학생들을 위한 학교는 수도원 영외의 건물에 있었다. 독신왕(篤信王) 루드비히의 법령집에서는 수도원은 '수도 지망생'을 위한 학교만을 경영해야 한다고 규정하고(817년) 있으나, 이 법령은 그다지 중요시되지 않았던 것 같다.

궁정 학교를 따로 한 종류로 친다면 나머지 학교들은 크게 주교좌 부속 학교 또는 교구 참사회 학교와 수도원 부속 학교 둘로 나누어진다. 교과 과정은 신학과 성서 주석학의 연구는 별문제로 하고, 특히 성직자나 수도 생활을 지망하는 학생들의 경우에는, 7개의 인문학과를 구성하는 〈3과〉(문법, 수사학, 변증론)와 〈4과〉(산수, 기하, 천문학, 음악)의 연구로 이루어져 있었다. 하지만 이들 학과에 관한 참신하고 독창적인 저작은 거의 이루어지지 않았다. 따라서 문학을 포함하는 문법은 예컨대 프리스키아누스와 도나투스의 저작이나 앨퀸의 교과서로 연구되고 있었던 것 같다. 물론 고대의 문법학자, 예컨대 도나투스의 저작에 대한 약간의 주석이 스마락두스에 의해서 이루어졌고 또한 카롤루스의 만년에 궁정 학교에서 교편을 잡기 시작했던 클레멘스 스코투스의 《문법론》(*Ars grammaticae*)과 같은 그다지 두드러지지는 않은 몇 개의 문법서가 씌어지기는 했다. 논리학도 앨퀸의 교본에 의해서 연구되었으나, 더욱 필요한 경우에는 앨퀸이 의거하고 있었던 저작가, 예컨대 보에시우스의 책으로 연구되었다. 9세기에는 기하학과 천문학에 관한 저작은 거의 나오지 않았으나, 음악 이론은 베르덴의 수도원장 호가(Hoger, 902년 사망)의 것으로 되어 있는 《음악 요강》(*Musica enchiriadis*)에 의해서 진전을 보았다. 도서관 예컨대 상트 갈렌의 도서관의 장서는 9세기에 상당히 증가되어, 여러 가지의 항목으로 분류된 신학적 및 종교적인 저서들 외에도 상당한 수의 그리스·로마의 고전적인 작가들의 작품은 물론 법률이나 문법의 저서들을 소장하고 있었다. 그러나 철학에 관해서는 논리학 또는 변증론(아리스토텔레스에 의하면 이는 철학의 한 부문이 아니라 철학하기 위한 준비 연구이다)이 유일의 연구 대상이었음은 분명하다. 9세기에 진정한 사변 철학자는 단 한 사람이었으며, 그는 바로 요한네스 스코투스 에리우제나였다. 카롤루스의 르네상스는 당시의 학문을 전파하는 일을 목표로 삼았으며 그 성과는 충분히 주목할 만했다. 하지만 요한네스 스코투스의 체계의 한 예를 제외하고는 독창적인 사상이나 사색으로 나아가지는 못했다. 만일 카롤링거 왕조의 제국과 문화가 더 존속하여 계속 번영했더라면 틀림없이 독창적인 저작의 시대가 도래했을 것이다. 그러나 실제로는 새로운 암흑 시대에 빠질 운명에 놓여 있었다. 그리고 중세의 적극적·구성적·독창적인 저작의 시대가 실현되기 위해서는 다른 하나의 르네상스가 필요했다.

4. 라바누스 마우루스

카롤링거 왕조 르네상스와의 관계에서, 독일에 있어서의 교육에 대해서 중요한 의미를 지니고 있다는 이유에서 라바누스 마우루스(Rhabanus Maurus)의 이름을 들지 않을 수 없다. 그는 776년경에 태어나서 앨퀸의 제자가 된 뒤에 풀다의 수도원에서 가르쳤다. 그리고 822년에 그 수도원의 원장이 되고, 847년에는 마인츠의 대주교로 임명받아 856년에 그가 죽기까지 그 지위에 머물고 있었다. 라바누스는 성직자의 교육에 관심을 가지고 있었으며 이를 목적으로 3권으로 된 《성직자의 교육》(*De Institutione Clericorum*) 3권을 서술했다. 이 책은 교회의 여러 위계(位階), 전례(典禮), 성직자의 훈련 등을 다루고 있는 것 이외에 7개의 인문학과도 취급하고 있다. 그러나 라바누스는 이시도루스의 저서에서 대부분 발췌한 하나의 백과 전서인 이 책에서는 그의 《사물의 본질》(*De rerum naturis*)에서와 마찬가지로 독창성이 결여되어 있다. 일반적으로 그는 거의 대부분 이시도루스, 비드, 아우구스티누스와 같은 이전의 저작가들에게 의거하고 있다. 성서 주석에 있어서 그는 신비적·우화적인 해석을 좋아했다. 달리 말하면 그 〈게르마니아의 교사〉(Praeceptor Germaniae)는 카롤링거 왕조 르네상스가 낳은 하나의 성실한 인물이며, 학문에 대한 진정한 열의와 성직자의 지적인 교육에 대한 강렬한 열성을 지닌 학자였으나, 사상에 있어서 두드러진 독창성을 지니고 있지는 않았다.

제 12 장
요한네스 스코투스 에리우제나 1

생애와 저작

9세기에서 가장 주목할 만한 현상은 요한네스 스코투스 에리우제나(Johannes Scotus Eriugena)의 철학 체계이며, 그것은 평지 한가운데 우뚝 솟아 있는 바위처럼 두드러져 있다. 우리는 이 세기에 활발한 교육 활동이 있었고, 또 이 시대의 문화적인 수준, 자료, 기회를 고려할 경우 학문에 대한 관심이 커지고 있었다는 것을 이미 보았다. 하지만 거기에는 독창적인 사색이라고는 거의 없었다. 이러한 사실은 기존 문화를 보존하고 전파하는 시대에서는 조금도 놀랄 필요가 없다. 그러나 그럴수록 하나의 대규모의 독창적인 사색이 아무런 전조도 없고 어떠한 직접적인 연속성도 없이 갑자기 생겨났다는 것은 정말 대단히 주목할 만한 일이다. 만일 요한네스 스코투스가 한두 특수한 문제에 대해서 사색했던들 우리가 그다지 놀라지는 않았을 것이다. 그러나 실제로 그는 하나의 체계, 즉 중세 최초의 위대한 체계를 수립했던 것이다. 물론 그는 주로 예컨대 니사의 성 그레고리우스와 같이 자기를 앞선 사람들의 사색, 특히 위디오니시우스의 저작에 의존하고 있었다고 말할 수 있고, 이것은 과연 사실이다. 하지만 그의 《자연 구분론》(*De Divisione Naturae*)을 읽는다면, 우리는 그를 앞선 저작가들이 그가 연구할 자료로서 그에게 넘겨준 사상이나 관념이 지니는 범주와 양식과 더불어 고투하면서 그것들을 하나의 체계로 형성하여 그 전체에 독자적인 운치, 색채, 경향을 스며들게 한 하나의 힘차고 깊은 독창적인 정신을 느끼지 않을 수 없다. 만일 요한네스 스코투스가 철학이 더욱 발전한 후대에 살았다고 한다면 그의 사상이 어떠한 방향으로 발전했을까를 생각해보는 것은 유익하지는 않겠지만 아주 흥미있는 일이다. 그러나 우리는 시대의 제약 속에서 빈약한 자료밖에 갖지 않았던 하나의 위대한 정신의 소유자를 마주하고 있다. 더구나 본질적으로 그 이전의 사상 발전과 시대의 역사적 상황에 의해 제약받는 훨씬 후대의 철학, 예를 들어 헤겔의 체계에 의해서 요한네스 스코투스의 체계를 해석한다는 것은 물론 잘못된 것이지만, 그것이 우리가 그 이전의 저작가들로부터 스코투스가 빌어 와서 어느 정도 변경했던 사상과 범주의 의미를 그 자신의 독특한 사상으로부터 식별해 내는 데 방해가 되는 것도 아니다.

요한네스 스코투스의 생애에 대해서는 그다지 알려져 있지 않다. 그는 810년경에 아일랜드에서 태어나서 아일랜드의 한 수도원에서 공부했다. '에리우제나'(Eriugena)는 '에린의 사람'(Erin은 아일랜드의 옛 이름)을 의미하고 있으나, '스코투스'(Scotus)라는 말을 스코틀랜드와 어떤 가까운 관계를 가리키는 것으로 생각해서는 안 된다. 왜냐하면 9세기에 아일랜드는 〈스코티아 마요르〉(Scotia Maior)로, 그리고 아일랜드 사람은 〈스코티〉(Scoti)로 알려져 있었기 때문이다. 그가 그리스어를 알게 되었던 것은 틀림없이 아일랜드의 한 수도원에서였다. 일반적으로 말하여, 9세기에 있어서 그리스어의 연구는 아일랜드의 수도원이 지닌 특색이었다. 비드는 충분하게 그리스어를 알고 있었으나 앨퀸이나 라바누스 마우루스는 그다지 그리스어 지식을 갖지 못했다. 앨퀸은 자신의 주석 가운데 그리스어의 구절을 사용했고 또한 적어도 그가 그리스어의 알파벳을 알고 있었음이 틀림 없긴 하지만, 그 구절의 그리스어는 다른 저작가들의 저서로부터 인용되었던 것이다. 일반적으로 사본에서 그리스어의 구절이 발견되는 것은, 그 저자가 아일랜드 사람이라는 것과 또는 아일랜드의 저작가와의 어떤 관련이나 영향을 가리킨다고 설명되어 왔다. 예컨대 상트 갈렌에서의 그리스어에 대한 관심은 본래 아일랜드 수도자들의 영향 때문이었다. 그러나 비록 사본 가운데 그리스어가 들어 있는 것이 직접이든 간접이든 아일랜드의 영향을 가리키고 또한 9세기에 있어서 그리스어의 연구가 아일랜드 수도원들의 특징이라고 할지라도, 그리스어의 구절을 사용한 모든 아일랜드의 저작가들 또는 더구나 모든 아일랜드의 수도자들이 진정한 의미에서 그리스어를 연구하여 이해하고 있었다고 결론짓는 것은 극히 성급한 일이라고 하겠다. 〈기정 사실〉(fait accompli)과 같은 프랑스어 구절을 사용한다는 것만으로 프랑스어를 진정으로 알고 있다는 증거가 되지 않듯이, 그리스어의 구절을 사용한다는 그 자체는 그리스어를 진정으로 알고 있다는 증거가 되지 않는다. 그리스어를 초보 이상으로 알고 있었던 아일랜드 수도자들의 수도 매우 적었던 것이다. 어쨌든 요한네스 스코투스 에리우제나는 이 소수 가운데 한 사람이었으며, 이는 그가 프랑스에 있었을 때 니사의 성 그레고리우스의 저작과 위디오니시우스의 저작을 그리스어로부터 번역할 수 있었고 또 그리스어로 시를 쓰려고까지 했다는 사실에서 분명하다. 그리스어에 대한 요한네스의 지식을 그 세기가 지니는 하나의 특징이라든지 또는 심지어 아일랜드 수도원이 지니는 하나의 특징이라고 생각하는 것은 잘못이라고 하겠다. 오히려 그는 9 세기에 있어서 하나의 뛰어난 그리스 학자였다고 하는 것이 옳다.

요한네스 스코투스는 40 대의 어느 때에 프랑스로 건너갔다. 그는 어쨌든 850 년에 독두왕(禿頭王) 샤를의 궁정에 있으면서 궁정 학교에서 요직을 맡고 있었다. 그가 사제의 서품을 받았다는 확실한 증거는 없다. 그러나 평신도이든 아니든, 그는 프랑스의 주교 힝크마르의 권유로 하느님의 예정에 관한 신학적 논쟁의 조정에 나섰으며, 그 결과로 《예정론》(*De praedestinatione*)이라는 저작이 나왔다. 이 책은 어느 측으로부터도 환영을 받지 못하고, 그는 이단의 혐의를 받게 되었던 것이다. 그래서 곧 요한네스는 철학으로 자신의 눈을 돌렸고, 858 년 독두왕 샤를의 부탁으로 위디오니시우스의 저작을 그리스어에서 라틴어로 번역하는 일에 착수했다. 그 저작은 황제 미카엘 발부스에 의해서 827 년 독신왕 루드비히에게 증정되어 있었으나 그때까지는 충분하게 번역되지 않았다. 그 당시 요한네스는 이를 번역했을 뿐만 아니라 이에 관한 주석에도 착수하여 실제로 그는 《신비 신학》(*Mystical Theology*)을 제외한 위디오니시우스의 저작에 대한 여러 주석을 펴내었다. 하지만 교황 니콜라우스 1 세는 자신에게 아무런 언급도 없이 그것이 출판되었음을 하나의 소송 문제로 삼았다. 요한네스 스코투스는 또 막시무스 콘페소르(Maximus the Confessor)의 《암비구아》(*Ambigua*)의 번역과 니사의 성 그레고리우스의 《인간의 일에 대해서》(*De Hominis Opificio*)의 번역을 펴내었으며, 그리고 그 후 그는 성 요한 복음서와 보에시우스의 《철학의 위안》(*De Consolatione Philosophiae*) 및 신학적인 〈소논문〉에 대해서 주석한 것으로 생각된다.

그러나 요한네스 스코투스를 유명하게 했던 저작은 《자연 구분론》이며, 이는 대체로 862 년에서 866 년에 걸쳐 씌어진 것으로 생각된다. 이 책은 다섯 권으로 이루어져 있고 대화의 형식으로 씌어져 있다. 대화의 형식은 그 당시에 보급되어 앨퀸과 그 외의 사람들에 의해서 많이 이용되었던 저술 형식이다. 이 저서를 해석하기란 매우 어려운 일이다. 왜냐하면 위디오니시우스와 신플라톤주의의 철학에 의해서 시사된 노선을 따라 그리스도교의 교리와 아우구스티누스의 철학설을 표현하려는 요한네스 스코투스의 시도는, 그가 정통적인 그리스도인이었는지 또는 전적으로 범신론자는 아니라 해도 그것에 매우 가까운 것은 아닌지 어떤지를 논할 여지를 남기고 있기 때문이다. 스코투스가 정통적인 사고 방식을 지니고 있었다고 주장하는 학자는 "모든 점에서 성서의 권위를 따르지 않으면 안 된다"[1]는 명제를 내세울 수 있다. 한편 스코투스는 신학에 대해서 철학이 우선하는 것으로 생각하여 헤겔의 이성주의를 앞질러 말하고 있었다고 주장하는 학자는 예컨대 "참다운 이성에 의해서 확증되지 않는 모든 권위(예컨대 교부들의 권위)는 무력하게 생각되지만 참다운 이성은 어떠한 권위의 뒷받침도 필요로 하지 않는다"는 명제를[2] 내세울 수 있다. 그러나 《자연 구분론》의 바른 해석에 관한 논쟁이 있다는 것을 지적해 두는 것도 좋은 일이지만, 《자연 구분론》의 학설이 우선 밝혀지지 않는 한에서는 이 해석의 문제를 유효하게 논의할 수 없다.

요한네스 스코투스는 877년에 사망한 독두왕 샤를보다 오래 살았다고는 생각되지 않는다. 그의 만년의 생애에 대해서는 연대 기록자들에 의한 이야기가 구구하다. 예컨대 그는 아수르니의 수도원장이 되어 수도자들에 의해서 죽음을 당했다는 이야기도 있으나, 이러한 이야기의 진실성에 대해서는 거의 확증이 없는 것으로 생각된다. 아마도 그러한 이야기들은 전설이 아니면 다른 요한네스와의 혼동 때문일 것이다.

1) *De Div. Nat.*, 1, 64.
2) 같은 책, 1, 69.

第 13 장
요한네스 스코투스 에리우제나 2

1. 자　　연

요한네스 스코투스는《자연 구분론》제 1 권 서두에 있는〈스승〉과〈제자〉사이의 대화 속에서 스승의 입을 빌어 '자연', 즉 존재하는 것과 존재하지 않는 것의 그 전체는 무엇을 의미하는가를 설명하고, 이를 일반적으로 구분하는 여러 가지의 방법들을 제시하고 있다. 예컨대 감각에 의해서 지각되거나 지성에 의해서 파악될 수 있는 것은 존재하는 것인 반면에, 지성의 능력을 초월해 있는 대상은 존재하지 않는 것이다. 또한〈종자〉(semina) 안에 잠재해 있어서 현실화되어 있지 않은 것은 '존재하지 않는' 반면에, 종자로부터 발육해 있는 것은 '존재하는' 것이다. 나아가 이성만의 대상인 것은 존재하는 것이라고 말할 수 있는 반면에 물질적인 대상, 즉 공간과 시간에 속하여 소멸하는 대상은 존재하지 않는 것이라고 말할 수 있다. 죄로 말미암아 하느님으로부터 멀어져 있는 인간성 역시 '존재하지 않는 것'이라고 말할 수 있지만, 은총에 의해서 하느님과 화합되어 있는 경우의 인간성은 존재하기 시작하는 것이다.

따라서 요한네스 스코투스 에리우제나에 있어서 '자연'이라는 말은, 자연계만이 아니라 하느님이나 초자연의 영역까지도 의미하고 있다. 말하자면 그 말은 모든 실재를 지시한다.[1] 그러므로 그가 자연은 네 가지 종류로 구분된다고 주장할 때, 즉 창조하면서 창조되지는 않는 자

1) 3, 1 참조.

연, 창조되면서 창조하는 자연, 창조되면서 창조하지는 않는 자연, 창조하지도 창조되지도 않는 자연으로 구분된다고 주장할[2] 때, 분명히 하느님과 피조물은 자연의 종류로 간주되므로 그는 당연히 일원론적인 학설을 주장하고 있는 것처럼 보인다. 이 말들을 문자 그대로 본다면, 사실 우리는 그와 같이 결론내리지 않을 수 없을 것이다. 하지만 그는 제 2 권 서두에서 장황하면서 다소 복잡한 문장으로 피조물이 실제로 하느님의 일부라든가, 하느님은 피조물을 하나의 종(種)으로 포함하는 유(類)라고 주장할 생각이 없었음을 분명히 하고 있다. 그는 물론 '자연'의 네 가지 구분을 여전히 인정하여 하느님과 피조물은 함께 하나의 '우주' 또는 전체를 이루고 있는 것으로 볼 수 있다고 말한다. 결론적으로 피조물의 하느님으로부터의 발출과 하느님으로의 회귀에 대한 그의 철학적인 설명이나 합리화는 그 자체로 볼 때 범신론을 함축하고 있어 하느님과 피조물의 구별을 부정하는 것이 될지 모르겠지만, 요한네스 스코투스가 범신론적인 일원론을 주장하거나 하느님과 피조물의 구별을 부정할 뜻을 가지고 있지 않았음은 확실하다.

2. 하느님과 창조

'창조하면서 창조되지 않는 자연'은 물론 하느님 자신이며, 하느님은 만물의 원인이지만 그 자신은 원인없이 존재한다. 모든 피조물은 하느님으로부터 발출하므로 하느님은 시원 또는 제 1 원리이다. 피조물이 존속하고 움직이는 것은 하느님 안에서 그리고 하느님에 의해서이므로, 하느님은 '매개자'(medium)이다. 그리고 또 하느님은 피조물의 자기 발전과 자기 완성의 운동이 지향하는 종극(終極)이므로 하느님은 목적 또는 목적인(目的因)이다.[3] 하느님은 피조물을 비존재의 상태에서, 즉 무로부터(de nihilo) 존재하게 했던 제 1 원인이다.[4] 하느님에 대한 이 학설은 그리스도교의 신학과 일치하며 하느님의 초월성과 자존성(自存性)을 명확하게 나타내고 있다. 하지만 요한네스 스코투스는 나아가서 하느님은 피조물 가운데서 창조되고, 자신이 만든 것 가운데서 만들어지며, 존재하기 시작한 것 가운데서 존재하기 시작한다고 말할 수 있다고 한다. 그러나 그가 진화론적인 범신론을 주장하고 있는 것으로

2) I, I. 3) I, II. 4) I, I2.

생각하거나, 또한 보통 의미에서의 자연이 타자 안에 있는 하느님이라고 주장하고 있는 것으로 생각하는 것은 시대 착오라고 하겠다. 왜냐하면 하느님이 피조물 가운데서 만들어진다고 하는 것은 하느님이 피조물 가운데서 자기 자신을 '나타낸다' 또는 자기 자신을 '현시한다'는 것을 의미하고, 피조물이 하느님의 현현(theophany)임을 의미한다고 그는 계속해서 말하고 있기 때문이다.[5] 그가 사용하고 있는 몇 가지의 예는 정통적인 입장에서 본다면 실은 다소 부적당하다. 가령 이는 인간의 지성이 현실적으로 무엇을 생각하고 있다는 의미에서 현실태가 될 때 지성은 그 사고된 것 속에서 만들어진다고 말해질 수 있는 것과 마찬가지로, 하느님은 자기로부터 발출하는 피조물 가운데서 만들어진다고 말해질 수 있는 것이다. 이 예는 피조물이 하느님의 현실화임을 의미하고 있는 것처럼 생각된다고 하겠다. 그러나 요한네스 스코투스가 어떠한 예를 사용하든지, 그리고 그가 신플라톤주의에서 유래한 철학적인 전통에 얼마나 영향을 받았든지간에 그의 의도는 적어도 하느님과 피조물의 실재적인 구별과 그리고 피조물과의 관계에 있어서 하느님이 〈창조하면서 창조되지는 않는 자연〉(Natura quae creat et non creatur)이라는 것을 유지하는 데 있었음이 분명한 것 같다. 그는 이 정식이 참임을 강조하고 있다.

3. 긍정의 길과 부정의 길에 의한 하느님 인식에 대한 범주 적용이 불가능함

창조하면서 창조되지는 않는 자연에 관해 어떤 지식을 얻는 데는 긍정의 길(*καταφατική*)과 부정의 길(*ἀποφατική*)을 사용할 수 있다. 부정적인 방법을 사용하는 경우에 우리는 하느님의 본질 또는 실체가 '존재하고 있는', 즉 우리에 의해서 이해될 수 있는 어떤 것임을 부정한다. 긍정적인 방법을 사용하는 경우에 우리는, 원인은 그 결과 가운데 나타나 있다는 의미에서 하느님의 속성을 '존재하고 있는' 그것이라고 단정한다.[6] 신학의 이 두 방법은 요한네스 스코투스 자신이 솔직하게 인정하고 있듯이,[7] 그가 위디오니시우스로부터 빌어 왔던 것이다. 엄밀한 본래의 의미에서는 피조물에서 유래하는 여하한 명사도 하느님에게

5) 같은 책, 같은 곳. 6) I, 13. 7) I, 14.

는 적용될 수 없으므로, 하느님은 예컨대 진리라든가 예지라든가 본질이라고 불리워져서는 안 되며 오히려 초진리, 초예지, 초본질이라고 불리워져야 한다는 그의 생각도 위디오니시우스에서 유래한 것이다. 그 명사들은 하느님에게 **비유적으로** 또는 **전의적**(轉意的)으로 적용된다. 또한 계속되는 대목에서[8] 요한네스 스코투스는 긍정적 방법의 사용이 표현 불가능하고 이해 불가능한 신성의 성격에 관한 학설과 모순되지 않는다는 것과 부정의 길이 기본적인 방법이라는 것을 제시하기 위해서 극히 정교한 변증론을 사용하고 있다. 예컨대 긍정적인 방법으로는 하느님이 예지라고 말하는 반면에, 부정적인 방법으로는 하느님이 예지가 아니라고 말한다. 이는 얼핏 보기에는 하나의 모순인 것처럼 보인다. 그러나 실제로는 하느님이 예지라고 말하는 경우에 우리는 '비유적인' 의미에서(스콜라 학자는 '유비적인' 의미라고 말할 것이다) '예지'라는 말을 사용하고 있는 반면에, 하느님이 예지가 아니라고 말하는 경우에는 그 말을 고유한 일차적 의미에서(예컨대 인간적인 예지, 즉 우리가 직접 경험하고 있는 바로 그 예지라는 의미에서) 사용하고 있는 것이다. 그러므로 그 모순은 실재상의 모순이 아니라 단지 나타내어진 말의 모순에 지나지 않으며, 그 모순은 하느님을 초예지라고 부름으로써 조화된다. 그런데 말에 관한 한에서는, 하느님의 속성을 초예지라고 단정하는 것은 긍정의 길을 추구하는 정신의 한 활동으로 생각된다고 하겠다. 그러나 만일 이 문제를 더욱 깊이 검토한다면, 비록 그 구절은 형식상으로 그리고 어구상으로 〈긍정의 길〉에 속해 있다고 할지라도, 정신은 '초'(super)라는 그 말에 해당하는 여하한 내용이나 관념도 지니고 있지 않으므로 이 구절은 실제에 있어 〈부정의 길〉에 속해 있으며, '예지'라는 그 말에 '초'라는 말을 덧붙이는 것은 부정한다는 것과 같은 것임을 알게 될 것이다. '초예지'라는 그 술어에는, 표현상으로는 아무런 부정도 없으나 정신의 내용상으로는 거기에 하나의 부정이 있다. 따라서 부정의 길이 기본적인 방법이다. 그리고 우리는 '초'라는 그 자체가 무엇인가를 감히 규정하려고는 하지 않기 때문에, 말로 표현할 수 없고 이해할 수 없는 신성의 성격은 훼손되지 않는다. 물론 만일 우리가 '초'라는 말을 사용하는 것이 부정하는 것과 **단적으로 온전히** 같다고 말한다면, 그 낱말을 사용할 때 우리의 정신 속에는 아무런 의미도 없으며 그 낱말은 무의미하다는 반론이 일어날 것이다.(아마 논리 실증주의자는 이런 반론을 제기할 것이다.) 요한네스 스코투

8) 같은 책, 같은 곳.

스는 이 어려운 문제를 논하고 있지는 않지만, 그러나 가령 우리가 하느님이 초예지라고 말하는 경우 우리는 하느님이 예지 이상의 것임을 의미하고 있다고 지적함으로써 그는 하나의 해답을 주고 있다. 만일 그렇다고 한다면, '초'라는 것을 덧붙이는 것은 부정하는 것과 단순히 같을 수가 없다. 왜냐하면 우리는 '돌은 현명하지 않다'고 말할 수 있고, 또한 '하느님은 현명하지 않다'와 '돌은 현명하지 않다'고 말할 때 확실히 우리는 무언가 서로 다른 것을 의미하고 있기 때문이다. '현명하다'가 인간적인 예지와의 관계에서 생각된다면, 하느님은 인간적인 예지 이상의 것이라는 의미에서 현명하지 않은 반면에, 돌이 현명하지 않다는 것은 돌이 현명 이하라는 의미에서라는 것을 가리키고 있다. 이러한 생각은 요한네스 스코투스의 다음과 같은 결론적인 예에 의해서 제시되어 있는 것으로 생각된다. '(하느님은) 본질이다'는 하나의 긍정이며, '하느님은 본질이 아니다'는 하나의 부정이다. '하느님은 초본질적이다'는 긍정이면서 동시에 부정이다.[9] 따라서 정립과 반정립은 종합에서 변증법적으로 조화된다.

따라서 현명하다는 이 용어는 순수 물질적인 것의 술어가 될 수 없기 때문에 하느님은 본래 현명하다고 일컬어질 수 없다고 한다면, 더구나 순수 물질적인 대상 가운데서 발견되는 아리스토텔레스의 10 개의 범주 가운데 어느 것도 하느님에 대한 술어가 될 수 없다. 예컨대 양(quantity)은 확실히 하느님의 속성으로서 서술될 수 없다. 왜냐하면 양은 차원을 지니지만 하느님은 아무런 차원도 가지지 않으며 공간을 차지하지 않기 때문이다.[10] 정확히 말하면 하느님은 심지어 실체(*οὐσία*)도 아니다. 왜냐하면 하느님은 모든 실체의 창조자이므로 전의적인 의미에서는 실체로 불리워질 수 있을지라도 하느님은 무한히 실체를 초월해 있기 때문이다. 범주는 피조물에 근거하고 피조물에 적용되지만 엄밀하게는 하느님에게 적용될 수 없다. 즉 '하느님'이라는 술어는 하나의 유도 종도 우유성(偶有性)도 아니다. 따라서 하느님은 〈범주〉(praedicamenta)와 〈술어〉(praedicabilia)마저도 초월해 있다. 이 점에 있어 요한네스 스코투스는 분명히 일원론자가 아니며, 위디오니시우스처럼 하느님의 초월성을 강조하고 있다. 삼위 일체의 신학은 하느님 안에 관계가 있다고 분명히 가르치고 있으나, 하느님 안에 있는 그 관계는 관계의 범주에 속한다고 귀결되지는 않는다. 이 말이 비유적으로 또는 전의적으로 사용되어서 하느님의 페르소나(神格)에 적용되는 경우에

9) I, 14.

10) I, 15.

그 말은 그 고유의 가지적인 의미로는 사용되지 않는다. 즉 하느님의 '관계'는 관계 이상의 것이다. 결국 우리는 하느님이 존재한다는 것(that)은 피조물로부터 알 수 있으나 하느님이 무엇(what)인지는 알 수가 없다. 우리는 하느님이 실체 이상이며 예지 이상이라는 것을 알고 있으나, 그 '이상'이라는 것이 무엇이며 하느님에게 적용된 경우의 실체나 예지라는 것이 무엇을 의미하는지를 알 수 없다. 왜냐하면 천사의 지성이든 인간의 지성이든 하느님은 모든 지성을 초월해 있기 때문이다.

4. 그러면 어떻게 하느님이 세계를 만들었다고 말할 수 있는가

범주가 하느님에게 적용될 수 없다는 학설은, 하느님의 초월성 및 하느님과 피조물 사이의 명확한 구별을 전혀 의심할 여지가 없게 하는 것으로 보이지만, 요한네스 스코투스는 〈능동〉(facere)과 〈수동〉(pati)의 범주를 고려함으로써 전혀 다른 결론을 도출하고 있다. 그는 극히 정교한 논의[11] 가운데서 〈수동〉은 하느님의 술어가 될 수 없는 동시에 〈능동〉과 〈수동〉 모두가 운동을 포함한다고 아주 분명히 말하고 있다. 하느님이 운동한다고 말할 수 있을까? 그것은 불가능하다. 따라서 하느님은 무엇을 만든다고 말할 수도 없다. 그러나 이 경우 하느님이 만물을 만들었다는 성서의 가르침을 어떻게 설명할 수 있을까? 우선 첫째로, 하느님은 자신이 세계를 만들기 이전에 존재하고 있었다고는 생각할 수 없다. 왜냐하면 만일 그렇다고 한다면, 하느님이 시간 가운데 있는 것으로 될 뿐만 아니라 하느님의 창조 작용도 하느님에서 생기는 우유성이 되는데 이 두 가정은 모두 불가능한 것이기 때문이다. 그러므로 하느님의 창조 작용은 하느님과 함께 영원하지 않으면 안 된다. 둘째로 비록 하느님의 창조 작용이 하느님의 우유성이 아니라 영원하고 하느님과 동일하다고 할지라도, 우리는 하느님이 운동한다고는 말할 수 없고, 또한 운동은 만든다는 범주에 포함된다. 그렇다면 하느님이 만물을 만들었다고 하는 것은 도대체 무엇을 의미하고 있을까? "하느님이 만물을 만든다는 말을 우리가 들을 경우, 우리는 마땅히 하느님은 만물 가운데 존재하고 있다는 것, 즉 하느님은 만물의 본질이라

---

11) I, 70~72.

는 것으로 이해해야 할 뿐이다. 왜냐하면 하느님만이 참으로 존재하며, 존재하는 것 가운데서 참으로 존재한다고 일컬어지는 것은 오로지 하느님뿐이기 때문이다."[12] 점잖게 말하자면 이러한 진술은 범신론, 즉 스피노자의 이론에 매우 가까운 것으로 생각될 것이다. 그러므로 요한네스 스코투스가 이성과 권위의 관계를 논하는 서두에서 내세우는 의견은 이상할 것이 없다.[13] 거기서 그는 이성이 권위를 우선한다는 것과 참다운 권위란 단지 "이성의 힘에 의해서 발견되고 후세의 사람들을 위해서 교부들에 의해 저술로 전해진 교리"라는 것을 말하고 있다. 결론적으로 성서의 말, 표현, 진술 등이 배우지 못한 사람들에게는 아무리 어울린다고 할지라도 능력 있는 사람들에 의해서는 합리적으로 해석되지 않으면 안 된다는 것이다. 달리 말하면 요한네스 스코투스는 자신을 비정통적이라고 생각하고 있지 않으며 또한 비정통적이 되려고 하지도 않는다. 그러면서도 성서에 대한 그의 철학적인 해석은 때때로 성서를 합리화하고 이성을 권위와 신앙 위에 두는 것처럼 생각된다. 그렇지만 이러한 관점은 지나치게 강조되어서는 안 된다. 예컨대 위에서 인용된 범신론적인 구절이 있는데도 불구하고, 그는 무로부터의 창조를 인정하고 있다. 그리고 그가 하느님은 세계를 만들거나 만들었다고 말하기를 거부할 경우에도, 그는 창조를 거부하려는 것이 아니고 오히려 우리가 이해하고 있는 의미, 즉 우유성이라는 특수한 범주에 들어가는 의미에서의 창조 작용을 하느님에게서 거부하려는 것임이 분명하다. 하느님의 존재, 본질, 창조 행위는 존재론적으로는 동일하다.[14] 그리고 하느님에게 적용되는 모든 술어는 실은 하나의 파악할 수 없는 초본질을 나타내고 있다.[15]

요한네스 스코투스가 하느님과 피조물의 구별을 주장하면서 동시에 모든 것을 포괄하는 하나의 실재로서의 하느님의 개념을 주장하려고 하는 것은 사실이라고 하겠다. 적어도 하느님이 〈보다 높은 관상〉(**altiori theoria**)에서 보여지는 경우에 그렇다. 그러므로 자연의 첫째와 네째의 구분, 즉 〈창조하지만 창조되지 않는 자연〉과 〈창조하지도 창조되지도 않는 자연〉은 제 1 작용인과 목적인으로서의 하느님에 있어서만 입증되는 반면에 그 둘째와 세째의 구분, 즉 〈창조되면서 창조하는 자연〉과 〈창조되지만 창조하지 않는 자연〉은 피조물에 있어서만 입증된다고 그는 지적하고 있다.[16] 그러나 나아가서 그는 모든 피조물이 오로지 자기

12) 1, 72.
13) 1, 69.
14) 1, 77.
15) 1, 75.
16) 2, 2.

자신에 의해서 존재하는 하느님의 분유(participation)인 한에서 모든 자연은 하나의 원리로 환원될 수 있고, 창조자와 피조물은 하나로 간주될 수 있다고 말하고 있다.[17]

5. 말씀 안에 있는 하느님의 이데아

자연의 둘째 구분인 〈창조되면서 창조하는 자연〉은 그리스인들에 의해서 *πρωτότυπα*, *ἰδέαι* 등으로 불리우는 '원초적인 원인'에 해당하는 것이다.[18] 이 원초적인 원인 또는 〈예정〉(praedestinations)은 피조물의 종(種)의 범형인(範型因)이며, 하느님의 말씀 안에 존재한다. 즉 이들 원인은 실제로는 하느님의 이데아이며 모든 피조물의 본질의 원형(原型)이다. 그렇다면 도대체 어떻게 이들 원인이 '창조된다'고 말해질 수 있는가? 말씀 또는 성자(聖子)의 영원한 산출은 말씀 가운데 있는 원형적인 이데아들 또는 범형인들의 영원한 성립을 의미한다고 요한네스 스코투스는 말하고 있다. 말씀의 산출은 시간적인 과정이 아니라 영원한 과정이며, 따라서 〈예정〉의 생성도 영원한 것이다. 그 자체에서 생각한다면, 원형에 대해서 말씀이 우선함은 시간적인 우선이 아니라 논리적인 우선이다. 그러므로 이들 원형의 발출은 '산출'(generation)에 의한 말씀의 영원한 과정의 일부이며 이들 원형이 창조된다는 것은 단지 이러한 의미에서만이다.[19] 그러나 원형에 대해서 말씀이 우선한다는 것과 원형이 말씀에 의존한다는 것은 다음과 같은 의미에서이다. 즉 말씀이 원형들없이 존재했던 때는 결코 없었을지라도 원형들이 말씀과 함께 〈전적으로 영원히 공존하는 원인〉(omnino coaeternae causae)은 아니라는 것을 의미한다.[20]

그러면 어떤 의미에서 원초적인 원인들이 창조한다고 말할 수 있는가? 만일 〈원초적인 원인〉(*πρωτότυπον*)이 모든 것에 확산되어(diffunditur) 그것에 본질을 부여한다거나 또는 이 원인은 자신이 만든 모든 것에 침투하는 것으로 이해한다면,[21] 당연히 하나의 범신론적인 해석으로 기울어질 것이다. 하지만 성 삼위 일체는 "자신이 만든 모든 것을 무로부터 만들었다"고 요한네스 스코투스는 거듭해서 말하고 있다.[22] 이는, 원형들은 범형인이라는 의미에서만 원인이라는 것을 의미하

---

17) 같은 책, 같은 곳. 18) 같은 책, 같은 곳.
19) 2, 20. 20) 2, 21. 21) 2, 27. 22) 2, 24, col. 580.

고 있다고 하겠다. 영원으로부터 예정되어 있었던 것 이외에는 어떠한 것도 창조되지 않는다. 그리고 이러한 〈영원한 예정〉 또는 하느님의 의도(*θεῖα θηλήματα*)가 원형들인 것이다. 모든 피조물은 이 원형을 '분유하고 있다.' 가령 인간의 예지는 예지 그 자체를 분유하고 있다.[23] 그는 자신의 학설을 위해서 위디오니시우스와 막시무스(Maximus Confessor)를 풍부하게 인용했다. 그리고 그는 정통적인 그리스도교 신학과 자신의 철학적인 사색을 조화시키려 했던 것으로 생각된다. 그러나 그의 표현은 그의 사상이 정통성을 지향함에도 불구하고 구속없는 자유를 갈망한 나머지, 오히려 일종의 철학적인 범신론으로 기울어지고 있는 인상을 주고 있다. 그의 의도가 정통적이었다는 것은, 그가 자주 기울이고 있는 〈신중한 주의〉(cautelae)를 보아서도 충분히 명백하다고 하겠다.

실제로 다수의 〈예정〉이 존재론적으로 말씀 가운데 존재하고 있을까? 이에 대한 요한네스 스코투스의 대답은 부정적이다.[24] 수(數)들은 〈하나〉(monas) 또는 단일한 것에서 생겨나고 그 발출에서 다수화되어 질서를 갖는다. 그러나 수의 기원, 즉 하나에서 생각한다면, 수들은 다수를 이루지 아니하고 서로 나뉘어지지 않는다. 따라서 말씀 가운데 있는 한 그 원초적인 원인은 하나이며, 실재적으로는 구별되지 않는다. 다만 하나의 질서를 이룬 다수로 되어 있는 결과에 있어서는 그것이 다수화된다. 하나는 수의 파생에 의해서 감소되거나 변화되지도 않는다. 원초적인 원인도 그 결과의 파생에 의해서 변화되거나 감소되지도 않는다. 다른 관점에서 본다면, 단지 그 결과들은 원초적인 원인 가운데 포함되어 있을 뿐이다. 이 점에 있어서 요한네스 스코투스는 신플라톤주의의 입장을 고수하고 있으며, 그 신플라톤주의에 의하면 시원(principle)은 결과의 유출에 의해서 변화되거나 감소되지 않는다. 그리고 그의 철학에는 신플라톤주의에서 볼 수 있는 긴장, 이를테면 유출설과 유출 또는 발출은 시원의 통일성을 훼손하지 않는다는 것 사이에 있는 것과 같은 긴장 관계가 있는 것처럼 생각된다.

23) 2, 36.

24) 3, 1 참조

6. 분유로서의 피조물과 하느님의 현현, 피조물은 하느님 안에 있다

〈창조되면서 창조하지는 않는 자연〉은 하느님 밖에 있는 피조물로 이루어지며 좁은 의미에서의 자연계를 형성한다. 이 자연계는 하느님에 의해서 무로부터 만들어졌다. 요한네스 스코투스는 이들 피조물을 '분유'라고 부르고, 원초적인 원인들이 직접 하느님을 분유하고 있듯이 그 피조물들은 원초적인 원인들을 분유한다고 말하고 있다.[25] 그러므로 원초적인 원인은 궁극적인 시원을 향해서 상승하고, 자신의 다수화된 결과를 향해서는 하강한다. 이 학설에는 분명히 신플라톤주의의 유출설의 기미가 있다. 그러나 '분유'는 파생(derivation from)을 의미하고 있다. 그는 그리스어 *μετοχή* 또는 *μετουσία*(분유)를 *μεταέχουσα* 또는 *μεταουσία*(〈파생된 본질〉 또는 〈제 2 의 본질〉)을 의미하는 것으로 해석하여, 분유는 보다 높은 본질에서 보다 낮은 본질이 파생하는 것에 지나지 않는다고 말하고 있다.[26] 흡사 물이 샘에서 솟아나서 강바닥으로 흘러들듯이, 만물의 근원 안에 있는 하느님의 선, 본질, 생명 등은 우선 원초적인 원인들로 흘러들어 그 원인들을 존재하게 하고 그리고 나서는 그 원초적인 원인들을 통해서 그 원인들의 결과에로 계속 흘러든다.[27] 이는 분명히 유출(emanation)을 상징적으로 나타낸 것이다. 그리고 "성 디오니시우스 아레오파기타가 말하고 있는 것처럼", 하느님은 만물을 만들고 그 만물 안에서 만들어지고 있으므로, 하느님은 참으로 존재하는 모든 것이라고 요한네스 스코투스는 결론짓고 있다.[28] 하느님의 선은 "만물을 만들고 만물 안에서 만들어지는 만물"이라는 형식으로 점차 피조물의 세계에 확산된다.[29] 이는 순전히 범신론적인 유출설의 한 유형인 것처럼 보인다. 그러나 요한네스 스코투스는 또 하느님의 선은 만물을 무로부터 창조했다고 주장하기도 한다. 그리고 〈무로부터〉(ex nihilo)라는 것은 형태를 이루었거나 이루지 않았거나간에 〈무〉(nihil)라고 일컬어질 수 있는 여하한 물질적인 것도 선재(先在)하지 않음을 의미하며, 더구나 〈무〉는 모든 본질이나 실체, 이를테면 창조되어 있는 모든 것의 부정과 부재(不在)를 의미한다고 그는 설명하고 있다. 창조자는 세계를 〈어떤 것으로부터〉(ex aliquo) 창조한 것이 아니

25) 3, 3.
26) 같은 책, 같은 곳.
27) 3, 4.
28) 같은 책, 같은 곳.
29) 같은 책, 같은 곳.

라 오히려 〈온전히 무로부터〉(de omnino nihilo) 창조했다.[30] 그러므로 여기서도 요한네스 스코투스는 창조 및 피조물과 하느님의 관계에 대한 그리스도교의 교의와 신플라톤적인 유출의 철학을 결합시키려고 한다. 그리고 이 결합의 시도로 인해서 그의 사상 가운데서 어떠한 요소를 보다 더 기본적인 것으로 보는가에 따라서 여러 가지의 해석이 나오게 되는 것이다.

이러한 긴장 관계는 다음과 같은 고찰에서 한층더 명백하게 된다. 피조물은 하느님의 선의 '분유'일 뿐만 아니라 하느님의 자기 현시 또는 자기 현현이기도 하다. 지적 작용이나 감각 작용의 모든 대상은 "나타나지 않는 것의 출현, 숨어 있는 것의 현시, 부정되어 있는 것의 긍정(〈부정의 길〉과의 관련), 파악될 수 없는 것의 표현, 가까이할 수 없는 것으로의 접근, 이해할 수 없는 것의 이해, 형체가 없는 것의 형체, 본질을 초월하는 것의 본질, 형식이 없는 것의 형식" 등이다.[31] 흡사 그 자체는 보이지 않는 인간 정신이 말이나 문자 그리고 표정 가운데서 볼 수 있게 되거나 드러나듯이, 볼 수도 없고 파악할 수도 없는 하느님은 자연 가운데서 자신을 드러내고 있다. 따라서 자연은 하느님의 진정한 현현이다. 그런데 만일 창조가 하느님의 현현으로서 그 자체는 파악할 수 없고 볼 수도 없는 숨은 하느님의 계시라고 한다면, 이것이 피조물의 발출하는 근원인 〈무〉에 대한 새로운 해석을 시사하지는 않을까? 따라서 다음 구절에서 요한네스 스코투스는 〈무〉라는 것은 "하느님의 선의, 말로 표현할 수 없고 파악할 수 없으며 가까이할 수도 없는 빛남"을 의미하고 있다고 설명하고 있다.[32] 왜냐하면 파악할 수 없는 것이 〈탁월한 의미에서〉 '무'라고 일컬어지므로, 하느님이 자신의 현현에서 나타나기 시작한다는 것은 하느님이 〈무로부터 어떤 무엇으로〉 생겨난다고 말해질 수 있기 때문이다. "하느님의 선은 전 우주의 본질이므로" 창조시에 나타나게 되지만, 그 자체에서 생각한다면 〈온전한 무〉라고 말해질 수 있을 것이다. 물론 우리가 요한네스 스코투스의 학설을 절대적 관념론으로 간주하여 '하느님의 현현'을 떠나서 하느님 자신을 생각한다면, 하느님은 하나의 논리적 추상물에 불과하다고 그가 생각했다는 것은 시대 착오일 것이다. 그러나 두 가지 다른 사고 방향이 창조에 관한 그의 학설 가운데 있는 것으로 생각된다. 이를테면 '시간 안에서의' 자유로운 창조라는 그리스도교의 교의와, '유출'에 의한 하느님의 선의 필연적인 확산이라는 신플라톤주의의 학설이다.

---

30) 3, 5. 31) 3, 4. 32) 3, 19.

아마도 그는 그리스도교의 교의를 지지하려고 하면서 동시에 그것에 관해서 올바른 철학적인 설명을 했다고 생각하고 있었을 것이다. 물론 그 당시에는 신학과 철학의 명확한 구별이 없었고 그 양자의 고유한 영역이 존재하지 않았기 때문에 그러한 태도를 취하기가 쉬웠던 것이다. 그 결과 사상가는 오늘처럼 합리주의자로 불리워지지 아니하고도 삼위 일체와 같은 계시된 교의를 받아들여 이를 정직하게 믿으면서도 실제로는 그 교의가 완전히 다른 것으로 되도록 이를 '설명'하거나 연역할 수가 있었을 것이다. 만일 요한네스 스코투스를 헤겔 이전의 헤겔주의자로 부르기를 원한다면, 우리는 요한네스 스코투스는 자신이 하고 있는 바를 이해했다고는 도저히 생각되지 않는다는 것을 잊어서는 안 된다.

요한네스 스코투스의 철학에 있어서 하느님과 창조된 자연의 관계를 정확하게 규정하기란 쉬운 일이 아니다. 세계가 어떤 의미에서, 이를테면 그 〈이념〉 즉 원초적인 원인 또는 창조하는 하느님의 의지에 있어서 영원하다는 것에 대해서 아무런 문제도 없다. 그리고 만일 세계는 영원하면서 동시에 창조된 것이라고 그가 주장하는 것이, 단순히 하느님에 의해서 예견되고 의지된 것으로서의 세계는 영원하지만 만들어진 것으로서의 세계는 시간적이며 하느님 밖에 있다는 것을 의미한다면, 조금도 놀랄 일은 아닐 것이다. 그러나 세계는 하느님 밖에 존재하지 않고, 하느님 가운데서 영원하면서 동시에 창조되었다고 그는 주장하고 있다.[33] 첫째의 관점, 즉 세계는 〈하느님 밖에〉 있지 않다는 점에 관해서는, 이를 분유론과 '수용설'(the theory of assumption)에 의해서 이해하지 않으면 안 된다.(〈그러므로 분유는 하느님 본질의 수용이다.〉)[34] 피조물은 하느님으로부터 파생하고 피조물이 지니고 있는 모든 것은 하느님에게 힘입고 있기 때문에, 하느님을 떠나서는 그것은 무이다. 그러므로 이러한 의미에서는 하느님 밖에는 어떠한 것도 존재하지 않는다고 말할 수가 있다. 즉 만일 하느님이 활동을 그만둔다면 피조물의 존재는 그치고 말 것이다. 그러나 우리는 논의를 다시 진전시키지 않으면 안 된다.[35] 하느님은 자신이 창조하고자 했던 모든 것을 영원으로부터 보고 있었다. 그런데 만일 하느님이 피조물을 영원으로부터 보고 있었다고 한다면, 보는 것과 행위하는 것은 하느님에게 있어서는 하나이므로 하느님은 피조물을 영원으로부터 창조했던 것이다. 게다가 하느님은 피조물을 하느님 자신 가운데서 보고 있었으므로, 하

---

33) 3, 5 이하에 있는 긴 토론을 보라.

34) 3, 9.

35) 3, 17.

느님은 피조물을 자기 자신 가운데서 만들었던 것이다. 그러므로 하느님과 피조물은 다른 것이 아니라 〈하나이며 동일한 것〉(unum et id ipsum)이다. 즉 피조물은 하느님 안에 존재하고 하느님은 피조물 가운데서 '말로 표현할 수 없는 기묘한 방법으로' 창조되었던 것이다. 따라서 하느님은 "자기 자신 가운데 모든 감각적인 사물의 본성을 내포하고 포괄하고 있다. 물론 이는 하느님이 자기 자신 이외의 어떤 것을 자신 가운데 내포하고 있다는 의미에서가 아니라, 모든 감각적인 사물의 실체가 하느님 안에서 창조되었으므로 하느님은 실체적으로 자신이 내포하고 있는 모든 것이라는 의미에서이다."[36] 요한네스 스코투스는 바로 이 점에서 하느님의 선으로서 피조물이 생겨나는 근원인 '무'에 대해서 해석하고 있는 것이다.[37] 그리고 하느님은 모든 것이며, 하느님의 본성이 지니는 초본질성(〈그것은 비존재라고 일컬어진다〉)으로부터 하느님은 자신에 의해서 원초적인 원인 가운데서, 그리고 다음으로는 그 원초적인 원인의 결과인 하느님의 현현(theophany) 가운데서 창조된다고 그는 결론짓는다.[38] 마지막으로 하느님은 자연 질서의 종국에서 만물을 자기 자신 안으로, 즉 만물의 근원인 그의 본성 안으로 다시 끌어들인다. 그러므로 하느님은 제 1 원인이며 목적인이고, 모든 것에 있어서 모든 것(omnia in omnibus)이다.

요한네스 스코투스는 먼저 하느님이 〈창조하면서 창조되지는 않는 자연〉이라고 말하고 나서 다음으로는 하느님을 〈창조되지만 창조하지는 않는 자연〉과 동일시하고 있다고 반론이 제기될지 모른다. 이 두 입장은 어떻게 조정될 수 있는가? 만일 하느님의 본성을 그 자체에서 생각한다면, 하느님은 원인도 없고(ἄναρχος) 시작도 없이(ἀναίτιος) 존재한다고 인정된다.[39] 그러면서 동시에 하느님은 모든 피조물의 원인이다. 따라서 하느님은 당연히 '창조하면서 창조되지는 않는 자연'이라고 말해져야 한다. 다른 관점에서, 즉 목적인 또는 우주의 진행 과정의 율동의 종국으로서 하느님을 본다면, 하느님은 "창조하지도 창조되지도 않는 자연"이라고 불리워질 수 있다. 이에 반하여 하느님 본성의 숨은 깊이가 출현하는 것으로서 그리고 '나타나기' 시작하는 것으로서 하느님을 생각한다면, 하느님은 무엇보다도 먼저 원초적인 원인 또는 〈영원한 이념〉(rationes aeternae) 가운데서 나타난다. 이 원초적인 원인은 말씀과 동일하며, 말씀은 원초적인 원인들을 함유하고 있다. 그래서 원초적인 원인들 또는 본질들의 원리를 '창조하는' 가운데서, 하느님은

36) 3, 18. 37) 3, 19. 38) 3, 10. 39) 3, 23.

자기 자신에게 나타나고 자기 자신을 의식하게 되며, 말씀과 말씀 안에 포함되어 있는 <이념>을 산출하면서 자기 자신을 창조한다. 따라서 하느님은 '창조하기도 하고 창조되기도 하는 자연'이다. 하느님은 발출 또는 현현의 제 2의 단계에서 원초적인 원인들의 결과들 가운데 존재하게 되므로 하느님은 '창조된 자연'인 반면에 이들 결과는 하나의 종국을 가지며, 이 결과에는 창조된 모든 결과들이 함께 포함되어서 더 이상의 결과는 존재하지 않으므로 하느님은 '창조하지 않는 자연'이기도 한 것이다.[40)]

7. 인간의 본성

요한네스 스코투스는 자신의 철학에 의해서 6일간의 천지 창조에 관한 성서의 이야기를 우화적으로 설명하고,[41)] 제 4권에서 인간론을 언급하고 있다. 인간에 대해서 우리는 동물이라고 말할 수 있으면서 동시에 동물이 아니라고도 말할 수 있다.[42)] 왜냐하면 인간은 동물과 마찬가지로 영양 작용과 감각 작용 등의 기능을 가지고 있는 반면에, 인간에게 특유하여 인간을 모든 동물보다 뛰어나게 하는 이성의 활동도 지니고 있기 때문이다. 하지만 인간에게 2개의 혼, 즉 동물혼과 이성혼이 있는 것은 아니다. 즉 인간에게는 하나의 단순한 이성혼이 있고, 이것은 인체의 모든 부분에 전체적으로 존재하여 여러 가지의 기능을 수행하고 있다. 그러므로 요한네스 스코투스는 <이성적 동물>이라는 인간의 정의를 기꺼이 받아들여 <동물>을 유(類)로, <이성>을 종차(種差)로 이해하고 있었던 것이다. 또 한편으로 인간의 영혼은 하느님의 표상으로 만들어져서 하느님과 닮았으며, 이 하느님과의 유사성이 인간의 진정한 실체와 본질을 나타내고 있다. 인간 영혼이 현실적인 인간 안에 있는 경우에는 영혼은 하나의 결과이며, 하느님 안에 있을 경우에는 그것은 하나의 원초적인 원인이다. 다만 이는 동일한 것을 보는 두 가지의 방법에 지나지 않는다.[43)] 이러한 관점에서 인간은 <하느님의 정신 가운데 영원으로부터 이루어져 있는 어떤 지적 관념>(Notio quaedam intellectualis in mente divina aeternaliter facta)이라고 정의될 수 있다.[44)] 인간의 정신이 하느님이 존재하고 있다는 것(that)을 알 수가 있

40) 같은 책, 같은 곳. 41) 3, 24 이하. 42) 4, 5.
43) 4, 7. 44) 같은 책, 같은 곳.

듯이, 인간의 실체, 하느님과의 유사성, 하느님의 분유가 있다는 것을 인간의 정신은 알 수 있다. 그러나 하느님이 무엇인지(what)를 인간의 정신은 알 수 없듯이, 인간의 실체가 무엇인지도 인간 정신은 알 수가 없다. 그래서 한 관점에서는 인간은 정의될 수 있으나, 다른 관점에서는 정의될 수 없다. 왜냐하면 인간의 정신이나 이성은 하느님의 표상으로 만들어져서, 하느님 그 자체가 그러하듯이 그 표상은 우리의 이해 능력을 초월해 있기 때문이다. 우리는 인간의 정의에 관한 이러한 논의에서 문제에 대한 태도와 견해를 달리하고 있는 아리스토텔레스적인 요소와 신플라톤주의적이고 그리스도교적인 요소를 발견할 수가 있다.

요한네스 스코투스 에리우제나는 인간이 피조물의 소우주라는 것을 강조하고 있다. 왜냐하면 인간은 자기 자신 가운데 물질 세계와 정신 세계를 함께 지니고 있어서 식물과 마찬가지로 성장과 영양의 능력을 지니고 있으며, 동물과 마찬가지로 감각 작용과 정서적 반응의 능력을 지니고 있고, 천사와 마찬가지로 이해하는 능력을 가지고 있기 때문이다. 인간은 포세이도니오스(Poseidonios)가 유대(紐帶, δέσμος)라고 불리웠던 것처럼, 사실 물질적이고 가시적인 피조물과 정신적이고 불가시적인 피조물을 잇는 연결점이다. 이러한 관점에서 볼 때 인간은 동물이라는 유(類) 안에 있다기보다는 오히려 동물의 모든 유가 인간 안에 있다고 말할 수 있다.[45)]

8. 만물은 하느님으로 돌아간다

자연의 진행 과정의 제 4 단계는 〈창조하지도 않고 창조되지도 않는 자연〉의 단계이다. 이를테면 만물의 종극이면서 목적인 하느님, 즉 모든 것에 있어서 모든 것인 하느님의 단계이다. 이 단계는 하느님으로의 회귀의 단계이며 하느님으로부터의 발출에 대응하는 운동이다. 왜냐하면 자연의 생명에는 주기적인 운동이 있으며, 피조물의 세계는 원초적인 원인들로부터 생겨 나왔듯이 그 원인들로 되돌아가기 때문이다. "그 이유는 운동이 자신의 시원 이외의 다른 어떠한 종국에 의해서도 끝나지 않으므로, 모든 운동의 종극은 그 운동의 시원이기 때문

45) 4, 8.

이다. 이 시원에서 그 운동이 시작하여 그 시원 안에서 쉬기 위하여 끊임없이 그 시원으로 되돌아가고자 한다. 이는 감각적인 세계의 부분들에 대해서만이 아니라 세계 전체에 대해서도 그렇게 이해해야 할 일이다. 운동의 종국은 운동의 시작(시원)이며, 운동은 종극(목적)을 바라고 그것을 찾았을 때, 자신의 실체가 소멸함으로써가 아니라 운동의 출발점이었던 이데아(이념)들로 되돌아감으로써 그치게 된다."[46] 따라서 이 과정은 우주의 진행 과정이며 모든 피조물에 미치고 있다. 그러나 요한네스 스코투스가 니사의 성 그레고리우스를 따라서 우유성의 복합물과 현상으로 설명했던 가변적이며 정신화되지 않는 물질은 소멸한다.[47]

전체로서의 창조의 우주적 진행 과정 이외에 또 인간의 하느님으로 되돌아감에 대한 특히 그리스도교적인 테마(물론 요한네스 스코투스는 그다지 '합리화'하고 있지 않는 경우가 가끔 있지만)가 있다. 타락한 인간은 강생한 로고스(말씀)에 의해서 하느님을 되찾게 된다. 로고스는 인간 본성을 취하여 그 인성에서 모든 인간을 구제했던 것이다. 그리고 요한네스 스코투스는 아담의 타락에서나 그리스도의 부활에서도 인류의 연대성을 강조하고 있다. 물론 모든 사람들이 똑같이 하느님과 결합되는 것은 아니지만, 그리스도는 인류를 다시 하느님에게로 이끈다. 왜냐하면 "그리스도는 어떤 이는 인간 본성의 이전 상태로 되돌리는 반면에 어떤 이는 인간 본성을 초월하여 신성화" 하듯이 그는 모든 인간 본성을 구제할지라도, 하느님 자신 이외의 어떠한 것에서도 인간의 본성은 실질적으로 하느님과 결합되지 않기 때문이다.[48] 그래서 요한네스 스코투스는 그리스도의 강생과 하느님에 대한 그리스도의 인성(人性)의 관계가 지니는 독특한 성격을 인정하고 있다. 하지만 그가 인간 본성이 하느님으로 되돌아가는 단계를 생각하는 경우에는 보다 덜 정통적인 다른 관점이 나타나는 것으로 생각된다. 이들 단계는 다음과 같다.[49] (1) 감각 세계의 4요소에로의 인간 신체의 해소, (2) 육신의 부활, (3) 육신의 영에로의 변화, (4) 영원 불변하는 원초적인 원인들로의 인간 본성의 전체적인 회귀, (5) 자연과 원초적 원인들의 하느님에로의 회귀. "왜냐하면 하느님은 모든 것에 있어서 모든 것이며, 거기에는 하느님밖에는 아무 것도 존재하지 않기 때문이다." 그러나 얼핏 보기에 이 뒤의 관점은 정통적인 신학, 특히 그리스도의 독특한 지위

46) 5, 3 47) 1, 34. 48) 5, 25. 49) 5, 8.

와 온전히 일치하지 않는 것처럼 보이지만, 그러나 요한네스 스코투스는 분명히 하느님으로의 실재적인 범신론적 흡수를 주장하려고는 하지 않았다. 왜냐하면 그는 나아가서 개별적 실체의 소멸이 아니라 그것의 들어 높임을 의미하고 있다고 말하고 있기 때문이다. 그는 불에 빨갛게 달구어진 쇠를 예로 들어, 비록 그 쇠는 불로 변했다고 말해질 수 있을지라도 쇠의 실체는 그대로 남아 있다고 말하고 있다. 따라서 그가 인간의 육신이 영으로 변한다고 말하는 경우, 그가 말하고자 하는 것은 일종의 실체적인 변화가 아니라 인간 육신이 영화롭게 되는 것 또는 '신령하게 되는 것'을 가리키고 있다. 그리고 또 유의하지 않으면 안 될 것은, 요한네스 스코투스가 자신의 학설이 니사의 성 그레고리우스와 그의 주석자 막시무스의 학설에 근거를 두고 있고, 따라서 그의 학설은 그들의 말에 비추어서 이해되어야 한다는 것을 분명히하고 있다는 점이다. 그는 그리스인을 좋아하여 라틴인을 온전히 멸시하고 있다는 생각을 갖지 않기 위해서 성 암브로시우스(**St. Ambrosius**)의 증언을 덧붙이고 있다. 천지가 멸망하여 소멸될지라도(천지의 소멸은 〈원인으로의 복귀〉로 해석되며 생성했던 물질적 세계의 정지를 의미한다), 이는 인간의 개별적인 영혼이 자기의 〈원인에로 복귀〉하는 가운데 존재하지 않게 된다는 것을 의미하지 않는다. 빛이 공기를 통과하여도 공기를 파괴하거나 그 실질을 변화시키지는 않는 것과 마찬가지로, 영혼의 〈신성화〉(**deificatio**)는 하느님으로의 실체적인 흡수를 의미하는 것이 아니다. 이 점에 관한 요한네스 스코투스의 태도는 극히 명확하다.

요한네스 스코투스는 우주의 '회귀'에 있어서도 다른 경우와 마찬가지로 성서 및 교부들의 가르침과 신플라톤주의적인 전통의 철학적 사색을 결합시키려고 하거나 또는 오히려 이러한 철학적인 사색에 의해서 그리스도교적인 세계관을 나타내려 하고 있다. 그리스도교의 예지가 하나의 전체로서 간주되어 계시 신학과 철학의 구별이 분명하지 않으므로, 요한네스의 의도가 아무리 정통적이었을지라도 그의 사색적인 방법의 적용은 때로 사실상 합리화를 의도하고 있다. 예컨대 하느님으로의 복귀가 개별적인 인간 존재의 소멸이나 완전한 흡수의 결과를 초래하지 않는다고 그가 강조하고 있을지라도, 그리고 그가 스스로 이 점에 대한 분명한 태도를 취하고 있을지라도, 하느님으로부터 발출하는 최종의 항으로서의 물질에 대한 그의 태도로 인하여 그는 인간 존재가 타락 이전에는 성(性)의 구별이 없었으며 부활 후에 그 상태로 되돌아간다(이러한 견해를 변호하기 위해 그는 성 바울로, 성 그레고리우스,

막시무스를 인용하고 있다)고 말하게 되었다.[50] 원초적인 원인에 있어서의 인간 본성에는 성의 구별이 없으므로, 인간이 타락하지 않았던들 성적으로는 구별되지 않았을 것이다. 그러므로 〈원인으로의 복귀〉는 인간 본성의 〈근원적인〉 상태로 돌아감과 타락의 결과로 생기는 상태로부터의 해방을 의미하고 있다. 그러나 〈원인으로의 복귀〉는 자연의 우주적 진행 과정상의 한 단계이므로, 요한네스 스코투스는 육신의 부활은 본성적으로, 즉 〈은총에 의하지 않고 본성에 의해서〉 일어난다고 주장하지 않을 수 없었다.[51] 물론 그는 이를 뒷받침하기 위해서 니사의 그레고리우스, 막시무스, 성 에피파니우스(St. Epiphanius)를 인용하고 있다. 또 한편 은총에 속하는 것이 있음은 적어도 신학적으로 확실하다. 그래서 요한네스 스코투스는 어떤 인간에 의해서도 실현되지 않는 〈신성화〉를 하느님의 자유로운 은혜와 배려, 즉 은총 때문이라고 한다. 이는 계시와 그의 사변적인 체계의 요구를 결합하는 그의 시도 가운데 한 예이며, 이를 위한 뒷받침으로서 그는 초기 그리스도교 저술가들의 학설에 의지했음이 확실하다. 한편으로 요한네스 스코투스는 그리스도교적인 의도를 지니고 있었기 때문에 부활을 적어도 어떤 측면에서 그리스도를 통해서 작용하는 하느님의 자유로운 은총 때문이라고 하지 않을 수 없었고, 다른 한편으로는 만물이 하느님으로 회귀한다는 자신의 철학적 이론 때문에 부활을 어느 정도로 본성에 의한 필연적인 과정으로 삼지 않을 수 없게 된다. 이는 인간의 본성 자체가 자신의 원인으로 복귀하지 않으면 안 되기 때문만이 아니라, 모든 피조물이 자신의 원인으로 되돌아가서 거기에 또한 영원히 머물러야 하기 때문이다. 그리고 이러한 의미에서 피조물은 인간, 즉 소우주 안에 포함되어 있는 것으로서 유효하게 작용하고 있는 것이다.[52]

9. 우주의 회귀에서 본 영원한 벌

하지만 인간의 본성 안에서 또 그것을 통해서 하느님에로의 우주적인 회귀가 이루어지고, 따라서 성 바울로의 말처럼 하느님이 '모든 것에 있어서 모든 것'이라고 한다면, 지옥에 떨어진 자의 영원한 벌이라

50) 5, 20. 51) 5, 23. 52) 5, 25.

는 신학상의 정통적인 교리를 어떻게 주장할 수 있을까? 성서는 타락한 천사들과 끝까지 회개하지 않는 사람들은 영원히 벌받는다고 가르치고 있는 한편, 이성은 하느님이 모든 것에 있어서 모든 것이며 악은 선인 하느님과 정반대되므로 한없이 존재할 수는 없다고 가르치고 있다.[53] 권위도 이성도 거부하지 아니하고 이 두 입장을 어떻게 잘 조화시킬 수 있을까? 이에 대한 요한네스 스코투스의 대답은[54] 교묘하며, 또 그의 '합리화'의 좋은 예가 된다. 하느님이 만든 것은 어떠한 것도 악일 수가 없다. 그러므로 악마들과 악인들의 실체나 본성은 선일 수 밖에 없다. 이 점에 대해서 그는 위디오니시우스를 인용하고 있다. 악마나 악인은 결코 소멸하지는 않는다. 하느님이 만든 모든 것은 하느님으로 되돌아가며, 인간의 본성까지 포함하여 모든 '본성'은 하느님 안에 들어 있다. 그러므로 인간의 본성이 영원한 벌을 받는다는 것은 있을 수 없는 일이다. 그렇다면 도대체 성서에서 말하고 있는 벌이란 무엇인가? 우선 첫째로 그것은 신체적이거나 물질적인 성격의 것일 수는 없다. 한편 둘째로 그 벌은 하느님이 만들지 않은 것에만, 그리고 이런 의미에서는 '본성' 밖에 있는 것에만 영향을 미친다. 그런데 하느님은 악마나 악인의 사악한 의지를 만들지는 않았다. 그리고 벌받는 것은 바로 이 의지이다. 그러나 만물이 하느님으로 되돌아가고 하느님은 모든 것에 있어서 모든 것이라고 한다면, 어떻게 하느님 안에 벌이 있을 수 있는가? 게다가 악의가 소멸하고 모든 불경이 사라진다고 한다면, 벌할 것이 남아 있을까? 벌이란 것은, 기억 가운데 보존되어 있는 세속적인 욕구 대상의 표상에 얽매이는 의지의 경향을 하느님이 영원히 방지하는 것이다. 그때 비로소 하느님은 모든 것에 있어서 모든 것이 될 것이며 그리고 모든 악은 소멸되겠지만, 사악한 사람은 영원히 벌을 받게 될 것이다. 그러나 정통적인 신학의 관점에서 본다면, '사악한'과 '벌받은'은 인용 부호 안에 두어지지 않으면 안 된다는 것이 분명하다. 왜냐하면 요한네스 스코투스는 자신의 철학적 체계의 요구를 충족시키기 위해서 성서의 가르침을 합리화했기 때문이다.[55] 선택된 자만이 '신성화'를 누리게 된다 할지라도,[56] 모든 인간 본성, 즉 예외없이 모든 인간은 신령화된 육신과 충만한 자연적인 선을 지니고 소생할 것이다.

결국 하느님의 본성은 만물의 목적이며 종극이고, 만물은 자신의 〈영

---

53) 5, 26~27.　54) 5, 27~28.　55) 5, 29~36.　56) 5, 36.

원한 이념〉으로 되돌아가서 거기에 머물러 "더 이상 피조물이라고 부름을 받지 않게" 될 것이다. 왜냐하면 하느님은 모든 것에 있어서 모든 것이 되고 "모든 피조물은 마치 태양이 떠오를 때의 별들처럼 무색하게 되어, 즉 하느님으로 변할 것이기"[57] 때문이다.

10. 요한네스 스코투스 체계의 해석

《자연 구분론》은 하나의 체계적인 형이상학으로서 그 뛰어난 성격에 합당한 영향은 미치지 않았지만, 베렌가리우스(**Berengarius Turonensis**), 라온의 안셀무스(**Anselmus of Laon**), 맘스베리의 윌리암(**William of Malmesbury**) — 그는 이 저서를 칭찬하기는 했지만 그리스의 저작가들에 대한 요한네스 스코투스의 특별한 애호적인 태도는 인정하지 않았다 —, 호노리우스 아우구스토두넨시스(**Honorius Augustodunensis**)를 포함하여, 오세르의 레미지우스(**Auxerre Remigius**)에서 베느의 아말리쿠스(**Amalricus de Bena**)까지의 중세 저작가들에 의해서 사용되었다. 그리고 위아비첸나(**Pseudo-Avicenna**)는 12 세기의 중반 또는 후반에 씌어진 자신의 《예지체론》(*De Intelligentiis*)에서 그 저서를 인용했다. 그러나 알비파가 그 책을 이용하는 한편 베느의 아말리쿠스(12 세기말)가 요한네스 스코투스의 이론을 범신론적인 의미에서 사용했기 때문에, 1225 년 교황 호노리우스 3 세에 의해서 《자연 구분론》은 이단 선고를 받게 되었다. 호노리우스 3 세는 그 책을 불사를 것을 명령했지만, 그의 명령이 항상 지켜졌던 것은 아니다. 《자연 구분론》의 이단 선고와 이단 선고로 이끌었던 해석은 당연히 요한네스 스코투스가 범신론자이냐 아니냐 하는 문제를 야기시키고 있다.

요한네스 스코투스가 의도에 있어서는 정통적이었다는 것을 이미 나의 견해로서 밝혀 두었으나, 이를 확인하기 위해서 몇 가지의 점을 요약하여 말해 두기로 하겠다. 무엇보다도 먼저 그는 자신이 확실히 정통적이라고 보고, 자기 자신의 사상과 조화한다고 느꼈던 저술가들의 저서나 사상을 대폭적으로 이용했다. 예를 들어 그는 니사의 성 그레고리우스나 위디오니시우스(이를 그는 성 디오니시우스 아레오파기타로 간주했다)를 많이 이용하고 있으며, 또 라틴 사람들을 무시한다고

57) 3, 23.

생각되지 않도록 자신의 견해를 위해서 성 아우구스티누스와 성 암브로시우스를 인용하고 있다. 나아가서 요한네스 스코투스는 자신의 사색이 성서 그 자체에 바탕을 두고 있는 것으로 생각하고 있었다. 가령 〈모든 것에 있어서 모든 것인 하느님〉(**Deus omnia in omnibus**), 즉 자연의 제 4 단계의 학설은 성 바울로의 말을 바탕으로 하고 있다.[58] "이리하여 모든 것이 그분에게 굴복당할 때에는 아드님 자신도 당신에게 모든 것을 굴복시켜 주신 하느님께 굴복하실 것입니다. 그때에는 하느님께서 만물을 완전히 지배하시게 될 것입니다(**God may be all in all**)." 그러나 한편 부활 때에 육신이 '신령화'한다는 이론은 썩을 몸으로 묻히고 썩지 않는 몸으로 다시 살아난다는 것, 즉 소생한 육신은 '영적인' 몸이라고 말하는 성 바울로의 말에 근거하고 있다. 그리고 요한네스 스코투스는 창조에 대해서 말하는 가운데 성 요한 복음의 1 장에서 만물이 그에 의해서 만들어진다는 로고스(말씀)의 개념을 인용하고 있다. 그리고 〈신성화〉의 문제는 교부들의 저작 가운데서 공통적인 것이었다.

그러나 요한네스 스코투스는 자신의 체계가 성서나 전통에 근거하고 있는 것처럼 서술하고 있을지라도, 그는 의식적으로 성서의 원문을 합리화하고 있는 것이 아닐까? 노골적으로 말해 그는 '겉다르고 속다른' 말을 하는 것이 아닐까? 그는 다음과 같이 말하는 것은 아닐까? 즉 권위는 참다운 이성에서 생겨나지만 이성은 결코 권위로부터는 생겨나지 않으며, 참다운 이성에 의해서 인정되지 않는 모든 권위는 효력이 없어 보이고, 참다운 이성은 어떠한 권위의 승인도 필요로 하지 않으며, 그리고 권위는 이성에 의해서 발견되어 후세의 사람들을 위해서 교부들에 의해서 자신들의 저작 가운데서 전해진 진리에 지나지 않는다는 말이다.[59] 그리고 이것은 그가 권위를 중요시하지 않는다는 것을 단적으로 말하는 것이 아닌가? 문맥상으로 본다면 요한네스 스코투스가 여기서 말하고 있는 '권위'는 성서의 말이 아니라 교부들의 가르침이나 그들이 성서의 말에 가하고 있는 해석을 가리키고 있는 것으로 생각된다. 물론 권위는 신용장을 지니고 있지 않으면 안 된다는 의미에서 이성에 근거해야 한다는 것은 사실이지만, 권위는 이성에 의해서 발견되어 교부들에 의해서 전해진 진리에 불과하다는 취지의 요한네스 스코투스의 말은, 신학적인 입장에서는 그대로 받아들여질 수 없다. (물론

58) 1 Cor., 15, 28.

59) 1, 69.

전통의 정통적인 가르침과 비교해서 말이다.) 그러나 요한네스 스코투스가 분명히 **말하고자 하는 것은** 말하자면 삼위 일체의 교의가 계시되지 않고, 단지 이성에 의해서 발견된 진리라는 것이 아니라, 교부들 각자가 시도했던 교의의 '설명'이나 전개는 단지 교부들의 이성적인 노력에 의한 결과이며, 따라서 결정적인 것은 아니라는 것이다. 그가 제시하려고 했던 것은, 성서 안에 있고 그리고 예를 들어 성 아우구스티누스에 의해서 유지되었던 교의 그 자체를 정당하게 문제로 삼을 수 있다는 것이 아니라, 오히려 성 아우구스티누스에 의한 교의의 이론적인 전개는 비록 존경할 만하다고 할지라도 어디까지나 이성의 작업으로서, 그것은 교의 그 자체와 같은 차원에 두어질 수는 없다는 것이다. 그러므로 그의 태도는 이러한 것이다. 즉 성 바울로가 하느님은 〈모든 것에 있어서 모든 것〉이라고 말하고 있는 것은 하나의 계시된 진리이지만, 그러나 성 바울로가 이 말로 뜻한 바가 무엇인지, 그리고 그 말을 정확하게는 어떻게 이해해야 할 것인지를 결정하게 될 경우에는 이성이 최종적인 법정이다. 나는 이러한 태도가 신학적으로 받아들여질 수 있는 것이라는 것을 말하려고 하지는 않는다. 내가 지적하고자 하는 것은, 요한네스 스코투스의 실제적인 견해가 받아들여지든 받아들여지지 않든간에, 그는 교의 자체를 문제삼는다든지 또는 교의를 부정할 권리를 주장하고 있는 것이 아니라 오히려 그것을 해석할 권리를 주장하고 있고 그의 '합리화'는 바로 이 점에 있다는 것이다. 그가 성서를 증거로 삼는 것은 그가 겉다르고 속다른 말을 하고 있는 것이 아니다. 왜냐하면 그는 계시의 내용이 이성적으로, 그리고 우리가 하는 말대로 철학적으로 해석되어 마땅하다고 진정으로 생각하고 있었기 때문이다. 이는 한편 그가 신학과 철학을 뚜렷하게 구별하지 않았기 때문이다. 그의 체계는 '그리스도교의 예지'(이는 가령 하느님의 존재와 같은 이성만으로도 발견할 수 있는 진리와 삼위 일체와 같이 계시된 것으로서 이성만으로는 발견할 수 없는 진리를 포함하고 있다)를 전제하고 있고, 철학과 계시의 영역을 분명하게 구별하지 아니한 채 그리스도교의 예지를 유기적으로 상호 관련된 하나의 전체로서 설명하려는 사변적인 시도이다. 이러한 시도는 필연적으로 일종의 합리화를 포함한다. 다시 말하지만 나는 요한네스 스코투스의 합리화를 변호하려는 것이 아니라 그의 태도를 설명하려는 것이다. 그리고 나의 주장은, 그의 '합리화'를 마치 철학과 신학의 명확한 구별을 지연시킨 것처럼 해석하는 것은 잘못이라는 것이다. 말하자면 그의 태도는 삼위 일체를 〈필연적인 논거〉

(rationibus necessariis)에 의해서 증명하려고 시도했던 그 후의 중세 신학자들의 태도와 본질적으로 다를 바가 없다는 것이다. 만일 요한네스 스코투스가 좁은 의미에서 의식적인 한 사람의 '철학자'였고 그 이상이 아니었다고 한다면, 우리는 그를 근대적인 의미에서의 한 합리론자라고 부르지 않으면 안 될 것이다. 그러나 그는 동시에 신학자와 철학자를 겸하고 있었으며(원한다면 혼합하고 있었다고 말해도 좋다), 그의 합리화는 **심리적으로는** 계시의 신앙과 온전히 일치하고 있었다. 그러므로 그가 사도나 〈최고의 거룩한 권위〉의 증언에는 반항하고 싶은 생각이 없다고 말하는 것은 매우 진정한 말이다.[60] 사실 그의 진정한 태도는 "우리에게 있어서는 거룩한 교부들의 의견을 판단할 일이 아니라 오히려 경건함과 존경심을 가지고 그 의견을 받아들일 일이긴 하지만, 이성에 있어서 하느님의 말씀과 더욱 잘 일치한다고 생각되는 것을(그들의 의견들 가운데서) 선택하는 일은 우리에게 금지되어 있지 않다"는 그의 말에 훌륭히 나타나 있다.[61] 요한네스 스코투스가 예컨대 영원한 벌에 대한 교의를 받아들이고 있는 것도 그것이 계시되어 있기 때문이며, 더구나 그는 그것을 진정으로 받아들이고 있다. 그러나 그는 이것이 자신의 다른 체계와 맞도록 그 교의를 설명하는 데 방해가 된다고는 생각하지 않는다. 왜냐하면 그는 자신의 체계가 근본적으로 계시에 바탕을 두고 있다고 보기 때문이다.

이러한 논의가 문제의 논점에서 벗어나 있는 것이라고 생각할지 모르나 실은 그렇지가 않다. 예컨대 계시, 즉 그리스도교의 교의는 세계가 하느님에 의해서 무로부터 만들어지고 피조물은 하느님이 아니라는 것을 분명하게 가르치고 있다. 그런데 요한네스 스코투스의 전반적인 체계는, 마땅히 피조물은 하느님에게로 되돌아가고 하느님은 모든 것에 있어서 모든 것이어야 한다고 말하고 있다. 이 두 진리가 하느님의 가르침에 근거하고 있다고 보는 한에서 요한네스 스코투스는 그 양자를 합리적으로 조화시키지 않을 수 없다. 즉 〈하느님으로의 복귀〉가 어쩌면 그렇게 이끌어질지도 모를 결론, 이를테면 범신론적인 흡수가 되지 않도록, 그리고 하느님과 피조물을 구별한다는 표현이 하느님은 모든 것에 있어서 모든 것이라는 성 바울로의 말과 모순되지 않도록 조화시키지 않으면 안 된다. 이 조화의 과정을 볼 때, 그는 토마스주의의 신학자들이 '합리화'라고 부르고 있는 것에 관련될 수도 있다. 그러

60) 1, 7.

61) 2, 16.

나 피조물이 하느님에게로 복귀하여 하느님이 '된다'는 것이 〈존재하지 않는 것으로〉(ita ut non sint)가 아니라 오히려 〈더욱 훌륭하게 존재하는 것으로서〉(ut melius sint)라는 그의 〈신중한 말〉이 모순된 어조로 신학자들을 기만하려고 했던 것은 아니다. 그것은 그리스도교의 가르침 또는 옳든 그르든 그가 그리스도교의 가르침이라고 보았던 것을 옹호하고 싶어하는 그의 진정한 표현이다.

요한네스 스코투스의 사상에 있어서 그리스도교적인 요소와 신플라톤주의적인 요소간의 긴장 관계가 전개되고 있다는 것은 이미 지적해 두었지만, 이는 그의 '합리화'의 문제와 관계되므로 여기에 다시 강조해 두는 편이 좋다. 위디오니시우스를 통해서 계승된 신플라톤주의의 전통을 따라서 요한네스 스코투스는 하느님 그 자체, 즉 〈창조하면서 창조되지는 않는 자연〉은 무한하고 초본질적이므로 하느님 자신에게는 꿰뚫어 볼 수 없고 알려지지 않은 것이며 하느님은 단지 자기 자신의 현현에서만 자신에게 명료하게 된다고 주장했다.[62] 물론 이는 사유나 자아 의식이 주관과 객관이라는 이중성을 내포하고 있으므로 일자인 궁극적 신성은 사유를 초월하고 자기 의식을 넘어서 있다는 신플라톤주의 학설의 한 반영이다. 그런데 하느님 그 자체가 창조된 정신에는 이해될 수 없다는 것이 확실히 그리스도교의 한 교리이기는 하지만, 하느님이 자신에게도 명료하지 않다는 것은 그리스도교의 가르침이 아니다. 따라서 요한네스 스코투스가 그 두 입장을 변호하고자 하는 경우, 그는 어떠한 방법으로든 그 양자를 조화시킬 수밖에 없다. 그리고 그는 원초적인 원인들을 내포하고 있는 로고스의 출현을 최초의 '하느님의 현현'으로 삼음으로써 그 양자의 조화를 시도하고 있다. 그러므로 하느님은 로고스 안에서 그리고 로고스를 통해서 자신을 의식하게 되고 자기 자신에게 명백해진다. 따라서 로고스는 신플라톤주의의 〈누우스〉(Nous)에 상응하고, 합리화는 그리스도교의 교의와 요한네스 스코투스가 참인 것으로 간주하고 있는 철학의 원리를 함께 유지하려는 요구에서 생겨나고 있다. 그리스도교의 교의를 유지하려는 소망은 참으로 진지하지만, 그 양 요소간의 긴장 관계는 피할 수 없다. 만일 요한네스 스코투스가 말하고 있는 것을 개별적으로 본다면, 그는 범신론자이거나 아니면 유신론자였다고 말하지 않을 수 없을 것이다. 예컨대 자연의 제 2 단계와 제 3 단계의 구별은 오직 인간의 추리 형식 때문이라는 그 말은[63] 분명히 범신론적인 반면에, 하느님과 피조물의 실체적인

62) 예를 들어 3, 23.　　63) 2, 2.

구별은 언제나 유지된다는 그 말은 분명히 유신론적이다. 결국 그 가운데 어느 하나를 부적당한 방법으로 선택하게 되는 것으로 생각된다. 그리고 바로 그러한 태도로 말미암아, 요한네스 스코투스는 겉과 속이 일치하지 않게 말로만 정통에 동의하는 의식적인 범신론자였다고 생각되게 된 것이다. 그러나 만일 그가 한 진지한 그리스도인으로서 그리스도교의 가르침과 그 당시 지배적이었던 신플라톤주의의 철학을 조화시키려고 했다거나 또는 오히려 그리스도교의 예지를 손쉽고 지배적이었던 신플라톤주의적인 사상의 틀 속에 표현하려고 했다는 것을 이해한다면, 그리스도교의 교의를 합리화려는 경향과 그에 관련된 긴장 관계에도 불구하고, 철학자의 주체적인 입장에 관계하는 한에서는 하나의 만족스러운 조화가 확립되었다는 것도 이해할 수 있을 것이다. 물론 적지 않은 명제들을 개별적으로 떼어서 본다면 범신론적인 학설을 말하고 있으며, 또 어떤 명제들은 영원한 벌과 같은 문제에 관한 정통적인 신학의 가르침과 조화하지 않는다는 데에는 변함이 없다. 그리고 《자연 구분론》이 그 후에 교회의 권위에 의해서 이단으로 선고되었던 것은 그러한 명제들 때문이었다. 하지만 정통적이든 아니든간에 그 저작은 강력하고 예민한 정신, 즉 당시의 다른 어느 사상가보다도 뛰어난 사변적인 철학자의 정신을 입증하고 있다.

제3부

10, 11, 12세기

제 14 장
보편의 문제

1. 카롤루스 대제 사후의 상황

카롤루스 대제 치하에서의 학예의 부흥에 의해서 철학이 점진적으로 발전하였을 것이고(이미 지니고 있었던 것의 유지와 함께) 특히 서구에서는 요한네스 스코투스 에리우제나가 철학적인 사색의 모범을 보여 이를 체계화했으므로, 사상가들은 지식을 넓히고 더욱더 사변적인 길을 추구할 수 있었으리라고 사람들은 기대할 것이다. 그러나 사실은 그렇지 않았던 것이다. 왜냐하면 철학의 영역 밖의 역사적인 요인들에 의해서 카롤루스의 제국은 새로운 암흑 시대, 즉 10세기의 암흑 시대에 빠져 들어 카롤링거 왕조 르네상스의 약속은 어긋나고 말았기 때문이다.

문명의 진보는 카롤루스 대제의 치하에서 분명하게 되었던 중앙 집권화의 경향을 어느 정도로 유지하는가에 달려 있었다. 그러나 그의 사망 후에 제국은 분열되어 카롤루스 대제의 후손들에게 제국이 분할됨으로써 봉건주의가 싹트고 지방 분권이 생겨났던 것이다. 귀족들의 보수는 실용적으로 토지의 증여에 한했으므로, 그들은 토지를 획득함으로써 점차 군주로부터 독립하는 경향에 있었다. 즉 그들의 이해 관계는 갈라지거나 서로 충돌하게 되었다. 고위 성직자들은 봉건 영주가 되었으며 수도 생활은 (예컨대 평신도가 수도원장으로 임명되는 일반적인 관례로 인하여) 타락하고 주교직은 임금의 신하들에게 영예와 보수를 제공하는 수단으로 이용되었다. 교황청은 프랑스의 악화되는 상황을 저지하고 개선하고자 했으나, 교황청 자체의 영적이고 도덕적인 위신이 매우 쇠퇴해 있었다. 그리고 교육과 학문은 주로 수도자들과 성직자들의 수중에 있었으므로 카롤루스 제국의 붕괴는 당연히 학문과 교육 활동의 쇠퇴를 초래하는 결과가 되었던 것이다. 개혁은 910 년의 클뤼니 수도원이 설립되고야 비로소 시작되었다. 물론 클뤼니의 개혁이 미치는 영향은 단지 점진적인 것일 뿐이었다. 겐트의 클뤼니 수도원 분원에 있었던 성 던스탠(St. Dunstan)은 클뤼니의 이상을 잉글랜드에 전파했다.

막상 성숙하려는 카롤링거 왕조 르네상스의 성과를 방해했던 내적인 요인들(10 세기에 제관을 프랑스에서 독일로 옮기는 결과를 빚은 정치적인 분열, 수도원과 성직자 생활의 부패, 교황청의 타락과 같은 것)에 더하여, 9 세기 및 10 세기의 고대 북구인들의 공격과 같은 외적인 요인들도 작용하고 있었다. 이 고대 북구인들은 사라센 사람들과 몽고인들의 공격과 마찬가지로 부와 문화의 중심지를 파괴하고 문명의 발전을 방해했다. 내적인 부패는 외적인 위기와 공격과 함께 문화의 진보를 불가능하게 했다. 보존하거나 보존하려는 노력만이 이제부터 할 수 있는 유일의 길이었다. 따라서 학문과 철학의 진보는 또다시 미래의 일로 돌아가게 된다. 당시 철학에 있어서 관심의 중심 문제는 주로 변증론적인 문제였고 특수하게는 보편의 문제였다. 그리고 이 논의의 출발점이 되었던 것은 포르피리오스와 보에시우스의 약간의 원서들이었다.

2. 포르피리오스와 보에시우스의 원전에 관한 논쟁

보에시우스는 포르피리오스의 《아리스토텔레스의 범주론 입문》(*Isagoge*)을 주석하는 가운데서[1] 포르피리오스를 인용한다. 즉 유(genera)와 종(species)은 자립하는 존재인가 또는 개념 안에만 있는가? 만일 자립한다고 한다면, 그것은 물질적인가 또는 비물질적인가? 그리고 나아가서 그것은 감각적인 대상으로부터 떠나서 있는가 아닌가? 포르피리오스는 이러한 고도의 문제들은 입문서에서는 다루어질 수 없으므로 지금은 언급하지 않겠다고 한다. 그러나 보에시우스 자신은 이 문제를 취급하여 우선 이 문제가 어렵다는 것과 이 문제를 고찰함에 있어서 신중성이 필요함을 주의시킨다. 다음으로 그는 한 관념이 두 가지의 방

1) *P.L.*, 64, col. 82~86.

법에 의해서 형성될 수 있으므로 관념의 내용은 정신 밖의 대상에서는 관념 안에 있는 것과 꼭같이 존재하지 않는다는 것을 지적하고 있다. 예컨대 제멋대로 인간과 말을 결합하여 첸타우루스(반인 반마의 괴물)의 관념을 형성할 수가 있을 것이다. 이는 본성상 하나로 결합될 수 없는 대상을 결합시키는 것이다. 그리고 이렇게 임의로 만들어진 관념은 '거짓된 것'이다. 그러나 만일 선, 즉 기하학자가 생각하고 있는 순수한 선의 관념을 형성한다면, 비록 그러한 순수한 선 자체는 정신 밖에 존재하는 실재가 아닐지라도 그 관념은 '거짓된 것'이 아니다. 왜냐하면 물체는 선을 포함하고 있으므로 우리가 행한 일은 그 선을 분리시켜서 이를 추상적으로 생각하는 것이기 때문이다. (말과 사람을 결합하여 첸타우루스를 형성하는 경우와 같은) 결합은 거짓된 관념을 생기게 하지만, 추상의 경우에는 비록 생각되어진 것 자체가 정신 밖에 독립하여 존재하지는 않을지라도 참다운 관념을 생기게 한다.

그런데 유와 종의 관념은 이 후자에 속하는 관념이며 추상 작용에 의해서 형성된 것이다. 인간성이라는 유사성은 개별적인 인간으로부터 추상되며, 정신에 의해서 생각되어진 한에서 이 유사성은 종의 관념인 반면에 유의 관념은 여러 가지의 종들의 유사성을 생각함으로써 형성된다. 따라서 "유와 종은 개체들 안에 있지만 사유된 것으로서는 보편이다." 그것들은 "감각적인 사물 안에 존재하지만 물체를 떠나서 이해된다." 유와 종 그 양자에 대해서 정신 밖에는 단지 하나의 실체 즉 개체가 있을 뿐이다. 하지만 그렇다고 유와 종을 따로따로 생각할 수 없는 것은 아니다. 이는 마치 한 동일한 선이 오목한 부분과 볼록한 부분을 동시에 지닌다고 해서 우리가 오목꼴과 볼록꼴이라는 서로 다른 관념을 가질 수 없거나 그것을 상이하게 정의할 수 없는 것이 아니라는 것과 마찬가지이다.

보에시우스는 이리하여 이 문제를 아리스토텔레스적으로 해결할 자료를 제공했다. 하지만 그는 나아가서 플라톤과 아리스토텔레스 중에서 결정하는 것은 온당하지 않다고 생각하고, 단지 그의 저서가 아리스토텔레스가 쓴 《범주론》(*Categories*)에 관련되어 있으므로 아리스토텔레스의 의견을 따르는 것일 뿐이라고 말하고 있다. 그러나 비록 보에시우스가 온건한 실재론의 방향에서 보편 문제를 해결하는 자료를 제공했고 또 포르피리오스로부터의 인용과 그것에 대한 그의 주석이 중세 초기에 이 문제에 대한 논의를 제기했을지라도, 중세인이 최초로 제시한 해결은 보에시우스가 제시했던 방향에서가 아니라 오히려 가장 단순한 극단적인 실념론의 형식에서였다.

3. 보편 문제의 중요성

경솔한 사람은 중세 초기의 사람들이 이 보편 문제에 열중하여 소용없는 논제를 철저하게 논하고 무익한 변증론의 놀음을 즐기고 있었다고 생각할지 모른다. 그러나 조금만이라도 생각해 본다면, 또는 적어도 이 문제가 지니고 있는 의미를 생각한다면 충분히 그 문제의 중요성을 이해하게 될 것이다.

비록 우리가 보고 만지는 것은 개별적 사물들일지라도 이 사물들을 생각할 경우에 우리는 "내가 보고 있는 이 개별적인 대상은 하나의 나무이며 정확하게 말하면 한 그루의 느릅나무이다"고 말할 때처럼 일반관념이나 말을 사용하지 않을 수 없다. 이러한 판단은 하나의 개별적인 대상에 대해서 그것이 일정한 종류의 것이라는 것, 즉 나무라는 유와 느릅나무라는 종에 속해 있다는 것을 긍정하고 있다. 그러나 지각된 그 현실적인 대상 외에도, 그 같은 명사가 적용되고 그 같은 관념에 포섭되는 다른 많은 대상들이 있을 수 있음은 분명하다. 달리 말하면 정신 밖에 있는 대상은 개별적인 반면에, 개념은 수많은 개체들에게 차이없이 적용된다는 의미에서 일반적이고 보편적인 성격을 지니고 있다. 그러나 정신 밖에 있는 대상은 개별적이고 인간이 지니고 있는 개념은 보편적이라고 한다면, 그 양자간의 관계를 알아낸다는 것은 확실히 중요한 일이다. 만일 실재하는 대상은 개별적이고 개념은 보편적이라는 사실이 보편 개념은 정신 밖의 어떠한 실재에도 근거를 두지 않는다는 것을 의미한다면, 즉 개념의 보편성이란 단순한 관념에 불과하다는 것을 의미한다고 한다면 사유와 대상 사이에는 틈이 생기고, 우리의 인식이 보편 개념이나 판단 형식으로 나타내어지는 한 그 타당성이 매우 의심스러워진다. 과학자는 자신의 인식을 추상적이고 보편적인 용어로 나타내고 있다.(예를 들어 과학자는 이 특정한 전자에 관해서가 아니라 전자 일반에 관해서 진술한다.) 그리고 만일 그 명사가 정신 밖의 실재에 근거를 두지 않는다고 한다면, 그의 지식은 제멋대로의 구성물이어서 실재와는 아무런 관계도 지니지 않는 것이 된다. 인간의 판단이 보편적인 성격을 지니거나, 이 장미는 빨갛다는 명제에서처럼 보편 개념을 포함하고 있는 한에서, 이 문제는 인간의 인식 전반에 미친다고 하겠다. 그리고 만일 보편 개념이 정신 밖에 근거를 가지고 있는가의 문제에 대해서 부정적으로 대답된다고 한다면, 그 결과는 회의주의가 될 것이다.

이 문제는 여러 가지의 방법으로 제기될 수 있으며 역사적으로 말한다면 상이한 시대에 상이한 형식을 취해 왔던 것이다. 예컨대 이 문제는 다음과 같은 형식으로 제기될 수 있다. "만일 정신 밖의 실재에 정신 안의 보편 개념에 상응하는 것이 있다고 한다면, 그것은 도대체 무엇일까?" 이는 존재론적인 접근 방법이라고 말할 수 있으며, 그리고 중세 초기의 사람들이 그 문제를 논의했던 것도 바로 이러한 형식에서였다. 그리고 우리의 보편 개념은 어떻게 형성되는가를 문제삼을 수도 있다. 이는 인식론적인 접근 방법이다. 이 인식론적인 접근 방향과 존재론적인 접근 방향은 그 강조점이 다르다. 하지만 그 두 접근 방향은 서로 밀접하게 관련되어 있어서, 어떤 방법으로든 인식론적인 문제를 답하지 아니하고는 존재론적인 문제를 거의 다룰 수가 없다. 그리고 개념론자의 해결, 즉 보편 개념은 단순한 개념적인 구성에 지나지 않는다고 가정한다면, 실제적인 목적을 단지 사실에 두는 과학적 지식은 어떻게 가능한가를 문제삼을 수 있을 것이다. 그러나 문제가 어떻게 제기되고 어떠한 형식을 취하든지간에 이 문제는 매우 중요하다. 중세인들이 비교적으로 중요하지도 않은 문제를 논하고 있었다는 인상을 줄 수 있는 요인들 가운데 하나는 아마도 그들이 실제로는 실체의 범주 안에 있는 유와 종에만 주의를 한정시킨 데 있을 것이다. 비록 이러한 한정된 형식에서일지라도 문제가 중요하지 않는 것은 아니지만, 그 문제가 다른 범주와의 관계에서 고찰된다면 적어도 우리의 지식의 대부분에 대해 그것이 지니는 의의가 더욱 분명하게 된다. 말하자면 이 문제는 궁극적으로는 실재에 대한 사유의 관계라는 인식론적인 문제임이 명백하게 된다.

4. 극단적인 실념론

중세인들에 의해서 이 문제에 최초로 주어진 해결은 '극단적인 실념론'(ultra-realism)으로 알려져 있는 그것이다. 이것이 연대적으로 최초의 해결이었다는 것은, 이 견해에 대한 반대자들이 얼마동안 〈현대인〉으로 알려졌던 한편, 예컨대 아벨라르두스(Petrus Abaelardus)는 그것을

〈낡은 학설〉(antiqua doctrina)이라고 부르고 있었다는 데서 확증된다. 이 견해에 의하면 유 개념이나 종 개념은 정신 밖의 대상들 안에 존재하는 실재, 즉 개체들이 분유하고 있는 자립적인 하나의 실재에 해당한다. 그러므로 인간 또는 인간성이라는 개념은 하나의 실재, 즉 인간성 또는 인간 본성이라는 실체를 반영하고 있고 이 인간 본성의 실체는 정신에 의해서 생각되는 것과 같은 방법으로, 즉 모든 인간이 분유하고 있는 단 하나의 실체로서 정신 밖에 실재한다. 플라톤에 있어서 인간이라는 개념은 개별적인 인간들을 떠나서 그 인간들 '밖에' 자립하고 있는 인간 본성의 이념, 즉 개별적인 인간들이 구체화하거나 크고 작은 정도에 따라 '모방'하고 있는 이념을 반영하지만, 중세의 실념론자는 그 개념이 정신밖에 실재하는 통일된 실체를 반영하는 것이며 사람들이란 이 실체의 분유이거나 그 실체의 불완전한 변용이라고 생각했던 것이다. 물론 이러한 견해는 극히 소박한 것으로서, 이 문제에 관한 보에시우스의 취급 방법을 완전히 오해하고 있는 것이다. 왜냐하면 그 견해는 만일 개념이 반영하고 있는 대상이 정신 안에 있는 것과 같은 방법으로 정신 밖에 있는 것이 아니라고 한다면 그 개념은 순전히 주관적인 것이 되고 만다고 가정하고 있기 때문이다. 달리 말한다면 그 견해는 우리가 지니는 인식의 객관성을 보증하는 유일의 방법은 사유와 사물간의 소박하고 정확한 일치에 있다고 가정하고 있다.

실념론(實念論)은 예컨대 투르의 생 마르탱 수도원장인 앨퀸을 계승한 프레데지시우스(Fredegisius)의 가르침에 이미 포함되어 있는 것으로서, 그는 모든 이름이나 명사는 그것에 상응하는 하나의 적극적인 실재(예컨대 어둠이나 무)를 전제한다고 주장했다. 그리고 또 이 실념론은 요한네스 스코투스 에리우제나의 가르침에도 포함되어 있다. 오세르의 레미지우스(Remigius of Auxerre, 841년경~908년)의 가르침에도 그 실념론이 엿보인다. 그는 종이 유의 한 〈실체적인 부분〉이며 예컨대 인간이라는 종은 많은 개인들의 실체적인 통일체라고 주장했다. 만일 이와 같은 표현이 다수의 개별적인 인간은 수에 있어서 하나인 공통적 실체를 가진다는 의미로 해석된다면, 당연한 결과로서 개별적인 인간들은 우연적으로만 서로 다른 것으로 된다. 투르네의 주교좌 부속학교에 속하는 투르네의 오도(Odo Turonensis, 1113년 사망, 그는 캉브레의 주교가 되었으므로 캉브레의 오도라고도 불리운다)는 서슴없이 그러한 결론을 도출하여, 아이가 태어나는 경우 하느님은 하나의 새로운 실체를 탄생시키는 것이 아니라 이미 존재하고 있는 한 실체의 새로운 성질을 생기게 한다고 주장했다. 논리적으로는 이러한 극단적 실념론은 하나의 순전한 일원론이라고 하겠다. 예컨대 우리는 실체 개념이나 존재의 개념을 가지고 있지만, 극단적 실념론의 원리에서는 우리가 실체라는 명사를 적용하는 모든 대상들은 하나의 실체의 변용이라는 결과가 될 것이며, 더욱 포괄적으로 말한다면 모든 존재자들은 한 존재의 변용이 되는 셈이다. 요한네스 스코투스 에리우제나를 일원론자로 부르는 것이 옳다고 한다면, 이러한 태도는 그에게 중요시되었을지 모른다.

질송(Etienne Henri Gilson) 교수나 다른 학자들이 지적했듯이, 중세 초기에 극단적 실념론을 주장했던 사람들은 논리의 질서와 실재의 질서가 정확하게 평행하고 있으며, 그리고 예컨대 "플라톤은 인간이다"라는 명제와 "아리스토텔레스는 인간이다"라는 명제에 있어서의 '인간'의 의미가 같은 것이므로 실재의 질서에 있어서 플라톤과 아리스토텔레스 사이에는 실체적인 동일성이 있다고 생각했다는 점에서 그들은 논리학자로서 철학하고 있었던 것이다. 그러나 이 극단적 실념론자들이 단순히 논리학적인 고찰의 영향만을 받았다고 생각하는 것은 잘못이라고 하겠다. 즉 그들은 신학적인 고찰의 영향도 받고 있었던 것이다. 이는 원죄의 전승을 설명하기 위해서 극단적 실념론을 사용했던 투르네의 오도의 경우에 명백하다. 만일 원죄를 인간 영혼이 지니고 있는 하나의 적극적인 전염으로 생각한다면, 곧 하나의 분명한 딜레마에 빠지게 된다. 말하자면 아이가 태어날 때마다 하느님은 무로부터 새로운 인간의 실체를 창조함으로써 하느님이 원죄 전염에 책임이 있다고 말하지 않을 수 없든가, 아니면 하느님이 개별적인 영혼들을 창조한다는 것을 부정하지 않으면 안 된다. 투르네의 오도가 주장한 것은 영혼 전이설(靈魂傳移說, traducianism)의 한 형식이었다. 이를테면 원죄에 의해서 감염된 인간 본성 또는 아담의 실체는 아이가 태어날 때 유전되며, 하느님이 창조하는 것은 단지 이미 존재하고 있는 한 실체의 새로운 성질에 불과하다는 것이다.

초기 중세인들의 말이 지니고 있는 정확한 의미를 확인하는 것이 늘 쉬운 것은 아니다. 왜냐하면 저작가가 자신의 말의 의미를 충분하게 인식하고 있었는지 또는 자신의 말이 문자적 의미대로 이해될 것을 일부러 바라지 않고 어쩌면 〈사람에 호소하는 논증〉(argumentum ad hominem)처럼 강조점을 논쟁에 부여하고 있었는지를 언제나 확실하게는 말할 수가 없기 때문이다. 이리하여 로셀리누스가 실재하는 모든 존재는 개체라는 이유에서 삼위일체의 삼위를, 이렇게 표현할 수 있다면, 삼신(三神)이라고 부를 수도 있을 것이라고 말한 데 대해서 성 안셀무스(St. Anselmus, 1033 년~1109 년)는 수많은 인간이 어떻게 종으로서 하나의 인간인가를 이해하지 못하는 자가 제각기 완전한 하느님인 삼위가 하나의 하느님이라는 것을 어떻게 이해할 수 있는가 하고 반문했다.[2] 이러한 말로 인하여 성 안셀무스는 극단적 실념론자 또는 과장된 실념론자로 일컬어져 왔던 것이다. 사실 이 말은 그 속에 포함되어 있는 신학적인 교의에 비추어서 생각한다면, 하느님에게는 오로지 하나의 실체나 본성만이 있는 것과 마찬가지로 모든 인간에게는 오로지 하나의 실체 또는 본성만이 있다는 것이 극히 자연스러운 해석이다. 하지만 성 안셀무스가 사람에 호소하는 논증을 하고 있는 것일 수도 있으며, 이때 그가 의도했던 물음은 인간이 종에 있어서 하나라는 것을 이해하지 못하는 자가(옳든 그르든간에 로셀리누스가 보편에 대한 실재성을 온전히 부정했다고 생각한다면) 하나의 본성, 즉 수적으로 하나인 본성에 있어서 하느님의 삼위(三位)의 결합이라는 훨씬 큰 결합을 어떻게 파악할 수가 있는가 하고 묻는 것과 결국 같은 것일지 모른다. 성 안셀무스가 극단적인 실념론자였을 수도 있지만, 그의 물음에 대한 두 번째의 해석은 다음의 사실에 의해 보증된다. 즉 안셀무스는 분명히 로셀리누스의 주장하는 바를, 보편은 아무런 실재성도 없고 단지 〈말의 발성〉(flatus vocis)에 지나지 않는다는 것으로 이해하고 있었고, 또《문법학자에 대한 대화》(*Dialogus de Grammatico*)에서[3] 그는 아리스토텔레스의 이름을 들면서 제 1 실체와 제 2 실체를 구별했다.

5. 로셀리누스의 '유명론'

사유와 정신 밖의 실재와의 정확한 일치가 극단적인 실념론자가 생각하는 원리라고 한다면, 개체들만이 실재한다는 것이 극단적 실념론을 반대하는 자들의 원리이다. 오세르의 헤이리쿠스(Heiricus of Auxerre, 841 년~876 년)는 만일 백(白)과 흑(黑)이 그 자체로만 실재하여 그것들이 붙어 있을 실체도 없이 있다고 주장하려고 한다면, 그것들에 상응하는 어떠한 실재도 지적할 수가 없을 것이며 흰 사람이나 검은 말을 가리킬 수밖에 없을 것이라고 말했다. 일반적인 이름은 그것에 상

2) *De fide Trin.*, 2.

3) 10.

응하는 일반적이거나 보편적인 대상을 지니고 있지 않는다. 그 이름들의 유일한 대상은 개체이다. 그렇다면 보편 개념은 어떻게 생겨나며, 그리고 실재에 대한 그 개념들의 기능과 관계는 어떠한 것인가? 지성도, 기억도 모든 개체를 파악할 수는 없다. 그 까닭에 정신은 다수의 개체들을 모아서(coarctat), 예컨대 인간, 말, 사자 등의 종 개념을 형성한다. 그러나 동물이나 식물의 종들 자체가 너무 많아서 한꺼번에 파악되지 않으므로 정신은 종들을 모아서 유를 형성한다. 그러나 또 다수의 유가 있게 되고, 정신은 모으는 과정을 더욱 진행시켜서 보다 넓고 외연이 큰 〈실체〉(οὐσία)의 개념을 형성한다. 얼핏 보기에 이는 유명론자의 한 입장인 것처럼 생각되며 밀(J. S. Mill)의 간편한 기록법 이론을 생각나게 할 것이다. 그러나 이 이상의 증거는 없으므로 이것이 실제로 헤이리쿠스 자신의 견해였다고 주장하는 것은 경솔하다고 하겠다. 어쩌면 그는 개체들만이 존재한다는 것을 강조하고, 다시 말하면 극단적인 실념론을 부정하면서 동시에 보편 개념의 인식론적인 해명에 눈을 돌리려고 했을지 모른다. 그가 보편 개념의 어떠한 실재적인 근거도 부정했다고 단정하기에는 충분한 증거가 없다.

로셀리누스(Roscelinus, 약 1050년~1120년)의 학설에 관한 해석에도 같은 어려움이 생긴다. 그는 스와송과 랭스에서 배운 뒤에 그가 태어난 콩피에뉴와 로셰, 브장송, 투르에서 가르쳤다. 그의 저작은 아벨라르두스에 보낸 편지 이외에는 분실되었으므로, 성 안셀무스, 아벨라르두스, 솔즈베리의 요안네스와 같은 다른 저술가들의 말에 의지할 수밖에 없다. 이들 저술가는 로셀리누스가 극단적 실념론의 반대자이며 개체들만이 실재한다고 주장했다는 점을 분명히 하고 있지만, 로셀리누스 자신의 적극적인 학설은 그다지 명백하지가 않다. 성 안셀무스에 의하면[4] 로셀리누스는 보편이 단순한 말, 즉 〈음성의 발성〉이라고 주장했다. 따라서 성 안셀무스는 그를 당시의 변증론상의 이단자들 가운데 한 사람으로 보았다. 안셀무스는 나아가서 이 사람들은 색깔이 물체에 지나지 않으며, 인간의 지혜가 영혼에 불과한 것이라고 생각하고 있다고 말하고 있다. 그리고 이 '변증론상의 이단자들'의 주요한 오류는, 그들의 이성이 상상 작용에 너무 얽매인 나머지 표상에서 벗어날 수 없고 추상적이며 순전히 지적인 대상을 관상할 수가 없다는 사실에 있다고 그는 생각하고 있다.[5] 그런데 로셀리누스가 보편은 말, 즉 보편적인 말

4) 같은 책, 2; *P.L.*, 158, 265 A.
5) *De fide Trin.*, 2; *P.L.*, 158, 265 B.

이라고 했다는 데 대해서는 이의를 제기할 수 없다. 왜냐하면 성 안셀무스의 증언이 매우 명확하기 때문이다. 그러나 이 말이 그에게 있어서 무엇을 의미하는가를 정확하게 확인하기란 어려운 일이다. 만일 성 안셀무스를 어느 정도 아리스토텔레스주의자로, 즉 극단적인 실념론자가 아닌 것으로 해석한다면, 안셀무스는 로셀리누스의 가르침을 보편에 대해서는 어떠한 종류의 객관성도 부정하고 있는 것으로 이해했다고 말하지 않으면 안 될 것이다. 그 반면에 만일 안셀무스를 극단적인 실념론자로 해석한다면, 로셀리누스는 단순히 극단적 실념론을 매우 강하게 부정한 데 지나지 않았다고 생각할 수 있다. 물론 보편이 단순한 〈음성의 발성〉에 불과하다는 그 말은, 문자 그대로 본다면 극단적인 실념론과 온건한 실재론을 부정할 뿐만 아니라 개념론과 정신 안에 보편 개념이 존재한다는 것마저도 부정하는 것임은 말할 나위가 없다. 그러나 로셀리누스가 이 문제에 대해서 실제로 주의를 기울였다 하더라도 개념 자체에 대해 그가 무엇을 주장했는지 충분히 말할 증거가 없다. 어쩌면 그는 극단적인 실념론, 즉 보편의 형상적인 자립성을 부정하려고 개체들만이 실재하고 보편 그 자체는 정신 밖에 존재하지 않는다는 의미에서 〈음성 안의 보편〉(**universale in voce**)을 자립적인 보편에 단순히 대립시켰을 뿐이며, 그가 당연한 것으로 생각했거나 또는 전혀 생각하지 않았을지도 모를 〈정신 안의 보편〉(**universale in mente**)에 대해서는 언급하려고 하지는 않았다. 따라서 로셀리누스에 관해서 파리의 주교에게 보낸 아벨라르두스의 편지[6]와 그의 《구분과 정의에 대해서》(*De divisione et definitione*)에 있는 그의 말에서 로셀리누스의 견해는 분명하다. 말하자면 하나의 전체인 실체가 부분으로 이루어진다고 말하는 경우, 부분들로 이루어지는 전체의 관념은 '단순한 말'에 불과하다는 의미에서 부분이라는 것도 단순한 말에 지나지 않는다는 것이다. 왜냐하면 객관적인 실재는 다수의 개별적인 사물들 또는 실체들이기 때문이다. 그러나 로셀리누스가 자신의 태도를 결정할 요구를 받았다고 할 경우 그가 부분들로 이루어지는 전체라는 **관념**은 없는 것이라고 기꺼이 주장했으리라고 결론짓는 것은 경솔하다고 하겠다. 그는 단순히 부분들로 이루어지는 전체의 관념이 순전히 주관적이며 유일의 객관적인 실재는 다수의 개별적인 실체라고 생각하지 않았을까? (이와 마찬가지로 그는 삼단 논법의 논리적인 통일성을 부정하여 이를 명제들로 분해한 것처럼 생각된다.) 아벨라르두스에 의하면, 전체와 부분의 관념이 단

6) *P.L.*, 178, 358 B.

순한 말에 지나지 않는다는 로셀리누스의 주장은, 종이 단순한 말에 불과하다는 그의 주장과 같은 것이다. 그리고 만일 위의 해석이 전체와 부분의 관계에 대해서도 주장될 수 있다고 한다면 그것을 유와 종에 대한 그의 이론에도 적용할 수 있을 것이고, 따라서 우리는 그가 말을 유나 종과 동일시하는 것은 일반적인 관념과 같은 것이 있다는 것을 부정한다기 보다는 오히려 유와 종의 주관성을 긍정하는 것이라고 말할 수 있을 것이다.

물론 로셀리누스를 해석하는 데 있어서 딴 속셈이 있는 것은 아니다. 그는 사실 하나의 소박하고 완전한 유명론자였을지 모르며, 그리고 나도 그가 순전한 유명론자가 아니었다고 말하고 싶지는 않다. 솔즈베리의 요안네스는 그러한 뜻에서 그를 이해하고 있었던 것으로 보인다. 그는 "어떤 사람은 말 자체가 유이며 종이라는 생각을 하고 있다. 그러나 이러한 견해는 거부된 지가 오래이어서 그것을 주장했던 사람과 함께 사라지고 말았다"고[7] 말하고 있는데, 이 말은 로셀리누스를 가리키고 있음에 틀림 없다. 왜냐하면 《메탈로지콘》(*Metalogicus*)에서[8] 그는 종과 유를 말과 동일시하는 견해는 실제로 로셀리누스와 함께 소멸했다고 말하고 있기 때문이다. 그러나 설령 로셀리누스가 하나의 순전한 유명론자였고 또한 그의 이론에 관한 단편적인 증언이 문자 그대로 볼 때 확실히 그러한 해석을 뒷받침하고 있을지라도, 그러나 우리가 유나 종의 **관념**을 가지고 있는가 없는가의 문제를 그가 고려했다든지, 더군다나 그의 실제의 말이 그러한 의미를 지니고 있을지라도 그가 이를 부정했다고는 간단하게 주장할 수 없다고 생각된다. 확실히 말할 수 있는 것은 로셀리누스는 유명론자이든 개념론자이든간에 하나의 공공연한 반실념론자였다는 것이다.

6. 변증론에 대한 성 페트루스 다미아누스의 태도

로셀리누스가 일종의 '삼신론'(三神論)을 주장하여, 이로 인하여 성 안셀무스의 원한을 샀으며 이단 선고를 받게 되어 1092년 스와송의 종교 회의에서 자신의 이론을 철회할 수밖에 없었다는 것은 위에서 말한 바이다. 성 페트루스 다미아누스와 같은 사람들이 변증론자들에게 적

---

7) *Polycraticus*, 7, 12 ; *P.L.*, 199, 665 A.　　8) 2, 17 ; *P.L.*, 199, 874 C.

의를 품게 된 것은 주로 변증론자들의 편에서 신학의 영역을 침입했기 때문이다. 페리파토스 학파의 변증론자나 소피스트들, 이탈리아에 와서 학문의 중심자를 이곳 저곳으로 방랑하고 있었던 평신도들, 모순율을 멸시하려고 했던 파르마의 페리파토스 학파의 안셀무스와 같은 사람들은 당연히 말의 속임수와 궤변을 통해서 변증론을 나쁘게 보이게 했다. 한데 그들을 말의 논쟁에서만 보는 한에서는, 그들은 아마 사람들을 성나게 하는 귀찮은 사람들에 지나지 않았을 것이다. 하지만 그들이 신학자들의 반목을 불러일으켰던 것은 그들이 변증론을 신학에 적용하여 이단에 빠져 들었을 때이다. 따라서 투르의 베렌가리우스(**Berengarius Turonensis, 1000**년경～**1088** 년)는 우유성은 자신을 떠받치는 실체없이는 존재할 수 없다고 주장하여 실체 변화(變化, **Transubstantiation**)의 교의를 부정했다. 베렌가리우스는 수도자로서 페리파토스 학파는 아니었지만, 권위를 무시하는 그의 정신은 11 세기의 일단의 변증론자들의 특징을 지니고 있었던 것으로 생각된다. 그리고 주로 이러한 태도로 말미암아 성 페트루스 다미아누스는 변증론을 부질없는 것이라고 말하게 되었고, 성 에메랑의 오틀로(**Otloh of St. Emmeran, 1010** 년경～**1070** 년)는 성서보다도 보에시우스를 더 믿는 어떤 변증론자들이 있다고 말하게 되었던 것이다.

성 페트루스 다미아누스(**St. Petrus Damianus, 1007** 년～**1072** 년)는 인문학(이것은 쓸데없는 것이라고 그는 말했다)이나 변증론에 대해서 거의 동정하지 않았다. 왜냐하면 신학자와 저작가로서의 이 성인 자신도 당연히 변증론을 사용할 수밖에 없었지만, 이들 학문은 하느님이나 영혼 구원과는 아무런 관계가 없기 때문이다. 그는 변증론이 매우 열등한 작업이고, 이를 신학에 사용한다는 것은 순전히 보조적이며 종속적인 일이라고 믿고 있었다. 왜냐하면 그것은 교의가 계시된 진리이기 때문만이 아니라 이성의 궁극적인 원리마저도 신학에 적용할 수 없을지 모르기 때문이다. 성 페트루스 다미아누스에 의하면 하느님은 도덕 가치나 도덕률의 결정자일 뿐만 아니라(그는 아브라함에 대한 키에르케고르의 성찰에 대해서 공감했을 것이다), 역사적인 사건이 '이루어지지 않도록', 즉 일어나지 않도록 할 수도 있다. 그리고 만일 이것이 모순율에 어긋나는 것처럼 보인다고 한다면 그야말로 모순율이 더욱더 나쁜 것이다. 즉 이는 신학에 비하여 논리학이 보다 못하다는 것을 가리키는 데 지나지 않는다. 한마디로 말해서, 변증론의 위치는 시녀의 지위이며 〈마치 주님의 종과 같은 것〉이다.[9]

이 '시녀'라는 관념은 헝가리 차나드의 주교가 되었던 베니스 사람인 차나드의 제라르두스(**Gerardus de Czanad, 1046**년 사망)에 의해서도 사용되었다. 제라르두스는 아리스토텔레스나 플라톤의 예지보다도 사도들의 예지가 뛰어남을 강조하여 변증론은 〈신학의 시녀〉(**ancilla theologiae**)이어야 마땅하다고 말했다. 이는 철학의 영역에 대한 토마스의 견해라고 흔히 생각되고 있지만, 성 토마스가 신학과 철학의 영역을 별개의 것으로 규정했을지라도 시녀라는 그 관념은 철학의 본질에 대해서 그가 분명하게 말한 것과는 맞지 않는다. 즉 그것은 드 울프(**Maurice de Wulf**)가 지적했듯이 오히려 한정된 일군의 신학자들, 이를테면 최신 유행의 학문을 매우 싫어했던 사람들의 관념이었다. 하지만 그들도 역시 변증론을 사용하지 않을 수는 없었던 것이다. 그리고 대주교 란프란쿠스(그는 1010 년경에 태어나서 캔터베리의 대주교로서 사망했다)가 마땅히 벌받아야 할 것은 변증론 자체가 아니라 변증론의 남용이라고 한 것은 당연한 말에 지나지 않았다.

7. 기욤 드 샹포

한 성인과 엄격주의 신학자 사이의 변증론에 대한 대립은 아벨라르두스의 생애에 있어서 하나의 주제가 되었다. 기욤 드 샹포에 대한 그의 논쟁은 보편에 관한 논쟁사에 있어서 새로운 단계를 이루고 있다. 이 논쟁이 비록 아벨라르두스 자신의 생애에 영향을 끼치기는 했어도, 극단적 실념론에 대한 그의 싸움을 결정적인 승리로 이끌지는 않았다.

기욤 드 샹포(**Guillaume de Champeaux, 1070** 년～**1120** 년)는 파리와 라온에서 수학한 뒤에 콩피에뉴에서 로셀리누스에게 배웠다. 그러나 그는 로셀리누스의 학설과는 정반대되는 입장을 취했다. 그리고 파리의 주교좌 성당 부속 학교에서 그가 가르친 학설은 극단적인 실념론이었다. 아벨라르두스는 파리에서 기욤의 강의에 출석했으며, 우리는 그로부터 기욤의 학설에 대한 지식을 얻어낼 수밖에 없다. 아벨라르두스에 의하면 기욤은 동일한 본질적 본성이 그 종에 속하는 각 개체에 전체적으로 동시에 존재한다는 학설을 주장하고, 그 결과 불가피하게 한 종에 속하는 개체들이 실체적으로가 아니라 단지 우유적으로만 서로 다르다

9) *De div. omnip.*; *P.L.*, 145, 63.

는 결론에 빠지고 말았다.[10] 만일 그렇다고 한다면 동일한 실체가 한 장소에 있는 플라톤에게도 있고 다른 장소에 있는 소크라테스에게도 있으며, 플라톤은 어떤 일련의 우유성에 의해서 만들어지고 소크라테스는 다른 일련의 우유성에 의해서 만들어지게 된다고 아벨라르두스는 말한다.[11] 이러한 학설은 물론 중세 초기에 유행했던 극단적 실념론의 형식이며, 아벨라르두스는 이 학설이 내포하고 있는 모순된 결론을 어렵지 않게 지적했다. 예컨대 인간의 종이 소크라테스와 플라톤 그 양자에 동시에 실체적으로 따라서 전체적으로 현재한다고 하면, 소크라테스는 플라톤일 수밖에 없고 따라서 그는 동시에 두 장소에 존재하지 않을 수 없다.[12] 나아가서 이러한 학설에서는 하느님은 실체이며 모든 실체들은 하느님의 실체와 동일할 것이므로, 결국 그것은 범신론이 된다.

이러한 비판에 굴복하여 기욤 드 샹포는 자신의 설을 변경하여 동일성 이론을 버리고 무차별 이론을 취함으로써, 동일한 종에 속하는 두 개체는 본질적으로(essentialiter)가 아니라 차별이 없다는 의미에서(indifferenter) 같은 것이라고 말했다. 우리는 이러한 사실들을 아벨라르두스로부터 알고 있다.[13] 아벨라르두스는 분명히 이 새로운 학설을 하나의 핑계로 취급하여, 기욤의 말은 소크라테스와 플라톤은 같지는 않으나 그러면서 다른 것은 아니라고 하는 것과 같다고 말했다. 그러나 기욤의 《명제집》(*Sententiae*)의 단편은[14] 그의 입장을 분명히 하고 있다. 그 가운데서 그는 '하나'와 '같은'이라는 두 말은 두 가지의 방법, 즉 〈온전히 같은 본질의 무차별을 따르는 것과 그리고 동일성을 따르는 것〉으로 이해될 수 있다고 한다. 그는 설명하기를 베드로와 바울로는 '차별없이' 인간이거나 또는 그들은 베드로가 이성적이듯이 바울로도 그러하고 베드로가 가사적(可死的)이듯이 바울로도 마찬가지라는 의미에서 〈차별없이〉 인간성을 소유하고 있고, 그 반면 그들은 두 사람이기 때문에 그들의 인간성은 같은 것이 아니라(그들의 본질이나 본성은 수에 있어서 같은 것이 아니라고 그는 말한다) 유사(similis)할 뿐이라고 말한다. 물론 그는 하느님의 본성은 하느님의 세 위격(Persona) 각자에 있어서 같다는 사실에 덧붙여 그러한 양식의 단일성은 하느님의 본성에는 적용되지 않는다고 말하고 있다. 따라서 다소 애매한 말이기는 하지만 이 단편은 분명히 극단적 실념론과는 정반대이다. 베드로와 바울

10) *Hist. calam.*, 2 ; *P.L.*, 178, 119 AB.

11) *Dialectica*, edit. Geyer, p. 10.

12) *De generibus et speciebus* ; Cousin, *Ouvrages inédits d'Abélard*, p. 153.

13) *Hist. calam.*, 2 ; *P.L.*, 178, 119 B.

14) Edit. Lefèvre, p. 24.

로가 인간성에 있어서는 〈차별없이〉 동일하다고 기욤이 말하는 경우, 그가 뜻하는 바는 그들의 본질이 유사하고 또한 이 유사성이 베드로나 바울로나 그밖의 어떤 인간에게도 '차별없이' 적용되는 인간이라는 보편 개념의 바탕이라는 것이다. 아벨라르두스가 수정된 이 이론에 대해서 어떻게 생각했든 또는 어떠한 해석에서 그가 이 이론을 공격했든간에, 이 이론은 실은 극단적인 실념론의 부정이며 아벨라르두스 자신의 견해와도 그다지 다르지 않은 것으로 생각된다.

위의 서술은, 아벨라르두스와 기욤의 논쟁에 있어서 그 정확한 진행 과정이 분명하지 않기 때문에 다소 간략하게 되어 있음을 말해 두지 않을 수 없다. 예컨대 아벨라르두스에게 패배당한 뒤 기욤은 생 빅토르 수도원으로 은퇴하여 거기서 가르쳤고, 이어서 샬롱 쉬르 마르느의 주교가 되었다는 것은 확실하지만, 논쟁에 있어서 그가 어떠한 점에서 물러났는지는 분명하지 않다. 그는 파리에서 가르치고 있을 당시 자신의 이론을 변경하고 나서, 그것이 옳든 옳지 않든간에 아벨라르두스로부터 새로운 비판을 받고 싸움에서 물러나 생 빅토르로 은퇴하여 거기서 교수 활동을 계속하면서 수도원의 신비주의적인 전통의 바탕을 쌓은 것으로 보인다. 그러나 드 울프에 의하면 그는 생 빅토르로 은퇴하여 거기서 자기의 새로운 이론, 즉 무차별 이론을 가르쳤다. 그리고 기욤은 다음의 세 가지 이론을 주장했다고도 전해졌다. (1) 극단적인 실념론의 동일성 이론, (2) 무차별 이론(이는 첫째의 이론과 구별되지 않는다고 아벨라르두스로부터 공격받았다), (3) 반실념론. 이 경우 그는 첫째와 둘째 이론을 가르친 뒤에 생 빅토르로 은퇴했을 것이다. 이것이 옳을지 모른다. 그리고 이는 무차별 이론에 대한 아벨라르두스의 해석과 비판에 의해서 입증될 수 있다. 그러나 아벨라르두스의 해석이 논쟁 이상의 것이었는지는 의심스러우며, 무차별 이론은 동일성 이론의 부정을 의미한다는, 즉 이는 단순한 핑계의 말이 아니었다는 드 울프의 말에 나는 동의하고 싶다. 어쨌든 기욤 드 샹포는 자신이 주장하기 시작했던 극단적인 실념론을 결국 포기했다는 점에서 모두가 일치하고 있으므로, 이 문제는 그다지 중요한 것이 아니다.

8. 아벨라르두스

논쟁에서 기욤 드 샹포를 패배시킨 아벨라르두스(1079년～1142년)

는 르 팔레, 즉 낭트에 가까운 팔레(**Palet** 또는 **Palais**)에서 태어났다. 〈페리파토스 학파의 팔라티누스〉라는 그의 호명은 여기서 유래하고 있다. 그는 로셀리누스와 기욤으로부터 변증론을 배운 후에 자기 자신의 학교를 최초에는 믈랑에, 다음으로는 코르베이유에, 그리고는 파리에 개설했다. 파리에서 그는 이전의 스승과 논쟁을 했다. 그 후로 그는 신학에 눈을 돌려 라옹의 안셀무스에게 배우고 나서는 1113년부터 파리에서 스스로 신학을 가르쳤다. 제자 엘로이즈와의 연애 에피소드 때문에 아벨라르두스는 성 디오니시우스 수도원으로 물러나지 않으면 안 되었다. 1121년 그의 저서 《하느님의 유일성과 삼위 일체성》(*De Unitate et Trinitate divina*)은 스와송에서 이단시되었으며, 노장 쉬르 세느 가까이에 르 파라클레의 학교를 설립했으나 브리타니의 성 질다 수도원장이 되기 위해서 1125년에는 그 학교를 떠나게 되었다. 하지만 그는 1129년 그 수도원에서 물러났다. 어쨌든 1136년에서 1149년까지 그는 파리의 생 져느비에브에서 가르치고 있었다. 솔즈베리의 요안네스는 여기서 배웠던 그의 제자 가운데 한 사람이다. 성 베르나르두스는 그를 이단으로 비난하였고 1141년 그는 상스 공의회에서 단죄되었다. 그가 교황 인노첸트 2세에 호소한 사실로, 그는 한층 더한 이단 선고와 강의 금지의 명령을 받게 되었던 것이다. 그 후 그는 클뤼니로 은퇴하여 죽을 때까지 거기에 머물러 있었다.

아벨라르두스가 논쟁을 좋아하는 성격의 소유자이며 자신의 반대자를 용서하지 않는 성질의 사람이었음은 분명하다. 그래서 그는 철학과 신학의 스승인 기욤 드 샹포와 라온의 안셀무스를 멸시했다. 그는 또 어느 정도 다정 다감하기는 하지만 이기적이어서 화합하기가 어려운 사람이었다. 그래서 그가 다른 수도자들과 잘 사귀지 못하여 성 디오니시우스와 성 질다 수도원을 떠나게 된 데는 까닭이 있다. 그러나 그는 뛰어난 재능의 소유자이며 탁월한 변증론자이고, 이 점에서 그는 기욤 드 샹포를 훨씬 능가하고 있었다. 이를테면 그는 결코 무시할 수 있는 평범한 인물이 아니었다. 그의 뛰어난 재기와 변증론의 치밀함, 그리고 확실히 다른 스승들에 대한 그의 공격이 수많은 청강자들을 얻게 했다는 것은 잘 알려져 있는 사실이다. 그러나 그가 신학의 문제에 개입했다는 것은, 그것도 특히 평판이 높고 훌륭한 재능의 사람일 경우에, 변증론과 지성의 교묘한 솜씨에 대해서 본래 공감하지 않는 사람들의 눈에는 위험한 사상가로 보였던 것이다. 그래서 아벨라르두스는, 특히 철학자를 악마의 대리인으로 간주한 것으로 생각되는 성 베르나르두스의 끈질긴 반감에 시달렸던 것이다. 확실히 그는 아벨라르두스의 이단 선고를 확실하게 하기 위해서 온갖 노력을 다했다. 여러 가지 비난 가운데서도 성 베르나르두스는 아벨라르두스를 특히 삼위 일체에 대해서 이단적인 설을 주장했다고 비난했다. 하지만 아벨라르두스는 이 비난의 진실성을 단호하게 부정했다. 어쩌면 이 철학자는 그 의도에서 본다면, 보통 의미에서의 합리주의자는 아닐 것이다(그의 계시를 부정하거나 신비를 합리적으로만 설명하려고는 하지 않았다). 그러나 동시에 그는 변증론을 신학에 적용함에 있어서, 그의 실제 의도는 아니었지만 정통 신학에 위배되었던 것으로 생각된다. 그러나 이에 반하여 신학의 진보를 가능하게 했고 13 세기의 스콜라 철학을 쉽게 체계화할 수 있게 했던 것은 바로 변증론을 신학에 적용한 일이었다.

위에서 말했듯이 아벨라르두스에 있어서 기욤 드 샹포의 극단적 실념론이 지니고 있는 논리적인 불합리성을 지적하기란 어려운 일이 아니었다. 그러나 더욱 만족스러운 이론을 도출하는 일이 그가 할 일이었다. 보에시우스에 의해서 제시된 아리스토텔레스의 보편에 대한 정의(〈보편은 다수의 것의 술어가 되지만 개체는 그렇지가 않다〉)를 받아들여, 아벨라르두스는 술어가 붙는 것은 사물이 아니라 이름이라고 말하고, "말에만 이러한 보편성을 돌려야 한다"고 결론짓고 있다.[15] 이 말은 전통적으로 로셀리누스(아벨라르두스는 그에게서 배웠다)의 것으로 되어 있는 순전한 유명론적인 견해처럼 보인다. 그러나 아벨라르두스가 자진하여 보편적인 말과 개별적인 말에 대해서 언급했다는 사실은 바로 아벨라르두스가 보편적인 말에 상응하는 어떠한 실재도 부정했다고 결론지을 수는 없음을 보여주고 있다. 왜냐하면 그는 확실히 개별적인 말에 상응하는 실재, 즉 이 경우에 있어서는 개체인 실재가 존재한다는 것을 부정하지는 않았기 때문이다. 또한 아벨라르두스는 나아가서 《우리들 동료의 요청에 의한 논리학》(*Logica nostrorum petitioni sociorum*)에서 〈음성〉(vox)과 〈말〉(sermo)을 구별하여 〈보편은 음성이 아니라 말〉이라고 한다. 왜 그는 이렇게 구별했는가? 그 이유는 〈음성〉은 물리적인 존재인 〈음성의 발성〉, 즉 사물로서의 말을 의미하고, 또한 어떠한 사물도 다른 사물에 술어로 될 수 없는 반면에 〈말〉은 논리적인 내용과의 관계에 따른 말을 의미하고 또한 술어로 되는 것은 바로 이 말이기 때문이다.

---

15) *Ingredientibus*, edit. Geyer, 16.

그런데 논리적인 내용이란 무엇인가? 〈보편적 명사〉(**nomen universale**)에 의해서 나타내어지는 〈보편 개념〉(**intellectus universalis**) 또는 보편적 관념이란 무엇인가? 정신은 보편적인 관념에 의해서 "많은 것들에 대한 하나의 공통적이면서 막연한 표상을 품는다. … 내가 **인간**이라는 말을 들을 때 어떤 모습이 나의 정신 가운데 떠오르며, 이 모습은 개별적인 사람들에게 밀접하게 관련되어 있어서 그것은 모든 이들에게 공통하면서 어느 누구에게도 고유한 것이 아니다." 아벨라르두스에 의하면 이러한 말의 표현이 실제로 의미하는 것은, 어떠한 보편 개념도 전혀 존재하지 않으며 단지 막연한 표상, 즉 막연하고 불명료한 그 정도에 따른 유 또는 종의 표상만이 존재한다는 것이다. 그러나 그는 나아가서 보편 개념은 추상 작용에 의해서 형성되므로 우리는 이 개념에 의해서 대상 **안에** 있는 것을 파악하지만 대상 안에 있는 그대로의 것을 아는 것은 아니라고 말하고 있다. "왜냐하면 동물이나 인간 또는 문법학자의 본성이 아니라 실체 또는 신체의 본성에서만 개별적인 인간을 생각할 경우 나는 분명히 그 본성 안에 있는 것만을 이해할 뿐이며 그 본성이 지니고 있는 모든 것을 생각하고 있는 것은 아니다." 따라서 아벨라르두스가 인간의 관념이 '막연'하다고 말하는 경우 그 본성은 추상 작용에 의해서 이를테면 모든 개별성으로부터 해방되고, 특정된 개체에 대한 어떠한 특별한 관계도 지니지 않고 단지 모든 개별적인 인간에게 술어로 될 수 있는 방법으로 생각되는 것이라고 그는 설명하고 있다. 결국 종의 관념이나 유의 관념으로 생각되는 **그것은** 사물 안에(관념에는 객관적인 지시 관계가 없는 것이 아니다) 있지만, 그러나 그것이 생각되는 것과 **마찬가지로** 사물 안에, 즉 개별적인 사물 안에 존재하는 것은 아니다. 바꿔 말하면 극단적인 실념론은 잘못된 것이다. 말하자면 이는 보편이 순전히 주관적인 구성물도 아니며, 더구나 보편은 단순한 말에 불과한 것도 아니라는 것이다. 아벨라르두스가 보편은 〈명사〉 또는 〈말〉이라고 말하는 경우 그가 말하고자 하는 것은, 보편 개념의 논리적인 단일성은 술어에만 관계한다는 것, 즉 그것은 하나의 〈실재〉나 개별 사물이 아니라 〈명사〉라는 것이다. 솔즈베리의 요안네스와 더불어 아벨라르두스를 '유명론자'로 부르려면, 동시에 그의 '유명론'은 정말 극단적인 실념론을 부정하면서 논리적 질서와 실재적 질서의 구별을 주장했으며 보편 개념의 객관적 기초에 대한 어떠한 부정도 하지 않았다는 것을 인정하지 않으면 안 된다. 다소 애매한 말로 말하고 있기는 하지만, 아벨라르두스의 설은 발전된 '온건 실재론'을 이미 예시하고 있다.

《그리스도교 신학》(*Theologia Christiana*)과 《신학》(*Theologia*)에서 아벨라르두스는 하느님의 정신 가운데 하느님 자신과 동일한 〈범형적 형상〉 또는 하느님의 종적 및 유적인 이데아를 두고 있다는 점에서 성 아우구스티누스, 마크로비우스, 프리스치아누스를 따르고 있으며, 그리고 그는 이 점에서 플라톤을 칭찬하고 하느님의 정신 가운데 이데아—〈이를 그리스인들은 누우스라고 불렀다〉—를 두었다 하여 그를 신플라톤주의적인 의미에서 이해하고 있다.

9. 질베르투스 포레타누스와 솔즈베리의 요안네스

유와 종에 대한 객관성을 부정하지 않고도 극단적인 실념론을 부정할 수 있는 방법을 제시함으로써 이 극단적 실념론에 치명적인 타격을 가했다는 의미에서, 보편의 문제에 대한 아벨라르두스의 취급 방법은 실제로 결정적인 것이었다. 12세기의 샤르트르 학파는(생 빅토르 학파와는 대조적으로) 극단적인 실념론으로 기울어졌지만, 샤르트르와의 관계에 있었던 두 사람의 극히 유명한 인물 질베르투스 포레타누스와 솔즈베리의 요안네스는 옛 전통과의 관계를 끊었다.

1. 질베르투스 포레타누스 포레의 질베르 또는 질베르투스 포레타누스(Gilbertus Porretanus)는 1076년 파리에서 태어나서 샤르트르의 베르나르두스의 제자가 되었으며 그리고 12년 이상이나 샤르트르에서 가르쳤다. 그 후 1142년에 포와티에의 주교가 되어서 파리에서 가르쳤으며 1154년에 그는 사망했다.

인간 각자가 자기 자신의 인간성 또는 인간 본성을 지닌다는 문제에 관해서 질베르투스 포레타누스는 확고한 신념을 가지고 있었다.[16] 하지만 그는 개체의 내적 구성에 대해서는 독특한 견해를 지니고 있었다. 우리는 개체 안에 사물의 우유성이 내재하여 개별화되어 있는 본질 또는 실체와 〈실체 형상〉(formae substantiales) 또는 〈자연 형상〉(formae nativae)을 구별하지 않으면 안 된다.[17] 자연 형상은 각 경우에 따라 동일한 종 또는 유에 속하는 대상들에 있어서 같은 것이라는 의미에서 공

16) *In Boeth. de dual. nat.; P.L.*, 64, 1378.

17) *In Boeth. de Trinit.* ; *P.L.*, 64, 1393. Joannes Salesberiensis, *Metalog.*, 2, 17 ; *P.L.*, 64, 865~876 참조.

통적이다. 그리고 그 형상들은 하느님 안에 그들의 범형을 가지고 있다. 정신이 사물들 가운데 있는 그 자연 형상을 생각하고 있을 경우, 정신은 사물들을 구체화하고 있는 질료로부터 그들의 형상을 추상하여 추상적인 상태에서만 그 사물들을 생각할 수 있다. 그러므로 정신은 유나 종에 주목하고 있다. 이 유와 종은 〈실체〉이기는 하지만 실체적으로 존재하는 대상은 아니다.[18] 예를 들어 유는, 종으로서는 다르나 서로 유사한 사물들을 비교함으로써 얻어진 〈실체들〉의 집합(collectio)일 뿐이다.[19] 그가 뜻하는 바는, 종의 관념은 유사한 개별적인 대상들의 유사한 본질 규정들이나 또는 유사한 개별 대상의 형상들을 비교하여 그것들을 하나의 관념으로 집약함으로써 얻어지는 반면에, 유의 관념은 종으로서는 서로 다르지만 마치 말과 개가 동물성을 공유하고 있듯이 어떤 본질적인 규정이나 형상들을 공유하는 대상들을 비교함으로써 얻어진다는 것이다. 솔즈베리의 요안네스가 질베르투스의 학설에 대해서 말하고 있듯이[20] 형상은 감각적인 대상에 있어서는 감각적이지만, 정신에 의해서는 감각을 떠나서, 즉 비물질적으로 파악된다. 그리고 형상은 각 개체에 있어서는 개별적인 반면에 하나의 종이나 유에 속해 있는 것으로서는 공통적이거나 서로 유사한 것이다.

추상과 비교에 대한 학설에서 볼 때, 질베르투스는 극단적인 실념론자가 아니라 온건한 실재론자였다는 것이 분명하다. 그러나 그가 개별적인 본질 또는 실체와 공통적인 본질(이 '공통적'이라는 것은 다수의 개체들이 서로 유사하다는 의미이다)을 이상하게도 구별하여 생각했기 때문에, 그는 이 생각을 삼위 일체론에 적용하게 되었을 때 난관에 빠지게 되었다. 즉 그는 소크라테스를 그 인간성, 즉 소크라테스의 인간성으로부터 구별하려고 했던 것과 마찬가지로 하느님과 신성, 성부와 성부성을 서로 다른 것으로서 구별하였던 것이다. 그는 하느님의 유일성을 손상하여 이단설을 가르쳤다고 비난을 받았으며 성 베르나르두스는 그를 공격했던 한 사람이었다. 1148년 랭스의 공의회에서 이단 선고를 받고, 그는 그 위반되는 명제들을 철회했다.

2. 요안네스 솔즈베리의 요안네스(Joannes Salesberiensis, 1115년경~1180년)는 1136년에 파리에 가서 특히 아벨라르두스, 질베르투스 포레타누스, 아담 파르비폰타누스(스몰브릿지), 그리고 로버트 풀레인의 강의에 출석했다. 그는 캔터베리 대주교의 비서가 되었고 먼저는 대

18) *P.L.*, 64, 1267. 19) 같은 책, 64, 1389. 20) 같은 책, 64, 875~876.

주교 테오발두스의, 그 다음으로는 성 토마스 아 베케트의 비서가 되고, 그 후에는 1176 년 샤르트르의 주교로 임명되었다.

보편 문제를 논의하는 가운데 상당한 기간이 지났다고 요안네스는 말한다. 즉 체사르가 세계를 정복하여 지배하는 데 소요된 것보다 더 오랜 기간이 이 일에 소비되어 있었다.[21] 그러나 유나 종을 감각적인 사물 밖에서 찾는 사람은 누구든 시간을 허비하고 있을 뿐이다.[22] 말하자면 극단적 실념론은 진리가 아니며 그것은 아리스토텔레스의 설과 모순된다.[23] 변증론적인 문제에 있어서 요안네스는 아리스토텔레스에 호의를 가지고 있었으며, 《토피카》(*Topica*)에 대해서는 당시의 어느 학파에서도 해설하는 상례가 되었던 변증론의 어떠한 책들보다도 더욱 유익하다고 말하고 있다.[24] 유와 종은 사물이 아니라 오히려 정신이 사물들의 유사성을 비교 추상하여 보편 개념으로 통일하는 사물들의 형상이다.[25] 보편 개념들 또는 추상적으로 생각되어진 유나 종은 보편으로서 정신 밖에는 실재하지 않으므로 정신의 구성물(**figurata rationis**)이다. 그러나 이 구성물은 사물에 대한 일종의 비교이며 사물로부터의 추상이므로, 보편 개념이 객관적인 근거와 관련을 결여하고 있는 것은 아니다.[26]

10. 생 빅토르의 후고

생 빅토르 학파가 온건한 실재론으로 기울어졌다는 것은 이미 말해 두었다. 생 빅토르의 후고(**Hugo a St. Victor**, 1096 년~1141 년)는 대체로 아벨라르두스의 입장을 채용하여 추상 작용에 대한 명확한 설을 주장했으며, 그는 이 이론을 수학이나 자연학에도 적용했던 것이다. 예컨대 선이나 면이 물체로부터 분리되어 있는 것은 아닐지라도, 이를 분리하여 생각한다는 의미에서 선 또는 면을 추상하여 〈막연한 작용을 분명하게〉 하는 것이 수학의 영역이다.[27] 자연학에 있어서도 4 원소는 구체적인 실재에서는 다양한 결합 상태에 있지만, 자연학자는 4 원소의 특징을 추상하여 고찰하고 있다. 그와 마찬가지로 감각적인 사물들의

21) *Polycrat.*, 7, 12.
22) *Metal.*, 2, 20.
23) 같은 책, 같은 곳.
24) 같은 책, 3, 10.
25) 같은 책, 2, 20.
26) 같은 책, 3, 3.
27) *Didasc.*, 2, 18 ; *P.L.*, 176, 785.

형상이 현실의 실재에서는 질료로부터 분리되어 있지도 않고 보편자로서 존재하지도 않을지라도, 변증론자는 사물들의 형상을 분리 또는 추상의 형식으로, 즉 하나로 통일된 개념 안에서 고찰하고 있다.

11. 성 토마스 아퀴나스

온건한 실재론에 관한 토마스적 이론의 기초는 이리하여 13세기 이전에 닦여져 있었던 것이다. 그리고 실제로 극단적인 실념론을 말살했던 것은 아벨라르두스였다고 말해도 좋다. 보편은 자립하는 것이 아니라 개별적인 사물 안에만 있다고 성 토마스가 말하고 있으나,[28] 이는 그에 앞서 아벨라르두스와 솔즈베리의 요안네스가 말한 바를 되풀이하여 말하고 있는 것이다. 예컨대 인간성, 즉 인간 본성은 단지 이 사람 또는 저 사람에게만 존재하며, 개념상의 인간성에 돌려지는 보편성은 추상 작용의 결과이며, 따라서 어떤 의미에서 주관적인 구성물이다.[29] 그러나 이는 보편 개념이 거짓임을 의미하는 것은 아니다. 만일 우리가 사물의 종적인 형상을 추상하고 동시에 이 형상이 추상 상태에서 현실적으로 실재한다고 생각한다면, 정말 우리가 지니고 있는 관념은 거짓일 것이다. 왜냐하면 이 경우에는 사물 자체에 대한 잘못된 판단이 따르게 될 것이기 때문이다. 하지만 정신은 구체적인 존재의 양식과는 다른 방법으로 어떤 것을 보편 개념 가운데서 파악할지라도, 사물 자체에 대한 우리의 판단은 틀리지 않는다. 이는 개별화된 상태의 사물 안에 있는 형상이 추상되는 데, 즉 비물질적인 활동에 의해서 오로지 정신 작용의 대상으로 되는 데 지나지 않는 것이다. 그러므로 보편적인 종 개념의 객관적인 기초는 사물의 객관적이며 개별적인 본질에 근거하고 있다. 그 사물의 본질은 정신의 활동에 의해서 개별화의 요인, 즉 성 토마스가 말하는 질료로부터 해방되어 추상적으로 생각되는 것이다. 예컨대 정신은 개별적인 인간으로부터 인간성이라는 본질, 즉 서로 같기는 하지만 인간 종에 속하는 각자에게 있어서는 수적으로 하나가 아닌 본질을 추상한다. 그 반면에 보편적인 유 개념은 인간, 말, 개 등의 종들이 '동물성'을 공유하고 있듯이 여러 가지의 종들이 함께 지니고 있는 본질적인 규정성에 바탕을 두고 있다.

28) *Contra Gent.*, 1, 65.

29) *S.T.*, Ia, 85, 1, *ad* 1 ; Ia, 85, 2, *ad* 2.

따라서 성 토마스는 극단적인 실념론의 두 유형, 즉 플라톤과 초기 중세인들의 유형 그 양자를 부정했다. 그러나 아벨라르두스가 플라톤주의를 거부하지 않았던 것처럼 그도 성 아우구스티누스에 의해서 발전했던 플라톤주의를 온전히 거부하려고는 하지 않았다. 이데아, 즉 범형적 이데아는 존재론적으로는 하느님과 다르지 않으며 또 실제로 다수는 아닐지라도 하느님의 정신 안에 존재하고 있다. 그리고 이 진리에 관한 한에서는 플라톤의 설은 정당화된다.[30] 그러므로 성 토마스는 (1) 〈사물에 앞서 있는 보편〉을 인정하는 반면에, 보편은 사물을 떠나서 있든(플라톤) 또는 사물 안에 있든(초기 중세의 극단적 실념론자들) 간에 자립하는 것은 아니라고 주장한다. 왜냐하면 보편은, 자신의 본질을 일정한 유형의 피조물로 즉, 〈밖으로〉 모방될 수 있는 것으로 파악하는 경우의 하느님이기 때문이다. (2) 그는 〈사물 안에 있는 보편〉을 인정한다. 이는 종의 구성원들에 있어 서로 유사한 구체적이고 개별적인 본질이다. (3) 그리고 그는 〈사물이 있고 나서 있는 보편〉을 인정한다. 이는 추상적인 보편 개념이다.[31] 말할 나위도 없지만 《명제집 주해》(*Commentary on the Sentences*)에서 사용된 〈사물 안에 있는 보편〉이라는 용어는 성 토마스의 일반적인 학설에 비추어서 즉 보편 개념의 기초로서 해석되어야 할 것이다. 구체적인 본질 또는 〈사물의 본질 규정〉이 그 기초가 되기 때문이다.[32]

중세 후기에 보편의 문제가 새로이 거론되어 또 다른 해석이 윌리암 오컴과 그 후계자들에 의해서 제시되고 있었으나, 개체들만이 자립하는 것으로서 존재한다는 원리는 변함이 없었다. 말하자면 14세기의 새로운 방향은 실재론으로 향하지 아니하고 오히려 그것으로부터 벗어나는 방향으로 나아갔던 것이다. 이 운동의 역사는 제 3 권에서 고찰하기로 하겠다.

---

30) *Contra Gent.*, 3, 24.

31) *In Sent.*, 2 ; *Dist.* 3, 2 *ad* 1.

32) universale ante rem(사물을 앞서 있는 보편), universale in re(사물 안에 있는 보편), universale post rem(사물이 있고 나서 있는 보편)의 구별은 아비첸나에 의해 이루어졌었다.

제 15 장
캔터베리의 성 안셀무스

1. 철학자로서의 성 안셀무스

성 안셀무스(Amselmus Cantaberiensis)는 1033 년 피에몬테의 아오스타에서 태어났다. 부르고뉴의 아브랑슈와 베크에서 초보적인 공부를 한 후에, 베네딕토 수도회에 들어가서 그 후 베크 수도원의 부원장이 되고(1063 년) 이어서 원장이 되었다(1078 년). 1093 년에 그는 앞서 자신의 스승이면서 동료이고 수도회의 장상인 란프란쿠스의 뒤를 이어서 캔터베리의 대주교가 되어 죽기까지 그곳에 있었다(1109 년).

일반적으로 성 안셀무스의 사상이 아우구스티누스의 전통에 속해 있다고 하는 것은 당연하다. 아프리카의 그 위대한 박사와 마찬가지로 그는 주로 그리스도교의 교의를 이해하는 데 자신의 지적 노력을 바쳤으며, 《프로슬로기움》(*Proslogium*)에서[1] 볼 수 있는 그의 태도는 틀림없는 아우구스티누스적인 정신의 특징을 나타내고 있다. "주여 나는 당신의 오묘함을 통찰하려고 하지는 않습니다. 왜냐하면 아무래도 나의 지성은 그것을 알기에는 불충분하다고 생각되기 때문입니다. 그러나 나는 마음으로부터 믿고 사랑하고 있는 당신의 진리를 어느 정도 이해하기를 바랄 뿐입니다. 믿기 위해서 알려고 하지 않고 알기 위해서 나는 믿기 때문입니다. 나는 또 믿지 않는다면 알 수도 없다는 것을 믿고 있기 때문입니다." 〈나는 알기 위해서 믿는다〉(Credo, ut intelligam)는 이 태도는 아우구스티누스나 안셀무스에 있어서 공통적이다. 안셀무스는 《왜 하느님은 인간이 되었는가》(*Cur Deus Homo*)에서,[2] 우리가 믿는 바를

1) *P.L.*, 158, 227. 2) 같은 책, 158, 362.

알려고 하지 않는다면 그것은 태만이라고 말하고 있으며, 이 경우 그는 아우구스티누스와 완전히 일치하고 있다. 물론 실제에 있어서 이것은 안셀무스의 경우, 신앙의 교의에서 오묘한 뜻을 제거하기 위해서가 아니라 인간 정신에게 가능한 한에서 이를 규명하고 전개하여 그 교의가 함축하고 있는 의미를 이해하기 위해서 변증론이나 추론을 신앙의 교의에 적용하는 일이었다. 이러한 과정의 결과, 예컨대 그리스도의 강생과 구속에 관한 저서 《왜 하느님은 인간이 되었는가》에 의해서 그는 신학적 발전과 사색의 역사에 있어서 중요한 위치를 차지하게 되었던 것이다.

그런데 변증론을 신학의 내용에 적용하는 것은 신학의 영역에 속한다. 사실 계시된 교의에 철학적인 범주를 적용하는 것은 반드시 어느 정도 철학적인 범주에 대한 취급과 해명을 필요로 하기는 하지만, 성 안셀무스는 자신의 신학적인 사색과 전개에 의해서는 철학사에 있어서 거의 어떤 위치도 차지하지 않고 있다고 하겠다. 그러나 실제에 있어서는 안셀무스는 아우구스티누스와 마찬가지로 〈알기 위해서 믿는다〉는 모토를, 계시되어 있으나 변증론적으로는 알 수 없는 진리에만 국한하지 아니하고 오히려 믿어지고 있으나 인간의 추론에 의해서도 알아질 수 있는 하느님의 존재와 같은 진리에까지 확대하여 사용했던 것이다. 그러므로 그에게는 교의 신학자로서의 저서 이외에도 자연 신학자 또는 형이상학자로 생각될 수 있는 저서도 있다. 이 점에서만 성 안셀무스는 철학에 있어서 마땅한 지위를 차지하고 있다. 왜냐하면 그는 자연 신학으로 알려져 있는 철학의 한 부분을 발전시키는 데 이바지했기 때문이다. 하느님의 존재에 대한 그의 논증이 타당한 것으로 생각되든 안 되든, 그가 이러한 논증을 체계적으로 구성했다는 사실은 중요한 것이며, 이러한 사실이 철학사가 진지하게 고찰할 만한 가치를 그의 저서에 부여하고 있는 것이다.

성 안셀무스는 성 아우구스티누스와 마찬가지로 신학과 철학의 영역에 대한 명확한 구별을 하지 않았다. 이에 대해서 그가 품고 있었던 태도는 다음과 같이 설명될 수 있을 것이다. 그리스도인은 마땅히 인간 정신의 가능한 한에서는 자기가 믿고 있는 바를 모두 이해하여 이성적으로 파악하도록 해야 할 것이다. 그런데 우리는 하느님의 존재와 삼위 일체의 교의를 믿고 있다. 그러므로 우리는 마땅히 이들 진리를 이해하는 데 우리의 이성을 적용해야 한다. 토마스주의자처럼 철학과 교의 신학을 명확하게 구별하는 자의 관점에서라면 첫째의 진리, 즉 하느님의 존재에 추론을 적용하는 것은 철학의 영역에 속하는 반면에, 둘째의 진리, 즉 삼위 일체에 추론을 적용하는 것은 신학의 영역에 속하게 될 것이다. 그리고 토마스주의자는, 비록 인간의 정신이 일단 계시된 신비에 대한 진리를 말할 수 있고 또 그 신비에 대해서 인간의 추론이 제기하는 반론을 논박할 수 있을지라도, 첫째의 진리는 인간의 추론에 의해서 증명되지만 둘째의 진리는 증명될 수 없다고 주장할 것이다. 그러나 성 안셀무스의 입장에 선다면, 즉 철학과 신학을 명확하게 구별하기 이전의 상태에 있다고 한다면, 첫째의 진리가 증명될 수 있다는 사실이 우리가 믿고 있는 모든 것을 이해하려는 욕구와 연계하여, 즉 이 욕구를 충족시키려는 것이 하나의 의미로 간주됨으로써 어떻게 둘째의 진리마저도 당연히 증명하려고 하게 되는지를 이해하기란 어렵지 않다. 사실 성 안셀무스는 '필연적인 논거'에 의해서 위격의 삼위성을 증명하는[3] 일과 또 이와 같은 방법으로 인간이 그리스도없이는 구원받을 수 없음을 증명하는[4] 일에 대해서 말하고 있다. 만일 이를, 일찍부터 그렇게 불렀듯이 '합리주의'라고 부르기를 원한다면 무엇보다도 먼저 도대체 합리주의란 무엇인가를 명확하게 하지 않으면 안 될 것이다. 만일 합리주의를 계시나 신앙을 부정하는 정신 태도로 해석한다면, 성 안셀무스는 확실히 합리주의자가 아니었다. 왜냐하면 그는 신앙의 우위성과 권위의 사실을 받아들이고 나서 비로소 신앙의 내용을 이해하려고 노력했기 때문이다. 그러나 만일 '합리주의'라는 말을 확대하여 신비를 증명하려고 하는 태도까지도 포함한다고 한다면 — 그리고 신비가 증명되지 못하는 경우에 그 신비는 신앙에 의해서 받아들여지지 않거나 거부된다는 이유에서가 아니라, 우선 여러 가지의 진리가 우리에게 접근할 수 있는 방법들을 명확하게 규정하지도 아니하고 어쨌든 믿고 있는 모든 것을 이해하기를 원하기 때문이라 한다면 — 물론 성 안셀무스의 사상을 '합리주의' 또는 합리주의에 근사한 것이라고 부를 수 있을지 모른다. 그러나 그가 삼위 일체에 대한 〈필연적인 논거〉를 찾아내지 못했을 경우 그 교의를 거부할 각오라도 했던 것처럼 생각한다면, 그것은 안셀무스의 태도를 전혀 오해하고 있는 것이 될 것이다. 말하자면 그는 무엇보다도 먼저 그 교의를 믿고 나서 비로소 그 교의를 이해하려고 애썼던 것이다. 성 안셀무스의 입장이 합리주의인가 비합리주의인가 하는 논쟁은, 그에게는 그리스도교적 신앙의 온전함을 손

3) *De fide Trin.*, 4; *P.L.*, 158, 272.
4) *Cur Deus Homo*; *P.L.*, 158, 361.

상시킬 의도가 조금도 없었다는 사실을 먼저 분명하게 이해하지 않고서는 요점에서 아주 벗어나고 만다. 그리고 만일 성 안셀무스를 마치 성 토마스 후에 살아서 신학과 철학의 영역을 명확하게 구별하기라도 했던 것처럼 해석하기를 고집한다면, 시대 착오와 오해를 범하게 될 뿐이다.

2. 《모놀로기움》에서의 하느님의 존재 증명

성 안셀무스는 《모놀로기움》(*Monologium*)에서[5] 피조물 가운데서 발견되는 완전성의 여러 단계로부터 하느님의 존재 증명을 전개시키고 있다. 1 장에서는 이 논증을 선(善)에 적용하고 2 장에서는 '크기'에 적용하고 있다. 그가 말하고 있는 크기라는 것은 양적인 크기가 아니라 예지와 같은 성질을 의미하며, 주체가 이러한 성질을 많이 소유하고 있을수록 그만큼 더 선한 것이다. 왜냐하면 양이 크다는 것이 질이 우월하다는 것을 증명하지는 않기 때문이다. 이러한 성질은 경험의 대상들 가운데서 여러 가지 정도(**varing degree**)로 발견된다. 따라서 이 논증은 예컨대 선의 여러 단계에 대한 경험적인 고찰에서 시작하고 있다. 그러므로 이 논증은 〈경험적인〉(**a posteriori**) 증명이다. 그러나 완전성의 상이한 정도에 관한 판단(성 안셀무스는 물론 이 판단이 객관적인 근거를 지니고 있다고 생각한다)은 완전성의 규준에 대한 관계를 나타내고 있는 반면에, 사물들이 상이한 정도를 따라서 객관적으로 선을 분유(참여)하고 있다는 것은 이 규준 자체가 객관적이라는 것, 즉 예를 들어 모든 선한 것이 참여(분유)하는 하나의 절대적인 선이 존재하여 그것에 참여하는 것은 각자의 형편대로 그 절대적인 선에 상이하게 접근한다는 것을 말해 주고 있다.

이러한 논증은 성격상 플라톤적이며(아리스토텔레스는 플라톤적인 사고 방식을 따라서 보다 더 선한 것이 있다면 최고선이 있지 않을 수 없다고 말하고 있다), 이는 성 토마스 아퀴나스의 〈네째의 길〉(**Via quarta**)에서 다시 나타난다. 이미 말해두었듯이, 그것은 〈경험적인〉 증명이다. 말하자면 그것은 절대적인 선의 관념에서 절대적인 선의 존재로 나아가지 아니하고, 관찰되는 선의 여러 단계에서 절대적인 선의 존재로, 예지의 여러 단계에서 절대적인 예지의 존재로 나아가고 있으며,

5) *P.L.*, 158.

그리고 이 절대적인 선과 예지가 바로 하느님과 같은 것으로 간주되고 있다. 이 증명의 형식을 더욱 발전시키기 위해서는 선의 여러 단계에 관한 판단의 객관성과, 또 성 안셀무스의 논증이 근거로 하는 원리를 증명하는 일이 필요할 것이다. 다시 말하자면 그 원리란, 만일 대상이 정도가 한정된 선을 소유하고 있다면 그 대상은 자신의 선을 〈타율적인〉(per aliud) 선이 아니라 〈자율적인〉(per se) 선인 절대적인 선 자체로부터 얻지 않으면 안 된다는 것이다. 그리고 이 논증은 그 자체가 제약성과 유한성을 지니지 않는 완전성에만 적용될 수 있다는 것도 유의해야 한다. 예컨대 이는 양적인 크기에 적용될 수 없다. (이 논증이 정당한지 그리고 논증을 할 수 있는지의 여부를 결정하는 것은 역사가의 영역에 속하지 않는다.)

《모놀로기움》 3 장에서 성 안셀무스는 같은 논증을 존재에 적용시키고 있다. 존재하는 것은 무엇이든 어떤 것(something)에 의하든가 아니면 무(nothing)에 의해서 존재한다. 무에 의하여 존재한다는 가정은 불합리하다. 따라서 존재하는 것은 무엇이든 어떤 것에 의해서 존재하지 않으면 안 된다. 이는 존재하는 모든 것은 상호 의존하여 존재하든가 아니면 자기 자신에 의해서 또는 하나의 존재 원인에 의해서 존재한다는 것을 의미하고 있다. 그러나 X 는 Y 에 의해서 존재하고 Y 는 X 에 의해서 존재한다고는 생각할 수 없다. 말하자면 다른 것에서 유래하지 않는 다수의 원인들과 그러한 하나의 원인 중에서 선택된다. 지금까지의 것을 본다면 사실 이 논증은 인과 관계로부터의 단순한 증명이지만, 그러나 성 안셀무스는 나아가서 플라톤적인 요소를 도입하여, 만일 자기 자신에 의해서 존재하고 있는 것, 즉 자기 의존적이며 다른 것에 원인을 두고 있지 않는 다수의 존재자들이 있다고 한다면 그 모든 것이 분유(참여)하고 있는 자존(自存)하는 하나의 형상이 있다고 말하고 있다. 그리고 이 점에서 이 논증은 이미 간단하게 말한 그 증명과 유사하게 된다. 왜냐하면 이 증명은 여러 존재자들이 동일한 형상을 지니고 있을 경우 이들 존재자에게는 외적(外的)이면서 그 형상으로 있는 하나의 존재가 반드시 있어야 함을 시사하고 있기 때문이다. 그러므로 자존하는 유일의 또는 궁극적인 존재가 있을 수 있으며, 그리고 이것이 존재하는 모든 것 가운데서 최선, 최고, 최대의 것일 수밖에 없다.

7 장과 8 장에서 성 안셀무스는 다른 것에 원인을 두고 있는 것과 자기 원인과의 관계를 고찰하면서, 모든 유한한 대상들은 미리 있는 질료에서나 질료적인 자기 원인에서 만들어지지 않고 〈무로부터〉(ex

nihilo) 만들어진다고 말하고 있다. 그는 사물이 무로부터 만들어진다는 것은 사물이 만들어지는 재료로서의 무로부터 만들어지는 것이 아님을 주의깊게 설명하고 있다. 이를테면 사물은 〈어떤 무엇으로부터〉(ex aliquo) 창조되는 것이 아니라, 이전에는 하느님의 정신 밖에 어떠한 것도 존재하지 않았으나 이제는 그것이 존재하고 있다는 것이다. 이는 극히 당연한 것으로 생각될지 모르지만 그러나 피조물이 〈무로부터〉 만들어진다는 것은 무를 어떤 무엇으로 간주하든가 또는 〈무에서는 아무것도 생겨나지 않는다〉(ex nihilo nihil fit)는 관점을 취하는 것이라고 흔히 주장해 온 데 대해서, 성 안셀무스는 〈무로부터〉라는 것은 〈질료와 같은 무로부터〉(ex nihilo tamquam materia)가 아니라 단지 〈어떤 무엇으로부터가 아니다〉(non ex aliquo)는 의미라는 것을 밝히고 있다.

〈자기 원인적 존재〉(Ens a Se)의 속성들에 대해서 말한다면, 우리는 그 속성들을 소유하는 것이 소유하지 않는 것보다는 **절대적으로** 더 좋다는 그러한 특성만을 그것의 속성이라고 단정할 수 있다.[6] 예컨대 금에 있어서는 금으로 있는 것이 납으로 있는 것보다는 더 좋지만, 그러나 인간에서 있어서는 인간이 금으로 만들어진다는 것이 더 좋을 것이 없다. 유형적으로 있는 것은 전혀 없는 것보다는 더 좋겠지만 그러나 정신에 있어서는 유형적으로 있는 것이 비유형적으로 있는 것보다 더 좋을 것이 없다. 금으로 있는 것은 금으로 있지 않은 것보다 오직 **상대적으로만** 더 좋을 뿐이며, 그리고 유형적인 것은 비유형적인 것보다 단지 **상대적으로만** 더 좋을 뿐이다. 그러나 예지가 있는 것은 예지가 없는 것보다는 **절대적으로** 더 좋으며, 생명이 있는 것은 생명이 없는 것보다 그리고 옳은 것은 옳지 않은 것보다 절대적으로 더욱 좋다. 그러므로 우리는 예지, 생명, 정의를 최고 존재자의 속성으로 단정하지 않으면 안 된다. 그러나 유형성이나 금을 최고 존재자의 속성으로 간주할 수는 없다. 나아가서 최고 존재자는 자신의 속성을 분유(分有)에 의해서가 아니라 자기 자신의 본질에 의해서 소유하고 있으므로, 하느님은 바로 예지, 정의, 생명**이다**.[7] 더군다나 최고 존재자는 여러 요소들로 합성될 수 없기 때문에(만일 그렇다면 요소들이 논리상 선행할 것이므로 하느님은 최고의 존재가 아닐 것이다) 그 속성들은 순일한 하느님의 본질과 동일하다.[8] 그리고 또 하느님은 자신의 순일성과 영성에 의해서 반드시 공간을 초월하고 자신의 영원성에 의해서 시간을 초월하지 않을 수 없다.[9] 하느님은 만물 가운데 전체적으로 현존하고 있

6) 15 장. 7) 16 장. 8) 17 장. 9) 20~24 장.

으며, 장소적으로나 한정적으로 존재하지 않는다. 그리고 만물은, 끝이 없는 시간으로가 아니라 〈완전하게 전체적으로 존재하는 한없는 생명〉으로[10] 생각해야 할 하느님의 영원성에 대해서 현존하고 있다. 우리가 하느님의 본질을 가리켜 말하는 경우에는 하느님을 실체라고 부를 수 있겠지만, 그러나 실체의 범주를 가리켜 말하는 경우에는 하느님을 실체라고 부를 수 없다. 왜냐하면 하느님은 변화하거나 우유성을 지닐 수 없기 때문이다.[11] 결국 우리가 피조물에 적용하는 명사를 하느님에게도 적용하는 경우에는 〈틀림없이 다른 의미로 이해하지 않으면 안 된다〉.

《모놀로기움》에서 성 안셀무스는 다시 하나의 본성 안에 있는 위격의 삼위성에 대한 이유를 거론하고 있으나, 한 학문의 영역에서 다른 학문의 영역으로 이행하는 것을 의식하고 있는 것 같은 표현은 보이지 않는다. 이 문제는 신학자에게는 흥미있는 것일지 모르나, 우리가 이 점에 뛰어들 수는 없다. 성 안셀무스가 자연 신학에 대해서 참다운 공헌을 했다는 것은 지금까지 충분히 말해 왔다. 플라톤적인 요소가 현저하며 유비에 관해서는 산발적으로 언급했을 뿐 특별히 고려되어 있지는 않다. 그러나 그의 〈경험적인〉 하느님의 존재 증명은 성 아우구스티누스의 증명보다는 훨씬 체계적인 성격을 지니고 있다. 그리고 그는 하느님의 여러 속성, 즉 하느님의 불변성, 영원성 등을 주의깊게 다루고 있다. 그러므로 철학의 발전에 대한 성 안셀무스의 유일한 공헌은 기껏해야 그 타당성이 문제가 되는 하나의 증명을 제공한 것뿐이라는 식으로 그의 이름을 '본체론적 증명'과 결부시켜서 말하는 것이 얼마나 잘못된 것인가는 명백하다. 동시대의 사상가들이나 그의 뒤를 이은 사람들이 다른 문제(변증론상의 문제, 교부들의 여러 의견을 조화시키는 일 등)에 몰두하고 있었기 때문에 그의 저작이 그들에게 특별히 뚜렷한 영향을 미치지는 않았을지 모른다. 그러나 중세에 있어서 철학의 일반적인 발전이라는 점에서 본다면, 그의 자연 신학과 교의에의 변증론 적용으로 말미암아 그는 스콜라 철학과 신학에 공헌한 중요한 인물 가운데 한 사람으로 인정되지 않으면 안 된다.

10) 24 장.

11) 26 장.

3. 《프로슬로기움》에서의 하느님의 존재 증명

《프로슬로기움》에서 성 안셀무스는 이른바 '본체론적 증명'을 전개하고 있는데, 이는 하느님에 관한 관념으로부터 하나의 실재, 즉 존재하는 자로서의 하느님으로 나아가고 있다. 그는 동료들의 요청과 《모놀로기움》의 복잡 다단한 논증의 재검토에 의해서, 하느님의 실체에 대해서 우리가 믿고 있는 모든 것을 증명하기에 충분한 논증을 찾아낼 가능성을 검토하게 되었다고 말하고 있다. 따라서 그 증명은 이전의 자기 〈소논문〉에 있는 많은 논증을 보충하는 역할을 다할 것이다. 마침내 그는 다음과 같은 증명을 찾아 내었다고 생각했다. 성 안셀무스 자신은 이 증명을 하느님에게 말하는 형식으로 전개하고 있지만, 여기서 편의상 삼단 논법의 형식으로 나타낼 수 있을 것이다.

> 하느님은 그 이상으로 큰 것이 생각될 수 없는 것이다.
>
> 그러나 이 이상으로 큰 것이 생각 될 수 없는 그것은, 정신 즉 관념 안에만이 아니라 정신 밖에도 존재하지 않으면 안 된다.
>
> 그러므로 하느님은 관념 즉 정신 안에만이 아니라 정신 밖에도 존재한다.
>
> **대전제**는 단순히 하느님에 관한 관념, 즉 비록 하느님의 존재를 부정할지라도 인간이 하느님에 대해서 지니고 있는 관념을 전제하고 있다.
>
> **소전제**는 명백하다. 왜냐하면 만일 그 이상으로 큰 것이 생각될 수 없는 그것이 정신 안에만 존재한다면, 그것은 그 이상으로 큰 것이 생각될 수 없는 그러한 것은 못 되기 때문이다. 말하자면 그 이상으로 큰 것, 즉 관념 안에만 아니라 정신 밖의 실재에서도 존재하는 하나의 존재가 생각될 수 있기 때문이다.

이 증명은 그 이상으로 큰 것이 생각될 수 없는 것인 하느님의 관념, 즉 절대적으로 완전한 것으로서의 하느님의 관념에서 출발하고 있다. 이를테면 그것이 하느님이라는 의미이다.

그런데 만일 이러한 존재가 관념적인 존재만을 지니고 있다면, 즉 우리의 주관적인 관념에만 있다고 한다면 우리는 아직도 그 이상으로 큰 존재, 즉 단지 우리의 관념에만 아니라 객관적으로도 실재하는 존재를 생각할 수 있을 것이다. 그러므로 결국 절대적인 완전성으로서의 하느님의 관념은 필연적으로 실재하는 존재의 관념이다. 그리고 이 경우 하느님의 관념을 가지고 있으면서 동시에 하느님의 존재를 부정할 수는 없다고 성 안셀무스는 말하고 있다. 가령 하느님을 초인(超人)으로 생각한다고 한다면 그러한 의미에서의 '하느님의' 존재를 부정하는 것은 매우 당연하다고 하겠지만, 그러나 하느님의 관념의 객관성마저도 부정하고 있는 것은 아닐 것이다. 그렇지만 '하느님'이라는 말의 뜻을 생각하여 하느님의 바른 관념을 가지고 있을 경우, 비록 입으로는 하느님의 존재를 부정할 수 있을지라도, 만일 이 부정의 의미(즉 자신의 본질에 의해서 존재할 수밖에 없는 존재, 즉 필연적인 존재는 존재하지 않는다고 말하는 것)를 알고 있으면서도 부정한다고 한다면, 이는 분명한 모순을 범하고 있다. 즉 마음 속으로 '하느님은 없다'고 말하는 사람은 〈어리석은 자〉(insipiens)에 지나지 않는다. 절대적으로 완전한 존재는 존재하는 것이 자신의 본질인 존재이며 필연적으로 존재를 요구하는 것이다. 왜냐하면 그렇지 않다고 한다면 그 이상으로 완전한 하나의 존재가 생각될 수 있기 때문이다. 즉 완전한 존재는 필연적인 존재이며, 필연적인 존재가 존재하지 않는다는 것은 개념상 하나의 모순이라고 하겠다.

성 안셀무스는 자신의 논증이 하느님의 본성에 대해서 우리가 믿고 있는 모든 것에 대한 증명이 되기를 바라고 있었다. 그리고 이 논증은 절대적으로 완전한 존재에 관한 것이므로, 하느님의 여러 속성은 그 증명의 결론 안에 은연중에 포함되어 있다. 하느님은 전능, 전지, 최고정의(最高正義) 등이 아닐 수 없다는 것을 알기 위해서는, 그 이상으로 큰 것이 생각될 수 없는 하나의 존재 관념이 무엇을 의미하는가를 생각하는 것으로 충분하다. 나아가서 《프로슬로기움》에서 이들 속성을 연역할 때, 성 안셀무스는 이 개념들을 명확하게 하려고 노력하고 있다. 예컨대 하느님은 속일 수가 없다. 속일 수가 없다는 이것은 전능이 아니라는 표시가 아닌가? 그렇지는 않다. 속일 수가 있다는 것은 능력보다는 무능력이고 완전보다는 불완전이라고 마땅히 일컬어져야 한다고 그는 대답하고 있다. 만일 하느님이 자신의 본질과 일치하지 않는 방법으로 행위할 수가 있다고 한다면, 이는 하느님에게 있어서 능력의 결여라고 하겠다. 물론 이는 하느님의 본질이 무엇이며 또 무엇을 의미하는가를 이미 알고 있다는 것을 전제하고 있는 까닭에, 바로 하느님의 본질이 무엇인가가 증명되어야 할 점이라고 반론될 수도 있을 것이다. 그러나 이에 대해서 성 안셀무스는 아마 하느님은 온전히 완전하며 따라서 하느님은 전능하고 성실하다는 것을 이미 확립해 두었다고 대답할 것이다. 말하자면 그것은 단지 완전한 전능이란 실제로 무엇을 의미하는가를 제시하고 또 전능에 대한 잘못된 관념의 허위성을 밝히는 문제이다.

《프로슬로기움》에서 성 안셀무스가 제출한 논증은, 수도자 가우닐로(Gaunilo)에 의해서 《프로슬로기움에서의 안셀무스의 궤변을 논박함》(*Liber pro Insipiente adversus Anselmi in Proslogio ratiocinationem*)이라는 책에서 공격을 받았다. 가우닐로는 그 책에서 우리가 사물에 대해서 가지고 있는 관념이 정신 밖의 존재를 보장하지 않는데도 불구하고 성 안셀무스는 논리적 질서에서 존재적 질서로의 부당한 이행을 범하였다고 말하고 있다. 그렇다면 우리는 생각할 수 있는 한에 있어서의 가장 아름다운 섬이, 우리가 그것을 생각할 수 있다는 이유에서 어딘가 존재하지 않으면 안 된다고도 말할 수 있을 것이다. 성 안셀무스는 《가우닐로에 대한 변명》(*Liber Apologeticus contra Gaunilonem respondentem pro Insipiente*)이라는 책에서 위에서 예거한 두 예는 같은 것이 아니라고 그 동등성을 부정했는데, 이 부정은 옳았던 것이다. 왜냐하면 만일 하느님의 관념이 온전히 완전한 한 존재의 관념이고 또 절대적인 완전은 존재를 지닌다고 한다면 이 관념은 존재하는 것, 즉 필연적으로 실재하는 존재의 관념인 반면에, 가장 아름다운 섬의 관념은 존재하지 않으면 안 되는 것의 관념은 아니기 때문이다. 순전한 논리적인 질서에 있어서도 예거했던 그 두 관념은 동등한 것이 아니다. 만일 하느님이 가능하다면, 즉 온전히 완전하고 필연적인 존재의 관념에 아무런 모순이 없다고 한다면 하느님은 존재하지 않으면 안 된다. 왜냐하면 **순전히 가능적인 필연적 존재**(이는 명사상의 모순이다)에 대해서 말하는 것 자체가 불합리한데 반하여 , 단순히 가능적인 아름다운 섬에 대해서 말하는 것은 아무런 모순도 아니기 때문이다. 성 안셀무스에 대한 주요한 반론—이는 데카르트에 대해서 제기되고 라이프니츠가 대답하려고 시도했던 반론이다—은 우리가 하느님의 관념, 무한하고 절대적인 완전성이라는 관념이 하나의 **가능적인** 존재의 관념임을 〈선험적으로〉(a priori) 알고 있지 않다는 것이다. **우리가** 관념 안에 있는 모순은 알 수 없을지 모르지만, 그러나 이 '부정적인' 가능성이 '적극적인' 가능성과 같은 것은 아니라고 반론자들은 말하고 있다. 이것이 관념에 참으로 아무런 모순도 없다는 것을 보여주는 것은 아니다. 관념에 아무런 모순도 없다는 것은, 우리가 하느님이 존재한다는 것을 〈경험적으로〉 증명했을 경우에만 비로소 명백하게 된다.

《프로슬로기움》의 논증이 즉시 관심을 불러일으키지는 않았다. 그러나 13세기에 가서 성 보나벤투라가 그것을 논리학적이기보다는 인식론적인 측면에 역점을 두고 사용한 반면에 성 토마스는 이를 거부했다. 둔스 스코투스(Johannes Duns Scotus)는 이를 임시 수단으로 사용했다. '근대'에 와서는 다양하지만 뚜렷한 변천이 이 증명에 있었다. 데카르트는 이를 채용하여 수정하였고, 라이프니츠는 주의깊고 교묘한 방법으로 이를 옹호했으나 칸트는 이를 공격했다. 스콜라 학파 중 몇 사람의 사상가는 이 증명의 타당성을 주장했지만 일반적으로는 그것이 부정되고 있다.

4. 성 안셀무스 사상에 있어서의 진리의 관념과 다른 아우구스티누스적인 요소

성 안셀무스의 철학이 지니고 있는 아우구스티누스적인 성격의 일면으로서 그의 진리론을 들 수 있다. 판단에 있어서의 진리를[12] 다루는 경우 그가 판단이나 명제는 현실적으로 존재하는 것을 긍정하고 존재하지 않는 것을 부정하며, 그리고 표시된 사물은 진리의 원인이며 진리 자체는 판단에 있다(일치설, correspondence-theory)고 하는 거기에 판단의 진리가 이루어진다는 점에서 그는 아리스토텔레스의 견해를 따르고 있다. 그러나 그가 의지에 있어서의 진리(정직, rectitude)를 다룬 뒤에[13] 존재 또는 본질의 진리에 대해 언급하는 데서는[14] 아우구스티누스의 견해를 따르고 있다. 그에 따르면 사물의 진리는, 사물이 '마땅히' 있어야 할 존재에서 말하자면 최고의 진리이며 진리의 규준인 하느님 안에 있는 사물의 이데아를 사물이 구체적으로 표현하고 또 그 이데아와 일치하는 데서 이루어지며 또 판단이 지니는 영원한 진리로부터 진리의 영원한 원인인 하느님에[15] 이르게 된다고 결론짓는다. 그러므로 하느님은 모든 피조물의 존재론적인 진리의 원인인 영원하고 자존하는 진리이다. 영원한 진리는 오로지 원인이며 판단의 진리가 단지 결과에 지나지 않는 반면에, 사물의 존재론적인 진리는 (영원한 진리의) 결과

12) *Dialogus de Veritate,* 2; *P.L.,* 158.
13) *Dial.,* 4.
14) 같은 책, 7 이하
15) 같은 책, 10.

이면서 동시에 (판단의 진리의) 원인이다. 존재론적인 진리에 관한 이러한 아우구스티누스적인 생각은, 그것이 전제하고 있는 범형론(範型論)과 더불어 13세기에 와서 성 토마스에 의해 유지되었지만, 성 토마스는 물론 판단의 진리를 더욱 강조했다. 성 토마스의 진리의 정의가 지니는 특징은 〈사물과 지성의 일치〉인데 반하여, 성 안셀무스의 정의는 〈정신에 의해서만 파악될 수 있는 정직성〉이다.[16)]

육체에 대한 영혼의 관계에 관한 일반적인 표현 방법에 있어서, 그리고 영혼과 육체의 질료 형상적인 합성설을 결하고 있다는 점에서 안셀무스는 플라톤-아우구스티누스적인 전통을 따르고 있지만, 물론 그는 아우구스티누스와 마찬가지로 영혼과 육체가 한 사람의 인간을 형성하고 있음을 잘 알고 있었고 또 이 사실을 인정하고 있다. 그리고 또 《프로슬로기움》에[17)] 있어서 하느님의 빛에 관한 그의 말은 아우구스티누스의 조명설을 상기시키고 있다. 즉 〈이성적인 정신을 비추고 모든 진리를 빛나게 하는 그 빛은 얼마나 위대한가〉(Quanta namque est lux illa, de qua micat omne verum, quod rationali menti lucet).

일반적으로 안셀무스의 철학은, 비록 아우구스티누스적인 전통을 따르고 있기는 하지만, 이에 상응하는 아우구스티누스의 사상, 즉 그의 자연 신학에 비하여 더욱 체계적이며 정교하게 만들어져 있고, 그리고 변증론의 방법적인 적용에 있어서 그것은 이미 보다 후대의 특징을 보여주고 있다고 말해도 좋을 것이다.

---

16) 같은 책, 11.

17) 14장.

제 16 장
샤르트르 학파

1. 파리의 보편주의와 12세기 학문의 체계화

유럽 문명의 발전에 대해서 중세기가 이룩한 최대의 공헌 가운데 하나는 대학의 조직이었다. 그리고 중세의 모든 대학 가운데서 최대의 대학은 더 말할 나위없이 파리의 대학이었다. 13세기초까지는 신학적 및 철학적 연구의 일대 중심인 이 대학이 공식적으로는 대학으로서의 인가를 받지 않았다. 그러나 전문적인 의미에서는 아니지만, 파리의 여러 학교들은 12세기에 이미 '대학'의 모습을 이루고 있었다고 말해도 좋을 것이다. 확실히 어떤 점에서는 13세기보다도 12세기에 프랑스의 학문은 지배적인 위치에 있었다. 왜냐하면 옥스퍼드와 같은 다른 대학들이 두드러지게 나타나서 그들 고유의 특색을 과시하기 시작했던 것이 13세기이기 때문이다. 이는 적어도 북유럽에 있어서 사실이다. 남유럽에 있어서는, 예컨대 볼로냐 대학은 1158년 프리드리히 1세로부터 대학 최초의 인가를 받았다. 그러나 비록 프랑스가 12세기에 있어서 지적 활동의 일대 중심지였고 "이탈리아에는 교황청, 독일에는 황제, 그리고 프랑스에는 지식이 있다"고 흔히 전해지고 있는 사실이 있었다고 할지라도, 물론 이는 지적 활동이 단지 프랑스인들에 의해서만 이루어지고 있었다는 의미는 아니다. 말하자면 유럽의 문화는 국제적이기 때문에 프랑스가 지적으로 뛰어나 있었다는 것은 학생, 학자, 교수들이 엄청나게 프랑스의 학교로 찾아들었다는 것을 의미한다. 영국으로부터는 아담 파르비폰타누스(스몰브릿지)나 알렉산더 네캄, 아델라르두스나 로버드 플레인, 생 빅토르의 리카르두스(Ricardus St. Victore,

1173년 사망)나 솔즈베리의 요안네스와 같은 사람들, 독일로부터는 신학자, 철학자, 신비주의자인 생 빅토르의 후고(1141 년 사망)가 왔었고, 또 이탈리아로부터는 중세를 통해서, 가령 성 토마스 아퀴나스나 둔스 스코투스 등에 의한 매우 많은 주석의 대상이 되었던 유명한 《명제집》(*Sentences*)의 저자 페트루스 롬바르두스(**Petrus Lombardus**, 1100 년 ~1160 년)가 왔었다. 이 까닭에, 마치 교황청이 중세 종교의 국제적 또는 오히려 초국가적인 성격을 나타내고 있었듯이 파리의 대학은 중세 유럽 문화의 국제적인 성격을 드러내고 있었다고 말할 수 있다. 물론 교황청과 대학은, 마치 하나의 종교가 하나의 공통적인 지적 양상을 드러내고 더구나 학문의 용어인 라틴어가 교회의 용어였듯이 서로 밀접하게 결합되어 있었다. 종교와 문화의 이 양자는 매우 긴밀하게 결합되어 있었으므로 그 양자를 효력이 있는 진정한 통일체라고 부를 수 있었던 반면에, 신성 로마 제국의 정치적인 통일체는 효력이 있다기보다는 오히려 이론적이었다. 왜냐하면 절대 군주제는 장차 발전할 것이지만, 국가주의(**nationalism**)는, 비록 그 성장이 봉건주의에 의하여 또는 중세의 정치적·경제적인 기구의 지방적 성격과 공통적인 용어나 지적 양상에 의해서 억제되었을지라도, 이미 증강되기 시작하고 있었기 때문이다.

이렇게 성장하고 확장하는 대학의 활동은 당연히 당시의 학문, 지식, 사색을 분류하고 체계화하려는 시도 가운데 지적으로 그리고 학문적으로 나타났던 것이다. 그러한 시도는 이미 12 세기에 나타나고 있었다. 여기에 생 빅토르의 후고와 페트루스 롬바르두스의 두 체계화의 예를 들어 두겠다. 생 빅토르의 후고는 《교육론》(*Didascalion*)에서[1] 대체로 아리스토텔레스의 분류를 따르고 있다. 이를테면 논리학은 본래의 학문에 대한 예비학 또는 서론으로서 사물을 다루지 아니하고 개념을 다루는 것이다. 이는 문법과 논술 양식으로 분류된다. 논술 양식은 다시 〈변증론〉(**Demonstratio**)과 〈수사학〉(**Pars Probabilis**), 그리고 〈궤변론〉(**Pars Sophistica**)으로 세분된다. 이렇게 논리학을 하나의 예비학 또는 하나의 필요한 도구로 하는 학문은, 크게 이론학과 실천학 그리고 '기술학'의 부분으로 분류된다. 이론학에는 신학, 수학(사물의 수학적인 측면을 다루는 산술, 비례를 취급하는 음악, 사물의 연장을 다루는 기하학, 사물의 운동에 관계하는 천문학), 그리고 자연학(이는 사물의 내

1) *P.L.*, 176.

적 본성이나 내적 특성을 주제로 하며 수학 이상의 것을 추구한다)이 포함된다. 실천학은 윤리학, '경제학', 그리고 정치학으로 세분된다. 그러나 한편 기술학은 일곱 개의 '인문학이 아닌 학문' 또는 〈순수하지 않은 학문〉을 포함하고 있다. 왜냐하면 기술자는 형태를 자연에서 모방하기 때문이다. 이들 '인문학이 아닌 학문'에는 모직물, 병기 제조와 목공, 항해술 또는 무역 — 이는 후고에 의하면 "사람들을 화해시키고 전쟁을 진정시켜 평화를 촉진하며 사유 재산을 모든 이를 위해서 널리 유익하게 하는 것이다"—, 농경, 수렵(요리도 포함하여), 의술, 연극이 있다. 후고의 분류는 보에시우스를 통해서 아리스토텔레스에 의거하고 있었을 뿐만 아니라, 세빌랴의 이시도루스와 같은 저작가들의 백과 전서적인 저서에도 의거하고 있었음이 분명하다.

페트루스 롬바르두스는 생 빅토르의 학교에서 교육을 받고 파리의 주교좌 성당 부속 학교에서 가르치고, 끝으로 1150년에서 1152년까지 파리의 주교로 있으면서 네 권의 《명제집》을 작성했다. 이 저작은 내용의 측면에서는 독창적인 것이 못되지만, 16세기말에 이르기까지 이 저작에 의해서 다른 저작가들이 교의를 체계적으로 또 포괄적으로 설명하게 되었으며, 그리고 이 저작 자체가 여러 요강(要綱)이나 많은 주해(註解)의 주제가 되었다는 점에서 중대한 영향을 끼쳤던 것이다. 롬바르두스의 《명제집》은 일반적으로 인정되었던 교과서로서[2] 신학적인 교의에 관한 교부들의 여러 의견 또는 〈명제〉를 수집하는 데 목적을 두었으며, 제 1권은 하느님, 제 2권은 피조물, 제 3권은 강생과 구속 그리고 덕(德), 제 4권은 7성사와 종말(죽음, 심판, 천국, 지옥)에 대해서 각각 언급하고 있다. 다른 라틴 교부들도 인용되어 있지만, 대부분의 인용이나 학설은 성 아우구스티누스로부터 취해지고 있다. 그리고 성 요한네스 다마셰누스(St. Johannes Damascenus)의 이름도 보이기는 하지만, 롬바르두스는 피사의 부르군디우스(Burgundius of Pisa)에 의한 《지식의 샘》(*Fons Scientiae*)의 라틴역(譯)의 일부밖에는 보지 않았음이 분명하다. 분명히 《명제집》은 대체로 신학적인 저작이지만, 롬바르두스는 자연 이성에 의해서 이해되는 것, 즉 신앙에 의해서 믿어지기 이전에 이해될 수 있는 것에 대해서 언급하고 있다.[3] 이를테면 하느님의 존재, 하느님에 의한 세계의 창조, 영혼의 불멸성과 같은 것이 그러한 것이다.

---

2) the Prologue 참조.

3) 3, 24, 3.

2. 지방 분권주의, 인문주의

12 세기의 지적 생활의 발전과 신장은, 파리 '대학'의 우월성이 증대하고 지식의 분류와 체계화를 처음으로 시도한 데서 나타났음을 우리는 보아 왔다. 그러나 이와 같은 파리의 지위가 각 지방의 학교들은 번창하지 않았다는 것을 의미하지는 않는다. 확실히 중세 시대에 있어서 지방의 생활이 지니는 정신력과 관심은, 종교적 생활과 지적 생활이 지니는 국제적인 성격을 보충하는 특징을 지니고 있었다. 예컨대 연구를 위해서 파리에 왔던 학자들 가운데는 가르치기 위해서 그곳에 머문 사람도 있었지만, 다른 사람들은 자기 자신의 나라나 지방으로 되돌아가고 또는 지방의 교육 기관에 종사하게 되었던 것이다. 그리고 확실히 지방에는 전문화의 경향이 있었다. 예컨대 볼로냐는 법률의 학교로 유명하고 몽펠리어는 의학으로 유명했던 반면에, 파리 교외에 있는 생 빅토르의 학교는 신비 신학으로 두드러진 특징을 지니고 있었다.

12 세기의 가장 번창하고 흥미있는 지방 학교 가운데 하나는 샤르트르의 학교이다. 곧 언급하겠지만 이 학교에서는 플라톤주의가 뚜렷하게 혼합되어 있는 아리스토텔레스의 학설이 우위를 차지하기 시작했다. 이 학교는 또 인문주의적인 연구와도 결합되어 있었다. 샤르트르의 테오도리쿠스(Theodoricus de Chartres, 티에리)는 1121 년 이 학교를 위임받은 후에는 파리에서 가르치고, 1141 년에 비로소 샤르트르로 돌아왔다. 여기서 그는 질베르투스 포레타누스의 뒤를 이어서 샤르트르 학원의 총장이 되었으며 인문주의자 솔즈베리의 요안네스는 그를 가리켜 〈가장 열성적인 인문학과의 연구가〉라고 말하고 있다. 그의 《헵타토이콘》(*Heptateuchon*)은 일곱 개의 인문학과를 취급하고 있고 그는 학문과 문예를 비난하는 반(反)인문주의자들, 즉 '코르니피치우스파'와 활발하게 논쟁했다. 그와 마찬가지로 샤르트르의 베르나르두스 밑에서 배운 기욤 드 콩슈(Guillaume de Conches, 약 1080 년~1154 년)는 파리에서 가르치고, 플랜태지닛 왕조의 헨리의 가정 교사가 되었고 코르니피치우스파를 공격했다. 그리고 그는 스스로 문법의 연구를 소중히 함으로써, 자신이 샤르트르의 베르나르두스 이후로 가장 뛰어난 문법가라는 말을 솔즈베리의 요안네스로부터 듣게 되었다. 그러나 샤르트르와 관계된 가장 재능있는 인문주의의 철학자는 솔즈베리의 요안네스(1115

년 또는 1120 년～1180년)였다.[4] 그는 샤르트르에서 교육을 받지는 않았지만, 이미 보았듯이 1176년 샤르트르의 주교가 되었다. 인문학과의 투사로서 라틴 고전 특히 치체로에 정통했던 그는, 조잡한 문체를 싫어하고 문체와 수사학을 근본적으로 반대하는 사람들을 '코르니피치우스파'라고 불렀다. 온전한 의도에서는 아니겠지만, 성 베르나르두스가 자신의 찬미가와 영성적 저서에 의해서 인문주의자가 되었던 것처럼, 그는 자신의 문체를 소중히 하여 12 세기의 가장 훌륭한 철학상의 인문주의를 대표하고 있다. 다음의 13 세기에 있어서 철학자의 대부분은 형식보다도 내용에 더욱 관심을 두었기 때문에, 라틴어법을 위해서 철학자의 저서를 읽는 일은 확실히 없을 것이다.

3. 샤르트르의 플라톤주의

샤르트르의 학교는 그 〈전성기〉가 12 세기에서 기울었지만, 제르베르드 오리야그(Gerbert de Aurillac)의 제자 훌베르투스(Fulbertus)에 의해서 990 년에 설립된 이래 이미 긴 역사를 지니고 있었다. (제르베르는 10 세기의 매우 뛰어난 인물이다. 인문학자이면서 학자인 그는 랑스와 파리에서 가르치고, 독일 황제의 궁정을 여러 번 방문하고 봅비오의 수도원장, 랑스와 라벤나의 대주교가 되고, 실베스테르 2 세로서 교황의 자리에 오르고 1003 년에 사망했다.) 10 세기에 설립된 샤르트르의 학교는 12 세기에서도 일종의 보수적인 정신을 유지하고 있었다. 이는 플라톤주의의 전통 아래에, 특히 플라톤의 《티마이오스》(*Timaeus*)와 보에시우스의 보다 강한 플라톤적인 경향을 띤 저작에 전념하고 있는 데서 드러나고 있다. 1114 년에서 1119 년까지는 그 학교의 교수로 있다가 1119 년에서 1124 년까지는 총장으로 있었던 샤르트르의 베르나르두스는, 질료(質料)가 형성되기 이전에, 즉 무질서에서 질서가 나타나기 이전에는 혼돈의 상태에 있었다고 주장했다. 솔즈베리의 요안네스로부터 "현대의 플라톤주의자들 가운데서 가장 완전한 사람"[5]으로 일컬어졌던 베르나르두스는 자연을 하나의 유기체로 나타내기도 하여 플라톤주의적인 세계 영혼설을 주장했다. 이 점에 있어서 투르의 베르나르두스(Bernardus Turonensis, 베르나르두스 실베스트리스)는 샤르트르의 베르나르두스를 따르고 있었다. 투르의 베르나르두스는 1156 년경에 샤르트

4) *Metal.*, 1, 5.

5) *Metal.*, 4, 35.

르의 총장이 되고 《우주론》(*De mundi universitate*)을 저술했다. 그는 거기서 칼치디우스(Chalcidius)의 《티마이오스》 주석을 이용하여, 세계 영혼은 자연에 생명을 부여하고 하느님 또는 〈누우스〉(Nous)에 내재하는 이데아를 따라서 제 1 질료의 혼돈(chaos)에서 자연물을 만들어 내는 것으로 설명했다. 기욤 드 콩슈는 나아가서 세계 영혼과 성령을 동일시하고 있으나 이 설이 생 티에리의 기욤(Guillaume de St. Thierry)으로부터 공격을 받게 되자, 그는 자신의 그 설을 취소하여 자신은 아카데미아의 일원이 아니라 한 그리스도인이라고 변명했다.

《티마이오스》의 정신에 의한 이러한 고찰과 관련하여 샤르트르 학파는 극단적인 실념론(ultra-realism)으로 기울고 있다고 말할지 모르지만, 위에서 보았듯이 샤르트르와 관련된 가장 뛰어난 두 사람의 인물, 질베르투스 포레타누스와 솔즈베리의 요안네스는 극단적인 실념론자가 아니었다. 샤르트르의 티에리의 제자였던 아라스의 클라렘발두스(Clarembaldus of Arras)는 1152년 아라스의 교구 참사회장이 되고, 1160년에는 아라스의 부주교가 되었다. 그는 보에시우스의 《삼위 일체론》(*De Trinitate*)의 주석에서 질베르투스 포레타누스와는 반대로 모든 인간에는 동일한 인간성만이 존재하며 개별적인 인간은 〈우연적인 차이에 의해서〉[6]만 다르다고 주장했다.

4. 샤르트르에서의 질료 형상론

플라톤의 《티마이오스》를 애호함에도 불구하고 샤르트르 학파의 사람들은 아리스토텔레스도 존중하고 있었다. 그들은 아리스토텔레스의 논리학을 따랐을 뿐만 아니라 그의 질료 형상론까지 도입했다. 사실상 이 학설이 12세기에 최초로 나타났던 것은 샤르트르에서였다. 샤르트르의 베르나르두스에 의하면 자연물은 형상과 질료에 의해서 이루어져 있다. 그는 이 형상을 〈생득적인 형상〉(formae nativae)이라 부르고 그것을 하느님 안에 있는 이데아의 모방으로 생각했다. 우리는 이러한 사실을 솔즈베리의 요한네스로부터 알고 있으며, 그는 베르나르두스와 그의 제자가 플라톤과 아리스토텔레스 사이를 조정하거나 일치시키려고 했다고 말하고 있다.[7] 투르의 베르나르두스에 있어서도 사물의 형상은, 이미 보았듯이 하느님 안에 있는 이데아의 모상이다. 그 반면에

6) Ed. W. Janssen., p. 42.
7) *Metal.*, 2, 17.

아라스의 클라렘발두스는 질료를 언제나 유동 상태에 있는 것 또 사물의 가변성(**vertibilitas**)으로 보고, 형상을 사물의 완전성과 온전함으로 생각했다.[8] 이렇게 그는 물질적 사물의 가변성과 소멸성에 관한 플라톤의 학설에 비추어서 아리스토텔레스의 질료를 해석했다. 기욤 드 콩슈는 데모크리토스의 원자론을 지지함으로써 자기 자신의 방향을 찾아내었다.[9] 하지만 일반적으로 샤르트르 학파의 사람들은 《티마이오스》에 비추어서 해석하고 있기는 하지만 아리스토텔레스의 질료 형상론을 채용했다고 말할 수 있다.[10]

5. 외관상의 범신론

자연물은 형상과 질료에서 이루어지고 그 형상은 범형(範型), 즉 하느님 안에 있는 이데아의 모방이라는 설은 하느님과 피조물의 구별을 명백히하여 비(非)범신론적인 성격을 지니고 있다. 그러나 이 학파에 속하는 사람들 가운데는, 문자 그대로 보는 경우, 당연히 범신론을 의미하는 것으로 생각되는 용어를 사용한 사람들도 있다. 베르나르두스의 동생 샤르트르의 티에리(테오도리쿠스)는 "모든 형상은 하나의 형상이며 하느님의 형상은 모든 것의 형상이다"고 주장하고 신성(神性)은 개별적인 것의 〈존재 형상〉(**forma essendi**)이라고 주장했다. 그 반면에 창조는 일자(一者)로부터의 많은 것의 산출로 서술되어 있다.[11] 나아가서 아라스의 클라렘발두스는, 하느님은 사물들의 〈존재 형상〉이며 그리고 〈존재 형상〉은 사물이 존재하는 곳에는 어디서나 존재하지 않으면 안 되므로 하느님은 언제나 어디서나 본질적으로 현존한다고 말했다.[12] 그러나 그것을 문자 그대로 또 따로따로 본다면, 이들 원문은 범신론적 또는 일원론적인 성격을 지니고 있을지라도, 샤르트르의 티에리나 아라스의 클라렘발두스가 일원론적인 학설을 가르친 것으로는 생각되지 않는다. 예컨대 하느님의 형상은 모든 형상이라고 말하고 나서

---

8) Ed. W. Janssen, pp. 44와 63.　　9) *P.L.*, 90, 1132.

10) 질베르투스 포레타누스는 보에시우스의 *Contra Eutychen* 또는 *Liber de duabus Naturis et una Persona Christi*; *P.L.*, 64, 1367에 대해서 주석할 때 질료 형상론에 주의하고 있다.

11) *De sex dierum operibus*, ed. W. Janssen, pp. 16, 21, 108, 109.

12) Ed. W. Janssen, p. 59.

곧 티에리는 하느님의 형상이 만물의 완전성이며 온전함이라는 사실에서 볼 때, 비록 하노님의 형상이 모든 형상일지라도 그 하느님의 형상이 인간성이라고는 결론지을 수 없다고 말하고 있다. 티에리의 설은 범형론에 비추어서 이해되지 않으면 안 될 것으로 생각된다. 왜냐하면 그는 하느님의 형상은 구체화될 수 없으며 따라서 인간이나 말 또는 돌 등의 현실적인 구체적 형상일 수는 없다고 분명하게 말하고 있기 때문이다. 이와 마찬가지로, 범형론에 대한 아라스의 클라렘발두스의 일반적인 학설과, 물질적 사물의 형상은 모사 또는 〈표상〉이라는 그의 주장은 온전한 범신론과는 양립할 수 없다. 유출설을 말하고 있는 것으로 보이는 이 구절은 보에시우스로부터 빌어 온 것이며, 보에시우스와 마찬가지로 티에리나 클라렘발두스에 있어서도 이 구절은 유출에 대한 문자 그대로의 해석을 나타내고 있지는 않은 것으로 생각된다. 이를테면 그 구절들은 어떤 의미에서 그들 이전의 사람들에 의해서, 말하자면 공식화된 상투적인 문구여서 그 이상 부당하게 꼬치꼬치 알아내려고 해서는 안 된다.

6. 솔즈베리의 요안네스의 정치 이론

솔즈베리의 요안네스(Joannes Salesberiensis)가 샤르트르에서 교육을 받지는 않았지만, 그의 《폴리크라티쿠스》(*Polycraticus*) 가운데 제시된 국가 철학에 대해서 여기에 말해 두는 것은 적당하다고 하겠다. 교황청과 제국간의 싸움과 서임권(徐任權) 논쟁은 이에 가담했던 사람들로 하여금 국가와 통치자의 역할에 대해서, 한 측면에서이기는 하지만 어떤 견해를 나타내지 않을 수 없게 했던 것이다. 한두 저자들은 말하자면 단순한 독백에서 그치지 아니하고 정치 이론의 개략을 대충 적고 있다. 라우텐바흐의 마네골드(Manegold of Lautenbach, 11 세기)는 지배자의 권력을 백성과의 계약에 의한 것으로 생각하고,[13] 임금이 법에 의한 통치를 포기하여 하나의 폭군이 된다면, 그는 자신에게 권력을 준 백성과의 계약을 깨뜨린 것으로 마땅히 간주되어서 백성에 의해 왕좌에서 퇴위되어도 좋다고 말했다.[14] 국가에 있어서 본질을 이루는 법과 정의에 의한 통치와 그리고 자연법 ―민법은 자연법의 표현이 되어야 한다―

13) *Liber ad Gebehardum*, 30과 47. 14) 같은 책, 47.

에 대한 이와 같은 생각들은, 치체로의 원문, 스토아 학파와 로마의 법률가에 바탕을 두고 있으면서 솔즈베리의 요안네스 사상 가운데 다시 나타나고 있는 것이다. 그는 성 아우구스티누스의 《신국론》(*De Civitate Dei*)과 성 암브로시우스의 《성직자의 의무론》(*De Officiis*)도 이용했다.

솔즈베리의 요안네스는 라우텐바흐의 마네골드식으로 짜여진 어떤 이론을 주장하지는 않았지만, 군주는 법 위에 있지 않다는 것을 강조했으며, 그리고 통치 체계를 고치려는 자들이 아무리 용납되지 않는 것을 선전한다고 할지라도 군주가 모든 구속과 모든 법에서 면제되어 있다는 것은 결코 인정되지 않는다고 주장했다. 그러나 군주는 법에 복종한다고 그가 말했을 경우, 그는 무엇을 의미하고 있었는가? 적어도 한편(이는 그의 주요한 고찰이었다)으로는, 자연법에 있어서 모든 실정법은 이에 가깝고 또는 마땅히 가까워져야 한다는 스토아 학파의 학설을 따라서, 그는 자연법을 염두에 두고 있었던 것이다. 따라서 군주는 자연법과 〈그의 것은 그에게 돌린다는 소유물의 타당성〉을 의미하는 〈공평〉 그 어느 편에도 어긋나거나 용납되지 않는 실정법을 제멋대로 제정할 자유가 없다. 실정법은 자연법과 자연적 정의를 명시하고 적용하는 데 있으며, 이 문제에 대해서 통치자가 어떠한 태도를 취하는가에 따라서 군주가 되고 또는 폭군이 된다. 군주의 입법이 자연법과 자연적 정의를 명시하고 적용하거나 보충한다면 그는 하나의 군주이고, 만일 그의 입법이 자연법과 자연적 정의를 위반한다면 그는 하나의 폭군으로서 제멋대로 행하여 자기 임무를 다하지 않고 있는 것이다.

솔즈베리의 요안네스가 군주는 법에 복종한다고 주장했을 때, 그는 법을 어떤 다른 무엇으로 이해하고 있었을까? 그는 어떠한 의미에서도 군주는 규정된 법에 복종한다고 주장했을까? 군주가 어떤 의미에 있어서는 국가의 관습이나 선조들의 제정법에 또는 시간이 지남에 따라서 생겨난 지방의 법이나 전통에 복종한다는 것은 확실히 일반적인 견해이다. 그리고 솔즈베리의 요안네스의 정치학적인 저작은 주로 로마 시대의 저작가들에 의거하고 있었기 때문에, 비록 그가 봉건주의에 대한 관심을 거의 보이지 않고 있을지라도 그가 이 문제에 대한 당시의 공통된 견해를 지니고 있었다고 생각하는 것은 당연한 일이다. 군주의 권력과 임무에 대한 그의 실제적인 생각은 당시의 공통된 견해를 나타내고 있기는 하지만, 이 문제에 대한 접근은 로마법을 통하는 형식을 취했던 것이다. 〈군주가 원하는 것은 법의 효력을 지닌다〉는 그 로마 법학자의 격률을 절대주의의 의미에서 봉건 시대의 군주에게 적용한다는 것은 그에게 있어서는 확실히 예상할 수 없는 일이었을 것이다.

그리고 솔즈베리의 요안네스는 로마법을 찬성하고 이를 서구 문명을 형성하는 큰 요인들 가운데 하나로 보았으므로, 그는 군주의 제한된 권력에 대한 자신의 확신을 그대로 유지하면서 위에서 인용한 격률을 해석할 필요성에 직면했던 것이다. 무엇보다도 먼저, 울피아누스는* 자기 자신의 격률을 어떻게 이해하고 있었던가? 그는 한 사람의 법률가이며, 황제의 입법과 〈칙령〉의 합법성에 대한 충분한 근거를 제시하고 이를 설명하는 일이 그의 목적이었다. 공화제 시대의 법률가들에 의하면 법은 집정관을 구속했으나 제국 시대에서는 확실히 황제 자신이 실정법의 한 근원이었으며 법률가는 이러한 지위의 합법성을 해명하지 않으면 안 되었다. 따라서 울피아누스는, 비록 황제의 법적 권위가 로마 백성으로부터 나와 있을지라도 백성은 〈임금의 법〉에 의해서 자기 고유의 모든 권력과 권위를 황제에게 양도하여 그에게 귀속시키며, 그 결과 일단 권위가 위임된 이상 황제의 의지는 법의 효력을 지닌다고 말했다. 달리 말하면 울피아누스는 로마 황제에 의한 법제정의 합법성을 설명한 데 지나지 않는다. 이를테면 황제는 어떠한 자연적 정의나 도덕률도 무시할 자격이 있다고 주장함으로써, 그는 하나의 정치 이론을 확립하려고 하지는 않았다. 솔즈베리의 요안네스가 특히 울피아누스의 말에 분명히 관련하여, 군주는 법의 구속을 받지 않는다고 말하는 경우, 군주는 부당한 것을 행하여도 좋다는 의미로 이해할 것이 아니라 오히려 군주에게는 해당되지도 아니하는 처벌에 대한 무서움에서가 아니라 정의에 대한 진정한 사랑에서 공평성 또는 자연적 정의를 그는 마땅히 따라야 한다는 의미에서 이해하지 않으면 안 된다고 말하고 있다. 여기서 그는 봉건 시대의 법률가들이 지니는 일반적인 전통을 표명하고 있으면서 동시에 울피아누스의 격률에도 반대하지 않았다. 중세 후기의 몇몇 정치 이론가들은 울피아누스의 격률을 황제라는 개인으로부터 분리시켜 국민 국가의 군주로 옮기면서 이를 절대주의의 의미로 해석했다. 그때 그들은 중세의 공통적인 견해를 버리면서 동시에 울피아누스의 법의 격률을 절대주의적인 정치 이론의 추상적인 명제로 바꾸어 놓았던 것이다.

---

* 울피아누스(Domitius Ulpianus, 170 년～228 년)는 로마의 법학자로서 선진 학자의 업적을 집대성하여 방대한 저서를 남김으로써 《로마법 대전》에 지대한 영향을 끼쳤다.

결론적으로 솔즈베리의 요안네스는 교회 권력의 우위성(<따라서 군주는 이 칼을 교회의 손에서 받는다>, **Hunc ergo gladium de manu Ecclesiae accipit princeps**)[15]을 인정하고 있으나, 군주와 폭군을 구별함으로써 논리적으로는 폭군 살해를 합법으로 인정하는 결과가 되었다고 말할 수 있다. 사실 폭군은 공동선을 위반하므로 폭군 살해는 의무일 경우가 흔히 있다.[16] 다만 그는 폭군 살해를 위해서 독약을 사용해서는 안 된다는 이상한 조건을 붙였다.

15) *Polycrat.*, 4, 3.

16) 같은 책, 8, 10.

제 17 장
생 빅토르 학파

파리 교외의 생 빅토르의 대수도원은 아우구스티누스 참사 수도회에 속하고 있었다. 기욤 드 샹포(Guillaume de Champeaux)가 이 대수도원에 관계하고, 그가 아벨라르두스(Petrus Abaelardus)에 패배한 후 이곳으로 은퇴했다는 것은 이미 말한 바가 있다. 그러나 이 학파는 주로 두 사람의 학자, 독일 사람인 생 빅토르의 후고와 스코틀랜드 사람인 생 빅토르의 리카르두스의 업적으로 유명하다.

1. 생 빅토르의 후고 : 하느님의 존재 증명, 신앙, 신비주의

생 빅토르의 후고(Hugo a Saint-Victor)는 1096년 독일 작센의 명문의 자제로 태어났다. 그는 처음에 할바슈타트에 가까운 하메슬레벤의 수도원에서 공부하고 수도자가 된 뒤에, 1115년 파리로 가서 생 빅토르의 대수도원에서 다시 연구를 계속했다. 그는 1125년에 강의를 맡기 시작했고 1133년부터 1141년 사망하기까지 이 학원의 지도를 맡고 있었다. 그는 당시의 교의 신학과 신비 신학에 있어서 가장 뛰어난 한 사람의 학자로서 학술의 육성에 조금도 반대하는 일이 없었으며, 학술의 연구가 올바로 이루어지는 한에서는 신학의 발전에 공헌한다고 생각할 뿐만 아니라 나아가서 모든 지식은 유용하다고 생각했다. "모든 것을 배워라, 그러면 뒤에 가서 불필요한 것이라고는 아무 것도 없다는 것을 알게 될 것이다."[1] 철학적인 관점에서 본 그의 주요 저서는 일

1) *P.L.*, 176, 800 C.

곱 권으로 되어 있는 《교육론》(*Didascalion*)이다. 그 가운데서 그는 인문학(세 권), 신학(세 권) 그리고 종교적 사색(한 권)을 다루고 있다. 그러나 그의 성사론(聖事論)도 신학자에게 있어서는 중요하다. 그는 또 성서 주석학적 및 신비 신학적인 저작과 그리고 요한네스 스코투스 에리우제나의 라틴역(譯)을 사용하여 위디오니시우스의 《천상 위계론》(*Celestial Hierarchy*)에 관한 주역을 저술했다.

후고의 학문의 분류 및 체계화에 대해서는, 12세기에 이미 볼 수 있으며 어느 정도는 신학에의 변증론 적용을 바탕으로 하는 체계화의 경향과 관련하여 그의 추상론과 마찬가지로 보편 논쟁과 관련하여 이미 말해 두었다.[2] 이 두 점은 그의 사상이 지니는 아리스토텔레스적인 측면을 나타내고 있는 반면에, 그의 영혼론(psychology)은 분명히 아우구스티누스적인 성격을 지니고 있다. "자기의 존재를 알지 않는 자는 아무도 현명하지 않다. 하지만 만일 자기의 본질을 참으로 생각하기 시작한다면, 자기는 자신 안에서 확인되거나 확인될 수 있는 그러한 것이 결코 아니라는 것을 그는 깨닫는다. 왜냐하면 우리 가운데 있는 추론 능력은, 비록 그것이 이를테면 육체에 스며들고 육체와 뒤섞여 있을지라도 이성에 의해서 육체라는 실체와 구별할 수 있고 또 육체와 다르다는 것을 알게 되기 때문이다."[3] 달리 말하면 의식과 내성(內省)은 영혼의 존재뿐만 아니라 영혼의 정신성과 비물질성마저도 입증한다. 나아가서 영혼은 그 자체가 하나의 페르소나(位格)이며 이성적인 정신으로서 그 자체에 의한 자기 고유의 인격성을 지니고 있으며, 육체는 그 이성적 정신과의 결합에 의해서만 인간의 인격성을 형성하는 하나의 요소가 된다.[4] 그 결합의 양식은 합성(composition)이라기보다는 오히려 '병치'(apposition)이다.[5]

후고는 내적 및 외적 경험으로부터의 〈경험적인〉(a posteriori) 논증을 함으로써 자연 신학의 체계적인 발전에 이바지했다. 증명의 첫째 방법에 대해서 말한다면, 그것은 자아 의식의 경험적인 사실, 즉 순전히 이성적인 방법으로 '깨달아지고' 물질적일 수는 없는 자아의 의식을 바탕으로 하고 있다. 이성적 존재자의 존재에 있어서는 자아 의식이 필연적인 것으로 생각되기는 하지만, 영혼이 자기의 존재를 언제나 의식하고 있지는 않았으므로 영혼이 존재하지 않았던 때가 있었다고 후고는 주장한다. 그러나 영혼은 스스로 자기에게 존재를 부여하지는 못했을

2) pp. 209~210을 참조.
3) *P.L.*, 176, 825 A.
4) 같은 책, 176, 409.
5) 같은 책, 같은 곳.

것이다. 따라서 자기의 존재는 다른 존재에 힘입지 않을 수 없고 그리고 이 존재는 필연적이며 자존적(自存的)인 존재, 즉 하느님이 아닐 수 없는 것이다.[6] 이 증명은 어느 정도 요약되어 있다. 왜냐하면 이성적 원리의 원인은 그 자체가 이성적이 아닐 수 없고 또 무한한 소급은 있을 수 없다는 전제가 포함되어 있기 때문이다. 그 증명의 '내면성'을 보면 아우구스티누스의 그것이 생각나게 되지만 그것은 영원한 진리에 대한 영혼의 인식에서 출발하는 아우구스티누스의 증명도 아니며, 그리고 그 증명은 영혼의 자아 의식이라는 본성적인 체험을 바탕으로 하고 있기 때문에 종교적인 체험, 더구나 신비적인 체험을 전제하고 있는 것도 아니다. 이러한 체험에 의거한다는 것이 후고의 하느님의 존재 증명의 특징이다.

둘째의 증명, 즉 외적 경험으로부터의 증명은[7] 경험된 변화의 사실을 바탕으로 하고 있다. 사물은 끊임없이 생성하고 소멸하고 있다. 그리고 이와 같이 변화하는 사물들로 이루어지는 전체는 그 자체가 하나의 시작을 지니고 있었음에 틀림없다. 그러므로 그것은 하나의 원인을 필요로 한다. 안정성이 결여되고 존재가 끝나는 것은, 자기 자신 밖의 어떤 원인이 없이는 생겨날 수가 없다. 이러한 증명의 구상은 성 요한네스 다마셰누스(St. Johannes Damascenus)의 《정통 신앙》(*De Fide Orthodoxa*)에 포함되어 있다.[8] 그러나 생 빅토르의 후고는 성 요한네스 다마셰뉴스의 논증 과정에 있어서의 결함을 보충하려고 한다.

변화에 의한 증명에 더하여, 후고는 여러 대목에서 목적론적인 증명을 하고 있다.[9] 동물의 세계에 있어서 감각과 욕구는 그 만족을 대상들 가운데서 찾고 있음을 우리는 알고 있다. 일반적으로 세계에는 여러 가지의 운동(장소적 운동을 가리킴)이 있음을 우리는 보고 있으며, 이들 운동은 질서있고 조화를 이루고 있다. 나아가서 성장은 경험되는 하나의 사실이며 그 성장은 무언가 새로운 것을 추가하는 것을 의미하므로 단순히 성장하는 그것만으로는 성장이 이루어질 수가 없다. 이 세 가지 고찰에서 볼 때 우연이란 있을 수 없으며 성장의 원인이 되고 법칙을 따라서 만물을 이끄는 하나의 섭리가 요구된다고 후고는 결론을 내리고 있다.[10] 이 증명은 위에서 말한 형식으로는 분명히 납득이 가지

6) *De Sacramentis,* 3, 7 ; *P.L.,* 176, 219.
7) *De Sacramentis,* 3, 10 ; *P.L.,* 176, 219, 그리고 *Sent.* 1, 3 ; *P.L.,* 176, 45.
8) 1, 3 ; *P.G.,* 94, 796 A.
9) *P.L.,* 176, 826.
10) *De Fide Orthodoxa,* 1, 3 ; *P.G.,* 94, 795 B 참조.

않는 데가 약간 있다. 그러나 그 증명은 출발점으로서 경험의 사실에 근거하고 있고 또 이는 일반적으로 후고의 증명이 지니는 특징이다. 후고는 물질의 원자론적 구조에 대해서 기욤 드 콩슈(Guillaume de Conches)의 이론을 채용했으며, 이들 원자는 단순한 물체이며 이 물체들은 증가하고 성장하는 능력을 지니고 있다.[11)]

이리하여 하느님의 존재에 대한 자연적인 인식이 가능하다는 후고의 태도는 매우 분명했다. 그러나 그는 신앙의 필요성도 분명하게 강조했다. 신앙이 필요한 이유는, 영혼이 자신 안에서 하느님을 이해하고 〈하느님 안에 있었던 것〉을 이해하는 〈관상의 눈〉(oculus contemplationis)이 죄에 의해서 완전히 어두워졌을 뿐만 아니라 인간 이성의 능력을 초월하는 신비가 인간의 신앙 대상으로 주어져 있기 때문이다. 신비를 이해하기 위해서는 계시와 신앙이 요구된다는 의미에서, 신비는 〈이성을 초월〉하고 있다. 그러나 신비는 〈이성에 반대〉되는 것이 아니라 〈이성에 적합〉한 것이다. 말하자면 신비 자체는 합리적이고 따라서 인식의 대상이 될 수 있으나, 현세에서는 엄밀한 의미에서의 인식의 대상이 될 수는 없다. 왜냐하면 특히 죄로 말미암아 어두워져 있는 상태에 있는 인간 정신은 너무나 약하기 때문이다. 따라서 인식은 그 자체에서 볼 때 신앙보다 상위에 있다. 신앙은 우리에게 있어서 현재하지 않는 것에 대한 정신의 확신으로서 의견(opinion)보다는 상위에 있으나 학문이나 지식보다는 하위에 있다. 왜냐하면 우리에게 있어서 직접 현존하고 있는 것으로서의 대상을 파악하는 자(〈인식하는 자〉)는 권위에 근거하여 신앙하는 자보다는 상위에 있기 때문이다. 그러므로 생 빅토르의 후고는 신앙과 지식을 분명하게 구별하고 또 신앙에 대한 지식의 우월성을 인정했을지라도, 그렇다고 신앙의 필요성을 배제하지는 않았다고 말할 수 있다. 신앙에 대한 지식의 우월성에 관한 그의 설은 결코 헤겔의 설과 같지가 않다. 왜냐하면 후고는, 지식이 적어도 본성상 이 세상에서 신앙을 대신할 수 있다고는 분명히 생각하지 않았기 때문이다.

그러나 비록 〈관상의 눈〉은 죄로 말미암아 어두워져 있을지라도, 정신은 은총의 초자연적인 활동에 의해서 하느님 자체를 관상하는 단계로 점차 상승할 수 있다. 따라서 하느님의 지복 직관(beatific vision of God)이 천국에서 상승하는 지식의 절정을 이루고 있듯이 초자연적인 신비주의는 현세에서 인식의 절정을 이룬다. 여기서 후고의 신비주의

11) *De Sacramentis,* 1, 6, 37 ; *P.L.,* 176, 286.

를 검토하기에는 적합하지 않다고 하겠다. 그러나 생 빅토르의 신비주의적인 전통이 단순히 정신적인 사치가 아니었다는 것을 지적해 둘 필요가 있다. 그들의 신비 신학은 신학적·철학적인 종합을 완성하는 하나의 필수적인 부분을 이루고 있었다. 철학에 있어서 하느님의 존재는 자연 이성에 의해서 증명되는 반면에, 신학에서는 정신이 하느님의 본성에 대해서 알게 되고 또 신앙으로 받아들여진 계시에 변증론을 적용한다. 그러나 철학적 인식과 신학(변증론)적 인식은 하느님에 관한 지식이지만, 하느님의 체험은 더욱 높은 신비 체험에서 얻어지는 하느님의 직접적 인식으로서, 이는 하느님을 사랑하는 인식 또는 인식하는 사랑이다. 또 한편으로는, 신비적 인식은 온전한 직관이 아니며 신비 체험중에 있는 영혼에 나타나는 하느님의 현존은 그 빛이 너무나 밝아서 영혼의 눈을 어둡게 한다. 그러므로 신앙에 의한 하느님에 관한 인식과 하느님을 직접 아는 신비적인 인식을 능가하는 천국의 지복 직관이 있다.

2. 생 빅토르의 리카르두스 : 하느님의 존재 증명

생 빅토르의 리카르두스(Ricardus a Saint. Victor)는 스코틀랜드에서 태어났으나 어려서 일찍 파리로 가서 생 빅토르의 대수도원에 들어갔다. 그는 거기서 1157년경에는 소수도원장의 보좌가 되고 1162년에는 소수도원장이 되었다가 1173년에 사망했다. 그 대수도원은 그 시기에 어려운 한때를 겪게 되었다. 왜냐하면 에르비시우스로 불라우는 한 영국인 대수도원장이 수도원의 재산을 낭비하고 수도원의 규율을 문란케 하며, 교황 알렉산더 3세가 그를 '또 하나의 케사르'(another Caesar)라고 부를 만큼 제멋대로의 행동을 취하고 있었기 때문이다. 약간의 문제 때문에 리카르두스는 그가 죽기 1년 전인 1172년에 사퇴 권고를 받게 된다. 하지만 비록 그 대수도원장이 다소 제멋대로이고 횡포한 사람이었을지라도, 그 소수도원장은 거룩한 생활과 훌륭한 저작을 통해서 착한 모범을 보였다고 수도원의 기록은 말하고 있다.

리카르두스는 중세 신학에 있어서 중요한 인물이며, 그의 주저는 여섯 권으로 이루어져 있는 《삼위 일체론》(*De Trinitate*)이다. 그러나 그는 또 관상에 대한 두 저작, 즉 관상을 위한 영혼의 준비에 대한 《벤야민 미노르》(*Beniamin minor*)와 관상의 은총에 대한 《벤야민 마요르》

(*Beniamin maior*)를 서술한 신비 신학자일 뿐만 아니라 철학자이기도 했다. 달리 말하면 그는 생 빅토르의 후고의 훌륭한 후계자였다. 그리고 후고와 마찬가지로 그는 진리의 추구와 탐구에 있어서 이성을 사용할 필요성이 있음을 주장했다. "오직 하나의 하느님만이 존재하고 그 분은 영원하고 창조되지 않았으며 광대 무변하고 전능하며 … 만물의 주재자라는 것을 나는 읽은 적이 자주 있다. 그리고 하느님은 하나이면서 셋이라는 것, 즉 실체로는 하나이고 위격으로는 셋이라는 것을 나는 읽어 왔다. 이러한 모든 것을 나는 읽었지만, 그러나 어떻게 이 모든 것이 증명되는가에 대해서는 읽어 본 기억이 없다."[12] 나아가서 "이들 모든 문제 가운데 인용된 권위는 풍부하지만 제시된 논증은 하나도 없다. 이들 모든 문제에 있어서 〈체험은 없고〉 증명은 보기 드물다. 그러므로 비록 학문에 열심인 사람들의 마음을 충족시킬 수는 없을지라도 그들에게 조금이라도 이바지할 수 있다고 한다면, 나는 무엇인가를 이룬 것으로 생각한다."

위의 인용에는 〈알기 위해서 믿는다〉는 성 안셀무스의 일반적인 태도가 분명히 나타나 있다. 그리스도교의 종교를 전제하고, 생 빅토르의 리카르두스는 이를 이해하고 증명하려고 한다. 성 안셀무스가 삼위일체를 '필연적인 근거'에 의해서 증명하려는 의도를 밝혔던 것과 마찬가지로, 리카르두스는 《삼위 일체론》[13]의 서두에서, 가능한 한에서, 우리가 믿는 것에 대한 개연적인 근거만이 아니라 필연적인 근거도 열거하는 것이 이 저작의 의도라고 말하고 있다. 그는 필연적으로 존재하는 것에는 필연적인 근거가 존재하지 않을 수 없음을 지적하고 있다. 따라서 하느님은 필연적으로 하나 안에 셋이므로, 이 사실에 대한 필연적인 근거가 있지 않으면 안 된다. 물론 하느님이 필연적으로 삼위일체이다(하느님은 필연적인 존재이다)는 사실에서 우리가 그 필연성을 알아낼 수 있다는 것은 결코 아니다. 그리고 리카르두스는 신앙의 신비, 특히 삼위 일체의 신비는 충분하게 파악될 수 없다는 것을 인정하고 있으나,[14] 그것을 인정한다고 하여 하느님에게 있어서의 위격의 다수성이 하느님은 사랑이시다는 사실로부터의 필연적인 귀결임을 나타내고 또 하나의 본성 안의 삼위성을 증명하는 데 방해가 되는 것은 아니다.

---

12) *De Trinit.*, 1, 5 ; *P.L.*, 196, 893 BC.

13) *P.L.*, 196, 892 C.

14) 같은 책, 196, 72 A.

삼위 일체에 대한 리카르두스의 사색은 후기 스콜라 신학에 상당한 영향을 끼쳤다. 그러나 철학적인 관점에서 볼 때, 하느님의 존재에 대한 그의 증명은 더욱 중요하다. 이러한 증명은 경험에 바탕을 두지 않으면 안 된다고 그는 주장한다. 이를테면 "우리는 조금도 의심할 수 없는 것으로부터 시작하여, 경험에 의해서 알 수 있는 것에 의해서 경험을 초월하는 대상에 대해서 생각하지 않으면 안 된다는 결론을 합리적으로 끌어내어야 한다."[15] 이러한 경험의 대상은 우연적인 대상이며 생성하고 소멸할 수 있는 것이다. 우리는 이러한 것을 경험에 의해서만 알게 된다. 왜냐하면 생성하고 소멸할 수 있는 것은 필연적일 수 없고 따라서 그 존재는 〈선험적으로〉 증명될 수는 없고 오로지 경험에 의해서만 인식될 수 있기 때문이다.[16]

증명의 출발점은 우연적인 경험의 대상에 의해서 주어진다. 그러나 이에 근거하는 우리의 추론이 잘 이루어지기 위해서는 분명하고 확고한, 말하자면 움직일 수 없는 진리의 기초에서 출발할 필요가 있다.[17] 이를테면 논증은 그 기초가 될 틀림없이 확실한 원리를 필요로 한다. 이 원리는, 존재하거나 존재할 수 있는 모든 것은 자기 자신에 의해서 존재하거나, 아니면 자기와는 다른 것에 의해서 존재하며 또 존재하거나 존재할 수 있는 모든 것은 영원으로부터 존재하거나 아니면 시간 속에서 존재하기 시작한다는 것이다. 이에 모순율을 적용한다면 존재의 구분이 이루어진다. 존재하는 모든 것은 (1) 영원으로부터 그러면서 자기 자신에 의해서 존재함으로써 결국 자존하든가, (2) 영원으로부터도 자기 자신에 의해서도 존재하지 않든가, (3) 영원으로부터이기는 하지만 자기 자신에 의하는 것은 아니든가, (4) 영원으로부터는 아니지만 자기 자신에 의하는 것이든가이다. 이 네 가지의 논리적인 구분은 직접 세 가지 구분으로 환원될 수 있다. 왜냐하면 존재의 시작을 지닌 것은 분명 자기 존재의 원인이 될 수 없으며 또는 필연적인 존재일 수도 없으므로, 영원으로부터가 아니면서 〈자존적〉(a se)인 것은 있을 수 없기 때문이다.[18] 시간 안에서의 생성과 자존성(aseity)은 그러므로 양립할 수 없다. 따라서 경험적인 사물로 되돌아가서 이에 일반적인 원리를 적용하지 않으면 안 된다. 인간계, 동물계, 식물계, 자연 일반 가운데서 볼 수 있는 그러한 경험적인 사물들은 소멸할 수 있는 우연적

15) 같은 책, 196, 894.
16) 같은 책, 196, 892.
17) 같은 책, 196, 893.
18) 같은 책, 196, 893 참조.

인 것이다. 이를테면 그것들은 존재하기 시작하는 것이다. 그러므로 만일 그것들이 존재하기 시작한다면, 그들은 영원으로부터 존재하는 것이 아니다. 그러나 이미 말한 바와 같이 영원으로부터 존재하지 않는 것은 자기 자신에 의해서 존재할 수가 없다. 따라서 그러한 것은 다른 것에 의해서 존재하지 않으면 안 된다. 하지만 궁극적으로는 자기 자신에 의해서 존재하는 것, 즉 필연적으로 존재하는 존재자가 있지 않으면 안 된다. 왜냐하면 만일 그러한 존재자가 존재하지 않는다면 존재하는 모든 것의 존재를 위한 충분한 근거가 없어지기 때문이다. 이를테면 아무 것도 존재하지 않을 것이다. 그러나 사실은 우리가 경험으로 알고 있듯이, 어떤 것이 존재하고 있다. 만일 〈자존하는 존재〉(**ens a se**)가 사실 존재하지 않으면 안 되지만 이는 당연히 세계 자체일지 모른다고 주장한다면, 리카르두스는 세계를 구성하고 있는 사물들의 우연적인 성격을 우리가 경험하고 있음을 지적함으로써 그러한 가능성은 이미 배제되어 있다고 반박할 것이다.

이 최초의 증명에 있어서 리카르두스의 방법은 성 안셀무스에 비하여 두드러진 변화를 보여주고 있으나, 그 다음의 증명에 있어서 그는 잘 알려져 있는 안셀무스의 입장을 채용하고 있다.[19] 예컨대 이성적인 것은 비이성적인 것보다 고차적인 것처럼, 선성(善性)이나 완전성에는 여러 가지 다른 단계가 있음을 우리가 경험하는 사실이다. 이러한 경험적인 사실에서 리카르두스는 하나의 최고의 것, 즉 그것보다는 더 크거나 더 선한 것이 있을 수 없는 것이 존재하지 않으면 안 된다고 논한다. 이성적인 것은 비이성적인 것보다 뛰어나 있기 때문에, 이 최고의 실체는 이성적인 것이 아닐 수 없다. 그리고 보다 높은 것은 자신이 지니고 있는 것을 보다 낮은 것, 즉 하위의 것으로부터 받아들일 수는 없으므로, 최고의 실체는 자신의 존재와 실존을 스스로 가지지 않으면 안 된다. 이는 당연히 이 실체가 영원하다는 것을 의미한다. 이미 보아 왔듯이, 영원하고 〈자존〉하는 어떤 무엇이 존재하지 않으면 안 된다. 그렇지 않으면 아무 것도 존재하지 않을 것이기 때문이다. 그리고 경험은 우리에게 어떤 무엇이 존재한다는 것을 가르쳐 주고 있다. 그리고 보다 높은 것이 자신이 지니고 있는 것을 보다 낮은 것으로부터 받아들일 수는 없다고 한다면, 그것은 영원하고 필연적인 존재인 최고의 실체가 아닐 수 없다.

---

19) *De Trinit.*, 1, 11 ; *P.L.*, 196, 895～896.

세째로 리카르두스는 하느님의 존재를 가능성이라는 관념에서 증명하려고 한다.[20] 전 우주 가운데 어떠한 것도 존재의 가능성(존재할 가능성이나 능력)을 자기 자신으로부터 또는 다른 것으로부터 가지지 않는다면 존재할 수 없다. 존재의 가능성이 없는 것 — 이는 온전히 있을 수 없다 — 은 무(無)에 불과하다. 그리고 무엇이 존재하기 위해서는 존재 능력(**posse esse**)을 그 가능성의 근거로부터 받아들이지 않으면 안 된다. (리카르두스는 우주에 있는 것은 자신의 가능성을 자기 자신으로부터 가질 수 없다는 것, 즉 자신에 근거를 둘 수 없다는 것을 여기서 당연한 것으로 보고 있다. 이를테면 첫째의 증명에서 그는 이미 자존성과 시간성 또는 존재하기 시작함은 양립할 수 없다고 제시했다.) 가능성의 근원이며 모든 것의 존재의 원천인 그 가능성의 근거는 자립적이며 궁극적이지 않으면 안 된다. 모든 본질, 모든 능력, 모든 예지는 이 근거에 의존하지 않을 수 없고, 따라서 이 근거는 그 자체가 모든 본질의 근거로서 최고의 본질, 모든 능력의 원천으로서 최고의 능력, 모든 예지의 원천으로서 최고의 예지가 아니면 안 된다. 왜냐하면 원천이 자기보다 큰 선물을 준다는 것은 불가능하기 때문이다. 그러나 예지가 내재하는 이성적인 실체를 떠나서는 어떠한 예지도 있을 수 없다. 따라서 최고의 예지가 내재하는 이성적인 최고의 실체가 존재하지 않을 수 없다. 그러므로 모든 가능성의 근거는 최고의 실체이다.

물론 이러한 논증은 합리적으로 추론하는 지성, 즉 〈이성의 눈〉(**oculus rationis**)이 행하는 것이다. 이 이성의 눈은 유형의 세계를 보는 〈상상의 눈〉(**oculus imaginationis**)보다는 뛰어나지만, 하느님을 그대로 관상하는 〈예지의 눈〉(**oculus intelligentiae**)보다는 못한 것이다.[21] 낮은 단계에서의 감각의 대상은 현존하는 것처럼 직접 보인다. 중간 단계에서의 정신은 직접으로는 볼 수 없는 것에 대해서 추론적으로 생각하여 예컨대 결과에서 원인을, 원인에서 결과를 입증한다. 높은 단계에서의 정신은 볼 수 없는 대상, 즉 하느님을 직접 현존하는 것처럼 본다.[22] 따라서 관상의 차원은 말하자면 감각의 지각과 영성적(靈性的)으로 유사한 것이다. 그것이 순전히 영성적인 활동으로서 순전히 정신적인 대상을 향하고 있다는 점에서 감각의 지각과는 다르지만, 추론적인 사유에 비하여 직접성과 구체성을 지니고 있다는 점에서는 감각의 지각과

---

20) *De Trinit.*, 1, 12 ; *P.L.*, 196, 896.

21) *De gratia contemplationis*, 1, 3, 7 ; *P.L.*, 196, 66 CD, 72 C.

22) *De gratia contemplationis*, 1, 3, 9 ; *P.L.*, 196, 110 D.

유사하기 때문이다. 피조물이 지니는 아름다움 속에서 하느님의 아름다움을 파악하는 것으로부터 은총의 활동에 의한 〈정신의 전향〉(**mentis alienatio**)에 이르기까지 리카르두스가 구분한 인식의 여섯 가지 단계는, 성 보나벤투라가 《하느님에게 이르는 정신의 여정》(*Itinerarium mentis in Deum*)을 저술했을 때 영향을 끼쳤다.

3. 생 빅토르의 고드프로와 그리고 생 빅토르의 월터

생 빅토르의 고드프로와(Godefroid de St. Victor, 1194년 사망)는 《철학의 샘》(*Fons Philosophiae*)을 저술하여, 그 가운데서 학문을 분류하고 플라톤, 아리스토텔레스, 보에시우스, 마크로비우스와 같은 철학자와 그 계승자들을 취급하면서 보편의 문제와 이 문제에 대한 공공연한 해결에 대해서 특별하게 한 장(章)을 할애하고 있다. 생 빅토르의 월터(Walter de St. Victor, 1180년 이후 사망)는 변증론 신학의 대표자인 아벨라르두스, 페트루스 롬바르두스, 포와티에의 페트루스(Petrus de Poitiers), 질베르투스 포레타누스에 대한 유명한 비방서 《프랑스의 네 가지 미궁을 논박하여》(*Contra Quattuor Labyrinthos Franciae*)의 저자이다. 월터에 의하면, 그들은 아리스토텔레스의 정신으로 부풀어 있고, 삼위일체와 강생의 형언할 수 없는 것을 경솔한 스콜라 철학으로 다루면서 많은 이단설을 내뱉고 오류로 가득차 있다. 달리 말하면 생 빅토르의 월터는, 독일 사람 후고나 스코틀랜드 사람 리카르두스에서 볼 수 있는 철학과 변증론 신학과 신비주의자가 논리 정연하게 조화를 갖추고 있는 생 빅토르의 본래 정신을 나타내고 있지 않는 반동가였다. 어쨌든 흐름을 멈추게 할 수는 없었다. 왜냐하면 변증론 신학은 존속했고 다음의 세기에서는 위대한 체계적 종합을 이룸으로써 승리를 얻었기 때문이다.

제 18 장
이원론자와 범신론자

1. 알비파와 카타리파

13 세기에 성 도미니쿠스(St. Dominicus)는 알비파(Albigensians)를 반대하는 설교를 했다. 카타리파(Cathari)만이 아니라 이 알비파도 이미 12 세기에 프랑스 남부와 이탈리아에 널리 퍼져 있었다. 이들 교단의 주요한 교리는 비잔틴을 거쳐서 서유럽으로 흘러 들어온 마니교 형식의 이원론이었다. 거기에는 선과 악의 두 궁극적인 원리가 있으며, 일반적으로 선은 영혼의 원인이고 악은 육체와 물질의 원인이다. 그들은 이를 전제로 육체는 악하여 금욕에 의해서 극복되어야 하고, 결혼하여 인종을 번식시키는 것도 악하다는 결론을 내렸다. 이러한 교리를 주장하는 사람들로 이루어진 하나의 교단이 번창했다는 것은 신기하게 생각될지 모른다. 하지만 다음의 것은 유의하지 않으면 안 된다. 즉 비교적으로 소수의 〈완덕자〉(完德者)가 이러한 금욕적 생활을 하는 것으로 충분하다고 생각되었고, 보다 낮은 지위의 추종자들은 죽기 전에 그 '완덕자'의 한 사람으로부터 축복을 받기라도 한다면 일상 생활을 평안하게 보낼 수 있다는 것이었다. 그리고 알비파와 카타리파가 교회와 세속의 권력으로부터 주목받고 있었음을 생각할 때, 출산과 결혼을 악하다고 규정하는 것은 당연히 축첩과 결혼을 같은 지위에 두는 결과가 된다는 것도 유의하지 않으면 안 된다. 나아가서 카타리파는 선서(宣誓)와 모든 전쟁의 합법성을 부정했다. 그러므로 이들 교단이 그리스도교적인 문명에 있어서 위험한 것으로 보였던 것은 당연한 일이었다. 아직도 현존하고 있는 발두스파의 교단은* 카타리파 운동에 기원을 두고

있으며, 비록 종교 개혁에 흡수되고 주요한 교의로서 반(反)가톨릭주의와 반(反) 성직자주의를 채용했을지라도, 본래는 이원론의 한 교단이었다.[1)]

2. 베느의 아말리쿠스

베느의 아말리쿠스(Amalricus de Bena)는 샤르트르 가까이에 있는 베느에서 태어나 1206년 내지 1207년경에 파리에서 신학 교수로 사망했다. 성 토마스 아퀴나스는 "하느님이 모든 사물의 형상 원리라고 말한 사람들이 있는데 이것은 아말리크주의자들의 견해였다고 한다"고 진술하고 있다.[2)] 반면 폴란드의 마르티누스는 아말리쿠스가 하느님은 만물의 본질이며 존재라고 주장했다고 한다. 분명히 그는 샤르트르의 티에리와 아라스의 클라렘발두스가 사용한 구절과 요한네스 스코투스 에리우제나의 학설을 범신론적 의미로 해석하였다. 나아가서 그는 삼위 일체의 위격은 피조물이며 세 위격 모두가 강생(육화)하고 모든 개개인은 그리스도와 마찬가지로 하느님이라고까지 말하고 있다. 그의 추종자 가운데 어떤 사람은 이러한 이론으로부터 모든 인간이 하느님 같다면 인간이 범죄하는 문제는 있을 수 없다는 이유에서, 죄는 비실재적인 개념이라고 단정한 것으로 생각된다. 아말리쿠스가 실제의 범신론을 의식적으로 인정했든 않했든, 어쨌든 그는 이단으로 비난을 받고 자기의 주장을 철회하지 않을 수 없었다. 그가 죽고 나서 그의 설은 1210년에 요한네스 스코투스 에리우제나의 설과 함께 이단 선고를 받았다.

---

* 발두스파(Waldenses)는 13세기 프랑스에서 일어난 이단으로서 리용의 발두스(Petrus Waldus, ? ~1217년)에 의해서 시작되었다. 발두스는 마태오 복음 10장 5절 이하를 근거로 청빈을 그리스도교의 이상으로 하여 이의 지지자들을 〈그리스도의 가난한 자들〉(pauperes Christi) 또는 〈리용의 가난한 사람들〉이라고 불렀다. 평신도로서의 그의 청빈 생활은 치하하지만, 신앙 문제를 언급하지 않는 범위에서 설교할 수 있다는 조건을 이행하지 않으므로 그 당시의 교황은 그의 설교 활동을 금지했다. 그는 이에 불복하여 청빈 생활을 하는 자만이 그리스도교를 설교할 자격이 있다고 하여 이단적인 신조를 채택하고 교회를 적대시했다.

1) 알비파의 학설에 대해서 우리가 아는 근거는 풍부하지 않다. 그리고 이 운동의 역사는 다소 애매하다.

2) *S.T.*, Ia, 3, 8, *in corpore.*

3. 디낭의 다비드

베느의 아말리쿠스에 있어서 하느님이 만물의 형상이라고 한다면, 디낭의 다비드(David de Dinant)에 있어서의 하느님은 만물의 가능태라는 의미에서 제 1 질료와 동일시되었다. 디낭의 다비드의 생애나 그의 학설이 유래한 근원 또는 그 학설 자체에 대해서 알려진 것은 거의 없다. 왜냐하면 그의 저서는 1210 년에 이단 선고를 받고 1215 년 파리에서 금서로 되어 소멸되었기 때문이다. 성 알베르투스 마그누스는[3] 《분할론》(*De tomis, hoc est de divisionibus*)을 그의 것이라고 하는가 하면, 파리의 종교 회의(1210 년)의 기록에는 《과테르니》(*Quaterni*) 또는 《과테르눌리》(*Quaternuli*)가 그의 것이라고 씌어져 있다. 하지만 예컨대 가이야(Geyer)는 이 두 표제가 많은 장과 절(quaterni)로 이루어진 저작이라는 것을 가리키고 있는 것으로 생각하고 있다. 어쨌든 우리는 그의 학설을 알기 위해서 성 알베르투스 마그누스, 성 토마스, 니콜라우스 쿠자누스(Nicolaus Cusanus)에 의한 인용과 보고에 의지하지 않으면 안 된다.

성 토마스는 《신학 대전》에서[4] 디낭의 다비드는 "어리석게도 하느님이 제 1 질료라고 주장했다"고 말하고 있다. 그리고 다른 곳에서[5] 다비드는 사물을 육체, 영혼, 영원한 실체의 셋으로 분류했다고 그는 말하고 있다. 육체는 〈질료〉(Hyle)에서, 영혼은 〈누우스〉(Nous) 또는 정신에서, 영원의 실체는 하느님으로부터 이루어진다. 이들 세 구성 요소는 세 개의 나뉠 수 없는 것이고 이 셋은 하나이고 동일한 것이다. 따라서 모든 육체는 나뉠 수 없는 존재인 〈질료〉의 양태들이며, 모든 영혼은 나뉠 수 없는 한 존재인 〈누우스〉이다. 그러나 이들 불가분의 두 존재는 하나이며 다비드에 의해서 하나의 실체인 하느님과 동일시되었다. (다비드에 의하면) "모든 육체만이 아니라 모든 영혼에 있어서의 실체는 오직 하나뿐이며 이 실체가 바로 하느님 자체에 지나지 않음은 분명하다. … 따라서 하느님은 모든 육체와 모든 영혼의 실체이며 하느님과 〈질료〉와 〈정신〉(Mens)이 하나의 실체임이 분명하다."[6]

디낭의 다비드는 이 입장을 변증론적으로 증명하려고 했다. 두 가지

3) *S.T.*, Ia, 4, 20, 2, *quaest. incidens.* 4) Ia, 3, 8, *in corpore.*

5) 2 *Sent*, 17, 1, 1.

6) S. Alb. M., *S.T.*, IIa, t. 12, q. 72, membr. 4, a. 2, n. 4.

의 실체를 서로 구별하기 위해서는 그 두 실체가 차이에 의해서 다르지 않으면 안 되며, 차이가 있다는 것은 공통 요소가 있다는 것을 의미한다. 그래서 물질이 정신과 다르다면, 제 1 질료 가운데는 하나의 〈차이〉(differentia), 즉 형상이라는 것과 질료라는 것이 있지 않으면 안 될 것이다. 그리고 이 경우 우리는 계속해서 무한히 구별하게 될 것이다.[7] 성 토마스는 다음과 같이 논증을 하고 있다.[8] 사물이 어떠한 의미에서든 서로 다르지 않을 경우 그 사물들은 같은 것이다. 그리고 어떠한 사물이든 서로 다른 것은 〈차이〉에 의해서 다르며, 이 경우 그 사물들은 합성되어 있지 않으면 안 된다. 그러나 하느님과 제 1 질료는 온전히 순일(純一)하며 합성물이 아니므로, 그들은 어떠한 의미에서도 서로 다를 수가 없으며 결국 같은 것이 아니면 안 된다는 논증에 대해서 성 토마스는 예컨대 인간이나 말과 같은 합성물은 〈차이〉에 의해서 서로 다르지만, 순일한 것은 그렇지 않다고 대답하고 있다. 말하자면 순일한 것은 엄밀히 말하여 다르다(differre)고 하기보다는 별개의 것(diversa esse)이라고 말해야 한다는 것이다. 달리 말하면 그는 다비드가 하느님과 물질의 상이점을 나타내기 위해서 하느님과 물질에 있어서 합성을 의미하는 용어를 선택하고 이용했다고 비난한다.

어째서 성 알베르투스와 성 토마스는, 이론적으로 지지하려면 하나의 변증론적인 궤변이 되고 마는 범신론적 체계에 그토록 주목할 가치가 있다고 생각했을까? 아마 그 이유는 디낭의 다비드의 영향이 컸기 때문이기보다는 오히려 다비드의 이단이 아리스토텔레스에게 누를 끼치지 않을까 하고 우려되었기 때문일 것이다. 다비드가 자신의 학설을 도출한 근원에 대해서는 논란이 있으나, 그가 《자연학》과 《형이상학》에서 진술되어 있는 고대 유물론에 대한 설명에 의거했다는 것은 일반적으로 인정되어 있다. 그리고 그가 제 1 질료와 형상에 대한 아리스토텔레스의 생각을 이용하고 있다는 것은 분면하다. 1210 년 다비드의 저서에 이단 선고를 내린 파리의 종교 회의는 공적이든 사적이든 대학에서 아리스토텔레스의 자연 철학을 가르치는 것을 금지했다. 아마 특히 이 때문에 성 토마스는 디낭의 다비드의 일원론이 아리스토텔레스의 학설에서 유래하지는 않았다는 것을 제시하려고 했을 것이다. 그리고 앞에 인용했던 이론에 대답하는 가운데 토마스는 특히 아리스토텔레스의 《형이상학》을 증거로 삼고 있다.

7) 같은 책, Ia, t. 4, q. 20, membr. 2 ; *In Metaph.*, t. 4, c. 7.
8) *S.T.*, Ia, 3, 8, ob. 3.

제 4 부
이슬람교와 유태교의 철학 : 번역

제 19 장
이슬람교의 철학

1. 이슬람교 철학을 논하는 이유

중세 그리스도교 세계의 사상이라는 의미에서 중세 사상을 다루는 책에서 아라비아 철학에 하나의 장을 할애하는 것은 중세 철학을 처음 대하는 독자에게 있어서는 뜻밖의 일이 될지 모른다. 그러나 적극적으로나 소극적으로 그리스도교 세계의 사상에 미친 이슬람 철학의 영향은 이제 역사가들 가운데서는 하나의 상식이 되어서, 이 점에 대해서 다소 언급하지 않을 수 없다. 아라비아 철학은 아리스토텔레스가 서구로 완전하게 도입되었던 주요한 경로 가운데 하나였다. 그러나 아비첸나와 아베로에스와 같은 중세 이슬람의 위대한 철학자들은 단순한 전달자나 주석가 그 이상이었다. 그들은 대체로 신(新)플라톤주의의 정신에 따라 아리스토텔레스의 철학을 변경하고 발전시켰으며, 그들 가운데 몇 사람은 주석에 있어 옳든 그르든 중요한 점에 있어서 그리스도교의 신학이나 신앙과는 모순된 의미로 아리스토텔레스를 해석했다.[1] 그러므로 예를 들어 아베로에스에 의해서 해석된 형식으로 아리스토텔레스가 중세의 그리스도교 사상가들에게 나타났을 때, 그는 당연히 그리스도교의 예지의 적으로, 넓은 의미에서는 그리스도교 철학의 적으로 나타났던 것이다. 이 사실은 이교 철학(異教哲學)을 아우구스티누스, 안셀무스, 그리고 위대한 그리스도교 철학자들의 적으로 간주했던 많은 전통적인 그리스도교 지지자들이 13세기에 아리스토텔레스 철학에 대

1) 그러나 아비첸나와 같은 이슬람 철학자들이 자신들의 저작을 통해서 아리스토텔레스의 그리스교도적인 해석을 촉진시켰던 것은 사실이다.

해서 보였던 적대 감정을 어느 정도 잘 설명하고 있다. 이러한 적대 감정은 처음에는 노골적인 혐오와 새로운 것에 대한 공포에서 시작하여 점차 성 보나벤투라와 같은 사상가에서 볼 수 있는 근거있는 저항으로 나아갔다. 그러나 아베로에스와 같은 이슬람 철학자가 아리스토텔레스를 바르게 해석했다고 스스로 주장한 일이나 이 해석이 중요한 문제에 있어서 그리스도교의 신앙과 일치하지 않았다는 것을 생각한다면, 이 적대 감정을 더욱 쉽게 이해할 수 있다. 그리고 또 그것은 아리스토텔레스의 체계 가운데서 그리스도교 신학의 변증론적인 표현을 위한 값진 도구만이 아니라, 진정한 철학을 찾았던 사람들(특히 성 토마스 아퀴나스)이 이슬람 철학에 유의했던 이유도 해명해 준다. 왜냐하면 이러한 사상가들은 아리스토텔레스 철학이 반드시 이슬람교도들이 해석했던 그러한 것은 아니라는 것을 증명하지 않을 수 없었기 때문이다. 이를테면 그들은 자신들과 아베로에스를 구별하고, 자신들의 아리스토텔레스주의와 아베로에스의 아리스토텔레스주의를 구별하지 않으면 안되었다.

따라서 성 토마스 아퀴나스나 다른 사람들의 논쟁을 충분히 이해하기 위해서는 중세 이슬람 철학을 다소 알아 둘 필요가 있다. 그러나 이는 또 이와 관련된 이유, 즉 자칭 순수 아리스토텔레스를 대표한다는 학파가 파리에 생겨난 것을 이해하기 위해서도 필요하다. 이 학파의 주된 인물은 성 토마스의 적대자로 유명한 브라방의 시제루스(**Sigerus Brabantius**)였다. 이들 '순수한' 아리스토텔레스주의자들, 즉 자신들을 스스로 그렇다고 생각했던 순수 아리스토텔레스주의자들은 뛰어난 주석가 아베로에스가 해석한 아리스토텔레스의 체계가 바로 진정한 아리스토텔레스 철학이라고 생각했다. 그러므로 이 학파와 더불어 파리에서 있었던 논쟁의 중요한 국면을 이해하기 위해서는 반드시 철학의 역사에 있어서 아베로에스의 위치와 그의 학설을 알아 둘 필요가 있다.

그러나 중세 이슬람 철학을 어느 정도는 다루어야 하겠지만, 이슬람 철학 그 자체를 논하는 것은 이 책의 범위를 벗어나는 것이다. 사실 이슬람 철학 그 자체를 논하는 데에도 특수한 흥미가 있을 것이다. (예컨대 이슬람 철학과 이슬람 신학과의 관계, 여러 가지로 시도되었던 그 양자간의 화해와 긴장, 그리고 이슬람 세계에 있는 신비주의와 이슬람 사상의 관계, 이슬람 문화 일반과 이슬람 철학의 관계 등은 그 나름대로의 흥미를 지니고 있다.) 여기서는 중세 이슬람 철학에 대한 간단한 소묘 이상은 기대하지 않기를 바란다. 말하자면 이슬람 철학 그 자체를 위해서보다는 중세 그리스도교 세계의 사상에 끼친 영향이라는 측면에서 다루고자 한다. 이렇게 한 측면을 다루는 것이 이슬람 철학자들의 공적을 낮게 평가한다거나 이슬람 철학 그 자체에 대한 고유한 흥미를 부정한다는 것은 아니다. 그것은 단지 책의 지면에 대한 고려는 물론 이 책의 목적과 범위에 의해서 고려할 뿐이다.

2. 이슬람 철학의 기원

위에서 말한 바와 같이 이슬람 철학은 그리스도교 세계의 철학과 관련되어 있지만, 최초로 아리스토텔레스와 다른 고대 철학자들을 아라비아어로 번역한 것은 시리아의 그리스도교인이었다는 사실에서 볼 때, 이슬람 철학은 그 기원에 있어서도 그리스도교와의 관련을 지니고 있다. 그 첫째 단계는 그리스어로 된 저작을 메소포타미아의 에데사의 학원에서 시리아어로 번역하는 것이었다. 이 학원은 363 년 니시비스의 성 에프렘(St. Ephrem of Nisibis)에 의해서 설립되어 그곳에서 유행되었던 네스토리우스파로 말미암아 489 년에 황제 제논에 의해서 폐쇄되었다. 에데사에서는 아리스토텔레스의 몇몇 저작, 특히 논리학 저서와 포르피리오스의 《아리스토텔레스의 범주론 입문》(*Isagoge*)이 시리아어로 번역되었다. 이 번역 작업은 페르시아의 니시비스와 간디사포라에서 계속되었다. 왜냐하면 그 학원이 패쇄될 무렵 학자들이 그곳으로 갔기 때문이다. 이와 같이 아리스토텔레스와 플라톤의 저작이 페르시아어로 번역되고, 또 6 세기에는 아리스토텔레스와 포르피리오스의 저작, 위디오니시우스의 저서들이 시리아의 그리스도 단성론자(單性論者)들의 학원에서 시리아어로 번역되었다.

둘째 단계는 시리아어를 아라비아어로 번역하는 것이다. 마호메트(569 년~632 년) 이전에도 아라비아인들 가운데는 주로 의사로서 활약하고 있었던 네스토리우스파 그리스도인들이 많이 있었다. 그리고 750 년에 압바스 왕조가 우마이야 왕조의 뒤를 이었을 때, 시리아의 학자들이 바그다드의 아라비아인 궁전에 초대되었다. 무엇보다도 먼저 의학 서적이 번역되고, 얼마 후에는 철학 서적도 번역되면서 832 년에는 번역자들의 학원이 바그다드에 설립되었다. 이 연구소에서 아리스토텔레스, 아프로디시아스의 알렉산드로스(Alexandros ho Aphrodisias), 테미시오스(Themistios) 포르피리오스, 그리고 암모니오스(Ammonios) 등의 아라비아어판이 나왔다. 플라톤의 《국가》(*Republic*)와 《법률》(*Laws*), 그리고(9 세기 전반에) 플로티노스의 《에네아데스》(*Enneades*, 4~6 권)를 근거로 편집되어 아리스토텔레스의 것으로 잘못 간주되었던 이른바 《아리스토텔레스의 신학》(*Theology of Aristoteles*)도 번역되었다. 더 나아가 실제로는 프로클로스의 《신학 원리》(*Institutio Theologica*)와 《원인론》(*Liber de Causis*)도 아리스토텔레스의 것으로 간주되었다는 것을 덧붙여 말해 두지 않을 수 없다. 신플라톤파의 아리스토텔레스 주석가들에 의한 아라비아어 번역만이 아니라 위와 같이 아리스토텔레스의 것으로 잘못 간주함으로써 아라비아인들 가운데는 아리스토텔레스 체계의 신플라톤주의적인 해석이 보급되었다. 물론 아리스토텔레스와 신플라톤주의자들만이 아니라 그외의 영향, 예컨대 이슬람의 종교 그 자체와 페르시아의 종교 사상과 같은 동방의 종교 사상의 영향도 이슬람 철학의 형성에 공헌했다.

3. 알파라비, 아비첸나, 알가젤

이슬람 철학은 동방과 서방의 두 그룹으로 분류되나, 이 절에서는 동방 그룹에 속하는 세 사람의 사상가를 간단하게 언급하겠다.

1. 알파라비 바그다드 학파에 속하면서 950 년경에 사망한 알파라비(Alfarabi)는 위에서 말한 영향이 두드러지게 나타나는 사상가의 대표자이다. 그의 노력에 의해서 아리스토텔레스의 논리학이 이슬람의 문화권에 소개되고, 또 한편으로 그는 철학과 신학의 영역을 구분함으로써 철학을 신학과 구별하여 철학이 이른바 자율적이 되게 했다. 논리학은 바로 철학을 위한 예비학이며 준비이다. 알파라비는 철학을 개별 과학을 포함하는 자연학(이에 심리학이 포함되고 인식론은 심리학에서 다루어진다)과 형이상학(자연학과 형이상학은 이론 철학의 두 부문이다), 그리고 윤리학 또는 실천 철학으로 분류했다. 그의 신학 체계는 다음과 같은 부분, 즉 (1)하느님의 전능과 정의, (2)하느님의 유일성과 다른 속성, (3)내세에 있어서의 상벌 이론, (4)와 (5)는 이슬람 교도의 개인적 권리와 사회적 관계를 포함하고 있다. 따라서 알파라비는 철학을 하나의 독립된 부분으로 설정함으로써 이슬람 신학을 대신하거나 침해하지 않고, 오히려 그는 도식화와 논리적 형식이 신학에 봉사하게 만들었다.

더 나아가 알파라비는 하느님의 존재를 증명하는 경우 아리스토텔레스의 논증을 이용했다. 그래서 그는 세계의 사물이 수동적으로 움직인다는 이슬람교의 신학에 알맞는 사상을 가정함으로써, 세계의 사물은 제 1 원동자인 하느님으로부터 움직임을 받지 않으면 안 된다고 말했다. 다시 말해 세계의 사물들은 우연적이므로 필연적으로 존재하는 것이 아니다. 이를테면 세계의 사물들이 생성하고 소멸하는 사실에서 알 수 있듯이, 그 사물들의 본질은 존재를 포함하지 않는다. 이 사실에서 세계의 사물들은 자신들의 존재를 받아들이는 결과가 되며, 궁극적으로는 본질적으로 필연적인 존재이면서 모든 우연적인 존재자들의 존재 원인이 되는 하나의 존재를 인정하지 않으면 안 된다.

또 한편으로 알파라비의 일반적인 체계에는 신플라톤주의의 영향이 두드러진다. 그래서 어떻게 궁극적인 신성(神性) 또는 일자(一者)로부터 예지체와 세계 영혼이 발생하고, 세계 영혼의 사유 또는 이데아에서 우주가 어떻게 생겨나는가를, 즉 높은 외적인 영역에서 낮은 내적인 영역에 이르기까지를 설명하는 데 유출(流出)의 주제가 사용되고 있다. 육체는 질료와 형상으로 구성되어 있다. 인간의 지성은 우주 지성의 조명을 받고 있고, 이 우주 지성은 바로 인간의 능동 지성(아프로디시아스의 알렉산드로스의 νοῦς επίκτητος)이다. 나아가서 인간 지성의 조명은 우리의 개념이 사물과 '적합하다'는 것을 보여주고 있다. 왜냐하면 하느님 안에 있는 이데아는 인간 정신에 있는 개념과 사물 안에 있는 형상의 범형(範型)이면서 근원이기 때문이다.

이 조명설은 신플라톤주의만이 아니라 동방의 신비주의와도 결부되어 있다. 알파라비는 스스로 수피의 신비파*의 학원 또는 교단에 소속하게 되었고, 그의 철학은 종교적인 경향을 띠고 있었다. 인간의 최고 과제는 하느님을 아는 일이다. 그리고 우주의 일반 과정이 하느님으로부터의 유출과 하느님으로의 회귀이듯이, 유출 과정에서 하느님으로부터 생겨나고 하느님에 의해서 조명되는 인간은 하느님으로의 회귀와 하느님과의 닮음을 추구하는 것이 마땅하다.

---

* 수피즘(Sufism)은 이슬람교에 있어서의 신비주의의 유파 또는 계통이나 종파로 확립되지는 않았다. 그 어원은 고행자가 입는 양모 또는 순결에 있으며, 아라비아의 고행적 신비주의로서 8~9 세기에 형성되었다. 겸손, 빈곤, 고독, 무언, 단식, 묵상 등의 금욕 고행에 의한 절대 귀의의 생활을 하면서 망아 상태에서 '유일의 진실재'를 발견하며 신인 합일을 이룬다고 한다.

2. 아비첸나 동방의 그룹에 있어서 최대의 이슬람 철학자는 이슬람 세계에 있어서 스콜라 철학 체계의 참다운 창조자 아비첸나, 즉 이븐 시나(Ibn Sina, 980 년～1037 년)임에 틀림없다.[2] 그는 부하라 근교에서 태어난 페르시아인으로서 아라비아어로 교육을 받았고, 따라서 그의 방대한 저작의 대부분은 아라비아어로 저술되었다. 조숙한 소년이었던 그는 코란, 아라비아 문학, 기하학, 법률학, 그리고 논리학을 잇달아 배웠다. 그는 스승을 앞질러서 스스로 신학, 자연학, 수학, 의학을 연구하여 17 세에 이미 의사로서 활약하고 있었다. 그는 그 당시에 철학과 논리학 연구에 1 년 반을 바쳤으나, 아리스토텔레스의 《형이상학》(*Metaphysics*)을 충분하게 이해할 수 있게 된 것은 알파라비의 주해서를 우연히 접하게 되었을 때이다. 그의 말에 의하면, 그때까지 이 책을 40 번이나 읽었지만 이해하지를 못했다고 한다. 그 후의 그의 생애는 분주하고 모험적이었다. 왜냐하면 그는 여러 회교국 군주의 고관을 지내고 의사로서 활동하면서 인생의 흥망성쇠와 군주들의 호의와 냉대를 겪었기 때문이다. 그러나 그는 어디에 있거나, 심지어 감옥에 있을 때나 말을 타고 있으면서도 언제나 철학자로서 연구하고 저술 활동을 계속하고 있었다. 그는 57 세 때 하마단에서 목욕 재계하고 죄를 뉘우치며, 자비를 베풀고 노예를 해방한 뒤에 사망했다. 그의 주요한 철학 저서는 중세 《수피치엔시아》(*Sufficientia*)로 알려진 《치유의 서》(*As-Sifā*)이며, 이 책은 논리학, 자연학(자연 과학을 포함한다), 수학, 심리학, 형이상학을 포함하고 있다. 《회복의 서》(*Najāt*)는 위의 책에서 발췌하여 다른 순서로 편집한 것이다.

아비첸나의 사상에 있어서 두드러진 특징은 넓은 의미에서의 철학을 위한 예비학인 논리학, 사변 철학(자연학, 수학, 신학), 실천 철학(윤리학, 경제학, 정치학)으로 분류한 데 있는 것이 아니라 신학을 제 1 신학(존재론과 자연 신학에 상응한다)과 제 2 신학(이슬람교의 주제를 포함한다)으로 구분하고, 이슬람 신학을 그리스 신학으로부터 구별하고 있다는 점이다. 그러나 그의 형이상학은 아리스토텔레스와 신플라톤주의를 차용하고 있으면서도 독자적인 특색을 보여주고 있다. 이 특색은 아비첸나가 이전의 철학자들로부터 아무리 많은 것을 빌었을지라도 자기 자신의 체계를 신중하게, 또 자주적으로 생각해 내어 독자적인 특징을 지닌 체계로 이루어 내었음을 밝혀 주고 있다. 예컨대 그는 존재

2) Ibn Sina는 중세 세계에서 Avicenna로 알려져 있으며, 이 이름은 히브리어역인 Aven Sina에서 유래한다.

로서의 존재의 연구를 형이상학에 돌리고 있는 점에서 아리스토텔레스와 일치하고는 있을지라도, 정신이 반드시 존재의 관념 — 이 관념은 일반적으로 경험에 의해서 얻어지지만 — 을 파악한다는 것을 증명하는 데 있어서는 비아리스토텔레스적인 설명을 하고 있다. 보지도 듣지도 못하고 공간에 떠 있으면서, 각 지체들은 서로 접촉할 수 없게 되어 있는, 갑작스럽게 창조된 인간을 상상해 보라. 이 인간이 감각 작용도 하지 못하고 시각이나 촉각을 통해서 존재 개념을 얻지도 못한다고 가정할 경우, 그는 개념을 형성할 수가 없을까? 그렇지 않다. 왜냐하면 그는 자기 자신의 존재를 의식하고 이를 긍정할 것이며, 따라서 비록 그가 외부 경험을 통한 존재 개념은 얻지 못할지라도, 적어도 자기 의식을 통한 존재 개념은 얻게 될 것이기 때문이다.[3)]

아비첸나에 있어서는 필연성의 개념도 하나의 제 1 개념이었다. 왜냐하면 그에게 있어서 모든 존재는 필연적이기 때문이다. 그러나 여기서 필연성을 두 가지로 구별할 필요가 있다. 세계에 있는 개별적인 대상은 그 자체가 필연적인 것이 아니다. 말하자면 그것이 생성하고 소멸하는 사실에서 알 수 있듯이, 그것의 본질은 존재를 필연적으로 포함하지 않는다. 그러나 그의 존재가 외적 원인의 필연적인 작용에 의해서 결정되어 있다는 의미에서 그것은 필연적이다. 따라서 아비첸나에 있어서 우연적인 존재는 자기 존재의 원인을 존재 자체의 본질에 두지 않고 외적 원인의 필연적인 작용에 두고 있는 존재이다. 이러한 존재는 원인에 의한 것이므로 '우연적'이지만, 그래도 여전히 원인의 작용은 결정되어 있다.

이러한 생각에서 그는 원인의 계열은 무한할 수가 없고 — 무한하다면 어떠한 것의 존재 이유도 없을 것이기 때문이다 — 그 자체는 원인에 의하지 않는 하나의 제 1 원인이 있어야 한다고 논하게 된다. 원인에 의하지 않는 이 존재, 즉 필연적인 존재는 자신의 본질을 다른 것으로부터 받을 수도 없고 자신의 존재가 자기의 본질의 부분을 이룰 수도 없다. 왜냐하면 부분들의 합성에는 그 부분들을 결합하는 선재 원인(先在原因)이 요구되기 때문이다. 따라서 필연적 존재에 있어서는 본질과 존재가 동일하지 않으면 안 된다. 이 궁극적 존재는 그 자체가 필연적인 반면에 '우연적' 존재는 그 자체에 의해서가 아니라 다른 것에 의해서 필연적인 것이다. 그러므로 '존재'라는 개념은 필연적 존재에

---

3) *Sifā*, 1, 281 과 363.

적용될 때와 우연적 존재에 적용될 때는 각각 다른 의미를 지닌다. 따라서 그 양자는 하나의 유(類)에 속하는 종(種)이 아니다. 오히려 존재는 〈특히〉, 즉 본래 일차적으로 필연적 존재에 속하고, 우연적 존재에는 이차적으로 유비적으로만 진술된다.

가능적인 것과 필연적인 것의 구별은 가능태와 현실태의 구별과 밀접하게 관련되어 있다. 아리스토텔레스가 말했듯이 가능태는 타자인 다른 것으로의 변화의 원리이며, 이 원리는 작용자(능동적 가능태)나 수동자(수동적 가능태) 그 어느 쪽에도 있을 것이다. 나아가서 아래의 한계인 순수 가능태, 즉 제 I 질료와 위의 한계인 순수 현실태, 즉 필연적 존재 사이를 이어 주는 가능태와 현실태의 단계들이 있다. 다만 아비첸나는 '순수 현실태'라는 문구를 〈말로서는〉 사용하지 않고 있을 뿐이다. 이 점에서 아비첸나는 하느님이 진리, 선, 사랑, 그리고 생명이라는 것을 증명하고 있다. 예컨대 가능태나 결여가 없이 항상 현실태에만 있는 존재는 절대적인 선이 아닐 수 없으며, 하느님의 속성들은 존재론적으로 구별될 수 없으므로 하느님의 선은 절대적 사랑과 동일하지 않을 수 없다.

하느님은 절대적인 선이므로 필연적으로 자신의 선을 확산하고 방출하려고 한다. 그리고 이는 하느님이 필연적으로 창조하신다는 것을 의미하고 있다. 하느님은 필연적 존재이므로 그의 속성은 모두가 필연적이 아닐 수 없다. 따라서 하느님은 필연적으로 창조자이다. 이는 또 창조는 영원으로부터라는 의미를 지니고 있다. 왜냐하면 하느님이 필연적으로 창조자이며 또 하느님이 영원하다고 한다면, 창조는 영원하지 않을 수 없기 때문이다. 나아가서 하느님이 자기 본성의 필연성에 의해서 창조한다면 창조에는 자유로운 선택이 있을 수 없고, 하느님 자신이 실제로 창조하는 것과 달리 창조하거나 다른 것을 창조하지는 못한다는 결과가 된다. 그러나 하느님은 자기 자신과 비슷한 것에 의해서만 직접 창조할 수 있다. 이를테면 하느님이 물질적인 것을 직접 창조한다는 것은 불가능하다. 그러므로 논리적으로 말하여 하느님으로부터 발출하는 최초의 것은 제 I 예지체이다. 이 예지체는 하느님으로부터 발출한다는 의미에서 창조된다. 따라서 이 예지체는 자신의 존재를 받아들이고 또 이러한 방법으로 이원성(二元性)이 시작한다. 일자에는 이원성이 없는 반면에, 제 I 예지체에는 존재가 받아들여진다는 데서 본질과 존재의 이원성이 있는가 하면, 또 제 I 예지체는 일자 또는 하느님을 필연적인 것으로 인식하고 자기 자신을 '가능적'인 것으로 인식한다는 데서 인식의 이원성도 있다. 이러한 방법으로 아비첸나는 점차 증가하는 열 개의 예지체를 연역하여 하느님의 유일성과 피조물의 다수성 사이에 다리를 놓는다. 제 10 예지체는 '형상의 부여자'이며, 그 형상은 제 1 질료, 즉 순수 가능태(또는 오히려 형상이 '결여된' 가능태이고 따라서 어떤 의미에서는 '악'이다) 안에 받아들여져서 종의 다수화를 가능하게 한다. 이존(離存)된 예지체들은 일자와의 유사성의 정도에 따라서, 또 유출의 과정에 있어서 순일성(純一性)이 감소하는 정도에 따라서 서로 종적으로만 다르다. 하지만 질료는 개별화의 원리이므로 같은 종의 형상은 다수의 개별적인 구체적 대상으로 다수화된다. 물론 그 경우 첫째로는 〈유형성의 형상〉(**forma corporeitatis**)을 통해서, 그 다음으로는 하나의 개별적인 종의 형상을 질료로 하여금 받아들이게 하는 외적 원인의 작용을 통해서 제 1 질료가 먼저 자신의 미결정 상태에서 벗어나서 종의 형상을 받아들일 상태에 놓이지 않으면 안 된다.

제 10 예지체는 〈형상의 부여자〉(**Dator formarum**)의 역할 이외에 또 다른 기능을 가지고 있다. 왜냐하면 그것은 또한 인간에 있어서 능동 지성의 역할을 다하고 있기 때문이다. 추상 작용에 대한 분석에서 아비첸나는 인간의 지성 자체가 추상의 최후 작용, 즉 순수한 가지성의 상태에 있는 보편자를 파악하는 활동을 한다는 것을 믿으려고 하지 않는다. 왜냐하면 그것은 인간 지성이 완전히 자기 자신의 힘으로 가능태의 상태에서 현실태로 나아간다는 것을 의미하기 때문이다. 그러나 어떠한 작용자도 자기의 밖에 있으면서 자기와 유사한 작용자의 활동에 의하지 아니하고는 수동적 가능태에서 현실태로 나아갈 수는 없다. 그러므로 그는 능동 지성과 수동 지성을 구별했으나, 능동 지성은 인간 지성을 조명하거나 또는 인간 지성으로 하여금 본질(〈사물 이전〉의 본질과 〈사물 안〉의 본질과는 구별되는 〈사물 이후〉의 본질 또는 보편자)을 지적으로 또 추상적으로 파악하게 하는 이존적인 단일 지성(**a separate and unitary intelligence**)이라고 했다.

아비첸나가 필연적 창조를 생각하고 또 일자가 다수의 구체적 대상을 직접 인식한다는 것을 부정하고 있는 것은 코란의 신학과 모순된다. 그러나 그는 가능한 한에서 자신의 아리스토텔레스적인 신플라톤주의의 체계와 이슬람의 정통 신앙을 조화시키려고 했다. 예컨대 그는 능동 지성의 이존성(**separateness**) 이론을 주장했음에도 불구하고 인간 영혼의 불멸성을 부정하지 않았다. 또 그는 비록 내세에서의 상은 순수 지적인 대상의 인식에 있고 벌은 그러한 인식의 결여에 있다고 주지주의적으로 해석하고는 있지만, 어쨌든 상벌 제재의 교의를 유지하고 있는 것이다.[4] 나아가서 창조에 대한 그의 분석과 설명, 그리고 하느님에 대한 세계의 관계는 당연히 유출설을 따르고 있고, 이 점에서 범신론의 경향을 띠고 있지만, 그는 직접 또는 간접으로 하느님으로부터 발출하는 모든 존재자에 있어서는 본질과 존재의 구별을 인정함으로써 범신론으로부터 자신을 보호하려고 했다. 하느님의 전능에 대한 이슬람의 교의는 '사변적으로' 해석되는 경우, 어쩌면 범신론의 경향을 띨지 모르며 그리고 아비첸나의 체계에 있어서 약간의 기본적 원리가 범신론을 지지하리라는 것도 무리가 아니다. 그러나 그에게는 범신론자가 될 의도는 전혀 없었다.

아비첸나 저작의 일부가 12세기에 라틴어로 번역되었을 때, 그리스도교 세계는 일부 사람들이 강하게 매혹되지 않을 수 없는 면밀하게 짜여진 체계에 처음으로 직면했던 것이다. 이를테면 군디스살리누스(Gundissalinus, 1151년 사망)는 요안네스 히스파누스(Joannes Hispanus, 아벤데스)가 스페인어로 번역한 아비첸나의 저술들을 라틴어로 번역하여 자신의 《영혼론》(*De Anima*)에서 아비첸나의 사상을 이용함으로써 아비첸나의 심리학을 따랐다. (그는 아비첸나의 '공중 인간'의 비유를 인용하고 있다.) 그러나 그는 조명의 원천인 능동 지성을 하느님과 동일시함으로써 아비첸나를 버리고 아우구스티누스를 따랐다. 나아가서 그는 《세계 발출론》(*De Processione Mundi*)에서 아비첸나의 우주론과 그리스도교의 교의를 조화시키려고 하면서도 이 문제에 있어서 아비첸나의 실례를 따르지 않았다. 아리스토텔레스의 《형이상학》이 완전한 형태로 이용되기까지는 어느 학설이 아비첸나의 것이고, 어느 학설이 아리스토텔레스의 것인지 확실하지가 않았다. 이 까닭에 로저 베이컨은 아비첸나가 온전히 아리스토텔레스를 따랐음에 틀림없다고 생각했지만, 《형이상학》의 M권과 N권을 지니고 있지 않았기 때문에 이러한 추측

---

4) 아베로에스의 수동 지성 내지 가능 지성의 단일설이 개인의 불멸성을 필연적으로 부정했다는 것을 유의해야 한다. 능동 지성의 단일설은 능동 지성이 하위의 예지체와 동일하든, 또는 조명자로서 활동한다는 점에서 하느님과 동일하든 개인의 불멸성을 반드시 부정하는 것은 아니다. 자신은 개인의 불멸성을 믿지 않았을지 모르나, 그의 능동 지성론에서 개인의 불멸성이 반드시 부정되는 것은 아니다. 부정되는 것은 오히려 아베로에스 이론의 결과이다. 이 점에 대해서 아비첸나와 아베로에스의 입장은 분명히 구별되지 않으면 안 된다.

의 진위를 확인하지를 못했다. 그 결과 아비첸나의 최초의 강력한 반대자 기욤 도베르뉴(**Guillaume d'Auvergne, 1249** 년 사망)는 아비첸나의 우주론을 아리스토텔레스 이론이라고 했다. 기욤이 말한 바에 의하면, 이 우주론은 창조 과정에 중간적 매개자를 인정하고 그 결과 피조물에서의 하느님의 능력을 인정한 반면에, 하느님의 자유를 부정하고, 세계의 영원성을 주장하고, 질료를 개별화의 원리로 삼으며, 그리고 이존하는 능동 지성을 인간 영혼의 작용인(作用因)으로 간주했다는 점에서 잘못되었다는 것이다. 그럼에도 불구하고 기욤 자신은 아비첸나를 따라서 본질과 존재의 구별을 라틴의 스콜라 철학에 도입했다. 나아가서 그는 아비첸나의 능동 지성설을 부정하면서도 능동 지성을 하느님과 거의 동일시했다. 알렉산더 할레시우스, 장 드 라 로셸(**Jean de la Rochelle**), 성 알베르투스와 같은 다른 사상가들은 이존 능동 지성의 학설을 부정하면서 추상 작용에 조명이 필요하다는 아비첸나의 학설을 이용한데 반하여, 로저 베이컨과 로저 마스턴(**Roger Marston**)은 아비첸나의 잘못은 단지 이존하면서 조명하는 능동 지성과 하느님을 동일시하지 않은 데 있다고 보았다. 하나의 분명한 논문이 요구되는 아비첸나의 영향에 대한 문제는 이 이상 더 언급하지 않을지라도, 그는 적어도 다음과 같은 세 가지의 주제, 즉 인식과 조명, 본질과 존재의 관계, 개별화의 원리로서의 질료에 관해서 라틴의 스콜라 철학에 영향을 미쳤다고 말할 수 있다.[5] 라틴의 스콜라 학자가 아비첸나를 비판했다는 것이 그들이 아비첸나로부터 배운 바가 아무 것도 없다는 것을 의미하는 것은 물론 아니다. 예컨대 성 토마스는 가능태에 대한 이슬람 철학자의 생각을 비판할 필요가 있음을 알고 있었다.[6] 그러나 그것으로는 비록 아비첸나의 저작이 가장 위대한 그 스콜라 철학자에게 어느 정도로 영향을 끼쳤는지 정확하게 평가하기가 어렵지만, 성 토마스는 아비첸나의 학설을 고찰함으로써 자신의 학설을 전개하지 않았다는 의미가 아니다. 스코투스가 아비첸나의 제자로 불리우기는 적합하지 않지만, 그는 성 토마스보다도 훨씬 많이 아비첸나의 영향을 받고 있었다.

3. 알가젤 알가젤(**Algazel, 1058** 년~**1111** 년)은 바그다드에서 한때 강의를 했으며, 이슬람교의 정통 신앙의 관점에서 알파라비와 아비첸나의 견해에 맞섰다. 그는 《마가시드》(*Maqasid*), 즉 《철학자의 의도》

---

5) 아비첸나의 영향에 대해서는 Roland-Gosselin, commentary on the *De ente et essentia*, pp. 59 와 150 참조.

6) *De Pot.*, 5, 3 ; *Contra Gent.*, 2, 30 참조.

(*Intentiones Philosophorum*)에서 그 두 철학자의 견해를 요약하고 있다. 군디스살리누스에 의하면 라틴어로 번역된 이 해설은 그 자체에서 볼 때, 거기에 나타나 있는 의견에 알가젤이 동의하고 있는 인상을 주었다. 그 까닭에 도베르뉴의 기욤은 알파라비, 알가젤, 아비첸나를 '아리스토텔레스의 추종자들'이라고 묶어서 공격의 대상으로 삼았으며, 이는 알가젤이 철학자들이 얼마나 모순에 빠져 있는가를 보이려고 했던 《철학자들의 파괴》(*Destructio philosophorum*)에서[7] 철학자들의 체계를 계속 비판하고 있음을 알지 못했기 때문이다. 이 책은 후에 아베로에스로 하여금 《철학자들의 파괴의 파괴》(*Destructio destructionis philosophorum*)를 쓰게 했다. 알가젤은 《종교적 지식의 부활》(*Revivification of the Religious Sciences*)에서 자신의 견해를 적극적으로 나타내어, 아비첸나의 유출설과 세계 영원론에 반대하여 시간에 있어서 무로부터의 세계 창조라는 정통 교의를 옹호했다. 그는 또 하느님의 보편적 원인성의 교의를 옹호하여 인과 관계를 피조물에 있는 어떠한 원인의 활동에도 두지 않고, 하느님의 능력에 두었다. 철학자는 일관성 또는 변합없는 연관을 보고 인과 관계를 단정하지만, 실제로 한 사건에 다른 사건이 따르는 것은 완전히 하느님의 능력과 행위 때문이다. 달리 말하면 그는 하나의 기회 원인론을 주장했던 것이다.

알가젤은 그리스화한 이전 사람의 비정통적 신앙에 반대하려고 하는 단순한 철학자는 아니었다. 그는 뛰어난 수피 신비주의자이며, 신비적인 영성의 저작가이기도 했다. 그는 바그다드에서의 일을 정리하고 시리아로 가서 금욕과 명상의 생애를 보냈으나, 때로는 그러한 생활에서 벗어나 경우에 따라서는 제자를 양성하기도 했다. 이를테면 그는 은퇴한 곳인 투스에 일종의 신학원과 수피즘의 학원을 설립했다. 그러나 그의 생애에 있어서 주된 관심은 신비주의라는 의미에서의 종교 부흥이었다. 그는 이전의 이슬람 원전에 의지할 뿐만 아니라 신플라톤주의적 사상과 유태교와 그리스도교의 사상도 이용하여 인격주의적인, 즉 비범신론적인 특색을 띤 영성의 체계를 수립했다. 알가젤의 어떤 표현은 얼핏 보기에 범신론을 의미하거나 그것을 포함하는 것처럼 생각되나, 그의 신플라톤주의는 사색보다는 오히려 종교적 신비주의에 이바지했다. 그를 일종의 범신론으로 이끌었던 것은 세계와 하느님을 동일시하려는 그의 의도가 아니라, 오히려 예정성 및 하느님의 전면적인 원인

7) 더욱 적절하게는 《철학자들의 자기 모순》(*Incoherentia philosophorum*).

성이라는 이슬람의 교의와 매우 강조되어 있는 종교적 신비주의와의 융합이다. 셈족의 일신론은 신플라톤주의의 관점에서, 또 신비주의와 융합할 때 그를 다른 방향으로는 이끌지 못했을 것이다. 순수 철학적 사색의 분야에서는 그는 어느 정도 회의적 태도를 보이고 있고, 또 아리스토텔레스 철학에 대한 이슬람 신학의 저항만이 아니라 합리주의에 대한 종교적 신비주의의 저항도 나타내고 있다.

4. 아베로에스

10 세기에 스페인에서 성장하여 당시의 그리스도교 세계가 이루었던 것에 비하여 훨씬 뛰어나고 눈부신 이슬람 문명이 서방의 이슬람 철학자들이 출현하게 된 배경이었다. 서방 그룹의 최초의 철학자는 이븐 마사라(Ibn Masarrah, 931 년 사망)로서, 그는 위엠페도클레스(Pseudo-Empedocles)의 사상을 채용했다. 그 반면에 아벰파체(Avempace), 즉 이븐 바쟈(Ibn Bajja, 1138 년 사망)와 아부바체르(Abubacer) 즉 이븐 투파일(Ibn Tufail, 1195 년 사망)은 신비주의적 경향을 나타내고 있다. 그러나 이 그룹에서 가장 탁월한 인물은 확실히 아베로에스이며, 그는 동방 그룹에서 아비첸나가 나타내었던 탁월한 지위를 서방 그룹에서 차지하고 있다.

아베로에스, 즉 이븐 루슈드(Ibn Rusd, 라틴 스콜라 철학에서 말하는 주석가)는 1126 년 고르도바에서 법관의 아들로 태어났다. 신학, 법률학, 의학, 수학, 철학을 배운 그는 처음에는 세빌랴에서, 다음에는 고르도바에서 법관을 지내고, 1182 년에는 칼리프의 시의가 되었다. 그 후 그는 제 2 대 칼리프 만수르의 냉대를 받고 궁정에서 추방되었으나, 후에 모로코로 건너가서 1198 년 거기서 죽었다.

아베로에스는 아리스토텔레스의 재능을 인간 지성의 극치라고 믿었기 때문에, 그가 그에 대한 주석에 전력을 기울였던 것은 당연하다. 그의 주석은 세 가지로 나누어진다. (1)비교적 작은 또는 '중간' 주석에서는 아리스토텔레스의 학설 내용을 소개하고 자기 나름의 해설과 해석을 덧붙여 전개했으나, 어느 것이 아리스토텔레스의 것이고 어느 것이 아베로에스의 것인지 구별하기가 쉬운 것은 아니다. (2)대주석에서 아베로에스는 우선 아리스토텔레스의 실제의 원문 일부를 들어서 자기 나름의 주석을 덧붙였다. (3)소주석(주해 또는 대요)에서 그는 아리스토텔레스가 도달한 결론을 제시하고 증명이나 역사적 관계는 생략했으나, 이는 원전이나 대주석에는 몰두할 수 없는 학생들을 위해서 의도된 것이다. (그는 대주석에 앞서 중주석과 대요를 작성했음이 분명하다.) 아리스토텔레스의 《오르가논》(*Organon*) 전부는 비교적 작은 주석과 대요 가운데 있고, 《분석론 후서》(*Posterior Analytics*), 《자연학》(*Physics*), 《천체론》(*De Caelo*), 《영혼론》, 그리고 《형이상학》에 대한 세 가지의 주석 전체에 대한 라틴어 번역도 현존하고 있다. 이 주석들과 다른 라틴어 번역의 주석들 이외에도 그리스도교의 스콜라학에는 알가젤에 대한 아베로에스 해답(즉 《철학자의 파괴의 파괴》), 여러 편의 논리학적 저작, 이존 예지체와 인간의 관계에 대한 서간, 영혼의 지복 직관에 대한 저작 등이 알려져 있다.

형이상학적 단계는 최저의 한계인 순수 질료에서 최고의 한계로서의 순수 현실태인 하느님에 이르고, 그 두 한계 사이에는 가능태와 현실태로 합성된 대상들이 있어서 〈산출된 자연〉(**Natura naturata**)을 이루고 있다. (**Natura naturans**와 **Natura naturata**라는 라틴어 번역의 문구는 결국 스피노자의 체계 가운데 다시 나타나 있다.) 제 1 질료는 비존재와 같고 순수 가능태이며 어떠한 규정도 없는 것으로서, 창조 행위의 대상일 수가 없다. 그러므로 그것은 하느님과 더불어 함께 영원하다. 하지만 하느님은 순수 질료의 가능태로부터 물질적 사물들의 형상을 끌어내고, 천체와 외적으로 관련하는 10 개의 예지체를 창조한다. 그렇기 때문에 아비첸나의 유출설은 피해지고, 실제의 범신론은 배제된다. 그러나 사물의 창조나 생성의 질서는 결정되어 있다.

아베로에스는 유출설을 거부함으로써 어떤 의미에서는 아비첸나보다는 더욱 정통적일지라도, 개인의 불멸성을 받아들이고 있는 아비첸나를 따르지는 않았다. 아베로에스는 〈질료적 지성〉이 〈능동 지성〉과 같은 실체이며, 그 양자는 사후에도 생존한다고 주장하는 점에서는 테미시오스나 그 외의 주석가들을 따르기는 했으나, 이 실체가 이존하는 단일의 예지체라고 주장하는 점에서는 아프로디시아스의 알렉산드로스를 따르고 있다. (이 실체는 최저의 천체인 달의 예지체이다.) 개인에 있어서의 개별적인 수동 지성은 능동 지성의 활동으로 '획득적 지성'이 되며, 이 지성은 다음과 같은 방법으로 능동 지성에 흡수된다. 즉 그것은 신체의 사후에도 생존하지만, 인격적 및 개인적으로 존재하는 것으로서가 아니라 인류의 보편적이며 공통적인 지성 안에서 한 시기로서 생존한다. 따라서 불멸성이 인정되고 있으나, 그것은 개인의 불멸성이 아니다. 이 견해는 라틴 아베로에스주의자들에 의해서 철학적 진리로서 지지를 받았지만, 성 토마스 아퀴나스와 그 외의 스콜라 학자들은 이를 신랄하게 공격했다.

그렇지만 아베로에스의 개별적인 철학상의 학설보다도 더욱 흥미있는 것은 신학과 철학의 관계 일반에 대한 그의 생각이다. 아베로에스는 실제로 아리스토텔레스가 인간 학문의 완성자,[8] 인간 완성의 모범, 그리고 최고 진리 체계의 창시자였다고 주장하고, 또한 아리스토텔레스가 능동 지성의 단일설을 주장하여 질료 영원론을 받아들였다고 해석했기 때문에, 그는 부득이 자신의 철학상의 사상과 정통 이슬람 신학의 조화를 시도하지 않으면 안 되었다. 한 이교의 사상가에 몰두했다는 이유로 아베로에스를 이단이라고 비난하려고 했던 사람들의 기대에 어긋나지 않는 한에서 그 시도는 필요했다. 따라서 그는 이른바 '이중 진리' 이론에 의해서 이 조화를 시도했다. 아베로에스에 의하면, 이 이론이 의미하는 바는 한 명제가 철학상으로 진리이면서 신학상으로는 허위일 수 있다거나 또는 그 역일 수 있다는 것이 아니라, 동일한 진리가 철학에서는 명백하게 이해되나 신학에서는 우의적(寓意的)으로 표현된다는 것이다. 진리의 학문적인 표현은 철학에서만 이루어지고, 이 같은 진리가 신학에서는 다른 방법으로 표현될 뿐이다. 코란의 회화적 서술에 의한 가르침은 보통 사람이나 학식이 없는 사람들이 이해하기 쉽게 진리를 나타내고 있지만, 철학자는 우의의 껍질을 벗겨내고 표상의 꾸밈이 없는 '있는 그대로의' 진리에 이른다. 신학과 철학의 관계에 대한 아베로에스의 생각은 헤겔의 생각과 다소 비슷하다. 그리고 그것은 정통 이슬람 신학자들에게는 받아들여질 수 없을 것이며, 사실 받아들여지지 않았다. 그러나 어떤 명제가 철학에서는 진리이고, 그것과 정반대의 명제가 신학에 있어서 진리일 수 있다는 것은 불합리한 생각이 아니었다. 여기서 아베로에스가 의도한 바는 신학을 철학에 종속시켜 철학을 신학의 재판관으로 삼는 일이다. 그래서 어떠한 신학적 교의가 우의적으로 해석될 필요가 있으며, 또 그것을 어떠한 방법으로 해석해야 하는가를 결정하는 것은 철학자의 일이다. 이 견해는 라틴 아베로에스주의자들에 의해서 받아들여졌고, 나아가서 아베로에스와 일반적인 철학에 대해서 이슬람 신학자들의 적의를 야기시킨 것도 이 견해이다. 가령 아베로에스에게 돌려지는 진술들, 예를 들어 능동 지성

8) *De Anima*, 3, 2.

이 수적으로 하나라는 명제가 철학에서는 진리이지만 신학에서는 거짓이라는 진술이 문자 그대로 취급되는 경우, 그것은 신학적 교의가 무의미하다는 것을 비꼬아 말하는 데 불과하다고 여겨져 왔다. 아베로에스가 어떤 명제는 철학을 거부하는 보수파의 신앙 절대 주의적인 신학에서 진리라고 말한다면, 그것은 학문을 원수로 삼는 학파에서 '진리'라는 것을 뜻한다. 즉 그것은 단적으로 거짓이라는 것을 의미하고 있다. 전통주의자에게 그가 필요하지 않았듯이 그에게도 전통주의자가 필요하지 않았다. 이 점에 있어서의 그의 태도는 이슬람교의 스페인에 있어서 그리스 철학의 연구를 금지하여 철학 저서들을 불태워 버리게 했던 것이다.

5. 단테와 아라비아 철학자

라틴 그리스도교 세계에 있어서 아베로에스의 영향에 대해서는 뒤에 가서 언급하겠으나,[9] 여기에 아라비아 철학자에 대한 단테(Dante Alighieri, 1265년~1321년)의 태도에 관해서 한마디 덧붙이는 것도 흥미있다고 하겠다. 아라비아 철학자에 대한 단테의 태도라는 문제가 대두되었던 것은 《신곡》(*Divina Commedia*) 가운데서 마호메트를 지옥에 두고 있는 단테가 어째서 아베로에스와 아비첸나를 고성소에* 두었으며, 라틴 아베로에스주의자인 브라방의 시제루스를 천국에 두고, 심지어 시제루스의 강력한 반대자였던 성 토마스 아퀴나스의 입으로 그에게 찬사를 보내게 했던가를 학자들이 편견없이 진지하게 문제삼기 시작했을 때이다. 분명히 단테는 그 사람들을 철학자로 취급했고, 또 그렇기 때문에 그는 두 사람의 이슬람 사상가를 가급적 높은 지위에 두었던 것이다. 그들은 그리스도인들이 아니었기 때문에 단테는 그들이 〈지옥〉을 완전하게 모면할 수 있을 것으로는 생각하지 않았으므로 그들을 고성소에 두었던 것이다. 그 반면에 시제루스는 그리스도인이었기 때문

---

9) 이 문제에 대한 상세한 것은 이 책의 pp. 557~558을 참조.

* 古聖所 또는 림보. Limbo는 '경계', '변방'이라는 뜻의 라틴어 Limbus에서 유래한 말로서 라틴 신학에 의하면, 이미 죽은 이들이 지복 직관에 완전히 들지는 못했지만, 벌을 받고 있지는 않은 상태에서 머무르는 곳을 가리킨다. 조상들의 림보와 유아들의 림보가 있다. 하지만 이는 교의, 즉 믿어야 할 계시 진리는 아니다.

에 단테는 그를 천국에 두었다. 그가 성 토마스로 하여금 시제루스를 칭찬하게 하고 그를 성 토마스의 왼편에 앉힌 반면에 성 알베르투스 마그누스를 성 토마스의 오른편에 앉힌 것은, 토마스주의의 체계가 자연 이성에 의해서만 수립되는 철학을 전제하고 있고, 또 이성에 의해서만 철학을 수립한다는 것은 바로 브라방의 시제루스 자신의 주장이었음을 고려한다면 이해가 갈 것이다. 즉 단테가 시제루스의 사상을 전부 인정했다고 생각할 필요는 없다. 단테는 다만 시제루스를 '순수 철학'의 상징으로 삼고 있을 뿐이다.

그러나 어째서 단테는 아비첸나, 아베로에스, 브라방의 시제루스를 선택했는가? 그것은 단순히 그들이 철학자였기 때문인가, 아니면 단테 자신이 이슬람교도들에게 어떤 신세를 지고 있었기 때문인가? 단테가 자신의 철학의 중요한 점들, 예컨대 하느님의 빛에 대한 설, 예지체들에 대한 설, 천체의 영향, 영혼의 지적 부분만이 직접 정확하게 창조된다는 것, 인식을 위한 조명의 필요성 등에 대한 생각에 있어서는 알파라비, 아비첸나, 알가젤, 아베로에스의 여러 체계에 힘입고 있다는 것은 브루노 나르디(**Bruno Nardi**)에[10] 의해서 밝혀지고, 이 문제는 아신 팔라시오스(**Asín Palacios**)에[11] 의해서 다시 시작되었다. 이러한 생각들 가운데 약간은 아우구스티누스적 전통 가운데도 있지만, 분명한 것은 단테가 순수한 토마스주의자가 아니라 이슬람교도에, 특히 아베로에스에 상당히 힘입고 있다는 사실이다. 이 사실은 어째서 그가 가장 뛰어난 이슬람 철학자들을 선택하여 특별히 취급하고 있으며, 또 어째서 그가 가장 위대한 라틴 아베로에스주의자를 천국에 두고 있는가를 말해 줄 것이다.

---

10) *Intorno al tomismo di Dante e alla quistione di Sigieri* (*Giornale Dantesco*, XXII, 5).
11) *Islam and the Divine Comedy* (abridged Engl. Transl., London, 1926).

제 20 장
유 태 철 학

1. 카 발 라

유태인의 철학은 확실히 그 기원을 다른 민족과의 문화 교섭에 두고 있다. 그래서 이 철학사의 제 1 권에서 나는 알렉산드리아의 유태인 필론(Philon, B.C. 25 년~A.D. 40년경)에 대해서 이미 언급했다. 그는 유태인의 성서 신학과 그리스 철학과의 조화를 시도하고, 플라톤적 전통(이데아론)과 스토아주의(로고스설), 그리고 동방 사상(중간적 존재자)의 요소들이 결합되어 있는 체계를 세웠다. 필론의 철학에서는 하느님의 초월성이 특히 강조되어 있고, 하느님의 초월성에 대한 이러한 강조가 그리스, 특히 플라톤의 사상에 한정되어 있는 카발라* 교의의 특징이다. 카발라는 두 저작, 즉 대체로 9 세기 중엽 이후에 작성된 《창조》(*Jezîrah*)와 13 세기 초기부터 형성되기 시작하여 1300 년경에 스페인의 한 유태인에 의해서 기록되었던 《밝음》(*Sohar*)으로 구성되었다. 그 후에도 계속 추가되고 주석이 가해졌다. 카발라 철학의 유출설과 하느님과 세계 사이의 중간적 존재에 대한 설에는 신플라톤주의의 영향이 엿보인다. 신플라톤주의가 《밝음》의 유출론적 철학의 형성에 영향을 끼치게 되었던 경로 중의 하나가 라틴 스콜라 학자들에게는 아비체브론(Avicebron)으로 알려졌던 스페인의 그 유태인 사상이었다.

---

* Cabala 또는 Cabbala는 히브리의 신비설로서 유태교의 랍비들 또는 중세 신학자들 사이에 행해지고 있었던 경전의 전통적인 신비적 해석을 가리킨다.

2. 아비체브론

살로몬 이븐 가비롤(**Salomon Ibn Gabirol**), 즉 아비체브론(이렇게 불리웠던 것은 그가 아라비아인일 것으로 생각했던 라틴 스콜라 학자들에 의해서이다)은 1021 년경 말라가에서 태어나 사라고사에서 교육을 받았으며, 1069 년 내지 1070 년에 사망했다. 그는 물론 아라비아 철학의 영향을 받았으며, 그의 주저 《생명의 샘》(*Fons Vitae*)은 본래 아라비아어로 씌어졌다. 요안네스 히스파누스(**Joannes Hispanus**, 아벤데스)와 도미니쿠스 군디스살리누스에 의한 라틴어 번역본은 아직도 남아 있으나, 아라비아어로 된 원전은 현존하지 않는다. 이 저서는 다섯 권으로 이루어져서 그리스도교 스콜라 철학에 상당한 영향을 끼쳤다.

아비체브론 철학의 유출론적 구조 가운데는 신플라톤주의의 영향이 엿보인다. 존재 계층의 정점과 모든 유한 존재의 근원은 물론 하느님이며, 하느님은 하나이면서 이성의 추론으로는 알 수가 없고 단지 무아지경의 직관에서만 파악된다. 아비체브론은 이러한 생각에 덧붙여서 하느님 이하의 모든 존재자들을 창조하고, 그 존재자들의 유출의 근원이 되는 하느님의 의지에 관한 특이한 설을 주장하고 있다. 하느님 그 자체와 마찬가지로 하느님의 의지는 질료와 형상의 합성을 초월하므로 오직 신비적 체험에서만 파악될 수 있다. 그러나 하느님과 하느님의 의지의 관계를 정확하게 규정하기란 쉬운 일이 아니다. 하느님의 본질과 하느님의 의지를 구별하는 것은 하느님의 의지를 또 다른 실체로 삼을 것이며, 또 한편으로는 하느님의 의지는 〈밖으로〉 작용하는 하느님 자신, 즉 자신을 나타내는 하느님으로 묘사된다. 어쨌든 여기에는 의지가 로고스를 대신하고 있다. 하느님의 의지를 하느님의 한 측면으로 생각하든 또 다른 실체로 생각하든, 하느님으로부터 하느님의 의지를 〈거쳐서〉 우주혼 또는 세계 영혼이 발출하고 있으며, 이것은 하느님보다는 하위에 있고 질료와 형상, 즉 〈보편적 질료〉와 〈보편적 형상〉으로 이루어진다. 다음으로 그 세계 영혼으로부터는 순수 영체들과 유형물들이 발출한다.

그러나 아비체브론의 체계에 있어서 흥미를 끄는 것은 그의 유출론적 구조가 아니라, 오히려 하느님 이하의 모든 존재자들에 있어서의 그의 보편적인 질료 형상의 합성설이다. 이 설은 적어도 간접적으로는 플로티노스에서 유래하여 그리스도교적 스콜라 사상의 한 전통에 영향을 미쳤다. 세계 영혼으로부터 개별적인 형상들이 발출하듯이 그 세계 영혼으로부터 예지체들과 이성혼, 그리고 유형체들 안에 현존하는 정신적 질료도 발출한다. 그러므로 **그 자체**는 유형성을 포함하지 않은 질료가 모든 피조물에 있어서 한정과 유한성의 원리이다. 즉 피조물을 하느님으로부터 구별짓는 것은 피조물에 있어서의 질료 형상적 합성이다. 왜냐하면 하느님에게는 어떠한 합성도 없기 때문이다. 피조물에 있어서 보편적인 질료 형상의 이 합성설은, 예컨대 성 토마스 아퀴나스와 동시대인인 위대한 프란치스코 회원 성 보나벤투라의 지지를 받았다. 그리고 예컨대 소우주인 인간 존재가 유형성, 식물적 생명, 감각적 생명, 지적 생명의 여러 가지 완전성을 지니고 있듯이, 그 자체 속에 많은 단계의 완전성을 지니고 있는 모든 존재자 안에는 다수의 형상들이 있다. 모든 유형적 존재는 〈유형성의 형상〉을 지니고 있으나, 더 나아가 존재의 계층에 있어서 일정한 위치가 그것에 주어지지 않으면 안 된다. 그리고 이는 예컨대 생물, 동물, 또는 개가 되게 하는 형상 내지 형상들을 받아들임으로써 이루어진다. 아비체브론의 설은 아우구스티누스 학파에 있어서 형상 다수설이 생겨난 실제적인 원천이었다고 주장되어 왔으나, 비록 그렇다고 인정할지라도 그 설이 아우구스티누스주의자의 철학 구조에 잘 어울리고 있었다는 것도 잊어서는 안 된다. 왜냐하면 아우구스티누스 자신이 낮은 형상의 기능은 높은 형상으로 이끄는 데 있고, 또 이는 인간 인식에서 나타나는 경우의 형상에 대해서도 틀림이 없으니, 즉 존재의 낮은 단계의 관상은 정신을 높은 단계로 마땅히 이끈다고 가르쳤기 때문이다.

3. 마이모니데스

중세의 유태 철학자들 가운데서 가장 흥미를 끄는 사람은 모세즈 마이모니데스(Moses Maimonides)이다. 그는 1135년 고르도바에서 태어나 1204년 카이로에서 죽었다. 왜냐하면 무어 사람들이 지배하는 스페인은 이미 철학자들에게 적합한 곳이 못 되었으므로 그는 그 곳을 떠나지 않을 수 없었기 때문이다. 그는 《길잃은 자들을 위한 안내》(*Guide of the Doubting*)에서 신학의 합리적 기초를 철학에 두려고 했으며, 그에게 있어서 철학이란 아리스토텔레스의 철학을 의미한다. 예언자를 제외하고, 그가 인간 지력의 최고 모범으로 존경했던 사람도 아리스토텔레스였다. 우리는 감각 지각에 주어진 것과 지성에 의해서 엄밀하게 증명될 수 있는 것을 확고하게 파악하지 않으면 안 된다. 이를테면 만일 구약 성서에서 이야기되고 있는 것이 이성에 의해서 명백하게 확립되어 있는 것과 분명히 모순된다면, 그것은 우의적(寓意的)으로 해석되지 않으면 안 된다. 그렇다고 아리스토텔레스가 성서의 가르침과 다른 것을 주장할 때마다 마이모니데스가 언제나 신학의 가르침을 포기했다는 것은 아니다. 예컨대 신학은 인간 속에서 무로부터의 세계 창조를 가르치며, 이는 하느님이 형상만이 아니라 질료의 창조자도 될 수 없다는 것과 세계는 영원할 수 없다는 것을 의미하고 있다. 만일 세계의 영원성을 반대하는 것은 불가능하다는 방법으로 세계의 영원성이 이성에 의해서 증명된다면, 우리는 그 성서의 가르침을 우의적으로 해석하지 않으면 안 될 것이다. 그러나 실제로는 그 성서의 가르침은 명백하며, 세계의 영원성을 증명하기 위해서 예로 인용된 그 철학적 논증은 확정된 것이 아니다. 따라서 우리는 이 점에서 아리스토텔레스의 가르침을 거부하지 않으면 안 된다. 플라톤은 아리스토텔레스보다도 진리에 더욱 가까이 이르렀으나, 그마저도 창조되지 않은 질료라는 것을 인정하고 있다. 마이모니데스에 의하면, 만일 구약 성서에서 가르치고 있는 기적이 사실이라고 한다면, 무로부터의 질료와 형상의 창조도 필연적이다. 왜냐하면 만일 하느님이 자연 법칙의 작용을 정지시킬 수가 있다면, 하느님은 자연의 절대적 지배자일 수밖에 없고, 만일 하느님이 완전한 의미에서의 창조자가 아니라면, 하느님은 자연의 절대적 지배자가 되지 못하기 때문이다. 하느님에 관한 성서의 몇 가지 서술에 대한 마이모니데스의 우의적 해석이 광신자들에게는 그리스인들에게 성서를 팔아 넘기는 것으로 생각되었다. 프랑스의 유태인들 가운데는 이 '이단'에 대해서 종교 재판의 도움을 얻으려고 했던 사람마저 있었다. 사실 마이모니데스는 신학 이외에 어떤 진리의 원천이 있을 수 있다는 것을 말하고 있을 뿐이다. 달리 말하자면 그는 철학에 면허장을 주었던 것이다. 이렇게 하여 비록 그의 주된 영향이 신학의 영역에 머물기는 하였지만, 그는 스페인의 유태인들 사이에 철학적 관심을 높이는 데 영향을 미쳤다. 그가 아리스토텔레스의 맹목적인 숭배자가 아니었다는 것은 이미 말해 두었다. 마이모니데스의 생각으로는 세계의 영원성을 가르치는 것은 아리스토텔레스의 잘못이었다. 그리고 철학은 비록 시간 속에서의 창조는 증명하지 못할지라도, 적어도 아리스토텔레스의 입장을 지지하기 위해서 제출된 논증이 확정된 것이 아니며 또 불합리하다는 것은 증명할 수 있다.

마이모니데스는 알파라비와 아비첸나의 자연 신학에 어느 정도 의거하여 여러 가지의 방법으로 하느님의 존재를 증명하고 피조물로부터 제 1 원인으로서의 하느님을 논증했다. 그는 이들 논증을 아리스토텔레스의 《자연학》(*Physics*)과 《형이상학》(*Metaphysics*) 가운데 있는 말에 의해서 입증했다. 그러나 비록 마이모니데스가 후에 성 토마스에 의해서 주어진 증명 형식 가운데 대부분을 앞질러 말하고 있었을지라도, 그는 성 토마스보다도 하느님에게는 적극적인 술어를 적용할 수 없다는 것을 더욱 강하게 주장했다. 하느님은, 질료도 가능태도 없고 피조물로부터 무한히 멀리 있는 순수 현실태이다. 그리고 '성질'에 관해서 우리는 하느님이 무엇이다라고 말하기보다는 오히려 무엇이 아니다고 말할 수 있다. 하느님은 하나이며 초월적이지만(하느님과 세계 사이에는 예지체 또는 순수 정신들의 계층이 있다), 우리는 하느님에게 적합한 어떠한 적극적 관념도 형성할 수 없다. 물론 성 토마스도 이를 인정했겠지만, 마이모니데스는 오히려 〈부정적인 길〉(via negativa)을 더욱더 역설했다. 그러나 만일 명사의 차이는 하느님 자신 안에 있는 어떠한 차이와도 상응하지 않으며 하느님 자신은 불변적이라는 것을 우리가 이해한다고 한다면, 우리는 활동, 창조와 섭리의 활동을 하느님에게 돌릴 수 있다. 아비체브론과는 달리 마이모니데스는 개별적인 피조물에 관한 하느님 측의 특별한 섭리를 인정했다. 그러나 이것은 물질 세계와 관련되는 한에 있어서의 인간에게만 해당된다. 능동 지성은 제 10 예지체이나(예지체에는 '질료'가 없다), 의인(義人)의 수동 지성은 불멸한다. 그러므로 그는 불멸성을 일정한 범위, 즉 의인에게만 인정했다. 그러나 그는 인간을 의롭게 하는 의지의 자유를 주장하여 인간의 행위를 결정하는 천체와 천구들의 영향을 부정했다. 결국 모세즈 마이모니데스는 그리스 철학과 유태 정통 신앙을 조화시키는 점에서 아비체브론보다는 성공했다. 그리고 아리스토텔레스 체계의 영향이 아비체브론의 철학에서보다도 마이모니데스의 철학에서 더 현저하다는 것은 주목할 만하다.

제 21 장
번 역

1. 번역된 저작들

12 세기 이전에는 아리스토텔레스의 《오르가논》(*Organon*)의 일부(《범주론 *Categories*》과 《명제론 *De Interpretatione*》)가 보에시우스에 의해서 라틴어로 번역되어(《고(古)논리학 *Logica vetus*》) 중세의 철학자들에게 이용되었다. 그러나 《오르가논》 전체는 12 세기 초기부터 일찍 사용되기에 이르렀다. 1128 년경 베니스의 야곱(Jacobus of Venice)은 그리스어로 된 《분석론》(*Analytics*), 《토피카》(*Topics*), 《궤변 논박론》(*Sophistical Arguments*)을 라틴어로 번역했으며 이 《오르가논》의 새로운 번역은 《신(新)논리학》(*Logica nova*)으로 알려졌다. 《범주론》과 《명제론》 이외에 《오르가논》의 여러 분야 중에서 적어도 그 일부가 12 세기까지 보에시우스의 번역으로 존속한 것으로 보인다. 하지만 어쨌든 《오르가논》을 라틴어로 완역한 것은 12 세기 중엽에 이루어졌다. 1162 년 이전에 헨리쿠스 아리스티푸스(Henricus Aristippus)에 의해서 이루어진 《기상론》(*Meteorologica*) 제 4 권의 번역도 그러하지만, 베니스의 야곱이 그리스어를 번역했다는 것은 주목할 일이다. 헨리쿠스 아리스티푸스는 시칠리아의 카타니아의 부주교였으며, 시칠리아 섬은 번역 작업의 중요한 중심지였다. 프톨레마이오스의 《천문학 전서》와 《광학》(*Optics*), 유클리드의 여러 권의 저작, 프로클로스의 《자연학 원론》(*Elementatio physica*)이 그리스어에서 라틴어로 번역된 것도 12 세기에 시칠리아에서 이루어졌다.

시칠리아가 번역 작업의 중심지였지만 스페인 역시 하나의 중심지였으며, 번역자들에 있어서 가장 중요한 학교가 톨레도의 학교였다. 대주교 라이문두스(1126 년~1151 년) 아래서 요안네스 히스파누스는 아비첸나의 논리학을 아라비아어에서 라틴어로(스페인어를 거쳐서) 번역한 반면에 도미니쿠스 군디스살리누스는 아비첸나의 《형이상학》(*Metaphysics*)과 자연학의 일부인 《수피치엔시아》(*De sufficientia*), 《천체와 우주》(*De Caelo et Mundo*), 《우주론》(*De Mundo*), 그리고 알가젤의 《형이상학》(*Metaphysics*), 알파라비의 《학식에 대해서》(*De Scientiis*)를 (다른 학자들과 협력하여) 번역했다. 도미니쿠스 군디스살리누스와 요안네스 히스파누스는 아라비아어로 씌어진 아비체브론의 《생명의 샘》(*Fons Vitae*)도 라틴어로 번역했다.

이 학자들의 그룹에 속하는 유명한 인물은 크레모나의 제라르두스(Gerardus de Cremona)로서 그는 1134 년에 톨레도에서 작업을 시작하여 1184 년에 사망했다. 그는 아리스토텔레스의 《분석론 후서》(*Posterior Analytics,* 테미시오스의 주석도 함께), 《자연학》, 《천체와 우주》(*De Caelo et Mundo*), 《기상론》(첫 3 권), 그리고 알킨디의 《지성론》(*De Intellectu*), 《수면과 환각》(*De Somno et Visione*), 《다섯 개의 본질》(*De quinque Essentiis*)을 번역하였을 뿐만 아니라, 《원인론》(*Liber de Cauis*) 및 기타 몇몇 저작을 아라비아어에서 라틴어로 번역했다.

톨레도의 번역자 학교는 13 세기에도 여전히 중요한 역할을 담당하고 있었다. 마이젤 스코트 (미카엘 스코투스, 1235 년 사망)는 톨레도에서 아베로에스의 《천체와 우주》와 《영혼론》(*De Anima*)의 주석을, 그리고 아비첸나의 《동물지》(*De Amimalibus*)의 요약만이 아니라 아리스토텔레스의 《천체와 우주》, 《영혼론》, 동물학적 저작, 그리고 (아마도) 《자연학》(*Physics of Aristoteles*)도 번역했던 반면에, 1272 년에 사망한 아스토르가의 주교 헤르마누스(Hermanus)는 《니코마코스 윤리학》(*Nicomachean Ethics*)에 대한 아베로에스의 '중주석'과 대요를, 그리고 《변론술》(*Rhetoric*)과 《시학》(*Poetics*)의 주석을 번역했다.

2. 그리스어로부터의 번역과 아라비아어로부터의 번역

위에서 이미 말한 것으로 미루어 라틴 스콜라 학자는 모두 아라비아어로부터의 번역에 의존하고 있었다든가 또는 아라비아어로부터의 번역은 언제나 그리스어로부터의 번역보다 먼저 이루어졌다고 생각하는 것은 잘못이라는 것을 알게 될 것이다. 헨리쿠스 아리스티푸스가 그리스어로 된 《기상론》 제 4 권을 번역한 것은 크레모나의 제라르두스가 같은 책의 처음 세 권을 아라비아어로부터 번역한 것보다도 앞서 있었다. 나아가서 《형이상학》의 몇몇 책들은 아라비아어로부터 번역되기 이전에 그리스어로부터 번역되어 있었다. 이전부터 생각되고 있었듯이, 처음 세 권과 제 4 권의 몇몇 부분만을 제외하고 그리스어로부터 번역된 것은[1] 1210 년까지 파리에서 사용되었으며, 아라비아어로부터 번역된 것과 구별하여 《고(古)형이상학》(*Metaphysica vetus*)으로 알려지고 있었다. 그리고 아라비아어로부터의 그 번역은 크레모나의 헤라르도 또는 마이켈 스코트에 의해서 이루어졌으며(13 세기 전반에) 《신(新)형이상학》(*Metaphysica nova*)으로 알려져 있었다. 이 번역에는 비교적 짧은 일절만이 아니라 K, M, N 권이 각각 빠져 있다. 13 세기 후반에는 신형이상학 또는 신역이라는 명칭은 기욤 드 모에르베카(Guillaume de Moerbeke)에 의한 그리스어로부터의 번역(1260 년 이후)에 붙여지고, 성 토마스는 이 번역을 그의 주석의 근거로 삼았다. 그리고 또 그리스어로부터의 중기의 번역이 있었다는 것도 증명되어 있고, 성 알베르투스 마그누스는 이 번역을 그의 주석의 근거로 했으며, 성 토마스도 이를 알고 있었다.

아리스토텔레스의 윤리학에 관한 저서의 경우 《니코마코스 윤리학》 제 2 권과 제 3 권의 번역이 그리스어로부터 이루어져서(아마 보에시우스 자신에 의해서 이루어졌을 것이다) 《고윤리학》(*Ethica vetus*)으로 알려져 있었던 반면에, 그 후의(제 1 권의) 번역은 《신윤리학》(*Ethica nova*)으로 알려졌다. 일반적으로 로버트 그로스테스트(Robert Grosseteste, 1253 년 사망)의 것으로 되어 있는 전역(全譯)은 그리스어를 번역한 것이며, 처음 세 권은 《고윤리학》과 《신윤리학》을 교정한 것이다. 《대윤리학》(*Magna Moralia*)은 만프레드왕(1258 년～1166 년)의 통치 기간중 메시나의 바르톨로메우스에 의해서 번역되었으나, 《에우데모스 윤리학》(*Eudemian Ethics*)의 제 7 권은 13 세기에 이르러서야 알려졌다.

《영혼론》은 1215 년 이전에 그리스어로부터 번역되었고, 마이켈 스코트에 의한 아라비아어로부터의 번역은 그것보다 약간 늦게 이루어졌다. 기욤 드 모에르베카는 다시 그리스어로부터의 신역(新譯) 또는 그리스어로부터의 첫 역서의 개정판을 내었다. 그와 마찬가지로 《자연

1) 성 토마스가 말하는 보에시우스 역.

학》은 크레모나의 제라르두스와 마이켈 스코트에 의한 아라비아어로부터의 두 번역이 이루어지기 이전에 그리스어로부터 번역되어 있었고, 또《생성 소멸론》(*De Generatione et Corruptione*)의 그리스어로부터의 번역은 크레모나의 제라르두스가 아라비아어에서 번역한 것보다 앞서 이루어져 있었다.《정치학》(*Politics*)은 1260 년경 기욤 드 모에르베카에 의해서 그리스어로부터 번역되었다.(아라비아어로부터의 번역은 없었다.) 그리고 그는 1267 년경《경제학》(*Economics*)도 번역한 것으로 보인다. 1215 년경에 태어나서 1286 년 코린토의 대주교로서 사망한 이 뛰어난 인물은 아리스토텔레스의 저작을 그리스어로부터 번역하고, 이전에 이루어진 번역을 개정했을(이에 의해서 그의 벗 성 토마스 아퀴나스가 그의 주석을 서술할 수가 있었다) 뿐만 아니라 아프로디시아스의 알렉산드로스(**Alexanderos ho Aphrodisias**), 심플리치오스, 요안네스 필로포누스, 테미시오스의 주석의 일부, 프로클로스의 몇 권의 저작과 프로클로스에 의한 플라톤의《티마이오스》주석[2] 등도 그리스어로부터 번역했다. 그에 의한 프로클로스《신학 원론》(*Elementatio theologica*)의 번역으로 인하여 성 토마스는《원인론》(*Liber de Causis*)이, 이전에 생각되고 있었듯이, 아리스토텔레스의 저서가 아니라 프로클로스의 저작에 근거를 두고 있다는 것을 알게 되었다. 아리스토텔레스의《변론술》을 번역한 것도 기욤 드 모에르베카이다.《시학》에 관해서 말한다면, 중세인들에게는 헤르마누스가 번역한 아베로에스의 주석 외에는 알려져 있는 것이 없다.[3]

그리스어로부터의 번역이 일반적으로 아라비아어로부터의 번역보다도 앞서 이루어져 있었다는 것과 또 그리스어로부터의 원(原)번역이 불완전할 경우에도 아라비아어를 라틴어로 번역한 것은 곧 새롭고 보다 나은 그리스어로부터의 번역에 자리를 양보할 수밖에 없었다는 것이 최근의 연구에 의해서 밝혀진 이상, 중세인들은 아리스토텔레스에 대한 참된 지식을 가지지 못하고, 단지 그의 학설을 흉내낸 것으로서 아라비아 철학자들의 손에 의해서 왜곡된 모습밖에는 알 수 없었다고는 더 이상 말할 수 없다. 그러나 그들이 아리스토텔레스의 저작으로 여겨야

2) 플라톤의 *Timaeus*는 치체로와 칼치디우스 덕택으로 서방에 알려졌으나, *Menon*과 *Phaedon*은 12 세기에 비로소 헨리쿠스 아리스티푸스에 의해서 번역되었다.

3) 성 토마스가 실제로 어느 정도 기욤의 번역을 사용했는가는 크게 논의되어 왔다.

할 것과 그렇지 않은 것을 반드시 구별할 수 있었다고는 말할 수 없다. 성 토마스가 《원인론》이 아리스토텔레스의 저작이 아니라는 것을 알게 되었다는 것은 하나의 큰 진척이었다. 그는 아베로에스의 주석이 아리스토텔레스의 철학에 대한 확실한 해석으로 간주되어서는 안 된다는 것을 알고 있었지만, 적어도 당분간은 위디오니시우스가 아리스토텔레스의 신봉자 중의 한 사람이라고 생각한 것처럼 보인다. 사실 중세인들이 믿을 만한 아리스토텔레스의 원리를 가지지 못했던 것이 아니라, 그들에게는 역사적 지식이 결여되어 있었던 것이다. 예컨대 아리스토텔레스와 플라톤과의 관계 또는 신플라톤주의의 플라톤과 아리스토텔레스와의 관계에 대해서 그들은 충분하게 알고 있지 않았다. 그러므로 성 토마스가 아리스토텔레스의 유능한 주석가였다는 것을 부정할 수 있는 것은 다만 그의 주석을 잘 모르는 사람뿐이겠지만, 그렇다고 성 토마스에 대해서까지 근대의 학자들에게 알려져 있는 것과 같은 그리스 철학의 역사와 전개에 관한 지식을 요구한다는 것은 어리석은 일이라고 하겠다. 그는 수집한 자료를 잘 이용했으나, 그 자료는 한정되어 있었던 것이다.

3. 번역의 영향과 아리스토텔레스 철학에 대한 반대

아라비아 사상가들의 저작과 마찬가지로 아리스토텔레스와 그의 주석가들의 저작을 번역한 것은 라틴 스콜라 학자들에게 풍부한 지적 자료를 제공했다. 특히 방법론적으로는 신학으로부터 독립되고 또 세계에 관한 인간 정신의 성찰로서 제시된 철학 체계가 스콜라 학자들에게 주어졌던 것이다. 아리스토텔레스, 아비첸나, 아베로에스의 체계들은 인간 이성의 시야를 폭넓게 열어 주었다. 그리고 중세인들이 획득했던 진리는 그리스 철학자와 그리스 및 이슬람의 주석가들에 의해서 얻어진 것이므로, 틀림없이 그리스도교의 계시와는 관계없다는 것이 그들에게는 분명했다. 이와 같이 새로운 번역은 중세인들이 철학과 신학의 관계를 밝히고 그 두 학문의 영역의 경계를 설정하는 데 크게 이바지했다. 물론 아리스토텔레스의 체계는 당연히 그의 주석가들의 체계보다는 주목의 대상이 되었고, 그의 철학에 대하여 좋은 인상을 가지고 있던 라틴 사람들에게는 인간의 지적 노력의 〈극치〉로 생각되기 쉬웠다. 왜냐하면 그 철학은 그들이 알고 있었던 인간 정신의 한결같은 폭넓은 노력의 성과였기 때문이다. 그러나 그들은 그것이 일련의 계시된 교의가 아니라 이성의 업적이라는 것을 잘 알고 있었다. 시대를 훨씬 뒤돌아 볼 경우 중세인들 가운데 아리스토텔레스의 천재성을 과장한 사람도 있을지 모르나(아리스토텔레스의 사상에는 각기 다른 계층과 시기가 있다는 것을 그들은 알지 못했다는 것도 우리는 알고 있다), 우리는 잠깐 동안 그들의 입장에 서서 어쨌든 인간 정신의 최고 성과의 하나, 즉 완벽함과 치밀한 추론에 있어서 초기의 중세 사상과는 비교할 수 없는 한 체계가 중세 철학자에게 끼친 인상을 생각해 보아야 하겠다.

그러나 아리스토텔레스의 체계는 무시될 수는 없었지만, 그렇다고 전면적으로 환영되고 인정되지는 않았다. 주로 《원인론》(성 토마스에 의해서 진실이 밝혀질 때까지)과 이른바 《아리스토텔레스의 신학》(*Theologia Aristotelis*, 플로티노스의 《에네아데스》의 발췌), 그리고 《신비론》(*De secretis secretorum*, 11 세기 또는 12 세기초의 아라비아 철학자에 의해서 집필되었다)이 아리스토텔레스의 것으로 잘못 간주되었기 때문에 아리스토텔레스의 철학은 왜곡돼 보이기 쉬웠다. 게다가 그 저서들을 아리스토텔레스의 것으로 간주함으로써 아라비아 주석가들의 신플라톤주의적 해석에는 당연히 정당한 이유가 있는 것으로 생각하게 되었다. 따라서 상스의 대주교 코르베유의 페트루스 주재하에 1210 년에 열렸던 파리의 종교 회의는 아리스토텔레스의 '자연 철학' 및 그에 대한 주석을 공적으로나 사적으로 가르치는 것을 금지하게 되었던 것이다. 이 금지는 이를 지키지 않을 경우 파문을 받는다는 조건에서 이루어져서 파리 대학에 적용되었다. 아마 이 경우의 '자연 철학'은 아리스토텔레스의 형이상학을 포함했던 것으로 생각된다. 왜냐하면 대학의 학칙이 1215 년 교황의 사절 로베르 드 쿠르송에 의해서 인가되었을 때 아리스토텔레스의 논리학의 연구는 지시되어 있으면서도 형이상학과 자연 철학에 대한 아리스토텔레스의 저작, 그리고 이 저작들의 대요 및 디낭의 다비드, 베느의 아말리쿠스, 스페인의 마우리스 (아마 마우루스 또는 무어 사람인 아베로에스)의 여러 설도 금지되었기 때문이다. 단지 《윤리학》의 연구만이 금지되지 않았다.

금지 이유는, 이미 지적되었듯이 주로 아리스토텔레스의 저작이 아닌 것이 그의 것으로 간주된 데 있었다. 베느의 아말리쿠스 — 그의 저서는 1215 년에 금지된 저작들에 포함되어 있었다 — 는 그리스도교의 가르침과 일치하지 않는 설을 주장했다. 이를테면 그의 설은 당시 아리스토텔레스의 것으로 되어 있었던 모든 저작에 비추어서 아리스토텔레스 철학을 해석한다면, 그 가운데 그의 설의 바탕이 되는 것을 발견할 수 있는 그러한 설이었다. 그 반면에 다른 이단 철학자인 디낭의 다비드 — 그의 저서도 금지되었다 — 는 1210년 이전에 비잔티움으로부터 가져왔던, 그리스어판에서 라틴어로 번역된 《형이상학》을 실제 증거로 제출했다. 이러한 사실 이외에도 아리스토텔레스는 세계의 영원성을 주장했다는 의심할 여지없는 사실을 덧붙여 말해 두지 않을 수 없다. 그러므로 아리스토텔레스의 체계가 특히 디낭의 다비드, 베느의 아말리쿠스, 그리고 아베로에스의 철학과 결합될 경우, 전통주의자들에게 그것이 정통 신앙에 대한 위험물로 보였을 것은 당연한 일이었다. 《오르가논》 전부가 유포된 것은 비교적 근래의 일이었지만, 아리스토텔레스의 논리학이 사용된 것은 이미 오래 전의 일이었다. 그러나 아리스토텔레스의 형이상학과 우주론은 하나의 신기한 것으로서, 그 신기함이 이단의 철학과 어울림으로써 한층더 위험한 것이 되었다.

그러나 1231년 교황 그레고리우스 9세는 금지령을 계속 유지하는 한편 기욤 도세르(Guillaume d'Auxerr), 프로방스의 스테파누스(Stephanus de Provins), 오티의 시몽(Simon de Authie) 등의 신학자들로 구성된 위원회에 금지된 아리스토텔레스의 책들을 정정하도록 명령했다. 하지만 이 조치는 그의 책들이 근본적으로 틀린 것은 아니라는 것을 의미하므로, 그 금령은 무시되는 경향에 있었다. 금령은 1245년 인노첸트 4세에 의해서 툴루즈까지 미쳤으나, 그때는 이미 아리스토텔레스 철학의 만연을 막을 수가 없었고, 또 1255년부터는 그때까지 알려져 있었던 아리스토텔레스의 모든 저작은 공적으로 파리 대학에서 강의되고 있었다. 1263년 우르바누스 4세는 아마도 아베로에스주의가 무서워서 1210년의 금령을 되풀이했으나, 다시 시작된 그 금령은 무의미하게 되고 교황청은 대학에 대해서 아무런 조치도 취하지 못했다. 교황은 자신의 궁정에서 기욤 드 모에르베카가 금지되어 있는 아리스토텔레스의 책을 번역하고 있는 것을 틀림없이 알고 있었을 것이다. 그리고 1263년의 금령은 아리스토텔레스 철학의 연구를 모두 중단시키겠다는 심각한 의도라기보다는 오히려 아베로에스주의를 저지하기 위해서 계획되었음에 틀림없다. 어쨌든 그 금령은 아무런 효과가 없었고, 결국 1366년 우르바누스 5세의 사절은 파리 인문학부의 교원 자격 후보자 전원에게 그때까지 알려져 있었던 아리스토텔레스의 모든 저작에 대한 지식을 요구했던 것이다. 《원인론》과 같은 책은 아리스토텔레스의 것이 아니라는 것과 아리스토텔레스의 철학은, 물론 라틴 아베로에스주의자들의 관점을 제외한다면 아베로에스에 의한 해석과 밀접한 관계가 있는 것은 아니나, 그리스도교 신앙과는 조화될 수 있다는 것이 이미 중세인들에게는 분명했던 것이다. 실제로 신앙의 교의 자체가 이미 그때 아리스토텔레스의 체계로부터 취해진 용어로 신학자들에 의해서 표현되어 있었다.

교회와 대학의 권위의 측면에서의 아리스토텔레스에 대한 공적인 태도를 위와 같은 요약된 사실에서 볼 때, 결국 아리스토텔레스 철학이 승리를 거두었다는 것이 분명하다. 그렇다고 하여 13 세기와 14 세기의 중세 철학자 모두가 한결같이 아리스토텔레스를 환영했다거나 그를 이해하고 있었다는 것은 아니다. 중세 사상이 지니는 활력성과 다양성은 아래의 여러 장에서 밝혀질 것이다. 아리스토텔레스의 영향이 중세의 철학 사상에 두루 미치면서 지배적이었다는 것은 사실이나, 그것이 전면적인 사실은 아니다. 중세 철학이 위대한 그리스 철학자의 말을 모두 무비판적으로 받아들이는 데서 영감을 받고 특징지워졌다고 생각한다면, 13 세기와 14 세기의 중세 철학에 대해서 매우 불충분한 지식을 지니고 있음에 불과하다고 하겠다.

제5부
13세기

제 22 장
서 론

1. 파리대학

13 세기의 주요한 철학자와 신학자들은 모두가 일정 기간 파리 대학과 관계를 맺고 있었다. 파리 대학은 노트르담의 주교좌 성당 부속 학교와 파리의 다른 학교들과 관계를 맺고 있는 교수와 학생의 단체에서 출발하여 1215 년 교황 사절 로베르 드 쿠르송(Robert de Courçon)에 의해서 대학의 학칙이 인가되었다. 알렉산더 할레시우스, 성 보나벤투라, 성 알베르투스 마그누스, 성 토마스 아퀴나스, 아콰스파르타의 마테우스(Máthew of Aquasparta), 로저 마스톤(Roger Marston), 리카르두스 메디아빌라(Ricardus de Mediavilla), 로저 베이컨, 에지디우스 로마누스(Aegidius Romanus), 브라방의 시제루스(Sigerus Brabantius), 강의 헨리쿠스(Henricus de Gand), 라이문두스 룰루스(Raimundus Lullus), 둔스 스코투스(1308 년 사망) 등은 누구나 파리에서 배웠거나 가르쳤다. (또는 배우기도 하고 가르치기도 했다.) 그러나 파리 이외의 고등 교육의 중심지가 중요성을 띠면서 그들 나름의 전통을 형성하고 있었다. 이리하여 옥스퍼드 대학에는 로버트 그로스테스트, 로저 베이컨, 둔스 스코투스와 같은 사람들이 관계하고 있었다. 파리가 아리스토텔레스 철학의 승리의 터전이었던 반면에, 옥스퍼드라는 이름은 로저 베이컨의 철학에서처럼 아우구스티누스적 전통과 '경험주의'의 특유한 혼합을 생각하게 한다. 그러나 비록 옥스퍼드, 볼로냐, 그리고 때로는 교황의 궁정이 중요성을 지니고 있었음에도 불구하고 파리 대학은 확실히 13 세기 그리스도교 세계에 있어서 차원높은 연구의 가장 중요한 중심지

였다. 그래서 학자들은 연구를 위해 파리에 오고 이 위대한 대학의 정신과 이념을 가지고 옥스퍼드나 볼로냐로 돌아가서 가르쳤을 것이다. 그리고 직접 파리에 가 본 경험이 없는 학자조차도 파리의 영향을 받고 있었다. 예컨대 로버트 그로스테스트는 결코 파리에서 공부한 적은 없지만, 확실히 파리에 있는 교수들의 영향을 받고 있었다.

파리 대학의 국제적 성격과 그 결과로 생기는 그리스도교의 지적 표현 및 그 옹호라는 중요한 관점에서, 그 관구에 있어서의 전통 신앙의 유지가 교황청의 중요한 관심사라는 것은 당연한 것이다. 그러므로 아베로에스주의에 대한 논쟁은 이 대학이 지니는 국제적 지위에 비추어 보지 않으면 안 된다. 대학은 철학과 신학에 관련된 범위 내에서 중세의 정신 문화를 대표하고 있으며, 그리스도교와 화해할 수 없는 사상체계가 대학 안에 퍼진다는 것은 로마 교황청에게는 관심 밖의 문제일 수가 없었다. 또 한편으로는 대학에 하나의 특정한 전통이 엄격하게 주어져 있었다고 가정하는 것은 잘못이라고 할 수 있다. 성 토마스 아퀴나스는 아리스토텔레스 철학을 받아들여 보급함에 있어서 사실 어려움을 겪었으나, 그러한 어려움은 오래 지속되지는 않았다. 그리고 비록 아리스토텔레스의 철학이 결국 대학의 지적 활동을 지배하게 되었을지라도 13 세기와 14 세기에는 또 다른 관점의 철학을 받아들일 여지가 아직도 많았던 것이다.

2. 독립된 특권을 지닌 자치 단체로서의 대학

대학이 대학으로서 설립되기 위해서는 교황이나 황제(파리 대학은 프리드리히 2 세로부터 인가를 받았다)로부터 또는 나중에는 국왕으로부터 공식적인 인가를 받지 않으면 안 되었다. 이 인가는 교수나 학생들에게 상당한 특권을 부여했고, 이 특권들은 소중하게 보호되었다. 그 가운데 가장 중요한 특권은 학내의 자치권(옥스퍼드의 경우는 아직도 남아 있다)과 교수 자격이 있는 학위를 수여하는 권리이다. 학생들은 특별한 사정 이외에는 병역이 면제되고, 대학은 일반적으로 상당한 액수의 과세, 특히 지방세가 면제되었다. 북유럽에서는 교수들이 대학을 관리하고 학장은 선출되었으나, 남유럽의 대학은 관리 조직면에 있어서 확실히 민주적이었다. 그러나 그 어느 경우이든 대학은 거의 독립하여 외부의 간섭을 받지 않는 자치 단체로서 교회와 국가에 대해서 자신의 특권을 유지하고 있었다. 이 점에 있어서 옥스퍼드 대학과 케임브리지 대학은 학장과 교수가 국가에 의해서 임명되는 대륙의 대학들보다 중세의 전통과 관행을 더 충실하게 따르고 있다.

3. 교과과정

중세에는, 훨씬 뒤에도 마찬가지였지만, 학생들이 현재보다 매우 어린 나이에 대학에 입학했다. 추측컨대 13세 또는 14세에 대학에 다니기 시작했다. 이러한 사실을 생각한다면, 박사 학위를 취득하기 위해서 여러 해가 요구된다는 것이 뜻밖의 일로는 생각되지 않을 것이다. 인문 과정은 대학에 따라서 4년 반 내지 6년(옥스퍼드에서는 약 7년) 과정으로 구성되어 있으며, 학생은 신학 과정에 들어가기 전에 적어도 인문학부에서 필요한 자격을 얻지 않으면 안 되었다. 신학 과정에서 학생은 4년 동안 성서 강의를 듣고, 그리고 나서 2년간 더 《명제집》(*Sentences*)의 강의를 들어야만 했다. 이러한 과정을 거쳐 26세가 되면 학사가 되어 2년 동인은 성서 중에서 두 권을 강의한다. 그 다음에는 《명제집》에 대한 강의를 할 수 있었고, 마지막으로 몇 년 동안 연구와 토론의 과정을 거친 뒤에 박사 학위를 취득하면 신학을 가르칠 수가 있었다. 이렇게 되기 위한 최저 연령은 34세이며, 인문학부를 가르칠 수 있는 최저 연령은 20세였다. 파리에서는 박사 학위를 취득하는 데 소요되는 해수가 길어지는 경향이 있었지만, 옥스퍼드에서는 파리에서보다 인문학부의 과정이 길고 신학 과정은 짧았다.

박사 학위를 취득하여 대학을 떠난 학생은 magister non regens로, 가르치기 위해서 대학에 남은 학생은 magister regens로 불리워졌다. 그러나 전자에 속하는 학생이 아무리 많을지라도, 이렇게 긴 대학 과정은 교수와 교사를 전문적으로 양성하기 위해서 계획되었음이 분명하다.

교과 과정에 관해서 말한다면, 13세기의 대학의 일반적 관례는 일정한 원문을 강의하고 듣는 일이었다. 그러한 까닭에 프리스키아누스(Priskianus)와 도나투스(Donatus) 같은 문법 학자의 저작이나 그 외의 고전의 원문보다는 아리스토텔레스의 저작이 시간이 지남에 따라 인문학부를 지배하게 되었다. 그리고 인문학부의 교수들이 '라틴 아베로에스주의'를 대표하고 있었다는 것은 의미가 있다. 신학부에서는 성서와 페트루스 롬바르두스의 《명제집》이 지배적이며, 교수들은 자신의 견해를 주석의 형식으로 나타내었다. 교과 과정에 있어서 강의 외에 중요하게 여겨진 것은 토론이며, 토론에는 '정규' 토론(**disputatio ordinaria**)과 '자유' 토론(**disputationes de quolibet**)의 두 형식이 있었다. 여러 가지의 논제가 자유로이 다루어지는 〈자유 토론〉은 장엄한 축제일에 개최되었다. 엄밀한 의미에서의 토론, 즉 답변자와 반론자 사이의 토론이 있고 나서 교수가 문제 전체, 논증, 반론, 그리고 해답을 요약하여, 논쟁점에 대해서 〈다음과 같이 대답한다〉(**Respondeo dicendum**)는 말로 시작하는 자신의 해답을 부여함으로써 끝난다. 교수에 의해서 정리된 최종 결과는 후에 《자유 토론집》(***Quodlibet***)으로서 출판되었다. (성 토마스는 약 11 개 내지 12 개의 《자유 토론집》을 남겼다.) 정규 토론도 해답을 첨부하여 《정기 토론집》(***Quaestio disputata***)으로서 출판되었다. 이외의 토론 형식도 있었으나, 〈정기 토론〉과 〈자유 토론〉이 가장 중요했다. 이러한 토론은 개별적 문제들에 대한 학생의 이해력, 논증의 능력, 반론을 논파하는 능력을 길러 주기 위해서 시도되었던 것이다. 사실 일반적으로 중세의 대학 교육은 근대의 연구 기관에서처럼 실제적인 지식의 증진을 목표로 하기보다는 지식의 어떤 실질을 알리고, 그 지식을 다루는 기법을 전달하는 데 목적을 두었다. 물론 학자들은 확실히 지식을 사변적으로 증진하는 데 목표를 두었다. 그러나 비록 14 세기에 과학이 파리와 비엔나에서 어느 정도로 발달하기는 했지만, 중세의 교육에서는, 예컨대 과학적 지식의 증진이라는 것은 거의 자리를 차지하지 않았다.

4. 파리의 수도회

파리와 옥스퍼드의 대학 활동에 있어서 수도회, 특히 13 세기에 설립된 두 탁발 수도회인 도미니코회와 프란치스코회가 매우 중요한 역할을 했다. 도미니코회는 1217 년 파리에서 설립되고, 프란치스코회는 그것보다 2, 3 년 늦게 설립되었다. 그 후 이 두 수도회는 대학의 신학 강좌를 요구할 수 있는 정도까지 발전하여, 그들의 신학 강좌가 대학에 마땅히 개설되어야 하고 그들의 교수와 학생은 대학의 특권을 마땅히 가져야 한다고 요구했다. 이 요구에 대해서는 대학의 교수진으로부터 상당한 반대가 있었으나, 도미니코회는 1229 년에 첫 강좌를 얻고 1231 년에 두번째의 강좌를 얻었으며, 같은 해에 프란치스코회도 첫 강좌를 획득했다(프란치스코회는 두번째의 강좌를 얻지 않았다). 크레모나의 롤란두스(Rolandus de Cremona)와 생 질의 요한네스(Johannes of St. Giles)는 최초의 도미니코회 교수였으며, 알렉산더는 최초의 프란치스코회 교수였다. 1248년 도미니코회의 총장은 쾰른, 볼로냐, 몽펠리에, 그리고 옥스퍼드에 〈각 지방의 연구 기관과는 구별되는 수도회 전원을 위한 연구 기관〉(studium generale)을 설립할 것을 결정했다. 그 반면에 프란치스코회는 그동안 그러한 연구 기관을 옥스퍼드와 툴루즈에 설립했다. 아우구스티누스 수사회는 1260년 파리에 연구 기관을 열었으며, 최초로 공인된 박사는 에지디우스 로마누스였다. 그 반면에 카르멜회는 1253년 옥스퍼드에, 1259년에는 파리에 연구 기관을 설립했으며, 다른 수도회도 뒤따라 흉내를 냈다.

수도회, 특히 도미니코회와 프란치스코회는 지적 분야에 있어서 위대한 업적을 이루었을 뿐만 아니라 매우 뛰어난 인물들을 배출했다. (도미니코회에서는 성 알베르투스 마그누스와 성 토마스 아퀴나스, 프란치스코회에서는 알렉산더 할레시우스와 성 보나벤투라를 생각하는 것만으로도 충분하다.) 그러나 그들은 어느 정도 질투에 의해서 야기된 맹렬한 반대에 부딪히지 않을 수 없었다. 이 반대자들은 어떠한 수도회도 한 번에 한 강좌 이상을 차지해서는 안 된다고 주장할 뿐만 아니라 수도회의 지위까지도 공격하기 시작했다. 1255년 기욤(Guillaume de St. Amour)은 《최근의 위기에 대해서》(*De periculis novissimorum temporum*)라는 작은 책자를 내었고, 이것은 또 성 토마스로 하여금 《하느님 예배를 공격하는 사람들에 대해서》(*Contra impugnantes Dei cultum*)라는 글을 쓰게 했다. 기욤 드 생 타무르의 그 작은 책자는 불살라졌고, 1257년 재속(在俗) 사제는 수도(修道) 사제를 반대하는 저서를 출판할 수 없다는 데까지 이르게 됐다. 그러나 이 금지에도 불구하고 아베비유의 제라르두스(Gerardus de Abbeville)는 《그리스도교적 완전성을 반대하는 사람들에 대해서》(*Contra adversarium perfectionis christianae*)라는 저서로 다시 반론을 제기하기 시작했다. 성 보나벤투라와 성 토마스는 철학상의 문제에 관해서는 일치하지 않았지만 수도회를 옹호하겠다는 결심에는 하나가 되었다. 그리고 그 양자는 제라르두스의 저서에 대한 회답을 출판하였으나, 이 때문에 이번에는 리쥬의 니콜라우스(Nicholaus de Lisieux)가 재속 사제를 대표하여 맹렬한 반론을 하기에 이르렀다. 수도 사제와 재속 사제간의 싸움은 후에도 여러 상황에서 일어났으나, 수도회가 대학에서 강좌를 차지한다는 주요한 점에 있어서의 판단은 수도 사제에게 유리하게 내려졌으며, 이는 다시 취소되는 일이 없었다. 그러나 여기에 언급하고 넘어가야 할 하나의 결과가 생겼다. 즉 루이 9 세의 예배당에 속하는 사제 소르본의 로베르투스(Robertus de Sorbon)가 신학생의 교육을 위해서 1253 년에 소르본느 학료를 설립한 일이다. 여기에는 재속 사제의 학생들에게도 입학이 허락되었다. 내가 소르본느 학료와 그와 비슷한 학료의 설립을 재속 사재와 수도 사제간의 논쟁의 '결과'라고 하는 그 의미는 이러한 학료가 한편으로는 아마 수도 사제의 위치와 영향에 있어서의 부족을 메우기 위해서 설립되고, 그리고 확실하게는 수도자들에 의해서 이루어지고 있었던 교육과 훈련이 지닌 형식의 이점을 보다 폭넓은 영역으로 전개시키는 데 있다.

5. 13 세기 사상의 흐름

13세기에 수도회 안에서 전통적인 학파로 정착하는 여러 가지 사상의 흐름을 구별할 수가 있다. 첫째는 아우구스티누스적인 사상의 흐름으로서 그 성격은 보수적이며, 일반적으로 아리스토텔레스 철학을 반대하는 태도를 견지하여 처음에는 뚜렷한 적의를 나타내었으나 점차 부분적으로 받아들이는 태도로 달라져 갔다. 이러한 흐름은 프란치스코회의 사상가들의 특징이며(초기의 도미니코 회원들도 이에 해당된다), 그로스테스트, 알렉산더, 그리고 성 보나벤투라에 의해서 대표된다. 둘째는 아리스토텔레스적인 사상의 흐름으로서, 이는 도미니코회의 특징이며 성 알베르투스 마그누스(부분적으로)와 성 토마스 아퀴나스(완전하게)에 의해서 대표된다. 세째는 브라방의 시제루스에 의해서 대표되는 아베로에스주의자들이다. 네째로는 에지디우스 로마누스와 강의 헨리쿠스 같은 자주적이고 절충적인 사상가들을 고려하지 않을 수 없다. 다섯째로는 세기가 바뀔 무렵 프란치스코회의 전통을 아리스토텔레스의 철학에 비추어서 수정했던 중요한 인물인 둔스 스코투스가 있다. 그는 오히려 성 보나벤투라보다도 수도회에서 더욱 인정받는 박사가 되었다. 여기서 13 세기의 모든 철학자들의 사상을 상세하게 언급할 수는 없다. 그러나 각 철학자들의 특징을 뚜렷하게 부각시키며, 사상의 다양성을 대체로 공통적인 테두리 안에서 제시하고, 그리고 각기 다른 전통의 형성과 발전을 간단하게 지적하기로 하겠다.

제 23 장
기욤 도베르뉴

1. 기욤 도베르뉴의 사상을 다루는 이유

기욤 도베르뉴(Guillaume d'Auvergne, 또는 파리의 기욤)은 《삼위 일체론》(*De Trinitate*) 및 《제 1 원리》(*De primo principio,* 1225 년경), 《영혼론》(*De Anima,* 1230 년), 《피조물 세계》(*De universo creaturarum,* 1231 년경), 그리고 그 외의 소논문의 저자로서 1228 년에서 1249년 죽을 때까지 파리의 주교로 있었다. 그는 사실 잘 알려진 중세의 사상가는 아니지만, 그레고리우스 9 세가 아리스토텔레스 저작의 수정을 신학자들의 위원회에 명하고, 또 그 이교 철학자에 대한 교회의 태도가 소리없이 달라져 갔던 시대에 파리의 주교였던 철학자와 신학자로서 그는 우리의 주의를 끌고 있다. 기욤이 《영혼론》에서, 아리스토텔레스는 가끔 진리와 모순되며 그러한 한에서는 이를 거부해야 하지만, 그의 가르침이 진리와 일치하는 경우, 즉 그리스도교의 교의와 모순이 없는 경우에는 마땅히 받아들여져야 한다고 말하고 있는 것은 확실히 그레고리우스 9 세에 의해서 채용된 태도를 나타내고 있는 것이다. 기욤은 자신의 사상의 기본적 방향에 있어서는 아우구스티누스, 보에시우스, 그리고 안셀무스의 전통을 계승하고 있으나, 그는 아리스토텔레스의 저서만이 아니라 아라비아 철학자와 유태 철학자들의 저서도 알고 있어서 그들의 사상을 폭넓게 활용하는 데 주저하지 않았다. 그러므로 일반적으로 기욤 도베르뉴는 새로운 사상의 흐름을 기꺼이 활용하면서도 아라비아 철학자나 아리스토텔레스가 그리스도교의 교의와 모순되고 있는 점을 명확하게 알고 있었던 총명하고 편견없는 옛 전통의 지지자라고 말할 수 있을 것이다. 따라서 그는 12세기와 13세기의 요소를 한몸에 지니고 있어서 13세기초의 사상가를 취급할 경우 그는 마땅히 고려되어야 할 인물이다. 더구나 그는 탁발 수도회가 최초의 강좌를 획득했을 당시에 파리의 주교좌의 지위에 있었던 재속 사제였다. 이 점에서도 프란치스코회와 도미니코회의 사상가들을 다루기에 앞서서 그의 철학 사상을 논할 충분한 이유가 있다. 그는 무시해도 좋은 인물이 아닐 뿐만 아니라, 그의 사상은 박력있고 독창적이고 또 체계적이다.

2. 하느님과 피조물, 본질과 존재

기욤 도베르뉴는 아비첸나로부터 본질과 존재의 구별을 받아들이고, 이에 의해서 피조물의 유한성과 의존성을 설명했다. 존재(esse)는 존재와 본질이 동일한 하나의 그것(하느님) 외에는 어떠한 것의 〈근거〉(ratio)나 본질에도 속하지 않는다. 말하자면 존재는 하느님 이외의 모든 것에는 단지 '우연적'으로만 진술된다. 즉 존재는 분유(分有)에 의해서 그 모든 것에 속해 있다. 어떤 유한한 것을 생각할 경우, 그것의 〈근거〉 또는 본질과 존재 사이에는 구별이 있으며, 그것은 필연적으로 있는 것이 아니라는 것을 알 수 있다. 그러나 필연적 존재를 생각할 경우, 그것의 본질은 존재없이는 생각될 수 없다는 것을 알 수 있다. 요컨대 "(하느님 이외의) 모든 것에 있어서 〈본질〉(ens)과 〈존재〉(esse) 또는 〈존재성〉(entitas)은 서로 다른 것이다."[1] 이것이 의미하는 바는 하느님만이 순수 존재로서 존재가 그의 본질인 반면에, 그 외의 다른 것들은 본질적으로 존재하는 것은 아니라는 것이다. 왜냐하면 그것들은 존재함에는 틀림없으나, 그들의 존재는 얻어져 있고 받아들여져 있기 때문이다. 그러므로 하느님 이외의 다른 것이 하느님에 대해서 갖는 관계는 창조자에 대한 피조물의 관계일 수밖에 없으며, 여기서 유출설은 잘못되었다는 결론이 나온다.[2] 즉 하느님은 절대적으로 순일(純一)하다. 사물은 하느님의 부분으로서 하느님 안에 미리부터 있었던 것이 아니다. 만일 그 사물들이 물이 샘에서 솟아나듯이 하느님으로부터 흘러나온다면, 하느님 안에 미리부터 있지 않을 수 없었을 것이다. 하지만 그렇지 않고 사물들은 하느님과 동일한 〈범형적 형상〉(formae

---

1) *De Universo,* 1, 3, 26 ; 2, 2, 8 ; *De Trinitate,* 1 과 2 참조.

2) *De Universo,* 1, 1, 17.

exemplares) 안에서만 선재(先在)하는 것이다. 하느님은 자신을 모든 피조물의 범형인(範型因)으로 보고 있다.[3]

3. 하느님에 의한 시간 안에서의 직접적 창조

기욤 도베르뉴는 신플라톤주의적인 아라비아적 유출설을 거부하고 있으며, 그 경우 언제나 그는 매개자에 의한 창조의 개념도 거부한다. 아리스토텔레스와 그의 후계자들에 의해서 설정된 예지체들의 위계 질서는 실제로는 아무런 근거를 갖지 않는다.[4] 하느님은 세계를 직접 창조했다. 이의 결과로서 하느님은 개별적인 것에 관해서 섭리한다. 기욤은 짐승들의 본능적 행위를 장황하게 열거하여 하느님의 섭리 활동을 설명하고 있다.[5] 그리고 또 아리스토텔레스의 세계 영원론이 거부되고 있다. 사람들이 무엇을 말하든 또 그들이 아무리 아리스토텔레스를 변호하더라도 아리스토텔레스가 세계는 영원하여 시작을 가지지 않는다고 주장한 것은 확실하다. 그리고 아비첸나는 아리스토텔레스의 이 견해를 따랐다.[6] 그러므로 기욤은 아리스토텔레스와 아비첸나가 이 견해를 주장한 이유를 밝힐 뿐만 아니라 심지어 그들의 논증을 고쳐 밝힌 뒤에 그 논증들을 물리치고 있다. 예컨대 하느님이 세계의 창조에 앞서서 있었다면, 창조 이전에는 틀림없이 무한한 지속이 통과하고 있었을 것이라는 생각과 창조 이전에는 공허한 시간이 있었을 것이라는 생각은 영원과 시간을 혼동하는 데 근거하고 있다. 창조 이전에 지나가는 무한의 지속이라는 생각은 영원이 시간과 같은 것일 때, 즉 영원이 더 이상 영원이 아니고 또 하느님이 시간 속에 있을 경우에만 의미를 지닐 것이다. 그리고 창조 이전의 공허한 시간이라는 생각도 창조 이전에는 어떠한 시간도 있을 수 없으므로 무의미하다. 창조를 앞서 있는 하느님, 즉 세계가 있기 이전에 존재하는 것에 대해서 말해야 하는 것이 사실이나, 그러한 표현은 역시 시간적인 지속으로부터 빌어 온 것이며, 그 표현이 영원한 것에 적용되는 경우에는 일의적(一義的)인 의미에서가 아니라 유비적(類比的)인 의미에서 사용되어져 있다는 것을 잊어서는 안 된다.

---

3) 같은 책, 1, 1, 17.

4) 같은 책, 1, 1, 24 이하

5) 같은 책, 1, 3, 2~3.

6) 같은 책, 1, 2, 18.

그러나 기욤 도베르뉴가 말하고 있듯이,[7] 자가 자신의 입장을 적극적으로 증명하지는 않으면서 반대자를 논박하고 그들의 논증이 불충분함을 제시하는 것만으로는 충분하지 않다. 그러므로 그는 시간에 있어서의 세계 창조에 대한 여러 가지의 논증을 제시하고 있으며, 그 가운데 어떤 것은 성 보나벤투라에서 다시 나타나고, 성 토마스에 의해서는 결정적이지 않은 것으로 밝혀져 있다. 예를 들어 기욤은 자신의 반대자가 하는 말을 들어서 다음과 같이 논하고 있다. 만일 세계가 영원으로부터 존재하고 있었다고 한다면, 무한의 시간이 지금의 순간까지 지나고 있었을 것이다. 그러나 무한의 시간을 통과한다는 것은 불가능한 일이다. 그러므로 세계는 영원으로부터 존재했을 리가 없으며, 따라서 세계는 시간 속에서 창조되었다. 즉 시간의 최초의 한 순간을 지적할 수 있다. 나아가서 토성의 회전은 태양의 회전에 대해서 1 대 30의 비율을 지닌다고 가정한다면, 태양은 창조 이래로 토성보다 30배나 더 회전한 셈이 될 것이다. 그러나 만일 세계가 영원으로부터 존재한다면, 토성이나 태양 둘 다 수에 있어서 무한한 회전을 했을 것이다. 그렇다면 어떤 무한이 다른 무한보다 어떻게 30배나 더 클 수 있을까?

위에서 이미 말한 것으로부터 분명한 것은 기욤 도베르뉴가 하느님에 의한 시간에서의 직접적인 자유로운 창조라는 아우구스티누스적인 학설을 주장하면서도 신플라톤주의적인 유출설과 아리스토텔레스의 영원한 세계에 대한 생각들을 간단하게 부정한 것은 아니라는 사실이다. 그러기는커녕 오히려 그는 반대자들의 논증을 활발하고 정확하게 열거하고 또 논박한 뒤에 자기 자신의 논제의 체계적인 증명을 상세하게 논하고 있다. 그가 그렇게 할 수 있었던 것은 그가 직접 아리스토텔레스와 아라비아 철학자들의 저서에 정통하여 아리스토텔레스의 논리학과 그의 범주만이 아니라, 받아들일 수 있는 한에서의 아리스토텔레스와 아비첸나 그리고 그 외의 철학자들의 생각도 이용하는 데 주저하지 않았기 때문이다. 예컨대 그가 아비첸나의 본질과 존재의 구별을 이용했다는 것은 이미 말한 바이며, 실제로 그는 이 구별을 철학의 기본적인 것으로 삼은 중세의 스콜라 철학자 중 최고의 사람이었다. 이 구별에 의해서 기욤은 피조물과 하느님의 관계를 명확하게 설명할 수 있었으며, 그는 이 구별에 유비의 이론을 덧붙였다. 기욤은 유한한 것은 〈존재〉를 '분유에 의해서' 가진다는 명제가 하느님과 피조물 모두에게 적

7) *De Universo*, 1, 2, 11.

용된다는 사실로 독자들이 당황하거나 걱정할 필요가 없다고 말하고 있다. 왜냐하면 존재는 같은 의미로(일의적으로) 또는 균일하게 적용되지 않기 때문이다. 존재는 〈존재로〉 있는(who is esse) 하느님에게 일차적으로 적용되고, 〈존재〉를 가지고 있는(who have esse) 피조물, 즉 하느님의 창조 행위를 통해서 존재를 받아들임으로써 존재에 참여하는 피조물에는 이차적으로만 적용된다. 그의 주석에 의하면, 건강은 인간이나 오줌이나 약 그리고 음식에 의해서도 진술되지만, 같은 의미나 같은 방법으로 진술되는 것은 아니다.[8] 건강을 예로 들어 설명하는 것은 다소 흔한 일이지만, 이는 기욤 도베르뉴가 유신론적 철학에 있어서 중요한 유비의 이론을 이해하고 있었다는 것을 보여주고 있다.

4. 하느님의 존재 증명

하느님의 존재 증명에 있어서 기욤 도베르뉴가 아리스토텔레스나 심지어 마이모니데스(Moses Maimonides)에 의해서 사용된 증명을 거의 이용하지 않았다는 것은 뜻밖의 일이다. 아리스토텔레스에 의한 부동의 제 1 동자로서의 하느님의 증명은 제시되어 있지 않다. 그리고 기욤은 확실히 하느님을 제 1 작용인으로 보고는 있지만, 특색있는 그의 증명은, 적어도 안셀무스의 증명의 재현은 아닐지라도, 안셀무스가 채용했던 증명의 방향을 생각나게 한다. 이 논증은 분유에 의해서 존재하는 존재자로부터 본질적으로(본질에 의해서) 존재하는 존재자로 나아간다. 이것은 곧 아라비아 철학과 유태 철학에서 볼 수 있는 우연성으로부터의 증명을 연상시키고 있으나, 기욤은 오히려 한 개념에서 다른 개념을 논증하는 방법을 취하고 있다. 예컨대 〈산출된 존재〉라는 개념은 그것의 상관 개념으로서 원인없는 존재를 가지고 있으며, 〈원인있는 존재〉는 〈원인없는 존재〉를, 그리고 〈이차적 존재〉는 〈일차적 존재〉를 필요로 하고 있다는 것 등이다.[9] 기욤은 〈대립물의 유비〉(analogia oppositorum)에 대해 말하면서 하나의 개념이나 말이 어떻게 필연적으로 그의 상관적인 개념이나 말에 관계하는가를 지적하고 있다. 그렇기 때문에 기욤은 하나의 말로부터 그 말 가운데 포함되어 있거나 전제되어 있는 다른 말을 단정한다는 점에서 순전히 논리적이거나 심지어 문법

8) *De Trinit.*, 7.

9) 같은 책, 6.

적인 증명 방법을 취하고 있다고 그룬발트(G. Grunwald)는 말할 수 있었던 것이다.[10]그의 논증이 이러한 인상을 주는 경향이 있는 것은 사실이다. 그리고 만일 이것이 완전히 말로 나타내어진 증명이라고 한다면, 〈분유된 존재〉나 〈원인있는 존재〉라는 말 또는 개념은 〈본질에 의한 존재〉나 〈원인없는 존재〉라는 말 또는 개념에 확실히 관계하겠지만, 그러나 이것은 〈분유된 존재〉나 〈원인있는 존재〉가 있다는 것이 먼저 제시되지 않는다면, 〈본질에 의한 존재〉나 〈원인없는 존재〉가 실제로 있다는 것에 대한 증명이 되지 않는다고 반박될 여지가 있을 것이다. 그렇지 않으면 이 증명은 성 안셀무스의 선험적 증명과 마찬가지로 하느님의 존재 증명은 되지 않을 것이다. 그러나 비록 기욤이 출발점에 있어서의 이 증명의 경험적 성격을 충분하게 나타내고 있지는 않을지라도, 그의 논증은 결코 말로만 나타내어진 것은 아니다. 왜냐하면 생성하는 것은 자기 의존적이거나 자기 원인적일 수가 없다는 것을 그가 보여주고 있기 때문이다. 마치 〈가능적 존재〉가 자신을 현실의 상태에 있게 할 현실태에 있는 존재를 필요로 하듯이, 〈충족되지 않은 존재〉는 자기 존재의 근거로서의 〈충족 존재〉를 요구하고 있다. 전 우주는 자신의 원인과 근거로서의 필연적 존재를 필요로 하고 있다. 달리 말하면, 기욤은 단지 개념을 분석하고 실체화하고 있는 데 불과하다는 인상을 때로는 받을지 모르지만, 그가 제시한 증명은 단순히 논리학적이거나 말로 나타내어진 것만이 아니라 형이상학적이기도 하다.

5. 질료 형상론

기욤 도베르뉴는 아리스토텔레스의 질료 형상 합성론을 받아들였으나, 예지체들 또는 천사들이 질료와 형상으로 합성되어 있다는 아비체브론의 생각은 인정하지 않았다.[11] 아리스토텔레스가 이성혼은 〈제 1 질료〉(materia prima)를 포함하지 않는다고 생각했던 것은 분명하다. 왜냐하면 그는 이성혼은 비물질적 형상이라고 명백하게 주장하고 있기 때문이다. 그리고 제 1 질료는 감각적 실체의 가능태이고, 감각적 실체는 제 1 질료의 최종적 현실태라는 아베로에스의 설명도 마찬가지로 제 1 질료는 감각적 실체의 질료에 지나지 않는다는 것을 의미하고 있다. 나

10) *Gesch. der Gottesbeweise im Mittelalter ; Beiträge,* 6, 3, p. 92.

11) *De Universo,* 2, 2, 8.

아가서 천사들에게 있어서 제 1 질료의 역할은 무엇이며 어떠한 기능을 다하고 있을까? 질료 그 자체는 죽어 있는 어떤 것으로서 어떠한 의미에서도 지적 및 정신적인 작용에 이바지하거나 그 작용을 받아들일 수 없다. 기욤은 이미 피조물의 유한성과 그것이 지니는 하느님과의 근본적 차이를 설명하기 위해서 본질과 존재의 구별을 사용했으므로, 그는 이 점 때문에 전면적인 질료 형상 합성론을 필요로 하지 않았다. 그리고 그는 천사들에게 제 1 질료의 존재를 가정한다는 것은 천사들의 순전한 정신적인 작용의 설명을 쉽게 하기보다는 오히려 방해한다고 생각했으므로, 그는 그 후 성 토마스가 했듯이 제 1 질료를 감각적 세계에 한정시켰던 것이다.

6. 영 혼

《영혼론》에서 말하고 있듯이, 기욤 도베르뉴는 자신의 영혼관에 있어서 아리스토텔레스적 주제와 아우구스티누스적 주제를 결합시키고 있다. 그러므로 그는 분명히 〈가능태에서 생명을 지니는 자연적 물체의 완전성〉이라는[12] 아리스토텔레스적인 영혼의 정의를 채용하고 있다. 하지만 그는 아리스토텔레스를 확실한 권위로서 인용하는 것이 아니라 정의의 진리성을 증명하는 데 목적으로 하고 독자에게 주의시키고 있다. 인간이 영혼을 지니고 있다는 것은 모든 사람에게 분명한 일이다. 왜냐하면 인간은 자신이 이해하고 판단하고 있다는 것을 알고 있기 때문이다.[13] 그러나 영혼은 인간 본성의 전부가 아니다. 만일 그렇다고 한다면, 예컨대 공기와 같은 물체에 결합한 인간의 영혼도 역시 인간이 되겠지만, 그러나 실제로는 그렇지 않을 것이다. 따라서 아리스토텔레스가 신체에 대한 영혼의 관계는 질료에 대한 형상의 관계와 같다고 말한 것은 옳다.[14] 그렇다고 해서 영혼은 실체이거나 우유성이어야 하며, 그리고 우유성일 수는 없다는 이유에서 영혼은 실체라고 그가 말하지 못할 것은 없다. 그리고 그는 신체를 하프에, 영혼을 하프 연주자에 비유하는 아우구스티누스의 비유를 사용하고 있다. 인간에게는 세 개의 영혼이 있으며, 그 첫째가 생명의 원리(식물혼), 둘째는 감각의 원리(동물혼 또는 감각혼), 세째 사고의 원리(이성혼)가 있는 것

12) *De Anima*, 1, 1.　13) 같은 책, 1, 3.　14) 같은 책, 1, 2.

처럼 생각될지 모르나, 조금만 생각해 본다면 그럴 수가 없다는 것을 알게 될 것이다. 만일 인간에게 이성혼 또는 인간의 영혼과는 다른 동물혼이 따로 있다고 한다면 인간성, 즉 인간의 본성은 동물성을 포함하지 않을 것이다. 그러나 실제로는 동물성이 인간 본성에 속해 있기 때문에[15] 인간은 하나의 동물인 것이다. 그러므로 인간에게는 여러 가지의 기능을 다하는 하나의 영혼이 있다. 이것은 하느님에 의해서만 창조되어 주입되는 것으로 부모에 의해서 산출된 것도 아니고 질료의 가능태로부터 끌어내어진 것도 아니다.[16] 그리고 또 영혼은, 기욤이 많은 논증에 의해서 계속 증명하고 있듯이 불멸한다. 그리고 이 논증들 가운데 몇 개는 플라톤으로부터 유래하고 있다. 예를 들어 악령이 악의를 가지고도 영혼의 〈존재〉를 손상시키거나 파괴하지 않는데, 어떻게 육체적 죽음이 영혼을 파괴할 수 있을까?[17] 그리고 또 육체는 영혼으로부터 생명을 받고 영혼의 힘은 그 자체로서는 죽음이며 생명이 결여되어 있는 육체를 살리는 것이기 때문에 육체의 생명이 끝난다고 하여 영혼에 내재하는 생명력이 파괴될 수는 없다.[18] 나아가서 영혼은 〈이존실체〉(**substantiae separatae**)와 상통할 수 있고, 따라서 그것과 유사하며 불멸한다. 그러나 인간의 영혼은 불가분적이면서 하나이므로, 당연한 결과로서 단순히 이성적인 부분만이 아니라 인간의 영혼 전체가 불멸하게 된다.[19]

그러나 기욤은 영혼을 실체의 형상으로 하는 페리파토스 학파의 설을 받아들이고는 있으나(그는 영혼과 육체의 결합에 관해서 때로는 플라톤적인 아우구스티누스적 표현을 사용하고 있다는 것을 미리 생각해 둘 필요가 있다), 영혼과 그 기능 사이의 실제적 구별을 인정하지 않는다는 점에서 성 아우구스티누스를 따르고 있다.[20] 실체만이 이해하거나 의지할 수가 있고, 우유성은 그렇게 할 수 없다. 그러므로 영혼이 각각 다른 대상이나 동일한 대상에 관해서 때로는 인식하고 때로는 욕구함으로써 각기 다른 방법으로 작용할지라도, 이해하거나 의지하고 있는 것은 영혼 자신이다. 이의 당연한 결과로서 아리스토텔레스의 능동 지성과 수동 지성의 구별은 거부될 수밖에 없으며, 사실 기욤 도베르뉴는 능동 지성과 〈지적 형상〉의 설을 모두 거부하고 있다. 아리스토텔레스와 그의 주석가를 따르는 사람들은 이해하지도 못하면서 능동 지성의 설을 그대로 외우고 있다. 그러나 실제로는 이 설이 불충분하다

15) 같은 책, 4, 1～3.　16) 같은 책, 5, 1 이하.　17) 같은 책, 6, 1.
18) 같은 책, 6, 7.　19) 같은 책 6, 8.　20) 같은 책, 같은 곳.

는 것을 증명하는 논증을 들 수 있을 뿐만 아니라, 그 반대를 입증하는 논증, 예를 들어 영혼의 단순성으로부터의 논증도 들 수 있다. 따라서 능동 지성은 하나의 쓸모없는 허구로서 마땅히 거부되어야 하는 것이다.[21] 물론 기욤이 아베로에스를 따라서 아리스토텔레스 자신의 것으로 간주하고 있는(아마 이는 옳을 것이다) 아라비아의 〈이존〉 능동 지성론을 거부하고 있음은 말할 나위가 없다.

7. 인 식

기욤 도베르뉴는 능동 지성에 관해서는 아우구스티누스의 편에 서서 아리스토텔레스와 아라비아의 철학자와는 헤어졌으며, 아우구스티누스의 영향은 그의 인식론에서도 볼 수 있다. 그는 아우구스티누스처럼 영혼의 자기 인식, 즉 영혼의 직접적 자기 인식을 강조하고 있으며, 또 아우구스티누스와 마찬가지로 감각의 중요성을 그다지 인정하고 있지 않다. 인간이 육체적인 것, 즉 감각의 대상으로 집중하고 있는 것은 사실이다. 그 이유로 말미암아 인간은 자기 의식이라는 사실을 무시하거나 때로는 비물질적인 영혼이 존재한다는 것조차도 부정할 만큼 어리석다. 그리고 감각적 지각을 위해서는 감각이 필요하며 또 그것으로 충분하고, 유형의 대상이 감각 기관에 물리적 인상을 생기게 하는 것도 사실이다. 그러나 우리가 유형적 대상을 알게 되는 추상적이고 보편적인 가지적 형상(intelligible forms)은 대상 그 자체나 대상의 영상에 기인할 수 없다. 왜냐하면 대상이나 그 영상은 모두가 개별적이기 때문이다. 그렇다면 감각적 대상의 추상적이고 보편적인 개념은 어떻게 생기는가? 그것은 이해 작용 그 자체에 의해서 생긴다. 이 이해 작용은 순전히 수동적인 것이 아니라 능동적이며, 〈감각되는 것으로부터 얻어진다고 생각되는 지식은 스스로 자기 자신 안에서 생산하는 것〉이다.[22] 이 작용은 감각 인상을 기회로 하여 이루어지지만 어디까지나 영혼 자신의 작용이다.

그렇다면 추상적인 보편 개념의 객관적 성격은 어떻게 보장되는가? 그 보장은 지성이 단순히 능동적일 뿐만 아니라 수동적이라는 사실에 있다. 그러나 이 경우 수동적이라는 것은 감각의 대상에 관해서가 아

21) 같은 책, 7, 3.　　22) 5, 6.

니라 하느님에 관해서이다. 하느님은 제 1 원리만이 아니라 감각적 세계의 추상 개념까지도 지성에 새겨 둔다. 《영혼론》에서[23] 기욤은 이렇게 인식되는 것은 제 1 원리와 도덕률만이 아니라 감각적 대상의 가지적 형상도 그러하다고 분명히 말하고 있다. 인간의 영혼은 두 세계의 경계에 위치하고 있는데, 하나는 육체를 통해서 결합되어 있는 감각적 세계이며 다른 하나는 플라톤의 보편적 이데아도, 아리스토텔레스의 이존 예지체도 아닌 하느님 자신, 즉 〈창조자 자신〉이다. 하느님은 〈범형〉, 〈거울〉, 〈살아 있는 책〉이며, (〈다른 매개없이〉) 원리, 규칙, 가지적 형상을 알아내는 형식으로 인간의 지성에 현존하고 있다. 이러한 방법으로 기욤 도베르뉴는 아리스토텔레스와 아라비아의 철학자의 능동 지성을 하느님 자신으로 하고, 아우구스티누스의 조명설을 관념 발생적으로 해석하여 이 이론과 결부시키고 있다.

8. 과도기의 사상가 기욤 도베르뉴

유명한 중세 사상가들 가운데 이름도 없는 한 사람에게 특히 하나의 장을 할애하는 것은 뜻밖의 일로 생각될지 모르겠다. 그러나 기욤 도베르뉴는 박력있는 체제적 철학자로서 관심을 끌 뿐만 아니라, 일반적으로 말하여 옛 전통의 계열에 속하면서도 편견없는 한 사상가에게 아리스토텔레스와 아라비아 철학자의 형이상학, 우주론, 영혼론이 어떻게 영향을 미치고 있었는가를 보여주고 있다는 점에서도 흥미가 있다. 기욤 도베르뉴는 언제나 아리스토텔레스적인 생각을 받아들이고 있었다. 예를 들어 그는 아리스토텔레스의 영혼에 대한 정의를 채용하고, 아비첸나의 본질과 존재의 구별을 이용했다. 그러나 그는 무엇보다도 우선 그리스도교 철학자였다. 그리고 아우구스티누스에 대한 개인적인 편애는 별문제로 하고, 그는 아리스토텔레스의 학설이나 아리스토텔레스의 것으로 추정되어 있는 학설이 그리스도교의 신앙과 양립할 수 없다고 생각되는 경우에도 그것을 채용하는 그러한 사람은 아니었다. 그러므로 그는 아리스토텔레스의 세계 영원론, 신플라톤주의적인 아라비아의 유출설 또는 매개자에 의한 '창조설', 하느님 아래에 있는 이존적인 단일적 능동 지성 등을 가차없이 거부했다. 그러나 그가 이들 생각

---

23) 7, 6.

을 그리스도교와 양립할 수 없는 것으로서 거부하여 그것을 그대로 내버려 두었다고 생각한다면, 이는 잘못이다. 왜냐하면 그는 자신의 비위에 거슬리는 입장을 위한 논증은 결정적이 아니고 불충분하며, 자기 자신의 주장을 위한 논증은 결정적이라고 스스로 만족하고 있음이 분명하기 때문이다. 달리 말하면 그의 저서에서는 신학적 논제와 철학적 논제가 동시에 취급되어 있고, 이 점에서 중세 대부분의 사상가들에게 공통되는 특징이 있을지라도, 그는 하나의 철학자이며 또 철학자로서 저술했던 것이다.

그러므로 기욤 도베르뉴는 과도기의 사상가라고 할 수 있다. 아리스토텔레스와 아라비아 및 유태의 철학자들의 저서를 상세하게 알고 있었고, 또 그들의 설을 일정 한도에서 받아들임으로써 그는 성 알베르투스와 성 토마스가 보다 완전한 아리스토텔레스주의를 위한 길을 여는 데 이바지했는가 하면, 또 한편으로는 아리스토텔레스와 그 추종자들의 주요한 생각의 일부를 분명하게 거부함으로써 그는 성 보나벤투라와 같은 아우구스티누스주의자에서 볼 수 있는 뚜렷한 반아리스토텔레스적인 태도를 위한 길을 열었던 것이다. 앞에서 말한 바와 같이 그는 12 세기와 13 세기의 어느 요소도 한몸에 지니고 있다. 말하자면 그는 13 세기와의 만남에는 공감을 나타내지만, 그러나 12 세기와의 만남에서는 결코 이를 무비판적으로 찬미하거나 받아들이지 않았다고 말할 수 있다.

아리스토텔레스 철학의 영향이 증대하여 점차 받아들여지는 것을 볼 때, 기욤 도베르뉴를 과도기의 한 사상가로서, 즉 옛 아우구스티누스주의에서 성 토마스의 그리스도교적인 아리스토텔레스주의로의 사상 발전의 한 단계로 간주할 만하지만, 그의 철학을 아우구스티누스주의 자체가 지니는 발전의 한 단계로도 볼 만하다. 성 안셀무스는 아리스토텔레스 철학을 거의 이용하지 않았으며, 이에 대한 극히 한정된 지식밖에는 가지고 있지 않았다. 그러나 그 후의 아우구스티누스주의자는 아리스토텔레스를 참작하지 않을 수 없었다. 13 세기에는 아우구스티누스의 사상을 아리스토텔레스의 힘을 빌어서 설명하거나 옹호함으로써 하나의 종합을 시도하는 둔스 스코투스가 있다. 물론 아리스토텔레스의 영향을 받아 아우구스티누스의 사상을 수정하여 풍성하게 했던 사상가들을 아우구스티누스주의자로 간주할 것인가, 또는 불완전한 아리스토텔레스주의자로 간주해야 할 것이가에 대해서는 논의의 여지가 있다. 그리고 기욤의 철학에 대한 평가는 어느 관점에서 보느냐에 따라서 다를 것이다. 그러나 중세 철학을 보는 관점이 단순히 토마스 사상만을 중심으로 정해져 있지 않다면, 기욤 도베르뉴는 성 토마스에로의 길을 준비했을 뿐만 아니라 둔스 스코투스에로의 길도 준비한 것으로 보는 것이 당연하다. 비록 다른 관점에서이기는 하지만, 그 어느 쪽의 판단도 사실이라고 생각된다. 아리스토텔레스를 다소 이용했던 토마스 이전의 중세 철학자는 누구나 어떤 의미에서 아리스토텔레스 철학의 보다 완전한 채용의 길을 준비하고 있었으며, 또 이를 인정하기란 어려운 것이 아니다. 그러나 그 아리스토텔레스적인 요소는 아우구스티누스적인 전통에 이바지하기 위해서 사용되었으며, 그 결과로 생겨나는 철학에는 아우구스티누스적인 특징을 지닌 주제가 지배하고 있었는지 또는 그 아리스토텔레스적인 요소는 명확하게 한 체계로서의 아리스토텔레스주의를 지향하는 철학을 수립하기 위해서 사용되고 있었는지를 문제삼는 것도 정당하다. 이를 문제삼을 경우, 그 대답에 있어서 기욤 도베르뉴가 관련되는 것은 거의 의심할 여지가 없다. 따라서 질송은 다음과 같이 주장할 수가 있었다. "13 세기의 복합적인 아우구스티누스주의자는 거의 완전하게 기욤 도베르뉴의 학설에 의해서 나타나 있고", 그리고 아리스토텔레스에 의한 스콜라 학파의 침입을 저지할 수 있는 것은 아무 것도 없었으나, "기욤의 영향은 확실히 그 진전의 속도를 늦추고 제한하는 데 크게 도움이 되었다."[24]

24) *La Philosophie au Moyen Age*, 제 3 판, 1944, pp. 423~424.

제 24 장
로버트 그로스테스트와 알렉산더 할레시우스

중세의 철학을 취급할 경우, 어떠한 방법으로 여러 가지의 사상가들을 분류할 것인가를 결정하는 것은 쉬운 일이 아니다. 그래서 옥스퍼드와 파리는 곧잘 따로따로 다루어져 왔다. 옥스퍼드에서는 형이상학과 영혼론의 일반적 경향은 보수적이고, 아우구스티누스적이면서 동시에 경험적인 방법에 의한 연구에 관심이 높았으며, 이 두 요인의 결합이 옥스퍼드에 있어서의 철학의 진행을 로버트 그로스테스트(Robert Grosseteste)에서 로저 베이컨에 이르는 하나의 연속적인 방향에서 찾는 이유가 된다. 이에 대해서 파리에서는 알렉산더 할레시우스(Alexander Halesius)와 성 보나벤투라의 아우구스티누스주의가 있는가 하면 성 알베르투스와 성 토마스의 아리스토텔레스주의가 있고, 또 이 두 학파간의 관계도 있기 때문에, 이 모두를 밀접한 관계 속에서 다루는 것이 바람직하다고 하겠다. 그러나 이러한 방법에는 불편한 점도 있다. 예컨대 로저 베이컨은 알렉산더 할레시우스(1245년)보다도 상당히 뒤에 사망(1292년경)하여 알렉산더의 저서에 관해서 다소 경멸하는 비평을 가하는가 하면, 또 성 알베르투스 마그누스(1280 년)보다도 오래 살아서 그에 대해서는 특히 적의를 품고 있었던 것으로 보인다. 따라서 이 두 사상가를 고찰한 뒤에 로저 베이컨을 고찰하는 것이 바람직한 것으로 생각된다. 그러면서 로버트 그로스테스트는 로저 베이컨과 함께 고찰하기 위하여 뒤로 미루어 둘 수도 있다. 그러나 다음과 같은 사실이 있다. 그로스테스트는 일련의 명제 — 이 가운데는 성 토마스에 의해서 주장된 명제도 포함되어 있다 — 에서 이루어진 옥스퍼드 금령(1277 년과 1284 년)이 있기 훨씬 전에 사망(1253 년)했으나, 로저 베이컨은 이 금령시에도 살아 있었으므로 1277 년의 금령을 자기 자신에 관련되어 있다고 생각되는 한에서 비판했다. 따라서 연대보다도 정신적 유사점을 더욱 중시하는 다른 분류 방법을 위해서도 할 말이 많이 있겠으나, 나는 먼저 옥스퍼드의 로버트 그로스테스트와 파리의 알렉산더 할레시우스를, 다음에는 13 세기에 있어서 아우구스티누스적 전통의 위대한 대표자인 알렉산더의 제자 성 보나벤투라를, 그 다음에는 성 알베르투스와 성 토마스의 아리스토텔레스주의 및 이에 이어지는 논쟁을 다루고, 로저 베이컨은 그로스테스트와 정신적으로 유사하지만 나중에 고찰하기로 하겠다.

A. 로버트 그로스테스트

1. 생애와 저작

로버트 그로스테스트는 1170 년경 사포크에서 태어나서 1221 년경에 옥스퍼드 대학의 총장이 되었다. 1229 년부터 1232 년까지 레스터의 부주교로 지내다가 1235 년에 링컨의 주교가 되어 1253 년 그가 죽을 때까지 그 직위에 있었다. 이 번역(그가 아리스토텔레스의 《윤리학 *Ethics*》을 직접 그리스어로부터 번역했을 것이라는 것은 이미 말한 바가 있다.) 이 외에 로버트 그로스테스트는 《분석론 후서》(*Posterior Analytics*), 《궤변 논박론》(*Sophistical Arguments*), 《자연학》(*Physics*)의 주석—, 《자연학》의 '주석'은 주석이라기보다는 요약이지만 — 그리고 위디오니시우스의 저작에 대한 주석을 저술했다. 그러므로 그로스테스트는 〈아리스토텔레스의 책들과 그 방법을 완전히 멸시했다〉[1]는 요지의 로저 베이컨의 말은, 그가 아리스토텔레스의 저서를 모르고 있었다는 뜻으로 이해할 것이 아니라 아리스토텔레스의 사상에 정통하고 있기는 했지만 다른 방법으로 철학적 문제에 접근하고 있었다는 의미로 이해되지 않으면 안 된다. 그로스테스트는 아리스토텔레스와는 다른 저술가에 의거하고 있으며, 자기 자신의 경험에 의지하고 있었다는 로저 베이컨의 말은 이를 밝혀 주고 있다.

1) *Compendium studii,* ed. Brewer, p. 469.

로버트 그로스테스트의 저작으로는 다음과 같은 책들이 있다. 《만물의 유일한 형상》(*De unica forma omnium*), 《예지체론》(*De Intelligentiis*), 《원인들의 관계》(*De statu causarum*), 《가능태와 현실태》(*De potentia et actu*), 《진리론》(*De veritate*), 《명제의 진리》(*De veritate propositionis*), 《하느님의 지식》(*De scientia Dei*), 《하느님으로부터 피조물이 생겨나는 순서》(*De ordine emanandi causatorum a Deo*), 《자유 의지론》(*De libero arbitrio*)이 있다. 《영혼론》(*De Anima*)은 그의 것인지 아닌지 확실하지 않다. 로버트 그로스테스트가 아리스토텔레스의 철학을 알고는 있었고 그의 주제 가운데 약간을 사용하기는 했지만, 방금 열거한 저서들을 볼 때 그는 아우구스티누스적 전통을 따르고 있음이 명백하다. 그러나 그는 로저 베이컨에게 영향을 미쳐 그로 하여금 감탄하게 했던 경험 과학에 대한 관심과 자신의 아우구스티누스주의를 결합시켰다. 따라서 베이컨은 자신의 스승에 대해서 다른 사람들보다도 과학을 더 잘 알고,[2] 또 수학의 도움으로 원인들을 설명할 수가 있었다[3]고 말했던 것이다. 그래서 그로스테스트는 다음과 같은 논문들을 썼다. "기술의 유용론"(De utilitate artium), "소리의 발생론"(De generatione sonorum), "천구론"(De sphaera), "계산론"(De computo), "별의 발생론"(De generatione stellarum), "혜성론"(De cometis), "공기의 압력론"(De impressione aeris), "광론"(De luce), "선, 각, 도형론"(De lineis, angulis et figuris), "장소의 본질론 (De natura locorum) "무지개론"(De iride), "색채론"(De colore), "태양의 열"(De calore solis), "장소 차이론"(De differentiis localibus), "원소들의 압력"(De impressionibus elementorum), "물체의 운동"(De motu corporali), "천체의 운동"(De motu supercaelestium), "운동과 시간의 유한성"(De finitate motus et temporis), 그리고 "인간 소우주론"(Quod homo sit minor mundus)이 있다.

2. 광의 학설

로버트 그로스테스트의 철학은 아우구스티누스주의자에게는 매우 소중한 광(光)의 관념을 중심으로 하고 있다. "광론"[4]에서 그로스테스트는 유형성으로도 불리우는 제 1 의 유형적 형상은 자신의 생각으로는 빛

2) 같은 책, p. 472.

3) *Opus Maius,* ed. Bridges, 1, 108.

4) Ed. Baur, p. 51.

이라고 말하고 있다. 빛은 질료, 즉 아리스토텔레스의 제 1 질료와 결합하여 차원이 없는 하나의 단순 실체를 형성한다. 왜 그로스테스트는 빛을 제 1 의 유형적 형상으로 삼는가? 그것은 전파되는 것이 빛의 성질이기 때문이다. 그리고 그는 차원없는 형상과 차원없는 질료로 합성된 실체가 어떻게 3 차원을 가지게 되는가를 설명하기 위해서 이 빛의 성질을 이용하고 있다. 빛의 기능이 자신을 다수화하고 또 자신을 확산시키고 따라서 현실적인 연장의 원인이 된다고 생각한다면, 빛이 최초의 유형적 형상이다고 결론을 내리지 않을 수 없다. 왜냐하면 2 차적 형상 또는 결과로서 생겨난 형상을 통해서 연장을 산출하는 일은 제 1 의 유형적 형상에게는 불가능하기 때문이다. 나아가서 빛은 모든 형상 가운데서 가장 고귀하며 이존(離存) 예지체와 가장 유사하므로 이 점에서도 빛은 제 1 의 유형적 형상이다.

빛(**lux**)은 자신을 모든 방법으로 '둥글게' 확산하여 빛이 전파하는 가장 먼 지점에서 가장 먼 천구, 창궁을 형성한다. 그리고 이 천구는 빛과 제 1 질료로만 이루어진다. 빛(**lumen**)은 창궁의 각 부분으로부터 천구의 중심으로 되돌아오고, 이 빛(경험적인 빛)은 〈정신적 물체이며 또는 물체적 정신이라고도 말할 수 있다〉(**corpus spirituale, sive mavis dicere spiritus corporalis**).[5] 이 확산은 빛 자체의 다수화와 생성에 의해서 생겨난다. 따라서 말하자면 여기저기서 새로운 천체가 생겨나고 최후로 아홉 개의 천상 동심(天上同心)의 천구가 완성되는데, 그 중 가장 깊숙한 것이 달의 천구이다. 이 천구가 빛을 발하기는 하지만, 그 빛은 중심에 가까워짐에 따라서 희박해지거나 확산이 작아진다. 그리고 월하(月下)의 네 개의 천구는 불, 공기, 물, 흙에서 생겨난다. 그러므로 감각세계에는 모두 열세 개의 천구, 즉 불멸하고 불변하는 아홉 개의 천상 천구와 가멸하고 가변하는 네 개의 천하 천구가 있다.

빛은 〈모든 유형물의 형상 및 완전성〉[6]이므로, 각 유형물이 지닌 빛의 정도에 따라 유형성의 서열에 있어서 그 위치가 결정된다. 그로스테스트는 색깔을 빛으로 설명하여 색깔은 〈투명한 비물체적인 빛〉[7]이라고 말하고 있다. 순전히 투명한 다량의 빛은 하얗고 불투명한 소량의 빛은 검다. 또한 그는 검음은 하나의 결여라고 하는 아리스토텔레스[8]와 아베로에스의 말을 그러한 의미에서 설명하고 있다. 빛은 또 운동의 원리이기도 하다. 왜냐하면 운동이란 〈빛의 다수화하는 힘〉[9]에

5) p. 55. 6) p. 56. 7) *De colore*, p. 78.
8) *Physics*, 201 a 6 ; *Metaph.*, 1065 b 11. 9) *De motu corporali et luce*, p. 92.

지나지 않기 때문이다.

3. 하느님과 피조물

지금까지 빛은 유형적인 것, 유형적인 것의 성분으로 고찰되어 왔으나, 그로스테스트는 나아가서 빛의 개념을 확장하여 정신적인 세계에까지 적용시키고 있다. 따라서 하느님은 순수한 빛, 영원한 빛(물론 유형적인 의미에서가 아니다)이며, 천사들도 그 영원한 빛을 분유하고 있는 비유형적인 빛이다. 하느님은 '만물의 형상'이기도 하다. 그러나 그로스테스트는, 하느님이 만물의 형상이라는 것은 질료와 결합하여 만물의 실체와 관계를 맺는 것으로서가 아니라 만물의 범형적 형상(範型的 形相)으로서 그러하다고 신중하게 설명하고 있다.[10] 하느님은 모든 피조물을 앞서 있는데, 여기서 '앞서 있다'는 것은 하느님은 영원하고 피조물은 일시적이라는 의미로 이해되지 않으면 안 된다. 만일 그 말이 하느님과 피조물이 함께 그 속에 존재하고 있는 하나의 공통적인 시간의 지속이 있다는 의미로 이해된다면, 그 말은 옳지 않을 것이다. 왜냐하면 창조자와 피조물은 어떠한 공통적인 척도도 같이하지 않기 때문이다.[11] 물론 우리는 우주 밖의 공간을 상상하듯이, 창조 이전에 하느님이 존재했던 시간을 상상한다. 그러나 이러한 문제에 있어서 상상에 의존하는 것이 잘못의 근원이다.

4. 진리론과 조명론

《명제의 진리》[12] 가운데서 그로스테스트는 〈언표와 의견의 진리는 언표 또는 의견과 사물의 일치〉(**veritas sermonis vel opinionis est adaequatio sermonis vel opinionis et rei**)라고 말한다. 하지만 그는 '존재론적 진리', 즉 아우구스티누스적 진리관에 더욱 주의를 기울인다. 그는 〈언표와 사물의 일치〉 또는 〈지성과 사물의 일치〉라는 명제의 진리에 대한 아리스토텔레스적 견해를 기꺼이 받아들이고 있지만, 그러나 실제로는 진리는 사물과 영원한 말씀—〈이에 의해서 진리가 말해진다〉—의 일치

10) *De unica forma omnium,* p. 109.

11) *De ordine emanandi causatorum a Deo,* p. 149.

12) p. 144.

를 의미하고, 또 진리는 사물과 하느님 말씀의 일치에서 성립한다.[13] 사물은 마땅히 있어야 할 그것으로 있는 한에서 참이며, 마땅히 있어야 할 그것으로 있다는 것은 말씀, 즉 그것의 범형(**exemplar**)에 일치하는 경우이다. 이 일치는 정신에 의해서만 파악될 수 있다. 그러므로 진리는 성 안셀무스가 말하는 〈정신에 의해서만 파악될 수 있는 올바름〉[14]이라고 정의될 수 있다.

이의 결과로서 어떠한 피조물의 진리도 최고의 진리인 하느님에 비추어 보지 않고는 파악될 수 없다. 피조물의 진리는 그것의 〈영원한 이념〉(**ratio eterna**)의 빛이 정신 안에 현존하고 있는 한에서만 명백해진다는 것을 아우구스티누스는 증명했다.[15] 그렇다면 사악하고 불순한 사람이 진리에 이를 수 있는 것은 어찌된 셈인가? 마음이 깨끗한 사람에 의해서만 보여지는 하느님을 그들도 보리라고는 생각될 수 없다. 그러므로 그 대답으로서 정신은 그 말씀 또는 〈영원한 이념〉을 직접 이해하지 않고 말씀에 비추어서 진리를 이해한다는 것이다. 흡사 신체의 눈이 직접 태양을 보지 아니하고, 또는 심지어 태양에 대해서 조금도 주의하지 않고도 태양에 비추어서 유형의 대상을 보듯이 정신은 〈최고의 진리〉인 하느님을 직접 보지 아니하고 또는 심지어 하느님의 빛에서만 정신은 진리를 본다는 것을 반드시 의식하지 않고도 하느님의 조명에 비추어서 진리를 이해한다.[16] 그러므로 그로스테스트는 아우구스티누스적인 하느님의 조명설을 따르고는 있지만, 하느님의 직관을 포함하는 조명설의 해석은 어떠한 것도 거부하고 있다.

여기서 수학이나 원근법 등에 관한 그로스테스트의 견해를 거론할 수는 없다. 그러나 아리스토텔레스의 관념을 알고, 나아가서 이를 기꺼이 이용했던 그로스테스트가 어떻게 자신의 철학을 아우구스티누스적인 방향으로 수립했는가를 충분하게 설명했다.

---

13) *De veritate*, pp. 134～135.

14) 같은 책, p. 135.

15) 같은 책, p. 137.

16) 같은 책, p. 138.

B. 알렉산더 할레시우스*

5. 철학에 대한 태도

프란치스코회에는 학문과 기타 생활에 필요한 것에 대해서 적대적인 태도를 취한 일단의 열광자들이 있었다. 그들은 그것을 아시시의 프란치스코의 소박한 이상주의에 대한 반역으로 보았다. 그러나 이 '영성의 사람들'은 로마의 교황청으로부터 빈축을 샀다. 실제로 프란치스코회는 일련의 저명한 신학자와 철학자들을 배출했으며, 그 최초의 인물이 영국 사람인 알렉산더 할레시우스이다. 그는 1170년과 1180년 사이에 글로스터셔에서 태어나 1231년경에 프란치스코회에 입회하여 1245년에 사망했다. 그는 파리에서는 최초로 프란치스코회의 신학 교수가 되었으며, 죽기 2, 3년 전까지 그 지위에 있었다. 장 드 라 로셸(Jean de la Rochelle)은 그의 후계자이다.

알렉산더 할레시우스 자신이 철학에 대해서 어떠한 공헌을 했는가를 정확하게 규정하기는 어려운 일이다. 왜냐하면 그의 이름으로 통용되고 있고, 로저 베이컨이 신랄하게 비평했던 《신학 전서》(*Summa theologica*)는, 특히 뒤의 부분이 다른 사상가들의 저서로부터 취해진 요소를 포함하고 있고, 그것이 최종적인 형태를 갖추게 되었던 것은 알렉산더 사후 약 10년 또는 그 이상이 지났을 때라고 생각되기 때문이다.[17] 그러나 어쨌든 이 저작은 서양 철학의 발전에 있어서 하나의 단계와 하나의 발전의 경향을 보여주고 있다. 하나의 단계를 나타내고 있다는 것은 그가 분명히 아리스토텔레스의 철학을 대체로 알고 이용하고 있었기 때문이며, 하나의 경향을 나타내고 있다는 것은 그가 아리스토텔레스에 대해서 취하는 태도가 비판적이기 때문이다. 여기서 비판적이라는 것은, 알렉산더가 아리스토텔레스와 아리스토텔레스주의자의 어떤 설을 공격할 뿐만 아니라 그 이교 철학자는 그리스도교적 계시를 가지고 있지 않기 때문에 넓은 의미에 있어서의 만족스러운 '철학'을 수립할 수가 없었다고 생각했다는 의미이다. 말하자면 언덕 위에 있는 사

---

* 영국명은 핼즈의 알렉산더(Alexander of Hales)이나, 라틴식으로 알렉산더 할레시우스(Alexander Halesius)라고도 불리우고 있다.

17) 다음의 인용은 가라키판 *Summa theologica*의 권과 항을 따른다.

람은 언덕 아래에 있는 사람보다도 골짜기를 더욱 잘 볼 수가 있다. 그러므로 그는 아리스토텔레스보다도 오히려 그리스도교의 선각자들(교부들, 특히 성 아우구스티누스, 보에시우스, 위디오니시우스, 성 안셀무스, 생 빅토르 학파)을 따랐다.

6. 하느님의 존재 증명

인간의 지성이 약하기 때문에 이성의 힘만으로는 삼위 일체의 교의에 도달할 수가 없지만,[18] 그러나 하느님의 존재는 선인이든 악인이든 모든 인간에 의해서 인식될 수 있다.[19] 알렉산더는 하느님의 존재(quia est)와 하느님의 본성(quid est)을 구별하여 누구든 피조물을 통해서 하느님의 존재를 알 수 있고, 하느님을 작용인과 목적인으로 인정한다고 말하고 있다.[20] 나아가서 비록 이성의 자연적인 빛은 하느님의 본성을 있는 그대로 인식하기에는 충분하지 않을지라도, 그렇다고 자연적 지성이 하느님의 본성에 대해서 어떠한 인식도 가질 수 없다는 것은 아니다. 왜냐하면 자연적 지성은 하느님에 대한 어떤 것을 알 수 있기 때문이다. 예컨대 피조물에 있어서의 하느님의 작용을 생각함으로써 하느님의 능력과 예지를 알 수 있고, 또 은총의 상태에 있지 않은 사람에게도 어느 정도의 인식은 가능하다.[21] 이러한 종류의 인식은 일의적(univocal)이 아니고 유비적(analogical)이다.[22] 예컨대 선성(善性)은 하느님과 피조물에 진술되지만, 하느님에게는 그것이 하느님의 본성과 동일하고 모든 선의 자립적 원천으로서 〈본성적으로〉(per naturam) 진술되는 반면에 피조물에게는, 피조물이 하느님에게 의존하고 또 하느님의 작용의 결과이며 하느님으로부터 제한된 정도의 선성을 받아들이고 있는 한에서 〈분유에 의해서〉(per participationem) 진술된다.

하느님의 존재를 증명하는 데 알렉산더는 여러 가지의 논증을 사용하고 있다. 예컨대 생 빅토르의 리카르두스(Ricardus a St. Victore)에 의한 우연성으로부터의 증명, 성 요한네스 다마셰누스(Jōhannēs Damascenus)에 의한 인과성으로부터의 증명, 생 빅토르의 후고(Hugo a St. Victor)에 의한, 영혼은 시작을 갖는다는 영혼에 대한 인식으로부터의 증명을 사용했다. 그러나 그는 성 아우구스티누스와 성 안셀무스에 의

18) I, no. 10.
19) I, no. 15.
20) I, no. 21.
21) I, no. 15.
22) I, no. 21.

한 진리의 영원성으로부터의 증명도 채용하고, 성 안셀무스의 《프로슬로기움》(*Proslogium*)에 있는 완전성의 관념으로부터의 증명도 받아들이고 있다.[23] 나아가서 그는 하느님의 존재를 모를 수가 없다고 주장한다.[24] 이는 놀랄 만한 주장이지만, 다음과 같은 구별을 유의할 필요가 있다. 예컨대 습성적 인식 (**cognitio habitu**)과 현실적 인식 (**cognitio actu**)을 구별하지 않으면 안 된다. 습성적 인식은 지성에 본성적으로 주어져 있는 하나의 습성으로서 지성으로 하여금 하느님을 알 수 있게 하며, '잠재적인 인식'이 이왕에 인식으로 불리워질 바에는 이 습성적 인식은 잠재적인 인식과 거의 같을 것이라고 알렉산더는 말하고 있다. 성 알베르투스 마그누스는 오히려 빈정대는 말로 이 구별은 〈놀라운 해결〉[25]이라고 주석하고 있다. 현실적 인식 그 자체도 구별되지 않으면 안 된다. 왜냐하면 이 인식은, 영혼은 〈자존〉(**a se**)하는 존재가 아니라는 영혼에 대한 인식을 포함하거나 또는 피조물에만 전념함을 의미하기 때문이다. 첫 종류의 현실적 인식이 관계되는 한에서는, 비록 하느님의 현실적 인식이 여기서도 '잠재적인' 것처럼 보일지라도 영혼은 하느님의 존재를 모를 수가 없다. 그러나 영혼의 죄나 과실로 말미암아 하느님으로부터 눈을 돌려 피조물에만 주의를 집중하는 한에서는 하느님의 존재를 알 수 없을 것이다. 이 후자의 경우에는 나아가서 〈일반적 근거에서〉(**in ratione communi**)의 하느님의 인식과 〈고유한 근거에서〉(**in ratione propria**)의 하느님의 인식을 구별하지 않으면 안 된다. 예컨대 자신의 행복을 부나 감각적 쾌락에 두고 있는 사람은, 하느님은 지복이므로 어떤 의미에서의 하느님을 알지만 〈고유한 근거에서의〉 하느님의 참된 개념을 가지고 있지는 않다. 그와 마찬가지로 우상 숭배자는 하느님을 〈일반적 근거에서〉, 예컨대 '어떤 것'으로서 인식하기는 하지만 하느님이 실재하는 그대로, 즉 〈고유한 근거에서〉 인식하지는 않는다. 이러한 구별은 사실 억지로 갖다 댄 것처럼 생각될지 모르지만 알렉산더는, 이교도는 하느님을 알고 있으나 그를 하느님으로서 찬미하는 일은 없다고 말하는 성 바울로의 말이나,[26] 하느님의 인식은 본성적으로 정신에 새겨져 있다는 성 요한네스 다마세누스의 말을[27] 고려하고 있다. 인간의 정신은 하느님에 대한 어떠한 인식도 가지지 않고는 존재할 수 없다는 견해가 아우구스티누스 학파의 특징이다. 그러나 우상 숭배자와 적어도 공공연한 무신론자가 존재하고 있다는 사실에서 볼 때,

23) 1, no. 25. 24) 1, no. 26. 25) *S.T.*, p.l., tr. 4, q. 19.
26) Romans 1. 27) *De fide orthod.*, 1, cc. 1 과 3 ; *P.G.*, 94, 790 과 794.

그러한 견해를 주장하기를 바라는 사람은 누구나 잠재적 인식과 명시된 인식의 구별, 또는 〈일반적 근거에서〉의 하느님의 인식과 〈고유한 근거에서〉의 하느님의 인식을 반드시 구별하지 않을 수 없다.

7. 하느님의 속성

알렉산더는 불변성, 순일성, 무한성, 불가해성, 무량성(無量性), 영원성, 유일성, 진리, 선, 능력, 예지 등의 하느님의 속성을 다루면서 반론를 제기하고, 일반 문제에 대한 자신의 해답과 그 반론에 대한 해답을 제시하고 있다. 이전의 저작가들에 호소하고 아우구스티누스와 안셀무스와 같은 권위자들을 인용하는 일이 자주 있으며, 그 학설이 특별히 독자적인 방법으로 전개되어 있는 것은 아니지만, 그 정리가 체계적이고 면밀하며 일반적인 철학적 성찰이 꽤 많이 포함되어 있다. 예컨대 하느님의 본성이 지니는 유일성을 다루는 경우, 알렉산더는 단일성 일반에 대한 고찰에서 시작하여 〈단일성〉(**unitas**)을 〈존재자의 불분할〉(**indivisio entis**)로 정의하고 〈단일〉(**unum**)을 〈그 자체에 있어서는 나누어져 있지 않으나 다른 것으로부터는 나누어져 있는 존재자〉[28]로 정의한 후에 계속해서 존재, 진리, 선에 대한 단일성의 관계를 고찰하고 있다.[29] 하느님의 인식에 관해서 알렉산더는 아우구스티누스와 안셀무스를 따라서 하느님은 모든 것을 자신 안에서, 그리고 자신을 통해서 알고 있다고 주장한다. 피조물의 범형 또는 영원한 '이데아'는 하느님 안에 있지만, 그 자체에서 본다면 그것은 다수의 것이 아니라 하나인 하느님의 본질과 동일하다. 그러므로 하느님은 자기 자신을 앎으로써 모든 것을 아는 것이다. 그렇다면 하느님은 어떻게 악이나 죄를 아는가? 그것은 하나의 결여로서, 즉 선의 결여로서만 알려진다. 위디오니시우스의 견해를 좇는 알렉산더의 말에 의하면 만일 빛에 인식하는 능력이 주어져 있다고 한다면, 개별적인 대상들은 빛의 작용을 잘 받아들이지 않는다는 것을 빛은 알 것이다. 말하자면 대상은 빛과의 어떠한 관계없이는 자기 자신 안에 있는 암흑을 알지 못할 것이다. 물론 이는 악이 적극적인 것이 아니라 하나의 결여라는 견해를 의미하고 있다.[30] 왜냐하면 만일 악이 적극적인 것이라고 한다면, 필연적으로 이원론을 주장하거나 아니면 악은 하느님 안에 범형을 가지고 있는 것이 되

28) I, no. 72.

29) I, no. 73.

30) I, nos. 123 이하 참조.

기 때문이다.

하느님의 의지를 취급함에 있어서 알렉산더는, 하느님은 자연 법칙에 어긋나는 행위를 명령할 수 있는가 없는가의 문제를 제기하고 있다. 이 문제의 직접적인 발단은 성서 주석의 문제이다. 예컨대 이집트인들의 것을 약탈하라는 이스라엘 사람들에 대한 하느님의 명령을 어떻게 설명할 것인가 하는 것이지만, 물론 이 문제는 매우 깊은 의미를 지니고 있다. 하느님은 본질적으로는 자연 법칙에 어긋나는 행위를 명령할 수 없다고 그는 대답한다. 왜냐하면 이는 하느님 자신과 모순되기 때문이다. 예컨대 하느님은 인간이 하느님 이외의 다른 것을 목적으로 삼는 것을 바랄 수는 없다. 왜냐하면 하느님은 본질적으로 궁극 목적이기 때문이다. 하느님은 본연의 의미에서 도둑질하는 것을 하느님 자신에게 거역하는 행위, 즉 죄를 의미하는 것으로서 이스라엘 사람들에게 명령할 수는 없었다. 하지만 하느님은 이집트인들로부터 재산을 빼앗을 수가 있으며, 따라서 이스라엘 사람들에게 그 재산을 탈취할 것을 명령할 수가 있다. 하느님은 다른 사람의 소유물인 어떤 것을 탈취할 것을 이스라엘 사람들에게 명령할 수도 있다. 왜냐하면 이는 〈피조물에 대한 관계〉에만 영향을 끼치기 때문이다. 그러나 하느님은 이스라엘 사람들에게 〈소유욕에서〉 다른 사람의 소유물을 탈취할 것을 명령할 수가 없다. 왜냐하면 이는 〈하느님에 대한 관계〉에 영향을 끼치며 또 하느님 편에서의 자기 모순을 의미하기 때문이다.[31] 그와 마찬가지로 하느님은 예언자 호세아에게 그의 아내가 아닌 여자와 교제할 것 — 이 행위가 피조물에 대한 관계를 의미하는 한에서 — 을 명령할 수 있다. 그러나 하느님은 이 행위를 〈욕정에서〉 하도록 호세아에게 명령할 수는 없었다. 왜냐하면 이는 〈하느님에 대한 관계〉를 의미하기 때문이다. 이 문제에 관한 알렉산더의 구별은 다소 애매하여 언제나 만족스러운 것은 아니다. 하지만 어쨌든 후에 오컴(William of Ockham)이 주장했듯이 도덕률은 하느님의 자의적인 〈명령〉(fiat)에 의존한다는 것을 그가 믿지 않았다는 것은 분명하다.

31) 1, no. 276.

8. 피조물에 있어서의 합성

하느님은 질료와 형상 그 어느 것을 보나 세계의 직접적인 창조자이다. 그리고 세계의 비영원성은 증명될 수 있다.[32] 따라서 알렉산더는 아리스토텔레스의 세계 영원론을 거부하고 있지만 질료 형상 합성론은 받아들이고 있다. '질료'는 가능태와 같은 것이므로, 이 합성은 모든 피조물에서 발견된다. 그러나 모든 피조물 가운데서 발견되는 보다 기본적인 합성은 〈신성〉(quo est)과 〈하느님〉(quod est)의 합성이다.[33] 이것은 본질과 존재의 구별처럼 보일지 모르나, 오히려 〈하느님〉은 구체적 존재자, 예컨대 하나의 인간을 가리키고 〈신성〉은 추상적 본질, 예컨대 인간성을 가리키는 것으로 생각된다. 어쨌든 이 구별은 '사고상의' (rational) 구별이다. 왜냐하면 이 존재자는 인간이다고 말하는 경우처럼 적어도 어떤 의미에서는 〈하느님〉의 속성을 〈신성〉이라고 말할 수 있기 때문이다. 인간과 그의 인간성 사이에는 어떠한 실재적 구별도 없지만, 그 인간성은 받아들여져 있다. 하느님에게 있어서는 어떠한 의존도 없고 어떠한 수용도 없으며, 따라서 〈하느님〉(Deus)과 〈신성〉(Deitas)의 어떠한 합성도 없다.

9. 영혼, 지성, 의지

알렉산더 할레시우스는 전통을 신뢰하는 자신의 일반적 정신을 따라서 인간의 영혼의 일곱 가지 정의 또는 특징을 열거하고 이를 옹호하고 있다.[34] 예컨대 영혼은 〈하느님을 닮은 생명의 입김〉[35], 또는 〈신체를 지배하는 사명을 지닌 이성적 실체〉,[36] 또는 〈하느님에 의해서 창조되어 자신의 육체를 살리는 고유한 정신적 실체〉[37]로 정의된다. 다른 정의는 성 아우구스티누스, 성 요한네스 다마셰누스 그리고 세네카(Lūcius Annaeus Seneca)에서 취해지고 있다. 영혼은 실체적 형상이라는 의미에서만 하나의 실체가 아니라 하나의 〈자립적 존재자〉(ens in se)이

32) 2, no. 67.
33) 2, nos. 59～61.
34) 2, no. 321.
35) *De sp. et an.*, c. 42, (아우구스티누스의 저작 가운데 있다; *P.L.* 40, 811)와 St. Aug., *De Gen. ad litt.*, 7 cc. 1～3 참조.
36) St. Aug., *De quant. an.*, c. 13, n. 22.
37) Cassiodorus, *De Anima*, c. 2.

며, '정신적'(intellectual)인 질료와 형상으로 합성된 실체 자체라고 알렉산더는 강조하고 있다. 이 점에 있어서 그는 플라톤-아우구스티누스적인 전통을 따라서 신체에 대한 영혼의 관계는 마치 배에 대한 선원과 같으므로 영혼은 하나의 실체일 수밖에 없다는 생각을 하면서, 영혼은 또한 신체를 살리고 있다고도 주장하고 있다. 천사도 〈생명의 입김〉이기는 하지만 신체적 생명의 입김은 아닌데 반하여, 영혼은 신체적 생명의 원리이다.

인간의 영혼은 개별적으로 하느님에 의해서 무로부터 창조된다.[38] 인간의 영혼은 하느님으로부터 유출된 것, 즉 하느님의 실체의 부분이 아니며,[39] 또 영혼 출생론자에 의해서 요청되는 방법으로 유전되는 것도 아니다. 원죄는 영혼 출생론자의 설에 의지하지 않고도 설명될 수 있다.[40] 영혼은 형상과 질료가 결합하는 식으로 육체와 결합한다.[41] 하지만 이는 아우구스티누스적인 의미로 해석되지 않으면 안 된다. 왜냐하면 이성적인 영혼은 〈움직여지는 것에는 움직이는 것으로서, 그리고 완성되는 것에는 형상적 완성으로서〉[42] 신체에 결합되기 때문이다. 영혼은 세 가지 능력, 즉 〈생장 능력〉, 〈감각 능력〉, 〈지적 능력〉을 가지고 있다. '부분'[43]이라는 말을 엄밀한 의미에서 본다면 이들 능력은 영혼의 부분으로 일컬어질 수 없지만, 여전히 서로 구별되고 영혼의 본질과도 구별된다. 그러므로 알렉산더는 영혼과 그 능력의 동일성이라는 아우구스티누스의 주장을 설명하면서, 이 경우의 동일성은 실체에 적용될 일이지 영혼의 본질에 적용될 일은 아니라고 말하고 있다.[44] 영혼은 그 능력없이는 존재할 수 없고 영혼을 떠나서는 그 능력을 알 수 없다. 하지만 〈존재〉(esse)와 〈작용〉(operari)이 동일하지 않듯이, 〈본질〉(essentia)과 〈능력〉(potentia)은 동일하지 않다.

능동 지성과 수동 지성은 이성혼의 〈두 구별〉로서 전자는 영혼의 정신적 형상에 해당하고 후자는 그 정신적 질료에 해당한다. 그리고 능동 지성은 영혼으로부터 떠나 있지 않고 영혼에 속해 있다.[45] 그러나 알렉산더는 아리스토텔레스에 의한 영혼의 이성적 능력의 분류와 더불어 성 아우구스티누스와 성 요한네스 다마세누스의 분류를 열거하여 그것들을 조화시키려고 한다. 예컨대 아리스토텔레스의 철학에 있어서의 '지성'(intellect)은 추상 작용에 의해서 가지적 형상을 획득하고 우리의

---

38) 2, nos. 329와 322.
39) 2, no. 322.
40) 2, no. 327.
41) 2, no. 347.
42) 2, no. 345.
43) 2, no. 351.
44) 2, no. 349.
45) 2, no. 372.

인식 능력에 해당된다.[46] 그러므로 그것은 아우구스티누스의 〈이성〉(**ratio**)에 해당하는 것으로서, 정신적 대상과 관계해야 하는 〈지성〉(**intellectus** 또는 **intelligentia**)은 아니다. 아리스토텔레스적인 의미에서의 지성은 구체화된 형상과 반드시 관계하여 그 형상을 〈영상〉(**phantasmata**)으로부터 추상하지만, 아우구스티누스적인 의미에서의 지성은 구체화되지 않는 정신적 형상과 관계한다. 인간의 영혼보다 위에 있는 형상을 알아야 할 문제가 있을 경우에는, 그 지성은 하느님의 조명을 받지 않는다면 무력하다.[47] 알렉산더는 이 조명이 정확히 무엇인가에 대해서는 명백한 설명을 하지 않고 있다. 그러나 적어도 아리스토텔레스의 학설은 정신적 세계에 관해서는 아우구스티누스의 설에 의해서 보충되어야 하지만, 유형의 세계에 관해서는 아리스토텔레스의 추상 이론을 받아들이고 있음을 알렉산더는 분명히하고 있다. 알렉산더가 페리파토스파의 분류 가운데서 심리학적인 분석을 보고, 아우구스티누스의 분류 가운데서 인식 대상에 의한 구분을 본 것은 매우 옳았다고 말할 수 있다.

알렉산더는 자유 의지에 대한 세 가지 정의를 들고 있다. 즉 성 안셀무스의 정의인 〈자신을 위해서 정직함을 지키는 능력〉, 성 아우구스티누스의 〈은총에 협력함으써 선을 택하고 은총에서 떠나 있음으로써 악을 택하는 이성과 의지의 능력〉, 성 베르나르두스의 정의인 〈의지의 잃을 수 없는 자유와 이성의 굽힐 수 없는 판단의 일치〉를 열거하고 알렉산더는 이것들을 조화시키려고 한다.[48] 〈자유 의지〉는 하느님과 영혼에 공통적이지만, 그것은 일의적(一義的)도 아니고 다의적(多義的)도 아닌 유비적(類比的)으로, 즉 일차적으로는 하느님의 속성이고 이차적으로는 피조물의 속성이라고 말해진다.[49] 인간에 있어서의 자유 의지는 이성과 의지가 융합되어 있는 하나의 결합체의 한 능력 또는 한 기능이다. 그리고 자유 의지가 이성과 의지와 구별하여 일컬어질 수 있는 것은 단지 이 의미에서이다. 말하자면 그것은 현실적으로 영혼을 떠나 있는 하나의 능력이 아니다. 나아가서 자유 의지는 이성과 의지에 밀접하게 지배받고 있는 한에서, 즉 자연적 자유와 관계하고 있는 한에서 영혼으로부터 분리될 수 없다. 성 베르나르두스를 따라서 알렉산더는 〈자유 의지〉(**libertas arbitrii**)와 〈명상과 즐김의 자유〉(**libertas consilii et complaciti**)를 구별하여, 후자는 상실되어도 전자는 상실될 수 없

46) 2, no. 368. 47) 2, no. 372. 48) 2, nos. 393～396 참조. 49) 2, no. 402.

다고 말하고 있다.

10. 알렉산더 철학의 정신

알렉산더 할레시우스는, 그의 주저가 체계적 사고의 끊임없는 노력이고 또 그리스도교적인 신학과 철학을 스콜라적으로 나타내고 있다는 점에서 중요하다. 형식상으로 그의 주저는 중세의 《전서》의 시대에 속해 있으며, 간결하고 질서 정연한 정리라는 편집상의 장점을 지니고 있는 반면에 무미 건조하고, 우리의 관점에서 바람직한 전개가 없다는 단점을 가지고 있다. 다른 한편 내용에 관해서 말한다면, 알렉산더는 전통에 충실하려고 하고 자기 자신의 논증을 전개하는 대신, 매우 자주 아우구스티누스나 안셀무스, 베르나르두스나 요한네스 다마셰누스를 인용하고 있듯이, 그의 《전서》는 과거와 밀접하게 관련되어 있다. 이것이 의미하는 바는 그가 앞선 사람들의 논증을 자주 인용하므로, 유명한 인물의 이름을 단순히 인용한다는 의미에서 그가 권위에 호소하고 있다는 것이 아니라, 그것이 의미하는 바는 심지어 그가 저술하고 있었던 시대에서도 바랄 만했던 논증의 전개가 없었다는 것이다. 그렇지만 그의 주저는 물론 하나의 《전서》이며 《전서》는 분명히 하나의 개요이다. 다른 한편 그의 저작은, 분명하게 말해지지 않고 있는 경우도 자주 있지만 아리스토텔레스에 대한 지식을 그가 가지고 있음을 보여주고 있으며, 또 페리파토스파의 학설을 다소 이용하고 있다. 하지만 거기서 그는 아리스토텔레스로부터 받아들인 요소와 아우구스티누스 및 안셀무스의 설을 조화시킬 것을 언제나 바라고 있었다. 그리고 하느님으로부터 조명된 그리스도교 사상가와 아리스토텔레스적 철학자를 대조시킨다는 것이 전반적인 경향이다. 그렇다고 알렉산더가 논쟁가라는 인상을 준다는 것도 아니고, 철학과 신학을 혼동했다는 것도 아니다.[50] 그와는 달리 그는 주로 하느님과 그리스도에 대한 인식 문제에 관계하고 있었다. 이를테면 그는 아우구스티누스 학파의 전통에 충실했다고 단적으로 말할 수 있다.

---

50) I, no. 2 참조.

제 25 장
성 보나벤투라 1

1. 생애와 저작

성 보나벤투라(St. Bonaventura), 즉 조반니 피단자(Giovanni Fidanza)는 1221년에 토스카나의 바뇨레아에서 태어났다. 어렸을 때에 병을 얻어, 그의 어머니가 아시시의 성 프란치스코에게 기도를 바친 결과 회복되었다. 그는 프란치스코회에 입회했으나 입회의 연월일은 정확하게는 알려져 있지 않다. 아마도 1240년 전후일 것이다. 어쨌든 보나벤투라는 그때 프란치스코 회원이 되었음에 틀림없으며, 1245년에 사망한 알렉산더 할레시우스에게 파리 대학에서 배웠다. 알렉산더의 가르침은 분명히 그의 제자에게 강한 인상을 주었다. 왜냐하면 《명제집》(*Sentences*) 제 2 권 주석의 서문에서 보나벤투라는 《명제집》 제 1 권에서 박사들의 공통되는 의견, 특히 "우리의 스승이며 아버지인 고(故) 알렉산더" 형제의 의견을 충실히 따라왔던 것처럼, 다음의 여러 권에서도 그들의 발자취에서 벗어나지 않겠다고 말하고 있기 때문이다.[1] 달리 말하면 보나벤투라는 프란치스코회의 전통, 즉 아우구스티누스적인 전통을 받아들여 이를 유지하려고 결심했던 것이다. 이 결심은 단순히 신앙심이 깊은 보수성을 가리키는 것으로서, 보나벤투라는 파리에 있어서 새로운 철학의 경향을 알지 못했거나 적어도 무시하여 이 경향에 대한 분명하고 적극적인 태도를 취하지 않았다고 생각될지 모른다. 그러나 《명제집》의 주석은 1250년~1251년에 씌어졌으며(그는 1248년에

1) 알렉산더는 다시 2 *Sent.*, 23, 2, 3; II, p. 547에서 "우리의 아버지이며 스승"으로 나타나 있다.

루가 복음서에 대해서 강의하기 시작했다), 이때 보나벤투라는 파리에서 연구하고 있어서 더구나 아리스토텔레스의 철학을 모르고 있었을 리가 없다. 나아가서 그가 아리스토텔레스 철학에 대해서 매우 명확한 태도를 취했다는 것은 뒤에 보겠지만, 이 태도는 단순히 아리스토텔레스를 몰랐기 때문이 아니라 반성과 심사 숙고한 신념에서 나온 것이다.

성 보나벤투라는 성 토마스와 마찬가지로 수도 사제와 재속 사제간의 다툼에 말려들어, 1255 년에 대학으로부터 추방되었다. 즉 그는 박사 자격과 대학 교수단 일원으로서의 자격을 인정받지 못했다. 1256 년에 그를 다시 인정했을지도 모르나, 어쨌든 그는 아퀴나스와 함께 1257 년 10 월 교황의 조정에 의해서 승인을 받았다. 승인을 받았다는 점에서 그는 대학의 신학 교수였으며, 1257 년 2 월 2 일 수도회 총장으로 선출되지 않았다면 그는 틀림없이 교수직을 계속 수행했을 것이다. 그리고 자신의 직무 수행을 위해서라도 그는 대학 교수의 안정된 생활을 보낼 수가 없었을 것이다. 게다가 당시의 수도회 내부에서는 수도회의 정신 실천, 기능에 대한 의견 차이가 있었으며, 보나벤투라는 평화의 유지와 그 회복이라는 어려운 임무를 띠고 있었다. 그러면서도 그는 1259 년에는 《하느님에게 이르는 정신의 여정》(*Itinerarium mentis in Deum*)을, 1261 년에는 성 프란치스코의 전기 두 권을, 1267 년～1268 년에는 사순절의 설교인 《십계에 대한 강의》(*Collationes de decem praeceptis*)를, 1270 년경에는 《성령의 열 가지 선물》(*De decem donis Spiritus sancti*)을, 그리고 1273 년경에는 《6 일간의 세계 창조에 대한 강의》(*Collationes in Hexaëmeron*)를 저술했다. 《신학 요강》(*Breviloquium*)은 1257 년 이전에 씌어졌다. 성서 주석, 신비주의에 대한 짧은 논문, 설교집, 그리고 프란치스코에 관한 문제들에 대한 서간은 그의 생애 여러 시기에 이루어진 저작들이다.

1265 년 보나벤투라는 교황을 설득하여 요크 대교구로의 임명을 철회하는 데 성공했으나, 1273 년에는 알바노의 주교 및 추기경에 임명되었다. 1274 년에 그는 리용 공의회에 출석하여 동방 교회와 로마 교회와의 재일치를 역설했으나, 공의회가 끝날 무렵에 그는 세상을 떠나서(1274 년 7 월 15 일), 교황 그레고리우스 10 세가 참석한 가운데 리용에 묻혔다.

2. 성 보나벤투라의 정신

성 보나벤투라는 한 사람의 학자였을 뿐만 아니라 프란치스코회 내부에 있어서의 학문 연구의 발전을 촉진시키기도 했다. 이것은 수도회의 설립자로서 자신의 제자들이 학문에 전념하리라고는 거의 예상하지 못했다고 말할 수 있는 프란치스코회의 그 성인에게 있어서는 뜻밖의 일로 생각될 것이다. 그러나 주로 설교를 사명으로 하는 성직자로 이루어져 있는 수도회의 회원들 또는 적어도 성직자가 될 사람들이 성서와 신학을 연구하지 않는다면, 그 수도회는 수도회 자체의 사명을 도저히 수행할 수 없음은 보나벤투라에 있어서나 우리에게 있어서 분명한 사실이다. 하지만 철학의 지식을 획득하지 않고 스콜라 신학을 연구할 수는 없으므로 철학과 신학의 연구는 둘 다 필요했던 것이다. 그리고 일단 이 일반적인 원칙이 인정되자마자 — 인정될 수밖에 없었지만 — 연구의 범위에 제한을 가한다는 것이 실제로는 거의 불가능했다. 만일 학생들이 철학과 신학의 교육을 받아야 한다고 할 경우, 그들은 교수들이 필요했고 또 교수들은 자격을 갖추고 있을 뿐만 아니라 그들의 후계자를 양성하지 않으면 안 되었다. 나아가서 사도적인 활동이 학자들과, 경우에 따라서는 이단자들과 접하게 될 경우를 생각한다면, 적당하다고 생각되는 연구를 미리부터 제한해 둘 수는 없을 것이다.

사실 프란치스코회 내부에서의 학문 연구의 발전을 정당화했던 그러한 실제적인 이유를 많이 들 수 있으나, 보나벤투라에 관계되는 한에서 다음과 같은 중요한 이유도 말해 둘 수 있다. 성 보나벤투라는 하느님과의 일치를 인생에 있어서 가장 중요한 목적으로 보았다는 점에서 성 프란치스코의 정신에 전적으로 충실했다. 그러나 이 일치는 하느님이나 하느님에 관한 중요한 일의 지식없이는 거의 이루어지지 않는다는 것과, 적어도 이러한 지식은 하느님과의 일치에 있어서 방해가 되기는커녕 오히려 영혼을 더욱 밀접하게 일치시키리라는 것을 그는 잘 알고 있었다. 결국 그가 권장했고 스스로 수행했던 연구는 성서와 신학의 연구였으며, 하느님과의 아무런 관계가 없는 그러한 문제의 연구는 아니었다. 이것이 바로 하느님과의 인격적인 사귐을 위한 여지와 그리스도를 위한 여지가 없는 아리스토텔레스의 형이상학적인 철학을 그가 싫어하고 신용하지 않았던 이유들 가운데 하나였다. 질송(Etienne Henri Gilson)이 지적했듯이, 성 프란치스코의 생애와 성 보나벤투라의 가르침 사이에는 일정한 대응이 있다. 왜냐하면 프란치스코의 개인적인 생애가 하느님과의 신비적인 사귐에서 절정에 이르고 있듯이 보나벤투라의 가르침은 그의 신비설에서 절정을 이루고 있기 때문이며, 또 프란치스코가 그리스도를 통해서 하느님에게 다가가고 하느님의 말씀에 비추어서 모든 것을 **구체적으로** 보았듯이 보나벤투라는 그리스도교 철학자는 세계를 창조와 말씀과의 관계에서 보지 않으면 안 된다고 역설했기 때문이다. 그가 분명하게 말하고 있는 것처럼, 그리스도는 모든 지식의 〈매개자〉 또는 중심이다. 그러므로 그는 그리스도에 대해서 무엇을 알고 있기는커녕 플라톤의 범형론(exemplarism) 마저도 거부하고 있는 아리스토텔레스의 형이상학을 받아들일 수가 없었다.

끝으로 프란치스코회는 〈특히〉 수도회의 박사로서 둔스 스코투스를 채택했다. 그렇게 한 것이 확실히 옳았다고 할지라도, 그리고 스코투스가 확실히 천재적이고, 사변적이고, 분석적인 능력에 있어서 위대한 사상가였을지라도 사상적으로나 시대적으로 프란치스코의 정신에 가까웠던 것은 보나벤투라였다고 말해도 좋다. 사실 그에게 세라핌(熾品天使)의 박사라는 칭호가 주어진 데는 이유가 없는 바도 아니다.

3. 신학과 철학

학문 연구의 목적과 가치에 대한 성 보나벤투라의 견해는 알렉산더 할레시우스에게서 받은 교육과 프란치스코회의 일원으로서 받은 교육에 의해서 결정됨과 동시에 자기 자신의 성향과 영성적 경향에 의해서 결정되었으며, 그의 견해는 당연히 아우구스티누스적 전통을 따르고 있었다. 아우구스티누스의 사상은 하느님과 하느님에 대한 영혼의 관계를 중심으로 하고 있었다. 그리고 하느님과의 관계를 지니고 있는 사람은 은총을 잃었다가 은총에 의해서 구제된 구체적이고 현실적인 역사적 인간이므로, 아우구스티누스는 구체적인 인간을 다루었으며 '자연적 인간', 즉 초자연적인 사명을 떠나고 그리고 초자연적인 은총의 작용을 빼놓고 생각된 인간을 다루었던 것은 아니다. 이는 성 아우구스티누스가 비록 이성의 자연적 빛과 초자연적 신앙을 구별하기는 했지만, 철학과 신학의 엄격한 구별은 하지 못했다는 것을 의미하고 있다. 물론 은총의 질서는 초자연적이며 은총의 질서와 자연의 질서는 구별될 수 있으므로, 철학에서 '자연의 상태'에 있는 인간을 취급할 적당한 이유가 충분히 있다. 그러나 내가 분명히하고자 하는 것은, 다만 아우구스티누스와 보나벤투라처럼 하느님에게 영혼이 나아가는 일에 주로 관심을 가진다면 그 사람의 사상은 마땅히 구체적인 인간을 중심으로 할 것이며, 또 그 구체적인 인간은 초자연적인 소명을 지닌 인간이라는 것이다. '자연의 상태'에서 생각된 인간은 하나의 정당한 추상이다. 하지만 이 정당한 추상은 현실의 역사적인 질서를 중심으로 생각하는 사람의 마음에는 들지 않을 것이다. 이는 주로 접근과 방법의 문제이다. 아우구스티누스나 보나벤투라는 자연적인 것과 초자연적인 것의 구별을 부정하지는 않겠지만, 그러나 그들은 둘 다 주로 현실적인 소명을 지닌 인간에게 관심을 가지고 있었으므로, 철학과 신학 사이에 엄격한 방법론적 구별을 짓기보다는 오히려 하나의 그리스도교적 예지 가운데 신학적 주제와 철학적 주제를 합쳐 두는 경향을 지니는 것이 그들에게는 당연했다.

이 경우 성 보나벤투라는 단지 신학자일 뿐 철학자는 결코 아니었다고 반대할지 모른다. 그러나 아우구스티누스의 경우와 마찬가지로 보나벤투라의 경우에도 같은 대답을 할 수가 있다. 만일 철학자를 존재 또는 궁극 원인을 연구하는 자로 정의한다면, 또는 어떠한 다른 대상이 철학자에게 주어질지라도 계시와는 아무런 관계도 없고 교리 신학이나 그리스도교의 율법 및 초자연적인 질서로부터 완전히 떠나 있는 것으로 철학자를 생각한다면, 물론 아우구스티누스나 보나벤투라는 철학자라고 말할 수 없을 것이다. 그러나 만일 일반적으로 철학적인 주제로 인정되어 있는 것을 추구하는 사람 모두를 철학자로 간주한다면, 그 두 사람은 누구나 철학자로 생각되지 않으면 안 된다. 예컨대 보나벤투라는 피조물을 통한 하느님의 인식에서 하느님의 직접적인 내적 체험에까지 영혼이 올라가는 단계를 취급하고, 더구나 신학의 고유한 것과 철학의 고유한 것의 한계를 명확하게 하지도 않고서 그 단계들에 대해서 언급하고 있다. 하지만 피조물을 통한 하느님의 인식을 취급함에 있어서 그는 하느님의 존재 증명을 전개하고 있고, 또 이들 증명은 근거있는 논증들로서 철학적 논증이라고 말할 수 있음에는 변함이 없다. 또 한편 물질적 세계에 대한 보나벤투라의 관심은 주로 하느님의 현시로서의 이 세계에 대한 관심이며, 그는 이 세계 안에서 삼위 일체인 하느님의 〈흔적〉을 보는 데서 기쁨을 느낀다고 할 수 있다. 그러나 그가 세계의 본질과 그 구성에 대해서 우주론적이며 철학적인 성격을 지닌 어떤 견해를 가지고 있음에는 변함이 없다. 보나벤투라의 철학적인 학설을 따로 떼어놓는 것은 어떤 의미에서 그의 체계의 온전함을 손상시키는 것이 사실이지만, 그러나 그의 체계 안에는 철학적인 학설이 있고, 이에 의해서 그는 철학사에 있어서 하나의 지위를 차지할 자격이 있다. 더 나아가, 곧 언급하겠지만 그는 철학 일반에 대해서, 특히 아리스토텔레스의 체계에 대해서 극히 명확한 태도를 취하고 있었으며, 이 점에서만이라도 그는 철학사에서 한 위치를 차지할 만하다. 키에르케고르는 그가 알고 있었던 의미에서의 철학에 대해 적대시하는 태도를 취하고 있었는데도 불구하고, 우리는 그를 철학사에서 배제하지 못한다. 왜냐하면 그는 철학에 대해서 철학적으로 사색했기 때문이다. 하물며 키에르케고르만큼 철학에 대해서 적대적인 태도를 취하지도 않고, 또 철학에 관해서 특수한 입장, 즉 그리스도교적인 철학과 같은 것이 있을 뿐만 아니라 독자적인 모든 철학은 결국 불완전하고 심지어 그 일부분은 철학으로서 잘못되어 있다고까지 주장하는 입장을 표명하는 보나벤투라를 철학사에서 제외할 수는 없다. 이 입장이 옳으냐 그르냐 또는 타당하냐 부당하냐 하는 문제는 철학사에서 고찰되는 것이 마땅하다.

그리고 보나벤투라는 아우구스티누스적 전통에 속해 있었다. 그러나 아우구스티누스의 시대로부터 이미 오랜 시일이 흘렀음을 유의하지 않으면 안 된다. 아우구스티누스의 시대 이래로 스콜라 철학은 발전하고 사상은 체계화되었으며, 아리스토텔레스의 형이상학은 서구 그리스도교 세계에 충분하게 알려지게 되었던 것이다. 보나벤투라는 페트루스 롬바르두스(Petrus Lombardus)의 《명제집》을 주석했고 또 아리스토텔레스의 사상을 잘 알고 있었다. 그러므로 그의 저작 가운데는 당연히 아우구스티누스의 경우 이상으로 스콜라 사상과 스콜라적 방법이라는 요소가 있을 뿐만 아니라 아리스토텔레스의 생각도 적지 않게 채용되어 있을 것으로 기대할 수 있다. 왜냐하면 보나벤투라는 결코 아리스토텔레스를 전면적으로 거부한 것은 아니기 때문이다. 오히려 보나벤투라는 비록 아리스토텔레스의 형이상학, 적어도 그의 신학을 높이 평가하지는 않았을지라도, 그를 자연 철학자로서는 존경하고 있었다. 따라서 13 세기라는 관점에서 볼 경우, 보나벤투라의 체계는 자기 당대의 아우구스티누스주의, 즉 수세기를 거쳐서 발전해 왔던 아우구스티누스주의이며 아리스토텔레스 철학과의 관계에서 재해석되었던 아우구스티누스주의이다.

4. 아우구스티누스 철학에 대한 태도

그러면 신학과 철학의 일반적 관계에 대한 보나벤투라의 견해는 무엇이었으며, 또 그는 아리스토텔레스 철학에 대해서 어떠한 견해를 가지고 있었는가? 이 두 개의 문제는 함께 취급될 수 있다. 왜냐하면 첫번째의 문제에 대한 해답은 두번째의 문제에 대한 해답을 결정하기 때문이다.

이미 밝혀 두었듯이 아우구스티누스는 신앙과 이성을 구별했으며, 보나벤투라는 당연히 그를 따라서, 우리가 믿는 것은 권위 때문이며 우리가 아는 것은 이성 때문이라는 의미의 아우구스티누스의 말을 인용하고 있다.[2] 이것으로부터 철학과 신학은 두 개의 분리된 학문이며 적어도 이론적으로는 자족하는 성격의 독자적인 두 철학이 가능하다고 생각할 수 있을 것이다. 사실 보나벤투라는 실제로 교리 신학과 철학의 명확한 구별을 하고 있다. 예컨대 《신학 요강》에서[3] 그는 신학은 하느님, 즉 최고 원인에서 시작하지만 철학은 거기에서 끝난다고 말하고 있다. 달리 말하면 신학은 자료를 계시에서 얻어서 하느님 자신에서 하느님의 결과로 나아가지만, 철학은 가시적인 결과에서 출발하여 원인으로서의 하느님을 입증한다. 그리고 또 그는《학문들의 신학으로의 환원》(*De Reductione Artium ad Theologiam*)에서는[4] '자연 철학'을 자연학, 수학, 형이상학으로 분류했으나, 《6 일간의 세계 창조에 대한 강의》[5]에서는 철학을 자연학, 논리학, 윤리학으로 분류하고 있다.

위의 말에서 볼 때, 성 보나벤투라가 철학과 신학의 엄밀한 구별을 인정하지 않았다는 것을 어떻게 주장할 수 있겠는가? 이에 대한 대답으로서 그는 학문들 사이의 방법론적인 구별과 주제들간의 구별도 인정했지만, 철학자가 신앙의 빛으로 이끌어지지 않고 신앙에 비추어서 철학적 사색을 하지 않는다면 어떠한 형이상학이나 철학적 체계도 충분하게 완성될 수 없다고 주장했다. 예컨대 그는 철학자가 계시의 도움없이 하느님의 존재에 이를 수 있다는 것을 잘 알고 있었다. 비록 그가 이를 자기 자신의 이성이나 성서의 증언에 의해서는 깨닫지 못했다고 할지라도, 아리스토텔레스의 철학이 그 사실을 그에게 충분히 납득

2) Aug., *De utilitate credendi,* 11, 25 ; Bonav., *Breviloq.,* 1, 1, 4.
3) 1, 1. 4) 4. 5) 4, 2.

시켰을 것이다. 그러나 그는 그와 같이 해서 얻은 하느님에 대한 지식은 불완전하여 계시에 의해서 완성될 필요가 있다고 말하는 것만으로는 만족하지 않고, 더 나아가서 그는 이렇게 이성에만 의존하는 인식은 중요한 부분에서 그르치고 또 그르칠 수밖에 없다고 말하고 있다. 이 점을 그는 경험적으로 증명했다. 예컨대 "플라톤파에서 가장 유명한 플로티노스와 아카데미아파의 툴리우스(**Tullius**, 치체로)"의 하느님과 영혼에 관한 견해가 아리스토텔레스의 견해보다도 바람직스러웠는데도 불구하고 잘못되었던 것은, 그들이 인간의 초자연적 목적, 육체의 참다운 부활, 영원한 행복에 대해서 알지 못했기 때문이다.[6] 신앙의 빛없이 그들은 그러한 것을 알 수가 없었고, 또 그들이 잘못되어 있는 것도 바로 그들이 신앙의 빛을 가지고 있지 않았기 때문이다. 그와 마찬가지로 하나의 단순한 형이상학자는 최고 원인에 대한 지식에는 이를지 모르나, 만일 그가 단순히 형이상학자일 뿐이라면 그 정도로 끝날 것이며, 그리고 만일 그가 거기서 그친다면 그는 그르치고 만다. 왜냐하면 그는 하느님을 있는 그대로와는 달리 생각하여, 하느님은 하나이면서 셋이라는 것을 알지 못하기 때문이다. "철학이라는 학문은 다른 학문에 이르는 길이다. 그러나 거기에 머물고자 하는 자는 암흑에 떨어진다.[7] 달리 말하면 보나벤투라는 진리에 이르는 철학자의 능력을 부정하지는 않으나, 철학에 만족하는 자, 즉 단순한 철학자는 반드시 오류에 빠진다고 주장하고 있다. 하나의 하느님이 존재한다는 것을 이성에 의해서 알게 되고, 나아가서 이 유일성은 위격(位格)의 삼위성에 있어서의 본성의 유일성이라는 것을 신앙의 빛에 의해 인정하게 되는 것과 하느님의 유일성에서 갑자기 멈추는 것과는 완전히 다르다. 후자의 경우에서는 본성의 유일성을 긍정하나 위격의 삼위성을 배제하는 것이 되며, 그 결과 잘못을 범하게 된다. 만일 철학자는 계시를 완전히 떠나 있으므로 그의 철학적 지식은 불완전하지만 타당하고 진리이므로 삼위성을 반드시 부정하는 것은 아니라고 항의한다면, 보나벤투라는 분명히 다음과 같이 대답할 것이다. 즉 단순히 철학자이면서 철학에서 멈춘다면, 그가 깨닫는 것은 위격에 있어서의 셋이 아니라 본성에 있어서의 하나일 것이다. 삼위 일체를 올바로 이해하기 위해서 그는 미리 신앙의 빛을 소유하지 않으면 안 된다. 신앙의 빛은 하느님의 존재에 대한 합리적인 논증(철학과 같은 것)을 제공하지는 않지만, 그러나

6) *In Hexaëm.*, 7, 3이하.

7) *De Donis*, 3, 12.

철학이 '열려 있는' 상태에 있고 또 오류를 범하게 되는 자폐(自閉) 상태에 빠지지 않도록 안전하게 한다.

아리스토텔레스 철학에 대한 보나벤투라의 견해는 위에서 말한 것으로 충분하리라 믿는다. 아리스토텔레스는 자연 철학자로서, 즉 감각적 대상에 관해서는 뛰어났다는 것을 보나벤투라는 인정하고 있다. 그러나 아리스토텔레스가 참다운 형이상학자라는 것, 즉 아리스토텔레스의 형이상학이 만족할 만하다는 것을 그는 인정하려고 하지 않는다. 어떤 사람은 아리스토텔레스가 다른 학문에서 매우 뛰어나 있음을 보고 그가 형이상학에서도 진리에 도달했음에 틀림없을 것이라고 생각했지만, 그렇게는 되지 않는다. 왜냐하면 만족할 만한 형이상학의 체계를 형성하기 위해서는 신앙의 빛이 필요하기 때문이다. 나아가서 아리스토텔레스가 다른 학문에 있어서 유능했던 바로 그 이유는, 그의 정신과 관심이 철학의 범위를 초월하는 철학을 수립하려고 생각하지는 않는 그러한 것이었기 때문이다. 그러므로 그는 세계의 원리를 세계 밖에서 찾지 않았다. 즉 그는 플라톤의 이데아를 거부하고[8] 세계를 영원하다고 했다.[9] 플라톤의 이데아론을 부정하는 데서 창조설을 부정할 뿐만 아니라 개별체에 대한 하느님의 인식, 하느님의 예지와 섭리마저도 부정하는 결과가 되었던 것이다.[10] 그리고 또 아베로에스는 특히 지성 단일론을 아리스토텔레스의 설로 삼고 있으며, 그 결과 사후에 있어서의 개인의 행복 또는 벌은 부정되고 만다.[11] 한마디로 말해서 모든 이교 철학자는 오류에 빠졌지만, 아리스토텔레스는 플라톤이나 플로티노스보다도 더욱 큰 오류에 싸여 있었던 것이다.

실제로 가톨릭 철학자의 태도에 유의한다면, 철학과 신학의 관계에 관한 보나벤투라의 생각에 대해서 보다 명확한 견해를 가질 수 있을 것이다. 예컨대 가톨릭 철학자는 하느님의 존재를 증명하지만 한시라도 무신론자가 되지 않으며 삼위 일체의 교의에 대한 신앙을 부정하지도 않는다. 그는 이미 믿고 있는 바에 비추어서 철학적 사색을 하며, 위격의 삼위성을 배제하는 그러한 방법으로 하느님의 유일성을 도출하려고는 하지 않을 것이다. 또 한편으로 하느님의 존재에 대한 철학자의 증명은 합리적인 논증이다. 말하자면 그 논증에서 철학자는 교의에 대해서는 전혀 언급하지 않으며, 그 증명 자체의 가치는 철학적인 타당성 여부에 의한다. 심리학적으로 말한다면, 철학자는 자신이 이미 지

8) *In Hexaëm.*, 6, 2
9) 같은 책, 4.
10) 같은 책, 2~3.
11) 같은 책, 4.

니고 있어서 철학 연구를 하는 동안에도 버리지 아니하는 신앙에 비추어서 자신의 논증을 수행하고 있다. 그리고 철학자는, 비록 철학적 논증의 형식에 있어서 전혀 신앙을 사용하지 않을지라도 자신이 지니고 있는 신앙으로부터 문제를 올바로 제기하고 부당한 결론이 되지 않도록 도움을 받고 있다. 물론 토마스주의자는 신앙은 철학자에게 있어서 하나의 외적인 규범이며, 비록 신앙을 부정하지는 않을지라도 철학자는 신앙을 생각 밖에 둔다고 말할 것이다. 그리고 적어도 이론적으로는 이교도는 철학에 있어서 그것과 같은 결론에 이를 수 있을 것이라고 말할 것이다. 하지만 보나벤투라는, 비록 철학자가 개별적인 형이상학적 논증의 형식에서 교리를 사용하지 않을지라도, 그는 확실히 신앙에 비추어서 철학적 사색을 하고, 또 이 신앙은 적극적인 것이라고 대답할 것이다. 즉 신앙의 활동은 철학자의 정신에 적극적인 영향을 미치고 있으며, 그렇지 않을 경우 철학자는 오류에 빠지지 않을 수 없다. 성 보나벤투라가 철학적 진리와 신학적 진리를 무차별하게 포함하는 전체적인 그리스도교적 예지만을 믿고 있었다고 말하는 것은 정확할 수가 없다. 왜냐하면 그는 철학도 포함하는 여러 학문의 분류를 인정하고 있었기 때문이다. 그러나 이 점이 일단 인정된다면, 그의 이상은, 말씀의 빛이 신학적 진리만이 아니라 철학적 진리에도 쏟아지며, 그 말씀의 빛이 없이는 그 진리들이 얻어질 수 없다는 그리스도교적 예지의 이상이었다고 말할 수 있다.

성 보나벤투라가 철학적인 문제를 취급한 것이 확실하므로 그는 철학사 안에 포함될 권리가 있다고 나는 논해 왔다. 나는 어째서 이 문제가 진지하게 거론되고 있는지는 알지 못한다. 그러나 그는 신학자이며 신학자로서 저술했고, 또 그가 실제로 철학적인 문제들을 철학적인 문제로서 생각하지 않았던 것은 변함없는 사실이다. 성 토마스 아퀴나스도 본래 신학자였고 일단은 신학자로서 저술했다. 그러나 그는 철학적 문제를 충분하게 고찰하였을 뿐만 아니라 두세 권의 철학적 작품도 저술했다. 그러나 성 보나벤투라는 그렇지 않았다. 《명제집》에 대한 주석은 오늘날에 와서는 철학적 저작이라고 불리워질 수 있는 것이 아니다. 그러므로 질송이 성 보나벤투라의 철학 사상에 관한 훌륭한 연구에서, 뚜렷하게 정의될 수 있는 정신과 내용을 지닌 보나벤투라의 철학 체계라는 것이 있다고 주장할 때, 그것은 다소 과장하고 있는 것처럼 보인다. 성 보나벤투라가 철학을 신학과는 별개인 분명한 하나의 학문으로 인정했다는 것은 이미 보아 왔다. 그러나 보나벤투라 자신에 관한 한에서, 그는 〈비본질적으로〉 철학자라고 불리워질 수 있을 것이다. 물론 본래 신학자였던 모든 중세의 사상가, 심지어 성 토마스에 대해서도 어떤 의미에서는 사실 그와 마찬가지이다. 그러나 이는 영혼의 하느님으로의 접근을 주로 다루었던 사상가의 경우에 가장 많이 해당된다. 더 나아가 질송은 이교 철학, 특히 아리스토텔레스에 대한 성 보나벤투라의 적의를 과장하는 경향이 있다. 성 보나벤투라가 아리스토텔레스의 형이상학을 공격했다는 것(이는 부정할 수 없는 사실이다)과, 단순한 철학자인 철학자는 누구나 오류에 빠지지 않을 수 없다고 그가 생각했다는 것을 나는 사실 인정해 왔다. 그러나 성 토마스 자신이 계시의 도덕적 필요성을 강조했다는 것을 이와 관련하여 생각해 보는 것이 바람직하다. 그 점에 있어서 성 보나벤투라와 성 토마스는 일치하고 있다. 그들은 둘 다 이교 철학이 그리스도교와 일치하지 않는 경우에는 이를 거부했다. 하지만 어떤 점이 정확하게 거부되어야 하며, 어디까지 아리스토텔레스를 따를 수가 있을 것인가에 대해서는 의견을 달리 했다.

어쨌든 개별적인 사상가의 특유한 정신을 포착하여 그것을 명확하게 부각시키는 질송의 재능이 성 보나벤투라의 철학이 지니는 체계적인 측면을 과장하게 되고, 성 보나벤투라와 성 토마스 사이에 이교 철학자들에 대한 실제 이상의 대립을 가져 오게 했다고 나는 생각하고 있다. 그리고 "성 보나벤투라의 철학은 신플라톤주의화된 절충적인 아리스토텔레스주의이며, 아우구스티누스 신학에 봉사하고 있다"는 페르디난드 반 슈테엔베르겐(**Ferdinand Van Steenberghen**)[12]의 평가에 나는 동의할 수 없다. 보나벤투라가 아리스토텔레스 철학을 상당히 이용했다는 것은 확실한 사실이다. 그러나 내 의견으로는 그의 철학을 추진시켰던 정신을, 더 적절한 말이 없기 때문에, '아우구스티누스주의적'이라고 불렀으면 한다. 기욤 도베르뉴(**Guillaume D'Auvergne**)에 대해서 말한 바와 같이, 이는 아리스토텔레스의 학설을 골라서 채용한 아우구스티누스적 신학자를 철학에 있어서 불완전한 아리스토텔레스주의자라고 부를 것인가 또는 수정된 아우구스티누스주의자라고 부를 것인가 하는 관점에 크게 의존하고 있다. 그러나 모든 관심의 중심을 영혼이 하느님에게로 올라감에 두고 하느님의 조명하는 행위에 역점을 두는 사람의 경우, 즉 질송을 비판하여 반 슈테엔베르겐 자신이 말하고 있듯이, 결

12) *Aristote en Occident*, p. 147.

코 철학을 위한 철학을 수립하지 않았던 사람의 경우에는 〈대는 소를 흡수한다〉는 원리와 영(靈)은 문자보다 낫다는 원칙 이상으로 좋은 이유가 없으므로, '아우구스티누스주의적'이라는 말이 그의 사상을 나타내는 데 적합한 유일한 말이라고 생각된다.

제 26 장
성보나벤투라 2 : 하느님의 존재

1. 보나벤투라의 하느님의 존재 증명의 정신

성 아우구스티누스와 마찬가지로 성 보나벤투라의 주요한 관심은 하느님에 대한 영혼의 관계에 있었음을 우리는 보아 왔다. 이 관심은 하느님의 존재 증명을 다루는 방법에 영향을 끼쳤다. 즉 그는 이 증명에서 영혼이 하느님을 향하여 올라가는 단계로 나타내는 데, 또는 오히려 그 증명을 영혼으로 하여금 하느님에게로 올라가게 하는 역할을 하는 것으로 다루는 데 주로 관심을 두었다. 그러므로 증명에 의해서 결론이 내려지는 하느님은 단순히 가지성(可知性)의 추상적인 원리가 아니라, 오히려 그리스도인들의 의식 가운데 있는 하느님, 사람들이 기도하는 하느님이라는 것을 이해하지 않으면 안 된다. 물론 나는 존재론적으로 말하여 '철학자'의 하느님과 체험의 하느님 사이에 모순 또는 어떤 조화되지 않는 긴장이 있다는 것을 지적하겠다는 것이 아니다. 하지만 보나벤투라는 주로 숭배와 기도의 대상으로서의 하느님, 그리고 인간 영혼의 궁극 목적으로서의 하느님에게 관심을 가지고 있으므로 그는 그 증명을 물질 세계에서나 영혼 자신에 있어서의 하느님의 자기 현시에 주의를 끄는 활동으로 삼으려고 한다. 사실 예상할 수 있듯이 그는 물질 세계, 즉 밖으로부터의 증명보다도 안으로부터의 증명을 강조하고 있다. 확실히 그는 외적인 감각 세계로부터 하느님의 존재를 증명하여(성 아우구스티누스는 이러한 증명을 했다) 어떻게 유한하고 불완전한, 그리고 합성되고 가변적이며 우연적인 존재로부터 무한하고 완전한, 그리고 순일(純一)하고 불변적이며 필연적인 존재의 파악 단계로 올라갈 수가 있는가를 보여주고 있다. 그러나 그 증명들은 체계적으로 이루어져 있지 않다. 그 이유는 보나벤투라가 이들 증명을 변증법적으로 전개하지 못해서가 아니라, 오히려 하느님의 존재는 영혼 자신의 내성을 통해서 영혼에 명백하게 나타나며, 외계의 피조물은 주로 하느님의 존재를 우리에게 생각나게 하는 데 이바지하고 있다는 그의 확신 때문이다. 그의 태도는 〈하늘은 하느님의 영광을 속삭이고 창공은 그 훌륭한 솜씨를 일러 줍니다〉라고 시편 기자가 말할 때의 바로 그 시편 기자의 태도이다. 따라서 유한하고 우연적인 것의 불완전성이 절대 완전자인 하느님을 요구하고 또 증명하고 있다는 것은 사실이다. 그러나 성 보나벤투라는 온전히 플라톤적 형식으로, "지성이 아무런 결함도 없는 존재에 대한 지식을 가지고 있지 않다면, 어떻게 지성은 어떤 존재가 결함있고 불완전하다는 것을 알 수가 있는가"라고 묻고 있다.[1] 달리 말하면, 불완전의 관념은 완전의 관념을 전제하고 있다. 따라서 완전의 관념 또는 완전자는 단순히 부정과 추상의 방법만으로는 얻어질 수 없다. 그리고 피조물의 유한성과 불완전성 및 의존성에 대한 고찰은 어떤 의미에서 이미 영혼에 있어서 명확하고 이미 영혼에게 알려져 있는 것을 영혼에게 생각나게 하거나 그것에 대한 보다 명확한 인식으로 영혼을 이끄는 데 이바지한다.

2. 감각 세계로부터의 증명

성 보나벤투라는 하느님의 존재가 피조물로부터 증명될 수 있다는 것을 잠깐 동안이라도 부정하기는커녕 오히려 그것을 긍정하고 있다. 《명제집》 주석에서[2] 그는, 원인이 결과를 통해서 알려지듯이 하느님은 피조물을 통해서 알려진다고 말하고 있으며, 더 나아가 이러한 양식의 인식은 우리에게 있어서 감각적 사물이 '가지적인 것'(intelligibilia), 즉 감각을 초월하는 대상의 인식에 이르는 수단인 까닭에 인간에게 있어서 본성적인 것이라고 말하고 있다. 그러나 삼위 일체의 하느님은 이와 같은 방법, 즉 이성의 자연적 빛에 의해서는 증명될 수 없다. 왜냐하면 우리는 피조물의 어떤 특성을 부정하거나 한정함으로써, 또는 피조물의 어떤 성질을 하느님에게 부여하는 적극적인 방법으로도 위격(位格)

1) *Itin.*, 3, 3.
2) 1, 3, 2 ; *Utrum, Deus sit congnoscibilis per creaturas.*

의 삼위성을 단정할 수 없기 때문이다.[3]그러므로 보나벤투라는 분명하게 하느님에 대한 자연적이며 '철학적'인 인식의 가능성을 말하고 있으며, 또 감각적 대상을 통한 하느님으로의 접근이 심리학적으로 자연스럽다는 그의 고찰은 아리스토텔레스주의적인 성격을 지니고 있다. 그리고 《6일간의 세계 창조에 대한 강의》에서[4] 그는 만들어진 존재가 있다면 제 1 의 존재자가 존재하지 않으면 안 되며, 그 이유는 원인이라는 것이 있지 않으면 안 되기 때문이라고 논하고 있다. 말하자면, 〈타에 의한〉(**ab alio**) 존재가 있다면 〈자존하는〉(**a se**) 존재가 있지 않을 수 없고, 합성된 존재가 있다면 합성되지 않은 존재가 있어야 하며, 변화하는 존재가 있다면 불변의 존재가 있지 않으면 안 된다. 〈왜냐하면 가동적인 것은 부동적인 것으로 환원되기 때문이다〉. 보나벤투라는 아리스토텔레스에 대해서, 그는 위에서와 같은 방향으로 세계의 영원성을 논하고 또 이 점에서 그는 잘못을 범했다고 하지만, 위의 그 명제는 분명히 부동의 원동자(原動者)의 존재에 관한 아리스토텔레스의 증명을 가리키고 있다.

그와 마찬가지로 《삼위 일체의 신비》(*De Mysterio Trinitatis*)에서[5] 보나벤투라는 어떻게 피조물이 하느님의 존재를 명백하게 나타내고 있는가를 보여주기 위해서 일련의 간단한 논증을 열거하고 있다. 예컨대 〈타에 의한 존재〉가 있다면, 〈타에 의하지 않는 존재〉가 있지 않으면 안 된다. 왜냐하면 어떠한 것도 자기 스스로 비존재의 상태에서 존재의 상태로 이행할 수 없으며, 최종적으로는 자존하는 제 1 의 존재가 있지 않으면 안 되기 때문이다. 그리고 〈가능적 존재〉(**ens possibile**), 즉 존재할 수도 있고 존재하지 않을 수도 있는 존재가 있다면 〈필연적 존재〉(**ens necessarium**), 즉 존재하지 않을 가능성을 전혀 가지지 않는 존재가 있지 않으면 안 된다. 왜냐하면 이 존재는 가능적 존재가 존재의 상태로 끌어내어지는 것을 설명하기 위해서 필요하기 때문이다. 그리고 〈가능태에 있는 존재〉(**ens in potentia**)가 있다면, 〈현실태에 있는 존재〉(**ens in actu**)가 있지 않으면 안 된다. 왜냐하면 어떠한 가능태이든 그 자체가 현실태에 있는 것의 작용에 의하지 아니하면 현실태에 이를 수가 없기 때문이다. 그리고 궁극적으로는 〈순수 현실태〉(**actus purus**), 즉 어떠한 가능태도 없는 순수 현실태인 존재, 즉 하느님이 있지 않을 수 없다. 그리고 또 〈가변적인 존재〉(**ens mutabile**)가 있다면, 〈불변적인 존재〉(**ens immutabile**)가 있지 않으면 안 된다. 왜냐하면 아리스토텔

3) 1 *Sent.*, 3, 4. 4) 5, 29. 5) 1, 1, 10~20.

레스가 증명하고 있듯이 운동은 자신의 원리로서 부동의 존재를 지니고 있고 또 자신의 목적인 부동의 존재를 위해서 존재하기 때문이다.

보나벤투라는 하느님의 존재에 대한 피조물의 증거를 영혼이 하느님에게로 올라가는 역할로 간주하고, 또 하느님의 존재를 자명의 진리로 보았다는 의미의 명제가 성립할 수 없다는 것은 그가 아리스토텔레스적인 논증을 사용하고 있는 대목에서 명백하다고 하겠다. 그러나 감각세계를 하느님의 거울로 보고, 감각적 지식 또는 감각을 통해서 얻어진 지식과 감각적 대상에 관한 성찰을 형식적으로는 영혼이 하느님에게로 올라가는 단계에 있어서 첫째 단계로 보고, 현세에 있어서 최고의 단계는 〈정신의 절정〉(**apex mentis**) 또는 〈양심의 불꽃〉(**synderesis scintilla**)에 의한 하느님의 체험적인 인식이라는 것을 그는 여러 대목에서[6] 밝히고 있다. (이 점에 대해서 그는 아우구스티누스와 생 빅토르 학파의 전통에 충실하다.) 그러나 한편 앞에 인용했던 증명에 대하여 말하고 있는 《삼위 일체의 신비》의 장에서, 그는 〈하느님의 존재는 인간 정신에 나면서부터 심어진 의심할 수 없는 진리이다〉는 것을 강조하고 있다. 그는 계속하여, 자신이 이 문제에 대해서 이미 말한 것에 덧붙여서 하느님의 존재가 의심할 수 없는 진리라는 것을 보여주는 제 2의 길이 있다고 말한다. 이 제 2의 길은 모든 피조물은 의심할 수 없는 진리를 나타내고 있다는 것을 증명하는 데 있다. 그리고 바로 이 점에 있어서 그는 모든 피조물은 실제로 하느님의 존재를 나타내고 있다는 것을 잇달아 증명하거나 지적하고 있다. 계속하여 그는 하느님의 존재는 의심할 수 없다는 것을 보여주고 제 3의 길이 있음을 덧붙이며, 성 안셀무스의 《프로슬로기움》(*Proslogium*)에 있는 증명에 대한 자신의 의견을 말하고 있다. 그러므로 보나벤투라가 하느님의 존재는 자명하여 의심할 수 없다고 주장했다는 것은 의심할 여지가 없다. 문제는 오히려 이것의 의미가 그에게 있어서는 정확하게 무엇이었는가이다. 이에 대해서는 다음 절에서 고찰하기로 하겠다.

3. 하느님에 대한 선험적 인식

우선 성 보나벤투라는 모든 사람이 하느님에 대한 명확한 인식을 가

6) 예를 들어 *Itinerarium mentis in Deum*, c. 1.

지고 있다든지, 더구나 나면서부터 또는 이성을 사용하기 시작하고부터 그러한 인식을 지니고 있다고는 생각하지 않았다. 그는 우상 숭배자가 있고 〈어리석은 자〉, 즉 마음 속으로 하느님은 존재하지 않는다고 말하는 바보 같은 사람이 있다는 것을 잘 알고 있었다. 물론 우상 숭배자나 이교도는 하느님의 존재를 부정한다기보다는 오히려 하느님에 대한 잘못된 관념을 지니고 있기 때문에 그다지 문제될 것은 없다. 하지만 〈어리석은 자〉에 대해서는 어떤가? 예컨대 그들은 사악한 사람들이 반드시 이 세상에서 벌을 받는 것도 아니고, 또는 현세에서는 때때로 많은 선한 사람보다도 그들이 더욱 잘 사는 것처럼 보인다고 생각한 나머지, 하느님의 섭리도 없고 세상에는 하느님과 같은 지배자가 존재하지 않는다고 단정한다.[7] 그리고 또 자명적인 것의 존재, 즉 누구도 의심하지 않은 존재를 증명하는 것은 쓸데없는 일이라는 반론에 답하여 보나벤투라는 분명하게, 객관적인 명증성에 관한 한에서의 하느님의 존재는 의심할 수 없을지라도, 〈우리 편에 마땅히 있어야 할 고찰과 성찰의 결여로 말미암아〉 하느님의 존재를 의심할 수는 있다고 주장한다.[8] 이것은 마치 보나벤투라가, 객관적으로 말하면 하느님의 존재는 의심할 수 없으나(즉 이 명증성은 하느님의 존재를 생각하는 경우에는 의심할 수 없고 확실한 것이다) 주관적으로 말한다면 의심할 수 있다(가령 개별적인 인간은 객관적인 명증성에 대해서 충분한 주의를 하지 않기 때문이다)고 말하는 데 지나지 않는 것처럼 보이지 않을까? 그리고 이것이 그가 하느님의 존재는 의심할 수 없고 또 자명적이라고 말하는 그러한 의미에서라면, 그의 입장과 성 토마스의 입장은 어떻게 다른가?

이것은 다음과 같이 대답될 수 있을 것이다. 성 보나벤투라는 모든 사람들에게 하느님에 대한 명확한 관념, 더구나 하느님에 대한 직접적인 직관이나 체험이 있다고 가정하지는 않았을지라도, 그는 확실히 모든 사람들에게 하느님에 대한 흐릿한 인식이 분명 있다고 가정했다. 가령 이것은 때때로 감각 세계에 대한 성찰을 바탕으로 할 필요가 있을지라도 내적 성찰에 의해서만 명확한 인식이 될 수 있는, 완전하게는 부정할 수 없는 하나의 잠재적인 인식이다. 그러므로 하느님에 대한 일반적인 인식은 명확한 것이 아니라 잠재적인 것이다. 하지만 그것은 적어도 내적 성찰에 의해서만은 명확하게 될 수 있다는 의미에서 잠재적

7) *De Mysterio Trinitatis*, 1, 1, *conclusio*.　　8) 같은 책, 12.

이다. 성 토마스는 하느님에 대한 잠재적인 인식을 인정하고 있었다. 그러나 그의 경우 그 의미는, 정신은 감각적인 것에 대한 성찰을 통해서, 그리고 결과로부터 원인을 논합으로써 하느님의 존재를 인식하게 되는 능력을 지니고 있다는 것이다. 그러나 성 보나벤투라의 경우는 하느님에 대한 잠재적인 인식, 즉 실질적인 인식은 감각 세계에 의지함이 없이 명확하게 될 수 있는 하나의 흐릿한 인식을 의미하고 있었다.

보나벤투라의 구체적인 사례에 적용될 경우, 이 견해는 보다 쉽게 이해될 것이다. 예컨대 모든 인간은 나면서부터 행복에 대한 욕구를 가지고 있다. 하지만 행복은 최고선, 즉 하느님을 소유하는 데 있다. 그렇기 때문에 모든 인간은 하느님을 바라고 있다. 그러나 대상에 대한 어떤 인식없이는 어떠한 욕구도 있을 수 없다. 그러므로 하느님이나 최고선이 존재한다는 인식은 나면서부터 영혼에 심어져 있다.[9] 그와 마찬가지로 이성혼은 나면서부터 자기 자신을 알고 있다. 왜냐하면 이성혼은 자기 자신에 나타나 있어서 자기 자신에 의해서 알아지기 때문이다. 그러나 하느님은 영혼에 가장 명백하게 나타나 있고 또 영혼에 의해 알려질 수 있는 것이다. 그러므로 이 하느님에 대한 인식은 영혼에 심어져 있는 것이다. 영혼은 자기 자신의 인식 능력에 상응하는 하나의 대상이지만 하느님은 영혼에 상응하는 대상이 아니라고 반론될 경우, 만일 그것이 사실이라고 한다면 영혼은 결코 하느님을 인식할 수 없게 될 것이라고 대답할 수 있다. 하지만 그것은 분명히 잘못이다.[10]

위에서 논의한 방향을 따르면, 인간의 의지는 나면서부터 하느님인 최고선을 지향하고 있다. 그리고 만일 최고선, 즉 하느님이 실제로 존재하지 않는다면, 이 의지의 지향은 이해할 수 없을 뿐만 아니라 오히려 그것은 하느님에 대한 선험적 인식을 요청한다.[11] 이 인식은 반드시 명확한 것은 아니다. 왜냐하면 만일 그것이 명확한 것이라고 한다면, 아마도 무신론자는 존재할 수가 없기 때문이다. 오히려 그 인식은 잠재적이며 애매한 것이다. 만일 이러한 종류의 잠재적이며 애매한 인식은 아예 인식이 아니라고 반론된다면, 행복에 대한 자기 의지의 지향

---

9) *De Mysterio Trinitatis,* 1, 1, 7.　　10) 같은 책, 10.

11) 의지의 '본성적 지향'에 대해서 여기에 말하는 경우, 나는 이 용어를 엄밀하게 신학적 의미에서 사용하지 않고, 오히려 하느님을 보기 위한 본성적 욕구가 있는가 없는가의 문제를 떠나서 구체적인 인간의 의지가 하느님을 지향하고 있다는 의미에서 사용하고 있다.

에 대해서 편견없이 성찰하는 사람은 자기 의지의 방향이 목적에 해당하는 대상의 존재를 암시하고 있고 또 이 대상, 즉 완전한 선이 있을 수밖에 없으며, 그것을 우리는 하느님이라고 부른다는 것을 알게 된다고 대답할 수 있을 것이다. 그 사람은 행복을 추구함에 있어서 실은 자신이 하느님을 추구하고 있다는 것만이 아니라, 이 추구는 말하자면 하느님을 어렴풋이 알아차리고 있음을 의미한다는 것을 알게 될 것이다. 왜냐하면 전혀 알려지지 않은 것에 대한 추구라는 것은 있을 수 없기 때문이다. 따라서 자기 자신을 성찰함으로써, 즉 자기 자신의 의존성 또는 예지와 평화 그리고 행복에 대한 자기 자신의 욕구를 성찰함으로써 영혼은 하느님의 존재와 심지어 하느님의 현존, 즉 자신 안에서의 하느님의 활동까지도 인식할 수가 있다. 말하자면 영혼에 있어서는 밖에서 찾을 필요가 없다. 단지 아우구스티누스의 권고를 따라서 영혼 그 자체 안으로 들어가기만 하면 된다. 그러면 영혼은 하느님에 대한 어떤 암시나 어떤 어렴풋한 인식 또는 '잠재적이지만 실질적인' 인식없이는 존재할 수 없다는 것을 알게 될 것이다. 행복을 추구하면서(그리고 모든 인간은 행복을 반드시 추구한다) 하느님의 존재를 부정하는 것은 실제로 모순을 범하는 것이다. 즉 그것은 의지로, 적어도 예지의 경우에는 지성으로 긍정하고 있는 것을 입으로 부정하는 것이다. 이러한 방법으로 논의하는 것이 정당한지 아닌지를 여기서 논할 생각은 없다. 만일 하느님이 존재하지 않는다면, 행복에 대한 욕구는 〈근거가 없거나〉 하느님의 존재 이외의 어떤 다른 원인을 가지고 있을 것이라는 반론 — 이 반론에 설득력이 있든 없든간에 — 의 여지가 분명히 있다. 그러나 적어도 성 보나벤투라는, 뒤에 존 로크가 생득 관념(生得觀念)을 공격했던 그 미숙한 방법으로 하느님의 생득 관념을 가정하지 않았다는 것은 분명하다. 그리고 또 성 보나벤투라가 영혼은 하느님을 자신에게 있어서 가장 현존적인 것으로 알고 있다고 말할 경우, 그가 본체론을 긍정하거나 영혼이 하느님을 직접 본다고 말하고 있는 것은 아니다. 즉 그가 말하고자 하는 것은 영혼이 자신의 의존성을 인정하면서 자신을 성찰하는 경우, 자신이 하느님의 모습이라는 것을 인정한다는 것이다. 말하자면 영혼은 하느님의 모습 가운데서 하느님을 본다는 것이다. 영혼은 필연적으로 자기 자신을 알고 자신을 의식하고 있기 때문에 필연적으로 하느님을 적어도 잠재적인 방법으로 알고 있다. 영혼은 자기 자신을 성찰함으로써 이 잠재적인 인식을 외계와의 관련없이 명확하게 할 수가 있다. 그 외부 세계가 명확하게 거론되어 있지 않다는 의미에서 외계와의 관련이 없다는 것이 형식 이상의 것인지 아닌지는 논의의 여지가 있다고 하겠다.

4. 안셀무스의 논증

우리가 보아 온 것은, 성 보나벤투라에 있어서 외계로부터의 논증 자체는 하느님에 대한 어떤 인식을 전제하고 있다는 것이다. 왜냐하면 그는 만일 정신이 완전성 — 이 완전성과의 비교에서 정신은 피조물의 불완전성을 인식한다 — 에 대해서 미리 알고 있는 것이 없다면, 감각적 사물은 결함이 있고 불완전하다는 것을 어떻게 알 수가 있는가 하고 묻고 있기 때문이다. 이 점은 그가 《프로슬로기움》으로부터 채용한 성 안셀무스의 증명에 대해서 말하고 있는 것을 우리가 고찰하는 경우에 유의하지 않으면 안 된다.

《명제집》에 대한 주석에서[12] 성 보나벤투라는 안셀무스의 논증을 요약하고 있다. 하느님은 그 이상으로 큰 것은 생각될 수 없는 큰 것이다. 그러나 존재하지 않는다고는 생각될 수 없는 그것은 존재하지 않는다고 생각될 수 있는 그것보다 더욱 큰 것이다. 그러므로 하느님은 그 이상으로 큰 것은 생각될 수 없는 그것이므로 하느님이 존재하지 않는다고는 생각될 수가 없다. 《삼위 일체의 신비》에서[13] 그는 이 논증을 꽤 상세하게 인용하여 설명하면서, 만일 어떤 사람이 하느님에 대하여 잘못된 관념을 가지고 하느님은 그 이상으로 큰 것은 생각될 수 없는 그것이라는 것을 인정하지 않는다면 의문이 생겨날 것이라고 지적하고 있다.[14] 일단 정신이 하느님의 관념은 무엇인가를 알고 나면, 정신은 하느님의 존재는 의심할 수 없다는 것뿐만 아니라, 하느님이 존재하지 않는다는 것은 생각조차 할 수 없다는 것마저도 틀림없이 알게 된다. 생각될 수 있는 한에서의 최선의 섬을 중심으로 한 가우닐로(**Gaunilo**)의 반론에 관해서, 성 보나벤투라는 거기에는 하느님의 경우와는 아무런 공통성도 없다고 대답하고 있다.[15] 왜냐하면 그 이상으로 큰 것은 생각될 수 없다는 존재의 개념에는 어떠한 모순도 포함되지 않지만, 그 이상으로 좋은 것은 생각될 수 없다는 섬의 관념은 형용상의 모순이기 때문이다. 그 이유는 '섬'은 불완전한 존재를 나타내지만, '그 이상으로

12) 1, 8, 1, 2.

13) 1, 1, 21～24.

14) 같은 책, *conclusio.*

15) *De Mysterio Trinitatis,* 1, 1, 6.

좋은 것은 생각될 수 없는 그것'은 완전한 존재를 나타내고 있기 때문이다.

이 논증의 방법은 완전히 변증론적인 것으로 생각될지 모른다. 그러나 이미 말했듯이, 보나벤투라는 완전한 것의 관념을 단순히 피조물의 불완전성을 부정함으로써 얻어진 것으로서가 아니라, 적어도 완전한 것에 대한 인간의 욕구는 그것에 대한 지식을 미리 가지고 있다는 의미에서, 피조물의 불완전성을 인정함으로써 전제되는 어떤 것으로 간주했던 것이다. 그러므로 보나벤투라는 플라톤적인 아우구스티누스적 전통을 따라서 완전한 것에 대한 잠재적이지만 실질적인 생득 관념을 전제하고 있었다. 영혼이 완전하다는 의미에서가 아니라, 오히려 영혼이 완전한 것의 관념을 받아들이거나 하느님의 조명에 의해서 하느님에 비추어서 완전한 것의 관념을 형성한다는 의미에서, 완전한 것의 관념은 하느님에 의해서 영혼에 새겨진 것에 지나지 않다. 이 관념은 부정적인 것은 아니지만, 구체적인 존재에 있어서의 그것의 실현은 부정될 수밖에 없다. 왜냐하면 이 관념의 존재 자체는 필연적으로 하느님의 존재를 의미하고 있기 때문이다. 이 점에서 우리는 적어도 성 보나벤투라의 설과 데카르트의 설의 유사점을 지적할 수 있다.[16]

5. 진리로부터의 논증

성 아우구스티누스가 좋아했던 하느님의 존재 증명은 진리로부터, 그리고 영원한 진리들의 존재로부터의 논증이다. 성 보나벤투라도 이 논증을 이용했다. 예컨대 모든 긍정적인 명제는 어떤 것을 진리라고 긍정한다. 그러나 어떤 진리에 대한 긍정은 모든 진리의 근거를 긍정하는 것이다.[17] 예컨대 인간은 당나귀이다라고 말할지라도, 이것이 옳든 옳지 않든간에 이 명제는 제 1 진리의 존재를 긍정하고 있다. 또 가령 진리는 존재하지 않는다고 말할지라도 그는 이 부정을 진리로서 긍정하고 있으며, 따라서 진리의 기초와 원인이 존재하다는 것을 암시하고 있다.[18] 어떠한 진리이든 제 1 진리를 통하지 않고는 알려질 수 없다. 그리고 그것을 통해서 다른 모든 진리가 알려지는 그 진리는 의심할 수

---

16) 완전성의 관념에 관해서는 질송의 *Discours de la Méthode* 주석 참조.
17) *1 Sent.*, 8, 1, 2, *conclusio.*
18) 같은 책, 5와 7. *De Mysterio Trinitatis*, 1, 1, 26 참조.

없는 진리이다. 따라서 그 제 1 진리는 하느님이기 때문에 하느님의 존재를 의심할 수는 없다.[19)]

그러나 여기서도 성 보나벤투라는 단순한 언어상의 변증론적인 논증을 하고 있는 것이 아니다. 《6 일간의 세계 창조에 대한 강의》의 한 대목에서,[20)] 그는 진리는 존재하지 않는다고 말하는 사람은 자기 모순에 빠진다는 것을 지적하고 있다. 왜냐하면 그는 진리가 존재하지 않는다는 것을 진리라고 긍정하고 있기 때문이다. 그리고 또 보나벤투라는 영혼의 빛은 진리이며 그 빛은 자기 모순에 빠지지 않고는 진리의 존재를 부정할 수 없도록 영혼을 비추고 있다고 말하고 있다. 《하느님에게 이르는 정신의 여정》에서,[21)] 정신은 하느님의 빛에서만 영원의 진리를 파악하며 그것에서만 확실하고 필연적인 결론에 이를 수 있다고 그는 주장하고 있다. 지성은 진리 자체의 인도없이는 어떠한 진리도 확실하게 파악할 수 없다. 그러므로 하느님의 존재를 부정하는 것은 단순히 변증론적인 모순에 빠질 뿐만 아니라, 정신이 확실성에 이르기 위해서 필요한 빛, 즉 〈이 세상에 와서 모든 사람을 비추는 빛〉의 근원이 있다는 것을 부정하는 것이기도 하다. 즉 그것은 근원으로부터 생겨나는 그것의 이름으로 근원을 부정하는 것이다.

---

19) *De Mysterio Trinitatis*, 1, 1, 25.　20) 4, 1.　21) 3, 2 이하.

제 27 장
성 보나벤투라 3 : 하느님에 대한 피조물의 관계

1. 범형론

성 보나벤투라가 채택한 증명의 방향은 아리스토텔레스의 초월적이고 자폐적(自閉的)인 부동의 원동자로 이끌지 않고 (그는 아리스토텔레스의 사상이 적절하다고 생각하는 경우에는 이를 사용하고 인용하는 것을 주저하지 않지만), 초월적이면서 동시에 내재적인 하느님으로 이끈다는 것을 우리는 이미 보아 왔다. 이러한 하느님은 의지를 끌어당기는 선(善)이며 모든 개별적인 진리의 기초일 뿐만 아니라 영혼의 내부를 비추어서 확실한 진리를 파악할 수 있게 하는 빛이기도 하다. 그리고 그 하느님은 인간 영혼과 자연 가운데 자신을 반영하고 있는 원형이며, 인간 영혼의 내부에 있는 완전한 것에 대한 관념의 원인이 되는 완전자이다. 이처럼 하느님의 존재에 대한 그 논증은 영혼의 영성적인 생명과 밀접한 관계에 있으면서, 분명히 의식적으로는 아닐지라도 언제나 영혼이 구해왔고 또 영혼 안에서 항상 활동해 오고 있는 하느님을 나타내고 있다. 계시에 의해서 주어지는 하느님에 대한 한층더 높은 인식은 철학적 인식 위에 있고, 영혼에게 영성적 생활의 보다 높은 단계와 하느님과의 보다 밀접한 가능성을 열어 준다. 따라서 철학은 신학에 이르고 신학은 철학의 보다 깊은 의미를 밝히면서, 철학과 신학은 일체가 된다.

철학과 신학의 이와 같은 일체화는 보나벤투라의 범형론(exemplarism)에서 볼 수 있다. 그에게 있어서 범형론은 가장 중요한 문제였다. 《6일 간의 세계 창조에 대한 강의》에서,[1] 그는 이 범형론을 형이상학의 중심점으로 삼고 있다. 그의 말에 의하면 형이상학자는 창조된 개별적인 실체에서 창조되지 않은 보편적인 실체(물론 범신론적인 의미에서가 아니다)의 고찰로 나아가며, 따라서 형이상학자가 만물의 근원적인 원리를 일반적으로 취급하는 한 사물의 기원을 관찰하는 자연 철학자와 유사하지만, 다른 한편 형이상학자가 궁극 목적으로서의 하느님을 고찰하는 한 그는 어느 정도는 도덕 철학자와 주제를 같이하고 있다. 도덕 철학자도 실천적 및 사변적인 질서에서의 행복에 주의하면서 최종의 목적으로서의 최고선(最高善)을 고찰한다. 그러나 형이상학자가 하느님, 즉 최고 존재를 만물의 범형인(範型因)으로서 고찰하는 한에서는 그는 다른 누구하고도 주제를 같이하지 않는다(**cum nullo communicat et verus est metaphysicus**). 하지만 형이상학자가 범형론에 관한 진리를 얻으려면, 그는 단순히 하느님이 만물의 범형인이라는 사실에서만 만족할 수가 없다. 왜냐하면 창조의 **매개자**, 즉 성부(聖父)의 명확한 모습 및 모든 피조물의 범형은 하느님의 말씀이기 때문이다. 철학자로서의 형이상학자는 사실 그 말씀에 대한 확실한 인식에 이를 수가 없다.[2] 만일 그가 단순한 철학자로서 만족한다면 이때 그는 오류에 빠질 것이다. 말하자면 그는 신앙에 의해서 조명되어 단순한 철학을 초월하고, 하느님의 말씀이 만물의 범형인이라는 것을 이해하지 않으면 안 된다. 그러므로 범형론에 대한 순수 철학적인 학설은 말씀의 신학을 위한 길을 준비하는 반면에, 말씀의 신학은 철학에 의해서 얻어진 진리에 빛을 비춘다. 이런 의미에서 그리스도는 신학의 **매개자**일 뿐만 아니라 철학의 매개자이기도 하다.

이러한 입장에서 아리스토텔레스에 관한 명백한 결론이 얻어진다. 플라톤은 원형의 이데아 또는 본질에 대한 이론을 주장했다. 그것은 플라톤 자신이 어떻게 생각했든 적어도 신플라톤주의자들은 이 이데아들을 하느님의 정신 안에 '놓아 두었다'. 그러므로 성 아우구스티누스는 이 점에서 플라톤과 플로티노스를 찬양하게 되었다. 그러나 아리스토텔레스는 플라톤의 이데아를 거부하고 그의 이론을 신랄하게 공격했다(**in principio Metaphysicae et in fine et in multis aliis locis exsecratur ideas Platonis**).[3] 《윤리학》에서도 그는 그 설을 공격하고 있지만, 그가 제시하고 있는 이유는 보잘 것 없다(**nihil valent rationes suae**).[4] 왜 그는 플라톤을 공격했을까? 그 이유는 그가 세상의 사물 그 자체에 관심을 가

---

1) 1, 13. 2) *In Hexaëm.*, 1, 13. 3) 같은 책, 6, 2. 4) 같은 책, 같은 곳.

지고 있으면서, 〈학문의 말〉(**sermo scientiae**)을 하는 재능은 가졌으나 〈예지의 말〉(**sermo sapientiae**)을 하는 재능은 지니지 않은 단순한 자연 철학자였기 때문이다. 감각계를 경시하는 것을 거부하고 또 확실성을 초월자의 인식에 한정하는 것을 거부하는 점에서 플라톤에 대한 아리스토텔레스의 비판은 정당했다. 플라톤은 〈예지의 길〉(**via sapientiae**)에 열중한 나머지 〈학문의 길〉(**via scientiae**)을 파괴했던 것이다. 이 점에서 아리스토텔레스가 플라톤을 비난했던 것은 옳다. 하지만 아리스토텔레스 자신은 반대의 극단으로 나아감으로써 〈예지의 말〉을 파괴하고 말았던 것이다.[5] 실은 범형론을 부정함으로써 아리스토텔레스는 당연히 하느님의 창조와 하느님의 섭리를 부정하게 되었다. 따라서 그의 잘못은 플라톤의 잘못보다는 더욱 나빴던 것이다. 그리고 플라톤이 주장했던 범형론은, 이미 보았듯이 형이상학에 이르는 열쇠이면서 그 중심이기 때문에, 범형론을 부정함으로써 아리스토텔레스는 보나벤투라가 생각하는 의미에서의 형이상학자의 지위에서 탈락되었다.

그러나 우리는 플라톤을 넘어서서 아우구스티누스로부터 배우지 않으면 안 된다. 아우구스티누스에게는 〈예지의 말〉과 〈학문의 말〉이 함께 주어져 있었다.[6] 그 이유는 아우구스티누스는 이데아가 하느님의 말씀에 포함되어 있고, 말씀은 창조의 원형이라는 것을 알고 있었기 때문이다. 성부는 자기 자신을 완전하게 알고 있으며 이런 인식 행위는 성부 자신의 모습이며 표현이다. 즉 그것은 성부의 말씀이며 성부의 〈나타내어진 모습〉이다.[7] 성부로부터 나기 때문에 그 말씀은 하느님의 것이며 하느님의 아들이다. (〈아들은 기체적인 유사성, 즉 본성을 함께 하는 유사성〉을 나타낸다.)[8] 〈모습〉(**Imago**)으로서, 즉 〈나타내어진 유사성〉으로서 성부를 나타내는 한에서 그 말씀은 〈성부가 할 수 있는 모든 것〉(**quidquid Pater potest**)을 표현하고 대신하기도 한다.[9] 누구든 말씀을 안다면, 그는 모든 가지적인 대상을 알게 될 것이다(**si igitur intelligis Verbum, intelligis omnia scibilia**).[10] 성자 또는 말씀 안에서, 성부는 자신이 이룰 수 있는 모든 것을 나타내고(즉 모든 가능적인 존재는 말씀 가운데 이데아 또는 원형으로서 나타내어져 있다) 또 이루고자 하는 모든 것을 나타내었다.[11] 그러므로 가능적이든 현실적이든 모든 피조물의 '이데아'는 말씀 가운데 포함되어 있으며 이들 이데아는 보편자

---

5) *Serm.*, 18.
6) *Serm.*, 4, 19.
7) *Breviloq.*, 1, 3.
8) 같은 책, 같은 곳.
9) *In Hexaëm.*, 3, 4.
10) 같은 책, 같은 곳.
11) 같은 책, 1, 13.

(〈유〉와 〈종〉)들뿐만 아니라 개별자들에도 미친다.[12] 이데아는 모든 가능적인 것을 나타내는 하느님의 무한한 능력을 나타내고 있는 것으로서 수에 있어 무한하다.[13] 그러나 말씀 안에 무한한 이데아들이 있다고 말하는 경우 그것들이 하느님 안에서 실재적으로 다르다는 것을 의미하지는 않는다. 왜냐하면 하느님 안에서는 위격(位格)의 구별 이외에는 어떠한 구별도 존재하지 않기 때문이다. 하느님 안에 존재하는 것으로서 생각한다면, 이데아들은 하느님의 본질과 다른 것도 아니다(〈이데아들 상호간에 다른 것도 아니다〉).[14] 이데아들은 서로 다르지 않으므로 실재적인 서열을 형성할 수가 없게 된다.[15] 그러나 비록 이데아들은 존재론적으로 하나이며 그들 상호간에는 실재적 구별이 없을지라도, 개념적인 구별은 있다. 따라서 이들 이데아는 〈인식하는 측면에서는 다수이다〉.[16] 이 구별의 근거는 하느님의 본질에 있어서의 어떤 실재적인 구별일 수는 없다. 왜냐하면 이데아는 존재론적으로 순일(純一)한 하느님의 본질과 동일할 뿐만 아니라, 하느님의 측면에서 피조물에 대한 실재적인 관계는 있지 않기 때문이다. 비록 피조물의 측면에서는 하느님에 대한 실재적인 관계가 있을지라도, 하느님은 어떠한 의미에서도 피조물에 의존해 있지 않고 또 하느님과 피조물은 같지 않으며, 따라서 표시되었거나 지시된 것의 관점에서 보는 경우 이데아들은 〈인식하는 측면에서는〉 다르기 때문이다. 하느님 안에서는 이데아들이 하나이지만, 우리의 측면에서 볼 때의 이데아들은 중간, 말하자면 아는 자인 하느님과 알아지는 사물의 중간에 있으며, 이데아들 사이의 구별은 이데아가 존재하는 데 있어서의 구별이 아니라(즉 실재적인 구별이 아니다), 이데아가 지시하는 한에 있어서의 구별이며, 이 구별의 근거는 지시된 것(즉 피조물)의 실재적인 다양성이지, 하느님의 본질 또는 하느님의 인식에 있어서의 실재적 구별은 아니다.

플라톤은 이와 같은 이데아론을 향해서 애써 나아갔으나, 신앙의 빛을 결여하고 있었기 때문에 참다운 학설에 이르지 못하고 부득이 거기서 멈출 수밖에 없었다. 즉 참다운 이데아론을 지니기 위해서는 말씀에 대한 인식을 갖출 필요가 있다. 더 나아가 피조물이 말씀의 매개에 의해서 창조되고 말씀을 통하지 않고는 창조될 수가 없었던 것처럼, 피조물은 말씀과의 관계에 비추어 보지 않고는 참으로 알아질 수가 없다. 아리스토텔레스는 사실 훌륭한 자연 철학자였을지 모르며 또 사실 그

12) I *Sent.*, 35, *art. unicus*, 4.
13) 같은 책, 5.
14) 같은 책, 2.
15) 같은 책, 6.
16) 같은 책, 3.

러했으나, 대상들을 말씀과의 관계에서 하느님의 모습의 반영으로서 보지 않았기 때문에 자신의 연구에서 취급된 대상마저도 참으로 알 수가 없었던 것이다.

2. 하느님의 인식

자기 자신을 아는 가운데서 하느님은 자신의 본질이 밖으로 반영될 수 있는 모든 방법도 알고, 시간 가운데 실현될 모든 유한의 선한 것을 안다. 이 인식을 보나벤투라는 〈승인의 인식〉(cognitio approbationis), 즉 하느님의 〈가납〉(嘉納, beneplacitum voluntatis)이 미치는 것의 인식이라 부른다. 하느님은 또 시간의 흐름 속에 존재해 왔고, 존재하고 있고, 존재할 모든 선한 것만이 아니라 모든 악한 것까지도 알고 있다. 보나벤투라는 이 인식을 〈직관의 인식〉(cognitio visionis)이라고 부른다. 보나벤투라가 악이 하느님 안에 그 범형적인 이데아를 가지고 있지 않다는 것을 의미하고 있음은 말할 나위도 없다. 악은 오히려 하느님 안에 있는 그 이데아를 따라서 피조물이 마땅히 지니고 있어야 할 그것을 결여하고 있는 것이다. 하느님은 모든 가능적인 것도 알고 있다. 이 인식을 보나벤투라는 〈예지의 인식〉(cognitio intelligentiae)이라고 부른다. 이 인식의 대상인 가능적인 것은 그 수에 있어서 무한하지만, 앞의 두 가지 인식의 대상은 유한하다.[17] 그러나 이 세 가지의 인식은 하느님 안에서의 서로 다른 우유성(偶有性)이 아니다. 즉 하느님 안에 있는 것으로서 존재론적으로 고찰할 경우, 그 세 가지 인식은 하나의 인식 작용이며, 하느님의 본질과 동일한 것이다.

하느님의 인식 작용은 무한하고 영원하다. 따라서 모든 것은 심지어 미래의 사건까지도 하느님에게는 현존하고 있다. 말하자면 하느님의 인식은 계기(繼起)하지 않는다. 그리고 우리가 하느님의 '예지'에 대해서 언급할 경우, 미래를 하느님의 인식 자체와 관련되는 것으로서가 아니라 대상 자체와 관련된 것으로서(대상이 시간 안에서 서로 계기하고 시간 안에서 서로 계기함을 하느님은 알고 있다는 의미에서) 이해하지 않으면 안 된다. 하느님은 모든 것을 하나의 영원한 작용에 의해서 알고 있으며 그 작용에는 아무런 시간의 계기도 없고 전후도 없기 때문

17) 1 *Sent.*, 39, 1, 2와 3 ; *De Scientia Christi*, 1 참조.

이다. 그러나 하느님은 그 하나의 작용에 의해서 사물을 시간 안에서 서로 계기하는 것으로서 영원히 알고 있다. 그러므로 보나벤투라는 하느님이 모든 것을 〈현재하는 것〉(**praesenter**)으로 알고 있다는 명제에 관해서 어떤 구별을 하여, 이 〈현재하는 것〉은 인식되는 대상과 관련하여 인식되는 것의 측면에서가 아니라 하느님과 관련하여 인식하는 것의 측면에서 이해되지 않으면 안 된다고 지적하고 있는 것이다. 만일 그것이 전자의 의미에서 이해된다면 모든 것은 서로 현존하고 있다는 의미가 될 것이며 이는 잘못이다. 왜냐하면 비록 사물은 모두가 하느님에게는 현존하고 있을지라도, 모든 사물이 상호간에 현존하고 있는 것은 아니기 때문이다.[18] 그는 벽에 고정되어 움직이지 않으면서 사람이나 사물의 연이은 움직임을 한눈에 바라보는 눈을 생각해 보라고 말하고 있다.[19] 그 눈은 변하지 않고 그 시각의 작용도 변하지 않지만, 그 벽 아래에 있는 것은 변하고 있다. 이 예는 실제로 그것이 말하고자 하는 것과는 어떠한 의미에서도 비슷하지 않다고 보나벤투라는 말하고 있다. 왜냐하면 하느님의 인식은 이러한 방법으로는 설명될 수가 없기 때문이다. 하지만 그러한 예는 의미되고 있는 것에 대한 이해를 돕는다고 하겠다.

3. 영원으로부터의 창조 불가능성

만일 하느님의 이데아가 없다고 한다면, 그리고 하느님에게 자기 자신에 대한 인식도 없고 자신이 이룰 수 있거나 이루고자 하는 것에 대한 인식도 없다고 한다면 창조는 있을 수 없을 것이다. 왜냐하면 창조는 창조자 측의 인식, 즉 인식과 의지를 필요로 하기 때문이다. 그러므로 이데아를 거부했던 아리스토텔레스가 창조를 거부하고 세계의 영원성, 즉 하느님에 의해서 창조되지 않은 세계를 말했던 것은 놀랄 일이 아니다. 적어도 니사의 그레고리우스(**St. Gregorius Nisenus**), 나치안츠의 성 그레고리우스(**St. Gregorius Nazianzenus**), 요한네스 다마셰누스(**St. Johannes Damascenus**), 바실리오스와 같은 그리스의 박사들과 모든 아라비아의 주석가들에 의하면, 아리스토텔레스는 그것을 주장한 것으로 생각되고 있다. 그러나 한편 아리스토텔레스가 세계는 시작이 있었

18) 1 *Sent.*, 39, 2, 3, *conclusio* 참조.

19) 같은 책, 2, *conclusio.*

다고 말하는 것을 결코 발견할 수 없을 것이다. 말하자면 사실 그는 시간에 시작이 있었다고 주장한 것으로 생각되는 유일한 그리스 철학자 플라톤을 비난하고 있다.[20] 아리스토텔레스가 확실히 하느님에 의한 무(無)로부터의 세계 창조를 믿지 않았기 때문에, 성 보나벤투라는 그 점을 그다지 주의깊게 거론할 필요가 없었다.

성 토마스는 철학적 견지에서 창조의 관념과 세계 영원성의 관념 사이에 모순이 있다고 보지 않았다. 따라서 그에게 있어서 세계는 시간 안에서 시작을 가지지 않았을지 모르지만, 그러나 창조되었던 것이다. 즉 하느님은 세계를 영원으로부터 창조했을지 모른다. 하지만 성 보나벤투라는 세계의 영원성은 불가능하며 또 하느님은 세계를 영원으로부터 창조했을 리가 없다고 생각했다. 만일 세계가 창조되었다고 한다면, 시간은 필연적으로 시작을 지니지 않을 수 없다. 시간에 시작이 있다는 것을 부정한다면, 세계가 창조되었다는 것을 부정하는 결과가 된다. 그리고 시작없는 영원한 운동이나 시작없는 시간이 있을 수 없음을 증명하는 것은, 세계가 창조되었다는 것을 증명하는 것이다. 그러므로 성 보나벤투라는 아리스토텔레스의 세계 영원론은 **필연적으로** 창조의 부정과 결부되어 있는 것으로 생각했던 것이다. 그리고 이 의견 — 토마스는 의견을 달리한다 — 은 아리스토텔레스에 대한 그의 반대를 강화시켰다. 보나벤투라와 아퀴나스는 다 함께 세계가 시간 안에서 시작을 가져왔다는 **사실**을 당연한 것으로 받아들였다. 이는 신학에 의해서 가르쳐지고 있기 때문이다. 그러나 그들은 영원으로부터의 창조의 이론적인 가능성에 대해 의견을 달리하고 있었다. 그리고 이것이 불가능하다는 보나벤투라의 신념은 당연히 아리스토텔레스에 대한 결정적인 적의를 품게 했다. 왜냐하면 단순히 가능성으로서가 아니라 사실로서 세계의 영원성을 아리스토텔레스가 주장했던 것은 필연적으로 하느님으로부터 세계의 독립을 주장한 것처럼 생각되었기 때문이다. 그리고 이렇게 주장하게 된 원인은 무엇보다도 먼저 아리스토텔레스가 범형론을 거부한 데 있다고 그는 생각했다.

어떠한 이유에서 보나벤투라는 시작이 없는 영원의 유동이나 시작이 없는 시간은 있을 수 없다고 주장했는가? 그의 논증은 대체로 성 토마스가 자신의 입장에 반대하는 것으로서 다루었던 것이다. 몇 가지 예를 들어 보겠다.

---

20) *In Hexaëm.*, 6, 4.

(1) 만일 세계가 영원으로부터 존재해 왔다고 한다면, 무한에 더할 수가 있게 된다. 가령 무한한 회수의 태양 회전이 이미 있어 왔을 것이다. 그런데도 매일 또 다른 회전이 더해지고 있다. 그러나 무한에 더한다는 것은 불가능하다. 그러므로 세계가 언제나 존재해 왔다는 것은 있을 수 없는 일이다.[21]

성 토마스는 시간이 영원하다고 가정한다면, 시간은 지난 〈과거의 편〉(**ex parte ante**)에서는 무한하지만 앞으로의 〈미래의 편〉(**ex parte post**)에서는 유한하며, 그 이유는 현재는 과거의 끝이기 때문이라고 대답하고 있다.[22] 현재에서 끝나는 유한의 편에서 무한에 다시 더해진다는 것에 대한 유효한 반론은 없다. 이에 대해서 성 보나벤투라는 만일 단순히 지난 과거만을 생각한다면, 무한한 회수의 달의 회전을 인정하지 않을 수 없을 것이라고 역습하고 있다. 하지만 1 회의 태양 회전에 대해서 12회의 달의 회전이 있다. 따라서 우리는 두 무한의 회수에 직면하고 있다. 그 하나는 다른 것보다 12 배나 큰 것이다. 그러나 이것은 있을 수 없는 일이다.

(2) 무한한 계열을 통과한다는 것은 불가능하다. 그러므로 만일 시간이 영원하다고 한다면, 즉 시작을 가지지 않는다면 세계는 결코 오늘에 이르지 않았을 것이다. 그러나 세계가 오늘에 이르고 있음은 분명하다.[23] 이에 대해서 모든 통과나 〈이행〉(**transitus**)은 시작하고 끝나는 항(項)을 필요로 한다고 성 토마스는 대답하고 있다.[24] 그러나 시간이 무한한 지속이라고 한다면 시작하는 항은 없으며 따라서 〈이행〉도 존재하지 않는다. 그 결과 반론이 있을 수 없다. 하지만 성 보나벤투라는 과거에 오늘의 회전과는 무한한 거리가 있는 태양의 회전이 있는가 또는 없는가 하고 역습하고 있다. 만일 없다고 한다면, 그 거리는 유한하고 그 계열에는 시작이 있었음에 틀림없다. 만일 있다고 한다면, 오늘의 회전과 무한히 멀리 떨어져 있는 그것에 직접 이어지는 회전은 어떠한 것일까? 이 회전도 오늘의 회전과 무한히 멀리 떨어져 있을까? 또는 그렇지 않을까? 만일 그렇게 떨어져 있지 않다고 한다면, 가정상으로 무한히 떨어져 있는 그 회전도 무한히 떨어져 있을 수가 없을 것이다. 왜냐하면 '최초'의 회전과 둘째의 회전 사이의 간격은 유한하기 때문이다. 그러나 만일 그렇게 떨어져 있다고 한다면 세째와 네째 등등의 회전은 무엇일까? 이들 회전도 오늘의 회전과는 무한히 떨

21) 2 *Sent.*, 1, 1, 1, 2, 1.

22) *Contra Gent.*, 2, 38.

23) 2 *Sent.*, 1, 1, 1, 2, 3.

24) *Contra Gent.*, 2, 38 ; *S.T.*, Ia, 46, 2, *ad* 6.

어져 있을까? 만일 그렇다고 한다면, 오늘의 회전은 첫째의 것과의 거리와 마찬가지로 이들의 것과도 멀리 떨어져 있다. 이 경우에는 연속이란 없고 그 모두는 동시적이다. 그리고 이는 불합리한 일이다.

(3) 무한의 구체적인 대상들이 동시에 존재하고 있다는 것은 불가능한 일이다. 그러나 만일 세계가 영원으로부터 존재했다고 한다면 무한수의 이성혼(理性魂)이 존재하고 있을 것이다. 그러므로 세계는 영원으로부터 존재했을 리가 없다.[25]

이에 대해서 아퀴나스는 다음과 같이 대답하고 있다.[26] 즉 어떤 사람은 인간 영혼은 신체의 죽음 후에는 존재하지 않는다고 말하는가 하면, 다른 사람들은 하나의 (공통적인) 지성만이 남는다고 주장하고, 나아가서 어떤 이는 영혼의 윤회 탁생설(circulatio animarum)을 주장하는가 하면 어떤 저작가는 무한수는 현실적으로 질서가 없는 경우에는(in his quae ordinem non habent) 가능하다고 주장한다. 성 토마스는 당연히 처음 세 입장 중 어느 것도 주장하지 않았으며, 네째의 입장에 대한 그의 최종적인 태도는 확실하지 않은 것 같다. 따라서 보나벤투라는 윤회 탁생설은 철학에 있어서 잘못이며 아리스토텔레스의 영혼론에 어긋나는 반면에, 하나의 공통적인 지성만이 남아 있다는 견해는 더욱 잘못이라고 신랄하게 비판할 수가 있었던 것이다. 현실에 있어서의 무한수의 가능성에 관해서는 무한의 다수(多數)는 질서가 있을 수 없고 따라서 하느님의 섭리에 복종할 수가 없는 반면에, 실은 하느님이 창조한 모든 것은 하느님의 섭리에 복종하고 있다는 이유에서 그것은 잘못된 생각이라고 그는 믿었던 것이다.

그런 까닭에 보나벤투라는 아리스토텔레스를 반대하여 세계에는 시작이 있고 또는 영원으로부터의 창조라는 관념은 '분명한 모순'을 내포하고 있음을 철학적으로 증명할 수 있다고 확신하고 있었다. 왜냐하면 세계가 무로부터 창조되었다고 한다면, 세계는 비존재 후에 존재(esse post non-esse)[27]하고 있을 것이며 따라서 영원으로부터는 존재했을 리가 없기 때문이다. 영원으로부터의 창조를 주장하는 자들은 세계는 〈무 다음에〉(post nihilum) 만들어졌다고 말하지 않고, '어떤 것에서'와는 반대되는 것으로서의 무에서 만들어졌다고 말하고 있다고 성 토마스는 대답한다. 말하자면 시간의 관념은 어떠한 의미에서든 포함되어 있지 않다. 보나벤투라가 보기에는 세계가 영원히 창조되어 있지 않다(이는 철

25) 2 *Sent.*, 1, 1, 1, 2, 5.

26) *Contra Gent.*, 2, 38.

27) 2 *Sent.*, 1, 1, 1, 2, 6.

학적으로 잘못을 밝힐 수 있는 오류이다)고 말하는 것은 매우 부당한 것이다. 그러나 그에게 있어 세계가 영원으로부터 무에서 창조되었다고 말하는 것은 명확한 모순을 범하는 것이며, "이성과 너무나 모순되어서 아무리 이해가 부족한 철학자일지라도 그것을 주장했을 것으로는 믿어지지 않는"[28] 것이다.

4. 범형론과 창조의 부정에서 생기는 오류

만일 범형론이 부정되고 하느님이 세계를 창조하지 않았다고 한다면, 당연히 하느님은 자기 자신을 알고 있을 뿐이며 하느님은 목적인으로서, 즉 욕구와 사랑의 대상으로서(**ut desideratum et amatum**)만 활동하여 자기 자신 이외의 어떠한 개별적인 대상도 알지 못하고 있다고 결론을 내릴 수밖에 없다.[29] 이러한 경우 하느님은 어떠한 섭리도 행할 수가 없으며 자기 자신 안에 〈사물들의 이념〉(**rationes rerum**) — 이에 의해서 하느님은 사물들을 안다 — 을 가지지 않는다.[30] 물론 하느님은 자기 자신 이외의 것을 알지만 그것을 자신 안에서, 또 자신을 통해서, 범형적인 이데아를 통해서 안다는 것이 성 보나벤투라의 설이다. 만일 그가 이것을 주장하지 않았다고 한다면, 하느님의 인식은 하느님 밖의 사물로부터 보완되거나 완성되고, 어떤 의미에서는 피조물에 의존하고 있다고 말해야 할 것이다. 실은 완전히 독립해 있는 것이 하느님이며, 피조물은 하느님에게 의존하고 있고 하느님의 존재에 어떠한 완전성도 부여할 수가 없다.[31] 그러나 만일 하느님이 피조물에 대해서 아무런 인식도 가지지 않고 어떠한 섭리도 하지 않는다는 의미에서, 하느님이 자기 자신 속에 감싸여 있다고 한다면 세계의 변화나 운동은 우연으로부터 — 이는 불가능하다 — 또는 아라비아 철학자들이 주장했듯이, 천체들이 이 세상의 사물들의 운동을 결정한다는 필연으로부터 생겨나는 결과가 된다. 만일 그렇다고 한다면 이 세상에 있는 권선징악에 대한 모든 가르침은 사라지고, 또 사실 현세 후에 있을 지복(至福)에 대해서 아리스토텔레스가 말하는 일은 결코 없을 것이다.[32] 이러한 잘못된 모든 결론은 범형론의 부정에서 생겨난다. 그리고 범형론이 참다운 형이상학의 열쇠이며 이것없이 철학자가 형이상학적 주제를 논할 경우 필

---

28) 같은 책, *conclusio.* 29) *In Hexaëm.*, 6, 2. 30) 같은 책, 3.
31) 1 *Sent.*, 39, 1, 1, *conclusio* 참조. 32) *In Hexaëm.*, 6, 3.

연적으로 오류에 빠지는 것은 더욱 명백한 일이다.

5. 하느님에 대한 피조물의 닮음, 유비

범형론의 학설로부터 하느님과 피조물 사이에는 어떤 닮은 점이 있다는 결론이 나온다. 그러나 우리는 하느님과 피조물의 관계에 대한 정확한 관념을 얻기 위해서, 한편으로는 범신론을 피하고 다른 한편으로 하느님으로부터 독립하는 세계를 피하기 위해서, 여러 가지의 유사(類似, similitudo)를 구별하지 않으면 안 된다. 《명제집》 주석에서[33] 보나벤투라는 〈유사〉는 두 개의 것이 제 3 의 것에서 일치하고 있음(그리고 그는 이를 〈일의성에 의한 유사〉라고 부른다)을 의미하든가 또는 어떤 것이 다른 것에 유사하되 제 3 의 것에서는 일치하지 않는 것을 의미한다고 말하고 있다. 그리고 피조물이 하느님의 유사물이었다고 말하고 있는 것은 후자의 의미에서이다. 그 같은 〈결론〉(이론 해답 2)에서 그는 〈일의성 또는 분유의 유사〉(similitudo univocationis sive participationis)와 〈모방 또는 표현의 유사〉(similitudo imitationis, et expressionis)를 구별하여, 전자는 공통항(共通項)이 없으므로(즉 하느님과 피조물에는 공통적인 것이 없기 때문에) 피조물과 하느님간의 관계에는 적용되지 않는다고 말하고 있다. 그가 말하고자 하는 것은 하느님과 피조물은 존재(Being)를 가령 **일의적으로**(꼭같은 의미에서) 분유(分有)하지 않는다는 것이다. 왜냐하면 만일 일의적으로 분유한다면, 피조물은 하느님이 되고 그 결과 범신론이 생겨날 것이기 때문이다. 그러나 피조물은 하느님을 닮고 하느님 안에 있는 피조물의 이데아를 닮은 것이다. 그리고 하느님은 이 이데아를 밖으로는 유한한 피조물 가운데 표현한다. 그러므로 보나벤투라가 〈분유의 유사〉(similitudo participationis)를 거부하는 경우, 분유를 일의적인 의미에서 하느님과 피조물에 공통하는 어떤 것, 즉 그가 말하고 있는 〈공통적인 제 3 의 것〉(tertium commune)을 분유하고 있다는 의미로 이해하지 않으면 안 된다.

하느님과 피조물에 공통적인 것이 없다면, 그 양자 사이에는 어떠한 유사성도 없다고 반론될지 모른다. 그러나 성 보나벤투라가 배제하고자 하는 그 공통성은 **일의적**인 공통성이며 이 공통성에 그는 **유비**

---

33) 1, 35, *art. un.*, 1, *conclusio.*

(analogy)를 대립시키고 있다. 하느님에 대한 피조물의 유사 또는 피조물에 대한 하느님의 유사(〈모조품에 대한 범형〉)는 하나의 유비이며, 또 다른 하나는 **비례성**(proportionalitas)의 유비(〈두 개의 것에 대한 두 개의 것이 지니는 관계〉)이며 이는 상이한 유(類)에 속해 있는 것들 사이에 있다. 하지만 피조물과 하느님 사이에 있는 관계의 경우에는 유에 속하는 것은 오직 피조물뿐이다. 이를테면 학교에 대한 교사의 관계는 배에 대한 조타수의 관계와 같다. 그 이유는 둘 다 관리하기 때문이다.[34] 비례성의 유비의 경우, 보나벤투라는 넓은 의미에서의 비례 — 이것은 비례성도 포함한다 — 와 엄밀한 의미에서의 비례 — 이는 같은 종류에 속하는 것들 사이에, 예를 들어 산수의 수들 사이에 있다 — 를 구별하고 있다. 물론 엄밀한 의미에서의 비례는 하느님과 피조물 사이에는 있을 수 없다.

그러나 보나벤투라는 비례성의 유비에 대해서 말하고 있기는 하지만, 그가 가장 주목하고 있는 유비는 유사의 유비이다. 왜냐하면 그는 피조물의 세계에 있어서 하느님의 표현, 나타남, 표상, 〈흔적〉(vestigia)을 찾아보는 것을 언제나 좋아하고 있었기 때문이다. 《명제집》 주석에서,[35] 〈본성에 있어서 온전한 일치에 의한 유사〉 — 이는 각자가 하느님의 본성과 일치하는 세 위격 사이에 적용된다 — 와 〈어떤 보편적인 본성의 분유에 의한 유사〉 — 이는 인간과 당나귀가 동물이라는 공통적 유를 나누어 가짐으로써 인간과 당나귀 사이에 적용된다 — 를 배제한 후, 그는 비례성, 〈이차적 비례성에 의한 유사〉(similitudo secundum proportionalitatem) — 그는 여기서 조종되는 대상과의 관계에서 배의 조종사와 전차의 조종사의 예를 들고 있다 — 과 〈질서의 일치에 의한 유사〉(similitudo per convenientiam ordinis) — 〈모조품이 범형에 유사하듯이〉(sicut exemplatum assimilatur exemplari) — 를 인정하고, 나아가서 이 후자의 두 유비의 유형을 논하고 있다. 그리고 이 두 유비는 이미 말했듯이 이 피조물과 하느님 사이에 적용된다.

보나벤투라의 말에 의하면, 모든 피조물은 하느님의 〈흔적〉이며 그리고 그 두 종류의 유비(〈범형〉에 대한 모조품의 〈유비〉와 비례성의 〈유비〉)는 모든 피조물에 적용된다. 하지만 모든 피조물이 하느님의 결과이며 하느님의 이데아를 통해서 하느님과 일치되는 한에서 전자가 적용되고, 하느님이 자신의 결과를 산출하는 것과 같은 방법은 아닐지라

34) 1 *Sent.*, 3, 1, *art. un.*, 2, 3과 1 같은 책, 48, 1, 1, *conclusio* 참조.

35) 2 *Sent.*, 16, 1, 1, *conclusio.*

도(**sicut enim Deus producit suum effectum, sic et agens creatum, licet non omnino** — 왜냐하면 피조물은 자기의 결과의 전체적인 원인은 아니기 때문이다), 피조물 역시 자신의 결과를 낳는 한에서는 후자가 적용된다. 그러나 이들 모든 피조물이 〈하느님의 흔적〉일지라도 하느님에 대한 피조물의 일반적인 유사성은 비교적 희미하다(**magis de longinquo**). 말하자면 보다 치밀하고 보다 명확하면서 일정한 피조물에만 적용되는 또 다른 종류의 유사가 있다. 모든 피조물은 하느님을 지향하고 있으나 이성적인 피조물만이 하느님을 직접(**immediate**) 향하고 있고 비이성적인 피조물은 하느님에게 간접적으로 〈이성적인 피조물을 통해서〉 향해져 있다. 이성적인 피조물만이 하느님을 알 수 있고, 하느님을 찬미하고, 하느님을 이성적으로 섬길 수 있으며, 따라서 비이성적인 피조물보다 더욱 큰 하느님과의 일치, 더욱 큰 질서의 일치를 가지고 있다. 그래서 이 〈질서의 일치〉(**convenientia ordinis**)가 크면 클수록 유사 또는 닮음은 보다 크고, 보다 밀접하고, 보다 명확하다. 이 보다 밀접한 유사를 보나벤투라는 〈모습〉(**imago**)이라고 부른다. 그러므로 모든 피조물은 〈하느님의 흔적〉이지만, 이성적인 피조물만이 〈하느님의 모습〉이다. 왜냐하면 이성적인 피조물은 정신적인 능력을 지니는 데서 하느님과 유사하며 그 능력에 의해서 하느님을 한층더 닮아갈 수 있기 때문이다.

이성적 피조물과 비이성적 피조물 사이의 그와 같은 차이는, 비례성의 유비를 고찰한다면 곧 알 수 있다. 정당하게 고려한 조건에서라면, 피조물에 대한 하느님의 관계가 결과에 대한 원인의 관계와 같듯이 피조물은 그 결과에 관계하고 있다고 말할 수가 있다. 그리고 이것은 피조물이 능동적인 행위자인 한 모든 피조물에 적용된다. 그러나 이렇게 고찰된 결과는 행위자에 대해서 〈외적인〉(**extrinsic**) 반면에, 이성적인 피조물의 경우 그리고 그 경우에만 〈내적인〉(**intrinsic**) 비례가 있다. 하느님에게는 위격의 삼위성(三位性)을 지닌 본성의 유일성이 있고, 인간에는 상호간의 질서가 있는 능력들의 삼위성을 지닌 본질의 유일성이 있으며, 그 능력들간의 관계는 어떤 의미에서 하느님 안에 있는 그 관계들과 유사하다(**quasi consimili modo se habentium, sicut se habent personae in divinis**). 보나벤투라는 이성의 자연적인 빛에 의해서 인간 본성을 고찰함으로써 삼위 일체의 교의를 증명할 수 있다고 말하지는 않는다. 왜냐하면 그는 신비에 대한 엄밀한 어떠한 철학적 증명의 가능성도 부정하고 있기 때문이다. 그러나 오히려 그는 신앙의 빛에 인도되어 인간의 이성적 본성 안에서 삼위 일체성에 대한 유비를 찾아볼 수 있다고 말하고 있다. 인간의 본성이나 본질에 대한 그 세 능력들의 관계는(흡사) 하느님의 본성에 대한 하느님의 세 위격의 관계와 비슷하다. 이것은 '명확한' 비례의 유사이며 이 점에서도 인간은 하느님의 모습이라고 불리운다. '명확한'이라는 말은 하느님의 삼위 일체성이 인간 본성의 구성 가운데 어느 정도 나타나 있고 현시되어 있다는 의미이다. 그리고 보나벤투라에게 있어서 유사의 유비(즉 〈범형에 대한 모사품〉)가 비례성의 유비보다 더욱 기본적이며 실제로 이 비례성의 유비는 유사의 유비와 관련하여 다루어지고 또 유사의 유비를 떠나서는 아무런 구체적인 가치도, 의미도 지니지 않는다는 것은 분명하다.

이러한 방법으로 보나벤투라는 하느님에 대한 피조물의 멀고 가까운 유사성을 따라서 존재의 위계 질서를 세울 수가 있었던 것이다. 순수 감각적 사물의 세계는 하느님의 〈흔적〉 또는 〈그림자〉이지만, 그는 거기서도 삼위 일체성의 유비를 발견하고 있다. 그 감각적 사물의 세계는 〈밖으로 씌어진 책〉(**liber scriptus forinsecus**)이다. 단순한 자연 철학자에 불과한 철학자에 의해서 고찰되는 경우, 그 감각적 사물의 세계는 단순한 〈자연〉이다. 그러한 사람은 그 자연의 책을 읽을 수가 없다. 왜냐하면 그에게 있어서 자연은 〈하느님의 흔적〉이 아니라 하느님과는 아무런 관계도 없이 그 자체로서만 고찰된 것이기 때문이다.[36] 이성적인 피조물은 순수 감각적인 피조물을 초월하며 특별한 의미에서의 〈하느님의 모습〉이다. 그러나 '하느님의 모습'이라는 말은 그 자체가 폭넓게 적용되고 있다. 왜냐하면 이 말은 인간이나 천사의 자연적 실체만이 아니라 은총을 가짐으로써 생겨나는 초자연적인 유사성도 포함하기 때문이다. 은총 속에 있는 영혼은 인간의 순수 자연적인 본질보다도 높은 의미에서의 하느님의 모습이며, 천국에서 지복 직관을 누리고 있는 영혼은 더욱더 깊은 의미에서의 하느님의 모습이다. 그러므로 많은 유비의 단계, 즉 하느님과의 닮음의 단계들이 있으며 그리고 그 모든 단계는 말씀에 비추어서 이해되지 않으면 안 된다. 그리고 성부와 같은 실체적인 모습이며 모든 피조물의 범형인 그 말씀은, '표현'의 여러 가지 단계를 따라서 피조물들 가운데 반영되고 있다. 주의를 요하는 것은 신학과 철학의 변합없는 통합만이 아니라 유사의 여러 가지 단계는 인간의 지적 및 영적 삶과 밀접한 관계에 있다는 사실이다. 개인의 편에서

---

36) *In Hexaëm.*, 12, 15.

하느님으로 올라감은, 감각에 의해서 파악되는 〈그림자〉 또는 단순한 〈흔적〉, 즉 〈밖으로 씌어진 책〉으로부터 하느님의 내적인 반영 또는 〈하느님의 모습〉 즉 〈안으로 씌어진 책〉(liber scriptus intrinsecus)으로의 전환을 의미하며 아우구스티누스의 명령을 따라서 자기 자신 안으로 나아가서 마지막으로는 하느님 자신의 관상, 즉 〈범형〉과의 일치로 나아감을 의미하고 있다. 성 보나벤투라는 철학과 신학을 각각 분명하게 구별하여 취급하고 있지 않음으로써 자신의 우주관과 수덕적(修德的) 및 신비적인 생활을 결합시키고 있으므로 특별히 그리스도교 사상가라고 불리워질 만하다.

6. 이 세계는 최선의 가능한 세계인가

창조자 하느님을 훌륭하게 반영하고 있는 이 세계는 가능한 모든 세계 가운데서 최선의 세계인가? 우선 여기서 두 문제를 구별하지 않으면 안 된다. 하느님은 이 세계보다 더 좋은 세계를 만들 수가 있었겠는가? 하느님은 이 세계를 현재의 것보다 더 좋게 만들 수가 있었을까? 보나벤투라는 첫 질문에 대해서 하느님은 보다 고귀한 본질을 창조함으로써 지금의 세계보다도 더 좋은 세계를 만들 수가 있었으며, 이는 하느님의 능력을 제한하지 않고는 부정될 수 없다고 대답하고 있다. 둘째 문제에 대해서는 이는 결국 '세계'와 '더욱 좋은'이라는 그 말이 무엇을 의미하고 있는가에 달려 있다. 만일 그것이 세계를 이루는 실체를 가리킨다고 한다면, 하느님은 이 실체들을 더욱 고귀한 본질이나 실체, 즉 더욱 높은 종류의 실체로 만든다는 의미에서 그 실체들을 더욱 좋게 만들 수가 있는가 하고 묻는 것인가, 그렇지 않으면 하느님은 이들 실체를 우유에 있어서, 즉 실체는 그대로 둔 채로 더욱 좋게 만들 수가 있는가라고 묻고 있는가? 만일 전자의 경우라면, 하느님은 실체들을 더욱 고귀한 것으로 바꿀 수가 있다고 대답되겠지만, 그렇다면 같은 세계가 되지 않을 것이며 따라서 하느님은 이 세계를 더욱 좋게 만드는 것은 아닐 것이다. 만일 후자의 경우라면, 하느님은 이 세계를 더욱 좋게 만들 수가 있을 것이다. 예를 들어 보자. 만일 하느님이 인간을 천사로 바꿔 놓는다고 한다면, 그 인간은 더 이상 하나의 인간이 아닐 것이며, 그리고 하느님은 인간을 더욱 좋게 만드는 것이 아닐 것이다. 하지만 하느님은 인간의 지적 능력 또는 도덕적 성품을 증강시킴으로써 인간을 더욱 좋게 만들 수 있을 것이다.[37] 나아가서 하느님은 이 인간을 더욱 좋은 인간으로 또는 이 말(馬)을 더욱 좋은 말로 만들 수가 있는 동시에 인간을 더욱 좋은 조건에 둔다는 의미에서 인간 그 자체를 더욱 좋게 만들 수가 있는가 없는가를 묻는 경우라면, 또 다른 구별을 하지 않으면 안 된다. 그것 자체에서 본다면, 하느님은 이를 능히 할 수 있을 것이다. 그러나 만일 하느님이 인간을 이러한 조건에 둔 목적 또는 이러한 조건 가운데 있는 것을 허락한 목적을 생각한다면, 하느님이 인간을 더욱 좋게 만들 수가 없음은 당연하다고 하겠다. 예를 들어 만일 하느님이 모든 인간으로 하여금 하느님을 잘 섬기도록 했다고 한다면, 그 자체만을 생각하여도 하느님은 인간을 더욱 좋게 만든 셈이다. 그러나 하느님이 인간에게 하느님을 잘 섬기거나 또는 잘못 섬기는 것을 허락한 목적을 생각한다면, 하느님은 인간의 자유 의지를 실제로 짓밟으면서 인간을 더욱 좋게 만들지는 않을 것이다. 마지막으로 하느님이 세계를 더욱 좋게 만들 수가 있었거나 있다고 하는 경우, 어째서 하느님은 그렇게 하지를 않았으며 또는 그렇게 하지 않고 있는가 하고 묻는다면, 하느님은 그렇게 원했으며 그리고 하느님은 그 이유를 알고 있다는 것밖에는 대답할 수가 없다(solutio non potest dari nisi haec, quia voluit, et rationem ipse novit).[38]

37) I *Sent.*, 44, I, I, *conclusio.*

38) 같은 책, *ad* 4.

제 28 장
성 보나벤투라 4 : 물질적 피조물

1. 모든 피조물에 있어서의 질료 형상적 합성

성 보나벤투라는 그의 스승 알렉산더 할레시우스로부터 모든 피조물의 질료 형상적 합성(hylomorphic composition), 즉 모든 피조물은 질료(matter)와 형상(form)으로 이루어져 있다는 설을 받아들였다. 이 경우 그에게 있어서 '질료'는 당연히 정신에 대립한다는 의미에서의 '질료'가 아니라, 보다 넓은 의미에서 가능성의 원리를 의미하고 있다. "그 자체에서 고찰된 질료는 정신적인 것도 아니고 유형적인 것도 아니다." 따라서 질료는 그 자체로서는 정신적 형상과 유형적 형상 어느 쪽이든 받아들인다. 그러나 질료는 일정한 형상을 떠나서 그 자체로는 결코 존재하지 않으며, 그리고 일단 유형적 형상이나 정신적 형상과 결합하면 그 질료는 경우를 따라서 언제나 유형적이거나 정신적인 것으로 남아있기 때문에, 결과적으로 유형적 실체 안에 현존하는 질료는 정신적 실체 안에 현존하는 질료와는 다르다.[1] '질료'는 여러 가지 의미로 생각될 수 있다. 만일 질료를 실체적이든 우유적(accidental)이든 어떠한 형상으로부터 떠나 있는 '결여'라는 관점(per privationem)에서 생각한다면, 질료는 모든 피조물에 있어서 본질적으로 동일한 것이라고 인정하지 않으면 안 된다. "왜냐하면 어떤 종류의 질료이든 그것이 형상이나 우유성으로부터 온전히 떠나 있다면 거기에는 어떠한 차이도 찾아볼 수 없기 때문이다." 그러나 만일 질료를 '유비적으로'(secundum analogiam)

1) 2 *Sent.*, 3, 1, 1, 2, *conclusio ad* 3.

생각한다면, 즉 가능성으로서, 형상에 대한 기초로서 생각한다면, 질료에 어떤 구별을 두지 않으면 안 된다. 질료를 단순히 존재 근거에 있어서 (**in ratione entis**) 형상의 기초를 제공하는 것으로 생각한다면, 질료는 정신적 피조물이나 물질적 피조물에 있어서 본질적으로 동일한 것이다. 왜냐하면 정신적 피조물이나 물질적 피조물은 그 어느 쪽이든 존재하고 있기 때문이며, 그리고 그들 피조물의 존재 양식과 그들의 종류를 고려하지 않고도 그 피조물들의 존재 자체를 생각할 수 있기 때문이다. 이것이 형이상학자가 질료를 고찰하는 방법이다. 따라서 형이상학자에게 있어서, 질료는 정신적 피조물이나 물질적 피조물에 있어서 같은 것이다. 하지만 질료를 넓은 의미에서, 즉 변화라고 생각되는 운동과의 관계에서만 본다면 실체적 변화를 하지 않으면서 유형적 형상을 받아들일 수 없는 피조물과, 실체적 변화를 하면서 유형적 형상을 받아들일 수 있는 피조물에 있어서는 질료가 동일하지 않다. 하지만 예컨대 천사들이 하느님의 작용을 수용할 수 있는 한에서는, 질료가 **유비적으로** 비슷하다고 생각할 수 있다. 질료를 이와 같이 고찰하는 것이 자연 철학자 또는 **자연학자**이다.

보나벤투라가 행한 보다 상세한 구별에까지는 들어가지 않고 또 그의 학설에 대해서 판단을 내리지 않는 한에서, 모든 피조물에 대한 질료 형상 합성설이라는 것은 질료가 가능성의 원리 자체라는 주장이라고 말할 수 있다. 정신적 피조물이나 물질적 피조물은 자존하는 존재가 아니라 의존하는 존재이다. 그러므로 가능성을 모든 형상으로부터 떼어 내서 존재의 공통적인 원리로 간주한다면, 형이상학자와 마찬가지로 그 가능성은 본질적으로 그 어느 쪽에도 같은 것이라고 말할 수 있다. 그러나 만일 그것을 현실적으로 존재하는 것으로서, 즉 정신적 또는 물질적인 구체적 현상과의 관계에 있는 것으로 생각한다면, 그 가능성은 그 양자에 있어서 같은 것이 아니다. 자연 철학자는 유형체를 고찰하고, 질료의 추상적인 본질을 다루지 않으며 존재의 특정 형태에 있는 것으로서, 즉 일정한 종류의 형상 곧 질료적인 형상과의 구체적인 관계에 있는 것으로서의 질료를 고찰한다. 그리고 이러한 방법으로 고찰된 질료는 정신적인 존재에서는 찾아볼 수 없다. 물론 구체적으로 존재하는 것으로서, 즉 형상과 결합한 것으로서의 그 질료가 여러 가지로 다른 종류에 속하고 실제로 여러 가지로 다른 상태에 있다고 한다면, 질료 자체에는 질료를 여러 가지로 다른 종류에 속하게 하는 어떤 것이 존재하지 않으면 안 되고 따라서 정신적 피조물과 물질적 피조물의 질서에 있어서 질료의 유사성은 유비적일 수밖에 없다고 반박할지 모른다. 그러나 보나벤투라는 질료는 형상을 떠나서는 결코 현실적으로 존재하지 않는다는 것을 인정하고 있으며, 만일 질료를 형상으로부터 떼내어서 단순한 가능성으로만 생각한다면 — 실제로 그렇게 생각되지만 — 질료는 본질적으로 같은 것이라고 말할 수 있음을 말하고 있는 데 지나지 않는다. 만일 천사들이 가능성의 요소, 즉 실제로 그들이 지니고 있는 능력의 요소를 가지고 있다고 한다면, 천사들은 질료를 소유하지 않으면 안 된다. 왜냐하면 그 자체에서 생각된 질료는 가능성 또는 가능태에 지나지 않기 때문이다. 어떠한 질료도 없는 것은 어떠한 가능성이나 가능태도 없는 순수 현실태인 그 존재(the Being)일 뿐이다.

2. 개별화

질료는 개별화의 원리일까? 성 보나벤투라의 말에 의하면,[2] 아리스토텔레스의 말에 의거하여 그렇다고 주장한 사상가들도 있지만, 그러나 모든 것에 공통적인 것이 어째서 구별, 즉 개별성의 주요한 원인이 되는지를 알기란 매우 어려운 일이다. 또 한편으로는 형상이 개별화의 원리라고 하여 여러 가지 종(種)의 형상의 한 결과가 되는 개별적인 형상을 요청하는 것은 반대의 극단적인 입장이 되어, 모든 창조된 형상은 그것과 닮은 다른 형상을 가질 수 있다는 점을 잊어 버리게 된다. 개별화는 형상과 질료의 현실적인 결합 — 말하자면 그들의 결합을 통해서 그들은 서로를 제 것으로 삼는다 — 에서 생긴다고 주장하는 편이 좋다. 날인은 밀(wax)에 새겨진 여러 가지의 각인에 의해서 이루어지며 만일 밀이 없다면 여러 가지의 날인은 존재하질 않겠지만, 또 서로 다른 각인이 없다면 밀은 여러 가지 다른 것으로 되지는 않을 것이다. 그와 마찬가지로 구별과 다양성, 즉 다수가 있으려면 질료가 필요하지만 형상도 역시 필요하다. 왜냐하면 구별과 다양성은 실체적 구성 요소에 의한 실체의 구조를 전제하고 있기 때문이다. 하나의 개별적인 실체가 일정한 어떤 것이라는 것, 즉 일정한 종류에 속해 있다는 것은 형상 때문이다. 이를테면 개별적인 실체가 이 어떤 것이라는 점은 주로

2) 같은 책, 3, 1, 2, 3, *conclusio*.

질료 때문이며, 질료에 의해서 형상은 공간과 시간 가운데 위치하게 된다. 개별화는 주로 실체적인 것, 즉 질료와 형상에서 이루어진 실체를 가리키지만, 그것은 또 우유적(偶有的)인 것, 즉 다수로 생각될 수 있는 것도 가리킨다. 개별성(discretio individualis)은 두 가지를 의미하고 있다. 하나는 질료와 형상의 두 원리의 결합에서 생겨나는 개별화이며, 둘째로는 다른 것으로부터의 구별이며 이는 수의 근원이다. 그러나 전자, 즉 개별화가 더욱 기본적인 것이다.

인격성(discretio personalis)은 질료와 결합한 형상이 이성적일 경우에 생겨난다. 그리고 이는 개별성에 이성적인 본성의 존엄성을 더한다. 이성적 본성은 피조물의 자연 가운데서 최고의 지위를 차지하여 보다 높은 실체적 형상으로의 가능태에 있는 것이 아니다. 그러나 인격성을 구성하기 위해서는 더욱 필요한 것이 있다. 즉 그 〈기체〉(基體, suppositum) 가운데는 더욱 탁월하고 존엄한 또 다른 본성이 있어서는 안 되며 〈기체〉 가운데서 이성적인 본성이 〈현실적인 탁월성〉을 마땅히 차지해야 한다는 것이다.(그리스도에 있어서는 그 인성이, 비록 완전하기는 하지만 〈현실적인 탁월성〉을 지니고 있지 않으므로 하나의 인격이 아니다.) "그러므로 개별성은 자연적인 형상이 질료 안에 존재하는 데서 생겨나는 것처럼, 인격성은 고귀하고 탁월한 본성이 실체 안에 존재하는 데서 생겨난다고 말해야 한다."[3)]

성 보나벤투라는 하나의 질료, 즉 정신적 질료가 천사들에게 있다고 주장하기 때문에, 성 토마스처럼 천사들이 존재하는 수만큼 많은 천사들의 종(種)이 있음을 억지로 가정하지 않고도, 동일한 종 가운데 다수의 개별적인 천사들이 있음을 인정할 수가 있었다. 성서는 우리에게 어떤 천사들은 유사한 역할을 다하고 있음을 보여주고 있으며, 이는 존재의 유사성을 증거하는 것이다. 그러나 한편 천사들 상호간의 "우정의 사랑"도 동일한 종에 있어서 다수의 천사들을 필요로 하고 있다.[4)]

3. 빛

유형적인 피조물에는 모든 유형체들이 지니고 있는 하나의 실체적 형상이 있다. 그리고 이것이 빛의 형상이다.[5)] 빛은 첫째 날, 즉 태양이

3) 같은 책, 3, 1, 2, 2, *conclusio*.
4) 같은 책, 3, 1, 2, 1.
5) 2 *Sent.*, 13 참조.

생겨나기 3일 전에 창조되었다. 그리고 성 아우구스티누스는 이를 천사의 창조를 의미하는 것으로 해석했지만, 보나벤투라의 견해에 의하면 이는 유형적인 것이다. 정확히 말하면, 빛은 유형태가 아니라 유형체의 형상이고 모든 유형체들에게 공통하는 제 1 의 실체적 형상이며 그 활동 원리이다. 그리고 여러 가지 종류의 유형체들은 빛의 형상을 분유하는 정도에 따라서 단계적 계층을 형성하고 있다. 따라서 '최고천'(最高天)은 이 계층의 한쪽 끝에 있고 지구는 다른 끝, 즉 낮은 끝에 있다. 이와 같은 방법으로 이 빛이라는 주제는, 성 보나벤투라의 철학에 있어서 아우구스티누스 학파와 매우 친밀하고 플로티노스를 소급하여 플라톤의 태양과 선의 이데아와의 비교에까지 소급하는 중요한 위치를 차지하고 있다.

4. 형상의 다수성

만일 보나벤투라가 빛은 실체적 형상이며 모든 유형체들이 지니고 있는 것이라고 주장한다면, 그는 분명히 하나의 실체에 다수의 실체적 형상이 있을 수 있다는 것도 주장하지 않으면 안 된다. 이를 주장하기란 그에게 있어서는 그렇게 어려운 일이 아니었다. 왜냐하면 그는 형상을 물체가 보다 높은 다른 완전성을 받아들이는 준비를 시키는 것으로 보았기 때문이다. 성 토마스에게 있어서의 실체적 형상은 제한적이고 규정적인 것이므로, 하나의 물체에는 하나의 실체적 형상밖에 존재할 수 없으나, 성 보나벤투라에 있어서의 형상은 말하자면 물체를 완성시키거나 제한한다기보다는 오히려 물체에게 새로운 가능성과 완전성을 위한 준비를 시키는 일을 한다. 《6일 간의 세계 창조에 대한 강의》에서[6] 궁극의 형상이 자신을 받아들일 처지 또는 가능성이 되는 어떤 것도 없이, 즉 어떤 매개적인 형상도 없이 제 1 질료에 덧붙여진다고 말하는 것은 어리석다(insanum)고까지 그는 말하고 있다. 그리고 그는 기꺼이 은총의 질서와 자연의 질서 사이에는 서로 닮은 데가 있음을 확인했다. 마치 인식의 은혜는 예지의 은혜를 위해서 있으면서도 예지의 은혜에 의해서 무효화되지 않고 그 은혜들은 신학적인 덕행을 무효화하지 않는 것처럼, 하나의 형상은 보다 높은 형상을 위해서 있으며, 또 보다

6) 4, 10.

높은 형상은 자신이 받아들여지는 경우에도 이전의 형상을 내쫓지 않고 오히려 완성시킨다.

5. 종자적 형상

성 보나벤투라는 분명히 아우구스티누스적인 전통을 따르고 있었으므로 당연히 〈종자적 형상〉(rationes seminales)의 견해를 받아들일 것으로 생각된다. 특히 이러한 생각은 창조자의 작용을 강조하고 자연적 작용자의 독립성을 약화시키기 때문이다. 하지만 이는 성 아우구스티누스의 경우와 마찬가지로 성 보나벤투라의 경우에도 '과학적'인 이론은 아니었다. 양자에 있어서 이것은 참다운 성서 주석상, 아니 오히려 계시의 내용을 설명하는 철학으로서 요구되었던 것이다. 보나벤투라의 경우에는, 그를 앞선 위대한 사람, 즉 〈예지의 말〉과 〈학문의 말〉을 겸비한 〈뛰어난〉 그리스도교 철학자에 의해서 주장되었다는 이유가 있다. 즉 "이 입장은 이성이 우리의 마음을 그것으로 이끌기 때문만이 아니라, 창세기에 관한 축자적(逐字的)인 주석 가운데서 아우구스티누스의 권위가 그것을 확증하고 있기 때문이라고 마땅히 주장되어야 할 것으로 나는 생각한다."[7)]

그러므로 보나벤투라는 질료 안에 사물의 여러 〈형상들이 잠재하고〉 있다고 주장했다. 그러나 시간 가운데 드러나는 사물의 형상은 마치 보자기에 덮혀 있는 그림처럼, 본래 질료 안에 **현실적**인 상태로 존재하고 있어서, 마치 그림에서 보자기를 제거하여 그것을 드러나게 하는 자처럼 특정된 작용자만이 그 형상들을 드러낸다는 견해를 그는 거부했다. 이 견해에서는, 서로 배제하는 대립의 형상들이 동일한 기체 안에 동시에 함께 있는 셈이 된다. 하지만 이는 불가능한 일이다. 그리고 또 하느님은 형상들을 산출하는 유일한 작용인(作用因)이라는 것도 그는 받아들이려고 하지 않는다. 왜냐하면 이는 하느님이 이성적인 인간 영혼을 창조하는 방법으로 모든 형상을 창조한다는 것을 의미하며, 이차적인 작용자는 실제로 행위하는 것이 전혀 없다는 것을 의미하기 때문이다. 하지만 이차적인 작용자의 작용이 실제로 결과를 초래하는 데 어떤 역할을 하고 있음은 분명하다. 이 두 견해 가운데 두번째 것은 피

7) 2 *Sent.*, 7, 2, 2, 1, *resp.*

조물의 작용의 능동성을 감소하거나 제거하는 반면에, 첫번째는 그 작용을 최소화한다고 하겠다. 보나벤투라는 그 어느 편의 견해도 받아들이지 않는다. 그가 택하고 있는 견해는 오히려 "아리스토텔레스의 생각으로 보이면서 지금은 철학과 신학의 박사들에 의해서 공통적으로 주장되고 있는 거의 모든 자연적 형상, 적어도 요소들의 형상이나 혼합의 형상과 같은 유형적인 형상은 질료의 가능성 안에 포함되어 있으면서 특정된 작용자의 작용에 의해서 현실화된다(**educuntur in actum**)"는 것이다. 그러나 이는 두 가지 방법으로 생각될 수 있다. 첫째로 이것은 질료가 형상을 받아들이는 가능성과 형상의 산출을 협력하는 성향을 함께 지니고 있다는 것과, 산출될 형상은 특정한 작용자 안에 작용인적인 원초적 원리로서 존재하고 있음을 의미한다고 하겠다. 따라서 마치 타고 있는 한 자루의 초가 많은 초에 불을 붙이듯이, 형상은 작용자에 의한 형상의 다수화로 산출된다. 둘째로는 현실적인 형상으로서가 아니라 잠재적인 형상으로서, 질료와 함께 그리고 질료 안에서 구체화된다는 의미에서 이기는 하지만, 질료는 그것 안에서 또 어느 정도 그것에 의해서 형상이 산출되는 것으로서, 끌어내어질 형상을 포함하고 있다는 것을 의미한다. 첫번째 가정의 경우 형상들은 실제로 작용자에 의해서 창조된다고는 말할 수 없다. 왜냐하면 형상들은 무로부터 생겨나지는 않으나, 역시 새로운 본질이 어떤 방법으로 생겨나는 것처럼 생각되기 때문이다. 그러나 두번째 가정의 경우, 새로운 본질이 생겨나지 않고 가능적으로 잠재하고 있었던 형상이 현실태로 바뀌어 하나의 새로운 〈상태〉(**dispositio**)가 된다. 그러므로 두번째의 가정은 첫번째의 가정에 비하여 창조된 작용자에 대해서 약간의 역할밖에 인정하지 않는다. 왜냐하면 창조된 작용자는 단순히 이전에는 한 방법으로 존재했던 것을 이제는 다른 방법으로 존재하게 하지만, 첫번째의 가정에서는 창조된 작용자는, 비록 무로부터의 창조에 의하지는 않을지라도 적극적으로 새로운 것을 산출하기 때문이다. 만일 정원사가 장미를 손질하여 장미꽃을 피운다면, 그는 무언가를 하고 있는 것이 사실이다. 그러나 만일 그가 장미 나무를 다른 종류의 나무에서 만들어 내려고 한다면, 그가 하는 일은 더욱 하찮을 것이다. 그러므로 보나벤투라는 창조된 작용자에게 창조적 능력과 비슷한 것까지 인정하기를 몹시 피하려고 한 나머지, 창조된 작용자의 행위에는 역할을 더욱 적게, 창조자의 행위에는 역할을 더욱 많이 부여하는 가정을 선택하고 있다.

그러므로 산출되는 형상은 본래 질료 안에 잠재적인 상태로 존재하고 있었다. 이 잠재적인 형상이 〈종자적 형상〉이다. 〈종자적 형상〉은 질료 가운데 있는 능동적인 능력이다. 이 능동적인 능력은 이끌어 내어질 형상의 본질이며, 이 형상에 대해서는 〈완전한 존재〉에 대한 〈불완전한 존재〉, 또는 〈현실적 존재〉에 대한 〈가능적 존재〉의 관계에 있다.[8] 그러므로 질료는 〈묘판〉(**seminarium**)이며 거기서 하느님은 연이어 이끌려 나올 유형적인 형상을 잠재적인 상태로 창조했다. 이는 비유기체적인 것의 형상만이 아니라 동물혼이나 식물혼에도 적용된다. 말할 나위없이 보나벤투라는 동물의 출생에는 특정된 작용자의 작용이 필요하다는 것을 알고 있었지만, 그는 영혼 출생설(**traducianism**)을 인정하려고 하지 않았다. ―이 설에 의하면 새로운 동물의 영혼은 어미 영혼의 '다수화'에 의해서 산출되나 어미 쪽에서는 아무런 감소도 없다. 이를 인정하지 않은 이유는, 이 설은 창조된 형상이 유사한 형상을 무로부터 산출할 수 있다는 것을 암시하고 있기 때문이다.[9] 생겨난다는 것은 어미 동물이 스스로 받아들이고 있는 것, 즉 종자적 원리에 작용하는 일이다. 왜냐하면 비록 잠재적인 것이 현실적인 것으로 되기 위해서는 어미의 작용이 필요할지라도, 그 종자적 원리는 배종(**germ**) 안에 새로운 영혼을 함유하는 하나의 활동적인 능력 또는 가능성이기 때문이다. 그래서 보나벤투라는 창조된 작용자에 대해 역할을 너무 적게 부여하든가 전혀 부여하지 않는 입장과, 너무 많이 부여한다고 생각되는 입장의 중간의 길을 취하고 있다. 하느님은 무로부터 사물을 창조하는 반면에, 창조된 작용자는 이미 가능태에 ―이것은 잠재적인 상태라는 뜻이다― 존재했던 것을 산출하는데 지나지 않는다는 것이 보나벤투라의 일반 원칙이다.[10] 그러나 그의 〈종자적 형상〉설의 구체적인 작용에 대한 정확한 기술이나 설명을 구한다는 것은 소용없는 일이다. 왜냐하면 일부는 권위에 또 일부는 〈선험적인〉 철학적 추론에 근거하여, 경험적인 관찰이나 과학적인 실험에는 바탕을 두지 않고 있기 때문이다.

8) 같은 책, 18, 1, 3, *resp.*
9) 같은 책, 2, 15, 1, 1, *resp.*
10) 같은 책, 7, 2, 2, 2, *resp* 참조.

제 29 장
성 보나벤투라 5 : 인간의 영혼

1. 인간 영혼의 단일성

성 보나벤투라에 의하면 동물의 영혼은 〈종자〉(seminaliter)로 산출된다는 것을 보아 왔다. 그러나 물론 이것은 인간의 영혼에는 적용되지 않는다. 인간의 영혼은 하느님에 의해서 직접 무(無)로부터 창조되기 때문이다. 그리고 그것은 하느님의 모습으로, 하느님과의 일치로 부르심을 받고 있다. 이 점에 있어서 (〈존엄성 때문에〉) 영혼의 산출은 바로 하느님에 의하는 하느님 자신의 일로 되어 있다. 이러한 추론은 신학을 필요로 하지만, 보나벤투라는 또 인간 영혼이 불사 불멸하므로 영혼의 산출은 그 자체가 생명과 영속성을 지니고 있는 원리에 의해서만 이루어질 수 있다고 논한다. 인간 영혼의 불사성(不死性)은, 실체적 변화의 요소일 수 없는 영혼에 있어서의 '질료'를 의미하고 있다. 그러나 창조된 작용자의 작용은 가변적인 질료에 한에서만 작용하고, 불변적인 질료를 지닌 실체를 산출하는 일은 그러한 작용자의 능력을 초월하고 있다. 그러므로 가령 아우구스티누스가 영혼 출생설에 의해서 원죄의 전승을 설명할 수 있을 것으로 생각해서 때로는 이 설로 기울어지기도 했지만, 영혼 출생론자의 견해는 거부되지 않으면 안 된다.[1)]

하느님이 창조하는 그것은 무엇인가? 그것은 인간 영혼의 전체이지 이성적인 능력만인 것은 아니다. 인간에게는 이성적 능력과 감성적 능력을 갖춘 하나의 영혼이 있으며, 하느님이 창조하는 것은 이 영혼이다.

---

1) 2 *Sent.*, 18, 2, 3, *resp.*

육체는 최초의 인간 아담의 육체 안에 〈종자〉로 포함되어 있었다. 그리고 그것은 종자에 의해서 전해진다. 그러나 이것은 육체가 창조되어 주입된 이성혼(理性魂)과는 달리 질료의 가능성으로부터 끌어내어진 감성적 영혼을 가지고 있다는 의미가 아니다. 종자는 아버지의 여분의 영양만이 아니라 실은 아버지의 〈근원적 습기〉(**humiditas radicalis**)도 얼마간 함유하고 있으므로, 영혼이 주입되기 이전의 태아에는 감각 작용에 대한 능동적인 성향, 즉 일종의 원초적인 감성이 있다. 그러나 이 성향은 일단 영혼이 주입되면 영혼의 능력에 의해서 감각 작용을 하는 하나의 성향이다. 말하자면 영혼의 주입으로 태아가 완전한 생명 활동을 하게 되는 경우, 이 원초적인 감성은 정지하거나 혹은 이해 작용과 감각 작용의 원리이기도 한 영혼의 활동성에 포섭된다. 다시 말해서 성 보나벤투라는 생명의 연속성과 친자 관계의 실재성을, 인간 영혼을 둘로 가르는 것을 피하면서 신중하게 주장하고 있다.[2)]

2. 영혼과 신체의 관계

인간의 영혼은 신체의 형상이다. 이를테면 성 보나벤투라는 모든 인간의 영혼은 하나의 실체라고 주장하는 사람들에 반대하여 아리스토텔레스의 설을 이용하고 있다. "이성혼은 인간 신체의 현실태이며 완성태이다. 그러므로 인간의 신체가 서로 다른 이상, 신체를 완성시키는 이성혼들도 서로 다를 것이다"[3)] 그리고 영혼은 자유를 갖춘 존재이며 살아 있는 지적 형상이다.[4)] 성 아우구스티누스의 견해에 따르면, 영혼은 신체의 모든 부분에 전체적으로 존재한다. 보나벤투라는 이 설을, 영혼은 본래 신체의 어떤 일정된 부분, 예컨대 심장에 존재한다는 설보다는 바람직스러운 것으로 인정하고 있다. "영혼은 신체 전체의 형상이므로, 영혼은 신체 전체에 있다. 영혼은 단일하므로, 일부는 여기에 일부는 저기에 있는 것이 아니다. 그리고 영혼은 신체의 충족한 운동 원리(**motor sufficiens**)이므로 어떤 특수한 위치도 차지하지 않으며, 어떤 일정한 위치나 부분에 있는 것이 아니다."[5)]

보나벤투라는 영혼이 신체의 형상이라는 아리스토텔레스의 정의를 받아들이고 있지만, 인간의 영혼은 정신적 형상과 정신적 질료로 이루

---

2) 같은 책, 30, 3, 1 과 31, 1, 1 참조.
3) 같은 책, 18, 2, 1, *contra* 1.
4) *Breviloq.*, 2, 9.
5) 1 *Sent.*, 8, 2, *art. un.*, 3, *resp.*

어진 하나의 정신적 실체라고 주장하기 때문에, 그의 일반적 경향은 플라톤적이면서 아우구스티누스적이다. 영혼은 작용하면서 작용되고 움직이면서 움직여질 수 있기 때문에, 영혼은 〈존재〉(**ex quo est**)와 〈본질〉(**quod est**)로 이루어져 있다고 말하는 것만으로는 불충분하다. 이것은 수동성과 가동성의 원리인 '질료'가 있다는 것을 입증하고 있다. 하지만 이 경우의 질료는 유형적인 질료가 아니라 정신적인 질료이므로 연장(延長)과 가멸성을 초월해 있다.[6] 이 설은 인간의 영혼에 대해 인정되고 있는 단일성과 모순되는 것처럼 보이지만, 보나벤투라는 이 '단일성'에는 여러 가지의 의미와 단계가 있음을 지적하고 있다.[7] '단일성'의 근거는 양(量)적인 부분이 없는 데 있다고 볼 수 있다. 그리고 영혼이 단일성을 누리고 있는 것은 유형적인 것에 비하여 단일하기 때문이다. 또는 단일성의 원인은 구성적인 부분이 없다는 데 있다고 볼 수 있다. 그러나 이것은 영혼에는 해당하지 않는다. 어쨌든 중요한 점은, 영혼이 신체의 형상이며 신체의 운동 원리일지라도, 영혼은 그 이상의 것이며, 또 한편 영혼은 수동적이고 〈가동적인 개별자〉(**hoc aliquid**)로서 자신 가운데 정신적 질료를 가지지 않으면 안 될지라도, 개별자인 한에서 그 스스로 자립할 수 있다는 것이다. 이리하여 인간 영혼의 질료 형상 합성설은 영혼의 존엄성과, 신체를 떠나서도 자립하는 능력을 보장한 것으로 생각되고 있다.

만일 영혼이 형상과 정신적 질료로 이루어져 있다고 한다면, 영혼은 자기 자신의 원리에 의해서 개별화되는 셈이다.[8] 만일 그렇다면, 영혼은 그 자체가 개별적인 정신적 실체인데 어째서 신체와 결합되어 있는가? 이에 대한 대답은, 비록 영혼이 정신적 실체일지라도 영혼은 신체를 형성할 수 있을 뿐만 아니라, 그렇게 하는 본성적인 경향을 지니도록 구성되어 있다는 것이다. 거꾸로 말하면, 신체는 비록 질료와 형상으로 이루어져 있을지라도 영혼에 의해서 형성되기를 〈좋아한다〉(**appetitus**). 그러므로 이들 둘의 결합은 영혼이나 신체의 어느 한쪽을 손상하기 위해서가 아니라 저마다의 완성을 위한 것이다.[9] 영혼은 오로지 신체를 움직이기 위해서 또는 심지어 우선 그러기 위해서만 존재하지 않고[10] 하느님을 향유하기 위해서 존재한다. 더구나 영혼은 신체를 형성하는 데서만 자신의 능력과 가능성을 충분히 행사하고 언젠가

6) 2 *Sent.*, 17, 1, 2, *resp.*
7) 같은 책, *ad* 5.
8) 같은 책, 18, 2, 1, *ad* 1.
9) 같은 책, 17, 1, 2, *ad* 6 참조.
10) 같은 책, 18, 2, 1, *ad* 6.

부활할 때 신체와 재결합할 것이다. 아리스토텔레스는 이를 알지 못했으며, 또 그가 그것을 알지 못한 것이 이상할 것이 없다. 왜냐하면 "철학자는 신앙의 빛에 의한 도움을 받지 않는다면 반드시 어떤 오류에 빠지기 때문이다."[11]

3. 인간 영혼의 불멸성

인간 영혼의 질료 형상 합성설에 의하면 영혼의 불사성에 대한 증명은 쉬워진다. 왜냐하면 보나벤투라는 아리스토텔레스의 설처럼, 영혼과 육체를 밀접하게 결합시키지 않았기 때문이다. 그러나 그가 좋아한 증명은 영혼의 궁극 목적에 대한 고찰에서(ex consideratione finis) 도출된 증명이다. 영혼은 완전한 행복을 추구한다("자기의 이성이 온전히 상실되지 않는 한에서는" 아무도 의심하지 않는다는 사실이다). 그러나 인간이 자기가 소유하고 있는 것을 잃을까 두려워한다면 누구도 완전하게 행복할 수가 없다. 이와 반대로 자신을 불행하게 하는 것은 바로 이 두려움이다. 그러므로 영혼이 완전한 행복에 대한 본성적인 욕구를 가지고 있는 이상, 영혼은 본성적으로 불사 불멸하지 않으면 안 된다. 이 증명은 하느님의 존재를 전제하고 있음은 물론이며, 또 완전한 행복을 얻을 수 있음과 행복에 대한 인간의 본성적인 욕구가 있음을 전제하고 있다. 그러나 보나벤투라가 이 증명을 특히 좋아한 것은, 그 증명의 영성적(靈性的)인 성격과, 하느님을 향한 영혼의 운동과의 관계 때문이다. 즉 이 증명은 그에게 있어서 기본적인 논거이다.[12]

이와 비슷한 방법으로 그는 형상인(formal cause)의 고찰에서, 즉 하느님의 모습으로서의 영혼의 본성에서부터 논하고 있다.[13] 영혼은 최고선(最高善)인 하느님을 소유하는 데서 이루어지는 행복을 얻도록 만들어져 있으므로, 하느님을 소유할 수 있어야 하며 또 그러기 위해서 영혼은 하느님을 닮은 모습으로 만들어지지 않으면 안 된다. 만일 영혼이 죽음을 면할 수 없다면 하느님과 비슷하게 만들어지지 않을 것이다. 그러므로 영혼은 불멸하지 않으면 안 된다. 나아가서 (〈질료의 측면에서〉 논하면서) 보나벤투라는, 이성혼의 형상은 영혼을 하느님과 닮게 하는 성품을 지니고 있으며 그 결과 이 형상과 결합해 있는 질료

11) 같은 책, 같은 곳. 12) 같은 책, 19, 1, 1, *resp.* 13) 같은 책, 같은 곳.

(즉 정신적 질료)는 이 형상과의 결합에서만 자신의 충족과 완성을 찾으므로, 따라서 영혼은 또한 불멸하지 않으면 안 된다고 말하고 있다.

보나벤투라는 내세에 제재가 필요하며[14] 하느님은 선한 것을 헛되게 할 수 없다는 논증도 제시하고 있다. 이 후자에 대한 증명에서 그는, 잘 이루어진 일 때문에 불행이나 실망에 빠지는 것은 하느님의 정의에 어긋난 것이라고 말하고 있다. 그리고 모든 도덕적인 교훈에 의하면, 인간은 부정을 행하기보다는 차라리 죽어야 마땅하다. 그런데 만일 영혼이 죽음을 면할 수 없다면, 모든 도덕 철학자들이 찬미하고 있는 정의를 영혼이 고수하는 것은 무의미하게 될 것이며 하느님의 정의에도 위배된다. 유형적 질료에 대한 영혼의 우위성과 영혼의 불멸성을 증명하기 위해서, 신체에 본질적으로 의존하지 아니하고 자기 자신을 내성하는 영혼의 능력과 그 지적 작용으로부터 도출된 논증은 더욱 아리스토텔레스적인 성격을 띠고 있다.[15] 그러나 이들 아리스토텔레스적인 증명은 특별히 신학을 전제하지도 않고 신학을 내포하고 있지도 않으므로 우리에게는 더욱 쉽게 받아들여질지 모르나, 보나벤투라에게 있어서 유력한 것은 아우구스티누스로부터 빌어 온 증명이나 그의 사상에 근거하는 증명, 특히 지복(至福, **beatitude**)의 욕구에 의한 증명이다. 보나벤투라는 영혼이 영속적 진리를 파악하여 이와 동화한다는 것으로 아우구스티누스적인 증명을 거론하고 있으나,[16] 이것이 영혼의 불멸성을 증명하는 〈가장 유력한 방법〉으로는 생각되지 않는다. 오히려 지복에 대한 욕구에서 도출되는 증명이 더 유력하다.

만일 이러한 형식의 증명이 하느님과의 일치, 즉 온전한 의미에서의 지복에 대한 욕망을 전제하고 있고 또 이 욕망은 은총의 작용에 의해서만 불러일으켜지며 따라서 이는 철학자의 연구 대상인 자연의 질서에 속하지 아니하고 초자연의 질서에 속한다고 보나벤투라를 반박한다면, 그는 틀림없이 은총의 활동이나 그것의 초자연적인 성격을 부정할 의향은 조금도 없으며 오히려 참다운 철학자가 세계와 인생을 있는 그대로 고찰하여 알아낸 것 가운데서 하나가 바로 완전한 행복에 대한 욕망이라고 대답할 것이다. 비록 그 욕망이 은총의 작용을 포함하고 있을지라도, 이 욕망은 경험적인 사실이며 따라서 철학자에 의해서 고찰될 수 있는 것이다. 만일 철학자가 이를 신학에 의지하지 않고는 설명할 수 없다고 한다면, 그것은 어떠한 철학도 신앙의 빛의 조명을 받지

14) 같은 책, *sed contra* 3, 4.

15) 같은 책, 7 이하; *De Anima*, Bk. 3 참조.

16) 2 *Sent.*, 11.

않으면 만족스러울 수가 없다는 보나벤투라의 원칙에 대한 또 하나의 증명일 뿐이다. 달리 말하면, '토마스주의자'는 초자연적이라고 생각되는 모든 것을 경험적인 사실로부터 체계적으로 배제하여, 결과로 생겨난 '자연'을 철학자로서 고찰하는데 반하여, 보나벤투라주의의 철학자는 주어진 것이라는 의미에서의 자연으로부터 출발한다. 은총은 확실히 이성 단독으로 확신을 가지고 볼 수 있거나 파악할 수 있다는 의미에서 '주어진' 어떤 것은 아니지만, 그 은총의 어떤 결과는 경험에 주어져 있으며, 따라서 비록 신학과의 관계없이는 그 결과를 설명할 수 없을지라도, 철학자는 이를 고찰할 것이다. 그러므로 토마스주의자와 보나벤투라주의자의 접근 방법은 서로 다르며, 그 양자를 동일한 틀에 끼워 넣으려면 반드시 그 어느 한편을 왜곡하지 않을 수 없을 것이다.

4. 아베로에스적인 지성 단일론의 오류

인간의 영혼에 대해서 지금까지 언급해 온 것은 영혼의 개체성을 의미하고 있으나, 보나벤투라는 아베로에스의 아리스토텔레스 해석을 꽤 잘 알고 있었고 또 이를 분명하게 반박했다. 아리스토텔레스는 능동 지성이나 수동 지성은 사후에도 함께 살아 남는다고 주장했다. 그리고 아리스토텔레스 자신은 무엇을 말했든, 그의 주석자 아베로에스는 이들 지성은 인간 각자의 개별적인 것도 아니고 개개인의 부분이거나 능력도 아니며 오히려 단 하나의 실체, 즉 우주적 지성이라고 분명하게 주장했다. 그러나 이러한 입장은 이단일 뿐만 아니라 그리스도교에 의해 용납되지 않으며 이성과 경험에도 반대된다.[17] 이 입장이 이성에 반대되는 것은, 지적 영혼은 인간으로서의 인간의 완성태이며 인간은 서로 다르고 단순히 동물로서가 아니라 인간으로서 개별적인 인격이라는 것이 분명하기 때문이다. 만일 이성혼이 모든 인간에 있어서 수적(數的)으로 하나라고 한다면, 인간은 동물로서만 구별될 것이다. 이 입장이 경험에 반대되는 것은, 사람에 따라서 지니고 있는 사상이 다른 것이 경험적 사실이기 때문이다. 그리고 사상의 차이는 상이한 인간의 상상 작용 속에 있는 〈형상〉(species)의 차이에서 오는데 불과하다고, 즉 감각에 근거하여 개인마다 다른 소멸하기 쉬운 상상 작용에 지나지 않는

17) 같은 책, 18, 2, 1, *resp.*

다고 말하는 것은 타당하지 않다. 왜냐하면 예컨대 감각 지각 작용(sense-perception)에 근거하지도 않고 상상적인 〈형상〉으로부터 추상되지도 않는 덕(德)에 대해서 사람들은 서로 다른 관념을 지니고 있기 때문이다. 보나벤투라의 입장에서 보아도, 지적 영혼은 육체로부터 독립해 있고 따라서 육체에 의해서는 개별화될 수 없다고 말하는 것은 타당한 논증이 아니다. 왜냐하면 영혼은 육체에 의해서가 아니라 정신적 질료와 정신적 형상의 두 구성 원리에 의해서 개별화되기 때문이다.

5. 감각적 대상의 인식과 논리학적 제 1 원리의 인식

감각적 사물에 대한 영혼의 인식 내용에 관해서 말한다면, 그것은 감각 지각 작용에 의존하고 있다. 그리고 성 보나벤투라는, 영혼은 단독으로 감각적 대상의 인식이나 형상을 가지지 않는다고 생각한 점에서 아리스토텔레스와 일치하고 있다. 즉 인간 지성은 '벌거숭이'의 상태로 창조되어 감각과 상상 작용에 의존하고 있다.[18] 감각적 대상은 감각 기관에 작용하여 그 속에 감각적 형상을 생겨나게 한다. 다음으로 그 형상이 감각하는 기능에 작용하면 거기에 지각 작용이 일어난다. 감각 작용에 수동적인 요소를 인정한다는 점에서 성 보나벤투라가 성 아우구스티누스의 설로부터 떠나 있다는 것이 주목된다. 그러나 동시에 그는 영혼의 감각 작용의 기능 또는 감각 능력이 감각 작용의 내용에 대해서 판단한다고, 예컨대 이것은 희다고 판단한다고 주장하고 있다. 거기서 형상의 수동적인 수용은 첫째로 감관에 속하고, 판단의 능동성은 감각 능력에 속한다.[19] 물론 이 판단은 반성적 판단이 아니라 오히려 이는 자발적인 인지(認知)이다. 그러나 감각 작용의 기능은 이성적 영혼의 감각적 기능이므로, 이 판단은 가능한 것이다. 왜냐하면 신체에 감각 작용의 행위를 전달하는 것은 영혼이기 때문이다.[20] 예컨대 색깔이나 촉감 등의 개별적인 감각은 '공통 감각'(common sense)에 의해서 통일되고 상상 작용 안에 간직된다. 이 상상 작용은 '기억'의 자유로운 〈상기〉(想起, recordatio)를 의미하는 것으로 생각되지만, 그 '기억'과 같은 것은 아니다.[21] 마지막으로, 함께 협력하는 능동 지성과 수동 지성

18) 같은 책, 3, 2, 2, 1, *resp.* 그리고 *ad* 4.
19) 같은 책, 8, 1, 3, 2, *ad* 7.
20) 같은 책, 25 ,2, *art. un.*, 6, *resp.*
21) 같은 책, 7, 2, 1, 2, *resp.*, 여기서 보나벤투라는 습성으로서의 기억

은 표상(imagination)으로부터 형상(species)을 추상한다. 그 능동 지성과 수동 지성은 다른 하나없이도 작용할 수 있는 두 개의 능력이 아니라, 영혼의 동일한 지적 기능의 두 '종류'이다. 실제로 능동 지성은 추상하고 수동 지성은 수용하다고 말할 수 있으나, 보나벤투라는 수동 지성은 **오직** 능동 지성의 힘을 빌기는 하지만 형상을 추상하여 이를 판단하는 능력을 지니고 있는 반면에, 능동 지성은 자신의 인식 활동에 있어서 형상에 의한 수동 지성의 자료 제공에 의존해 있다고 주장함으로써 그 명제를 한정시키고 있다. 실제로는 오직 하나의 완전한 인식 작용이 있을 뿐이며 능동 지성과 수동 지성은 그 작용에 있어서 밀접하게 협동하고 있다.[22]

그러므로 영혼의 여러 기능간의 실재적 구별을 거부하는 것과 같은 여러 가지의 '아우구스티누스주의적인 학설'을 제외하면, 분명히 감각적 대상의 지식을 얻는 방법에 대한 보나벤투라의 생각은 대체로 아리스토텔레스의 설에 가깝다. 감각적 대상의 인식에 관해서 영혼은 본래 〈백지〉(tabula rasa)라는 것을 인정하여,[23] 어떠한 생득 관념도 받아들이지 않는다. 나아가서 이 생득 관념의 거부는 제 1 원리의 인식에도 해당된다. 제 1 원리는 가능 지성에 관한 한 획득되지만, 능동 지성에 있어서는 생득적이라고 말한 사람도 있다. 그러나 이러한 설은 아리스토텔레스의 말이나 사실과는 일치하지 않는다. 왜냐하면 만일 제 1 원리가 능동 지성에 있어서 생득적이라고 한다면, 어째서 능동 지성은 감각의 도움을 빌지 않고 이 원리를 가능 지성에 전달하지 못하는가? 그리고 어째서 능동 지성은 애당초부터 이 원리를 알고 있지 못한가? 이러한 생득설을 수정한 견해로서, 원리는 극히 일반적인 형식으로 생득적이나, 그 원리의 결론이나 개별적인 적용은 획득적이라는 것이 있다. 그러나 이러한 견해에서는, 어째서 아이는 제 1 원리를 일반적인 형식으로 알지 못하는가를 설명하기가 어려울 것이다. 게다가 또 이 수정된 생득설도 아리스토텔레스나 아우구스티누스에게는 모순된다. 이와 반대로 보나벤투라는, 아리스토텔레스와 아우구스티누스를 함께 결합시키는 설은 아무래도 진리일 수는 없을 것으로 생각했다. 그러므로 지성이 바로 그 형상이나 관념에 대한 지식을 획득하고 있을 경우, 그 원리의 보편성을 파악하게 하는 자연의 빛이 지성에 주어져 있다는 의미에서만 이 원리를 생득적이라고 덧붙여 말해 주어야 한다. 예컨대 감

(retentio speciei)과 〈기억하는 행위〉(recordatio)를 구별하고 있다.

22) 같은 책, 24, 1, 2, 4.

23) 같은 책, *resp.*

각 지각 작용에 의존하여 그 형상이나 관념을 획득하기까지는 전체가 무엇인지, 부분이 무엇인지를 아무도 모른다. 그러나 일단 그 관념을 획득했다면 지성의 빛에 의해서 전체는 부분보다 크다는 원리를 이해할 수가 있다.[24] 그러므로 이 점에 있어서 성 보나벤투라는 성 토마스와 일치하고 있다.

6. 정신적 실재의 인식

그러나 우리가 감각적 대상이나 그 본질에 대해서 또는 논리학이나 수학의 제 1 원리에 대해서 생득적인 인식을 갖지 않는다고 해서, 순수 정신적인 실재의 인식이 감각 지각 작용을 통해서 획득되는 것은 아니다. "하느님은 감각에서 도출된 유사성에 의해서 인식되는 것이 아니다."[25] 오히려 영혼의 자기 성찰에 의해서 알려진다. 영혼은 이 세상에서는 하느님과 그 본질에 대한 직관을 가지지 않지만, 하느님의 모습으로 만들어져서 욕구와 의지에 있어서 하느님을 지향하고 있으므로 자신의 본성을 성찰하고 의지의 지향을 성찰함으로써 외적 감각계에 의지하지 않고서도 하느님의 관념을 형성할 수가 있다. 이러한 의미에서 하느님의 관념은 '생득적'이다. 그러나 이 경우 모든 인간이 처음부터 명확하고 정확한 하느님 인식을 지니고 있다는 의미는 아니다. 의지의 지향, 즉 완전한 행복에의 욕구 그 자체는 하느님의 행위의 결과이며, 이 욕구에 대한 성찰을 통해 영혼은 욕구의 대상이 존재한다는 것을 알게 된다. 영혼은 그 존재를 반드시 명확한 관념에서는 아니지만 이미 일종의 막연한 형태로서 알고 있다. "이성적 정신이 하느님의 모습이므로 이 진리(하느님의 존재)의 인식은 정신에 있어서 생득적이다. 영혼은 하느님의 모습인 까닭에 하느님에 대한 본성적인 욕구, 인식, 기억을 지니고 있고, 영혼이 하느님의 모습으로 만들어져서 본성적으로 하느님을 향하고 있는 것도 하느님 안에서 지복을 얻기 위해서이다."[26] 하느님의 인식에는 여러 가지 종류가 있다. 하느님은 자기 자신에 대해서 포괄적인 인식을 지니고 있다. 지복자는 하느님을 분명하게 알고 있다. 우리는 하느님을 부분적으로 그리고 불확실하게 알고 있다. 이 마지막 경우의 인식은 모든 영혼이 지니고 있는 인식, 즉 영혼

24) 같은 책, 39, 1, 2, *resp.* 25) 같은 책, 39, 1, 2, *resp.*
26) *De Myst. Trinit.*, 1, 1, *resp.*

은 언제나 있었던 것이 아니고 영혼에는 반드시 시작이 있었다는 인식 가운데 잠재하고 있거나 암시되어 있다.[27]

덕(德)의 인식 역시 그것이 감각 지각 작용에서 얻어지지 않는다는 의미에서 '생득적'이지 않으면 안 된다. 정의롭지 못한 사람도 정의가 무엇인지는 알 수 있다. 그러나 이 경우 분명히 그는 자기 자신의 영혼 가운데 존재하는 정의를 통해서 정의를 알 수는 없다. 왜냐하면 이 사람은 정의를 가지고 있지도 않고 감각적인 형상으로부터의 추상에 의해서 정의를 알지도 못할 뿐더러, 정의는 감각의 대상도 아니고 감각의 세계에서는 그와 비슷한 것은 아무 것도 없기 때문이다. 그리고 이 사람은 정의를 그 결과에 의해서도 알지 못한다. 왜냐하면 미리 인간이 무엇인가를 알지 않고는 인간 행위의 결과를 인간 행위의 결과로서 알 수가 없듯이, 미리 정의가 무엇인지를 알지 않고는 정의의 결과를 알 수도 없기 때문이다.[28] 그러므로 덕에 대한 어떤 〈선험적인〉(**a priori**) 또는 생득적인 인식이 있지 않으면 안 된다. 그러면 어떤 의미에서 생득적인가? 애당초부터 정신 가운데 덕에 대한 어떤 명확한 관념이나 지적 유사성이라는 의미에서의 생득 관념이 있는 것은 아니다. 그러나 영혼 가운데는 영혼으로 하여금 진리와 올바름을 알아보게 하는 자연의 빛이 있고 또 의지의 애정이나 경향도 있다. 그러므로 영혼은 올바름이 무엇이며 의지의 경향이 무엇인지를 알고 있다. 이러한 방법으로 영혼은 〈애정의 올바름〉(**rectitudo affectionis**)이 무엇인지를 안다. 이는 사랑이므로, 영혼은 비록 사랑의 덕을 현실적으로 지니고 있지 않을지라도 사랑이 무엇인가를 알고 있다.[29]

따라서 하느님의 인식이 생득적이듯 덕의 인식도 생득적이다. 하지만 명확한 생득적인 형상 또는 관념으로서가 아니라, 영혼이 감각계에 반드시 의지하는 일없이 명확한 관념을 형성하기에 필요한 것을 모두 소유하고 있다는 의미에서 생득적인 것이다. 보나벤투라의 생득 관념은 잠재적인 생득 관념이다. 물론 덕의 인식과 하느님의 인식 사이에는 하나의 커다란 차이가 있다. 왜냐하면 이 세상에서는 결코 하느님의 본질은 이해할 수 없는 반면에, 덕의 본질은 파악할 수 있기 때문이다. 그러나 덕의 인식에 이르거나 하느님의 인식에 이르는 길은 유사하다. 그리고 영혼은 자신의 활동을 위해서 필요한 원리에 대한 생득적인 인식을 지니고 있다고 말할 수 있다. 영혼은 자기 성찰에 의해

27) 같은 책, 1, 2, *ad* 14.

28) *De Scientia Christi*, 4, 23.

29) 1 *Sent.*, 17, 1, *art. un.*, 4, *resp.*

서 하느님이 무엇인지, 두려움이 무엇인지, 그리고 사랑이 무엇인지를 알고 있다. 그래서 영혼은 하느님을 두려워하고 하느님을 사랑하는 것이 무엇인지를 알고 있는 것이다.[30] 만일 아리스토텔레스의 〈먼저 감관 안에 있지 않았던 것은 아무 것도 지성 안에 있지 않다〉(**nihil est in intellectur, quod prus non fuerit in sensu**)는 말을 들어서 반박한다면, 이 명제는 감각적 대상의 인식에 관계하거나 감각적 형상으로부터의 추상에 의해서 형성되는 관념의 획득에 관계하는 것으로만 이해되지 않으면 안 된다고 대답할 수 있다.[31]

7. 조 명

하지만 보나벤투라는 우리의 주변 세계에 관한 제 1 원리나 행위의 제 1 원리마저도 정신 안에 처음부터 분명하게 존재하고 있다든가 또는 정신 자체의 어떠한 활동으로부터도 떠나서 밖으로부터 정신 안에 주입되어 있다는 것을 인정하지는 않지만, 그렇다고 그가 아우구스티누스적인 조명설(**doctrine of illumination**)을 불필요한 것으로 보지는 않는다. 오히려 그와 반대로 그는 이 조명설을 형이상학의 기본적인 진리 가운데 하나로 보고 있다.

진리는 〈사물과 지성의 일치〉(**adaequatio rei et intellectus**)로서,[32] 인식된 대상과 인식하는 지성을 포함하고 있다. 이러한 의미에서의 진리, 즉 파악된 진리가 존재하기 위해서는 주관과 객관 그 양자에게 조건이 요구된다. 말하자면 대상 편에서의 불변성과 주관 편에서의 불가류성(不可謬性)이다.[33] 보나벤투라가 이처럼 《테아이테투스》(*Theaetetus*)의 말에 공명하여 〈확실한 인식〉이 존재하기 위한 그 두 조건을 요구한다면, 반드시 그는 플라톤과 아우구스티누스가 직면한 것과 같은 문제에 직면하게 된다. 왜냐하면 어떠한 창조된 대상도 엄밀하게 말하면 불변하는 것도 아니고 모든 감각적 대상은 소멸하기 쉬운 동시에 인간의 정신은 저절로 어떠한 대상에 관해서도 그르칠 수 없는 것은 아니기 때문이다. 그러므로 인간 정신은 밖으로부터 도움을 받아야 하며 따라서 당연히 보나벤투라는 아우구스티누스의 조명설에 의존하지 않으면 안 되

30) 같은 책, 39, 1, 2, *resp.*

31) 같은 책, 같은 곳.

32) 1 *Sent., resp., ad* 1, 2, 3 ; *Breviloq.*, 6, 8 참조.

33) *De Scientia Christi*, 4, *resp.*

었다. 조명설이 그의 마음을 끌었던 것은, 성 아우구스티누스가 그것을 주장했다는 이유만이 아니라 그것이 하느님에 대한 인간 지성의 의존과 인간 영혼에 있어서의 하느님의 내적인 활동을 함께 강조하고 있기 때문이다. 그에게 있어서 조명설은 인식론적인 진리이면서 동시에 종교적인 진리이기도 하며, 확실성의 성격과 그 조건들로부터 도출되는 필연적인 결론으로서 확립될 수 있는 것이며, 그것에 대해서는 종교적인 의미에서 고찰하는 것도 유익한 진리이기도 했다. 사실 그에게 있어서는 지성의 생활과 영성의 생활은 본래 나누어질 수 없는 것이다.

그래서 인간의 정신은 변화하고 의심하고 그르치기 쉬우며 동시에 우리가 경험하여 알고 있는 형상도 가변적이다. 또 한편으로는 인간 정신이 확실성을 지니고 있고 또 그렇다는 것을 자각하고 있다는 것과 나아가서 우리가 불변적인 본질과 원리를 파악한다는 것은 의심할 수 없는 사실이다. 그러나 불변하는 것은 하느님뿐이다. 그리고 이는 인간 정신은 하느님의 도움을 받고 있거나 또는 인간 정신의 확실한 인식의 대상은 어떤 형식으로 하느님에 근거하는 것으로, 즉 〈영원한 이념〉 또는 하느님의 이데아 가운데 있는 것으로 보인다는 것을 의미한다. 그러나 우리는 이 하느님의 이데아들을 직접 있는 그대로 파악하지 않는다. 보나벤투라는 아우구스티누스와 함께 플라톤적 학설을 따르는 것은 회의주의로 통하는 것이라고 지적하고 있다. 왜냐하면 획득할 수 있는 유일의 확실한 인식이 영원한 원형 또는 범형에 대한 직접적인 인식이라고 한다면, 우리가 이 원형에 대한 직접적인 인식을 지니고 있지 않은 경우에는 당연한 귀결로서, 참된 확실성은 인간 정신에 의해서는 얻어질 수 없기 때문이다.[34] 또 한편으로 〈영원의 이념〉은, 인식하는 정신이 영원한 원리 그 자체가 아니라 그 원리의 영향을 〈정신의 습성〉(**habitus mentis**)으로서 획득한다는 의미에서만 정신에 영향을 미친다고 말하는 것으로는 불충분하다. 왜냐하면 이 정신의 습성은, 그 자체가 창조되고 또 정신과 같은 — 정신의 습성은 정신의 한 상태이므로 — 조건을 필요로 하기 때문이다.[35] 그러므로 〈영원의 이념〉은 그 자체로는 보이지 않지만 인간 정신에 대해서 직접적인 규제 작용을 하지 않으면 안 된다. 정신을 움직이고 정신을 확실한 판단으로 나아가게 함으로써 정신으로 하여금 사변적인 질서와 도덕적인 질서에 있어서의 확실한 영원의 진리를 파악하게 하고 감각적인 대상에 관해서도 확실하

34) *De Scientia Christi, 4, resp.*

35) 같은 책, 같은 곳.

고 참된 판단을 할 수 있게 하는 것이 바로 그 영원의 이념들이다. 덧없이 변화하는 경험의 대상 가운데 있는 확고하여 변함없는 본질을 정신으로 하여금 파악할 수 있게 하는 것은, 그 이념들의 활동(이는 하느님의 조명)이다. 이것이 의미하는 바는, 보나벤투라가 감각계의 인식에 관한 아리스토텔레스의 설에 찬동한 것과 모순된다는 것이 아니라, 그가 그 설을 불충분한 것으로 생각하고 있다는 것이다. 감관의 지각 작용이 없다면 우리는 결코 감각적 대상을 알지 못할 것이다. 그리고 지성이 추상 작용을 하는 것은 사실이지만, 정신이 그 대상 안에 있는 〈불변하는 이념〉의 반영을 보고 그것에 관해 그르침이 없는 판단을 내릴 수 있기 위해서는 하느님의 조명, 즉 영원한 〈이념〉의 직접적인 활동이 필요하다. 감관의 지각 작용은 감각적 대상에 대한 관념이 우리에게 생기기 위해서 요구되지만, 그 관념에 관한 우리의 판단의 확실성과 필연성은 〈영원한 이념〉의 활동의 덕택이다. 왜냐하면 우리가 경험하는 감각적 대상은 불변하는 것도 아니고 그것을 인식하는 정신 그 자체도 그르칠 수 없는 것이 아니기 때문이다. 따라서 애매한 〈영상〉(**phantasmata**)의 영향을 받은 우리의 희미한 형상(**species**)은, 정신이 이를 알기 위해서 조명되는 것이다. "왜냐하면 참된 지식을 갖는다는 것이 어떤 것이 그럴 수밖에 없다는 것을 아는 것이라고 한다면, 진리를 알고 자기 자신 안에 진리를 소유하고 있는 하느님만이 우리로 하여금 알게 한다는 것은 필연적이기 때문이다."[36] 그러므로 우리가 감각에 의해서 아는 모든 것을 정신이 판단할 수 있는 것은, 이 〈영원의 이념〉에 의해서이다.[37]

《하느님에게 이르는 정신의 여정》(*Itinerarium Mentis in Deum*)에서[38] 성 보나벤투라는, 어떻게 하여 외적인 감각적 대상이 처음에는 매개체 안에, 다음에는 이 매개체를 통해서 감각 기관에, 그리고는 그 내부 감관에 그 유사상(類似像)을 생겨나게 하는가를 말하고 있다. 개별적인 감각 기관이나 이들 감관을 통해서 작용하는 감각 작용의 기능은 이 대상은 희다든가 검다고 판단한다. 그리고 내부 감관은 이것이 마음에 든다든가, 아름답다든가, 또는 그 반대로 판단한다. 지적 능력은 형상을 향하여 어째서 표상된 대상이 아름다운가 하고 묻고, 이 대상은 어떤 특성을 지니고 있기 때문에 아름답다고 판단한다. 그러나 이 판단은 공간과 시간에 얽매이지 않는 확고하고 불변하는 미(美)의 관념에 대한

36) *In Hexaëm.*, 12, 5.

37) *Itin. Mentis in Deum*, 2, 9.

38) 2, 4~6.

관계를 지니고 있다. 여기서 바로 하느님의 조명이 등장한다. 즉 감각 작용이나 추상 작용을 대신하거나 또는 무효화하기 위해서가 아니라 그것을 바로잡고 규제하는 〈영원한 이념〉과의 관계에 의해서 불변하는 초시간적인 측면에서 그 판단을 설명하기 위해서 하느님의 조명이 등장하는 것이다. 인식되는 모든 감각적 대상은 〈파악〉(**apprehensio**), 〈향수〉(享受, **oblectatio**), 〈결정〉(**diiudicatio**)의 세 가지 마음의 작용을 통해서 정신 안에 들어온다. 그러나 세번째의 결정의 작용은, 그것이 참되고 확실하기 위해서는 〈영원한 이념〉에 비추어서 이루어지는 판단이 아니면 안 된다.

그런데 앞에서 이미 보았듯이, 〈영원한 이념〉은 존재론적으로 하느님의 말씀과 동일시되고 사실 그것과 같은 것이다. 그러므로 인간의 정신을 조명하는 것은 하느님의 말씀이며, 세상에 태어나는 모든 인간을 계몽하는 것도 그 말씀이 되는 셈이다. "그리스도는 내심의 스승이며 어떠한 진리도 그리스도를 통하지 않고는 인식되지 않는다. 즉 우리가 말하듯이 그가 말함으로써가 아니라, 그가 우리를 내심에서 조명함으로써 인식된다. … 그리스도는 모든 영혼에 친밀하게 현존하며 그는 자신의 극히 명료한 관념에 의해서 우리의 정신의 어두운 관념을 비춘다."[39] 우리는 하느님의 말씀을 직접 보지 못한다. 그리고 그 조명의 빛이 우리를 친밀하게 비추고는 있지만 그 말씀을 볼 수 없고 그것에 〈접근할 수도 없다〉. 우리는 오직 그 말씀의 결과를 관찰함으로써 그 현존을 추론할 수 있을 뿐이다.[40] 그러므로 보나벤투라의 조명설과 그의 아우구스티누스 해석은 본체론(**ontologism**)을 포함하지 않는다. 그의 조명설은, 자신이 표면상 인정하고 있는 아리스토텔레스의 추상 작용과 자신이 부정하고 있는 심지어 제 1 원리의 당연한 생득적인 특성을 보충하여 자신의 설에 특유한 비(非)아리스토텔레스적이면서 아우구스티누스적인 색채를 부여했던 것이다. 확실히 우리는 추상하지만, 그러나 단순히 추상 작용에 의해서는 가지적이며 확고한 것을 파악할 수 없다. 그러므로 우리에게는 하느님의 조명이 필요하다. 말하자면 분명히 우리는 내적 성찰에 의해서 도덕적 원리들을 인식할 수 있지만, 그러나 하느님의 빛이 다스리고 지도하는 활동이 없이는 이들 원리의 불변하는 필연적인 특성을 파악하지 못한다. 아리스토텔레스는 이를 통찰하지 못했다. 즉 그는 우리가 피조물을 하느님의 〈범형〉을 〈따라서 만

39) *In Hexaëm.*, 12, 5.

40) 같은 책, 12, 11.

들어진 것〉으로 보지 않으면 피조물을 완전히 알 수가 없듯이 하느님의 말씀, 즉 〈영원한 이념〉의 빛없이는 피조물에 대해서 확실하게 판단할 수가 없다는 것을 알지 못했다. 범형론과 조명은 밀접하게 결합되어 있어서 참다운 형이상학자는 이 양자를 인정하고 있으나, 아리스토텔레스는 그 어느 것도 인정하지 않았다.

8. 영혼이 하느님으로 올라감

영혼에는 단 네 가지의 능력, 즉 성장 능력, 감각 능력, 지성과 의지가 있다. 그러나 보나벤투라는 영혼의 여러 가지의 '측면'을 구별하고 있으며 특히 지성이나 정신이 주의를 기울이는 그 대상을 따라서 그리고 그것이 향하는 방법에 따라서 여러 가지 측면을 구별한다. 그러므로 그가 〈이성〉(**ratio**), 〈지성〉(**intellectus**), 〈예지〉(**intelligentia**)와 〈정신의 절정〉(**apex mentis**) 또는 〈양심의 불꽃〉(**synderesis scintilla**)[41] 그 모두를 영혼의 서로 다른 능력으로 보았다고 생각하는 것은 잘못이라고 하겠다. 오히려 그들은 이성혼이 감각적 피조물로부터 하느님에게로 올라갈 때의 그 영혼의 서로 다른 작용의 표시이다. 《명제집 주석》(*Commentary on the Sentences*)에서[42] 그는, 이성을 하위 이성과 상위 이성(**ratio inferior**과 **ratio superior**)으로 나누는 것은 서로 다른 능력으로 나누는 것이 아니라고 분명히 말하고 있다. 이 구별은 〈직무〉와 〈상태〉의 구별로 여러 가지 측면의 구별 이상의 것이다. 하위 이성은 감각 대상으로 향하는 이성이며 상위 이성은 가지적 대상으로 향하는 이성이다. 따라서 '하위'와 '상위'라는 말은 동일한 능력의 서로 다른 기능 또는 〈직무〉를 가리킨다. 그러나 덧붙여 말해 두어야 할 점이 있다. 즉 가지적인 것으로 향하는 이성은 증강되어 활기를 띠게 되지만 감각적인 것으로 향하는 이성은 어떤 의미에서 약해져서 끌어내려지며, 따라서 단 하나의 〈이성〉밖에 존재하지 않지만, 하위 이성과 상위 이성의 구별은 한 이성의 서로 다른 기능에 상응할 뿐만 아니라 서로 다른 상태에도 상응한다.

정신이 위로 오르는 단계들은 우리가 사용하고 있는 의미에서의 철학보다도 수덕(修德) 신학이나 신비 신학과 더욱 연관이 있기 때문에

41) *Itin. Mentis in Deum.*, 1, 6.
42) 2 *Sent.*, 24, 1, 2, 2, *resp.*

이 이상 상세하게 언급할 필요는 거의 없다. 그러나 그 단계들은 보나벤투라가 이해하고 있는 의미에서의 철학과 연관성이 있으므로, 이에 대해서 간단하게 언급해 두는 것이 좋을 것 같다. 왜냐하면 그 단계들은 철학과 신학을 가능한 한 밀접하게 통합하려는 그의 경향을 설명하고 있기 때문이다. 아우구스티누스와 생 빅토르 학파의 뒤를 따라서, 보나벤투라는 영혼의 삶이 높이 오르는 단계, 즉 영혼의 서로 다른 능력에 상응하여 영혼을 자연의 영역으로부터 은총의 영역으로 이끄는 단계를 더듬어 가고 있다. 영혼의 감각 능력(**sensualitas**)으로부터 출발하여, 영혼이 감각적 대상 가운데 있는 〈하느님의 흔적〉을 어떻게 보는가를 제시하고 있다. 왜냐하면 영혼은 감각적 사물을 먼저 하느님의 결과로 고찰하고 다음으로 그 가운데 하느님이 현존하고 있는 것으로 보기 때문이다. 아우구스티누스와 마찬가지로 그는 영혼을 따라 가고 있으며, 그 이유는 영혼은 자기 자신의 내면으로 돌아가서 자신의 본성적인 구조와 능력을 하느님의 모습으로 보기 때문이다. 그러므로 지성은 은총에 의해서 새로와지고 높여진 영혼의 능력 가운데서 하느님을 관상하는 것으로 제시된다. 지성은 하느님의 말씀에 의해서 능히 그렇게 할 수 있다. 그러나 이 단계에서는, 은총에 의해서 높여졌음에도 불구하고 영혼은 여전히 하느님을 하느님의 모습인 영혼 자체로서 관상한다. 그리고 영혼은 더욱 나아가서 〈우리를 초월하는〉 하느님을 처음에는 존재로서, 다음에는 선(善)으로서 관상한다. 존재는 선이며, 존재(**Being**), 즉 존재(**being**)의 극치로서 하느님을 관상하는 것은 선 즉 〈자기 확산〉(**diffusivum sui**)으로서의 존재를 깨닫고 삼위 일체를 관상하기에 이른다. 지성은 이 이상 더 나아갈 수는 없다. 그 너머에는 황홀한 신비적인 관상의 암흑, 즉 정신을 초월하는 〈정서적 사랑의 절정〉(**apex affectus**)이 있다. 하지만 의지는 인간 영혼이 지니고 있는 하나의 능력이며 영혼의 실체로부터 나오지만 별개의 우유는 아니다. 그러므로 의지의 정서적인 사랑이 지성을 능가한다고 말하는 것은, 단순히 영혼이 사랑에 의해서 하느님과 밀접하게 결합되어 있어서 영혼에 주입된 빛이 영혼의 눈을 어둡게 한다는 것을 두고 하는 말이다. 그러나 거기에는 다만 내세를 위한 보다 높은 오직 하나의 단계가 있을 뿐이다. 그것은 천국에 있어서의 하느님의 직관이다.

9. 그리스도교적인 생의 철학자로서의 보나벤투라

보나벤투라에 있어서의 형이상학의 세 가지 주요한 점은 창조, 범형론, 조명인 것으로 기억될 것이다. 따라서 그의 형이상학의 체계는 다음 세 개의 통합이다. 즉 창조론은 세계를 하느님으로부터 생겨나고 무로부터 창조되었으며 온전히 하느님에게 의존하는 것으로 나타내고 있는 반면에, 범형론은 피조물의 세계를 하느님에 대해서는 원형에 대한 모조품의 관계, 〈범형〉에 대한 〈모사〉(模寫)의 관계에 있는 것으로 나타내고 있으며, 또 한편 조명설은 감각적 피조물의 성찰, 자기 자신의 성찰, 마지막으로는 완전한 존재의 성찰에 의해서 영혼이 하느님에게로 되돌아가는 단계들을 제시하고 있다. 이리하여 언제나 하느님의 작용은 강조되고 있다. 무로부터의 창조는 피조물 특히 영혼 그 자체에 있어서의 하느님의 현존과 활동처럼 증명될 수 있다. 즉 하느님의 행위는 모든 확실한 진리의 파악에 관여하고 있다. 그리고 영혼이 위로 오르는 보다 높은 단계의 확립을 위해서 신학의 내용이 요구될지라도, 어떤 의미에서는 거기에 하느님의 활동이 그 밀도를 점차 더하고 있다. 인간이 진리에 이를 때 하느님은 각자 인간의 정신 안에서 활동한다. 그러나 이 단계에서는 하느님의 작용이 온전히 충분한 것도 아니며, 인간도 자신의 자연적인 능력을 사용함으로써 활동하고 있다. 보다 높은 단계에서는 하느님의 작용이 점차 강화되어, 마침내 무아지경에서 하느님은 영혼을 점유하여 인간의 지적 활동을 대신한다.

그러므로 보나벤투라는 그리스도교적인 생의 철학자로 불리워질 수 있다. 그는 이성과 신앙을 함께 사용하여 자신의 종합을 이루고 있다. 이성과 신앙, 철학과 신학의 종합은 그가 그리스도, 즉 하느님의 몸과 일치하고 있는 대목에서 강조되어 있다. 만물이 창조되는 것은 하느님의 말씀에 의해서이며, 또 만물이 반영하고 있는 것은 성부(聖父)와 실체적인 모습을 같이하고 있는 하느님의 말씀이라는 것을 이해하지 않고는 창조와 범형론을 정확하게 이해할 수 없는 것처럼, 모든 사람을 조명하는 것은 하느님의 말씀이며, 영혼이 자신을 초월하여 하느님에게 몰입하는 관문이 또한 하느님의 말씀이고, 또 하느님이 파견한 성령을 통해서 영혼을 불타오르게 하여 자신의 명확한 관념의 한계를 넘어서 무아지경에서의 일치로 이끄는 것도 하느님의 말씀이라는 것을 인정하지 않고는 영혼의 여러 가지 단계에 있어서의 조명은 이해될 수 없다. 마지막으로 우리에게 성부를 보여주고 천국의 지복 직관으로의 길을 열어 주는 것은 하느님의 말씀이다. 사실 그리스도는 〈모든 지식의 중개자〉이며[43] 신학과 마찬가지로 형이상학의 중개자이다. 왜냐하면 자연적 이성을 사용하는 형이상학자 자신은 하느님의 말씀에 대한 인식에는 이르지 못하지만, 그러나 그는 비록 하느님의 말씀을 전혀 모르고 있을지라도 그 말씀의 조명없이는 참되고 확실한 판단을 내릴 수 없기 때문이다. 그리고 이에 덧붙여 형이상학자의 학문이 신학에 의해서 완성되지 않는다면, 그것은 불완전하며 이 불완전성으로 말미암아 그것의 가치는 하락된다.

43) *In Hexaëm.*, I, II.

제 30 장
성 알베르투스 마그누스

1. 생애와 학문 활동

알베르투스 마그누스(Albertus Magnus)는 1206년 슈바벤 지방의 라우잉겐에서 태어났으나, 학예를 연마하기 위해서 독일을 떠나 파두아로 갔으며 거기서 1223년 도미니코회에 입회했다. 쾰른과 그 밖에 여러 곳에서 신학을 강의한 후에, 그는 1245년 파리에서 박사 학위를 획득했다. 1245년에서 1248년까지의 그의 제자들 가운데에는 토마스 아퀴나스가 있었다. 1248년 그는 도미니코회의 연구 기관을 설립하기 위해서 토마스와 함께 쾰른으로 돌아왔다. 그러나 그의 순수 학문적인 일은 그에게 부과되어 있었던 행정상의 일로 말미암아 중단되었다. 그는 1254년에서 1257년까지 독일의 관구장이었고, 1260년에서 1262년까지는 레겐스부르크의 주교였다. 거기다 로마를 방문하고 보헤미아의 십자군에게 설교하는 일로 많은 시간이 소비되었다. 그러나 그는 자신의 거주지를 쾰른에 두고 있었던 것으로 생각된다. 토마스 아퀴나스(1274년 사망)의 학설을 옹호하기 위해서 파리로 출발했던 곳이 쾰른이었고, 1280년 11월 15일에 그가 사망한 곳도 쾰른이었다.

그의 저서와 활동을 볼 때 알베르투스 마그누스가 폭넓은 학문적 관심과 공감을 지닌 사람이었다는 것은 분명하다. 특히 사상상의 새로운 경향으로 말미암아 야기되었던 분쟁을 잘 알고 있었던 그가 파리 대학의 인문학부에서 아리스토텔레스주의 운동이 일어나고 있다는 것을 모르고 있었으리라고는 거의 생각할 수 없다. 개방적인 정신과 민첩한 지적 감수성의 소유자인 그가 이 새로운 운동에 대해서 비타협적인 적대적 태도를 취할 수는 없었다. 하지만 또 한편으로 그는 신플라톤주의자와 아우구스티누스적인 전통에 대해 강한 공감이 없었던 것도 아니었다. 그러므로 그는 아리스토텔레스적인 요소를 수용하여 그것을 자기의 철학 속에 구체화시키면서 동시에 아우구스티누스적인 전통과 비아리스토텔레스적인 전통을 상당히 유지하고 있다. 따라서 그의 철학은, 그의 위대한 제자 성 토마스 아퀴나스가 아리스토텔레스 철학을 충분하게 수용하기까지의 과도기적인 단계의 성격을 지니고 있다. 나아가서 알베르투스는 우선 신학자였기 때문에 아리스토텔레스의 사상이 그리스도교의 교의와 충돌하는 중요한 점에 대해서는 민감할 수밖에 없었으며, 인문학부의 일부에서 유행했던 아리스토텔레스의 무비판적인 수용은 그에게 있어서는 있을 수 없는 일이었다. 그러므로 사실 그는 아리스토텔레스의 윤리학적, 자연학적(예컨대 《자연학》과 《천체 우주론》에 대해서), 형이상학적, 윤리학적인 저작(《니코마코스 윤리학》과 《정치학》)의 주석을 저술했지만, 아리스토텔레스가 범한 오류를 지적하는 데 주저하지 않았으며, 또 아베로에스에 반대하여 《지성의 단일성에 대해서》(*De unitate intellectus*)를 저술했다는 것은 조금도 놀랄 일이 아니다. 그는 그가 주석을 저술하는 의도는 아리스토텔레스를 라틴 사람들에게 알리는 데 있고 또 아리스토텔레스의 견해를 객관적으로 설명하는 데 불과하다고 분명하게 말했다. 하지만 어쨌든, 비록 그의 주석의 대부분이 아리스토텔레스의 저서에 대해서 자신의 의견을 나타내지 않는 주석과 설명이라고 할지라도 그는 자기 자신의 생각을 전혀 나타내지 않고 아리스토텔레스를 비판할 수는 없었다.

알베르투스의 저작 연도뿐만 아니라 그 저작의 출판 순서마저도 어느 정도 정확하게 단언할 수가 없지만, 페트루스 롬바르두스의 《명제집》(*Sentences*) 주석과 《피조물에 대한 전서》(*Summa de Creaturis*)의 출판은 아리스토텔레스 저작에 대한 주석의 출판보다 앞섰던 것으로 생각된다. 그는 위디오니시우스의 저서에 대한 주석도 저술했다. 《지성의 단일성에 대해서》는 1270년 이후에 저술한 것으로 보인다. 그리고 다른 사람의 손으로 편집된 것으로 생각되는 《신학 대전》(*Summa theologiae*)은 미완성으로 남아 있다.

알베르투스의 관심사와 활동의 두드러진 측면, 즉 자연 과학에 대한 그의 관심을 언급하지 않고 지나칠 수는 없다. 그는 이 영역에 있어서의 관찰과 실험의 필요성을 계몽적인 태도에서 강조하고, 《식물론》(*De vegetalibus*)과 《동물론》(*De animalibus*)에서 이전 사람들의 견해뿐 아니라 자기 자신의 관찰의 결과도 제시하고 있다. 나무나 식물에 관해 그가 기술한 것은 자기 자신의 경험의 결과이든가 또는 관찰에 의해서 그 견해가 확인되어 있는 것으로, 그가 알고 있는 저자들로부터 빌어온 것이라고 말하고 있다. 왜냐하면 이러한 영역에서는 경험만이 확실성을 부여할 수 있기 때문이다.[1] 지구의 남반구에는 사람이 살 수 없다는 견해에 대해서, 비록 남극의 추위가 지나쳐서 사람이 살지 못할 정도일지라도 그곳에서는 아마 살 수 있을 것이라고 말하고 있듯이, 그의 사색은 가끔 매우 세밀한 곳까지 이르고 있다. 만일 그곳에 동물들이 산다고 한다면, 그 동물들은 그 추운 기후를 충분히 이겨낼 수 있는 두터운 모피를 지니고 있고, 이 모피는 아마도 색깔이 휠 것으로 생각하지 않을 수 없다. 어쨌든 지구의 위도가 낮은 부분에 사는 인간이 쇠퇴하리라고 생각하는 것은 불합리하다.[2] 왜냐하면 '낮은'이라는 말은 우리에게 있어서 상대적이기 때문이다. 물론 알베르투스는 이전의 학자들의 의견, 관찰 또는 추측에 크게 의존하고 있지만, 자기 자신의 관찰, 예컨대 철새들의 습관이나 식물의 성질에 대해서 스스로 인정해 왔던 것을 자주 인용하고 있다. 사람이 살 수 없다는 '열대'의 특성에 대한 〈선험적인〉(**a priori**) 논증은, 사람이 살고 있다고 알려져 있는 대륙의 부분이 이러한 열대에 있다는 명백한 사실만큼 사람들을 납득시킬 수 없다는 것을 인정하고 있는 경우처럼, 그는 건전한 상식을 보여주고 있다. 게다가 또 달무리나 '무지개'에 대해서 말하는 경우[3] 그는, 아리스토텔레스에 의하면 이 현상은 50년에 두 번밖에 일어나지 않으나 자기와 다른 학자들은 그 현상을 일년에 두 번 관찰했으므로, 아리스토텔레스는 경험에서가 아니라 다른 사람의 말에 근거하여 말하고 있음에 지나지 않는다고 지적하고 있다. 어쨌든 성 알베르투스가 끌어낸 개별적인 결론들이 어떠한 가치를 지니고 있든간에, 그의 특징이며 그 후의 많은 스콜라 학자들과 그가 구별되는 것은, 지적 호기심 및 관찰과 경험에의 의존이다. 따라서 이 탐구의 정신과 폭넓은 관심은 이 점에 있어서 그를 아리스토텔레스에게 접근시키고 있다. 왜냐하면 아리스토텔레스의 많은 제자들은 아리스토텔레스가 말한 것을 의심할 수 없는 것으로 받아들였고, 비록 그들이 아리스토텔레스 자신의 탐구 정신과 다방면에 걸친 관심을 결여하고 있었을지라도, 아리스토텔레스 자

1) *Liber* 6, *de Veget. et Plantis,* Tract. 1, c. 1.

2) *De Natura Locorum,* Tract. 1, cc. 6, 7, 8, 12 참조.

3) *Liber* 3, *Meteorum,* Tract. 4, c. 11.

신은 학문에 있어서 경험적인 탐구의 가치를 잘 알고 있었기 때문이다.

2. 철학과 신학

철학과 신학의 구별에 대해서, 그리고 계시의 내용에 근거하는 신학과 계시의 도움을 받지 않는 자연 이성 단독의 작업으로서 형이상학적인 철학에 속하는 신학과의 구별에 대해서 알베르투스 마그누스의 태도는 매우 분명하다. 형이상학 또는 제 1 신학이 하느님을 제 1 존재자로서 (**secundum quod substat proprietatibus entis primi**) 다루는 반면, 신학은 신앙에 의해서 알아진 것으로서 (**secundum quod substat attributis quae per fidem attribuuntur**) 하느님을 다룬다. 그리고 철학자는 모든 인간에게 주어진 이성의 일반적인 빛의 작용하에서 연구하고 이 빛에 의해서 제 1 원리를 보지만, 신학자는 초자연적인 신앙의 빛에 의해서 연구하고 이 빛을 통해서 계시된 교의를 받아들인다.[4] 그러므로 성 알베르투스는 철학을 부정하거나 얕보는 사람에 대해 찬성하지 않는다. 왜냐하면 그는 신학적인 추론에 변증론을 이용하고 있을 뿐만 아니라 철학 자체를 하나의 독립된 학문으로 인정하고 있기 때문이다. 신학에 철학적인 추론을 끌어들이는 것은 잘못이라고 주장하는 사람들에 대해서, 교의는 〈말하자면 보다 앞서는 것으로부터〉 증명되므로, 즉 교의는 철학적인 논증의 결론이 아니라 신학자에 의해서 계시되어 있는 것으로 나타내어지므로 이러한 철학적인 추론은 일차적일 수 없다는 것을 그는 인정하고 있다. 그러나 그는 이어서, 철학적인 논증은 적대하는 철학자에 의해서 이루어지는 반론을 다루는 경우에는 이차적인 의미에서 실제로 유효하다고 말하고 있으며, 또 철학의 사용을 온갖 방법으로 공격하려고 하며 "자신이 모르는 것에 대해서 험담을 하는 야수들"[5]과 같은 무지한 사람들에 대해서 언급하고 있다. 심지어 도미니코회 가운데서도 철학이나 그와 같은 '세속'의 학문의 연구에 대한 반대가 있었는데, 성 알베르투스의 위대한 공헌 가운데 하나는 그가 속한 수도회에서 철학의 연구와 그 이용을 촉진한 일이다.

4) 1 *Summa Theol.*, 1, 4, *ad* 2 et 3.
5) *Comm. in Epist.* 9 *B. Dion. Areop.*, 7, 2.

3. 하느님

성 알베르투스의 학설은 하나의 동질적인 체계가 아니라 아리스토텔레스적 요소와 신플라톤주의적인 요소의 혼합이다. 예컨대 그가 운동으로부터 하느님의 존재 증명을 들고 있는 경우에 그는 아리스토텔레스를 참고하고 있는데[6], 그는 〈원리들〉의 무한한 연쇄는 있을 수 없고 또 그것은 모순인데, 그 이유는 실제로 거기에는 아무런 〈시원〉(**principium**)도 존재하지 않을 것이기 때문이라고 말하고 있다. 제 1 원리는 그것이 제 1 원리라는 바로 그 사실에 의해서, 자신의 존재를 다른 것으로부터가 아니라 자기 자신으로부터 갖는다. 즉 자기의 존재(**esse**)는 자신의 실체와 본질이 아니면 안 된다.[7] 그것은 우연성이나 가능태의 어떠한 혼합도 없는 필연적 존재이다. 그리고 알베르투스는 이는 자기 인식이라는 의미에서 지적이며 살아 있고 전능하며 자유롭다는 것과, 하느님의 자기 인식에는 주체와 객체의 구별이 없다는 것, 그리고 하느님의 의지는 하느님의 본질과 구별되지 않는다는 것을 증명하고 있다. 마지막으로, 우리가 하느님에게 돌리고 있는 어떠한 이름들도 그대로의 의미로 하느님의 속성이라고 단정할 수 없다고 생각함으로써, 그는 제 1 원리인 하느님과 세계를 신중하게 구별하고 있다. 예컨대 하느님이 실체라고 불리운다면, 그것은 하느님이 실체의 범주에 들기 때문이 아니라 하느님이 모든 실체를 초월하고 실체의 모든 범주를 초월하고 있기 때문이다. 그와 마찬가지로 '존재'라는 말은 우선 존재의 일반적인 추상 관념에 적용되며, 이는 하느님의 속성이라고 단정할 수 없다.[8] 결국 하느님에 대해서 우리는 하느님이 무엇인지에 대해서보다는 오히려 하느님이 무엇이 아닌지에 대해서 알고 있다고 말하는 편이 더욱 참되다.[9] 따라서 성 알베르투스의 철학에 있어서 하느님은 아리스토텔레스에 의거하여 부동의 제 1 동자(**first unmoved Mover**)로서, 순수 현실태 또는 자기 인식의 지성으로서 묘사되고 있지만, 반면에 위디오니시우스의 저작에 의거하여 하느님은 우리의 모든 개념을 초월하고 우리가 하느님의 속성이라고 단정하는 모든 이름들을 초월하고 있다는 점이 강조되어 있다.

---

6) *Lib.* 1, *de causis et proc. universitatis,* 1, 7.
7) 같은 책, 1, 8.
8) 같은 책, 3, 6.
9) *Comm. in Epist.* 9 *B. Dion. Areop.,* 1.

4. 창 조

아리스토텔레스와 위디오니시우스를 결합시키는 것은 하느님의 초월성을 보호하는 것으로 유비론의 기초가 된다. 그러나 세계 창조를 말하는 경우, 알베르투스는 페리파토스파의 설을 따라서, 즉 실제로는 신플라톤주의적으로 해석된 것을 따라서 아리스토텔레스를 해석하고 있다. 따라서 그는 〈흐름〉(**fluxus**)과 〈유출〉(**emanatio**)이라는 용어(〈흐름은 모든 형상의 원천이며 시원인 제 1 원천으로부터의 형상의 유출이다〉)[10)]를 사용하여 제 1 원리, 즉 〈보편적 능동 지성〉은 제 2 의 예지체(**intelligence**)가 유출되는 원천이며 이 제 2 의 예지체는 제 3 의 예지체가 유출되는 원천이라고 주장하고 있다. 각 하위의 예지체로부터 자기 고유의 영역이 생겨나고 마지막으로는 지구가 생긴다. 이 일반적인 도식(알베르투스는 '고대인'으로부터 발췌한 여러 가지의 독특한 도식을 열거하고 있다)은 하느님의 창조 작용과 더불어 하느님의 초월성과 불변성을 손상시키는 것처럼 생각되지만, 그러나 물론 성 알베르투스는 유출의 과정을 통해서 하느님이 약화된다든지 또는 어떤 변화를 받는다고는 생각하지 않고 있다. 그러나 한편 그는 또 하위의 원인은 보다 상위의 원인에 의존하고 또 그 원인의 도움을 받아 활동함으로써 결국 그 과정 전체는 궁극적으로 하느님을 지향하지 않으면 안 된다고 주장한다. 이 과정은 선(善)의 단계적인 확산 또는 빛의 단계적인 확산 등 여러 가지로 표현된다. 하지만 이러한 창조의 서술에 있어서 성 알베르투스는 실제의 아리스토텔레스에게서보다도 《원인론》(*Liber de causis*), 신플라톤주의자, 그리고 신플라톤주의화한 아리스토텔레스주의자로부터 훨씬더 많은 감화를 받고 있음이 분명하다. 그러나 다른 한편 신플라톤주의적인 유출설은 하느님이 다른 모든 존재와 구별되어 있기 때문에 엄밀하게는 범신론적인 것이 아니지만 아직 그리스도교의 무(無)로부터의 자유로운 창조의 교의와 충분하게 조화하지는 않는다는 것을 알고 그가 있었다고는 생각되지 않는다. 나는 성 알베르투스가 신플라톤주의적인 유출의 과정을 그리스도교의 교의로 바꾸려고 했다고 말하려는 것은 아니다. 오히려 그는 그리스도교의 교의를 유출의 과정이라는 용어로 나타내려고 시도했으나, 이러한 시도 가운데 포함되어

10) *Lib.* 1, *de causis et proc. universitatis,* 4, 1.

있는 어려움들을 분명하게 이해하지 못하고 있었다는 것이다.

이성은 시간 속에서의 세계의 창조, 즉 세계가 영원으로부터 창조되지는 않았다는 것을[11] 확실하게 증명할 수 없다고 주장하고 또 천사와 인간 영혼은 질료 — 여기서 질료는 명백하게 양(量)과의 관계에서 생각되고 있다 — 와 형상으로 이루어져 있다는 것을 부정한다는 점에서, 성 알베르투스는 아우구스티누스적인 프란치스코회의 전통으로부터 떠나 있다. 그러나 또 한편으로, 그는 〈종자적 형상〉(**rationes seminales**) 설과 〈유형성의 형상〉(**forma corporeitatis**)으로서의 빛의 설을 받아들이고 있다. 나아가서 때로는 아리스토텔레스주의로부터 때로는 아우구스티누스주의 또는 신플라톤주의로부터의 학설을 채용하는 이외에, 성 알베르투스는 어떤 전통으로부터 채용한 구절을 다른 전통의 의미로 해석한다. 가령 그가 하느님의 빛 속에서 본질을 본다는 것에 대해서 언급하고 있는 경우, 그는 지성의 창조와 유지 이외에 또 하느님의 특별한 조명 작용이 요구된다는 것을 의미하는 것이 아니라, 인간의 이성과 그 활동이 하느님의 빛의 반영이며 그 결과라는 것을 의미하는 것과 같다. 일반적으로 그는 아리스토텔레스의 추상 이론을 따르고 있다. 그리고 알베르투스는 자신이 말하고자 하는 바를 언제나 명확하게 말하고 있는 것은 아니다. 따라서 그가 본질과 존재의 구별을 실재적인 것으로 생각했는지 개념적인 것으로 생각했는지 하는 것이 의문으로 남아 있다. 천사는 '본질적 부분들'로 이루어져 있다고 인정하면서 동시에 천사에 있어서 질료의 존재를 부정했으므로, 그는 실재적 구별을 주장했다고 생각하는 것이 정당한 것으로 생각되며, 그리고 그도 때때로 이러한 의미에서 말하고 있다. 그러나 다른 경우에는, 그는 마치 아베로에스주의자적인 개념상의 구별의 학설을 주장하고 있는 것처럼 말하고 있다. 그는 자기 자신의 문제에 대해 어느 쪽의 해결을 취하고 있는지를 명확하게 제시하지 않고 여러 가지의 다른 학설을 열거하는 버릇이 있기 때문에, 개별적인 점에 대해 그가 생각하는 바를 해석하기는 어렵다. 그에게 있어서 어디까지가 단순히 남의 의견을 전달하고 있는 것이며, 그리고 그 자신이 어느 정도 그 문제의 의견을 긍정하고 있는지가 언제나 분명한 것은 아니다. 그러므로 알베르투스 마그누스의 완결된 '체계'에 대해서 언급하기란 불가능하다. 그의 사상은 사실 그리스도교적 견해를 표현하기 위해 하나의 지적 도구로서 아리스토텔레스

11) *In Phys.*, 8, 1, 13.

철학을 채용하는 데 있어서의 한 단계이다. 아리스토텔레스 철학의 채용과 그 적용은, 성 알베르투스의 위대한 제자 성 토마스 아퀴나스에 의해서 훨씬더 추진되었다. 그러나 성 토마스의 경우일지라도 아리스토텔레스주의를 과장하는 것은 잘못이라고 하겠다. 성 토마스 아퀴나스는 성 알베르투스보다 더 완전한 방법으로 아우구스티누스를 아리스토텔레스적인 사고 방식에 따라서 해석했지만, 그 두 사람은 상당히 아우구스티누스의 전통에 머물고 있다.

5. 영 혼

성 알베르투스는 영혼의 불멸성은 이성에 의해서 증명될 수 있다고 확신했다. 따라서 그는 영혼의 본성과 기원에 관한 저서에서[12] 많은 증명을 열거하면서, 예컨대 영혼은 자신의 지적 활동에 있어서 질료를 초월하고 이러한 활동의 원리를 자기 자신 안에 지니고 있어서, 〈존재와 본질을 따라서는〉 영혼이 신체에 의존할 수 없다고 논하고 있다. 그러나 그는 모든 인간에 있어서의 능동 이성의 단일성을 위한 논의가 타당하다는 것을 인정하려고 하지 않는다. 만일 이 논의가 증명된다면, 개인의 불멸성은 부정되고 말 것이다. 그는 이 문제를 《영혼론》(*De Anima*)에서만이 아니라 특별히 그 주제를 논한 저서 《지성의 단일성에 대해서》에서도 다루고 있다. 이 문제는 매우 어려워서 형이상학적인 사고에 익숙된 노련한 철학자만이 논쟁에 참여해야 한다고 평한 뒤에,[13] 그는 아베로에스주의자들이 자신들의 주장을 입증하기 위해서 제출하거나 제출할 수 있는 30 개의 논증을 열거하여 이에 대답하기란 매우 어려운 것이라고 말하고 있다. 하지만 나아가서 그는 아베로에스주의자에 반대하는 36 개의 논증을 들어서 이성혼에 대한 자신의 견해를 약술하고, 아베로에스주의자의 30 개의 논증에 대해서 차례로 대답하고 있다.[14] 이성혼은 인간의 형상이므로, 이것은 개별적인 인간들에 있어서 다수화되지 않으면 안 된다. 그러나 수적으로 다수화되는 것은 실체적으로도 다수화되지 않으면 안 된다. 그러므로 만일 이성혼이 불멸한다고 증명된다면 — 이는 실재로 증명된다 — 다수의 이성혼이 사후에도 살아 남게 된다. 그리고 또 〈존재〉는 각 개별자의 궁극적 형상(formae

12) *Liber de natura et origine animae*, 2, 6 ; 또한 *De Anima*, 3 참조.

13) C. 3.

14) C. 7.

ultimae)의 현실태이며 인간의 최종적 내지 궁극적 형상은 이성혼이다. 그런데 개별적인 인간들은 자기 자신의 개별적인 〈존재〉를 가지거나 가지지 않는다. 만일 인간이 자기 자신의 개별적인 존재를 소유하고 있지 않다고 말한다면, 그 인간은 개별적인 인간이 아니라는 것을 인정하지 않으면 안 된다. 이는 분명히 잘못이다. 하지만 만일 인간 각자가 자기 자신의 개별적인 〈존재〉를 가지고 있음을 인정한다면, 그 각자는 자기 자신의 개별적인 이성혼도 가지지 않으면 안 된다.

6. 성 알베르투스의 명성과 중요성

성 알베르투스 마그누스는 살아 있는 동안에도 높은 명성을 얻고 있었다. 그리고 로저 베이컨은(Roger Bacon) 그의 열광적인 찬미자는 아니었는데도 "아리스토텔레스, 아비첸나, 아베로에스가 스콜라 학파에서 인용되고 있듯이, 그 또한 인용되고 있다"고 말하고 있다. 로저 베이컨은 성 알베르투스가 이름을 들어 인용되었다고 말하고 있는데, 이는 살아 있는 저자를 언급하는 경우에는 이름을 들지 않는다는 당시의 관습에 어긋나는 것으로서 알베르투스가 받고 있었던 존경에 대한 증거가 된다. 틀림없이 이러한 명성은 주로 신학자, 철학자, 과학자, 주석자로서의 그 성인의 박학과 다방면의 관심이 컸기 때문이었을 것이다. 그는 히브리와 아라비아의 철학에 대한 해박한 지식을 가졌으며 때때로 다른 저자들의 의견을 인용하고 있었다. 따라서 그의 사상과 표현에 흔히 보이는 애매함과 역사적 사실에 관한 과오에도 불구하고, 그의 저작은 그가 광범위하게 책을 읽고 다방면의 사상에 관심을 가지고 있었던 박식한 사람이라는 인상을 주고 있다. 도미니코 회원이면서 성 알베르투스 사상의 신플라톤주의적인 측면을 발전시킨 그의 제자 슈트라스부르크의 울리크(Ulric of Strasbourg)는 그를 "우리 시대에 있어서 경이로운 기적"이라고 불렀다.[15] 그러나 경험 과학에 그가 헌신한 것은 별문제로 하고, 성 알베르투스의 사상이 우선 우리의 관심을 끄는 것은, 슈트라스부르크의 울리크나 프라이부르크의 요한네스(Johannes of Fribourg)와는 달리, 그의 사상이 지닌 아리스토텔레스적 측면을 발전시킨 성 토마스 아퀴나스에 끼친 그의 영향 때문이다. 제자보다 오래

15) *Summa de bono*, 4, 3, 9.

살았던 스승은 언제나 제자를 추억하고 있었다. 그리고 노년의 성 알베르투스가 미사 전문(典文)의 죽은 이를 기억하는 대목에서 토마스를 생각할 때마다, 그는 언제나 세상의 정화이며 영광이었던 토마스의 죽음을 생각하면서 눈물을 흘렸다고 전해지고 있다.

다방면에 관심을 지닌 학자로서 성 알베르투스의 명성은 물론 칭찬할 만한 가치가 있지만, 그러나 그의 주요한 공적은, 약간의 역사가들이 말하고 있듯이 그리스도교 서구 세계에 있어서 얼마나 중요한 것이 아리스토텔레스의 체계와 아라비아 철학자의 저작 가운데 포함되어 있는가를 그가 알았다는 데 있다. 훨씬 후의 시대에서 13세기를 돌이켜볼 때, 그 후기의 무미 건조한 스콜라적 아리스토텔레스주의의 견지에서는 아리스토텔레스 철학의 침입과 지배가 점점 심해져 가는 것을 생각하기 쉬우나, 그 스콜라적 아리스토텔레스주의는 문자를 위해서 정신을 희생했고 또 이 위대한 그리스 철학자의 탐구심, 과학에 대한 관심, 그리고 그의 결론이 지니는 많은 시험적인 성격을 완전히 오해했던 것이다. 그러나 13세기를 이렇게 보는 것은 시대 착오의 잘못을 범하는 일이다. 왜냐하면 후기의 쇠퇴한 아리스토텔레스주의자의 태도는 성 알베르투스의 태도가 아니기 때문이다. 그리스도교 서구 세계는 아리스토텔레스의 철학과 아라비아인의 철학에 필적할 수 있는 순수한 철학이나 자연 과학으로서 독자적인 것이라고는 아무 것도 가지고 있지 않았다. 성 알베르투스는 이 사실을 분명하게 이해하고 있었다. 즉 그는 아리스토텔레스 철학에 대해서 명확한 태도를 취하지 않으면 안 된다는 것과 이 철학을 간단하게 무시할 수는 없다는 것을 알고 있었다. 그리고 그는 이 철학을 무시하는 것은 손실이며 불행이기조차 하다는 올바른 확신을 지니고 있었다. 물론 그는 어떤 점에서 아리스토텔레스와 아라비아인은 교의와 일치하지 않는 학설을 주장했다는 것을 알고 있었지만, 그러나 동시에 그는 이것이 부분적으로 거부해야 할 이유는 되지만 전면적으로 거부할 이유는 되지 않는다는 것을 알고 있었다. 그는 아리스토텔레스 철학을 라틴 사람들에게 이해시켜 그들에게 그 가치를 보여주려고 노력함과 동시에 그 오류도 지적했다. 그가 어떤 점을 받아들이고 어떤 학설을 거부했다는 것은, 그가 아리스토텔레스 철학의 일반적인 의미와 가치를 이해하고 있었다는 사실에 비하면 그다지 중요하지 않다. 그리고 이 점에 있어서의 그의 공적을 평가하기 위해서 스스로가 반드시 엄격한 아리스토텔레스주의자가 될 필요는 없다. 예컨대 아리스토텔레스의 어떤 과학적 관찰에 대해서 성 알베르투스의 독자성을 강조한 나머지, 아리스토텔레스에 대해 주의를 집중시키고 아리스토텔레스 철학의 중요한 가치를 드러내는 데 이룩한 그의 위대한 공헌을 보지 않는다는 것은 잘못된 일이다. 여러 해가 지남에 따라 아리스토텔레스적 전통 안에 확실히 어떤 불행한 고질화가 이루어졌지만, 그 책임이 성 알베르투스 마그누스에게 있는 것은 아니다. 만일 아리스토텔레스가 없었다면 중세 철학은 어떻게 되었을까를 생각해 본다면, 그리고 토마스의 종합과 스코투스의 철학을 진지하게 생각한다면, 또 성 보나벤투라의 철학으로부터 아리스토텔레스적 요소를 제거해 본다면 아리스토텔레스 철학의 유입을 역사상의 불행으로는 보지 않을 것이다.

제 31 장
성 토마스 아퀴나스 1

1. 생 애

성 토마스 아퀴나스(St. Thomas Aquinas)는 나폴리에서 멀지 않은 로카세카의 성에서, 1224년말 또는 1225년초에 태어났다. 그의 아버지는 아퀴노의 백작이다. 다섯 살에 그는 수도 지원생으로서 부모에 의해서 몬테 카시노의 베네딕토회 수도원으로 보내졌다. 앞으로 성인과 박사가 될 그는 그곳에서 처음으로 학문을 시작하여, 1230년부터 황제 프리드리히 2세가 수도자들을 추방했던 1239년까지 그 수도원에 있었다. 이 소년은 가정으로 돌아가서 몇 개월을 지낸 뒤에 그해 가을에 나폴리 대학에 입학했다. 그때 그의 나이는 14세였다. 그 도시에는 도미니코회 수도원이 있었다. 토마스는 그들의 생활에 매력을 느끼고 1244년에 그 수도회에 들어갔다. 이는 그의 가족에게는 결코 용납될 수 없었다. 왜냐하면 가족은 틀림없이 그 소년이 고위 성직자가 될 첫 걸음으로서 몬테 카시노의 수도원에 들어갈 것을 원하고 있었기 때문이다. 도미니코회 총장이 토마스를 볼로냐로 데리고 가서 거기서 수도회 총회의 의견을 듣고 그를 파리 대학으로 보내기로 결정했던 것은, 그 가족의 반대에 일부 원인이 있었을지도 모른다. 그러나 토마스는 도중에 그의 형제들에 의해서 납치되어 약 1년 동안 아퀴노에 감금되어 있었다. 도미니코회에 머물겠다는 그의 변함없는 결의는 그로 하여금 이 시련을 견디어 내고 1245년 가을에 파리로 갈 수 있게 했다.

토마스는 아마도 1245년에서 1248년 여름까지 파리에 있었던 것으로 생각되며, 1248년 그는 성 알베르투스 마그누스(St. Albertus Magnus)

를 따라서 이 성인이 도미니코회의 학원(studium generale)을 설립하기로 되어 있었던 쾰른으로 갔으며, 거기서 1252년까지 머물러 있었다. 이렇게 파리와 쾰른에 있는 동안 토마스는 알베르투스 마그누스와 친밀하게 접촉했고, 알베르투스 마그누스는 자기 제자의 능력을 인정했다. 한편으로 토마스의 학문 연구에 대한 취미가 어쨌든 이 박학하고 지적 호기심이 많은 교수와의 친밀한 접촉에 의해서 크게 자극되었음은 명백하며, 또 아리스토텔레스 철학에서 인정되는 소중한 것을 이용하겠다는 성 알베르투스의 의도가 자기 제자의 마음에 직접 영향을 끼치지 않았다고는 거의 생각할 수 없다. 비록 초기의 성 토마스는 그의 스승이 시작했던 것을 완성하겠다는 생각을 품지 않았다고 할지라도, 적어도 새로운 사상에 대해 편견을 갖지 않은 스승의 정신에 깊은 영향을 받았음에는 틀림없다. 토마스는 자기 스승과 같이 포괄적인 지적 호기심을 지니지는 않았지만(오히려 그는 정신적으로 명석한 감각을 지니고 있었다고 말할 수 있다) 확실히 그는 스승보다 뛰어난 체계화의 능력을 지니고 있었다. 나이많은 스승의 박학과 편견없는 정신이, 젊은 제자의 사변적 능력과 체계화의 재능과 만날 때 눈부신 성과가 생겨나리라는 것은 당연히 기대할 수 있었던 것이다. 그리스도교 사상을 아리스토텔레스의 용어로 나타낼 수 있었던 것은 성 토마스였으며, 아리스토텔레스의 철학을 신학적 철학적인 분석과 종합의 도구로 사용할 수 있었던 것도 역시 토마스였다. 그가 성 알베르투스와 함께 파리와 쾰른에 있었던 것이 틀림없이 그의 지적 발전에 있어서 매우 중대한 계기가 되었다. 성 알베르투스의 체계를 불완전한 토마스주의로 볼 것이냐 아니냐 하는 문제는 실은 관계가 없는 일이며, 중요한 것은 성 알베르투스가 (〈표현이 가능하다면〉) 토마스에 대해서 소크라테스였다는 사실이다.

1252년 성 토마스는 쾰른에서 파리로 되돌아와서 연구 생활과 함께 성서 강사(Baccalaureus Biblicus, 1252년~1254년)로서 성서를 강의하고, 명제집 강사(Baccalaureus Sententiarius, 1254년~1256년)로서 페트루스 롬바르두스(Petrus Lombardus)의 《명제집》(*Sentences*)을 강의했다. 이 시기가 끝날 무렵에 그는 교수 자격, 즉 신학부에서 가르치는 자격과 허락을 받았다. 그리고 같은 해에 박사가 되어 도미니코회의 교수로서 1259년까지 강의했다. 대학에서의 도미니코회와 프란치스코회 강좌에 관해서 생겨난 논쟁에 대해서는 이미 앞서 말해 두었다. 1259년 그는 파리를 떠나 이탈리아로 가서, 1268년까지 교황청 부속 연구소(studium curiae)에서 신학을 가르쳤다. 그는 아나그니(1259년~1261년)에서는 알렉산더 4세와, 오르비에토(1261년~1264년)와 로마의 산타 사비나(1265년~1267년)에서는 우르바누스 4세와, 비테르보(1267년~1268년)에서는 클레멘스 4세와 함께 있었다. 그가 유명한 번역가 기욤 드 모에르베카(Guillaume de Moerberke)를 만난 것은 우르바누스 4세의 궁전에서이며, 성체 성혈(聖體聖血) 대축일의 성무일도(聖務日禱)를 만들도록 토마스에게 위촉한 것도 우르바누스 4세였다.

1268년 토마스는 파리로 다시 가서 거기서 1272년까지 가르치면서 아베로에스주의자들과 함께 수도회에 대한 새로운 공격자들과의 논쟁에 가담했다. 1272년 그는 도미니코회의 〈학원〉을 설립하기 위해서 나폴리로 파견되었는데, 거기서 1274년 교황 그레고리우스 10세가 리용의 공의회에 참석하기 위해서 그를 호출할 때까지 교수 활동을 계속했다. 그는 길을 떠났으나 결국 뜻을 이루지 못하고, 여행 도중에 나폴리와 로마 사이에 있는 포사노바의 시토회 수도원에서 1274년 3월 7일 사망했다. 그가 죽었을 때 그는 49세였으며, 그의 생애는 온통 연구와 교수 활동에 바쳐졌었다. 어렸을 때의 감금 사건과 몇 차례에 걸친 여행, 그리고 성인 자신이 개입된 논쟁을 제외한다면 그의 생활은 외적인 활동이나 자극이 별로 없는 일생이었다. 그러나 그의 생애는 진리를 추구하고 옹호하는 데 바쳐진 일생이며 깊은 영성에 충만되어 이에 이끌렸던 것이었다. 어떤 의미에서 성 토마스 아퀴나스는 오히려 전설의 교사와 같았다. 주위의 사람들을 잊어 버리는 방심 상태 또는 정신 집중에 대한 몇 가지 일화가 있다. 그러나 그는 교수나 신학자 이상의 사람이었다. 왜냐하면 그는 하나의 성인이었으며, 비록 자신의 헌신과 사랑이 그의 학문적인 저서들 가운데 나타나는 일은 없었을지라도 만년의 탈혼 상태나 하느님과의 신비적 일치는 그가 서술했던 진리대로 그가 몸소 살았다는 사실을 입증하고 있기 때문이다.

2. 저　　작

성 토마스의 《페트루스 롬바르두스 명제집 주해》(Commentary on the *Sentences* of Petrus Lombardus)는 1254년에서 1256년에, 《자연의 원리론》(*De principiis naturae*)은 1255년에, 《존재와 본질》(*De ente et essentia*)은 1256년에, 《진리론》(*De Veritate*)은 1256년에서 1259년에 각각 씌어진

것 같다. 《자유 토론집》(*Quaestiones quodlibetales*) 7, 8, 9, 10, 11 은 1259 년 이전에, 즉 성 토마스가 파리를 떠나서 이탈리아로 가기 이전에 씌어진 것으로 생각된다. 《보에시우스의 6 일간의 세계 창조론 주해》(*In Boethium de Hebdomadibus*)와 《보에시우스의 삼위 일체론 주해》(*In Boethium de Trinitate*)도 이 시기에 속한다. 이탈리아에 있는 동안 성 토마스는 《대이교도 대전》(*Summa contra Gentiles*), 《능력론》(*De Potentia*), 《그리스인의 오류를 논박함》(*Contra errores Graecorum*), 《매매론》(*De emptione et venditione*), 《군주론》(*De regimine principum*) 등을 저술했다. 여러 권의 아리스토텔레스 저서 주해도 이 시기에 속하는 것이다. 예컨대 《자연학》(*Physics*, 추정됨), 《형이상학》(*Metaphysics*), 《니코마코스 윤리학》(*Nicomachean Ethics*), 《영혼론》(*De Anima*), 《정치학》(*Politics*, 추정됨)에 대한 주해서들이 그것이다. 파리에 돌아와서 그는 아베로에스주의자들과의 논쟁에 가담하게 되어 《세계 영원론》(*De aeternitate mundi contra murmurantes*), 《지성 단일론에 대해서 아베로에스주의자를 논박함》(*De unitate intellectus contra Averroistas*)을 저술했다. 《악에 대해서》(*De Malo*, 추정됨), 《영적 피조물에 대해서》(*De spiritualibus creaturis*), 《정기 토론집》(*Quaestio disputata*) 안에 있는 《영혼론》, 《강생한 말씀의 일치론》(*De unione Verbi incarnati*), 그리고 《자유 토론집》(*Quaestiones quodlibetales*) 1 에서 6 까지를 서술했다. 그리고 《원인론》(*De causis*), 《기상론》(*Meteorologica*)[1], 《명제론》(*Perihermeneias*)에 대한 주해서들도 이 시기에 속한다. 그리고 나폴리에 있는 동안 성 토마스는 《원소 혼합론》(*De mixtione elementorum*), 《마음의 운동》(*De motu cordis*), 《덕일반론》(*De virtutibus*) 및 아리스토텔레스의 《천체 우주론》(*De Caelo*)과 《생성 소멸론》(*De generatione et corruptione*)의 주해서들을 저술했다. 《신학 대전》(*Summa Theologica*)에 대해서는, 1265 년(초기)에서 1273 년 사이에 이루어져서, 〈제 1 부〉는 파리에서, 〈제 2 부의 1〉과 〈제 2 부의 2〉는 이탈리아에서, 〈제 3 부〉는 1272 년에서 1273 년까지 파리에서 씌어졌다. 성 토마스의 이전 저작에서 이루어진 〈증보〉는, 1261 년 이래로 성 토마스의 비서였던 피페르노의 레지날두스에 의해서 추가되었다. 오베르뉴의 페트루스가 《천체 우주론》에 대한 주해서와 《정치학》에 대한 주해서(제 3 권, 7 장 이후)를 완성했으며, 《군주론》의 일부는 루카의 프톨레마이우스에

1) the Commentary on the *Meteorologica*에 대한 증보는 불명의 저자에 의해서 완성된 것으로 보이는데, 페트루스 도베르뉴일 가능성이 높다.

의한 것이고, 이 책의 제 1 권과 제 2 권 처음의 네 개 장만이 성 토마스에 의해서 씌어진 것임을 덧붙여 말해 두지 않을 수 없다. 미완성작인 《신학 요강》(*Compendium theologiae*)은 성 토마스의 만년의 저작이지만, 그것이 씌어진 때는 1268 년 그가 파리로 돌아오기 전후일 것이다.

확실히 성 토마스의 저술이 아닌 많은 저작이 그의 저작으로 생각되고 있는 한편, 예컨대 《지성의 말의 본성에 대해서》(*De natura verbi intellectus*)와 같은 몇 권의 소책자는 그 출처가 확실하지 않다. 그러나 위에 열거한 저작의 연대가 전면적으로 인정되고 있는 것은 아니다. 예컨대 그라프만(Mgr. Martin Grabmann) 선생과 망도네(Père Mondonnet) 선생은 저작의 연대에 대해 의견을 달리하고 있다. 이 점에 관해서는 참고 문헌표에 열거한 관계 저서를 참조하기 바란다.

3. 성 토마스 철학의 서술 방법

가장 위대한 스콜라 학자의 '철학 체계'를 만족스럽게 개관하기란 여간 힘드는 일이 아니다. 그런데 그 사상을 체계적으로 서술할 것인가 또는 발생학적으로 서술할 것인가는 나에게 결정적인 문제로 생각되지 않는다. 왜냐하면 성 토마스의 저술 활동 시간은 불과 20 년에 지나지 않으며 비록 그 기간에 의견이 수정되고 다소 발전했다고 할지라도, 플라톤의 경우처럼 두드러진 발전은 없었고, 더구나 셸링(Friedrich Wilhelm Joseph von Schelling)의 경우처럼 계기적인 발전 단계는 없었기 때문이다.[2] 플라톤의 사상을 발생학적으로 취급하는 것은 바람직한 일이며(편의상 그리고 분명하게 하기 위해서 실제로 나는 제 1 권에서 주로 체계적인 설명 방법을 취했지만), 그리고 셸링의 사상도 그와 같이 취급하는 것이 중요하다. 그러나 성 토마스의 사상을 체계적으로 표현해서는 안 될 아무런 실제적인 이유도 없으며, 오히려 그것은 체계적으로 나타내어야 할 충분한 이유가 있다.

어려움은 오히려 체계적인 서술이 정확히 어떠한 형식을 취할 것인가 그리고 그 내용의 본질적 부분을 어떻게 강조하고, 어떻게 해석할 것인가 하는 문제의 해결에 있다. 성 토마스는 신학자였으며, 비록 그

2) 그러나 성 토마스의 사상에는 흔히 생각되었던 것보다는 많은 발전이 있었다는 것이 최근 연구의 경향이다.

가 계시 신학과 철학을 구별하기는 했지만 스스로는 철학 자체의 체계적인 설명(《대이교도 대전》 가운데도 신학이 있다)을 하지는 않았다. 따라서 성 토마스 자신은 그 설명 방법을 결정하고 있지는 않다.

이에 대해서 성 토마스는 자신의 철학을 서술하는 출발점을 확실하게 정해 두었다고 반론을 제기할지 모른다. 그리고 질송(Etienne Gilson)은 성 토마스에 대한 유명한 저서 가운데서,[3] 토마스 철학을 설명하는 올바른 방법은 토마스 신학의 순서에 따라서 그것을 설명하는 것이라고 주장하고 있다. 성 토마스는 신학자였으며 그의 철학은 그의 신학과의 관계 속에서 고려되지 않으면 안 된다. 성 토마스의 철학에 대한 우리의 지식의 관점에서 볼 때, 《신학 대전》과 같은 신학 저서를 잃는다는 것은 큰 불행이라고 하겠으나 아리스토텔레스에 관한 주해서들을 잃는 것은 유감스럽기는 해도 그다지 중대한 것은 아니라고 말할 수 있다. 그뿐만 아니라 철학의 내용이나 철학자(즉 신학자인 철학자)가 고찰하는 대상에 대한 성 토마스의 개념은 〈계시 가능한 것〉, 즉 계시될 수 있었으나 계시되지 않고 있는 것 그리고 예컨대 하느님이 예지자라는 사실처럼 인간 이성에 의해서 확인될 수 있다는 의미에서 계시되어 있기는 하지만 계시될 필요가 없었던 그러한 것이었다. 질송이 올바로 지적하고 있듯이, 성 토마스에 있어서의 문제는 어떻게 **철학**의 본질이나 본성을 손상하지 않고 철학을 신학으로 도입하느냐가 아니라, 어떻게 **신학**의 본질이나 본성을 손상하지 아니하고 철학을 신학으로 도입하느냐였다. 신학은 계시된 것을 취급하며, 계시는 그대로 남아 있지 않으면 안 된다. 그러나 계시없이 확인될 수 있는 어떤 진리들(예컨대 하느님의 존재)이 신학에서 가르쳐지고 있고, 한편 계시된 일은 없으나 계시될 수도 있었던 진리들과 하느님의 창조라는 전체적인 관점에서 중요한 다른 진리들이 있다. 그러므로 성 토마스의 철학은 신학과의 관계에서 고려되어야 하며, 신학적인 저서까지 포함한 성 토마스의 저서에서 철학적인 대목만을 모아서 철학 체계란 이러이러해야 할 것이라는 자기 나름대로의 생각을 따라서 하나의 체계 — 성 토마스가 이러한 체계를 자신의 실제적인 의도와 일치하는 것으로 인정하지는 않겠지만 — 를 구성하는 것은 잘못이다. 이러한 방법으로 토마스의 체계를 재구성하는 것이 철학자에게 있어서는 확실히 정당한 일이지만, 역사가의 역할은 성 토마스 자신의 방법에 충실하는 것이다.

3) *Le Thomisme*, 제 5 판, Paris, 1944.

질송은 여느 때와 다름없이 명석하고 설득력있게 그의 논점을 말하고 있으며, 이는 일반적으로 인정되어야 한다고 생각된다. 성 토마스 철학의 역사적 서술을 인식론에서 시작하려 한다면, 그리고 특히 그 인식론이 심리학 또는 영혼론에서 분리되어 있다면 그것은 토마스 자신의 방법을 나타내고 있지는 않다고 하겠다. 물론 그 방식은 일차적으로 역사적이라는 것을 특히 주장하지 않는 '토마스주의'의 설명에는 정당할 것이다. 또 한편으로 성 토마스는 확실히 《신학 대전》을 저술하기 전에 몇 권의 철학적인 저서를 썼으며, 《신학 대전》에서의 하느님의 존재 증명은 분명히 꽤 많은 철학적인 관념들을 전제하고 있다. 게다가 또 이러한 철학적인 관념들은 단순한 관념이 아니라 성 토마스의 철학 원리에 입각하여 구체적인 것은 경험에서 추상된 것이기 때문에, 그의 자연 신학을 고찰하기에 앞서서 구체적인 경험의 감각 세계에서 출발하여 그 감각 세계에 관한 성 토마스의 이론을 고찰하는 것이 정당하다고 생각된다. 이것이 내가 실제로 채택해 온 고찰 방법이다.

또 주의해야 할 점은 성 토마스가 극히 명쾌한 저작가였음에도 불구하고 그의 어떤 학설에 관해서는 서로 다른 해석이 과거에도 있었고 지금도 있다는 것이다. 그러나 그 서로 다른 해석들에 대한 〈찬반〉(**pros and cons**)을 충분하게 논의한다는 것은 일반 철학사에서는 불가능하다. 말하자면 그 사람 자신이 보아서 좋다고 생각하는 해석 그 이상의 것은 할 수 없다. 동시에 나로서는 해석의 차이가 생겨난 점에 대해서 어느 것이 틀림없이 옳은 해석인가를 말할 처지가 되지 못한다. 결국 위대한 철학자의 체계에 관해서 해석의 온전하고 보편적인 일치가 있을 수 있겠는가? 플라톤, 아리스토텔레스, 데카르트, 라이프니츠, 칸트, 헤겔에 대한 해석인들 그런가? 어떤 철학자의 경우, 특히 성 토마스처럼 자신의 사상을 명석하고 용의주도하게 표현하고 있는 철학자의 경우 체계의 주요한 부분에 관해서는 꽤 일반적으로 받아들여지는 해석이 있기는 하지만, 그 동의가 지금이나 앞으로도 언제나 절대적이고 보편적일지는 의심스럽다. 철학자란 명쾌하게 책을 쓰긴 하겠지만 그의 체계와의 관계에 있어서 일어나는 모든 문제에 대한 자신의 최종적인 생각을 표명하지는 않고 있을지 모른다. 특히 그 철학자 자신의 생각에는 떠오르지 않았던 어떤 문제도 있을 것이다. 그러므로 철학자는 모든 문제에 대답하고 그것을 해결해야 하며, 또 해석의 차이가 생겨날 수 있는 어떠한 소지도 없을 정도로 자신의 체계를 완결시키고 확정하는 것이 마땅하다고 그에게 기대하는 것은 당치 않은 일이라고 하겠다.

나는 성 토마스 아퀴나스의 재능에 대해서 최대의 경의와 존경의 마음을 품고 있지만, 그의 유한한 정신을 절대 정신으로 혼동하거나, 성 토마스 자신은 확실히 꿈에서도 생각하지 않았을 주장을 그의 체계에서 구하는 것이 유익하리라고 생각하지는 않는다.

4. 성 토마스 철학의 정신

성 토마스의 철학은 본질적으로 실재론적이며 구체적이다. 성 토마스는 확실히 제 1 철학이나 형이상학이 존재로서의 존재를 연구한다는 아리스토텔레스의 명제를 채용하고 있기는 하다. 그러나 그가 설정한 과제가 인간 정신에 의해서 도달될 수 있는 한에서 실재하는 존재에 대해 설명하는 것이라는 것은 전적으로 분명하다. 달리 말하면, 그는 실재가 연역될 수 있는 하나의 개념을 미리 전제하지 않는다. 대신 그는 실재하는 세계에서 출발하여 그것의 존재가 무엇인가, 그것이 어떻게 존재하고 있는가, 그것이 실재하는 조건은 무엇인가 하는 것을 탐구하고 있다. 나아가서 그의 사색은 최고의 존재, 즉 단순히 존재를 소유할 뿐만 아니라 존재의 충만함을 소유하고 있는 〈자존하는 존재 자체〉(ipsum esse subsistens)에 집중하고 있다. 이를테면 그의 사상은 언제나 구체적이고 실재하는 것과의 접촉을 유지하고 있으며, 파생되고 받아들여진 어떤 것으로서 존재를 지니고 있는 것과 존재를 받아들이지 않고 스스로 존재 자체인 것과의 접촉을 동시에 유지하고 있다. 이런 의미에서 토마스주의를 '실존 철학'이라고 말하는 것은 옳은 일이지만, 나는 성 토마스를 '실존주의자'라고 부르는 것은 매우 잘못이라고 본다. 왜냐하면 실존주의자의 〈실존〉(Existenz)은 성 토마스의 〈존재〉(esse)와 같은 것이 아니며, 존재의 문제에 대한 성 토마스의 접근 방법은 현재 실존주의자로 불리고 있는 철학자의 그것과도 다르기 때문이다.

성 토마스는 〈존재〉를 철학의 무대 전면에 내세움으로써 본질의 철학을 넘어서고, 특히 플라톤이나 플라톤의 영향하에 있는 철학을 넘어섰다고 주장되어 왔다. 이 주장에는 확실히 일리가 있다. 왜냐하면 플라톤은 존재의 문제를 무시하지는 않았지만, 그의 철학의 현저한 특징은 존재에 의한 세계의 설명이라기보다는 본질에 의한 세계의 설명이기 때문이다. 한편 아리스토텔레스에 있어서마저도 신(神)은, 비록 순수 현실태이기는 했지만 본래는 사유이거나 이데아로서 플라톤의 선(善)을 '인격화'한 것이다. 나아가서 아리스토텔레스는 세계에 있어서의 형식과 질서 그리고 발전의 확실한 과정을 설명하려고 노력하기는 했지만, 세계의 존재를 설명하지는 않았다. 그는 분명히 그것에 대한 어떠한 설명도 필요없는 것으로 생각하고 있었다. 신(新)플라톤주의에서도 세계의 발생이 설명되어 있고, 그 유출의 일반적인 도식이 존재를 분명히 설명하고 있지 않는 것은 아니지만, 그것은 본래 본질의 유출에 대한 도식이다. 말하자면 신은 본래 일자이거나 선이며, 〈자존하는 존재 자체〉나 **나는 존재하는 그것이다**(**I am who am**)라는 존재 자체는 아니다. 아뭏든 무로부터의 창조는 어떤 그리스 철학자도 유태교나 그리스도교에 의거하지 않고는 도달할 수 없었던 관념이라는 것과, 이 관념없이는 세계의 발생이 본질의 필연적인 발생으로 설명되기 쉽다는 것을 잊어서는 안 될 것이다. 신플라톤주의의 용어에 의거하거나 이를 이용했던 그리스도교 철학자들은 세계를 하느님으로부터 유출하거나 발출한 것으로 설명했으며, 성 토마스마저도 때로는 그러한 용어를 사용했던 것이다. 그러나 어떠한 용어가 사용되든간에, 정통적인 그리스도교 철학자는 세계를 하느님에 의해서 자유로이 창조된 것 또는 〈자존하는 존재 자체〉로부터 〈존재〉를 받아들이는 것으로 간주하고 있다. 성 토마스가 하느님은 자존하는 존재라든지 하느님의 본질은 본래 선이나 사유가 아니라 존재라고 주장했을 경우, 그는 하느님에 대한 세계의 관계에 대해서 유태적인 그리스도교가 생각하고 있는 의미를 명확하게 드러냈을 뿐이다. 내가 여기서 말해 두고자 하는 것은 창조의 관념이 이성에 의해서 도달될 수 없다는 것이 아니라, 그 관념이 그리스 철학자들에 의해서는 도달되지 않은 채 있었고, 그들은 나름대로의 신 관념은 있었지만 창조의 관념에는 거의 이르지 못했다는 사실이다.

아리스토텔레스에 대한 성 토마스의 일반적인 관계는 뒤에 가서 말하기로 하고, 여기서는 아리스토텔레스 철학이 토마스 철학의 형태나 방법에 끼친 하나의 큰 영향을 지적해 두는 것이 좋겠다. 성 토마스는 그리스도인이면서 신학자이며 수도자이기 때문에 오히려 하느님에 대한 인간 영혼의 관계를 강조하고, 몇몇 근대 철학자들이 말한 '주관성'에서 출발하여, 성 보나벤투라(St. Bonaventura)처럼 자기 자신의 철학에 관해서도 그 내면적 생명을 앞세웠던 것이라고 생각할 수도 있다. 그러나 실제에 있어서 성 토마스 철학의 주요한 특징들 가운데 하나는 '주관성'보다는 오히려 '객관성'에 있다. 인간 지성의 직접 대상은 물질적인 사물의 본질이며, 성 토마스는 감각 경험의 성찰에 의해서 자신의 철학을 수립하고 있다. 그가 하느님의 존재를 증명함에 있어서 그 논증 과정은 언제나 감각적인 세계에서 시작하여 하느님에게로 나아가고 있다. 확실히 어떤 증명은 그 출발점을 영혼 자체에 둘 수도 있고 또 다른 방법으로 전개시킬 수도 있을 것이다. 그러나 이는 실제로 성 토마스가 취한 방법은 아니다. 그가 〈보다 명확한 방법〉이라고 말하고 있는 증명은 아리스토텔레스 자신의 논증에 크게 의존하고 있는 증명이다. 성 토마스의 이 아리스토텔레스적인 '객관성'은 "진리는 주관성이다"라고 말하는 사람들을 당황하게 할 것으로 생각된다. 그러나 동시에 그 객관성은 강한 논증력의 원천이다. 왜냐하면 객관성이란 성 토마스의 논증들이 자기 자신의 생활과는 관계없이 그 자체의 장점과 단점에서 고찰될 수 있고, 또 논증 그 자체는 객관적인 타당성에 관련된 문제이므로 '소망적 사고'(**wishful thinking**)*에 대한 고찰은 대부분 당치도 않은 것을 뜻하기 때문이다. 또 하나의 결과는 성 토마스의 철학이 성 보나벤투라의 철학에서는 거의 찾아볼 수 없는 그러한 의미에서 '근대적'인 것으로 보인다는 것이다. 성 보나벤투라의 철학은 본질적으로 중세의 일반적인 전망과 그리스도교의 영성 생활 및 전통과 결부되어 있는 것으로 보이기 쉬워서 근대의 '세속적' 철학과는 다른 차원에 있는 것처럼 보인다. 그러나 토마스 철학은 그리스도교의 영성으로부터 그리고 중세적인 전망이나 배경으로부터 대부분 분리되어서 보다 근대적인 철학 체계와 직접 겨룰 수가 있다. 누구나 알고 있는 바와 같이 토마스 사상은 되살아나 있다. 그러나 보나벤투라의 철학이 되살아날 것을 생각하기란, 철학의 개념을 바꾸지 아니하고는 다소 어려운 일이다. 그리고 되살아나는 경우라도 근대 철학자와 보나벤투라주의자는 같은 말로는 거의 이야기하지 못할 것이다.

그럼에도 불구하고 성 토마스는 여전히 그리스도교 철학자였던 것이다. 이미 말한 바와 같이 성 토마스는 아리스토텔레스를 좇아 형이상학을 존재로서의 존재에 대한 학(學)이라고 말하고 있다. 그러나 그의 사색이 구체적인 것에 집중하고 있다는 사실과 그가 그리스도교 신학자였다는 사실에서, 그는 "제 1 철학은 온전히 궁극 목적으로서의 하느님에 대한 인식을 목표로 하고 있다"든지, "하느님에 대한 인식이 모

* **wishful thinking**은 정신 분석의 한 용어로서 현실의 사실에 근거를 두지 않고 자기의 감정이나 욕구에 근거를 둔 비현실적인 사고를 가리킨다.

든 인간의 인식과 활동의 궁극 목적이다"라는 견해를 강조하기에 이르렀던 것이다.[4] 그러나 실제로 인간은 이 세상에서 자신의 자연 이성(自然理性)을 사용해서 획득할 수 있는 것보다도 하느님에 대한 더 심오하고 더 친밀한 인식을 위해서 창조되었던 것이다. 따라서 인간 이성이 이 세상에서 도달할 수 있는 것보다도 더 높은 어떤 것에까지 오르기 위해서나, 또 "이 세상의 모든 상태를 초월하는"[5] 어떤 것을 바라고 그것을 열렬히 추구하기 위해서도 계시가 실제로 필요했던 것이다. 그러므로 형이상학이 그 자체의 대상을 가지고 있고 자기 자신의 어떤 자율성을 지니고 있기는 하지만, 그것은 위를 지향하고 신학에 의해서 완성되지 않으면 안 된다. 그렇지 않을 경우 인간은 그가 창조된 목적을 이해하지 못할 것이고 더구나 그 목적을 바라고 그것을 추구하는 일도 없을 것이다. 나아가서 형이상학의 본래의 대상인 하느님은 일반적으로 형이상학자와 자연 이성의 이해를 초월하여 있고 또 이 세상에서 하느님에 대한 온전한 인식이나 직관에 이를 수 없기 때문에, 하느님에 대한 개념적인 인식은 이 세상에서는 신비주의에 의해서 완성되는 것이다. 신비 신학은 철학의 영역에 들지 않으며, 성 토마스의 철학은 신비 신학과는 관계없이 고찰될 수 있다. 그러나 성 토마스에 있어서 철학적인 인식은 충분한 것도 아니고 최종적인 것도 아니라는 것을 잊어서는 안 된다.

4) *Contra Gent.*, 3, 25.

5) 같은 책, 1, 5.

제 32 장
성 토마스 아퀴나스 2 : 철학과 신학

1. 철학과 신학의 구별

성 토마스가 교의 신학과 철학에 대해 하나의 형식적이고 명확한 구별을 했다는 것은 의심할 수 없는 사실이다. 철학과 그 밖의 인문 과학은 오로지 이성의 자연적 빛에만 의존하고 있다. 말하자면 철학자는 (물론 하느님의 자연적인 협력을 따르지만 신앙의 초자연적인 빛이 없는) 인간의 이성에 의해서 인식되는 원리들을 수용하여 인간의 추론의 결과인 결론을 논한다. 반면에 신학자는 확실히 그의 이성을 사용하기는 하지만, 권위 또는 신앙에 근거하여 자신의 원리들을 받아들인다. 이를테면 그는 그 원리들을 계시된 것으로서 받아들인다. 신학에 변증론을 도입하는 것, 즉 계시된 하나의 전제나 여러 전제들에서 시작하여 합리적으로 하나의 결론으로 논증해 가는 방식은 스콜라 신학을 발전시키기는 했으나, 신학을 철학으로 돌려 버린 것은 아니다. 왜냐하면 신학에 있어서 주어져 있는 것, 즉 원리들은 계시된 것으로서 받아들여져 있기 때문이다. 가령 신학자들은 철학에서 채용한 범주와 추론양식을 가지고 삼위 일체의 신비를 조금이라도 더 잘 이해하려고 시도할 수 있지만, 그렇다고 그들이 신학자로서의 태도를 버리는 것은 아니다. 왜냐하면 언제나 그들은 계시하는 하느님의 권위에 근거하여 하나의 본성 안에 세 위격이 있다는 교리를 받아들이고 있기 때문이다. 이는 신학자들에게 있어서 하나의 주어진 것 또는 원리이며 신앙에 근거하여 받아들여진 계시된 하나의 전제이지, 철학적인 논증 끝에 얻어지는 결론이 아니다. 나아가서 철학자는 경험의 세계에서 출발하여 이성에 의해서 피조물을 통해 알 수 있는 데까지 하느님을 논증해 가는 반면에, 신학자는 자신을 계시한 분인 하느님으로부터 출발하고 있다. 그리고 신학에 있어서의 자연적인 방법은, 철학자가 하고 있고 또 마땅히 해야 하는 일은 피조물에서 하느님에로 나아가는 것이지만, 신학에 있어서의 자연적인 방법은 오히려 하느님 그 자체에서 피조물로 나아가는 것이다.

따라서 신학과 철학의 근본적인 차이는 신학자가 자신의 원리를 계시된 것으로서 받아들이고, 다루고 있는 대상을 계시된 것이거나 계시된 것에서 연역될 수 있는 것으로 고찰하는 반면에, 철학자는 자신의 원리를 이성에 의해서만 이해하고, 자신이 다루고 있는 대상을 계시된 것으로서가 아니라 이성의 자연적 빛에 의해서 이해할 수 있고, 또 이해된 것으로 고찰하고 있다는 사실에 있다. 달리 말하면 신학과 철학의 근본적인 차이는 구체적으로 생각된 대상들의 차이에 있는 것이 아니다. 어떤 진리, 예컨대 삼위 일체의 신비와 같은 것은 이성에 의해서는 인식될 수 없고, 오직 계시에 의해서만 알 수 있으므로 신학의 고유한 것인 반면에, 그 외의 다른 진리는 오로지 계시되어 있지 않다는 의미에서만 철학의 고유한 진리이다. 그러나 어떤 진리들은 그것들이 계시되기는 했지만, 동시에 이성에 의해서도 확정될 수 있다는 이유에서 신학과 철학 그 어느 쪽에도 공통되는 진리일 수 있다. 이러한 공통 진리가 있기 때문에 신학과 철학이 제각기 다른 진리를 고찰한다는 이유로 그 양자의 학문이 본질적으로 다르다고 말할 수는 없다. 어떤 경우에는 신학자와 철학자가 같은 진리들을 고찰하지만, 다른 방법으로 고찰하고 있다. 즉 같은 진리를 신학자는 계시된 것으로 생각하고 철학자는 인간의 추론 과정의 결과로 생각하고 있다. 예컨대 철학자는 하느님을 창조자로서 논하고, 신학자도 하느님을 창조자로서 다루고 있다. 그러나 철학자의 경우 창조자로서의 하느님에 대한 인식은 순전히 이성적인 논증의 결론으로서 생겨나지만, 신학자는 하느님이 창조자라는 사실을 계시에 의해서 받아들이고 있다. 따라서 이는 신학자에게 있어서 결론이라기보다는 하나의 전제이며, 이 전제는 가정된 것이 아니라 계시된 것이다. 이를 전문적인 용어로 말한다면, 신학의 진리와 철학의 진리와의 차이를 이루고 있는 것은 **일차적으로** '질료적으로' 고찰되거나 그 내용에 따라서 고찰된 진리의 차이가 아니라, 오히려 '형상적으로' 고찰된 진리의 차이이다. 말하자면 동일한 진리가 신학자나 철학자에 의해서 말해지고 있지만, 그것에 대한 도달과 고찰의 방법은 신학자와 철학자에 있어서 다르다. 〈인식의 근거의 차이는 학문의 차이를 유발한다.〉… "그러므로 자연 이성의 빛에 의해서 인식될 수 있는 한에서 철학적인 학문이 다루고 있는 그 같은 대상을, 하느님의 계시의 빛에 의해서 인식하는 다른 학문이 취급해서 안 될 이유는 없다. 따라서 성교(聖敎)에 속하는 신학은 철학의 일부인 신학과는 종류를 달리하고 있다."[1] 교의 신학과 자연 신학 사이에 중복되는 부분이 있기는 하지만, 그 양자는 서로 종류를 달리하고 있다.

2. 계시의 실질적인 필요성

성 토마스에 의하면 철학의 거의 전부가 하느님의 인식을 지향하고 있다. 적어도 매우 많은 철학 연구가 하느님을 다루고 있는 형이상학의 한 분야인 자연 신학을 전제하고, 이를 요구하고 있다는 의미에서 그러하다. 그는 자연 신학은 배워야 할 철학의 마지막 부분이라고 말하고 있다.[2] 이렇게 말했다고 해서 토마스주의 철학의 설명을 자연 신학에서 시작해야 한다는 것은 아니다. 어쨌든 내가 지적하고 싶은 점은 성 토마스는 자연 신학을 정확하게 이해하려면 많은 예비적인 연구와 성찰이 필요하다고 생각하고 있으며, 하느님이 인간의 목적이라면 계시는 실질적으로 필요하다는 것을 주장하고 있다는 것이다. 왜냐하면 자연 신학은 보통 사람들이 그것에 바치려는 것 이상의 성찰과 연구와 능력을 필요로 할 뿐만 아니라, 나아가서 비록 진리가 발견되었을 경우라도 그 진리는 흔히 오류에 의해서 더럽혀져 있다는 것을 역사는 보여주고 있기 때문이다. 가령 이교의 철학자들은 하느님의 존재를 확실히 알아내기는 했으나, 그들의 사색에는 흔히 오류가 포함되어 있어서 하느님의 유일성을 올바로 이해하지 못하거나 하느님의 섭리를 부정하거나 또는 하느님이 창조자라는 것을 이해하지 못하고 있다. 만일 이것이 천문학이나 자연 과학의 문제에 불과하다면, 오류는 그다지 문제가 되지 않을 것이다. 왜냐하면 비록 사람이 천문학적이거나 과학적인 문제에 대해서 잘못된 의견을 주장한다고 할지라도, 인간으로서의 그의 목적을 충분히 달성할 수가 있기 때문이다. 그러나 하느님 자신은 인간의 목적이며, 인간이 그 목적을 향해서 올바로 나아가기 위해서는 하느님을 안다는 것이 매우 중요한 일이다. 따라서 하느님에 관

1) *S.T.*, Ia, 1, 1, *ad* 2.

2) *Contra Gent*, 1, 4.

한 진리는 매우 중요한 반면에, 하느님에 관한 오류는 매우 불행한 일이다. 그러므로 하느님이 인간의 목적이라고 한다면, 인생에 있어서 그토록 중요한 진리를 발견하는 일이 단순히 이를 발견할 능력과 열의와 여유를 지니고 있는 사람들의 단독적인 노력에 맡겨져서는 안 된다는 것과 이 진리들이 마땅히 계시되어야 한다는 것은 실제로 필요하다는 것을 우리는 알 수 있다.[3)]

3. 동일한 대상에 대한 동일한 정신에 있어서의 신앙과 학문의 상반성

동일한 인간이 동일한 진리를 동시에 믿고(신앙에 의해서 권위에 근거하여 받아들이고) 또 안다는(이론적인 논증의 결과로서) 것이 가능한가 하는 의문이 곧 일어난다. 예컨대 하느님의 존재가 한 철학자에 의해서 증명되었다고 한다면, 그는 동시에 그것을 신앙에 의해서 믿을 수가 있을까? 성 토마스는 《진리론》에서[4)] 하나의 대상에 관해서 신앙과 지식이 동시에 있을 수는 없으며 동일한 진리가 동일한 인간에 의해서 학문적으로(철학적으로) 인식되는 동시에 믿어지는(신앙에 의해서) 것은 불가능하다고 우회적으로 대답하고 있다. 만약 이것이 불가능하다고 가정할 경우, 하느님의 유일성을 증명한 사람은 신앙에 의해서 그 같은 진리를 믿을 수는 없는 것처럼 보인다. 그래서 이러한 사람이 그러한 신조(信條)에 동의할 수 없다고는 생각되지 않도록 하기 위해서, 성 토마스는 하느님의 유일성과 같은 진리는 정확히 말하여 신조가 아니라 오히려 〈신조를 선행하는 것〉(**praeambula ad articulos**)이라고 말할 수밖에 없었다.[5)] 그러나 철학적인 논증을 이해할 수 없거나 이를 생각할 여유가 없는 사람에게는 이러한 진리가 신앙의 대상으로 받아들여지기에 아무런 지장이 없다고 그는 덧붙여 말하고 있다.[6)] 그리고 또 그는 그러한 진리가 신앙에 맡겨지는 것이 적당하고 어울린다는 의견을 내세우고 있다.[7)] 그는 그 논증을 이해하기는 하지만, 그것을 따르지 않거나 지금은 그것을 전혀 생각하지 않는 사람이 하느님의 유일성을 믿을 수 있는가 하는 문제에 대해서는 분명하게 대답하지 않았다.

---

3) *S.T.*, Ia, 1, 1 ; *Contra Gent.*, 1, 4 참조.
4) 14, 9.
5) *S.T.*, Ia, 2, 2, *ad* 1 ; *De Verit.*, 14, 9, *ad* 9.
6) *S.T.*, Ia, 2, 2, *ad* 1.
7) *Contra Gent.*, 1, 4.

사도 신경의 첫 구절(〈나는 하나이신 하느님을 믿나이다〉)에 관해서 — 하느님의 유일성에 대한 그 신앙은 모든 사람들에게 요구된다는 것을 의미하는 것으로 생각되지만 — 토마스는 자신의 전제에 근거하여, 하느님의 유일성은 여기서 그 자체만으로 이해될 것이 아니라 그것에 따르는 것과 함께, 즉 세 위격에 있어서의 본성의 유일성으로서 이해되어야 한다는 것을 말했어야 할 것이다.

이 문제를 더 깊이 파고들어서, 배움이 없는 자가 어떤 종류의 신앙을 가지고 철학자에 의해서 (논증적으로) 인식된 진리를 믿을 것인가를 여기서 논하는 것은 적당하지 않다. 그것은 이 문제가 하나의 신학적인 문제일 뿐만 아니라, 성 토마스가 명확하게 논하고 있는 문제가 아니기 때문이다. 적어도 이 문제를 언급할 경우에 중요한 점은, 성 토마스가 철학과 신학의 실제적인 구별을 하고 있다는 사실을 예를 들어 설명하는 일이다. 덧붙여 말한다면 '철학자'에 대해서 말한다고 해서 신학자들을 제외하는 것으로 이해해서는 안 된다. 스콜라 학자의 대부분은 신학자이면서 철학자이기도 했다. 그리고 성 토마스는 사람을 구별하기보다는 오히려 학문을 구별하고 있다. 성 토마스가 이를 진지하게 구별했다는 것은 세계의 영원성 문제(다음에 이 점을 다시 언급하겠지만)에 대한 그의 태도에서도 알 수 있다. 그는 세계가 창조되었다는 것이 증명될 수 있다고 생각했으나, 비록 세계가 영원으로부터 창조되었다는 것을 제시하기 위해서 인용한 증명을 이성이 거부할 수 있을지라도, 세계가 영원으로부터 창조되지 않았다는 것을 이성이 증명할 수 있을 것으로는 생각하지 않았다. 또 한편 우리는 세계가 영원으로부터 창조된 것이 아니라, 언젠가 시작을 가졌었다는 것을 계시에 의해서 알고 있다. 달리 말하면, 신학자는 세계가 영원으로부터 창조된 것이 아니라는 것을 계시에 의해서 알고 있지만, 철학자는 이를 증명할 수 없으며, 아니 오히려 이를 증명한다고 제출된 적이 있는 어떠한 논증도 결정적인 것이 못된다. 이 구별은 분명히 철학과 신학이라는 두 학문의 실제적인 구별을 전제하거나 포함하고 있다.

4. 자연적 목적과 초자연적 목적

성 아우구스티누스는 인간을 초자연적인 목적에 부르심을 받고 있는 것으로 고찰하고 있는 반면에, 성 토마스는 신학자가 고찰한다는 초자연적인 목적과 철학자가 고찰한다는 자연적인 목적을 구별하고 있다는 점에서 그 양자는 서로 다르다고 흔히 말하고 있다. 그런데 성 토마스가 그 두 목적을 구별하고 있는 것은 아주 확실하다. 그는 《진리론》[8]에서 철학자에 의해서 고찰된 것으로서 궁극적인 선과 신학자에 의해서 고찰된 것으로서의 궁극적인 선은 다르다고 말하고 있다. 왜냐하면 철학자는 인간 능력에 상응하는 궁극적인 선을 고찰하고 있는 반면에, 신학자는 궁극적인 목적으로서 자연의 능력을 초월하는 것, 즉 영원한 생명을 — 물론 그는 이를 단순한 존속이 아니라 하느님의 직관으로 생각하고 있다 — 고찰하고 있기 때문이다. 이 구별은 매우 중요하여 도덕이나 정치학에 영향을 미친다. 즉 도덕에 있어서 그것은 자연적 덕과 초자연적 덕을 구별하는 바탕이며, 정치학에 있어서 그것은 교회와 국가의 목적을 구별하는 기초이며, 그 두 사회 사이에 있어야 할 관계를 규정한다. 그러나 그것은 서로 배타적인 두 개의 질서, 즉 초자연적인 질서와 '순수 자연'의 질서에 해당하는 두 개의 목적 사이의 구별이 아니라, 동일한 구체적인 인간 존재에 있어서의 인식과 행위의 두 질서 사이의 구별인 것이다. 그 구체적인 인간 존재는 하느님에 의해서 초자연적인 목적과 완전한 행복을 위해서 창조되었으며, 이 행복은 내세에서 하느님의 직관에 의해 비로소 달성되는 것으로서 인간 자신의 자연적인 능력 단독으로는 얻어질 수 없는 것이다. 그러나 인간은 자신의 자연적인 능력을 사용하여 피조물을 통한 하느님의 철학적인 인식에 이르고 자연적인 덕을 달성하고 실천함으로써 현세에 있어서 불완전한 행복에 이를 수 있다.[9] 분명 이 두 목적은 서로 배타적인 것은 아니다. 왜냐하면 인간은 초자연적인 목적에 이르는 길에서 벗어나지 않고도 자신의 자연적인 목적이 이루어지는 그 불완전한 행복에 이를 수 있기 때문이다. 인간의 자연적 목적인 그 불완전한 행복이 인간의 본성이나 인간의 능력에 어울리기는 하지만, 인간은 본래 초자연적인 궁극 목적을 위해서 창조되어 있기 때문에 그 자연적인 목적은, 성 토마스가 《대이교도 대전》에서[10] 논하고 있듯이, 인간을 만족시킬 수는 없는 것이다. 따라서 이 자연적인 목적은 불완전하여 그 자체를 초월하는 것을 지향하고 있다.

8) 14, 3.

9) *In Boethium de Trinitate,* 6, 4, 5 ; *In 1 Sent., prol.,* 1, 1 ; *De Veritate,* 14, 2 ; *S.T.,* Ia, IIae, 5, 5 참조.

10) 3, 27 이하.

이는 신학과 철학의 관계에 대한 문제에 어떠한 영향을 미치고 있을까? 이 문제는 다음과 같은 방식일 것이다. 인간은 초자연적인 지복(至福)을 하나의 궁극적인 목적으로 하고 있다. 그러나 단순한 인간 본성의 능력을 초월하는 이 목적은 비록 인간이 그것에 이르도록 창조되어 있고 또 은총에 의해서 그것에 도달할 능력이 주어져 있을지라도 자연 이성에 의해서는 알 수 없고, 따라서 철학자에 의해서는 예측조차 할 수 없다. 말하자면 그 목적에 대한 고찰은 신학자에만 한정되어 있는 것이다. 또 한편으로 인간은 자신의 자연적인 능력을 행사하여 이 세상에서의 불완전하고 한정된 자연적인 행복에 이를 수 있다. 그리고 이 목적과 여기에 이르는 수단은 철학자에 의해서 찾아질 수 있다. 왜냐하면 철학자는 피조물을 통해서 하느님의 존재를 증명할 수 있고, 하느님에 대한 어떤 유비적(類比的)인 인식을 얻을 수 있으며, 자연적인 덕과 그 덕에 이르는 수단들을 규정할 수 있기 때문이다. 따라서 철학자는 인간 이성에 의해서, 이를테면 오로지 불완전하고 불충분하고 알아낼 수 있는 한에서 그 목적을 고찰한다고 말할 수 있다. 그러나 신학자와 철학자가 구체적인 인간을 고찰하고 있다는 것은 마찬가지이다. 다만 그 차이를 말한다면, 철학자는 인간 본성 자체를 통찰하고 고찰할 수는 있어도, 인간 안에 있는 모든 것을 알아낼 수는 없고 인간의 초자연적인 소명을 찾아낼 수는 없는 것이다. 따라서 인간은 자신의 본성이 지니는 능력을 초월한 목적을 위해서 창조되었다는 바로 그 이유에서 철학자는 인간의 소명을 찾아내는 데에 부분적인 역할만을 할 수 있을 뿐이다. 그러므로 성 토마스에 있어서 철학자는 인간의 순수한 자연적인 상태만을 가정하여, 즉 인간이 초자연적인 목적으로의 부르심(소명)을 결코 받지 않았다고 생각한다는 것은 옳은 말이 아니다. 말하자면 철학자는 구체적인 인간을 고찰하기는 하지만, 그 인간에 대해서 구체적으로(소상하게) 인식될 수 있는 모든 것을 알 수 있는 것은 아니다. 성 토마스가 하느님이 〈순수 자연적인 상태〉[11]의 인간을 창조할 수 있었을까 하는 문제를 제기할 때, 그는 단지 하느님은 성화(聖化)의 은총이 없는 인간(이러한 가정에서일지라도 인간은 초자연적인 목적을 위해서 창조되었다)을 창조할 수가 있었을까, 즉 하느님은 인간을 그의 목적에 이르는 수단도 없이 먼저 창조하고 그 후에 그 수단을 줄 수 있었을까 하고 묻고 있을 뿐이다. 이를테면 후의 저작자들이

---

11) *In 2 Sent.*, 29, 1, 2; 같은 책, 29, 2, 3; *S.T.*, Ia, 95, 1, 4; *Quodlibet*, 1, 8.

마치 성 토마스가 그렇게 한 것처럼 해석하고 있듯이, 하느님은 인간에게 순전히 자연적인 궁극 목적을 줄 수 있었는가를 그가 문제로 하고 있는 것은 아니다. 따라서 그 자체에서 고찰된 순수 자연의 상태라는 관념이 어떠한 가치를 지니고 있을지라도(나는 이 점에 대해서는 논하고 싶지 않다), 그것은 성 토마스의 철학의 개념에 있어서 어떤 역할도 하지 않는다. 결국 그가 성 아우구스티누스보다도 더 명확하게 철학과 신학 그 두 학문의 영역을 규정했다고 할지라도, 때때로 주장되어 온 것만큼 그가 성 아우구스티누스와 다른 것은 아니다. 그가 이루었던 것은 아우구스티누스의 사상을 아리스토텔레스 철학의 용어로 표현하는 것이었다. 그래서 그는 자연적인 목적이라는 개념을 사용하지 않을 수 없었지만, 그는 이 개념을 아우구스티누스와는 전혀 다른 철학에서 출발했다고 말할 수 없게끔 해석했던 것이다.

실제로 순수한 자연의 상태라는 관념은 카예타누스(Cajetanus)에 의해서 토마스 사상에 도입된 것으로 생각된다. 이 관념을 스스로 채용했던 수아레즈(Francisco de Suárez, 1548 년～1617 년)는, "카예타누스와 최근의 많은 신학자들은 제 3 의 상태를 생각하여 이를 순수 자연적인 것이라고 불렀다. 이 상태는 실제로는 존재하지 않지만 가능적인 것으로 생각될 수 있는 것이다"고[12] 평하고 있다. 소토(Dominicus Soto)는[13] 이를 성 토마스의 정신에 대한 왜곡이라고 말하고 있는데 반해, 톨레투스(Toletus)는[14] 우리 안에는 하느님의 직관에 대한 자연적인 욕구와 욕망이 있다는 스코투스의 견해가 성 토마스의 견해이기도 한 것으로 보이는데 카예타누스의 견해와는 대립한다고 말하고 있다.

5. 성 토마스와 성 보나벤투라

성 토마스는 철학자가 계시에 의지하지 않고서 참다운 형이상학적 체계를 수립하는 것이 이론적으로는 가능하다고 생각했다. 그러나, 그러한 체계는 반드시 불완전하고 부적합하고 불충분하다고 할 수 있다. 왜냐하면 형이상학자는 본래 진리 자체, 즉 모든 진리의 원리인 하느님에 관계하고 있으므로 인간이 자신의 궁극 목적에 이르려고 할 경우,

---

12) *De Gratia, Prolegom.*, 4, c. 1, n. 2. 13) *In 4 Sent.*, 49, 2, 1 ; p. 903, 1613 판.
14) *In Summam Sancti Thomae*, Ia, 1, 1, t. 1, pp. 17～19, 1869 판.

인간에게 필요한 진리 자체, 즉 하느님에 대한 모든 지식을 인간의 이성적 탐구만으로는 알아 낼 수 없기 때문이다. 단지 철학자에 불과한 자는 인간의 초자연적인 목적에 대해서나 그 목적에 이르는 초자연적인 수단에 대해서는 아무 것도 언급할 수가 없다. 그리고 이러한 것에 대한 지식은 인간의 구원을 위해서 요구되는 것이므로 이에 대한 철학적인 지식이 불충분함은 명백하다. 또, 한편 이러한 지식이 불완전하고 불충분하다고 하여 그것이 반드시 허위라는 것은 아니다. 삼위 일체에 대해서 아무것도 말할 수 없다거나 알지 못한다는 사실로 인하여 하느님이 한 분이라는 진리가 손상되는 것은 아니다. 이를테면 뒤따르는 진리가 첫째의 진리를 완성하지만, 그 첫째의 진리는 그것만이 취급될지라도 허위는 아니다. 만일 철학자가 하느님은 한 분이라고 말하면서 삼위 일체에 대해서는—그것에 관한 생각이 들어오지 않기 때문에—말하지 않는다고 할지라도, 또는 그가 삼위 일체의 교리는 알지만 그것을 스스로 믿지 아니하고 단지 하느님은 한 분이라고 말하는 것으로 만족하고 있을지라도, 그리고 더 나아가 그가 자신이 잘못 알고 있는 삼위성이 하느님의 유일성(일체성)에 모순된다는 견해를 나타낼지라도, 하느님은 본성적으로 한 분(일체)이라는 진술이 옳다는 것은 변함이 없다. 물론 철학자가 절대적으로 하느님은 하나의 위격이라고 말한다면, 그는 거짓을 말하고 있는 것이다. 그러나 그가 하느님은 하나의 위격이라고는 말하지 않고, 하느님은 하나이며 위격을 지니고 있다고 말한다면, 그는 진리를 말하고 있는 것이다. 철학자가 하느님이 위격적이라고 말하는 것만으로 멈출 것 같지는 않지만, 그것은 적어도 이론적으로는 가능한 일이다. 만일 인간 지성 자체를 비난하려고 하지 않거나 적어도 그 지성에 진정한 형이상학의 발견을 금지하려고 하지 않는다면, 만족스러운 형이상학의 확립은 이교의 철학자에 있어서도 이론적으로는 가능하다는 것을 인정하지 않을 수 없다. 성 보나벤투라가 아리스토텔레스를 형이상학자의 지위에서 제외시켰다는 점에 있어서, 성 토마스는 그를 전혀 따르지 않았다. 오히려 그와는 반대로 성 토마스가 보기에 아리스토텔레스는 〈뛰어난〉 철학자이며, 하느님의 신앙없이 작용하는 인간 정신의 지적 능력을 바로 체현한 사람이었다. 그리고 토마스는 할 수 있는 데까지 아리스토텔레스를 가장 '관대한' 의미에서, 즉 그리스도교적인 계시와 가장 일치하는 의미에서 해석하려고 노력했다.

만일 철학에 대한 성 토마스의 태도에서 이 측면만을 강조한다면, 토마스주의자가 근대 철학에 대해서 일관적으로 적대적이며 논쟁적인 태도를 취하는 것은 옳지 않다고 생각될 것이다. 또 만일 보나벤투라의 입장을 취하여 형이상학자는 신앙의 빛에 의해서(물론 자신의 철학적인 증명의 근거를 신학적인 전제에 두지 않을지라도) 철학적 사색을 하지 않을 경우에는 진리에 이를 수 없다고 주장한다면, 초자연적인 것을 거부하거나 종교를 이성의 영역에만 한정시키는 철학자는 바른 길에서 벗어나고 말 것이다. 그러나 만일 이교의 철학자일지라도 다소 만족스러운 하나의 형이상학을 형성할 수 있다는 것을 인정하려고 한다면, 수세기를 통한 인간의 철저한 사색에서 아무런 진리도 나타나지 않는다고 생각하는 것은 부당하다. 토마스주의자는 근대 철학자의 저서에서 참신한 지적 조명을 발견할 것으로 기대하는 것이 마땅할 것이며, 〈처음부터〉 회의, 거리낌, 심지어 적개심에 의해서보다는 오히려 호의와 기대를 가지고 그들에게 접근하는 것이 마땅하다고 생각된다.

또 한편 이교의 철학자, 특히 아리스토텔레스에 대한 성 토마스의 태도가 그것에 대한 성 보나벤투라의 태도와는 다르다고 할지라도, 그들이 지니는 견해의 차이를 과장하는 것은 옳은 일이 아니다. 이미 말했듯이 성 토마스는, 이성에 의해서 발견될 수 있는 하느님에 관한 진리일지라도 인간의 신앙에 맡겨지는 것이 마땅하다는 이유를 들고 있다. 그가 제시하는 몇몇 이유는 내가 논하고 있는 그 특수한 점과는 실제로 관계되지 않는다. 예컨대 많은 사람들은 일상 생활을 꾸려가는 데 바빠서 형이상학적인 성찰의 능력을 가지고 있을지라도, 확실히 그러한 성찰을 할 여유가 없다. 그러므로 그들의 인생에 있어서 중요한 형이상학적인 진리는 그들의 신앙에 맡겨지는 것이 바람직하다. 그렇지 않으면 그들은 그 진리를 전혀 알지 못할 것이다.[15] 이는 마치 아메리카가 있다는 다른 사람들의 증언을 인정하지 않는다면, 대부분의 우리들은 스스로 아메리카를 발견할 시간이나 능력도 없으므로 그 사실을 전혀 알 수 없는 것과 마찬가지이다. 형이상학적인 사고가 어려워서 오랜 주의와 집중력을 요구하는 경우와 또 한편 성 토마스가 지적하듯이 '어떤 사람들'은 게으르다는 경우를 제외한다면, 형이상학적인 성찰을 위한 시간과 능력을 가지고 있는 사람들이 반드시 잘못된 결론을 도출할 것이라고는 말할 수는 없다. 그러나 주의해야 할 점은,[16] 판담함에

15) *Contra Gent.*, 1, 4.

16) 같은 책, 같은 곳.

있어서 우리 지성의 취약성과 상상 작용의 개입 때문에 일반적으로 인간 정신에 의한 결론 중에 허위가 진리와 함께 섞여 있다는 사실이다. 참으로 논증되었다는 결론 가운데는 아직 논증되어 있지 않거나, 논증이라는 이름으로 통하는 개연적이며 궤변적인 추론에 의해서 주장되고 있는 잘못된 결론이 때때로 포함되어 있다. 그 결과 실제적으로는 확실하고 틀림없는 결론일지라도 많은 사람들로부터 전면적으로 받아들여지지는 않을 것이다. 특히 그러한 경우 사람들은 참으로 논증되어 있는 학설과 단순히 개연적이거나 궤변적인 논증에 근거하고 있는 논증을 스스로 구별하지도 못할 뿐만 아니라 철학자들은 서로 다른 학설을 말하게 된다. 그와 마찬가지로 《신학 대전》에서 성 토마스는, 하느님에 관한 진리는 오랜 기간을 거쳐서 그것도 '많은 오류와 뒤섞인' 상태에서 소수의 사람들에 의해서만 인간 이성에 의해서 획득된다고 말하고 있다.[17] 성 토마스가, 권위있게 받아들여지기 위해서는 하느님에 대해서 논증할 수 있는 진리조차도 신앙의 대상으로서 제시되는 것이 바람직하다고 말하고 있는 것은, 실은 사변적인 형이상학 자체의 불완전성보다도 오히려 많은 사람들의 실제적인 요구 때문이라는 것을 강조하고 있다. 그러나 그는 결론으로의 성급한 비약이나 정념, 감정, 상상 작용의 영향으로 말미암아 오류가 때때로 진리와 뒤섞인다는 것을 인정하고 있다. 성 토마스 자신은 이러한 생각을 아리스토텔레스에 관해서는 일관적으로 적용하지 않았던 것으로 보이며, 그래서 그리스도교의 교리와 가장 잘 어울렸다는 뜻에서 아리스토텔레스를 해석하기가 또한 쉬웠던 것이다. 그렇지만 인간 지성이 근본적으로 타락하지는 않았으나 현재의 상태에서는 연약하다는 것을 그가 이론적으로 인정하고 있는 것은 변함없는 사실이다. 따라서 이교의 철학자가 '만족할 만한' 형이상학을 수립하는 것 — 사실은 구체적으로 아리스토텔레스의 경우가 그러하지만 — 은 이론적으로 가능하다는 것을 인정하는 점에서, 그리고 형이상학의 불완전성이 형이상학 체계를 손상한다는 것을 인정하지 않는다는 점에서 그는 성 보나벤투라와는 다르지만, 그는 또한 다른 무엇에도 의존하지 않는 형이상학 체계는 오류를 포함할 수 있다는 것을 인정하고 있다.

그 두 사람의 이론적인 견해는 아리스토텔레스에 대한 태도 여하에

17) *S.T.*, Ia, 1, 1, *in corpore.*

따라서 크게 결정된다고 생각해도 그다지 이상할 것은 없다. 물론 이것은 본말이 전도된 생각이라고 반론될지도 모르겠으나, 그들이 살고 저술했던 현실적인 상황을 생각한다면 더욱 당연하게 생각될 것이다. 전혀 그리스도교로부터 힘입은 바없이, 단지 라틴 그리스도교의 세계는 아베로에스와 같은 열렬한 신자들에 의해서 인간적인 예지의 최종적인 표현인 위대한 철학 체계를 처음으로 알게 되었던 것이다. 아리스토텔레스의 위대함, 그의 체계의 심오함과 포용성은 13 세기의 어떠한 그리스도교 철학자에 의해서도 무시될 수 없는 요소였으나, 사람들은 이를 여러 가지의 방법으로 알게 되고 다루어 왔던 것이다. 아베로에스가 설명했듯이, 아리스토텔레스 철학은 한편으로는 몇 가지의 매우 중요한 점에서 그리스도교의 교리와 충돌하였으며, 이 점에서 아리스토텔레스의 형이상학에 대해서 거부하는 적대적인 태도를 취할 수도 있었던 것이다. 그러나 이러한 태도를 취할 경우, 성 보나벤투라가 그랬던 것처럼 우리도, 아리스토텔레스의 체계는 철학적인 진리를 주장하기는 했지만 하느님은 자연적 논리를 무효화시킬 수 있으므로 철학에 있어서의 진리인 것은 신학에 있어서는 진리가 아닐 수도 있다거나, 또는 아리스토텔레스는 자신의 형이상학에 있어서 길을 잘못 들었다고 말하지 않으면 안 되었다. 성 보나벤투라는 이 두번째의 길을 택했다. 그러나 보나벤투라가 보기에, 어째서 고대 세계 최대의 체계가인 아리스토텔레스가 길을 잘못 들었을까? 어떠한 것에도 의존하지 않는 철학은 바로 독자적이기 때문에 중요한 점에 있어서는 길을 잘못 들 수 밖에 없음이 명백하기 때문이다. 말하자면, 철학자가 계시에 대해서 자신의 철학을 개방할 수 있게 되는 것은 오로지 그리스도교적인 신앙의 빛에서이므로, 완전하고 만족스러운 철학 체계와 같은 것을 수립할 수 있는 것도 오로지 그리스도교적인 신앙에서만 가능하다. 철학자는 그 빛을 갖지 않을지라도 철학을 마무리짓고 완성시킬 것이다. 그리고 비록 그가 철학을 마무리짓고 완성시킬지라도 그 철학은 적어도 부분적으로는, 특히 하느님과 인간의 목적을 취급하는 가장 중요한 그 부분에 대해서는 효력이 없을 것이다. 또 다른 한편으로 그 아리스토텔레스의 체계 안에 진리의 표현을 위한 도구와 하느님의 진리를 신학과 철학에서 융합하기 위한 훌륭한 도구가 있음을 안다면, 아베로에스와 다른 사람들에 의한 아리스토텔레스 해석에서 볼 때, 아리스토텔레스 측에도 오류가 있을 수 있음을 고려하고 해명해야 할지라도 형이상학적인 진리에 이르는 능력을 그 이교의 철학자에도 인정하지 않으면 안 될 것이다. 이 길이 바로 성 토마스가 취했던 길이다.

6. '개혁자'로서의 성 토마스

훨씬 후대에 와서 13세기를 돌이켜 보았을 경우, 성 토마스가 하나의 개혁자였으며 그가 아리스토텔레스 철학을 채용한 일이 과연 대담하고 '근대적'이었다는 사실이 반드시 인정되는 것은 아니다. 성 토마스는 영향력과 중요성이 점차 커가고 있는 하나의 체계에 직면했었다. 그 체계는 많은 측면에서 그리스도교의 전통과 모순되는 것처럼 생각되었으나, 그 체계의 위엄성과 명확한 일관성 그리고 포괄성으로 말미암아 많은 학생들과 스승들, 특히 파리 대학의 인문학부에 있는 사람들의 마음을 사로잡았던 것은 당연했다. 아퀴나스가 용감하게 자기 자신의 체계를 수립함에 있어서 아리스토텔레스 철학을 이용했다는 것은, 개혁 반대주의자의 행동과는 너무나 다른 것이었다. 다르기는커녕 오히려 그것은 극히 '근대적'이었으며, 스콜라 철학의 장래를 위해서나 철학사 전반에 있어서도 실로 극히 중요한 것이었다. 중세 후기와 르네상스 시대에 있어서의 어떤 스콜라 철학자들은 아리스토텔레스의 모든 〈언명〉(dicta), 심지어 과학적인 문제에 대해서도 개혁 반대주의자들처럼 집요하게 아리스토텔레스 철학을 믿지 않게 되었으나, 이는 성 토마스와는 관계없는 것이다. 명백한 것은 그들이 성 토마스의 정신에 충실하지 않았다는 사실이다. 어쨌든 성 토마스는 눈 앞에 주어진 도구를 이용함으로써 그리스도교 사상에 더할 수 없는 공헌을 했다. 그리고 그가 그리스도교의 입장에서 볼 때 가장 바람직한 의미에서 아리스토텔레스를 해석했다는 것은 당연했다. 왜냐하면 중요한 것은, 만일 그의 계획이 성공했다고 한다면, 아리스토텔레스와 아베로에스와는 운명을 함께하지 않았다는 것을 보여주기 때문이다. 나아가서 성 토마스가 정확한 해석 능력을 가지고 있지 않았다고 말하는 것은 옳지 않다. 그의 아리스토텔레스 해석에 대한 의견이 전면적으로 일치하지 않을지 모르나, 당시 상황과 그가 입수할 수 있는 당시의 역사적인 자료의 빈약함에서 본다면, 그가 그때까지의 학자들 가운데서 가장 성실하고 가장 훌륭한 아리스토텔레스 주석가였다는 것은 의심할 수 없다.

결론으로 강조해 두지 않을 수 없는 것은 성 토마스가 자신의 체계를 표현하는 수단으로서 아리스토텔레스 철학을 채용했을지라도, 그는 이교의 사상가를 따른 나머지 아우구스티누스를 버리는 그러한 아리스토텔레스의 맹목적인 숭배자는 아니었다는 점이다. 신학에 있어서 그는 당연히 아우구스티누스의 견해를 따르고 있지만, 아리스토텔레스의 철학을 수단으로 채용함으로써 아우구스티누스의 태도와는 관계없는 방법으로 신학의 교리를 체계화하고 규정하고 논리적으로 입증할 수가 있었다. 철학에 있어서는 아리스토텔레스로부터 직접 도입한 것이 많으면서도 그는 자주 아우구스티누스와 일치하는 방법으로 아리스토텔레스를 해석하고, 또는 아우구스티누스를 아리스토텔레스의 사고 양식으로 표현하고 있다. 그러나 그는 그 두 방법을 동시에 취하고 있다고 말하는 것이 더욱 정확하다고 하겠다. 예컨대 하느님의 인식이나 섭리를 취급하는 경우, 그는 적어도 세계에 대한 하느님의 인식을 배제하지 않는 의미로 아리스토텔레스의 신론(神論)을 해석하고 있으며, 또 하느님의 이데아를 취급하는 경우에 그는 플라톤이 이데아를 구체적인 사물과 지성에서 독립시킨 것을 아리스토텔레스가 비난했다는 사실을 말하고 있으나, 그 말에는 만일 플라톤이 하느님의 정신 안에 이데아를 두었다면 아리스토텔레스가 그를 비난하지는 않았을 것이라는 의미가 암시되어 있다. 이는 물론 신학적인 견지에서 볼 때 보다 좋은 방향으로 아리스토텔레스를 해석하는 일이다. 그리고 이 해석이 아리스토텔레스와 아우구스티누스를 보다 친밀하게 접근시키는 데는 도움이 되겠지만, 이것이 하느님의 인식에 관한 아리스토텔레스의 실제적인 이론을 나타내고 있다고는 말하지 못할 것이다. 어쨌든 아리스토텔레스에 대한 성 토마스의 관계는 뒤에 가서 말하기로 하겠다.

제 33 장
성 토마스 아퀴나스 3 : 피조물의 원리

1. 구체적인 존재자로부터 시작하는 이유

그 책의 이름이 지적하고 있듯이 신학의 개요인《신학 대전》에 있어서 성 토마스가 취급하고 있는 최초의 철학적인 문제는 하느님의 존재 문제이며, 그 뒤를 이어서 하느님의 본성(Nature)과 위격(Persons)을 고찰하고, 계속하여 창조의 문제로 나아가고 있다. 철학적인 논문과 비슷한《대이교도 대전》(이것도 삼위 일체와 강생과 같은 순전히 교의적인 주제를 다루고 있으므로 단순히 철학적인 논문이라고는 말할 수 없다)도 하느님의 존재로부터 시작하고 있다. 따라서 성 토마스 철학에 대한 설명은 하느님의 존재 증명에서 시작하는 것이 당연하다고 생각할지 모르나, 성 토마스 자신이 하느님을 논하는 부분은 그 밖의 부분보다도 뒤에 온다고 말하고 있는 사실은 별문제로 하더라도(앞장에서 말했듯이), 이 증명 자체는 어떤 기본적인 개념과 원리를 전제하고 있다. 그리고 성 토마스는 위의 그 두 전서를 저술하기 이전에, 예컨대《존재와 본질》을 썼던 것이다. 그러므로 곧바로 하느님의 존재 증명에서부터 시작하는 것은 어쨌든 자연스럽지 못할 것이다. 성 토마스의 철학을 설명하는 자연스런 방법은 위의 두 전서에서 성 토마스가 채택한 순서를 따라서 설명하는 것이라고 주장하고 있는 질송 자신도 실제로는 어떤 기본적인 관념과 원리를 고찰하는 데서 시작하고 있다. 또 한편으로는 성 토마스의 형이상학 그 전체와 그의 자연 신학에서 명확하게 또는 은연중에 전제되어 있는 관념 그 전체를 논한다는 것은 거의 불가능하다. 따라서 논의의 바탕이 되는 것을 한정할 필요가 있다.

근대 철학의 방향과 문제를 잘 알고 있는 현대 독자에게 있어서는 성 토마스의 인식론을 논하는 데서 시작하여, 그가 형이상학적인 인식의 가능성에 대해서 인식론적인 근거를 부여하고 있는지의 문제를 제기하는 것이 자연스럽게 생각될 것이다. 성 토마스는 확실히 하나의 '인식론'을 지니고 있었지만, 그는 칸트 이전에 살았으므로 그의 철학에 있어서 인식 문제는 그 후 시대에서 차지하게 되었던 그러한 위치에는 있지 않았다. 성 토마스의 철학을 설명하는 자연스러운 출발점은 유형적인 실체에 대한 고찰이라고 생각한다. 결국 성 토마스는 이 세상에 있어서 인간 지성의 직접적인 고유한 대상은 물질적인 사물들의 본질이라고 분명하게 말하고 있다. 성 토마스에 의하면, 그의 자연 신학에서 전제되어 있는 기본적인 개념과 원리들은 생득적인 것이 아니라 구체적인 대상들에 대한 우리의 경험을 성찰하여 거기서 추상함으로써 파악되는 것이다. 그러므로 무엇보다도 먼저 물질적인 실체들에 대한 고찰을 통해서 그것들의 기본적인 개념과 원리들을 밝혀 나가는 것이 합리적인 것으로 생각된다. 성 토마스의 하느님 존재 증명은 〈경험적〉(a posteriori)이다. 이를테면 그 증명은 피조물에서 하느님으로 나아가고 있다. 하느님의 존재를 밝혀 주는 것은 피조물의 본성이며, 경험의 직접적인 대상은 자족성을 결여하고 있는 것이다. 게다가 또 우리는 이성의 자연적인 빛에 의해서만 피조물과 하느님과의 관계에 대한 성찰에 의해서 얻어질 수 있는 하느님의 인식에 이를 수 있다. 바로 이 점에서도 토마스 철학에 대한 설명을 경험의 구체적인 대상들을 고찰하는 데서 시작하는 것이 '자연스러울' 것이다. 그러한 대상들을 성찰함으로써 우리는 하느님의 존재 증명을 전개할 수 있는 기본적인 원리에 이른다.

2. 질료 형상론

유형적인 실체들에 관해서 성 토마스는 처음부터 상식적인 입장을 취하고 있다. 이 입장에 의하면 다양한 실체들이 있다. 인간 정신은 감각 경험에 의존하여 사물들을 알게 된다. 그리고 그 정신이 인식하는 최초의 구체적인 대상들은 정신이 감각을 통해서 비로소 관계를 지니기 시작하는 물질적인 대상들이다. 그런데 이러한 대상에 대한 성찰은 직접 정신으로 하여금 바로 그 대상 안에 있는 것을 구별하게 하거나 오히려 그 안에 있는 구별을 찾아내게 한다. 봄에 창가에서 내다보면 푸른 잎사귀가 연하고 부드러운 너도밤나무를 보게 되지만, 가을에는 같은 너도밤나무가 똑같은 공원에 있으면서도 그 잎사귀의 색깔이 달라져 있음을 보게 된다. 그 너도밤나무는 봄이나 가을에도 실체적으로는 같은 너도밤나무이지만, 그 잎사귀의 색깔은 같은 것이 아니다. 이를테면 그 너도밤나무는 실체적으로는 변함이 없으면서도 그 색깔은 달라지고 있다. 그와 마찬가지로 조림지에 가면 새로 심은 자그마한 낙엽송을 볼 수 있다. 그러나 그 후에는 커다란 나무가 되어 있음을 보게 된다. 말하자면 크기는 달라져도 낙엽송임에는 변함이 없다. 나는 들판에 있는 소를 보지만, 그 장소와 자세, 그 위치와 동작은 수시로 달라진다. 풀을 뜯거나 되새김질을 하거나 또는 졸고 있다. 젖을 짜게 되기도 하고 비에 젖기도 하며 달리기도 한다. 그러면서도 언제나 같은 소이다. 이와 같은 것을 봄으로써 정신은 실체(**substance**)와 우유성(**accident**)을, 그리고 우유성의 여러 가지의 종류를 구별하게 된다. 그리고 성 토마스는 9개의 실체와 우유성이라는 10개 범주설을 아리스토텔레스로부터 받아들이고 있다.

지금까지의 성찰로는 우유적인 변화의 관념과 범주의 개념만을 알게 되었으나, 성찰을 계속해 나감으로써 정신은 물질적인 존재의 구성에 있어서 더 깊은 차원으로 들어가게 된다. 소가 풀을 먹을 경우, 그 풀은 이미 들판에 있었던 풀 그대로 남아 있지 않고, 동화 작용에 의해서 무언가 다른 것으로 된다. 그러나 그 풀의 존재가 단순히 없어지고 마는 것이 아니라, 그 변화의 과정에 있어서 다른 어떤 것이 남는다. 이 변화를 실체적인 변화라고 말하는 것은 단순히 그 풀의 색깔이나 크기만이 아니라, 그 풀 자체가 변화되기 때문이다. 그리고 이 실체적인 변화를 분석함으로써 정신은 두 가지의 요소를 구별하게 된다. 하나는 풀과 풀을 먹은 뒤에 이루어지는 살(육체)에 공통으로 있는 요소이며, 또 하나는 그 어떤 것을 무엇이라고 규정하는 요소, 즉 그것에 실체적인 특징을 부여하는 요소, 이를테면 처음에는 풀이 되게 하고 다음에는 소의 살(육체)이 되게 하는 요소이다. 마지막으로 우리는 반드시 직접적으로는 아니지만 적어도 간접적으로 일련의 변화를 거친 뒤에 어떤 다른 것으로 변화하고 있는 어떤 질료(물질)적인 실체를 생각할 수 있다. 이리하여 우리는 한편 **그 자체에서 생각한다면**, 어떤 일정한 실체라고는 이름할 수 없는 변화의 바탕으로 있는 기체(基體)라는 개념과 또 한편으로는 규정하는 또는 특징짓는 요소라는 개념을 가지게 된다.

첫째의 요소는 '제 1 질료', 즉 실체적 변화에 있어서 규정되지 않은(일정하지 않은) 기체이며, 둘째의 요소는 실체의 형상(形相)이다. 실체의 형상은 실체를 실체이게 하며, 실체를 하나의 특정한 종에 속하게 하여, 그 실체를 풀, 소, 산소, 수소 등으로 규정하는 것이다. 모든 물질적인 실체는 이러한 방법으로 질료(**matter**)와 형상(**form**)으로 이루어져 있다.

이리하여 성 토마스는 물질적 실체에 대한 아리스토텔레스의 질료 형상 합성설(質料形相合成說)을 받아들여 제 1 질료를 순수 가능태로, 실체적 형상을 물체의 제 1 현실태로 규정하고 있다. 이 '제 1 현실태'는 물체를 자신의 특정한 종에 속하게 하여 그 물체의 본질을 규정하는 원리를 의미한다. 제 1 질료는 물체들의 형상이 될 수 있는 모든 형상에 대해서 가능태에 있으나, 그 자체에서 생각한다면 그것은 아무런 형상도 없는 순수 가능태이다. 말하자면 그것은, 아리스토텔레스가 말했듯이, 〈어떤 무엇도 아니며 어떠한 분량이나 성질도 지니지 않으며 존재를 규정하는 다른 어떠한 것도 아니다[1]〉. 이러한 이유에서 제 1 질료는 그 자체로는 존재할 수 없다. 왜냐하면 현실태나 형상없이 현실적으로 존재하는 존재자에 대해서 말한다는 것은 모순이기 때문이다. 따라서 제 1 질료는 시간적으로 형상을 앞서 있는 것이 아니라 형상과 함께 창조되는 것이다.[2] 이리하여 성 토마스는 구체적인 실체, 즉 질료와 형상에서 이루어지는 개별적인 합성체만이 물질적인 세계에 현실적으로 존재한다는 사실을 아주 분명히하고 있다. 그는 보편자가 개체를 떠나서 따로 존재한다는 것을 부정하는 점(이 명제에 대해서는 하나의 단서가 있지 않으면 안 된다는 것을 곧 보게 되겠지만)에서 아리스토텔레스와 일치하고 있지만, 형상은 개별화되지 않으면 안 된다고 주장하는 점에서도 아리스토텔레스를 따르고 있다. 형상은 보편적인 요소이며 하나의 대상을 그 유(類)나 그 종에 속하게 함으로써 그 대상을 말(馬)이나 느릅나무 그리고 쇠(鉄)가 되게 한다. 그러므로 형상이 이러한 개별적인 실체의 형상으로 되기 위해서는 개별화되지 않으면 안 되는 것이다. 그러면 개별화의 원리는 무엇인가? 그것은 질료일 수밖에 없다. 그러나 질료 그 자체는 순수한 가능태이기 때문에, 그것은 형상을 개별화하기 위해서 필요한 규정성을 가지고 있지 않다. 분량과 같은 그러한 우유적인 특성들은 논리적으로 말하여 실체의 질료 형상적

---

1) *In 7 Metaph., lectio 2.*

2) *S.T.*, Ia, 66, 1, *in corpore.*

인 합성이 이루어지고 난 뒤에 있는 것이다. 그러므로 성 토마스는 개별화의 원리를 〈양으로 한정된 질료〉(materia signata quantitate), 즉 형상과의 결합에서 받아들이는 양적인 규정에 대한 절실한 요구를 지니고 있다는 의미에서의 질료라고 말하지 않을 수 없었다. 그러나 이는 이해하기 어려운 개념이다. 왜냐하면 양적으로 다수화하는 그 바탕은 형상이 아니라 질료이지만, 그 자체에서 생각했을 때의 질료는 아무런 양적인 규정도 지니고 있지 않기 때문이다. 말하자면 이 개념은 실제에 있어서 아리스토텔레스의 사상 속에 남아 있는 플라톤적인 요소이다. 아리스토텔레스는 플라톤의 형상설을 거부하여 공격하기는 했지만, 그의 플라톤적 사고 방식이 어느 정도 그에게 영향을 끼쳤으며, 그래서 그는 그 자체가 보편자인 형상은 개별화를 요구하고 있다고 말하게 되었다. 그리고 성 토마스는 이 점에서 그를 따랐던 것이다. 물론 성 토마스는 형상이 처음에는 따로 존재하다가 그 다음에 개별화된다고는 생각하지 않았다. 왜냐하면 감각적인 대상의 형상은 합성 실체보다 시간적으로 앞서 있는 상태에는 있지 않기 때문이다. 그러나 개별화에 대한 관념은 본래는 형상에 대한 플라톤의 사고 방법이나 표현 방법인 것이다. 이를테면 아리스토텔레스는 '초월적'인 범형적 형상의 개념 대신에 내재적인 실체적 형상의 개념을 사용했으나, 아리스토텔레스의 사상, 따라서 성 토마스의 사상 안에 있는 플라톤적인 유산을 알아채지 못한다면 역사가답지 않다고 하겠다.

3. 종자적 원리의 거부

제 1 질료 자체는 순수한 가능태라는 이론의 논리적인 귀결로서, 성 토마스는 아우구스티누스의 〈종자적 원리〉(rationes seminales)에 대한 이론을 거부했다.[3] 이 이론을 인정한다는 것은 그 자체에 있어서는 아무런 현실태도 없는 것에 어떤 의미로 현실태를 부여하는 것이 될 것이다.[4] 비정신적인 형상은 능동적인 작용인의 작용에 의해서 질료의 가

3) *In 2 Sent.*, 18, 1, 2.

4) 성 토마스가 〈종자적 원리〉라는 말을 사용한 것은 확실하지만, 이는 우선 구체적인 대상의 능동적인 능력, 즉 생물의 발생을 조정하고 그 발생을 같은 종으로 한정하는 능동적인 능력을 의미하는 것으로서, 제 1 질료 가운데 미완성의 형상이 있다는 이론은 아니다. 그는 이 후자의 이론을 거부하거나 또는 그것은 성 아우구스티누스의 가르침에는 맞지 않다고 말했다(위의 인용 *S.T.*, Ia, 115, 2 ; *De Veritate*, 5, 9, *ad* 8과 9 참조).

능태에서 끌어내어지지만, 그 형상이 미완성의 형상으로서 미리 제 1 질료 가운데 있는 것은 아니다. 제 1 질료는 그 스스로 존재할 수는 없기 때문에 물론 작용인은 제 1 질료 그 자체에는 작용하지 않는다. 그러나 이 작용인은 주어진 유형적인 실체가 질료의 가능태에서 끌어내어지는 새로운 형상에 대한 요구를 나타내도록 그 실체의 상태를 한정하거나 변화시킨다. 따라서 아리스토텔레스에서와 같이 아퀴나스에 있어서도 변화는 하나의 '결여'를 전제하거나 또는 실체가 아직은 획득하고 있지 않으나, 작용인에 의해서 그 실체 가운데 생겨난 변용에 힘입어 획득할 '필요'가 있는 새로운 형상에 대한 요구를 전제하고 있다. 예컨대 물은 수증기가 되기에는 하나의 가능태의 상태에 있으므로, 이 물이 외적인 작용인에 의해서 일정한 온도까지 가열되지 않는다면 수증기가 되지 않을 것이다. 일정한 그 온도까지 가열되면, 물은 외부에서 오는 것이 아니라 질료의 가능태에서 끌어내어지는 수증기의 형상에 대한 요구를 나타내게 된다.

4. 실체적 형상의 다수성의 거부

성 토마스는 〈종자적 원리〉라는 옛 이론을 거부했듯이 합성 실체에 있어서 실체적 형상의 다수성에 대한 이론도 거부하였으며, 각 실체에 있어서 실체적 형상의 단일성을 주장했다. 《명제집 주해》에서 성 토마스는 물질적 실체에 있어서 첫번째 실체적 형상으로서 〈유형성의 형상〉을 받아들인 것처럼 보이나,[5] 비록 그가 처음에는 그것을 받아들였다고 할지라도 후에는 그것을 분명히 거부했던 것이다. 《대이교도 대전》에서[6] 그는, 만일 첫째의 형상이 실체를 실체로서 구성한다고 한다면, 그 다음의 형상은 이미 현실태에 있었던 어떤 것 가운데, 즉 현실적으로 자립하고 있는 어떤 것 가운데서 발생할 것이며, 따라서 이러한 형상은 우성적(偶性的) 형상에 지나지 않을 것이라고 논하고 있다. 마찬가지로 그는 첫째의 형상만이 실체적 형상일 수 있다는 것을 지적함으로써, 아비체브론의 이론을[7] 반대하고 있다. 왜냐하면 첫째의 형상이

5) *In 1 Sent.*, 8, 5, 2 ; 2 *Sent.*, 3, 1, 1 참조
6) 4, 81.
7) *Quodlibet*, 11, 5, 5, *in corpore.*

실체의 특성을 부여하며, 그 결과 이미 구성된 실체 가운데서 그 다음으로 생겨나는 다른 형상은 우성적인 것으로 될 것이기 때문이다. (물론 이는 실체적 형상이 반드시 직접 제 1 질료에 형상을 주입한다는 것을 의미하고 있다.) 이 견해는 많은 반론을 야기시켜 위험한 개혁이라는 비난을 받았다. 이에 대해서는 뒤에 성 토마스가 자신의 아리스토텔레스 사상으로 말미암아 휩쓸려 들어가게 되었던 논쟁을 다룰 때에 살펴보기로 하겠다.

5. 물질적 실체에 한정된 질료 형상적 합성

성 토마스는 물질적 실체에서 볼 수 있는 질료 형상적 합성을 유형의 세계에 한정시켰으며, 성 보나벤투라처럼 이를 비유형적 피조물인 천사들에까지 확장시키려고는 하지 않았다. 성 토마스는 천사들이 존재한다는 것은 계시를 완전히 떠나서 이론적으로 증명될 수 있는 것으로 생각했다. 왜냐하면 천사들의 존재는 존재 계열의 위계적 특성에 의해서 요구되기 때문이다. 우리는 무생명적인 실체의 형상에서 시작하여 식물적인 형상, 동물의 비이성적인 감각적 형상, 인간의 이성혼을 거쳐서 무한하고 순수한 현실태인 하느님에게까지 올라가는 형상들의 질서나 위계를 알아볼 수 있다. 그러나 그 계열에는 하나의 틈이 있다. 인간의 이성혼은 창조된 유한한 신체와 결합되어 있는 반면에, 하느님은 창조되지 아니한 무한의 순수 정신이다. 따라서 인간의 영혼과 하느님 사이에 신체를 가지지 않은 창조된 유한의 정신적 형상이 있다고 가정하는 것은 확실히 합리적인 일이다. 그 계열의 정점에는 하느님의 절대적인 순일성이 있고, 물질 세계의 정상에는 일부는 정신적이고 일부는 유형적인 인간 존재가 있다. 그러므로 하느님과 인간 사이에는 완전히 정신적이면서도 신성의 절대적인 순일성을 지니고 있는 존재자가 존재해야만 한다.[8)]

이러한 종류의 논의는 새로운 것이 아니다. 그러한 것은 그리스 철학에 있어서 예컨대 포세이도니오스에 의해서도 사용되고 있었다. 성 토마스는 천구(天球)와 관련되어 있는 이존 예지체라는 아리스토텔레스

8) *De spirit. creat.*, 1, 5 참조.

스 학설의 영향을 받기도 했으나, 이 천문학적인 사고는 아비첸나의 철학에서 다시 나타나고 있다. 이에 대해서 성 토마스는 잘 알고 있었다. 그러나 그가 특히 중요시했던 논의는 존재의 계열에 대한 요구에서 도출한 것이다. 그는 형상 일반의 서로 다른 계층을 구별했듯이 천사들이 인식하는 대상에 따라서 천사들의 각이한 '계층'을 구별했다. 거기서 하느님의 선하심을 가장 명백하게 이해하여 사랑에 불타오르는 천사들은 최고의 '계층'인 세라핌(**Seraphim,** 熾品의 천사)이며, 개별적인 피조물, 예컨대 개별적인 인간들에 관한 하느님의 섭리에 관계되어 있는 천사들은 좁은 의미에서의 천사들로서 가장 낮은 계열의 무리이다. 〈특히〉 천체의 운동(이것은 이 세상에 영향을 끼치는 보편적 원인이다)에 관계하는 것은 역품 천사들의 계층이다. 그러나 이와 같이 성 토마스가 천사들의 존재를 요청했던 것은 본래 천구의 운동을 설명하기 위해서가 아니었다.

이리하여 어쨌든 천사들은 존재하지만, 그 천사들이 질료 형상적으로 합성되어 있는가에 대한 문제는 남아 있다. 성 토마스는 천사들이 그와 같이 합성되어 있지는 않다고 주장했다. 그는 천사들이 순수하게 비물질적이 아니면 안 된다고 주장했다. 왜냐하면 천사들은 자신들에게 어울리는 대상으로서 비물질적인 대상을 지니는 지성의 존재이므로, 존재의 위계에 있어서 그들의 위치 자체가 완전한 비물질성을 요구하고 있기 때문이다.[9] 나아가서 성 토마스는 질료에는 양(양은 아무래도 질료의 순수 가능태라는 특성과는 완전히 일치하지 않는다)에 대한 요구가 있음을 인정하고 있기 때문에 그는 어쨌든 천사들에게 질료 형상적인 합성을 인정할 수가 없었다. 예컨대 성 보나벤투라는 천사들이 질료 형상적으로 합성되어 있지 않으면 안 된다고 주장했었다. 왜냐하면 만일 그렇지 않을 경우 그들은 순수 현실태가 될 것인데, 순수 현실태는 하느님뿐이기 때문이다. 이에 대해서 성 토마스는, 천사들에게는 존재의 구별이 천사들의 우연성과 그리고 하느님과의 근본적인 차이를 충분하게 보증한다고 주장함으로써 그 논증에 대항했다. [10] 이 구별에 대해서는 곧 뒤에 가서 논하기로 하겠다.

천사들의 질료 형상적인 합성을 부정한 결과, 하나의 종에 속하는 천사의 다수성이 부정된다. 왜냐하면 개별화의 원리인 질료가 천사들에

9) *S.T.*, Ia, 50, 2 ; *De spirit. creat.*, 1, 1.
10) *De spirit. creat.*, 1, 1 ; *S.T.*, Ia, 50, 2, *ad* 3 ; *Contra Gent.*, 2, 30 ; *Quodlibet*, 9,4,1.

게는 없기 때문이다. 각 천사는 순수한 형상이며, 따라서 각 천사는 천사로서의 종의 능력을 충분히 다하지 않으면 안 되며, 제각기 자기 고유의 종일 수밖에 없다. 그러므로 천사들의 계층은 천사들의 종의 수만큼 많은 것이 아니다. 이를테면 천사들의 계층은 종에 의해서가 아니라 그 기능에 따라서 구별된 천사들의 위계로 이루어지고 있다. 천사들이 존재하는 수만큼의 많은 종이 있다. 아리스토텔레스가《형이상학》에서 다수의 움직이게 하는 것, 즉 이존 예지체를 인정했을 때, 자기 자신은 대답하지 않았지만, 질료가 개별화의 원리라고 할 경우 어떻게 이것이 가능한가 하는 의문을 제기했다는 것을 기억해 보는 것은 흥미있는 일이다. 성 보나벤투라는 천사들의 질료 형상적인 합성을 인정했기 때문에 하나의 종 안에 다수의 천사들이 있음을 인정할 수 있고 또 사실 인정했던 반면에, 성 토마스는 질료는 개별화의 원리라는 것을 주장하는 한편 천사들에 있어서의 질료의 존재를 부정했기 때문에 하나의 종 안에서의 천사들의 다수성을 부정하지 않을 수 없었다. 따라서 성 토마스에 있어서 그 예지체는, 물론 실체화된 개념이라는 의미에서는 아니지만, 실제로는 이존적인 보편자가 되었다. 아리스토텔레스는 자신의 이존 예지체 이론과 플라톤의 이존 형상설의 역사적인 관련성을 간과했지만, 이존 형상이 지성적이지 않을 수 없다는 것은 아리스토텔레스의 발견 가운데 하나였다.

6. 가능태와 현실태

물질적인 실체들이 질료 형상적 합성으로 이루어진다는 것은 곧 이 실체들의 본질적인 가변성을 보여주고 있다. 물론 변화는 아무렇게나 일어나는 일이 아니라 일정한 리듬을 따라 일어나고 있다. (어떤 하나의 실체가 직접 그것과 비슷한 다른 실체로 될 수 있다고는 생각할 수 없지만, 변화는 천체처럼 일반적인 원인들에 의해서 유도되고 영향을 받기도 한다.) 그렇지만 실체적인 변화는 물체에서가 아니면 일어날 수 없고, 그 변화를 가능하게 하는 것은 변화의 기체인 질료뿐이다. 성 토마스가 아리스토텔레스에게서 채용한 원리, 즉 변화되거나 움직여지는 것은 '다른 것에 의해서'(ab alio) 변화되거나 움직여진다는 원리에 근거하고, 또 다른 것들에 의존하는 그 서열은 무한히 소급할 수는 없다는 원리를 원용하여, 유형적 세계에서의 변화로부터 하나의 부동의 원동자(an unmoved mover)가 존재한다는 것을 곧 논증할 수 있을 것이다. 그러나 자연으로부터 하느님의 존재를 증명해 가기 이전에 먼저 유한한 존재의 구성을 더욱 깊이 추구하지 않으면 안 된다.

성 토마스는 질료 형상적 합성을 물질계에 한정시키고 있다. 그러나 더욱 기본적인 구별이 있는데, 다만 그 하나의 예가 형상과 질료의 구별이다. 우리가 위에서 보았듯이 제 1 질료는 순수한 가능태인 반면에 형상은 현실태이므로 질료와 형상의 구별은 가능태와 현실태의 구별이며, 이 후자의 구별은 그 전자의 구별보다도 더욱 널리 적용되고 있다. 천사들에게 질료는 없어도 가능태는 여전히 있다. (성 보나벤투라는 질료는 가능태이므로 천사들에는 질료가 있을 수 있다고 말하고 있다. 그래서 그는 유형적 질료와 일반적 의미에서의 질료를 구별하기 위해서 〈유형성의 질료〉를 인정하지 않을 수 없었다. 이에 대해서 성 토마스는 질료를 순수 가능태로 했으나 천사들에는 그 질료를 인정하지 않았기 때문에 형상을 통해서 질료에 생겨나는 양에 대한 요구가 질료에 있다고 하지 않을 수 없었다. 그 두 견해에는 분명히 문제가 있다.) 천사들은 실체적으로는 변화할 수 없지만, 지성과 의지의 행위에 의해서는 변화할 수 있다. 그러므로 천사들에게는 어떤 가능태가 있다. 따라서 가능태와 현실태의 구별은 피조물 전체에 적용되는 반면에, 형상과 질료의 구별은 유형적인 피조물에서만 찾아볼 수 있다. 따라서 가능태를 현실태로 되게 하기 위해서는 그 자체가 현실태인 하나의 원리가 요구된다는 원리에 근거하여, 우리는 모든 피조물에 있는 그 기본적인 구별로부터 순수 현실태인 하느님의 존재에로의 논증을 할 수 있다. 그러나 무엇보다도 먼저 우리는 천사들에 있어서 가능태의 근거를 고찰하지 않으면 안 된다. 이어서 아리스토텔레스가 《형이상학》에서 가능태와 현실태의 구별을 논하고 있다는 것을 유의하도록 하자.

7. 본질과 존재

성 토마스가 질료와 형상의 합성을 유형적인 실체에 국한시켰다는 것을 위에서 보아 왔으나, 그보다도 모든 유한한 존재에 미치는 더욱 깊은 합성이 있다. 유한한 존재는 존재하고 있기 때문에, 즉 존재를 가지고 있기 때문에 존재자인 것이다. 말하자면 실체는 존재하고 있거나 존재를 가지고 있는 그것이다. 그리고 "존재라는 것은 그것에 의해서 실체가 하나의 존재자로 일컬어지고 있는 그것이다."[11] 유형적인 존재자의 본질은 질료와 형상으로 합성된 실체인 반면에, 비물질적인 유한한 존재자의 본질은 형상뿐이다. 그러나 물질적인 실체나 비물질적인 실체를 현실적 존재자이게 하는 것은 존재(esse)이며, 존재는 본질에 대해서 흡사 현실태가 가능태에 대해서 갖는 관계에 있다. 따라서 현실태와 가능태의 합성은 단순히 물질적인 존재자에서만이 아니라 모든 유한한 존재자에서 발견된다. 어떠한 유한한 존재자도 필연적으로 존재하는 것은 아니다. 왜냐하면 유한한 존재자는 마치 현실태가 가능태와 구별되듯이 본질과는 다른 존재를 소유하고 있기 때문이다. 형상은 본질의 영역에서 규정하거나 완성하지만, 그 본질을 현실화하는 것은 존재이다. "질료와 형상의 합성체가 아닌 지적 실체(여기서의 형상은 자립하는 실체이다)에 있어서 형상은 본질이나, 존재는 그 형상을 존재하게 하는 현실태이다. 따라서 그 실체에는 현실태와 가능태의 합성, 즉 실체와 존재의 합성만이 있다. … 그러나 질료와 형상의 합성 실체에는 현실태와 가능태의 이중적인 합성이 있다. 첫째는 실체 그 자체에 있어서의 합성으로서 이는 질료와 형상의 합성이며, 둘째는 그렇게 이미 합성되어 있는 실체 자체와 존재의 합성이다. 이 두번째의 합성은 또 〈본질〉(quod est)과 〈존재〉(esse), 또는 〈본질〉(quod est)과 〈존재〉(quo est)의 합성이라고도 말할 수 있다.[12] 그러므로 존재는 질료도 아니고 형상도 아니며, 본질도 아니고 본질의 일부도 아니다. 이를테면 존재는 본질을 있게 하거나 존재를 가지게 하는 현실태이다. "〈존재〉는 어떤 현실태이다. 왜냐하면 한 사물이 존재한다고 말할 수 있는 것은 그것이 가능태에 있기 때문이 아니라, 현실태에 있기 때문이다."[13] 존재는 질료도 아니고 형상도 아니기 때문에, 그것은 실체적 형상도 아니고 우성적 형상도 아니다. 말하자면 존재는 본질의 영역에 속하지 아니하고, 형상을 존재하게 하는 그것이다.

성 토마스는 본질과 존재의 구별을 실재적인 구별로 생각했는가, 아니면 개념상의 구별로 생각했는가 하는 문제를 두고 스콜라 학파 가운데서는 치열한 논쟁이 있었다. 이 문제에 대한 해답은 주로 '실제적 구별'이라는 말의 의미에 달려 있음이 분명하다. 만일 실재적 구별의

11) *Contra Gent.*, 2, 54.

12) 같은 책, 같은 곳.

13) 같은 책, 1, 22.

의미가 서로 분리될 수 있는 두 개의 것을 구별하는 것이라면, 성 토마스는 분명히 본질과 존재 사이에 실재적 구별이 있다고 주장하지는 않았을 것이다. 왜냐하면 그것은 분리될 수 있는 두 개의 물리적 대상이 아니기 때문이다. 에지디우스 로마누스는 실제로 이러한 견해를 주장하여, 이 구별을 물리적 구별로 삼았다. 그러나 성 토마스에 있어서 본질과 존재는 모든 유한한 존재자의 두 형이상학적 구성 원리이기 때문에 그 구별은 형이상학적이었다. 그러나 만일 실재적 구별이 정신과는 독립해 있는 구별, 즉 객관적인 구별을 의미한다면, 성 토마스는 이러한 구별이 본질과 존재 사이에 있다고 주장했을 뿐만 아니라, 이 구별은 그의 체계에 있어서 본질적이라 하여 그는 이 구별에 대단한 중요성을 부여했을 것이다. 성 토마스는 〈존재〉를 존재의 원인인 하느님으로부터 유래한다는 의미에서 〈밖으로부터 오는 것〉(**adveniens extra**)이라고 말하고 있다. 존재는 현실태이며 존재에 의해서 현실화되는 가능태와는 다르다. 성 토마스는 오직 하느님에게 있어서만 본질과 존재가 동일하다고 주장하고 있다. 따라서 하느님의 본질은 존재이기 때문에 하느님은 필연적으로 존재한다. 그러므로 하느님 이외의 다른 모든 것은 존재를 받아들이거나 그것을 '분유하며', 받아들이는 그것은 받아들여지는 그것과 구별되지 않을 수 없다.[14] 자신에게 있어서 존재가 본질과 다른 그러한 것은 그 존재를 다른 존재로부터 받아들이지 않으면 안된다는 것과 또 자신의 존재가 자신의 본질과는 다른 것이 아닌 것은 하느님에게만 사실이라고 성 토마스가 말하고 있는 그것은 그가 본질과 존재의 구별을 객관적인, 즉 정신에서 독립하여 있다는 의미에서 생각했다는 것을 명백히하고 있는 것으로 생각된다. 하느님의 존재를 증명하는 '제 3 의 길'은 유한한 것에 있어서 본질과 존재의 실재적 구별을 전제하고 있는 것으로 보인다.

존재는 현실태이며 이로 인해 본질은 존재를 가진다는 의미에서 존재는 본질을 규정한다. 그러나 다른 한편 현실태로서의 존재는 가능태로서의 본질에 의해서 한정됨으로써 일정한 본질의 존재가 된다.[15] 그러나 본질은 존재를 받아들이기 이전에 존재했다든지(이는 말의 모순이다), 또는 본질과 결합되기까지는 어떤 개별적인 것의 존재는 아닌 일종의 중립적인 존재가 있었다고 생각해서는 안 된다. 왜냐하면 그 두 개의 원리는 함께 결합되는 두 개의 물리적인 것이 아니라 개별적인 존

14) *S.T.*, Ia, 3, 4 ; *Contra Gent.*, 1, 22 참조.　　15) *De Potentia*, 7, 2, *ad* 9.

재자의 원리로서 함께 창조된 두 개의 구성 원리이기 때문이다. 존재없는 어떠한 본질도 없고, 본질없는 어떠한 존재도 없다. 이 두 개는 동시에 창조되었으며, 만일 구체적인 사물의 존재가 없어진다면 그것의 본질도 없어진다. 따라서 존재는 유한한 존재자에 있어서 우성적인 것이 아니라, 그것은 유한한 존재를 하나의 존재자가 되게 하는 그것이다. 만일 우리가 상상 작용에 의지한다면, 본질과 존재를 두 개의 것, 즉 두 개의 존재로 생각할 것이다. 그런데 이 문제에 대한 성 토마스의 원칙을 이해함에 있어서 많은 어려움이 생기는 이유는 상상 작용을 동원하는 데 있고, 또 성 토마스가 실재적 구별을 주장했다고 한다면 그는 그 구별을 에지디우스 로마누스처럼 틀림없이 과장했거나 잘못된 방법으로 이해했을 것이라고 생각하는 데 있다.

회교의 철학자들은 이미 존재와 본질의 관계를 논하고 있었다. 예컨대 알파라비우스는 유한한 대상의 본질을 분석하는 것만으로는 그것의 존재가 밝혀지지 않는다고 말했다. 만일 밝혀진다고 한다면, 인간이 존재한다는 것을 알기 위해서는 인간의 본질이 무엇인가를 아는 것만으로 충분할 것이다. 그러나 이는 사실이 아니다. 그러므로 본질과 존재는 다르다. 그리고 알파라비는 존재가 본질의 한 우유성이라는 다소 유감스러운 결론을 도출했다. 아비첸나는 이 문제에 있어서 알파라비를 따르고 있었다. 성 토마스는 《존재와 본질》에서[16] 존재를 '우유성'으로 보지 않은 것은 확실하지만, 이 구별을 다루는 방법에 있어서는 알파라비와 아비첸나를 따르고 있다. 본질의 개념에 속하지 않는 모든 것은 밖으로부터 와서 그 본질과의 합성을 이루고 있다. 어떠한 본질도 본질의 부분을 이루고 있는 그것없이는 생각될 수 없는 것이다. 그러나 모든 유한한 것의 본질은 그 본질에 포함되어 있는 존재없이도 생각될 수 있다. 나는 '인간'이나 '불사조'를 생각할 수는 있지만, 그것들이 자연 안에 현실적으로 존재하고 있는지 어떤지는 알 수 없다. 그러나 성 토마스가 본질은 존재를 받아들이기 이전에 그 자체의 어떤 것, 말하자면 자기 고유의 어떤 미소한 존재를 가지고 있다고 주장한 것처럼 그를 해석하는 것은 잘못이라고 하겠다. 본질은 존재에 의해서만 실존하고, 창조된 존재는 언제나 일정한 본질을 지닌 존재이다. 창조된 존재는 본질과 함께 생겨난다. 이 두 개의 구성 원리는 객관적으로 다를지라도, 존재는 더욱 근본적인 원리이다. 창조된 존재는 가능태의 현실(태)이므로, 가능태는 존재를 떠나서는 아무런 현실성도 지니지 않

16) C. 4.

는다. 존재는 "모든 것 가운데서 가장 완전한 것"이며 "모든 완전성의 완전성"[17]이다.

이리하여 성 토마스는 모든 유한한 존재자의 중심에 어떤 불안정성이나 우연성 또는 비필연성이 있음을 알고 있다. 이러한 특성들은 바로 유한한 존재의 근원인 유일의 존재자, 즉 본질과 존재의 합성의 창시자가 있다는 것과, 그 자신은 본질과 존재로 합성될 수 없으나 자신의 본질로서의 존재를 가지지 않을 수 없는, 즉 필연적으로 존재하는 존재자가 있다는 것을 가리키고 있다. '실재적 구별'을 부정했던 프란시스 수아레즈(1548년~1617년)나 그 밖의 스콜라 학자들을 유한한 존재자의 우연성을 부정했다고 비난하는 것은 당치도 않으며 매우 부당하겠지만(수아레즈는 본질과 존재의 실재적 구별을 부정하고 유한한 것은 〈다른 것으로부터〉라는 이유로 제한되어 있다고 주장했다), 그러나 실재적 구별이 에지디우스 로마누스가 해석했듯이 해석되지 않는다면, 나에게는 성 토마스 자신이 그 실재적 구별의 원칙을 주장했다는 것에 대해서는 아무런 의문도 생기지 않는다. 왜냐하면 성 토마스에 있어서 존재는 본질의 한 상태가 아니라 오히려 본질을 현실의 상태에 두는 것이기 때문이다.

나는 이 문제의 중요한 점, 즉 본질과 존재의 구별이 객관적이고 정신에 의지하지 않는다는 정확한 의미의 문제를 회피했다는 항의를 받게 될지 모른다. 그러나 성 토마스가 그러한 의미에 대해 아무런 논란도 있을 수 없다는 태도로 자신의 원칙을 말하고 있는 것은 아니었다. 그럼에도 불구하고 본질과 존재의 구별은 창조된 모든 유한한 존재자를 구성하는 두 개의 형이상학적인 원리 사이의 객관적인 구별로서, 존재는 본질에 대해서, 현실태가 가능태에 대하는 것과 같은 관계에 있다고 성 토마스가 주장했다는 것은 내게는 명백한 것으로 생각된다. 만일 성 토마스가 이 구별을 '실재적' 구별로 생각하지 않았다면, 어째서 그가 이 구별에 그러한 중요성을 부여할 수 있었는지 나는 알 수가 없다.

---

17) *De Potentia,* 7, 2, *ad* 9.

제 34 장
성 토마스 아퀴나스 4 : 하느님의 존재 증명

1. 증명의 필요성

성 토마스는 하느님의 존재 증명을 실제로 전개하기에 앞서서 그러한 증명을 위한 준비가 쓸데없는 것이 아님을 제시하려고 했다. 왜냐하면 정확하게 말해 하느님의 존재 증명에 대한 관념은 하나의 생득 관념이 아니며, "하느님은 존재한다"라는 명제는 그 반대의 명제가 상상될 수도 생각될 수도 없는 그러한 명제가 아니기 때문이다. 실제로 무신론자가 예사이고, 유력하고 영향력있는 철학자들은 하느님의 관념을 배제하거나 따돌리고, 또 많은 사람들이 하느님에 대한 신앙이 없는 교육을 받고 있는 세계에서 살아가고 있는 우리는 하느님의 존재가 증명을 필요로 한다고 생각하는 것은 자연스러운 일이라고 여긴다. 키에르케고르 및 그를 따르는 철학자나 신학자들은 일반적인 의미에서의 자연 신학을 거부해 왔을지 모르겠으나, 일반적으로 말하여 우리는 하느님의 존재가 성 토마스가 〈자명적인 것〉(per se notum)이라고 말하고 있는 그러한 것이라고 생각해서는 안 될 것이다. 어쨌든 성 토마스는 이론적인 무신론이 일반적이었던 세계에서 살지는 않았으며, 또 하느님의 인식이 인간에게 생득적임을 의미하는 것처럼 보였던 어떤 초기 그리스도교 저자들의 명제를 다루지 않을 수 없었을 뿐만 아니라, 하느님의 비존재는 생각조차 할 수 없음을 제시하려는 성 안셀무스의 유명한 논증도 다루지 않을 수 없었다. 따라서 그는 《신학 대전》에서[1] 〈하

1) Ia, 2, 1.

느님이 존재한다는 것은 자명적인 일인가〉 하는 문제에 대한 대답으로 하나의 장(章)을 할애하고, 〈하느님의 존재는 자명적이므로 증명될 수 없다고 말하는 사람들의 의견〉에 대한 고찰을 위해서 《대이교도 대전》에서는[2] 두 개의 장을 할애하고 있다.

성 요한네스 다마셰누스(Johannes Damascenus)는[3] 하느님의 존재 인식이 본래 인간에게는 생득적이라고 주장하고 있으나, 성 토마스는 하느님에 대한 자연적인 인식은 애매하고 막연하여 이를 명확하게 하기 위해서는 설명이 필요하다고 말하고 있다. 인간은 행복(beatitudo)에 대한 자연적인 욕구를 지니고 있고, 이 자연적인 욕구는 자연적인 인식을 전제한다. 그러나 비록 참다운 행복은 하느님 안에서만 찾아진다고 할지라도, 모든 인간이 하느님 그 자체에 대한 자연적인 인식을 가지고 있는 것은 아니다. 인간이 행복을 바라고 있는 이상 그는 그것에 대한 막연한 관념을 가지고 있다. 그러나 인간은 행복이 감각적인 쾌락에 있다든지 부의 소유에 있다고 생각할 수도 있다. 그리고 그가 행복은 하느님 안에서만 찾아진다는 것을 이해하기 위해서는 보다 깊은 성찰이 요구된다. 달리 말하면, 비록 행복에 대한 자연적인 욕구가 하느님의 존재 증명을 위한 바탕이 될지라도, 증명이 요구되는 것은 변함이 없다. 또 한편 어떤 의미에서 진리가 있다는 것은 자명하다. 왜냐하면 진리가 없다고 주장하는 사람은, 진리가 없다는 것이 진리라고 반드시 주장하게 되기 때문이다. 그렇다고 해서 그 사람이 근본적인 제 1 의 진리이며 진리의 근원인 하느님이 존재한다는 것을 알게 되는 것은 아니다. 왜냐하면 우리로 하여금 무엇을 알 수 있게 하는 하느님의 힘은 직관의 대상이 아니라 성찰에 의해서만 알려지기 때문이다.[4]

성 토마스는, 일반적으로 〈그 자체에 있어서 자명한 것〉(per se notum

---

2) 1, 10~11.

3) *De fide orthodoxa*, 1, 3.

4) 하느님에 대한 〈생득적〉 인식에 관한 성 토마스의 태도가 기본적으로는 성 보나벤투라의 태도와 다르지 않다는 것은 분명하다고 하겠다. 어떤 의미에서 이것이 진실한 것은 그들 가운데 누구도 하느님에 대한 명백한 생득 관념을 인정하지 않았기 때문이다. 그러나 성 보나벤투라는 하느님에 대한 일종의 원초적인 잠재적 인식이 있다고 생각했다. 이에 대해서 성 토마스가 실제로 했던 증명 모두는 외부 세계에 의해서 진행하고 있다. 비록 우리가 성 보나벤투라의 인식론의 '아리스토텔레스적' 측면을 강조할지라도 이 두 철학자의 자연 신학에 대한 강조와 논의의 진행 방법에는 차이가 있음이 확실하다.

secundum se)과 〈우리에게 있어서 자명한 것〉(per se notum quoad nos)을 구별하지 않으면 안 된다고 말하고 있다. 인간은 바로 이성적인 동물이기 때문에 인간은 하나의 동물이라고 말하는 명제에서처럼, 하나의 명제는 그 술어가 주어 안에 포함되어 있을 경우 〈그 자체에 있어서 자명적이다〉라고 말하게 된다. 따라서 하느님이 존재한다는 명제는 〈그 자체에 있어서 자명한〉 하나의 명제이다. 왜냐하면 하느님의 본질이 하느님의 존재이며 하느님의 존재를, 즉 하느님이 존재한다는 것을 모르고는 하느님의 본성을, 즉 하느님이 무엇인가를 알 수 없기 때문이다. 그러나 인간은 하느님의 본성에 대한 〈선험적인〉 인식을 가지고 있지 않고 다만 하느님의 존재를 알게 된 뒤에 비로소 하느님의 본질이 하느님의 존재라는 사실을 인식하게 되기 때문에, 하느님이 존재한다는 그 명제는 비록 〈그 자체에 있어서 자명〉할지라도 〈우리에게 있어서 자명한 것〉은 아니다.

2. 성 안셀무스의 논증

성 안셀무스의 '본체론적' 또는 〈선험적인〉 하느님 존재 증명에 관해서, 성 토마스는 우선 모든 사람이 하느님을 "그것 이상으로 더 큰 것은 생각될 수 없는 그것"으로 이해하지는 않는다고 대답하고 있다. 아마도 이 견해는 진리이기는 하지만, 반드시 적당한 것은 아니다. 그러나 성 안셀무스가 모든 사람은 '하느님'이라는 말을 통해서 그가 증명하려고 했던 바로 그 존재, 즉 최고로 완전한 존재를 이해하고 있다고 생각했던 것은 별문제이다. 잊어서는 안 될 것은, 안셀무스는 자신의 논거를 하느님에 대한 직관의 진술로 생각하지 않고 논증이나 증명으로 생각하고 있었다는 사실이다. 그렇기 때문에 성 토마스는 《대이교도 대전》이나 《신학 대전》에서, 안셀무스의 논증은 관념의 영역에서 실재의 영역으로의 부당한 진행이나 이행을 하고 있다고 말하고 있다. 비록 하느님이 그 이상으로 더 큰 것은 생각될 수 없는 그러한 존재로 생각되었을지라도, 그러한 존재가 생각되어 있는 존재를 떠나서, 즉 정신 밖에 존재한다는 결론이 반드시 나오는 것은 아니다. 그러나 이 논거는 적어도 그 자체에서 보았을 경우 안셀무스의 추론을 논박하기에는 충분한 것이 못 된다. 왜냐하면 그 논거는 그것 이상으로 더 큰 것은 생각될 수 없는 존재, 즉 하느님의 특성을 무시하고 있기 때문이다.

이러한 존재는 존재 그 자체이며, 이러한 존재가 존재할 수 있다고 한다면, 그것은 존재하지 않을 수 없는 존재이다. 그것 이상으로 더 큰 것은 생각될 수 없는 그러한 존재는 필연적으로 존재하는 존재이다. 그리고 단순히 가능적인 필연적 존재에 대해서 말하는 것은 모순이라고 하겠다. 그러나 위에서 보았듯이, 성 토마스는 지성은 하느님의 본성에 대한 〈선험적인〉 인식을 가지고 있지 않다고 덧붙여 말하고 있다. 달리 말하면, 인간 지성이 약하므로 우리는 최고로 완전한 존재, 즉 존재가 자신의 본질인 그러한 존재의 적극적인 가능성을 〈선험적으로〉 알아낼 수가 없다. 그리고 우리가 이러한 존재가 존재한다는 것을 알게 되는 것은, 이러한 존재에 대한 관념의 분석이나 고찰에 의하지 아니하고 그것의 결과로부터의 〈경험적인〉 논증에 의해서이다.

3. 증명의 가능성

만일 하느님의 존재가 하느님의 관념, 즉 하느님의 본질로부터 〈선험적으로〉 증명될 수 없다고 한다면 결국 하느님의 결과를 검토함으로써 〈경험적으로〉 증명되지 않으면 안 된다. 하느님의 결과는 유한한데 비하여 하느님은 무한하므로 결과와 원인 사이에는 아무런 비례 관계도 성립하지 않으며, 따라서 그 추론의 결론은 그 전제 이상의 것을 무한히 포함하게 되어 결론으로부터의 증명은 불가능하다는 항의를 받을 수 있다. 말하자면 그 추론은 감각적인 대상에서 출발하므로 감각적인 대상에서 마땅히 끝나야 하는 반면에, 하느님의 존재 증명에 있어서의 그 증명은 모든 감각적인 대상을 무한히 초월하고 있는 대상으로 나아간다는 것이다.

성 토마스는 이 반론을 충분하게 다루고 있지는 않다. 그리고 칸트의 형이상학 비판을 검토하여 이에 답할 것을 그에게 미리 기대하는 것은 터무니없는 시대 착오라고 하겠다. 그러나 원인에 비례하지 않는 결과를 고찰함으로써 원인에 대한 완전한 인식에 이르지는 못할지라도, 원인이 존재한다는 것은 알 수 있다고 그는 지적하고 있다. 우리는 결과에서 그 원인의 존재를 입증할 수 있다. 그리고 만일 그 결과가 이러한 원인에서만 생겨날 수 있는 것이라고 한다면, 우리는 정당하게 그러한 종류의 원인이 존재한다는 것을 논할 수가 있다. (이 '결과'라는 말의 사용은, 논점이 되어 있는 것을 사실로 전제하여 논하는 것, 즉 〈선결 문제 요구의 허위〉로* 취급되어서는 안 된다. 성 토마스는 세계에 관한 사실로부터 논하여 이 사실은 충분한 존재론적인 설명을 요구하고 있다고 말하고 있다. 물론 그는 인과율이 순전히 주관적이거나 또는 칸트적인 의미에서 '현상'의 영역에만 적용될 수 있는 것은 아니라는 것을 전제하고 있다. 그러나 그는 감각적인 대상들은 그 자체에 있어서 충분한 존재론적인 설명을 포함하고 있지 않다는 의미에서, 그 대상들은 결과라는 것이 설명되지 않으면 안 된다는 것을 충분히 알고 있다.)

중세 후기의 철학 사상에 의해서 성 토마스의 자연 철학을 설명하고 옹호하려는 현대의 어떤 토마스주의자는 사변 이성, 즉 형이상학이 정당하다고 변명하여 당연히 어떤 의견을 말할 것으로 예상된다. 비록 그가 증명하는 의무는 주로 형이상학을 반대하는 자에 대한 것이라고 생각했을지라도, 그는 형이상학적 논증과 결론이 지니는 정당성과 그 의의마저도 공격받아 왔다는 사실을 무시할 수는 없을 것이며, 또 그는 그러한 도전에 직면하지 않을 수 없을 것이다. 그렇다고 마치 성 토마스가 하나의 현대인으로서 칸트의 사변 이성에 대한 비판만이 아니라 논리 실증주의자들의 형이상학에 대한 태도마저도 잘 알고 있었던 것처럼 그를 취급할 것을 중세 철학사가에게 일반적으로 정당하게 기대할 수 있을 것으로 보지 않는다. 어쨌든 토마스 철학의 인식론 그 자체가 적어도 표면적으로는 자연 신학에 대한 강한 반론을 일으키고 있는 것이 사실이다. 성 토마스에 의하면, 인간 지성의 고유 대상은 물질적인 대상의 〈본질 규정〉(**quidditas**) 또는 본질이다. 말하자면 지성은 감각적인 대상에서 출발하여 감각적 표상(**phantasm**)에 의해서 인식하며, 신체와 결합한 상태에 있기 때문에 감각적인 대상과 비례하고 있다. 성 토마스는 생득 관념을 인정하지 않았고, 하느님에 대한 어떠한 직관적 인식에도 의지하지 않았다. 그리고 먼저 감각 가운데 없었던 것은 지성 안에도 존재하지 않는다(**Nihil in intellectu quod non prius fuerit in sensu**)는 아리스토텔레스의 원칙을 엄격하게 적용한다면 인간 지성은 물질적인 대상의 인식에 한정되어, 그 본성상으로나 그 현상태에서는 그 대상을 초월할 수 없는 것처럼 보일 것이다. 이러한 반론은 토마스

* 이는 논증을 요하는 것을 이미 논증된 것으로 전제하는 데서 생기는 허위이기 때문에 이 경우 전제를 내세우는 이유를 묻는 것이 선결 문제로 요구된다.

자신의 원칙에서 야기되고 있기 때문에 성 토마스가 이에 대항하려고 했는지, 그리고 대항했다면 어떻게 했는지를 알아본다는 것은 당연한 일이다. 인간 인식에 관한 토마스주의의 이론에 관해서는 뒤에서[5] 다룰 것이므로 여기에 대해서는 그 내용의 전개나 언급하지 아니하고 위의 그 점에 대해서 성 토마스의 태도라고 생각되는 것에 대해서 간단하게 말해 두기로 하겠다.

정신적인 것이든 물질적인 것이든간에 대상은 존재와 함께하고 있는 한에서는, 즉 현실태에 있는 한에서는 가지적(可知的)이다. 그리고 지성 자체는 존재를 파악하는 능력이다. 그러므로 지성 그 자체만 생각한다면, 지성은 모든 존재를 자신의 대상으로 하고 있다. 말하자면 지성의 첫째 대상은 존재이다. 그러나 하나의 특수한 지성, 즉 인간의 지성은 신체와 결합되어 그 작용에 있어서 감각에 의존하고 있다는 사실은 그 지성이 감각적인 사물에서 출발하지 않으면 안 된다는 것과, 그리고 감각적인 사물을 초월하는 대상(여기서 자기 인식의 고찰은 제외한다)은 감각적인 대상이 그 대상과의 관계를 지니고 그것을 나타내고 있는 한에서만 당연히 인식될 수 있다는 것을 의미하고 있다. 인간 지성은 신체와 결합되어 있기 때문에 그 현상태에 상응하는 자신의 자연스러운 고유 대상은 유형적인 대상이다. 그러나 이는 지성이 존재자 일반을 본성적으로 지향하는 것을 방해하는 것이 아니다. 만일 유형적인 대상이 자신을 초월하는 대상과의 알아볼 수 있는 관계를 가지고 있다면, 지성은 그러한 대상이 존재한다는 것을 인식할 수가 있다. 더구나 물질적인 대상이 그 초월자의 특성을 드러내고 있는 한에서는 지성은 그 특성에 대한 어떤 인식에 이를 수 있다. 그러나 감각 대상이 그 초월자의 본성을 충분히 또는 완전하게 나타내지는 못하므로 그러한 인식은 충분하거나 완전할 수가 없다. 하느님의 본성에 관한 우리의 자연적 인식에 대해서는 다음에 말하기로 하고,[6] 여기서는 다음의 것을 지적해 두는 것으로 충분하다. 성 토마스가 유형적인 대상은 인간 지성의 자연적인 대상이라고 말할 때 그가 의미하는 것은, 현상태에 있어서의 인간 지성은 유형적인 대상의 본질을 지향하고 있으나, 인간 지성이 신체와 결합되어 있다는 그 조건이 지성으로서의 본래의 특성을 손상하지 않는 것처럼, 신체와 결합된 상태로 말미암아 유형적인 대상

5) 38장을 보라.

6) 35장을 보라.

을 지성이 지향하고 있다는 것은 존재자 일반을 지향하는 지성의 본연의 방향을 방해하지 않는다는 것을 의미하고 있다. 그러므로 유형적인 대상이 하느님과의 관계를 지니고 하느님을 나타내고 있는 한에서 지성은 하느님에 대한 어떤 자연적 인식에 이를 수가 있다. 그러나 이 인식은 물론 완전한 것이 아니며 직관적인 성질의 것일 수도 없다.

4. 처음의 세 가지 증명

성 토마스의 하느님에 대한 존재 증명의 다섯 가지 가운데 첫째는 운동에 의한 증명이며, 이는 아리스토텔레스에 의해서 발견되어[7] 마이모니데스와 성 알베르투스에 의해서 사용되고 있었다. 우리는 감각적 지각을 통해서 이 세상에 있는 것들은 움직여지고 있으며 운동은 하나의 사실이라는 것을 알고 있다. 여기서 운동은 가능태로부터 현실태에로의 이행이라는 아리스토텔레스적인 넓은 의미로 이해되고 있으며, 성 토마스는 아리스토텔레스를 따라서 이미 현실태에 있는 어떤 것에 의하지 아니하면, 사물은 가능태에서 현실태로 이행될 수 없다고 말하고 있다. 이러한 의미에서 "움직여지는 모든 것은 다른 것에 의해서 움직여지고 있다." 만일 그 다른 것마저도 움직여지고 있다면, 그것은 또 다른 동인에 의해서 움직여지고 있다고 말하지 않을 수 없다. 그러나 이렇게 소급하는 계열이 무한할 수는 없으므로, 결국 우리는 그 자신은 움직여지지 않으면서 다른 모든 것을 움직이는 것(부동의 원동자), 즉 하나의 최초의 원동자에 이르게 되며, "그리고 이것이 하느님이라고 모든 사람은 이해하고 있다."[8] 성 토마스는 이 논증을 〈보다 명확한 길〉[9]이라고 말하고 《대이교도 대전》에서는[10] 이를 상당히 상세하게 전개하고 있다.

아리스토텔레스의 《형이상학》[11]제 2 권에서 제기되어 아비첸나, 알랭 드 릴르(Alain de Lille), 그리고 성 알베르투스에 의해서 사용되었던 두 번째의 증명도 감각적 세계에서 출발하고 있으나, 이번에는 작용인(efficient causes)의 질서 및 계열에서 시작하고 있다. 어떠한 것도 자기

7) *Metaph.*, Bk. 12 ; *Physics*, Bk. 8.
8) *S.T.*, Ia, 2, 3, *in corpore.*
9) 같은 책, 같은 곳.
10) 1, 13.
11) C. 2.

자신의 원인일 수는 없다. 왜냐하면 자기 자신의 원인이기 위해서는 그것은 자기 자신보다 앞서서 존재하지 않으면 안 되기 때문이다. 그러나 작용인의 계열에 있어서 무한히 소급하는 것은 불가능하다. 그러므로 하나의 최초의 작용인이 존재하지 않을 수 없다. "모든 사람은 이를 하느님이라고 부른다."

마이모니데스가 아비첸나로부터 계승하여 발전시켰던 세번째의 증명은 어떤 존재자는 생성하고 소멸한다는 사실에서 출발하고 있다. 생성소멸은 그 존재자들이 필연적인 것이 아니라 우연적인 것으로서 존재하지 않을 수도 있고 존재할 수도 있음을 보여주고 있다. 왜냐하면 만일 그 존재자들이 필연적이라고 한다면, 항상 존재했을 것이며 생성하거나 소멸하지도 않았을 것이기 때문이다. 이리하여 성 토마스는, 우연적인 존재자들이 존재하게 되는 이유인 하나의 필연적인 존재가 존재하지 않으면 안 된다고 말하고 있다. 만일 어떠한 필연적인 존재도 없다고 한다면, 어떠한 것도 전혀 존재하지 않을 것이다.

비록 간단하게나마 위의 세 증명에 관해서 몇 가지 주의해 두어야 할 것이 있다. 우선 성 토마스가 무한히 소급하는 계열은 있을 수 없다(이 원리는 그 세 증명 모두에 사용되고 있다)고 말할 때, 그는 시간 속에서 소급하는 계열, 말하자면 하나의 '수평적인' 계열을 생각하고 있는 것이 아니다. 예컨대 그는 자녀가 그 생명을 부모로부터, 그 부모는 또 자신들의 부모로부터 생명을 이어받고 있다는 이유에서 부모없이 직접 하느님에 의해서 창조된 최초의 남녀 한쌍이 존재하지 않으면 안 된다고 말하는 것은 아니다. 성 토마스는 세계가 영원으로부터 창조되지 않았다는 것을 철학적으로 증명할 수 있을 것으로는 생각하지 않았다. 이를테면 그는 세계가 영원으로부터 창조될 수 있다는 관념상의 가능성을 인정하지만, 이는 동시에 시원이 없는 계열이 있을 수 있음을 인정하지 않고는 승인될 수 없다. 그가 부정하고 있는 것은 실제로 의존하고 있는 원인들의 서열에 있어서의 무한한 계열, 즉 무한한 '수직의' 계열이다. 실제로 세계가 영원으로부터 창조되었다고 가정한다면, 하나의 무한한 수평의 계열 또는 역사의 계열이 있게 될 것이다. 그러나 그 계열 전체는 우연적인 존재자들로 이루어질 것이다. 왜냐하면 시작이 없는 계열이 있다는 그 사실이 그 계열 전체를 필연적인 것으로 하지는 않기 때문이다. 그러므로 그 계열 전체는 이 계열 밖에 있는 어떤 것에 의존하지 않으면 안 된다. 그러나 그 계열을 아무리 끝없이 소급해 올라갈지라도 그 계열이 존재하는 근거를 밝혀내지는 못할 것이다.

그러므로 그 자체가 다른 것에 더 이상 의존하지 않는 존재자가 존재한다고 결론하지 않으면 안 된다.

둘째로 위에서 설명한 바를 생각한다면, 이른바 수학적인 무한의 계열은 토마스의 증명과 아무런 관계가 없음을 알게 될 것이다. 성 토마스가 부정하고 있는 것은 하나의 무한한 계열 그 자체의 가능성이 아니고 존재론적인 의존의 질서에 있어서의 한 무한한 계열의 가능성이다. 달리 말하면, 경험계의 운동과 우연성은 어떤 궁극적인 충분한 존재론적 설명없이도 존재할 수 있다는 것을 그는 부정하고 있다.

세째로 부동의 원동자(原動者)나 제 1 원인 또는 필연적인 존재가 하느님으로 불리운다고 생각하는 것은 성 토마스로서는 자칫하면 경솔한 것으로 보일지 모른다. 분명 적어도 어떤 무엇이 존재하다고 한다면, 거기에는 하나의 필연적인 존재가 있지 않을 수 없다. 말하자면 형이상학이 전적으로 거부되지 않는 이상은, 사고는 그 결론에 도달하지 않을 수 없다. 그러나 그 필연적인 존재가 우리가 하느님이라고 부르고 있는 그 위격적인 존재이어야 한다는 점에서는 그다지 분명하지가 않다. 순수 철학적인 논증은 충분히 밝혀진 하느님의 개념을 우리에게 제공하지 않는다는 것은 말할 필요조차 없겠지만, 그리스도에 의해서 계시되어 교회에 의해 전해진 하느님의 충분한 개념을 떠나서, 순수 철학적 논증은 과연 위격적인 존재라는 것을 우리에게 제시하겠는가? 성 토마스는 하느님에 대한 신앙 때문에 어쩌면 그 논증의 결론 가운데 실제로 있는 것 이상의 것을 그 속에서 찾아내지 않았을까? 성 토마스는 자신이 믿고 있는 하느님의 존재를 증명하기 위한 논증을 찾고 있었기 때문에 어쩌면 그가 성급하게도 제 1 동자나 제 1 원인 그리고 필연적인 존재를 그리스도교의 종교적인 경험의 하느님, 즉 인간이 기도할 수 있는 위격적 존재와 동일시하고 있지 않았을까? 성 토마스가 《신학 대전》에서 제시한 증명에 덧붙인 그 실제적인 구절(〈이를 모든 사람은 하느님으로 알고 있다〉, 〈제 1 작용인, 이를 모든 사람은 하느님이라고 부른다〉, 〈이를 모든 사람은 하느님이라고 말하고 있다〉)은, 그것만을 떼어 생각한다면 성급한 결론이라는 것을 인정하지 않을 수 없을 것으로 여겨진다. 그러나 《신학 대전》이 하나의 개요이며, (그리고 주로) 신학적인 교과서라는 사실을 떠나서라도, 그 구절들은 따로 떼어내서 생각해서는 안 될 것이다. 가령 하나의 필연적인 존재가 있다는 것에 대한 실제로 요약된 증명에는 그 존재가 물질적인지 비물질적인지를 제시하는 명확한 논증이 들어 있지 않다. 그래서 이 존재는 모든 사람에 의해서 하느님으로 불리워지고 있다는 그 증명의 마지막 말은 충분한 보장이 없는 것처럼 보인다. 그러나 그 다음 문제의 첫 항(項)에서 성 토마스는, 하느님은 물질적인가, 즉 하나의 물체인가 어떤가를 문제로 하여, 하느님은 그러한 것이 아니라고 논하고 있다. 그러므로 그 문제의 구절은, 하느님은 하느님을 믿고 있는 모든 이들에 의해서 제 1 원인과 필연적인 존재라고 인정되어 있다는 사실을 표현한 것으로 이해될 것이지, 그 이상의 논증에 대한 부당한 압력으로 받아들여져서는 안 될 것이다. 어쨌든 그 증명들은 성 토마스에 의해서 그 대요만 약술되어 있는 데 불과하다. 말하자면 그것은 드러난 무신론자들을 반박하기 위한 논문을 쓸 것을 그가 구상했던 그러한 것이 아니다. 만일 그가 마르크스주의자들을 취급했다고 한다면, 그는 틀림없이 다른 방법으로 또는 적어도 보다더 상세하게 전개하는 형식으로 그 논증들을 다루었을 것이다. 그러나 실은 그의 주된 관심은 〈신앙의 전제〉(**praeambula fidei**)에 대한 증명을 제시하는 일이다. 《대이교도 대전》에 있어서도 성 토마스는 무신론자들을 목적으로 하지 않고, 오히려 하느님에 대한 굳은 신앙을 지니고 있었던 회교도들을 대상으로 하고 있었던 것이다.

5. 네번째의 증명

네번째의 증명은 아리스토텔레스의 《형이상학》[12]의 몇 마디 말에 암시되어 있고, 그 요점은 성 아우구스티누스와 성 안셀무스에서 볼 수 있다. 이 증명은 이 세상에 있는 것들 가운데 있는 완전성, 선성(善性), 진리 같은 단계에서 출발하고 있다. 이 단계가 있기 때문에 "이것은 저것보다 더 아름답다"든가 "이것은 저것보다 더 좋다"든가 하는 비교 판단이 가능하다. 성 토마스는 이러한 판단이 객관적인 근거를 지니고 있다고 생각하여, 완전성의 단계가 있다는 것은 반드시 하나의 최선의 존재, 하나의 최고 진리의 존재 등등 — 이는 역시 최고의 존재(**maxime ens**)일 것이다 — 이 있다는 것을 암시하고 있다고 말하고 있다.

지금까지의 논증은 상대적으로 하나의 최선의 존재로 이끌어 가는 데 불과하다. 만일 현실적으로 진리와 선 그리고 존재의 단계들, 즉 존재

12) 2, 1 ; 4, 4.

의 위계가 있다는 것이 확증된다면, 비교적 또는 상대적으로 최고의 존재가 하나 또는 몇 개 있지 않으면 안 된다. 그러나 이것으로는 하느님의 존재를 증명하기에 불충분하여, 성 토마스는 예컨대 선 가운데서 최고의 선은 모든 것 안에 있는 선의 원인일 수밖에 없다고 계속 말하고 있다. 나아가서 선과 진리 그리고 존재는 서로 바꾸어 놓을 수 있기 때문에 다른 모든 존재자 가운데 있는 존재, 선, 진리 그리고 모든 완전성의 원인인 하나의 최고 존재가 있어야 한다. 〈그리고 이를 우리는 하느님이라고 부른다.〉

논점은 어디까지나 모든 감각적인 대상을 초월하고 있는 하나의 존재이므로, 그 문제된 (최고의) 완전성은 분명히 스스로 자립(따라서 자존)할 수 있는 완전성, 즉 순수한 완전성일 수밖에 없다. 이 완전성은 연장이나 분량과는 어떠한 필연적인 관계도 필요로 하지 않는다. 이 논증의 기원은 플라톤에게 있으며 분유의 관념을 전제하고 있다. 우연적인 존재자들은 자신들의 존재를 스스로 가지지 않으며, 자신들의 선(善)이나 자신들의 존재론적인 진리도 스스로 가지고 있지 않다. 그 존재자들은 자신들의 완전성을 받아들이고 있으며, 그것을 나누어 가지고 있다. 완전성들의 그 궁극적인 원인은 그 자체가 완전일 수밖에 없다. 이를테면 그것은 다른 것으로부터 자신의 완전성을 받아들일 수 없으며, 그 자체가 완전성이 아니면 안 된다. 이는 자존하는 존재이며 완전성이다. 따라서 이 논증은 앞의 증명에서 이미 사용된 원리를 순수한 완전성에 적용하는 데 있다. 이를테면 이 논증은 플라톤의 계통을 이어받고 있으면서도, 실제로는 다른 증명들의 일반적인 정신으로부터 벗어나 있는 것이 아니다. 그러나 이 논증의 중요한 문제점 가운데 하나는 이미 지적했듯이 절대적이며 자존하는 하나의 존재가 현실적으로 존재한다는 것을 증명하기 이전에, 실제로 존재와 완전성의 객관적인 단계가 있다는 것을 제시하는 것이다.

6. 목적성에 의한 증명

다섯번째의 증명 방법은 목적론적인 증명이다. 칸트는 이 증명의 고전성, 명석성 그리고 설득성을 꽤 존중하고 있었으나, 《순수 이성 비판》(*Kritik der reinen Vernunft*)의 원리에 따라서 그 증명의 논증적인 성격을 인정하지 않았다.

우리는 목적을 위해서 작용하는 무생물들을 보고 있으며, 그리고 이 현상은 언제나 또는 매우 자주 일어나고 있으므로, 이는 우연히 일어나는 것이 아니라 목적을 지향하는 결과일 수밖에 없다고 성 토마스는 말하고 있다. 그러나 무생물들은 인식을 갖지 않는다. 따라서 이러한 것은 마치 "화살이 그 사수에 의해서 과녁으로 향하게 되어 있는 것"과 마찬가지로 어떤 지적 존재, 즉 지식의 소유자에 의해서 이끌어지지 않으면 하나의 목적으로 향할 수 없다. 그러므로 모든 자연물들을 하나의 목적으로 향하게 하는 하나의 지적인 존재가 있다. 〈그리고 이를 우리는 하느님이라고 부른다.〉《대이교도 대전》에서 성 토마스는 다소 다른 방법으로 논증하고 있다. 즉 서로 다르면서 심지어 반대되는 성질을 지닌 많은 것이 하나의 질서를 이루는 데 협동하는 경우, 이는 하나의 지적인 원인이나 섭리에서 생기지 않으면 안 된다.〈그리고 이를 우리는 하느님이라고 부른다.〉《신학 대전》에서의 증명은 무생물의 내적 목적성을 강조하는 반면에, 《대이교도 대전》에서의 증명은 오히려 하나의 세계의 질서 또는 조화를 이룸에 있어서 많은 것들의 협동을 강조하고 있다. 증명 그 자체는 칸트가 말했듯이 우주의 한 설계자, 한 지배자 또는 한 건축가로 이끌고 있다. 그러나 이 건축가가 단순히 〈데미우르고스〉(Demiurgos)일 뿐만 아니라 창조자이기도 하다는 것을 제시하기 위해서는 그 이상의 추론이 요구된다.

7. '세번째 길'은 기본적이다

성 토마스는 다소의 차이는 있으나 그 증명들을 한결같이 대담하고 간결한 방법으로 서술하고 있다. 《대이교도 대전》에서 꽤 상세하게 서술되어 있는 첫번째 증명을 제외한다면, 다른 증명들은 《신학 대전》과 《대이교도 대전》에서도 매우 간결한 대요밖에 제시되어 있지 않다. 그러나 아퀴나스가 불이 뜨거운 모든 것의 원인이라고 말하고 있는 경우처럼 (우리가 보기에) 다소 부적당한 그의 물리적 실례에 대해서는 아무런 언급이 없었으며, 그 이유는 그 실례들은 실제로 그 증명들이 지니는 타당성 여부와는 관계가 없기 때문이다. 성 토마스의 현대의 제자는 당연히 그 증명들을 아주 세밀하게 전개하고, 성 토마스 자신의 생각에는 미처 떠오르지 못했던 문제점과 반론을 고찰할 뿐만 아니라, 증명의 일반적인 방향이 바탕으로 하고 있는 바로 그 원리들의 근거를 충분히 제시하지 않으면 안 된다. 그러므로 성 토마스의 다섯번째 증명에 관해서 현대의 토마스주의자는 우주와는 다른 어떤 정신적인 동인(動因)을 가정하지 않고도 우주에 있어서의 질서와 목적성의 발생을 밝힐 수 있다고 말하는 최근의 학설을 다소 고려하지 않으면 안 된다. 그 반면에 모든 증명에 관해서 토마스주의자는 칸트의 비판을 마주하여 그 증명들이 바탕으로 하고 있는 그 논증의 방향의 근거를 충분히 제시할 뿐만 아니라, 논리 실증주의자들에 대해서도 '하느님'이라는 말은 어떤 의미를 지니고 있다는 것을 보여주지 않으면 안 된다. 그러나 그 증명들을 오늘의 당연한 단계에까지 발전시키는 일이나 그 증명들의 근거를 충분히 제시하는 일은 역사가의 과제가 아니다. 성 토마스가 증명을 기술하고 있는 방법은 어쩌면 독자들에게 어떤 불만을 야기시킬지 모른다. 그러나 성 토마스는 본래 신학자였고, 이미 말한 바와 같이 그의 의도는 증명을 철저하게 다루는 데 있었다기보다는 간략한 형식으로 〈신앙의 전제〉를 증명하는 데 있었다는 것을 잊어서는 안 된다. 그렇기 때문에 그가 전통적인 증명들을 이용하고 있기는 하지만, 그 증명들은 아리스토텔레스에 어느 정도로 의거하고 있었거나 의거하고 있었다고 생각되는 것이며, 토마스 이전의 어떤 사람들에 의해서 이용되어 왔던 것이다.

성 토마스는 다섯 가지 증명을 들고 있으나, 그 가운데서도 그는 적어도 〈보다 명확한 길〉이라고 부를 만큼 첫번째의 증명을 우선시하고 있다. 그러나 그의 주장을 어떻게 생각하든, 기본적인 증명은 실제로는 세번째의 증명 또는 '길', 즉 우연성에 의한 증명이다. 그 우연성에 의한 논증은 첫번째 증명에서는 운동이나 변화라는 특수한 사실에 적용되고, 두번째의 증명에서는 인과성의 질서 또는 인과적인 생성에 적용되고, 네번째 증명에서는 완전성의 단계에, 그리고 다섯번째 증명에서는 목적성, 즉 우주의 질서를 이룸에 있어서 무생물들의 협동에 적용되고 있다. 우연성에 의한 논증 그 자체는 만물이 자신의 충분한 이유(근거)를 가지지 않으면 안 된다는 사실, 즉 그것의 존재 근거를 바탕으로 하고 있다. 그 충분한 이유(근거)를 변화와 운동은 하나의 부동의 원동자에, 이차적인 원인과 결과의 계열은 하나의 원인되지 않은 원인(自己原因)에, 제약된 완전성은 절대적인 완전성에, 그리고 자연에 있어서의 목적성과 질서는 유일의 예지자 또는 설계자에 각각 두지 않으면 안 된다. 성 아우구스티누스나 성 보나벤투라에 의한 하느님의 존재 증명이 지니는 '내면성'(interiority)은 성 토마스의 다섯 가지 길(道)

에는 없다. 그러나 그렇게 원한다면, 물론 그 일반적인 원리를 그렇게 적용할 수 있을 것이다. 그대로라면 성 토마스의 그 다섯 가지 증명은 지혜서에[13] 나오고 로마서에서[14] 성 바울로가 이야기한, 하느님은 당신의 업적을 초월하여 있는 분으로서 당신의 업적으로부터 인식될 수 있다고 하는 그 말에 대한 설명이라고 말할 수 있다.

13) 13 장.

14) 1 장.

제 35 장
성 토마스 아퀴나스 5 : 하느님의 본질

1. 부정의 길

일단 필연적인 존재자가 존재한다는 것이 입증되었다면, 하느님의 본질에 대한 탐구로 나아가는 것이 당연하다고 하겠다. 필연적인 존재자가 어떠한 존재인지는 알지 아니하고 다만 하나의 필연적인 존재자가 있다는 것을 아는 것만으로는 충분하지 않다. 그러나 곧 하나의 문제가 생긴다. 즉 우리는 이 세상에서 하느님의 본질을 직관할 수 없다. 이를테면 우리의 인식은 감각적 지각에 의존해 있고, 우리가 형성하는 관념은 피조물에 대한 우리의 경험에서 생겨나고 있다. 언어도 이러한 관념을 나타내기 위해서 형성되어 있어서, 그것은 본래 우리의 경험에 관련되어 있고 우리의 경험 영역 안에서만 객관적인 의미를 지니고 있다고 하겠다. 그렇다면 우리는 감각적 경험을 초월해 있는 유일의 존재자를 어떻게 인식할 수 있게 되는가? 우리의 경험 범위, 즉 피조물의 세계를 초월하는 유일의 존재자의 본질을 어떠한 방법으로든 표현하고 있는 관념을 우리는 어떻게 형성할 수가 있는가? 도대체 인간의 언어가 어떻게 해서 하느님이라는 존재에 적용될 수 있는가?

성 토마스는 이 문제를 잘 알고 있었다. 그리고 사실 신플라톤주의에 의존하고 있었던 위디오니시우스의 저서의 영향을 받아 왔던 그리스도교 철학의 모든 전통은, 필요한 경우, 성 토마스가 하느님의 본질을 통찰함에 있어서 인간 이성의 능력에 지나친 신뢰를 두지 않도록 하는 데 도움이 되어 왔었다고 하겠다. 그의 정신은 헤겔 형식의 합리주의와는 전혀 달라서, 그는 하느님이 무엇인가(하느님의 본질)에 대해서는 알 수가 없고, 다만 하느님의 존재 여부 또는 하느님이 존재한다는 것(하느님의 존재)만을 알 수 있을 뿐이라고 말하고 있다. 이 말만을 볼 경우, 그 말은 하느님의 본성에 관한 완전한 불가지론(**agnosticism**)을 의미하고 있는 것처럼 생각되겠지만, 이는 성 토마스가 의도하는 바가 아니다. 그 말은 그의 일반적인 학설과 그 문제에 관한 그의 설명을 따라서 해석되지 않으면 안 된다. 이를테면 《대이교도 대전》에서[1] 그는 "하느님의 실체는 그 무한함으로 말미암아 우리의 지성이 지니는 모든 형상을 초월하여 있다. 따라서 우리는 하느님이 무엇인지를 아는 방법으로는 하느님의 실체를 이해할 수 없으나, 하느님은 무엇이 아니라는 것을 아는 방법으로는 하느님의 실체에 대해서 어떤 지식(개념)을 가진다"고 말하고 있다. 예컨대 하느님은 유형적인 실체도 아니며 또 유형적인 실체일 수도 없다는 것을 인정함으로써 하느님의 어떤 것을 알게 된다. 말하자면 하느님의 유형성을 부정함으로써 하느님의 본성에 대해서 어떤 관념을 형성한다. 왜냐하면 이에 의해서 하느님의 실체 그 자체는 무엇인가에 대한 적극적인 관념은 얻어지지 않을지라도 어쨌든 하느님은 유형의 것이 아니라는 것을 알고 있기 때문이다. 그리고 이러한 방법으로 하느님에 대한 부정적인 술어를 더하면 더할수록 우리는 하느님에 대한 인식에 더욱 가까워진다.

이것이 신플라톤주의의 영향을 강하게 받은 위디오니시우스와 그리고 다른 그리스도교 저작자들에게 있어서 중요하고 유명한 〈제거의 길〉(**via remotionis**) 또는 〈부정의 길〉(**via negativa**)이다. 그러나 성 토마스는 이 부정의 길에 매우 유익한 하나의 고찰을 추가하고 있다.[2] 그의 말에 의하면, 우리가 정의할 수 있는 창조된 실체의 경우에 있어서 우리는 우선 그 실체에 해당되는 유(類)를 지정하고, 그 유에 의해서 우리는 그것이 무엇이라는 것을 알며, 그 다음에 그 유에 종차(種差, **difference**)를 추가하고 그 종차에 의해서 그것을 다른 것들과 구별한다. 그러나 하느님의 경우에 있어서 하느님은 모든 유를 초월하고 있으므로, 우리는 하느님을 한 유에 해당시킬 수가 없다. 따라서 우리는 적극적인 종차에 의해서(**per affirmativas differentias**) 하느님을 다른 존재자들로부터 구별할 수가 없다. 비록 인간의 본성에 관한 명확한 관념에 이르는 방법으로는, 즉 생명적, 감각적, 동물적, 이성적 등의 일련의 적극적 내지 긍정적인 종차에 의해서는 하느님의 본성에 대한 명확한

1) *Contra Gent.*, I, 14.

2) 같은 책, 같은 곳.

관념에 이르지 못할지라도 부정적인 길에 의해서는, 즉 일련의 부정적인 종차에 의해서는 하느님의 본성에 대한 어떤 개념을 가질 수 있다. 예컨대 하느님은 우성적인 것이 아니라고 말할 경우 우리는 하느님을 모든 우성적인 것으로부터 구별하고 있고, 하느님은 유형적인 것이 아니라고 말할 경우 우리는 하느님을 어떤 실체로부터 구별하고 있다. 이렇게 계속해 나아감으로써 우리는 하느님에게만 속하고(**propria consideratio**), 하느님을 다른 모든 존재자들로부터 구별하기에 충분한 하느님의 관념을 얻게 된다.

그러나 술어들이 하느님에 대해서 부정되는 경우, 그 술어들이 부정되는 것은 그 술어에 표현된 어떤 완전성이 하느님에게 없어서가 아니라, 하느님은 풍요함에 있어서 그 한정된 완전성을 무한히 초월하여 있기 때문이라는 것을 유의하지 않으면 안 된다. 우리의 자연적인 인식은 그 시작을 감각에 두고 감각적 대상의 도움으로 이끌어지는 한에서 뻗어가고 있다.[3] 감각적인 대상이 하느님의 피조물이기 때문에 우리는 하느님이 존재한다는 것을 알 수가 있으나, 이 감각적 대상에 의해서는 하느님에 대한 충분한 인식에 이를 수 없다. 왜냐하면 그 대상들은 하느님의 능력에 온전히 일치하는 결과가 아니기 때문이다. 그러나 우리가 하느님에 대해서 필연적으로 참된 것으로서 알 수 있는 것은, 하느님은 모든 감각적 사물의 원인이라는 것이다. 감각적인 대상들의 원인으로서의 하느님은 그 대상들을 초월해 있기 때문이다. 하느님 자신은 하나의 감각적 대상이 아니며 그러한 대상일 수도 없다. 따라서 우리는 유형성과 결합되어 있는 술어, 또는 제 1 원인이면서 필연적인 존재로서의 하느님의 존재와 모순되는 어떠한 술어도 하느님에게서 부정할 수가 있다. 그러나 〈이것이 하느님으로부터 제거되는 것은 하느님의 결함 때문이 아니라 하느님이 그것을 초월해 있기 때문이다〉.[4] 그러므로 하느님은 유형적인 것이 아니라고 말하는 경우 우리가 의미하는 것은, 하느님은 신체 이하의 것이어서 신체라는 것에 포함되어 있는 완전성이 하느님에게 **없다**는 의미가 아니라, 오히려 하느님은 신체 **이상**의 것이어서 유형적인 실체라는 것에 반드시 포함되어 있는 불완전성을 하느님은 지니고 있지 않다는 의미이다.

부정적인 방법으로 논함으로써, 성 토마스는 예컨대 하느님은 유형적일 수가 없다고 밝히고 있다. 왜냐하면 부동의 원동자나 필연적인 존

---

3) *S.T.*, Ia, 12, 12, *in corpore.*

4) 같은 책, 같은 곳.

재는 순수 현실태가 아니면 안 되는 반면에, 모든 유형적인 실체는 가능태에 있기 때문이다. 나아가서 하느님에게는 질료와 형상, 실체와 우유성, 본질과 존재의 어떠한 합성도 있을 수 없다. 가령 하느님에게 본질과 존재의 합성이 있다고 한다면, 하느님은 자기 존재의 근거를 다른 존재에 두고 있을 것이다. 그러나 하느님은 제 1 원인이기 때문에 이는 불가능하다. 하느님에 있어서의 합성은 제 1 원인, 필연적인 존재, 순수 현실태로서의 하느님의 존재와는 모순이므로, 결국 하느님에 있어서는 어떠한 합성도 있을 수 없다. 우리는 이러한 합성이 없다는 것을 '순일성'(simplicity)이라는 적극적인 말로 표현하고 있다. 그러나 하느님의 '순일성'이라는 관념은 피조물에서 볼 수 있는 모든 형식의 합성을 하느님으로부터 제거함으로써 얻어지므로, 그 '순일성'은 여기서는 합성이 없다는 것을 의미하고 있다. 우리는 있는 그대로의 하느님의 순일성에 대한 충분한 관념을 형성할 수가 없다. 그 이유는 하느님의 순일성은 우리의 경험을 초월하고 있기 때문이다. 그렇지만 우리는 이 순일성은, 이를테면 피조물에서 볼 수 있는 단순성 또는 상대적인 단순성에 정반대되는 극단에 있음을 알고 있다. 인간이 굴(oyster)보다 더 높은 단계의 존재이듯이, 우리는 피조물에 있어서 실체가 합성될수록 그만큼 더 높은 단계의 존재라는 것을 경험하여 알고 있다. 그러나 하느님의 순일성은, 하느님이 자기 존재의 충만성과 완전성을 하나의 나누어지지 않은 영원한 현실태로서 소유하고 있다는 것을 의미하고 있다.

그와 같이 하느님의 〈존재〉(esse)는 받아들여지고 한정된 어떤 것이 아니라 자존하는 것이기 때문에, 하느님은 무한하고 완전한 것이다. 필연적인 존재는 필연적으로 존재하는 그 모든 것이어서 변화될 수 없기 때문에, 하느님은 불변적인 것이다. 시간은 운동을 요구하나 불변적인 존재에는 운동이 있을 수 없기 때문에 하느님은 영원한 것이다. 하느님은 순일하고 무한하기 때문에 하느님은 하나이다. 그러나 엄밀하게 말하면, 하느님은 하나의 나누어지지 않은 현실태로서 자기 고유의 자존하는 〈존재〉이기 때문에, 하느님은 영원한 것이 아니라 영원성(영원 자체)이라고 성 토마스는 말하고 있다. 부정적인 방법에 의해서 인식될 수 있는 하느님의 여러 가지 속성 모두를 여기서 철저하게 검토할 필요는 없다. 하느님은 부동의 원동자, 제 1 원인, 필연적인 존재로서 존재한다는 것을 증명한 다음에, 성 토마스가 부동의 원동자, 제 1 원인, 필연적인 존재로서의 하느님의 특성에 모순되는 피조물의 모든 술어를 어떻게 하느님으로부터 계속 제거하고 부정하고 있는가를 보여주는 몇 가지의 예를 드는 것으로 충분하다. 하느님 안에는 유형성, 합성, 한정, 불완전성, 시간 등등은 있을 수 없다.

2. 긍정의 길

불변이란 변화하지 않는 것과 같고 무한이란 한정이 없는 것과 같으므로, '불변'과 '무한'과 같은 술어나 명사는 본래 부정적인 방법과 관련되어 있음을 시사하고 있다. 그러나 선(善), 예지 등과 같이 그러한 관련성을 시사하지 아니하고 하느님에게 적용되는 다른 술어들이 있다. 나아가서 성 토마스의 말에 의하면,[5] 부정적인 술어는 하느님의 실체와 직접 관련되지 아니하고 하느님의 실체로부터 무엇을 '제거하는 것', 즉 하느님에 대한 어떤 술어의 적용을 부정하는 것에 관련되어 있지만, 하느님의 실체를 긍정적으로 단정하는 적극적인 술어나 명사들이 있다. 예컨대 '비유형적'이라는 술어는 하느님에 대해서 유형성을 부정하고 이를 제거하지만, 선이나 예지라는 술어는 하느님의 실체가 지니는 속성을 긍정적으로 또 직접적으로 단정하고 있다. 따라서 부정적인 방법 이외에 긍정적 또는 적극적인 방법이 있는 것이다. 그러나 만일 선이나 예지 등과 같은 완전성이 피조물 가운데 있는 것으로 경험된다고 한다면, 그리고 이러한 완전성을 표현하기 위해서 우리가 사용하고 있는 말이 피조물에서 취해진 관념을 나타내고 있다고 한다면, 그 긍정적인 방법의 근거는 무엇인가? 우리는 경험의 영역 아니고는 적용되지 않는 관념이나 말을 하느님에게 적용하고 있는 것이 아닌가? 우리는 다음과 같은 딜레마에 봉착하지 않는가? 즉 우리는 피조물에만 적용되는 술어를 하느님의 속성으로 단정하고 있거나 — 이 경우 하느님에 대한 우리의 말은 허위이다 — 또는 우리는 그 술어가 지니는 피조물과의 관계를 없애 버리거나 — 이 경우 그 술어는 내용이 없다. 왜냐하면 그 술어는 피조물에 대한 우리의 경험에서 얻어져서 그 경험을 표현하고 있기 때문이다 — 그 어느 쪽이다.

우선 성 토마스는 긍정적인 술어가 하느님에 대해서 말하고 있는 경우, 그 술어는 하느님의 본성이나 실체에 대해서 적극적으로 말하고 있

5) 같은 책, Ia, 13, 2, *in corpore*.

다고 주장한다. 그는 마이모니데스(Maimonides)처럼 하느님에 대한 모든 술어를 부정적인 술어로 하는 사람들의 의견도 인정하지 않고, 또 "하느님은 선하시다" 또는 "하느님은 살아 계시다"는 것은 단지 "하느님은 모든 선의 근원이다" 또는 "하느님은 모든 생명의 근원이다"라는 것을 의미할 뿐이라고 말하는 사람들의 의견도 인정하지 않을 것이다. 우리가 하느님은 살아 계시다 또는 하느님은 생명이시다고 말하는 경우, 우리는 단순히 하느님은 살아 있지 않는 것은 아니다는 것을 의미하고 있는 것만은 아니다. 왜냐하면 하느님이 살아 계시다는 그 말은, 하느님은 하나의 신체가 아니라는 그 말에는 포함되어 있지 않은 것에 대한 일종의 긍정을 하고 있기 때문이다. 그리고 또 하느님이 살아 계시다고 말하는 그 사람은, 하느님은 생명의 원인이며 모든 생명체들의 근원이라는 것만을 말하고 있는 것은 아니다. 왜냐하면 그는 하느님 자신에 대해서 무언가를 적극적으로 말하려고 하고 있기 때문이다. 나아가서 만일 하느님은 살아 계시다는 그 말이 하느님은 모든 생명체들의 원인이라는 것을 의미하는 데 불과하다면, 하느님은 모든 신체의 원인이므로 우리는 하느님은 신체이다라고도 말할 수 있을 것이다. 그러나 우리는 하느님은 신체이다라고는 말하지 아니하고, 하느님은 살아 계시다고 말하고 있다. 즉 이것은 하느님은 살아 계시다는 그 말은 하느님이 생명의 근원이라는 그 이상의 것을 의미하고 있고, 또 하나의 적극적인 긍정이 하느님의 실체에 관해서 이루어지고 있다는 것을 의미하고 있음을 보여주고 있다.

또 한편 우리가 하느님의 본성을 나타내고 있는 그 어떠한 긍정적인 관념도 하느님을 완전하게 표현하고 있는 것은 아니다. 하느님에 대한 우리의 관념은, 우리의 지성이 하느님을 알 수 있는 한에서만 하느님을 나타내고 있는 데 지나지 않는다. 이를테면 감각적인 대상이 하느님을 나타내거나 반영하는 한에서 그 대상에 의해서 우리는 하느님을 알고 있다. 따라서 피조물은 하느님을 불완전하게 나타내거나 반영하고 있으므로, 자연계에 대한 우리의 경험에서 생겨난 우리의 관념들 그 자체도 하느님을 오직 불완전하게 나타낼 수밖에 없다. 우리가 하느님은 선하시거나 살아 계시다고 말하는 경우, 하느님은 선 또는 생명이라는 완전성을 포함하고 있거나 오히려 그 완전성 자체라는 것을 의미하고 있다. 물론 이는 피조물의 모든 불완전성과 제한성을 초월하고 이를 배제한다는 의미에서의 완전성이다. **단정되는 속성**(예컨대 선)에서 본다면, 우리가 하느님의 속성을 단정하는 그 긍정적인 술어는 어떠한 결합도 없는 완전성을 의미한다. 그러나 **그 속성을 단정하는 방법**에서 본다면, 그러한 모든 술어는 결합을 지니고 있다. 왜냐하면 우리가 어떤 것을 말(〈명사〉)로 나타내는 경우, 그것은 지성이 파악하는 양식에 의해서 이루어지기 때문이다. 따라서 위디오니시우스가 말했듯이, 이러한 종류의 술어는 결과적으로 하느님에 대해서 긍정되기도 부정되기도 한다. 말하자면 〈명사의 표현 내용에 의해서〉 긍정되고 〈표현의 양식에 의해서〉 부정된다. 가령 우리가 하느님은 예지이다라고 말하는 경우 이 긍정적인 표현은 완전성 그 자체에 관해서는 옳지만, 하느님은 예지이다라는 그 말이 바로 우리가 예지를 경험하고 있는 의미에서라면 그것은 허위가 될 것이다. 하느님은 슬기로우시지만, 그는 우리의 경험을 초월한 의미에서의 예지이다. 즉 하느님은 예지를 하나의 부여되어 있는 성질이나 형상으로서 지니고 있는 것이 아니다. 달리 말하면 우리는 하느님에 대해서는 '탁월한' 방법으로 예지, 선, 생명 등의 본질을 긍정하고, 또 인간의 예지 즉 우리가 경험하는 그러한 예지에 따르는 불완전성을 하느님에 대해서는 부정하는 것이다.[6] 그러므로 우리가 하느님은 선하시다고 말하는 경우, 그 뜻은 하느님은 선의 근원이라든가 하느님은 악하지 않다는 것이 아니라, 우리가 피조물 가운데서 선이라고 부르고 있는 것은 하느님 가운데 〈보다 고차적인 양식에 의해서〉 선재(先在)하고 있다는 것을 의미하고 있다. 그러나 그렇다고 하여 하느님은 선의 원인이므로 결과적으로 선은 하느님에게 속한다는 것이 아니라, 오히려 하느님은 선하시기 때문에 하느님은 선을 사물들 가운데 확산시키고, 아우구스티누스의 말대로 "하느님은 선하시기 때문에 우리가 존재한다"는[7] 결과가 된다.

3. 유　비

지금까지 고찰한 요점은, 우리는 이 세상에서는 하느님의 본질을 있는 그대로가 아니라 단지 피조물 가운데서 드러나는 한에서만 알 수 있으며, 따라서 우리가 하느님에게 적용하고 있는 명사들은 피조물 가운데 나타나 있는 완전성을 의미하고 있다. 이러한 사실에서 몇 가지의 중요한 결론이 끌어내어진다. 첫째로, 우리가 하느님과 피조물에 적

6) *Contra Gent.*, 1, 30.

7) *S.T.*, Ia, 13, 2.

용하고 있는 명사들은 일의적(一義的, **univocal**) 의미에서 이해되어서는 안 된다는 것이다. 가령 우리가 어떤 인간은 슬기롭다 또는 하느님은 슬기롭다고 말하는 경우, '슬기로운'(**wise**)이라는 그 술어는 일의적인 의미로, 즉 온전히 같은 의미로 이해되어서는 안 된다. 우리가 지니고 있는 예지(**wisdom**)라는 개념은 피조물로부터 얻어진 것이므로, 만일 우리가 이 개념을 그대로 하느님에게 적용한다면 우리는 하느님에 대해서 무엇인가 잘못된 것을 말하고 있는 셈이다. 왜냐하면 하느님은 어떤 인간이 슬기로운 것과 온전히 같은 의미에서 슬기로운 것도 아니며 또 그럴 수도 없기 때문이다. 둘째로, 우리가 하느님에게 적용하는 그 명사들은 순전히 다의적(多義的, **equivocal**)인 것도 아니다. 말하자면 의미에 있어서 그 명사들은 피조물에 적용될 때에 지니고 있는 의미와 온전히 다른 것이 아니다. 만일 그 명사들이 순전히 다의적이라고 한다면, 우리는 피조물로부터 하느님에 대한 인식을 얻어낼 수 없다고 말하지 않을 수 없을 것이다. 그리고 만일 인간의 속성으로서 말해진 예지와 하느님의 속성으로서 말해진 예지가 온전히 다른 것을 의미하고 있다면, 하느님에게 적용된 '슬기로운'이라는 말은 아무런 내용도 의미도 지니지 않는다고 하겠다. 왜냐하면 예지에 대해서 우리가 지니는 지식은 피조물로부터 얻어지고, 하느님의 예지에 대한 직접적인 경험에 근거하지는 않기 때문이다. 물론 하느님의 속성을 말하고 있는 그 명사가 다의적인 의미로 사용되는 경우에는 피조물로부터는 하느님에 대해서 아무 것도 알 수 없다고 말할지라도, 결국 우리는 피조물로부터 하느님에 대한 무엇을 알 수 있는 것은 아니라는 반론이 있을지 모른다. 그러나 하느님의 결과로서의 피조물은, 비록 불완전하기는 하지만 반드시 하느님을 나타내게 되어 있다는 사실에 근거하여, 우리는 피조물로부터 하느님에 대한 무엇을 알 수 있다고 성 토마스는 주장하고 있다.

만일 피조물에 대한 우리의 경험에서 얻어져서 하느님에게 적용되는 그 개념이 일의적인 의미로도 다의적인 의미로도 사용되지 않는다면, 어떠한 의미로 사용되고 있을까? 어떤 중간의 길이 있을까? 성 토마스는 그 개념이 유비적(**analogical**)인 의미로 사용된다고 대답하고 있다. 하나의 속성이 두 개의 다른 존재자에 대해서 유비적으로 말해지는 경우, 이는 그 양자가 어떤 제 3 자에 대해서 지니는 관계를 따라서 말해지거나 또는 그 양자의 상호 관계에 따라서 말해지고 있다는 것을 의미하고 있다. 첫째 유형의 유비적인 술어의 예로서, 성 토마스는 건강의 예를 즐겨 들고 있다.[8] 동물은 건강의 주체이므로, 즉 건강을 지니고 있기 때문에 건강하다고 말한다. 약은 건강의 원인이기 때문에 건강하다고 하고, 안색은 건강의 표시이기 때문에 건강하다고 말한다. '건강'이라는 그 말은 동물, 약, 안색에 대해서 이들이 지니는 건강과의 각이한 관계를 따라서 각이한 의미로 말해지고 있으나, 순전히 다의적인 의미에서 말해지고 있는 것은 아니다. 왜냐하면 그 셋 모두는 건강에 대해서 어떤 실질적인 관계를 지니고 있기 때문이다. 약은 동물이 건강하다는 것과 같은 의미에서 건강한 것은 아니다. 왜냐하면 '건강'이라는 그 말(명사)은 일의적으로 적용되어 있는 것도 아니며 그것이 사용되어 있는 의미가 다의적인 것도 아니고, 또는 우리가 미소짓는 목장이라고 말하는 경우처럼 순전히 비유적인 것도 아니기 때문이다. 그러나 성 토마스의 말에 의하면 이는 하느님과 피조물의 속성을 단정하는 방법이 아니다. 왜냐하면 하느님과 피조물은 어떤 제 3 자와는 어떠한 관계도 지니고 있지 않기 때문이다. 즉 우리는 피조물이 하느님과의 실재적인 관계를 지니고 있는 한에서 하느님과 피조물의 속성을 단정하고 있다. 예컨대 우리가 하느님과 피조물의 존재를 두고 말하는 경우, 우리는 우선 먼저 존재를 자존하는 존재로서의 하느님에게 돌리고, 그 다음으로 존재를 하느님에게 의존하고 있는 피조물에게 돌린다. 우리가 하느님과 피조물에 존재를 일의적으로 말할 수 없는 것은 하느님과 피조물은 존재를 같은 방법으로 소유하고 있지 않기 때문이며, 또 우리가 순전히 다의적인 의미로 말하고 있지 않는 것은 비록 피조물의 존재가 하느님의 존재와는 달리 의존하고 있고 존재를 분유(分有)하고 있을지라도 어쨌든 피조물은 존재를 가지고 있기 때문이다.

하느님과 피조물에 적용되는 그 말이 무엇을 의미하는가 하면, 그 말은 첫째로 하느님에게 돌려지고 그 다음으로 피조물에게 돌려진다는 것이다. 위에서 이미 말했듯이 존재는 본질적으로 하느님에게 속하는 반면에, 피조물에게는 본질적으로가 아니라 오직 하느님에게 의존하고 있는 한에서만 속하고 있다. 즉 피조물의 존재는 존재이기는 하지만, 하느님의 존재와는 종류가 다른 존재이다. 왜냐하면 그 존재는 받아들여져 있고, 파생되고, 의존해 있는, 유한한 것이기 때문이다. 그러나 명사(말)에 의해서 나타내어진 그것은 우선 하느님에게 돌려질지라도, 그 명사는 본래 피조물에게 먼저 말해지고 있다. 그 이유는 다음과 같

8) *Contra Gent.*, I, 34 ; *S.T.*, Ia, 13, 5.

다. 우리는 하느님을 알기 이전에 피조물을 알고 있다. 따라서 예컨대 예지에 관한 우리의 지식은 피조물에서 얻어지고 그 말은 본래 피조물에 대한 우리의 경험에서 생겨난 개념을 가리키고 있기 때문에, 비록 실제적으로는 예지 그 자체, 즉 그 말에 의해서 나타내어진 그것은 본래 하느님에게 속해 있을지라도, 그 예지의 관념이나 말은 본래는 피조물에 대해서 말해지고 하느님에게는 유비적으로 말해지는 것이다.

4. 유비의 유형

유비적인 서술은 유사점에 근거하고 있다. 《진리론》에서,[9] 성 토마스는 비례의 유사점(convenientia proportionis)과 비례성의 유사점(convenientia proportionalitatis)을 구별하고 있다. 8과 4라는 수 사이에는 비례의 유사점이 있으나 3 대 6의 비례와 2 대 4의 비례 사이에는 비례성의 유사점, 즉 두 비례 상호간의 유사점이나 상사점이 있다. 일반적인 의미에서의 유비적인 서술은 이 두 유형의 유사점에 의해서 이루어지고 있다. 상호간에 관계를 지니고 있는 실체와 우유성에 대한 존재의 서술은 비례에 의한 유비적인 서술의 한 예이나, 육안으로 보는 것과 지성의 눈으로 보는 것에 있어서 본다는 것의 서술은 비례성에 의한 유비적인 서술의 한 예이다. 신체상으로 본다는 것이 눈에 대해서 지니는 관계는, 지적으로 파악하거나 본다는 것이 정신에 대해서 지니는 관계와 같다. 본다는 것에 대한 눈의 관계와 지적 파악에 대한 정신의 관계 사이에는 유사점이 있으며, 그 유사점에 의해서 우리는 그 두 경우에 있어서 '본다'고 말할 수 있다. 우리는 그 두 경우에 있어서 '본다'는 말을 일의적이거나 다의적으로가 아니라 유비적으로 적용하고 있는 것이다.

그런데 실체와 우유성에 대해서 존재를 말할 수 있는 것과 같은 방법으로 하느님과 피조물에 대해서 어떤 무엇을 유비적으로 말할 수는 없다. 왜냐하면 하느님과 피조물은 상호적인 실재적 관계를 가지고 있지 않기 때문이다. 말하자면 피조물은 하느님에 대해서 실재적인 관계를 지니고 있지만, 하느님은 피조물에 대해서 실재적인 관계를 지니고 있지 않다. 그리고 또 실체가 우유성의 정의 안에 포함되어 있는 그러

9) 2, 11, *in corpore.*

한 방법으로, 하느님은 어떠한 피조물의 정의 안에도 포함되지 않는다. 그러나 그렇다고 하여 하느님과 피조물 사이에 어떠한 비례의 유비도 있을 수 없다는 것은 아니다. 비록 하느님은 피조물에 대해서 실재적인 관계를 가지지 않을지라도, 피조물은 하느님에 대해서 실재적인 관계를 지니고 있다. 따라서 우리는 그 (실재적인) 관계에 의해서 하느님과 피조물에 같은 명사(말)를 적용할 수가 있다. 물질과 밀접한 관계도 없고 술어의 대상이 되는 존재에 있어서 어떠한 결함이나 불완전성도 반드시 포함하고 있지 않는 완전성이 있다. 존재, 예지, 선은 그러한 완전성의 실례이다. 우리가 존재, 선, 예지에 대한 지식을 피조물에서 얻고 있는 것은 분명하지만, 그렇다고 하여 이 완전성이 본래는 피조물에 있고 그 다음으로 하느님에게 있다든지, 그 완전성이 우선적으로 피조물에게 서술되고 그 다음으로 하느님에게 서술된다는 것은 아니다. 오히려 가령 선은 본래 무한한 선이면서 모든 피조물이 지니는 선의 근원인 하느님 가운데 있는 것이다. 비록 우리가 처음으로 알게 되는 것은 피조물의 선일지라도, 그 선은 본래는 하느님에게 말해지고 그 다음으로 피조물에 대해서 말해지는 것이다. 따라서 비례의 유비는 하느님에 대한 피조물의 관계와 유사점에 의해서 가능하게 된다. 이 점에 대해서는 곧 뒤에서 말하기로 하겠다.

성 토마스는 (일반적으로 용인되는 의미에서의) 비례의 유비에 찬성하여 비례성의 유비를 포기하게 되었다고 말해져 왔다. 그러나 나에게는 그렇게 생각되지 않는다. 그가 《명제집 주석》에서[10] 이 두 유형의 유비를 들고 있고 《능력론》(*De Potentia*), 《대이교도 대전》, 《신학 대전》과 같은 후기의 저서에서도 비례의 유비를 강조하고 있는 것처럼 보일지라도, 그가 언제나 비례성의 유비를 포기했다고는 생각되지 않는다. 이 비례성의 유비에 의한 서술 방법은, 상징적이거나 본연적인 두 방법으로 사용될 수 있다. 우리가 하느님을 '태양'이라고 말할 수 있다는 것은, 육안에 대한 태양의 관계가 영혼에 대한 하느님의 관계와 같다는 것을 의미하고 있다. 그러나 '태양'이라는 그 말은 물질적인 사물에 관련되어 있어서 정신적인 존재에 대해서는 오직 상징적으로만 말해질 수 있으므로, 우리는 그 경우 상징적으로 말하고 있는 것이다. 그렇지만 하느님의 지적 활동에 대한 하느님 자신의 관계와 인간의 지적 활동에 대한 인간 자신의 관계 사이에는 일정한 유사점이 있다고 말할

10) *In 4 Sent.*, 49, 2, 1, *ad* 6.

수 있다. 그리고 이 경우에 우리는 단순히 상징적으로 말하고 있는 것이 아니다. 왜냐하면 지적 활동은 그 자체가 하나의 순수한 완전성이기 때문이다.

따라서 유비적인 서술을 가능하게 하는 것, 즉 모든 유비의 바탕은 하느님에 대한 피조물의 유사성이다. 하느님이 모든 슬기로운(예지를 지니고 있는) 것의 근원이라는 이유만으로 우리가 하느님에 대해서 예지를 말하는 것은 아니다. 왜냐하면 만일 그렇지 않다면, 우리는 하느님이 모든 돌의 원인이라는 이유에서 바로 하느님을 하나의 돌이라고 말할 수 있을지도 모르기 때문이다. 그러나 우리가 하느님을 예지라고 부르는 것은, 하느님의 결과인 피조물이 하느님을 드러내고 있고 하느님과 비슷한 데가 있기 때문이며, 예지처럼 순수한 완전성은 본질적으로 하느님에 대해서 서술되기 때문이다. 그러나 이 유사성이란 무엇인가? 우선 첫째로 그것은 일방적인 유사성이다. 이를테면 피조물은 하느님과 닮은 데가 있으나, 하느님이 피조물을 닮아 있다고 우리는 본래 말할 수가 없다. 하느님은 말하자면 절대적인 기준이다. 둘째로 피조물은 하느님을 오직 불완전하게 닮아 있는 데 지나지 않는다. 피조물이 하느님을 완전하게 닮을 수는 없다. 이는 피조물이 동시에 하느님을 닮기도 하고 닮지 않기도 한다는 것을 의미하고 있다. 피조물은 하느님의 모조품이라는 점에서 하느님을 닮아 있으나, 하느님에 대한 유사성이 불완전하고 결함이 있다는 점에서는 하느님을 닮고 있지 않다. 그러므로 유비적인 서술은 일의적인 술어와 다의적인 술어 중간에 있는 것이다. 유비적인 서술에 있어서 그 술어가 하느님과 피조물에 적용되는 것은 온전히 동일한 의미에서도, 또 다른 의미에서도 아니다. 이를테면 유사하면서 동시에 다르다는 의미에서 적용되고 있는 것이다.[11] 유사하면서 동시에 다르다는 개념이 유비에 있어서 기본적이다. 사실 이 개념은 논리학적인 입장에서 보면 상당한 문제점을 야기시키겠지만, 여기서 유비에 대한 현대의 실증주의자들의 반론을 논하기는 적당하지 않다고 생각한다.

그래서 성 토마스는 **비례**(**proportionis**)의 **유비**와 **비례성**(**proportionalitatis**)의 유비를 구별하고 있다. 이미 위에서 말했듯이, 그는 존재에 대해서 실체와 우유성에 적용될 수 있는 그 비례의 유비를 하느님과 피조물에 대해서는 인정하지 않는다. 그에 의하면 자연 신학에 있

11) *S.T.*, Ia, 13, 5, *in corpore* 참조.

어서의 비례의 유비는 하느님에 대한 피조물의 실재적인 관계와 유사성에 의해서, 술어가 본래는 하나의 유사항인 하느님에게 적용되고, 그 다음으로 불완전하게 다른 유사항인 피조물에 적용되는 유비를 의미하고 있다. 그 유사항들에 속해 있는 완전성은 실제로는 그 양자에 있으나, 같은 방법으로 있는 것은 아니다. 그 하나의 술어는, 완전히 다르지도 않으면서 온전히 같지도 않다는 의미에서 동시에 사용되고 있다. 그 용어는 성 토마스의 시대 이래로 변화되어, 이러한 종류의 유비는 이제 귀속의 유비(**analogy of attribution**)라고 불리우고 있다. 비례성의 유비, 즉 비례항간의 유사점은 때로는 귀속의 유비와 구별하여 비례의 유비라고 불리워지고 있다. 그러나 모든 스콜라 학자나 성 토마스의 주석가들이 온전히 같은 방법으로 그 용어를 사용하고 있는 것은 아니다.

어떤 스콜라 학자들은, 예컨대 존재는 비례성의 유비에 의해서만 하느님과 피조물에 서술될 수 있고 귀속의 유비에 의해서는 서술될 수 없다고 주장해 왔다. 그러나 비례성의 유비 그 자체의 가치를 검토하려고 하지 않고, 하느님이 어떤 완전성을 가지고 있다는 것을 귀속의 유비의 방법 외에 어떤 방법으로 우리가 알 수 있을 것인지 나는 모른다. 모든 유비적인 술어는 하느님에 대한 피조물의 실재적 관계와 유사성에 근거하고 있다. 그리고 비례성의 유비는 비례 또는 귀속의 유비를 전제하고 있으며, 그 두 종류의 유비 가운데서도 귀속의 유비가 더 기본적이라고 생각된다.

5. 문 제 점

성 토마스가 유비에 대해서 말할 수밖에 없었던 것을 생각해 보면, 그는 우리가 하느님에 대해서 말하는 방법, 즉 우리의 말과 개념의 의미를 검토하고 있을 뿐 하느님에 대한 우리의 실재적인 인식에 대해서는 실제로 아무 것도 확립하고 있지 않은 것처럼 보일지 모른다. 그러나 피조물의 완전성은 탁월한 방법, 즉 하느님의 무한성과 정신성에 조화할 수 있는 방법으로 창조자 안에 있지 않을 수 없다는 것이 성 토마스에 있어서 기본적인 원리이다. 예컨대 하느님이 지적 존재를 창조했다고 한다면, 하느님이 지성을 소유하고 있음에는 틀림없다. 말하자면 하느님을 지적인 것 이하의 것으로 생각할 수는 없는 것이다. 나아가서 아리스토텔레스가 말하고 있듯이, 정신적인 존재는 하나의 지적 형상일 수밖에 없으며 무한한 정신적 존재는 무한한 지성을 소유하지 않을 수 없다. 또 한편 하느님은 합성된 존재가 아니라 순수 현실태이므로, 하느님의 지성은 자신의 본질이나 본성과는 다른 능력일 수 없다. 또 하느님은 불변적이고 우성적인 규정이 불가능하므로 사물을 계기적(繼起的)으로 인식하는 일이 없다. 하느님의 영원성에 의해서 모든 사물은 하느님에게 현존하므로, 하느님은 미래의 사건들을 자신의 영원성에 의하여 알고 있다.[12] 하느님이 완전한 지성을 소유하고 있음에는 틀림이 없으나 우리는 그것에 대한 아무런 경험을 가지고 있지 않으므로 하느님의 지성이 어떠한 것인가에 대한 어떤 충분한 개념을 형성할 수가 없다. 하느님의 지성에 대한 우리의 지식은 이렇게 불완전하고 불충분하지만 틀린 것이 아니며, 그것은 유비적인 지식이다. 우리가 이 지식의 불완전성을 알지 못하고 유한한 지성 그 자체를 하느님에게 돌리려고 하는 경우에만 옳지 못하게 될 것이다. 우리가 인간이 사용하는 개념과 언어에 의해서 하느님의 지성에 대해서 생각하거나 말하지 않을 수 없는 것은, 우리에게 있어서 다른 적당한 방법이 없기 때문이다. 그러면서도 동시에 우리는 우리가 사용하는 개념이나 언어가 불완전하다는 것을 알고 있다. 가령 우리는 하느님이 미래의 사건을 '미리 알고' 있는 것처럼 말하지 않을 수 없지만, 그러나 우리는 하느님에게 있어서는 과거도 없고 미래도 없다는 것을 알고 있다. 그와 마찬가지로 우리는 하느님이 자기 자신 이외의 다른 대상에 대한 완전한 자유 의지를 가지고 있다고 믿지 않을 수 없지만, 그러나 하느님의 자유 의지는 변하기 쉬운 것일 수 없다. 말하자면 하느님은 마침 알맞은 때에 세계를 창조할 것을 자유로이 원했지만, 그러나 그는 자신의 본질과 동일한 의지의 한 행위에 의해서 세계를 창조할 것을 영원으로부터 자유로이 원하고 있었다. 그러므로 우리는 하느님의 자유 의지에 대한 충분한 개념을 형성할 수가 없다. 그러나 하느님에 대한 피조물의 관계가 우리에게 가르쳐 주고 있는 것은, 하느님은 자유 의지를 소유하고 있음에 틀림없다는 것과, 우리는 하느님의 그 자유 의지가 뜻할 수 없는 어떤 무엇을 실행할 수 있다는 것이다. 그러나 우리는 하느님이 아니라 피조물이기 때문에, 우리로서는 하느님이 지니고 있는 자유 의지의 참 모습을 도저히 이해할 수가 없다. 하느님만이 자기 자신을 이해할 수 있을 뿐이다.

---

12) 같은 책, Ia, 14, 13 참조.

어쨌든 유비론과 관련하여 중대한 문제가 생겨나는 것은 거의 부정할 수 없다. 가령 우리의 지성이 지니고 있는 관념이 인간의 지성에서 얻어지고 있다면, 분명 그 관념을 하느님에게 그대로 적용할 수는 없다. 성 토마스도 하느님과 피조물에 적용되는 술어는 일의적이 아니라고 주장하고 있다. 또 한편 우리가 불가지론에 동의하려고 하지 않는 한, 우리는 이러한 술어가 온전히 다의적인 의미에서 사용되고 있다고는 인정할 수 없을 것이다. 그렇다면 도대체 하느님의 지성에 대해서 우리가 지니고 있는 관념의 적극적인 내용은 무엇인가? 만일 성 토마스가 단순히 〈부정의 길〉만을 고집한다면 문제는 일어나지 않을 것이다. 이를테면 우리는 하느님의 지성이 무엇인가에 대해서 적극적인 관념을 가지지 않는다는 것을 인정하므로, 그는 단지 하느님은 비지성적이라든가 하느님은 초지성적이라고 말하는 것으로 끝날 것이다. 그러나 성 토마스는 〈부정의 길〉에서 끝나지 아니하고, 그는 〈긍정의 길〉도 인정하고 있다. 따라서 하느님의 지성에 대한 우리의 관념은 적극적인 내용을 지니고 있다. 그렇다면 그 적극적인 내용이란 무엇일까? 그 적극적인 내용은 인간 지성의 한계, 유한성, 추론이라는 특성, 가능태 등등을 부정함으로써 얻어진다고 대답할 수가 있을까? 어쨌든 이 경우 우리는 하느님의 지성 그대로의 적극적인 개념을 얻든가, 유한성이나 무한성을 떠나서 지성의 '본질'에 대한 개념 — 이것은 하느님과 피조물에 대해서는 일의적이라고 생각된다 — 을 얻든가 그 둘 중에 하나이다. 부정은 그 내용을 말끔히 지워 버리든가, 또는 그 부정을 하느님과 인간의 지성에 대해서 일의적인 그러한 지성의 본질의 개념이 되게 한다고 생각된다. 둔스 스코투스(Johannes Duns Scotus, 1265 년 ~1308 년)가 후에, 실재의 질서에서는 하느님과 피조물에 일의성이 없지만, 우리는 하느님과 피조물에 적용할 수 있는 일의적인 개념을 형성할 수 있다고 주장했던 것은 이러한 이유에서였다. 유비적 개념과 일의적 개념은 일부 같기도 하고 일부 다르기도 하다고 흔히 말해지고 있다. 그러나 같은 문제가 되풀이되고 있다. '같다'는 그 요소는 일의적인 요소인 반면에, '다르다'는 그 요소는 부정적이거나 내용을 가지지 않는다는 것일 것이다. 왜냐하면 우리는 관념의 기원인 하느님에 대한 직접적인 경험을 가지고 있지 않기 때문이다. 그러나 이 점에 대한 더 자세한 고찰은 성 토마스의 인식론에서 다루기로 하겠다.[13)]

---

13) 38 장의 4 를 참조.

6. 하느님의 이데아

하느님의 지성을 고찰할 경우, 성 토마스는 하느님의 이데아설(**the doctrine of the divine ideas**)에 대해서 어떻게 생각했는가 하는 의문에 직면하는 것은 당연하다. 그는 우선 첫째로 〈하느님의 정신에는 이데아들이 있어야 한다〉[14]고 확증하고 있다. 왜냐하면 하느님은 사물을 우연히 창조한 것이 아니라 자신의 정신 안에 품고 있는 범형적인 이데아(**the exemplary idea**)에 따라서 지적으로 창조했기 때문이다. 그는 플라톤이 어떠한 지성 안에도 존재하지 않는 이데아를 주장하는 점에서 잘못되었다고 지적하고, 아리스토텔레스는 이 때문에 플라톤을 비난했다고 말하고 있다. 실제로는 하느님에 의한 자유로운 창조를 조금도 믿지 않았던 아리스토텔레스가 플라톤을 비난했던 것은, 플라톤이 이데아를 하느님의 정신에서 독립하여 있는 것으로 보았기 때문이 아니라, 오히려 이 이데아의 주관적인 측면에서는 인간의 정신에서 독립하여 자존하고 또 형상으로서의 이데아의 객관적인 측면에서는 사물에서 독립하여 있다고 주장했기 때문이다. 그러므로 이데아가 하느님의 정신에 있다는 것을 주장함에 있어서, 성 토마스는 플라톤에 의해서 시작하여 중기 플라톤주의와 신플라톤주의에서 발전되고 그리스도교적인 세계에서 아우구스티누스나 그를 추종했던 사람들의 철학 가운데서 계승된 전통을 따르고 있다.

신플라톤주의자들이 이데아들을 유일자 또는 최고의 신성(神性) 안에 두지 아니하고 〈누우스〉(**Nous**), 즉 제 2 의 기체(基體) 또는 최초로 유출한 신적 존재에 두었던 이유의 하나는, 다수의 이데아들이 하느님 안에 있다는 것은 하느님의 유일성을 손상시킨다고 그들이 생각한 데 있다. 그런데 성 토마스가 하느님 가운데 인정할 수 있었던 유일의 실재적 구별이 삼위에 있어서 하느님의 세 위격간의 구별(물론 성 토마스는 철학자로서 이 구별을 했던 것은 아니다)이었을 때, 그는 이 문제에 어떻게 대처했을까? 그의 대답은, 한 관점에서 볼 때는 하느님은 창조될 개별적인 것을 낱낱이 알고 있으므로 아우구스티누스가 말한 바와 같이 하느님에게는 다수의 이데아가 있다고 말해야 하나, 다

14) *S.T.*, Ia, 15, 1.

른 관점에서는 이는 하느님의 순일성(純一性)에 모순되므로 하느님에게는 다수의 이데아가 있을 수 없다고 말하지 않으면 안 된다는 것이다. 그의 진의는 다음과 같다. 만일 이데아라는 그 말이 이데아의 내용을 가리킨다면, 하느님에게 다수의 이데아를 인정하지 않을 수 없다. 왜냐하면 하느님은 많은 것을 알고 있기 때문이다. 그러나 만일 이데아가 주관적인 정신의 규정, 즉 종(種) 개념을 의미한다면 하느님에게 다수의 이데아를 인정할 수 없다. 왜냐하면 하느님의 지성은 자신의 불가분적인 본질과 동일하고, 한정이나 어떠한 종류의 합성도 받아들일 수 없기 때문이다. 하느님은 자기의 본질을 있는 그대로 알 뿐만 아니라, 자기 밖의 다수의 피조물에 의해서 모방될 수 있는 것으로도 알고 있다. 하느님의 이러한 인식 작용은, 그것이 하느님 안에 있는 한에서는 하나이며 불가분적이고 하느님의 본질과 동일한 것이다. 그러나 하느님은 자신의 본질을 다수의 피조물에 의해서 모방될 수 있는 것으로 알 뿐만 아니라 자신의 본질을 인식함으로써 다수의 피조물을 인식한다는 것을 알고 있기 때문에, 우리는 하느님 안에 다수의 이데아가 있다고 말할 수 있고 또 말하지 않을 수 없다. 왜냐하면 '이데아'는 하느님의 본질을 있는 그대로 나타낼 뿐만 아니라 개별적인 대상의 범형으로도 나타나고 있기 때문이다. 그리고 이데아는 많은 대상들의 범형이다. 달리 말하면, 하느님에 대한 우리들 진술의 진위(眞爲)는 인간의 언어에 의해서 평가되지 않을 수 없다. 하느님에게 있어서 다수의 이데아를 무조건 부정하는 것은, 하느님이 다수의 대상들을 안다는 것을 부정하는 셈이 될 것이다. 그러나 하느님이 자신의 본질을 다수의 피조물에 의해서 모방될 수 있는 것으로 안다는 그 사실을, 하느님의 지성 안에 다수의 실재적인 종 개념이나 실재적으로 각이한 양태가 있는 것처럼 말해서는 안 된다.[15)]

하느님의 이데아에 대한 이 논의가 다소 중요성을 띠고 있는 것은, 성 토마스가 단순히 하나의 아리스토텔레스주의자가 아니라 적어도 이 점에 있어서는 플라톤-아우구스티누스적인 전통을 지지하고 있음을 보여주고 있기 때문이다. 사실 그는 하느님의 순일성에 대한 어떠한 손상에도 대비하지 않을 수 없다는 것을 명백하게 알고 있으면서도, 하느님은 자신의 지성의 한 작용, 즉 한 '이데아'에 의해서 자신의 본질

15) 같은 책, Ia, 15, 1~3; *Contra Gent.*, 1, 53~54 참조.

을 다수의 피조물에 의해서 모방될 수 있는 것으로 인식한다고 말하는 것으로는 만족하지 아니하고 하느님에게는 다수의 이데아가 있다고 주장하고 있다. 그는 이처럼 주장하는 이유를 분명하게 제시하고는 있으나, 우리는 분명하지 않은 하나의 이유가 아우구스티누스와 아우구스티누스가 말하는 양식에 대한 그의 존경이라는 인상을 받게 된다. 어쨌든 여기서 분명히해 두지 않으면 안 되는 것이 있다. 오늘에 와서 우리가 '이데아'라는 말을 사용할 경우, 우리는 그것을 당연히 주관적인 관념이나 정신적인 양태로 보고 있는데, 이러한 의미에서 성 토마스는 실재적으로 서로 다른 다수의 이데아를 하느님에게 인정하고 있는 것이 아니라, 그는 우선 범형적인 형상의 의미에서 '이데아'를 생각하고 있었다. 그리고 하느님의 지성에 의해서 인식되는 한에서의 하느님의 본질은 다수의 피조물에 있어서 모방될 수 있는 것으로, 즉 많은 대상들의 범형으로 인식되기 때문에, 성 토마스 자신은 하느님에게는 다수의 〈이념〉(rationes)이 있다고 말하는 것은 당연하다고 생각했다. 그렇지만 그는 이 이념의 다수성은 피조물의 다수성에 상응하는 하느님의 자기 본질에 대한 인식에 있을 뿐이며, 하느님에 있어서 실재적으로 구별되는 것은 아니라고 주장하지 않을 수 없었다.

7. 하느님의 속성들간의 비실재적인 구별

우리는 위에서 하느님의 지성, 의지, 선, 유일성, 순일성 등등에 대해서 언급해 왔는데, 하느님의 이 속성들은 실재적으로 서로 다른가? 만일 그 속성들이 서로 다르지 않다고 한다면, 마치 다른 것처럼 우리가 말하고 있는 근거는 무엇일까? 하느님은 순일하므로 하느님의 속성들은 실재적으로 서로 다른 것이 아니다. 말하자면 그 속성들은 하느님의 본질과 동일하다. 하느님의 지성이나 의지도 하느님의 본질과 실제적으로 다른 것이 아니다. 이를테면 하느님의 정의와 하느님의 자비는 하느님 안에서는 똑같은 것이다. 그럼에도 불구하고, 우리의 언어 구조상 주어와 술어에 의해서 말할 수밖에 없다는 사실은 별문제로 하고도 우리는 하느님의 완전성을, 말하자면 단편적으로 이해하고 있다. 우리에게 있어서 하느님에 대한 자연적인 인식은 하느님의 결과인 피조물을 고찰함으로써만 얻어진다. 그리고 피조물의 완전성, 즉 피조물에 있어서의 하느님의 나타남과 반영은 여러 가지로 다르기 때문에,

우리는 그 각이한 완전성을 표현하기 위해서 각이한 명사들을 사용하고 있다. 그러나 만일 우리가 있는 그대로의 하느님의 본질을 파악할 수가 있어서 그것에 그 고유 명사를 부여할 수가 있다고 한다면, 우리는 마땅히 단 하나의 이름(명사)만을 사용해야 할 것이다.[16] 그렇지만 우리는 하느님의 본질을 직접 파악할 수는 없고 단지 여러 가지의 개념들에 의해서만 그것을 알고 있다. 그러므로 우리는 하느님의 본질을 표현하기 위해서는 여러 가지의 말들을 사용하지 않으면 안 된다. 물론 그러면서 동시에 우리는 그 모든 말(명사)에 해당하는 사실상의 실재는 오직 하나의 단순한 실재라는 것을 알고 있다. 어떤 대상을 실제로 있는 것과는 달리 생각하는 것은 그 대상을 잘못 생각하는 것이다라는 반론이 있다면, 이에 대해서 우리는 그 대상을 실제로 존재하는 것과는 달리 존재한다고 생각하고 있는 것은 아니라고 대답할 수 있다. 왜냐하면 우리는 하느님이 실제로 하나의 순일한 존재라는 것을 알고 있으나, 우리가 비합성적(非合成的)이라고 알고 있는 그 대상을 단지 합성적인 방법으로 생각하고 있을 뿐이기 때문이다. 이는 바로 우리의 지성은 유한하고 추론적이어서, 피조물 가운데 나타나는 하느님의 각이한 반영에 의하지 아니하고는 하느님을 이해할 수 없다는 것을 의미하고 있다. 그러므로 하느님에 대한 우리의 인식은 불충분하고 불완전하기는 하지만 틀린 것은 아니다.[17] 우리가 지니고 있는 합성적이고 각이한 개념의 어떤 근거가 과연 하느님 안에 있기는 하지만, 그러나 이 근거는 하느님의 속성들간의 어떠한 실재적인 구별도 아니고, 바로 하느님의 무한한 풍요함으로 말미암아 인간의 정신에 의해서는 하나의 개념으로 이해될 수 없는 하느님의 무한한 완전성인 것이다.

8. 존재 자체로서의 하느님

성 토마스에 의하면,[18] 하느님에게 가장 적합한 이름은 불타는 덤불에서[19] 하느님이 모세에게 가르쳐 준 이름, 즉 존재하는 분(Qui est, He who is)이다. 하느님에게 있어서는 본질과 존재 사이에 어떠한 구별도 없다. 말하자면 하느님은 자신의 존재를 받아들이지 아니하고 존재 그 자체이다. 즉 하느님의 본질은 존재하는 것이다. 그러나 본질과 존재

16) *Contra Gent.*, I, 31. 17) *S.T.*, Ia, 13, 12, *in corpore* 와 *ad* 3 참조.
18) 같은 책, Ia, 13, 11 ; *Contra Gent.*, I,22. 19) Exodus 3, 14.

의 구별이 없는 피조물은 없다. 모든 피조물이 선이고 참이지만, 스스로 자기 존재인 것은 아무 것도 없다. 이를테면 존재한다는 것은 어떠한 피조물의 본질도 아니다. 〈존재 자체〉(ipsum esse)가 하느님의 본질이다. 그 본질에 근거하는 이름이 하느님에게 가장 어울리는 것이다. 예컨대 하느님은 선하시며 하느님의 선은 하느님의 본질과 똑같은 것이다. 그러나 우리의 인간적인 경험에 있어서의 선은 〈존재〉의 뒤를 따르며 그것을 동반하고 있다. 즉 그 선이 비록 존재와 실재적으로 구별되지는 않는다고 할지라도, 그것은 이차적인 것으로 생각되고 있다. 그러나 하느님은 〈존재 자체〉라고 말하는 것은, 말하자면 하느님의 내적 본성을 나타내는 것이다. 이 외의 다른 모든 명사(이름)는 어떤 의미에서 불충분하다. 예컨대 만일 우리가 하느님은 무한히 의로우시다(infinite Justice)고 말한다면 그 말은 진리이지만, 그러나 우리의 지성은 반드시 정의와 자비를 구별하고 있으므로, 비록 우리가 그 양자가 하느님 안에서는 동일하다고 알고 있을지라도 하느님은 무한히 의로우시다는 그 진술은 하느님의 본질에 대한 충분한 표현일 수가 없다. 하느님에 대해서 말할 때 우리가 사용하고 있는 이름(명사)들은 어떤 한정된 형상에 대한 우리의 경험에서 생겨나고, 본래는 그 형상을 표현한다. 그러나 **나는 존재하는 그 분이다**라는 이름은, 하나의 한정된 형상을 나타내는 것이 아니라 "태양처럼 무한히 넓은 실체"를 나타내고 있는 것이다.

제 36 장
성 토마스 아퀴나스 6 : 창조

1. 무로부터의 창조

하느님은 세계의 제 1 원인이고 유한한 존재는 자신의 존재를 필연적인 존재에 힘입고 있는 우연적인 존재이기 때문에, 유한한 존재는 하느님의 창조에 의해서 생기지 않으면 안 된다. 게다가 또 이 창조는 무(無)로부터의 창조일 수밖에 없다. 만일 피조물이 미리부터 존재하는 어떤 소재로부터 만들어졌다면, 이 소재는 하느님 자신이거나 또는 하느님 이외의 다른 무엇일 것이다. 그러나 하느님은 순일하고 정신적이며 불변적이므로 창조의 소재일 수가 없다. 그리고 제 1 원인에 의존하지 않고 독립해 있는 것이라고는 아무 것도 있을 수 없다. 이를테면 하나의 필연적인 존재밖에 있을 수 없다. 그러므로 하느님은 절대적으로 앞서 있으며, 그리고 만일 하느님은 변화할 수 없다면, 즉 창조에 있어서 자신을 밖으로 나타낼 수 없다면* 하느님은 세계를 〈무로부터〉(**ex nihilo**) 창조할 수밖에 없었다. 여기서의 〈무〉(**nihil**)라는 말을, 하느님이 그것에 의해서 세계를 만들어 낸 하나의 재료라는 의미로 이해해서는 안 된다. 하느님이 세계를 무로부터 창조했다고 말해지는 경우, 그것은 최초에는 아무 것도 없었다가 그 다음에 어떤 무엇이 있었다거나, 또는 〈무로부터〉라는 그 말은 〈어떤 무엇으로부터는 아니다〉라는 것과

---

* 헤겔의 철학에서는, 세계는 절대자로서의 이념의 변증법적 발전의 체계이며, 그 절대자가 자기를 파악하는 사유 발전의 방법이 변증법이고, 절대자는 이 변증법에 의해서 우선 '자연'으로, 다음에는 '정신'으로 논리적으로 발전한다. 자연은 절대자 발전의 첫단계이며 외화된 정신이다.

같은 뜻으로 이해되지 않으면 안 된다는 것을 의미하고 있다. 그러므로 무로부터는 아무 것도 생겨나지 않는다는 반론은, 여기서의 무는 작용인으로서나 질료인으로서도 간주되어 있지 않으므로 당치 않은 것이다. 창조에서는 하느님이 작용인(作用因)이며, 질료인(質料因)이라는 것은 아무 것도 존재하지 않는다.[1] 본래의 뜻에 있어서 창조는 운동도 아니며 변화도 아니다. 그리고 창조는 운동이 아니므로, 창조 행위에는 아무런 연속이 없다.

창조를 창조 행위라는 측면, 즉 피조물의 측면에서 생각한다면, 창조는 피조물의 존재 원리로서의 하느님에 대한 하나의 실재적 관계이다. 모든 피조물은, 바로 창조되어 있다는 그 사실에 의해서 창조자로서의 하느님에 대해서 하나의 실재적인 관계를 지니고 있다. 그러나 이 관계를 역으로 하여, 하느님이 피조물에 대해서 하나의 실재적인 관계를 지닌다고 말할 수는 없다. 하느님에 있어서 이러한 관계는 하느님의 실체와 동일하거나 그렇지 않으면 하느님에 있어서의 한 우유성(偶有性)일 것이다. 그러나 하느님의 실체가 피조물에 대해 필연적인 관계에 있을 수는 없다. 왜냐하면 그 경우 하느님은 자신이 존재하기 위해서 어떤 방법으로 피조물에 의존하게 되기 때문이다. 그 반면에, 하느님은 절대적으로 순일(純一)한 것으로서 우성적(偶性的)인 것을 받아들이거나 소유할 수가 없다.[2] 창조자로서의 하느님은 피조물에 대해서 실재적인 관계를 지니지 않는다는 표현은, 하느님이 자신의 피조물을 돌보지 않는다는 것을 결과하는 것처럼 보이므로, 처음에는 오히려 이상하게 들린다. 그러나 이는 성 토마스의 형이상학과 하느님의 본성론으로부터 엄밀하게 도출된 하나의 논리적인 결론이다. 하느님은 자신의 실체에 의해서 피조물과의 관계를 지닌다는 것을 성 토마스는 도저히 인정할 수가 없었다. 왜냐하면 그 경우 창조는 필연적으로 영원한 것으로 될 뿐만 아니라 — 우리는 계시에 의해서 창조는 영원한 것이 아니라고 알고 있다 — 하느님은 피조물을 떠나서는 존재할 수 없게 되기 때문이다. 말하자면 하느님과 피조물은 하나의 전체를 이루게 되며, 따라서 개별적인 피조물의 생성과 소멸을 설명할 수 없게 될 것이다.*

1) 〈무로부터의 창조〉의 의미에 대해서는, *De Potentia*, 3, 1, *ad* 7 ; *S.T.*, Ia, 45, 1, *ad* 3 참조.

2) *Contra Gent.*, 2, 11～13 ; *S.T.*, Ia, 45, 3 ; *De Potentia*, 3, 3.

* p. 464 의 옮긴이 주와 더불어, "이성적인 것은 현실적이고, 현실적인 것은 이성적이다"는 근본 요청이 근거로 하는 헤겔의 신념인 범신론을 참조하기 바란다.

또 한편, 이 관계를 우유성의 아홉 개 범주 가운데 하나에 해당하는 것이라고 말한다면, 이러한 관계 역시 하느님에게는 인정될 수 없다. 이러한 우유성을 지니고 있다면 시간에 있어서의 창조를 인정하게 되겠지만, 그러나 하느님이 가능태가 없는 순수 현실태일 때는 언제나 하느님에게는 이러한 우유성의 획득은 있을 수 없다. 그러므로 성 토마스에게 있어서는 창조자로서의 하느님이 피조물에 대해서 실재적인 관계를 지닌다고 인정할 수가 없었던 것이다. 따라서 그는, 그 관계는 인간 지성에 의해서 하느님에게 돌려진 사고상의 관계(**relatio rationis**)에 불과하다고 말하지 않을 수 없었다. 그러나 하느님은 창조자이고, 우리는 마치 하느님이 피조물에 대해서 관계를 가진 것처럼 말하지 아니하고는 이 사실을 인간의 언어로는 표현할 수가 없기 때문에, 그러한 관계를 하느님에게 돌리는 것은 마땅하다. 중요한 것은, 우리가 하느님에게 관계된 것으로서 피조물에 대해서 말하거나 피조물에 관계된 것으로서 하느님에 대해서 말하는 경우, 하느님에게 의존하고 있는 것은 피조물이며 하느님은 피조물에 의존하고 있지 않다는 것과, 따라서 하느님과 피조물 사이의 하나의 의존 관계인 그 실재적인 관계는 피조물에서만 볼 수 있다는 것을 마땅히 명심해야 한다는 점이다.

2. 하느님만이 창조할 수 있다

창조의 능력은 하느님만의 특권이며, 어떠한 피조물에도 전해질 수 없다.[3] 예컨대 아비첸나처럼 어떤 철학자들이 매개적인 존재들을 끌어들인 이유는, 그들이 하느님은 본성적인 필연성에 의해서 창조하는 것으로 생각했기 때문이었다. 그래서 최고 신성(神性)의 절대 순일성과 피조물의 다양성 사이에는 매개적인 중간 단계들이 존재하지 않으면 안 된다. 그러나 하느님은 본성적인 필연성에 의해서 창조하지도 않으며 또 하느님이 다양한 피조물을 직접 창조하지 못할 이유도 없다. 페트루스 롬바르두스(**Petrus Lombardus**)는, 피조물이 자기 자신의 능력에 의해서가 아니라 하나의 도구로 작용할 수 있다는 의미에서 창조의 능력이 하느님에 의해서 피조물에게 전달될 수 있다고 생각했다. 그러나 이는 불가능한 일이다. 왜냐하면 만일 피조물이 어떤 방법으로 창조에 참

3) *De Potentia*, 3, 4 참조.

여하기로 되어 있다면 피조물 자신의 능력과 활동이 창조 행위에 개입하게 될 것이며, 그리고 그 능력은 피조물 자체가 유한하듯이 유한하므로, 비(非)존재와 존재 사이의 넘을 수 없는 무한한 단절을 메우는 무한한 능력을 필요로 하는 어떤 활동을 해낼 수 없기 때문이다.

3. 하느님은 자유로이 창조했다

그런데 하느님이 본성의 필연성에 의해서 창조하지 않는다면, 하느님은 어떻게 창조하는가? 말하자면 무의식이라고는 조금도 없이 완전히 자기 인식적이며 '자기 소유적'(self-possessd)인 지적 존재는, 충분한 지식을 지닌 예지에 따르지 아니하고는 달리 활동할 수 없다. 솔직하게 말하면, 하느님은 하나의 동기로서는 목적, 즉 선(善)을 위해서 작용하지 않을 수 없다. 그러나 하느님의 본성은 무한한 지성일 뿐만 아니라 무한한 의지이기도 하며, 그리고 그 의지는 자유이다. 하느님은 자기 자신이 무한한 선이므로 자기 자신을 필연적으로 사랑하고 있다. 그러나 무한한 완전성으로서의 하느님은 자기 충족적이므로, 하느님에게는 자기 자신 이외의 다른 대상은 필요가 없다. 말하자면 하느님의 의지는 다른 대상들에 대해서는 자유이다. 그러므로 비록 우리는 하느님의 지성과 의지는 하느님의 본질과 실재적으로 구별되지 않는다는 것을 알고 있지만, 우리는 하느님이 스스로 선이라고 생각한 대상 또는 목적을 자유로이 선택했다고 말하지 않을 수 없다. 확실히 이러한 표현 방법은 의인적(擬人的)이지만, 우리에게 마음대로 사용할 수 있는 것은 인간의 말뿐이다. 따라서 의지의 행위 — 이에 의해서 하느님은 창조했다 — 는 맹목적인 행위도 아니고 필연적인 행위도 아니며, 인간적인 표현 방법으로 말한다면, 그것은 하느님에게는 불가피한 선은 아닐지라도 어쨌든 선을 파악하는 데 따르는 행위였다는 것을 명확하게 하지 아니하고는, 하느님이 자유로이 세계를 창조했다는 사실을 우리는 표현할 수가 없는 것이다.

4. 창조의 동기

하느님의 창조 행위에 있어서의 동기는 무엇이었던가? 무한한 완전성으로서의 하느님이 자기 자신을 위한 무엇을 얻기 위해서 창조했을 리가 없다. 말하자면 하느님은 자신의 선을 얻기 위해서가 아니라 오직 자신의 선을 제공하고 확산하기 위해서 창조했던 것이다.[4] 따라서 하느님은 자기 자신의 영광을 위해서 세계를 창조했다고 말해지는 경우, 그 말은 하느님이 아직도 가지지 아니했던 무엇을 필요로 했다는 의미로 이해되어서는 안 된다. 더구나 이렇게 말하는 것이 불경이 되지 않는다면, 하느님은 찬미자들로부터 찬송을 받고 싶었다는 의미 또한 아니다. 오히려 하느님의 의지는 자기 이외의 어떠한 것에도 의존할 수 없으며 무한한 선으로서의 하느님 자신이 자신의 무한한 의지 행위의 목적이 아닐 수 없고, 창조 행위에 있어서의 목적은 하느님 자신 이외의 존재자들에 전달될 수 있는 하느님 자신의 선이라는 의미로 이해되지 않으면 안 된다. 이성적인 피조물은 하느님을 알고 사랑할 수 있으므로 그들 나름의 특유한 방법으로 하느님을 자신들의 목적으로 삼고 있기는 하지만, 하느님의 선은 모든 피조물 가운데 나타나 있는 것이다. 말하자면 모든 피조물은 하느님의 선을 나타내고 이를 분유(이에 참여)함으로써 하느님의 영광을 드러내고 있는 반면에, 이성적인 피조물은 하느님의 선을 의식적으로 인정하고 사랑할 수가 있다. 따라서 하느님의 영광과 하느님의 선의 나타남은 피조물의 선과 별개의 것이 아니다. 왜냐하면 피조물은 하느님의 선을 나타냄으로써 자신들의 목적을 이루고 자기 자신들을 위한 최선을 다하기 때문이다.[5]

5. 영원으로부터의 창조가 불가능함은 증명되지 않았다

하느님이 세계를 자유로이 창조했다는 그 자체가, 하느님이 세계를 시간 속에서 창조했다거나 시간에는 시작이 있었다는 것을 가리키는 것은 아니다. 하느님은 영원하므로 세계를 영원으로부터 창조했을지 모르지만, 그러나 성 토마스는 이것이 불가능한 가정으로 입증되었다고는 인정하려 하지 않았다. 그는 세계가 무로부터 창조되었다는 것은 철학적으로 증명될 수 있다고 생각했으나, 창조가 시간 속에서 이루어졌다든지 원칙적으로 지정할 수 있는 최초의 순간이 있었다는 것을 증명하기 위해서 예증된 철학적인 논증들 가운데 결정적인 것은 아무 것도

4) *S.T.*, Ia, 44, 4.

5) 같은 책, Ia, 65, 2 참조.

없다고 주장하고 있다. 이 점에 있어서 그는 성 알베르투스(**St. Albertus Magnus**)와는 다르다. 또 한편 성 토마스는 아베로에스주의자들에 반대하여 세계는 시간 속에서 시작할 수가 없었다든지 시간 속에서의 창조는 불가능하다는 것도 철학적으로 입증될 수 없다고 주장했다. 달리 말하면 성 토마스는 세계가 실제로 창조된 것은 시간 속에서이며 영원으로부터는 아니었다는 것을 잘 알고 있었지만, 이 사실은 다만 계시에 의해서만 알려질 뿐이며 철학자는 세계가 창조된 것이 시간 속에서인지 영원으로부터인지의 문제를 해결할 수 없다고 그는 확신하고 있었다. 따라서 〈이론을 제창하는 자들〉(**murmurantes**)에 반대하여, 그는 영원으로부터의 창조의 가능성(우리가 보는 한에서)을 주장했다. 실제로는 이것은, 영원으로부터의 창조가 불가능하다는 것을 증명하기 위해서 성 보나벤투라가 제시한 그러한 논증은 결정적인 것이 아님을 그가 보여주었거나 적어도 보여줄 수 있었다는 것으로 만족했다는 것을 의미하고 있다. 그러나 이에 대한 성 토마스의 해답들은, 적어도 그 가운데 몇 가지는 성 보나벤투라의 철학을 고찰했을 때 이미 제시되었기 때문에,[6] 여기서 다시 언급할 필요가 없다. 성 토마스는 시작이 없는 계열이라는 개념에 아무런 모순을 느끼지 않았다는 사실을 생각한다면 충분할 것이다. 그에게 있어서는, 세계가 무한한 시간을 거쳐 왔다는 것이 가능할 것인가 하는 문제는 생기지 않는다. 왜냐하면, 만일 계열에 있어서 최초의 항(項)이 없다고 한다면, 엄밀히 말하여 무한한 계열을 거친다는 것은 있을 수 없기 때문이다. 게다가 또 성 토마스에 있어서 계열은, 〈앞쪽에서〉(**ex parte ante**)는 무한일 수 있으나 〈뒤쪽에서〉(**ex parte post**)는 유한일 수 있으며, 하나의 계열이 끝나는 곳에 다음의 계열이 이어질 수 있다. 일반적으로, 존재하기 시작하는 것과 영원으로부터 존재하는 것 사이에는 아무런 모순이 없다. 말하자면 하느님이 영원하다면, 하느님은 영원으로부터 창조할 수가 있었을 것이다.

또 한편 성 토마스는, 세계가 영원으로부터 창조되지 않으면 안 되었다는 것을 증명하기 위해서 인용된 논증을 거부하고 있다. "가톨릭의 신앙이 가르치고 있듯이, 세계는 언제나 존재하고 있지는 않았다는 입장을 확고하게 지키지 않으면 안 된다. 그리고 이 입장은 어떠한 자연학적인 증명에 의해서도 논박될 수 없다."[7] 예컨대 하느님은 세계의 원인이며 영원하므로, 하느님의 결과인 세계도 영원하지 않으면 안 된

6) pp. 342~347.

7) *De Potentia*, 3, 17.

다고 논할 수가 있을 것이다. 하느님은 변화할 수 없고 어떠한 가능성의 요소도 포함하지 않으며 새로운 규정이나 양태를 받아들일 수 없기 때문에, 창조 작용 즉 하느님의 자유로운 창조 행위는 영원하지 않으면 안 된다. 따라서 이 행위의 결과도 영원하지 않으면 안 된다. 물론 성 토마스는 창조적인 행위 그 자체, 즉 하느님의 의지 작용은 하느님의 본질과 같은 것이므로 영원하다는 것을 인정하지 않을 수 없다. 그러나 이에서 결론지어지는 것은, 세계가 영원으로부터 존재했다는 것이 아니라 단지 하느님은 세계를 창조할 것을 영원으로부터 자유로이 의지하고 있었다는 것이라고 그는 말하고 있다. 만일 우리가 단순히 철학자로서 이 문제를 생각한다면, 말하자면 우리가 하느님은 실제로 세계를 시간 속에서 창조했다는 계시로부터 얻은 우리의 지식을 생각 밖에 둔다면, 우리가 말할 수 있는 것은, 세계가 시간 속에 존재하기를 하느님은 영원으로부터 자유로이 원했다거나 또는 세계는 영원으로부터 존재할 것을 하느님은 영원으로부터 자유로이 원했다는 것이다. 이를테면 세계가 영원으로부터 존재할 것을 하느님은 영원으로부터 반드시 원해야 했었다고 결론을 내릴 권리가 우리에게는 없다. 달리 말한다면, 하느님의 창조적인 행위는 확실히 영원하나, 그 행위의 외적인 결과는 하느님이 원한 방법대로 따를 것이며, 그리고 만일 그 외적인 결과가 〈비존재 뒤의 존재〉(esse post non-esse)를 가지기를 하느님이 원했다면, 비록 하느님에 있어서의 행위로 생각된 그 창조 행위가 영원할지라도, 그 외적인 결과는 〈영원으로부터의 존재〉(esse ab aeterno)를 지니지 않을 것이다.[8)]

6. 하느님은 실제로 무한한 다수를 창조할 수 있을까

세계는 시간 속에서 창조되지 않을 수 없었고 영원으로부터는 창조될 수 없었다는 것을 입증하기 위해서 성 보나벤투라가 인용한 근거는 다음과 같다. 첫번째는 만일 세계가 영원으로부터 창조되었다고 한다면 현재 무한히 많은 불멸의 인간 영혼이 존재하게 된다는 것이며, 둘째로는 무한의 다수라는 것은 현실적으로는 불가능하다는 것이다. 무한의 다수를 창조하는 하느님의 능력에 대해서, 성 토마스는 어떻게 말

8) 이 점에 있어서는 *Contra Gent.*, 2, 31～37 ; *S.T.*, Ia, 46, 1 ; *De Potentia*, 3, 17 ; *De aeternitate mundi contra murmurantes*를 보라.

하고 있는가? 성 토마스는 아리스토텔레스를 따라서 무한량(infinite quantity)의 가능성을 부정했기 때문에, 그 문제는 〈분량이라는 유(類) 이외의〉 다수와 관련하여 제기되고 있다. 《진리론》(De Veritate)에서[9] 성 토마스는, 하느님이 현실적인 무한의 다수를 창조할 수가 없었다고 말하는 유일의 정당한 근거는, 이러한 무한성이라는 그 개념에 있는 하나의 본질적인 불일치 또는 모순일 것이라고 지적하고 있다. 그러나 그는 이 문제에 대해서 어떠한 결정도 보류하고 있다. 《신학 대전》에서[10] 그는, 창조된 모든 다수는 일정한 수일 수밖에 없으나 무한의 다수는 일정한 수일 수가 없으므로, 현실적인 무한의 다수라는 것은 있을 수 없다고 단언하고 있다. 그러나 《세계의 영원성에 대하여 — 불평하는 자들을 반대하여》에서, 무한히 많은 불멸의 인간 영혼이 있게 된다는 이유로 영원으로부터의 세계 창조의 가능성에 반대하는 이론을 다루고 있는 데서, 그는 하느님은 인간이 없는 세계를 만들었는지 모를 일이며 또는 하느님이 세계를 영원으로부터 만들 수가 있었을지라도 인간을 만들었을 그때에 비로소 인간을 만들었을 것이라고 대답하고 있으나, 또 한편 그는 "하느님이 현실적으로 무한을 만들 수 없다는 것은 아직 증명된 일이 없다"고 대답하고 있다. 이 뒤의 말은 성 토마스에 있어서 사고 방식의 변경 또는 자기 자신의 이전 논증의 타당성에 대한 주저함을 가리키고 있는 것인지도 모른다. 그러나 그는 여기서 자신이 《신학 대전》에서 말했던 바를 분명히 생각하고 있지 않다. 그리고 "무한의 다수가 존재하는 것은 불가능하다는 것을 당신은 아직 증명한 일이 없다"는 이 말은 〈사람에 호소하는 논증〉(argumentum ad hominem)*에 지나지 않을 것이다. 어쨌든 《신학 대전》의 말이나, 《신학 대전》 I 부와 《세계의 영원성에 대하여》의 집필 연대가 가까움을 보아서, 무한의 다수의 현실적인 불가능성에 대해서 성 토마스 자신이 망설일 수도 있었을 것이라는 그 이상의 것을 결론짓는 것은 성급한 일이라고 생각된다.

---

9) 2, 10. 10) Ia, 7, 4; I, 46, *ad* 8.

* 이는 논점 차이의 허위에 속하는 것으로서, 감정에 호소하는 허위의 일종이다. 논의에 참가하는 사람들의 지위나 성격을 이용하여 어떤 주장을 변호하거나 반박하는 것이 그 예이다.

7. 하느님의 전능

하느님이 실제로 무한의 다수를 창조할 수가 있는가 없는가에 대한 거론은, 당연히 하느님의 전능을 어떤 의미에서 이해해야 할 것인가 하는 더욱 광범위한 문제를 제기하고 있다. 전능이 어떠한 일이든 할 수 있는 능력을 의미하고 있다면, 하느님이 인간을 말(馬)이 되게 하거나 이미 일어난 일을 일어나지 않은 것처럼 하지 못하는 경우, 하느님은 어떻게 전능일 수가 있는가? 이에 답하여, 성 토마스는 무엇보다도 먼저 전능이라는 하느님의 속성은, 하느님은 가능한 것은 모두 할 수 있다는 것을 의미한다고 말하고 있다. 그러나 그는 이어서 '가능한 모든 것'이란 '하느님에게 있어서 가능한 모든 것'과 같은 것으로 이해되어서는 안 된다고 말하고 있다. 왜냐하면 그렇다고 할 경우, 우리가 하느님은 전능하다고 말할 때, 우리는 하느님이 할 수 있는 모든 것을 하느님은 할 수 있다는 뜻으로 말하기 때문이다. 그러나 이러한 표현 방법은 우리에게는 아무런 의미가 없다. 그렇다면 '가능한 모든 것'이라는 이 말을 어떻게 이해해야 할 것인가? 존재에 대해서 아무런 내적 모순이 없는 것이 있을 수 있다. 달리 말하면 모순을 내포하지 않는 존재가 가능하다. 자신의 개념 안에 모순을 내포하는 것은 현실적인 존재도 아니고 가능적인 존재도 아니고 그것은 비존재(非存在)인 것이다. 예컨대 인간이면서 동시에 말이라는 것은 모순을 내포하고 있다. 즉 인간은 이성적이고 말은 비이성적이며, 이성적인 것과 비이성적인 것은 모순이다. 우리는 인간 말 또는 말 인간에 대해서 확실히 말을 할 수는 있으나, 이러한 말은 현실적이든 가능적이든 어떤 무엇을 가리키고 있는 것이 아니다. 즉 그러한 것은 단순한 말일 뿐이지 생각될 수 있는 것을 나타내고 있는 것이 아니다. 그러므로 하느님의 전능이란 하느님은 할 수 있는 모든 것을 할 수 있다는 것을 의미한다고 말할지라도, 그것은 하느님의 능력에 대한 제한을 가리키는 것은 아니다. 왜냐하면 능력은 본래 가능한 것에 관해서만 의미를 지니고 있기 때문이다. 존재를 가지거나 가질 수 있는 것은 무엇이든 하느님의 전능의 대상이 되지만, 내적으로 모순되는 것은 전혀 대상이 되지 않는다. "따라서 모순을 내포하고 있는 것은, 하느님이 그것을 할 수 없다고 말하기보다는 오히려 그것은 이루어질 수 없다고 말하는 편이 낫다"[11)]

11) *S.T.*, Ia, 25, 3~4; *De Potentia*, 1, 7 참조.

그러나 하느님 배후에는 모순의 원리가 있어서, 그리스의 신들이 모이라(*Moira*, 운명)에 따랐듯이 하느님도 이 원리에 따른다고 생각해서는 안 된다. 하느님은 최고의 존재, 〈자존하는 존재 자체〉이며, 그리고 창조하는 하느님의 의지는 자기 자신에 유사한 것, 즉 존재를 분유(分有)할 수 있는 어떤 것을 창조하는 의지이다. 모순을 내포하고 있는 것은 존재로부터 극히 멀리 떨어진 것이다. 그것은 하느님에 대해서 어떠한 유사성이나 어떠한 존재도 가지고 있지 않으며 또 가질 수도 없는 것이다. 만일 하느님이 자기 모순적인 것을 의지할 수가 있다고 한다면, 하느님은 자기 자신의 본성으로부터 떠날 수가 있을 것이며, 하느님 자신과의 유사성을 전혀 가지지 않는 것, 전혀 허무인 것, 전혀 생각되어질 수도 없는 것을 사랑할 수가 있게 될 것이다. 그런데 만일 하느님이 그와 같이 행할 수가 있다면, 그는 이미 하느님이 아닐 것이다. 하느님이 모순율을 따르는 것이 아니라 오히려 모순율이 하느님의 본성에 근거하고 있다. 성 페트루스 다미아누스(또는 레오 체스토프 Leo Chestov)*처럼, 하느님이 자기 모순적인 것을 할 수 있다는 의미에서 하느님은 모순율을 능가한다고 가정하는 것은, 하느님은 자기 자신의 본성과 일치하지 않는 모순된 방법으로 행할 수 있다고 가정하는 것이다. 그러나 이는 불합리한 가정이다.[12)]

그러나 이는 하느님이 실제로 행하는 것만을 할 수 있다는 의미가 아니다. 하느님은 자신이 창조하여 실제로 존재하고 있는 것의 질서를 의지(意志)하고 있기 때문에, 이것과 다른 질서를 의지할 수 없다는 것은 확실히 옳다. 왜냐하면 하느님의 의지는, 우리의 유한한 의지가 변덕부릴 수 있듯이 변화할 수는 없기 때문이다. 그러나 문제는, 하느님이 이미 선택했다는 가정에서의 하느님의 능력에 대해서가 아니라 절대적인 하느님의 능력에 대한 문제, 즉 하느님이 스스로 의지했던 현실의 질서를 의지하는 데만 제한되어 있었는가 또는 하느님은 다른 질서를 의지할 수가 있었는가의 문제이다. 이에 대해서, 하느님은 사물의

* 페트루스 다미아누스(St. Petrus Damianus, 1007 년~1072 년)는 주교, 교회 개혁자, 이탈리아의 베네딕토회 신학자였다. 11 세기 스콜라 철학 부흥기에 성직자들 가운데서도 당시의 이성주의자들처럼 논리학(변증론, 수사학)에 열중하여 신학의 연구를 소홀히하는 자들이 적지 않았다. 그러나 그는 성서를 다룰 때 "철학은 신학의 시녀"라는 유명한 말을 남겼다.

12) *Contra Gent.*, 1, 84 참조.

현실적인 질서를 필연적으로 의지하지는 않았다는 것이 그 대답이다. 그리고 그 이유는, 창조의 목적은 창조된 어떠한 질서보다도 뛰어난 하느님의 선이므로, 주어진 질서와 창조의 목적 사이에는 어떠한 필연적인 연계도 없으며 있을 수도 없기 때문이다. 하느님의 선과 창조된 질서는 서로 비교될 수 있는 것이 아니다. 그리고 그 자체가 무한하여 어떠한 것도 덧붙일 수 없는 하느님의 선에 필요한 어떠한 하나의 창조된 질서, 즉 어떠한 하나의 우주도 있을 수 없다. 만일 어떤 창조된 질서가 하느님의 선, 즉 목적에 어울린다고 한다면, 하느님의 예지는 그 특정한 질서를 선택하기로 정해졌을 것이다. 그러나 하느님의 선은 무한하고 피조물은 반드시 유한하므로, 어떠한 창조된 질서도 충분한 의미에서는 하느님의 선에 어울릴 수 없는 것이다.[13)]

하느님은 자신이 이미 만든 것보다도 더 좋은 것을 만들 수 있겠는가 또는 자신이 이미 만든 것을 현재보다도 더욱 좋게 만들 수 있을 것인가 하는 문제에 대한 대답은 위에서 말한 것으로부터 명백해진다.[14)] 하느님의 행위는 하느님의 본질과 그 무한의 선과 동일하므로, 어떤 의미에서 하느님은 언제나 가능한 한에서 최선의 방법으로 행위하지 않을 수 없다. 그러나 그렇다고 하여, 하느님의 행위의 외적 대상인 피조물이 가능한 최고의 것일 수밖에 없다거나 또는 하느님은 자신의 선으로 말미암아, 일단 우주를 창조하는 이상은 최고의 가능한 우주를 창조하지 않을 수 없다는 것은 아니다. 하느님은 무한하므로, 하느님이 현실적으로 만드는 세계보다도 더 좋은 세계가 언제나 존재할 수 있다. 그리고 왜 하느님은 특정한 피조물의 질서를 만들기로 했는가 하는 것은 알 수 없는 하느님의 뜻이다. 그러므로 단적으로 말한다면, 하느님은 현재 존재하는 것보다도 더 좋은 것을 창조할 수 있었을 것이라고 성 토마스는 말하고 있다. 그러나 현존하는 세계에 관한 문제라면, 다음과 같이 구별하지 않으면 안 된다. 사물의 실체나 본질에 관해서라면, 하느님은 현실적으로 있는 사물보다 더 좋은 것을 만들 수 없었을 것이다. 왜냐하면 그렇게 하는 것은 다른 것을 만드는 것이 될 것이기 때문이다. 예컨대 이성적인 생명 자체는 단순히 감각적인 생명보다 고차적인 완전성이다. 그런데 만일 하느님이 말을 이성적인 것으로 만든다고 한다면, 그것은 더 이상 하나의 말이 아닐 것이며, 이 경우 하느

13) *S.T.*, Ia, 19, 3 ; 1, 25, 5 ; *Contra Gent.*, 2, 26～27 ; *De Potentia*, 1, 5 참조.
14) *S.T.*, Ia, 25, 6.

님이 말을 더 좋게 만들었다고는 말할 수 없을 것이다. 그와 마찬가지로, 만일 하느님이 우주의 질서를 바꾸었다고 한다면, 그것은 이미 같은 우주가 아닐 것이다. 또 한편, 하느님은 한 존재를 본질적이 아닌 (우유적인) 의미에서 더 좋게 만들 수는 있을 것이다. 예컨대 하느님은 한 인간의 신체적인 건강이나 초자연적인 질서에 있어서는 은총을 증가시킬 수 있을 것이다.

따라서 성 토마스가 라이프니츠의 '세계 최선설'(optimism)에 동의하지 않는 것, 즉 이 세계가 최고의 가능한 세계라고 주장하지 않는 것은 명백한 일이다. 하느님의 전능이라는 관점에서는, '가능한 최선의 세계'라는 말은 그다지 의미를 지닌다고 생각되지는 않는다. 그것이 의미를 지니는 것은, 처음부터 하느님은 자신의 본성적인 필연성에 의해서 창조한다는 것을 전제하는 경우만이다. 즉 하느님은 선 자체이므로, 하느님의 본성에서 볼 때 하느님으로부터 생겨나는 세계는 반드시 가능한 최선의 것일 수밖에 없다는 결과가 될 것이다. 그러나 만일 하느님이 본성의 필연성에서가 아니라 하느님의 본성 즉 지성과 의지에 따라서, 다시 말하면 자유에 의해서 창조한다면, 그리고 또 하느님이 전능하다면, 보다 좋은 세계를 창조한다는 것은 하느님에게는 언제나 가능할 수밖에 없다. 그렇다면 어째서 하느님은 이 모양의 특정한 세계를 창조했는가? 이것은 우리로서는 어떠한 충분한 해답도 줄 수 없는 하나의 문제이기는 하지만, 우리는 어째서 하느님은 고통이나 악이 현존하는 하나의 세계를 창조했는가라는 문제에 대답하려고 확실히 시도할 수가 있다. 말하자면 우리의 지성의 유한성과 불완전성으로 말미암아, 그리고 우리는 하느님의 의도와 계획을 헤아릴 수 없기 때문에, 우리가 이 세상에서의 그러한 문제에 대한 어떠한 포괄적인 해결도 얻으리라고 기대할 수 없다는 것을 고려한다면, 우리는 악의 문제에 대한 해답을 얻으려고 시도할 수 있다.

8. 악의 문제

이 세상을 의지(意志)함에 있어서 하느님은 그것에 포함되어 있는 악을 의지하지는 않았다. 하느님은 무한의 선인 자신의 본질을 필연적으로 사랑하고 있으며, 또 하느님은 자신의 선의 한 전달로서의 창조를 자유로이 원하고 있다. 그러므로 하느님은 선에 반대되는 것을. 즉 악을 사랑할 수가 없다. 그러나 인간적인 표현 방법으로 말한다면, 하느님은 이 세상에 있는 악을 미리 알고 있지 않았는가? 그리고 하느님이 이 세상에 있는 악을 미리 알면서도 이 세상을 의지했다고 한다면, 하느님은 이 세상에 있는 악을 의지한 것이 아닌가? 만일 악이 하나의 적극적인 존재, 즉 창조된 어떤 것이라고 한다면, 악은 창조자로서의 하느님에게 돌려지지 않을 수 없는 것이다. 왜냐하면 마니교도들이 생각했던 것과 같은 악의 궁극적인 원리는 없기 때문이다. 그러나 악은 하나의 적극적인 존재가 아니며, 플로티노스를 따라서 성 아우구스티누스가 가르쳤던 것처럼 악은 결여(privation)이다. 그것은 〈어떤 것〉(aliquid), 즉 적극적인 것이 아니다. 그리고 악은 창조될 수가 없으므로, 하느님이 이를 창조했을 리는 없다. 오히려 악은 존재로서 그 자체가 선인 것의 결여로만 존재할 뿐이다. 나아가서 인간의 의지마저도 악 자체를 원할 수가 없다. 왜냐하면 의지의 대상은 반드시 선한(좋은) 것, 또는 그렇게(좋게) 보이는 것이기 때문이다. 성 토마스의 말에 의하면, 간부(姦夫)는 악 또는 죄 그 자체를 원하는 것이 아니라 악을 포함하고 있는 행위의 감각적인 쾌락을 원하고 있는 것이다. 어떤 사람은 바로 하느님에게 모욕이 되기 때문에 부도덕한 일을 즐기고 죄되는 행위를 하는 일이 있다는 반론이 있을지도 모른다. 그러나 이 경우에도 의지의 대상이 되는 것은 어떤 외관상의 선, 예컨대 완전히 독립된 대상인 것이다. 말하자면 하느님에 대한 나쁜 반항도 선으로 보이며 〈선의 양상에서〉(sub specie boni) 의지되는 것이다. 따라서 어떠한 의지도 악을 악으로서 욕구할 수는 없으며, 그리고 세계를 창조하면서 악을 '미리 알았던' 하느님은 그 악을 원했던 것이 아니라 그 자체가 선인 세계를 원했고 하느님이 미리 알고 있었던 그 악을 허락하기로 작정한 것이라고 말하지 않으면 안 된다.

그러나 악 자체는 결여되었다고 주장함으로써, 성 토마스는 악이 환영(illusion)이라는 의미에서의 비실재적인 것이라고 말하려고 한 것으로 생각해서는 안 된다. 그렇게 생각한다면 그의 입장을 완전히 오해하게 될 것이다. 악은 존재의 열 범주 안에 든다는 의미에서의 존재(entitas)가 아니지만, 악이 존재하는가 않는가의 문제에 대한 대답은 긍정적이지 않으면 안 된다. 이것은 확실히 역설적으로 들릴지 모르나, 악이 존재한다는 것은 그 자체가 적극적인 존재로서가 아니라 선의 결여로서라는 것이 성 토마스의 뜻이다. 예컨대 보는 능력의 결여라는 것은 돌에 있어서의 결여가 아니다. 왜냐하면 본다는 것은 돌에 관계되는 것이 아니기 때문이다. 돌에 있어서의 '맹목'(盲目)은 돌의 본성에는 맞지 않는 능력이 단순히 돌에 없다는 것을 가리키고 있다. 그러나 인간에 있어서의 맹목은 하나의 결여이며 인간 본성의 완전성에 속하는 것이 없는 것이다. 그러나 이 맹목은 하나의 적극적인 존재가 아니며, 그것은 시각의 결여인 것이다. 그렇지만 그 결여는 존재하고 실재적이며, 결코 실재하지 않는 환영은 아닌 것이다. 결여는 그것이 발견되는 존재자로부터 떠나서는 의미도 존재도 가지지 않는다. 그러나 그 존재자 가운데 있는 것으로서의 결여는 충분히 실재적인 것이다. 그와 마찬가지로, 악은 스스로는 어떤 무엇의 원인이 될 수 없으나 그 악이 발견되는 선의 존재자를 통해서 존재하고 또 하나의 원인이 될 수 있다. 예컨대 타락한 천사의 의지의 비뚤어짐은 그 자체가 하나의 원인이 될 수 없으나, 그것은 하나의 현실적인 결여로서 비뚤어짐이 발견되는 그 적극적인 존재자에 의해서 하나의 원인이 될 수 있는 것이다. 사실 그 비뚤어짐이 발견되는 존재자의 위력이 크면 클수록 그 결과도 크다.[15)]

따라서 하느님은 악을 적극적인 존재로 창조하지는 않았지만 악이 존재하리라고 미리 알고 있는 세계를 창조했으므로, 어떤 의미에서 하느님은 악을 원했다(의지했다)고 말해야 하지 않는가? 이 점에 대해서는 물리적인 악과 도덕적인 악을 구별하여 고찰할 필요가 있다. 물리적인 악은 확실히 하느님에 의해서 허락되어 있고, 어떤 의미에서 하느님은 그것을 원했다고 말할 수도 있다. 물론 하느님은 그 악을 그 악 자체를 위해서(**per se**) 원한 것이 아니라 적어도 물리적인 결함이나 고통의 가능성을 포함하는 우주, 즉 자연 질서를 원했던 것이다. 감각적인 자연의 창조를 원했을 때, 하느님은 인간의 본성과 당연히 분리할 수 없는 쾌락과 더불어 고통을 느끼는 능력을 원했던 것이다. 하느님은 고통 그 자체를 원하지는 않았지만, 고통의 가능성이 따르는 자연(하나의 선)을 원했다. 나아가서 성 토마스의 말에 의하면, 세계의 완전성을 위해서는 불멸하는 존재 이외에 소멸하는 존재자가 마땅히 있어야 한다는 것이다. 그리고 소멸하는 존재자가 있다면, 소멸이나 죽음은 자연의 질서를 따라서 일어날 것이다. 따라서 하느님은 소멸(이 말이 도덕적인 의미에서 사용되지 않음은 말할 필요가 없다)을 그 자체를 위해서 원하지는 않았지만, 하느님이 어떤 존재자 측에서 결함과 소멸의 가능성을 필요로 하는 질서의 우주를 창조하기를 원했고 또 실

---

15) 같은 책, Ia, 48, 1～3 참조.

제로 창조했다는 의미에서 그는 이 소멸을 〈부수적으로〉(per accidens) 생겨나게 했다고 말할 수 있다. 또 정의의 질서를 보존하기 위해서는, 도덕적인 악은 마땅히 벌(malum poenae)을 받을 필요가 있다. 그리고 하느님은 벌 그 자체를 위해서가 아니라 정의의 질서 유지를 위해서 그 벌을 원하고 또 벌을 받게 한다고 말할 수 있을 것이다.

그러므로 물리적(자연적)인 악을 취급함에 있어서 성 토마스는 하느님을 마치 예술가처럼, 세계를 마치 예술 작품처럼 다루는 경향이 있다. 그 예술 작품의 완전성을 위해서는 다양한 존재자들이 요구되고, 이 존재자들 가운데는 죽음과 고통을 당할 존재자가 있게 되는 것이다. 따라서 하느님은 선, 즉 전 세계의 선을 위해서, 악 자체를 위해서가 아니라 부수적으로 물리적(자연적)인 악을 원했다고 말해도 좋겠다. 그러나 도덕적인 질서, 즉 자유의 질서가 문제되는 경우, 바로 자유로운 행위자로서의 인간 존재를 고찰하는 문제가 되는 경우 그의 태도는 달라진다. 자유는 선이며, 자유없이는 인간은 하느님에게 상응할 만큼 하느님을 사랑할 수가 없고 그럴 만한 가치도 없을 것이다. 말하자면 자유는 인간에게 자유가 없었을 때보다도 더욱 인간을 하느님과 닮게 하고 있다. 또 한편 인간의 자유는, 인간이 하느님에 대한 직관을 지니고 있지 않을 경우 하느님과 도덕법을 거슬러서 죄를 지을 힘을 지니고 있다. 하느님은 어떠한 의미에서도 도덕적인 무질서나 죄를 원하지 아니하고 이를 허락했을 뿐이다. 왜 그런가? 그것은 인간이 자유로워서 자신의 자유로운 선택으로 하느님을 사랑하고 하느님을 섬기는, 보다더 큰 선을 위해서이다. 우주의 자연적(물리적)인 완전성을 위해서는, 죽을 수 있고 또 죽게 되는 어떤 존재자들이 있을 필요가 있었다. 따라서 이미 우리가 보았듯이, 하느님은 부수적으로 죽음을 원했다고 말할 수 있다. 그러나 우주의 완전성을 위해서 인간이 마땅히 자유로워야 할 필요가 있었지만, 인간이 자신의 자유를 남용하여 죄를 짓는 것은 필요하지 않았다. 따라서 하느님은 도덕적인 악을 〈그 자체로서〉나 〈부수적으로〉 원했다고 말할 수 없다. 그럼에도 불구하고 자연적인 질서에서는, 자유이면서 동시에 죄를 범할 수 없는 인간이 존재한다는 것은 불가능하다. 그러므로 비록 보다 큰 선만을 위해서라고는 하지만, 하느님은 도덕적인 악을 허락했다고 말하는 것이 옳은 것이다.

물론 신학적인 입장에서 고찰한다면, 이 문제에 대해서 아직도 할 말이 많을 것이며, 그리고 이 문제를 순전히 철학적으로 고찰한다면, 그것은 반드시 신학적 진리와 철학적 진리를 함께 이용한 경우보다는 훨씬 불충분한 것이 된다. 가령 타락과 구제의 교리는 순수 철학적인 사고 방법으로는 밝혀질 수 없는 악의 문제에 해결의 빛을 던져 주고 있다. 그러나 계시와 교의 신학에 근거하는 논의는 여기서 생략하지 않을 수 없다. 하느님과의 관계에 있는 악의 문제에 대한 성 토마스의 철학적인 해답은 다음의 두 가지 명제로 요약될 수 있다. 첫째로 하느님은 어떠한 의미에서도 도덕적인 악을 원하지 않으며, 단지 그 도덕적인 악을 제지함으로써, 즉 인간의 자유를 박탈함으로써 이루어질 수 있는 것 이상의 선을 위해서 그것을 허락했을 뿐이다. 둘째로 하느님은 자연적(물리적)인 악 그 자체를 원하지는 않았지만, 우주의 완전성을 위해서 어떤 자연적인 악을 〈부수적으로〉 원했다고 말할 수 있을 것이다. 내가 '어떤 **자연적인 악**'이라고 말하고 있는 것은, 하느님이 비록 〈부수적〉일지라도 모든 자연적인 악을 원했다고 말할 수 있다는 것이 성 토마스가 말하려는 뜻이 아니기 때문이다. 소멸이나 죽음은 일종의 존재에 속하는 것이지만, 많은 자연적인 악이나 고통은 우주의 완전성이나 선과 밀접한 관계에 있는 것이 아니라 인간 측면에서의 도덕적인 악의 결과이다. 말하자면 이들 악은 '불가피한' 것이 아니다. 이러한 자연적인 악은 단지 하느님이 허락했을 뿐이다.[16)]

16) 악과, 하느님에 대한 악의 관계에 대해서는, 예컨대 *S.T.*, Ia, 19, 9 ; Ia, 48～49 ; *Contra Gent.*, 3, 4～5 ; *De Malo*, questions 1～3 ; *De Potentia*, 1, 6.

제 37 장
성 토마스 아퀴나스 7 : 영혼론

1. 인간에 있어서 하나의 실체적 형상

성 토마스가 아리스토텔레스적인 질료 형상론(hylomorphism)을 주장했고, 선행자의 견해를 떠나서 그는 실체에 있어서 실체적 형상의 단일성을 옹호했다는 것은 이미 보아 왔다.[1] 처음에 성 토마스는 하나의 물질적인 실체에 있어서 제 1 실체적 형상으로서 <유형성의 형상>(forma corporeitatis)의 존재를 인정한 것처럼 보이지만,[2] 어쨌든 그는 곧 이 생각에 반대하여 종적(種的)인 실체적 형상이 어떤 다른 실체적 형상을 통하지 않고 직접 제 1 질료를 형성한다고 주장했다. 그는 이 원칙을 인간에 적용하여 인간이라는 <합성체>에는 단지 하나의 실체적 형상밖에 없다고 주장한다. 이 하나의 실체적 형상이 이성적인 영혼(soul)이며, 이것이 직접 질료를 형성한다. 말하자면 거기에는 아무런 <유형성의 형상>도 없으며, 더구나 식물적인 실체 형상이나 감각적인 실체 형상은 존재하지 않는다. 인간 존재는 하나의 통일체이며, 만일 인간에게 다수의 실체적 형상이 있다고 가정한다면, 그 통일성은 손상될 것이다. '인간'이라는 명사는 영혼에만 적용되는 것도 아니고 신체에만 적용되는 것도 아니며, 오히려 영혼과 신체 전체, 즉 그 합성체에 적용된다.

그러므로 성 토마스는 아리스토텔레스를 따라서 인간 실체의 통일성을 강조하고 있다. 인간에게 인간으로서의 모든 규정, 즉 유형성(제 1

---

1) 33장.

2) *In 1 Sent.*, 8, 5, 2 ; *In 2 Sent.*, 3, 1, 1 참조.

질료의 형성에 의한), 식물적, 감각적, 지적인 작용을 부여하는 것은 인간에 있어서 하나의 영혼이다. 식물에는 생명과 성장 및 생식의 능력을 부여하는 식물적 원리 또는 식물혼(생혼)만이 있다. 동물에는 식물적 생명의 원리와 함께 감각적 생명의 원리로서 작용하는 감각혼(각혼)만이 있다. 인간에게는 이성적 원리 또는 이성혼(영혼)만이 있으며, 이는 그 자체의 특유한 작용 원리만이 아니라 식물적, 감각적 기능의 원리이기도 하다. 인간이 죽어서 영혼이 육체로부터 분리되면, 그 육체는 소멸한다. 이 경우 단순히 이성적 기능만이 아니라 감각적 기능과 식물적 기능도 정지한다. 말하자면 이 모든 작용이 지니는 하나의 원리는 앞서 형성하고 있었던 질료를 더 이상 형성하지 않게 되어서, 통일되었던 인간의 실체 대신에 다수의 실체들이 생겨나며, 그 새로운 실체적인 형상들은 질료의 가능태로부터 끌어내어진다.

그러므로 영혼과 육체의 관계에 대한 플라톤의 사고 방식은 분명히 성 토마스에게는 받아들여질 수 없었다. 인간이 추리하고 이해하는 것만이 아니라 인간이 느끼고 감각하는 것마저도 알고 있는 것은 개별적인 하나의 인간이다. 그러나 신체없이는 감각할 수 없으므로, 영혼만이 아니라 신체도 인간에게 속하지 않으면 안 된다.[3] 이성혼이 주입될 때 인간은 태어나고, 이성혼이 신체로부터 떠날 때 인간은 죽는다. 이를테면 인간에게는 이성혼 이외에는 어떠한 다른 실체적 형상도 없다. 그리고 이 영혼은 하위(下位) 형상의 기능을 수행하고 있다. 즉 식물의 경우에는 식물혼이, 비이성적인 동물의 경우에는 감각혼이 행하고 있는 것을 인간의 경우에는 이성혼이 수행하고 있다.[4] 따라서 영혼이 신체와 결합하는 것은 부자연스러운 것일 수가 없다. 말하자면 오리제네스(Origenes)가 생각했던 것처럼 이 결합은 영혼이 전생에 지은 죄에 대한 벌일 수는 없는 것이다. 예컨대 인간의 영혼은 감각 능력을 지니고 있으나, 신체없이는 이 기능을 수행할 수가 없다. 그리고 인간의 영혼은 사고력을 가지고 있으나 생득 관념(生得觀念, innate idea)을 가지고 있지 않으며, 감각 경험에 의해서 그 관념을 형성하지 않으면 안 된다. 그렇게 하기 위해서는 신체가 필요하다. 따라서 영혼은 신체를 필요로 하고 또 영혼은 본성적으로 신체의 형상이므로, 영혼은 신체와 결합해 있는 것이다. 영혼과 신체의 결합은 영혼의 손해가 되는 것이 아니라 영혼의 선(善)을 위한(propter animam) 것이다. 질료가 형상을 위해서

3) *S.T.*, Ia, 76, 1.

4) 같은 책, Ia, 76, 4.

존재하는 것이지 그 반대가 아니다. 그리고 영혼이 신체와 결합되어 있는 것은 영혼이 자신의 본성을 따라서 활동하기 위해서이다.[5)]

2. 영혼의 능력

성 토마스는 인간의 통일성, 즉 영혼과 신체 사이의 긴밀한 결합을 강조했으나, 영혼과 그 기능간에 그리고 그 기능들 상호간에는 실재적인 구별이 있다고 주장했다. 하느님에게만 어떠한 가능성도 없기 때문에, 하느님에게 있어서만은 작용의 능력과 그 작용 자체는 실체와 동일한 것이다. 인간의 영혼에는 자신의 작용에 대해서 가능태에 있으면서 제각기 자신의 작용과 대상에 따라서 구별되는 기능들 또는 작용 능력들이 있다.[6)] 이들 능력이나 기능 가운데 어떤 것은 영혼 그 자체에 속하여 본질적으로는 신체적 기관에 의존하지 않으나, 다른 어떤 것은 〈합성체〉에 속하여 신체없이는 작용할 수가 없다. 따라서 전자는 신체로부터 분리될지라도 영혼 안에 존속하지만, 후자는 영혼이 신체와 재결합되는 경우에만 이들 기능을 수행할 근소한 능력을 지니고 있다는 의미에서, 즉 분리된 상태에서는 그 기능을 수행할 수 없다는 의미에서 단지 가능적으로 또는 잠재적으로만(virtute) 분리된 그 영혼 안에 존속하고 있다. 예컨대 이성적인 또는 지적인 그 기능은 본질적으로는 신체에 의존하지 않는다. 그렇지만 신체와의 결합 상태에서는 인식(후에 설명하는 의미에서)의 소재에 어느 정도 의존하고는 있다. 그러나 감각 능력은 분명히 신체없이는 발휘될 수가 없다. 이에 반하여 그 능력은 영혼없이 신체에 의해서는 발휘되지 못한다. 그러므로 그 '주체'는 영혼만도 아니고 신체만도 아닌 인간이라는 〈합성체〉인 것이다. 감각 작용은 신체를 사용하는 영혼(아우구스티누스가 생각했듯이)에만 돌려질 수 없다. 이를테면 신체와 영혼은 감각 작용을 함에 있어서 제각기 자기의 역할을 하고 있으며, 감각 능력은 그 양자에 따로따로 속한다기보다는 오히려 결합하여 있는 그 양자에 속해 있는 것이다.

능력 또는 기능에 있어서는 일정한 단계가 있다. 영양, 성장, 생식의 능력들을 지니고 있는 식물적 기능의 대상은 영혼과 결합해 있는 신

5) 같은 책, Ia, 76, 5 ; Ia, 89, 1 참조.
6) 같은 책, Ia, 77, 1～3 ; *De Anima,* 1, *lectio* 2.

체 또는 영혼에 의해서 살고 있는 신체이다. 감각의 기능(시각, 청각, 후각, 미각, 촉각 등의 외부 감각과 〈고통 감각〉, 상상력, 〈평가력〉, 〈기억력〉 등의 내부 감각을 포함한다)의 대상은, 단순히 감각하는 주체인 신체만이 아니라 감각 가능한 모든 물체이다. 이성의 기능(능동 지성과 수동 지성을 포함한다)의 대상은 감각 가능한 물체만이 아니라 존재자 일반이다. 따라서 그 능력이 고차적일수록 그 대상은 더욱 폭넓고 더욱 포괄적이다. 위에서 말한 첫째의 일반적인 기능은 주체 자체의 신체에 관계하지만, 그 다른 두 기능, 즉 감각 기능과 지적 기능은 주체 자체에 대해서 외부적인 대상에도 관계한다. 이러한 사실을 고찰함으로써, 이미 말한 그것 이외에 다른 능력이 있음을 알게 된다. 만일 우리가 인식에 의해서 주체 안에 수용될 외적 대상의 적응성을 생각한다면, 두 개의 기능, 즉 감각적 기능과 지적 기능이 있음을 알게 된다. 전자는 후자보다도 그 범위가 한정되어 있다. 그러나 만일 우리가 외적 대상을 향하는 영혼의 경향을 생각한다면, 다른 두 개의 능력, 즉 주체가 자기 자신의 운동을 통해서 대상에 이르는 운동 능력(locomotion)과 대상을 목적(finis)으로서 추구하는 욕구 능력(appetition)이 있음을 알게 된다. 운동 능력은 감각적 생명의 차원에 속하지만, 욕구 능력은 두 가지가 있어서 하나는 감각적 차원에서의 욕구인 감각적 욕구이며, 또 하나는 지적 차원에서의 욕구인 의지(volition)이다. 그러므로 생명의 식물적 차원에서는 영양, 성장, 생식의 세 능력이 있고, 그 감각적 차원에서는 다섯 개의 외부 감각과 네 개의 내부 감각, 운동 능력과 감각적 욕구가 있으며, 생명의 이성적 차원에서는 능동 이성, 수동 이성, 의지가 있음을 알게 된다. 인간에는 이 모든 능력이 있는 것이다.

이들 능력과 기능은 그들의 원리로서의 영혼의 본질에서 생겨난다. 그러나 그들은 실재적으로 서로 구별되어 있다. 그들은 제각기 다른 자기 고유의 대상을 지니고 있으며(예컨대 시각의 고유 대상은 색깔이다), 그들의 작용도 다르므로 그들은 실재적으로 서로 다른 능력들이다(작용은 존재를 따른다, operatio sequitur esse). 그러나 이런 실재적인 구별이 충분한 이유없이 증가되어서는 안 된다. 예컨대 내부 감각의 하나가 〈기억력〉 또는 감각적 기억력이며, 이에 의해서 동물은 친구 또는 원수를 기억하고, 즐거움을 주는 것과 해를 끼치는 것을 기억하고 있다. 그리고 성 토마스에 의하면, 지나간 과거는 개별적인 것에 관계하고 개별적인 것에 관계되는 것은 감각적인 기억이므로, 과거를 과거로서 기억하는 것은 감각적인 기억에 속한다. 그러나 기억을 관념이나 개념의 보존으로 생각한다면 기억을 지성에 관련시킬 필요가 있으며, 우리는 지적 기억에 대해서 언급할 수가 있다. 그렇지만 지적 기억은 지성 자체, 더 정확하게 말하여 수동 지성과 실재적으로 구별되는 능력이 아니다. 말하자면 그것은 지성의 한 측면 또는 기능의 측면에서 본 지성 그 자체인 것이다. 나아가서 진리를 파악하는 작용이나 진리 파악에서 휴식하는 행위는, 추론하는 기능과 다른 어떤 능력이나 기능에서 생겨나는 것이 아니다. 말하자면 〈지성〉과 〈이성〉은 서로 다른 기능이 아니다. 왜냐하면 진리를 파악하는 것과 한 진리에서 다른 진리에로 추론하는 것은 동일한 정신이기 때문이다. 영원한 것에 관계하는 '상위 이성'(ratio superior)은 덧없는 일을 추론적으로 인식하는 〈하위 이성〉(ratio inferior)과 다른 능력이 아니다. 이들 두 기능은, 아우구스티누스가 말했듯이 비록 작용을 달리하는 대상을 따라서 서로 다른 이름이 붙여져 있지만, 하나의 동일한 능력이다. 이는 단지 하나의 능력에 불과한 사변적 지성이나 실천적 지성에도 똑같이 적용된다.

3. 내부 감각

'내부 감각'의 문제에 대해서는 좀더 언급해도 좋을 것이다. 내부 감각은 인간뿐만 아니라 동물에도 공통적이다. 아비첸나는 자신의 책 《영혼론》(*De Anima*)에서 다섯 개의 내부 감각을 자명한 것으로 가정했으나, 실제로는 네 개뿐이라고 성 토마스는 말하고 있다.[7] 이와 관련하여 성 토마스가 말하고 있는 '감각'은 무엇을 의미할까? 그것은 분명 우리가 사용하고 있는 의미에서의 감각은 아니다. 왜냐하면 우리가 감각이라는 말을 사용하는 경우, 우리는 다섯 개의 외부 감각을 가리키고 있기 때문이다. 그렇다면 그는 어째서 이를 감각이라고 부르고 있는가? 그 이유는 이들 감각은 감각적 생명의 차원에 속하는 작용으로서 이성을 포함하고 있지 않음을 가리키기 위해서이다. 예컨대 나무의 작은 가지는 둥지를 만들기에 편리하다고 '판단'하는 본능적인 작용이 새들에게 있지 않으면 안 된다. 말하자면, 새들은 본연적인 의미에서의 추론이나 판단을 하지 않고 색깔을 고유 대상으로 하는 시각에 의

7) *S.T.*, Ia, 78, 4.

해서만 그 편리함(유용성)을 알 수 있다. 따라서 새들은 작은 가지들의 유용성을 이해하는 '내부 감각'을 지니고 있는 것이다.

무엇보다도 먼저 고유한 외부 감각에 주어진 대상들을 구별하고 대조하는 내부 감각이 있지 않으면 안 된다. 눈은 색깔을 보고, 귀는 소리를 듣는다. 시각은 색깔을 서로 구별하지만 소리를 듣지 못하므로 색깔과 소리를 구별할 수가 없다. 가령 사람이 자신의 개를 보고 말을 걸고 있을 경우, 시각은 소리를 지금 보고 있는 색깔있는 대상에 결부시킬 수가 없는 것도 그와 같은 이유에서이다. 구별하고 대조하는 이러한 기능은 일반 감각 또는 〈공통 감각〉에 의해서 이루어진다. 둘째로 동물은 감각에 의해서 파악된 형상을 보존할 수가 있다. 그리고 이 보존의 기능은, "감각을 통해서 수용된 형상들의 일종의 저장고"인 상상력 또는 표상력에 의해서 수행되고 있다. 세째로 동물은 (외부) 감각을 통해서는 지각될 수 없는 것, 예컨대 자신에게 유익한 것, 호의 또는 악의가 있는 사람이나 사물을 파악할 수가 있다. 그리고 이러한 일은 〈평가력〉에 의해서 이루어지고 있다. 마지막으로 〈기억력〉은 이렇게 파악한 것을 보존한다. 성 토마스의 말에 의하면, 인간과 동물은 외부의 감각적 대상으로부터 똑같은 방법으로 영향을 받고 있기 때문에, 감각적인 형상에 관해서는 인간과 동물 사이에 아무런 차이가 없다. 그러나 외부 감각에 의해서는 직접 파악되지 않는 것에 대한 이해에 있어서는 인간과 동물 사이에 차이가 있다. 동물은 유익성과 무익성, 그리고 호의적인 것과 적대적인 것을 자연적인 본능에 의해서 지각하지만, 인간은 개별적인 사물들을 비교한다. 그러므로 성 토마스는 동물의 경우 〈본성적인 평가력〉(vis aestimativa naturalis)이라고 부르는 것을 인간의 경우에는 〈사고력〉(vis cogitativa)이라고 부르고 있으며, 이 사고력에는 단순한 본능 이상의 것이 포함되어 있다.

4. 자유 의지

다섯 개의 외부 감각, 네 개의 내부 감각, 그리고 운동 능력, 감각적 욕구, 이성적 인식 능력(이에 대해서는 성 토마스의 인식론을 다루는 다음 장에서 언급하겠다) 외에, 인간은 의지도 가지고 있다. 의지는 선 그 자체 또는 선 일반(bonum sub communi ratione boni)을 욕구하기 때문에 그것은 감각적 욕구와는 다르다. 한편 감각적 욕구는 선 일반이 아니라 감각에 의해서 드러난 욕구의 개별적인 대상을 욕구한다. 나아가서 의지는 본성상 선 일반을 지향하게 되어 있으므로 필연적으로 선 일반을 욕구한다. 그러나 이 필연성은 강제의 필연성, 즉 억지로 의지에 떠맡겨지는 필연성이 아니다. 그 필연성은 본성적으로 궁극적인 목적이나 행복을 추구하는 의지 자체에서 생겨난다. 의지는 하나의 욕구 능력이므로, 욕구의 자연적 대상이나 자연적 〈목적〉을 떠나서는 이해될 수 없다. 그리고 성 토마스는 아리스토텔레스를 따라서, 이 대상은 지복(至福), 행복, 선 일반이라고 말하고 있다. 우리는 필연적으로 행복할 것을 바라고 있으며, 또 그러기를 바라지 않을 수가 없다. 그러나 이 필연성은 억지로 외부로부터 부과된 필연성(**necessitas coactionis**)이 아니라 의지의 본성에서 생겨나는 본성적인 필연성(**necessitas naturalis**)이다.

그러나 비록 인간이 필연적으로 행복을 바라고 있다고 할지라도, 이는 개별적인 선택에 관해서 인간에게 자유가 없음을 의미하는 것은 아니다. 반드시 행복에 필요하지는 않지만, 개별적인 선이 존재하며, 그러한 것을 바라느냐 바라지 않느냐 하는 것은 인간의 자유이다. 나아가서 비록 참다운 행복은 하느님을 소유하는 데만, 즉 무한한 선을 얻는 데만 있다고 할지라도, 그것은 모든 인간이 하느님을 의식적으로 추구해야 한다거나 하느님으로 이끌어 주는 수단들을 반드시 바라지 않으면 안 된다는 것을 의미하는 것은 아니다. 이 세상에 있어서 지성은, 무한한 선으로서의 하느님이나 의지를 결정하지 않을 수 없는 행복의 유일한 원천으로서의 하느님에 대해서 명확한 통찰력을 지니고 있지 않다. 이를테면 비록 인간은 반드시 행복을 바라고 있기는 하지만, 행복과 하느님의 관계가 인간에게 있어서 하느님 이외의 것을 바랄 수가 없을 정도로 언제나 명확한 것은 아니다. 물론 어떤 의미에서 인간은 언제나 하느님을 바라고 있다. 왜냐하면 인간은 반드시 행복을 바라고 있고 또 〈사실〉 행복은 하느님, 즉 무한한 선에 이르는 데만 있기 때문이다. 그러나 인간에게는 무한한 선으로서의 하느님에 대한 명확한 통찰력이 없기 때문에, 인간은 자기의 행복과는 필연적인 관계가 없는 대상일지라도 필연적인 관계가 있는 것처럼 여겨서 자신의 행복을 하느님 이외의 다른 것에서 찾을 수가 있다. 인간은 그가 바라는 것은 무엇이든, 실재적이든 외관상이든간에 하나의 선으로서 바라고 있다.(인간은 무엇이든 〈선의 이유에서〉 바라고 있다.) 그러나 인간은 반드시 현실적인 무한의 선을 바라는 것은 아니다. 하나의 해석(설명)상의 의미에서 볼 때, 인간은 언제나 하느님을 바라고 있다고 말할 수 있을지 모르나, 의식적인 선택과의 관계에서 볼 때, 인간은 하느님을 제외하고서라도 하느님 이외의 다른 것을 바랄 수가 있다. 만일 인간이 진리를 외면하고, 예컨대 감각적인 쾌락을 중요시하여 그것에 자신의 행복을 둔다면, 그는 도덕적으로 과오를 범하고 있다. 그러나 인간에게는 무절제한 감각적 쾌락에 빠지는 것과 진정한 행복을 얻는 것은 상반된다는 것이 그렇게 자명한 것이 아니므로, 사실 인간은 무절제한 감각적 쾌락이 자신의 목적인 것처럼 여겨서 거기에 빠져들 수 있다. 이와 같은 예는 지성의 활동에서도 볼 수 있다. 만일 누가 하나의 명사가 의미하는 바를 알고 있다고 한다면, 그에게 있어서 지성의 질서에 있어서의 제 1 원리, 가령 동일률에 동의하지 않는다는 것은 불가능한 일이다. 그러나 하느님의 존재에 대한 형이상학적인 증명에서처럼 일련의 추론이 필요하게 될 경우에는, 그는 그것에 대한 동의를 거부할 수 있다. 그 이유는 그 논증이 불충분하기 때문이 아니라 그가 그것에 동의하기를 원하지 않기 때문이며, 또 그의 지성이 전제와 결론의 필연적인 관계를 이해하거나 그것에 집착하기를 싫어하기 때문이다. 그와 마찬가지로, 인간은 반드시 〈선이라는 이유에서〉 무엇을 바라고 반드시 행복을 추구하지만, 인간은 행복과 하느님간의 관계를 중요시하지 아니하고 하느님 이외의 다른 것을 마치 자신에게는 진정한 행복의 원천인 것처럼 인정할 수도 있다.

자유 의지(**liberum arbitrium**)는 의지와는 다른 능력 또는 기능이 아니다. 그러나 그 양자 사이에는 개념상의 구별이 있다. 왜냐하면 '의지'라는 말은, 필연적이든(목적이나 행복에 관해서) 자유이든(목적에 대한 수단의 선택에 관해서)간에 우리가 지니는 모든 의지 작용의 원리로서의 기능을 가리키고 있는 반면에, '자유 의지'는 목적에 대한 수단의 자유스러운 선택의 원리로서 위와 같은 기능을 가리키고 있기 때문이다. 이미 말한 바와 같이, 비록 인간이 반드시 목적이나 행복을 바라고 있을지라도, 그는 목적과 그 개별적인 수단 사이의 관계를 반드시 통찰하게 되어 있는 것이 아니므로, 인간은 수단의 선택에 관해서는 자유로워서 외부로부터나 내부로부터도 강요받지 않는다고 성 토마스는 주장했다. 인간이 자유롭다는 것은 인간은 이성적이라는 사실의 결과이다. 양은 자연적인 본능에 의해서 늑대를 피해야 한다고 '판단하고' 있으나, 인간은 지성의 자유로운 행위에 의해서 어떤 선은 얻어야 하고 어떤 악은 피해야 한다고 판단한다.[8)] 본능과는 달리, 이성은 개별적인 선택에 관한 판단에 있어서는 결정되어 있지 않다. 선택은 궁극 목적(행복)에 이르는 수단에 관계하고 있으며, 따라서 인간은 어떠한 개별적인 대상들도 여러 가지의 관점에서 고찰할 수 있는 것이다. 말하자면 인간은 대상을 어떤 측면에서는 좋다고 생각하여 그것은 마땅히 선택되어져야 한다고 판단할 수 있고, 또는 그 대상을 다른 측면에서는 나쁘다고, 즉 어떤 선을 결여하고 있다고 생각하여 그것은 마땅히 피해야 한다고 판단할 수도 있다.[9] 그러므로 〈자유 의지〉는 인간이 자유로이 판단할 수 있는 능력인 것이다.[10] 그래서 자유는 의지에 속하지 않고 지성에 속해 있는 것처럼 생각될지 모르나, 성 토마스가 말하는 바에 의하면,[11] 〈자유 의지〉는 인간이 자유로이 판단할 수 있는 능력이라고 말할 경우, 그것은 어떤 종류의 판단을 가리키는 것이 아니라 인간이 선택 가능한 대상을 서로 다른 관점에서 생각할 수 있기 때문에 일어나는 심사 숙고를 목적으로 하는 선택 결정을 가리키고 있는 것이다. 예컨대 내가 산책하러 갈 것이냐 안 갈 것이냐의 문제가 있을 경우, 나는 산책을 건강한 운동으로서 좋게 볼 수도 있고, 또는 오후에 발송할 편지를 쓸 시간을 빼앗기므로 나쁘게 볼 수도 있다. 산책하러 가겠다(경우에 따라서는 가지 않겠다)라는 판단의 결정은 의지의 영향에 의해서 이루어진다. 그러므로 〈자유 의지〉는 의지이지만, 그것은 절대적으로가 아니라 이성과의 관계에서 의지를 가리키고 있다. 판단 자체는 이성에 속하지만, 판단의 자유는 직접 의지에 속하고 있다. 그래도 역시 성 토마스의 자유론이 주지주의적인 성격을 지니고 있는 것은 사실이다.

5. 가장 고귀한 능력

이 주지주의는 지성과 의지 가운데서 어느 것이 더욱 고귀한 능력인가 하는 문제에 대한 토마스의 해답에서 명백하게 나타나 있다. 성 토마스는 다음과 같이 대답하고 있다. 지성은 인식에 의해서 대상을 소유하고 정신적인 동화 작용에 의해서 대상을 자기 자신 안에 지니는 반

---

8) 같은 책, Ia, 83, 1.

9) 같은 책, Ia, IIae, 13, 6.

10) *De Vecritate*, 24, 4, 6.

11) 같은 책, 24, 6.

면에, 의지는 외적인 것으로서의 대상을 지향하고 있기 때문에, 그리고 자기 자신 밖에 존재하는 대상의 완전성을 지향하는 것보다도 대상의 완전성을 자기 자신 안에 소유하는 편이 더욱 완전하기 때문에, 단적으로 말하면 지성이 보다 고귀한 능력이라는 것이다. 그러므로 유형적인 대상에 관해서는 이 대상의 인식은 이에 대한 의욕보다 더욱 완전하고 더욱 고귀하다. 왜냐하면 인식에 의해서 우리는 이들 대상의 형상을 우리 자신 안에 소유하고, 또 형상은 유형적인 대상 안에서보다 이성혼 안에서 더욱 고귀한 방법으로 존재하기 때문이다. 그와 마찬가지로 지복 직관의 본질은 우리가 하느님을 소유하는 인식의 행위에서 이루어진다. 또 한편 지성에 의한 대상의 소유 그 자체가 의지에 의해서 대상을 지향하는 것보다 더욱 완전하다고 할지라도, 의지는 〈어떤 점에서〉(secundum quid) 부수적인 이유로 지성보다 더욱 고귀할 수가 있다. 예컨대 이 세상에 있어서 하느님에 대한 우리의 인식은 불완전하고 유비적(類比的)이어서, 우리는 간접적으로만 하느님을 알고 있는 반면에 의지는 직접 하느님을 지향한다. 따라서 하느님에 대한 사랑은 하느님에 대한 인식보다도 더욱 완전하다. 영혼처럼 고귀하지 않은 대상, 즉 유형적인 대상의 경우 우리는 직접적인 인식을 가질 수 있고, 또 이러한 인식은 의지 작용보다도 더욱 완전하다. 그러나 하느님, 즉 인간의 영혼을 초월하는 대상의 경우 우리는 이 세상에서는 단지 간접적인 인식만을 가지며, 그리고 하느님에 대한 우리의 사랑은 하느님에 대한 우리의 인식보다도 더욱 완전하다. 그러나 천국에서의 지복 직관에서 영혼이 하느님의 본질을 직관하는 경우, 의지에 대한 지성의 본질적인 우월성이 다시 주장된다. 이와 같은 방법으로 성 토마스는 아리스토텔레스의 주지주의적인 태도를 채용하면서도 이를 그리스도교적인 입장에서 해석하고 있다.[12)]

6. 영혼의 불멸

위에서 보아 온 바와 같이, 성 토마스는 신체와 영혼의 관계에 대해서 플라톤·아우구스티누스적인 견해를 거부하고 영혼을 신체의 형상으로 보는 아리스토텔레스인 견해를 채용함으로써 영혼과 신체간의 친밀

12) 같은 책, 22, 11 ; *S.T.*, Ia, 82, 3 참조.

한 결합을 강조했다. 인간에는 어떠한 〈유형성의 형상〉도 없으며 단지 하나의 물질적인 형상으로서의 이성혼만이 있다. 이것은 직접 제 1 질료를 형성하며 식물적, 감각적, 지적인 차원에서의 모든 인간적 활동의 원인이다. 말하자면 감각 작용은 신체를 사용하는 영혼의 행위가 아니라 〈합성체〉의 활동이다. 따라서 우리는 생득 관념을 가지지 않으며, 정신은 자신의 인식을 위해서 감각 경험에 의존하고 있다. 그러므로 인간 영혼이 신체를 떠나서도 존속할 수 있는 가능성마저 배제되지 않으면 안 될 정도로 영혼과 신체간의 긴밀한 결합이 강조되지 않았는가 하는 문제가 생겨난다. 달리 말하면, 신체와 영혼의 관계에 대한 아리스토텔레스의 학설은 인간의 불멸성과 모순되지 않는가? 플라톤적인 영혼론에서 출발한다면, 영혼의 불멸성은 확인되지만 영혼과 신체의 결합을 이해하는 데는 어려움이 있다. 이와는 반대로 아리스토텔레스적인 영혼론에서 출발한다면 영혼의 불멸성을 희생시키지 않을 수 없고, 영혼은 신체와 너무나 밀접하게 결합해 있으므로 신체를 떠나서는 존속할 수 없을 것으로 생각된다.

사실 영혼은 신체의 형상이다. 성 토마스에 의하면, 영혼은 본성적으로 신체의 형상이므로 언제나 신체를 형성하는 경향을 지니고 있다. 그러나 그런데도 여전히 영혼은 이성혼이며, 그의 능력은 신체를 형성하는 데서 끝나지 않는다. 실제로 영혼의 불멸성을 다루는 경우에 있어서, 성 토마스는 영혼은 자립적인 형상(a subsistent form)이므로 불멸적이라고 말하고 있다. 소멸하는 사물은 그 자체(per se)가 아니면 다른 것에 따라서(per accidens), 즉 자신의 존재가 의존하고 있는 어떤 것의 소멸에 의해서 소멸한다. 동물의 혼은 자신의 모든 활동이 신체에 의존하고 있으므로, 신체가 소멸하면 따라서 소멸한다(corruptio per accidens). 그러나 이성혼은 그것에 본질적으로는 의존해 있지 않는 신체가 소멸할지라도, 자립적인 형상이므로 이에 영향을 받을 수 없다.[13] 만일 이것이 영혼의 불멸성에 대한 증명으로 성 토마스가 말하지 않을 수 없었던 그 전부라고 한다면, 그는 분명 엄청난 〈선결 문제 요구의 허위〉(petitio principii)를* 범하고 있는 셈이다. 왜냐하면 인간 영혼은 〈자립적인 형상〉이라고 전제되어 있으나, 이것이 바로 증명되어야 하

---

13) *S.T.*, Ia, 75, 6; *Contra Gent.*, 2, 79.

* 이는 논증이 요구되는 것을 이미 논증된 것처럼 전제하는 데서 생기는 허위, 말하자면 근거없는 전제를 내세우는 허위이다. 이 경우 전제로 내세우는 이유를 묻는 것이 선결 문제로서 요구된다.

는 점이기 때문이다. 그러나 이성혼(영혼)은 모두 물체의 본성을 알 수가 있으므로 정신적이며 자립적인 형상일 수밖에 없다고 성 토마스는 주장하고 있다. 만일 그것이 물질적이라고 한다면, 마치 시감관(視感官)이 색깔을 지각하는 데만 한정되듯이 특정된 대상에 한정될 것이다. 나아가서 만일 그것이 신체적 기관에 본질적으로 의존해 있다면, 어떤 특종의 물체적인 대상에 대한 인식에 한정될 것이며, 이는 결코 사실이 아니다.[14] 그 반면에 만일 영혼이 하나의 신체로서 물질적이라면, 자기 자신을 반성할 수 없을 것이다.[15] 이러한 이유에서 하나의 이성혼인 인간 영혼은 비물질적이며, 즉 정신적이지 않으면 안 된다. 이에 의해서 영혼은 불멸적이며 본성적으로 죽을 수 없다는 결과가 된다. 물론 자연의 법칙에 따라 말한다면, 영혼은 이를 창조한 하느님에 의해서 소멸될 수도 있을 것이다. 그러나 영혼의 불멸성은 그 본성의 결과이며, 다른 피조물의 존재처럼 영혼의 존재 자체가 무상(無償)으로 주어진 것이라면 모르지만, 영혼의 불멸성은 단순히 무상으로 주어진 것이 아니다.

성 토마스는 영혼의 불멸성을 영구히 존속하려는 욕구에서도 논하고 있다. 인간에게는 불멸성에 대한 자연적인 욕구가 있으며, 이 자연적인 욕구는 하느님에 의해서 주입되어 있는 한에서 헛될 수가 없다.[16] "자연적인 욕구는 헛될 수가 없다. 그런데 인간은 영구히 존속하려는 자연적인 욕구를 지니고 있다. 이는 존재가 모든 것에 의해서 욕구되고 있다는 사실에서 분명하다. 그러나 인간은 〈존재〉를, 짐승과 같이 지금이라는 시간의 제약에서만이 아니라 지성에 의해 시간의 무제약에서도 파악하고 있다. 그러므로 인간은 〈존재〉를 시간의 무제약에서 그리고 본질적으로 파악하는 영혼에 대해서 불멸성을 추구하고 있다."[17] 비이성적인 동물과는 구별되는 인간은 지금이라는 순간을 떠나서 영속하는 〈존재〉를 파악할 수 있다. 그리고 불멸성에 대한 자연적인 욕구가 이러한 파악에 해당한다. 이 욕구는 자연의 창조자에 의해서 주입되었음에 틀림없으므로 헛될(**frustra** 또는 **inane**) 수가 없다. 이에 대해서 둔스 스코투스는 후에 논하기를, 자연적 욕구(**desiderium naturale**)에 관한 한에서는 인간이나 동물이 모두 본성적으로 죽음을 피한다는 데서 같은 차원에 있으나, 선택적인 또는 의식적인 욕구에 관해서는, 우

14) *S.T.*, Ia, 75, 2.
15) *Contra Gent.*, 2, 49.
16) *S.T.*, Ia, 75, 6.
17) *Contra Gent.*, 2, 79.

선 이 욕구가 충족되어야 한다고 논하기에 앞서서 이 욕구의 충족이 가능하다는 것을 제시하지 않으면 안 된다고 말했다.[18] 이 욕구가 충족될 수 있다는 것은 영혼이 신체에 본질적으로 의존하지 않는 정신적인 것이라는 점을 증명함으로써 제시된다고 대답할 수 있을 것이다. 이는 영혼의 정신성에 대한 논증이 근본적이라는 것을 인정하는 것이라고 하겠다.

우리가 지니는 관념의 기원을 감각 경험에 두고 이러한 관념의 형성에 있어서의 감각적 표상(**phantasm**)의 역할을 주장하는 성 토마스의 인식론에서 볼 때, 인간 정신이 본질적으로 신체에 의존하지 않는다고 말하는 것은 모순된 말인 것처럼 생각될 것이며, 또 신체에서 분리된 상태에 있는 영혼은 지적 활동을 할 수 없을 것으로 보일 것이다. 그러나 그 첫째의 관점에 대해서는 정신이 자신의 활동을 위해서 신체를 필요로 하는 것은 정신 활동의 기관으로서가 아니라(왜냐하면 이는 단지 정신만이 활동이기 때문이다), 이 세상에서 신체와 결합했을 경우의 인간 정신의 본연적인 대상 때문이라고 그는 주장하고 있다. 달리 말하면 정신은 자신의 존재를 위해서 본질적으로는 신체에 의존하지 않는다. 그렇다면 정신은 신체를 떠난 상태에서 활동할 수 있을까? 그것은 가능하다. 왜냐하면 인식의 양식은 정신이 존재하는 그 상태를 따르기 때문이다. 신체와 결합했을 경우의 이성혼은 감각적 표상과의 관계없이는 사물을 알 수 없다. 그러나 신체에서 분리된 상태에서의 정신이 이제 자기 자신과 다른 영혼들을 완전하게 또 직접적으로 알고 천사들을 불완전하게 아는 것은 불가능한 일이 아니다. 실은 이 경우 정신(**spirits**)은 유형적인 것보다도 더욱 고귀한 인식 대상이므로, 영혼에게 있어서는 신체에서 분리되어 있는 상태에 있는 편이 신체와 결합되어 있는 편보다도 더 좋은 것으로 보인다. 그러나 성 토마스는 이를 인정하지 않는다. 왜냐하면 그는 신체와 결합하여 있는 것이 영혼에게는 자연적(본성적)이며, 그 결합은 영혼의 선을 위한 것이라고 주장했기 때문이다. 그래서 그는 영혼의 분리 상태는 영혼의 〈본성을 거스르는 것〉(**praeter naturam**)이며, 분리 상태에 있는 영혼의 인식 양식도 그 〈본성을 거스르고〉 있다고 단정하는 데 주저하지 않는다.[19]

---

18) *Opus Oxon.*, 4, 43, 2, nos. 29 이하.

19) *S.T.*, Ia, 89, 1 이하.

20) 같은 책, Ia, 76, 2.

7. 모든 사람에 있어서 능동 이성과 수동 이성은 하나가 아니다

성 토마스는 영혼의 불멸성을 증명할 때 당연히 개인의 불멸성에 대해서 언급하고 있다. 그는 아베로에스주의자들에게 반대하여 지성은 인간의 영혼에서 분리되어 모든 인간에게 공통적인 것이 아니라, 이 지성은 "신체의 다수화에 따라서" 다수화되어 있다고 주장하고 있다.[20] 모든 사람은 단지 하나의 지성밖에 가지지 않는다는 전제에서는, 서로 다른 사람들에게 있어서의 관념과 지적 작용의 차이를 설명할 수가 없다. 사람들이 서로 다른 것은 감각이나 감각적 표상에 의해서만이 아니라 지적 생활이나 지적 활동에 의해서이기도 하다. 모든 사람이 하나의 시각을 갖는다고 가정하는 것이 불합리하듯이, 단지 하나의 지성밖에 갖지 않는다고 생각하는 것도 모순이다.

개인의 불멸성을 필연적으로 제거하는 것은, **능동** 이성의 단일성과 이존성(離存性)에 대한 아비첸나의 견해가 아니라(개인의 불멸성을 확실히 주장했던 어떤 중세 철학자들은 능동 이성과 하느님 또는 영혼 안에서의 하느님의 활동을 동일시했다), 오히려 능동 이성뿐만 아니라 **수동** 이성의 단일성과 이존성에 대한 아베로에스의 견해라는 것을 알아둘 필요가 있다. 아베로에스가 이 점에 대한 주요한 논적이라는 것을 성 토마스는《지성의 단일성에 대하여 — 아베로에스주의자들을 논박함》의 서두에서 아주 명백히하고 있다. 만일 아베로에스적인 이론이 받아들여진다면, "사후에 인간의 영혼은 전혀 남지 않으며 단지 하나의 지성만이 남을 뿐이다. 이렇게 되면 상선벌악은 폐지되고 만다." 물론 이것은 성 토마스가 능동 이성의 단일성론을 받아들였다는 것은 아니다. 그는 이에 대해서 예컨대《대이교도 대전》에서나[21]《신학 대전》에서도[22] 반론하고 있다. 그의 논증 가운데 하나는, 만일 능동 이성이 모든 사람에게 있어서 하나라고 한다면, 그 지성의 기능은 개인의 지배를 받지 않고 변치 않게 된다는 취지이다. 그러나 사실에 있어서 우리는 지적 활동을 마음대로 할 수도 있고, 마음대로 포기할 수도 있다. 이에 덧붙여 말한다면, 성 토마스는 아리스토텔레스의《영혼론》가운데[23] 잘 알려진 애매한 대목을 개별적인 인간에 있어서 능동 이성이 지니는 개별적인 성격을 말한 것으로 해석하고 있다. 나는 아리스토텔레

21) 2, 76.　　22) Ia, 79, 4~5.　　23) 3,5 ; 430 a. 17 이하.

스에 대한 토마스의 해석은 잘못되어 있다고 말하고 싶지만, 그러나 확실히 그렇다고 단정할 수는 없다. 그러나 그의 아리스토텔레스 해석이 맞느냐 틀리느냐 하는 문제는 능동 이성에 대한 자기 자신의 생각이 진리이냐 허위이냐 하는 문제에는 영향을 끼치지 않는다.[24)]

수동 이성의 단일성에 대해서 성 토마스는《지성의 단일성에 대하여 — 아베로에스주의자들을 논박함》과《대이교도 대전》에서[25)] 반론하고 있다. 그의 논증의 대부분은 아리스토텔레스적인 영혼론과 인식론을 전제하고 있다. 그러나 그 전제는 성 토마스가 자신이 이해하고 해석했듯이 아리스토텔레스의 원칙을 받아들였다는 이유에서만 아니라, 아베로에스주의자들이 아리스토텔레스주의자들이었다는 이유에서도 당연한 것으로 생각된다. 따라서 성 토마스가 아리스토텔레스적인 영혼론과 인식론을 전제했다고 말하는 것은 수동 이성의 단일성과 이존성에 대한 아베로에스주의자들의 생각이 그들 자신의 원리와 일치하지 않는다는 것을 보여주려고 했음을 말하는 데 지나지 않는다. 만일 영혼이 신체의 형상이라고 한다면, 어째서 그 수동 이성은 모든 사람에 있어서 하나일 수 있을까? 하나의 원리가 다수의 실체의 형상일 수는 없을 것이다. 그리고 또, 만일 수동 이성이 이존하는 원리라고 한다면 그것은 영원할 것이며, 따라서 그것은 일찍 받아들여졌던 모든 〈지적 형상〉(species intelligibiles)을 마땅히 포함할 것이다. 그리고 또 각자는 많은 사람들에 의해서 일찍 이해되었던 모든 것을 마땅히 이해할 수 있을 것이다. 이는 결코 분명한 사실이 아니다. 나아가서 만일 능동 이성이 이존하며 영원하다고 한다면 그것은 영원으로부터 활동하고 있을 것이며, 그리고 이존하여 영원하다고 생각되는 수동 이성도 영원으로부터 받아들이고 있는 셈일 것이다. 그러나 이는 지적 활동에 있어서 감각이나 상상을 불필요하게 하고 말 것이다. 그러나 사실 감각이나 상상이 절대적으로 필요하다는 것은 경험에 의해서 분명하다. 그리고 각자에 있어서의 서로 다른 지적 능력을 어떻게 설명할 수 있을까? 이 점에 있어서의 사람들의 차이는 어느 정도 사람들 각자의 지성 이하의 능력에 달려 있음이 틀림없다.

아베로에스의 학설에 의해서 일어난 소동과 그것이 불러일으킨 관심을 이해하기란 오늘의 우리들에게 있어서는 다소 어려울지 모른다. 그

---

24) 아리스토텔레스에 관해서는 *Summa contra Gentiles,* 2, 78, 그리고 the Commentary on the *De Anima,* 3, *lectio* 10을 보라.

25) 2, 73~75.

러나 그 학설은 분명 내세에 있어서의 불멸성과 제재에 관한 그리스도교의 교리와는 일치하지 않는다. 비록 성 토마스가 아리스토텔레스를 아베로에스로부터 떼어 놓으려고 했을지라도, 토마스 아퀴나스에게 있어서는 아베로에스 학설의 도덕적 및 종교적인 결과는 자신의 학설을 그리스 철학자(아리스토텔레스)의 것으로 하려는 아베로에스의 시도보다도 더욱 중요했던 것이다. 아베로에스주의자들에 대항하여 아우구스티누스주의자들과 아리스토텔레스주의자들은 제휴했다. 이는 인간의 인격성을 위태롭게 하는 것으로 보이는 근대의 형이상학적·심리학적인 체계에 의해서 야기된 그 반응에 비교될지도 모른다. 이 점에 대해서 예컨대 절대적 관념론은 다른 점에서 서로 의견을 심하게 달리했던 철학자들의* 입장을 반대했던 것이다.

* 서로 의견을 달리하는 철학자는 주관적 관념론과 객관적 관념론의 철학자들을 가리키는 것으로 생각된다. 예컨대 피히테, 셸링, 헤겔의 철학을 제각기 주관적 관념론, 객관적 관념론, 절대적 관념론으로 부르는 것은 헤겔이 칸트의 비판 철학을 주관적 관념론이라고 평하고 자신의 입장을 절대적 관념론이라고 말한 이래로 일반화되어 있다.

제 38 장
성 토마스 아퀴나스 8 : 인식

1. 성 토마스에 있어서의 '인식론'

인식의 충분한 근거를 제시한다는 의미에서, 즉 여러 가지의 주관적 관념론에 직면하여 인식의 객관성을 증명하거나 증명을 시도한다는 의미에서 성 토마스에게서 인식론을 찾는다는 것은 헛된 일로 보일 것이다. 누구나, 심지어 회의론자로 자처하는 사람마저도 어떤 종류의 인식이 가능하다고 확신하고 있다는 것은, 성 아우구스티누스에게 있어서나 성 토마스에게 있어서도 분명한 일이었다. 성 토마스에게 인식이 문제가 된다면, 그것은 오히려 아리스토텔레스적인 영혼론에 직면하여 어떻게 형이상학을 안전하게 수호하고 그것의 충분한 근거를 제시할 것인가 하는 문제일 뿐, 아직 발생한 적도 없는 주관적 관념론에 대해서 우리가 지니는 외부 세계에 대한 인식의 객관성의 근거를 어떻게 제시할 것인가라든지 또는 훨씬 뒤에 와서 이루어지고 있는 칸트의 비판에 대해서 형이상학의 정당성을 어떻게 제시할 것인가 하는 식의 문제는 아니다. 물론 이는 토마스 철학의 원리가 주관적 관념론이나 칸트주의에 대해서 해답하는 방법으로 전개될 수 없다고 말하는 것이 아니다. 그러나 역사상의 토마스로 하여금 그가 실제로 직면하지 않았던 문제들에 대해서 해답하게 하는 시대 착오적인 오류를 범해서는 안 된다. 성 토마스의 인식의 이론을 그의 영혼론(심리의 이론)에서 따로 떼어 취급한다는 것은 그 자체가 다소 시대 착오적이기는 하지만, 그럴 수 있는 근거가 있다고 생각된다. 왜냐하면 인식의 문제는 바로 영혼론에서 생겨나기 때문이다. 따라서 적어도 편의상 이 문제를 분리하여 취급할 수가 있다. 이 문제를 명확하게 하기 위해서는 무엇보다도 먼저 아퀴나스를 따라서, 우리가 자연적인 관념과 지식을 얻는 방법에 대한 간략한 줄거리를 말할 필요가 있다.

2. 인식의 과정 : 보편자와 개체의 인식

유형적인 대상은 감각 기관에 작용하고, 감각 작용은 아우구스티누스가 생각했던 것처럼 신체를 사용하는 영혼만의 활동이 아니라, 영혼과 신체로 이루어진 〈합성체〉의 활동이다. 감각은 본성적으로 개체의 파악에 한정되어 있어서, 보편자를 파악하지 못한다. 짐승은 감각 작용을 가지고는 있지만 일반 개념은 갖지 않는다. 상상 작용 가운데서 일어나서 감관에 의하여 지각된 개별적인 물질적 대상을 나타내는 감각적인 표상이나 영상은, 그 자체가 개별적이며, 개별적인 한 대상이나 여러 대상들의 표상이다. 그러나 인간의 지적 인식은 보편자에 대한 것이다. 이를테면 인간은 지적 작용에 있어서 물질적 대상의 형상을 추상 작용에 의해서 파악하며, 즉 보편자를 파악한다. 우리는 감각 작용을 통해서, 예컨대 개별적인 사람들이나 나무들만을 파악할 수 있으며, 사람이나 나무의 그 내적인 표상이나 영상은 언제나 개별적인 것이다. 비록 우리가 현실의 어떤 인간을 뚜렷하게 나타내지 않고 많은 것을 막연하게 나타내는 인간의 한 복합적인 영상을 가졌다고 할지라도, 그 영상은 여전히 개별적이다. 왜냐하면 개별적인 현실적 인간의 표상들이나 그 표상들의 부분은 연합하여 하나의 표상을 형성하며, 그 표상은 현실적인 개별적 인간에 대해서는 '유적'(類的)일 수 있으나, 그 자체는 그래도 여전히 개별적이며 영상화된 한 개별적 인간의 표상에 지나지 않기 때문이다. 그러나 정신은 인간 자체의 일반적인 관념을 파악할 수 있고 또 실제로 파악하고 있다. 이 일반 관념(개념)은 자신의 외연(外延, extension) 속에 모든 인간을 내포한다. 인간의 어떤 표상은 확실히 모든 인간에게 적용되지는 않지만, 인간의 지적 관념은 비록 개별적인 인간에 대한 감각적 파악에 의해서 이루어졌다고 할지라도 모든 인간에게 적용된다. 한 인간에 대한 어떤 표상은, 그의 머리에 머리카락이 있거나 또는 없는 인간에 대한 것일 수밖에 없다. 만일 머리카락이 있는 경우라면, 그 표상은 이 점에서는 머리카락이 없는 사람을 나타내지 아니하며, 만일 머리카락이 없는 경우라면, 이 표상은 머리카락이 있는 사람을 나타내지 않는다. 그러나 만일 우리가 인간의 개념을 이성적 동물이라고 형성하는 경우, 이 관념은 머리카락이 있든 없든, 피부가 희든 검든, 키가 크든 작든 모든 사람을 포함한다. 왜냐하면 그것은 인간의 본질에 대한 관념이기 때문이다.

그러면 감각적이면서 개별적인 인식에서 지적인 인식으로의 이행은 어떻게 이루어지는가? 비록 감각 작용이 영혼과 신체가 함께 하는 작용이라고는 하지만, 이성적이면서 정신적인 영혼은 물질적인 것 또는 감각적 표상으로부터 직접 영향을 받을 수가 없다. 그러므로 영혼으로부터의 어떤 작용이 필요하다. 왜냐하면 개념은 단순히 수동적으로는 형성될 수 없기 때문이다. 이 작용은 감각적 표상을 '조명하여' 그것으로부터 보편자 또는 '가지상'(可知像, intelligible species)을 추상하는 능동 이성의 작용인 것이다. 이와 같이 성 토마스는 조명(illumination)에 대해서 말하고 있기는 하지만, 완전히 아우구스티누스적인 의미에서 그 말을 사용하고 있지는 않다(적어도 아우구스티누스의 의도에 대한 참다운 해석으로 생각되는 것을 따르고 있지는 않다). 성 토마스가 하는 말의 뜻은, 하느님으로부터의 어떠한 특별한 조명도 없이 자신의 자연적인 능력에 의해서 농동 이성이 감각적인 표상의 가지적인 측면을 볼 수 있게 하여, 그 감각적인 표상 가운데 잠재적으로 함축되어 있는 형상적이면서 가능태로서의 보편적인 요소를 밝혀낸다는 것이다. 그래서 능동 이성은 스스로 보편적인 요소를 추상하여 수동 이성 안에 〈각인된 형상〉(species impressa)이 생기게 한다. 능동 이성에 의하여 이루어진 이 한정에 대한 수동 이성의 반응이 곧 〈정신의 말〉(verbum mentis, 표명된 형상, species expressa)이며, 진정한 의미에서의 보편적 개념이다. 능동 이성의 기능은 순전히 능동적이어서 감각적 표상의 개별적인 요소로부터 보편적인 요소를 추상하여 수동 이성 내에 〈각인된 형상〉을 생기게 하는 일이다. 인간의 지성은 아무런 생득 관념도 지니고 있지 않으며, 단지 개념을 받아들이는 가능태에 있을 뿐이다. 따라서 그 지성은 현실태로 환원되어야 하고, 이 현실태에로의 환원은 그 자체가 현실태에 있는 어떤 원리에 의해서 성취되지 않으면 안 된다. 이 능동적인 원리는 스스로 공급할 아무런 기성 관념(既成觀念)도 가지고 있지 않으므로 감각에 의해서 주어지는 것으로부터 자신의 소재를 끌어내지 않으면 안 된다. 즉 그 능동적 원리가 감각적인 표상으로부터 가지적인 요소를 추상하지 않으면 안 된다는 뜻이다. 추상한다는 것은 개별화하는 특징들로부터 보편적인 것(보편자)을 지성에 의해서 분리시키는 일이다. 이렇게 하여 능동 이성은 본질을 특정한 한 사람이나 여러 사람들로 한정시키고 있는 모든 개별적인 특징들을 제외시킴으로써 개별적인 감각적 표상으로부터 인간의 보편적인 본질을 추상한다. 능동 이성은 순전히 능동적이기 때문에 보편자를 자기 자신에 스스로 각인할 수는 없다. 그러므로 능동 이성은 그 보편자를 인간 지성의 가능적 요소인 수동 이성에 각인하고, 이 각인에 대한 반응이 곧 진정한 의미에서의 개념 즉 〈정신의 말〉인 것이다.

그러나 추상 개념은 인식의 대상이 아니라 인식의 수단에 불과하다는 것을 알아 두는 것이 중요하다. 만일 개념, 즉 지성의 변용 그 자체가 인식의 대상이라고 한다면, 우리의 인식은 정신 밖에 있는 것에 대한 인식이 아니라 관념에 대한 인식일 것이다. 따라서 그 경우 학적(學的)인 판단은 정신 밖에 있는 것에 관한 것이 아니라 정신 안에 있는 관념에 관계하는 데 지나지 않을 것이다. 그러나 실제에 있어서 개념은 정신 안에서 생겨난 대상의 유사성이며, 따라서 그 개념은 정신이 대상을 인식하는 수단이다. 성 토마스의 표현을 빌자면, 그것은 인식의 대상(**id quod intelligitur**)이 아니라 인식의 수단(**id quo intelligitur**)이다.[1] 물론 정신은 자신의 변용에 대해서 반성하는 능력을 지니고 있으며, 따라서 개념을 대상으로 삼을 수가 있다. 그러나 개념은 단지 이차적으로만 인식의 대상이지 본래는 인식의 도구이다. 이렇게 말함으로써 성 토마스는 주관적 관념론의 태도를 취하거나 관념론의 형식에 따르는 곤경을 피하고 있다. 그가 자신의 이론에 실제로 대립시키고 있는 것은 플라톤의 이론이다. 그러나 그가 취했던 태도에 의하여 거의 벗어날 수 없는 함정을 모면한 데는 변함이 없다.

성 토마스는 지성이 본질이나 보편자를 직접 인식한다고 주장했으므로, 결국 논리적으로 인간 정신은 개별적인 물질적 사물을 직접 인식하지 않는다는 것이다. 물론 강조되어 있는 것은 '정신'과 '인식'이다. 왜냐하면 인간이 개별적인 물질적 대상을 감각적으로 파악한다는 것은 부정될 수 없기 때문이다. 말하자면 감각의 대상은 바로 감각적인 개체이다. 그러나 지성은 사물을 개별화하는 질료로부터 가지적 형상을 추상함으로써 보편자에 대해서는 직접적인 인식을 가질 수 있다. 그렇지만 가지적 형상을 추상한 뒤일지라도, 지성은 '소급함'으로써, 즉 지성이 보편자를 파악했던 그 감각적인 표상에 주의를 돌림으로써만 자

1) *S.T.*, Ia, 5, 2.

신의 인식 작용을 수행하는 것이다. 그리고 이러한 방법으로 지성은 감각적 표상에 의해서 나타난 개별적 사물에 대한 반성적 또는 간접적인 인식을 갖는다. 소크라테스에 대한 감각적인 파악에 의해서 정신은 보편적인 '인간'을 추상할 수 있다. 그러나 그 추상적인 관념은 인식의 수단이며, 지성이 그 감각적인 표상에 주의를 돌리는 한에서만 지성에 대한 인식의 도구이다. 그리고 그렇게 함으로써 지성은 소크라테스는 하나의 인간이다라는 판단을 할 수가 있다. 그러므로 성 토마스에 의하면, 지성은 물질적인 개체에 대한 아무런 인식도 가지지 않는다고 말하는 것은 옳지 않다. 이를테면 정신은 단지 이러한 개체에 대해서 간접적인 인식만을 가지며 인식의 직접적인 대상은 보편자라는 것이 그의 주장이다.[2] 그러나 이것은 지적 인식의 첫째 대상이 그 추상적인 관념 자체라는 의미로 생각되어서는 안 된다. 왜냐하면 정신은 형상적인 요소, 예컨대 소크라테스 안에 잠재적으로 있는 보편적인 요소를 파악하고, 이 형상을 개별화하는 질료로부터 추상하고 있기 때문이다. 전문적인 용어로는 지적 인식의 본래의 대상은 직접적인 보편자, 즉 개체에서 파악된 보편자이다. 따라서 지성이 바로 보편자로서의 보편자, 즉 반성적인 보편자를 파악하는 것은 이차적인 데 불과하다.

설명을 위해서 두 가지의 주의를 덧붙여 두어야 하겠다. 성 토마스가 정신은 사물을 개별화하는 질료로부터 보편자를 추상함으로써 물질적인 개체로부터 그 보편자를 추상한다고 말하는 경우, 예를 들어 인간의 관념을 정신이 추상할 때 정신이 보편자를 추상하는 것은 질료 일반, 즉 '가지적인 질료'(예컨대 量에 대한 기체로서의 실체)로부터가 아니라, 이(this) 살이나 이들(these) 뼈로부터, 즉 특정하게 개별화하는 질료로부터라고 그는 설명하고 있다. 비록 개별적인 질료(물체)는 인간의 보편적인 개념 안에 들어가지는 않을지라도, 그 유형성은 바로 인간이 라는 그 관념 안에 들어가는 것이다.[3] 둘째로 성 토마스는, 지적 인식의 직접 대상이 될 수 없는 것은 개체 자체가 아니라, 오히려 개별적인 감각적 또는 유형적 대상이라는 것을 말하려고 하고 있다. 달리 말하면, 개별적인 유형적 대상이 지적 인식의 직접적인 대상이 될 수 없는 것은 이 대상이 개별적이어서가 아니라, 오히려 이 대상이 물질적이기 때문이며, 또 정신은 개별화의 원리로서의 질료, 즉 이 또는 저 질료로부터 추상함으로써만 인식하기 때문이다.[4]

2) 같은 책, Ia, 86, 1.

3) 같은 책, Ia, 85, 1.

4) 같은 책, Ia, 86, 1, *ad* 3.

3. 영혼의 자기 인식

성 토마스에 의하면, 인간 정신은 본래 인식에 대해서 가능태에 있으며 아무런 생득 관념도 지니고 있지 않다. 관념이 생득적이라는 유일한 의미는, 정신이 관념을 추상하고 형성하는 자연적인 능력을 지니고 있다는 것이다. 따라서 현실적인 관념에 관한 한, 정신은 본래 〈백지〉(**tabula rasa**)의 상태에 있다. 게다가 또 신체의 형상인 영혼은 물질적인 대상의 본질을 자신의 본성적인 인식 대상으로 하고 있기 때문에 정신의 인식의 원천은 감관의 지각 작용이다. 이성혼은 자신의 작용에 의해서만 자기 자신을 인식한다. 즉 영혼은 자기 자신을 직접 자신의 본질에서가 아니라, 감각적 대상으로부터 가지적인 형상을 추상하는 그 작용에서 자기 자신을 파악한다.[5] 그러므로 영혼의 자기 인식은 우리의 모든 인식이 감관의 지각 작용과 더불어 시작하고 또 그것에 의존하고 있다는 일반 원칙에서 벗어날 수 없다. 성 토마스는 이 세상에서 신체와 결합되어 있는 한에 있어서의 지성은 〈감각적인 표상으로 소급하지 아니하고는〉[6] 아무 것도 인식할 수 없게 된다고 말함으로써 그 사실을 밝히고 있다. 자기 반성에서 분명하게 나타나듯이, 인간 정신은 감각적 표상이 없이는 사유하는 일이 없다. 그리고 혼란된 상상력(미친 사람에서처럼)이 인식을 방해한다는 사실에서 알 수 있듯이 정신은 감각적인 표상에 의존하고 있다. 그 이유는 인식 능력이 자신의 본연적인 대상과 대응한다는 데 있다.[7] 간단히 말해 아리스토텔레스가 말했듯이, 인간 영혼은 감각적 표상없이는 아무 것도 이해할 수 없으며, 〈먼저 감관 안에 있지 않았던 것은 아무 것도 지성 안에 있지 않다〉(**nihil in intellectu quod prius non fuerit in sensu**)라고 말할 수 있다.

4. 형이상학의 가능성

위에서 말한 것으로부터 결과적으로 인간 정신은 이 세상에서 감각의 대상이 아니며 그 대상일 수도 없는 비물질적인 실체에 대한 직접

5) 같은 책, **Ia, 87, 1.**

6) 같은 책, **Ia, 84, 7.**

7) 같은 책, **Ia, 84, 7.**

적인 인식을 가질 수 없다는 것이 분명해진다.[8] 그러나 이러한 전제하에서 형이상학적인 인식이 도대체 가능한가, 또는 인간 정신은 감각적인 것을 초월하여, 예컨대 감각의 대상일 수 없는 하느님에 대해서 어떤 인식을 가질 수가 있는가 하는 문제가 일어난다. 만일 우리의 지성이 감각적인 표상에 의존해 있다고 한다면, 우리의 지성은 감각적인 표상도 없고 감관에 작용을 미치지도 않는 그러한 대상을 어떻게 인식할 수 있을까?[9] 〈먼저 감관 안에 있지 않았던 것은 아무 것도 지성에 있지 않다〉는 원리에 입각하여, 〈하느님은 먼저 감관 안에 있었다〉고 우리가 말할 수 없다면, 어떻게 우리는 하느님에 대한 인식을 얻을 수 있는가? 달리 말하면, 토마스주의의 영혼론과 인식론에서 볼 때, 토마스주의의 자연 신학은 반드시 무효화될 것처럼 보인다고 하겠다. 말하자면 우리는 감각의 대상을 초월할 수 없으며, 따라서 우리는 영성적인 대상에 대한 어떠한 인식도 가지지 못한다.

이 중대한 반론에 대한 성 토마스의 대답을 이해하기 위해서는 그의 지성론(知性論) 자체를 생각해 볼 필요가 있다. 감관은 필연적으로 하나의 특정한(고유한) 대상으로 결정되어 있으나, 비물질적인 지성은 존재를 파악하는 능력이다. 지성 그 자체는 모든 존재를 지향하고 있다. 지성의 대상은 가지적인 것이다. 어떠한 것도 현실태에 있지 않는 한, 즉 존재에 참여하지 않고는 가지적이 될 수 없다. 그리고 현실태에 있는 모든 것은 현실태에 있는 한에서 가지적이다. 만일 우리가 인간의 지성을 정확하게 지성으로 생각한다면, 우리는 그 지성의 본연적인 대상은 존재라는 것을 인정하지 않을 수 없다. 〈지성은 존재의 공통적인 개념에 따라서 자신의 대상에 관계한다. 왜냐하면 수동 지성은 그것에 의해서 영혼의 모든 것이 되는 것이기 때문이다.[10] 그런데 지성의 개념에는 존재가 먼저 들어온다. 왜냐하면 무엇이든 그것이 현실태에 있는 한 가지적이기 때문이다. … 그러므로 존재는 지성의 고유한 대상이다.〉[11] 이와 같이 지성은 개별적인 감각적 존재를 향해서가 아니라 존재를 향해서 먼저 움직인다. 그리고 지성은 물질적인 사물이 존재인 한에서만 그것의 본질을 인식할 수 있다. 따라서 지성의 한 특수한 종류인 인간 지성이 개별적인 존재를 지향하는 것은 단지 이차적일 뿐이다. 신체와 결합되어 있는 상태로 말미암아 〈감각적 표상에 주의를 돌

8) 같은 책, Ia, 88, 1.

9) 같은 책, Ia, 84, 7, *ad* 3.

10) 같은 책, Ia, 79, 7.

11) 같은 책, Ia, 5, 2.

릴〉 필요가 있는 이상, 인간 지성은 그러한 결합 상태에서는 감각적인 대상을 자신의 파악 작용의 본연적인 '고유의' 대상으로 하고 있으나, 존재 일반으로의 방향을 잃지 아니한다. '인간'의 지성인 한에서의 지성은 감관으로부터 또 물질적인 존재로부터 출발하지 않을 수 없고, 그리고 인간의 '지성'인 한에서의 지성은 물질적인 본질에 한정됨이 없이 감각을 초월하여 나아갈 수가 있다. 그렇지만 지성은 그 비물질적인 대상이 감각계 안에서, 또 감각계를 통해서 밝혀지는 한에서, 그리고 그 물질적인 사물이 비물질적인 대상과 관계를 지니고 있는 한에서만 감각을 초월할 수가 있는 것이다. 신체와 결합하여 〈백지〉 상태이면서 물질적인 본질을 자신의 본연적인 대상으로 하고 있는 그 지성은 자기 자신의 능력에 의해서 하느님을 직접 파악하지 않으며, 파악할 수도 없다. 그러나 유한하고 우연적인 감각적 대상은 하느님과의 관계를 나타내고 있으므로 지성은 하느님이 존재한다는 것을 알 수가 있다. 나아가서 하느님의 결과로서의 감각적인 대상은 어느 정도는 하느님을 나타내 보이고 있으므로, 비록 그 인식이 유비적일 수밖에(본성적으로) 없을지라도, 지성은 어쨌든 하느님의 본성에 대한 어떤 인식에 이를 수 있게 된다. 〈감각적인 표상에 주의를 돌릴〉 필요가 있다는 것은, 우리가 하느님을 직접 알 수 없다는 것을 의미하고 있으나, 감각적인 대상이 하느님의 존재를 나타내 보여주고 또 하느님의 본성에 대한 유비적, 간접적인 불완전한 인식이 우리에게 가능한 한, 우리는 하느님을 〈원인으로서, 초월에 의해서, 제거에 의해서〉(**ut causam, et per excessum, et per remotionem**)[12]인식할 수 있다.

이 입장이 전제하고 있는 것은 인간 지성의 능동성이다. 만일 인간 지성이 순전히 수동적이고 또 〈감각적인 표상으로 소급함〉(주의를 돌림)이 관념은 단순히 수동적으로 생겨난다는 것을 의미한다면, 분명 하느님에 대한 자연적인 인식은 있을 수 없을 것이다. 왜냐하면 감각적인 대상은 하느님도 아니며 하느님에게 속하지도 않고, 여타의 비물질적인 존재는 〈감각적인 표상이 아니기〉 때문이다. 감각적인 대상에서 비물질적인 존재에 대한 관계를 알아낼 수 있다는 것은 이를테면 지성의 능동적인 능력이다. 감각적 인식은 우리가 지니고 있는 지적 인식의 전체적인 완전한 원인이 아니라 오히려 지적 인식이 비롯되는 〈원인의 소재〉(**materia causae**)이다. 이를테면 감각적 표상은 능동 지성에

12) 같은 책, Ia, 84, 7 *ad* 3.

의한 그 추상 작용을 통해서 현실적으로 가지적인 것으로 된다. 따라서 감각적 인식이 지적 인식의 전체적인 원인이 아닌 한, "지적 인식이 감각적 인식보다 멀리 미칠지라도 조금도 놀랄 일이 아니다."[13] 신체와 결합되어 있는 한 인간 지성은 물질적인 사물의 본질을 자신의 자연적인 대상으로 삼고 있으나, 지성은 이 본질을 통해서 "눈으로는 볼 수 없는 것에 대한 어떤 종류의 인식"으로 상승할 수가 있다. 우리는 이러한 비물질적인 대상을 〈제거에 의해서〉, 그리고 감각적인 대상에 고유한 특성을 부정함으로써 유비적으로 인식할 수 있다. 그러나 지성의 능동적인 능력이 없다면, 우리는 그것들을 전혀 알 수가 없을 것이다.[14]

이미 말했듯이 문제는 아직 남아 있다. 하느님 또는 영성적인 어떠한 대상에 대해서 우리가 지니고 있는 관념에 어떻게 적극적인 내용이 있을 수 있는가? 가령 우리가 하느님은 위격적(位格的, personal)이라고 말할 경우, 분명 우리는 하느님에게 인간의 위격성을 부여하겠다는 뜻이 아니다. 그렇지만 만일 그런데도 여전히 하느님은, 우리가 위격적으로 알고 있는 것이라고 단순히 생각한다면, 하느님의 위격성에 대한 우리의 관념에 어떤 적극적인 내용이 있을까? "위격적이라고 생각하는 그것"이 하나의 적극적인 관념일까? 만일 우리가 그것을 긍정적인 말로 "위격 이상의 것"이라고 말한다면, 그것은 하나의 적극적인 내용을 가지게 될까? 만일 적극적인 내용을 갖지 않는다면, 우리는 〈부정의 길〉(via negativa)에 한정되어 하느님을 단지 〈제거의 방법〉에 의해서만 알 수밖에 없다. 그러나 성 토마스는 단순히 〈부정의 길〉에만 얽매이지 아니하고, 〈긍정의 길〉(via affirmativa)도 사용하여 우리는 하느님을 〈초월의 방법에 의해서〉(per excessum) 알 수 있다고 주장한다. 그리고 가령 우리가 하느님에 대해서 예지를 말하는 경우, 그 예지를 〈탁월한 의미에서〉(modo eminentiori) 말하고 있다고 한다면, 하느님의 예지에 대해서 우리가 지니고 있는 관념의 내용이 실제로 무엇인가 하는 것을 알기가 어렵다. 하느님의 예지는 우리가 자연적으로 그리고 직접적으로 경험하고 있는 예지에 불과한 인간의 예지에 근거할 수밖에 없다. 그렇지만 하느님의 예지가 곧 인간의 예지일 수는 없다. 그러나 하느님의 예지가 아무런 제한도 없는 인간의 예지이며 인간적인 예지의

13) 같은 책, Ia, 84, 6. *in corpore*와 *ad* 3.
14) 같은 책, Ia, 84, 7, *in corpore*와 *ad* 3 참조.

형상이라고 하더라도, 우리가 아무런 제한도 없는 예지에 대한 경험을 가지고 있지 않는 경우, 그 관념은 어떠한 적극적인 내용을 지니고 있을까? 그 관념이 하나의 적극적인 내용을 가지고 있다고 주장하기로 결정했다면, 한계성이 부정된 인간적 예지의 관념이 적극적인 관념이라고 말하든가, 아니면 스코투스처럼 하느님과 인간에게 일의적(一義的)으로 말해질 수 있는 예지의 본질의 관념을 가질 수 있다고 말하지 않으면 안 될 것으로 생각된다. 이 후자의 의견은 어떤 의미에서는 유용하겠지만, 완전히 만족스러운 것은 아니다. 왜냐하면 성 토마스나 스코투스는 예지나 다른 어떤 완전성도 하느님과 피조물에게 일의적으로 인정된다고는 주장하지 않을 것이기 때문이다. 첫째(전자)의 대답은 얼핏 보기에 어려운 문제를 회피하는 것처럼 보일지 모르나, 곰곰이 생각해 보면, 하느님은 (인간적인 경우의) 예지 이상의 것이라는 의미에서 예지를 지니고 있다고 말하는 것은, 하느님은 예지를 지니고 있지 않다(인간적인 경우와 같은 뜻에서)고 말하는 것과 전혀 같지 않음을 알게 된다. 돌덩이는 예지를 가지고 있지도 않으며(인간의 경우처럼), 예지 이상의 것도 아니다. 즉 돌덩이는 예지 이하의 것이다. 만일 우리가 '예지를 갖는다'라는 말을 바로 우리가 경험하고 있는 예지, 즉 인간의 예지를 가리키는 것으로 사용한다면, 사실 우리는 분명히 돌덩이는 예지를 가지고 있지 않다고 말할 뿐만 아니라 하느님도 예지를 가지고 있지 않다고 말할 수 있다. 그렇지만 그 두 개의 진술이 지니는 의미는 같지 않다. 그리고 그 의미가 같지 않다고 한다면 하느님은 예지를 가지고 있지 않다(즉 하느님은 특별히 인간적인 경우의 예지 이상의 것이다)는 말에는 하나의 적극적인 내용이 있지 않을 수 없다. 그러므로 하느님은 예지를 가지고 있다(인간적인 의미에서의 예지를 무한히 초월하는 '예지를 가진다')는 말은 하나의 적극적인 내용을 지니고 있다. 유비적인 개념의 내용을 완전하고 명확하게 표현하여, 인간의 경험에 의해서 완전히 이해되도록 요구하는 것은 유비의 본성을 완전히 오해하고 있는 것이다. 비록 성 토마스는 우리가 〈하느님에 대한 어떤 인식〉(aliqalis cognitio Dei)을 가질 수 있다는 것을 인정하기는 했지만, 그렇다고 그는 합리론자는 아니었다. 하느님이라는 대상의 무한성은 유한한 인간 정신이 하느님의 본성에 대한 충분하고 완전한 관념을 가질 수 없음을 의미하지만, 그렇다고 그것은 하느님의 본성에 대한 불충분하고 불완전한 개념마저도 가질 수 없다는 것을 의미하는 것이 아니다. 하느님이 인식한다는 것을 아는 것은 하느님에 대해서 어떤 것을 적극적으로 아는 것이다. 왜냐하면 그것은 비록 하느님의 인식 작용이 무엇인가를 아는 일 자체가 우리의 이해력을 초월해 있을지라도, 적어도 하느님이 돌덩이나 식물처럼 비이성적이지 않다는 것을 우리에게 알려 주고 있기 때문이다.

위격성의 문제로 돌아가 보자. 하느님이 위격적이라는 주장은, 필연적인 존재나 제 1 원인은 그것에서 유래되거나 그것에 의존하고 있는 것보다는 불완전한 것일 수 없다는 논증을 근거로 하고 있다. 또 한편으로는 아리스토텔레스·토마스적인 영혼론이나 인식론에서 볼 때, 이러한 종류의 논증이 하느님의 위격성 자체가 무엇인지에 대한 어떤 충분한 관념을 제공한다고는 말할 수 없다. 만일 누가 이러한 관념을 가지고 있다고 주장한다면, 그 관념은 경험에서 유래되며 반드시 경험된 소재를 나타내고 있다고 하겠다. 실제로는 이것은 하느님은 **하나의** 위격이라고 주장하는 것으로 될 것이며, 그리고 그 결과는 계시와 철학간의 모순이 될 것이다. 그러나 만일 철학적인 논증만으로는 하느님의 위격성에 대한 충분한 관념을 가질 수 없다는 것을 인정한다면, 철학적인 관점에서 말할 수 있는 것이라고는 하느님은 **하나의** 위격이라는 것이 아니라, 단지 하느님은 위격적이라는 것뿐이라는 것을 알게 될 것이다. 계시가 하느님은 하나의 본성 안의 세 위격이라고 우리에게 가르치는 경우에 하느님에 대한 우리의 지식은 확장되면서 신학과 철학 사이의 모순이 없어진다. 나아가서 우리가 하느님은 위격적이라고 말하는 경우에는, 위격성의 완전성은 그것이 무한한 존재자 가운데 있을 수 있는 방식으로만 하느님 안에 있지 않으면 안 된다는 의미에서, 하느님은 적어도 우리가 위격성으로서 경험하고 있는 그러한 분이 아니라는 것을 의미하고 있다. 위격성과 영원성이 바로 틀림없이 양립할 수 있는지 없는지가 문제이므로, 이 주장은 논점을 교묘하게 피하고 있다고 반론한다면, 하느님의 위격성과 하느님의 무한성에 대한 증명은 서로 관계가 없기 때문에, 비록 우리는 하느님의 위격성이나 하느님의 무한성에 대한 직접적인 경험을 가지고 있지 않을지라도, 우리는 하느님의 위격성과 무한성은 양립되지 않을 수 없음을 안다고 대답할 수 있다. 하느님의 위격성에 대한 우리의 관념에 어떤 종류의 적극적인 내용이 있다는 것은, "하느님은 초인격적이다"(즉 우리가 위격성이라고 직접 경험하는 그 이상의 것이다)는 말의 의미는 "하느님은 위격적이 아니다"(즉 돌덩이는 위격적이 아니다는 것과 똑같은 의미에서)라는 말의 의미와는 다르다는 사실에 의해서 알 수 있다. 만일 돌덩이가 위격적이 아니다라는 의미에서 하느님은 위격적이 아니다라고 믿을 이유가 있다면, 마땅히 예배와 기도의 의미는 없어지고 말 것이다. 그러나 하느님은 위격적이다라는 말은, 비록 우리는 하느님의 위격성 그 자체가 무엇인가에 대해서 충분한 관념을 가지고 있지는 않을지라도, 예배와 기도는 적절하다는 것을 시사하고 있다. 무한한 존재에 대해서는 우리들 자신이 바로 유한하므로, 유한하고 유비적인 자연적 인식밖에 가질 수가 없다. 그러나 유한하고 불완전한 인식이라는 것이 지식을 전혀 가지지 않은 것과 같은 것은 아니다.

제 39 장
성 토마스 아퀴나스 9: 윤리학

성 토마스의 윤리학을 여기서 상세하게 거론할 수는 없으나, 몇 가지의 중요한 점을 논하는 것이 아리스토텔레스 윤리학과의 관계를 설명하는 데 도움이 될 것이다.

1. 행복주의

《니코마코스 윤리학》에서 아리스토텔레스는 모든 행위는 목적을 지향하고, 인간의 행위는 행복을 얻기 위해서 행복을 추구한다고 말하고 있다. 그에 의하면 행복은 활동 가운데, 즉 본래는 최고의 고귀한 대상으로 향하는 인간의 최고 능력을 완성하는 활동 가운데 있어야 한다. 그러므로 그는 비록 우정, 중용, 외적인 선과 같은 다른 선들의 향유가 행복을 완성하는 데 필요하다고 주장하고 있기는 하지만, 인간의 행복은 첫째로 〈관상〉(theoria), 주로 부동의 원동자인 하느님을 관상하는 가운데 있다고 단정하고 있다.[1] 그러므로 아리스토텔레스의 윤리학은 행복론적인 성격을 지니고 있으며 목적론적이다. 또 그에게 있어서의 관상은 분명 철학적인 관상의 의미를 지녔으므로 뚜렷하게 주지주의적이다. 말하자면 그는 플로티노스의 무아의 경지(ecstasy)*처럼 종교적

1) 아리스토텔레스의 윤리학에 대한 상세한 것은 Copleston, *History of Philosophy,* 제 1 권, pp. 332~350을 참조.

* 이는 종교 체험, 특히 신비 체험에서의 경지로서, 필론이나 플로티노스는 정화(카타르시스)에 의해서 영혼이 육체적인 것으로부터 해방되어, 하느님과 합일하는 궁극적인 상태를 말한다.

체험의 현상을 다루지는 않았다. 나아가서 도덕적인 행위의 목적(telos)은 현세에서 이루어지는 목적이다. 즉 아리스토텔레스는 윤리학에 관한 한 내세에서의 하느님에 대한 어떠한 직관에 대해서도 암시가 없었으며, 그가 도대체 개인의 불멸성을 믿고 있었는지조차 매우 의심스럽다. 아리스토텔레스가 말하는 진정으로 행복한 사람은 성인이 아니라 철학자이다.

그런데 성 토마스는 그와 비슷한 행복론적이며 목적론적인 입장을 채용했으며, 인간 행위의 목적에 대한 견해도 어떤 점에서 주지주의적이다. 그러나 그의 윤리학과 아리스토텔레스의 윤리학 사이의 매우 중요한 차이를 드러내는 강조점의 변화는 곧 명백해진다. 본래 도덕적인 영역에 속하는 인간 행위만이 자유의 행위, 즉 인간으로서의 인간, 이성적인 자유의 존재로서의 인간으로부터 생겨나는 행위이다. 이러한 인간적인 행위(〈인간적인 행위〉는 〈인간의 행위〉와는 구별된다)는 인간의 의지에서 생겨나며, 그리고 이 의지의 대상은 선이다. 자기가 파악한 목적을 위해서 행위하는 것은 인간의 특권이며, 모든 인간적인 행위는 파악된 목적을 위해서 이루어진다. 그러나 개별적인 목적이나 선—이를 얻기 위해서 개별적인 인간적인 행위가 이루어진다—은 인간의 의지를 완전히 실현시키거나 만족시키지 않으며, 또 그렇게 할 수도 없다. 왜냐하면 인간의 의지는 보편적인 선을 달성하는 데서 비로소 만족되기 때문이다. 구체적으로 그 보편적인 선이란 무엇인가? 가령 이것은 부(富)에 있지 않다. 왜냐하면 부는 단순히 목적에 이르는 수단인 반면에, 보편적인 선은 필연적으로 최종 목적이며, 그 자체가 한층더 높은 목적에 이르는 수단일 수가 없기 때문이다. 그리고 보편적인 선은 감각적인 쾌락에도 있을 수 없다. 왜냐하면 감각적인 쾌락은 육체만을 완전하게 하고 전체로서의 인간을 완전케 하지는 않기 때문이다. 그리고 보편적인 선은 권력 안에도 있지 않다. 왜냐하면 권력은 전체로서의 인간을 완전케 하지도 않으며, 의지를 완전히 만족시키지도 않을 뿐만 아니라 남용될 수 있는 반면에, 궁극적이며 보편적인 선은 남용된다든지 보잘 것 없거나 나쁜 목적을 위해서 사용되리라고는 생각조차 할 수 없기 때문이다. 나아가서 보편적인 선은 사변적인 학문의 연구에도 있을 수 없다. 왜냐하면 철학적인 사변은 인간의 지성과 의지를 완전히 충족시켜 주지는 않기 때문이다. 우리의 자연적인 인식은 감각 경험에서 생겨나지만, 인간의 본성은 있는 그대로의 궁극적인 원인을 알기를 갈구하고 있으며, 이는 형이상학에 의해서는 얻어질 수 없다. 아리스토텔레스는 인간의 선이 사변적인 학문의 연구에 있다고 말했을지 모르나, 그러나 그는 이 세상에서 얻어질 수 있는 것으로서의 불완전한 행복에 대해서 언급하고 있었다. 완전한 행복 또는 궁극적인 목적은 피조물 가운데서 찾아지는 것이 아니라, 단지 스스로가 최고의 무한한 선인 하느님 안에서만 찾아지는 것이다. 구체적으로 하느님은 보편적인 선이며, 비록 하느님이 만물, 즉 이성적 피조물이나 비이성적 피조물의 목적일지라도, 인식과 사랑에 의해서 이 궁극적인 선에 이를 수 있는 것은 오직 이성적인 피조물뿐이다. 말하자면 단지 완전한 행복만이 깃들고 있는 하느님의 직관에 이를 수 있는 그것은, 오직 이성적인 피조물뿐이다. 이 세상에서 인간은 하느님이 존재한다는 것을 알 수 있고 또 하느님의 본성에 대해서는 불완전하지만 유비적인 개념을 지닐 수 있으나, 있는 그대로의 하느님을 알 수 있는 것은 오직 내세에 있어서뿐이다. 그리고 하느님 이외의 어떠한 목적도 인간을 완전하게 만족시킬 수는 없다.[2)]

성 토마스가 말하는 바에 의하면, 아리스토텔레스는 이 세상에서 얻을 수 있는 불완전한 행복에 대해서 언급하고 있다. 그러나 이미 위에서 말한 바와 같이, 아리스토텔레스는 《니코마코스 윤리학》에서 그 이외의 어떠한 다른 행복에 대해서도 언급하고 있지 않다. 그의 윤리학은 이 세상에서의 인간적 행위에 대한 윤리학이었던 반면에, 성 토마스는 내세에서만 얻어질 수 있는 완전한 행복에 대해서 고찰하지 않고는 연구를 앞으로 진전시키는 일이 없었다. 이 행복은 물론 의지의 만족도 포함하고 있을지라도, 이는 주로 하느님의 직관에 있다. 하지만 예를 들어 친구를 사귐과 같은 다른 선은, 비록 하느님 이외의 선은 행복에 있어서 **필연적인** 것이 아닐지라도 지복(beatitude)의 〈안녕〉(安寧, bene esse)에 이바지한다.[3)] 그러므로 여기서 성 토마스의 윤리학이 곧 아리스토텔레스의 윤리학과는 다른 차원으로 나아가고 있음을 알게 된다. 왜냐하면 아무리 성 토마스가 아리스토텔레스의 용어를 많이 사용하고 있을지라도, 윤리학에 내세와 하느님의 직관을 도입한 것은 아리스토텔레스의 사상과는 관련이 없기 때문이다.[4)] 아리스토텔레스가 행복이라고 부르고 있는 것을 성 토마스는 불완전한 행복, 일시적인 행

---

2) 상술한 것에 대해서는 특히 *S.T.*, Ia, IIae, questions 1～3을 참조.

3) 같은 책, Ia, IIae, 4 참조.

4) 이는 확실히 《신학 대전》에서 성 토마스가 하는 말이다. 나는 성 토마스가 순수 철학적인 윤리학의 가능성을 부정했다고 말하려는 뜻이 아니다.

복, 이 세상에서 얻어질 수 있는 행복이라고 부르고 있으며, 그리고 이 불완전한 행복은, 내세에서만 얻어질 수 있고 주로 하느님의 직관에 있는 완전한 행복에로 질서지워져 있는 것으로 그는 보고 있다.

2. 하느님의 직관

인간의 완전한 행복은 하느님의 직관에 있다는 성 토마스의 말은 토마스 윤리학의 어떤 해석자에게는 매우 곤란한 문제가 된다. 이는 얼핏 보기보다는 훨씬 중요한 문제이다. 토마스의 윤리학을 설명하는 일반적인 방법은 그리스도인으로서의 성 토마스의 입장과 일치하는 한에서 그의 윤리학을 아리스토텔레스의 윤리학에 동화시키는 일이었다. 다시 말하면 윤리학자로서의 성 토마스는 인간을 초자연적인 목적과 관계없이 '자연적 질서에서' 고찰하고 있다는 것이다. 그러므로 그가 윤리학자로서 지복에 대해서 말하는 경우, 그는 자연적인 지복, 이를테면 초자연적인 은총을 필요로 함이 없이 자연적 질서에서 인간에게 개방되어 있는 최고선인 하느님에 이르는 것에 대해서 말하고 있는 셈이다. 그와 아리스토텔레스와의 차이는 그가 아리스토텔레스는 아무 말도 하지 않고 있는 내세에 대한 고찰을 도입하고 있다는 사실에 있다고 하겠다. 지복은 주로 현세(불완전한 자연적 지복) 또는 내세(완전한 자연적 지복)에서 얻어질 수 있는 하느님에 대한 자연적인 인식과 사랑에 있다. 이러한 지복의 성취로 이끌거나 그것과 일치되는 행위는 선인 반면에, 이러한 지복의 성취와는 일치되지 않는 행위는 악이라고 하겠다. 우리가 성 토마스로 하여금 계속 윤리학자로서 말하기를 기대할 때, 그가 하느님의 본질 직관(이는 인간의 초자연적인 목적이며 초자연적인 은총없이는 얻어질 수 없다)의 성취에 대해서 말한다는 사실은 다음과 같은 사실 때문이라고 하겠다. 즉 그는 실제에 있어서 철학자와 신학자의 역할을 방법론적으로 구별하지 않고, 때로는 철학자로서, 때로는 신학자로서 그 입장을 분명히 밝히지 않고 말하고 있다는 것이다. 그 어느 편을 선택하는가에 따라서, 만일 인간이 초자연적인 목적을 지니지 않는다면, 하느님의 본질에 대한 초자연적인 직관이 아니라 단지 내세에서 인간에 의해서 얻어지게 될 하느님의 인식만을 의미하는 것으로서의 하느님의 직관에 관한 것을 잘 설명하지 않으면 안될 것이다. 이와 같은 방법으로 성 토마스는 내세의 고찰을 도입함으로써 아리스토텔레스의 윤리학을 완성시킨 윤리학자라고 하겠다.

이러한 해석을 지지하는 사람들에게는 유감스럽지만, 성 토마스는 본래의 의미에서의 하느님의 직관에 대해서 언급하는 것처럼 보일 뿐만 아니라, 심지어 그는 하느님의 직관에 대한 '자연적인 욕망'에 대해서도 말하고 있다. "궁극적인 완전한 지복은 하느님의 본질의 직관에만 있을 수 있다." 어떤 주석가들의 말에 의하면, 이는 최고선으로서의 하느님의 직관을 가리키는 것이 아니라, 단지 제 1 원인으로서의 하느님의 직관을 가리킨다는 것이다. 그러나 성 토마스는 어떻게 이러한 인식이 마치 하느님의 본질의 직관이거나 또는 그 직관일 수 있는 것처럼 제 1 원인으로서의 하느님의 인식에 대해서 말할 수가 있었을까? 우리는 이성의 자연적인 빛에 의해서 하느님은 제 1 원인이라는 것을 알 수가 있지만 성 토마스는 "완전한 지복을 위해서는 지성이 제 1 원인의 본질 자체에 도달할 필요가 있다"고[5] 말하고 있다. 나아가서 그는 "궁극적인 지복은 선의 본질 자체인 하느님의 본질의 직관에 있다"고[6] 말한다. 마치 인간은 본성적으로 제 1 원인의 본질 또는 본성을 알고자 하는 욕망을 가지고 있듯이, 그 직관에 이르고자 하는 자연적인 욕구가 인간에 있다.[7] 성 토마스가 이렇게 말하는 것이 옳든 옳지 않든간에, 카예타누스가 〈수동적인 능력〉(potentia obedientialis)이라고 부르고 있는 것만을 토마스가 의미하고 있었다고 생각되지는 않는다. 만일 그것이 적극적인 어떤 것이 아니라면 도대체 이 '자연적인 욕망'이란 무엇일까? 또 한편 성 토마스가 하느님의 지복 직관의 초자연적인 무상(無償)의 성격을 부정하려는 뜻이었다고 가정하는 것은 문제가 되지 않는다. 어떤 주석가들(예를 들어 수아레즈)은 성 토마스가 인간에게 어떤 조건적인 자연적 욕망, 이를테면 하느님이 인간을 초자연적인 질서로 고양시켜 초자연적인 목적에 이르는 수단을 인간에게 주는 것을 조건으로 하는 욕망이 있음을 주장하려고 했다고 말함으로써 어려움을 회피했다. 물론 이것은 이해가 가는 입장이다. 그러나 성 토마스는 이 자연적인 욕망의 의미를 제 1 원인의 본성을 알려는 욕망 이상의 것 ― 구체적으로는 인간이 초자연적인 목적에 이르기로 되어 있기 때문에 ― 즉

5) 같은 책, Ia, IIae, 3, 8. 6) 같은 책, 4, 4. 7) 같은 책, 3, 8.

하느님의 직관에 대한 욕망에 두고 있었다고 생각할 필요가 있지 않을까? 바꾸어 말하면, 성 토마스는 구체적인 인간을 고찰하면서, 인간에게는 하느님의 본질을 알아서 하느님을 직관하려는 '자연적 욕망'이 있다고 말하는 경우, 그가 의미하는 것은 궁극적 원인을 가능한 한에서 많이 알고자 하는 인간의 자연적 욕망은 구체적이며 현실적인 질서에 있어서 하느님을 보려는 하나의 욕망이라는 것임을 나는 지적하고 싶다. 의지는 본성적으로 보편적인 선을 지향하게 되어 있고, 이 의지의 활동은 하느님을 소유하는 데서만 만족하고 정지할 수 있는 것과 마찬가지로, 지성은 진리를 향하게 되어 있어서 절대적인 진리의 직관에 의해서만 만족될 수 있다.

이는 다음과 같이 반론될지도 모른다. 즉 이것이 의미하는 바는, 인간이 지복 직관에 대한 자연적(초자연에 대립하는 것으로서의 자연적이라는 뜻에서)인 욕망을 지니고 있거나 — 이 경우에는 초자연적 질서의 무상성을 옹호하기가 어렵다 — 아니면 '자연적'이라는 말을 성 토마스는, 우리가 단순히 자주 사용하고 있는 의미에서, 즉 초자연에 대해서가 아니라 '비자연'에 대립한다는 의미에서 자연적이라고 말하고 있다는 것이다. 이 경우에는 그를 함부로 부당하게 해석하는 것이다. 그러나 내가 지적하고자 하는 것은 다음과 같다. 즉 성 토마스는 아우구스티누스가 말했을지도 모를 그러한 것을 훌륭하게 말하고 있다는 것, 이를테면 그는 초자연적인 목적으로 부르심을 받는 것으로서의 구체적인 인간을 고찰하고 있다는 것이며, 그가 인간은 하느님의 본질을 알고자 하는 자연적인 욕망을 지니고 있다고 말하는 경우, 그가 의미하는 바는 자연적이라고 가정된 상태에 있는 인간은 조건적이든 무조건적이든 하느님을 보려는 자연적인 욕망을 가졌으리라는 것을 의미하고 있는 것이 아니라, 단지 진리를 향한 인간 지성의 자연적인 활동의 결과는 〈사실상〉 하느님의 직관이라는 것을 의미하고 있다는 것이다. 그 이유는 인간 지성이 스스로 현세에서건 내세에서건 하느님을 볼 수 있기 때문이 아니라, 〈사실상〉 인간의 유일한 목적이 초자연적인 목적이기 때문이다. 성 토마스가 〈자연적인 욕망〉에 대해서 말하는 경우, 그가 자연의 가정적(假定的)인 상태를 고찰하고 있다고는 생각되지 않는다. 만일 그렇다고 한다면, 분명 그의 윤리학은 순수 철학적인 학설이 아니며 또 그럴 수 없게 된다. 그의 윤리학은 일부는 신학적이며 일부는 철학적이다. 말하자면 그는 아리스토텔레스의 윤리학을 사용하고 있으나, 그것을 그리스도교적인 입장에 맞추고 있다. 결국 아리스토텔레스 자신은 구체적인 인간이 현실적으로 무엇인가를 알고 있는 한에서 인간을 고찰하고 있다. 그러나 아리스토텔레스 이상으로 구체적인 인간이 무엇인가를 알고 있는 성 토마스가, 옳다고 믿고 또 그리스도교적인 입장과 일치한다고 생각했을 경우에, 아리스토텔레스의 사상을 이용한 데는 정당한 이유가 충분히 있었던 것이다.

성 토마스가 불완전한 행복 또는 인간의 일시적인 선 등에 대해서 말하고 있는 것은 틀림없는 사실이지만, 그것이 그가 순수 자연이라는 상태를 가정하여 인간을 고찰하고 있다는 의미는 아니다. 성 토마스가 교회는 스스로 초자연적인 선을 성취하려는 인간을 돕기 위해서 설립되어 있고, 국가는 인간이 일시적인 선을 성취하기 위해서 설립되어 있다고 말하는 경우, 인간을 국가와의 관계에서 고찰함에 있어서 그는 순전히 가정적인 상태에서의 인간을 고찰하고 있다. 즉 그가 현실의 인간을 일정한 측면이나 기능에서 고찰하고 있다고 결론짓는 것은 당치도 않다. 성 토마스가 인간의 참다운 목적의 성취가 하느님의 도움없는 순수 인간의 능력을 초월해 있다는 것을 모르고 있었다는 것이 아니라, 오히려 그는 자신의 윤리학에서 인간을 지향적인 존재로서, 즉 목적으로 부르심을 받고 있는 존재로서 고찰하고 있다는 것이다. 지복은 일단 성취된 후에도 상실될 수 있는가라는 문제에 대해서는, 현세에서의 불완전한 행복은 상실될 수 있으나 내세에서의 완전한 행복은, 일단 하느님의 본질을 직시한 사람은 누구든 그것을 보기를 싫어한다는 것은 불가능하므로, 상실될 수 없다고 그는 대답하고 있다.[8] 이는 분명히 그가 초자연적인 지복에 대해서 말하고 있음을 가리키고 있다. 둘째의 반론에 대해서 그는, 의지는 자연적인 필연성에 의해서 궁극적인 목적으로 질서지워져 있다고 대답하고 있다.[9] 그러나 이는 문제의 궁극적인 목적이 순수 자연적이라는 뜻이 아니라, 그 목적이 초자연적이라고 가정하면, 하느님일지라도 그 목적을 지향하지 아니하는 인간을 창조할 수는 없었다는 것을 의미하고 있다. 의지는 반드시 행복, 즉 지복을 바란다. 그리고 〈사실상〉 이 지복은 하느님의 직관에만 있을 수 있다. 그러므로 우리는 구체적인 인간 존재는 하느님의 직관을 반드시 바라고 있다고 말할 수 있다.

나는 이 해석은 《대이교도 대전》의 학설에 의해서 확인되고 있는 것으로 생각된다. 우선[10] 성 토마스는 모든 지성적인 실체의 목적은 하느

8) 같은 책, Ia, IIae, 5, 4.   9) 같은 책, 같은 곳,   10) 3, 25

님을 아는 데 있다고 말하고 있다. 모든 피조물은 자신의 궁극적인 목적으로서의 하느님에게로 질서지워져 있으며,[11] 특히 이성적인 피조물은 자신의 최고 능력인 지성에 의해서 본연적이며 특별한 방법으로 하느님에게 질서지워져 있다. 그러나 비록 인간의 목적과 행복이 본연적으로 하느님의 인식에 있지 않을 수 없다고 할지라도, 이 인식은 철학적으로, 즉 논증적으로 얻어지는 인식이 아니다. 우리는 논증에 의해서 하느님이 무엇인가보다도 오히려 하느님이 무엇이 아닌가에 대해서 알게 되며, 그리고 하느님을 있는 그대로 알지 않고는 인간은 행복할 수가 없다.[12] 비록 우리는 철학적인 논증을 통해서보다도 신앙에 의해서 하느님을 더욱 잘 알 수 있다고 할지라도, 인간의 행복이 신앙에 의해서 얻어지는 하느님의 인식에 있는 것은 아니다. '자연적인 욕망'은 궁극 목적, 즉 완전한 행복에 이름으로써 충족되지만, "신앙에 의한 인식은 이 욕망을 만족시키지 않고 오히려 그 욕망을 불타오르게 한다. 왜냐하면 누구나 자신이 믿고 있는 바를 보기를 바라기 때문이다."[13] 그러므로 인간의 궁극적인 목적과 행복은 있는 그대로의 하느님의 직관, 즉 하느님의 본질의 직관에 있지 않으면 안 된다. 이것은 성서가 우리에게 약속하고 있는, 즉 인간이 하느님을 '얼굴을 맞대고'[14] 보게 될 직관이다. 성 토마스가 본연적인 의미에서의 하느님의 본질의 직관에 대해서 말하고 있는 것을 이해하기 위해서는 성 토마스를 꼭 읽어야 한다. 또 한편 "창조된 어떠한 실체도 자신의 자연적인 능력에 의해서는 하느님의 본질을 볼 수는 없다"[15]는 것과, 그리고 이 직관에 이르기 위해서는 초자연적인 지양과 도움이 필요하다는 것을[16] 그가 잘 알고 있다는 것을 알아보기 위해서도 성 토마스를 반드시 읽지 않으면 안 된다.

그런데 '자연적인 욕망'이란 무엇인가? "자연적인 욕마은 헛된 것일 수는 없고, 그리고 만일 모든 정신이 본성적으로 바라고 있는 하느님의 실체의 인식에 이를 수가 없다고 한다면, 자연적인 욕망은 헛되기 때문에, 비록 이 직관이 현세에서는 이루어질 수 없을지라도,[17] 하느님의 실체는 지성에 의해서 알 수 있다라고 말하지 않을 수 없다"고[18] 성 토마스는 분명히 말하고 있지 않은가? 만일 실제로 하느님의 직관에 대한 '자연적인 욕망'이 있다고 한다면, 초자연적인 지복이 무상으로 베풀어진다는 성격이 위태로워지지 않는가? 우선 첫째로 인간은 자기

11) 3, 18. 12) 3, 39. 13) 3, 40. 14) 3, 51.
15) 3, 52. 16) 3, 52~54. 17) 3, 51. 18) 3, 47~48.

자신의 노력에 의해서는 하느님의 직관에 이를 수가 없다고 성 토마스가 말하고 있는 것을 다시 한번 지적해 두겠다. 말하자면 그가 분명히 주장하고 있듯이, 하느님의 직관의 성취는 하느님의 은총에 의해서만 가능해진다.[19] 그러나 만일 하느님의 직관에 대한 '자연적인 욕망'이 있어서 이것이 헛될 수가 없다고 한다면, 궁극적인 목적의 성취를 오로지 가능하게 하는 하느님의 은총이 어째서 인간에게 마땅히 주어지지 않는가를 알아내기에는 확실히 어려움이 있다. 이 점에 있어서, 성 토마스가 〈자연적인 욕망〉을 정확하게 어떻게 이해하고 있었는가에 대해서 확정적인 결론을 내리기란 불가능할지 모르지만, 그러나 현실적인 구체적 질서를 고려하면, 그는 지성의 자연적인 욕망이 절대적인 진리를 파악할 것으로 간주하고 있었다고 가정하는 것이 옳다고 생각된다. 인간의 지성은 본래 절대적인 진리의 인식에 있지 않을 수 없는 행복을 향한 본성적인 방향을 지니고 있다. 그런데 구체적인 현실적 질서 안에 있는 인간은 초자연적인 목적으로 결정되어 있어서 그보다 못한 어떠한 것에도 만족될 수 없다. 계시에 의해서 알려진 사실의 관점에서 자연적 욕망을 본다면, 인간은 하느님의 직관에 대한 '자연적인 욕망'을 지니고 있다고 말할 수 있다. 《진리론》에서[20] 성 토마스는 인간은 본성상 자연의 능력에 의해서 성취할 수 있는 그러한 〈신적인 것의 어떤 관상〉(**aliqua contemplatio divinorum**)에 대한 자연적인 욕망을 지니고 있으며, 또 초자연적인 무상의 목적(하느님의 직관)에 대한 욕망의 경향은 은총의 작용이라고 말하고 있다. 따라서 성 토마스는 여기서 하느님의 직관에 대한 엄밀한 의미에서의 '자연적인 욕망'을 인정하지 않고 있다. 그리고 《신학 대전》이나 《대이교도 대전》에서 그가 하느님의 직관에 대한 자연적인 욕망에 대해서 말하고 있는 경우, 엄밀하게 말하면 그는 단지 **철학자**로서가[21] 아니라 신학자와 철학자로서 말하고 있다. 이를테면 그는 초자연적인 질서를 전제하고 이 전제에 비추어서 경험의 사실을 해석하고 있다. 어쨌든 위에서 말한 것이 인간의 목적에 대한 아리스토텔레스의 견해와 성 토마스의 견해 차이를 보여 주기에 충분할 것이다.[22]

---

19) 3, 52.

20) *De Veritate*, 27, 2.

21) 같은 책, 같은 곳 ; *De Malo*, 5, 1, 15 참조.

22) 하느님의 직관에 대한 '자연적인 욕망'의 문제에 대해서는 *Bulletin Thomiste*, 1931 (nos. 651~676), 그리고 1934 (nos. 573~590) 가운데 A. Motte의 견해들의 요약과 논의 참조.

3. 선과 악

의지는 자신의 목적으로서 행복 또는 지복을 바라고 있으며, 인간적 행위는 이 목적을 달성하는 데 수단이 되느냐 안 되느냐에 따라서 선이 되거나 악이 된다. 물론 행복은 인간 자체, 즉 이성적인 존재로서의 인간과의 관계에서 이해되지 않으면 안 된다. 말하자면 그 목적은 이성적인 존재로서의 인간을 완성하는 선이다. 그리고 인간은 신체와 분리된 지성이 아니므로, 그 목적은 신체와 분리된 지성으로서의 인간의 완성이 아니라 인간의 감각적 식물적인 경향들의 완성이 인간의 기본적인, 즉 이성적인 경향에 종속하여 이루어지지 않으면 안 된다는 의미에서의 인간의 완성이다. 이를테면 그 목적은 인간 자체를 완성하는 것이며, 인간 자체는 단순한 동물이 아니라 이성적 존재이다. 모든 개별적인 인간적 행위, 즉 의식적 행위는 이성의 명령과 일치(이때의 그 직접적인 목적은 궁극적인 목적과 일치한다)하든가 아니면 불일치(이때의 그 직접적인 목적은 궁극적인 목적에 어긋난다)하든가 하므로, 모든 인간적 행위는 선이든가 아니면 악인 것이다. 파리를 쫓아 버리는 반사 작용과 같은 무의식적인 행위는 선이나 악과는 '관계없는' 것이지만 인간적 행위, 즉 의식적 행위는 중립적일 수가 없으며 선 아니면 악이다.[23)]

4. 덕

성 토마스는 윤리적 덕과 지적 덕을 습관으로, 즉 인간이 올바로 살아가는 정신의 좋은 성질이나 습관으로 취급한다는 점에서 아리스토텔레스를 따르고 있다.[24)] 유덕한 습관은 착한 행위에 의해서 형성되어 그 후의 행위들로 하여금 같은 목적을 쉽게 달성하게 한다. 지적 덕은 윤리적 덕없이도 소유될 수 있으나, 슬기의 덕은 윤리적 덕없이는 소유될 수 없으며, 그리고 윤리적 덕은 지적 덕없이도 소유될 수 있으나, 통찰과 슬기의 덕없이는 소유될 수 없다.[25)] 윤리적 덕은 중용(in medio)

23) *S.T.*, Ia, IIae, 18, 9.
24) 같은 책, Ia, IIae, 55 이하.
25) 같은 책, Ia, IIae, 58, 4~5.

에 있다. 윤리적 덕의 목적은 영혼의 욕구 부분을 이성의 규칙에 확실하게 또 쉽게 일치시키는 데 있다. 그러나 이 일치는 지나친 과불급(過不及)을 피하는 것을 의미하며, 또 욕망과 격정을 이성의 규칙에 따르게 하는 것을 뜻한다. 물론 이성과의 일치만을 생각한다면 덕은 하나의 극단을 이루며, 과불급간에 이성의 규칙과의 모든 불일치는 다른 하나의 극단을 이루고 있다.(덕이 중용에 있다는 것은 보통의 상태에 있다는 것이 아니다.) 그러나 윤리적 덕을 그것이 관련되어 있는 것, 즉 격정과 욕망과의 관계에서 생각한다면, 그것은 중용에 있다는 것을 알게 된다. 아리스토텔레스의 이 이론을 채용할 경우, 예를 들어 순결이나 자발적인 청빈(淸貧)을 옹호하기가 어렵게 될 것으로 생각된다. 그러나 성 토마스는, 예컨대 완전한 순결은 하느님에 의해서 조명된 이성과 일치하는 경우에만 덕이라고 지적하고 있다. 만일 순결이 하느님의 뜻 또는 부르심을 따라서, 그리고 초자연적인 목적에서 고찰된다면, 순결은 이성의 규칙과 일치해 있으며, 따라서 성 토마스의 말대로 그것은 중용이다. 그렇지만 만일 순결이 미신이나 허영심에서 고찰된다면, 그것은 지나침이라고 할 수 있다. 일반적으로 덕은 어떤 상황과의 관계에서는 하나의 극단으로 보일 수도 있고, 다른 상황과의 관계에서는 하나의 중용으로 보일 수 있다.[26] 바꾸어 말하면 유덕한 행위의 기본적인 요소는 이성의 규칙과의 일치이며, 인간의 행위를 궁극 목적으로 이끄는 것이다.

5. 자연법

인간의 행위를 인간 자신의 목적으로 이끄는 것은 이성의 일이므로, 인간 행위의 규칙과 규준은 이성이다.[27] 그러므로 명령을 하고 의무를 부과하는 것은 이성이다. 그러나 이는 이성이 의무의 독단적인 원천이라든가 이성 자신이 좋아하는 것은 무엇이나 의무로 부과할 수 있다는 뜻은 아니다. 실천 이성의 제 1 대상은 선이며, 선은 목적의 성격을 지닌다. 그리고 실천 이성은 선을 인간 행위의 목적으로 인정하여 실천 이성의 제 1 원리인 <선은 행하고 추구되어야 하며 악은 피해야 한다>(Bonum est faciendum et prosequendum, et malum vitandum)[28]는 것을 언명

26) 같은 책, Ia, IIae, 64, 1.

27) 같은 책, Ia, IIae, 90, 1.

28) 같은 책, Ia, IIae, 94, 2.

한다. 그러나 인간에게 있어서 선은 인간의 본성에 적합해야 하는 것이며, 인간이 이성적인 존재로서 그것에 대한 자연적인 경향을 지니고 있는 그것이다. 이리하여 인간은 다른 모든 것과 마찬가지로 자신의 존재 유지에 대한 자연적인 경향을 지니고 있으며, 이성은 이 경향을 반성하여 생명의 유지에 필요한 수단을 취하도록 명령한다. 이에 대해서 자살은 피해야 하는 것이다. 나아가서 인간은 다른 동물과 마찬가지로 종족을 번식하고 어린이들을 양육하는 자연적인 경향을 지니고 있는 반면에, 이성적인 존재로서의 인간은 진리, 특히 하느님에 관한 진리를 찾아내려는 자연적인 경향을 지니고 있다. 그러므로 이성은, 종족은 번식되고 어린이들은 가르침을 받아야 한다는 것과 진리는 추구되어야 하는데, 특히 인간의 목적을 달성하는 데 필요한 진리를 추구해야 한다는 것을 명령하고 있다. 따라서 의무는 이성에 의해서 부과되고 있으나, 그 의무는 직접 인간의 본성 자체에 근거하고 있다. 이를테면 도덕률은 자의적이거나 독단적이 아니라는 의미에서 이성적이며 자연적이다. 따라서 도덕율은 비록 이성에 의해서 언명되고 명령되고 있을지라도 인간의 본성 자체에 바탕을 두고 있는 〈자연법〉(**lex naturalis**)이다.

자연법은 인간의 본성 자체, 즉 모든 인간에게 있어서 동일한 그 본성에 바탕을 두고 있으므로, 그것은 우선 인간 본성에 필요한 것에 관계되어 있다. 예를 들어 자신의 생명을 유지할 의무가 있을지라도, 이는 모든 사람이 자신의 생명을 똑같은 방법으로 유지해야 한다는 뜻은 아니다. 말하자면 인간은 먹지 않으면 안 되지만, 모든 사람이 일정한 음식을 일정한 분량으로 먹어야 한다는 의무를 지니고 있는 것은 아니라는 것이다. 달리 말하면 인간 행위는 일정한 행위의 의무가 지워지지 않고도 선하며 또 본성을 따를 수가 있다. 나아가서 어떠한 인간도 먹지 않고는 자신의 생명을 유지할 수 없다는 것과 하느님을 알지 않고는 자신의 삶을 올바로 다스릴 수 없다는 것을 이성은 알고 있지만, 종족이 번식해야 한다는 그 규정은 개인에게가 아니라 다수에게 주어져 있어서, 비록 모든 개인이 그 규정을 실제로는 지키지 않는다고 할지라도, 그 규정은 지켜지고 있다는 것도 이성은 알고 있다. (이것은 순결이 자연법에 위배된다는 반론에 대한 성 토마스의 대답이다.)[29]

자연법이 인간의 본성 자체에 근거하고 있다는 사실 때문에 결국 그 자연법은 변화될 수 없으며 (그 이유는 인간 본성은 근본적으로 같기 때

29) 같은 책, IIa, IIae, 152, 2 참조.

문이다), 또 모든 사람에게 있어서도 같은 것이다. 인간 생활에 편리한 규정들은 직접 자연법에 속하지는 않을지라도 신법(神法)과 인정법(人定法)에 의해서 반포될 수 있다는 의미에서 자연법에 '추가될' 수 있다. 그러나 만일 변화가 자연법에 속해 있는 무엇의 제거를 의미한다면, 자연법은 변화될 수 없다.[30)]

자연법의 일차적인 규정(예를 들어 생명은 유지되어야 한다)은 그 수행이 인간의 선을 위해서 절대적으로 필요하므로 완전히 불변적이며, 동시에 일차적인 규정으로부터 나오는 바로 다음의 결론들도 불변적이다. 그렇지만 성 토마스는 특별한 이유로 말미암아 어떤 특수한 경우에는 그것이 변화될 수 있음을 인정하고 있다. 그러나 성 토마스는 여기서 우리가 '곤란한 경우'라고 부르고 있는 것을 생각하고 있는 것은 아니다. 그는 오히려 이집트인들의 재산을 빼앗아 가는 이스라엘인의 경우와 같은 것을 생각하고 있다. 이 경우 하느님은 입법자로서보다는 오히려 만물의 최고 지배자나 소유자로서 행위하고 있으므로, 그 재산의 소유권을 이집트인들로부터 이스라엘인들에게 이양한 것이며, 따라서 이스라엘인들은 실제로는 도둑질을 하지 않았다는 것이 토마스의 취지이다. 그러므로 특수한 경우 자연법의 이차적인 규정이 변화할 수 있다고 성 토마스가 인정하고 있는 것은 규정 자체의 변화보다는 오히려 스콜라 학자들이 부르고 있는 〈실질의 변화〉(**mutatio materiae**)에 관련되어 있는 것이다. 말하자면 그것은 금령(禁令) 자체가 변화된다기보다는 오히려 행위의 상황이 이제는 금령에 해당되지 않을 만큼 변화되어 있다는 것이다.

더우기 자연법이 인간의 본성 자체에 근거하고 있다는 바로 그 이유에서, 비록 사람들이 격정으로 말미암아 어떤 원칙을 특수한 경우에 적용하지 못하는 일이 있을지라도, 가장 일반적인 원칙에 관해서 자연법을 모를 수는 없다. 그러나 편견이나 격정에 의해서 이차적인 규정에 대해서는 모를 수도 있을 것이며, 또 바로 그렇기 때문에 자연법은 신법에 근거하는 실정법에 의해서 마땅히 확증되지 않으면 안 된다.[31)]

30) 같은 책, Ia, IIae, 94, 5.
31) 같은 책, Ia, IIae, 95, 6 ; 99, 2, *ad* 2.

6. 영원법과 하느님에게 근거하는 도덕

이미 살펴보았듯이 의무는 궁극적인 목적을 달성하는 데 필요한 행위를 수행하도록 자유 의지를 구속하는 것이다. 이 목적은 (바랄 수도 있고 바라지 않아도 좋은 그러한) 조건적인 목적이 아니라, 의지가 그것을 바라지 않을 수 없는 절대적인 목적이며, 인간 본성의 관계에서 해석되지 않으면 안 되는 선이다. 이 점에 있어서 성 토마스의 윤리학은 아리스토텔레스의 윤리학을 밀접하게 따르고 있다. 그의 윤리학에 그 이상의 것은 없을까? 이성에 의해서 반포된 자연법은 하등의 초월적인 근거도 지니고 있지 않을까? 아리스토텔레스의 행복주의적인 윤리학은 물론 그의 일반적인 목적론적 견해와는 일치하고 있으나, 그 바탕을 하느님에게 두지 않았으며 거기에 둘 수도 없었다. 왜냐하면 아리스토텔레스의 하느님은 창조자도 아니며 그 뜻(섭리)을 실현하지도 않았기 때문이다. 말하자면 그 하느님은 목적인이기는 했지만, 제 1 작용인도 아니고 최고의 범형인도 아니었다. 그런데 성 토마스의 경우 윤리학이 형이상학과의 논리적인 관계도 없이 방치되어 있다고 한다면, 그것은 매우 이상하게 될 것이다. 그래서 실제로는 그 관계가 강조되어 있음을 알 수 있다.

하느님은 세계를 창조하고 이 세계를 지배하고 있다(이에 대한 증명은 윤리학에 속하지 않는다)고 생각한다면, 하느님의 예지는 인간의 행위를 그 목적으로 질서지우고 있다고 생각하지 않을 수 없다. 다소 의인적(擬人的)으로 말한다면 하느님은 인간의 범형적인 이데아와, 인간의 본성을 실현하고 인간의 목적을 달성하는 데 필요한 행위의 범형적인 이데아를 지니고 있다. 그리고 인간의 행위를 목적 달성으로 향하게 하는 것으로서의 하느님의 예지가 영원법(the eternal law)을 구성하고 있다. 하느님은 영원하고 하느님이 지니는 인간의 이데아도 영원하므로, 이 영원법의 반포는 비록 〈피조물의 측면에서는〉 영원하지 않을지라도 〈하느님의 측면에서는〉 영원한 것이다.[32] 하느님 가운데 있는 이 영원법은 자연법의 원천이며, 이 자연법은 영원법의 분유(참여)인 것이다. 자연법은 인간의 자연적인 경향 가운데 수동적으로 나타나고 있는 동시에, 그것은 그 경향을 반영하는 이성의 빛에 의해서 반포된

32) 같은 책, Ia, IIae, 9, 1 ; 93, 1 이하.

다. 따라서 모든 인간이 본성적으로 인간의 목적으로 향하는 경향을 지니고 있고, 또 이성의 빛을 가지고 있는 한에서, 영원법은 모든 인간에게 충분히 반포되어 있다. 자연법은 인간의 본성상 추구되어야 할 선과 피해야 할 악에 관한 올바른 이성의 보편적인 명령의 총체이다. 그리고 인간의 이성은 적어도 이론상 자기 자신의 빛에 의해서 이 두 명령이나 규정을 인식할 수 있게 될 것이다. 그럼에도 불구하고 우리가 이미 보았듯이 올바른 이성과 일치하지 않는 격정(정념)이나 경향이 사람들을 타락시키므로, 또 반드시 모든 사람들이 스스로 모든 자연법을 알아낼 시간이나 능력이나 끈기를 가지고 있는 것은 아니므로 모세에 대한 십계(十戒)의 계시에서처럼 자연법은 하느님에 의해서 마땅히 적극적으로 반포될 필요가 있었던 것이다. 그리고 또 이에 더하여 인간이 〈사실상〉 초자연적인 목적을 마땅히 달성하기 위해서 하느님은 자연법 위에다 또 초자연적인 법을 마땅히 계시할 필요가 있었다. "인간은 자신의 자연적인 능력의 한계를 초월하는 영원한 지복의 목적으로 질서지워져 있으므로, 마땅히 자연법이나 인정법을 초월하여 하느님에 의하여 주어진 법에 의해서도 자신의 목적으로 향해질 필요가 있었던 것이다."[33]

자연법이 영원법에 근거한다는 것, 즉 자연법은 형이상학적인 근거를 가지고 있다는 것은 자연법이 자의적이고 독단적이 아니라는 것, 즉 자연법은 지금 있는 것과는 다른 모습으로 있을 수 없다는 것, 말하자면 영원법은 본래 하느님의 의지에 의존하지 아니하고 인간 본성의 범형적인 이데아를 생각하는 하느님의 이성에 근거함을 의미한다는 것을 분명히 알아 두는 것이 매우 중요하다. 인간 본성에 주어진 이상, 자연법은 지금 있는 것과 다르게는 있을 수 없다. 또 한편으로는 하느님이 자기 자신과는 다른 어떤 것으로서의 도덕률에 따르고 있다고 생각해서는 안 된다. 하느님은 자신의 신적인 본질을 수많은 유한한 방법으로 모방할 수 있는 것으로 알고 있으며, 그 방법들 가운데 하나가 인간의 본성이다. 그리고 인간 본성 가운데서 하느님은 인간 존재의 법칙을 식별하고 또 그것을 바라고 있다. 하느님이 그것을 바라는 것은 하느님이 최고선인 자기 자신을 사랑하기 때문이며, 또 하느님은 자기 자신과 모순될 수가 없기 때문이다. 이와 같이 도덕률은 궁극적으로는 하느님의 본질 자체에 바탕을 두고 있어서 변화할 수 없다. 이를

33) 같은 책, Ia, IIae, 91, 4.

테면 하느님은 확실히 도덕률을 바라고(의지하고)는 있으나, 그 도덕률은 하느님의 의지의 어떠한 자의적인 행위에도 근거하지 않는다. 따라서 도덕률이 본래 하느님의 의지에 의존하지 않는다고 말하는 것은, 어떤 신비적인 방법으로 하느님의 배후에서 하느님을 지배하는 도덕률이 있다고 말하는 것과는 결코 같은 것이 아니다. 말하자면 하느님은 스스로가 최고의 가치이며, 모든 가치의 근원이고 규준이다. 즉 가치는 하느님에게 근거하고 있으나, 그것은 하느님이 제멋대로 그것에 가치로서의 성격을 부여한다는 의미에서가 아니라, 가치가 하느님의 분유(참여) 내지는 유한한 반영이라는 의미에서이다. 도덕률의 형이상학적인 기초 또는 유신론적인 기초에 대한 성 토마스의 원칙은 결코 그 도덕률의 이성적인 또는 필연적인 성격을 위태롭게 하지 않는다. 말하자면 궁극적으로 도덕률이 그렇다는 것은 하느님이 그러하기 때문이다. 왜냐하면 인간 본성 또는 자연법에 나타나 있는 인간 존재의 법은 그 자체가 하느님에게 바탕을 두고 있기 때문이다.

7. 아리스토텔레스에게는 인정되지 않았으나 성 토마스에게는 인정되었던 자연적 덕 : 종교의 덕

마지막으로 성 토마스는 하느님을 창조자 또는 최고의 주님으로 이해함으로써, 다른 스콜라 학자들과 함께 아리스토텔레스가 예상하지도 않았고 또 자신의 신론(神論)에서도 예상할 수 없었던 자연적인 덕(가치)을 인정하게 되었다는 점을 지적할 수 있다. 그 한 예로서 종교의 덕을 들 수 있다. 종교는 인간이 "사물을 창조하고 지배하는 제 1 원리"로서의 하느님에게 당연히 표해야 하는 예배와 존경을 그에게 바치는 덕이다. 이 덕은 궁극적인 목적인 하느님과 더욱 밀접한 관계를 유지하는 한에서, 다른 윤리적인 덕보다도 더욱 우월하다.[34] 인간이 정의에서 당연히 치루어야 하는 예배와 찬미의 빚을 하느님에게 갚는 까닭에, 종교의 덕은 정의의 덕(〈정의에 관련된 덕〉으로서)에 종속해 있다.[35] 이렇게 종교는 창조자에 대한 피조물이나 주님에 대한 종의 관계처럼 하느님에 대한 인간의 관계에 근거하고 있다. 아리스토텔레스는 하느님을 창조자로서나 의식적으로 세계를 지배 또는 섭리하는 자로서가

34) 종교의 덕에 관해서는 같은 책, Ia, IIae, 81, 1~8을 참조.

35) 같은 책, Ia, IIae, 80, *articulus unicus.*

아니라 자기 자신에만 몰두한 나머지 세계를 무의식적으로 끌어당기고 있는 목적인으로서만 보았기 때문에, 그는 비록 그 부동의 원동자를 인정하여 철학적 사색의 최고의 대상으로서 어떤 의미에서는 그를 존경할 것을 기대하기는 했지만 그 부동의 원동자와 인간간의 인격적인 관계를 생각하지는 못했다. 그러나 성 토마스는 창조자로서의 하느님과 세계를 섭리하는 지배자로서의 하느님에 대한 명백한 관념을 지니고 있었기 때문에, 그는 인간 자신의 존재와 밀접한 관계에 있는 의존 관계를 행위로 나타내는 것을 인간의 첫째 의무로 생각할 수 있었고 또 사실 그렇게 생각했던 것이다. 아리스토텔레스에 있어서의 유덕한 사람은 어떤 의미에서 가장 자주적인 인간인 반면에, 성 토마스에 있어서의 유덕한 사람은 어떤 의미에서 가장 의존적인 인간, 즉 하느님에 대한 자신의 의존 관계를 진정으로 인정하여 이를 완전히 나타내는 인간이다.

제 40 장
성 토마스 아퀴나스 10 : 정치론

1. 성 토마스와 아리스토텔레스

성 토마스의 윤리학이나 도덕 생활론은 아리스토텔레스의 윤리학에는 없는 신학적인 바탕을 갖추고 있지만, 철학적으로는 아리스토텔레스의 윤리학에 근거하고 있다. 게다가 성 토마스의 학설은 그가 그리스도인으로서 인간은 〈사실상〉 유일의 목적, 즉 초자연적인 목적을 지니고 있다고 믿고 있었다는 사실로 인해서 복잡하게 되어 있기 때문에, 순수한 철학적인 윤리학은 그가 보기에는 실천에 대한 불충분한 지침일 수밖에 없었다. 말하자면 성 토마스는 단순히 아리스토텔레스의 철학을 있는 그대로 채용할 수가 없었다. 실은 그의 정치론에 대해서도 마찬가지이다. 이를테면 그는 자신의 정치론에서 아리스토텔레스가 취급한 방법의 일반적인 체제를 채용하기는 했지만, 동시에 그는 그 정치론을 "아직도 고려할 여지가 있는 것"으로 간주할 수밖에 없었다. 아리스토텔레스는 국가가 인간이 필요로 하는 모든 것을 만족시키거나 완전히 충족시킬 수 있다고 생각했으나,[1] 성 토마스는 인간의 목적이 초자연적 목적이며, 이 목적을 충분히 달성시키는 것은 국가가 아니라 교회라는 것을 믿고 있었기 때문에 아리스토텔레스의 그런 견해를 지지할 수가 없었다. 이는 아리스토텔레스가 취급하지 않았고 또 취급할 수

1) 이는 적어도 아리스토텔레스가 다루어서 분명하게 거부했다고는 보기 어려운 견해이다. 그렇다면 이론적인 고찰의 그 개인주의적인 이상이 시민 국가의 자급 자족성이라는 이상에 의해서 파괴되기 쉬운 것임은 틀림없다.

가 없었던 문제, 즉 교회와 국가간의 관계를 다른 중세의 정치 이론가들처럼 성 토마스도 고찰하지 않을 수 없었다는 것을 의미하고 있다. 달리 말하면, 비록 성 토마스는 정치론의 주제와 그 취급 방법은 주로 아리스토텔레스로부터 빌어 왔다고 할지라도, 그는 그 문제를 그리스도교적인 중세의 관점에서 고찰하여, 자신의 그리스도교적인 신앙의 요구를 따라서 아리스토텔레스의 철학을 수정하고 완충시켰던 것이다. 마르크스주의자는 성 토마스의 학설에 미친 중세의 경제적·사회적·정치적 상황의 영향을 지적하기를 좋아할지 모르겠지만, 아리스토텔레스와 성 토마스 사이의 중요한 차이는 아리스토텔레스가 그리스의 도시국가에서 살았던 반면에, 성 토마스는 봉건 시대에 살았다는 것이 아니라, 오히려 아리스토텔레스에 있어서의 인간의 자연적인 목적은 자기 충족적이며 국가에서의 생활을 통해서 이루어지는데 반해서, 성 토마스에 있어서의 인간의 목적은 초자연적이며 내세에서만 온전하게 이루어질 수 있다는 것이다. 인간과 인간의 목적에 관한 그리스도교의 견해와 아리스토텔레스 철학의 융합이 완전히 수미일관된 하나의 종합인가, 아니면 다소 망가지기 쉬운 하나의 결합인가 하는 것은 다른 문제이다. 지금 여기서 말할 수 있는 것은, 성 토마스에 대한 그리스도교 자체의 영향보다도 중세적인 상황이 미친 영향에 더욱 큰 관심을 두는 것은 잘못이라는 것이다. 왜냐하면 그리스도교 그 자체는 중세에서 생겨난 것도 아니며 중세에 한정되어 있는 것도 아니기 때문이다. 교회와 국가가 지니는 관계의 문제에 대한 형식 자체는 물론 중세의 상황하에서 생각되어야 하겠지만, 그러나 그 문제는 궁극적으로 인간과 인간의 운명에 관한 서로 다른 두 사고 방식의 대결에서 생겨나는 것으로서, 어떤 일정한 시대나 한 사람의 사상가에 의한 정식화 그 자체는 부수적인 것이다.

2. 인간 사회와 통치권의 자연적 기원

성 토마스에 있어서 국가는 아리스토텔레스에서와 마찬가지로 인간의 본성에 바탕을 둔 하나의 자연적인 제도이다. 《군주론》 서두에서[2] 성 토마스는 모든 피조물은 자기 자신의 목적을 지니고 있고, 어떤 피

2) I, I.

조물은 필연적으로 또는 본능적으로 자신들의 목적을 이루어 나가지만, 인간은 자신의 이성에 의해서 그 목적을 달성하도록 하지 않으면 안 된다고 말하고 있다. 그러나 인간은 단순히 하나의 개인으로서 자신의 개인적인 이성을 사용함으로써 자기 목적을 이루어 나갈 수 있는 고립된 개인이 아니다. 이를테면 인간은 본성적으로 사회적이며 정치적인 존재로서 다른 사람들과 함께 공동으로 살아가기 위해서 태어났다. 사실 인간은 다른 동물 이상으로 사회를 필요로 하고 있다. 왜냐하면 자연은 동물에게 입을 것과 방어 수단 등등을 제공했으나, 인간은 이러한 장비가 주어지지 않은 채 자신의 이성을 사용하여 자력으로 이를 마련하지 않으면 안 되는 상태에 있기 때문이다. 그리고 인간은 오직 다른 사람들과의 협동에 의해서 이를 마련할 수밖에 없다. 노동의 분업은 필요하며, 그 분업에 의해서 어떤 사람은 의학에, 또 어떤 사람은 농업에 종사하는 식으로 저마다의 일에 마땅히 종사해야 한다. 그러나 인간의 사회적인 본성에서 가장 두드러진 특징은 언어를 통해서 다른 사람들에게 자신의 생각을 나타내는 능력이다. 다른 동물들은 자신들의 감정을 극히 일반적인 기호에 의해서만 나타낼 수 있으나, 인간은 자신의 생각(개념)을 완전하게 나타낼 수가 있다. 이는 인간이 군거(郡居)하는 어떠한 다른 동물보다도, 심지어 개미나 벌보다도 본성적으로 더욱 사회 생활에 적합하다는 것을 보여주고 있다.

그러므로 사회는 인간에게 있어서 자연적인 것이며, 사회가 자연적이라면 통치권도 자연적인 것이다. 조정하고 통일하는 원리(혼)가 인간이나 동물의 육체에서 떠나 버린다면 그 육체는 와해되어 버리는 것과 마찬가지로, 인간 사회도 공동선을 배려하며 그 공동선을 위해서 개인들의 행동을 이끌어 주는 지도자가 없다면 수많은 사람들이 각자 자연히 자신들의 일에 몰두하기 때문에 와해되기 쉬울 것이다. 이루어져야 할 공동선을 지닌 다수의 피조물이 있는 곳에는 어디서나 공동의 통치력이 있지 않으면 안 된다. 신체에는 머리와 심장이라는 주요한 부분이 있고, 신체는 영혼에 의해서 지배되고 있으며, 영혼 가운데에서는 격정과 욕구의 부분이 이성에 의해서 이끌리고 있다. 우주 전체에서는 하느님의 섭리를 따라서 하위자가 상위자에 의해서 지배를 받고 있다. 세계 전체에 대해서나 개인으로서의 인간에 대해서 참된 것은 따라서 인간 사회에 대해서도 참될 수밖에 없는 것이다.

3. 인간 사회와 정치적 권위는 하느님에 의해서 의도되었다

인간 사회와 통치권이 자연적이어서 인간 본성 안에 예시되어 있다고 한다면, 인간 본성은 하느님에 의해서 만들어진 것이므로, 그것은 근거와 권위를 하느님에게 두고 있는 셈이 된다. 하느님은 인간을 창조할 때 인간 사회와 정치적 통치권을 의도했던 것이다. 따라서 국가가 단순히 죄의 결과라고 말해서는 안 된다. 만일 그럴 경우 아무도 나쁜 짓을 하지 않았다면, 분명 국가의 어떤 활동이나 제도는 필요없게 될 것이다. 그러나 만일 죄가 없는 상태에서도 그것이 존속했다고 한다면, 공동선을 배려할 권위가 있지 않으면 안 되었을 것이다. "인간은 본성적으로 사회적인 동물이다. 따라서 죄가 없는 상태에서도 인간은 사회 속에서 살았을 것이다. 그러나 만일 공동선을 배려하여 이를 통치하는 자가 없다고 한다면, 다수의 개인들로 이루어지는 공동의 사회 생활은 있을 수 없을 것이다."[3] 더우기 또 하느님으로부터 주어진 재능은 죄가 없는 상태에서조차도 같지 않았을 것이다. 그리고 만일 어떤 사람이 지식이나 정직함에 있어서 남달리 뛰어나기는 하지만, 그가 자신의 뛰어난 재능을 공중의 행위를 지도함으로써 공동선을 위해서 행사할 기회를 가지지 않았다면, 그것은 마땅한 것이 아니었을 것이다.

4. 교회와 국가

국가는 하나의 자연적인 제도라고 말함으로써, 성 토마스는 어떤 의미에서는 국가에 공리적인 근거를 제공했다. 그러나 그의 공리론은 아리스토텔레스적인 것이다. 그는 분명히 국가를 단순히 문명에 의해서 계발된 이기심에서 생겨난 것으로 생각하지는 않았다. 물론 그는 이기심의 힘과 그 이기심의 사회로부터 멀어지려는 경향을 인정하기는 했으나, 또 인간에게 있는 사회적인 경향과 충동을 인정했다. 그리고 이기주의로 향하는 경향에도 불구하고 사회가 존속할 수 있는 것은 사회적인 경향 때문이다. 홉스는 이기심을 유일한 기본적인 충동으로 보았으므로, 일단 사회가 문명에 의해서 계발된 이기주의의 타산적인 명령

3) *S.T.*, Ia, 96, 4.

에 기초를 두었다고 할 경우 그는 힘에 의한 결합의 실천 원리를 찾아내지 않을 수 없었다. 그러나 만일 인간이 본성에 의해서 주입된 사회적인 경향을 전혀 가지고 있지 않다면, 실제로는 힘이나 문명에 의해서 계발된 이기주의도 사회를 존속시키기에는 충분하지 않을 것이다. 달리 말하면 성 토마스는 자신의 그리스도교화된 아리스토텔레스주의에 의해서, 성 아우구스티누스가 의도한 경향을 보이는 이른바 국가는 원죄의 결과라는 사고 방식과 그리고 국가는 단순히 이기심의 산물이라는 사고 방식을 동시에 피할 수가 있었던 것이다. 말하자면 국가의 형상은 미리 인간 본성 안에 나타나 있고 또 인간 본성은 하느님에 의해서 창조된 것이므로, 국가는 하느님에 의해서 의도된 것이다. 이에 의해서, 국가는 그 자체의 목적과 영역과 더불어 그 자체의 권리를 지닌 하나의 제도라는 중요한 결론이 나온다. 그러므로 성 토마스는 교회와 국가간의 관계에 대한 문제에 있어서 극단적인 입장을 취할 수가 없었던 것이다. 즉 그는 논리적인 관점에서, 교회를 초국가(超國家)로 한다든지 국가를 교회의 일종의 종속 기관으로 할 수는 없었던 것이다. 국가는 하나의 '완전한 사회'(**communitas perfecta**)이다. 즉 국가는 자신의 목적으로서의 시민의 공동선을 달성하기 위해서 필요한 모든 수단을 자유로이 사용할 수 있다.[4] 공동선의 달성을 위한 요구 사항은 무엇보다도 먼저 국내의 평화 즉 시민들간의 평화, 둘째로 〈훌륭한 행위를 위한〉 시민 활동의 통일된 지도, 세째로 생활 필수품의 충분한 공급이다. 그리고 국가의 통치권은 이러한 공동선의 필요 조건들을 충족시키기 위해서 제정되어 있다. 또한 공동선을 위해서는 외적으로부터의 위험이나 국가를 와해시키는 국내 범죄와 같은, 올바른 생활에 대한 장애들을 마땅히 제거할 필요가 있다. 그리고 군주는 이러한 장애를 제거하기 위해 필요한 수단으로서 군사력과 사법 제도를 자유로이 행사할 수 있다.[5] 교회의 목적인 초자연적인 목적은 국가의 목적보다 상위에 있으며, 따라서 교회는 국가보다 상위의 사회이다. 따라서 국가는 초자연적인 삶에 관계하는 일에 있어서는 교회에 종속하지 않으면 안된다. 그러나 국가가 그 자체의 영역에서는 자율적인 하나의 '완전한 사회'라는 사실에는 변함이 없다. 따라서 훨씬 후세의 신학 용어로 말한다면, 성 토마스는 국가에 대한 교회의 **간접적인 권력**을 지지하는 자로 생각될 수밖에 없다. 단테(Alighieri Dante)가 《군주론》(*De Monar-*

4) 같은 책, Ia, IIae, 90, 2 참조. 5) *De regimine principum*, 1, 15 참조.

chia)에서 교회와 국가의 두 영역을 인정하고 있을 때, 적어도 성 토마스의 정치론의 아리스토텔레스적인 측면에 관련되는 한에서 그는 성 토마스와 일치하고 있다.[6)]

그렇지만 국가에 대한 아리스토텔레스의 생각과 교회에 대한 그리스도교의 생각을 종합하려는 시도는 근거가 불확실하다. 성 토마스는《군주론》에서,[7)] 사회의 목적은 올바른 생활에 있고 올바른 생활은 덕을 따르는 생활이므로 유덕한 생활이 인간 사회의 목적이라고 단언하고 있다. 그는 나아가서 인간의 **궁극적인** 목적은 덕을 따라서 사는 것이 아니라 덕을 따라 삶으로써 하느님을 향유하는 것이며, 이 목적에 이르는 것은 인간 본성의 능력을 초월한다고 말하고 있다. "인간이 하느님을 향유하는 그 목적에 이르는 것은 인간의 능력에 의해서가 아니라 하느님의 능력에 의한 것이므로, 사도의 말에 의하면 이 목적으로 인간을 이끄는 '하느님의 은총 또는 영원한 생명'[8)]은 인간의 규칙이 아니라 하느님의 규칙에 속한다." 말하자면 인간을 그 궁극적인 목적으로 이끄는 것은 그리스도와 그 교회에 맡겨져 있으며, 따라서 그리스도의 새로운 약속(**the new Covenant of Christ**)하에서 국왕은 성직자에게 복종하지 않으면 안 된다. 인간의 지상의 문제에 대한 감독은 국왕의 손에 맡겨져 있다는 것을 성 토마스는 인정하고 있다. 따라서 국가가 그 자체의 영역을 지니고 있다는 것을 그가 부정하려고 한 것처럼 해석하는 것은 옳을 수가 없다. 그러나 그는 영원한 지복에 이르기 위해서 자기 신하의 올바른 삶을 배려하는 것은 임금이 할 일이라고 주장하고 있다. "국왕은 천상의 지복으로 이끄는 일들을 마땅히 명령하고, 될 수 있는 대로 그 반대되는 일들은 금해야 할 것이다."[9)] 중요한 것은 성 토마스가 인간은 말하자면 두 개의 궁극적인 목적, 즉 국가에 의해서 충족되는 현세적인 목적과 교회에 의해서 충족되는 초자연적인 영원한 목적을 가지고 있다고는 말하지 않은 점이다. 또 그리고 그는 인간은 초자연적인 목적이라는 하나의 궁극적 목적을 지니고 있으며, 지상의 일들을 감독함에 있어서 군주가 할 일은 그 초자연적인 목적을 쉽게 달성할 수 있도록 하는 것이라고 말하고 있다.[10)] 국가에 대한 교회의 권력

6) 단테는 실제로는 오히려 교황의 권위에 대해서 황제의 권위를 옹호하는 데 관심을 두고 있었으며, 제국적인 이상이라는 점에서 다소 시대에 뒤지고 있었다. 그러나 그는 신중하게 두 영역설을 지지했다.

7) 1, 14. 8) Romans 6. 23. 9) *De regimine principum*, 1, 15.

10) 물론 성 토마스는 그리스도인으로서의 군주를 말하고 있다.

은 <직접적인 권력>이 아니다. 왜냐하면 경제적인 배려나 평화를 유지하는 것은 교회의 일이 아니라 국가의 일이기 때문이다. 그렇지만 국가는 인간의 초자연적인 목적에 대한 안목에서 그러한 일들을 배려하지 않으면 안 된다. 달리 말하면 국가는 하나의 '완전한 사회'이겠지만, 인간을 초자연적인 질서로 지향시키는 것은 국가가 바로 교회의 한 시녀라는 것을 의미하고 있다. 이러한 관점은 중세의 습관에 근거하고 있다기보다는 오히려 그리스도교적인 신앙에 근거하고 있다. 그리고 말할 나위없이 그것은 인간의 영원한 초자연적인 목적에 대해서는 아무것도 모르고 있었던 아리스토텔레스의 생각이 아니다. 나는 성 토마스의 사상 가운데 아리스토텔레스의 정치론과 그리스도교적 신앙의 요구 사이의 어떤 종합이 있음을 구태여 부정하고 싶지 않으나, 이미 지적했듯이 이 종합의 근거는 다소 불확실하다고 생각하고 있다. 만일 아리스토텔레스적인 요소가 강조된다면, 그 결과는 성 토마스의 사상에는 전혀 맞지 않는 일종의 교회와 국가의 이론적인 분리가 되고 말 것이다. 사실 교회와 국가의 관계에 대한 토마스의 견해는 신앙과 이성의 관계에 대한 그의 견해와 닮지 않은 것도 아니다. 이성은 그 자체의 영역을 지니고 있으나, 그래도 여전히 철학은 신학에 대해서 하위에 있다. 이와 마찬가지로 국가는 그 자체의 영역을 지니고 있으나, 그래도 여전히 사실상으로는 교회의 시녀이다. 거꾸로 말하여 만일 철학을 자기 자신의 영역에서 절대적으로 자율적인 것으로 만들 만큼 역사상의 아리스토텔레스에 밀착한다면, 당연히 정치론에 있어서도 국가를 그 자체의 영역에 있어서 절대적으로 자율적인 것으로 만들기가 쉬울 것이다. 이는 아베로에스주의자들이 행한 것이지만, 성 토마스는 결코 아베로에스주의자는 아니었다. 따라서 성 토마스의 정치론은 국민 국가의 의식은 각성되고 있으나 교회의 권위가 아직 분명하게 거부되지 않은 현실의 상황을 어느 정도 나타내고 있다고 하겠다. 성 토마스는 자신의 아리스토텔레스 사상에 의해서 국가를 하나의 완전한 사회로 인정하기는 했으나 그리스도교적인 신앙, 즉 인간은 유일의 궁극적인 목적을 지니고 있다는 신념이 있어서 그는 국가를 하나의 절대적인 자율적 사회로 볼 수가 없었다.

5. 개인과 국가

이와 같은 애매한 표현은 개인과 국가의 관계에 대한 성 토마스의 견해에서도 찾아볼 수 있다. 《신학 대전》에서[11] 그는 불완전한 것이 완전한 것에 질서지워져 있듯이 부분은 전체에 질서지워져 있고, 또 개인은 하나의 완전한 사회의 한 부분이므로 법은 본래 공동적인 행복에 마땅히 관계될 필요가 있다고 말하고 있다. 그는 사실 법은 본래 개인선보다도 공동선에 관계되어 있음을 제시하려 하고 있으며 시민 각자는 그 자신이 일원이 되어 있는 전체에 예속되어 있는 것처럼 말하고 있다. 부분은 전체를 위해서 존재한다는 그와 같은 원리는 성 토마스에 의해서 공동체에 대한 개인의 관계에 자주 적용되고 있다. 예컨대[12] 개인은 자신이 구성원의 일원이 되어 있는 공동체에 대해서 마치 목적에 대해서처럼 질서지워져 있다는 이유에서, 중대한 범죄로 인하여 개별적인 한 시민의 생명을 박탈하는 것은 공적 권위에 있어서는 정당하다고 그는 말하고 있다. 그가 《니코마코스 윤리학 주해》(The Commentary on the *Nicomachean Ethics*)에서[13] 조국 방위를 위해서 죽은 경우처럼 가장 좋은 일을 위해서 자신의 생명을 바침으로써 용기가 드러난다고 주장할 때 실제로 이 원리가 적용되고 있는 것이다.

성 토마스의 아리스토텔레스주의를 말하고 있는, 이른바 부분은 전체에 질서지워져 있다는 이 원리가 강조된다면, 그는 두드러지게 개인을 국가에 종속시키고 있는 것처럼 보인다고 하겠다. 그러나 성 토마스는 또 시민의 공동선을 추구하는 자는 자기 자신의 선도 추구한다고 주장하고 있다. 왜냐하면 성 토마스는, 비록 해당 논제의 주문(註文)에서 정직한 이성은 공동선이 개인선보다 더 선하다고 판단한다고 말하고 있지만, 공동선이 이루어지지 않고는 자기 자신의 선도 이루어질 수 없기 때문이다.[14] 그러나 그 원리는 지나치게 강조되어서는 안 된다. 왜냐하면 성 토마스는 아리스토텔레스의 찬미자일 뿐만 아니라 그리스도교의 신학자이면서 철학자였고, 또 이미 보았듯이 그는 인간의 궁극적인 목적은 국가의 영역 밖에 있다는 것을 잘 알고 있었기 때문이다. 즉 인간은 단순히 국가의 일원에 불과할 뿐만 아니라, 사실 인간에게 있어서 가장 중요한 것은 자신의 초자연적인 소명이다. 따라서 성 토

11) Ia, IIae, 90, 2. 12) 같은 책, Ia, IIae, 65, 1. 13) 3 *Ethic., lect.* 4.
14) *S.T.*, Ia, IIae, 47, 10, *in corpore* 와 *ad* 2.

마스에 있어서 그의 아리스토텔레스주의적 입장은, 국가는 적극적인 기능과 도덕적인 기능을 가진다는 허버트 스펜서(Herbert Spencer, 1820년~1903년)의 국가론과 같은 이론을 받아들일 수 없음이 분명하다. 성 토마스에 있어서 '전체주의'의 문제는 있을 수 없음이 분명하다. 인간 존재는 자기 자신의 가치를 지니고 있는 하나의 인격으로서 단순히 하나의 '개인'에 불과한 것은 아니다.

6. 법

전체주의가 성 토마스의 사상과는 인연이 없다는 것은, 법에 대한 그의 이론이나 주권의 기원 및 본성에 관한 이론에 의해서 분명히 제시되어 있다. 네 가지의 법이 있는데, 그것은 영원법, 자연법, 하느님의 실정법, 그리고 인간의 실정법이다. 하느님의 실정법은 유태인에게 불완전하게 그리고 그리스도를 통해서는 완전하고 적극적으로 계시된 하느님의 법인 반면에,[15] 국가의 법은 인간의 실정법이다. 그런데 인간의 입법자 기능은 본래 자연법을 적용하고[16] 제재에 의해서 법을 유지하는 일이다.[17] 예컨대 살인은 자연법에 의해서 금지되어 있으나, 살인을 명확하게 규정하여 이에 제재를 가하는 적극적인 법의 제정이 바람직함은 이성이 가르쳐 주고 있다. 왜냐하면 자연법 그 자체는 살인을 분명하고 세밀하게 규정하지 않으며 또는 직접적인 제재를 정해 주지도 않기 때문이다. 그러므로 입법자의 첫째 기능은 자연법을 규정하거나 명시하여 이를 개별적인 경우에 적용하고 그 효력을 발생시키는 일이다. 결과적으로 인간의 실정법은 자연법에서 유래하며, 모든 인정법(人定法)은 자연법에서 유래하는 한에서만 참다운 법이 된다. "만일 어떤 점에서 인정법이 자연법과 일치하지 않는다면, 그것은 법이 아니라 법의 악용이 될 것이다."[18] 통치자는 자연법(또는 물론 신법)에 위반하거나 모순되는 법을 공포할 권리가 없다. 왜냐하면 모든 권위는 하느님으로부터 유래하므로 통치자는 자신의 입법권을 궁극적으로는 하느님으로부터 얻고 있기 때문이다. 그리고 통치자는 그 권력의 사용에 대해서 책임을 지고 있다. 이를테면 통치자는 자연법에 복종하고, 스스로 이를 위반하거나 또는 그 자연법에 맞지 않는 어떤 것을 행하도록 자신

15) 같은 책, Ia, IIae, 91, 5

16) 같은 책, Ia, IIae, 91, 3.

17) 같은 책, Ia, IIae, 95, 1.

18) 같은 책, Ia, IIae, 95, 2.

의 신하에게 명령할 권리가 없다. 정당한 인정법은 궁극적인 바탕인 영원법에 의해서 도덕적인 구속력을 가지지만, 부당한 법은 도덕적인 구속력을 갖지 않는다. 그러고 보면 어떤 법은 그것이 공동선에 어긋난다든지, 또는 그것이 입법자 자신의 이기적인 개인의 목적을 위해서 제정되어 신하들에게 부당한 책임을 부과한다든지, 또는 그것이 신하들에게 책임을 부당하고 불공평한 방법으로 부과하는 이유로 말미암아 부당한 법이 될 수 있다. 그리고 이러한 법은 법이라기보다는 폭력 행위이므로, 경우에 따라서 그 법을 따르지 않음으로써 보다 큰 악이 초래될 경우가 아니라면 도덕적인 구속력을 지니지 않는다. 신법에 어긋나는 법이라면, 그것을 따르는 것은 결코 정당할 수가 없다. 왜냐하면 인간은 사람을 따르기보다는 마땅히 하느님을 따라야 하기 때문이다.[19]

7. 주 권

그러므로 성 토마스의 사상에 있어서는 입법자의 권리가 결코 절대적인 것이 아님을 알게 된다. 그리고 그것은 그의 주권과 통치권에 관한 이론을 본다면 명백하다. 성 토마스가 정치적인 주권은 하느님으로부터 유래한다고 주장했다는 것은 모든 이에 의해서 인정되고 있다. 그리고 그가 주권은 하느님에 의해서 국민 전체에 주어지고 국민에 의해서 실제적인 통치자 한 사람이나 여러 사람에게 위임되어 있다는 견해를 주장한 것 같지만, 이 점은 몇몇 학자들이 입증한 것처럼 그다지 확실한 것으로 생각되지는 않는다. 왜냐하면 그가 이와는 달리 주장했다는 것을 원문을 지적하여 말할 수 있기 때문이다. 그러나 여전히 부정할 수 없는 것은, 그가 통치자에 대해서 국민을 대표하는 것으로[20] 말하고 있다든지, 통치자는 국민의 입장을 대변하는[21] 한에서만 입법권을 가진다는 것을 분명히[22] 말하고 있다는 사실이다. 비록 성 토마스가 이 문제를 형식적인 명확한 방법으로는 거의 말하고 있지 않다는 것은 인정할 수밖에 없을지라도, 그러한 진술은 주권이 하느님으로부터 국민을 〈통하여〉 통치자에 이른다고 그가 주장했다는 의미로 받아들여도 좋을 것이다. 어쨌든 통치자는 자신의 개인선을 위해서가 아니라 국민

19) 같은 책, Ia, IIae, 96, 4 참조. 20) 같은 책, Ia, IIae, 90, 3 참조.
21) 분명히 선출된 통치권을 가리킨다. 22) *S.T.*, Ia, IIae, 97, 3, *ad* 3.

전체의 선을 위해서만 자신의 주권을 소유하고 있다. 따라서 만일 주권자가 자신의 권력을 남용한다면, 그는 일종의 폭군이 된다. 성 토마스는 폭군의 암살을 비난하면서, 폭군에 대한 반란에 따르는 피해에 대해서 어느 정도 말하고 있다. 예컨대 그 반란이 성공했을지라도 하나의 폭군 대신에 또 다른 폭군이 들어서는 결과가 되고 말지도 모른다. 그러나 폭군의 폐위는, 특히 국민이 임금을 선정하는 권리를 가지고 있을 경우에는 합법적이다.(성 토마스는 여기서 아마 선거에 의한 군주제를 가리키고 있을 것이다.) 이 경우 비록 국민이 무기한의 계약으로 폭군에 복종해 왔을지라도, 국민이 폭군을 폐위하는 것은 결코 잘못이 아니다. 왜냐하면 폭군은 신하에 대해서 신의를 지키지 않았기 때문에 폐위되어 마땅하기 때문이다.[23] 그럼에도 불구하고 반란에 따라는 피해를 고려해 본다면, 일단 확립된 폭정을 참아야 한다거나 또는 이에 반항하기보다는 군주제가 폭정으로 변하지 않도록 미리 배려하는 것이 훨씬 바람직하다. 통치자가 폭군이 될 가능성이 있는 경우, 가능하다면 그를 통치자로 세워서는 안 된다. 그러나 어쨌든 통치자의 권리는 잘 억제되어서 그가 쉽게 폭군으로 변하지 않도록 해야 한다. 최선의 통치 형태는 실제로는 '혼합된' 형태일 것이다. 이 형태에 있어서는 국가 원수가 국민의 손으로 선출되어야 한다는 의미에서 귀족제와 민주제가 들어서게 된다.[24]

8. 통치 형태

성 토마스는 통치 형태의 분류에 있어서는 아리스토텔레스를 따르고 있다. 세 가지의 좋은 형태의 통치(법을 잘 지키는 민주제, 귀족제, 군주제)와 나쁜 형태의 통치(선동적이며 무책임한 민주제, 소수의 독제정치, 전제 정치)가 있으며, 전제 정치가 최악의 형태인 반면에 군주제가 최선의 형태이다. 군주제는 다른 형태보다는 엄격한 통일성을 부여하고 평화를 더욱 촉진시킨다. 게다가 또 그것은 영혼의 다른 기능들에 대한 이성의 지배와 신체의 다른 기능들에 대한 심장의 지배와의 유비(類比)를 지닌다는 점에서 더욱 '자연적'이다. 나아가서 벌들도 그들의 왕을 지니고 있으며, 하느님은 모든 피조물을 지배하고 있다.[25]

23) *De regimine principum,* 1, 6.

24) *S.T.,* Ia, IIae, 105, 1.

25) *De regimine pirncipum,* 1, 2.

그러나 군주로서 최선인 인간의 이상은 쉽사리 이루어질 수 없으며, 이미 보았듯이 실제로 최선의 통치 형태는 군주의 권력이 국민에 의해서 선출된 원수의 권력에 의해서 억제되는 혼합된 통치 형태이다. 달리 말하여 현대적인 용어로 표현한다면, 성 토마스는 비록 적절한 통치의 특수 형태를 하느님에 의해서 정해진 것으로 보고 있지는 않지만, 그가 찬성하고 있는 것은 유한 군주제 또는 입헌 군주제이다. 즉 중요한 것은 통치의 정확한 형태가 아니라 공공선의 촉진이다. 그리고 실제로 통치 형태의 고찰이 중요하다는 것은 어디까지나 그것이 지니는 공공선과의 관계 때문이다. 그러므로 성 토마스의 정치 이론은 유연한 성격을 지니고 있어서 결코 경직된 비실제적인 것이 아니다. 그는 절대주의를 배척하는 한편, 또 **자유 방임주의도** 은연중에 거부하고 있다. 통치자의 임무는 공공선을 촉진하는 일이며, 이는 통치자에 의해서 국민의 경제적인 복지가 증진되지 않고서는 이루어지지 않는다. 결국 성 토마스의 정치 이론은 온건, 균형, 상식의 특징을 지니고 있다.

9. 성 토마스의 체계 전체를 이루는 데 절대 필요한 부분으로서의 정치 이론

결론적으로 성 토마스의 정치 이론은 그의 철학 체계 전체에 있어서 부수적인 것이 아니라, 절대적으로 필요한 한 부분이라고 말할 수 있을 것이다. 하느님은 우주의 최고 주님이시고 최고 지배자이시다. 그러나 비록 하느님이 제 1 원인이고 목적인일지라도 그가 유일한 원인인 것은 아니다. 말하자면 하느님은 이성에 의해서 타당성과 정당성이 드러나는 행위를 통해서 이성적인 방법으로 피조물에게 그 목적으로의 길을 알려 주고 있다. 가족의 구성원에 대한 아버지의 권리이든 또는 신하들에 대한 통치자의 권리이든, 다른 피조물을 이끄는 피조물의 모든 권리는 이성에 근거하며 이성에 따라서 행사되지 않으며 안 된다. 즉 모든 권력과 권위는 하느님으로부터 유래하여 특정한 목적을 위해서 주어져 있으므로, 어떠한 이성적인 피조물도 다른 이성적인 피조물에 대해서 무제한 임의의 독단적인 권위를 휘두를 권리가 없다. 그러므로 법은 "사회를 배려하는 자에 의해서 제정되고 공포된 공동선을 위한 이성의 명령"이라고 정의된다.[26] 통치자는 우주의 전체적인 계층 구조 가운데서 하나의 자연스러운 지위를 점유하고 있으며, 그의 권위는 우주(세계)가 이끌어지고 있는 일반적인 도식의 한 부분으로 행사되지 않으면 안 된다. 따라서 무엇에도 의존하지 않는 무책임한 통치자라는 관념은 성 토마스의 철학과는 본질상 아무런 인연이 없는 것이다. 통치자에게는 통치자의 의무가 있고 신하에게는 신하의 의무가 있다. 즉 통치자나 신하들 그 양자에 마땅히 있어야 할 '법적 정의'(legal justice)는 모든 유덕한 행위를 공동선으로 이끌고 있다.[27] 그러나 이들 의무는 모든 피조물이 지니고 있는 목적에 대한 수단과의 관계에 비추어서 이해되어야 할 것이다. 인간은 사회적인 존재이므로, 인간의 본성이 충족되기 위해서는 정치적인 사회가 필요하다. 그러나 정치적인 사회 속에서 살아간다는 인간의 사명 그 자체는 인간이 창조된 그 궁극적인 목적에 비추어서 이해되지 않으면 안 된다. 인간의 초자연적인 목적과 자연적인 목적 사이에는 타당한 조화가 있어야 하고, 초자연적 목적에 대한 자연적 목적의 정당한 종속이 있지 않으면 안 된다. 따라서 인간은 궁극적인 목적의 달성을 다른 무엇보다도 우선시키지 않으면 안 된다. 만일 통치자가 궁극적 목적과 일치하지 않는 방법으로 행위하도록 사람에게 명령한다면, 이 통치자의 명령에 순종해서는 안 된다. 국가에 대한 개인의 완전한 전면적인 종속이라는 의미에서의 어떠한 관념도 성 토마스에게는 물론 용납되지 않았다. 그 이유는 그가 정치 문제에 있어서 극단적인 '교황 절대주의자'이기 때문이 아니라(실제로 그는 그렇지 않았다), 질서, 균형, 상위자에 대한 하위자의 종속 — 그렇지만 하위자를 예속시키거나 윤리성을 폐지하지는 않는 종속 — 이 일관하고 있는 그의 신학적-철학적인 전 체계 때문이다. 인간은 창조와 섭리의 완전한 도식 가운데 자신의 위치를 차지하고 있다. 권리의 남용과 그 실제적인 과용은 궁극적으로 하느님 자신에게 근거하고 있는 이상적 질서와 위계를 바꾸어 놓을 수는 없다. 통치의 형태는 변할지 모르나, 인간 자신은 고정되어 변하지 않는 본질 또는 본성을 지니고 있어서, 이 본성이 국가의 필연성과 도덕적 당위성의 바탕이 되어 있다. 국가는 하느님도 아니고, 그렇다고 반(反)그리스도도 아니다. 말하자면 국가는 하느님이 신체를 지닌 이성적 피조물로 하여금 그의 목적으로 향하게 하는 수단 가운데 하나이다.

---

26) *S.T.*, Ia, IIae, 90, 4.

27) 같은 책, IIa, IIae, 58, 6.

부록 : 성 토마스의 미론

성 토마스의 철학 가운데 미에 대한 정식 논의가 있다고 말할 수는 없다. 이 문제에 대해서 그가 말하게 되어 있는 그 대부분은 다른 학자들로부터 빌어 온 것이다. 따라서 그의 말을 미론(美論)의 출발점으로 삼을 수는 있어도, 그것을 바탕으로 하여 미론을 전개하거나 마치 그가 미론을 전개한 것처럼 그에게 미론이 있다고 생각하는 것은 잘못일 것이다. 그렇지만 그가 〈시각을 즐겁게 하는 것이 미〉라고[28] 말할 때, 그는 미의 객관성을 부정하려는 뜻은 아님을 지적해 두는 것이 좋을 것이다. 미는 적당한 균형에서 이루어지며 형상인에 속해 있다고 그는 말하고 있다. 이를테면 선은 욕구의 대상인 반면에 미는 인식 능력의 대상이다.[29] 왜냐하면 미에는 온전성, 즉 완전성, 적당한 균형, 빛남의 세 가지 요소가 요구되기 때문이다.[30] 말하자면 현상은 색깔 등에 의해서 빛나고, 초연한(욕심없는) 파악의 대상이다. 그러므로 성 토마스는 미의 객관성을 인정하여, 미에 대한 평가나 체험은 어떤 독특한 것이라는 사실과 미는 지적 인식과는 간단하게 동일시될 수 없고, 또 선의 파악으로 돌려질 수 없다는 것을 인정하고 있다.

28) 같은 책, Ia, 5, 4, *ad* 1.
29) 같은 책, 같은 곳.
30) 같은 책, Ia, 39, 8.

제 41 장
성 토마스와 아리스토텔레스 : 논쟁

1. 성 토마스의 아리스토텔레스 이용

성 알베르투스는 어느 정도 아리스토텔레스의 철학을 채용했으나 아리스토텔레스의 체계를 그리스도교의 신학과 충분히 조화시키는 시도는 성 토마스의 일로 남아 있었다. 이를 조화시키고자 하는 의도는 분명히 바람직한 것이다. 왜냐하면 아리스토텔레스의 체계를 거부한다는 것은 중세에 알려진 가장 유력하고 포괄적인 지적 종합을 거부한다는 뜻이 되기 때문이다. 게다가 종합의 비범한 창조적 재능을 지닌 성 토마스는 신학과 철학의 체계적인 종합을 이룸에 있어서 아리스토텔레스의 철학의 원리가 이용될 수 있다는 것을 명백하게 알고 있었다. 그러나 내가 성 토마스가 아리스토텔레스 철학의 '유용성'을 알고 있었다고 말하는 것은 그의 접근 방법이 실용주의적이었다고 말하려는 것이 아니다. 그는 아리스토텔레스의 원리를 참되다고 보았으며, 그 원리가 유용하기 때문에 '참'이 아니라 참되기 때문에 유용하다고 생각했던 것이다. 물론 성 토마스는 성 아우구스티누스나 위디오니시우스와 같은 다른 학자들, 그리고 그를 앞선 중세의 학자들이나 유태인(특히 마이모니데스) 및 아랍인의 철학자들을 이용하고 있었으므로, 그의 철학을 단순히 아리스토텔레스 철학이라고 말하는 것은 잘못이라고 하겠다. 그래도 역시 토마스의 종합은 기본적으로 아리스토텔레스적 원리의 적용에 의해서 통일을 이루고 있다. 사실 성 토마스 철학의 대부분은 아리스토텔레스의 학설이지만, 그것은 위대한 정신에 의해서 재고된 아리스토텔레스 설로서 결코 무비판적으로 채용된 것이 아니다. 성 토마스가 아리스토텔레스 철학을 채용한 것은 본래 그가 그것을 참된 것으로 생각했기 때문이며, 단순히 아리스토텔레스가 유명했다든가 또는 '비그리스도인'인 아리스토텔레스를 채용하지 않으면, 정통 신앙에 대해서 중대한 위험이 될지도 모른다는 이유에서가 아니다. 진리에 몸을 바친 진지한 정신의 소유자 성 토마스는, 만일 그 이교도 철학자의 체계를 대체로 참된 것으로 생각하지 아니했던들, 특히 그가 주장했던 몇몇 생각들이 전통에 어긋나서 소동을 일으키고 격렬한 반대를 불러일으킨 것만을 생각해도 그것을 채용하지는 않았을 것이다. 더구나 성 토마스는 자신이 채용한 그 철학의 진리성에 대해서 확신을 가졌던 나머지, 그 체계를 마구잡이로 기계적으로 채용하는 일은 없었던 것이다. 아리스토텔레스의 저서들에 대한 그의 주해에서도 알 수 있듯이 그는 아리스토텔레스의 철학을 충분히 고려하고 주의를 기울였던 것이다. 그리고 토마스 자신의 저서는 그가 채용한 원리들의 의미와 그 원리들이 지니는 그리스도교적 진리와의 관계에 대해서 주의깊게 고려하지 않으면 안 되었다는 흔적을 지니고 있다. 비록 내가 성 토마스의 사상에 있어서의 그리스도교 정신과 아리스토텔레스 철학의 종합이 어떤 측면에서는 다소 근거가 불확실하다고 시사할지라도, 그것은 내가 위에서 방금 말한 바를 취소한다거나 성 토마스가 아리스토텔레스 철학을 단순히 기계적으로 채용했다는 그러한 의미가 아니다. 물론 그는 어떤 점에서 그리스도교의 신앙과 아리스토텔레스의 철학 사이에 숨어 있는 긴장 관계가 있는 것을 충분히 깨닫지 못했다는 것은 사실이라고 생각된다. 그러나 이것이 사실이라고 할지라도, 그것은 조금도 놀랄 일이 아니다. 성 토마스는 위대한 신학자이며 철학자였지만, 무한한 정신은 아니었다. 그래서 그다지 위대하지 않은 지식인도 돌이켜 보고 그 위대한 정신의 체계 가운데서 약점을 능히 발견할 수도 있을 것이다. 그렇다고 그 위대함이 의문시되지는 않는다.

성 토마스가 체계화를 위해서 아리스토텔레스의 주제를 이용한 것에 대해서는 지면(紙面)상 한두 가지의 예밖에 들 수가 없다. 아리스토텔레스 철학의 기본적인 개념 가운데 하나는 현실태와 가능태 또는 가능성의 개념이다. 성 토마스는 아리스토텔레스와 마찬가지로 물질적 세계의 우성적(偶性的) 및 실체적인 변화 그리고 모든 피조물의 운동(아리스토텔레스적인 넓은 의미에서)에는 현실태와 가능태의 상호 작용 및 상호 관계가 있음을 알고 있었다. 스스로 현실태에 있는 것의 작용에 의하지 않고는 아무 것도 가능태에서 현실태로 이행하지 않는다는 아리스토텔레스의 원리를 채용하여, 그는 아리스토텔레스를 따라서 관찰된 운동 및 변화의 사실에서 부동의 원동자의 존재를 입증하고 있다. 그러나 성 토마스는 아리스토텔레스보다도 더욱 깊이 통찰하고 있었다. 즉 그는 모든 유한한 것에는 본질과 존재의 두 원리가 있어서 본질은 그 존재에 대해서 가능태에 있으며, 필연적으로 존재하는 것이 아니라는 것을 알고 있었다. 그 결과 그는 단순히 아리스토텔레스의 부동의 원동자만이 아니라 필연적인 존재, 즉 창조자인 하느님을 입증할 수 있었던 것이다. 더우기 그는 하느님의 본질을 존재로, 즉 단순히 자기를 사유하는 사유로서만이 아니라 〈자존(自存)하는 존재 자체〉(**ipsum esse subsistens**)로 인정할 수가 있었다. 이리하여 한편 아리스토텔레스를 따르면서도 토마스는 그를 능가할 수가 있었다. 유한한 존재에 있어서 본질과 존재를 명확하게 구별하지 않음으로써 아리스토텔레스는 모든 한정된 존재가 연원하는 하느님의 본질인 존재 자체에 대한 관념에 이르지를 못했다.

나아가 아리스토텔레스 철학에 있어서의 또 하나의 기본적인 관념은 목적성의 관념이다. 사실 이 관념은 어떤 의미에서는 현실태와 가능태의 관념보다도 더욱 기본적이다. 왜냐하면 가능태에서 현실태로의 모든 이행은 목적의 달성을 위해서 일어나고, 가능태는 단지 목적의 실현을 위해서 존재하기 때문이다. 성 토마스가 우주론, 영혼론, 윤리학 그리고 정치학에서 목적성의 관념론을 사용하고 있다는 것은 애써 말할 필요가 없다. 그러나 이 관념은 창조를 설명함에 있어서 그에게 도움이 되었다는 것을 지적할 수 있다. 예지를 따라서 행하는 하느님은 하나의 목적을 위해서 세계를 창조했으나, 그 목적은 하느님 자신일 수밖에 없다. 그러므로 하느님은 자기 자신의 완전성을 드러내기 위해서 그 완전성을 분유(分有)에 의해서 피조물에게 전달하고, 자기 자신의 선하심을 확산함으로써 세계를 창조했다. 피조물은 하느님을 위해서 존재한다. 하느님은 피조물의 궁극적인 목적이기는 하지만 똑같은 의미에서 모든 피조물의 궁극적인 목적은 아니다. 인식과 사랑에 의해서 하느님을 소유할 수 있는 것은 오직 이성적인 피조물뿐이다. 물론 피조물은 우선 당면한 자신의 목적, 즉 자신의 본성을 완성한다는 목적을 지니고 있다. 그러나 피조물의 본성을 완성한다는 것은 모든 창조의 궁극 목적, 즉 하느님의 영광과 하느님의 완전성을 드러내는 일이다. 그러한 것은 피조물의 완성에 의해서 비로소 나타나는 것이다. 그러므로 하느님의 영광과 피조물의 선은 결코 정반대의 관념은 아니다.

이와 같이 성 토마스는 아리스토텔레스의 목적론을 그리스도교적인 상황 가운데 또는 오히려 그리스도교와 조화하는 방법으로 사용할 수가 있었던 것이다.

성 토마스가 아리스토텔레스로부터 빌어왔거나 그의 철학에 의거하여 생각해 냈던 개별적인 관념들 가운데서 다음과 같은 것을 언급해도 좋을 것이다. 영혼은 신체의 형상이며 영혼이 형성하는 질료에 의해서 개별화된다. 영혼은 본래 하나의 완전한 실체가 아니며 영혼과 육체가 합하여 하나의 완전한 실체, 즉 하나의 인간이 형성된다. 이 점에서 플라톤의 설을 거부하여 영혼과 육체의 긴밀한 결합을 강조하는 것은 어째서 영혼이 육체에 결합되어야 하는가(영혼은 본성상 신체의 형상이다)에 대한 설명을 훨씬 쉽게 하고 있다. 그러나 이는 영혼의 불멸성을 인정하는 경우, 육체의 부활은 영혼에 의해서 요구되고 있다는 것을 시사하고 있다.[1] 개별화의 원리로서의 질료—이 원리에서 볼 때, 천사의 존재는 질료가 없으므로 동일한 종(種) 안에서는 다수화될 수 없게 된다—에 대한 이론을 볼 경우, 이 이론은 우리가 곧 보게 되듯이, 토마스 사상을 비판하는 자들에게 적개심을 불러일으켰던 것이다. 그러한 것은 실체에는 단 하나의 실체적 형상밖에 없다는 이론에 대해서도 마찬가지라고 할 수 있다. 이 이론이 인간의 실체에 적용될 경우, 모든 〈유형성〉의 형상을 거부하는 셈이 된다.

아리스토텔레스의 영혼론의 채용은 당연히 아리스토텔레스의 인식론을 채용하게 되며, 또 인간의 인식은 감각 경험과 이에 대한 반성에서 생겨난다는 사실을 강조하게 되었다. 이는 실질적으로도 생득 관념의 거부를 의미하고 하느님의 조명설의 거부, 또는 오히려 하느님의 조명을 하느님의 보통의 자연적 협력을 따르는 지성의 자연적인 빛과 동등한 것으로 해석하는 것을 의미하고 있다. 이 이론은 앞서 보았듯이, 인간의 하느님에 대한 유비적인 인식에 관해서 문제를 제기하고 있다.

성 토마스는 아리스토텔레스의 입장을 채용하는 것이 전통적인 학설과의 충돌을 일으키는 경우일지라도 주저하지 아니하고 채용했지만,

1) 이 대답은 육체의 부활은 치루어야 할 하나의 엄격한 빚이 아니라 단지 〈편의〉에 불과하다는 것이 된다. 왜냐하면 육체의 부활은 자연적인 수단으로는 실현될 수 없기 때문이다. 그래서 우리는 다음과 같은 모순에 직면하게 된다. 즉 사후의 영혼은 하느님의 간섭을 받지 아니하고 〈비자연적인〉 상태에 머물든가 또는 영혼과 신체의 결합설이 수정되지 않으면 안 되든가이다.

아리스토텔레스의 입장 그 자체가 참다워서 그리스도교의 계시와 일치한다고 생각했을 때만 그렇게 했던 것이다. 그리스도교의 교리와 분명히 일치하지 않는 입장이 문제가 되는 경우에는 그는 이를 거부했거나, 또는 그러한 점에 대한 아베로에스의 아리스토텔레스 해석이 참다운 해석이 아니었다든지, 적어도 아리스토텔레스의 실제적인 말에 의한 표현이 아님이 분명하다고 주장했던 것이다. 예를 들어 자신을 사유하는 사유로서의 하느님에 대한 아리스토텔레스의 말을 주해하는 경우, 성 토마스는 하느님이 자기 자신을 앎으로써 다른 모든 것을 알고 있으므로 하느님 이외의 것은 하느님에게 인식될 수 없다는 결론이 내려지지 않는다고 말하고 있다.[2] 그러나 어쩌면 실제의 아리스토텔레스는 부동의 원동자를, 세계를 알고 섭리하는 것으로 생각하지 않았을지도 모른다. 말하자면 하느님은 작용인으로서가 아니라 목적인으로서의 운동의 원인이다. 그것은 이미 말한 바와 같이 《영혼론》에서 능동 이성과 사후의 능동 이성의 존속에 관한 아리스토텔레스의 매우 애매한 말을 주해했을 경우에도 마찬가지이다. 거기서 성 토마스는 그 대목을 〈더욱 훌륭한 방향〉으로 해석하여, 아베로에스적인 의미로는 해석하지 않았다. 이를테면 아리스토텔레스에 있어서 지성은 전 인류에 있어서 하나이며, 개인의 불멸성은 존재하지 않는다고 결론을 내릴 필요가 없다. 성 토마스는 아베로에스의 올가미에서 아리스토텔레스를 구해냈고, 그의 철학이 반드시 하느님의 섭리나 개인의 불멸성에 대한 부정을 포함하고 있는 것은 아니었다는 것을 애써 제시하려고 했던 것이다. 비록 아리스토텔레스가 이 문제에 대해서 실제로 생각했던 바에 대한 그의 해석이 올바른 해석이 아닐지라도, 이 점에 있어서 그는 성공했던 것이다.

2. 토마스 철학에 있어서 비아리스토텔레스적인 요소

성 토마스의 사상에는 분명 비아리스토텔레스적인 요소가 있음에도 불구하고, 그의 아리스토텔레스주의가 너무나 명백하기 때문에 때때로 그러한 측면을 잊어 버리기 쉽다. 예를 들어 아리스토텔레스의 《형이상학》(*Metaphysics*)에 있어서의 하느님은 목적인이기는 하지만 작용인은

2) *In 12 Metaph., lect.* 11.

아니다. 세계는 영원하며 하느님에 의해서 창조되지 않았다. 또 아리스토텔레스는 서로 다른 영역에 따르는 부동의 원동자가 적어도 많이 있을 것으로 생각했으며, 그 영역들 상호간의 관계와 최고 부동의 원동자와의 관계를 명확하게 밝히지 않았다.[3] 이에 반하여 성 토마스의 자연 신학에 있어서의 하느님은 목적인일 뿐만 아니라 제 1 작용인이며 창조자이다. 하느님은 홀로 초연하게 떨어져 있는 〈에로스〉의 대상이 아니라, 〈밖으로 향해서〉 행위하며 창조하고 보존하며, 협력하고 섭리한다. 영원으로부터의 창조의 가능성이 논박되지 않았다는 것을 인정할 경우, 성 토마스는 어쩌면 아리스토텔레스에게 어떤 양보를 했을지 모른다. 그러나 비록 세계가 시간에 있어서의 시작을 갖지 않았을지라도, 세계의 창조와 하느님에 대한 세계의 온전한 의존 상태는 어쨌든 증명될 수 있다. 성 토마스가 인정하고 있는 것은 〈영원으로부터의 창조〉(**creatio ab aeterno**)라는 관념이 자기 모순으로 증명되지는 않았다는 것이지, 창조가 논증될 수 없다는 것은 아니다. 자연 신학에 있어서 성 토마스의 입장은 아리스토텔레스의 입장의 보충 또는 완성이었으며, 따라서 그것이 비아리스토텔레스적이라고 말할 수는 없을 것이다. 그러나 성 토마스에 있어서 하느님은 지성과 의지를 따라서 창조하고, 하느님은 작용인이며 범형인으로서의 창조자라는 데 유의하지 않으면 안된다. 말하자면 하느님은 자기 본질의 유한한 모방으로서의 세계를 창조하고 하느님은 수많은 방법으로 자기 본질이 〈밖으로〉 모방될 수 있는 것으로 알고 있다. 달리 말하면 성 아우구스티누스의 입장을 이용하고 있으며, 그 입장은 철학적으로 말한다면 신플라톤주의에서 유래했으며, 이는 또 플라톤적인 철학과 전통의 한 전개였다. 아리스토텔레스는 플라톤의 데미우르고스를 거부했듯이 플라톤의 범형인적인 이데아도 거부했던 것이다. 그러나 이 두 관념은 변형되고 철학적으로 정합되어, 그리스인들이 이르지 못했던 〈무로부터의 창조설〉과 결합됨으로써 성 아우구스티누스의 사상 가운데 나타나고 있다. 성 토마스가 이들 관념을 받아들이고 있다는 것은, 이 점에서 그를 아우구스티누스와 연결시키고, 그리고 아리스토텔레스보다는 오히려 플로티노스를 통해서 플라톤으로 연결시키고 있다.

나아가서 성 토마스의 그리스도교 신앙은 그의 철학과 자주 충돌하거나 또는 어떤 영향을 끼치고 있다. 예를 들어 그는 인간이 초자연적

3) Copleston, *History of Philosophy*, 제 1 권, pp. 315~316 참조.

인 궁극 목적을 지니고 있으며 그것만을 지니고 있다고 확신했기 때문에, 인간 지성이 지향하는 종극을 형이상학자나 천문학자가 지니는 인식이 아니라 있는 그대로의 하느님의 인식으로 생각하지 않을 수 없었다. 따라서 그는 인간의 궁극 목적을 현세가 아니라 내세에 둠으로써 아리스토텔레스의 지복 개념을 바꾸지 않을 수 없었다. 그리고 그는 인간 전체의 요구를 충족시키기에는 국가가 불충분하다는 것을 깨닫고 가치와 지위에 있어서 국가는 교회에 속한다는 것을 인정하게 되었다. 그는 인간의 도덕 생활에 하느님의 제재를 인정할 뿐만 아니라 윤리학을 자연 신학에 결부시키지 않을 수도 없었다. 지복의 달성은 성격상 초자연적이어서 순수 인간적인 수단만 가지고는 달성될 수 없으므로, 이 지복의 달성에 관해서는 자연적인 도덕 생활은 불충분하다는 것을 인정하지 않을 수 없었다. 신학과 철학이 부딪치는 이러한 예는 물론 수없이 들 수 있을 것이다. 그러나 지금 내가 주의를 환기시켜 두고 싶은 것은 성 토마스의 그리스도교 신앙과 그의 아리스토텔레스 사상 사이의 어떤 부분에 잠재하고 있는 긴장 관계이다.

3. 토마스의 종합에 잠재하는 긴장 관계

만약 아리스토텔레스의 철학을 하나의 완전한 체계로 본다면, 이 체계를 초자연적 종교와 결합시키려고 할 경우 반드시 어떤 긴장 관계가 있게 된다. 아리스토텔레스적인 철학자에게 있어서 실제로 문제가 되는 것은 개체 그 자체가 아니라 보편자이며 전체이다. 이러한 관점은 자연학자의 관점이며, 또 일부 예술가의 견해라고 말할 수 있다. 개체는 종의 선(善)을 위해서 존재하고 있다. 이를테면 개체가 이어서 생겨남으로써 존속하는 것은 종이다. 개별적인 인간 존재는 이 세상에서 자신의 지복을 달성하든가 아니면 전혀 달성하지 않는다. 말하자면 우주는 인간을 위한 하나의 도구가 아니며 인간에게 종속하지도 않는다. 인간은 우주의 한 항(項)이며 한 부분이다. 실제로 천체를 고찰한다는 것은 인간을 고찰하는 것보다도 더욱 가치있는 일이다. 한편 그리스도교인에게 있어서 개별적인 인간 존재는 초자연적인 소명을 지니고 있다. 이 소명은 지상의 소명이 아니며, 또 그의 궁극적인 지복은 이 세상에서는, 또는 자기 자신의 자연적인 노력에 의해서는 달성될 수가 없다. 개인은 하느님과 위격적인 관계에 있다. 그래서 아무리 그리스도교의 공동체적인 측면을 강조할지라도, 각 인격은 물질적인 우주 전체보다도 궁극적으로는 가치가 더 크다는 사실에는 변함이 없다. 인간이나 물질적 우주가 궁극적으로는 하느님을 위해서 존재하더라도 그 우주는 인간을 위해서 존재하고 있다. 인간을 우주의 한 구성원으로 간주하는 그러한 관점을 채택하는 것은 확실히 옳다. 왜냐하면 인간은 우주의 한 구성원으로서 육체를 통해서 물질적인 우주에 뿌리를 내리고 있기 때문이다. 그리고 만일 성 토마스가 받아들였듯이 아리스토텔레스적인 영혼론을, 즉 육체에 의해서 개별화되고 인식을 위해서는 육체에 의존하지만 본성상 육체의 형상이라는 영혼설을 채용한다면, 그것은 인간의 위치를 우주의 한 구성원 이상으로 강조하는 셈이 된다. 예를 들어 물리적인 결함이나 고통, 개체의 죽음이나 소멸이, 전체적인 구도의 밝은 면을 눈에 띄게 하는 그림자처럼, 우주의 선이나 조화에 이바지하는 것으로 보이게 하는 것은 이러한 관점에서이다. 그리고 성 토마스가 부분은 전체를 위해서 존재하는 것으로, 지체는 몸 전체를 위해서 있는 것으로 간주하여 유기체에 비유한 유비를 사용하고 있는 것도 이 관점에서이다. 이미 인정되어 왔듯이, 이러한 관점은 진실하며 잘못된 개인주의나 인간 중심주의를 바로잡는 것이다. 말하자면 창조된 우주는 하느님의 영광을 위해서 존재하고 있으며, 인간은 우주의 한 부분이다. 틀림없이 그러하지만 또 다른 관점도 있다. 인간은 하느님의 영광을 위해서 존재하며, 물질적 우주는 인간을 위해서 존재하고 있다. 참으로 중요한 것은 양이 아니라 질이다. 인간은 양의 관점에서는 작지만, 질의 측면에서는 천체 전체일지라도 하나의 인격에 비하면 보잘것 없는 것이다. 나아가서 하느님의 영광을 위해서 존재하는 '인간'은 단순히 종으로서의 인간이 아니라 불멸하는 인격의 한 공동체이며, 각 인격은 초자연적인 소명을 지니고 있다. 인간을 생각하는 것은 별들을 생각하는 것보다 더욱 가치있는 일이며, 인간의 역사는 천문학보다도 더욱 중요하다. 인간 존재의 고뇌는 간단하게 '인위적으로' 설명될 수 없다. 나는 성 토마스가 그 결합을 시도했듯이, 그 두 관점이 결합될 수 없다고 말하려는 것이 아니다. 내가 지적하고자 하는 것은 그 결합이 어떤 긴장 관계를 내포하고 있으며, 이 긴장 관계가 토마스 철학의 체계 안에 실제로 있다는 것이다.

역사적인 관점에서 볼 때 아리스토텔레스는 초자연적인 질서를 생각하지 않았고 또 생각할 수도 없었다는 의미에서 아리스토텔레스 철학은 하나의 '폐쇄된' 체계이다. 그리고 아리스토텔레스 철학은 계시의 도움이 없는 이성의 산물이었기 때문에 중세의 사람들에게 자연 이성의 잠재력을 실감하게 했던 것은 당연하다. 말하자면 아리스토텔레스 철학은 중세인들이 알고 있었던 최대의 지적 성과였다. 이는 성 토마스처럼 아리스토텔레스 철학을 받아들여 이용한 어떠한 신학자도, 비록 신학을 외적인 규범이나 규준으로 인정했을지라도, 철학의 이론적인 자율성을 인정하지 않을 수 없었음을 의미하고 있다. 그것이 신학자의 문제인 한에서는 신학과 철학간의 균형은 물론 유지되었으나, 그것이 본래 신학자가 아닌 사상가의 문제가 되는 경우 철학에 주어진 그 특허장은 철학의 독립을 선언하는 경향이 있었다. 현재 시점에서 인간의 경향, 성격, 기질 그리고 지적 기호에 유의해 본다면, 계시의 도움없이 생각해 내어진 것으로 이미 알고 있는 위대한 철학 체계를 받아들일 경우, 철학은 언젠가는 신학으로부터 독립하여 자기 고유의 길로 나아가게 될 것이 거의 확실하다는 것을 우리는 알 수 있다. 이러한 의미에서(그리고 이러한 판단은 가치 판단이 아니라 역사적 판단이다) 성 토마스에 의해서 이루어진 종합은 그 내적인 근거가 불확실했다. 아리스토텔레스가 모습을 드러내었다는 것은 결국에 가서는 독립된 하나의 철학의 출현을 확실하게 의미하고 있었다. 이러한 철학은 신학과의 화해를 유지하는데, 때로는 성실하게 때로는 어쩌면 불성실하게 노력하면서 무엇보다도 먼저 독립하여 결국 신학을 대신하고 신학의 내용을 자신 안에 흡수하려고 할 것이다. 초기 그리스도교 시대에는 그리스 철학의 요소를 이모저모로 이용하여 주어진 계시를 설명하려고 한 신학자들을 우리는 알고 있다. 그리고 이러한 과정은 중세의 스콜라 철학 발전의 여러 시기에도 계속되었다. 그러나 자율적인 철학 체계의 출현은 비록 그것이 토마스가 이룬 종합의 한없는 은혜일지라도, 결국에 가서는 하나의 도전일 수밖에 없었던 것이다. 나의 의도는 그리스도교적인 신학-철학 체계의 성립에 있어서 아리스토텔레스 철학의 유용성을 논하거나 또는 성 토마스 아퀴나스의 업적을 어떻게든 얕보려는 것이 아니라, 오히려 철학 사상이 다소 충분하게 성장하여 어떤 자율성을 획득했을 경우, 탕자의 비유 속에 나오는 맏아들처럼 언제나 집 안에 앉아서 만족하기를 기대할 수 없었다는 것이다. 성 토마스가 아리스토텔레스로부터 받은 철학의 세례는, 역사적으로 말한다면, 철학의 발전을 억제할 수가 없었다. 이런 의미에서도 그의 체계에는 하나의 긴장 관계가 잠재하고 있다.

4. 토마스의 '새로운 것'에 대한 저항

마지막으로 극히 간단하기는 하지만, 토마스가 아리스토텔레스를 받아들임으로써 생겨난 저항을 살펴보기로 하겠다. 이 저항은 아베로에스주의, 즉 아베로에스적인 아리스토텔레스 해석 — 이에 대해서는 다음 장에서 고찰하겠다 — 에 의해서 야기된 소동을 배경으로 하여 고찰하지 않으면 안 된다. 아베로에스주의자들은 확실히 근거가 없는 것은 아니지만, 성 아우구스티누스나 일반적인 성인들의 권위보다도 이교도 철학자의 권위를 더 좋아하고, 또 계시의 완전함을 손상시켰다고 비난받았던 것이다. 그리고 성 토마스는 어떤 열광적인 전통주의자들에 의해서 배신자로 간주되었다. 그들은 아베로에스주의를 겨냥했던 비난에 토마스주의도 포함시키려고 전력을 다했다. 그 모든 에피소드는 성 토마스가 그 시대의 한 개혁자로서의 새로운 길을 발견했음을 보여준다. 이 점은 토마스 철학이 전통과 신학상의 타당성이나 확실성을 위해서 용감히 싸웠을 당시를 생각해 보면 더욱 분명하다. 성급한 사람들에 의해서 성 토마스가 호되게 공격받았던 점은 오늘의 우리에게 있어서는 특별히 놀랄 만한 것으로 보이지는 않는다. 그러나 그가 공격받았던 이유는 성격상 주로 신학적이어서, 토마스적인 아리스토텔레스주의는 한때 '위험스러운' 것으로 간주되었고, 오늘날 우리에게는 정통성의 대들보와 같은 그 사람이 한때는 적어도 성급한 사람들에 의해서 혁신적인 학설의 제창자로 보였다는 것은 분명하다. 그 공격은 비단 자기 자신의 수도회의 바깥 사람들로부터만이 아니었으며, 심지어 도미니코회원들의 반항마저도 견디어 내지 않으면 안 되었다. 그러나 토마스 철학은 점차적으로 도미니코회의 공식적인 철학으로 되어 갔다.

공격을 받았던 요점 중의 하나는 성 토마스의 실체적 형상의 단일설이었다. 이 문제는 1270년경 주교, 도미니코회원들과 프란치스코회원들이 참석한 파리의 토론에서 다루어졌으며, 특히 프란치스코회원 요한네스 페카무스(Johannes Peckhamus)는 성인들, 특히 아우구스티누스와 안셀무스의 가르침에 어긋나는 의견을 주장한다고 성 토마스를 비난했다. 페카무스와 도미니코회원 로버트 킬워드비(Robert Kilwardby)는 이 점을 그들의 서간문에서 강력하게 주장했다. 그들이 불만을 지닌 주된 이유는, 토마스의 학설은 그리스도의 죽은 몸이 어떻게 그 살아 있는 몸과 같은 것인가를 설명할 수가 없었다는 것이다. 왜냐하면 성 토마스에 의하면 인간의 실체에는 하나의 실체적 형상밖에는 없으며, 실체적 형상인 영혼이 인간이 죽을 때 물러나면 다른 형상이 질료의 가능태로부터 끌어내어지기 때문이다. 인간의 죽은 몸은 그 살아 있는 몸과 꼭같은 것은 아니나, 〈보기에 따라서〉(secundum quid)는 같은 것이라고 성 토마스가 주장한 것은 확실하다.[4] 페카무스와 그의 동료들은 이 학설을 성인들의 신체와 유골에 대한 숭배에 대해서는 치명적인 것으로 보았다. 그러나 성 토마스는 그리스도의 죽은 몸은 그 신성(神性)과 결합된 채로 있어서, 그것은 무덤에서도 하느님의 말씀과 결합되어 있고, 또 예배할 만한 가치가 있다고 주장했다. 질료의 수동성과 천사들의 순일성에 대한 설은 이의가 제기되었던 또 다른 새로운 견해이기도 했다.

1277 년 3 월 7 일 파리의 주교 스테판 탕피에(Stephen Tempier)는 219 개의 명제를 비난하며 이 명제들을 주장하는 사람은 누구든 파문하겠다고 위협했다. 이 비난은 주로 아베로에스주의자들 특히 브라방의 시제루스(Sigerus Brabantius)와 다치아의 보에시우스(Boethius of Dacia)에 퍼부어졌으나, 그 가운데 많은 명제들이 브라방의 시제루스와 성 토마스에게 공통적이었으므로, 토마스주의는 주교의 이 선고의 영향을 받았던 것이다. 이리하여 세계의 필연적인 단일성, 개별화의 원리로서의 질료, 천사들의 개별화 및 우주에 대한 천사들의 관계 등에 대한 학설들은 잘못이라는 선고를 받았다. 그러나 실체적 형상의 단일설은 그 선고에 보이지 않으며, 스콜라의 논쟁이나 토론 가운데서 비난된 것을 별개의 문제로 한다면, 파리에서 정식으로 선고되지는 않았던 것으로 생각된다.

파리의 선고를 이어서, 1277 년 3 월 18 일 캔터베리의 대주교인 도미니코회원 로버트 킬워드비에 의한 옥스퍼드에서의 선고가 내려졌다. 이 선고 가운데는 특히 실체적 형상의 단일성과 질료의 수동성에 대한 명제들이 나타나 있다. 킬워드비는 서간에서 그 명제들을 이단으로서 단죄하지는 아니하고, 위험스러운 것으로서 금지했다고 말하고 있다. 실은 위반된 견해의 제의를 삼가하는 자에 대해서 40 일의 유예를 주었다는 점에서 볼 때, 그는 선고로 인해 생겨날지도 모를 결과에 관해서 특히 낙관했다고는 생각되지 않는다. 킬워드비에 의한 선고는 1284 년 10 월 29 일 캔터베리 대주교직의 후계자 프란치스코회원인 페카무스에

4) *S.T.*, IIIa, 50, 5.

의해서 다시 내려졌다. 그러나 그때 토마스 철학은 도미니코회에서는 공식적으로 인정받고 있었다. 그렇지만 페카무스는 1286 년 4 월 30 일 새로운 명제들을 금지하여 이를 이단으로 선고했던 것이다.

그러는 사이에 한 도미니코회원에 의한 빛나는 업적의 경우에 당연한 일로 여겨졌듯이, 토마스 철학은 도미니코회원들간에 보급되어 갔던 것이다. 1278 년 밀라노에서의 도미니코회의 지방 회의와 1279 년 파리에서의 지방 회의는 옥스퍼드의 도미니코회원들간에 뚜렷했던 반대 태도를 완화하는 수단을 강구했다. 그리고 파리에서의 지방 회의는 토마스 철학을 기꺼이 받아들이지는 않았지만, 그것에 대한 비난을 금지했던 것이다. 토마스 철학을 받아들이는 것이 수도자들에게 의무가 되었던 것은 14 세기가 되고부터이지만, 토마스 철학에 적개심을 품는 교수들을 해직시켜야 한다고 선언한 것은 1286 년의 파리의 지방 회의에서였다. 그러나 13 세기 후반의 20 년간에 토마스 철학이 보급된 결과, 자연히 토마스 철학에 대한 공격에 답하는 저서가 도미니코회원들에 의해서 출판되기에 이르렀다. 그리하여 프란치스코회원인 기욤 드 라 마르(Guillaume de la Mare)에 의해서 출판된 《토마스 형제의 수정》(*Correctorium Fratris Thomas*)은 《수정에 대한 진리의 옹호》(*Apologeticum veritatis super corruptorium*, 그들은 *Correctorium*이라고 부르고 있다)와 같은 일련의 수정의 수정을 불러일으켰던 것이다. 이것은 그 세기 말경에 가서 볼로냐의 람베르투스가 출판했던 것이며, 이에 대해서 프란치스코회원들은 반론을 제기했다. 1279 년 프란치스코회원들은 아시시 총회에서 1277 년 파리에서 선고된 명제들을 받아들이는 것을 금지했는가 하면, 한편 1282 년 슈트라스부르크 총회는 토마스의 《신학 대전》을 이용하는 경우 기욤 드 라 마르의 《토마스 형제의 수정》을 마땅히 참조할 것을 명령했다. 그러나 프란치스코회원들과 그 외의 다른 사람들의 공격은 1323 년 7 월 18 일의 성 토마스의 시성(諡聖) 이후 자연히 감소되고, 1325 년 파리의 주교는 파리에서의 지난 선고를 철회했다. 옥스퍼드에서는 이러한 종류의 어떠한 공식적인 철회도 없었던 것으로 여겨지나, 페카무스의 후계자들은 자신들의 비난을 강화하거나 되풀이하지는 않았으며, 따라서 싸움은 점차로 끝나가고 있었다. 14 세기초에 사톤의 토마스(Thomas of Sutton)는 아퀴나스를 〈모든 사람들의 증언에 따른 공동의 박사〉(in ore omnium communis doctor dicitur)라고 말하고 있다.

토마스 철학은 당연히 그 완전함, 명석함 그리고 심원함으로 말미암아 그리스도교 사상가들의 평가에 있어서 확증을 얻었다. 말하자면 그것은 과거를 자신 안에 통합시킴과 동시에 고대 세계의 가장 위대한 순수 철학 체계를 이용한 신학과 철학의 치밀한 이론적인 종합이다. 그러나 토마스 철학 또는 그 어떤 측면이 처음에 불러일으켰던 의구심과 적개심은 그 체계가 지니는 부정할 수 없는 가치에 직면하여 자연히 사라질 수밖에 없었지만, 토마스 철학이 교황 레오 13세의 회칙《에테르니 파트리스》(*Aeterni Patris*, 1879) 이래로 차지해 왔던 교회의 지적 생활에서의 공식적인 지위를 중세에서도 언제나 누리고 있었다고 생각해서는 안 된다. 예를 들어 페트루스 롬바르두스의《명제집》(*Sentences*)은 다년간 계속 주석되어 왔는가 하면, 한편 종교 개혁의 시대에는 성 토마스, 둔스 스코투스, 에지디우스 로마누스의 학설만이 아니라 윌리암 오컴이나 가브리엘 빌(Gabriel Biel) 등의 유명론자들의 학설의 해석을 위해서 대학에는 강좌가 개설되어 있었다. 사실 여러 가지의 학설이 있는 것이 통례였었다. 그리고 토마스 철학이 그 초기에는 도미니코회의 공식적인 체계가 되기는 했지만 사실상 교회의 공식적인 체계가 되기까지는 여러 세기가 걸렸던 것이다. (《에테르니 파트리스》이후일지라도, 스코투스 철학과는 다르다는 의미에서 토마스 철학이 모든 수도회나 교회의 고등 연구 기관에 부과되어 있다고 말하려는 것은 아니다. 그러나 토마스 철학은 확실히 가톨릭 철학자가 이의를 말하지 않을 수 없다고 생각되는 이유에 의해서만, 따라서 불경이 되지 않는 경우에만 이의를 말해야 하는 규범으로서 제출되어 있다. 현재 토마스 철학에 주어진 특별한 지위를 이해하기 위해서는 이를 최근의 역사적인 상황에 비추어서 보지 않으면 안 된다. 이러한 상황이 중세에는 존재하지 않았던 것이다.)

제 42 장
라틴 아베로에스주의 : 브라방의 시제루스

1. '라틴 아베로에스주의자'의 학설

'라틴 아베로에스주의'(Latin Averroism) 라는 용어는 매우 일반화되어서 이를 사용하지 않을 수가 없다. 하지만 이 명칭에 의한 특징적인 운동은 순수한 또는 극단적인 아리스토텔레스주의 가운데 하나였음을 인정하지 않으면 안 된다. 아베로에스가 뛰어난 주석가임에는 틀림이 없고 또 그의 지성 단일론적 아리스토텔레스 해석이 받아들여졌을지라도, 이 운동을 실제로 움직였던 것은 아베로에스가 아니라 아리스토텔레스였던 것이다. 수동 지성이나 능동 지성은 인류 전체에 있어서 하나이며 같은 것이고, 이 단일 지성만이 사후에도 존속하며, 따라서 개별적인 인간의 불멸성은 부정된다는 설은 13 세기에 있어서 극단적인 아리스토텔레스주의자의 특유한 설로 이해되고 있었다. 그리고 이 설은 아베로에스적 아리스토텔레스 해석의 뒷받침이 되어 있었기 때문에 이 설의 지지자는 아베로에스주의자로 알려지게 되었던 것이다. '아베로에스주의자'가 자신을 아베로에스주의자보다는 아리스토텔레스주의자로 보고 있었던 점을 분명하게 이해한다면, 실제로 이 용어(아베로에스주의자)를 사용함에 있어서 어째서 이의가 있을 수 있는지 나는 모르겠다. 아베로에스주의자들은 파리 대학의 문학부에 속하는 교수들로서, 그들은 그리스도교의 교의와 일치하지 않는 학설마저도 철학에서 가르칠 만큼 아베로에스에 의해서 해석된 아리스토텔레스에 집착했다. 그들의 학설에 있어서 가장 현저하여 크게 주의를 끌었던 점은, 인류 전체에는 오직 하나의 이성혼밖에 없다는 설이다. 그들은 이 점에 관한 아리스토텔레스의 애매한 설에 대해서 아베로에스의 해석을 채용하여, 능동 지성만이 아니라 수동 지성도 인류 전체에 있어서 하나이며 같은 것이라고 주장했다. 이 입장의 논리적인 귀결은 개인의 불멸성과 내세에서의 상벌에 대한 부정이다. 또 다른 그들의 이단적인 설 — 그런데 이는 틀림없는 아리스토텔레스의 설이기도 하다 — 은 세계 영원론이었다. 이 점에 대해서 아베로에스주의자와 성 토마스의 차이에 유의하는 것이 중요하다. 성 토마스에게 있어서 (창조된) 세계의 영원성은 참이라고 증명되지 않지만 (그리고 우리는 실제로 세계가 영원으로부터 창조되지 않았다는 사실을 계시로부터 알고 있다), 세계의 영원성은 불가능하다는 것도 증명되지 않는다. 이에 대해서 아베로에스주의자는 세계의 영원성, 변화와 운동의 영원성이 철학적으로 증명될 수 있다고 주장했다. 그리고 또 그들 가운데 어떤 이는 아리스토텔레스를 따라서 하느님의 섭리를 부정하고 아베로에스를 따라서 결정론을 지지한 것처럼 보인다. 그렇기 때문에 왜 신학자들이 아베로에스주의자를 공격했으며, 보나벤투라처럼 아리스토텔레스 자신을 공격하고, 또 성 토마스처럼 아베로에스의 특수 입장이 본질적으로 잘못되어 있을 뿐만 아니라, 그들이 아리스토텔레스의 실제의 사상 또는 적어도 그 명확한 학설을 제시하지 않았다고 말하는 그 이유를 쉽게 이해할 수 있다.

그러므로 아베로에스주의자나 극단적인 아리스토텔레스주의자는, 간단하게 신학의 교의를 부정하려고 하지 않는 한(실제로 그들은 그렇게 하려고 하지 않았다), 자신들의 철학적인 학설과 신학의 교의를 조화시키지 않을 수 없었다. 달리 말하면 그들은 이성과 신앙의 관계에 대한 어떤 설을, 즉 아리스토텔레스처럼 인류 전체에 오직 하나의 이성혼이 있다고 주장할 수 있음과 동시에 교회가 가르치는 것처럼 모든 인간은 자기 자신의 개별적인 이성혼을 가진다고 주장할 수 있는 설을 마련하지 않으면 안 되었다. 그들은 이 양자를 조화시키기 위해서 이중진리설(二重眞理說)에 의존하여, 철학 또는 이성을 따르면 진리인 것이 신학이나 신앙에 의하면 그 반대의 것도 진리일 수 있다고 주장했다. 사실 브라방의 시제루스는 그러한 방법으로 말하여, 아리스토텔레스와 아베로에스의 어떤 명제들은, 그 반대의 명제가 신앙을 따라서는 진리일지라도, 거부할 수 없음을 암시하고 있다. 따라서 신앙에 의해서는 각 인간의 신체에 하나의 지성혼이 있음을 확신할지라도, 인류 전체에는 하나의 지성혼밖에 없다는 것이 합리적으로 증명될 수 있다. 논리적인 관점에서라면 이 입장은 신학과 철학, 신앙과 이성 가운데 어느 한쪽을 거부하게 될 것이다. 그러나 아베로에스주의자는 철학이 다루는 자연적 질서에서는 인류 전체에 있어서 지성혼은 하나이지만, 하느님이 그 지성혼을 기적적으로 다수화한 것으로 생각한 것처럼 보인다. 철학자는 자연 이성을 사용하여 그의 자연 이성에 의해서 지성혼이 인류 전체에 있어서는 하나라는 것을 알고 있지만, 한편 초자연적 질서를 다루고 하느님의 계시를 설명하는 신학자는 본래는 다수화될 수 없는 것을 하느님이 기적적으로 다수화했다는 것을 우리에게 확신시키고 있다. 철학에 있어서 참인 것이 신학에 있어서는 거짓이고, 반대로 신학에 있어서 참인 것이 철학에 있어서는 거짓이라는 것은 이와 같은 의미에서이다. 이러한 자기 변호의 방법은 당연히 신학자들의 마음에 들지 않았다. 신학자들은 하느님이 개입하여 이성적으로 있을 수 없는 것을 기적에 의해서 행한다는 것을 인정할 준비가 되어 있지 않았다. 신학자들은 또 아베로에스주의자에 의해서 채용된 양자 택일의 자기 변호의 방법, 즉 아리스토텔레스의 설을 단순히 전할 뿐이라는 그들의 주장에 그다지 공감하지 않았다. 성 보나벤투라의 것으로 생각되고 있는 그 당시의 한 설교에 의하면 "신앙에 의한다면, 참이 아닌 것을 주장하는 철학도들이 있다. 그리고 그것이 신앙에 어긋난다고 그들에게 말한다면, 그렇게 말하고 있는 것은 아리스토텔레스이며, 자기네들은 그것을 스스로 주장하는 것이 아니라 단지 아리스토텔레스의 말을 되풀이하고 있을 뿐이라고 그들은 대답한다." 이 변명은 신학자에 의해서는 단순한 핑계로 취급되었지만, 아리스토텔레스에 대한 아베로에스주의자의 태도에서 본다면, 그것은 당연했던 것이다.

2. 브라방의 시제루스

아베로에스주의자들 또는 극단적인 아리스토텔레스주의자들 가운데 가장 중요한 사람이 브라방의 시제루스(Sigerus Brabantius)이다. 그는 1235년경에 태어나서 파리 대학 인문학부의 교수가 되었으며, 1270년에는 자신의 아베로에스 학설로 인해 유죄 판결을 받았다. 그러나 그는 단지 아리스토텔레스의 학설을 전하고 있었을 뿐이지 신앙에 맞지 않는 것을 주장할 뜻은 없었다고 말함으로써 자기 자신을 변호했을 뿐만 아니라 어느 정도 자신의 입장을 바꾼 것으로 보인다. 그는 성 토마스의 저서로 인해서 아베로에스주의로부터 전향했다고 전해지고 있으나, 그가 아베로에스주의를 포기했다는 확실한 증거는 없다. 만일 그랬다면 어째서 그가 1277년에 유죄 판결을 받았으며, 그리고 어째서 그 해에 프랑스의 종교 재판관 시몽 뒤 발(Simon du Val)이 법정에 출두하라고 그에게 명령했는가를 설명하기가 어려울 것이다. 어쨌든 시제루스의 의견이 변한 것에 대해서는 그의 저작 연대가 결정되기까지는 확실하게 말할 수가 없다. 알려져 있는 그의 저작에는 다음과 같은 것이 있다. 《지성혼》(*De anima intellectiva*), 《세계 영원론》(*De aeternitate mundi*), 《원인들의 필연성과 우연성》(*De necessitate et contingentia causarum*), 《생성 소멸론 요강》(*Compendium de generatione et corruptione*), 그리고 《자연학 토론집》(*Quaestiones naturales*), 《윤리학 토론집》(*Quaestiones morales*), 《논리학 토론집》(*Quaestiones logicales*)으로 불리우는 것, 《형이상학 토론집》(*Quaestiones in Metaphysicam*), 《자연학 토론집》(*Quaestiones in Physicam*), 《영혼론 3권의 토론집》(*Quaestiones in libros tres de Anima*), 6편의 《불가능한 명제》(*Impossibilia*), 그리고 《지성론》(*De intellectu*)과 《행복론》(*Liber de felicitate*)의 단편들이다. 《지성론》은 성 토마스의 《지성 단일론에 대해서 아베로에스주의자를 논박함》(*De unitate intellectus contra Averroistas*)에 대한 대답이었던 것으로 보이며, 그 가운데서 시제루스는 능동 지성은 하느님이며, 지상에서의 인간의 지복은 능동 지성과의 일치에 있다고 주장했다. 그러나 시제루스가 이때에도 여전히 지성 단일론자였는지의 여부는 그가 수동 지성의 단일성과 다수화에 대해서 어떻게 생각했는가에 달려 있다. 능동 지성과 하느님을 동일시했다고 해서, 그가 아베로에스적인 의미에서 여전히 지성 단일론자였다고 간단하게 결론을 내릴 수는 없다. 만일 시제루스가 종교 재판소로부터 로마 교황청으로 공소했다고 한다면, 그는 부당하게 이단의 고발을 받은 것으로 느꼈을 것이다. 그는 1282년경에 오르비에토에서 죽었는데 미치광이 같은 비서에 의해서 암살된 것이다.

브라방의 시제루스를 언급할 때 아베로에스 논쟁과의 관계에서만 언급한다면 그의 사상의 일면만을 거론하는 것이 된다. 왜냐하면 그가 전개한 것은 하나의 체계이며 그 사상은 그가 단순히 아베로에스를 따랐다는 점에만 있는 것이 아니기 때문이다. 그의 체계가 표면상 참다운 아리스토텔레스주의의 한 체계로 되어 있을지라도, 실제의 아리스토텔레스 철학과는 중요한 점에서 서로 매우 다르다. 그리고 이는 그가 아베로에스를 따르는 한에서 그렇게 될 수밖에 없었다. 예를 들어 아리스토텔레스는 하느님을 제 1 작용인의 의미에서가 아니라 궁극적인 목적인의 의미에서 제 1 원동자로 보았던 반면에, 시제루스는 아베로에스를 좇아 하느님을 제 1 창조인으로 삼았던 것이다. 그러나 하느님은 매개적인 원인들, 즉 연달아서 유출하는 예지체(intelligences)들을 통해서 간접적으로 작용하며, 이 점에서 시제루스는 아베로에스보다는 오히려 아비첸나를 따르고 있다. 그 까닭에 반 슈텐베르겐(F. Van Steenberghen)이 지적하고 있듯이, 시제루스의 철학은 정확하게는 극단적인 아베로에스주의라고 불리워질 수 없다. 극단적인 아리스토텔레스주의라는 말은 시제루스의 의도를 생각한다면 편리한 용어일지라도, 실제의 아리스토텔레스를 생각한다면 그의 철학을 정확하게는 그렇게 부를 수도 없다. 창조의 영원성의 문제에 대해서 시제루스가 '아리스토텔레스'를 따르는 것은 아리스토텔레스 자신이 이 문제에 대해서 그렇게 말했기 때문이 아니라 오히려 아라비아의 철학자들이 이 점에 대해서 '아리스토텔레스'를 따랐기 때문이다. 왜냐하면 아리스토텔레스는 창조라는 것을 전혀 생각하지 않았기 때문이다. 그와 마찬가지로, 지상의 모든 사건들은 천체들의 운동에 의해서 결정된다는 시제루스의 생각은 이슬람 철학의 냄새가 난다. 그리고 또 어떠한 종(種)도 시작을 가질 수 없으므로 최초의 인간은 존재할 수 없다는 생각의 기원은 아리스토텔레스에 있다. 그러나 한편 결정된 사건의 회귀 또는 순환 과정이라는 생각은 아리스토텔레스에게서는 찾아볼 수가 없다.

지성 단일론과 세계 영원론이라는 뚜렷한 아베로에스적인 주제에 관해서 시제루스는 자신의 이단적인 의견을 철회한 것으로 보인다. 예를 들어 《영혼론》(*De Anima*)을 주석하여, 그는 아베로에스의 지성 단일론이 참이 아니라는 것을 인정할 뿐만 아니라 나아가서 성 토마스나 그 밖의 사람들에 의해서 제출된 그것에 대한 반론의 중요성을 인정하고 있다. 따라서 서로 다른 두 사람에 있어서 두 개의 다른 작용이 하나의 지적 능력 또는 수적으로 하나인 원리로부터 동시에 생겨난다는 것은 불가능한 일임을 그는 인정한다. 그와 마찬가지로 《자연학 토론집》에서 운동의 시작은 이성에 의해서 증명되지 못할지라도, 운동은 영원한 것이 아니며 운동에는 시작이 있었다는 것을 그는 인정하고 있다. 그러나 이미 말한 바와 같이, 이와 같은 표면상의 뚜렷한 변화가 의견의 실제적인 변화를 포함하고 있었는지 또는 이것은 1270 년의 유죄 판결을 고려한 하나의 신중한 태도였는지의 여부를 확인하기는 어려운 일이다.

3. 단테와 브라방의 시제루스

단테가 브라방의 시제루스를 천국에 두고 있을 뿐만 아니라, 그의 반대자인 성 토마스의 입을 빌어서 그를 칭찬하고 있는 사실을 설명하기는 어려운 일이다. 브라방의 시제루스는 실제로 아베로에스주의자이고, 단테가 반아베로에스주의자라고 믿고 있었던 망도네(P. Mandonnet)는 아마도 단테는 시제루스의 학설을 잘 모르고 있었을 것이라고 말할 수밖에 없었다. 그러나 질송(Etienne Gilson)이 지적했듯이 단테는 수도원장 플로레스의 요아킴(Joachim of Flores)을 천국에 두어 성 보나벤투라와 나란히 자리를 하고 있으나, 요아킴의 견해는 성 보나벤투라와 성 토마스에게 거부되고 있다. 그리고 단테가 요아킴의 경우에서나 시제루스의 경우에 있어서 알지도 못하고 그렇게 했다고는 도저히 생각할 수 없다. 질송 자신은 《신곡》(*Divine Comedy*)에 나오는 브라방의 시제루스는 실제적인 역사상의 브라방의 시제루스라기보다는 하나의 상징이라고 했다. 성 토마스는 사변 신학을 상징하고 성 베르나르두스(St. Bernardus)는 신비 신학을 상징하고 있다. 그리고 아리스토텔레스는 연옥에서 철학을 대표하는 반면에, 시제루스는 그리스도인이므로 천국에서 철학을 대표하고 있다. 그러므로 단테가 성 토마스로 하여금 브라방의 시제루스를 칭찬하게 했을 경우에 의도한 바는 역사상의 토마스에게 역사상의 시제루스를 칭찬하게 한 것이 아니라, 오히려 사변 신학으로 하여금 철학에 경의를 나타낸 것이다.(질송은 그 비슷한 방법으로 《신곡》에서 성 보나벤투라가 요아킴을 칭찬한 점을 설명하고 있다.)

이 문제에 관한 질송의 설명은 당연하다고 생각된다. 하지만 다른 가능성도 있다. 브루노 나르디(아신 팔라시오스는 그를 따르고 있다)는 이 문제는 단테가 순수한 토마스주의자가 아니라는 사실과 단테는 다른 스콜라 학자로부터만이 아니라 이슬람의 철학자들, 특히 그가 칭찬하고 있었던 아베로에스로부터도 학설을 도입했다는 사실에 의해서 설명된다고 말하고 있다. 단테는 아비첸나와 아베로에스를 천국에 둘 수가 없었기 때문에 연옥에 보내고, 마호멧을 지옥에 두었던 것이다. 그러나 단테는 시제루스는 그리스도인이었으므로 그를 천국에 두었다. 이를테면 단테는 이렇게 신중을 기하여 시제루스가 이슬람 철학에 헌신한 것에 대한 사의를 표한 것이다.

브루노 나르디가 단테의 철학적 사상의 원천에 대해서 말하고 있는 것이 사실이라고 할지라도, 그의 설명은 질송의 설명과 잘 부합될 것으로 생각된다. 만일 단테가 이슬람 철학자들을 칭찬하여 그들의 영향을 받았다고 한다면, 어째서 그가 시제루스를 천국에 두었는지가 해명될 것이다. 하지만 왜 그가 성 토마스의 입을 통해서 시제루스를 칭찬하게 했는지는 어떻게 해명될 것인가? 만일 단테가 시제루스는 아베로에스주의자라는 것을 알았다면, 성 토마스가 반아베로에스주의자라는 것도 알았음에는 틀림없다. 질송이 제안하고 있듯이, 단테는 성 토마스를 사변 신학의 상징으로 하고, 시제루스가 신학자가 아니라 인문학부의 일원이었다는 바로 그 이유로 아베로에스주의자인 시제루스를 철학의 상징으로 했던 것이 아닐까? 이 경우 질송의 말처럼, 성 토마스가 시제루스를 칭찬한 것은 단순히 철학에 대한 신학의 찬사를 나타내고 있다고 하겠다.

아베로에스주의가 신학과 모순되면서 성 토마스의 입장에 가까워졌기 때문에 브라방의 시제루스는 아리스토텔레스주의를 포기했다는 반 슈텐베르겐의 주장에 의해서 문제는 복잡하게 되었다. 이것이 사실이라고 한다면, 또 시제루스가 자신의 의견을 바꾸었다는 것을 단테가 알고 있었다고 한다면, 어째서 단테가 성 토마스로 하여금 시제루스를 칭찬하게 했는가를 해명하는 어려움이 크게 줄어들 것이다. 바꾸어 말하면 어째서 시인인 단테가 시제루스를 천국에 두었을 뿐만 아니라 그의 반대자 성 토마스로 하여금 시제루스를 칭찬하게 했는가에 대한 충분한 해명을 얻기 위해서는 우선 철학에 대한 단테의 공감에 대해서만이 아니라, 시제루스의 의견의 발전에 대해서도 충분히 정확한 지식을 얻지 않으면 안 될 것이다.[1)]

4. 아베로에스주의에 대한 반대 : 금지령

성 토마스의 철학이 다른 스콜라 철학자의 편에 상당한 저항을 일으켰다는 것은 이미 살펴보았다. 그러나 비록 아베로에스적인 아리스토

1) P. Mandonnet, *Siger de Brabant*, 제2판 (1911) B. Nardi *Sigieri di Brabante nella Divina Commedia*와 *Le fonti della filosofia di Dante* (1912); F. Van Steenberghen, *Les oeuvres et la doctrine de Siger de Brabant* (1938); E. Gilson, *Donte et la philosophie* (1939, 영어 번역판은 1948).

텔레스주의를 금지시키는 데 성 토마스를 포함시키려는 시도가 있었다고 할지라도, 실체적 형상의 단일성과 같은 토마스의 학설에 관련된 논쟁은 집안의 논쟁으로서, 이는 성 토마스를 포함하여 신학자 일반이 이단적인 철학자에 맞서서 일치된 공동 전선을 폈던 본래의 아베로에스 논쟁과는 실제에 있어서 다르다. 그러므로 알렉산더 할레시우스와 성 보나벤투라에서 둔스 스코투스에 이르는 프란치스코회원들은 성 알베르투스와 성 토마스와 같은 도미니코회원들과 에지디우스 로마누스와 같은 아우구스티누스회원 그리고 강의 헨리쿠스와 같은 재속의 성직자와, 위험한 운동이라고 생각되는 것을 반대하는 일에서는 일치하고 있었다. 철학적인 입장에서 본다면, 그들의 반대에 있어서 가장 중요한 특징은 물론 어긋난 설을 비판하고 거부하는 일이다. 이에 관해서 다음의 것을 예로 들 수 있을 것이다. 성 알베르투스의 《지성의 단일성에 대해서 아베로에스를 논박함》(*De unitate intellectus contra Averroem*, 1256 년), 성 토마스의 《지성 단일론에 대해서 아베로에스주의자를 논박함》(1270), 에지디우스 로마누스의 《가능 지성의 다수화에 대해서 아베로에스를 논박함》(*De purificatione intellectus possibilis contra Averroem*)과 《철학자들의 오류》(*Errores Phiosophorum*, 이 책은 아리스토텔레스와 이슬람의 철학자들의 잘못을 열거하고 있으나 브라방의 시제루스는 다루어져 있지 않다), 라이문두스 룰루스(Raimundus Lullus)의 《보에시우스와 시제루스의 오류 논박서》(*Liber contra errores Boetii et Segerii*, 1298 년), 《아베로에스의 오류 논박서》(*Liber reprobationis aliquorum errorum Averrois*)와 《라이문두스와 아베로에스주의자의 토론》(*Disputatio Raymundi et Averroistae*) 그리고 《아베로에스주의자를 반박하는 논설》(*Sermones contra Averroistas*) 등이다.

그러나 신학자들은 아베로에스주의자에 대해서 글을 쓰거나 말을 하는 것으로는 만족하지 않고 교회의 권위에 의한 공식적인 금지령을 내리려고 했다. 이는 중요한 점에 있어서 아베로에스 철학과 신앙의 불일치를 보나, 또 지성 단일론과 결정론과 같은 설로부터 이론적으로나 실제적으로 귀결되는 것을 보나 극히 자연스러운 일이다. 그러므로 1270 년 파리의 주교 스테판 탕피에는 지성 단일론, 개인 불멸의 부정, 결정론, 세계 영원론, 하느님의 섭리의 부정 등의 설들에 대해서 금지령을 내렸다. 그러나 이 금지령에도 불구하고 아베로에스주의자들은 비밀리에 계속 가르치고 있었다(성 토마스가 말하고 있듯이 "길 모퉁이에서나 어린이들 앞에서"). 하지만 1272 년 인문학부의 교수가 신학적 문제를 다루는 것이 금지되고, 1276 년에는 대학에서 비밀리에 가르치는 것이 금지되었다. 이것은 나아가서 1277 년 3 월 7 일의 금지령으로 되었다. 이때 파리의 주교는 219 개의 명제에 대해서 금지령을 내리고 이 명제들을 고집하는 자들을 파문했다. 이 금지령은 주로 브라방의 시제루스와 다치아의 보에시우스의 설을 목표로 했다. 그리고 이 설은 '이중 진리'라는 속임수를 포함하고 있었다. 브라방의 시제루스와 동시대인인 다치아의 보에시우스는 아리스토텔레스가 설명한 주지주의적인 행복을 지지하여 철학자들만이 참된 행복에 이를 수 있고 철학자가 아닌 자들은 자연적 질서에 어긋난다고 주장했다. 금지령을 받았던 명제들, 즉 "철학에 전념하는 것보다도 뛰어난 상태는 없다"와 "세상에서 현명한 사람은 철학자들뿐이다"고 하는 것은, 보에시우스의 가르침에서 취해졌으나 요약된 것으로 생각된다. 보에시우스는 인문학부의 교수로서 초자연적 질서에 대해서는 전혀 언급하지 않고 아리스토텔레스의 행복의 개념을 적어도 이성의 입장에서는 충분한 것으로 다루었던 것이다.

제 43 장
프란치스코회의 사상가들

1. 로저 베이컨 : 생애와 저작

중세 사상가들 가운데 가장 흥미있는 사람 중의 하나가 〈경이적 박사〉로 불리웠던 로저 베이컨(Roger Bacon, 약 1212~1292년 이후)이다. 경험 과학에 수학을 적용한 점만 보더라도 그는 우리의 흥미를 끌 만하다. 하지만 한층더 흥미있는 점은 그의 과학적 관심이 철학에 대한 활발한 관심과 결합되어 있다는 것, 그리고 이 두 관심에 프란치스코회의 특색인 신비주의에 대한 강조가 결부되어 있다는 것이다. 말하자면 전통적인 요소들이 동시대의 신학자와 철학자에게는 실제로 적합하지 않은 과학적인 사고 방식과 융합해 있었다.[1] 나아가서 충동적이고 다소 옹졸하면서 격하기 쉬우며, 자기 자신의 의견의 진리성과 가치를 확신하면서 당시의 많은 지도적인 사상가, 특히 파리의 사상가들을 무지몽매한 자들이라고 확신했던 로저 베이컨은 철학자로서만이 아니라 한 사람의 인간으로서도 흥미있는 사람이다. 그가 속해 있는 수도회의 입장에서는 무슨 불길한 일이라도 저지를 것처럼 여겨지는 사람이었지만, 그러나 그는 동시에 이 수도회의 자랑스런 인물이면서 영국 철학의 주요 인물 가운데 한 사람이었다. 가령 로저 베이컨을 프란시스 베이컨(Francis Bacon, 1561년~1626년)과 비교해 보더라도, 프란시스 베이컨의 편이 무조건 우월하다고는 결코 말할 수 없을 것이다. 아담슨(Robert Adamson) 교수가 말했듯이 "공평하게 말해서, 우리가 베이컨에

1) 물론 나는 경험 과학을 말하고 있다.

의한 학문의 개혁에 대하여 말할 경우, 우리는 17세기의 찬란하고 유명한 대법관보다는 오히려 13세기의 잊혀진 수도자를 생각해야 마땅할 것이다."[2] 또 한편 브리지스는 프란시스 베이컨은 "저작가로서는 훨씬 뛰어나지만, 로저 베이컨은 과학적인 발견자의 특색인 연역적 요소와 귀납적 요소의 결합에 의한 보다 확실한 평가와 보다 확고한 이해를 하고 있다"[3]고 말하고 있다.

로저 베이컨은 일체스타에서 태어나서 옥스퍼드에서 아담 마르슈(Adam Marsh)와 로버트 그로스테스트(Robert Grosseteste)에게 배웠다. 나중에 베이컨은, 그로스테스트는 수학과 원근법을 알고 있었고 또 모든 것을, 즉 고대의 현자들을 이해하기에 충분한 언어의 지식을 지니고 있었다고 그에 대해 감탄하면서 말하고 있다.[4] 옥스퍼드에서 파리로 간 베이컨은 거기서 2, 3년 동안 가르쳤지만, 파리의 교수들에 대해서는 거의 존경심을 가지지 않았다. 알렉산더 할레시우스의 《신학 대전》(*Summa theologica*)에 대해서 그 신빙성을 의심하면서, 그것은 한 마리의 말(馬)보다는 가치가 있는 책이라고 경멸조로 말하고 있다.[5] 동시에 그는 신학자들의 철학에 대한 개입, 과학에 대한 무지, 알렉산더 할레시우스와 알베르투스 마그누스에 대한 지나친 존경을 들어 신학자들을 비난하고 있다.[6] 그는 성서 주석상의 결함이 있는데도 페트루스 롬바르두스의 《명제집》(*Sentences*)을 성서 자체보다도 더 좋아하면서 그것에 대해 존경하는 태도를 비난했지만, 그가 동시대의 사상가들을 비난했던 중요한 점은 과학과 언어에 대한 무지였던 것이다. 바꾸어 말하면, 그의 비판(이는 성 알베르투스에 대해서처럼 흔히 공평하지가 않다)은 그의 사상이 지니는 이중 성격을 보여주고 있다. 즉 신학과 형이상학에 관한 전통적 또는 보수적인 태도가 과학에 대한 헌신과 결합되어 있다. 아베로에스는 아리스토텔레스에 대한 찬미자의 한 사람이었으나, 아리스토텔레스의 저작이 오해하기 쉬운 나쁜 라틴어 번역본으로 간주된 것을 싫어하여, 가능하다면 그 모두를 불살라 버리고 싶다고 말했다.[7]

베이컨에게 있어서 파리 대학의 위대한 인물들은 거의 쓸모가 없었으며, 그래서 그는 파리의 사상가들을 자기 나라의 사람들과 불공평하

2) *Roger Bacon : The Philosophy of Science in the Middle Ages*, p. 7.
3) J. H. Bridges, Introduction to *Opus Maius*, pp. xci～xcii.
4) *Opus Tertium*, c. 25.
5) *Opus Minus*, edit. J. S. Brewer, p. 326.
6) 같은 책, p. 322 이하.
7) *Compendium philosophiae*, p. 469.

게 대조시키고 있다. 그러나 그는 파리에서 적어도 자기의 사상에 지속적인 영향을 끼칠 인물을 한 사람 만났던 것이다. 그는 프랑스의 북부 지방인 피카르디의 사람으로서 《자기(磁氣)에 대한 서간》(*Epistola de magnete*)과 《에스트럴레이브의 새로운 조립》(*Nova compositio Astrolabii particularis*)의 저자인 페트루스(Petrus Peregrinus de Mahariscuria)이다.[8] 로저 베이컨에 의하면,[9] 그는 과학 연구에 대한 업적으로 인하여 찬양받을 만한 사람이었다. "그의 생애 마지막 3년 동안에 그는 좀 떨어져서 연소 작용을 일으키는 거울의 제작에 종사했다. 이는 책에도 씌어져 있지만, 라틴 사람들은 아무도 해결한 일도, 시도한 일도 없었던 문제이다." 페트루스는 분명히 로저 베이컨의 경험 과학에 대한 취미를 자극했으며, 실험에 의하지 않고 〈선험적〉으로 자연의 문제들에 답하는 대신 자연 그 자체에서 질문하는 태도로 인하여 베이컨으로부터 존경을 받았던 것이다.

1250년경에 베이컨은 프란치스코회에 입회하여 1257년에 이르기까지 옥스퍼드에서 가르쳤으나, 그 해에 그는 웃사람의 혐의를 받고 적의를 초래했기 때문에 공적인 교수 활동을 중단하지 않을 수 없었다. 그러나 그의 저작을 출판하는 것은 금지되었어도 저술하는 것은 아직 허락되어 있었다. 1266년 6월 베이컨의 친구인 교황 클레멘스 4세는 그의 저작을 자기에게 보내달라고 했으나, 교황은 그 후 곧 사망했기 때문에 그 원고가 로마에 도착했는지, 그리고 도착했다면 어떻게 취급되었는지에 대해서는 확실히 아는 바가 없다. 어쨌든 베이컨은 천문학에 관한 자신의 생각을 변호하고 또 스테판 탕피에(Stephen Tempier)에 의한 천문학의 금지를 비판하기 위해서 《천문학 요강》(*Speculum astronomiae*)을 저술함으로써 1277년에 문제를 일으켰던 것이다. 당시 프란치스코회 총장 아스콜리의 예로니무스(Jeronimus of Ascoli)는 신기한 것을 가르친다는 혐의로 베이컨을 파리의 지방 의회에 출두시켰으나, 그 결과 1278년 베이컨은 감금되었던 것이다. 그는 1292년까지 감금되어 있었던 것으로 생각된다. 그리고 그가 사망한 것은 그 해이거나 또는 그 후 오래지 않아서이며, 그가 묻힌 곳은 옥스퍼드의 프란치스코회의 교회이다.

베이컨의 주요 저서인 《오푸스 마유스》는 완성된 후 교황에게 보내진 것 같다. 《오푸스 미누스》와 《오푸스 테르시움》은 대체로 《오푸스

---

8) Peregrinus라는 Petrus의 이름은 그가 십자군에 가담한 데서 비롯된다.
9) *Opus Tertium*, c. 13.

마유스》에 들어 있는 주제를 요약한 것이지만, 그 밖의 것도 포함되어 있다. 예컨대 베이컨은 《오푸스 미누스》 가운데서 신학의 일곱 가지 죄에 대해서 언급하고 있다. 《아리스토텔레스의 자연학 토론집》(*Quaestiones supra libros octo Physicorum Aristotelis*)과 《제 1 철학에 관한 토론집》(*Quaestiones supra libros Primae Philosophiae*)과 같은 다른 많은 저작은 14 권의 《로저 베이컨의 미발간된 저작》(*Opera hactenus inedita Rogeri Baconi*)으로 출판되어 현재까지 16 별책으로 간행되고 있다. 이들 저작 가운데 어떤 것은 계획된 《주요 저작집》(*Scriptum Principale*)의 일부로서 저술된 것 같다. 베이컨은 또 《철학 요강》(*Compendium Philosophiae*), 《철학 연구 요강》(*Compendium studii Philosophiae*), 그리고 《신학 연구 요강》(*Compendium studii Theologiae*)도 저술했다.

2. 로저 베이컨의 철학

《오푸스 마유스》 1 부에서, 베이컨은 진리 획득에 대한 인간의 무지와 실패의 네 가지 주요 원인을 들고 있다. 즉 보잘 것 없는 권위에의 복종, 습관의 영향, 일반적인 편견, 그리고 자신의 무지를 엄폐하기 위해서 겉보기만의 지식을 과시하는 일이다. 오류의 첫 세 원인은 아리스토텔레스, 세네카, 아베로에스와 같은 사람들에 의해서 인정되고 있으나, 네째의 원인은 가장 위험한 것이다. 왜냐하면 그것은 믿을 수 없는 권위를 숭배하는 결과와 습관 및 일반적 편견의 결과를 참다운 지식이라고 주장함으로써 인간으로 하여금 자신의 무지를 은폐하도록 하기 때문이다. 예컨대 아리스토텔레스가 그렇게 말했기 때문에 그것은 진리라고 생각되고 있다. 그러나 그 점을 아비첸나가 정정했을지 모르며, 아베로에스는 또 아비첸나의 잘못을 고쳤을지 모른다. 또한 교부들은 과학적 연구에 종사하지 않았으므로, 그러한 연구가 가치가 없는 것으로 생각되는 것은 당연하다. 그러나 당시의 상황은 완전히 달라서, 그들의 오류에 있어서 이유가 되었던 것은 반드시 우리에게도 이유가 되는 것은 아니다. 사람들은 수학과 언어에 대한 연구의 가치를 깨닫지 못하고 있었으며 따라서 그들은 편견으로 말미암아 그러한 연구를 얕보고 있다.

2 부에서 베이컨은 여러 학문들 가운데서의 신학의 지배적 성격을 강조하고 있다. 즉 모든 진리는 성서 안에 포함되어 있다. 하지만 성서

를 밝히기 위해서는 교회법과 철학의 도움이 필요하다. 이성은 하느님의 것이기 때문에 철학과 이성 일반의 사용을 비난할 수는 없다. 하느님은 능동 지성이며(이렇게 베이컨은 아리스토텔레스와 아비첸나를 인용하여 아우구스티누스를 해석하고 있다), 개별적인 인간의 정신을 조명하여 그 정신의 활동에 협력하고 있다. 철학의 목적은 인간을 인도하여 하느님을 알아 섬기게 하는 데 있으며, 그것은 도덕 철학에서 절정을 이룬다. 이교도들의 사변적 학문과 윤리적 학문은 불충분하며, 그 완성은 그리스도교의 신학과 윤리학에서만 발견된다. 그러나 사소한 진리일지라도 그것을 비난하거나 무시하는 것은 옳은 일이 아니다. 베이컨의 말에 의하면, 사실 철학은 이교도들이 발견한 것이 아니라 이스라엘의 선조들에게 계시된 것이다. 그 후 계시는 인간의 타락에 의해서 가리워졌으나, 이교의 철학자들은 그 계시를 또는 그 일부를 되찾는 것을 도왔던 것이다. 이들 철학자 가운데 가장 위대한 이가 아리스토텔레스이며 아비첸나는 그 주요한 해석자이다. 아베로에스 그 자신의 학설도 정정을 필요로 하지만, 그는 자신을 앞선 사람들이 말한 것을 많은 점에서 개선한 참다운 지식의 소유자였다. 결국 우리는 이교 철학을 알지 못하면서 거부하거나 비난하지 말고, 또는 특정한 사상가에 비굴하게 집착하지 말고, 그것을 마땅히 지성적인 태도에서 사용해야 한다. 인간을 하느님에게로 이끄는 것은 진리의 기능이다. 그러나 얼핏 보아 신학과는 직접적인 관계가 없는 연구라고 하여 가치없는 것으로 보아서는 안 된다는 점을 염두에 두고 앞선 사람들의 일을 계승하여 완성시키는 것이 우리의 임무이다. 어떠한 진리이든 궁극적으로는 하느님에 이른다.

베이컨은 3부를 언어의 문제에 할당하여 언어에 대한 과학적인 연구의 실제적 중요성을 강조하고 있다. 히브리어나 그리스어를 참으로 알지 않고는 성서를 올바로 해석하거나 번역할 수 없으며, 사본이 잘못되어 있을 경우 정정할 수도 없다. 그리스 철학자들과 아라비아 철학자들이 한 훌륭한 번역도 필요하다. 하지만 문자에 얽매인 번역을 하지 않기 위해서는 언어에 대한 겉핥기식의 지식 이상의 것이 필요하다.

베이컨은 4부에서 다른 학문들의 '문이며 열쇠'인 수학을 논하고 있다. 수학은 이스라엘의 선조들에 의해서 연구되고 칼데아인과 이집트인을 거쳐서 그리스인에게 알려지게 되었으나, 라틴 사람들 사이에서 무시되어 있었다. 그러나 수학적 학문은 어느 정도로 〈생득적이고〉 또는 적어도 다른 학문에 비하여 배우기가 더욱 쉽고 직접적이며, 다른 학문처럼 실험에 의존하지 않는다. 따라서 수학은 다른 학문의 전제가 된다고 말할 수 있다. 논리학과 문법은 어느 정도 수학에 의존해 있다. 또 한편 수학없이는 천문학에 어떠한 진보도 있을 수 없다는 것은 분명하다. 그리고 이러한 학문은 어느 것이든 신학에도 유용하다. 가령 수학적 천문학은 하늘에 비교할 때 지구가 비교적 보잘 것 없음을 증명할 수 있고, 수학이 성서에 있어서 연대의 문제를 푸는 데 유용하다든지 율리우스력의 불충분함 — 교황은 이 문제에 주의하는 것이 좋다 — 을 나타내고 있음은 말할 것도 없다. 베이컨은 더 나아가 빛과 빛의 전파, 반사 그리고 굴절에 대해서, 일식, 월식, 조수의 간만, 지구의 구형, 우주의 단일성 등에 대해서 말하고 있으며, 지리학과 점성술로 나아간다. 결정론을 함유하고 있는 것으로 생각되어 의심스럽게 여겨지지만, 그 의심은 부당하다. 천체들의 움직임과 영향은 지상의 일이나 인간의 일에 영향을 끼치며 인간 존재의 자연적 성향까지 생겨나게 하지만, 자유 의지를 파괴하지는 않는다. 즉 우리가 좋은 목적을 위해서 사용할 수가 있고 또 실제로 사용하는 모든 지식을 얻는 것이 중요한 것이다. 베이컨은 나쁜 풍습을 지닌 민족을 다루는 방법에 관해서 아리스토텔레스가 알렉산더 대왕에게 했던 충고를 인정하고 있다. 즉 그 충고는 그들의 풍토를 바꾸고, 이를테면 그들이 거주하는 장소를 바꾸고 난 다음에 그들의 풍습을 바꾸어야 한다는 것이다.

5부의 주제는 광학이며, 거기서 베이컨은 눈의 구조, 시각의 원리와 조건, 반사, 굴절, 그리고 마지막으로는 광학의 실제적 응용을 다루고 있다. 적진의 배치와 동정을 살피기 위해서 거울을 높은 곳에 세워 두는 것도 좋지만, 굴절을 이용하여 작은 것을 크게 보이게 하고 멀리 있는 것을 볼 수 있게 할 수 있다고 베이컨은 시사하고 있다. 베이컨이 실제로 망원경을 발명했다는 증거는 없지만, 이러한 것의 가능성을 그는 생각하고 있었던 것이다.

6부에서 베이컨은 실험 과학을 고찰하고 있다. 추론은 정신을 올바른 결론으로 이끌지만, 의문을 제거하는 것은 실험에 의한 확증뿐이다. 이것이 기하학에서 도식과 도형이 사용되는 하나의 이유이다. 많은 신념은 경험에 의해서 반박된다. 하지만 경험에는 두 종류가 있다. 첫째 종류의 경험에서 우리는 도구와 믿을 수 있는 확실한 증거의 도움을 받는 신체의 기관을 사용하는 반면에, 다른 종류의 경험은 영성적인 것에 대한 경험으로서 이는 은총을 필요로 하고 있다. 이 두번째의 경험은 여러 가지의 단계를 거쳐서 신비적인 황홀의 경지에 이른다. 첫번째의 경험은 (의학의 진보와 해독제의 발견에 의해서) 생명을 연장하고, 폭발성 물질을 발명하고, 비금속을 금으로 변화시켜 금 자체를 순화하고, 잘못된 마술적 신념을 지닌 이교도의 어리석음을 깨우치기 위해서 사용될 수 있다.

마지막으로 《오푸스 마유스》의 7부에서 베이컨은 도덕 철학을 다루고 있으며, 이는 언어학이나 수학과 실험 과학보다 한층 높은 차원에 있다. 이들 학문은 여러 가지의 행위에 관계하는 반면에, 도덕 철학은 우리를 선하게 또는 악하게 하는 행위에 관계하며, 하느님과 동포 그리고 자기 자신과의 관계를 인간에게 가르친다. 따라서 도덕 철학은 신학과 밀접한 관계에 있어서 신학의 존엄성에 참여하고 있다. 그리스도교의 계시를 포함하는 '형이상학의 원리들'을 가정하여 베이컨은 그리스, 로마, 이슬람의 철학자들, 특히 로마의 스토아 학파의 세네카의 저작을 이용하여 시민 도덕을 다루고, 그 다음으로 개인 도덕을 더욱 상세하게 다루고 있다. 끝으로 그는 그리스도교를 받아들이는 근거를 다루고 있다. 계시는 필요하고 그리스도인은 권위에 근거하여 신앙을 받아들인다. 그러나 비그리스도인들을 다룰 경우에 우리는 단순히 권위에 호소할 수 있는 것이 아니라 이성에 의지하지 않으면 안 된다. 그러므로 철학은 하느님의 존재, 하느님의 유일성과 무한성을 증명할 수 있으나, 성서 저자들에 대한 가신성(可信性)은 그들 개인의 성스러움, 그들의 예지, 기적의 증거, 박해시의 확고 부동한 신앙, 한결같은 신앙, 그리고 비천한 출신과 세속적인 처지에도 불구하고 얻은 승리 등에 의해서 입증된다. 베이컨은 인간과 그리스도의 결합과 그리스도를 통한 인간의 신적(神的) 삶에의 참여에 관한 자신의 생각을 말하면서 이 책을 마무리짓고 있다. 〈그리고 인간은 이 세상에서 이 이상 더 무엇을 구할 수 있을까?〉

위에서 말한 것으로부터 베이컨 철학이 지니는 이중의 성격이 분명해진다. 신학에 대한 철학의 관계와, 인간을 하느님으로 이끄는 철학의 역할, 그리고 철학의 실천적이거나 도덕적인 측면 등에 대한 강조, 그의 철학에 있어서 궁극적으로는 황홀경의 절정에 달하는 하느님과 영성적인 것의 내적 인식이 지니는 지위, 신학과 철학 사이에 설정된 긴밀한 관계, 조명하는 능동 지성으로서의 하느님에 대한 학설,[10] '종자적 형상설'(이 형상의 전개에 대해서 질료는 일종의 능동적 욕구를 지

10) 이 설은 분명히 아베로에스적인 것이 아니다. 베이컨은 아베로에스의 지성 단일론을 오류이며 이단이라고 비난했다.

닌다)과 피조물에 대한 보편적인 질료 형상 합성설과 형상 다수설(유형성의 형상에서 개별적 형상에 이르기까지)을 채용한 일, 이러한 것은 모두 그가 상당히 아우구스티누스적인 전통의 지지자였음을 보여주고 있다. 아리스토텔레스를 존경하고 있었음에도 불구하고, 그는 아리스토텔레스를 가끔 잘못 해석하고 심지어는 아리스토텔레스가 결코 주장하지 않았던 설을 그에게 돌리고 있다. 이리하여 그는 실제로 아리스토텔레스의 철학에는 없는 그리스도교적 계시의 요소를 인정하고 있다. 그리고 그는 성 토마스를 언급하고 있기는 하지만, 토마스주의의 영향을 받았다든가, 특히 그 입장에 흥미를 가지고 있었던 것으로는 생각되지 않는다. 또 한편으로는 그의 폭넓은 관심과 경험 과학 일반, 수학에 의한 천문학의 발전, 그리고 과학의 실제적인 응용 등의 역설은 그를 미래의 한 선구자로 부각시키고 있다. 그는 어느 정도 기질적으로 강하고 성급하여 때로는 부당한 비판이나 비난을 할 수도 있었다. 그러나 그는 동시대의 학문과 도덕과 교회의 생활에 있어서 많은 약점들을 명확하게 지적했다. 극히 당연한 일이지만, 그는 자신의 학문적인 이론에 있어서 많은 사상가들에게 의거하고 있었다. 그러나 그는 이들 학설을 발전시키고 응용할 수 있음을 재빨리 알고 있었다. 프란시스 베이컨의 실험과 관찰 그리고 지식의 실제적 응용에 대한 강조에 대해서, 마치 그 이전의 철학자들 가운데는 아무도 그와 같은 생각을 가지지 않았던 것처럼 말해지고 있지만, 그러나 이미 지적했듯이 로저 베이컨은 영국의 대법관 프란시스 베이컨보다도 과학적 방법 및 연역법과 귀납법의 결합에 대해서 더 잘 이해하고 있었다.

3. 아과스파르타의 마테우스

아우구스티누스주의의 다른 한 유형은 아과스파르타의 마테우스(Matteus of Aquasparta, 약 1240 년~1302 년)이다. 그는 파리에서 수학하여 볼로냐와 로마에서 가르쳤으며, 1287 년 프란치스코회 총장이 되었으며 1288 년에는 추기경이 되었다. 그의 저작 중에서도 특히 《명제집 주해》(*Commentary on the Sentences*), 《정기 토론집》(*Quaestiones disputatae*), 《자유 토론집》(*Quaestiones quodlibetales*)이 유명한 마테우스는 대체로 성 보나벤투라의 입장을 지지하고 성 아우구스티누스를 지식의 위대한 원천으로 보고 있다. 그러므로 그는 인간이 지니는 유형적 대상의 개념은 감각 경험에 의해서만 형성된다는 것을 인정하지만, 유형적 대상이 신체보다도 더 영향을 줄 수 있다고 생각하지는 않는다. 즉 감각 작용에는 물론 감각 기관이 감각 대상에 의해서 영향을 받을 필요가 있지만, 성 아우구스티누스가 주장했듯이 감각 작용에 대해서 책임있는 판단을 내리는 것은 영혼 자체이다. 또한 〈감각적 형상〉을 변화시켜 수동 지성 안에 개념을 생겨나게 하는 것은 능동 지성이다. 마테우스는 이 점에 있어서 분명히 성 아우구스티누스를 따르고 있다.[11] 하지만 영혼의 능동성만으로는 인식을 설명하기에 불충분하다. 즉 하느님의 조명이 요구된다. 이 하느님의 조명이란 무엇인가? 그것은 인간 지성의 작용과 하느님과의 직접적인 협력이며, 대상을 알도록 인간 지성을 움직이는 협력이다. 하느님은 우리가 〈감각적 형상〉을 취할 그 대상을 알도록 우리를 움직이며, 그 움직임이 하느님의 조명이다. 대상은 대상 자체의 영원한 범형적 기초, 〈영원한 관념〉 또는 하느님의 이데아와 관계되어 있다. 그리고 우리에게 이 관계를 알아볼 수 있게 하는 것이 하느님의 빛이며, 그 〈영원한 관념〉은 지성에 대해서 하나의 통제 작용을 한다. 그러나 우리는 하느님의 빛이나 협력을 알아 볼 수 없고, 또 영원한 이데아는 직접 지각되는 대상이 아니다. 오히려 우리는 지성을 움직여서 피조물의 본질을 인식시키는 원리로서 영원의 이데아를 알지만, 〈대상을 자신에게로 이끄는 것〉으로서가 아니라 〈대상을 움직이면서 다른 것으로 이끄는 것〉으로서 아는 것이다.[12] 그러므로 하느님의 빛이 착한 사람이건 악한 사람이건 모든 인간에게 있어서 어떻게 작용하는가를 알기에는 아무런 어려움이 없다. 왜냐하면 하느님의 이데아와 하느님의 이데아에 있어서의 하느님의 본질 자체에 대한 직관은 여기서 아무런 문제가 되지 않기 때문이다. 하느님은 모든 면에서 피조물의 활동에 협력한다. 그러나 인간의 정신은 특별한 의미에서 하느님의 모상으로 만들어져 있으며, 그 정신의 활동과 하느님의 협력은 조명이라고 일컬어지는 것이 올바르다.

이미 언급한 《인식론》(*De cognitione*)에서 마테우스는, 지성이 〈일종의 소급에 의해서〉 개체를 안다는 토마스주의의 학설에 대해 언급하면서 이를 거부하고 있다.[13] 그의 말에 의하면, 〈감각적 표상으로의 소급에 의한〉 개체의 인식이 의미하는 것은 지성이 개체를 감각적 표상 안에

11) *Q. Disp. de cognitione*, p. 291과 p. 280.
12) 같은 책, p. 254. 13) p. 307.

서 알든가 또는 직접 개체 자체에서 아는 것이므로 그 입장을 이해하기는 어려운 것이다. 개체 자체에 있어서 직접 안다는 가정은, 토마스주의의 견해에 의하면, 배제되고 있는 동시에 또 한편으로는 감각적 표상은 현실적으로는 가지적이 아니다. 거기에는 〈가지적 형상〉이 추상되지 않으면 안 된다. 마테우스는 토마스주의의 견해에 반대하여, 지성은 〈개별적 형상〉에 의하여 개체를 그 자체에서 직접 안다고 주장한다. 대상을 존재하는 것으로서 파악하는 것은 감각적 직관이며 개체의 본질을 파악하는 것은 지적 직관이다. 그러나 정신이 먼저 개체에 대한 직관을 가지지 않는다면 보편 개념을 추상할 수가 없을 것이다. 그러므로 〈보편적 형상〉은 〈개별적 형상〉을 전제한다. 물론 가지적이라는 것이 연역적으로 증명할 수 있는 것을 의미한다면, 개체는 가지적이 아니다. 왜냐하면 개체는 우연적이며 가변적이기 때문이다. 그러나 만일 가지적인 것이 지성에 의해서 파악될 수 있는 것을 의미한다면, 이 경우 개체는 가지적이라고 인정되지 않으면 안 된다.[14] 다른 방법으로는 보편 개념의 추상과 그 실제적 기초를 충분하게 설명할 수 없다.

마테우스가 거부하는 토마스의 또 다른 학설은, 신체에 결합되어 있는 한에서의 영혼은 자기 자신과 그 성향 및 능력에 대한 직접적인 직관을 가지지 않지만, 감각적 표상에서 추상한 형상을 통해서 대상을 인식하는 그 작용을 지각함으로써 간접적으로 자기 자신과 자신의 성향이 존재한다는 것을 안다는 설이다. 마테우스는 영혼은 자기 자신을 순전히 간접적으로만 안다는 이 설을 성 아우구스티누스의 가르침에 어긋나고 이성의 요구에 반대되는 것으로서 거부하고 있다. 영혼이 감각적 표상없이는 아무 것도 이해할 수 없고, 또 자기와 자신의 성향을 간접적으로만 파악할 수 있을 만큼 신체에 몰입되어 있다고 생각하는 것은 불합리하다. "영혼이 모든 것을 아는 것은 지성에 의해서라고 말할 경우, 영혼이 자기 자신을 보지 않을 만큼 맹목적이라고 생각하는 것은 아주 우스꽝스러운 일인 것 같다."[15] 마테우스는 자기 자신의 설에 대해서 매우 신중하게 말하고 있다. 인식의 **시작**에 관해서는 "영혼은 자기 자신은 물론 자기 자신 가운데 포함되어 있는 습성도 직관할 수 없으며, 또 인식의 최초의 작용은 자기 자신으로나 자기 자신 가운데 있는 것으로도 향할 수가 없다고 나는 확실하게 말한다."[16] 영혼이 인식을 시작하기 위해서는 신체적 감각으로부터의 자극이 필요하고, 그

14) *De cognitione*, p. 311.

15) 같은 책, p. 328.

16) 같은 책, p. 329.

리고 인식 행위에 대한 자기 자신의 지각 작용을 반성함으로써 자신의 능력과 자기 자신을 존재하는 것으로 인식하게 된다. 그리고 나서 말하자면 영혼은 자기 자신으로 향한다. 즉 어떤 정신적인 전환에 의해서 자기 자신으로 환원된다.[17)]

그 다음으로 영혼은 자기 자신과 자신의 습성을 직접 직관할 수가 있다. 이는 이제 단순한 추론 과정에서 생기는 비직관적인 귀결이 아니라 정신적인 직관의 직접적 대상이다. 이 지적 직관이 생기기 위해서는 감각적 직관의 경우와 마찬가지로 네 가지의 조건, 즉 가시적인 것으로서 현존하는 직관의 대상, 정상적인 상태의 직관 능력, 상호의 비례 관계, 그리고 조명이 필요하다. 이들 조건 모두는 채워지고 채워질 수 있다. 영혼은 지적으로 직관되는 대상이며, 지성에 대해서 현존하고 있다. 지성은 비물질적인 능력이며, 본질적으로 감각 기관에 의존하지 않는다. 지성과 영혼은 모두 지적인 유한의 대상이며, 영혼 이상으로 영혼에 어울리는 것은 없다. 끝으로 하느님의 조명은 언제나 있는 것이다.[18)]

그러므로 아콰스파르타의 마테우스는 적당하고 온건한 방법이기는 하지만, 아우구스티누스적인 전통에 충실하다. 거기서 당연히 그는 〈종자적 형상〉과 〈유형성의 형상〉의 설을 지지한다고 예상된다. 게다가 그는 피조물이 전면적인 질료 형상적 합성이라는 보나벤투라의 설을 주장하여 본질과 존재의 실재적인 구별을 피조물의 유한성과 우연성에 대한 충분한 설명으로 인정하지 않는다.

4. 페트루스 요한네스 올리비

그리고 그다지 충실하지는 않은 아우구스티누스주의자로서 프란치스코회의 '영성인들' 가운데 뛰어난 인물 페트루스 요한네스 올리비 (Petrus Johannes Olivi, 약 1248 년~1298 년)가 있다. 그는 모든 피조물의 질료 형상적 합성, 동일한 종에 있어서 천사들의 다수성, 형상 다수성 등의 설을 고수하면서 동시에 종자적 형상의 존재를 부정했을 뿐만 아니라, 이를 부정하는 것이 성 아우구스티누스의 설과 일치한다고

17) 같은 책, p. 329.
18) 영혼의 자기 직관과 개체의 지적 인식에 대한 설은, 프란치스코회원 Vital du Four(1327년 사망)의 학설에도 나타나고 있다.

까지 주장했다. 실재상의 구별과 개념상의 구별 사이의 중간자, 즉 스코투스의 〈사물의 편으로부터의 형상적 구별〉의 관념이 그의 철학 가운데서 이미 발견되고 있다. 그리고 이 구별은 스코투스도 생각했듯이, 예컨대 하느님의 속성들 사이에 인정된다. 올리비는 또 요한네스 필로포누스(Johannes Philoponus)의 〈추진력〉의 이론을 채용했기 때문에 주목할 만하다. 예컨대 발사체가 움직여지고 있을 경우, 움직이는 자 또는 던지는 자는 추진력을 발사체에 주므로 공기의 저항이나 반대 작용하는 다른 힘에 의해서 약화되기는 하지만, 움직이는 자와의 접촉이 더 이상 없을지라도 그 추진력이 발사체를 움직이고 있다는 설이다. 그러나 아우구스티누스의 '비자연적' 운동의 설을 포기하는 것을 의미하는 이 학설에 대해서는 이 설로부터 새로운 결론을 도출하여 유형적 세계의 새로운 개념을 위해서 길을 연 사상가들과 관련하여 다음 권(코플스톤 철학사, 제 3 권, 10 장)에서 취급하는 것이 좋다. 그리고 〈사물의 편으로부터의 형상적 구별〉에 대한 고찰도 스코투스의 체계를 다룰 때까지 보류시켜 두겠다. 내가 여기서 올리비를 언급하는 것도 실은 영혼 및 영혼과 육체의 관계에 대한 그의 설을 간단하게 말해 두고자 하는 데 있다. 이 설 또는 그 일부는 1311 년 비엔나 공의회에서 견책당했다. 그리고 과거에 어떤 저작자들은 이 공의회가 확실히 견책할 생각이 없었던 것을 견책하려고 했다고 주장한 적도 있으므로 이 사건은 언급할 만한 가치가 있다.

올리비에 의하면, 인간의 영혼에는 전체를 구성하는 것으로 식물적인 원리 또는 형상, 감각적인 원리 또는 형상, 지적인 원리 또는 형상의 세 '부분'이 있다. 이들 세 형상은 모두 영혼 전체를 구성하는 부분으로서 하나의 인간 영혼, 즉 이성혼을 구성한다. 형상 다수설을 주장한다는 점에서는 특히 새로운 것이 없다. 올리비는 그 설에서 특유한 결론을 끌어내었다. 즉 세 형상적인 부분들은, 고차원의 형상이 정신적 질료의 매개를 통해서만 저차원의 형상에 영향을 미치는 방식으로 영혼의 정신적 질료에 의해서 결합되어 있다는 것이다. 더 나아가 그는 식물적 부분과 감각적 부분은 신체를 형성하나, 지적 부분은 다른 부분들을 자신의 도구나 기체(基體)로서 움직이고는 있지만, 그 자체로는 신체를 형성하지 않는다고 결론짓고 있다. 이 세 부분들이 모두 영혼의 정신적 질료에 뿌리박고 있다는 듯이 인간의 통일성과 영혼과 육체의 실체적 결합을 보증한다고 그는 주장했다. 그러나 동시에 그는 영혼의 지적 부분이 신체를 직접 형성한다는 것을 인정하지 않았다. 이 최후의 점이 프란치스코회원들 사이에 반대를 야기시켰다. 그들이 반대하는 이유들 중의 하나는, 만일 지적 형상이 신체를 직접으로가 아니라 간접으로만, 즉 감각적 형상을 통해서만 형성한다는 것이 사실이라고 한다면, 신앙이 가르치고 있듯이 그리스도는 인간으로서 이성혼과 신체에서 합성되어 있지 않았다는 결과가 된다는 것이다.[19] 결국 1311 년 비엔나 공의회는 이성혼 또는 지적 영혼이 신체를 직접 그리고 본래 형성하지 않는다는 명제를 이단으로 금지했다. 그러나 후의 어떤 저작가들이 주장하려고 했던 것처럼 공의회는 형상 다수설을 비난하여 토마스주의자의 견해를 긍정했던 것은 아니다. 공의회의 교부들 또는 그들의 대다수는 스스로 형상 다수설을 주장하고 있었다. 공의회는 단지 지적 영혼이 신체를 직접 형성한다는 것을 인정함으로써 인간의 통일성을 보호하기를 원했을 뿐이다. 이는 그리스도론을 참조함으로써 분명해진다. 그리스도의 인성은 수동적인 인간 육체와 신체를 형성하는 이성적인 인간 영혼으로 이루어져 있으며, 이 둘이 인간의 본성을 형성한다. 공의회는 〈유형성의 형상〉의 문제나 인간의 영혼에 여러 가지의 '부분'이 있는가 없는가의 문제에는 관계하지 않았다. 공의회가 말하고 있는 것은 이성혼이 신체를 직접 형성한다는 것, 따라서 그것은 인간에게 있어서 불가결의 원리라는 것이다. 공의회가 금지했던 것은 형상 다수설이 아니라 지적 영혼과 인간 육체의 분리였다. 그러므로 비엔나 공의회가 인간 영혼이 제 1 질료를 직접 형성한다고 단언했다거나, 또 토마스주의의 설은 교회에 의해서 부과되었다고 말하는 것은 잘못된 것이다.

5. 로저 마스톤

페트루스 요한네스 올리비는 어떤 점에서 아우구스티누스적인 전통을 떠나서 프란치스코회 사상에 있어서의 후기 단계에로의 길을 열었던 자주적인 사상가인 반면에, 한때 영국 프란치스코회의 관구장이었던 로저 마스톤(Roger Marston, 1303 년 사망)은 진정한 아우구스티누스주의자였다. 그는 개체의 지적 파악, 지성에 대한 의지의 우위, 피조

19) 올리비의 명제를 변호하여 만일 지적 형상이 신체를 직접 형성한다고 한다면, 자기의 불멸성을 신체에 부여하든가 혹은 신체의 형성을 통해서 상실하든가 둘 중 어느 한편일 것이라는 이유가 제시되어 있다.

물에 있어서의 전면적인 질료 형상적 합성, 형상 다수성 등의 '아우구스티누스주의'의 특유의 설을 모두 받아들였다. 그리고 그는 영원으로부터의 창조의 분명한 가능성을 인정하고 〈종자적 형상〉을 포기했다는 이유로 성 토마스를 비판하고 있다. 실제로 이 영국의 확고한 보수주의자는 아콰스파르타의 마테우스마저도 지나치게 타협적이라고 보았으며, 자기 자신이 순수하게 성 아우구스티누스와 성 안셀무스의 설이라고 간주한 것을 애매하게 하려는 어떠한 시도도 단호히 거부했다. '저주할 무리'인 이교 철학자들보다는 '성인들'을 마땅히 택해야 한다는 것이다.

《영혼론》에서 로저 마스톤은 하느님의 조명에 관한 성 아우구스티누스의 설에 대해서 완고한 해석을 했다. 만일 능동 지성이 (눈에 있어서 자연적인 명료한 지각처럼) 진리의 인식을 위한 영혼의 자연적인 성향이라고 한다면, 능동 지성을 영혼의 일부라고 불러도 좋을 것이다. 그러나 만일 능동 지성을 조명 작용이라고 생각한다면 이는 하나의 이존 실체(離存實體)인 하느님 자신이라고 말하지 않으면 안 된다.[20] 능동 지성은, 봉인을 밀랍에 찍는 것처럼 정신에 인상을 새기는 창조되지 않는 영원한 빛이며, 불변하는 진리의 인식에 있어서 형상적 원리인 수동적인 인상을 남기는 능동적인 인상이다.[21] 능동 지성은 영원한 빛인 하느님에 의해서 주어지는 판단의 개념이나 명사가 아니라, 영원한 진리이다.[22] 예컨대 영원의 빛이 전체라는 개념과 부분이라는 개념을 정신에 주입하는 것이 아니다. 하지만 정신이 명사들간의 관계를 확실하게 이해할 수 있게 하고 전체는 부분보다 더 크다는 영원한 진리를 파악하게 하는 것은 영원한 빛의 방사이다. 그러므로 영원한 이데아는 절대 확실한 판단의 궁극적인 바탕이다.

인류가 기본적 진리에 대해서 일치하고 있는 것은 하나인 하느님의 빛에 의해서 모든 정신이 공통적으로 조명된다는 데서 설명된다. 로저 마스톤은 이 하느님의 빛이 단지 하느님의 빛의 유한한 모방으로서 인간 지성이 창조될 때에 이루어진다고는 인정하지 않는다. 능동 지성이 창조되지 않는 최초의 빛이라는 것을 부정하는 사람들은 '철학의 신주(神酒)에 취하여' 성 아우구스티누스와 〈성인〉들이[23] 말하는 바를 왜곡하는 사람들이다. 만일 이 사람들이 성 아우구스티누스가 말한 그 이상의 것을 그가 실제로 말하려고 하지 않았다고 한다면, 성 아우구스

20) *De Anima*, p. 259
21) 같은 책, p. 263
22) 같은 책, p. 262
23) 같은 책, p. 273

티누스의 논의는 빗나간 것이 되고, 미해결의 문제를 논거로 삼고 있는 것이 될 것이다. 왜냐하면 인간 지성이 자기 자신의 빛의 원천이라고 가정한다면, 성 아우구스티누스가 확실하게 논하고 있듯이, 창조되지 않은 빛의 존재를 논할 수가 없기 때문이다.[24)]

6. 리카르두스 메디아빌라

주목해야 할 또 한 사람은 영국의 프란치스코회원 리카르두스 메디아빌라(Ricardus de Mediavilla)이다. 그는 옥스퍼드와 파리에서 수학하고, 1278 년 파리로 가서 학위를 취득한 후, 1286 년까지 프란치스코회의 신학 강좌 중의 하나를 담당했다. 이때 그는 시칠리 섬의 찰즈 2 세의 아들 툴루즈의 성 루이의 교육 담당자가 되었다. 그가 사망한 때는 확실하지 않으나, 세기가 바뀌는 무렵이었음에는 틀림없다. 그는 관례를 따라서 페트루스 롬바르두스의 《명제집》에 대한 주석을 저술했으며, 《정기 토론집》(*Quaestiones Disputatae*)과 《자유 토론집》(*Quodlibet*)도 그의 것으로 생각된다.

리카르두스 메디아빌라는 어떤 점에서 프란치스코회의 일반적인 전통을 따라, 예컨대 영원으로부터의 창조의 불가능성을 주장하고 있다. 왜냐하면 이 전통은 무한의 피조물, 피조물의 전면적인 질료 형상적 합성, 형상 다수성, 의지의 우위성 등을 포함하기 때문이다. 그러나 다른 한편으로 그는 토마스주의의 입장으로 접근했다. 이 점에서 그는 프란치스코회의 사상가들 가운데서 수정된 아우구스티누스주의로 나아가는 새로운 운동 — 그것의 가장 위대한 대표자는 둔스 스코투스이다 — 을 대표하고 있다. 따라서 리카르두스는 타당성을 지닌 하느님의 존재 증명은 모두 경험적일 뿐만 아니라, 유형적 존재나 정신적 존재에 대한 우리의 지적 인식은 감각 경험에서 추상되어 어떤 특별한 조명을 요청하거나 능동 지성과 하느님을 동일시할 필요가 없다고 역설하고 있다. 또 한편으로 정신은 개체를 파악하지만, 보편자를 파악하는 것과 같은 개념에 의해서 파악하는 것은 아니다.

이 이외에 리카르두스는 다소 독창적인 생각을 지니고 있었다. 그 가운데 그다지 바람직하지 않은 것은 정신이 직접 획득하는 것은 개별적

24) 같은 책, p. 256.

인 존재자 자체가 아니라 그 개체의 〈표상 존재〉라는 생각이다. 그는 또 창조된 작용자의 작용하에서 어떻게 새로운 형상이 출현하는가를 설명하기 위해서 〈순수 가능적 원리〉를 생각해 냈다. 처음에는 이것은 제 1 질료에 지나지 않는 것으로 생각될지 모른다. 그러나 리카르두스의 생각으로는 정신적 존재와 유형적 존재에 있어서 종류를 달리하여 동질적이 아닌 질료는 그 자체가 어떤 현실성을 가지고 있는 반면에, 〈순수 가능적 원리〉는 그 자체가 현실성을 가지지 않으며, 질료와 함께 창조되어서 질료를 떠나서는 존재할 수 없다. 만일 질료가 자연적 변화의 근본 기초로서, 즉 생성 소멸하는 물체에 공통적이며 또 형상을 받아들이는 것으로 생각된다면, 질료는 실제로 형상 자체로 변화되는 순수 가능적 원리와는 다르다. 따라서 만일 질료의 가능태를 창조된 작용자에 의해서 형상이 도출되고 도출된 형상으로 변화되는 원리라는 의미로 이해한다면, 순수 가능적 원리를 〈질료의 가능태〉라고 부를 수 있을 것이다. 그러나 이 경우 질료의 가능태는 질료 그 자체와는 실제로 다르다. 반대로 질료의 가능태를 형상을 받아들이는 질료의 능력의 의미로 이해한다면, 질료의 가능태는 질료 그 자체와 같은 것이다. 그러나 이 경우 질료의 가능태는 〈순수 가능적 원리〉와는 실제로 다른 것이다.[25] 바꾸어 말하면, 형상을 받아들이는 능력은 형상으로 되는 능력과 같은 것이 아니다. 변화의 기체로서 그 자체가 어떤 현실성을 지니고 있으면서 형상을 받아들이는 제 1 질료 이외에, 리카르두스는 형상의 일종의 용기(容器), 즉 질료 안에 받아들여지는 형상으로 바뀌는 순수 가능적 원리를 요청하고 있다. 그는 이 설이 〈종자적 형상〉설의 개량이라고 생각하고 또 성 아우구스티누스는 능동적인 힘(이는 〈형상들의 잠재〉에 해당할 것이다)의 존재가 아니라 형상으로 되는 순수 가능적 원리의 존재를 가르친 것으로 해석하려고 했다. 이 적극적인 가능성에 의해서 형상은 처음부터 가능태에서 창조되었다고 말해질지 모르나, 이는 '종자'의 존재를 암시한다고 보아서는 안 된다. 문제가 되는 그 원리는 질료 가운데 있으며, 리카르두스는 이를 질료의 더욱 내적인 부분인 질료의 수동적인 가능성이라고 부른다. 그러나 이는 이미 보았듯이, 변화의 기체 또는 형상의 수용자로서의 질료와 같은 것은 아니다.[26] 그러므로 그것은 질료와 전혀 별개의 것은 아니지만, 보통 의미에서의 질료와는 구별된다. 이는 토마스주의의 제 1 질료론으로의 접근을 의미하는 것으로 보일지 모르며, 또 어느 정도로 그러한 것처럼

25) *In 2 Sent.*, 12, 1, 10.　　26) 같은 책, 12, 1, 1.

생각된다. 그러나 리카르두스는 질료는 그 자체가 어떤 현실성을 지닌다는 전통적인 견해를 포기하지 않았으므로, 합성체의 요소로서의 질료를 창조된 작용자의 작용하에서 형상으로 되는 가능적 원리로부터 구별하지 않으면 안 되었던 것이다.

피조물은 질료와 형상으로 이루어지는 것 이외에 본질과 존재로도 이루어진다. 그러나 존재는 자신이 우유성으로서 관계하는 본질과 실제적으로 다른 것은 아니다. 또 한편으로 존재는 본질과 단순히 개념적으로 다른 것만도 아니다. 왜냐하면 존재는 본질에 어떤 것을 더하기 때문이며, 더하는 것은 이중의 관계이다. 즉 존재는 본질에 기체 또는 실체라는 가치를 부여하는 한에서, 자기 자신에 대한 〈근거상의 관계〉이며 또 창조자에 대한 실재상의 관계이다.[27] 이 점에서 리카르두스 메디아빌라는 강의 헨리쿠스의 입장을 받아들이고 있다.

예수회원 오세드(E. Hocedez) 신부는 그의 저서 《리카르두스 메디아빌라》(*Richardus de Mediavilla*)[28]의 끝에서, 리카르두스는 한 시대를 끝냈다고 말하고 있다. 프란치스코회 학파의 마지막 대표자인 그는 심화되고 완성된 보나벤투라의 주요한 입장이 아리스토텔레스의 철학과 그가 토마스 신학에서 가장 좋은 것으로 생각했던 것과 통합되는 (신중하고 새로운) 종합을 시도했다. 리카르두스 메디아빌라가 아우구스티누스적인 전통 밖으로부터 여러 생각들을 편입했다는 것은 분명하다. 그러나 이 사상 운동에는 '장래성이 없었고', 스코투스는 프란치스코회 학파의 철학을 "멀지 않아 유명론으로 끝나고 말 새로운 길로" 이끌었다는 오세드 신부의 설에 동의할 수는 없다. 오히려 리카르두스의 철학은 스코투스 철학에 이르는 한 단계를 이루고, 스코투스 철학은 아리스토텔레스 철학에 이르는 문호를 더욱 넓게 개방했다. 그러나 스코투스 철학은 확실히 유명론적인 것도 아니고 유명론에 찬성하는 것도 아니었다.

7. 라이문두스 룰루스

프란치스코회의 철학자들 가운데 가장 흥미있는 인물 중의 한 사람은 라이문두스 룰루스(Raimundus Lullus, 1232/1235 년~1315 년)이다.

27) 같은 책, 3, 1, 1; *Quodlibet*, 1, 8. 28) Paris, 1925.

라이문두스 룰루스는 마요르카에서 태어나서 얼마 동안 하이메 2 세의 궁정에 있었다. 그러나 1265 년경 그는 개종한 후 생애의 중요한 과업으로 생각한 것에 헌신하여 이슬람교와 싸우고 아베로에스주의를 근절하는 일을 돕기 위해서 자신의 가족을 떠났다. 이 일을 위해서 그는 9 년간 아라비아어와 철학을 연구하는 데 몰두했으며, 이 연구 시기의 첫 성과가 《위대한 술(術)》(*Ars Magna*)과 《철학 원리서》(*Liber principiorum*)이다. 그는 성 프란치스코의 제 3 회에 가입하여 무어 사람들을 개종시키기 위해서 아프리카로 갔다. 그는 파리에서 가르치면서 아베로에스주의와 싸웠다. 그는 논리학, 철학, 신학, 그리고 시를 단지 라틴어만이 아니라 그의 모국어인 카탈로니아어와 아라비아어로도 썼다. 그는 1315 년에 튜니지아에서 순교했다. 위에서 말한 두 권의 책 이외에 《논증술》(*Ars demonstrativa*), 《간단한 술(術)》(*Ars brevis*), 《일반적인 술(術)》(*Ars generalis ultima*)과 (다치아의 보에시우스와 브라방의 시제루스에 대항하는) 《보에시우스와 시제루스의 오류 논박서》(*Liber contra errores Boetii et Segerii*), 《인식의 자연적 방법》(*De naturali modo intelligendi*), 《아베로에스의 오류 논박서》(*Liber reprobationis aliquorum errorum Averrois*), 《라이문두스와 아베로에스주의자의 토론》(*Disputatio Raymundi et Averroistae*), 《아베로에스주의자를 반대하는 논설》(*Sermones contra Averroistas*) 등의 반아베로에스적 저작을 열거할 수 있을 것이다. 그러나 이는 선교사이면서 여행가, 시인이면서 신비가였던 이 사람의 놀라운 수의 저작 가운데 극히 일부에 지나지 않는다.

라이문두스 룰루스의 사도적인 관심은 결코 그의 철학과 관계없는 것은 아니었다. 철학에 대한 그의 일반적인 태도는 다소 그 사도적인 관심에 원인이 있다. 즉 그는 신학에 대한 철학의 보조적인 관계를 강조했다. 그는 신앙과 이성의 구별을 잘 알고 있었다. 그리고 그는 신앙을 물이 불어나도 물과 섞이지 않고 계속 남아 있는 기름에 비유했다. 그러나 회교도들을 개종시키려는 관심으로 말미암아 당연히 신학에 대한 철학의 종속적인 관계만이 아니라 신앙의 교의를 받아들이게 하는 이성의 능력도 강조하게 되었다. 이러한 일반적인 태도에 비추어서 우리는 '필연적인 근거'에 의해서 신조(信條)를 '증명한다'는 그의 제안을 이해하지 않으면 안 된다. 성 안셀무스나 생 빅토르의 리카르두스(Richardus de St. Victor)가 삼위 일체를 위한 '필연적인 근거'에 대해서 언급했을 때 그들이 합리화했던 것처럼, 그는 그리스도교의 신비를 (근대적인 의미로) 합리화하려고는 하지 않았다. 또한 신앙은 인간의 이성이 이해할 수 없는 대상을 취급한다고 분명히 단언하고 있다. 그러나 그는 그리스도교의 신앙은 이성에 모순되지 않으며, 이성은 그리스도교의 신앙에 대해서 제기된 반론에 대처할 수 있음을 회교도들에게 보여주려고 했다. 나아가서 '이중 진리'설을 주장했다는 아베로에스주의자에 대한 비난은 정당하고, 또 이 설은 모순을 내포하며 불합리하다고 확신하고 있었으므로 그는 신학과 철학의 근본적인 분리를 따를 필요가 없으며, 오히려 신학의 교의는 이성과 조화하며 이성에 의해서 배격될 수 없음을 밝히려고 했다. 그는 아베로에스주의자들 고유의 학설에 관해서 말하기를, 그 학설은 신앙이나 이성 어느 편에서도 모순된다고 했다. 예컨대 지성 단일론은 의식의 증언에 모순된다. 즉 우리는 우리의 사고와 의지의 행위가 우리들 자신의 것이라는 것을 의식하고 있다.

영원으로부터의 창조의 불가능성, 피조물의 전면적인 질료 형상적 합성, 형상 다수성, 지성에 대한 의지의 우위성 등 룰루스가 주장했던 잘 알려진 '아우구스티누스적인' 학설만을 본다면, 그의 철학에는 특히 흥미를 끄는 것이 있는 것처럼 보이지 않는다. 그러나 그의 〈결합술〉(Ars combinatoria)에는 흥미있는 특징이 발견된다. 라이문두스 룰루스는 우선 먼저 어떤 일반적 원리 또는 범주가 존재한다고 생각하여, 그것 없이는 철학이나 그 밖의 학문은 있을 수 없다는 의미에서 이 원리는 자명적이며, 모든 학문에 공통적이라는 것이다. 이 원리들 가운데 가장 중요한 것은 아홉 개의 절대적인 술어들, 즉 선함, 위대함, 영원, 힘, 예지, 의지, 덕, 진리, 영광이다. (이들 술어는 하느님의 속성을 나타낸다.) 그리고 (피조물 사이의) 관계를 나타내는 다른 아홉 개의 개념들에는 차이, 일치, 반대, 시작, 중간, 끝, 대(大), 동등, 소(小)가 있다. 나아가서 덕과 악의 양식, 때, 장소 등 일련의 기초적인 문제가 있다. 룰루스가 다른 곳에서 이와는 다른 수의 하느님의 속성 또는 절대적 술어를 열거하고 있는 것으로 보아서, 그가 《일반적인 술》에 열거되어 있는 아홉이라는 수에 특히 중요성을 부여했다고는 할 수 없다. 예컨대 《무한한 의지에 대한 책》(*Liber de voluntate infinita et ordinata*)에서는 12개를 들고 있는가 하면 《가능한 것과 불가능한 것에 대해서》(*De possibili et impossibili*)에서는 20개를 들고 있다. 말하자면 중요한 점은 철학과 학문에 불가결한 어떤 기초 개념들이 있다는 것이다.

이들 기초 개념을 전제하여, 라이문두스 룰루스는 그 개념들의 결합에 의해서 개별 학문들의 원리를 발견하고, 새로운 진리도 발견할 수 있는 것처럼 말하고 있다. 그리고 이러한 결합이 쉽게 이루어지기 위해서 그는 기호—기초 개념은 문자에 의해서 상징화된다—와 도표 및 배합의 기계적인 방법에 의지했다. 예컨대 하느님은 문자 A에 의해서 나타내진다. 그리고 후기의 저작에서는 하느님의 속성들을 나타내는 문자로 기호화된 아홉 개의 〈원리〉가 하느님을 둘러싸고 있다. 이들 원리는 도형과 동심원을 사용하여 120 개의 방법으로 결합될 수 있다. 그러므로 어떤 저작가들이 룰루스의 도식 가운데서 라이프니츠의 〈보편적 기호학〉(caracteristica universalis)과 〈결합법〉(Ars combinatoria), 그리고 대수적(代數的) 기호의 사용—이를 사용함으로써 기초 개념들로부터 이미 확인된 진리만이 아니라 새로운 진리도 연역할 수 있다—은 이미 예상되고 있음을 보았다고 할지라도 이상할 것은 없다. 이미 말한 바와 같이 룰루스는 때때로 이러한 목적을 암시하고 있는 것처럼 보인다. 그리고 만일 이것이 그의 진정한 목표였다고 한다면, 그는 분명히 스콜라적 전통에서 떠나 있다고 생각해야 할 것이다. 하지만 실제로 자신의 목적은 기억의 사용을 수월하게 하는 데 있었다고 분명하게 주장하고 있다.[29] 나아가서 우리는 그의 사도적 관심을 잊어서는 안 된다. 이 관심은 그의 도식이 엄밀한 의미에서의 연역을 위해서라기보다는 오히려 설명이나 해석을 위해서 계획되었음을 암시하고 있다. 물론 라이프니츠가 룰루스의 영향을 받았다는 사실이 룰루스의 의도에 대해서 입증하는 바는 아무 것도 없다. 오토 카이햐(Otto Keicher) 박사에 의하면,[30] 《일반적인 술》의 본질만이 아니라 라이문두스 룰루스의 체계 전체의 본질을 이루고 있는 것은 〈원리〉이다. 그러나 비록 룰루스가 기초 개념을 보았던 것이 어떤 의미에서 자기 체계의 기초를 이루고 있었음이 분명할지라도, 그의 '술'(art)을 어떤 원리나 범주의 확립을 위한 것으로 돌릴 수는 없는 것으로 생각된다. 즉 철학자 자신은 술을 그 이상의 것으로 간주하고 있었던 것이다. 물론 이 술의 설명적이고 교훈적인 측면을 강조한다면, 이 술에 있어서 무엇이 본질적 요소이며 무엇이 비본질적인 요소인가를 논할 필요는 거의 없다. 그러나 만일 술을 라이프니츠에 앞선 것으로 보는 편을 택한다면, 룰루스의 도식과 기계적 기술을 기초 개념들의 결합에 의한 학문 원리의 연역이라는 일반적인 생각과 구별하는 것이 적절할 것이다. 왜냐하면 비록 룰루스의 '논리 대수'(logical algebra)에 근본적인 결합이 있을지라도, 룰

29) *Compendium artis demonstrativae,* prol.

30) *Beiträge,* 7, 4~5, p. 19.

루스는 역시 라이프니츠의 일반 원리를 앞선다고 할 수 있기 때문이다. 이는 대체로 베른하르트 가이어(Bernhard Geyer) 박사의 견해이며,[31] 나는 이를 옳다고 생각한다. 룰루스가 세 가지 주요한 원리를 믿고서 자신의 연역을 수행한 그것,[32] 즉 하느님과 피조물 사이의 위대한 조화를 긍정하는 모든 것을 참된 것으로 주장하는 일과, 가장 완전한 것을 하느님의 것으로 돌리는 일, 그리고 진정으로 더욱 좋다고 생각되는 것은 무엇이든 하느님이 만들었다고 가정하는 일이 위의 해석에 대한 반증이 되는 것은 아니다. 말하자면 이는 틀림없이 룰루스와 아우구스티누스적 전통 사이의 정신적인 유사성을 보여주며, 또한 수세기 후의 라이프니츠 체계에 있어서의 중요한 점을 생각나게 하고 있다.

31) Ueberweg-Geyer, *Die patristische und scholastische Philosophie*, p. 460.

32) Article, 'Lulle' by Père E. Longpré in *Dictionnaire de théologie catholique*, vol. 9 참조.

제 44 장
에지디우스 로마누스와 강의 헨리쿠스

A. 에지디우스 로마누스

1. 생애와 저작

에지디우스 로마누스(Aegidius Romanus)는 1247 년 또는 그보다 조금 앞서 태어나서, 1260 년경에 성 아우구스티누스 은수사회에 들어갔다. 그는 파리에서 수학하고 그리고 1269 년에서 1272 년까지는 성 토마스 아퀴나스의 강의를 들은 것으로 생각된다. 그가 《철학자들의 오류》(*Errores Philosophorum*)를 저술한 것은 1270 년경으로 보이며 거기서 그는 아리스토텔레스, 아베로에스, 아비첸나, 알가젤, 알킨디, 그리고 마이모니데스의 오류를 열거하고 있다. 아리스토텔레스의 《생성 소멸론》, 《영혼론》, 《자연학》, 《형이상학》, 그리고 논리학 저서들에 대한 주석서들, 《명제집》 제 1 권의 주석, 그리고 《그리스도의 몸에 관한 정식집(定式集)》(*Theoremata de Corpore Christi*)과 《가능 지성의 다수화》(*De pluri-ficatione intellectus possibilis*)라는 표제의 저서들은 분명히 1277 년 이전에 씌어졌다. 이 해(3 월 7 일)에 파리의 주교 스테판 탕피에(Stephen Tempier)에 의한 유명한 금지령이 내려졌으나, 에지디우스는 1277 년의 크리스마스와 1278 년의 부활절 사이에 《형상의 제단계》(*De gradibus formarum*)를 저술하여 거기서 형상 다수설(doctrine of plurality of forms)에 대한 강한 반대를 표명했다. 이 때문에 그리고 이것과 비슷한 비난 공격으로 말미암아 에지디우스는 그의 학설을 철회해 달라는 요청을 받았다. 그러나 그는 이를 거부했기 때문에 자신의 신학 연구를 끝내기 전에 파리 대학으로부터 추방되었다. 파리를 떠나 있었던 시기에 그는 《존재와 본질에 관한 정식집》(*Theoremata de esse et essentia*)과, 《명제집》 제 2 권과 제 3 권의 주석을 저술했다.

1285 년 에지디우스는 파리로 돌아와서 신학 교수 자격을 얻을 수 있게 되었으나, 우선 자기의 학설을 공개적으로 철회하지 않으면 안 되었다. 그 후 그는 1292 년 수도회 총장으로 선출될 때까지 파리에서 신학을 가르쳤고 1295 년에는 부르쥬의 대주교로 임명되었다. 1285 년 파리로 돌아와서부터의 저작에는 《존재와 본질에 관한 정기 토론집》(*Quaestiones disputatae de esse et essentia*), 《자유 토론집》(*Quaestiones Quodlibetales*), 《원인론 주석》(*Commentary on the Liber de Causis*), 《6 일간의 세계 창조 주석》(*Commentary on the In Hexaëmeron*) 등의 주석서, 《군주 통치론》(*De regimine principum*)과 《교회의 권력》(*De potestate ecclesiastica*) 등의 정치 논문이 포함된다. 에지디우스는 1361 년 아비뇽에서 사망했다.

2. 사상가로서의 에지디우스의 자주성

에지디우스 로마누스는 이따금 '토마스주의자'로 지적되어 왔다. 그러나 비록 그 자신이 프란치스코회원들에게 반대하여 어떤 점에서는 성 토마스와 일치하고 있음을 알았다고 할지라도, 그는 성 토마스의 제자라고는 불리워질 수 없다. 말하자면 그는 자주적인 사상가이며, 그 자주성은 얼핏 보기에는 성 토마스를 따르고 있는 것처럼 보이는 점에서도 드러나고 있다. 예컨대 그는 본질과 존재의 실재적 구별을 분명히 주장했지만, 동시에 성 토마스가 이 문제에 대해서 말한 것 이상으로 넘어서 버렸다. 나아가서 비록 그가 1277 년에 형상의 다수성을 거부하고 이 학설이 가톨릭 신앙에 위배된다고까지 단언했을지라도,[1] 이것이 언제나 그의 견해였다는 것은 아니라는 것이 증명되어 있다. 《영혼론 주석》에서[2] 그는 인간에 있어서 실체적 형상의 단일성에 대해서 주저하면서 의심스럽게 말하고 있으며, 그와 같은 것은 《그리스도의 몸에 관한 정식집》에[3] 대해서도 말할 수 있다. 하지만 《철학자들의 오류》에서 그는 인간에 있어서 실체적 형상의 단일설을 잘못이라고 말하고 있

1) *De gradibus formarum*, f. 211 v. 2) 1, 12, 16. 3) Prop. 47, f. 36 v.

다.[4] 그러므로 그는 처음에는 '아우구스티누스적'인 또는 프란시스코회적인 견해로부터 시작하여 서서히 반대의 입장으로 나아간 것이 분명하다.[5] 이 점에 있어서 그는 틀림없이 성 토마스의 영향을 받았으나, 토마스의 학설을 아무런 의심도 없이 순순하게 받아들인 것으로는 생각되지 않는다. 그는 토마스주의자의 입장을 비판하거나 경우에 따라서 그 입장에서 벗어나는 것을 주저하지 않았다. 그리고 그가 토마스의 입장에 동의하는 경우일지라도, 그가 성 토마스의 제자라거나 또는 일찌기 제자였기 때문이 아니라 자기 개인의 사색과 성찰의 결과로써 동의했음이 분명하다. 에지디우스 로마누스가 '토마스주의자'라고 전해지는 말은, 그가 어떤 시기에 성 토마스의 강의를 들었다는 사실의 결과였다. 그러나 교수의 강의에 출석한다는 것이 제자라는 하나의 확실한 보장이 되는 것은 아니다.

3. 본질과 존재

에지디우스 로마누스는 신플라톤주의의 분유론으로부터 상당한 영향을 받았다. 존재(esse)는 하느님으로부터 흘러나오며 하느님 존재의 분유(分有, participation)이다. 존재는 본질에 의해서 받아들여지며 본질과는 실재적으로 다르다. 존재가 본질에 의해서 받아들여진다는 것은 유형적인 것에 관해서 경험적으로 입증될 수 있다. 왜냐하면 유형적인 것은 존재의 시작을 가지고 있으며 언제나 존재와 결합하여 있는 것은 아니기 때문이다. 이는 유형적인 것은 존재에 대해서 가능태에 있고, 존재는 감각적 사물의 본질과는 실재적으로 다르다는 것을 보여주고 있다. 실제로 만일 모든 피조물에 있어서 존재와 본질이 실재적으로 다르지 않다면, 피조물은 더 이상 피조물이 못될 것이다. 즉 피조물은 자기 자신의 본질에 의해서 존재하게 될 것이며 따라서 하느님의 창조 활동에 의지하지 않을 것이다. 그러므로 그 실재적 구별은 창조론에 있어서 불가결의 보증이다. 피조물의 존재가 하느님의 존재를 분유하고 있다는 것이 범신론을 의미하는 것이 아님은 말할 나위가 없다. 에지디우스가 주장하려고 했던 것은, 바로 유한한 것은 창조되었다는 특성,

---

4) 1, 11.

5) *Errores Philosophorum*의 저작 연대와 신빙성에 대해서는 문헌표에 열거한 J. Koch의 판을 참조.

즉 분유하고 있다는 성격이다. 물질적인 사물의 경우, 에지디우스는 본질을 형상과 질료의 합성으로 생각했다. 합성체 또는 유형적인 것의 본질은 형상과 질료의 결합에서 생기는 존재 양식(**modus essendi**)을 가지고(비물질적인 피조물의 경우에는 존재 양식은 형상에서만 생긴다) 있지만, 그 자체가 본래 본연적인 의미에 있어서의 존재(**esse simpliciter**)를 소유하지는 않는다. 그 존재는 받아들여지는 것이다. 본질에 이러한 존재 양식을 부여하는 것은 본질을 하나의 실재로 보는 것이 된다고 하겠다. 그리고 그 이론의 이러한 측면은, 에지디우스가 본질과 존재는 실재적으로 다를 뿐만 아니라 분리될 수도 있다고 확실히 말함으로써 강조되었다. 실제로 그는 존재와 본질은 분리할 수 있는 것이라고 말하는 데 주저하지 않는다.

실재적 구별에 대한 이 과장된 설명은 에지디우스 로마누스와 강의 헨리쿠스 사이의 활발한 논쟁을 야기시켜, 강의 헨리쿠스 자신의 첫 《자유 토론집》(*Quodlibet*, 1276)에서 에지디우스의 의견을 공격했다. 《존재와 본질에 관한 정기 토론집》에는 헨리쿠스에 대한 에지디우스의 대답이 포함되어 있다. 그러나 헨리쿠스는 제 10 《자유 토론집》(1286)에서 이에 대해서 다시 공격했지만, 다시 에지디우스는 《존재와 본질에 관한 정기 토론집》의 제 12 논제에서 반박하여, 거기서 만일 존재와 본질이 자기 자신이 주장했던 의미에서 실재적으로 다르지 않다면, 피조물의 소멸은 불가능할 것이라고 주장했다. 더 나아가서 그는, 피조물이 전적으로 하느님에게 의존한다는 것을 보증하기 위해서는 자기가 말하는 실재적인 구별이 절대로 필요하다고 주장했다. 그가 본질과 존재의 실재적 구별을 말했다는 사실은 그를 성 토마스와 연결시키지만, 그러나 성 토마스는 확실히 존재와 본질이 두 개의 분리될 수 있는 것이라고는 말하지 않았다. 이는 다소 이상하기는 하지만 에지디우스 자신의 하나의 독자적인 공헌이었다.

4. 형상과 질료, 영혼과 신체

에지디우스 로마누스는, 그의 본질과 존재에 대한 학설이 보여주듯이, 정신이 실재적 구별을 발견하는 데는 어디서나 가분리성(可分離性)이 있다고 생각하는 경향이 있었다. 그렇기 때문에 정신은 질료를 떠나서 대상의 형상을 파악함으로써 개별자로부터 보편자를 추상한다.

(추상 작용이란, 능동 지성이 수동 지성과 감각적 표상을 조명했을 때 수동 지성이 하는 일이다.) 그러므로 형상과 질료는 실재적으로 다르며 분리될 수 있다. 그런데 유형한 것 가운데서만 발견되는 질료는 개별화의 원리이다. 그리고 만일 질료와 질료로부터 생기는 모든 개별적인 조건들을 제거한다면, 일정한 종(種)에 속하는 개체들은 하나가 될 것이다. 어쩌면 이는 질료를 개별화의 원리로 하는 학설의 정당한 결론일지 모른다. 하지만 어쨌든 초실념론(ultra-realism)으로의 경향은 분명하며, 한편 이것은 "실재적으로 다르다는 것"과 "분리할 수 있다는 것"을 동일시하는 에지디우스의 경향에도 원인이 있다.

그리고 또 형상(영혼)과 신체는 실재적으로 다르며 분리될 수 있다. 물론 이 생각에는 새로운 것이라고는 아무 것도 없다. 그러나 에지디우스는, 신체는 형상으로부터 분리된 후에도 여전히 하나의 신체, 즉 똑같은 하나의 신체일 것이라고 생각했던 것이다. 왜냐하면 신체는 현실적으로 분리하기 이전에 이미 분리할 수 있었고 또 실제로 분리했다고 해서 같은 하나의 신체라는 것이 변할 리가 없기 때문이다.[6] 이러한 의미의 신체는 연장(延長)된 유기적인 질료를 의미할 것이다. 그래서 그는 이 이론에 의해서, 그리스도의 몸은 십자가상에서 죽기 전이나 후에도 같은 하나의 것이었다는 것을 간단하게 설명할 수가 있었다. 그러므로 그는 유형성의 형상설(그는 이를 믿지 않았다)에 의지할 필요도 없었고, 또 무덤 안에 있는 그리스도의 몸과 죽기 전의 그리스도의 몸의 동일성을, 단순히 그 몸과 신성(神性)의 결합과 억지로 관련시킬 필요도 없었다. 나아가서 에지디우스 로마누스가 형상 다수설을 신학적인 정통성과 일치하지 않는다고 공격했던 이유 가운데 하나는, 그가 생각하기에는 그 설이 그리스도의 죽음에 대한 교의를 위태롭게 하기 때문이다. 만일 인간에게 여러 개의 형상이 있어서 그 가운데 인간에게 특유하고 다른 동물에게는 찾아볼 수 없는 단 하나의 형상만이 죽을 때 분리된다고 한다면, 그리스도는 신체적으로 죽었다고는 말할 수 없을 것이다. 물론 신학적인 이유가, 그가 형상의 다수성을 공격했던 유일한 이유는 아니었다. 예컨대 서로 다른 형상은 대립하여 동일한 실체 안에는 있을 수 없다고 그는 확신하고 있었다.

---

6) 에지디우스의 설에서는, 신체로부터 분리된 상태에 있는 영혼(형상)은 개별적인 것이 아닌 것처럼 생각된다. 그러나 성 토마스에 있어서와 마찬가지로, 그에게 있어서 영혼은 질료와의 결합에 의해서 개별화되고 또 자신의 개별성을 유지하고 있었음을 유의하지 않으면 안 된다.

5. 정치 이론

《교회의 권력》은 교회와 국가의 관계를 취급하는 것으로 그 자체가 흥미있을 뿐만 아니라, 그것이 교황 보니파시우스 8세에 의해서 유명한 교서 《우남 상탐》(*Unam Sanctam*, 1302년 11월 18일)의 작성에 이용되었던 저서 가운데 하나였다는 이유에서도 흥미있다. 프랑스의 필립 단정왕(端正王)이 될 왕자를 위해서 씌어진 《군주의 통치론》에서는 에지디우스가 아리스토텔레스와 성 토마스에 의거하고 있었으나, 《교회의 권력》에서는 로마 교황의 절대론과 최고 주권론, 그리고 세속적인 일에 관해서까지도 교황의 재치권(裁治權)을 인정하는 학설 — 이는 특히 군주들의 권한들에 반대하는 것을 목표로 하여, 보니파시우스 8세에게는 크게 만족스러웠다 — 을 제창했다. 이 저작에서 그는 성 토마스의 정치 사상보다도 성 아우구스티누스의 국가관에 더 많이 의거하고 있었다. 그리고 성 아우구스티누스가 주로 이교(異教)의 제국을 염두에 두고 말했던 것이 에지디우스에 의해서 당시의 왕국들에 적용되고, 거기다 교황 지상권설이 가해졌던 것이다.[7] 교황과 국왕의 두 권력, 두 칼이 있으나, 세속 권력은 영적 권력에 종속한다. "지상의 권력이 악용되는 경우에는 상위자로서의 영적 권력이 그것을 판정할 것이다. 그러나 영적 권력과 특히 로마 교황의 권력이 부당하게 행사되는 경우에는 오직 하느님만이 이를 판정한다."[8] 보니파시우스 8세가 《우남 상탐》에서 로마 교황청은 세속적인 일에서도 국왕에 대해서 직접 권력을 가진다고 주장한 데 대해서 프랑스의 필립 4세가 비난하자, 교황은 그것은 자신의 의향이 아니며 자신은 국왕의 권력을 빼앗으려는 것이 아니라 국왕은 교회의 다른 신도들과 마찬가지로 〈죄에 관해서는〉(ratione peccati) 교회에 속해 있다는 것을 명백하게 하려고 했을 뿐이라고 대답했다. 그러나 단지 한 신학자로서 말한 에지디우스 로마누스 측이 이 점에 있어서는 보니파시우스 8세보다 훨씬더 나아간 것으로 생각된다. 그는 두 칼과 두 권력이 있어서, 한 권력은 군주에게

---

7) 나는 아우구스티누스가 로마 교황청의 탁월성을 거부했다고 말하려 하는 것은 아니다. 하지만 그가 세속적인 일에 대한 교황의 재치권을 주장했다고 말하는 것은 당치도 않다.

8) 1, 5.

주어져 있고 다른 권력은 교회 그리고 특히 로마 교황에게 주어져 있음을 인정하고 있다. 그러나 그는 나아가서 사제 특히 교황은 새로운 계명, 즉 그리스도의 계시하에서 영적 권력을 사용하는 것으로 그치지 않고 세속적인 칼을 휘둘러서는 안 된다고 말한다. 그것은 교회가 세속적인 칼을 가지고 있지 않아서가 아니라, 오히려 세속적인 칼을 〈사용을 위해서가 아니라 지도를 위해서〉(**non ad usum, sed ad nutum**) 가지고 있기 때문이다. 바꾸어 말하면, 마치 그리스도가 영성적인 것과 세속적인 모든 권력을 가지고 있으면서도 실제로는 자신의 세속적인 권력을 행사하지 않았던 것처럼, 교회는 세속적인 일에 대해서 권력을 가지고 있을지라도 이 권력을 직접 그리고 계속적으로 행사하는 것은 교회를 위해서 도리에 맞는 것이 아니다. 마치 신체가 영혼으로 질서지워져서 영혼에 마땅히 복종해야 하듯이, 세속적인 권력은 세속적인 일에 있어서도 영성적 권력으로 질서지워져서 마땅히 이에 복종해야 한다. 그러므로 교회는 세속적인 일에 있어서도 최고의 재치권을 지닌다. 결국 논리적으로는, 국왕은 교회의 대리인에 지나지 않는다는 것이다.[9] "모든 세속적인 것은 교회와 특히 교황의 지배와 권력 아래에 두어져 있다."[10] 이 학설은 1302년 9월 이전의 《그리스도교의 통치》(*De regimine Christiano*)에서 비테르보의 야고부스(**Jacobus de Viterbo**)에 의해서 계승되었다.

1287년 에지디우스 로마누스에게는, 그가 이미 저술한 것에 관해서만이 아니라 앞으로 마땅히 저술할 것에 관해서도 경의가 표시되어, 그의 생존중에도 불구하고 그가 속해 있는 수도회의 박사 학위가 주어졌다.

---

9) 1, 8~9 참조.

10) 2, 4.

B. 강의 헨리쿠스

6. 생애와 저작

강의 헨리쿠스(Henricus de Gand)는 투르내 또는 강에서 태어났으나, 그의 출생 연도는 확실하지 않다. (그의 일족은 어쨌든 본래 강 출신이나, 전해지는 말처럼 고귀한 가문은 아니었다.) 1267 년부터 그는 투르내의 주교좌 성당 참사회원으로 있었으며, 1276 년에는 브루쥬의 주교좌 성당 부주교가 되고, 1279 년에는 투르내의 주교좌 성당 부주교로 임명되었다. 그가 파리에서 처음에는 인문학부에서 그 다음에는 (1276 년부터) 신학부에서 가르쳤으므로, 그의 부주교로서의 임무가 그다지 힘들었던 것으로 보이지는 않는다. 1277 년 그는 파리의 주교 스테판 탕피에에게 협력하는 신학자들의 위원회의 일원이 되었다. 그의 저작은 《신학 전서》(*Summa Theologica*), 15권의 《자유 토론집》(*Quodlibets*), 《아리스토텔레스의 형이상학 토론집(1 권에서 6 권까지)》(*Quaestiones super Metaphysicam Aristotelis*, 1∼6), 《신카테고레마타》(*Syncathegorematum Liber*), 《원인론 주석》(*Commentum in Librum de Causis*)이나, 이 마지막 세 저작은 확실하게 그의 것으로는 생각되지 않는다. 그리고 아리스토텔레스에 관한 《자연학 주석》(the Commentary on the *Physics*)도 마찬가지라고 할 수 있다. 그러므로 헨리쿠스의 학설을 알기 위한 확실한 근원이 되는 것은 《신학 전서》와 《자유 토론집》이다. 그는 1293 년 6 월 29 일에 사망했으며, 한때 주장되었듯이 성모 마리아 시녀회의 일원은 아니었다.

7. 조명설과 생득 개념설에 의해서 설명되는 절충주의

강의 헨리쿠스는 절충적 사상가로 아우구스티누스주의자나 아리스토텔레스주의자로는 불리워질 수 없다. 이 절충주의는 그의 인식론으로 설명될 수 있다. 만일 〈우리의 모든 인식은 감각으로부터 유래한다〉[11)]

11) *Summa*, 3, 3, 4; 3, 4, 4.

는 명제를 읽는다면, 우리는 헨리쿠스가 아우구스티누스에는 거의 공감을 가지지 않는 뚜렷한 아리스토텔레스주의자라고 생각할 것이다. 그리고 인간은 피조물에 있어서 참된 것을 특별한 하느님의 조명도 없이 하느님의 보통 협력의 도움을 받는 자연적 능력만으로 알 수 있다는 그의 말과 관련하여 그 명제를 읽는 경우에는 특히 그러하다.[12] 그러나 이는 그의 사상이 지니는 한 측면에 불과하다. 우리가 감각 경험을 통해서 얻는 피조물의 인식은 피상적인 인식에 지나지 않으며, 그리고 비록 피조물에 있어서 참된 것을 조명없이 알 수 있을지라도, 조명없이는 그것의 진리성을 알 수 없다. 감각 경험에만 근거하는 인식이 피상적이라는 이유는 다음과 같다. 〈가지적 형상〉(**species intelligibilis**)은 〈감각적 형상〉(**species sensibilis**)에 포함되어 있는 이상의 것을 포함하지 않는다. 즉 우리는 감각적 형상에 의해서 대상의 개별적인 측면을 파악하고 가지적 형상에 의해서는 대상의 보편적인 측면을 파악한다. 그러나 그 어느 것이든 대상의 가지적인 본질을 하느님의 이데아와의 관계에서 우리에게 주는 것은 아니다. 그리고 우리는 그 가지적 본질을 파악하지 않고는 대상에 관한 확실한 판단을 내릴 수가 없다. 대상의 '진리'(**Veritas**)는 불변하는 진리와의 관계에서 이루어지며 그리고 이 관계를 파악하기 위해서는 하느님의 조명이 필요하다.[13] 그러므로 강의 헨리쿠스가 인식은 감각에서 유래한다고 말할 때, 그는 '인식'의 범위를 한정하고 있다. 즉 "피조물에 관해서 그 가운데 참된 것을 안다는 것과, 그것의 진리성을 안다는 것은 별개의 것이다." 그에게 있어서 사물의 '진리'는 아우구스티누스적인 방법으로 생각되고 있으며, 따라서 진리를 파악하기 위해서는 조명이 필요하다. 그가 조명설을 비교적 적게 사용하여 어느 정도로 아우구스티누스주의를 완화시키려고 했을지 모르나, 아우구스티누스적인 요소는 확실히 그의 사상 가운데 현존하고 있다. 즉 감각과 지성의 자연적 작용은 대상의 비교적 피상적인 인식으로서 인간의 정상적인 인식이라고 불리우는 것을 설명해 주지만, 인간 인식의 가능한 범위 전체를 설명해 주지 않으며 또 설명해 줄 수도 없다.

그와 같은 절충적인 경향은 그의 생득 개념설에서도 볼 수 있다. 그는 플라톤의 생득설(生得說)과 상기설(想起說)을 거부하고 또 이 세상

12) 같은 책, 1, 2, 11과 13.
13) 같은 책, 1, 2, 26.

에 있어서의 관념은 〈형상 수여자〉(Dator formarum)에 의해서 각인된다는 아비첸나의 학설도 거부했다. 그러나 모든 관념은 감각 경험의 소재를 성찰함으로써 이루어진다는 아리스토텔레스의 설(일반적으로 해석되고 있듯이)도 받아들이지 않는다. 존재, 사물, 필연성 등의 관념은, 보다 앞서고 보다 잘 인지된 관념의 힘을 입지 않는 인상(impression)에 의해서 영혼에 직접 각인되는 것과 같은 것이라는 아비첸나의 진술을 헨리쿠스는 자기 자신의 것으로 했다.[14] 또 한편으로는, 기본적 관념 — 그 가운데서도 가장 중요하고 궁극적인 것은 존재의 관념이다 — 은 엄밀한 의미에서 생득적이 아니며, 비록 감각 대상의 경험에서 얻어지지는 않을지라도 그 경험과 함께 이해된다.[15] 정신은 이들 관념을 자기 자신으로부터 끌어내거나 오히려 감각 경험을 계기로 안으로부터 만드는 것처럼 생각된다.[16] 존재의 개념은 창조되지 않은 존재와 창조된 존재 모두를 포용하므로,[17] 하느님의 관념은 어떠 의미에서 생득적이라고 말할 수 있을 것이다. 그러나 이는 인간이 나면서부터 하느님의 관념을 현실적으로 가지며 그 관념의 기원이 경험과는 전혀 관계가 없다는 의미가 아니다. 즉 하느님의 관념은 인간이 존재의 관념으로부터 그것을 형성한다는 의미에서 잠재적으로만 생득적이며, 존재의 관념은 그 자체가 구체적 대상의 경험에 있어서는 전제되어 있지만, 경험이 주어지기까지는 명료한 의식에 떠오르지 않고 현실적으로 형성되지도 않는다. 형이상학은 실제로 존재의 관념을 탐구하고 창조된 존재와 창조되지 않은 존재의 가지적인 본질들 사이의 관계를 인식하는 것이므로, 조명의 필요성이 강조되리라고 기대할지 모른다. 그러나 헨리쿠스는 아리스토텔레스와 아비첸나의 영향을 받아서인지, 특별한 조명과는 관계없이 관념과 인식의 기원에 대해서 자주 기술하고 있다. 그는 절충적인 경향으로 말미암아 일관성에 관해서는 약간 주의를 결여한 것으로 생각된다.

8. 형이상학의 관념

자연 철학자나 〈자연학자〉는 개별적 대상에서 시작하여 추상 작용에

14) Avicennna, *Metaphysics,* 1, 2, 1 ; Henry, *Summa,* 1, 12, 9 ; 3, 1, 7.

15) *Summa,* 1, 11, 6 ; 1, 5, 5 참조.

16) 같은 책, 1, 11, 18 참조.

17) 이 말이 엄밀하게는참된것이 아니라고하는제한에 대해서는10장을참조.

의해서 감각적 대상의 보편 개념을 형성하지만, 형이상학자는 존재(**res** 또는 **alquid**)의 관념에서 시작하여 나아가서 이 관념 안에 잠재적으로 포함되어 있는 가지적인 본질을 알아낸다.[18] 물론 자연학과 형이상학의 영역에는 겹치는 부분이 있다. 왜냐하면 예컨대 형이상학자가 인간은 이성적 동물이라고 말할 때, 그는 인간은 신체와 영혼이라고 말하는 자연 철학자와 같은 대상을 파악하고 있기 때문이다. 하지만 형이상학자와 자연 철학자에 있어서 출발점과 접근 방법은 다르다. 형이상학자는 보다 보편적인 것에서 보다 보편적이 아닌 것으로, 유(類)에서 종(種)으로 나아가서 인간의 가지적인 본질을 규정하지만, 자연 철학자는 개별적인 인간으로부터 출발하여 추상 작용에 의해서 인간의 자연학적인 구성 요소를 파악하고 기술한다.

넓은 의미에서의 존재(**res**)는, 정신적으로만 존재하는 〈상상적인 것〉(**res secundum opinionem**) — 예컨대 황금의 산 — 과, 정신 밖에 현실적 또는 가능적인 존재를 가지는 〈진실한 것〉(**res secundum veritatem**)을 포함한다.[19] 그리고 형이상학의 대상이 되는 〈형이상학적 존재〉는 이차적 의미에서의 존재이다. 넓은 의미에서의 〈존재〉가 유비적으로 분류되듯이, 형이상학적인 존재도 유비적으로 〈존재 자체〉(**ipsum esse**)인 하느님과, 〈존재가 적용되는〉(**cui convenit esse**) 피조물로 분류된다. 그러므로 존재는 유(類)도 아니고 범주(**predicament**)도 아니다. 그리고 또 마지막 의미에서의 존재, 즉 〈존재가 그것에 적용되는 것 또는 적용되기에 적합한 것〉은 유비적으로 자립적인 존재(**esse in se**)의 성격을 지니는 실체(實體)와, 의타적인 즉 실체에 의존하는 존재(**esse in alio**)의 성격을 가지는 우유성(偶有性)으로 분류된다. 아리스토텔레스에게 있어서도 형이상학은 존재로서의 존재의 학(學)이었으나, 그에게 있어서의 존재의 관념은, 이를 분석할 경우 존재의 유비적인 분류를 찾아볼 수 있는 그러한 출발점은 아니었다. 강의 헨리쿠스는 이 문제에 있어서 아비첸나의 사상의 영향을 받았으며, 아비첸나의 철학은 스코투스 철학의 체계 수립에도 영향을 미쳤다. 강의 헨리쿠스와 스코투스에 의하면 형이상학자는 존재의 관념을 연구하며, 형이상학은 본래 개념의 차원에서 이루어진다.

이 견해상으로는 본질의 차원에서 존재의 차원으로 이행하기가 어려울 뿐만 아니라, 〈상상적인 것〉과 〈진실한 것〉의 혼동이 있는 것으로 생각된다. 그러나 헨리쿠스는, 현실화되어 있거나 또는 객관적으로 있

18) *Quodlibet*, 4, 4, 143.

19) 같은 책, 7, 1, 389.

을 수 있는 본질은 그 자체의 어떤 현실성, 즉 〈본질 존재〉를 가지며 또 가지는 것으로 인정될 수 있다고 주장했다. 이 본질 존재를 가짐으로써, 본질은 단순한 〈사고상의 존재〉와 구별된다. 그러나 헨리쿠스가 아비첸나로부터 계승한 본질 존재의 이론이 본질이 정신 밖의 단초적인 존재를 가진 것처럼 일종의 발단을 지니는 존재를 의미한다고 생각해서는 안 된다. 헨리쿠스는 에지디우스 로마누스가 이러한 학설을 주장했다고 비난한다. 즉 그 학설은 본질은 사유 속에 현실적으로 존재하고, 정의할 수 있고, 또 가지적인 본질이라는 것을 의미한다.[20] 그 가지성(可知性) 및 그 내적 가능성이 본질을 〈상상적인 것〉, 예컨대 그 자체가 모순의 개념, 즉 절반은 인간이고 절반은 산양인 존재의 개념으로부터 구별한다. 본질의 차원과 존재의 차원간의 관계에 관해서는, 우리가 개체의 경험을 통해서만 개체의 존재를 알 수 있음이 분명하지만(헨리쿠스의 철학에 있어서는 개체의 어떠한 연역도 문제되지 않는다), 보편적인 성격을 지니는 가지적인 본질은 존재 개념으로부터 연역된다기보다는 존재 개념하에 '두어진다'. 이미 보아 온 바와 같이 자연 철학자는 인간에게 있는 신체와 영혼이라는 자연학적인 구성 요소를 알아내지만, 형이상학자에 의해서 인간은 유와 종, 즉 인간의 가지적인 본질의 견지에서 이성적 동물이라고 정의된다. 그러므로 가지적인 본질은 존재의 개념하에 그리고 개별적인 실체로서 존재의(유비적인) '한정' 하에 두어진다. 그러나 인간이 현실적으로 존재한다는 것은 경험에 의해서만 알아진다. 또 한편으로 가지적인 본질은 하느님 안에 있는 이데아, 즉 범형 또는 절대 본질의 반영(**exemplatum** 또는 **ideatum**)이며, 그리고 하느님은 수(數)에 있어서 다른 실체들 또는 〈기체〉(**supposita**)들로 다수화될 수 있다고 생각되는 본질을 통해서 개체들을 안다. 즉 하느님 안에는 개체들 그 자체의 이데아는 존재하지 않으며, 따라서 하느님은 그 개체들을 종적 본질에서 또 그것을 통해서 인식한다.[21] 이로부터 개체는 보편 개념 안에 어떤 방법으로 포함되어 있어서 적어도 이론적으로는 그 보편 개념으로부터 개체가 연역되든가 또는 개체를 가지적이게 하는 어떠한 기대도 버리지 않으면 안 되는 것으로 결국 생각된다.[22] 헨리쿠스는 개체성이 종적인 본질에 어떤 현실적인 요소를 더하는 것으로 인정하려고 하지 않았다.[23] 개체들은 단지 현실적

20) *Quodlibet*, 3, 2, 80 참조.
21) 스코투스는 강의 헨리쿠스의 이 설을 공격했다.
22) *Quodlibet*, 2, 1, 46 참조. 23) 같은 책, 8, 57 이하.

으로 또 정신 밖에 존재한다는 사실에 의해서 서로 다르다. 따라서 만일 개별화가 현실적으로 더해진 요소에 의해서 설명될 수가 없다면, 개별화는 부정, 즉 그 자체에 있어서의 내적 또는 본질적인 구분을 부정하고 또 다른 존재와의 동일성을 부정하는 이중의 부정에 의해서 설명되지 않으면 안 된다. 스코투스는 개별화의 원리는 부정일 수가 없고 또 부정은 적극적인 어떤 것을 전제하지 않으면 안 된다는 것을 근거로 하여 이 견해를 공격했다. 그러나 물론 헨리쿠스는 적극적인 어떤 것, 즉 존재를 전제하고 있다.[24)]

위에서 말한 것이 헨리쿠스 학설의 여러 가지 항목에 대한 혼란되고 부적절한 설명으로 보일지 모르나, 나는 그의 체계에 있어서의 기본적인 어려움을 드러내려고 했을 뿐이다. 형이상학이 존재의 관념과 가지적인 본질에 대한 연구인 한에서, 그리고 개체가 본질에 포함되어 있는 것으로서만 가지적이라고 생각되는 한에서 헨리쿠스의 형이상학은 플라톤적인 유형에 속하는 반면에, 그의 개별화의 이론은, 사물은 존재한다는 바로 그 사실에 의해서 개별적이기 때문에 어떠한 개별화의 원리도 찾을 필요가 없다는 오컴 철학의 출현을 예시하고 있다. 전자의 관점은 본질에 의한 대상의 설명을 요구하는 반면에, 후자의 관점은 존재, 창조, 형성에 의한 설명을 요구한다. 그리고 헨리쿠스는 이 두 관점을 충분히 조화시키지도 않은 채 병치하고 있다.

9. 본질과 존재

강의 헨리쿠스가 가지적인 본질에 〈실존 존재〉(**esse existentiae**)와는 구별된 〈본질 존재〉(**esse essentiae**)를 부여했다는 것은 이미 보아 왔다. 이 구별의 실질은 어떠한 것일까? 우선 헨리쿠스는 이 구별을 자연학적인 차원으로 옮겨서 존재와 본질의 구별을 두 개의 분리 가능한 것 사이의 구별로 만든 에지디우스 로마누스의 설을 거부했다. 이 견해를 반대하여 헨리쿠스는 자신의 제 1 (제 9 논제), 제 10 (제 7 논제), 제 11 (제 3 논제) 《자유 토론집》에서 논하고 있다. 만일 존재가 에지디우스 로마누스가 요청한 의미에서 본질로부터 구별된다면, 존재는 그 자체가 하나의 본질이 될 것이며 그리고 존재하기 위해서는 다른 존재가 요구될 것이다. 그래서 하나의 무한한 과정을 생각하게 될 것이다. 나아

24) 헨리쿠스의 이중 부정설에 대해서는 *Quodlibet*, 5, 8, 245 이하 참조.

가서 본질과 실재적으로 다른 존재란 어떠한 것인가? 그것은 실체일까 또는 우유성일까? 이는 그 어느 쪽이라고도 대답할 수 없을 것이다. 더군다나 헨리쿠스는 형이상학적인 구별로 이해된 실재적인 구별을 거부했다. 즉 존재하는 대상의 본질은 결코 존재와 비존재에 관계하지 않는 것이 아니다. 말하자면 구체적인 질서에 있어서 사물은 존재하든가 아니면 존재하지 않든가이다. 존재는, 사물이 본질과 존재의 한 종합이라는 그러한 종류로서의 사물의 구성 요소 또는 원리가 아니다. 본질에 존재를 더하는 형식의 어떠한 종합이 있다고 할지라도, 그것은 정신의 일이다.[25] 또 한편으로 본질의 개념 내용은 존재의 개념 내용과 동일하지 않다. 즉 우리의 견해로는, 존재하는 본질의 관념은 본질 그 자체의 단순한 관념 그 이상의 것을 포함하고 있다. 그러므로 그 구별은, 비록 실재적 구별은 아닐지라도 단순한 논리적 구별이 아니라 동일한 것에 관한 다른 **지향**(**intentiones**)을 나타내고 있는 '지향상의' 구별이다.[26]

그러나 만일 현실화된 본질이 가능적인 것으로 생각된 본질 그 이상의 것을 포함한다면, 그리고 본질과 존재의 실재적 구별이 재도입되지 않는다고 한다면 이 '그 이상의 것'이란 무엇일까? 강의 헨리쿠스에 의하면 그것은 어떤 관계, 즉 원인에 대한 결과의 관계, 창조자에 대한 피조물의 관계이다. 피조물에 있어서는 존재하는 것과 하느님에 의존한다는 것은 동일한 것이다.[27] 이를테면 하느님의 결과라는 것과 하느님으로부터 〈실존 존재〉를 얻는다는 것은 동일하며, 이는 하느님에 대한 관계를 의미한다. 단순히 가능적인 것으로서 생각되어진 본질은 〈본떠서 만들어진 것〉(**exemplatum**)으로서 하느님의 인식에 의존해 있지만, 현실화된 본질 또는 존재하는 본질은 하느님의 창조력에 의존한다.[28] 따라서 현실화된 본질의 개념은 가능적인 본질의 개념 그 이상의 것을 포함하고 있다. 그러나 비록 하느님에 대한 현실화된 본질의 관계가 실재적인 의존 관계일지라도, 그것은 구체적 질서에 있어서 실재적 구별을 지니는 본질과 다른 것이 아니다. 그러므로 형이상학적인 관점에서는 하느님만이 다른 존재와의 관계없이 생각될 수 있으며, 피조물은 하느님에 대한 이중의 관계(범형에 대한 〈본뜸〉 또는 원인에 대한 결과)를 떠난다면 무(無)이다. 첫번째의 관계만으로는 본질이 하느님 '밖에'

25) *Quodlibet*, 3, 9, 100 ; *Summa*, 21, 4, 10 참조.
26) *Summa*, 21, 4, 7 이하 ; 27, 1, 25 ; 28, 4, 7 참조.
27) *Quodlibet*, 10, 7, 153.
28) *Summa*, 21, 4, 10.

존재하지 않으나, 두번째 관계에 의해서는 본질은 현실화된 본질로서 존재한다. 그러나 두번째 관계를 떠난다면 본질은 〈실존 존재〉를 가지지 않는다. 왜냐하면 〈실존 존재〉와 〈하느님에 대한 관계〉는 같은 것이기 때문이다.

10. 하느님의 존재 증명

강의 헨리쿠스가 하느님의 존재의 〈경험적인〉 증명을 인정하고는 있으나, 그는 이를 자연학적인 성격의 것으로 간주하고 (자연학 및 자연철학과 형이상학에 관한 그의 생각은 이러한 결론으로 이끌지 않을 수 없었다), 〈선험적인〉 증명보다 못한 것으로 보았다. 자연학적 증명은 우리를 탁월한 존재의 인식으로 이끌어 줄 수는 있지만, 이 존재의 본질을 우리에게 밝혀 줄 수는 없다. 즉 이 증명에 관한 한에서 하느님의 존재는 사실 존재이며, 이 사실 존재는 권리 존재로서는 밝혀지지 않는다. 하지만 형이상학적 증명은 우리에게 하느님의 존재를 하느님의 본질 안에 필연적으로 내포된 것으로서 또는 오히려 하느님의 본질과 같은 것으로서 인식하게 한다.[29] 그와 마찬가지로, 하느님의 본질은 어떠한 다수화에도 본질적으로 모순된다는 것을 증명함으로써 하느님의 유일성을 확립할 수 있는 것은 형이상학적 증명뿐이다.[30]

하느님의 〈선험적인〉 관념, 즉 그것이 존재하지 않을 수 없는, 생각될 수 있는 한에 있어서의 최고의 순일한 완전이라는 개념은, 강의 헨리쿠스에 의해서 존재, 사물이나 본질, 필연성 등의 기본 개념들 가운데 하나로 생각되고 있다. 그가 존재의 일의적(一義的) 개념 그 자체로부터 필연적 존재와 우연적 존재의 개념을 연역하려는 것으로 예상할지 모르나, 실제로 그는 존재 개념의 일의적 성격을 인정하지 않는다. 필연적 존재가 무엇인가에 대한 인식과 우연적 존재가 무엇인가에 대한 인식은 함께 생겨난다. 즉 우리는 필연적 존재의 불완전한 인식없이는 우연적 존재의 불완전한 인식을 가질 수가 없으며, 필연적 존재의 완전한 인식없이는 우연적 존재의 완전한 인식을 가질 수도 없다.[31] 하느님과 피조물에 공통하는 하나의 일의적인 존개 개념은 없다. 즉

29) 같은 책, 24, 6, 7 ; 22, 4 ; 22, 5 참조. 30) 같은 책, 22, 3 ; 25, 2~3.
31) 같은 책, 24, 8, 6 ; 7, 7.

필연적 존재의 개념과 우연적 존재의 개념, 두 개념이 있다. 그리고 우리의 존개 개념은 그 어느 하나가 아니면 안 된다. 하지만 우리는 그 둘을 혼동할 수 있다. 미결정에는 부정적(negative) 미결정과 결여적(privative) 미결정, 두 종류가 있다. 존재가 유한성의 의미에서의 결정의 가능성을 모두 배제하는 경우에는 그 존재가 부정적으로 미결정이며 하느님만이 이러한 의미에서의 미결정인 반면에, 존재가 결정될 수 있거나 결정되지 않으면 안 되지만 아직은 결정되어 있지 않거나 결정을 떠나서 생각되는 경우에는 그 존재는 결여적으로 미결정이다.[32] 그러므로 만일 존재를 그 결정을 떠나서 생각한다면, **창조된** 존재를 생각하고 있는 것이다. 그리고 이 존재는 구체적으로는 실체이든가 우유성이 아니면 안 되지만, 이러한 결정을 떠나서 생각될 수 있는 것이다. 그리고 이 〈결여적 미결정〉의 개념은 하느님 즉 〈부정적 미결정〉을 포함하지 않는다. 그러나 이 두 개념은 실제로는 두 개인데도 불구하고, 정신은 이 두 개념을 쉽사리 혼동하여 그 둘을 하나로 생각해 버린다. 이와 같이 말하여 하느님과 피조물에 공통하는 일의적인 존재 개념을 배제함으로써 강의 헨리쿠스는 아비첸나의 필연적 창조설을 피하려고 했다. 아비첸나의 필연적 창조설은, 본래 일의적인 존개 개념으로부터 필연적 존재와 창조된 존재를 함께 끌어내는 경우에 생겨나는 것으로 생각된다. 그러나 헨리쿠스는 위험하게도 이 설에 접근하여 두 개의 존개 개념은 다의적이라고 가르쳤다고 하여 스코투스의 비난을 받았다. 헨리쿠스는 또 유비설을 설명하여 '존재'가 하느님과 피조물에 온전히 다의적으로 사용되지는 않는다고 말하고 있지만,[33] 그러나 그는 존재 개념은 하느님의 개념이거나 아니면 피조물의 개념이며, 그 양자에게는 적극적인 공통성은 없고 단지 소극적(부정 즉 '미결정'을 위해서는 어떠한 적극적 근거도 없다)인 공통성만 있다고 역설했다. 따라서 여기에서 스코투스의 비난을 받을 상당한 근거가 있다고 생각된다.[34] 헨리쿠스의 견해로는 피조물로부터의 하느님에 대한 모든 논증은 잘못이 아니면 안 된다고 스코투스는 반박했다. 확실히 스코투스가 반박했던 헨리쿠스의 사상이 지니는 그 측면이 강조된다고 한다면, 하느님에 대한 인간의 철학적 인식을 옹호하는 유일한 방법은 피조물의 경험으로부터 끌어내어진 하느님의 관념이 아니라 하느님의 〈선험적인〉 관념이 있다는 것을 인정하는 일이라고 하겠다.

32) *Summa*, 21, 2, 14 참조.
33) 같은 책, 21, 2, 6과 8 참조.
34) 같은 책, 21, 2, 17 ; 21, 2, *ad* 3 참조.

11. 헨리쿠스 철학의 일반적 정신과 의의

강의 헨리쿠스가 절충적인 사상가라는 것은 이미 말했으며 이 절충주의에 대한 약간의 예를 들었다. 그는 에지디우스 로마누스에 의해서 주장된 실재적 구별설(에지디우스가 특히 공격의 대상이었지만 성 토마스의 학설마저도)과 싸우면서 동시에 영원으로부터의 창조의 가능성을 인정하지 않는다. 그리고 그는 토마스의 개별화설을 거부하는 동시에 피조물에 있어서의 전면적인 질료 형상론도 거부하고 또 인간 이외의 다른 물질적 존재에 관해서는 형상 다수설을 반대했다. 제 1 《자유 토론집》에서 헨리쿠스는 인간에 있어서 실체적 형상의 단일성에 대한 토마스의 견해를 채용했으나, 제 2 《자유 토론집》에서는 의견을 바꾸어 인간에 있어서 〈유형성의 형상〉을 인정했다. 또 한편 그는 한정된 형태의 특별한 조명을 요청했는가 하면 지성에 대한 자유 의지의 우위성을 주장하는 동시에 아리스토텔레스로부터 많은 것을 빌고 또 아비첸나의 철학으로부터는 강한 영향을 받았으며, 그리고 그의 개별화설에서는 그를 앞섰던 사람들보다도 오히려 오컴주의 운동에 속하는 사상가들과 더욱 유사한 데가 있다. 그렇지만 어떤 철학자를 무조건 '절충적'이라고 부르는 것은, 그 철학자가 아무런 종합도 이루지 않고 여러 가지의 자료로부터 취해진 견해들을 나란히 놓아 두었다는 것을 암시한다. 강의 헨리쿠스의 경우, 그를 그렇게 설명하는 것도 부당하다고 하겠다. 그는 확실히 언제나 일관되어 있는 것은 아니었고 그의 견해와 사상 경향이 언제나 서로 잘 조화를 이루고 있는 것은 아니지만, 그러나 그는 분명히 그리스도교 사상에 있어서 플라톤적인 전통에 속해 있었으며, 그가 아리스토텔레스와 아리스토텔레스적인 사상가들로부터 생각을 빌고 있는 것이 실제로 이 사실에 끼친 영향은 없다. 성 보나벤투라 자신은 아리스토텔레스를 이용했으나, 그럼에도 불구하고 아우구스티누스주의자였다. 형이상학자로서의 헨리쿠스의 주요한 경향은, 구체적인 것의 형이상학보다도 가지적인 것의 형이상학, 즉 본질의 형이상학을 수립하는 일이었으며, 이 까닭에 그는 플라톤적 전통의 철학자로 간주되고 있다.

그러나 헨리쿠스는 플라톤적인 전통에 속해 있었지만, 그리스도교 철학자이기도 했다. 따라서 그는 무(無)로부터의 자유로운 창조설을 주장했던 것이다. 그는 존재의 관념으로부터 창조된 존재를 연역하려고 하지는 않았다. 그리고 창조를 필연적인 것으로 하는 것을 피하려는 의도에서 형이상학적인 연역의 출발점인 존재 개념의 일의성을 거부했다. 물론 플라톤 자신은 이러한 형태의 '관념론'적인 연역을 결코 시도하지는 않았다. 그러나 헨리쿠스는 플라톤이나 그 밖의 이교의 그리스 철학자들과는 달리, 창조에 대한 명백한 관념을 가지고서 하느님에 대한 모든 피조물의 의존성을 강조하여 피조물이 하느님과의 관계를 떠나면 무가 될 것이라고 주장했다. 그의 사상 가운데서 두드러진 이 그리스도교적인 요소로 말미암아, 그는 아우구스티누스적인 전통에 위치하여 그 전통으로부터 자신의 조명설과 잠재적인 생득 관념설, 즉 내부에서 형성되는 관념의 이론을 끌어내었다. 또 한편으로는 그는 아비첸나 철학의 오류로 생각되는 것을 피하려고 노력했지만, 그의 형이상학은, 질송이 이에 관련하여 〈아비첸나적인 아우구스티누스주의〉에 대해서 말할 정도로 이슬람 철학자의 사상으로부터 강한 영향을 받았다. 헨리쿠스가 조명자의 기능을 지니는 하느님(성 아우구스티누스)과 아비첸나의 이존(離存) 능동 지성을 한데 합친 것(이러한 〈조정〉은 헨리쿠스의 특유한 것만은 아니다)은 고사하고, 그의 완화된 생득설은 당연히 구체적인 것의 형이상학보다는 오히려 가지적인 본질의 형이상학으로 그의 마음을 쏠리게 했던 것이다. 그리고 아비첸나처럼 그는 어떤 실재성 또는 객관성을, 하느님으로부터 독립되지는 않을지라도 가능적인 것으로 생각된 본질, 즉 하느님의 지성으로부터 필연적으로 생겨나고 적어도 그 자체에서 연역될 수 있는 본질에 부여했다. 그러나 존재 문제, 즉 피조물의 구체적인 존재 세계가 문제로 되는 경우 그는 아비첸나와 결별할 수밖에 없었다. 아비첸나는 하느님의 의지를 하느님의 지성과 같은 필연성에 속하는 것으로 간주하고, 존재의 출현을 본질의 출현과 평행시켰다. 즉 제 1 원인의 하위에 있는 예지체는 제 1 원인의 작용을 연장시키는 원인이며, 보편자로부터 개별자로 이행하게 한다. 그러나 강의 헨리쿠스는 그리스도교 사상가로서 이러한 것을 주장할 수가 없었다. 즉 그는 자유로운 창조와 시간에 있어서의 창조를 인정하지 않으면 안 되었다. 충분하게 가지적인 것으로 하는 것은 본질에 의해서 설명하는 것이라고 한다면, 감각적이고 구체적인 것은 충분하게 가지적인 것으로 될 수는 없다는 것을 그는 잘 알고 있었다. 그러므로 형이상학과 자연학은 제각기 자기 고유의 출발점과 연구 방법을 지니므로, 그는 그 두 학문을 명확하게 구별했던 것이다.

사상적으로는 플라톤적이면서 아우구스티누스적인 경향을 띠고 있음에도 불구하고, 강의 헨리쿠스는 어떤 의미에서 유명론(唯名論)으로의 길을 여는 데 이바지했다. 조명을 강조하면, 경험을 바탕으로 한 형이상학 체계를 구성하는 인간 정신의 능력에 대한 회의주의에 이르기 쉽다. 그러나 한편 헨리쿠스가 창조된 세계를(예컨대 본질과 존재의 실재적 구별의 부정에 의해서, 그리고 실재론의 거부를 의미하는 자신의 개별화설에 의해서) 다룰 때의 단순화 경향은, 그 자체에서 생각하면 14 세기의 개념론과 단순화의 경향을 예고하는 것으로 볼 수 있을 것이다. 물론 이는 그의 철학이 지니는 일면에 불과하고 가장 중요한 특징은 아니지만, 그러나 역시 하나의 실재적인 측면임에는 틀림없다. 오컴은 강의 헨리쿠스의 사상을 다른 측면에서 비판하고 있지만, 이는 헨리쿠스의 사상이 오컴을 중심 인물로 하는 운동에 영향을 끼치지 않았다는 의미가 아니다. 헨리는 하나의 '중개적'인 인물, 즉 13 세기와 14 세기 사이의 매개자로 불리워 왔으며, 이는 거의 부정할 수 없는 사실이다. 그러나 오컴주의가 출현하기 전에, 헨리쿠스가 에지디우스 로마누스를 비판했듯이 헨리쿠스를 자주 비판했던 둔스 스코투스는 아우구스티누스주의와 아리스토텔레스주의의 종합을 발전시키고 입증하려고 시도하여 강의 헨리쿠스에 대해서 논쟁은 했지만, 그는 헨리쿠스가 충분하게 이루지 않았던 것을 충분하게 수행하려고 시도했던 것이다.

제 45 장
스코투스 1

1. 생　　애

〈정묘한 박사〉로 불리우는 요한네스 둔스 스코투스(Johannes Duns Scotus)는 스코틀랜드의 록스버러 지방의 막스톤에서 태어났다. 그의 성(姓) 둔스는 버위크의 한 지방으로부터 유래한다. 그가 스코틀랜드인이었다는 것은 오늘날 확실한 것으로 생각되는데, 그 이유는 그의 시대에 이미 스코틀랜드인과 아일랜드인은 구별없이 〈스코티〉라고 불리워지지 않았다는 사실에서만이 아니라 신빙성에 있어서 거의 의심할 여지가 없는 일련의 기록을 발견함으로써 증명되어 있기 때문이다. 그러나 그의 출생지는 확실하지만, 생년 월일은 그다지 분명하지 않다. 하지만 그는 1265년 또는 1266년에 태어나서 1278년 프란치스코회에 들어가서는 1280년에 수련기를 마치고 1291년 사제로 서품된 것이 확실한 것으로 보인다. 그는 1308년 11월 8일에 사망한 것으로 전해지고 있으며, 쾰른에서 사망하여 이 도시에 있는 프란치스코회의 교회에 안장되었다.

스코투스의 학문상의 경력은 분명하지 않지만, 잠깐 동안 옥스퍼드에 체류한 후에, 파리에서 1293년부터 1296년까지 스페인의 곤살부스(Gonsalvus) 아래서 배운 것으로 생각된다. 종래의 생각에 의하면, 스코투스는 그 다음에 옥스퍼드로 가서 거기서 《명제집》(*Sentences*)을 주석하고 《옥스퍼드 강의록》(*Opus Oxoniense*), 즉 《명제집》에 대한 옥스퍼드 주석을 저술했다. 스코투스는 확실히 이 저작을 손질하여 뒤에 증보했으므로, 《옥스퍼드 강의록》의 제 4 권에서 1304년 1월 31일의 베네딕토 11세의 교서를 인용하고 있는 것은, 결코 그 종래의 생각에 대한 반증이 아니다.[1] 1302년 스코투스는 파리로 돌아가서 거기서 《명제집》을 주석했다. 그러나 그는 필립 단정왕(端正王)에 대해서 교황파를 지지했기 때문에 1303년 파리로부터 추방당했다. 그가 추방 시기를 어디서 보냈는지는 전혀 확실하지 않다. 즉 옥스퍼드, 쾰른, 볼로냐가 아닌가 하고 추측될 뿐이었다. 어쨌든 그는 1303년에서 1304년의 학기에는 옥스퍼드에서 가르쳤고, 1304년 파리로 돌아와서 1305년에는 신학 박사 학위를 획득했다. 잠깐 동안 그는 옥스퍼드로 다시 돌아왔다고 생각되지만, 1307년 여름 쾰른으로 보내졌을 당시에는, 그는 확실히 파리에서 《명제집》의 주석에 종사하고 있었다. 그는 쾰른에서 다시 교수 활동을 시작했지만, 이미 말한 바와 같이 1308년 42세 또는 43세의 나이로 사망했다.

2. 저 작

스코투스의 생애에 대한 정확한 것을 알 수 없는 것이 유감스러운 일이지만, 루카스 와딩 판의 스코투스 전집에서 그의 것으로 되어 있는 몇 저작의 신빙성이 명확하지 않은 것은 더욱 유감스러운 일이다. 그러나 다행하게도 《명제집》의 두 개의 큰 주석의 신빙성에는 문제가 없다. 하지만 《옥스퍼드 강의록》이나 《파리 강의록》(*Reportata Parisiensia*)은 종래의 형식으로 그대로 스코투스의 것이라고 할 수는 없다. 《옥스퍼드 강의록》에 관해서 말한다면, 스코투스가 남긴 원본(*Ordinatio*의 고본은 아직 발견되지 않았다)은, 스코투스의 사상을 완전하게 설명하여 스승의 저작을 완성하려고 했던 제자들에 의해서 추가되었다. 그 후의 어떤 사본에서는 추가된 부분에 대해서 필기자가 주를 달고 있다. 《파리 강의록》도 그와 같은 사정에 있다. 왜냐하면 이 경우에도 스코투스의 학설을 완전하게 기술하려는 욕심에서, 그의 제자들은 여러 가지의 자료로부터 단편적인 견해들을 모으면서, 모아진 그 단편들이 제각기 지니는 신빙성과 가치를 알아내려는 중요한 노력은 조금도 하지 않았기 때문이다. 그래서 스코투스 저작의 교정판의 제작을 맡기로 되어 있

---

1) 스코투스는 옥스퍼드에서 가르치기 그 전인가 후에 케임브리지에서도 가르쳤다고 전해지고 있다.

는 위원회의 일은 결코 쉬운 것이 아니다. 비록 《옥스퍼드 강의록》과 《파리 강의록》이 기본적으로 스코투스의 사상을 나타내고 있을지라도, 교정판이 나오기까지는 특히 《오르디나시오》(*Ordinatio*) 또는 《스코투스의 서(書)》(*Liber Scoti*)의 원본이 추가 부분을 제외하고 간행될 때까지는, 스코투스의 사상에 대한 정확하고 최종적인 설명은 불가능하다.

《제 1 원리론》(*De primo principio*)가 쾰른에서 씌어진 스코투스의 최후의 저작임을 제시하는 치가노토(Ciganotto) 신부의 논증은 결정적인 것으로 생각되지는 않지만, 이 저작의 신빙성에는 문제가 없다. 《자유 토론집》(*Quaestiones Quodlibetales*)과[2] 더불어 46권의 《묵상집》(*Collations*, 와딩은 40권밖에 알지 못했으나 밸리그는 6권을 더 찾았다)과 《형이상학 토론집》(*Quaestiones subtilissimae super libros Metaphysicorum Aristotelis*)의 첫 아홉 권도 확실히 그의 저작이다. 《영혼론》(*De Anima*)에 관해서 말한다면, 그것의 신빙성은 아직 논쟁거리가 되어 있다. 이에 대해서 펠스터는 진본이라고 주장하는 반면에, 롱프레는 신빙성이 없다고 증명하려 했다. 하지만 그의 논증은 플레이그에 의해서 불충분하다고 단정되었다. 이제 와서는 일반적으로, 롱프레에 의해서도, 그것은 신빙성있는 것으로 인정되고 있다. 또 한편으로는, 《사변적 문법학》(*Grammatica speculativa*)은 에르푸르트의 토마스(Thomas of Erfurt)의 것으로 돌려야 하며, 《사물의 원리》(*De rerum principio*)도 그의 것이 아니며 적어도 그 일부분은 아마도 퐁테느의 고트프르와(Godefroid de Fontains)의 《자유 토론집》으로부터의 표절일 것이다. 《형이상학 교본》(*Metaphysica textualis*, 아마도 앙트완 앙드레의 것이다), 《형이상학의 결론》(*Conclusiones metaphysicae*), 아리스토텔레스의 《자연학》(*Physics*)과 《기상학》(*Meteorology*)의 주석도 그의 것은 아니다.

어느 것이 스코투스의 진본인가 아닌가를 확실하게 결정하는 것은 분명히 중요한 일이다. 예컨대 《사물의 원리》에 있는 어떤 설은, 확실한 그의 저작에서는 나타나지 않고 있다. 따라서 만일 《사물의 원리》의 신빙성(이미 말했듯이, 이제는 거부되고 있다)을 인정한다면, 스코투스는 뒤에 가서 포기할 설을 처음에는 주장했다고 가정하지 않으면 안 될 것이다. 왜냐하면 그의 사상이 분명히 모순을 포함했다는 가정은 문제가 되지 않기 때문이다. 의견의 변화가 실제로는 있지 않았을 경우, 비

2) P. Glorieux, *La littérature quodlibétique*, t. 2 (Bibliothèque thomiste, 21), Paris, 1935.

교적 중요하지 않은 설에 대해서 변화가 있었다고 주장하는 것은, 비록 스코투스의 학설의 발전에 대한 부정확한 설명이 될지라도 그다지 중요한 잘못은 아닐지 모른다. 그러나 《정식집》(*Theoremata*)의 경우, 신빙성의 문제는 매우 중요하다. 이 저작에서 저자는 유일한 궁극적 원리가 있다는 것과, 하느님은 무한하다는 것 또는 하느님은 지적이라는 것 등은 증명될 수 없다고 말하고 있으나, 이러한 주장은 적어도 얼핏 보기에 확실한 스코투스의 저술에 있는 설과 분명히 모순된다. 그래서 만일 《정식집》을 그의 것이라고 한다면, 스코투스 자신에게 놀라운 **방향 전환**을 가정하지 않으면 안 되든가 또는 우리 자신이 해석하고 조정하기에 어려운 일을 시도하지 않으면 안 될 것이다.

《정식집》의 신빙성에 관한 최초의 공격은 1918년 드 바슬리(de Basly) 신부에 의한 것이었고 이 공격은 롱프레 신부에 의해서 계속되었다. 롱프레 신부는 다음과 같이 논하고 있다. 이 저작을 분명히 스코투스의 것이라고 하는 사본은 아직 발견되지 않았고 또 이 저작에 포함되어 있는 설은 확실히 스코투스의 저작에 있는 학설과는 반대되며, 그리고 스코투스의 자연 신학을 공격했던 오컴(William Ockham)과 사톤의 토마스(Thomas of Sutton)는 이 저작을 스코투스의 것으로 인용하고 있지 않고, 《정식집》의 설은 유명론적인 성격을 지니고 있어서 오컴 학파의 것으로 돌려야 하며, 그리고 스코투스를 알고 있었던 리딩의 요한네스(Johannes of Reading)는, 하느님의 존재가 이성의 자연적인 빛에 의해서 증명될 수 있는가 없는가의 문제를 다룰 때 진본에서 인용하고는 있지만 《정식집》에 대해서는 언급하고 있지 않다는 것이다. 롱프레 신부의 이러한 논증은 납득이 가는 것으로 보이며, 밸리그 신부가 롱프레의 견해를 논박하는 다른 논증을 제시하기까지는, 그 문제가 해결된 것으로 일반적으로는 받아들여졌던 것이다. 롱프레의 논증이 대체로 내용상의 증거에 근거하고 있음을 주시하여, 밸리그는 내용상의 증거에 근거하는 논증은 설득력이 없다는 것을 증명할 뿐만 아니라, 《정식집》이 실제로는 스코투스의 저작이라는 것을 증명하는 외적 증거로부터의 논증이 있다는 것도 보여주려고 했다. 그래서 네 개의 사본이 분명하게 이 저작을 스코투스의 것으로 하고 있는 동시에, 《제 1 원리론》의 4장에서는 〈따라서 《정식집》은 당연히 믿을 만하다〉는 말을 하게 된다. 〈《정식집》은 당연히〉라는 말은 몇 개의 사본에서 찾아볼 수 있으므로, 와딩에 의해서 추가되었을 리가 없다. 게다가 《정식집》은 특히 14세기의 스코투스주의자 요안네스 카노니쿠스(Joannes Canonicus)에 의해서 스코투스의 저작으로 인정되고 있다. 보드리(Baudry)는 《정식집》에 들어 있는 어떤 설이 유명론적인 정신을 나타내고 있을지라도, 이 저작의 기본적인 학설은 오컴주의의 계통에 속하지 않는다는 것을 증명하려고 했다. 그리고 질송(Etienne Gilson)은 《중세의 교설과 문학에 대한 기록본》(*Archives d'histoire doctrinale et littéraire du moyen âge* 1937년~1938년)에서 최초의 16개의 정식은 확실한 스코투스의 저작과 모순되지 않는다는 것을 증명하려고 했다. 질송에 의하면, 스코투스는 《정식집》(이것을 실제로 스코투스의 것으로 가정하고)에서는 철학자로서, 인간 이성이 단독으로 이룰 수 있는 것에 대해서 말하고 있으나, 신학적 저작인 《옥스퍼드 강의록》에서는 신학의 도움을 받은 형이상학에 의해서 이루어질 수 있는 것을 취급하고 있다. 《정식집》에서 도달된 결론이 오컴의 결과에 가까운 것처럼 보일지라도 그 정신은 다르다. 왜냐하면 스코투스는, 신학자는 하느님의 존재와 속성에 대해서 형이상학적 그리고 논증적인 증명을 할 수 있다고 믿고 있었던 반면에, 오컴은 이를 부정하고 신앙에만 의지했기 때문이다. 질송은 자신의 저서 《중세의 철학》(*La philosophie au moyen âge*)의 최신판(1944년)에서 《정식집》의 신빙성의 문제를 미해결의 문제로 남겨 두고 있으면서, 비록 《정식집》이 스코투스의 저작일지라도 그 안에 있는 설과 《옥스퍼드 강의록》에서의 설을 조정하기에 어려움은 없다고 주장하고 있다. 단순한 철학자는 존재를 보편적인 의미에서 다루어서, 원인의 계열에서 최초이면서도 여전히 그 계열 안에 있는 제 1 원동자 이상의 것으로는 나아갈 수 없다. 말하자면 그는 신학자이기도 한 철학자에 의해서 얻어질 수 있는 하느님의 개념에 이를 수 없다.

나는 질송의 주장의 타당성을 다소 의심스러운 것으로 본다. 《옥스퍼드 강의록》에서 스코투스는, 하느님의 많은 본질적인 속성은 형이상학자에 의해서 알아질 수 있다고 말하고,[3] 《옥스퍼드 강의록》과 《파리 강의록》에서 인간은 〈온전히 자연적인 것으로부터〉 삼위 일체와 같은 진리를 알 수는 없을지라도 하느님에 대한 자연적인 인식을 할 수는 있다고 주장하고 있다.[4] 나에게 있어서는, 스코투스가 인간은 〈온전히 자연적인 것으로부터〉 하느님에 관한 진리를 알 수 있다고 말했을 때, 그가 신학자이기도 한 형이상학자를 생각하고 있었다고 가정하기는 어렵다. 스코투스가 순전한 철학자에 의한 하느님의 인식을 제 1 원동자

---

3) *Ox.*, Prol., 4, no. 32.

4) 같은 책, 1, 3, 1 ; *Rep.*, 1, 3, 1 ; *Rep.*, Prol., 3, nos. 1과 4.

로서의 하느님의 인식에 한정하려고 했다는 것도 나는 알 수 없다. 말하자면 스코투스는, 형이상학자는 〈자연학자〉 이상으로 나아갈 수 있다고 분명히 말하고 있기 때문이다.[5] 나아가서 비록 《정식집》이 스코투스의 것일지라도, 스코투스는 《제 1 원리론》에서는 가령 하느님 또는 제 1 원리는 가지적이라고 증명하면서 동시에 《정식집》에서는 이 진리는 **믿을 수 있는 것**으로서 증명할 수 있는 것은 아니라고 단정하고 있는 것도 나에게는 매우 이상하게 생각된다. 그가 하느님에 관한 자연적 이성의 범위를 다소 제한한 것은 틀림없다.(그는 하느님의 전능이 자연적 이성에 의해서 엄밀하게 증명될 수 있다고는 생각하지 않았다.) 그러나 옥스퍼드와 파리의 《강의록》 그리고 《제 1 원리론》과 《묵상집》에서 볼 때, 스코투스는 틀림없이 철학자가 동시에 신학자이기도 하는가 아닌가 하는 문제와는 관계없이 자연 신학은 가능하다고 생각한 것으로 보일 것이다.[6] 물론 《정식집》이 스코투스의 진본이라는 것이 외적 증거에서 확실하게 증명되었다고 한다면, 《정식집》과 스코투스의 다른 저작 사이의 명백한 모순을 설명하기 위해서는, 질송의 것과 같은 설에 의지하지 않으면 안 될 것이다. 그러나 거기에 아무런 모순도 없다고 말하는 것은 너무나 무리한 조정인 것으로 생각된다. 나는 스코투스의 자연 신학을 설명할 경우 《정식집》을 고려하고 싶지 않다. 그러나 《정식집》을 고려하지 않을지라도, 이미 말했듯이 이 저작의 신빙성이 충분하게 증명되었다고 한다면, 질송과 함께, 스코투스는 이 저작에서 하느님에 대한 자연적 인식을 획득하는 일에 관해서 자연 철학자(〈자연학자〉)의 능력만을 생각하고 있다고 말할 수밖에 없음을 나는 인정한다. 나의 관점에서는, 《정식집》의 신빙성이 증명되기까지는 확실한 스코투스의 저작에서 언급되는 형이상학자가 신앙의 배경을 가지고 있는 형이상학자라고 주장하기에는 충분하게 납득이 갈 근거가 있을 것 같지가 않다. 그러므로 나는 《정식집》을 실제적인 목적을 위해서는 신빙성이 없는 것으로 취급하겠지만, 그렇다고 감히 이 문제를 최종적으로 결정하려고 한다거나 또는 이 저작을 가짜로 거부하기 위해서 다른 학자들에 의해서 이미 주장된 그 이상의 이유를 덧붙이려고 하지는 않겠다.

---

5) *Rep.*, Prol., 3, 1.

6) 《정식집》을 인정하고 있는 멘제스는 스코투스가 그 저작에서 증명을 극히 엄밀한 아리스토텔레스적인 의미에서 〈원인으로부터의 증명〉으로 이해하고 있음을 증명하려고 한다. 이것이 증명된다면, 《정식집》과 확실한

이상으로 스코투스의 정신을 정확하게 해석함에 있어서의 어려움을 보여주기 위해서 《정식집》의 문제를 다소 상세하게 논했다. 《정식집》과 《옥스퍼드 강의록》의 학설은 일치하지 않으나 조정될 수는 있다고 주장할지라도, 그 결과 제시되는 스코투스 철학의 설명은 대체로 《옥스퍼드 강의록》을 처음으로 읽어서 얻어지는 스코투스 상(像)에는 이르지 않을 것이다. 더우기 《정식집》의 신빙성이 증명되지 않고 그것을 거부하는 것이 바람직스럽게 생각될지라도, 그것은 서술을 위해서 편리하다는 것뿐이지 신빙성에 대한 확실한 기준이 있어서가 아니다. 이 저작을 다시 스코투스의 것이라고 하는 최근의 시도를 볼 때, 비록 내용상의 증거가 반대의 것을 보여줄지라도, 장래 이 저작이 확실히 스코투스의 진본이라고 증명되지 않는다고는 단정할 수 없다.

3. 스코투스 철학의 정신

스코투스 철학에 대해서는 스코투스를 하나의 혁명적인 사람으로서 오컴과 루터의 직접적인 선구자로 해석하는 데서부터, 스코투스 철학과 토마스 철학의 뚜렷한 차이를 완화시켜 스코투스를 성 토마스의 일을 계승하는 자로 해석하는 시도에 이르기까지 여러 가지의 해석이 주어져 있다. 첫째의 해석, 즉 란드리(Landry)의 해석은, 적어도 극단적으로 말하면, 엉뚱하여 충분한 근거가 없는 것으로 간단히 처리할 수 있지만, 또 한편으로는 스코투스 철학이 토마스 철학과 다르다는 것을 부정할 수가 없다. 하지만 스코투스는 프란치스코회의 전통의 계승자이면서 동시에 아리스토텔레스와 프란치스코회 이외의 앞서 간 중세 사상가들로부터 많은 것을 채용한 사람으로 보아야 할 것인가, 또는 성 토마스의 아리스토텔레스적인 전통을 계승했으나 동시에 자기 자신이 진리라고 생각한 것에 비추어서 성 토마스를 정정했던 사상가로 간주해야 할 것인가, 또 자주적인 사상가이면서 동시에 제기되고 논의되는 문제에 관해서 모든 철학자와 마찬가지로 앞선 사상가들에게 의거했던

스코투스의 저작 사이에는 아무런 모순도 없을 것이다. 그러나 롱프레는 저자의 의도에 대한 이러한 해석에 반론을 제기하고 있다. Minges, *J. Duns Scoti doctrina philosophica et theologica*, 제 2 권(1930), pp. 29～30; Longpré, *La Philosophie du B. Duns Scot.*(1924), p. 109 참조.

사람으로 보아야 할 것인가? 이 문제에 답하기란 쉬운 일이 아니다. 그리고 결정적으로 이에 답하려는 모든 시도는 스코투스의 저작의 교정판이 만들어지기까지 미루어 두지 않으면 안 된다. 그러나 위에서 제시한 제안은 제각기 맞는 데가 있는 것으로 생각된다. 실제로 스코투스는 프란치스코회의 박사이며, 비록 자기 이전의 프란치스코회의 사상가들에 의해서 공통적으로 주장되었던 많은 설을 포기했을지라도, 그는 확실히 자기 자신을 프란치스코회의 전통에 충실한 것으로 간주했다. 그리고 또 스코투스는 중요한 점에 관해서 성 토마스의 견해를 비판하기는 했지만, 성 토마스가 전념하고 있었던 종합의 작업을 계승한 것으로도 여겨질 수 있다. 마지막으로 스코투스는 자주적인 사상가이기는 하지만, 동시에 그는 이미 존재하고 있었던 기초 위에 자신의 철학을 세웠던 것이다. 그러므로 비록 스코투스의 철학이 과거와의 인연을 완전히 끊은 것은 아닐지라도, 그 철학의 비교적 독창적이고 자주적인 측면에 비중을 두고 스코투스 철학과 다른 체계와의 차이에 주의하는 것이 매우 적절하다.

어떤 측면에서 스코투스의 사상은 확실히 아우구스티누스적인 프란치스코회적인 전통을 이어받고 있다. 예컨대 지성에 대한 의지의 우위설, 형상 다수성을 수용하고 안셀무스의 하느님의 존재 증명을 이용하고 있는 점 등이다. 나아가서 〈사물의 측면에서의 형상적 구별〉은 스코투스가 생각해 낸 것이 아니라 앞서 간 프란치스코회의 사상가들에 의해서 사용되고 있었음이 밝혀졌다. 그렇지만 스코투스는 전통으로부터 채용한 요소들에 자기 나름의 특색을 부여했다. 지성에 대한 의지의 관계를 취급할 때, 그는 사실 인식에 대한 사랑의 우위를 주장하기는 했지만, 사랑보다는 오히려 자유를 강조했으며, 그 사랑의 우위성은 무엇보다도 먼저 하느님을 사랑해야 한다는 것을 최고의 실천 원리로 하는 그의 설과 밀접하게 관련되어 있다. 그리고 또 비록 안셀무스의 이른바 '본체론적 증명'을 사용했지만, 그는 그것을 하느님의 존재에 대한 결정적 증명으로 받아들이지 아니하고, 이 증명이 유효하게 사용되기 위해서는 '수정'되지 않으면 안 된다고 주장했을 뿐만 아니라 그 경우에도 그것은 하느님의 존재에 대한 논증적인 증명은 아니다 — 논증적 증명은 단지 후천적인 증명이기 때문이다 — 고 주장했다.

스코투스는 어떤 점에서는 아우구스티누스적인 프란치스코회적 전통을 계승했지만, 다른 점에서는 그 전통에서 떠나 있다. 그가 천사들의 질료 형상적 합성을 가르쳤는지의 여부는 분명하지 않다. 하지만 그는

〈종자적 형상〉설과 인간 지성의 특별한 조명설은 쓸데없다고 거부한 반면에, 영원으로부터의 창조에 대한 관념에 대해서는 비록 성 토마스보다 더욱 망설이면서 말을 하고는 있지만, 성 보나벤투라처럼 모순을 느끼지는 않았다. 따라서 스코투스 철학에는, 성 보나벤투라의 철학에서보다도 훨씬더 아리스토텔레스의 영향이 침투하고 있다. 그리고 특히 아비첸나의 영향을 언급하지 않을 수 없다. 예컨대 스코투스는 형이상학자의 대상은 존재로서의 존재(being as being)라고 주장하고 있는데, 이 점에서 그는 하느님의 문제를 취급할 때처럼 이슬람 철학자의 영향을 받은 것으로 생각된다. 스코투스의 저작 가운데서 이슬람 철학자의 이름이 나오는 것은 드문 일이 아니다. 형이상학 또는 오히려 제 I 철학은 존재로서의 존재에 대한 학문이라고 아리스토텔레스 자신이 단정한 것은 사실이다. 그러나 아리스토텔레스의 형이상학은 실제로는 4원인설을 중심으로 하고 있는 반면에, 스코투스는 존재의 개념과 본성을 상세하게 다루고 있다. 그리고 이 점에 자극을 주었던 사람이 한편 아비첸나였던 것으로 보인다. 예컨대 보편에 관한 스코투스의 논의는 아비첸나로부터 힘입은 바가 없이는 불가능했다.

그러나 스코투스가 성 보나벤투라보다도 훨씬 아리스토텔레스나 그 주석자들에게 힘입고 있고, 또 자기 자신의 개별적인 학설을 지지함에 있어서 아리스토텔레스의 권위에 호소하고 있을지라도, 그는 결코 '아리스토텔레스'의 단순한 추종자는 아니었으며 아리스토텔레스를 비판하는데 주저하지 않는다. 그러나 개별적인 비판은 고사하고, 스코투스 철학의 정신은 아리스토텔레스의 정신과는 달랐다. 그가 보기에는 제 I 원동자로서의 하느님의 개념은 자연학적인 세계를 초월하지 않으며 모든 유한 존재가 본질적으로 의존하는 초월적인 무한 존재에 이르지 않으므로 매우 불충분한 개념이다. 그리고 또 스코투스의 윤리학에서 볼 때 아리스토텔레스의 윤리학은, 하느님의 의지에 의존하는 의무의 개념이 없으므로 불충분하지 않을 수 없다. 물론 모든 그리스도교 철학자는 이 점에 대해서는 아리스토텔레스에게 결함이 있음을 느꼈고 또 성 토마스는 아리스토텔레스를 아우구스티누스로 보충시키지 않을 수 없었다고 말할 수 있을 것이다. 그러나 요점은, 스코투스가 일부러 아리스토텔레스를 '설명'하거나 자기 스스로 진리라고 생각한 것으로 아리스토텔레스의 견해를 '조정'하지는 않았다는 것이다. 예컨대 스코투스의 철학에는 엄밀한 의미에서의 도덕 철학이 있는 한, 아리스토텔레스 철학에의 의존 또는 그것으로부터의 차용은 조금도 눈에 띄지 않는다.

성 토마스에 대한 스코투스의 태도는, 최근에는 이전과는 오히려 다른 관점에서 서술되고 있다. 즉 토마스 철학과 스코투스 철학과의 차이를 극소화하려는 경향이 있으며, 이는 또한 부자연스럽지가 않다. 예컨대 스코투스는 논쟁에 있어서 자주 토마스 이외에 가령 강의 헨리쿠스와 같은 사상가를 염두에 두고 있다는 것이 지적되고 있다. 물론 그것도 사실이기는 하지만, 그러나 스코투스는 번번히 성 토마스의 논증을 들기도 하고 또 그것을 거부하면서 토마스 철학의 입장을 비판하고 있다는 것도 사실이다. 그러나 그 개별적인 비판의 정당성 여부는 어떠하든간에, 스코투스는 확실히 비판을 위한 비판을 하지는 않았다. 예컨대 그가 개체의 지적 직관을 주장하고 또 '공통 본질'의 실재성을 강조하면서도 중세 초기의 철학자들처럼 극단적인 실념론(**realism**)에 빠지지 않았다는 것은, 그가 단순히 성 토마스와 달라지기 위해서가 아니라 그가 믿었던 것처럼 인식의 객관성을 보호하기 위해서 그렇게 했기 때문이다. 그와 마찬가지로 그가 존재 개념의 일의적(一義的) 성격을 주장했던 것은 불가지론을 피하려면, 즉 자연 신학의 객관적 성격을 보호하기 위해서는 그의 학설이 절대로 필요하다고 생각했기 때문이다. 그가 〈사물의 측면에서의 형상적 구별〉을 광범위하게 사용했던 것도, 자신의 정묘함을 과시하기 위해서가 아니라 — 확실히 그는 정묘하면서 동시에 때로는 말을 뒤틀리게 하는 사상가이며 변증론자였지만 — 그것의 사용이 사실에 있어서나 개념의 객관적 관련성에 있어서 필요하다고 생각했기 때문이다. 그러므로 스코투스를 성 토마스의 후계자 또는 토마스 철학의 계승자로 간주할 수 있는 한에서, 그 정당성은 어떻든간에, 그는 스스로 토마스 철학에 있어서 위험한 결함과 경향으로 보았던 것을 정정하려고 노력했다는 것을 인정하지 않으면 안 된다.

인간 인식의 객관성, 특히 자연 신학의 객관성을 이론적으로 보증하는 일에 대한 스코투스의 관심을 염두에 두는 것이 좋다. 왜냐하면 이 관심을 이해함은, 스코투스를 주로 파괴적인 비판자로 보는 경향을 억제하는 효과가 있기 때문이다. 스코투스는 증명의 구성에 관해서는 다소 엄격했으며 또 예컨대 영혼의 불멸성을 위해서 제출된 증명이 결정적이며 논증적이었음을 인정하려고는 하지 않았지만, 여전히 그의 철학은 중세의 위대한 종합 가운데 하나이며, 구성적이며 적극적인 사색의 한 결과이다. 나아가서 그의 저작은 단순히 저자상의 습관으로 처리해 버릴 수 없는 그런 하느님에 대한 기도가 때때로 등장하는 종교적인 영감이 있다.

그럼에도 불구하고 스코투스 철학의 위치를 중세 사상의 발전에 있어서 하나의 단계로 본다면, 사실상 그것은 14세기의 비판 운동을 자극하는 힘이 되었음을 부정할 수는 없을 것이다. 스코투스가 하느님의 어떤 속성은 자연 이성으로는 증명될 수 없다고 주장했을 때, 그리고 인간 영혼의 불명성을 위해서 제출된 증명의 논증적 성격을 부정했을 때, 그는 건설적인 철학의 기초를 파괴하려고 하지는 않았다. 그러나 그 점을 역사적인 관점에서만 본다면, 그의 비판은 분명히 오컴의 더욱 철저한 비판으로의 길을 여는 데 이바지했던 것이다. 오컴이 스코투스 철학을 적의를 품고 보았다는 것은 이 문제와는 사실 아무 관계가 없다. 그와 마찬가지로 스코투스가 도덕률 모두를 하느님의 의지의 자의적인 선택에 의하는 것으로 했다는 것은 사실이 아니지만, 그의 철학에 있어서 주의주의적(**voluntarism**)인 요소가 오컴의 권위주의적인 학설로의 길을 준비하는 데 이바지했음은 거의 부정할 수 없다. 예컨대 그의 도덕적 의무에 관한 설과 십계의 하칠계(下七戒)는 엄밀한 의미에서 자연법에 속하지 아니하고 특별한 경우에 있어서 하느님의 관면에 속한다는 것이 그의 주장이다. 나는 오컴 철학이 스코투스 철학의 적자라고 제언하고 있는 것이 아니라 단지 토마스 철학이라는 중세에 있어서 최고의 종합이 달성된 후에는, 당연히 비판적 지성의 작업과 그리고 철학이 지니는 비판적 기능의 일이 나타나리라고 기대될 수 있었으며 스코투스에 의해서 한정된 적절한 비판은 실제 문제로서 오컴주의의 특징인 철저한 파괴적인 비판으로의 길을 열었다고 말하고 있는 것이다. 이러한 역사적인 평가를 했다고 하여 반드시 스코투스의 비판은 바르지 않고 또 그 후의 사상가들의 철저한 비판은 부당하다는 의미는 아니다. 즉 이는 철학자가 결정할 문제이며 역사가의 문제는 아니다. 물론《정식집》이 진본으로 증명되었다면, 그것은 스코투스 철학의 비판적인 측면을 강조하는 데 이바지할 것이다.

마지막으로 스코투스 철학은 전진하는 것만이 아니라 후퇴하는 것으로도 보인다. 적극적이고 구성적인 체계로서의 스코투스 철학은 성 보나벤투라, 특히 성 토마스의 철학이 그 증거가 되는 세기 즉 13세기에 속하지만, 비판적인 측면과 주의주의적인 요소에서 — 주의주의적인 요소는 아우구스티누스적인 프란치스코회적 전통과 결합해 있기는 하지만 — 볼 때의 스코투스 철학은 14세기를 예시하고 있다. 변증론적인 솜씨와 신중하고 끈기있는 사색의 개가인 스코투스 철학은, 비록 전통이 침투되어 있지만, 설득력있고 박력있는 독창적인 사상가, 즉 현실적으로는 '교조주의적 철학'의 종말기에 속하면서 동시에 새로운 운동의 선구자였던 사람의 업적이다.

제 46 장
스코투스 2 : 인식

1. 인간 지성의 최초의 대상

우리 지성의 최초의 자연적인 대상은 존재로서의 존재이다. 이의 결과로 모든 존재자, 즉 가지적인 모든 것이 지성의 영역 안에 들게 된다.[1] 스코투스는 여러 가지 증명 가운데서 하나의 증명, 즉 만일 존재가 지성의 최초의 대상이 아니라고 한다면 존재는 더욱 궁극적인 것에 의해서 기술 또는 설명되겠지만, 그러나 이는 불가능하다는 취지에서 아비첸나로부터 채용한 증명을 들고 있다. 그러나 존재로서의 존재가 지성의 자연적인 대상이라면, 그리고 존재가 모든 가지적인 대상을 내포한다고 생각한다면, 당연한 결과로서 무한한 존재인 하느님은 인간 지성의 자연적 대상이 되지 않는가? 존재는 무한 존재와 유한 존재를 내포하므로, 그 의미에서는 이 대답이 긍정적이 아니면 안 된다. 그러나 현재의 상태에서의 인간 지성은 직접으로는 감각적 사물을 대상으로 하기 때문에, 그 결과 인간은 하느님의 직접적인 자연적 인식을 가지는 것은 아니다. 하지만 스코투스의 말에 의하면, 지성의 최초의 대상에 대해서 말하는 경우 개별적인 경우에 있어서의 지성의 최초의 대상이 되는 것이 아니라, 지성 자체의 최초 대상이 되는 것을 지성의 최초 대상으로 하는 것이 적당하다. 예컨대 시각의 최초 대상은 촛불 속에서 눈으로 볼 수 있는 것이라고는 말하지 않는다. 오히려 단지 하나의 능력 또는 기능으로서 시각의 대상이 되는 것을 시각의 최초 대상이라고 한다.[2] 그러므로 비록 현재의 상태에서의 인간(나그네로서의

1) *Ox.*, Prol., q. 1.

2) 같은 책, 1, 3, 3, no. 24.

인간)이 무엇보다도 먼저 피조물을 알게 될지라도, 이는 인간 지성의 최초의 충분한 대상이 존재로서의 존재가 아니라는 의미는 아니다. 그리고 여기에, 인간 지성은 하느님의 본질 그 자체나 삼위 일체에 있어서의 하느님의 위격(位格)을 아는 자연적 능력을 가진다는 것을 의미하는 것은 아니라는 것을 덧붙여 둘 수 있다. 왜냐하면 존재의 일반적(그리고 일의적)인 개념은 **개별적인 한에서의 개별적인 본질**을 포함하지 않으며, 동시에 피조물은 하느님의 본질을 있는 그대로 나타낼 만큼 하느님의 완전한 모방은 아니기 때문이다.[3] 하느님의 본질 그 자체는 본성적으로 활동하며(movet) 유독 하느님 지성의 본성적인 대상이다. 그것은 인간 지성의 자연적인 능력을 통해서가 아니라 하느님의 자유로운 선택과 활동을 통해서만 인간 지성에 인식될 수 있다.

만일 존재로서의 존재를 인간 지성의 최초의 적합한 대상으로 하는 경우, 스코투스가 초자연적 인식과 자연적 인식을 확실히 혼동하지 않았다고 한다면, 그는 인간 정신의 최초 대상에 관한 성 토마스의 견해를 또는 그가 성 토마스의 견해로 간주했던 것을 거부하려고 한 것이 된다. 성 토마스는[4] 인간 지성의 자연적 대상은 물질적인 것의 본질이며, 이 본질은 개별화하는 질료로부터 추상될 때 지성에 의해서만 알 수 있는 것이 된다고 주장했다. 물질 가운데 존재하지 않는 본질을 인식하는 것은 천사의 지성에 있어서는 자연스러운 일이나, 인간 지성은 신체와 결합해 있는 현재의 상태에서는 그 본질을 인식할 수 없다. 신체와 결합해 있다는 것은 인간 지성의 자연적인 상태이며, 신체로부터 분리되어 있다는 것은 〈본성을 초월한 것〉(praeter naturam)이다. 그러므로 성 토마스는 인간 지성의 자연적 대상이 물질적인 것의 형상이며, 우리가 이러한 종류의 형상을 '감각적 표상'(phantasma)으로부터 추상함으로써 인식하는 한에서, 인간 지성은 그 형상의 인식을 위해서는 필연적으로 '감각적 표상'과 따라서 감각적 경험에 의존한다고 논하고 있다.[5] 스코투스는[6] '감각적 표상'으로부터의 추상에 의해서 인식되는 본질은 어떤 상태 즉 현재의 상태에 있는 것으로 생각될 뿐만 아니라 그 본성상 어떤 종류의 능력이나 기능으로도 생각되는 인간 지성의 최초

3) *Ox.*, 3, 2, 16, *Quodlibet* 14 : *Utrum anima suae naturali perfectioni relicta possit cognoscere Trinitatem personarum in Divinis* 참조.

4) *S.T.*, Ia, 12, 4.

5) 같은 책, Ia, 85, 1 참조.

6) *Ox.*, 1, 3, 3, nos. 1 이하.

대상이라는 것이 성 토마스의 학설이라고 해석하여, 이러한 의견은 신학자, 즉 내세를 인정하고 영원한 행복 이론을 받아들이는 사람에게는 지지받을 수 없다고 대답하고 있다. 천국에서 영혼은 직접적으로 비물질적인 것을 안다. 그런데 지성은 지상에서와 똑같은 능력을 천국에서도 지니고 있다. 그러므로 지성이 천국에서 비물질적인 것을 인식할 수가 있다면 지성의 최초 대상이 물질적인 것의 본질이라고는 말할 수 없다. 즉 비록 현세에서는 지성이 직접 비물질적인 것을 알 수 없다고 할지라도, 만일 지성을 하나의 능력으로 생각한다면 지성의 최초 대상은 비물질적인 것과 물질적인 것을 함께 포함하지 않으면 안 된다. 현세에서 지성이 일정한 유형의 대상으로 제약되어 있다는 것은, 본래 그러한 것이 아니라 이차적인 것이 아니면 안 된다. 만일 지성이 천국에서 지양되어서 비물질적인 것을 직접 알 수가 있다고 대답한다면, 이에 대해서 스코투스는 이 인식은 지성의 능력을 초월해 있거나 아니면 초월해 있지 않다고 응수한다. 만일 후자의 경우라면 〈능력의 본성에서〉 생각된 지성의 최초 대상은 물질적인 것의 본질일 수가 없는 반면에, 전자의 경우라면 천국에 있어서의 지성은 또 하나의 다른 능력이 된다. 그러나 성 토마스는 확실히 그렇게 주장하려고는 하지 않았다.

형이상학은 존재로서의 존재에 대한 학문이므로, 만일 성 토마스의 견해가 옳다고 한다면 형이상학적인 학문은 우리의 지성에 있어서는 불가능할 것이라고 스코투스는 주장한다. 만일 인간 지성의 최초의 대상이 물질적인 것의 본질이라면, 마치 시각 능력이 그 자연적 대상인 색깔과 빛 그 이상에는 미칠 수가 없는 것처럼 지성은 존재로서의 존재를 알 수 없을 것이다.[7] 형이상학을 그 본래의 의미에서 생각하는 경우, 만일 토마스주의자의 견해가 참이라면, 형이상학은 불가능하든가 아니면 자연학을 초월할 수 없을 것이다. 결국 "지성을 하나의 능력으로 생각한다면, 지성을 감각적인 것에 한정하는 것이 적당하다고는 생각되지 않는다. 따라서 지성은 자신의 인식 양식을 통해서만 감각을 초월한다." 즉 자신의 대상을 통해서 초월하는 것은 아니다.

스코투스는 또 인간 지성에는 '원인'을 분명하게 알려는 자연적 욕구가 있고 이 자연적 욕구는 헛될 수가 없다고도 주장하고 있고,[8] 따라서 그는 지성의 최초의 대상은 비물질적인 원인의 결과인 물질적인 것일 수는 없다고 결론짓고 있으므로, 이는 하느님의 본질에 대한 자연

7) *Ox.*, 1, 3, 3, nos. 1 이하.

8) 같은 책, 1, 3, 3, no. 3.

적 인식을 가질 수 없다는 자기 자신의 주장과 모순되는 것처럼 보인다. 그러나 비록 그가 일정한 조건에 있는 능력의 대상은 그 자체에서 생각된 능력의 대상과 혼동되어서는 안 된다고 주장하고 있을지라도, 현재의 상태에 있는 인간 지성이 범위에 있어서 한정되어 있음을 부정하지 않는 것을 유의하지 않으면 안 된다. 나아가서 그는 존재로서의 존재의 분석에 의해서 있는 그대로의 하느님의 본질을 인식할 수 있다고는 생각하지 않았다. 왜냐하면 비록 존재가 인간 지성의 최초의 적합한 대상일지라도, 추상 이외의 방법으로는 존재의 관념이 형성되지 않음은 당연한 결과이기 때문이다. 스코투스는 능동 지성과 수동 지성은 두 개의 다른 능력이 아니라 한 능력의 두 측면 또는 기능이라고 생각했지만,[9] 일반적으로 그는 추상 작용에 대한 아리스토텔레스적인 생각을 받아들였다고 말할 수 있다.

2. 지성은 어째서 감각적 표상에 의지하는가

현재 상태의 즉 현세의 인간 지성이 어째서 감각적 표상에 의존하는가에 관해서, 이는 원죄의 결과로서 또는 우리의 여러 가지 능력들 즉 개별적인 것을 파악하는 감각과 상상력 그리고 개체의 보편적인 본질을 파악하는 지성의 조화된 작용을 위해서 또는 우리의 결함 때문에(**ex infirmitate**) 하느님의 예지가 확립한 질서에 기인한다고 스코투스는 말하고 있다. 현재의 조건에 있는 지성은 상상하거나 감각할 수 있는 것에 의해서만 직접 움직여진다고 그는 되풀이하여 말하고 있다. 그리고 그 이유는 인과 응보(아우구스티누스가 말한 것으로 보이는, 즉 죄 때문에)이든가, 또는 현재의 상태가 문제인 경우에 능력들의 질서나 조화가 이를 요구하는 한에서는 하나의 자연적 원인이라고 하겠다. 그러므로 이 관계에 있어서의 '자연'은, 그 자체에서 생각된 자연이 아니라 어떤 특정한 상태나 조건에 있는 자연을 의미한다. 바로 이 점을 스코투스는 강조하고 있으나,[10] 이는 충분히 만족스럽고 또 명쾌하고 결정적인 설명은 아니다. 그러나 스코투스가 밝히고 있는 것은, 엄밀하게 말하자면 지성은 존재로서의 존재의 기능이라는 것이다. 그리고 그는 그가 생각하는 것이 토마스의 학설로 간주되는 것을 단호하게 거부한

9) *De Annima*, 13.

10) *Ox.*, 1, 3, 3, no. 24; 2, 3, 8, no. 13 참조.

다. 성 토마스의 해설에 대해서 스코투스가 공정한가 아닌가는 별개의 문제이다. 때때로 성 토마스는 지성의 본연적인 대상은 존재라고 분명하게 말하고 있다.[11]

그러나 실제로 〈감각적 표상으로의 소급〉(conversio ad phantasma)이[12] 본성상 필연적이라고 성 토마스는 역설하여, 만일 필연성이 영혼에 있어서의 본성적인 것이 아니라 단순히 신체와의 결합의 결과라고 한다면, 영혼의 본성적인 작용은 영혼의 신체와의 결합에 의해서 방해를 받게 될 것이므로, 영혼과 신체의 결합은 영혼을 위해서가 아니라 신체를 위해서 있을 것이라고 논하고 있다. 스코투스는 토마스 학설의 이 측면을 강조하여, 논리적으로 말한다면 토마스 철학은 형이상학적인 학문의 가능성을 정당화할 수 없다고 결론지었다.

3. 영혼은 현세에서는 자기를 직관할 수 없다

인간 지성의 최초의 대상에 대한 스코투스의 견해는 당연히 영혼의 자기 인식에 관해서 논의된 문제에 대한 자신의 접근 방법에 영향을 미쳤다. 성 토마스 아퀴나스에 의하면, 영혼의 본성적인 상태로서 현재의 상태에 있는 영혼은 감각적 대상으로부터 추상된 관념에 의해서 인식하기에 이른다. 이에 의해서 영혼은 자기 자신의 본질에 대한 직접적인 인식을 지니지 않으며 단지 간접적으로, 즉 관념을 추상하여 그 관념 안에서 대상을 아는 활동을 반성함으로써 자기 자신을 알게 된다고 그는 결론짓고 있다.[13] 그러나 비록 영혼이 실제로 현세에서는 자기 자신의 직접적인 인식을 가지지 않을지라도, 영혼은 자기 자신에 대해서 인식의 본성적인 대상이며 '방해를 받지 않는다면' 자기 자신을 실제로 직관할 것이라고 스코투스는 주장했다.[14] 그는 나아가서 방금 위에서 말한 그 방해의 원인을 제시하고 있다. 따라서 스코투스와 성 토마스의 차이는 사실 그 자체보다는 오히려 사실의 설명에 관계된다. 양자는 영혼이 현세에서는 자기 자신의 직접적인 직관을 실제로 가지지 않는다는 점에서는 일치하고 있다. 하지만 성 토마스는 이 사실을 인간 영혼의 본성에 의해서 설명하여 영혼과 신체의 관계에 대한 플라톤주의적인 사고 방식을 공격하고 있는 반면에, 스코투스는 그것을 그 자

11) 예를 들어, *S.T.*, Ia, 5, 2 에서처럼.

12) 같은 책, Ia, 89, 1.

13) 같은 책, Ia, 87, 1 참조.

14) *Ox.*, 2, 3, 8, no. 13.

체에서 생각된 영혼의 본성에 의해서가 아니라 장해에 의해서 설명하고, 심지어 이 장해는 원죄에 의한 것이라고 제안하며 이 제안을 입증하기 위해서 성 아우구스티누스를 인용하고 있다. 성 토마스의 태도는 아리스토텔레스의 영혼론을 채용한 결과이지만, 스코투스의 입장은 아우구스티누스적인 전통과 결합될 수 있다. 이 점에 관해서 스코투스는 토마스주의의 개혁자나 혁명적 혹은 파괴적인 비판자로서가 아니라 아우구스티누스적인 프란치스코회적 전통의 지지자로 보아야 마땅하다.

4. 개체의 지적 파악

스코투스가 지성의 최초 대상에 관한 자신의 학설이 형이상학의 유지와 정당화를 위해 본질적인 것이라고 생각했음을 우리는 보아 왔다. 즉 그는 개체의 지적 파악에 대한 자신의 이론이 인간 인식의 객관성을 유지하는 데 본질적인 것으로 생각했다. 성 토마스에 의하면,[15] 지성은 개별화의 원리인 질료로부터 보편자를 추상함으로써만 인식하기에 이르므로 지성은 개별적인 물질적인 것을 직접 알 수가 없다. 그러나 정신은 개체에 대해 간접적인 지식을 가지고 있음을 인정한다. 왜냐하면 정신은 '감각적 표상으로의 소급'에 의하지 않고는 추상된 보편자를 현실적으로는 알 수 없기 때문이다. 상상 작용은 언제나 그 역할을 다하며 그 표상은 개체의 표상이다. 그러나 지적 인식의 최초의 직접적인 대상은 보편자이다.

스코투스는 토마스의 이런 견해를 받아들이지 않았다. 잘못이라고 말해지고 심지어 이단적이라고 단정되는 이론(볼 수 있고 손으로 만질 수 있는 개별적인 인간 존재는 하느님이었다고 사도들이 믿고 있었다는 데 근거하여)을 단호하게 거절했다는 것은 신빙성이 없는 저작 《사물의 원리》에 기인한다. 그러나 스코투스의 진정한 저작은 스코투스의 입장을 충분하게 밝히고 있다. 그는 일반적으로 아리스토텔레스적인 추상 이론을 채용했지만, 그러나 지성은 개체에 대한 원초적인 직관을 막연하게 지니고 있다고 주장한다. 보다 높은 능력은 보다 낮은 능력보다는 보다 완전한 방법으로 대상을 인식할지라도, 어쨌든 보다 높은 능력은 보다 낮은 능력이 파악하고 있는 것을 인식한다는 것이 그

15) *S.T.*, Ia, 86, 1.

의 원칙이다. 따라서 지각 작용에서 협력하는 지성은, 감각에 의해서 파악된 개체를 직관적으로 인식한다. 지성은 참답고 비필연적인 명제를 알고 그것으로부터 추론한다. 그리고 이러한 명제는 존재하는 것으로서의 직관적으로 인식되는 개체에 관계한다. 그러므로 추상적이고 학문적인 인식은, 아리스토텔레스가 바르게 말했듯이 보편자에 관계할지라도, 우리는 또한 존재하는 것으로서의 개체에 대한 지적 인식을 인정하지 않으면 안 된다.[16] 이미 언급했듯이, 토마스의 입장을 단호하게 거부했던 것은 — 파르테니우스 민제스(Parthenius Minges) 신부는 스코투스가 그렇게 거부했다고 말했다 — 예컨대[17] 신빙성이 없는 《사물의 원리》에 의해서이다. 그리고 신빙성이 있는 저작에 있는 확실한 말에 의해서, 개체의 지적 인식의 문제에 관한 스코투스의 입장이 영혼의 자기 직관에 관한 자기 자신의 입장과 정확하게 서로 같다고 생각할 수 있다. 개체는 그 자체가 가지적이며, 인간 지성은 적어도 그 개체에 대해서 근소하기는 하지만 인식하는 능력을 가지고 있다고 그는 주장한다. 그러나 그는 현재의 상태에서의 지성은 개체를 인식할 수 없다고 말하려고 하고 또 심지어 분명하게 그렇게 말한 것으로 생각된다. "사물 그 자체가 문제되는 한에서, 개체는 그 자체가 가지적이다. 그러나 만일 어떤 지성, 예컨대 우리의 지성에 있어서 개체가 가지적이 아니라면, 그것은 개체 그 자체의 측면에서의 불가지성(unintelligibility)에 의한 것이 아니다."[18] 그리고 또 "개체를 아는 것은 불완전성이 아니다." 그러나 "만일 우리의 지성은 개체를 인식하지 않는다고 말한다면, 이는 지성의 현재 상태에서 생기는 불완전성 때문이라고 나는 대답한다."[19] 하지만 우리는 개별적인 것으로서의 개체에 대한 명확한 지식을 가지지 않으며, 그것은 개체 자신이 가지성을 결여해서가 아니라 현세에서의 우리 지성의 불완전성에 의한 결함 때문이지만, 그래도 여전히 우리는 존재하는 것으로서의 개체에 대해서 막연하기는 하지만 원초적인 지적 직관을 지니고 있다고 스코투스는 말하려고 하는 것 같다. 이는 《자유 토론집》에서[20] 표현된 견해인 것으로 생각된다. 그 책에서 스코투스는, 보편자에 대한 지적 인식과 개별자에 대한 감각 경험을 우리가 가지고 있다고 말하는 경우, 이는 그 두 능력은 동등하지만 본질

16) *Ox.*, 4, 45, 3, no. 17.
17) *J. Duns Scoti Doctrina Philosophica et Theologica*, p. 247.
18) *Ox.*, 2, 3, 6, no. 16. 19) 같은 책, 2, 3, 9, no. 9. 20) 13, 8～10.

적으로 서로 달라서 지성은 개체를 전혀 알지 못한다는 의미로 이해될 것이 아니라, 오히려 보다 낮은 능력은 보다 높은 능력에 종속되어 있다는 의미로, 그리고 비록 높은 능력은 낮은 능력이 작용하지 못하는 방법으로 작용할 수는 있을지언정 그 반대가 진실이라고 가정할 수는 없다는 의미로 이해되지 않으면 안 된다고 말하고 있다. 감각이 보편자를 알 수 없다고 하여, 지성이 개별자를 알지 못하는 것은 아니다. 비록 개별자의 본질 인식이 보편자의 인식일지라도, 지성은 존재하는 것으로서의 개체에 대한 직관적인 인식을 가질 수 있다.

만일 《영혼론》을 신빙성있는 것으로 받아들이기를 주저하지 않는다면, 스코투스의 의견은 의심할 여지가 없다. 그 책에서[21] 스코투스는 개체의 인식에 대한 토마스 학설을 거부하고 또 그 학설이 근거로 하는 개별화의 원리에 관한 토마스 견해도 거부하고 있다. 그리고 개체는 (1) 그 자체가 가지적이며, (2) 우리의 현재 상태에 있어서도 우리에게 가지적이며, (3) 하지만 명확한 인식이라는 의미에서는 우리의 현재 상태에서 우리에게 가지적인 것은 아니라고 그는 말한다. 개체가 그 자체에 있어서 가지적인 것은, 그 자체가 가지적이 아닌 것은 어떠한 지성에 의해서도 알아질 수 없는데, 하느님과 천사의 지성은 확실히 개체를 알고 있기 때문이다. 귀납의 과정에 의해서, 그리고 우리는 개체를 사랑할 수 있다 — 사랑은 인식을 전제한다 — 는 사실에 의해서 밝혀지듯이, 개체는 우리의 현재 상태에 있어서도 우리에게 가지적이다. 그러나 개체는 완전하고 명확한 방법으로 우리의 현재 상태에 있어서 우리에게 가지적인 것은 아니다. 만일 두 개의 물질적인 것이 우유성(장소, 색깔, 형태 등)에 있어서 전혀 차이가 없다고 한다면, 비록 그것들의 '개별성'(스코투스가 말하는 haecceitas)이 그대로 있다고 할지라도 감각이나 지성은 그것들을 서로 구별하지 못할 것이다. 그리고 이는 우리의 현재 상태에서 우리는 사물의 개별성에 대한 명확하고 완전한 인식을 가지지 않는다는 것을 증명하고 있다. 그러므로 지성은 개별성 그 자체에 의해서는 움직여지지 않고 또 지성이 현재 상태에서는 그것을 명확하고 완전하게는 알지 못한다고 한다면, 감각의 대상은 개별자이고 지성의 대상은 보편자라고 말할 수 있다. 그러나 그렇다고 지성이 존재하는 것으로서의 개체에 대한 직관을 가지지 않는다고 말할 권리는 없다. 만일 그렇다고 말한다면 인식의 객관성을 파괴하는 셈이다. "개체에 대해서 미리 알지 않고 개별자로부터 보편자를 추상한다

---

21) 22.

는 것은 불가능하다. 왜냐하면 이 경우 지성은 자신이 무엇으로부터 추상하고 있는지를 알지 못하고 추상하는 것이 되기 때문이다."[22] 스코투스가 토마스의 학설을 거부했던 것은 분명히, 그가 단순히 토마스의 개별화의 생각을 거부했다든가 또는 귀납과 같은 과정이 토마스의 설이 잘못된 것이라고 그에게 증명하는 것처럼 생각되어서만이 아니라, 토마스의 설은 그 자체가 강조하고 있는 학문적 그리고 보편적인 인식의 객관성을 위태롭게 한다고 확신했기 때문이다. 인간의 학문은 보편자에 대한 것이라는 아리스토텔레스의 학설을 스코투스는 거부하려고 하지 않았다(이 점을 그는 분명히하고 있다). 그러나 그는 존재하는 것으로서의 개체에 대한 지적 직관을 인정함으로써 그 학설을 보충하는 것이 필요하다고 생각했던 것이다. 그리고 그것을 보충하는 일은 사실에 의해서 요청된다고 그는 생각했다. 인간 인식의 객관성을 보호하려는 그의 관심은 스코투스가 보편 문제를 취급하고 있는 데서도 나타나고 있다. 그러나 이 문제의 고찰은 형이상학의 장으로 미루는 것이 좋을 것이다. 그 장에서 이 문제는 개별화의 문제와 관련하여 다루어질 것이다.

5. 신학은 학문인가

이미 말했듯이, 어떤 관점에서는 스코투스가 이상으로 생각하는 학문이 수학적인 학문이라고 주장하는 것은 부당하지 않을 것이다. 아리스토텔레스가 《분석론 후서》(*Posterior Analytics*) 제 1 권에서 사용한 말의 의미에서, 즉 명증성과 확실성만이 아니라 대상의 필연성을 포함하는 것으로 학문을 이해한다면 그리스도의 강생(降生, incarnation)과 인간 일반과 하느님의 관계에 관한 신학은 하나의 학문이라고 말할 수 없다. 왜냐하면 그 강생은 필연적이거나 연역할 수 있는 사건이 아니기 때문이다.[23] 또 한편으로 만일 신학을 그 본래의 대상, 즉 있는 그대로의 하느님에 관한 것이라고 생각한다면 신학은 삼위 일체와 같은 필연적인 진리를 취급하며 또 그것은 하나의 학문이다. 그러나 신학이 하나의 학문이라는 것은 우리에게 있어서가 아니라 그 자체에 있어서라는 것을 덧붙여 두지 않으면 안 된다. 왜냐하면 신학에 있어서의 진리는, 비록 그것이 확실하다고 할지라도 우리에게 있어서는 자명한 것이 아

22) *De Anima*, 22, 3. 23) *Ox.*, Prol., 3, no. 28.

니기 때문이다. 만일 어떤 사람이 기하학자들의 증명을 이해하지 못하고 그들의 말에 따라 그들의 결론을 받아들인다면, 비록 기하학은 그 자체가 여전히 하나의 학문일지라도, 그 사람에게 있어서는 하나의 학문이 아니라 신앙의 한 대상인 것이다.[24] 그러므로 하느님 그 자체에 관한 것으로 생각된 신학은, 비록 우리에게 있어서는 하나의 학문이 아닐지라도 그 자체에 있어서는 하나의 학문이다. 왜냐하면 대상은 필연성을 지니고 있음에도 불구하고, 우리에게 있어서 그 대상은 신앙으로 받아들여지고 있기 때문이다. 그러나 하느님의 외적인 작용에 관한 신학은 '우연적인 것', 즉 필연적이 아닌 사건들을 취급하며, 따라서 그것은 위에서 말한 의미에서의 학문은 아니다. 스코투스는 명확하게 기하학적인 학문을 엄밀한 의미에서의 학문의 모범으로 삼고 있다.

하지만 신학이 위에서 말한 의미에서의 학문이라는 것을 스코투스가 부정하는 경우, 그가 신학을 경멸하거나 신학이 지니는 확실성을 의심하려고 하는 것은 아니라는 것을 덧붙여 두지 않으면 안 된다. 만일 '학문'을 엄밀한 의미에서가 아니라 《니코마코스 윤리학》(*Nicomachean Ethics*) 제 6 권에서 아리스토텔레스가 생각했던 것처럼, 즉 단순한 의견이나 추측과 대조되는 것으로 생각한다면 신학은 하나의 학문이다. 비록 신학은 '예지'(wisdom)라고 이름하는 것이 더욱 어울리겠지만, 확실하고 진실한 것이기 때문에 하나의 학문이라고 그는 분명하게 말하고 있다.[25] 나아가서 신학은 형이상학에 속하지 않는다. 왜냐하면 이성의 자연적인 빛에 의해서 알아질 수 있는 것으로서의 하느님은 형이상학의 대상에 포함되기 때문에, 비록 신학의 대상이 어느 정도는 형이상학의 대상에 포함될지라도 신학은 자신의 원리를 형이상학으로부터 받아들이지 않으며 또 교의 신학의 진리는 존재 그 자체의 원리에 의해서는 증명될 수 없기 때문이다. 교의 신학의 원리들은 신앙 즉 권위에 근거하여 받아들여진다. 그 원리들은 자연 이성에 의해서는 증명되지 않으며, 또 형이상학자에 의해서도 증명될 수 없다. 또 한편으로 형이상학은 엄밀한 의미에서 신학에 종속되는 학문이 아니다. 왜냐하면 형이상학자는 자신의 원리를 신학으로부터 빌어 오지 않기 때문이다.[26]

스코투스에 의하면 신학은 실천적인 학문이다. 그러나 그는 이의 의미를 매우 신중하고 상세하게 설명하고 있다.[27] '필연적인 신학마저

24) 같은 책, Prol., 2 lat., no. 4.
25) 같은 책, Prol., 3, no. 28.
26) 같은 책, Prol., 3, no. 29.
27) 같은 책, Prol., 4.

도', 즉 하느님 그 자체에 관한 필연적 진리의 신학적인 인식마저도 우리가 하느님을 선택하는 의지의 선택 행위보다 논리적으로 앞서 있으며 유익한 행위의 제 1 원리도 거기서 취해진다. 스코투스는 강의 헨리쿠스와 기타 사람들의 견해를 논하고 있으나, 자기 자신의 이론을 위해서 그 견해들을 거부하고 있다. 그래서 스코투스는 신학이 하나의 학문이라고 단정하는 성 토마스와[28] 결별했듯이, 신학은 하나의 사변적인 학문이라고 말하는 성 토마스와도[29] 결별한다. 지성에 대해서 의지가 앞서 있다는 스코투스의 학설에서 예상되듯이, 그는 인간에게 있어서 유익한 행위의 규범이라는 신학의 측면을 강조하고 있다.

위의 고찰은 사실 그렇듯이 교의 신학에 관계해서 당치 않은 것처럼 생각될지 모르지만, 그러나 만일 교의 신학에 관한 스코투스의 입장을 이해한다면 그에게 대해서 행해졌던 어떤 비난은 얼마나 부당하고 잘못되어 있는가를 알게 될 것이다. 만일 성 토마스가 신학을 학문 즉 사변적인 학문으로 생각했던 반면에, 스코투스는 신학이 학문이 아니며 그리고 신학이 학문이라고 일컬어진다면 그것은 하나의 실천적인 학문이라고 단정했다고만 말한다면, 스코투스에 있어서 신학의 교의는 단지 실천적이거나 실용적인 가치만을 지니는 원리라고 결론을 내릴 수 있다. 그리고 사실 스코투스는 칸트와 비교되어 왔다. 그러나 만일 스코투스가 말하는 의미를 생각한다면, 이러한 해석은 분명히 부당하고 잘못된 것이다. 기하학이 학문이라는 의미에서 학문을 정의한다면, 신학을 하나의 학문이라고 부를 수는 없다고 그는 말하고 있을 뿐이다. 이 입장에는 성 토마스도 동의할 것이다. 성 토마스에 의하면 신학이 하나의 학문이 되는 이유는, 신학의 원리는 하느님과 지복자(至福者)에게 고유한 보다 높은 학문의 원리로부터 유래하며 따라서 절대적으로 확실하기 때문이다. 신학은 기하학과 산수가 학문인 것과 같은 의미에서 하나의 학문이라는 것이 아니다. 왜냐하면 신학의 원리는 이성의 자연적인 빛에 있어서는 자명하지 않기 때문이다.[30] 그리고 또, 신학이 우리에게 있어서 실천적인 학문이 되는 것은, 주로 계시가 궁극적인 목적에 이르기에 유익한 행위에 대한 규범으로서 주어져 있기 때문이라고 스코투스는 말한다. 이에 반해서 토마스에 있어서의[31] 신학은 본래 — 전면적으로는 아니지만 — 하나의 사변적인 학문인데, 그것은 신학이 인간의 행위보다도 더욱 하느님의 일들을 취급하고 있기 때문이다.

28) *S.T.*, Ia, 1, 4.
29) 같은 책, Ia, 1, 2.
30) *S.T.*, Ia, 1, 2.
31) 같은 책, Ia, 1, 4.

바꾸어 말하면, 이 문제에 대한 그 양자의 주된 차이는 강조점의 차이이다. 말하자면 성 토마스는 일반적으로 지성과 이론적인 고찰을 강조하고 있는 반면에, 스코투스는 일반적으로 의지와 사랑을 강조하고 있는 데서 예상되는 그러한 차이이다. 그리고 이 차이는, 칸트주의와 프래그머티즘이라는 관점에서보다는 오히려 아리스토텔레스주의와 프란치스코회의 전통이라는 관점에서 보아야 한다. 비록 스코투스는 칸트 이전의 칸트주의자였다고 말하고자 할지라도, 교의 신학에 관한 스코투스의 학설 가운데서 이러한 주장을 뒷받침할 확고한 이유는 발견되지 않을 것이다.

6. 우리의 인식은 감각 경험에 근거하고, 지성의 활동에는 특별한 조명이 필요없다

이미 보았듯이, 비록 지성의 최초 대상은 존재 일반이며 단순히 질료적인 본질이 아니라고 스코투스가 주장할지라도, 그의 아리스토텔레스주의로 말미암아 그는 우리의 실제적인 인식은 감각 작용과 더불어 시작한다는 사실을 강조하게 된다. 그러므로 생득 관념은 존재하지 않는다. 《형이상학 토론집》에서[32] 그는, 지성은 그 자체의 구조상 단순개념의 경우이든 복합 개념의 경우이든 어떠한 본성적인 인식도 지니지 않으며, "그 이유는 우리의 인식 모두가 감각으로부터 생겨나기 때문이다"고 말하고 있다. 이는 제 1 원리의 인식에도 적용된다. "우선 감각은 합성되지 않은 어떤 단순한 대상에 의해서 움직여지고, 그리고 지성은 그 감각의 운동을 통해서 움직여져서 단순한 대상을 파악한다. 이것이 지성의 최초의 활동이다. 둘째로, 이 단순한 대상의 파악 뒤에는 다음의 활동, 즉 단순한 대상들을 한 데 합치는 활동이 따른다. 그리고 이 합성 뒤에는, 만일 이것이 제 1 원리라면, 지성은 그 복합적인 것의 진리에 동의할 수 있다." 제 1 원리에 대한 자연적인 인식이란 단지, 단순한 항(項)들이 이해되어 결합될 때 지성은 자신의 자연적인 빛에 의해서 그 원리의 진리를 직접 인정한다는 의미에 지나지 않는다. "그러나 그 항들의 인식은 감각적인 대상들로부터 얻어진다." 스코투스가 말하고자 하는 것은 다음과 같다. 예컨대 우리는 감각 경험에 의해서

32) 2, 1, no. 2.

'전체'와 '부분'의 관념을 얻는다. 그러나 지성이 그 항들을 한 데 합칠 때, 지성은 전체는 부분보다 크다는 명제의 진리를 곧 안다. 전체가 무엇이며 부분이 무엇인가에 대한 인식은 감각 경험에서 생긴다. 하지만 지성은 자신의 자연적인 빛에 의해서 복합 대상, 즉 그 제 1 원리의 진리를 곧 알 수 있다. 이 경우 모든 인간은 제 1 원리들을 인정하지만 실제의 문제로서 그리스도인들은 "무로부터는 아무 것도 생겨나지 않는다"는 원리를 인정하지 않는다는 아베로에스의 반론에 대해서, 스코투스는 자신은 모순율이나 전체는 부분보다 크다는 원리와 같은 엄밀한 의미에서의 제 1 원리에 대해서 말하고 있는 것이지, 일부의 사람이 원리라고 생각하고 있는 것이거나 또는 제 1 원리로부터의 결론일 수 있는 원리에 대해서 말하고 있는 것은 아니라고 대답하고 있다. 그러나 《파리 강의록》에서[33] 그는 분명히 제 1 원리로부터 나온다고 생각되는 원리들이나 결론들에 관해서는 지성은 그르칠 수 없다고 주장하고 있다. 같은 책에서 그는 지성을 〈아무 것도 씌어지지 않은 백지〉(**tabula nuda**), 즉 생득적인 원리나 관념을 가지고 있지 않은 것으로 말하고 있다.

스코투스는 또 어떤 진리를 파악하기 위해서는 지성의 특별한 조명이 필요하다는 이론을 거부한다. 그는 조명설의 대표로서 강의 헨리쿠스의 논증들을 들어서[34] 이 논증에서는 결국 확실하고 자연적인 인식은 전부 불가능하게 된다고 반론하면서 그 논증들을 비판하고 있다.[35] 예컨대, 만일 언제나 변화하는 대상(헨리쿠스에 의하면 감각적 대상은 언제나 변화하고 있다)에 관해서는 아무런 확실성도 얻을 수가 없다는 것이 사실이라고 한다면, 조명은 어떠한 방법으로도 쓸모가 없을 것이다. 왜냐하면 우리가 하나의 대상을 그것이 실제로 있는 것과 달리 아는 경우에는, 확실성을 얻은 것이 아니기 때문이다. 어쨌든 감각적 대상이 끊임없이 변화한다는 설은 헤라클레이토스의 설로서, 이는 잘못이라고 스코투스는 덧붙이고 있다. 그와 마찬가지로, 만일 영혼의 가변적인 성격과 그 관념이 확실성에 대한 하나의 장애라고 한다면, 조명은 그 장애를 고치지 못할 것이다. 따라서 헨리쿠스의 의견은 회의주의가 될 것이다.

이와 같이 스코투스는 인간 지성의 능동성과 자연적 능력을 옹호한다. 그리고 이와 같은 생각에 의해서 그는, 영혼이 신체로부터 떠나 있

33) 2, 23, no. 3.
34) *Ox.*, 1, 3. 4, nos. 2~4.
35) 같은 책, 1, 3, 4, no. 5.

을 경우 그 영혼은 사물 자체로부터 새로운 관념을 얻을 수 없다는 성 토마스의 설을 거부한다.[36] 그는 성 토마스가 《명제집 주석》(*Commentary on the Sentences*)에서[37] 사용한 것과 대체로 같은 말로 토마스의 견해를 제시하고 그리고 영혼의 본성은 인식하고 추상하고 의지하는 일이며, 따라서 영혼은 신체로부터 떠나서 존재할 수 있는 본성을 지니고 있으므로, 지성은 신체를 떠난 상태에서도 자연적인 수단에 의해서 새로운 지식을 얻을 수 있다고 결론짓는 것은 정당하다고 논하고 있다. 스코투스의 말에 의하면, 성 토마스의 견해는 인간 영혼의 가치를 떨어뜨리는 것이다. 물론 스코투스가 자신의 의견은, 현세에 있어서 영혼이 감각에 의존하는 것은 〈그 상태 때문에, 특히 죄 때문에〉라는 자기 자신의 견해와 결부되어 있으며, 또 영혼은 순전히 수동적이라는 설과 감각적 표상이 관념을 생기게 한다는 설을 자신이 거부하는 것과 관련되어 있다. 그러므로 신체로부터 떠난 상태에 있는 영혼은 새로운 지식을 얻지 못하는 것이 아니며 또 직관에 한정되어 있는 것도 아니다. 즉 지성은 추상 작용도 할 수 있는 것이다.

7. 직관적 인식과 추상적 인식

스코투스는 직관적 인식과 추상적 인식을 구별한다. 직관적 인식은 현실적으로 존재하는 대상의 인식이며, 따라서 이 인식이 실제로 존재하지 않는 대상의 인식이어야 한다는 것은 직관적 인식의 본성에 위배된다.[38] 그러나 스코투스는 완전한 직관적 인식과 불완전한 직관적 인식을 구별한다.[39] 전자는 현존하는 대상의 직접적 인식이며, 후자는 미래에 있으면서 앞당겨진 것으로서 존재하는 대상과 또는 과거에 존재한 것이면서 기억된 것으로서 존재하는 대상의 인식이다. 또 한편으로는, 추상적 인식은 그 존재나 비존재를 떠나서 생각되어진 대상의 본질 인식이다.[40] 그러므로 직관적 인식과 추상적 인식의 차이는, 직관적 인식은 존재하는 대상의 인식인 반면에 추상적 인식은 존재하지 않는 대상의 인식이라는 것이 아니라, 오히려 직관적 인식은 존재하면서 현

36) 같은 책, 4, 45, 2.

37) 4, 50, 1, 1 ; 그리고 *S.T.*, Ia, 89, 1～4 참조.

38) *Ox.*, 1, 2., 7, no. 42 ; 2, 9, 2, no. 29.

39) 같은 책, 3, 14, 3, no. 6.

40) 같은 책, 2, 3, 9, no. 6.

실적으로 거기에 있는 대상, 즉 정확히 말하여 직관에 들어오는 대상의 인식이며, 추상적 인식은 그 대상이 현실적으로 존재하든 안 하든 그 존재를 떠나서 생각되어진 대상의 본질 인식이라는 점에 있다. "존재하는 대상만이 아니라 존재하지 않는 대상에 대해서도 추상적 인식이 있을 수 있으나, 직관적 인식은 현실적으로 존재하는 대상에 대해서만 있을 수 있다."[41] 여기에 "그리고 현존하고 있는"이라는 말을 덧붙여 두지 않으며 안 된다. 왜냐하면 "현실적으로 존재하지 않고 또 현존하지 않는 것에 대한 인식이라는 것은 직관적 인식의 본성에 위배되기"때문이다.[42] 따라서 지복자는 하느님 안에서 즉 지복 직관에서 자기를 볼 수 있을지라도, 현세에 존재하면서 글을 쓰고 있는 나에게는 이 인식은 직관적 인식이 아닐 것이며, 그 이유는 "나는 지복자가 천국에서 보는 하느님 안에 실제로 현존하지 않기"[43] 때문이라고 스코투스는 말하고 있다. 추상적 인식, 즉 존재와 비존재를 고려하지 않는 본질 인식에 대한 스코투스의 설로 인하여, 그의 사상이 지니는 이 측면을 근대의 현상학파의 방법과 비교하기에 이르렀다.

8. 귀 납 법

스코투스에게는 아리스토텔레스 논리학의 정신이 충분하게 침투해 있어서 그는 귀납에 역점을 두고 논증적인 증명에 대한 엄격한 생각을 지니고 있었다. 하지만 그는 귀납에 대해서 흥미있는 발언을 하고 있다. 우리는 자연적으로 일어나는 일에 있어서 개별적인 여러 가지의 사례들을 모두 경험할 수는 없지만 그러나 얼마간의 사례를 경험함으로써, 자연적으로 일어난 어떤 일은 자연적인 원인에서 생겨나서 언제나 그 원인을 따르고 있다는 것을 과학자는 충분히 알 수가 있다. "대부분의 경우(즉 우리가 관찰할 수 있는 경우)에 일어나는 일은 무엇이든 자유로운 원인에서 생겨나지 않고 일정한 원인으로부터의 자연적인 결과이다." 이 명제는 지성에 의해서 진실하다고 인정된다. 즉 지성은, 자유로운 원인은 같은 결과를 낳지 않는다는 것을 알고 있다. 즉 일정한 원인이 다른 하나의 결과를 생기게 할 수 있다면, 우리는 그러한 결과를 낳는 것을 관찰했어야 할 것이다. 만일 어떤 결과가 같은 원인에

41) *Quodlibet*, 7, no. 8.
42) *Ox.*, 2, 9, 2, no. 29.
43) 같은 책, 4, 14, 3, no. 6.

의해서 자주 생겨난다고 한다면(스코투스는, 우리의 경험에 관한 한에서 같은 결과가 같은 원인에 의해서 생겨난다면 하는 것을 의미하고 있다), 그 원인은 이 점에 있어서 자유로운 원인일 수가 없으며 또 '우연적'인 원일일 수도 없다. 오히려 그 원인은 그 결과의 자연적인 원인이 아니면 안 된다. 때때로 우리는 결과를 경험하고 그 결과를 자명한 인과 관계로 환원시킬 수 있으며, 그 경우 우리는 나아가서 결과를 연역하여 경험을 통해서 얻은 것보다 더욱 확실한 인식을 얻을 수 있다. 그러나 또 한편으로, 우리는 원인과 결과의 필연적인 관련을 증명할 수는 없지만, 그러나 단지 결과는 자연적인 원인으로부터 생겨난다는 방법으로만 원인을 경험할 수 있다.[44]

---

44) 같은 책, 1, 3, 4, no. 9.

제 47 장
스코투스 3 : 형이상학

1. 존재와 그 초월적 속성

형이상학은 존재로서의 존재에 대한 학문이다. 존재의 개념은 모든 개념들 가운데서 가장 단순한 개념이며, 그것보다 더욱 근본적인 다른 개념으로 환원될 수 없다.[1] 그러므로 존재는 정의될 수가 없다. 우리는 존재를 저절로 분명하게 파악할 수가 있다. 왜냐하면 존재는 가장 넓은 의미에서는 간단하게 아무런 모순도 포함하지 않는 것, 즉 본질적으로 불가능한 것이 아닌 것을 의미하기 때문이다. 그러나 그 이외의 다른 모든 개념, 즉 일정한 종류에 속하는 존재자의 개념은 전부 존재 개념을 포함하고 있다.[2] 그러므로 가장 넓은 의미에서의 존재는 정신 밖에 존재를 가지는 것과 정신 안에 존재를[3] 가지는 것을 포함하며, 또 그것은 모든 유(類)를 초월해 있다.[4]

여러 가지 〈존재의 양태〉(passiones entis) — '범주'라는 말을 아리스토텔레스적인 의미로 이해하지 않는다면, 이를 존재의 범주라고 불러도 좋다 — 에는 〈환치할 수 있는 양태〉(passiones convertibiles)와 〈선언적 양태〉(passiones disiunctae)가 있다. 전자는 하나의 명칭으로 나타내어지는 존재의 범주이며, 이 범주는 짝을 이루지 않고 존재와 환치할 수 있다. 예컨대 일(一), 진(眞), 선(善)은 〈환치할 수 있는 양태〉이다. 모든 존재자는 존재라는 바로 그 사실에 의해서 하나이며 진리이고 선이다. 그리고 이들 〈환치할 수 있는 양태〉 상호간에 또는 이 양태들과 존재와

1) *Quodlibet*, 7, no. 14; 1, 39, no. 13.
2) *Ox.*, 1, 3, 2, no. 24.
3) *Quodlibet*, 3, no. 2.
4) *Ox.*, 2, 1, 4, no. 26.

의 사이에는 실재적 구별은 없으나 형상적 구별은 있다.[5] 왜냐하면 이들은 존재의 여러 가지 측면을 나타내고 있기 때문이다. 또 한편으로 〈선언적 양태〉는 짝을 지어서는 환치할 수 있지만, 하나씩 따로따로 취한다면 존재와 간단하게 환치되지 않는다. 예컨대 모든 존재자가 반드시 필연적인 것도 아니며 또 모든 존재자가 반드시 우연적인 것도 아니지만, 그러나 모든 존재자는 필연적이거나 우연적이다. 그와 마찬가지로 모든 존재자가 간단하게 현실태도 아니고 또 가능태도 아니지만, 그러나 모든 존재자는 현실태이든가 가능태이든가, 또는 어떤 측면에서는 현실태이고 다른 측면에서는 가능태가 아니면 안 된다. 스코투스는 〈선언적 양태〉가 초월적이라고 말하고 있다.[6] 왜냐하면 비록 〈선언적 양태〉는 모든 존재자를 포함한다거나 단순히 존재 개념과 환치되는 것은 아니라고 할지라도, 그것은 대상을 아리스토텔레스적인 의미에 있어서 어떤 일정한 유나 범주에 넣지는 않기 때문이다. 예컨대 한 존재가 우연적이라는 사실이 바로 그 존재가 실체이거나 우유성이라는 것을 보여주는 것은 아니다.

스코투스가, 곧 아래서 논의되는 의미에서 존재 개념은 일의적(一義的)이라고 주장했을 때 〈선언적 양태〉의 현실성을 추론하려고 했던 것처럼 생각될지 모르나, 이는 그의 의도가 아니다. 우리는 결코 존재 개념에서 우연적 존재가 존재한다고 추론할 수 없으며, 비록 우연적 존재가 존재한다면 필연적 존재가 존재하고, 유한 존재가 존재한다면 무한 존재가 존재한다는 것을 증명할 수는 있을지라도, 필연적 존재가 존재한다면 우연적 존재가 존재한다는 것을 증명할 수는 없다. 바꾸어 말하면, 다른 방법으로 나아갈 수는 있을지라도 보다 불완전한 〈선언적 양태〉의 존재를 보다 완전한 양태로부터 추론할 수는 없다. 우연적 존재가 현실적으로 존재한다는 것은 경험에 의해서만 알려진다.[7]

2. 존재의 일의적 개념

이미 보았듯이 스코투스의 견해에 의하면, 형이상학의 가능성을 옹호하기 위해서는 지성의 최초 대상은 존재 일반이라고 주장하지 않으면 안 된다. 물론 이렇게 말한다고 해서, 나는 지성의 최초 대상에 대

5) 같은 책, 1, 3, 3, no. 7; 2, 16, no. 17.
6) 같은 책, 1, 8, 3, no. 19.
7) 같은 책, 1, 39, no. 13.

한 스코투스의 이론이 단순히 실용적인 생각에 자극되었다고 말하려는 것은 아니다. 오히려 지성 그 자체는 존재 일반을 파악하는 능력이라고 그는 주장했으며, 이렇게 주장함으로써 그는 토마스 철학의 입장에서 나오는 부적당한 결론으로 생각되는 점을 지적했던 것이다. 그와 마찬가지로 스코투스는 하느님과 피조물에 관해서 일의적인 존재 개념이 없다면 하느님에 대한 형이상학적인 인식은 불가능하다고 주장했다. 그러나 그는 존재 개념이 일의적인 성격을 지닌다는 설을 단지 공리적인 이유에서 주장했던 것은 아니다. 그는 이러한 종류의 일의적 개념이 현실적으로 있다고 확신하고, 만약 그것이 있다는 것을 인정하지 않는다면 하느님에 대한 형이상학적 인식의 가능성을 옹호할 수가 없다고 지적했다. 우리가 지니는 개념은 감각 지각에 근거하여 형성되고 물질적 본질을 직접 나타낸다. 그러나 물질적 본질의 개념 그 자체는 하느님에게 적용되지 않으며, 그 이유는 하느님은 물질적인 것에 포함되지 않기 때문이다. 그러므로 물질적 본질 그 자체에 한정되지 않고 유한 존재와 무한 존재에, 그리고 비물질적 존재와 물질적 존재에 공통하는 개념을 형성할 수 없다면, 우리는 하느님에게 고유한 개념에 의한 하느님의 참다운 인식을 얻을 수 없다. 하느님과 피조물에 적용되는 존재 개념은 다의적(多義的)인 성격을 지닌다는 강의 헨리쿠스의 설이 옳다면, 당연한 결과로서 인간 정신은 피조물의 인식에만 (적어도 현세에서는) 한정된다. 따라서 헨리쿠스의 설의 결론은 불가지론이 될 것이다.[8] 내가 문제의 이러한 측면을 처음으로 언급했지만, 그것은 스코투스가 단순히 공리적이거나 실용적인 생각에 자극을 받았다는 것을 암시하기 위해서가 아니라, 오히려 스코투스에 있어서 이 문제는 순수 학문적인 것이 아니었다는 것을 보여주기 위해서이다.

스코투스는 존재의 일의적 개념에 어떠한 의미를 부여했을까? 그는 《옥스퍼드 강의록》(*Oxford Commentary*)[9]에서 다음과 같이 말하고 있다. "일의성이라는 명사에 대해서 문제가 생기지 않기 위해서 나는 일의적 개념을 다음과 같이 생각한다. 즉 이 개념은 동일한 것에 대해서 이 개념을 긍정하거나 부정하는 경우 모순을 일으키기에 충분한 단일성을 지니고 있는 것이다. 그리고 이 개념은 삼단 논법의 개개의 항을 위해서도 충분하다. 즉 개개의 항이 일의적인 경우에는 두 전제는 다의성에 빠지지 않고 서로 일의적인 것으로 된다" 그러므로 스코투스에 있어서

8) *Ox.*, 1, 8, 3, nos. 4 이하. 이것은 헨리쿠스의 학설에 대한 스코투스의 해석을 나타낸다.
9) 같은 책, 1, 3, 2, no. 5.

첫번째의 취지는 일의적 개념은 동일한 것에 대해서 그 개념을 동시에 긍정하거나 부정할 경우 모순에 빠지는 단일성을 지닌 개념을 의미한다는 것이다. “개(즉 동물)가 달리고 있다”고 말하고 동시에 “개(성좌 또는 dog-fish를 의미한다)는 달리고 있지 않다”고 말한다면, 사실상 거기에는 아무런 모순도 없을 것이다. 왜냐하면 ‘달리다’와 ‘달리지 않는다’는 동일한 주어에 대해서 말해지고 있는 것이 아니기 때문이다. 즉 모순은 순전히 말에 있는 것이다. 그와 마찬가지로 “일각수(一角獸)가 있다”(일각수가 생각 속에 존재한다는 것을 의미한다)고 말하고 “일각수는 존재하지 않는다”(일각수가 자연계에, 즉 생각 밖에는 존재하지 않는다는 뜻이다)고 말할지라도, 사실상으로는 아무런 모순이 없다. 이러한 말이 동일한 것에 대해서 동시에 긍정하거나 부정하는 경우, 그 말의 의미는 사실상 모순에 빠진다는 것을 스코투스는 가리키고 있다. 예컨대 일각수는 존재한다고 말하고 일각수는 존재하지 않는다고 말할 경우, 그 두 판단에 있는 ‘존재’가 생각 밖의 존재를 가리킨다고 한다면, 사실상 모순될 것이다. 그와 마찬가지로 하느님은 존재한다고 말하고 하느님은 존재하지 않는다고 할 경우, 그 양자가 실재적 존재를 가리킨다고 한다면, 거기에는 모순이 있는 것이다. 스코투스는 〈충분하다〉를 어떤 의미로 사용하고 있는가? “하느님이 존재한다”와 “하느님은 존재하지 않는다”라는 판단에서 모순이 생기기 위해서는 ‘존재’가 무(無) 또는 비존재의 반대를 의미하는 것으로 충분하다. 하느님은 무의 반대이다, 그리고 하느님은 무의 반대가 아니다라고 말한다면, 거기에는 모순이 있다. 그러나 하느님과 피조물에 적용되는 존재의 일의적 개념이 있다고 스코투스가 주장하고 있음을 유의하지 않으면 안 된다. 따라서 ‘존재’라는 말을 같은 의미로 사용하여, 하느님은 존재한다, 그리고 피조물은 존재한다고 말할 수 있다. 물론 그는 하느님과 피조물이 실제로 다른 의미에서 무의 반대라는 것을 잘 알고 있으므로, 이를 부정하려고는 하지 않는다. 그러나 ‘존재’가 단순히 무 또는 비존재의 반대만을 의미한다고 한다면, ‘존재’라는 그 말은, 이 양자가 무에 반대되는 그 구체적인 방법을 떠나서, 하느님과 피조물에 동일한 의미로 적용될 수 있다는 것이 그의 논점이다. 따라서 그가 〈모순이 생기기 위해서는 충분하다〉고 말하는 것은 하느님과 피조물이 동일한 방법으로 무의 반대라는 의미가 아니다. 그러나 비록 하느님과 피조물이 다른 방법으로 무에 반대될지라도, 그 양자는 무의 반대임에는 변함이 없다. 그리고 만일 무의 완전한 반대를 의미하는 존재 개념, 즉 동일한 대상에 대해서 동시에 긍정하고 부정하는 경우 모순을 지니는 개념을 형성한다면, 이 개념은 하느님과 피조물에 일의적으로 술어일 수 있다.

스코투스가 삼단 논법에 대한 설명에서, 그가 해석한 것과 같은 일의적 개념이 삼단 논법의 각 항에 사용될 경우, 그것은 다의성의 오류에 빠지지 않기에 '충분한' 두 전제에 있어서의 동일한 의미를 지니는 개념이라고 스코투스는 말하고 있다. 비슷한 예를 들어서, "모든 ram(수양)은 동물이다. 이것(물을 길어 올리는 도구를 가리킴)은 ram(자동 양수기)이다. 그러므로 이것은 동물이다"라고 논한다면, 이 삼단 논법은 다의성의 오류를 지니며 따라서 타당하지 않을 것이다. 그러면 다음의 논증을 들어 보자. 만일 어떤 피조물에 예지가 있다면, 하느님에게도 예지가 있지 않으면 안 된다. 그런데 어떤 피조물에 예지가 있다. 그러므로 하느님에게 예지가 있다. 이 경우, 만일 '예지'라는 말이 하느님과 피조물에 관해 완전히 다른 의미에서 다의적으로 사용되어 있다면, 이 논증은 잘못된 것이다. 말하자면 이 논증이 타당하려면, 하느님과 피조물에 적용되는 예지의 개념은 다의성을 피하기에 충분한 동일성을 지니지 않으면 안 된다. 스코투스는 강의 헨리쿠스를 공격하고 있다. 헨리쿠스에 적용되는 술어는, 비록 하나의 말이 양자에게 사용될 정도로 양쪽의 의미가 서로 유사할지라도 역시 다의적이다. 헨리쿠스의 견해를 옳다고 인정하는 것은 피조물로부터 하느님으로의 모든 논증은 다의성의 오류를 지니고 있고 또 불합리함을 인정하는 것이라고 스코투스는 반박하고 있다. 그러므로 스코투스가 주장하는 일의성은 존재 개념에 한정되지 않는다. "하느님과 피조물에게 공통적인 것은 무엇이든 유한과 무한에 관계없이 존재에 속하는 것이다."[10] 만일 존재를 무한 존재와 유한 존재의 구별을 떠나서 단지 무의 반대라는 의미로만 생각한다면 존재의 일의적 개념을 얻게 되며 존재의 초월적 속성, 즉 〈환치할 수 있는 양태〉도 일의적 개념을 형성할 수 있다. 만일 존재의 일의적 개념을 형성할 수 있다면, **일**(一), **진**(眞), **선**(善)의 일의적 개념도 만들어질 수 있다.[11] 그렇다면 예지에 대해서는 어떨까? 모든 존재자가 단지 그것이 존재라는 사실에 의해서 선이므로, 선은 〈환치 가능한 양태〉이다. 그러나 모든 존재자가 예지인 것은 아니다. **필연적**이든가 **가능적**이든가, 현실태이든가 가능태이든가와 같은 〈선언적 양태〉

10) 같은 책, 1, 8, 3, no. 18.

11) 같은 책, 1, 8, 3, no. 19.

는 그 어느 부분도 자신의 기체(基體)를 특정한 유에 속하는 것으로 규정하지 않는다는 의미에서 초월적이며, 예지와 이와 유사한 속성도 존재의 분류를 초월하는 것으로서 초월적이라고 스코투스는 대답한다.[12)]

스코투스는 이 일의성의 이론을 특히 강조하고 있다. 하느님에 관한 모든 형이상학적인 연구는 어떤 속성에 대한 고찰이며, 피조물에서 볼 수 있는, 즉 속성에 붙어 있는 불완전성을 이 속성의 관념으로부터 제거하는 일이다. 이러한 방법으로 우리는 속성에 대한 〈형상적 성질〉(**ratio formalis**)이라는 본질 관념을 얻으며, 그것을 가장 완전한 의미에서 하느님에게 서술할 수 있다. 스코투스는 이러한 예로서 예지, 지성, 의지를 들고 있다.[13)] 예컨대 우리는 먼저 예지의 관념으로부터 유한적인 예지의 불완전성을 제거하고 예지의 형상적 성질, 즉 예지 그 자체에 대한 개념에 이른다. 이리하여 우리는 예지를 가장 완전한 의미에서 하느님에게 돌린다. "그러므로 하느님에 관한 모든 고찰은 지성이 피조물로부터 획득하는 것과 같은 그 일의적 개념을 가지고 있다는 것을 전제하고 있다."[14)] 그러므로 만일 예지의 〈형상적 성질〉의 관념을 형성할 수 있는 가능성이 부정된다면, 그 당연한 결과로서 하느님의 인식에는 이르지 못할 것이다. 우리의 인식은 피조물에 대한 경험에 근거한다. 그러나 어떠한 속성이라도 피조물에서 볼 수 있는 그대로를 하느님에 대해 단언할 수는 없다. 그러므로 일의적인 의미를 지니는 공통적인 각 항을 얻을 수가 없다면, 피조물로부터 하느님으로의 논증은 불가능하며 타당성도 지니지 않는다. 무한한 것이나 유한한 것, 창조된 것이나 창조되지 않은 것과는 관계없이 존재의 일의적인 개념이 형성될 수 있음을 스코투스는 하나의 경험적인 사실로 보았다.[15)]

스코투스는 하느님이 유에 속하지 않는다는 점에서 강의 헨리쿠스에 동의하고 있지만, 헨리쿠스가 존재 개념의 일의성을 부정하는 데는 찬성하지 않는다. "하느님과 피조물에 공통되는 개념이 마땅히 있어야 한다는 것이 하느님의 순일성(純一性)과는 모순되지 않는다는 중간적인 의견을 나는 주장한다. 그러나 이 공통되는 개념은 유에 있어서 공통적인 개념은 아니다."[16)] 그런데 스코투스가 보기에 강의 헨리쿠스는 하느님과 피조물에 적용되는 그러한 존재 개념은 다의적이라고 주장했으며, 따라서 스코투스가 이 견해를 거부했다는 것은 쉽게 이해할 수 있

12) 같은 책, 같은 곳.
13) 같은 책, 1, 3, 2, no. 10.
14) 같은 책, 같은 곳.
15) 같은 책, 1, 3, 2, no. 6 참조.
16) 같은 책, 1, 8, 3, no. 16.

다. 하지만 성 토마스의 유비설(類比說)에 대한 스코투스의 태도는 어떠했을까? 첫째로, 스코투스는 하느님과 피조물은 실재적인 질서에 있어서 완전히 다르며, 〈그것은 그들이 실재적으로는 전혀 일치하지 않기 때문이다〉고 [17] 주장하고 있다. 그러므로 스코투스를 스피노자주의라고 비난하는 것은 분명히 잘못이다. 둘째로, 스코투스는 귀속의 유비를 거부하지 않는다. 그 이유는 스코투스가 존재는 본래 그리고 원칙적으로 하느님에게 속한다는 것을 인정하고 피조물은 하느님에 대해서 〈측정하는 것에 대한 측정되는 것, 능가하는 것에 대한 능가되는 것〉[18]과 같은 관계에 있다고 말하면서 동시에, 《영혼론》에서[19] 〈모든 존재는 하느님인 제 1 존재에 귀속한다〉고 말하고 있기 때문이다. 그러나 그는 세번째로, 만일 피조물과 하느님에게 공통되는 개념이 없다면, 〈측정하는 것과 측정되는 것〉, 〈능가하는 것과 능가되는 것〉으로서 그 양자를 비교할 수가 없기 때문에 유비 자체는 일의적 개념을 전제한다고 역설하고 있다.[20] 하느님은 피조물로부터 끌어내어진 개념에 의해서만 현세에 있는 인간에 의해서 알려질 수 있으며, 만일 이 개념이 하느님과 피조물에 공통되지 않는다면 피조물과 하느님을 불완전한 것과 완전한 것으로 비교할 수는 없을 것이다. 즉 피조물과 하느님 사이에는 어떠한 가교도 없을 것이다. 입으로는 일의성을 부정하는 교수들도 실제로는 그것을 전제하고 있다.[21] 만일 일의적 개념이 존재하지 않는다면, 하느님에 대한 부정적인 인식밖에 얻을 수 없겠지만, 사실은 그렇지 않다. 우리는 하느님이 돌이 아니라고 말할 수 있지만, 키메라(chimera)는 돌이 아니라고도 말할 수 있다. 따라서 하느님은 돌이 아니라고 말할 경우, 우리는 카메라에 대해서와 마찬가지로 하느님에 대해서도 모르고 있다.[22] 나아가서 어떤 것이 하느님의 작용의 결과라는 것을 아는 그 인식 자체로는 하느님에 대한 인식을 얻기에는 충분하지 않다. 돌은 하느님의 작용의 한 결과이다. 그러나 하느님이 돌의 원인이라는 이유로 하느님이 돌이라고 말하지는 않는다. 하지만 우리는 하느님은 예지를 지니고 있다고 말하며, 이는 초월적인(스코투스가 말하는 의미에서) 예지의 일의적 개념을 전제하고 있다. 마지막으로 비록 모든 피조물이 하느님에 대한 본질적인 의존 관계를 지니고 있을지라

17) 같은 책, 1, 8, 3, no. 11.
18) 같은 책, 1, 8, 3, no. 12.
19) 21, no. 14.
20) *Ox.*, 1, 8, 3, no. 12.
21) *Rep.*, 1, 3, 1, no. 7.
22) *Ox.*, 1, 3, 2 ; 1, 8, 3, no. 9.

도, 이 사실만으로는 우리가 하느님에 대한 적극적 인식을 얻기에 충분하지 않으며, 그것이 하느님과 피조물에 공통하는 일의적 개념을 형성할 수가 없을 경우, 그것은 우리가 하느님에 대한 자연적 직관을 지닐 수 없기 때문이라는 것이 스코투스의 주장이다. 그러므로 "모든 존재자는 하느님인 제 1 존재에 귀속한다. … 하지만 이 사실에도 불구하고 그 모든 존재자들로부터 **존재**라는 말로 표현되는 하나의 공통 개념이 도출될 수 있다. 그리고 이것은 자연학적 그리고 형이상학적인 방법으로, 즉 자연 철학자 또는 형이상학자로서 말한다면 하나가 아닐지라도 논리적으로 말한다면 하나(one)이다"고 그는 말하고 있다.[23]

이 마지막 말에서 스코투스가 존재 개념의 일의성을 실제로 논리적 영역에 한정하여 생각했는가 아닌가 하는 문제가 제기된다. 어떤 사람은 그렇다고 주장한다. 앞서 인용했던 《영혼론》의 1 절은 이를 분명히 주장하고 있는 것으로 보이며, 하느님과 피조물은 〈실재적인 질서에 있어서는 완전히 다르며, 그것은 그들이 실재적으로는 전혀 일치하지 않기 때문이다〉라는 위에서 인용했던 스코투스의 말도 동일한 것을 뜻하고 있는 것으로 생각된다. 그러나 존재의 일의적 개념이 〈사고상의 존재〉(ens rationis)라는 형식으로 논리학적 영역에 한정된다고 한다면, 어떻게 그것이 하느님에 대한 객관적인 인식을 보증하는 데 도움이 될까? 나아가서 《옥스퍼드 강의록》에서[24] 스코투스는 질료는 자기 자신의 〈존재〉를 갖는다는 자신의 이론에 대한 반론을 고찰하고 있다. 이 반론은 다음과 같다. 즉 유비항(類比項)의 경우에 있어서 어떤 것 또는 귀속하는 것은 실제로는 제 1 유비항에만 존재하며, 다른 유비항에는 제 1 유비항과의 관계에 의하는 것밖에는 실제로 존재하지 않는다. 건강은 실제로 동물 안에 존재하지만 오줌 안에는 단지 〈동물에의 귀속에 의해서〉만 존재한다. 존재는 형상으로부터 온다. 그러므로 존재는 실제로 질료 안에 있는 것이 아니라 형상에 대한 질료의 관계를 통해서만 존재한다. 이 반론에 대한 해답에서 스코투스는 여기에 열거된 실례는, 이에 반대되는 예가 무수히 많으므로, 아무런 가치가 없다고 말하면서 다음과 같이 지적하고 있다. "왜냐하면 〈존재라는 점에서〉 하느님에 대한 피조물의 유비보다 더 큰 유비는 없다. 그러나 존재는 실제로 그리고 일의적으로 피조물에도 속하는 그러한 의미에서 첫째로 본

23) *De Anima*, 21, no. 14

24) 2, 12, 2, no. 2.

래는 하느님에게 속한다. 그리고 선과 예지 그리고 그것과 유사한 것에 대해서도 마찬가지이다."[25] 여기서 그는 '실제로 일의적으로'라는 말을 함께 사용하고 있다. 만일 일의성에 대한 설이 피조물로부터의 하느님에 대한 객관적 인식을 보증한다고 한다면, 일의적 개념은 단순히 〈사고상의 존재〉일 뿐만 아니라 정신 밖의 실재에도 실제적인 기초 또는 대응물을 마땅히 지니고 있음이 이 설에 있어서 불가결한 것으로 생각된다고 하겠다. 또 한편으로 스코투스는 하느님은 유 가운데 있지 않으며, 하느님과 피조물은 실재의 질서에 있어서 〈우선 첫째로 다르다〉고 주장하고 있다. 이 두 진술이 어떻게 조화될 수 있는가?

존재의 개념은 피조물로부터 끌어내어지며, 이는 어떠한 규정도 없는 존재 개념이다. 이를테면 그것은 논리적으로 무한 존재와 유한 존재의 구분을 앞서 있다. 그러나 모든 존재자는 무한하거나 유한하지 않으면 안 된다. 즉 그것은 무한 존재 또는 유한 존재로서 무와 반대되지 않으면 안 된다. 무한도 아니고 유한도 아닌 존재는 실제로는 있을 수 없다. 이러한 의미에서 존재의 일의적 개념은 논리적으로 존재가 무한과 유한으로 구분되기 이전의 것으로서 논리학적인 영역에 속하는 단일성을 지니고 있다. 확실히 자연 철학자는 이러한 의미의 존재를 생각하지 않으며, 형이상학자도 현실적 존재 또는 가능적 존재 — 무한도 유한도 아닌 존재 개념은 가능적 존재의 개념이 아니기 때문이다 — 에 관계하는 한에서 역시 이러한 의미의 존재를 생각하지 않는다. 또 한편으로 비록 실재하는 모든 존재가 유한하거나 무한할지라도 방법은 다르기는 하지만 무와는 반대되는 것이다. 따라서 존재의 일의적 개념에는 실재적인 기초가 있다. 〈제 1 지향〉(intentio prima)으로서의 존재 개념은 실재에 기초를 두고 있다. 왜냐하면 그렇지 않을 경우 그것은 추상될 수 없고, 객관적인 관련을 가질 수 없기 때문이다. 하지만 〈제 2 지향〉(intentio secunda)으로서의 존재 개념은 〈사고상의 존재〉이다. 그러나 존재 개념 그 자체는 제 1 지향으로 생각되든 제 2 지향으로 생각되든간에 정신 밖에 형상적 존재를 지니는 어떤 것을 나타내는 것이 아니다. 그러므로 그것은 하나의 논리적인 개념이다. 보편에 대해서 언급할 경우 논리학자는 "제 1 지향에 적용되는 한에서 제 2 지향을 고찰한다"[26] 하고, 스코투스는 논리학자에게는 일의적(一義的)인 것이 실재적인 것을 연구하는 철학자에게는 다의적(多義的)이라고[27] 말하고 있

25) *Ox.*, 2, 12, 2, no. 8.

26) 같은 책, 2, 3, 1, no. 7.

다. 그러므로 존재의 일의적 개념은 〈사고상의 존재〉라고 말할 수 있다. 또 한편으로 존재의 일의적 개념은 실재적 근거를 현실에 두고 있다. 보편 개념에 대해서도 그와 같이 말할 수 있다. 확실히 스코투스는 자신의 이론에 대해서 있을 수 있는 반론을 충분하게 생각하지 않았다. 이를테면 그는 현세에서 하느님에 대한 객관적 인식을 위태롭게 하거나 불가능하게 하는 것으로 생각했던 강의 헨리쿠스의 설을 반박하는 데 전념한 나머지, 문제의 복잡성이나 자기의 이론에 대해서 일어날지도 모를 난점에 대해서 충분한 주의를 기울이지 않았다는 것이 사실이다. 그러나 스코투스는 존재의 속성들 사이에, 그리고 속성들과 존재 사이에 하나의 형상적 구별을 가정했다는 것을 유의하지 않으면 안 된다. "아리스토텔레스가 《형이상학》 제 4 권의 서두에서 증명하고 있듯이, 존재는 존재 자체와는 다른 것이 아닌 많은 속성을 지니고 있다. 그러나 그 속성들은 형상적으로 또 본질적으로, 즉 객관적으로 근거가 있는 형상적인 구별에 의해서 서로 다르며, 그 속성들은 실재적이며 본질적인 형상성에 의해서 존재와도 다르다고 나는 말한다."[28] 이 경우 존재의 일의적 개념은 순전한 주관적 구성이라는 의미에서의 단순한 〈사고상의 존재〉일 수 없다. 정신 밖에 존재하면서 존재의 일의적 개념과 상응하는 그러한 분리된 또는 분리할 수 있는 것은 없지만, 그럼에도 불구하고 그 개념에는 객관적인 근거가 있다. 그러므로 그 개념에 상응하는 어떤 것이 정신 밖의 실재계에 있다는 것을 말할 뜻이 없다고 한다면, 존재의 일의적 개념은 단순히 논리적인 것만은 아니라고 말할 수 있다.

3. 형상적인 객관적 구별

내가 일의성에 대한 설을 상세하게 취급한 것은, 이 설이 스코투스 철학이 지니는 특징의 하나일 뿐만 아니라, 스코투스가 자연 신학을 옹호하는 것으로서 이 설을 매우 중요시하고 있기 때문이다. 이제는 스코투스의 또 다른 특징적인 설, 다시 말해 〈사물의 측면으로부터의 형

27) 스코투스에 있어서 '다의적'이란, 구별된 의미 또는 다른 의미라는 것이다. 예컨대 과학자는 서로 다른 현실적인 신체들을 고찰하지만, 그러나 인간은 신체 일반에 대한 하나의 공통 개념을 형성할 수 있다.

28) *Ox.*, 2, 16, *quaestio unica*, no. 17.

상적 구별〉(distinctio formalis a parte rei), 즉 객관적인 형상적 구별의 설에 대해서 간단하게 고찰하기로 하겠다. 이는 스코투스의 체계에 있어서 중요한 역할을 하고 있으며, 이렇게 유용한 것 중의 하나는 바로 위에서 말해 두었다.

형상적 구별의 이론은 스코투스가 창안한 것이 아니다. 예컨대 그것은 올리비(Petrus Johannes Olivi)의 철학에서 볼 수 있고 또 성 보나벤투라의 것으로 생각되어 왔다. 어쨌든 이 이론은 프란치스코회의 사상가들에게는 하나의 공통적인 설이 되었다. 그리고 스코투스가 이루었던 것은 이 설을 앞선 사람들로부터 이어받아 광범위하게 이용했던 일이다. 간단히 말하면, 이 설은 실재적 구별보다는 덜하지만 잠재적 구별보다는 더욱 객관적인 구별이 있다는 것이다. 적어도 실재적 구별은 물리적으로 분리될 수 있는 두 물체 사이에서 하느님의 힘에 의해서 이루어진다. 한 사람의 두 손 사이에 실재적 구별이 있음은 아주 분명하다. 왜냐하면 그 두 손은 서로 다른 것이기 때문이다. 그러나 물질적인 것의 형상과 질료 사이에도 실재적 구별이 있다. 순전한 사고상의 구별은 정신에 의해서 이루어진 구별이며, 이는 그것과 상응하는 객관적 구별이 사물 자체에는 없는 경우이다. 예컨대 사물과 사물에 대한 정의 사이의 구별, '인간'과 '이성적 동물' 사이의 구별은 순전히 사고상의 구별이다. 형상적 구별은 정신이 한 대상에 있어서 객관적으로는 서로 다르면서 하느님의 힘에 의해서도 서로 분리시킬 수 없는 두 개 또는 그 이상의 〈형상성〉(formalitas)을 구별하는 경우에 인정된다. 예컨대 스코투스는 하느님의 속성들 사이의 형상적 구별을 주장했다. 하느님의 자비와 정의는 분리될 수는 없을지라도 형상적으로는 서로 다르다. 왜냐하면 그 속성들 상호간에는 형상적 구별이 있음에도 불구하고 실제적으로는 하느님의 본질과 동일하기 때문이다.

영혼으로부터의 한 예를 든다면, 스코투스의 의도는 더욱 명백해질 것이다. 인간에게는 단지 하나의 영혼만이 있다. 따라서 인간에 있어서 감각적 영혼과 지적 또는 이성적 영혼 사이에는 실재적 구별이 있을 수 없다. 즉 한 사람의 인간이 생각하고 감각하는 것은 하나의 생명 원리에 의한 것이다. 하느님마저도 인간에 있어서의 이성적 영혼과 감각적 영혼을 서로 분리시킬 수 없다. 왜냐하면 만약 분리시킨다면, 하나의 인간 영혼은 이제는 없어지고 말 것이기 때문이다. 또 한편으로 감각 작용은 사고(思考)가 아니다. 즉 천사에 있어서처럼 이성적 작용은 감각적 작용없이 존재할 수 있고, 짐승의 단순한 감각적 영혼의 경우에서처럼 감각적 작용은 이성적 작용없이도 존재할 수 있다. 그러므로 인간에 있어서 감각적 원리와 이성적 원리는 객관적으로, 즉 정신의 구별하는 작용과는 관계없이 형상적으로 서로 다르다. 그러나 그 양자는 실재적으로 서로 다른 것은 아니며 인간 영혼이라는 하나의 것이 지니는 서로 다른 〈형상성〉인 것이다.

스코투스는 어째서 이 형상적 구별을 주장하는가? 그리고 왜 그는 그것을 〈사물에 근거를 갖는 사고상의 구별〉(**distinctio rationis cum fundamento in re**)이라고 부르는 것으로 만족하지 않았을까? 물론 그 근본적인 이유는, 그 구별이 인식의 본성과 인식 대상의 본성에 의해서 보증될 뿐만 아니라 요구된다고 그가 생각했기 때문이다. 인식은 존재에 대한 파악이다. 그리고 만일 소위 정신이 대상 안의 구별을 인정하지 않을 수가 없다면, 즉 정신이 단순한 대상 안의 구별을 적극적으로 구성하지 않고 구별을 인식하는 것이 정신에 부과되어 있다고 생각한다면, 그 구별은 단순히 사고상의 구별일 수는 없다. 그리고 정신 안의 구별의 근거는 대상 안의 객관적 구별이 아니면 안 된다. 또 한편으로는 구별의 근거가 대상 안의 서로 다르면서 분리할 수 있는 요인들의 존재일 수가 없는 경우가 있다. 그러므로 인간의 영혼과 신체간에 있는 실제적 구별 정도까지는 아니지만, 동시에 대상 안의 객관적 구별에 근거하는 구별, 즉 동일 대상의 서로 다르면서 분리할 수는 없는 여러 형상성 사이에만 있을 수 있는 구별의 여지를 찾아낼 필요가 있다. 이러한 구별은 대상의 통일성을 손상시키지 않으면서 인식의 객관성을 유지할 것이다. 물론 스코투스에 의해서 적용된 것과 같은 형상적 구별은 적어도 어떤 경우에는 대상의 필수적인 통일성을 손상시키고 지나치게 '실재론'에 빠져든다는 반론이 제기될지 모른다. 그러나 스코투스는 인식의 객관성을 유지하기 위해서는 그런 구별이 필요하다고 생각했던 것으로 보인다.

4. 본질과 존재

스코투스가 자신의 형상적 구별을 적용하고 있는 것 중의 하나가 피조물에 있어서 본질과 존재 사이에 이루어지는 구별의 문제이다.[29] 그

29) 스코투스는 실재적 구별을 부정하는 것으로만 그치고 형상적인 객관적 구별을 피조물에 있어서의 본질과 존재의 관계에 분명하게 적용하고 있

는 본질과 존재의 실재적 구별을 인정하지 않는다. 즉 "존재가 본질과는 다른 것이라는 것은 완전히 잘못이다."[30] 그와 마찬가지로, "본질에 대한 존재의 관계는 능력에 대한 작용의 관계와 마찬가지라는 명제는 잘못이다. 왜냐하면 존재는 본질과 실재적으로 같은 것이며 본질로부터 생겨나지 않는 반면에, 활동이나 작용은 능력으로부터 생겨나며 그 능력과는 실재적으로 같은 것이 아니기 때문이다."[31] 〈존재가 본질과는 다른 것이라는 것은 완전히 잘못이다〉는 주장은 〈자신의 존재와 본질을 서로 달리하는 모든 것은, 존재를 다른 것으로부터 가진다〉[32]는 성 토마스의 진술과 관련되어 있는 것으로 생각될지 모른다. 그러나 여기서 스코투스가 실재적 구별의 개념을 말했을 경우, 피조물에 있어서 본질과 존재의 실재적 구별의 부정은 성 토마스의 설보다 오히려, 존재와 본질은 물리적으로(**physically**) 다르다는 에지디우스 로마누스(**Aegidius Romanus**)의 설과 관련되어 있다.

그러나 스코투스가 본질과 존재의 관계를 논하는 경우, 그의 논쟁은 성 토마스 또는 에지디우스 로마누스에 대해서보다는 오히려 강의 헨리쿠스에 관련되어 있다. 헨리쿠스는 피조물에 있어서 본질과 존재의 실재적 구별을 주장하지 않았다. 그러나 그는 〈본질 존재〉(**esse essentiae**)와 〈실존 존재〉(**esse existentiae**)를 구별하여 전자는 하느님에 의해서 알려져 있는 것으로서의 본질의 상태이며 후자는 창조 후의 본질의 상태이며, 창조는 본질에 아무런 적극적 요소도 가하지 않고 단지 하느님에 대한 관계만을 가할 뿐이라고 주장했다. 본질의 현실적 존재와는 관계없이 본질에 대한 초시간적인 진리 인식이라는 의미에서의 학문의 사실을 설명하기 위해서 이 〈본질 존재〉의 설을 주장했지만, 스코투스는 헨리쿠스의 설을 그리스도교의 창조론을 파괴하는 것이라고 주장했다. 예컨대 창조는 무로부터의 산출이다. 그러나 만일 돌이 그것이 창조되기 이전에 〈참다운 현실 존재〉(**esse verum reale**)를 가진다면, 그 돌이 작용인에 의해서 산출될 경우 무로부터 산출되는 것은 아닐 것이다.[33] 나아가서 본질은 하느님에 의해서 영원으로부터 알려져 있으므로, 본질은 현실의 존재를 앞서서 〈현실 존재〉를 이미 가지고 있

는 것은 아니라는 것을 인정하지 않으면 안 된다. 그러나 이 점에 관한 스코투스주의자들의 설은, 스코투스가 지닌 의도의 타당한 해석이라고 생각된다.

30) *Ox.*, 4, 13, 1, no. 38.
31) 같은 책, 2, 16, no. 10.
32) *De ente et essentia*, 5.
33) *Ox.*, 1, 36, no. 3

으며, 창조는 영원으로부터가 될 것이다. 따라서 하느님 외의 필연적 존재를 인정하지 않으면 안 될 것이다. 현실적으로 존재하는 것만이 현실 존재를 가지며, 가능적 존재는 〈우연적 존재〉에 지나지 않는다.[34] 알려져 있는 한에서의 본질은 〈축소된 존재〉(esse diminutum)를 지닌다고 말할지 모르나, 현실적인 산출을 앞서서 하느님의 정신 안에 있는 본질의 존재는 〈인식된 존재〉(esse cognitum)에 불과하다. 창조된 대상에 있어서 본질과 존재 사이에 인정되는 관계에 대한 스코투스의 견해는 성 토마스와 다를지라도, 창조가 전 대상의 무로부터의 산출을 의미하고 창조를 앞선 본질은 자기 고유의 어떠한 존재도 가지지 않는다는 점에서는 성 토마스와 일치하고 있다. 왜냐하면 스코투스는 실재적 구별을 부정했지만, 이미 말했듯이, 실제로는 성 토마스에 의한 실재적 구별보다도 오히려 에지디우스 로마누스에 의한 실재적 구별을 부정했기 때문이다.

5. 보　편

스코투스는 형상적인 객관적 구별을 보편에 관한 논의에도 적용했다. 보편에 대해서 그는 확실히 극단적인 실념론자(実念論者)는 아니다. 스코투스가 공통 본질은 일정한 종(種)에 속하는 모든 개체에 있어서 동일하다고 말했다는 수아레즈(Francisco de Suarez)의 주장은,[35] 적어도 그 배경과 수아레즈 자신의 설과의 관계를 제외한다면 스코투스의 입장을 잘못 설명하고 있는 것이다. "보편은 현실적으로 지성 안에만 존재하며," 보편이 내재하는 그 대상과는 다른 대상의 속성으로 단정할 수 있는 보편은 현실적으로는 존재하지 않는다고 스코투스는 분명하게 말하고 있다.[36] 공통 본질은 소크라테스와 플라톤에 있어서 수적으로 하나가 아니며, 그것은 하느님의 삼위에 있어서 수적으로 하나인 하느님의 본질과는 비교될 수 없다.[37] 그럼에도 불구하고 수에 있어서와 같은 정도는 아닐지라도 단일성이 있다. 어떤 대상의 물리적 성질은 대상의 haecceitas(그 대상의 '이것이라는 것', 또는 개별화의 원리인데, 이에 대해서는 곧 뒤에서 고찰할 것이다)로부터 분리될 수 없고,

---

34) 같은 책, 1, 30, 2, no. 15.

35) *Disputationes Metaphysicae*, 6, 1, no. 2.

36) *Rep.*, 2, 12, 5, no. 12.

37) 같은 책, 2, 12, 5, no. 13.

또 다른 대상 안에는 존재할 수 없을지라도 인간 본성과 '소크라테스라는 것', 즉 소크라테스에 있어서 〈이것이라는 것〉 사이에는 형상적인 객관적 구별이 있다. 하지만 그것은 실재적 구별이 아니므로, 인간 본성은 개별성이나 보편성에 관계없이 단순히 그 자체로서 생각되어질 수 있다. 스코투스는 아비첸나를 참고하여[38] 말(馬)이라는 것은 단순히 말이라는 것이며, 그 자체로는 개별적 〈존재도 보편적 존재〉도 가지지 않는다고 말하고 있다[39] 바꾸어 말하면, 구체적인 사물에 있어서 〈이것이라는 것〉과 본성 사이에는 〈사물의 측면에서의 형상적 구별〉이 있다. 그리고 이러한 구별을 가정하는 것이 필요한 것은, 만일 그렇지 않을 경우, 즉 본성 **그 자체가** 개별적이라고 한다면, 예를 들어 본성 그 자체가 소크라테스의 본성이라고 한다면, 보편적 진술의 객관적 기초도 정당한 근거도 존재하지 않을 것이기 때문이다. 논리학에 있어서 보편의 추상은, 대상에 있어서 본성과 〈이것이라는 것 — 개성 원리〉* 사이의 구별을 전제하고 있다.

그러나 중요한 것은 이 구별이 실재적 구별이 아니라는 것, 즉 두 개의 분리될 수 있는 존재 사이의 구별이 아니라는 점에 유의하는 일이다. 형상과 질료는 분리할 수 있으나, 본성과 〈이것이라는 것 — 개성 원리〉는 분리할 수 없다. 하느님의 힘으로도 소크라테스의 '소크라테스라는 것'과 소크라테스의 인간 본성을 물리적으로 분리할 수는 없다. 그러므로 비록 형상적인 객관적 구별에 대한 스코투스의 주장이 어떤 의미에서 실재론을 사실 용인하는 것일지라도, 그것은 소크라테스의 인간 본성이 플라톤의 인간 본성과 객관적으로나 수적으로 동일하다는 것을 의미하는 것은 아니다. 스코투스의 관심사는 극단적인 실념론을 옹호하는 것이 아니라, 보편에 관한 판단의 객관적 관련을 설명하는 데 있었다. 물론 그의 설에 동의하느냐 동의하지 않느냐는 별개의 문제이다. 그러나 어쨌든 중세 초기의 극단적인 실념론에 빠졌다고 그를 비난하는 것은 그의 입장을 오해하여 잘못 설명하는 것이다. 스코투스는

38) In *Metaphysics*, 5, 1.

39) 같은 책, 5, 11.

* 개성 원리(Haecceitas)는 스코투스가 통성 원리(Quidditas)에 대조시켜 사용한 용어로서, 그에 의하면 개성 원리에 의해서 통성 원리 또는 보편적 본질이 비로소 개별적인 특수 본질 또는 현실 존재인 개체가 된다. 이는 개체의 사이를 구성하고 동일류에 속하는 개체들의 존재를 개별화하는 원리이다. 토마스는 개별화의 원리를 질료에 두었으나 그는 형상의 측면에 두었다.

아베로에스와 함께[40] 〈지성은 사물 가운데 보편을 만드는 것이다〉 (**Intellectus est qui facit universalitatem in rebus**)고 주장하고 있지만, 그러나 이 명제는 정신의 작용을 앞서서 존재하는 〈수적인 단일성 정도는 아니지만 실재적 단일성〉을 배제하는 것으로 이해해서는 안 된다고 그는 강조하고 있다. 왜냐하면 이를 배제한다면, 어째서 "지성이 소크라테스와 돌에서보다는 오히려 소크라테스와 플라톤으로부터 하나의 종개념을 추상하기 위해서 움직여지는가"[41]를 설명할 수 없게 되기 때문이다. 스코투스의 흥미를 끌었던 것은 학문의 객관적 관련이다.

크라우스(**J. Kraus**)는 스코투스가 보편을 셋으로 구별하고 있다고 주장했다.[42] 첫째는 자연학적 보편으로, 이는 개별적인 대상들 안에 실제로 존재하는 종적 본성이다. 둘째는 형이상학적 보편으로 이는 공통 본성이지만 구체적인 사물 안에 실제로 존재하는 것으로서가 아니라 능동 지성의 추상에 의해서 얻어지는 특성, 즉 적극적인 비결정 또는 〈가장 가까운 가능태〉(**in potentia proxima**)에 있는 많은 개체들에 대해서 술어적 가능성을 지니고 있는 것으로서이다. 세째는 논리적 보편, 즉 엄밀한 의미에서의 보편이며, 이는 술어 형식을 취하고 그것의 구성 요소들로 분석하여 생각한 경우의 형이상학적 보편이다. 그러나 이 세 개의 구별은 자연학적 보편이 그 보편이 내재하는 대상의 개별성으로부터 분리될 수 있거나 실제로 구별되는 것을 의미하는 것처럼 이해되어서는 안 된다. 구체적인 대상은 본성과 〈개성 원리〉로 이루어지며, 그 양자 사이에는 실재적 구별이 아니라 〈사물의 측면에서의 형상적 구별〉이 있다. 스코투스에 있어서는 질료와 형상 사이에는 실재적 구별이 있고, 동일한 질료는 궁극적으로 결정하는 서로 다른 형상들 아래에는 동시에 존재할 수 없을지라도, 계기적 형상들 아래에서는 존재할 수가 있으므로, 질료와 계기적 형상과의[43] 관계에 대한 스코투스의 말을 잘못 이해하는 일은 없을 것이다. 그러나 자연학적 보편은 그 자체를 생각했을 경우에는 이 〈개성 원리〉와 저 〈개성 원리〉에 대해서는 관계없을지라도, 그 자체는 정신 밖에 존재할 수 없으며, 자신의 〈개성 원리〉로부터 물리적으로 분리할 수도 없다.

40) *De Anima*, 1, 8.

41) *Rep.*, 2, 12, 5, no. 13.

42) *Die Lehre des J. Duns Skotus von der natura communis* (Fribourg, 1927).

43) 같은 책, 같은 곳.

6. 질료 형상론

스코투스가 질료 형상론(hylomorphism)을 주장했다는 것은 분명하지만,[44] 질료 형상적인 합성을 천사에게 적용한 보나벤투라의 생각을 받아들였는지의 여부는 그다지 분명하지가 않다. 만일 《사물의 원리》가 스코투스의 저작이라는 것이 확실하다면, 스코투스가 보나벤투라의 견해를 받아들였다는 점에 대해서는 의심의 여지가 없다. 그러나 《사물의 원리》는 스코투스의 저작이 아니며, 그의 확실한 저작 중에서는 어디에서도 보나벤투라의 설을 분명하게 말하고 있지 않다. 자신의 《요한네스 둔스 스코투스의 철학과 신학》(*Joannis Duns Scoti Doctrina philosophica et theologica*)을 《사물의 원리》에 의거하고 있는 파르테니우스 민제스는 "스코투스가 《명제집 주석》, 《자유 토론집》, 《형이상학 토론집》에서 이 설을 분명하게 말하지는 않고 단지 어느 정도 다루면서 넌지시 말하거나 가정하고 있음에 불과하다"는 것을 인정할 수밖에 없었다.[45] 《명제집》의 주석에 있어서 질료에 관한 스코투스의 취급 방법은, 다른 근거에서 스코투스가 이 설을 주장했다고 가정하는 경우에만, 예컨대 《사물의 원리》를 스코투스의 저작이라고 인정하는 경우에만 이성혼 또는 천사의 질료 형상적 합성을 '가정하고 있다'고 말할 수 있을 것으로 생각된다. 그러나 그는 《영혼론》에서[46] "아마 영혼에는 질료가 있다고 말할 수 있을 것이다"라고 말하고는 있다. 그러나 여기서 스코투스가 보여주려고 한 것은 영혼에 질료가 있다는 것은 아리스토텔레스와 성 토마스의 전제 —비록 성 토마스는 이 설을 주장하지는 않았을지라도 —로부터 개연적으로 연역될 수 있다는 것이다. 예컨대 성 토마스가(스코투스가 아니라) 주장했듯이, 질료가 개별화의 원리라고 한다면, 이성혼에는 질료가 있지 않으면 안 된다고 스코투스는 주장하고 있다. 영혼이 신체와 분리되었을 경우 그 영혼은 신체에 대한 관계에 의해서 다른 영혼과 구별된다고 말하는 것은 소용없다. 그 이유는, 첫째로 영혼은 신체를 위해서 존재하지 않기 때문이며, 둘째로 더 이상 존재하지도 않는 신체에 대한 관계나 경향은 〈사고상의 관계〉(relatio rationis)에 불과하기 때문이며, 세째로 그 경향이나 관계는 어떤 기체, 즉 이 영혼을 전제하고 있으며, 따라서 이것이라는 것(thisness)이 관계에 의존할 수는 없기 때문이다. 그러므로 스코투스는 《영혼론》에서, 만

44) *Ox.*, 2, 12, 1 참조. 45) p. 46. 46) 15, no. 3 이하.

일 성 토마스와 같이 질료가 개별화의 원리라고 주장된다면, 사후의 이성혼의 개별성을 설명하기 위해서 이성혼에는 질료가 존재하고 있음이 마땅히 주장되어야 한다는 것을 보여주려고 하고 있다. 그리고 그는 이 결론이 자기 자신의 견해를 나타내고 있다고는 말하지 않는다. 이것은 아마 스코투스 자신의 견해를 나타내고 있을지 모르며, 또 토마스주의자들은 그들 자신의 전제에 근거하는 한에서 마땅히 이 견해를 같이해야 한다는 것을 보여주고자 했을지도 모른다. 그러나 스코투스가 확실하게 보나벤투라의 학설을 주장했다고 적극적으로 주장할 상황도 거의 못된다. 그리고 만일 《영혼론》의 신빙성을 거부한다면, 스코투스가 아마도 그 설을 주장했을 것이라고 말할 적절한 이유는 없어질 것이다.

그러나 전면적인 질료 형상론에 관한 스코투스의 견해가 어떠한 것이었든, 질료는 형상과 실재적으로 달라서 자기 나름의 존재를 가지며, 그것은 단순히 〈대상으로서의 가능태〉(**potentia objectiva**)가 아니라 〈기체로서의 가능태〉(**potentia subjectiva**), 즉 단순히 어떤 가능적인 것이 아니라 어떤 존재하는 것이라고 그는 분명하게 주장했다.[47] 나아가서 질료는 형상없이 단독으로, 적어도 하느님의 힘을 통해서 존재할 수 있다는 의미에서 〈자립적 존재〉(**ens absolutum**)이다.[48] 다른 존재와 구별되고 다른 존재를 앞서는 존재는 어떠한 모순도 없이 다른 존재를 떠나서 존재할 수 있다. 질료가 형상으로부터 구별된다는 것은 질료가 형상과 더불어 실재적인 합성 존재를 만들어 낸다는 사실에 의해서 증명되지만, 질료가 형상을 앞서 있고 적어도 논리적으로 앞선다는 것은, 질료가 형상을 받아들인다는 사실과 형상을 받아들이는 것은 논리적으로 형상을 앞서지 않으면 안 된다는 사실에 의해서 증명된다.[49] 그와 마찬가지로 하느님은 질료를 직접 창조했기 때문에 하느님은 직접, 즉 제 2 차적인 보존의 중개없이 질료를 보존한다. 그리고 형상은 질료의 본질에는 속하지 않으며, 또 형상이 질료에 부여하는 존재는 질료 자체에 속하는 것은 아니다. 왜냐하면 실체적 변화에서는 형상은 제거되기 때문이다.[50] 바꾸어 말하면, 실체적 변화가 실재한다는 것은 질료의 실재를 요구한다. 질료는 자기 나름대로 현실적으로 존재한다고 말하는 것과 질료는 형상을 가진다고 말하는 것은 동일한 것이므로 질료를 실재적인 존재로서, 즉 형상없이 현실적으로 존재하는 것으로서 말하는 것은 모순이라는 토마스주의자의 반론에 대한 해답에서 스코투스는

47) *Ox.*, 2, 12, 1, no. 10.
48) 같은 책, 2, 12. 2; *Rep.*, 2, 12, 2 참조.
49) *Ox.*, 2, 12, 2, no. 3.
50) *Rep.*, 2, 12, 2, no. 5.

현실태와 형상은 반드시 환치될 수 있는 용어는 아니라고 대답한다. 물론 현실태라는 말을, 받아들여져서 현실화하고 구별하는 현실태를 의미하는 것으로 이해한다면, 수용적인 질료는 현실태가 아니다. 그러나 만일 현실태와 가능태가 더욱 넓은 의미로 이해된다면, 〈자기 원인 밖에〉(**extra causam suam**) 있는 모든 것은 심지어 결여마저도 현실태에 있으며, 이 의미에서 질료는 비록 형상이 아닐지라도 현실태에 있다.[51)]

7. 종자적 형상은 거부되고 형상의 다수성은 유지된다

스코투스는 〈종자적 형상〉의 설을 거부하고 있다. 그 이유는 창조된 작용인적(作用因的) 작용자는 창조하고 스스로 일으키는 변화 가운데서 소멸한다는 결론을 피하기 위해서는 이 설은 필요가 없으며, 이 설을 받아들일 적절한 이유가 달리는 없기 때문이다.[52)] 그러나 그는 〈종자적 형상〉의 설은 거부하지만, 형상 다수설은 유지하고 있다. 〈필요없이 많은 것을 두어서는 안 되기〉 때문에 유형성의 형상을 요청할 필요가 없다는 토마스주의자의 주장에 대해서 스코투스는, 이 경우 〈많은 것을 둘 필요성이 있다〉고 대답하고, 나아가서는 영혼이 신체를 방금 떠났을 경우, 비록 신체는 계속 소멸해 가고 있을지라도, 적어도 당분간은 하나의 신체로 남아 있으며, 따라서 신체를 신체로서 유지하는 형상을 가지고 있지 않으면 안 된다고 논하고 있다.[53)] 게다가 또 무덤 안에 있는 그리스도의 몸은 유형성의 형상을 지니고 있었음에 틀림이 없다. 영혼이 신체를 떠났을 경우, 인간의 신체는 자연히 소멸해 간다고 하여 영혼으로부터 분리된 상태에 있는 신체가 자기 고유의 형상을 가지지 않는 것은 아니며, 단지 신체는 자기 자신의 완전한 자립 존재를 가지고 있지 않을 뿐이다. 그리고 그 이유는 유형성의 형상은 보다 고차적인 형상, 즉 영혼을 위해서 주어져 있는 하나의 불완전한 형상이라는 데 있다.

그러나 인간의 신체에, 그리고 물론 하느님이 이성혼을 주입하는 동시에 양친에 의해서 전해지고, 그리고 이성혼과는 실재적으로 다르면

51) *Ox.*, 2, 12, 2, no. 7. 제 1 질료를 **materia primo prima, materia secundo prima, materia tertio prima**로 구분하는 것은, 신빙성이 없는 *De rerum principio*에서만 보여진다.

52) *Rep.*, 2, 18, 1.

53) *Ox.*, 4, 11, 3, nos. 54 이하.

서 또 그것과는 분리될 수 있는 모든 유기체에 유형성의 형상이 있다는 것을 스코투스가 긍정하고 있을지라도, 그가 인간의 영혼을 실재적으로 각기 다른 세 형상 내지 부분, 즉 식물적, 감각적, 지적인 원리들로 갈라 놓았다고 생각해서는 안 된다. 그는 영혼의 단일성을 손상시킨다고 생각되는 설을 거부하고 있다. "비록 이들 세 능력이 형상에 있어서는 구별될지라도", 인간의 이성혼은 이 세 능력들을 통합하여 포함하고 있다.[54] 스코투스가 인간에는 세 영혼이 있다고 말했다든가, 또는 식물적 능력과 감각적 능력은 마치 유형성의 형상이 구별되는 것과 같은 방법으로 이성적 능력으로부터 구별된다고 주장했다는 것은 잘못이라고 하겠다. 유형성의 형상과 인간 영혼과의 구별은 실재적 구별이지만, 영혼 자체에 있는 여러 능력들간의 구별은 형상적 구별이며, 이 구별은 분리될 수 있는 존재나 형상 사이에서 이루어지는 것이 아니라 하나의 대상이 지니는 분리될 수 없는 여러 〈형상성〉간에 이루어지는 것이다.

8. 개별화

개별화에 관한 스코투스의 다소 애매한 입장에 대해서 약간 언급해 둘 필요가 있으며, 그 애매함은 이 설이 지니는 소극적인 측면보다는 오히려 적극적인 측면에 있다.

스코투스는 제 1 질료가 개별화의 원리라는 성 토마스의 설을 비판하면서 거부하고 있다. 제 1 질료는 그 자체가 구별되지도 않고 규정되지도 않는 것이므로 구별이나 차이의 근본적인 근거일 수가 없다.[55] 나아가서 만일 질료가 개별화의 원리라고 한다면, 실체적 변화의 경우 소멸한 실체와 생겨난 실체라는 두 실체는 틀림없이 같은 실체가 되는 셈이다. 왜냐하면 비록 형상은 다를지라도 질료는 같기 때문이다. 성 토마스의 설은 양이 실제로 개별화의 원리임을 의미하는 것처럼 생각되지만, 양은 하나의 우유성(偶有性)이며 실체는 우유성에 의해서는 개별화될 수 없다. 이에 덧붙여 스코투스는 토마스주의자의 개별화론을 위한 하나의 권위로서 아리스토텔레스가 잘못 인용되어 있음을 보여주려고 한다.

그래서 개별화의 원리는 제 1 질료도 아니고 본성 자체일 수도 없다.

54) *Ox.*, 2, 16, no. 17.

55) 같은 책, 2, 3, 5, no. 1.

왜냐하면 문제가 되어 있는 것은 바로 본성의 개별화이기 때문이다. 그렇다면 개별화의 원리란 무엇인가? 그것은 〈개별적 존재성〉(**entitas individualis**)이다. "질료, 형상, 합성체 그 어느 것도 본성인 한에서는, 이 존재성은 그 가운데 어느 것도 아니며, 그것은 질료이든가 형상이든가 합성체인 존재자의 궁극적 실재성이다."[56] 〈개별적 존재성〉과 〈본성의 존재성〉—이 후자는 질료이든 형상이든 합성체이든—은 형상적으로 서로 다르지만, 두 개는 아니며 또 그렇게 될 수도 없다. 그 양자는 분리될 수 있는 것이 아니며, 또 〈본성의 존재성〉에 대해서 〈개별적 존재성〉은 유에 대한 종차(種差)와 같은 것도 아니다.[57] 〈개성 원리〉라는 말은 《파리 강의록》과[58] 《형이상학 토론집》에서는[59] 개별화의 원리를 나타내기 위해서 사용되고 있으나, 《옥스퍼드 강의록》에서는 그와 같이 사용되어 있지 않다.

이 〈개성 원리〉나 〈개체적 또는 개별적인 존재성〉 또는 〈존재의 궁극적 실재성〉이 실제로 어떠한 것인가를 정확하게 이해하기란 그다지 쉬운 일이 아니다. 이미 보았듯이, 그것은 질료도 형상도 합성체도 아니며, 그것은 적극적인 존재성이며 질료, 형상, 합성체의 궁극적 실재성이다. 예컨대 하나의 인간 존재는 이 질료와 이 형상으로 합성되어진 이 합성체이다. 〈개성 원리 또는 이것이라는 것〉은 그 이상의 어떠한 질적인 결정도 부여하지는 않지만, 그러나 그것은 존재를 이 존재로서 규정하고 있다. 스코투스의 견해는 확실히 모든 본성은 그 자체가 개별적이라는 설과 같다고 할 수는 없다. 왜냐하면 스코투스는 그러한 설을 분명하게 부정하고 있기 때문이다. 하지만 스코투스가 〈개성 원리〉와 본성간의 형상적 구별은 요청하면서 그 양자간의 실재적 구별을 부정한다는 것을 본다면, 하나의 사물은 그것이 존재한다는 것에 의해서 〈개성 원리〉를 또는 '이것이라는 것'을 지닌다는 것을 의미하는 것으로도 생각된다. 그의 설은 유명론자의 설과는 같지 않다. 왜냐하면 그는 '궁극적 실재성'에 의한 본성의 수렴을 요청하고 있기 때문이다. 그러나 그가 '궁극적 실재성'에 대해서 말하고 있다는 사실은, 본성이 존재—그것은 존재 자체가 아닐지라도 하고 스코투스는 말하고 있다—를 통해서 이 궁극적 실재성을 얻는다는 것을 의미하는 것으로도 생각될 것이다.[60]

---

56) 같은 책, 2, 3, 6, no. 15.
57) *Ox.*, 2, 3, 6, no. 15.
58) 2, 12, 5, nos. 1, 8, 13, 14.
59) 7, 13, nos. 9 와 26.
60) *Quaestiones in libros Metaph.*, 7, 13, no. 7.

제 48 장
스코투스 4 : 자연 신학

1. 형이상학과 하느님

형이상학은 존재의 학(學)이며 하느님은 제 1 존재임에도 불구하고, 스코투스의 말에 의하면, 하느님은 본래 형이상학적인 학문의 대상이 아니다.[1] 진리는, 본래 그 진리가 학문의 원리로부터 〈선험적〉으로 알려지는 학문에 속해 있으며 형이상학자는 하느님에 대한 진리를 〈경험적〉으로만 알고 있다. 그러므로 하느님은 신학 고유의 대상이며 그 신학에서 하느님은 자신의 본질에 있어서 자기 자신이 있는 그대로 알려진다. 철학자는 하느님의 결과 안에서, 그 결과를 통해서만 하느님을 알게 되므로 하느님은 〈제 2 차적으로〉만 형이상학의 대상이다.

이러한 말은, 스코투스에게 있어서 철학자 또는 형이상학자가 하느님에 대한 확실한 인식에 이를 수 없다는 것을 의미하는 것은 아니다. 스코투스는 "우리의 자연적 능력(**ex naturalibus**)에 의해서 우리는 하느님에 관한 어떤 진리를 알 수 있다"고 말한다.[2] 그리고 나아가 그는, 하느님에 대한 많은 부분이 하느님의 결과에 대한 고찰을 통해서 철학자들에 의해서 인식될 수 있다고 설명한다. 이성의 자연적 능력에 의해서 하느님은 하나이고 지고(至高)하며 선(善)이라고 결론내릴 수는 있지만, 하느님이 세 위격(位格)으로 있다고 결론지을 수는 없다.[3] 신학은 본래 하느님의 본질적 속성보다는 하느님의 위격을 다룬다. 왜냐하면 본질적 속성(**essentialia plurima**)의 대부분은 형이상학에서 우리에

---

1) *Rep.*, Prol., 3, no. 1. 2) 같은 책, Prol., 3, no. 6. 3) *Ox.*, 1, 1, 2, no. 2.

게 인식될 수 있기 때문이다.[4] 따라서 하느님은 엄밀히 말하여 형이상학의 대상이라기보다는 오히려 신학의 대상이라는 말은, 스코투스가 하느님에 대한 연구를 형이상학으로부터 배제한다는 의미가 아니다. 왜냐하면 비록 하느님이 형이상학의 제 1 대상은 아닐지라도, 형이상학에 있어서 다른 자연학의 연구 방법에 비하여 뛰어난 방법으로 고찰되기 때문이다.[5] 《제 1 원리론》에서[6] 스코투스는, 철학자에 의해서 하느님에게 속해 있는 것으로 증명된 완전성을 개괄하고, 이 완전성을 보다 본연적으로는 〈가신적인 것〉(**credibilia**), 즉 철학자에 의해서는 증명되지 않고 〈가톨릭인〉들에 의해서 믿어지고 있는 진리들에 속하는 권능이나 일반적 또는 특수한 섭리 등의 다른 완전성들로부터 구별하고 있다. 이 후자의 진리들은, 〈이에 계속되는 논문〉에서 고찰될 것이라고 스코투스는 말하고 또 〈즉 《정식집》에서〉라는 말을 덧붙이고 있다. '이에 계속되는' 논문과 《정식집》을 동일시하는 것을 반박하는 시도가 이루어지고, 이 시도가 주로 《정식집》과 《제 1 원리론》 사이의 적어도 외관상의 모순에 의한다는 것은 이미 45 장에서 지적해 두었다. 거기서 설명했듯이, 나는 《정식집》을 스코투스의 저작이 아니라는 가정에서 그의 자연 신학을 설명하고자 한다. 물론 《정식집》의 신빙성이 언젠가 충분하게 증명된다면, 질송에 의해서 채용된 것과 같은 방향으로 그 외관상의 모순을 설명하지 않으면 안 된다는 점은 남아 있다. 하지만 어쨌든 스코투스는 확실한 자기의 저작에서, 철학자는 계시에 의해서 주어진 것을 실제로 사용하지 않고 자연 이성의 빛에 의해서 하느님에 관한 많은 진리를 증명할 수 있음을 명백히하고 있다. 스코투스가 은총의 도움없는 인간 지성의 범위를 한정한 것에 관한 어떤 점들은 다음 장에서 언급되겠지만, 스코투스가 자연 신학에 관해서 회의적이거나 불가지론적이지는 않았다는 점을 유의하는 것이 중요하다. 비록 《정식집》이 신빙성이 있을지라도, 그것이 이 점에 관해서 《명제집 주석》과 《제 1 원리론》이 제시하는 명백하고 풍부한 증거를 무시하기에는 매우 불충분하다고 하겠다.

---

4) 같은 책, Prol., 4, no. 32.

5) 같은 책, Prol., 4, no. 20.

6) 예를 들어 4, nos. 36, 37.

2. 피조물로부터의 하느님 인식

스코투스는 확실히 하느님의 존재는 이론적인 증명을 필요로 하며 또이 이론적인 증명은 〈경험적〉이지 않으면 안 된다고 생각했다. 그가 안셀무스의 증명을 사용한 것에 대해서는 다음에 말하겠다.

첫째로 사람은 현세에서 하느님에 대한 직관적 인식을 가지지 않는다. 왜냐하면 하느님에 대한 직관은 바로 인간을 〈삶의 형태 밖에〉(**extra statum viae**)[7] 두는 인식 형태이기 때문이다. 우리의 인식은 감각적 사물로부터 출발하고 하느님에 대한 자연적인 개념적 인식은 경험의 대상을 성찰함으로써 달성된다.[8] 인간 정신은 하느님의 결과로서의 피조물을 고찰함으로써 하느님에게 적용되는 개념들을 형성할 수가 있다. 그러나 피조물로부터 형성되는 하느님의 개념은 하느님의 본질 자체에 근거하는 개념에 비하여 매우 불완전하다는 것을[9] 덧붙여 두지 않으면 안 된다. 그러므로 우리의 하느님에 대한 자연적 인식은 뚜렷하지 않고 애매하며, 그 이유는 하느님의 본질이 직접 지성 안에 나타나는 그러한 인식이 아니기 때문이다.[10]

앞장에서 설명한 것처럼, 하느님에 대한 우리의 자연적 인식은 일의적(**univocal**)인 개념을 형성하는 우리의 능력에 기인한다. 스코투스는 "자기 자신의 관념(**species**)을 지성에 각인하는 피조물은, 피조물 자신과 하느님에게 공통적으로 속해 있는 초월적인 것(속성)의 관념도 각인할 수 있다"[11]고 주장하고 있다. 그러나 만일 우리가 피조물로부터 일의적인 개념을 형성할 수가 없다면, 피조물의 인식에서 하느님의 인식으로 나아갈 수는 없는 것이다. 지성이 이들 개념을 형성했을 경우, 그 개념들을 결합하여 하느님에 대한 합성적인 본질 개념을 형성할 수가 있다. 마치 상상 작용이 산과 황금의 표상을 결합하여 황금의 산이라는 하나의 표상을 형성할 수가 있듯이, 지성은 선(善), 지고(至高), 현실성이라는 관념들을 결합하여 하나의 지고의 선인 현실적 존재라는 개념을 형성할 수가 있다.[12] 말할 나위도 없이, 이 비교로 말미암아 스코투스에게 있어서 자연 신학에서의 정신의 결합 활동은 상상 작용이

---

7) *Quodlibet*, 7, no. 8.

8) *Ox*., 1, 3, 2, nos. 1 과 30.

9) 같은 책, Prol., 1, no. 17.

10) *Rep*., Prol., 3, 2, no. 4.

11) *Ox*., 1, 3, 2, no. 18.

12) 같은 책, 같은 곳.

나 공상의 결합 활동과 서로 꼭같은 것이라고 잘못 생각해서는 안 된다. 정신의 활동은 객관적인 진리와 파악된 논리적 필연성의 지배를 받지만, 상상 작용에 의해서 황금의 산을 만드는 것은 '상상적', 즉 자의적이며 공상의 활동이다.

3. 하느님의 존재 증명

스코투스는 하느님의 존재를 어떻게 증명하고 있는가? 《옥스퍼드 강의록》에서[13] 그는, 제 1 원인의 존재는 자연 철학자에 의해서 고찰된 피조물의 속성(〈양태〉)으로부터보다 형이상학에서 고찰된 피조물의 속성으로부터 훨씬더 완전하게 나타난다고 말하고 있다. "왜냐하면 제 1 원동자로 알기보다는 제 1 존재 또는 필연적 존재로 아는 편이 제 1 존재에 대한 보다 완전한 직접적 인식이기 때문이다." 스코투스는 여기서, 자연 철학자가 운동의 사실이 제 1 원동자를 필요로 한다는 것을 증명할 수 있음을 부정하지는 않는다. 하지만 운동으로부터의 논증 그 자체는 자연의 질서를 초월하지 않으며, 또 결과들의 궁극적이며 전체적 원인인 필연적 존재에는 이르지 않는다는 것이 그의 논점이다. 제 1 원동자 그것만을 생각해 본다면, 그것은 단순히 운동의 원인일 뿐이다. 그것은 다른 모든 것의 존재 원인으로는 생각되지 않으며, 운동이라는 자연학적인 사실을 설명하기 위한 (필요한) 하나의 가설이다. 그러므로 운동으로부터의 논증은 스코투스가 좋아했던 증명과는 거리가 먼 것이다. 여기에 만일 지금 위서(spurlous)로서 거부되어 있는 《자연학 주석》이 그의 저작이라고 한다면, 《정식집》을 받아들임에 있어서의 어려움은 아마도 감소될지도 모른다는 것을 주의해 둘 필요가 있다. 《자연학 주석》에서[14] 그는, 운동으로부터의 증명 그 자체는 하느님에 대해서 승인할 수 있는 개념을 우리에게 주지 않는다는 자신의 신념을 밝히고 있다. 왜냐하면 그것은 단순히 제 1 원동자에 이를 뿐이지 제 1 원동자의 본질을 가리켜 주지는 않기 때문이다. 그러므로 《정식집》의 저자가 하느님은 살아 있다거나 지성적이라고는 증명될 수 없다고 말할 경우, 그가 자연 철학에 대해서 말하고 있다고 주장할 수 있다면, 《정식집》과 확실한 스코투스의 저작 사이의 외형상의 모순은 해결될 수 있을 것

13) Prol., 2 lateralis, no. 21.

14) 3, 7.

으로 생각된다. 그러나 《자연학 주석》은 그의 저작이 아니고, 《정식집》의 신빙성도 증명되어 있지 않으므로 이 이상으로 그 문제를 추구한다는 것은 거의 의미가 없다. 어쨌든 스코투스가 〈형이상학의 양식〉에 근거하는 하느님의 존재 증명을 강조했다는 것은 여전히 사실이다. 나아가서 《옥스퍼드 강의록》에서[15] 스코투스는 움직이는 것과 움직여지는 것은 구별되지 않으면 안 된다는 명제는 "유형적인 것에 있어서만 진실하지만", "나는 유형적인 것에 있어서(마저도) 반드시 진실하지도 않다고 생각하며", 그 반면에 "적어도 정신적 존재에 관해서는 그것은 완전히 잘못이라고 나는 말한다…"고 언급하고 있다.

《제 1 원리론》에서[16] 스코투스는 우연성이라는 사실로부터 제 1 원인과 필연적 존재를 논증한다. 비존재 후에 존재를 가질 수 있는 존재자, 존재할 수 있게 되는 존재자, 즉 우연적인 존재자가 존재한다는 것은 분명하다. 그리고 이러한 존재자들은 그들 자체가 원인일 수 없고 무로부터 생겨날 수도 없으므로, 자신들의 존재의 원인을 필요로 한다. 만일 *A*가 우연적인 대상의 존재 원인이라고 한다면, 그 *A* 자체는 원인을 가지고 있거나 원인을 가지고 있지 않거나의 둘 중의 어느 하나가 아니면 안 된다. 만일 원인을 가졌다고 한다면, *B*를 *A*의 원인이라고 하자. 그러나 이렇게 무한히 나갈 수는 없다. 그러므로 최후에는 그 자체가 원인을 가지지 않는 하나의 원인이 있지 않으면 안 된다. 스코투스는 〈본질적 질서〉의 계열과 〈우연적 질서〉의 계열을 명확하게 구별한다. 그는 자신이 부정하는 것이 계기적(繼起的) 원인들 — 그들 각자는 그 자체가 우연적이다 — 의 무한한 소급의 가능성이 아니라, 동시적인 전체적 원인들의 (수직의) 계열의 가능성이라고 지적하고 있다. 그가 말하고 있듯이, 우리가 계기적 원인들의 무한한 계열의 가능성을 인정할지라도, 그 연쇄 전체를 설명해 주는 근거가 필요하며, 그 근거는 그 연쇄 자체의 밖에 있지 않으면 안 된다. 왜냐하면 그 연쇄의 각 항들은 원인을 가진 것이며, 따라서 우연적이기 때문이다. 그 각 항이 우연적이라면 그 계열 전체도 우연적이므로 계기하는 우연적 존재자들의 무한한 계열은 그 자체의 존재를 설명할 수가 없다. 즉 그것은 하나의 초월적인 원인을 요청할 필요가 있다. "차례로 생겨난 결과 전체는 그 자체가 원인을 가지고 있는 것이다. 그러므로 그것(전체)은 그 전체에는 속해 있지 않은 어떤 원인에 의해서 (생겨난 것이다)."[17] 예

15) 2, 25, *quaestio unica*, no. 12.　16) 3.　17) *De primo principio*, 3, 3.

컨대 만일 인류가 무한히 소급한다고 가정한다면, 아버지들과 아이들의 무한한 연속이 있게 된다. 아버지는 아들의 원인이다. 그러나 아버지의 사망 후에도 아들은 계속 존재하며 여전히 우연적이다. 하나의 궁극적인 원인은 지금 이 아들의 존재에 대해서만이 아니라 아버지들과 아들들의 전 계열에 대해서도 요구된다. 왜냐하면 무한한 소급은 계열을 필연적인 것으로 만들지는 않기 때문이다. 같은 원리가 우연적인 존재자들로 이루어지는 세계에도 적용되지 않으면 안 된다. 즉 우연적인 존재자들로 이루어진 세계는 하나의 **존재하는** 초월적인 원인(그 자체는 원인을 가지지 않는다)을 필요로 한다. 무한한 계기는 "어떤 무한한 지속(**durante infinite**)—이에 전 계기와 각 계기의 항들이 의존하고 있다—이라는 성질에 의하지 않으면 불가능하다."[18]

나아가서 스코투스는 의존의 본질적 질서에 있어서의 제 1 원인은 현실적으로 존재하지 않으면 안 되고, 또 단순히 가능적일 수 없으며,[19] 그것은 필연적 존재, 즉 그것은 존재하지 않을 수 없고,[20] 또 그것은 하나라는 것을[21] 보여주고 있다. 필연적인 존재가 하나 이상으로 있을 수는 없다. 예컨대 필연적 존재라는 공통된 본질을 지니는 두 존재가 있다고 한다면, 그 공통 본질과 개별성—이는 필연적 존재와는 다른 어떤 것이라고 하겠다—을 형상적으로 구별하지 않으면 안 될 것이라고 스코투스는 논한다. 만일 필연적 존재에는 이러한 구별이 없다고 대답한다면, 그 두 존재는 구별할 수 없으며 결과적으로는 하나가 될 것이다. 이 논증은 스코투스의 공통 본질과 개별화의 설에 근거해 있지만, 그와 비슷한 성 안셀무스의 논증을 상기시킨다. 나아가서 우주의 하나인 본질적 질서는 유일의 〈제 1 작용자〉를 요청한다. 스코투스는 계속하여 〈제 1 목적인〉[22]과 탁월함의 질서에 있어서 최고의 존재가[23] 있다는 것을 보여주고, 나아가서 〈제 1 작용자〉, 〈제 1 목적인〉, 〈제 1 탁월자〉(또는 최고 완전자)가 동일하다는 것을 증명하고 있다.[24]

《옥스퍼드 강의록》에서[25] 스코투스는 대체로 같은 방법으로 논하고 있다. 우리는 원인 관계(작용인 또는 목적인에 대해서) 또는 완전성의 질서에 있어서 〈초탈되는 자〉와 〈초탈하는 자〉의 관계를 고찰함으로써

18) 같은 책, 3, 4.
19) 같은 책, 3, no. 5.
20) 같은 책, 3, no. 6.
21) 같은 책, 3, nos. 6~7.
22) 같은 책, 3, no. 9.
23) 같은 책, nos. 9~10.
24) 같은 책, nos. 11~14.
25) *Ox.*, 2, 2, nos. 10 이하.

피조물로부터 하느님에게로 나가지 않으면 안 된다. 〈산출된 것〉인 우연적 존재는 원인을 아무 것에도 두지 않거나 또는 자기 자신에게 두거나 아니면 다른 것에 두고 있다. 원인을 아무 것에도 두지 않거나 자기 자신에게 둔다는 것은 우연적 존재의 경우 불가능하므로, 그것은 원인을 다른 것에 두지 않으면 안 된다. 만일 그 다른 것이 제 1 원인이라면 우리는 찾고 있는 바를 찾은 것이며, 만일 그렇지가 않다면 우리는 다시 찾지 않으면 안 된다. 그러나 우리는 수직적인 의존의 질서에 있어서 무한히 나갈 수는 없다. 〈무한의 소급은 불가능하다〉.[26] 우연적 존재가 상호간에 서로 원인이 된다고는 생각할 수 없다. 왜냐하면 그럴 경우 우리는 순환할 뿐 우연성에 대한 궁극적 설명에는 이르지 못하기 때문이다. 우연적 존재의 영원한 계열 자체가 하나의 원인을 요구하므로, 세계가 영원하다고 말하는 것은 소용없는 일이다.[27] 그와 마찬가지로 목적인의 질서에는 더 이상의 어떠한 궁극적 목적에도 지향되지 않는 하나의 목적인이 있지 않으면 안 된다.[28] 또 한편 탁월성의 질서에는 하나의 가장 완전한 존재인 〈최고의 본성〉[29]이 있지 않으면 안 된다. 이들 셋은 동일한 존재이다. 제 1 작용인은 궁극 목적을 목표로 하여 작용하지만, 제 1 존재 이외의 어떠한 것도 그것의 궁극 목적이 될 수 없다. 그와 마찬가지로 제 1 작용인은 자신의 결과와 일의적이 아니며, 즉 동일한 성질의 것일 수가 없고 그 결과를 초월해 있지 않으면 안 된다. 그리고 그것은 제 1 원인으로서 '가장 탁월한 존재'가 아니면 안 된다.[30]

4. 하느님의 순일성과 인식

제 1 존재는 원인을 가지지 않으므로, 질료와 형상과 같은 본질의 부분들을 가질 수 없고 우유성을 지닐 수도 없다. 한마디로 말해서 그것은 어떤 방법으로든 합성된 것일 수가 없고, 본질적으로 순일하지 않으면 안 된다.[31] 그것은 지적이고 의지를 소유하지 않으면 안 된다. 의식적으로 어떤 목적을 위해서 활동하지 않는 세계 내의 자연적 작용자일지라도 어떤 목적을 위해서 작용하고 있다. 이는 자연적 작용자들이

26) 같은 책, 2, 2, no. 11.
27) 같은 책, nos. 14~15.
28) 같은 책, no. 17.
29) 같은 책, no. 18.
30) 같은 책, 같은 곳.
31) *De prino principio*, 4, nos. 1~4.

자신들을 초월하는 작용자의 힘과 인식에 의해서 그렇게 하고 있다는 것을 의미한다. 세계의 자연적 작용자들이 합목적적으로 작용한다면, 이는 제 1 원인이 목적을 알고 그것을 의욕하고 있음을 전제하고 있다. 왜냐하면 인식과 의지에 의하지 않고는 아무 것도 목적을 향할 수 없기 때문이다.(화살은 목적을 알고 그것을 의지하는 사수에 의해서 목적으로 향해진다고 말할 수 있는 것과 같다.) 하느님이 자기 자신을 사랑하고 의지하는 것은 필연적이다. 그러나 그는 자기 자신 이외의 어떠한 것도 필연적으로 의지하지는 않는다. 왜냐하면 자기 자신 이외의 어떠한 것도 하느님에게 있어서는 필연적이 아니기 때문이다. 말하자면 하느님만이 필연적인 존재이다. 하느님이 자신의 결과를 필연적으로가 아니라 자유로이 생겨나게 하는 것은 당연하다. 하느님은 자신이 만들어 낼 수 있는 모든 것을 영원으로부터 알고 또 이해하고 있다. 하느님은 가지적인 모든 것에 대해 현실적으로 명확하게 인식하고 있으며, 이 인식은 하느님 자신과 동일하다.[32]

5. 하느님의 무한성

스코투스는 특히 하느님의 무한성에 주의하고 있다. 우리가 형성할 수 있는 가장 단순하고 완전한 하느님의 개념은 절대적인 무한 존재의 개념이다. 그것은 선(善)이나 선과 같은 것의 개념보다는 더욱 단순하다. 왜냐하면 무한성은 그것이 기술되는 존재의 속성이나 〈양태〉와 같은 것이 아니라 그 존재의 본질적인 양식을 나타내고 있기 때문이다. 무한 존재는 잠재적으로 무한한 진리, 무한한 선, 그리고 무한성과 모순되지 않는 모든 완전성을 포함하고 있으므로[33] 무한성은 가장 완전한 개념이다. 하느님에게 있어서 모든 완전성은 무한이기는 하지만, "그것의 형상적 완전성은 그것의 근원이며 기초로서의 본질의 무한성으로부터 생겨난다."[34] 하느님의 모든 완전성은 하느님의 본질에 근거하며 하느님의 본질은 존재의 무한성이라고 말하는 것이 가장 적합하다. 그러므로 스코투스에 있어서 하느님의 본질은 의지에 있다고 말하는 것은 옳지 않다. "의지는 본질적으로 무한이기는 하지만, 그것은 모든 내적인 완전성을 그 자체 안에 본질적으로 포함하지 않는다.… 그러나 본

32) 같은 책, 4, no. 14.
33) *Ox.*, 1, 2, 3, no. 17.
34) 같은 책, 4, 3, 1, no. 32.

질만이 모든 완전성을 그러한 방법으로 포함하고 있다."[35]

스코투스는 《옥스퍼드 강의록》[36]과 《제 1 원리론》[37]에서 하느님의 무한성에 대한 일련의 증명을 들고 있다. 존재와 무한의 일치성을 가정하여 스코투스는 자신의 첫째 논증의 원문으로서 아리스토텔레스의 말, 〈최초의 것은 무한한 운동에 의해서 움직인다. 그러므로 그것은 무한의 능력을 지닌다〉를 인용하여 다음과 같이 논한다. 이 결론을 무한히 지속하는 운동의 결과로 이해한다면, 그 결론의 논거는 빈약하다. 왜냐하면 지속의 길이는 사물을 보다 완전하게 만들지는 않기 때문이다. 하지만 만일 그 결론을 운동에 의해서 무한의 결과들을 계기적으로 산출하는 힘의 결과로 이해한다면, 그것은 타당하다. 제 1 작용인으로서 무한의 결과들을 산출할 수 있는 하느님은 능력에 있어서 무한하지 않으면 안 된다. 나아가서 하느님은 자기 자신 안에 더욱 탁월한 방법으로 가능한 모든 제 2 원인들의 원인성을 지니고 있으므로, 하느님은 자기 자신이 철저하게 무한하지 않으면 안 된다.[38] 둘째로 하느님은 무한한 가지적인 대상들을 알고 있으므로 무한하지 않으면 안 된다. 이 논증은 완전히 〈선결 문제 요구의 오류〉인 것처럼 생각될지 모르지만, 스코투스는 하느님이 무한의 〈가지적인 것〉을 알고 있다는 것을 가정하는 데 다소 이상한 이유를 들고 있다. "무엇이든 가능적으로는 무한하다. 따라서 만일 그것들을 하나씩 하나씩 차례로 취한다면 그것들에는 끝이 있을 수 없고, 만일 그것들이 함께 현실적이라면 그것들은 현실적으로 무한하다. 그러나 가지적 대상이 창조된 지성에 대해서 가능적으로 무한하다는 것은 분명하며, 창조되지 않은 지성에 있어서는 창조된 지성에 의해서 차례차례로 가지적이 되는 모든 것이 현실적으로 함께 이해된다. 그러므로 거기(창조되지 않은 지성)에는 현실적으로 파악된 무한의 대상들이 있다."[39] 세째로 스코투스는 의지의 목적성으로부터 논증한다. "우리의 의지는 어떠한 유한의 대상보다도 더 큰 대상을 욕구하고 사랑할 수 있다.… 게다가 의지에는 무엇보다도 무한의 선을 사랑하는 자연적 경향이 있는 것으로 생각된다.… 따라서 사랑하는 행위에서 우리는 무한의 선을 경험하고 있는 것으로 생각된다. 사실 의지는 다른 어떠한 대상 가운데서도 완전한 휴식을 찾지 못할 것이다.…" 그러므로 무한의 선이 존재하지 않으면 안 된다.[40] 《옥스퍼드

35) 같은 책, 4, 13, 1, no. 32. 36) 2, 2, nos. 25 이하. 37) 4, nos. 15 이하.
38) *Ox.*, 1, 2, 2, nos. 25~29 참조.
39) *Ox.*, 1, 2, 2, no. 30 ; *De primo principio*, 15 이하 참조.
40) *Ox.*, 1, 2, 2, no. 31.

강의록》의 제 4 논제는[41] 보다 완전한 존재가 마땅히 있어야 한다는 것이 유한한 존재와는 모순되지 않지만, 〈가장 탁월한 존재〉와는 모순된다는 취지의 것이다. 그러나 무한성은 유한성보다 더 크고 더 완전하다. 그리고 무한성과 존재는 일치한다. 그러므로 가장 〈탁월한 존재〉는 무한하지 않으면 안 된다. 무한성이 존재와 일치한다는 증명은 우리는 어떠한 모순도 찾아볼 수 없다고 말하는 것과 거의 같은 것이다. 《제 1 원리론》에서[42] 스코투스는 하느님의 무한성을 하느님의 지성이 하느님의 실체와 동일하다는 사실에서 증명하고, 이러한 동일성은 유한한 존재에 있어서는 불가능하다고 논하고 있다.

스코투스는 적어도 자신은 만족스럽게 하느님의 무한성을 증명했으므로, 그는 하느님은 하나이며 유일하지 않으면 안 된다는 증명을 할 수 있다.[43]

6. 안셀무스적인 논증

하느님의 무한성에 대한 논의에서 스코투스는 성 안셀무스의 이른바 본체론적 증명을 도입한다.[44] 그는 존재를 대상으로 하는 지성은 '존재'와 '무한' 사이에 아무런 모순도 발견하지 않고 있다고 말하고, 또 존재와 무한이 모순된다고 가정할 경우, "음의 부조화가 귀에 쉽게 거슬리듯이", 지성이 이 부조화를 알아내지 못한다면, 이는 당치도 않은 일이라고 말했다. 만일 이러한 부조화가 있다면, 지성이 자기 고유의 대상인 존재와 모순되는 경우, 어째서 지성은 무한의 관념을 '피하지' 않을까? 그리고 나아가서 그는 《플로슬로기움》(*Proslogium*) 1 장의 성 안셀무스의 논증은 '변화'를 줄 수가 있으며, 또 마땅히 다음과 같이 이해되어야 한다고 말하고 있다. 즉 "하느님은 모순없이 생각되었으므로 모순없이는 그 이상 큰 것이 생각될 수 없는 것이다. '모순없이'(라는 말이) 덧붙여지지 않으면 안 된다는 점은 분명하다. 왜냐하면 무엇을 생각하는 데 있어서 모순이 포함되는 그러한 것은 생각될 수 없기 때문이다.…" 스코투스가 안셀무스의 논증은 '변화'가 주어지지 않으면 안 된다는 것을 인정한다고 하여, 그가 그 논증을 거부하고 있다고 주

41) 1, 2, 2, nos. 31～32. 42) 4, no. 21.

43) 같은 책, 1, 2, 3; *De primo principio,* 4, nos. 38～40.

44) *Ox.,* 1, 2, 2, no. 32.

장되어 왔다. 그러나 그는 그 논증을 함부로 거부하지는 않는다. 그 논증을 이용하기 위해서가 아니라면, 어째서 그가 그것에 '변화'를 주겠는가? 사실 그는 그것을 이용하고 있다. 먼저 그는 〈생각될 수 있는 한에서의 최대의 것〉(**summum cogitabile**)이라는 관념에는 모순이 없다는 것, 즉 〈본질〉(**esse quidditativum**)은 가능하다는 것을 보여주려고 하고, 다음으로는 만일 〈생각될 수 있는 한에서의 최대의 것〉이 가능하다면, 그것은 존재하지 않으면 안 된다는 것, 즉 그것은 〈존재〉(**esse existentiae**)를 가지지 않으면 안 된다고 말하고 있다. 〈그러므로 단순히 지성 안에만 있는 것보다는 실제로 존재하는 것이 생각될 수 있는 한에서 더 큰 것이다.〉 실제로 존재하는 것은 '볼 수 있고' 또 직관될 수 있으므로, 실제로는 존재하지 않고 단순히 생각되기만 하는 것보다는 〈더 큰 것〉이다. 그리고 직관될 수 있는 것은 단순히 생각될 수 있거나 또는 추상적 사유에 의해서만 알아질 수 있는 것보다 '더 큰 것'이다. 그러므로 당연한 결과로서 〈생각될 수 있는 한에서의 최대의 것〉은 실제로 존재하지 않으면 안 된다. 스코투스는 우리가 하느님에 대한 자연적인 직관을 가지고 있다고 말하는 것이 아니라, 실제로 존재하는 것은 정신 밖에 실제로는 존재하지 않는 것보다 더 크거나 더 완전하다는 판단을 위한 근거를 제시하고 있는 것이다.

그래서 스코투스가 안셀무스의 논증을 사용하고 있다는 것은 의심할 여지가 없다. 따라서 다음과 같은 두 가지 문제가 생긴다. 첫째로 증명의 〈변화〉는 어떠한 점에 있는가? 둘째로 이 논증을 사용하는 것이, 어떻게 하느님의 존재는 〈경험적으로〉 증명될 수 있다는 그의 명확한 주장과 일치한다고 스코투스는 생각할 수 있었는가? 첫째로 〈변화〉는 가장 완전한 존재의 관념은 있을 수 있는 존재의 관념이라는 것을 보여주려는 시도에 있다. 그리고 그는 가장 완전한 존재의 관념에는 어떠한 모순도 찾아볼 수 없다는 것을 고찰함으로써 우선 이를 행한다. 바꾸어 말하면, 관념은 여하한 모순도 포함하지 않으므로, 그리고 모순을 포함하지 않는 존재의 관념은 가능한 존재의 관념을 구성하므로 하느님의 관념은 가능한 존재의 관념이라는 것을 보여주는 라이프니츠의 시도를 그는 앞서 행하고 있다. 그러나 또 한편으로 그는 가장 완전한 존재의 관념에는 어떠한 모순도 찾아볼 수 없다는 사실이, 어떠한 모순도 포함되지 않는다는 사실을 논증할 수 있는 증명이라고는 생각하지 않았다. 우리는 가장 완전한 존재가 있을 수 있다는 것을 필연적으로, 또 〈선험적〉으로 증명할 수는 없다. 그런 까닭에 그는 다른 곳에서 안셀무스의 증명은 〈개연적인 설득〉[45]에 불과하다고 말하고 있다. 이는 앞서 말했던 두번째 문제에 대한 대답을 대신하고 있다. 스코투스가 안셀무스의 논증을 사용하는 것이 하느님의 존재는 경험적으로만 증명될 수 있다는 그의 주장과 일치한다고 생각했던 이유는 그가 안셀무스의 논증을 증명으로서가 아니라 단순한 '개연적인 설득', 즉 개연적인 증명으로 보았기 때문이다. 그는 성 토마스처럼 그 논증을 간단하게 거부하지 않았다. 그러나 있는 그대로의 논증에 대해서는 만족하지 않고, 그 논증에 '변화'를 줄 필요가 있다고 생각했던 것이다. 또 한편으로 그는 '변화', 즉 하느님의 관념은 있을 수 있는 존재의 관념이라는 증명을 논증적 증명이라고는 생각하지 않고 개연적이라고 주장한다. 그는 이 논증을 하느님의 존재에 대한 엄밀한 증명이라기보다는 오히려 하느님이라는 관념 안에 포함되어 혹은 내포되어 있는 것을 보여주는 하나의 보조적인 논증으로 사용했다. 이는 마치 그가 다음과 같이 말하고 있는 것 같다. 즉 "이것이 우리가 그 논증에 대해서 할 수 있는 최선의 것이다. 그리고 만일 여러분이 전제를 받아들인다면 유익하다. 그러나 나는 그 논증을 하나의 증명으로는 보지 않는다. 하느님의 존재에 대한 엄밀한 증명을 원한다면, 그것은 〈경험적〉으로 진행하지 않으면 안 될 것이다."

7. 철학적으로는 증명될 수 없는 하느님의 속성

스코투스는 하느님의 모든 본질적인 속성이 자연 이성에 의해서 증명될 수 있다고는 생각하지 않았다. 그러므로 《제 1 원리론》에서[46] 그는 모든 피조물, 특히 지적 피조물에게 알려져 있는 전능, 무량, 편재, 진리, 정의, 자비, 섭리 등의 속성은 〈믿을 수 있는 것〉, 즉 계시된 신앙의 대상이므로 이에 대한 고찰은 다음의 논문으로 미루겠다고 말하고 있다. 하느님의 무한성을 하느님의 무한한 능력에서 단정하기를 주저하지 않는 스코투스가, 예컨대 전능은 하느님의 속성으로서 철학적으로는 증명될 수 없다고 말하는 것을 볼 때 이상하게 생각되는 것이 당연할지도 모른다. 그러나 그는 철학자에 의해서는 확실하게 증명될

---

45) *Rep.*, 1, 2, 3, no. 8

46) 4, no. 37.

수 없는 신학 고유의 의미에서의 전능과 철학자에 의해서 증명될 수 있는 무한한 능력을 구별하고 있다.[47] 이 구별은 다음과 같은 점에 있다. 직접적이든 간접적이든 있을 수 있는 모든 결과를 산출하는 하느님의 능력은 철학적으로 증명될 수 있지만, 그러나 있을 수 있는 모든 결과를 직접 산출하는 하느님의 능력은 증명될 수 없다. 스코투스의 말에 의하면, 제 1 원인은 그 자체가 제 2 원인의 원인성을 〈보다 뛰어난 형태로〉 소유하고 있을지라도, 제 1 원인은 제 2 원인의 결과를 직접, 즉 제 2 원인의 협력없이 산출할 수 있다는 결론이 필연적으로 나오는 것은 아니다. 그것은 제 1 원인의 원인성이 말하자면 다른 것을 필요로 하기 때문에서가 아니라, 그 결과의 불완전성이 해명되기 위해서는 철학자가 보는 한에서 유한한 원인의 인과 작용이 요구되기 때문이다. 그러므로 스코투스는 하느님의 창조 능력에 대한 증명 가능성을 공격하지 않는다. 스코투스가 말하고 있는 것은 "제 1 작용인이 제 2 원인의 협력으로 할 수 있는 것은 무엇이든 자기 스스로 직접 할 수 있다"는 명제는 자명한 것도 철학적으로 증명될 수 있는 것도 아니며 그것은 신앙에 의해서 알아진 것이라는 것이다. 하느님의 보편적인 직접적 원인성이 피조물 고유의 원인성을 파괴할 것이라는 반론은 이성만으로는 해결될 수 없다.[48]

하느님의 무량(無量)과 편재(偏在)에 관해서 말한다면, 스코투스는 이 하느님의 속성에 대한 증명 가능성을 부정하고 있는데, 이 부정은 성 토마스가 〈멀리 미치는 작용〉을 부정하고 있는 점을 스코투스가 인정하지 않는 데서 기인한다. 성 토마스에 의하면,[49] 멀리 미치는 작용은 불가능하지만, 스코투스에 있어서는 작용자의 효력이 크면 클수록 멀리 미치는 그 능력은 더욱 크다. "그러므로 하느님은 가장 완전한 작용자이므로 하느님에 관해서는 그 작용의 성질상 하느님은 하느님에 의해서 생겨난 결과와 함께 있는 것(본질적으로 현존하는 것)이 아니라, 하느님은 멀리 있다고 단정할 수 있다."[50] 〈멀리 미치는 작용〉이 하느님에 관해서 무엇을 의미할 수 있는가를 알기는 어렵다. 그러나 스코투스에 관한 한, 그가 부정하고 있는 것은 하느님이 편재한다거나 그 편재가 하느님의 필연적 속성이라는 것이 아니라, 단지 하느님의 편재는 철학적으로 증명될 수 있다거나, 특히 〈멀리 미치는 작용〉이 불가

47) *Ox.*, 1, 42, *quaestio unica*, no. 2.

48) *Rep.*, 1, 42, 2, no. 4; *Quodlibet*, 7, nos. 4와 18 참조.

49) *S.T.*, Ia, 8, 1, *ad* 3.

50) *Rep.*, 1, 37, 2, nos. 6 이하.

능하다고 가정하는 것이 하느님의 편재를 증명하는 정당한 이유라는 것을 그는 부정할 뿐이다.

아마도 '진리'는, 여기서는 정의와 같은 것을 의미하므로, 자비와 정의와 함께 고찰되지 않으면 안 될 것이다. 적어도 주석가들의 이 지적이 받아들여지지 않는다면, 스코투스가 말하고자 했던 바를 이해하기는 매우 어렵게 된다. 왜냐하면 진리와 성실은 자연 이성에 의해서 알려진 하느님의 속성 안에 들어 있기 때문이다.[51] 스코투스는 정의에 관해서 흔히 이성의 자연적인 빛에 의해서 하느님의 정의는 알려질 수 있다고 말하는 것으로 생각된다.[52] 그러나 그가 하느님의 정의가 철학적으로 증명될 수 있는 가능성을 부정할 때, 그는 하느님이 후세에 상벌을 준다는 것이 증명될 수 없다는 것 — 왜냐하면 철학자에 의해서는 영혼이 불멸한다는 것은 엄밀하게는 증명될 수 없기 때문이다[53] — 과 우리의 이성에 의해서는 인간에 관한 하느님의 모든 의향을 정당화할 수 없다는 것을 의미하고 있는 것처럼 생각된다. 죄를 용서하고 벌의 집행을 너그러이 봐준다는 의미에서 하느님이 자비롭다는 것은 철학적으로는 증명될 수 없다. 마지막으로 스코투스가 하느님의 섭리에 관해서는 철학적으로 증명될 수 없다고 말할 때, 그는 어떠한 섭리도 전혀 증명될 수 없다는 것을 의미하는 것이 아니라, 하느님 측에서 제 2 원인을 사용하지 않는 직접적인 또는 특별한 섭리의 작용은 철학적으로 증명될 수 없다는 것을 의미하고 있는 것처럼 생각된다. 스코투스는 하느님에 의한 세계의 창조, 보존, 지배는 증명될 수 있다고 확실하게 주장했다.

8. 하느님의 속성들간의 구별

스코투스는 하느님 안에는 하느님의 위격의 실재적 구별 이외의 어떠한 구별도 없다는 성 토마스와 강의 헨리쿠스의 설을 거부하고 하느님의 속성들간의 형상적인 객관적 구별을 요청했다. 예컨대 예지의 〈형상적 성격〉은 선의 〈형상적 성격〉과는 동일하지 않다. 그런데 "무한성

---

51) *De primo principio,* 4, nos. 36 이하 ; *Ox.*, Prol., 2, no. 10 ; 3, 23, no. 5 ; 3, 24, no. 22 참조.

52) 같은 책, 4, 17, no. 7 ; *Rep.*, 4, 17, no. 7 참조.

53) *Ox.*, 4, 43, 2, no. 27 참조.

은 이 무한성이 덧붙여지는 그것의 성격을 파괴하지 않는다."[54] 그러므로 만일 예지의 일의적 개념의 형상적 성격이 선의 일의적 개념의 형상적 성격과 같은 것이 아니라면, 무한한 예지는 무한한 선과 형상적으로 구별될 것이다. 따라서 예지와 선이라는 하느님의 속성들은 인간정신의 작용과는 상관없이 형상적으로 구별된다. 또 한편으로 하느님에게는 어떠한 합성도 있을 수 없고, 또 하느님의 속성들간에는 전문적 의미에서의 어떠한 실재적 구별도 있을 수 없다. 그러므로 하느님의 속성들간의 구별은 실재적 구별이 아니라 〈사물의 측면에서의 형상적 구별〉이 되지 않으면 안 된다. 그리고 속성들은 실재적으로 또는 실체적으로는 동일하지만, 형상적으로는 서로 다르다는 것이 정식(定式)이라고 하겠다. "그래서 나는 진리가 〈실재적으로〉는 선과 동일하다는 것은 인정하지만, 진리가 형상적으로 선이라는 것은 인정하지 않는다."[55] 스코투스는 하느님의 본질과 하느님의 속성간의 구별, 그리고 하느님의 속성들 상호간의 구별은 하느님의 순일성을 손상하지 않는다고 주장한다. 왜냐하면 그 속성들은 하느님의 우유성도 아니고, 또 유한한 우유성이 유한한 실체를 형성하지 않는 것처럼, 그 속성들은 하느님을 형성하지 않기 때문이다. 그 속성들은 무한하기 때문에 실제로 하느님의 본질과 동일하며, 하느님은 진리, 예지, 선이라고 불리울 수 있다. 그러나 진리, 예지, 선의 〈형상적 성격〉들이 형상적으로 또 객관적으로 서로 다르다는 것은 변화가 없다.[56]

9. 하느님의 이데아들

스코투스에 의하면 하느님의 이데아들은 하느님의 자유 의지에 의존하고, 따라서 범형적 이데아들은 하느님의 임의의 창조라고 과거에는 주장되어 왔다. 그러나 실제로 스코투스가 확실하게 주장하는 것은 이데아들을 산출하는 것은 하느님의 지성이라는 것, 즉 "하느님의 지성은 바로 지성이므로 하느님 안에 〈이데아적 개념〉, 즉 이념적 또는 가지적인 본성을 산출한다"[57]는 것이다. 그러나 하느님의 본질은 이데아들의 근거이다. "하느님은 먼저 자신의 본질을 알고, 그리고 그 다음에 자신의 본질에 의해서 피조물을 인식한다. 이러한 방법으로 가지적

54) 같은 책, 1, 8, 4, no. 17.
55) 같은 책, 1, 8, 4, no. 18.
56) 같은 책, nos. 19 이하.
57) 같은 책, 1, 36, no. 4, no. 6 참조.

대상은 그것이 알려지는 데 있어서 하느님의 인식에 의존해 왔다. 왜냐하면 그 대상은 그 인식에 의해서 알려지는 데서 이루어지기 때문이다."[58] 그러므로 하느님의 이데아들은 하느님의 의지에 의존하지 않는다. "하느님의 지성은 어떤 의미에서는 논리적으로 하느님의 의지 작용을 앞서서 그들 대상을 가지적 존재로 산출하고, 따라서 그 대상들에 관해서 하느님의 지성은 단순한 자연적 원인인 것처럼 생각된다. 왜냐하면 하느님은 어떤 의미에서 하느님의 의지 또는 하느님의 의지 작용을 전제하는 것 이외의 것에 관해서는 자유로운 원인이 아니기 때문이다."[59] 있을 수 있는 것들은 하느님의 전능에 의해서 산출되지 않고, 그것들을 〈가지적 존재〉로 산출하는 하느님의 지성에 의해서 산출된다.[60]

하느님의 이데아들은 그 수가 무한하고, 하느님의 본질과 실체적으로는 동일하지만 형상적으로는 동일하지가 않다.[61] 즉 하느님의 이데아들은 필연적이고 영원하지만, 하느님의 본질과 똑같은 의미에서 형상적으로 필연적이고 영원하다는 것은 아니다. 왜냐하면 하느님의 본질에는 논리적으로 앞서는 어떤 것이 있기 때문이다. 또한 "하느님의 본질이 영원으로부터 가지적 존재라는 의미에서의 돌의 범형인(範型因)이었을지라도, 어떤 앞서는 질서에 의해서 삼위(三位)는 돌이 가지적 존재로 되기에 앞서서 '산출되었던' 것이다. … 비록 그것이 영원한 것일지라도."[62] 논리적으로 말한다면, 하느님의 본질은 하느님의 지성이 그것을 모방 가능한 것으로 파악하기에 앞서서 모방 가능한 것이다.[63] 이데아들은 하느님의 지성에 의해서 파악된 하느님의 본질의 분유(分有) 또는 하느님의 본질의 가능한 모방이다. 이데아들의 존재는 이에 상응하는 대상들을 창조하도록 하느님을 강요하지는 않을지라도, 하느님의 본질이 무한하며 무한한 방법으로 하느님의 본질을 모방할 수 있기 때문에 이데아들은 무한하다.[64]

10. 하느님의 의지

스코투스는 하느님의 의지가 단순히 변덕스러운 임의의 방법으로 작

58) *Rep.*, 1, 36, 2. no. 33.
59) *Ox.*, 1, 3, 4, no. 20.
60) 같은 책, 2, 1, 2, no. 6.
61) *Rep.*, 1, 36, 3, no. 27.
62) *Collationes*, 31, no. 5.
63) *Ox.*, 1, 35, no. 8.
64) 같은 책, 1, 38, no. 5.

용한다고 주장하지는 않지만, 그렇게 주장한 것으로 간주되어 왔다. "하느님에 있어서의 의지는 실로 하느님의 본질과 완전히 동일하다."[65] 그리고 하느님의 의지력은 그 자체가 하나의 작용이다.[66] 그러므로 〈실재로는〉 하나인 하느님의 의지와 하느님의 의지 작용은 변화할 수 없다. 하지만 하느님이 영원으로부터 의지하는 것은, 필연적으로 영원으로부터 존재하지 않으면 안 된다는 것은 아니다. "(의지의) 작용은 영원 속에 있고, 〈존재〉의 산출은 시간 속에 있다."[67] 논리적으로 말한다면, 하느님에 있어서도 인식은 의지를 앞서고, 또 하느님은 가장 이성적으로 의지한다. 비록 존재론적으로는 하느님 의지의 유일한 작용이 있지만, 하느님이 목적으로서의 하느님 자신을 의지하는 제 1 작용, 그리고 예를 들어 선택되는 것을 예정함으로써 목적에 직접 질서지워지는 것을 하느님이 의지하는 제 2 작용, 이 목적에 이르는 데 필요한 것(예컨대 은총)을 하느님이 의지하는 제 3 작용, 그리고 하느님이 감각적 세계와 같은 보다 먼 수단을 의지하는 제 4 작용을 구별할 수 있는 것이다.[68] 그러나 하느님의 인식이 논리적으로 하느님의 의지 작용을 앞서고 있을지라도, 하느님의 의지는 그르치거나 부적당한 것을 선택할 수가 있기라도 하듯이 감독받을 필요가 없다. 그리고 이러한 의미에서 하느님의 의지는 자기 자신의 법칙이다. 사실 하느님의 의지는 의지하기 때문에 의지할 뿐 그 외에 아무런 이유도 있을 수 없다고 스코투스는 가끔 말하고 있으면서도, 그는 자신의 의도를 충분히 밝히고 있다. 스코투스는 모든 것에서 논증적인 이유를 찾는 것은 배운 것이 없는 사람의 특징이라는 취지의 아리스토텔레스의 말을 인용하여, 증명할 수 없는 것은 궁극적 원리만이 아니라 우연적인 것들도 그러하며, 그 이유는 우연적인 것들은 필연적 원리로부터 생기는 것이 아니기 때문이라고 논하고 있다. 하느님 안에 있는 인간 본성의 이데아는 필연적이다. 그러나 어째서 하느님은 인간 본성이 그때그때 각각의 개체 가운데 나타내어지기를 의지했는가 하는 것은 "하느님은 그렇게 되기를 의지했고, 따라서 마땅히 그렇게 되는 것이 선이었다"고[69] 대답할 수밖에 없는 문제이다. 우연적인 것들이 필연적인 논증에 의해서 연역될 수 없는 이유는, 만일 그렇게 연역된다면 그 우연적인 것들은 우연적이 아

65) *Rep.*, 1, 45, 2, no. 7.
66) *Ox.*, 1, 17, 3, no. 18.
67) 같은 책, 1, 39, no. 21 ; 같은 책, 2, 1, 2, no. 7. 참조
68) 같은 책, 3, 32, no. 6.
69) 같은 책, 2, 1, 2, no. 65.

니라 필연적인 것이 되기 때문이라는 것이 스코투스의 논점이다. 만일 여러분이 어째서 열(熱)은 열을 내는가 하고 묻는다면, 열은 열이기 때문이라는 것이 유일한 대답이라고 스코투스는 말한다. 그와 같이 어째서 하느님은 우연적인 것들을 의지했는가라는 물음에 대한 유일한 대답은, 하느님은 그것을 의지했다는 것이다.[70] 하느님은 하나의 목적, 즉 하느님 자신을 위해서 행위한다는 것, 하느님은 '가장 이성적으로' 행위한다는 것을 스코투스는 부정하지 않는다. 그러나 그는 필연적이 아닌 것의 필연적인 이유를 찾는 불합리를 보여주려고 한다. "필연적인 것(원리)으로부터는 우연적인 것이 생겨나지 않는다."[71] 하느님의 자유로운 선택이 우연적인 것들의 궁극적인 이유이다. 그리고 하느님의 자유로운 선택의 이면을 알아 내어 그 선택을 결정하는 필연적인 이유를 찾는 것은 옳지 않다. 창조는 자유이므로 하느님의 지성은 자신의 창조 역사를 필연적인 이유에 의해서 결정하지 않으며, 또 대상들은 아직 존재하지 않으므로 대상들이 지니는 선에 의해서 하느님이 결정되는 것도 아니다. 오히려 하느님이 그 대상들을 존재하기를 의지했기 때문에 그 대상들이 좋은 것이다. 하느님은 하느님의 본질의 모방인 것만을 창조할 수 있다는 것, 따라서 하느님은 악한 것은 어떠한 것도 창조할 수 없다는 것이 이해된다.

그러므로 스코투스는 하느님의 〈밖으로의〉 작용에 관해서 하느님의 의지의 자유를 강조했다. 그러나 그는 또 하느님은 자신을 필연적으로 사랑하여 자기 자신을 의지하고 사랑하지 않을 수 없을지라도, 그래도 여전히 사랑은 자유로운 것이라고 주장했다. 이 설은 확실히 약간 이상한 것 같다. 하느님의 의지가 하느님 자신 이외의 다른 유한한 대상에 관해서는 자유라는 것, 이것은 무한한 대상인 하느님 자신만을 필연적인 대상으로서 가질 수 있는 하느님의 의지의 무한성에서 생겨난다. 그러나 하느님은 자기 자신을 필연적이면서 동시에 자유로이 사랑한다는 것은 적어도 얼핏 보기에는 확실히 모순을 포함하는 것처럼 생각된다. 하지만 스코투스의 입장은 다음과 같다. 자유는 의지 작용의 완전성에 있으며, 그것이 하느님 안에는 형상적으로 있지 않으면 안 된다. 궁극적 목적으로 향해진 의지 작용은 가장 완전한 의지 작용이므로, 그것은 의지 작용의 완전성에 속하는 것을 포함하지 않으면 안 된

70) 같은 책, 1, 8, 5, nos. 23 이하; *Quodlibet*, 16 참조.

71) *Rep.*, 1, 10, 3, no. 4.

다. 또 한편으로 하느님과 동일한 하느님의 의지는 궁극 목적인 하느님 자신을 의지하고 사랑하지 않을 수 없다. 외견상 모순되는 이 두 명제를 조정하는 원리는 의지의 최고 작용에 있는 필연성이 의지의 완전성에 속해 있는 것을 제거하기보다는 오히려 요청한다는 것이다. "능력 그 자체의 본질적 조건은 그 자체에서나 완전한 작용을 위해서나 작용의 완전성과 모순되지 않는다는 것이다. 그러나 자유는 그 자체에서나 의지의 작용을 위해서나 의지의 본질적 조건이다. 그러므로 자유는 작용의 온갖 완전한 조건과 일치되며, 이러한 조건은 특히 그것이 가능한 경우에는 필연이다."[72] 스코투스는 실례를 들어서 자신의 의도를 설명한다. "만일 어떤 사람이 스스로의 의지로 절벽에 몸을 던지는 경우, 그리고 떨어지면서 언제나 떨어지기를 계속 원한다면, 사실 그는 자연의 중력에 의해서 필연적으로 떨어질지라도 그는 떨어지는 것을 자유로이 의지하고 있는 것이다. 그와 같이 비록 하느님이 필연적으로 하느님의 자연적 생명에 의해서 살고 있을지라도, 그리고 모든 자유를 배제하는 필연성에 의해서 살고 있을지라도 하느님은 여전히 그러한 생명에 의해서 살 것을 자유로이 의지하고 있는 것이다. 그러므로 만일 '생명'을, 자유 의지에 의해서 하느님의 사랑을 받고 있는 것과 같은 생명으로 이해한다면, 하느님의 생명을 필연성 밑에 두지는 않을 것이다(즉 하느님의 생명에 필연성이 있다고 하지 않는다)."[73] 그러므로 스코투스는 하느님 가운데서 하느님이 자기 자신을 사랑하는 필연성과 그 필연성의 자유로운 시인을 구별할 수 있음을 말하려는 것으로 생각된다. 따라서 하느님 자신의 필연적인 사랑과 하느님 자신의 자유로운 사랑은 모순되지 않는다. 이 구별이 특히 유익하다고는 생각되지 않을지 모르지만, 어쨌든 스코투스의 주의주의적, 그리고 자유주의적인 설은 하느님은 자기 자신을 의지하는 것을 그만둘 수 있다든가, 또는 자기 자신에 대한 하느님의 사랑은 자의적이라는 것을 의미하는 것이 아니라는 것은 명백하다. 스코투스는 의지의 완전성으로서의 자유에 큰 가치를 부여했기 때문에 필연적인 것으로 보지 않을 수 없었던 의지 작용으로부터도 자유를 배제하기를 싫어했다는 것이 사실이다. 이는 인간의 의지에 관한 그의 설을 고찰하게 될 때 분명해질 것이다.

72) *Quodibet,* 16, no. 8.

73) 같은 책, 16, no. 9; *Rep.*, 1, 10, 3, nos. 3 이하 참조.

11. 창　　조

무로부터 창조하는 하느님의 능력은 이성의 자연적인 빛에 의해서 증명될 수 있다고 스코투스는 주장했다. 제 1 작용인으로서의 하느님은 어떤 결과를 직접 산출할 수 있지 않으면 안 된다. 왜냐하면 그렇지 않을 경우, 하느님은 간접적으로도 결과를 산출할 수가 없게 되기 때문이다(하느님이 제 1 작용인이라는 것은 이미 증명된 것으로 보고). "그러므로 어떤 것이 가정된 여하한 요소도 없이, 또는 이것이 받아들여지는 어떠한 수용적인 요소도 없이 하느님으로부터 마땅히 존재하는(즉 하느님으로부터 자신의 존재를 마땅히 가지는) 방법으로 하느님이 그것의 원인이 될 수 있다는 것은 자연적인 지성에 명백하다. 철학자(아리스토텔레스)가 그렇게는 말하지 않았을지라도, 어떤 것이 이러한 방법으로 하느님에 의해서 생겨난다는 것을 증명할 수 있음은 자연 이성에 명백하다." "하느님이 이러한 방법으로 어떤 것을 창조한다는 것을 아리스토텔레스는 주장하지 않았지만, 그렇다고 하여 (아리스토텔레스의 의견과) 반대의 것이 자연 이성에 의해서 알려질 수 없다는 것은 아니다.…"[74] 나아가서 하느님은 무로부터 창조할 수 있다는 것이 증명될 수 있다.[75] 그러나 창조에 따르는 관계는 상호적이지 않다. 즉 하느님에 대한 피조물의 관계는 실재적 관계인 반면에, 피조물에 대한 하느님의 관계는 사고상의 관계에 지나지 않는다. 왜냐하면 하느님은 본질적으로 창조자가 아니며, 또 하느님은 예지라든가 선이라고 일컬어지는 것과 같은 의미로 창조자라고 불리워질 수는 없기 때문이다. 하느님은 현실적으로 창조자이지만, 피조물에 대한 하느님의 관계는 실재적 관계가 아니다. 왜냐하면 하느님은 본질적으로 창조자가 아니며 ― 만일 그렇다면 하느님은 필연적으로 창조하게 될 것이다 ― 또 한편으로 하느님은 우연적인 관계를 받아들일 수가 없기 때문이다.

시간 안에서의 창조는 증명될 수 있는가라는 문제에 관해서 스코투스는 성 토마스의 의견으로 기울었다. 하지만 시간에 있어서의 창조는 철학적으로 증명될 수 없다는 성 토마스의 근거를 그는 받아들이지 않았다. 〈무〉가 논리적으로 앞선다는 것은 증명될 수 있다. "그렇지 않다면 창조는 인정될 수 없기 때문이다." 그러나 논리적인 우선이 반드

74) *Rep.*, 2, 1, 3, nos. 9～11 ; *Ox.*, 2, 1, 2 참조; *Collationes*, 13, no. 4 .

75) *Ox.*, 4, 1, 1, nos. 27 이하.

시 시간적인 우선을 포함해야 하는 것은 아니다. 그러나 스코투스는 주저하면서 말하고 있다. "〈무〉가 시간적으로 반드시 세계를 앞선다고는 생각되지 않는다. 하지만 무가 논리적으로 세계를 앞선다면, 그것은 충분하다고 생각된다."[76] 바꾸어 말하면, 스코투스는 영원으로부터의 창조의 불가능성은 철학적으로 증명될 수 있다는 성 보나벤투라의 견해를 거부하고, 시간에 있어서의 창조는 철학적으로 증명될 수 없다는 성 토마스의 견해로 기울었다. 그러나 그는 이 점에 대해서 성 토마스만큼 단정적으로 말하고 있지는 않다.

76) 같은 책, 2, 1, 3, no. 19.

제 49 장
스코투스 5 : 영혼

1. 인간의 종적 형상

이성혼(理性魂)이 인간의 종적(種的) 형상이라는 것은 철학적으로 증명될 수 있는데,[1] 지성은 신체를 떠난 하나의 원리라는 아베로에스의 의견은 이해하기 어렵다. "일반적으로 말하면, '이성적'이라는 것은 지적 영혼이 인간의 본질적 부분임을 의미하는 것으로 생각하여, 모든 철학자들은 '이성적'이라는 것을 인간을 종별화하는 〈종차〉(種差, **differentia specialis**)로서 인간에 대한 정의에 포함시켜 왔다." 유명한 철학자는 어느 누구도 이를 부정하지 않는다. "하지만 그 비난받은 아베로에스는 자신의 《영혼론》(*On the Soul*)이라는 허구적인 작품 — 이는 자기 자신은 물론 어느 누구도 이해하기 어렵다 — 에서 지성은 어떤 이존(離存) 실체이며, 이는 〈감각 표상〉(**phantasmata**)에 의해서 우리와 결합될 수 있다고 주장한다. 이 결합은 그 스스로나 그의 어느 제자도 지금까지 설명하지 못했으며, 이 결합에 의해서 그는 인간이 이해하는 것(진리)을 옹호하지도 못했다. 왜냐하면 그에 의하면, 인간은 자기 나름의 비이성적·감각적 영혼의 덕택으로 다른 동물보다도 뛰어난, 형상적으로 일종의 고위의 비이성적 동물에 지나지 않기 때문이다."[2]

이성혼이 인간의 형상이라는 것을 스코투스는 생략 삼단 논법에 의해서 증명하고 있다. "인간은 형상적으로, 그리고 본연적으로 인식한다(지적으로 파악한다). 그러므로 지적 영혼은 인간의 고유한 형상이

1) *Ox.*, 4, 43, 2, nos. 4∼5.　　2) 같은 책, 4, 43, 2, no. 5.

다."[3] 이 전제는 아리스토텔레스의 권위를 통해서 볼 때 명백한 것으로 생각된다고 그는 말한다. 그러나 누군가가 그것을 특별한 이유도 없이 부정하는 경우에는 이성적 증명이 밑받침되어야 한다. 본연적으로 인식한다(intelligere proprie)는 것은 모든 종류의 감각적 인식을 초월하는 인식 작용에 의해서 인식한다는 것을 의미한다. 그리고 인간이 이러한 의미에서 인식한다는 것은 다음과 같이 증명될 수 있다. 본연적인 의미에서 지적 활동을 한다는 것은, 방금 지적했듯이, 감각 능력을 초월하는 활동을 한다는 것이다. 그런데 감각마다 일정한 대상, 즉 특정한 대상을 지니고 있으므로 감각적 파악은 하나의 유기적인 기능이다. 그래서 시각은 색깔의 지각에 한정되고, 청각은 소리의 지각에 한정되어 있다. 그러나 지성은 이와 같이 한정되어 있는 것이 아니다. 즉 지성의 대상은 존재이며, 지성은 감각이 속박되어 있듯이 신체 기관에 속박되어 있지 않다. 지성은 유(類)와 종(種)의 관계와 같은, 감각에는 직접 주어져 있지 않은 대상을 파악할 수 있다. 그러므로 지적 인식은 감각 능력을 초월하며, 따라서 인간은 〈본연적으로 인식〉할 수 있게 된다.[4]

본래의 생략 삼단 논법의 결론(그러므로 지적 영혼은 인간의 고유한 형상이다)이 전제의 결과라는 것은 두 가지 방법으로 설명될 수 있다. 인간의 한 기능으로서의 지적 인식은 인간 자체 안에 있으면서 공간적으로 연장되어 있지 않고, 또 유기체의 일부도 전체도 아닌 어떤 것안에 '받아들여지지' 않으면 안 된다. 만일 지적 인식이 공간적으로 연장되어 있는 어떤 것 가운데 받아들여졌다면 그것 자체가 공간적으로 연장될 것이며, 하나의 단순한 유기적인 기능이 될 것이다. 하지만 이는 증명되어 있지 않다. 스코투스가 지적 인식은 '받아들여진다'는 것에 대해서 말하는 경우, 그는 그것이 우리의 실체와 동일한 것이 아니라는 것을 의미하고 있다. 왜냐하면 우리는 언제나 지적 인식 능력을 행사하고 있는 것이 아니기 때문이다. 따라서 지적 인식은 우리 가운데 있는 어떤 원리의 작용이 아니면 안 된다. 그러나 그것은 인간의 물질적 부분의 작용일 수는 없다. 그러므로 그것은 정신적인 형상적 원리의 작용이 아니면 안 된다. 이는 지적 영혼, 즉 지적 활동을 하는 능력을 지닌 원리가 아니고 무엇이겠는가? 둘째로 인간은 자신의 의지 작용의 주체이며, 인간은 자유이다. 그리고 인간의 의지는 욕구 대상 가운데

3) 같은 책, 4, 43, 2, no. 6.

4) 같은 책, 4, 43, 2, nos. 6~11.

한 종류에만 한정되는 것이 아니다. 그러므로 그것은 유기체적인 욕구를 초월해 있고, 또 그것의 작용은 어떠한 물질적 형상의 작용일 수도 없다. 그 까닭에 우리의 자유로운 의지의 활동은 지적 형상의 작용이 되는 셈이다. 그리고 우리의 자유로운 작용이 실제로 **우리의** 작용이라면, 형상 — 자유로운 작용은 이 형상의 작용이다 — 은 **우리의** 형상이 아니면 안 된다. 그러므로 지적 영혼은 인간의 형상이며, 인간을 짐승과 구별하는 인간의 종적 형상이다.[5)]

2. 영혼과 신체의 결합

인간에는, 이미 말한 바와 같이, 비록 유형성(有形性)의 형상이 있을지라도 단지 하나의 영혼이 있을 뿐이다. 앞에서도 보았듯이, 하나의 인간 영혼에는 여러 가지의 '형상성'(formalities)이 있으며, 이 형상성들은 실재적으로 서로 다르지 않지만(분리할 수도 없지만), 〈사물의 측면에서의 형상적 구별〉에 의해서는 다르다. 왜냐하면 지적, 감각적, 식물적인 작용들은 형상적으로, 그리고 객관적으로 구별되기 때문이다. 하지만 그 작용들은 인간이 지니는 한 이성혼의 여러 형상성이다. 그러므로 이 하나의 이성혼은 인간이 지니는 이성적 인식의 원리일 뿐만 아니라 인간의 감각 작용과 생명의 원리이기도 하다. 그것은 〈생명적 존재〉(esse vivum)를 부여하며, 유기체로 하여금 살아 있는 유기체가 되게 하는 형상적 원리이다.[6)] 즉 그것은 인간의 실체적 형상이다.[7)] 그러므로 영혼은 인간의 한 부분이며, 본연적으로는 자립한다고 말할 수 없다. 왜냐하면 그것은 그 자체가 하나의 실체라기보다는 오히려 한 실체의 부분이기 때문이다. 실체는 영혼과 신체의 합성 존재이며, 그것은 〈본래 하나〉이다.[8)] 신체를 떠난 상태에 있는 영혼은, 엄밀히 말한다면 하나의 인격이 아니다.[9)] 영혼이 신체를 완성하는 것은 단지 신체가 본래 영혼의 자유로운 처분에 맡겨질 때뿐이다. 그리고 이 영혼은 이 신체에 대한 적합성을 지니고 있다. 스코투스의 말에 의하면,[10)] 이는 영혼은 자신이 형성하는 질료에 의해서는 개별화될 수 없다는 것을 의미한다. 왜냐하면 영혼, 즉 개별적인 영혼은 신체에 주입되며, 이 영

5) 같은 책, 4, 43, 2, no. 12.
6) 같은 책, 2, 16, no. 6.
7) 같은 책, 2, 1, 4, no. 25.
8) 같은 책, 4, 12, 1, no. 19.
9) *Quodlibet*, 9, no. 7과 19, no. 19.
10) 같은 책, 2, 3 이하.

혼의 창조는 신체와의 결합보다 논리적으로 앞서기 때문이다.

스코투스는 이성혼이 〈단순한 존재〉(esse simpliciter)를 부여할 뿐만 아니라 〈생명적 존재〉, 〈감각적 존재〉(esse sensitivum)를 부여한다고 주장하는 점에서 성 토마스와 다르다. 즉 이미 말한 바와 마찬가지로 유형성의 형상이 있다. 만일 이성혼이 인간에게 단순한 존재만을 부여한다고 한다면, 인간은 실제로 죽는다고는 말할 수 없을 것이다. 죽음은 인간의 '존재성'의 소멸을 의미한다. 그리고 그것은 영혼과 신체가 그들 자신의 실재성을 지니고 있다는 것과, 인간으로서의 인간의 존재는 한 영혼으로서의 존재가 아니라 한 〈합성체〉로서의 존재라는 것을 의미한다. 만일 영혼이 〈단순한 존재〉만을 부여하여 신체에는 다른 여하한 형상도 없다고 한다면, 신체로부터 영혼의 분리는 인간으로서의 인간 존재의 소멸을 의미하지 않을 것이다. 죽음이 야기되기 위해서는 인간은 〈합성체〉로서의 존재, 즉 따로따로 생각하든 함께 생각하든 인간이 지니는 그 구성적 부분들의 존재와는 다른 한 존재를 가지고 있지 않으면 안 된다. 왜냐하면 죽어서 소멸되는 것은 합성체로서의 인간이 지니는 바로 그 존재이기 때문이다. 나아가서 스코투스에 의하면, 성 토마스는 자기 모순에 빠져 있다. "그는 다른 곳에서 신체 안에 있는 영혼의 상태는 신체 밖에 있는 영혼의 상태보다 더 완전하며, 그것은 영혼이 〈합성체〉의 한 부분이기 때문이라고 말하고 있다." 그러면서도 동시에 그는, 영혼은 〈단순한 존재〉를 부여하고, 따라서 이를 소유한다고 주장하고 또 영혼은 자기 자신 이외의 다른 어떠한 것에도 그 〈존재〉를 부여하지 않을지라도 완전하기는 마찬가지라고 주장한다. "당신에 의하면 영혼은 신체와 결합했을 때 소유했던 것과 같은 〈존재〉를 신체와의 분리 상태에서도 전적으로 소유한다. … 그러므로 영혼이 그 〈존재〉를 신체에 부여하지 않는다고 해서 영혼이 결코 더 불완전한 것은 아니다."[11)]

영혼과 신체로 이루어지는 완전한 인간의 완성을 위해서 영혼은 신체와 결합된다. 성 토마스에 의하면,[12)] 영혼은 영혼의 선을 위해서 신체에 결합된다. 영혼은 자신이 지니는 인식을 위해서는 본성적으로 감각에 의존하며, 〈감각적 표상으로의 소급〉이 영혼에게는 자연스러운 것이다.[13)] 그러므로 영혼은 자신의 본성을 따라서 작용할 수 있기 위해서, 즉 영혼의 선을 위해서 신체에 결합되는 것이다. 그러나 스코투스

11) *Ox.*, 4, 43, 1, nos. 2～6. 12) *S.T.*, Ia, 89, 1. 13) 같은 책, Ia, 84, 7 참조

에게 있어서는, 이미 본 바와 마찬가지로 인간의 지성이 물질적 사물을 향해 있고, 또 사실상 감각에 의존해 있다는 것은 인간 이성의 성질보다는 〈오히려〉 영혼의 현재 상태, 즉 나그네로서 신체 안에 있는 영혼의 상태(죄가 능히 이 상태의 원인일 수 있다는 제안과 더불어)에서 기인한다. 이 경우 영혼의 신체와의 결합은 영혼의 선을 위한 것이 아니라 신체의 선을 위한 것이며, 이는 불합리하다고 성 토마스는 반대할 것이다. "왜냐하면 질료는 형상을 위해서 있으며 그 반대는 아니기 때문이다." 이러한 반론에 대해서 영혼이 신체와 결합되어 있는 것은 단지 신체만의 선을 위해서가 아니라 합성 존재인 인간의 선을 위해서라는 것이 스코투스의 대답이다. 창조 작용의 대상은 합성 존재인 인간이며 따로따로 그 자체로서 생각되어진 영혼만도 아니고 신체만도 아니다. 그리고 영혼과 신체의 결합은 바로 이 합성 존재가 실현되기 위해서 이루어진 것이다. 그러므로 그 결합은 완전한 인간의 선을 위해서(**propter perfectionem totius**) 있는 것이다. 영혼과 신체의 결합은 "신체만의 완전을 위한 것도 아니며 영혼만의 완전을 위한 것도 아니고, 이러한 부분들로 이루어지는 전체의 완전성을 위해서 이루어진다. 그래서 비록 이러한 결합이 없다면 소유하지 못했을 그 완전성이 개별적인 부분에는 생기지 않을지라도, 이 결합이 헛되지는 않다. 왜냐하면 주로 본성에 의해서 의도되는 전체의 완전성을 이 방법 이외로는 가질 수 없기 때문이다."[14)]

3. 의지와 지성

인간의 지적 활동에 대한 스코투스의 생각에 관해서는 인식에 관한 장에서 이미 약간을 언급해 두었다. 그러나 지성과 의지의 관계에 관한 그의 설에 대해서는 여기에 간단하게 말해 두지 않을 수 없다. 왜냐하면 이것은 그의 일반적인 입장에 관해서 다소의 오해를 야기시켜 왔기 때문이다.

지성은 의지처럼 자유로운 능력이 아니다. "지성이 파악하는 진리를 승인하지 못하게 막을 힘이 지성에는 없다. 왜냐하면 원리들의 진리가 그 표현이나 또는 원리에서 결과된 진리로부터 지성에 명백하게 되는 한, 지성은 자신에게 자유가 없는 까닭에 그것을 승인하지 않을 수 없

14) *Ox.*, 4, 45, 2, no. 14.

다."[15] 따라서 전체는 부분보다 크다는 명제의 진리가 전체라는 것과 부분이라는 것을 이해함으로써 지성에 명백하게 된다면, 또는 소크라테스는 반드시 죽는다는 결론의 진리가 모든 인간은 반드시 죽는다, 그리고 소크라테스는 인간이다라는 그 전제들을 고찰함으로써 지성에 명백하게 된다면, 그 경우 지성에 있어서 전체는 부분보다 크다든가 또는 소크라테스는 반드시 죽는다는 명제에 대해서 동의하지 않을 자유가 없다. 그러므로 지성은 하나의 〈자연 능력〉(**potentia naturalis**)이다.

그러나 의지는 자유로우며 하나의 〈자유 능력〉이다. 그리고 의지는 본질적으로 자유이며, 의지의 〈형상적 근거〉(**ratio formalis**)는 의지가 지니는 욕구로서의 성격에 있다기보다는 의지의 자유에 있다.[16] 자연적 경향이라는 의미에서의 의지와 자유로서의 의지를 구별할 필요가 있다. 그리고 본연적인 의미에서 의지라고 말할 수 있는 것은 자유 의지뿐이다. 이로부터의 당연한 결과로서 의지는 그 본성상 자유이며, 그리고 하느님은 예컨대 **본성적으로** 죄를 지을 수 없는 이성적 의지를 창조할 수가 없었던 것이다.[17] 자유 의지에 의해 선택된 행위에 의해서 성 바울로는 "죽어서 그리스도와 함께 하기를" 원했다고 스코투스는 말한다. 그러나 이 선택된 행위는 자연적 경향이라는 의미에서의 자연적인 '의지'에 어긋난다.[18] 따라서 그 두 가지는 구별되며, 이 구별은 행복 또는 궁극 목적에 대한 인간의 욕구를 고찰할 경우에 중요하다. 자기 완성에 대한 자연적인 욕구 또는 경향으로서의 의지는 무엇보다도 먼저 반드시 행복을 원한다. 그리고 행복 또는 지복은 실제로는 하느님 가운데만 있기 때문에 인간에게는 '특히' 지복, 즉 하느님에게로 향하는 자연적인 경향이 있다. 하지만 그렇다고 자유로서의 의지가 필연적으로 그리고 언제나 궁극 목적을 욕구하는 것은 아니며, 또 의지가 그 대상에 관해 의식적이요 심사 숙고하는 행위를 반드시 선택하는 것도 아니다.[19] 스코투스는 의지가 비참함이나 악 **그 자체를** 선택할 수 있다고 말할 생각은 없다고 주장한다. 즉 "나는 지복을 원하지 않는다"는 "나는 지복의 반대를 원한다"와 같은 것이 아니다. 그것은 나는 지금 이 자리에서 그것에 관한 어떤 행위를 선택하지 않는다는 의미이며, 나는 의지의 대상이 될 수도 없는 그 반대의 것을 선택한다는 의미가

15) 같은 책, 2, 6, 2, no. 11.　16) 같은 책, 1, 17, 3, no. 5 ; 2, 25, no. 16.
17) 같은 책, 2, 23, nos. 8 과 7.　18) 같은 책, 3, 15, no. 37.
19) 같은 책, 4, 49, 10, no. 3; 2, 23, no. 8; 1, 1, 4, no. 16; *Collationes*, 16, no. 3.

아니다. 그러나 만일 내가 어떤 행위, 즉 지복을 바라는 행위를 선택했다고 할지라도 그 행위는 자유일 것이다. 왜냐하면 의지에 의해서 선택된 행위는 모두가 자유이기 때문이다.[20] 나아가서 스코투스는 의지의 본질적 자유에 대한 자신의 이론으로부터 천국에 있는 지복자는 하느님을 자유로이 바라고 사랑한다는 결론을 끌어내는 데 주저하지 않는다.[21] 따라서 그는 〈최고선〉이 분명히 제시되면, 의지는 필연적으로 그것을 선택하며 사랑한다는 성 토마스의 학설을 거부하고 나아가서 지복자도 죄를 짓는 능력을 지니고 있다고 말하기까지 한다. 그러나 그가 이렇게 말할 때, 그는 의지 자체는 천국에서도 여전히 자유라는 그 이상의 것을 말하려는 것은 아니다. 왜냐하면 의지는 본질적으로 자유이며, 천국은 의지의 자유를 파괴하지 않기 때문이다. 즉 도덕적으로 말한다면, 천국에 있는 지복자는 죄를 원하지 않을 뿐만 아니라 죄를 범할 수가 없다. 하지만 물론 이 필연성은 〈조건부로만 말할 수 있는 것으로서〉 그것은 '영광의 습성'으로부터 그리고 의지 안에서 생기는 경향으로부터 유래되며 의지의 자연적 결정으로부터 생기는 것은 아니다.[22] 그러므로 지복자의 의지는 자연의 상태로 죄를 범할 수 없는 것은 아니지만, 도덕적으로는 죄를 범할 수 없다. 스코투스는 지복자가 죄를 범하기를 원하지 않는다는 현실적인 사실에 관해서는 성 토마스와 다르지 않다. 그리고 그는 만약 '범할 수 없다'는 말을 의지의 본질이 어떤 식으로든 손상되어 있다는 의미로 이해하지 않는다면, 지복자는 죄를 범할 수가 없다고 말한다.[23]

지성은 〈자연적 능력〉이고 의지는 〈자유의 능력〉이다. 그리고 완전성으로서의 자유에 대해서 스코투스가 역설하고 있는 바가 제시된다면, 의지에 대한 지성의 우위냐 또는 지성에 대한 의지의 우위냐 하는 논쟁에 관한 그의 입장은 의심할 여지가 없다. 인식은 의지에 의해서 선택된 모든 행위보다 확실히 먼저 일어난다. 왜냐하면 의지는 전혀 알지 못하는 대상에 관해서는 선택할 수가 없기 때문이다(스코투스는 '비이성주의자'는 아니었다). 그리고 실천 이성에 의해서 최종적으로 명령된 것에 마음을 두지 않기란 의지에 있어서 불가능한 일은 아니지만 어려운 일이라고 그는 말하고 있다. 하지만 또 한편으로 의지는 지성에 명령할 수가 있다. 물론 스코투스가, 잘못이라고 생각되는 명제에 동

20) *Ox.*, 4, 49, 10, nos. 8 이하 참조. 21) 같은 책, 1, 1, 4, nos. 13 이하.
22) 같은 책, 4, 49, 6, no. 9. 23) *Collatio*, 15 참조.

의할 것을 의지가 지성에 명령할 수 있다고 말하려는 것은 아니다. 즉 의지는 인식 작용 그 자체에 아무 것도 덧붙이지 않으며,[24] 지성 작용의 원인도 아니다.[25] 그러나 의지는 지성을 움직여서 개별적인 가지적 대상으로 향하게 하고 개별적인 논의를 고찰하게 함으로써 하나의 작용인으로서 간접적으로 협력할 수 있다.[26] "의지는 지성에 명령함으로써 그 작용에 관해서는 상위의 원인이라는 결과가 된다. 그러나 비록 지성이 의지 작용의 원인(즉 대상의 인식을 제공하는 데서 하나의 부분적 원인으로서)일지라도 지성은 의지에 종속하는 원인이다."[27]

스코투스는 의지의 우위를 긍정하는 또 다른 이유를 제시하고 있다. 의지의 비뚤어짐은 지성의 비뚤어짐보다 더욱 나쁘기 때문에 의지는 지성보다 더욱 완전하다. 하느님을 미워하는 것은 하느님을 모르거나 하느님을 생각하지 않는 것보다 더욱 나쁘다. 그리고 또 악은 어떤 나쁜 것을 의지하는 것을 의미하지만, 어떤 나쁜 것을 생각하는 것이 반드시 악인 것은 아니다. 의지가 무엇에 대한 나쁜 생각에 동의하거나 그 생각을 즐기는 경우에만 죄가 된다.[28] 그리고 또 사랑은 인식보다 더욱 큰 선이며 사랑은 의지 안에 있다.[29] 그러나 한편 영혼을 하느님과 결합시키고 하느님을 소유하고 하느님을 누리면서 궁극적 지복에 있어서의 주요한 역할을 하는 것은 의지이다. 지성과 의지 그 어느 능력도 지복에 관련되어 있지만, 보다 고차의 기능인 의지는 하느님과의 결합에 있어서 보다 직접적인 수단이다.[30] 이와 같이 스코투스는 지성의 우위와 지복의 본질에 대한 토마스의 이론을 거부하고 아우구스티누스적인 프란치스코회적 전통에 충실했다. 토마스주의의 입장을 채용하는가 스코투스주의의 입장을 채용하는가 하는 것은 사실 그다지 중요하다고는 생각되지 않는다. 왜냐하면 그 양자 모두가 지복은 넓은 의미에 있어서 지성과 의지의 두 능력에 관련되어 있다는 점에서 일치하고 있기 때문이다. 그러나 스코투스에 대해 비이성주의니 순전한 주의주의니 하고 비난하는 것이 얼마나 어리석은 일인가를 보여주기 위해서는 그의 입장을 설명할 필요가 있다.

---

24) *Rep.*, 2, 42, 4, no. 7.

25) *Collationes*, 2, no. 7.

26) *Rep.*, 1, 35, 1, no. 27.

27) *Ox.*, 4, 49, *quaestio ex latere*, nos. 17 과 18.

28) 같은 책, no. 17.

29) 같은 책, no. 21.

30) *Rep.*, 4, 49, 3, no. 7 ; *Ox.*, 4, 49, 3, nos. 5 이하.

4. 영혼의 불멸성은 엄밀하게는 증명되지 않는다

스코투스의 명백한 이론으로 인하여, 영혼의 지적 활동은 감각의 능력을 초월할 뿐만 아니라 감각의 능력과 물질을 초월해 있다는 것이 철학적으로 증명될 수도 있다. 그리고 사람들은 그가 인간 영혼의 불멸성을 증명하려고 시도했을 것이라고 예상할지 모른다. 그러나 실제로 그는 이 진리가 철학에 있어서 엄밀하게 증명될 수 있다고는 믿지 않았다. 그리고 그는 자기를 앞선 사람들에 의해서 제시된 증명을 비판했던 것이다. 첫째 이성혼은 인간의 종적 형상이며, 둘째 영혼은 불사불멸하고, 세째 사후의 영혼은 영구적으로 신체를 떠난 상태에 머물지는 않을 것이다(즉 신체는 다시 살아나리라)는 세 명제 가운데서, 첫번째 명제는 이성의 자연적인 빛에 의해서 알려진다. 이에 반대되는 오류, 즉 아베로에스의 설은 "신학의 진리에 반대될 뿐만 아니라 철학의 진리에도 반대된다"(아베로에스의 이론은 신앙에 의해서 알아진 진리에 반대될 뿐만 아니라 철학적으로도 거부될 수 있다). 즉 "그러나 다른 두 명제는 이들에 대한 설득력있는 어떤 개연적인 논증은 있지만, 자연 이성에 의해서는 충분하게 알려지지 않는다. 사실 두번째 명제에 대해서는 몇 개의 보다 개연적인 논증이 있다. 그렇기 때문에 아리스토텔레스는 그것을 〈더욱 명확하게〉 주장했던 것으로 생각된다." 그러나 세번째 명제에 대해서는 더욱 빈약한 이유가 있을 뿐이다. 그 결과 생겨나는 결론은 자연 이성에 의해서는 충분하게 알려지지 않는다.[31] 그러므로 이성혼이 인간의 종적 형상이라는 것은 철학적으로 증명될 수 있지만, 영혼이 불멸한다는 것과 신체가 다시 살아날 것이라는 것은 철학적 논증에 의해서는 증명될 수 없다는 것이 스코투스의 일반적인 입장이다. 영혼의 불멸성에 대한 철학적 논증들은 신체의 부활에 대한 논증보다 훨씬더 중요하다. 그러나 그 논증들은 개연적인 논증에 지나지 않는다. 선험적인 증명, 즉 영혼의 본성에 근거하는 논증은 경험적인 논증, 예컨대 후세에서의 제재의 필요성에 근거하는 논증보다 더 낫다. 영혼의 불멸성은 〈귀납에 의해서〉 도덕적으로 증명될 수 있다고 말할 수 있다. 그리고 철학적으로 말한다면, 그것은 그것의 반대인 영혼의 가멸성(可滅性)보다 확실히 더욱 개연적이다. 그러나 그것을 위해서 열

31) *Ox.*, 4, 43, 2, no. 26.

거된 증명들은 논증적이고 필연적인 논변들이 아니며 절대적인 확실성을 지니고 있지도 않다.[32]

아리스토텔레스의 권위에 관해서, 스코투스는 아리스토텔레스의 견해가 실제로는 명백하지 않다고 단언한다. "왜냐하면 그는 여러 곳에서 여러 가지의 방법으로 말하고 있고, 여러 가지의 원리를 지니고 있어서 그 가운데 어떤 것으로부터는 반대의 의견이 생겨나고 다른 것으로부터는 또 다른 의견이 생겨나기 때문이다. 그러므로 그는 언제나 그 결론에 대해서 회의를 품고 있었던 것 같다. 그리고 그는 어떤 측면보다 다른 측면이 더욱 조화를 이루고 있다고 생각함에 따라서 어떤 때는 이 측면을, 다른 때는 저 측면을 채용했다고 할 수 있다."[33] 어쨌든 철학자들의 모든 주장이 필연적인 이유에 의해서 증명된 것은 아니다. 그러나 "그들은 어떤 개연적인 설득(설득력있는 어떤 개연적인 논증), 또는 그들을 앞선 철학자들의 일반적인 의견만을 가진 적이 종종 있었다."[34] 그러므로 아리스토텔레스의 권위는 영혼의 불멸에 대한 확실한 논증이 아니다.

성 토마스와 다른 그리스도교 철학자들의 논증에 관해서 말한다면, 그 논증들도 절대적으로 확실한 것은 아니다. 《신학 대전》에서[35] 성 토마스는 다음과 같이 논하고 있다. 인간 영혼은 자립적인 형상이므로 신체의 소멸에 의해서 〈우연적으로〉 소멸될 수 없으며, 〈본질적으로〉도 소멸될 수 없다. 왜냐하면 형상의 본성적인 소멸이란 형상이 형상 자신으로부터 떠나는 것이라는 의미에서 〈존재〉는 자립적 형상에 속하기 때문이다. 이에 대해서 스코투스는 성 토마스는 선결 문제를 논거로 하고 있다고 대답하고 있다. 왜냐하면 인간 영혼이 자립적 형상이라는 것을 전제하고 있으나, 그것은 바로 먼저 증명되어야 할 점이기 때문이다. 인간 영혼이 그러한 종류의 형상이라는 명제는 신앙의 대상으로서는 받아들여지지만, 자연 이성에 의해서 알아지는 것은 아니다.[36] 인간 영혼은 비유형적이며 자립적인 원리라는 것을 증명하기 위해서 성 토마스가 한 논제 (2)를 할당하고 있다는 사실로 보아, 이 비판이 부당하다고 반론되는 경우, 스코투스는 이성혼이 자신의 지적 활동시에 유형적인 기관을 사용하지 않으며, 자신의 지적 활동은 감각의 능력을 초

32) *Rep.*, 4, 43, 2, nos. 15 이하 참조.
33) *Ox.*, 4, 43, 2, no. 16.
34) 같은 책, 같은 곳.
35) *S.T.*, Ia, 75, 6.
36) *Ox.*, 4, 43, 2, no. 23.

월한다는 것은 증명될 수 있지만, 이성혼이 자신의 존재에 있어서 확실히 소멸할 그 〈합성체〉 전체에 의존하지 않는다는 결과가 반드시 나오는 것은 아니라고 역습하고 있다.[37] 바꾸어 말하면, 인간의 영혼이 자신의 순전히 지적인 활동에 있어서 신체의 기관을 사용하지 않는다는 사실이, 영혼이 자신의 존재를 위해서 〈합성체〉의 존재의 지속에 당연히 의존하지 않는다는 것을 반드시 증명하는 것은 아니다. 어떤 작용에 있어서 물질을 초월하는 형상은, 존재에 있어서 필연적으로 그 물질에 의존하는 것은 아니라는 것이 증명되지 않으면 안 될 것이다. 그리고 스코투스에 의하면 이것이 결정적으로 증명되어 있지는 않았다.[38]

불멸성을 포함하는 지복에 대한 욕망으로부터 끌어내어지는 논증에 관해서 스코투스는, 만일 욕망을 엄밀한 의미에서의 자연적 욕망, 즉 어떤 것에 대한 본성의 경향에 불과한 뜻으로 해석한다면, 어떤 것에 대한 그 자연적 욕망은 그것의 자연적 가능성을 맨 처음에 증명해 두지 않으면 분명히 증명될 수 없다고 말하고 있다. 즉 자신의 가능성이 아직 알려지지 않은 어떤 상태에 대한 자연적 경향이 있다고 주장하는 것은 〈순환 논법의 오류〉(petitio principii)를 범하는 것이다. 그러나 만일 자연적 욕망을 넓은 의미에서의 자연적 욕망, 즉 자연적 경향과 일치하는 선택된 욕망의 뜻으로 해석한다면, 엄밀한 의미에서의 자연적 욕망이 존재한다는 것이 증명되지 않고는 그 선택된 욕망이 이러한 의미에서 자연적이라는 것은 증명될 수 없다. 파악되자마자 선택적 욕망의 대상으로 되는 그러한 대상은 자연적인 욕망이나 경향의 대상이 아니면 안 된다고 말할 수 있다. 그러나 이 경우 부도덕한 사람은 자신의 부도덕한 대상을 파악하자마자 그것을 원하는 경향이 있으므로, 그는 이에 대한 자연적 경향이나 자연적 욕망을 가지고 있다고 말해도 좋을 것이다. 하지만 사실 본성 그 자체가 악한 것은 아니며, 그리고 확실히 모든 사람에 있어서 악한 것은 아니다. 파악되자마자 바른 이성에 의해서 선택된 욕망의 대상으로 되는 그러한 대상이 자연적 욕망의 대상이라고 말하는 것은 적당하지 않다. 왜냐하면 문제는 불사 불멸에 대한 욕망이 바로 이성과 일치하고 있는가 없는가를 밝히는 데 있기 때문이다. 즉 이 문제는 결코 당연한 것으로서 긍정될 일은 아니다. 더

---

37) 같은 책, 4, 43, 2, no. 18.　38) 또한 *Rep.*, 4, 43, 2, no. 18 을 참조.

군다나 만일 인간은 본성적으로 죽음을 피하므로 인간은 불사 불멸에 대한 자연적 욕망을 가지며, 따라서 불사 불멸은 적어도 있을 수 있다고 말한다면, 그와 마찬가지로 짐승도 불사 불멸에 대한 자연적 욕망을 가지며, 따라서 살아 남을 수 있고 또 실제로 살아 남는다고 말해도 좋을 것이다.[39)]

스코투스는 불멸성에 대한 논증이 개연적인 것도 아니고 설득력이 있는 것도 아니라고 말하고 있는 것은 아니며, 더구나 무가치하다고 말하고 있는 것은 아니라는 것을 알아 두는 것이 좋을 것이다. 즉 그의 의견으로는 그 증명들이 논증적은 아니라고 말하고 있다. 만일 죽음이나 죽음으로 이끄는 것을 피하는 생물학적인 경향에 대해서 말한다면, 짐승도 이러한 경향을 지니고 있다. 또 한편 선택적이면서 의식적인 욕구에 대해서 말한다면, 불멸이 가능하다는 것을 맨 처음에 증명해 두지 않는 한 불멸에 대한 욕망으로부터 불멸의 사실을 논증하는 것은 부당하기 때문에 욕망으로부터의 논증에 의해서 인간 영혼은 〈합성체〉가 붕괴되어도 살아 남을 수 있다고 결론지을 수는 없다. 현세의 고생에 대한 보상을 후세에서 요구한다고 말하는 것은 좋은 일이다. 그러나 인간은 자신의 본성에 의해서 현세에서 즐거움과 기쁨을 지닐 수 있는 것과 마찬가지로 고생을 하고 있는 것도 여전히 사실이다. 따라서 고생을 하는 것은 자연적이므로, 현세의 고생은 다른 세계의 행복으로 보상되지 않으면 안 된다고 간단하게 말할 수는 없다. 후세에는 제재가 있지 않으면 안 되므로 후세가 존재한다는 논증에 대해 말한다면, 그 논증은 하느님이 실제로 이러한 방법으로 사람들에게 상과 벌을 준다는 것이 증명되지 않는 한 효력이 없다. 그리고 스코투스는 이러한 것이 순전히 철학적으로 증명될 수 있을 것으로 생각하지 않는다.[40)] 인간 영혼의 불멸성에 대한 최선의 논증은 신체적 기관으로부터의 지성의 독립, 즉 지성의 영성적 활동으로부터 끌어내어진 논증이다. 그러나 스코투스는 이 증명을 매우 개연적인 논증으로 생각했지만, 절대로 확실한 논증이라고 생각하지는 않는다. 왜냐하면 〈합성체〉의 한 부분으로서 창조된 영혼은 그 〈합성체〉의 부분으로밖에는 존재할 수 없을지 모르기 때문이다.

---

39) *Ox.*, 4, 43, 2, nos. 29～31. 40) 같은 책, 4, 43, 2, no. 27.

제 50 장
스코투스 6 : 윤리학

이 장의 목적은 스코투스의 윤리학설 그 전부를 제시하는 것이 아니라 오히려 도덕률이 단지 하느님의 의지에만 근거하는 것처럼 도덕률의 순전한 자의적인 성격을 주장했다고 하는, 그에 대한 비난의 주로 옳지 못한 점을 밝히는 일이다.

1. 인간 행위의 윤리성

신체는 신체 그 자체가 적합하고 서로 조화를 이루는 크기, 색깔, 모양 등의 모든 특징을 가질 때 아름다운 것과 마찬가지로, 행위는 자신의 〈자연적 존재〉(**esse naturale**)에서 필요한 모든 것을 지니고 있을 때 본성적으로 선하다. 행위는 단순히 그 자체로서 생각된 행위의 성질에 의해서가 아니라 바른 이성에 의해서 요구되는 모든 것을 지니고 있을 때 도덕적으로 선하다. 도덕적 질서에 들어가기 위해서는 행위는 적어도 자유롭지 않으면 안 된다. 왜냐하면 "만약 행위가 자유 의지로부터 나오지 않으면, 그 행위는 칭찬할 만하지도 비난받을 만하지도 않기" 때문이다. 그러나 자유 의지는 도덕적으로 선한 행위만이 아니라 악한 행위에도 필요한 것은 분명하다. 도덕적으로 선한 행위를 위해서는 자유 이상의 것이 요구되며, 그것은 바른 이성과의 일치이다.[1] "도덕적으로 선하다고 생각하는 것이 바른 이성과 일치한다고 생각하는 것이

---

1) *Ox.*, 2, 40, *quaestio unica*, nos. 2～3.

다."[2] 도덕적으로 선한 모든 행위는 바른 이성과 일치하는 대상을 지니고 있다는 의미에서 객관적으로 선하지 않으면 안 된다. 그러나 어떠한 행위도 이것만으로 선한 것은 아니다. 하지만 하느님의 사랑은 별개의 것으로서, 이는 어떠한 상황에서도 도덕적으로 악할 수가 없다. 그와 마찬가지로 어떠한 행위도 단지 자신의 대상 때문에 도덕적으로 악한 것이 아니다. 하지만 하느님에 대한 미움은 별개의 것으로서, 이는 어떠한 상황에서도 도덕적으로 선할 수가 없다.[3] 예컨대 선한 의도를 가지고 하느님을 미워하기는 불가능하듯이, 악한 의도를 가지고 하느님을 사랑한다는 것도 불가능하다. 왜냐하면 거기에는 아무런 사랑도 없기 때문이다. 그러나 다른 경우에 있어서, "의지의 선함은 대상에만 달려 있지 않고 다른 모든 조건, 특히 행위의 조건들 가운데서 첫째 자리를 차지하고 있는 목적에 달려 있다."[4] 하지만 목적이 행위의 조건들 가운데서 첫째의 자리를 차지하고 있을지라도, 행위는 단순히 목적이 선하다는 이유만으로 도덕적으로 선한 것은 아니다. 즉 목적은 수단을 정당화하지 않는다. "행위가 도덕적으로 선하기 위해서는 모든 도덕적 행위에 있어서 (필요한) 조건들이 모두 충족될 필요가 있다. 어느 하나의 조건이 결함이 있다면, 그것으로써 (그 행위가) 도덕적으로 악하게 되기에 충분하다."[5] 즉 "선한 (결과)가 되기 위해서 악한 일이 행해져서는 안 된다."[6] 행위가 도덕적으로 선하기 위해서는 그 행위가 자유로워야 하고, 객관적으로 선하지 않으면 안 되며, 바른 의도를 가지고 올바른 방법으로 행해지지 않으면 안 된다. 만일 행위가 이 조건들을 갖추고 있다면, 그 행위는 바른 이성과 일치할 것이다.

2. 선도 악도 아닌 행위

순수 존재론적으로, 즉 하나의 적극적 존재로서 생각할 경우 모든 행위는 선하다는 의미에서만이 아니라, 모든 행위는 바른 이성에 일치하든가 또는 반대되는 어떤 대상을 가지고 있다는 의미에서 모든 인간 행위, 즉 모든 자유로운 행위는 어떤 의미에서 선하든가 아니면 악하다.

---

2) 같은 책, 1, 17, 3, no. 14.

3) *Rep.*, 4, 28, no. 6.

4) *Ox.*, 1, *distinctio ultima*, nos. 1과 2.

5) 같은 책, 같은 곳.

6) 같은 책, 4, 5, 2, no. 7.

그러나 완전하게 도덕적으로 선한 행위가 되기 위해서는 모든 조건들의 선함이 요구되므로, 만일 어떤 조건이 갖추고 있어야 할 선함이 결여되어 있다면, 그 행위는 '선도 악도 아닌 것'이 될 수 있다. 예컨대 자선이 완전하게 도덕적으로 선한 행위가 되어 충분한 도덕적 가치를 지니기 위해서는 그것이 도덕적인 의도에서 베풀어지지 않으면 안 된다. 따라서 악한 의도에서 적선하는 것은 행위를 악하게 만드는 셈이다. 그러나 예를 들어, 단지 즉흥적인 기분에서 적선하는 일이 있을 수 있다. 그리고 이러한 행위는, 스코투스에 의하면 도덕적으로 선도 악도 아니라고 말할 수 있다. 즉 그것은 악한 행위도 아니고 충분히 도덕적인 행위도 아니다.[7] 도덕적으로 무관심하게 선택되는 행위를 인정하여(얼굴에 붙은 파리를 털어내는 것과 같은 반사적 행위를 말하고 있는 것은 아니라고 스코투스는 역설하고 있다),[8] 스코투스는 성 토마스 아퀴나스와는 반대되는 의견을 채용했는데, 스코투스의 그 의견을 이해하기 위해서는 그에게 있어서 "하느님을 마땅히 사랑해야 한다는 것이 실천의 제 1 원리였다"[9]는 점을 알아 두는 것이 중요하다. 인간은 언제나 자신의 행위를 현실적이든 잠재적이든간에 반드시 하느님에게 관련시켜야만 할 필요는 없다. 왜냐하면 하느님은 우리에게 이러한 의무를 지우지 않았기 때문이다. 그러나 만약 이것이 행해지지 않는다면, 그 행위는 전혀 도덕적으로 선하지 않을 것이다. 또 한편으로 우리는 모든 행위를 하느님에게 관련시켜야 할 의무가 없으므로 하느님에게 관련시키지 않았다고 해서 그 행위가 악한 행위가 되는 것은 아니다. 만일 행위가 하느님에 대한 사랑과 모순된다면, 그것은 악할 것이다. 그러나 현실적으로든 잠재적으로든 하느님에게 관련시키지 않았을지라도 행위는 하느님에 대한 사랑과 일치될 수 있다. 이 경우의 행위가 선도 악도 아닌 행위인 것이다. 분명히 스코투스는 행위에 대한 '습관적'인 관계는 행위에 완전한 도덕적 가치를 부여하기에 충분하지 않다고 생각했다.

7) *Rep.*, 2, 41, no. 2.

8) *Ox.*, 2, 41, no. 4 참조.

9) 같은 책, 4, 46, 1, no. 10.

3. 도덕률과 하느님의 의지

우리는 도덕적으로 선한 행위는 바른 이성과 일치하지 않으면 안 된다는 것을 보아 왔다. 그렇다면 바른 이성의 규범과 행위의 윤리성의 규범은 무엇인가? 스코투스에 의하면, "하느님의 의지가 선의 원인이며 따라서 하느님이 어떤 것을 의지한다는 사실에 의해서 그것은 선한 것이다. …"[10] 이 진술은 그 자체로는 도덕률이 단지 하느님의 자의적인 의지에만 의존하고 있다는 것을 의미하는 것처럼 생각되는 것이 당연하다. 그러나 스코투스의 입장은 그러한 것이 아니었다. 그리고 그는 하느님은 본성상 선한 것 이외에는 어떠한 것도 바랄 수가 없기 때문에 하느님이 바라는 것은 선한 것이라고 말하려 했을 뿐이다. 그러면서도 스코투스는 어떤 의미에서는 도덕률을 하느님의 의지에 의존시키고 있다. 그래서 그의 입장을 명백하게 해두지 않으면 안 된다. 하느님의 의지 작용을 앞서는 것으로 생각되는 하느님의 지성이 인간의 본성과 일치하는 행위를 인식하며 그 내용에 따라 영원 불변한 도덕률을 구성하지만, 도덕률의 의무적 구속력은 단지 하느님의 의지의 자유로운 선택을 통해서만 이루어질 수 있다. 그러므로 하느님의 의지에 근거하는 것은 도덕률의 내용이 아니라 도덕률의 의무적 성격, 즉 도덕적 구속력이라고 말할 수 있다. "명령하는 것은 욕구 또는 의지에만 관계된다."[11] 지성은 사변적인 영역에서와 마찬가지로 실천적인 영역에서도 이것이 진리인가 아닌가를 결정한다. 그리고 비록 지성이 어떤 종류의 행위로 기울어질지라도 지성은 마땅히 이러저러한 방법으로 행위해야 한다고 명령하지는 않는다. 스코투스는 하느님이 인간 존재를 창조하기를 원했다는 이유만으로 의무가 현실적으로 인간에게 부과된다고 말하고 있는 것은 아니다. 인간이 존재하지 않는다면 의무가 그들에게 부과될 수도 없기 때문에, 그것은 명백한 일이다. 즉 그가 말하고 있는 것은 하느님의 의지가 의무적 성격의 근원이라는 것이다. 그러므로 만일 하느님이 의무를 부과하는 쪽을 택하지 않았더라면, 지성은 어떤 행위의 과정이 인간의 본성에 적합한 것인지를 알아서 이러저러한 방법으로 행위하는 것이 합리적이고 현명하다고 판단한다는 뜻에서, 도덕은 자기 완성의 문제인 것처럼 생각된다. 즉 아리스토텔레스

10) 같은 책, 1, 48, *quaestio unica.*

11) *Ox.*, 4, 14, 2, no. 5.

에 의해서 대표되는 유형의 윤리학이 될 것이다. 그러나 실제로 하느님은 행위의 그런 과정을 의지했고, 그런 의지가 도덕적 의무에 반영되고 있다. 그러므로 법을 어기는 것은 단순히 불합리한 것이 아니라 신학적인 의미에서 죄이다.

도덕률의 내용은 단순히 하느님의 자의적인 변덕이나 선택에 의거하지 않는다는 것이 스코투스에 의해서 충분하게 명백해졌다. 아담의 죄에 대해 언급하면서[12] 그는 다음과 같이 말하고 있다. "금지되어 있다는 이유만으로 죄가 되는 그 죄는, 금지되어 있다는 이유에서가 아니라 그 자체가 악이 된다는 의미에서의 죄보다는 본질적으로 더욱 작은 죄이다. 그런데 그 나무의 것을 따먹는 것은, 그 행위에 관한 한, 다른 나무의 것을 따먹는 것 이상으로 죄가 되는 것은 아니며, 그것이 단지 금지되어 있기 때문에 죄가 되는 것이다. 그러나 십계명에 관한 모든 죄는 오직 그것이 단순히 금지되어 있기 때문이 아니라 악하기 때문에 본질적으로 죄이다. 그렇기 때문에 그것은 금지되어 있다. 왜냐하면 자연법에 의해서, 계명에 대한 어떠한 반대도 악이며, 인간은 자연 이성에 의해서 이들 계명의 어떠한 것도 준수되어야 한다는 것을 알 수 있기 때문이다." 여기서 스코투스는 십계명은 단순한 자의적인 계명이 아니라는 것과 인간은 자연 이성에 의해서 십계명의 정당함을 똑똑히 알 수 있다는 것을 분명하게 말하고 있다. 그리고 그 결과로서 하느님 자신이 그 계명을 변경하지 못하는 것은, 말하자면 하느님이 그 계명에 복종하기 때문이 아니라 그 계명이 궁극적으로는 하느님의 본성에 근거하고 있기 때문이라고 말해야 할 것이다.

그러나 하느님이 십계명의 하칠계(下七誡, 인간 상호간의 관계에 대한 계명 — 옮긴이 주)의 어떤 것에는 관면(寬免, dispensatio)을 부여한 것처럼 생각되는 문제가 생긴다. 예컨대 하느님은 이집트 사람들을 약탈하도록 이스라엘 사람들에게 명했고, 아브라함에게 그의 아들 이사악을 제물로 바치도록 명했다. 스코투스는 이 문제를 논하면서, 먼저 십계명 모두가 자연법에 속하는가를 묻고, 그리고 나아가서 어떤 구별을 짓고 있다. 자명적이거나 또는 자명적인 실천 원리로부터 필연적으로 나오는 도덕률은 엄밀한 의미에서 자연법에 속한다. 그리고 이러한 원리와 결론의 경우에는 관면이 있을 수 없다. 예컨대 하느님은 하느님 자신과는 다른 신들을 가진다거나 또는 하느님의 이름을 헛되이 부르는 것을 인간에게 허락할 수 없을 것이다. 왜냐하면 이러한 행위는

12 *Rep.*, 2, 22, *quaestio unica*, no. 3.

인간의 목적, 즉 하느님으로서의 하느님에 대한 사랑—이는 오로지 하느님에 대한 숭배와 존경을 의미한다—과는 완전히 모순되기 때문이다. 또 한편으로 어떤 도덕률은 자명한 원리로부터 필연적으로 나오기 때문에서가 아니라, 필연적이며 자명한 실천의 제 1 원리와 일치하기 때문에 자연법에 속한다고 하겠다. 그리고 하칠계가 이에 속한다. 이러한 도덕적인 계명의 경우에 하느님은 관면할 수 있다.[13] 스코투스는 나아가서 다음과 같이 논의 또는 시사를 하고 있다.[14] 비록 이웃 사랑이 엄밀한 의미에서 자연법에 속하고 따라서 나는 반드시 나의 이웃이 마땅히 하느님을 사랑할 것을 의지하지 않을 수 없을지라도, 내가 반드시 나의 이웃이 마땅히 이러저러한 특수한 선을 지니기를 의지해야 하는 것은 아니다. 그러나 이것은 나아가서 스코투스가 다음과 같이 말하는 것을 방해하지는 않는다.[15] 즉 십계명은 어떠한 상태에서도 구속력을 지니며 성문법이 나오기 전의 모든 사람들은 반드시 그것을 지키게 되어 있었다. "왜냐하면 그것은 마음 속에 깊이 새겨져 있었기 때문이거나 아마 하느님에 의해서 주어진 가르침을 부모들이 배워서 그들의 자손에게 전달했기 때문이다." 나아가서 그는 다음과 같이 설명하고 있다. 즉 이스라엘의 자손들은 이집트 사람들을 약탈했을 때 실제로 아무런 관면도 필요없었다. 왜냐하면 최고의 주인으로서의 하느님이 이집트 사람들의 재산을 이스라엘 사람들에게 넘겨 주었으므로, 이스라엘 사람들은 그들 자신의 것이 아닌 것을 가진 것이 아니기 때문이다. 그럼에도 불구하고 십계명의 상삼계(上三誡) 가운데 첫 두 계명은 엄밀한 의미에서 자연법에 속하고(세째의 계명, 즉 안식일의 준수에 관한 계명에 대해서 그는 의문을 나타내고 있다), 하칠계의 계명은 넓은 의미에서는 자연법에 속하지만, 엄밀한 의미에서는 자연법에 속하지 않는다는 것이 스코투스의 일반적인 입장이다. 그러므로 하느님은 엄밀하게 자연법에 속하는 계명의 경우에는 관면할 수 없지만, 하칠계의 경우에는 관면할 수 있다. 관면의 문제에 관해서 스코투스의 의견은 토마스주의자의 의견과 일치하지 않는다. 토마스주의자들은 정확히 말하여 하느님이 십계명의 어떠한 계명에 대해서도 관면할 수 있다는 것을 인정하지 않는다. 왜냐하면 그 계명 모두는 직접 또는 간접으로 실천의 제 1 원리로부터 파생하기 때문이다. 토마스주의자들은 〈실

13) *Ox.*, 3, 37, *quaestio unica*, nos. 5~8
14) 같은 책, 3, 37, *quaestio unica*, no. 11.
15) 같은 책, 3, 37, *quaestio unica*, nos. 13~15.

질의 변화〉(mutatio materiae)의 실례처럼 스코투스를 괴롭혔던 명백한 관면을, 스코투스 자신이 이스라엘 사람들에 의하여 이루어진 이집트 사람들에 대한 약탈을 설명했던 것과 대체로 같은 방법으로 설명하고 있다.

여기서는 성서의 말에 대해서 논할 필요가 없다. 그것은 철학에 속하는 것이 아니기 때문이다. 그러나 다음과 같은 것은 주의해 두지 않으면 안 된다. 즉 비록 스코투스가 어떤 계명에 대한 관면의 가능성을 인정했을지라도, 엄밀하게 자연법에 속하는 도덕적인 계명에 관해서는 관면의 가능성을 인정하지 않았던 사실은 도덕률 그 전체를 단순히 하느님의 의지의 자의적인 결정에 근거하는 것으로는 보지 않았다는 것을 명백하게 보여주고 있다. 개인의 재산에 대한 불가침성, 그리고 그 결과 도둑질이 결국 나쁘다는 것은 "어쩔 수 없는 경우"일지라도 어떠한 예외도 허용되지 않을 만큼 자연법과 밀접한 관계에 있지는 않다고 그가 생각했을지 모른다. 하지만 그는 만일 어떤 도덕적인 계명이 엄밀한 의미에서 자연법에 속한다면, 그것은 변경할 수 없는 것이라고 분명히 말하고 있다. 스코투스가 하느님의 의지는 옳음의 첫 규칙이며, "모순을 내포하지 않은 것은 모두, 단적으로 말하여 하느님의 의지와 모순되지 않으며, 따라서 하느님이 행하거나 행할지도 모르는 그 모두는 옳고 정당할 것이다"고[16] 의견을 말하고 있는 것은 부정할 수 없다. 그러나 그는, 모순되지만 않는다면, 하느님은 자명적인 실천적 원리나 그 원리로부터 필연적으로 따르는 원리에 어긋나는 행위를 명령하거나 허락할 수 있다고 생각하지 않았던 것은 확실하다. 스코투스의 도덕적 의무에 관한 이론과 십계명의 하칠계에 관한 이론은 마땅히 밀접한 관련하에 고찰되어야 할 것이다. 상삼계는 자명적이거나 아니면 자명적인 원리와 매우 밀접하게 관련되어 있어서 그 의무적인 성격이 명백하다. 그러나 하칠계는 이것과 원리와의 조화, 그리고 이것의 직접적인 유래가 명백할지라도 실천의 제 1 원리로부터 즉시 연역되지는 않는다. 그러므로 하칠계의 의무적 성격은 자명적인 것도 필연적인 것도 아니며, 하느님의 의지에 의거할 뿐이다. 그렇다고 그 계명들의 내용이 순전히 자의적인 것은 아니다. 왜냐하면 그 계명들과 필연적인 원리와의 조화와 일치가 명백하기 때문이다. 하지만 그 관계는 하느님이 예외를 만들 수 없을 만큼 긴밀한 것은 아니다. 하칠계의 계명들이 충분히 도덕적인 의미에서 의무적이 될 만큼 필연적 원리와 하칠계와의 자연적

16) *Rep.*, 4, 46, 4, no. 8.

조화를 강조하는 것이 만일 하느님의 의지라고 한다면, 하느님의 의지는 관면할 수도 있다.

그러므로 스코투스는 성 토마스와 오컴의 중간에 — 이렇게 말할 수가 있다면 — 위치하고 있는 것처럼 생각된다. 그는 변경할 수 없는 도덕률이 있다고 주장하고, 모든 도덕률이 하느님의 의지의 자의적인 결정에 의한다고는 말하지 않는 점에서 성 토마스와 일치하고 있다. 또 한편으로 그는 도덕적 질서의 결정에 있어서 성 토마스보다 훨씬더 하느님의 의지에 우위를 부여했다. 그리고 그는 의무적 성격은 적어도 어떤 계명에 관해서는 하느님의 지성과는 구별되는 하느님의 의지에 달려 있다고 주장한 것처럼 생각된다. 따라서 스코투스의 철학을 그 자체에서 본다면, 그의 윤리학은 자의적인 하느님의 권위주의설은 아니라는 것을 인정하지 않으면 안 된다. 그러나 한편 사상의 역사적 전개에서 본다면, 그의 윤리학은 오컴의 윤리학을 위한 길을 여는 데 이바지했다는 것도 인정하지 않으면 안 된다. 오컴이 보고 있는 도덕률은 십계명을 모두 포함하여 하느님의 의지의 자의적인 창조인 것이다.

4. 정치적 권위

정치적 권위에 관해서 스코투스는 이를 신중하게 가장적(家長的) 권위와 구별하고,[17] 그리고 그것은 자유로운 승인에 근거한다고 제의하는 것처럼 생각된다. "정치적 권위는 … 공동 승인과 사회 자체의 선택에 의해서 정당하게 된다."[18] 어떤 권위가 없이는 지낼 수 없다고 생각하여 사회의 감독을 한 사람에게 또는 여러 사람들로 이루어지는 한 단체에 맡기는 데 합의하는 사람들에 대해서 스코투스는 거론하고 있다. 그리고 한 사람에게 감독을 맡기는 경우, 그 사람만을 인정하고 그의 후계자는 선출하는 방법과, 그 사람만이 아니라 그의 후손에게도 감독권을 맡기는 방법을 그는 생각하고 있다.[19] 다른 곳에서[20] 그는, "지속적인 평화의 상태를 유지하기 위해서 모든 사람들의 상호간의 동의에 의해서 그들 가운데서 한 사람의 군주를 선출할 수 있었던 많은 자주적인 사람들에 대해서도 말하고 있다. … "

17) 같은 책, 4, 15, 4, nos. 10∼11.
18) *Ox.*, 4, 15, 2, no. 7.
19) 같은 책, 같은 곳.
20) *Rep.*, 4, 15, 4, no. 11.

합법적인 권위는 입법자에게 요구되는 요소들 가운데 하나이며 또 하나의 요소는 "현명", 즉 바로 이성과 일치하여 법을 제정하는 능력이다.[21] 입법자는 개인적인 이익을 위해서가 아니라 입법의 목적인 공동선을 위해서 법률을 정하지 않으면 안 된다.[22] 나아가서 인간의 실정법은 자연의 도덕법과 하느님의 실정법과 모순되어서는 안 된다. 성 토마스와 마찬가지로 스코투스는 전제 정치나, 또는 국가를 도덕의 원천으로 보는 사고 방식에는 공감하지 않았다.

21) *Ox.*, 4, 15, 2, no. 6.

22) 같은 책, 4, 14, 2, no. 7.

제 51 장
회　　고

중세 철학 전반에 대한 회고는 분명 나의 철학사 제 3 권의 결론에서 이루어져야 하겠지만, 비록 오컴주의에 대해서 설명하고 있지 않기 — 이는 제 3 권에서 고찰될 것이다 — 때문에 그 범위가 한정될지라도, 여기 제 2 권에서 취급한 철학의 흐름에 대한 일반적 관점을 약간 지적해 두는 것은 의미가 있을 것이다.

1. 신학과 철학

로마 제국 시대에서 13 세기의 종합 시기에 이르기까지의 그리스도교 세계에 있어서의 철학의 전개를 신학과의 관계에서 고찰할 수가 있다. 그리스도교 시대의 최초 수세기에는 근대적인 의미에서의 철학, 즉 신학과 구별된 자율적인 학문이라는 의미에서의 철학은 거의 존재하지 않았다. 물론 교부들은 이성과 신앙의 구별, 학문적 결론과 계시 내용의 구별을 알고 있었지만, 이성과 신앙을 구별하는 것이 반드시 철학과 신학을 명확하게 구별하는 것은 아니다. 그리스도교의 이론적인 성격을 보여주고 싶어했던 그리스도교 호교가들과 저작가들은, 예컨대 유일의 하느님만이 존재한다는 것을 보여주기 위해서 이성을 사용했으며, 또 어느 정도는 그것을 위해서 그들의 철학적인 테마를 전개했다고 말해도 좋다. 그러나 그들의 목표는 본래 철학이 아니라 호교(護教)였다. 심지어 그리스 철학을 반대하는 저작가들마저도 호교의 목적을 위해 이성을 사용하지 않으면 안 되었으며, 따라서 그들은 철학의 영역에 속한다고 생각되는 주제에 주의했던 것이다. 그러나 비록 우리가 철학의 항목에 속하는 그러한 논증과 논의를 분리해 낼 수 있을지라도, 이러한 그리스도교 호교가가 전문적인 철학자였던 것처럼 주장하는 것은 근거없는 일이라고 하겠다. 호교가가 어느 정도 철학자들로부터 빌어 왔을지 모르지만, 그는 '철학'을 진리의 왜곡자로, 그리고 그리스도교의 적으로 간주했다. 그리스 철학에 주로 호의적인 태도를 취한 그리스도교 저작가들에 관해서 말한다면, 그들은 그리스 철학을 그리스도교적 예지를 위한 준비로 보는 경향이 있었다. 그리스도교의 예지는 계시된 신앙의 신비만이 아니라 그리스도인의 눈에 비친 세상과 인생에 대한 모든 진리를 포함하고 있다. 교부들은 계시의 내용을 이해하고 이를 올바로 표현하고 옹호하기 위해서 이성을 적용할 뿐 아니라 그리스 철학자들에 의해서 생각되어져 왔던 주제들도 취급했기 때문에, 그들은 신학을 발전시킬 뿐만 아니라 그리스도교 신학과 일치되는 철학의 수립을 위한 자료를 마련한 데도 공헌했던 것이다. 그러나 그들은 신학자이며 성서 주석자였고, 이따금 임시적인 철학자였을 뿐 엄밀한 의미에서의 철학자는 아니었다. 그리고 비록 철학적 주제를 추구하는 경우일지라도, 그들은 분명한 철학이나 철학의 한 분야를 수립하기보다는 오히려 이른바 그리스도교적 예지 그 전체를 완성하고자 했다. 이는 성 아우구스티누스에게도 해당된다. 왜냐하면 비록 그의 저작들로부터 하나의 철학을 수립할 수 있을지라도 그는 무엇보다도 신학자였으며, 철학 체계 자체를 확립하는 일에는 관심을 가지지 않았다.

신플라톤주의로부터 빌어 온 요소들을 자신들의 저작에 이용했던 니사의 성 그레고리우스와 성 아우구스티누스와 같은 교회의 교부들은 그리스도인들과 성인들처럼 자신들이 크게 유의했던 영성 생활에 대한 '철학'의 발전에 이바지하는 자료를 신플라톤주의 가운데서 찾아내었던 것이다. 그들이 영혼, 육체에 대한 영혼의 관계, 하느님을 향한 영혼의 상승에 대해서 플라톤주의와 신플라톤주의를 뚜렷하게 생각나게 하는 용어들로 말하고 있는 것은 매우 자연스러운 일이다. 그러나 그들은 신학과 계시를 떠나서는 하느님을 향한 영혼의 오름을 생각할 수가 없었기(그리고 어떤 경우에도 생각하고자 않았기) 때문에, 영혼과 하느님을 향한 영혼의 상승의 문제에 그토록 전념했던 그들의 철학은 신학과 서로 얽혀서 신학 안에 통합되지 않을 수 없었다. 예컨대 성 아우구스티누스의 조명설을 하나의 순수 철학설로 다루기란 쉬운 일이 아니다. 실제로 이 입장은 하느님에 대한 영혼의 관계와 하느님을 향한 영혼의 오름에 대한 그의 일반적인 입장에 비추어서 마땅히 고찰되지 않으면 안 된다.

교부들의 일반적인 태도는, 말하자면 '아우구스티누스주의'로 불리우는 것을 기조로 삼고 있다. 예컨대 성 안셀무스는 신학자였지만, 그는 그리스도교의 신비를 계시한 하느님의 존재는 어떤 방법으로 증명될 필요가 있다고 생각하여 자연 신학을 전개하였으며, 자연 신학의 발전에 이바지했다. 하지만 그가 철학 체계 자체를 수립하려고 한 것으로 보는 것은 잘못이라고 하겠다. 〈이해를 요구하는 신앙〉(fides quaerens intellectum)은 솔직하게 말한다면, 계시를 바탕으로 해 앞으로 나아가든가 또는 계시의 근거를 찾아서 소급하든가 그 어느 한쪽일 것이다. 계시의 내용을 바탕으로 출발하여 신학의 교의를 할 수 있는 한, 이해하기 위해서 신학적인 교의에 이성을 적용할 때는 스콜라 신학을 낳고, 계시의 근거를 찾아서, 즉 계시의 전제들을 고찰한다는 의미에서 소급할 때는 하느님의 존재 증명을 전개한다. 그러나 그 어느 경우에 있어서나 활동하는 정신은, 비록 후자의 경우에는 그 정신이 철학의 영역에서 철학의 방법으로 활동하고 있을지라도 실제로는 신학자의 정신이다.

교부들의 저작에서 탄생한 아우구스티누스주의의 정신이 〈이해를 요구하는 신앙〉이라고 한다면, 그것은 〈하느님을 요구하는 인간〉의 정신이라고도 말할 수 있다. 아우구스티누스주의가 지니는 이 측면은 특히 성 보나벤투라에 있어서 뚜렷하다. 성 보나베투라의 사상은 프란치스코회의 정서적인 사랑의 영성 가운데 깊이 침투되어 있다. 인간은 피조물, 즉 외면과 내면의 세계를 고찰하여 그 본성을 인식할 수 있다. 하지만 인간이 자연 가운데 있는 〈하느님의 흔적〉(vestigium Dei)과 자기 자신 가운데 있는 〈하느님의 모습〉(imago Dei)을 알아보지 않는다면, 인간이 자신의 영혼 가운데 있는 하느님의 활동, 즉 그 자체는 숨어 있으나 그 결과들 가운데 볼 수 있게 되는 활동을 자신의 능력 가운데서 찾아낼 수가 없다면 그의 지식은 거의 가치가 없을 것이다. 많은 '아우구스티누스주의자'는 예컨대 조명설을 보수주의와 전통에 대한 존경심에서 확실히 지지하고 있다. 그러나 성 보나베투라와 같은 사람의 경우, 그 설을 유지하는 것은 전통주의 이상의 것이다. 하느님에게 보다 많이 관계하든가 보다 적게 관계하는 두 입장 가운데서 아우구스티누스주의자는 하느님에게 보다 많이 관계하고 피조물에게는 보다 적게 관계하는 입장을 선택한다는 것이었다. 그러나 이는 그 설이 영성적 체험과 조화하여 그것을 나타내고 있다고 보여지는 한에서, 그리고 신학상의 일반적인 관점과 조화하여 그것과 통합될 수 있는 한에서만 옳은 것이다.

〈이해를 요구하는 신앙〉이라는 표어를 아우구스티누스주의의 정신을 나타내는 것으로서 또 아우구스티누스주의자의 정신 가운데 차지하는 철학의 위치를 가리키는 것으로서 이해한다면, 아우구스티누스주의에 대한 그러한 표현은 너무나 광범위하여 아우구스티누스주의자로 불리우기에는 적당하지 않은 사상가들까지도 아우구스티누스주의자로 분류하지 않으면 안 된다고 반론될지도 모른다. 신앙으로부터 '이해하는 것'으로, 즉 한편으로는 스콜라 신학으로 또 한편으로는 철학으로 나아가는 것은, 결국 그리스도교는 학문적인 의미에서의 철학으로서도 아니고 더구나 스콜라 철학으로서도 아니라 계시된 구원의 교의로서 세상에 주어졌다는 사실에서 이루어진 것이다. 그리스도인들은 무엇보다도 먼저 믿고, 그 다음으로 비로소 자신들이 믿었던 것을 옹호하고 설명하고 이해할 욕심에서 신학을 전개하고, 그리고 신학에 종속하여 철학을 전개시켰던 것이다. 어떤 의미에서 이것은 초기의 그리스도교 저작가와 교부들의 태도일 뿐만 아니라 본래 신학자들이었던 중세 사상가들 모두의 태도이다. 그들은 무엇보다도 먼저 믿었고, 그리고 나서 그들은 이해하려고 했던 것이다. 이것은 성 토마스 자신에게도 해당된다. 그러나 어떻게 성 토마스를 아우구스티누스주의자라고 말할 수 있겠는가? '아우구스티누스주의자'라는 말을 일정한 철학설에 한정시키는 것이 좋지 않을까? 한때 사람들은 이러한 한정을 두어서, 아우구스티누스주의자와 비아우구스티누스주의자를 구별하는 방법을 지니고 있었다. 그렇지 않을 경우, 그들은 어쩔 수 없는 혼란에 빠지고 만다.

이러한 주장에는 상당한 진리가 포함되어 있다. 철학의 내용에 관해서 아우구스티누스주의자와 비아우구스티누스주의자를 구별하기 위해서는 무엇보다도 먼저 어떠한 학설을 왜 아우구스티누스주의의 것으로 인정하려고 하는가를 밝히는 것이 바람직스러운가를 인정해 두지 않으면 안 된다. 그러나 나는 지금 신학과 철학의 관계에 대해서 거론하고 있으며, 그리고 이 점에 관해서 간단하게 주의하지 않으면 안 될 중요한 것을 언급한다면, 성 아우구스티누스 자신과 13 세기의 위대한 신학적인 철학자의 태도에는 어떠한 본질적 차이도 없다고 말하고 싶다. 성 토마스는 확실히 철학과 신학 사이에 형식적인 방법론상의 구별을 했지만, 이 구별은 니사의 성 그레고리우스나 성 아우구스티누스, 그리고 성 안셀무스에 있어서는 명확하지 않았다. 그럼에도 불구하고 〈이해를 요구하는 신앙〉은 성 토마스의 태도이다. 그러므로 이 점에 대해서는 나는 성 토마스를 쾌히 '아우구스티누스주의자'로 취급하고 싶다. 물론 학설의 내용에 대해서는 또 다른 기준에 의존하지 않으면 안 된다. 성 보나벤투라는 일반적으로 '아우구스티누스적'이라고 인정되어 있는 학설을 고집하여 이를 강조했지만, 그도 역시 신학과 철학 사이의 형식적인 구별을 했다. 그러나 한편 성 토마스는 아우구스티누스적인 학설을 거부했으며, 이 학설들에 관해서는 보나벤투라의 철학을 '아우구스티누스주의적'이라고 부르고, 토마스의 철학을 비아우구스티누스주의적이라고 부를 수가 있다. 그리고 또 이미 보았듯이 성 보나벤투라는 성 토마스 이상으로 계시에 의존하지 않는 자율적인 철학의 불충분함을 강조했으며, 그래서 보나벤투라의 체계의 통일성은 철학의 단계에서가 아니라 신학의 단계에서 찾아지지 않으면 안 된다고까지 말해져 왔던 것이다. 성 토마스 자신도 역시 실제적 사실이나 실천에서 완전히 자율적인 철학은 충분하게 만족스러운 것이라고는 생각하지 않았다. 그리고 성 보나벤투라와 마찬가지로 그는 본래 신학자였다. 성 토마스에 있어서 철학의 영역은 〈계시될 수 있는 것〉(이는 질송이 사용하고 있는 의미인데, 물론 모든 의미에 있어서 그렇지 않음은 분명하다)의 영역이라는 질송의 주장에 대해서는 상당히 언급할 것이 많다.

'중요한 것을 말한다면' 하고 내가 위에서 말했던 것은 다음과 같은 것이다. 완전한 아리스토텔레스의 발견과 그리고 신학적 정통성과 일치하는 한에서의 아리스토텔레스의 채용에 의해서 성 토마스는 자율적인 철학을 위한 자료를 제공했다. 성 토마스에 대해서 다루었을 때 내가 말해 두었던 것처럼, 아리스토텔레스의 체계를 사용한다는 것은 철학이 자각하게 되고 독립과 자율을 추구하는 데 이바지했다. 교부 시대와 중세 초기의 수세기에서처럼 철학상의 자료가 비교적 빈약했을 때는 자신의 길을 걷는 자율적인 철학은 거의 문제가 될 수 없었을 것이다(변증론자들의 현상을 아주 진지하게 취급할 필요는 없다). 그러나 적어도 완전한 철학 체계로 보여지고, 신학과의 관계를 떠나서 형성된 아리스토텔레스 철학이 일단 나타나서 존재할 권리를 획득하게 되면, 분기점이 생기는 것은 사실상 불가피하다. 즉 철학은 성장하여 곧 자신의 생존권을 요구하고 자유로이 활보할 것이다. 그러나 이는 결코 성 토마스의 의도가 아니었다. 그는 마땅히 신학이 궁극적인 규준이 되어야 하는 방대한 신학적·철학적인 종합의 구성에 아리스토텔레스의 철학을 사용할 생각이었다. 하지만 아이들이 성장해 버리면 그들은 부모가 기대하거나 바라는 대로 항상 행동하는 것은 아니다. 보나벤투라, 알베르투스, 토마스는 점차 증가해 가는 많은 철학상의 새로운 자료를 사용하고 통합시켰으며, 그렇게 하는 동안에 그들은 곧 자기 자신의 길을 걸어갈 아이를 기르고 있었다. 그리고 그들 셋은 철학적인 학설에 있어서는 많은 점에서 서로 다르지만, 그리스도교적인 종합이라는 이상에 있어서는 실제로 일치하고 있었다. 그들은 〈철학자〉에 속하지 않고 〈성인〉에 속했다. 그리고 만일 신학과 철학의 관계에 대한 관점에서 중세 사상가들 사이의 근본적인 대조를 찾으려고 한다면, 성 안셀무스와 성 보나벤투라를 성 토마스와 대조시키기보다는 오히려 성 안셀무스, 성 보나벤투라, 성 토마스, 스코투스를 라틴 아베로에스주의자들과 14 세기의 오컴 학파와 마땅히 대비시켜야 할 것이다. 철학자들과 철저한 페리파토스 학파는 교부들과 신학자들 그리고 성인들과 대립한다.

2. '그리스도교 철학'

위에서 말한 것으로부터 '그리스도교 철학'의 문제가 생긴다. 우리는 중세의 '그리스도교 철학'에 대해서 거론할 수 있을까? 만일 거론할 수 있다면 어떠한 의미에서일까? 만일 철학이 인간적인 연구와 인식의 정당하고 자율적인(철학자가 자기 자신의 방법과 주제를 지니고 있다는 의미에서 '자율적'인) 영역이라고 한다면, 철학은 '그리스도교적'이 아니며 또 그럴 수 없는 것처럼 생각된다. '그리스도교적인 생물학'이라든가 '그리스도교적인 수학'이라고 말하는 것은 당치도 않는 소리일 것이다. 즉 생물학자나 수학자는 그리스도인이 될 수 있지만, 그의 생물학이나 수학은 그리스도교적일 수 없다. 그와 마찬가지로 철학자도 그리스도교인이 될 수 있다고 말할 수는 있지만, 그의 철학이 그리스도교적이라고 말할 수는 없다. 그의 철학은 진리이고 그리스도교와 일치할 수 있을 것이다. 그러나 과학적 진술이 참되고 그리스도교와 일치한다는 이유만으로는 그 진술이 그리스도교적이라고 말하지는 않는다. 예컨대 수학자가 이교도나 이슬람교도나 그리스도인일 수는 있을지라도 수학이 이교적이거나 이슬람교적이거나 그리스도교적일 수는 없는 것과 마찬가지로, 철학자는 이교도이거나 이슬람교도이거나 그리스도인일 수가 있을지라도 철학이 이교적이거나 이슬람교적이거나 그리스도교적일 수는 없다. 과학상의 가설에 대한 진리 여부의 문제는 관찰과 실험에 의해서 확인되거나 거부되며, 그 가설을 제출한 사람이 그리스도인인가 힌두교도인가 또는 무신론자인가에 따라서 진리이냐 허위이냐가 결정되는 것은 아니다. 철학설에 대한 문제도 해명하려는 사실의 설명이 적당한가 아닌가에 따라서 진위가 결정되며, 그것을 말하고 있는 사람이 제우스를 믿는 사람인가 마호메트의 신봉자인가 그리스도교 신학자인가에 따라서 결정되는 것은 아니다. '그리스도교 철학'이라는 말이 정당하게 의미하는 그 대부분은 그리스도교와 일치할 수 있는 철학이라는 것이다. 만일 그것이 이 이상의 것을 의미한다고 한다면, 그것은 단순한 철학이 아니라 적어도 부분적으로는 신학에 속하는 철학을 두고 말하는 것이다.

이것은 이치에 맞는 당연한 견해이다. 그리고 그것은 철학에 대한 성 토마스의 태도의 일면, 즉 그의 신학과 철학의 형식적 구별에 있어서 제시되는 일면을 확실히 나타내고 있다. 철학자는 피조물에서 출발하고 신학자는 하느님으로부터 출발한다. 철학자의 원리는 이성의 자연적인 빛에 의해서 인식된 원리이지만, 신학자의 원리는 계시된 것이다. 철학자는 자연의 질서를 취급하지만, 신학자는 본래 초자연적인 질서를 다룬다. 그러나 만일 토마스주의의 이러한 측면에만 집착하면 어느 정도 어려운 입장에 놓이게 된다. 성 보나벤투라는 신앙의 빛없이 충분하게 만족한 형이상학에 이를 수 있다고는 생각하지 않는다. 예컨대 범형적(範型的)인 이데아에 대한 철학설은 말씀에 대한 신학설과 밀접하게 결부되어 있다. 그렇다면 성 보나벤투라는 정확히 말하여 아무런 철학도 가지지 않았다고 말해야 할 것인가 또는 철학적인 요소들로부터 신학적인 요소를 골라 내어야 할 것인가? 만일 그렇게 한다면, 성 보나벤투라 자신이 그의 사상과 의도를 충분하게 나타내고 있다고는 거의 인정하지 못할 '보나벤투라의 철학'을 만들어 내는 위험을 무릅쓰게 되지는 않을 것이다. 철학에 대한 성 보나벤투라의 생각은 초기의 그리스도교 저작가들이 이루려고 했던 전체적인 그리스도교적 종합의 의미에서의 그리스도교 철학에 대한 생각이었다고 인정하는 것이 아마도 더욱 자연스럽지 않을까? 역사가는 이 견해를 채용할 권리가 있다. 철학은 자립하든가 그렇지 않으면 그것은 전혀 철학이 아니라고 믿는 철학자의 입장에서만 말한다면, '그리스도교 철학'의 존재는 인정되지 않을 것이다. 또 바꾸어 말해서 '토마스주의자'의 입장에서만 말한다면, 그것과는 다른 어떤 철학의 개념을 비판하지 않을 수 없을 것이다. 그러나 외부로부터 보려는 역사가의 입장에서 말한다면, 철학에는 두 개념이 있었다는 것이 인정될 것이다. 그 하나는 성 보나벤투라의 것으로서 그리스도교 철학이라는 개념이고, 다른 하나는 성 토마스와 스코투스의 것으로서 신학과 일치하고 있다는 점을 제외하면 본래는 그리스도교적이라고는 말할 수 없는 철학의 개념이다. 이 관점에서 볼 때, 성 보나벤투라는 신학과 철학의 형식상의 구별을 하고 있으면서도 교부들의 전통을 계승했던 반면에, 철학은 성 토마스에 의해서 특권을 얻었던 것이다. 이런 의미에서 토마스주의는 '근대적'이며 미래를 내다보고 있었던 것이다. 일종의 자기 충족적인 철학 체계로서 토마스 철학은 다른 철학과 겨루고 토론할 수 있다. 왜냐하면 토마스 철학은 보나벤투라 유형의 그리스도교 철학에서는 거의 불가능했던 교의 신학으로부터의 분리가 가능했기 때문이다. 물론 진정한 보나벤투라주의자는 예컨대 하느님의 존재 증명과 같은 특정 문제에 대해서 현대의 철학자들과 토론할 수 있을 것이다. 그러나 그 체계 전체는 단순히 하나의 철학 체계가 아니라 그리스도교적 종합이기 때문에 그것은 동일한 조건에서는 거의 철학의 영역에 들어갈 수 없다.

하지만 성 아우구스티누스, 성 보나벤투라, 성 알베르투스, 성 토마스의 철학을 그리스도교적이라고 부르는 데는 의미가 없지 않을까? 그들이 논의했던 문제는 대부분 신학에 의해서 또는 그리스도교의 진리를 옹호할 필요에 의해서 제기되었다. 아리스토텔레스가 부동의 원동자의 존재에 대해서 논했을 때, 그는 형이상학(그리고 자연학)에 의해서 제기된 문제에 대답하고 있었던 것이다. 그러나 성 안셀무스와 성 보나벤투라 그리고 성 토마스가 하느님의 존재를 증명했을 때, 그들은 자신들이 이미 믿고 있었던 계시를 받아들이기 위한 이론적 근거를 보여주려고 했던 것이다. 성 보나벤투라는 영혼 안에 있어서의 하느님의 내재적 활동을 밝히려고 노력했다. 그리고 비록 성 토마스는 아리스토텔레스 자신의 논증을 사용했을지라도, 그는 단순히 추상적인 문제에 대답하고 있지 않으며 또 부동의 원동자, 즉 운동의 궁극적인 원인의 존재 증명에만 흥미를 가진 것은 아니었다. 그는 그에게 있어서는 부동의 원동자보다 훨씬 이상의 것을 의미하는 존재자, 즉 하느님의 존재를 증명하는 일에 관심을 가지고 있었다. 그의 논증들은 그 자체가 당연하게 생각될 수 있고 또 철학적인 견지에서도 그 논증들은 그렇게 생각되지 않으면 안 된다. 그러나 그는 신학자라는 관점에서 하느님의 존재 증명을 〈신앙의 전제〉(**praeambulum fidei**)로 생각하여 이 문제에 접근했다. 게다가 또 비록 성 토마스가 존재로서의 존재에 대한 학으로서 철학 또는 형이상학에 대해서 확실히 말하고 있었을지라도, 그리고 하느님에 대한 이론적 인식은 — 다른 부분들은 이것에 이른다 — 철학의 최고 부분이라는 그의 언명이 아리스토텔레스의 말에 의해서 분명히 시사되었다고 생각될지라도, 그는 자신의 두 《전서》(*Summae*, 이는 신학적 입장만이 아니라 철학적 입장에서도 극히 중요한 것이다)에서 신학에 의해서 시사된 질서를 따르고 있다. 그리고 그의 철학은 그의 신학과 잘 어울려서 하나의 종합을 이루고 있다. 성 토마스는 파리 대학 인문학부의 교수가 갖는 정신으로 철학적 문제를 고찰하지 않고 그리스도교 신학자의 정신으로 그 문제에 접근했던 것이다. 나아가서 성 토마스에 있어서 자신의 아리스토텔레스주의에도 불구하고, 또 그가 아리스토텔레스의 말을 거듭함에도 불구하고 그에게 있어서의 철학은 존재 일반의 연구가 아니라 자연 이성이 미치는 한에서는 하느님과 하느님의 활동, 그리고 하느님의 결과에 대한 연구라고 말할 수 있을 것으로 생각된다. 그러므로 하느님은 그의 신학의 중심이듯이 그의 철학의 중심이기도 하며, 비록 서로 다른 방법으로 도달될지라도 그 하느님은 같은 것이다. 이미 말해 두었듯이, 성 토마스가 철학에 정식으로 특권을 부여했다는 것은 철학이 결국 자립하게 된다는 것을 의미한다. 이것은 사실이라고 생각된다. 그러나 이는 성 토마스가 신학으로부터의 철학의 '분리'를 예상했다든가 바라고 있었다는 말은 아니다. 그러기는커녕 그는 하나의 위대한 종합을 철학자이기도 했던 한 사람의 그리스도교 신학자로서 시도했던 것이다. 그는 틀림없이, 그 뒤 여러 세기 동안 그에게 철학자들의 변덕과 실수로 보였던 것들은, 그가 계시가 도덕적으로 필요하다고 선언했던 그 견지에서의 원인들 탓이라고 생각했을 것이다.

3. 토마스의 종합

나는 다른 철학자에 비하여 성 토마스 아퀴나스의 철학에 보다 많은 장(章)을 할애했다. 그리고 그것이 당연한 것은 토마스 철학이 이 책에서 고찰된 가장 위풍 당당하고 포괄적인 종합이라는 것이 의심할 여지가 없기 때문이다. 토마스 철학에 있어서 아리스토텔레스에 근원을 두지 아니한 측면을 내가 강조했을지 모르나, 이 측면에 유의하여 토마스 철학이 아리스토텔레스 철학을 단순히 있는 그대로 받아들인 것이 아니라 하나의 종합이라는 것을 잊어서는 안 된다고 생각된다. 그럼에도 불구하고 물론 토마스의 철학을, 아리스토텔레스에 의해서 대표되는 그리스 철학을 서구 그리스도교의 세계에 수용하여 이용한 과정의 절정으로 볼 수 있다. 교부 시대에 있어서의 철학은 사실상 신플라톤주의를 의미하기 때문에, 교부들에게 있어서 그리스 철학을 사용한다는 것은 신플라톤주의를 사용한다는 뜻이었다. 예컨대 성 아우구스티누스는 신플라톤주의와는 다른 아리스토텔레스의 실제적인 체계를 아는 바가 별로 없었다. 나아가서 신플라톤주의가 지니는 영성적인 성격은 교부들의 마음에 관심을 불러일으켰다. 신플라톤주의적인 사고 방식이 중세 초기의 그리스도교 사상을 계속 지배하게 되었던 것은, 교부들이 그러한 사고 방식을 사용했고 또 성 바울로가 개종시킨 것으로 믿었던 위디오니시우스의 저작이 지니는 위신에 의해서 그러한 사고 방식이 신성시되어 있었다는 점에서 볼 때 극히 당연한 일이었다. 더군다나 아리스토텔레스 저작집이 그리스어나 아라비아어로부터의 라틴어 번역으로 이용할 수 있게 되었을 때에도 아리스토텔레스 철학 자체와 신플라톤주의 자체의 차이가 결코 분명하게 인식되지 않았다. 《원인론》(*Liber de causis*), 프로클로스의 《신학 요강》(*Elementatio theologica*)이 아리스토텔레스의 것으로 생각되고, 특히 위대한 이슬람의 주석가들이 신플라톤주의에 충실히 의지하고 있는 한 그 양자의 구별은 분명하게 인식될 수가 없었다. 아리스토텔레스가 플라톤을 비판했다는 것은 물론 《형이상학》(*Metaphysics*)에서 분명하게 드러난다. 그러나 그 비판의 정확한 내용과 범위는 그다지 명확하지 않다. 그러므로 아리스토텔레스를 수용하여 이용했다는 것이 모든 신플라톤주의를 부정하고 거부했다는 의미가 아니다. 그리고 비록 성 토마스가 《원인론》이 아리스토텔레스의 저작이 아니라는 것을 인정했을지라도, 그가 아리스토텔레스를 그리스도교와 일치하는 방법으로 해석한 것을, 단순히 〈보다 좋은 방향으로의〉 해석(이것은 그리스도인이든 역사가이든 상관없는 견지로부터였다)으로서만이 아니라, 당시의 아리스토텔레스에 대한 일반적인 사고 방식을 따른 것으로 볼 수 있다. 성 보나벤투라는 아리스토텔레스의 플라톤 비판은 범형론의 거부를 포함한다고 확실하게 생각하고 있었다. (내 생각으로는 성 보나벤투라는 아주 옳았다.) 그러나 성 토마스는 그렇게 생각하지 않고 적당하게 아리스토텔레스를 해석했다. 성 토마스는 아리스토텔레스의 결점을 단순히 감싸주는 데 지나지 않는가라고 생각될지 모르지만, '아리스토텔레스'는 현대의 그리스 철학사가(哲學史家)에 있어서보다 성 토마스에게 있어서 더 큰 의미를 지니고 있다는 것을 잊어서는 안 된다. 그 아리스토텔레스는 적어도 어느 정도까지는 순수 아리스토텔레스주의자가 아닌 주석자와 철학자의 눈을 통해서 보아진 아리스토텔레스였다. 의도에 있어서는 철저한 아리스토텔레스주의인 라틴 아베로에스주의자마저도 엄밀한 의미에서는 순수한 아리스토텔레스주의자는 아니다. 이러한 관점에서 본다면, 아리스토텔레스는 성 토마스에 있어서 어떠한 의미의 '철학자'였던가를 이해하기가 쉬울 것이며, 성 토마스가 아리스토텔레스 철학을 그리스도교화했을(세례를 주었을) 때, 그는 단순히 신플라톤주의를 아리스토텔레스 철학으로 대체하고 있었을 뿐만 아니라, 그리스도교 초기 시대에 시작했던 그리스 철학의 흡수 과정을 완성하고 있었다는 것을 이해할 것이다. 어떤 의미에서는 신플라톤주의, 아우구스티누스주의, 아리스토텔레스주의, 이슬람과 유태인의 철학이 어울려서 토마스 철학 안에 융합되었다고 말할 수 있다. 하지만 이는 저마다에서 골라 뽑은 요소들이 기계적으로 배치되어 있다는 의미가 아니라 어떤 통제적인 기본 관념에 의해서 진정한 융합과 종합이 실현되었다는 의미이다. 그러므로 완전한 의미에서의 토마스 철학은 그리스도교 신학과 그리스 철학(다른 요소들과 결합된 아리스토텔레스 철학 또는 후기 철학에 비추어서 해석된 아리스토텔레스 철학)과의 종합이며, 이 종합에 있어서 철학은 신학에 비추어서 고찰되고 신학 자체는 상당한 정도까지 그리스 철학, 특히 아리스토텔레스의 사고 형식으로 표현되어 있다.

나는 토마스주의는 그리스도교 신학과 그리스 철학의 종합이라고 주장했다. 이는 좁은 의미에서의, 즉 단순히 토마스의 철학을 가리키는 것으로서의 토마스주의가 그리스 철학의 종합이며, 그리고 그것은 그리스 철학에 불과하다는 의미인 것처럼 보일지 모른다. 첫째로, 성 토마스의 철학은 이슬람과 유태인의 철학자가 그의 사상 형성에 중요한 영향을 끼쳤다는 것을 잊어서는 안 되겠지만, 플라톤주의(신플라톤주의까지 포함하는 넓은 의미에서)와 아리스토텔레스 철학의 종합이라는 간단한 그 이유에서 아리스토텔레스주의보다는 오히려 그리스 철학에 대해서 말하는 편이 바람직하다고 생각된다. 이 철학사 제 1 권에서, 플라톤과 아리스토텔레스는 적어도 어떤 점에서는 서로 보충하는 사상가로 보아야 할 것이며, 그리고 하나의 종합이 필요하다는 것을 말한 바가 있다. 성 토마스 아퀴나스가 이 종합을 이루었던 것이다. 그러므로 그의 철학을 단순히 아리스토텔레스주의라고는 말할 수 없다. 오히려 그것은 그리스도교 신학과 조화를 이룬 그리스 철학의 종합이다. 둘째로, 토마스 철학은 이질적인 요소들의 단순한 배열이 아니라 하나의 진정한 종합이다. 예컨대 성 토마스 아퀴나스는 범형적 이데아에 대한 플라톤, 플로티노스, 아우구스티누스적인 전통을 계승하여 이에 아리스토텔레스의 실체 형상설을 단순히 갖다 붙여 둔 것이 아니다. 즉 그는 실체 형상을 범형적 이데아의 하위에 두어서 어떠한 의미에서 하느님 안에 있는 '이데아'에 대해서 말할 만한가를 설명하면서, 저마다의 요소에 해당된 존재론적인 위치를 부여했다. 그리고 또 그는 (본래의) 플라톤적인 분유론(分有論)을 채용했을 경우에도 자기의 형이상학이 지니고 있는 아리스토텔레스적인 요소와 충돌하지 않는 방법으로 그것을 사용했다. 성 토마스는 아리스토텔레스의 질료 형상론을 넘어가서 본질과 존재의 실재적 구별에 더욱 폭넓은 가능태와 현실태의 원리를 적용하는 것을 잘 알고 있었다. 이러한 구별에 의해서 그는 유한 존재를 설명하기 위해서 플라톤의 분유론을 사용할 수가 있었고, 그러면서 동시에 하느님을 단순히 부동의 원동자로서보다는 〈자존하는 존재 자체〉(ipsum esse subsistens)로 보는 자신의 견해에 의해서 플라톤이나 아리스토텔레스에게서는 찾아볼 수 없었던 창조의 관념을 부각시키는 방법으로 분유의 관념을 이용할 수 있었던 것이다. 말할 나위없이 성 토마스는 완전한 의미에서 분유를 전제로 생각하지 않았다. 분유에 대한 완전한 관념은 하느님의 존재가 증명되지 않으면 가져질 수 없겠지만, 그 관념을 형성하는 자료는 본질과 존재의 실제적 구별에 의해서 얻어진다.

4. 중세 철학의 평가 및 해석의 여러 가지 방법

이 책에서 채용하고 있는 몇몇 관점들은 다소 일관성이 없는 것처럼 보일지 모른다. 그러나 중세 철학사만이 아니라 어떠한 시대의 철학사에 대해서도 여러 가지의 관점을 채택할 수 있다는 것을 유의하지 않으면 안 된다. 토마스주의자, 스코투스주의자, 칸트주의자, 마르크스주의자, 논리 실증주의자 그 누구냐에 따라서 당연히 다른 견해를 지니게 되고 다른 눈으로 철학의 발전을 해석한다는 점은 접어 두더라도, 동일한 사람이 해석상의 여러 가지 원칙이나 방법들을 지닐 수도 있다.

그 경우 그 사람은 그것들을 전부 부당한 것으로 거부하지는 않겠지만, 그렇다고 그것들을 완전한 진리라든가 충분한 것이라고 기꺼이 말하려고 하지도 않을 것이다.

그러므로 단선적이거나 진보적인 해석 방법을 취하는 것은 가능한 일이며, 어떤 관점에서는 충분히 타당한 일이다. 그리스도교 사상가들에 의한 그리스 철학의 흡수와 이용을 다음과 같은 발전으로 볼 수 있다. 즉 그리스도교의 초기 시대에는 실제로 무에서 출발하여, 교부들의 사상을 거쳐서 중세 초기의 스콜라 철학에까지 점차 증가해 왔으나, 이에 비하여 말한다면 갑자기 아라비아어와 그리스어로부터의 변역에 의해서 풍부하게 되고, 그리고 기욤 도베르뉴, 알렉산더 할레시우스, 성 보나벤투라, 그리고 성 알베르투스 마그누스의 사상을 거쳐서 토마스의 종합에 있어서의 절정에 이르기까지 발전한 것으로 볼 수 있다. 이러한 방향의 해석에 의하면, 성 보나벤투라의 철학은 성 토마스의 철학과 평행하는 이질적인 철학으로서가 아니라 토마스 철학의 발전에 있어서 한 단계로 볼 필요가 있을 것이다. 성 토마스의 업적은 아우구스티누스나 신플라톤주의적 플라톤주의 대신에 아리스토텔레스를 채용한 것보다는 오히려 그리스도교 사상가들에 의해서 주어진 독창적인 관념들만이 아니라 그리스 철학과 이슬람 철학 그리고 유태 철학 등 가지각색의 흐름의 합류와 종합으로 볼 수 있다. 성 토마스 이전의 중세 철학은 아리스토텔레스에 대립하는 '아우구스티누스주의'로서가 아니라 토마스 철학 이전의 스콜라 철학 또는 중세 초기의 스콜라 철학으로 볼 수 있다. 이러한 해석의 방향은 완전히 타당한 것으로 생각되며, 이 해석은 토마스 철학을 순수 아리스토텔레스주의로 잘못 생각하지 않게 하는 매우 큰 장점을 지니고 있다. 토마스 철학을 플라톤화된 아리스토텔레스주의보다는 아리스토텔레스화된 플라톤주의로 보는 것도 가능하며 또 정당하다고 하겠다. 토마스 철학의 '종합적'인 성격에 대해서, 그리고 특히 아리스토텔레스 철학에 대한 토마스 철학의 관계보다는 오히려 그리스 철학과 이슬람 철학 일반과의 관계에 대해서 말해 왔던 것은 이러한 해석의 방향을 뒷받침하고 있다. 그리고 이러한 해석의 방향은 플라톤 철학과 아리스토텔레스 철학의 서로 보충적인 성격에 대해서 이 철학사의 제 1 권에서 언급한 것에 의해서도 시사되어 있다.

다른 한편 만일 이러한 해석의 방향만을 따른다면, 중세 철학의 풍부한 다양성과 각 철학자들의 개성을 함께 잃어 버릴 위험에 빠진다. 성 보나벤투라의 정신은 로저 베이컨의 정신과 다를 뿐만 아니라 성 토마스의 정신과도 다르다. 그리고 질송과 같은 프랑스 철학사가들은 개별적인 사상가들의 특수한 재능에 주의를 끌고 이를 부각시키는 데 크게 공헌했다. 그리스도교 사상가들은 공통적인 신학적 배경을 가짐으로써 그들의 철학상의 상이점은 비교적 한정된 영역 안에서 표현되었다. 그 결과 중세 철학은, 특히 중요한 부분에 대해서는 일련의 반복으로, 그다지 중요하지 않은 부분에 대해서는 일련의 차이로 이루어져 있다고 볼 수 있다. 이 점에서 중세 철학자들의 '개성화'는 한층 환영받을 일이다. 만일 성 보나벤투라는 하나의 특별한 조명을 요청했고 성 토마스는 이를 거부했다고만 말한다면, 그 두 사람의 차이는 그다지 흥미를 끌지 않겠지만, 성 보나벤투라의 조명설은 그의 사상 전체와 연결되어 있고 성 토마스의 특별한 조명설에 대한 부정은 그의 체계 전반을 배경으로 하여 이해된다고 한다면, 이는 흥미있는 일이라고 하겠다. 그러나 만일 보나벤투라와 토마스의 독자적인 정신을 부각시키지 않는다면, 그 두 사상가의 체계 전체를 서술할 수가 없을 것이다. 이 책에서 이미 지적했듯이, 질송이 성 보나벤투라와 성 토마스의 차이를 과장했다는 것은 사실이며, 성 보나벤투라의 철학을 토마스 철학과 평행하는 다른 철학으로보다는 토마스 철학이 전개하는 한 단계로 볼 수 있다는 것은 확실한 사실이라고 하겠다. 그러나 사람이 다르면, 철학에 대한 견해도 달라질 수 있다. 그리고 만일 토마스적인 관점을 가지지 않는다면, 플라톤주의자가 플라톤을 불완전한 아리스토텔레스주의자로 보려고 하지 않듯이, 아마 보나벤투라를 불완전한 토마스로는 보려고 하지 않을 것이다. 질송이 주장하고 있는 것과 같은 해석을 부당한 것으로서 배제해 버리는 그러한 단선적인 해석을 강조하거나, 또는 거꾸로 완전한 종합을 향하는 사상의 일반적인 발전을 보지 못할 만큼 각 사상가들의 개별적인 특성이나 정신을 역설하는 것은 잘못이라고 생각된다. 시야가 좁으면 거의 충분한 이해를 할 수 없다.

그리고 중세 철학의 발전을 토마스 철학에 대한 종합의 발전으로 보고, 또 토마스 철학 이전의 철학을 토마스 철학의 발전의 한 단계로 볼 수 있고, 그리고 갖가지 철학의 특수성과 갖가지 사상가의 독자성에 전념할 수도 있지만, 동시에 갖가지 발전의 일반적인 방향을 볼 수도 있고 그것을 부각시킬 수도 있다. 그러므로 두 낱말을 합쳐 한 낱말로 하는 것으로 만족하지 않고, '아우구스티누스'의 여러 가지 유형을 구별할 수도 있다. 예컨대 성 보나벤투라의 전형적인 프란치스코회적 아우구스티누스주의를 리카르두스 메디아빌라의 아리스토텔레스화된 아우구스티누스주의나 또는 강의 헨리쿠스와 어떤 의미에서 둔스 스코투스의 아비첸나적인 아우구스티누스주의로부터 구별할 수 있다. 아비첸나와 아베로에스 그리고 아비체브론이 중세 사상에 미친 여러 영향을 더듬어서 그것에 상응하는 분류를 할 수도 있다. 따라서 프랑스의 역사가들은 〈아비첸나적인 아우구스티누스주의, 아비체브론적인 아우구스티누스주의, 라틴 아비첸나주의〉와 같은 말을 사용해 왔다. 이러한 여러 가지의 영향을 고찰한다는 것은 확실히 가치있는 일이지만, 그러한 고찰에서 생기는 분류가 중세 철학의 완전하고 아주 충분한 분류가 될 수는 없다. 왜냐하면 과거의 영향을 강조한다는 것은 아뭏든 그 사람 자신의 독자적인 공헌을 애매하게 하기 쉽기 때문이며, 동시에 어떤 철학자를 아비첸나, 아베로에스, 아비체브론 중에서 누구의 영향을 받았는가에 따라서 분류하는 것은 흔히 그 사람의 철학에 있어서 어떠한 점을 고려하는가에 주로 달려 있기 때문이다.

그리고 또한 중세 철학의 발전을 '인문주의'와 그리스 사상과 문화, 학문 일반에 대한 그리스도교 사상의 관계에서 볼 수 있다. 이를테면 성 페트루스 다미아누스가 인문주의에 대해서 부정적인 태도를 취한 대표자라고 한다면, 성 알베르투스 마그누스와 로저 베이컨은 적극적인 태도를 취한 대표자이다. 하지만 정치적인 관점에서 본다면 토마스주의는 에지디우스 로마누스의 특징적인 정치 이론에는 없는 초자연적인 것과 자연적인 인문주의적인 것과의 조화를 나타내고 있다. 그리고 또한 성 토마스는 자기 앞의 사람이나 자기와 동시대인에 비하여 인식과 행위에 있어서 인간의 능동성을 보다 많이 인정했으므로, 그는 인문주의적인 경향을 나타내고 있다고 말할 수 있다.

결국 중세 철학은 여러 가지 측면에서 고찰될 수 있으며, 그 측면들마다 그 나름의 근거를 지니고 있다. 그리고 만일 중세 철학에 대해서 어떤 충분한 견해와 같은 것을 얻으려면, 마땅히 중세 철학을 그와 같이 고찰해야 할 것이다. 그러나 중세 철학 전반에 대한 보다 폭넓은 취급은 14 세기의 철학을 논하는 다음 권의 결론으로 미루지 않으면 안 된다. 이미 보았듯이, 비록 중세 철학과 성 토마스의 철학은 동의어가 아닐지라도, 이 책에서는 성 토마스의 위대한 종합이 당연히 중심적 위치를 차지하고 있다. 13 세기는 사변적 사상의 세기이며, 이 세기에는 특히 사변적인 사상가들이 많이 배출되었다. 이 시기는 독창적인 사상가들의 세기이며, 이들 사상가의 사상은 독단주의적인 철학 학파의 전통으로 굳어지기까지는 이르지 않았다. 그러나 비록 13 세기의 위대한 사상가들이 자신들의 철학설에 있어서 서로 달라 서로를 비판했을지라도, 그들은 공통적으로 받아들여진 형이상학적 원리를 배경으로 하고 있었던 것이다. 받아들여진 형이상학적 원리의 적용에 대한 비판과 형이상학적 체계의 근거 자체에 대한 비판을 구별하지 않으면 안 된다. 전자는 중세의 모든 위대한 사변적 사상가들에 의해서 행해졌지만, 후자는 14 세기까지 나타나지 않았다. 연대적으로 본다면, 13 세기와 14 세기의 교차점에 있는 둔스 스코투스의 고찰로 이 책의 끝을 맺으려고 한다. 비록 그의 철학 가운데에서 14 세기 오컴 운동의 특징이 되는 보다 철저한 비판 정신의 어렴풋한 발단을 알아볼 수 있을지라도, 자기의 동시대인이나 자기 앞의 사람들에 대한 그의 비판이 13 세기에 공통적으로 받아들여졌던 형이상학적 원리를 부정하는 데 있지는 않았다. 중세를 돌이켜 볼 때, 스코투스의 체계를 두 세기 사이의, 즉 성 토마스의 시대와 오컴 시대 사이의 교량으로 보기 쉽겠지만, 그러나 오컴 자신은 확실히 스코투스와의 정신적인 동질성을 인정하지 않았다. 그리고 비록 스코투스의 철학이 보다 철저한 비판주의로의 길을 준비했을지라도, 그의 체계는 중세의 위대한 사변적인 종합들 가운데 최후의 것으로 보지 않으면 안 된다고 생각된다. 합리론적 영혼론(이성 심리학), 자연 신학, 윤리학에 관한 스코투스의 의견 가운데 어떤 것은, 말하자면 형이상학에 대한 오컴의 비판과 도덕률의 본성에 대한 오컴 특유의 생각을 예시하고 있다는 것은 거의 부정할 수 없다고 생각된다. 그러나 만일 스코투스의 철학 자체를, 우리는 알고 있으나 그는 알지 못했던 미래와의 관계를 떠나서 생각한다면, 그의 철학은 13 세기의 어느 위대한 체계와도 겨룰 수 있는 형이상학적 체계라는 것을 인정하지 않을 수 없다. 그러므로 스코투스를 다룰 장소는 제 3 권이 아니라 제 2 권이라고 생각된다. 다음 권에서는 14 세기의 철학, 르네상스의 철학, 15 세기와 16 세기에 있어서의 스콜라 철학의 부활에 대해서 다루고자 한다.

부 록 1

이 책에서 다루어진 철학자들에 대해 중세에 통용된 명예 칭호

라바누스 마우루스	독일의 교사(Praeceptor Germaniae)
아벨라르두스	팔레의 소요학자(Peripateticus Palatinus)
알랭 드 릴르	보편적 박사(Doctor universalis)
아베로에스	주석가(Commentator)
알렉산더 할레시우스	반박 불가능의 박사(Doctor irrefragibilis)
성 보나벤투라	치천사(熾天使)적 박사(Doctor seraphicus)
성 알베르투스 마그누스	보편적 박사(Doctor universalis)
성 토마스 아퀴나스	천사적 박사 또는 공동적 박사(Doctor angelicus and Doctor communis)
로저 베이컨	경이로운 박사(Doctor mirabilis)
리카르두스 메디아빌라	견고한 박사(Doctor solidus)
라이문두스 룰루스	조명받은 박사(Doctor illuminatus)
로마누스 에지디우스	가장 확고한 박사(Doctor fundatissimus)
강의 헨리쿠스	성대한 박사(Doctor solemnis)
둔스 스코투스	정묘한 박사(Doctor subtilis)

부록 2
참 고 문 헌

제 1 장 서론 : 중세 철학에 관한 일반 도서

BRÉHIER, E. *Histoire de la philosophie*: tome I, *l'antiquité et le moyen âge*. Paris, 1943.

CARLYLE, R.W. & A.J. *A History of Mediaeval Political Theory in the West*. 4 vols. London, 1903-22.

DEMPF, A. *Die Ethik des Mittelalters*. Munich, 1930.

———. *Metaphysik des Mittelalters*. Munich, 1930.

DE WULF, M. *Histoire de la philosophie médiévale*. 3 vols. Louvain, 1934-47 (6th edition). English translation of first two vols. by E.C. Messenger, London, 1935-38 (3rd edition).

GEYER, B. *Die patristische und scholastische Philosophie*. Berlin, 1928.
(This is the second volume of the revised edition of Ueberweg.)

GILSON, E. *La philosophie au moyen âge*. Paris, 1944 (2nd edition, revised and augmented). English translation, 1936.

———. *L'esprit de la philosophie médiévale*. 2 vols. Paris, 1944 (2nd edition).

———. *Études de philosophie médiévale*. Strasbourg, 1921.

———. *The Unity of Philosophical Experience*. London, 1938.

———. *Reason and Revelation in the Middle Ages*. New York, 1939.

GRABMANN, M. *Die Philosophie des Mittelalters*. Berlin, 1921.

———. *Mittelalterliches Geistesleben*. 2 vols. Munich, 1926 and 1936.

GRUNWALD, G. *Geschichte der Gottesbeweise im Mittelalter bis zum Ausgang der Hochscholastik*. Münster, 1907.
(Beiträge zur Geschichte der Philosophie und Theologie des Mittelalters, 6, 3.)

HAURÉAU, B. *Histoire de la philosophie scolastique*. 3 vols. Paris, 1872-80.

HAWKINS, D.J.B. *A Sketch of Mediaeval Philosophy*. London, 1946.
LOTTIN, O. *Psychologie et morale aux XIIe et XIIIe siècles*. Tome 1: *Problèmes de Psychologie*. Louvain, 1942. Tome 2: *Problèmes de Morale*. 1948.
———. *Le droit naturel chez S. Thomas d'Aquin et ses prédécesseurs*. Bruges, 1931 (2nd edition).
PICAVET, F. *Esquisse d'une histoire générale et comparée des philosophies médiévales*. Paris, 1907 (2nd edition).
———. *Essais sur l'histoire générale et comparée des théologies et des philosophies médiévales*. Paris, 1913.
ROMEYER, B. *La philosophie chrétienne jusqu'à Descartes*. 3 vols. Paris, 1935-37.
RUGGIERO, G. DE. *La filosofia del cristianesimo*. 3 vols. Bari.
STÖCKL, A. *Geschichte der Philosophie des Mittelalters*. 3 vols. Mainz, 1864-66.
VIGNAUX, P. *La pensée au moyen âge*. Paris, 1938.

제 2 장 교부시대

일반 원저작집

Migne (edit.), *Patrologia Graeca*. Paris.
Migne (edit.), *Patrologia Latina*. Paris.
Die griechischen christlichen Schriftsteller der ersten drei Jahrhunderte. Leipzig.
Corpus scriptorum ecclesiasticorum Latinorum. Vienna.
Ante-Nicene Christian Library, Translations of the writings of the Fathers down to A.D. 325. Edinburgh.
A Library of the Fathers (English translations). Oxford.
Ancient Christian Writers: the works of the Fathers in Translation. Westminster, Maryland, U.S.A., 1946 (edit. J.Quasten and J.C. Plumpe).

특수 원저작

ARISTIDES. *Apology*. In *Zwei griechische Apologeten*, J. Geffcken. Leipzig, 1907.
———. *Apology*. In *Texte und Untersuchungen*, IV. E. Hennecke (edit.). Leipzig, 1893.
ARNOBIUS. *Libri 7 adversus gentes*. Appended to *Lactantii opera omnia* (L.C. Firmiani). Paris, 1845.
ATHENAGORAS. *Apology*. In *Zwei griechische Apologeten*. J. Geffcken. Leipzig. 1907.
———. Libellus pro Christianis and Oratio de resurrectione cadaverum, in *Texte und Untersuchungen*, IV. E. Schwartz (edit.). Leipzig, 1891.

CLEMENT OF ALEXANDRIA. *The Exhortation to the Greeks,* etc. G.W. Butterworth (edit.). London, 1919.

EUSEBIUS. *The Proof of the Gospel (Demonstratio Evangelica).* 2 vols. W.J. Ferrar (edit.). London, 1920.

GREGORY OF NYSSA, ST. *The Catechetical Oration of St. Gregory of Nyssa.* J.H. Srawley (edit.). London, 1917.

————. *La Création de l'homme.* J. Laplace and J. Daniélou. Paris, 1943.

HIPPOLYTUS. *Philosophumena.* 2 vols. F. Legge (edit.). London, 1921.

IRENAEUS, ST. *The Treatise of Irenaeus of Lugdunum against the Heresies.* F.R. Montgomery Hitchcock (edit.). London, 1916.

JUSTIN MARTYR, ST. *The Dialogue with Trypho.* A.L. Williams (edit.). London, 1930.

LACTANTIUS. *Opera omnia.* L.C. Firmiani. Paris, 1843.

MINUCIUS FELIX. *The Octavius of Minucius Felix.* J.H. Freese (edit.). London (no date).

ORIGEN. *Homélies sur la Genèse.* L. Doutreleau (edit.). Paris, 1943.

————. *Origen on First Principles.* G.W. Butterworth (edit.). London, 1936.

TATIAN. *Oratio ad Graecos.* In *Texte und Untersuchungen,* IV. E. Schwartz (edit.). Leipzig, 1888.

TERTULLIAN. *Tertullian concerning the Resurrection of the Flesh.* A. Souter (edit.). London, 1922.

————. *Tertullian against Praxeas.* A.Souter (edit.). London, 1920.

————. *Tertullian's Apology.* J.E.B. Mayer (edit.). Cambridge, 1917.

기타 저서

ARNOU, R. *De 'platonismo' Patrum.* Rome. 1935.

BALTHASAR, HANS VON. *Présence et pensée. Essai sur la philosophie religieuse de Grégoire de Nysse.* Paris, 1943.

BARDY, G. *Clément d'Alexandrie.* Paris, 1926.

BAYLIS, H.J. *Minucius Felix.* London,, 1928.

DANIÉLOU, J. *Platonisme et théologie mystique. Essai sur la doctrine spirituelle de saint Grégoire de Nysse.* Paris, 1944.

DIEKAMP, F. *Die Gotteslehre des heiligen Gregor von Nyssa.* Münster, 1896.

ERMONI, V. *Saint Jean Damascène.* Paris, 1904.

FAIRWEATHER, W. *Origen and the Greek Patristic Philosophy.* London, 1901.

FAYE, E. DE. *Gnostiques et gnosticisme,* Paris, 1925 (2nd edition).

HITCHCOCK, F.R. MONTGOMERY. *Irenaeus of Lugdunum.* Cambridge, 1914.

LEBRETON, J. *Histoire du dogme de la Trinité.* Paris, 1910.
MONDÉSERT, C. *Clément d'Alexandrie.* Lyons, 1944.
MORGAN, J. *The Importance of Tertullian in the development of Christian dogma.* London, 1928.
PICHON, R. *Étude sur les mouvements philosophiques et religieux sous le règne de Constantin.* Paris, 1903.
PRESTIGE, G.L. *God in Patristic Thought.* London, 1936.
PUECH, A. *Histoire de la littérature grecque chrétienne depuis les origines jusqu'à la fin du IVe siècle.* 3 vols. Paris, 1928-30.
RIVIÈRE, J. *Saint Basile, évêque de Césarée.* Paris, 1930.
THAMIN, R. *Saint Ambroise et la morale chrétienne au IVe siècle.* Paris, 1895.

제 3~8 장 성 아우구스티누스

원저작

Patrologia Latina (Migne), vols. 32-47.
Corpus scriptorum ecclesiasticorum latinorum, vols. 12, 25, 28, 33, 34, 36, 40, 41-44, 51-53, 57, 58, 60, 63…
City of God. 2 vols. (Everyman Edition). London, 1945.
Confessions. F.J. Sheed. London, 1943.
The Letters of St. Augustine. W.J. Sparrow-Simpson (edit.). London, 1919.

아우구스티누스에 관한 연구서

BARDY, G. *Saint Augustin.* Paris, 1946 (6th edition).
BOURKE, V.J. *Augustine's Quest of Wisdom.* Milwaukee, 1945.
BOYER, C. *Christianisme et néo-platonisme dans la formation de saint Augustin.* Paris, 1920.
————. *L'idée de vérité dans la philosophie de saint Augustin.* Paris, 1920.
————. *Essais sur la doctrine de saint Augustin.* Paris, 1932.
COMBES, G. *La doctrine politique de saint Augustin.* Paris, 1927.
FIGGIS, J.N. *The Political Aspects of St. Augustine's City of God.* London, 1921.
GILSON, E. *Introduction à l'étude de saint Augustin.* Paris, 1943 (2nd edition).
GRABMANN, M. *Der göttliche Grund menschlicher Wahrheitserkenntnis nach Augustiuns and Thomas von Aquin.* Cologne, 1924.
————. *Die Grundgedanken des heiligen Augustinus über Seele und Gott.* Cologne, 1929 (2nd edition).

HENRY, P. *L'extase d'Ostie*. Paris, 1938.

HESSEN, J. *Augustins Metaphysik der Erkenntnis*. Berlin, 1931.

LE BLOND, J.M. *Les conversions de saint Augustin*. Paris, 1948.

MARTIN, J. *La doctrine sociale de saint Augustin*. Paris, 1912.

————. *Saint Augustin*. Paris, 1923 (2nd edition).

MAUSBACH, J. *Die Ethik des heiligen Augustinus*. 2 vols. Freiburg, 1929 (2nd edition).

MESSENGER, E.C. *Evolution and Theology*. London, 1931. (For Augustine's theory of rationes seminales.)

MUÑOZ VEGA, P. *Introducción a la slntesis de San Augustin*. Rome, 1945.

PORTALIÉ, E. *Augustin, saint*. Dictionnaire de théologie catholique, vol. I. Paris, 1902.

SWITALSKI, B. *Neoplatonism and the Ethics of St. Augustine*. New York, 1946.

성 아우구스티누스 1500년 기념 출판물

A Monument to St. Augustine. London, 1930.

Aurelius Augustinus. Cologne, 1930.

S. Agostino. Milan, 1931.

Études sur S. Augustin. Archives de Philosophie, vol. 7, cahier 2. Paris. 1930.

Religion y Cultura. *XV Centenario de la Muerte de San Augustin*. Madrid, 1931.

Mélanges augustiniens. Paris, 1930.

Miscellanea agostiniana. 2 vols. Rome, 1930-31.

제 9 장 위디오니시우스

원저작

Patrologia Graeca, vols. 3-4.

Dionysius the Areopagite on the Divine Names and the Mystical Theology. C.E. Rolt (edit.). London, 1920.

제 10 장 보에시우스, 가시오도루스, 이시도루스

원저작

Patrologia Latina (Migne) ; vols. 63-64 (*Boethius*), 69-70 (*Cassiodorus*), 81-84 (*Isidore*).

BOETHIUS. *The Theological Tractates and The Consolation of Philosophy.* H.F. Stewart and E.K. Rand (edit.). London, 1926.

————. *De Consolatione Philosophiae.* A. Fortescue (edit.). London, 1925.

연구서

BARRETT, H.M. *Boethius : Some Aspects of his Times and Work.* Cambridge, 1940.

PATCH, H.R. *The Tradition of Boethius, a Study of his Importance in Medieval Culture.* New York, 1935.

RAND, E.K. *Founders of the Middle Ages;* ch. 5, Boethius the Scholastic. Harvard U.P., 1941.

제 11 장 카롤링거 왕조 르네상스

원저작

Patrologia Latina (Migne); vols. 100-101 (*Alcuin*), 107-112 (*Rhabanus Maurus*).

연구서

BUXTON, E.M. WILMOT. *Alucin.* London, 1922

LAISTNER, M.L.W. *Thought and Letters in Western Europe,* A.D. 500-900. London, 1931.

TAYLOR, H.O. *The Mediaeval Mind* vol. 1. London, 1911.

TURNAU, D. *Rabanus Maurus praeceptor Germaniae.* Munich, 1900.

제 12～13 장 : 요한네스 스코투스 에리우제나

원저작

Patrologia Latina (Migne); vol. 122.

Selections (in English) in *Selections from Mediaeval Philosophers,* vol. 1, by R. McKeon. London, 1930.

연구서

BETT, H. *Johannes Scotus Eriugena, a Study in Mediaeval Philosophy.* Cambridge, 1925.

CAPPUYNS, M. *Jean Scot Erigène, sa vie, son œuvre, sa pensée.* Paris, 1933.

SCHNEIDER, A. *Die Erkenntnislehre des Johannes Eriugena im Rahmen ihrer metaphysis-*

chen und anthropologischen Voraussetzungen. 2 vols. Berlin, 1921-23.

SEUL, W. *Die Gotteserkenntnis bei Johannes Skotus Eriugena unter Berücksichtigung ihrer neo-platonischen und augustinischen Elemente.* Bonn, 1932.

제 14 장 보편의 문제

원저작

Patrologia Latina (Migne); vols. 105(*Fredegisius*), 139 (*Gerbert of Aurillac*), 144-5 (*St. Peter Damian*), 158-9(*St. Anselm*), 160(*Odo of Tournai*), 163 (*William of Champeaux*), 178 (*Abelard*),. 188(*Gilbert de la Porrée*), 199 (*John of Salisbury*), 175-7(*Hugh of St. Victor*).

B.GEYER. *Die philosophischen Schriften Peter Abelards.* 4 vols. Münster, 1919-33.

Selections from Abelard in *Selections from Mediaeval Philosophers,* vol. 1, by R. McKeon. London, 1930.

연구서

BERTHAUD, A. *Gilbert de la Porrée et sa philosophie.* Poitiers, 1892.

CARRÉ, M.H. *Realists and Nominalists.* Oxford, 1946.

COUSIN, V. *Ouvrages inédits d'Abélard.* Paris, 1836.

DE WULF, M. *Le problème des universaux dans son évolution historique du IXe au XIIIe siècle.* Archiv für Geschichte der Philosophie, 1896.

LEFÈVRE, G. *Les variations de Guillaume de Champeaux et la question des universaux* . Lille, 1898.

OTTAVIANO, C. *Pietro Abelardo, La vita, le opere, il pensiero.* Rome, 1931.

PICAVET, F. *Gerbert ou le pape philosophe.* Paris, 1897.

———. *Roscelin philosophe et théologien, d'après la légende et d'après l'histoire.* Paris, 1911.

REINERS, J. *Der aristotelische Realismus in der Frühscholastik.* Bonn, 1907.

———. *Der Nominalismus in der Frühscholastik.* Münster, 1910(Beiträge, 8,5).

REMUSAT, C. DE. *Abaelard.* 2 vols. Paris, 1845.

SICKES, J.G. *Peter Abaelard.* Cambridge, 1932.

제 15 장 캔터베리의 성 안셀무스

원저작

Patrologia Latina (Migne); vols. 158–9.

연구서

BARTH, K. *Fides quaerens intellectum. Anselms Beweis der Existenz Gottes im Zusammenhang seines theologischen Programms.* Munich, 1931.

FISCHER, J. *Die Erkenntnislehre Anselms von Canterbury.* Münster, 1911 (Beiträge, 10,3).

FILLIÂTRE, C. *La philosophie de saint Anselme, ses principes, sa nature, son influence.* Paris, 1920.

GILSON, E. *Sens et nature de l'argument de saint Anselme,* in *Archives d'histoire doctrinale et littér aire du moyen âge,* 1934.

KOYRÉ, A. *L'idée de Dieu dans la philosophie de saint Anselme.* Paris, 1923.

LEVASTI, A. *Sant' Anselmo, Vita e pensiero.* Bari, 1929.

제 16 장 샤르트르 학파

원저작

Patrologia Latina (Migne); vols. 199 (*John of Salisbury,* containing also fragments of Bernard of Chartres, columns 666 and 938), 90 (William of Conches's *Philosophia,* among works of Bede).

JANSSEN, W. *Der Kommentar des Clarembaldus von Arras zu Boethius De Trinitate.* Breslau, 1926.

BARACH, C.S. & WROBEL, J. *Bernardus Silvestris, De mundi universitate libri duo.* Innsbruck, 1896.

WEBB, C.C.J. *Metalogicon.* Oxford, 1929.

————. *Policraticus.* 2 vols. Oxford, 1909.

연구서

CLERVAL, A. *Les écoles de Chartres au moyen âge du Ve au XVIe siècle.* Paris, 1895.

FLATTEN, H. *Die Philosophie des Wilhelm von Conches.* Coblenz, 1929.

SCHARSCHMIDT, C. *Joannes Saresberiensis nach Leben und Studien, Schriften und Philosophie.* Leipzig, 1862.

WEBB, C.C.J. *John of Salisbury.* London, 1932.

제 17 장 생 빅토르 학파

원저작

Patrologia Latina (Migne); vols. 175-7 (*Hugh*), 196 (*Richard and Godfrey*).

연구서

EBNER, J. *Die Erkenntnislehre Richards von Sankt Viktor.* Münster, 1917 (Beiträge, 19, 4).

ETHIER, A.M. *Le De Trinitate de Richard de Saint-Victor.* Paris, 1939.

KILGENSTEIN, J. *Die Gotteslehre des Hugo von Sankt Viktor.* Würzburg, 1897.

MIGNON, A. *Les origines de la scolastique et Hugues de Saint-Victor.* 2 vols. Paris, 1895.

OSTLER, H. *Die Psychologie des Hugo von Sankt Viktor.* Münster, 1906 (Beiträge, 6,1).

VERNET, F. *Hugues de Saint-Victor.* Dictionnaire de théologie catholique, vol. 7.

제 18 장 이원론자와 범신론자

ALPHANDÉRY, P. *Les idées morales chez les hétérodoxes latins au début du XIIIe siècle.* Paris, 1903.

BROEKX, E. *Le catharisme.* Louvain, 1916.

CAPELLE, G.C. *Autour du décret de 1210:III, Amaury de Bène, Étude sur son panthéisme formel.* Paris, 1932 (Bibliothèque thomiste, 16).

RUNCIMAN, S. *The Mediaeval Manichee.* Cambridge, 1947.

THÉRY, G. *Autour du décret de 1210:I, David de Dinant, Étude sur son panthéisme matérialiste.* Paris, 1925 (Bibliothèque thomiste, 6).

제 19 장 이슬람교의 철학

원저작

ALFARABI. *Alpharabius de intelligentiis, philosophia prima.* Venice, 1508.

————. *Alfarabis philosophische Abhandlungen,* aus dem arabischen übersetzt. Fr. Dieterici. Leiden, 1892.

————. *Alfarabi über den Ursprung der Wissenschaften.* Cl. Baeumker. Münster,

1933.
————. *Alfarabius de Platonis Philosophia.* Edited by F. Rosenthal and R. Walzer. *Plato Arabus,* vol. 2. London, Warburg Institute, 1943.
ALGAZEL. *Alagazel's Metaphysics, a Mediaeval Translation.* Toronto, 1933.
AVICENNA. *Avicennae Opera.* Venice, 1495–1546.
————. *Avicennae Metaphysices Compendium.* Rome, 1926 (Latin).
AVERROES. *Aristotelis opera omnia, Averrois in ea opera commentaria.* 11 vols. Venice.
————. *Die Epitome der Metaphysik des Averroës.* S. Van den Bergh. Leiden, 1924.
————. *Accord de la religion et de la philosophie, traité d'Ibn Rochd (Averroes), traduit et annoté.* L. Gauthier. Algiers, 1905.

일반 연구서

BOER, T.J. DE. *History of Philosophy in Islam.* Translated by E.R. Jones. London, 1903.
CARRA DE VAUX, B. *Les penseurs d'Islam.* 5 vols. Paris, 1921–26.
GAUTHIER, L. *Introduction à l'étude de la philosophie musulmane.* Paris, 1923.
MUNK, S. *Mélanges de philosophie juive et arabe.* Paris, 1927.
O'LEARY, DE LACY. *Arabic Thought and its place in History.* London, 1922.
The Legacy of Islam. T. Arnold and A. Guillaume (edit.). Oxford, 1931.

특수 연구서

ALONSO, M. *Teologia de Averroes.* Madrid-Granada, 1947.
ASÍN Y PALACIOS, M. *Algazel: Dogmatica, moral, ascética.* Saragossa, 1901.
CARRA DE VAUX, B. *Gazali.* Paris, 1902.
————. *Avicenne.* Paris, 1900.
GAUTHIER, L. *La théorie d'Ibn Rochd sur les rapports de la religion et de la philosophie.* Paris, 1909.
————. *Ibn Roschd (Averroès).* Paris, 1948.
GOICHON, A.M. *Introduction à Avicenne.* Paris, 1933.
————. *La distinction de l'essence et de l'existence d'après Ibn Sīnā (Avicenna).* Paris, 1937.
————. *La philosophie d'Avicenne.* Paris, 1944.
HORTEN, M. *Die Metaphysik des Averroës.* Halle, 1912.
KLEINE, W. *Die Substanzlehre Avicennas bei Thomas von Aquin.* Fribourg, 1933.
RENAN, E. *Averroès et l'averroisme.* Paris, 1869 (3rd edition).
SALIBA, D. *Étude sur la métaphysique d'Avicenne.* Paris, 1927.

SMITH, M. *Al-Ghazālī, the Mystic*. London, 1944.
SWEETMAN, J.W. *Islam and Christian Theology*, vol. 1. London 1945.
WENSINCK, A.J. *La Pensée de Ghazzāli*. Paris, 1940.

제 20 장 유태 철학

원저작

Avencebrolis Fons Vitae, ex arabico in latinum translatus ab Johanne Hispano et Dominico Gundissalino. Münster, 1892-95.
MAIMONIDES. *Le guide des égarés, traité de théologie et de philosophie*. 3 vols. Paris, 1856-66.

연구서

GUTTMANN, J. *Die Philosophie des Judentums*. Munich, 1933.
HUSIK, I. *A History of Mediaeval Jewish Philosophy*. New York, 1918.
LEVY, L.G. *Maïmonide*. Paris, 1932 (2nd edition).
MUNK, S. *Mélanges de philosophie juive et arabe*. Paris, 1927.
MUNZ, J. *Moses ben Maimon, sein Leben und seine Werke*. Frankfurt am M., 1912.
ROHNER, A. *Das Schöpfungsproblem bei Moses Maimonides, Albertus Margnus und Thomas von Aquin*. Münster, 1913 (Beiträge, 11,5).
ROTH, L. *Spinoza, Descartes and Maimonides*. Oxford, 1924.

제 21 장 번 역

The bibilography in M. De Wulf s *Histoire de la philosophie médiévale*, vol. 2, 6th French edition 참조. (In the English translation by Dr. E.C. Messenger the bibliography and the sections by A. Pelzer on the translations have been abridged.) 또한 B. Geyer's *Die Patristische und scholastische Philosophie* (1928), pp. 342-51, with the corresponding bibliography, p. 728 참조.

제 22 장 서론(13 세기까지)

BONNEROT, J. *La Sorbonne, sa vie, son rôle, son œuvre à travers les siècles*. Paris, 1927.
DENIFLE, H. and CHATELAIN, A. *Chartularium Universitatis Parisiensis*. 4 vols. Paris,

1889-97.
———. *Auctuarium Chartularii Universitatis Parisiensis.* 2 vols. Paris, 1894-97.
———. *Les universités françaises au moyen âge.* Paris, 1892.
GLORIEUX, P. *Répertoire des maîtres en théologie de Paris au XIIIe siècle.* 2 vols. Paris, 1933-34.
GRABMANN, M. *I divieti ecclesiastici di Aristotele sotto Innocenzo e Gregorio IX.* Rome, 1941.
LITTLE, A.G. *The Grey Friars in Oxford.* Oxford, 1892.
RASHDALL, H. *The Universities of Europe in the Middle Ages.* New edition, edited by F.M. Powicke and A.B. Emden. 3 vols. Oxford, 1936.
SHARP, D.E. *Franciscan Philosophy at Oxford in the Thirteenth Century.* Oxford, 1936.

제 23 장 기욤 도베르뉴

원저작

Opera. 2 vols. Paris, 1674.

연구서

BAUMGARTNER, M. *Die Erkenntnislehre des Wihelm von Auvergne.* Münster, 1895 (Beiträge, 2, 1).
MASNOVO, A. *Da Guglielmo d'Auvergne a San Tommaso d'Aquino.* Milan, vol. 1 (1930 and 1945); vol. 2 (1934 and 1946); vol. 3 (1945).

제 24 장 로버트 그로스테스트와 알렉산더 할레시우스

원저작

Die philosophischen Werke des Robert Grosseteste, Bischof von Lincoln. L. Baur. Münster, 1912 (Beiträge, 9).
THOMSON, S.H. *The Writings of Robert Grosseteste, Bishop of Lincoln, 1175-1253.* Cambridge, 1940 (Bibliographical).
Doctoris irrefragabilis Alexandri de Hales, O.M. *Summa Theologica.* 3 vols. Quaracchi, 1924-30.

연구서

BAUR, L. *Die Philosophie des Robert Grosseteste.* Münster, 1917 (Beiträge, 18, 4–6).

For Alexander of Hales, see introduction to Quaracchi critical edition (*supra*).

제 25~29 장 성 보나벤투라

원저작

Opera omnia. 10 vols. Quaracchi, 1882–1902.

연구서

BISSEN, J.M. *L'exemplarisme divin selon saint Bonaventure.* Paris, 1929.

DE BENEDICTIS, M.M. *The Social Thought of Saint Bonaventure.* Washington, 1946.

GILSON, E. *The Philosophy of St. Bonaventure.* London, 1938.

GRÜNEWALD, S. *Franziskanische Mystik.* Versuch zu einer Darstellung mit besonderer Berücksichtigung des heiligen Bonaventura. Munich, 1931.

LUTZ, E. *Die Psychologie Bonaventuras.* Münster, 1909 (Beiträge, 6, 4–5).

LUYCKX, B.A. *Die Erkenntnislehre Bonaventuras.* Münster, 1923 (Beiträge, 23,3–4).

O'DONNELL, C.M. *The Psvchology of St. Bonaventure and St. Thomas Aquinas.* Washington, 1937.

ROBERT, P. *Hylémorphisme et devenir chez S. Bonaventure.* Montreal, 1936.

ROSENMÖLLER, B. *Religiöse Erkenntnis nach Bonaventura.* Münster, 1925 (Beiträge, 25, 3–4).

제 30 장 성 알베르투스 마그누스

원저작

Opera Omnia. A Borgnet. 38 vols. Paris, 1890–99. (See also G. Meersseman. *Introductio in opera omnia beati Alberti Magni,* O.P. Bruges, 1931.)

De vegetalibus. C. Jessen. Berlin, 1867.

De animalibus. H. Stradler. Münster, 1916 (Beiträge, 15–16).

연구서

ARENDT, W. *Die Staats-und Gesellschaftslehre Alberts des Grossen nach den Quellen daargestellt*. Jena, 1929.

BALES, H. *Albertus Magnus als Zoologe*. Munich, 1928.

FRONOBER, H. *Die Lehre von der Materie und Form nach Albert dem Grossen*. Breslau, 1909.

GRABMANN, M. *Der Einfluss Alberts des Grossen auf das mittelalterliche Geistesleben*, in *Mittelalterliches Geistesleben*, vol. 2. Munich, 1936.

LIERTZ, R. *Der selige Albert der Grosse als Naturforscher und Lehrer*. Munich, 1931.

REILLY, G.C. *Psychology of St. Albert the Great compared with that of St. Thomas*. Washington, 1934.

SCHEEBEN, H.C. *Albertus Magnus*. Bonn, 1932.

SCHMIEDER, K. *Alberts des Grossen Lehre von natürlichem Gotteswissen*. Freiburg im/B., 1932.

SCHNEIDER, A. *Die Psychologie Alberts des Grossen*. Münster, 1903-6 (Beiträge, 4, 5-6).

제 31~41 장 성 토마스 아퀴나스

원저작

Opera omnia (Leonine edition). Rome, 1882. 지금까지 15권이 출간되었다.

Opera omnia (Parma edition). 25 vols. Parma, 1852-73. Reprint, New York, 1948.

Opera omnia (Vivès edition). 34 vols. Paris, 1872-80.

The English Dominican Fathers have published translation of the *Summa theologica*, the *Summa contra Gentiles*, and the *Quaestiones disputatae*. London (B.O.W.) There is a volume of selections (in English) in the Everyman Library, London.

Basic Writings of St. Thomas Aquinas, edit. A. Pegis. 2 vols. New York, 1945.

저자 목록

BOURKE, V.J. *Thomistic Bibliography*, 1920-40. St. Louis Mo, U.S.A., 1945.

GRABMANN, M. *Die echten Schriften des heiligen Thomas von Aqin*. Münster, 1920.

———. (2nd edition) *Die Werke des heiligen Thomas von Aquin*. Münster, 1931.

MANDONNET, P. *Des écrits authentiques de St. Thomas.* Fribourg (Switzerland), 1910(2nd edition).

MANDONNET, P. and DESTREZ, J. *Bibliographie thomiste.* Paris, 1921.

생 애

CHESTERTON, G.K. *St. Thomas Aqinas.* London, 1933, 1947.

DE BRUYNE, E. *St. Thomas d'Aquin, Le milieu, l'homme, la vision du monde.* Brussels, 1928.

GRABMANN, M. *Das Seelenleben des heiligen Thomas von Aquin.* Munich, 1924.

일반 연구서

D'ARCY, M.C. *Thomas Aquinas.* London, 1931.

DE BRUYNE, E. See above.

GILSON, E. *Le Thomisme.* Paris, 1944. (5th edition). English translation, *The Philosophy of St. Thomas Aquinas.* Cambridge, 1924, 1930, 1937.

LATTEY, C. (editor). *St. Thomas Aquinas.* London, 1924. (Cambridge Summer School Papers.)

MANSER, G.M. *Das Wesen des Thomismus.* Fribourg (Switzerland), 1931.

MARITAIN, J. *St. Thomas Aquinas.* London, 1946 (3rd edition).

OLIGIATI, F. *A Key to the Study of St. Thomas.* Translated by J.S. Zybura. St. Louis (U.S.A.), 1925.

PEILLAUBE. E. *Initiation à la philosophie de S. Thomas.* Paris, 1926.

RIMAUD, J. *Thomisme et méthode.* Paris, 1925.

SERTILLANGES, A.D. *Foundations of Thomistic philosophy.* Translated by G. Anstruther. London, 1931.

————. *S. Thomas d'Aquin.* 2 vols. Paris, 1925. (4th edition).

VANN, G. *Saint Thomas Aquinas.* London, 1940.

형이상학

FINANCE, J. DE. *Être et agir dans la philosophie de S. Thomas.* Bibliothèque des Archives de philosophie. Paris, 1945.

FOREST, A. *La structure métaphysique du concret selon S. Thomas d'Aquin.* Paris, 1931.

GILSON, E. *L'Etre et l'essence.* Paris, 1948.

GRABMANN, M. *Doctrina S. Thomae de distinctione reali inter essentiam et esse ex documentis ineditis saeculi XIII illustrata.* Rome, 1924. (Acta hebdomadae thomisticae).

HABBEL, J. *Die Analogie zwischen Gott und Welt nach Thomas von Aquin und Suarez.* Fribourg (Switzerland), 1929.

MARC, A. *L'idée de l'être chez S. Thomas et dans la scolastique postérieure.* Paris, 1931. (Archives de philosophie, 10, 1.)

PIEPER, J. *Die Wirklichkeit und das Gute nach Thomas von Aquin.* Münster, 1934.

REGNON, T.DE. *La métaphysique des causes d'après S. Thomas et Albert le Grand.* Paris, 1906.

ROLAND-GOSSELIN, M.D. *Le 'De ente et essentia' de S. Thomas d'Aquin.* Paris, 1926. (Bibliothèque thomiste, 8.)

SCHULEMANN, G. *Das Kausalprinzip in der Philosophie des heiligen Thomas von Aquin.* Münster, 1915 (Beiträge, 13, 5).

WÉBERT, J. *Essai de métaphysique thomiste.* Paris, 1926.

또한 일반 연구서 참조.

자연 신학

GARRIGOU-LAGRANGE, R. *God: His Existence and His Nature.* 2 vols. Translated by B. Rose. London, 1934-36.

PATTERSON, R.L. *The Concept of God in the Philosophy of Aqinas.* London, 1933.

ROLFES, E. *Die Gottesbeweise bei Thomas von Aquin und Aristoteles.* Limburg a.d. Lahn, 1927 (2nd edition).

또한 일반 연구서 참조.

우주론

BEEMELMANNS, F. *Zeit und Ewigkeit nach Thomas von Aquin.* Münster, 1914 (Beiträge, 17,1).

CHOISNARD, P. *Saint Thomas d'Aquin et l'influence des astres.* Paris, 1926.

CORNOLDI, G.M. *The Physical System of St. Thomas.* Translated by E.H. Dering. London, 1895.

MARLING, J.M. *The Order of Nature in the Philosophy of St. Thomas Aquinas.* Washington, 1934.

또한 일반 연구서 참조.

영혼론

LOTTIN, O. *Psychologie et morale aux XIIe et XIII siècles.* Tome 1, *Problèmes de Psychologie.* Louvain, 1942.

MONAHAN, W.B. *The Psychology of St. Thomas Aquinas.* London, no date.

O'MAHONY, L.E. *The Desire of God in the Philosophy of St. Thomas Aquinas.*

London, 1929.
PEGIS, A.C. *St. Thomas and the Problem of the Soul in the Thirteenth Century.* Toronto, 1934.
또한 일반 연구서 참조.

인 식

GRABMANN, M. *Der göttliche Grund menschlicher Wahrheitserkenntnis nach Augustinus und Thomas von Aquin.* Cologne, 1924.
HUFNAGEL, A. *Intuition und Erkenntnis nach Thomas von Aquin.* Cologne, 1924.
MARÉCHAL, J. *Le point de départ de la métaphysique.* Cahier 5; Le thomisme devant la philosophie critique. Louvain, 1926.
MEYER, H. *Die Wissenschaftslehre des Thomas von Aquin.* Fulda, 1934.
NOEL, L. *Notes d'épistémologie thomiste.* Louvain, 1925.
PÉGHAIRE, J. *Intellectus et Ratio selon S. Thomas d'Aqin.* Paris, 1936.
RAHNER, K. *Geist in Welt. Zur Metaphysik der endlichen Erkenntnis bei Thomas von Aquin.* Innsbruck, 1939.
ROMEYER, B. *S. Thomas et notre connaissance de l'esprit humain.* Paris, 1928 (Archives de philosophie, 6, 2).
ROUSSELOT, P. *The Intellectualism of St. Thomas.* Translated by Fr. James, O.S.F.C. London, 1935.
TONQUÉDEC, J. DE. *Les principes de la philosophie thomiste. La critique de la connaissance.* Paris, 1929 (Bibliothèque des Archives de philosophie).
VAN RIET, G. *L'épistémologie thomiste.* Louvain, 1946.
WILPERT, P. *Das Problem der Wahrheitssicherung bei Thomas von Aquin.* Münster, 1931 (Beiträge, 30,3).

윤리학

GILSON, E. *S. Thomas d'Aquin.* (*Les moralistes chrétiens.*) Paris, 1941 (6th edition).
LEHU, L. *La raison règle de la moralité d'après St. Thomas d'Aquin.* Paris, 1930.
LOTTIN, O. *Le droit naturel chez S. Thomas et ses prédécesseurs.* Bruges, 1926.
PIEPER, J. *Die ontische Grundlage des Sittlichen nach Thomas von Aquin.* Münster, 1929.
ROUSSELOT, P. *Pour l'histoire du problème de l'amour au moyen âge.* Münster, 1908 (Beiträge, 6, 6).
SERTILLANGES, A.D. *La Philosophie Morale de S. Thomas d'Aquin.* Paris, 1942 (new edition).

정치론

DEMONGEOT, M. *Le meilleur regime politique selon S. Thomas.* Paris, 1928.

GRABMANN, M. *Die Kulturphilosophie des heiligen Thomas von Aquin.* Augsburg, 1925.

KURZ, E. *Individuum und Gemeinschaft beim heiligen Thomas von Aquin.* Freiburg im/B., 1932.

MICHEL, G. *La notion thomiste du bien commun.* Paris, 1932.

ROCCA, G. DELLA. *La politica di S. Tommaso.* Naples, 1934.

ROLAND-GOSSELIN, B. *La doctrine politique de S. Thomas d'Aquin.* Paris, 1928.

미 학

DE WULF, M. *Études historiques sur l'esthétique de S. Thomas d'Aquin.* Louvain, 1896.

DYROFF, A. *Über die Entwicklung und den Wert der Aesthetik des Thomas von Aquino.* Berlin, 1929 (Festgabe Ludwig Stern).

MARITAIN, J. *Art and Scholasticism.* London, 1930.

논 쟁

EHRLE, F. *Der Kampf um die Lehre des heiligen Thomas von Aquin in den ersten fünfzig Jahren nach seinem Tode.* In *Zeitschrift für katholische Theologie,* 1913.

제 42 장 라틴 아베로에스주의 — 브라방의 시제루스

원저작

BAEUMKER, C. *Die Impossibilia des Siger von Brabant.* Münster, 1898 (Beiträge, 2, 6).

BARSOTTI, R. *Sigeri de Brabant. De aeternitate mundi.* Münster, 1933 (Opuscula et Textus, 13).

DWYER, W.J. *L'Opuscule de Siger de Brabant 'De Aeternitate Mundi',* Louvain, 1937.

GRABMANN, M. *Die Opuscula De summo bono sive de vita philosophi und De sompniis des Boetius von Dacien.* In *Mittelalterliches Geistesleben,* vol. 2. 1936.

———. *Neuaufgefundene Werke des Siger von Brabant und Boetius von Dacien.* (Proceedings of the Academy of Munich, Philosophy.) 1924.

MANDONNET, P. *Siger de Brabant et l'averroïsme latin.* (Les Philosophes Belges, 6.)

Louvain, 1908, 1911.

STEGMÜLLER, F. *Neugefundene Quaestionen des Sigers von Brabant.* In *Recherches de théologie ancienne et médiévale,* 1931.

VAN STEENBERGHEN, F. *Siger de Brabant d'après ses œuvres inédits.* (Les Philosophes Belges, 12.) Louvain, 1931.

연구서

BAEUMKER, C. *Zur Beurteilung Sigers von Brabant.* In *Philosophisches Jahrbuch,* 1911.

MANDONNET, P. See above (Les Philosophes Belges, 6-7).

OTTAVIANO, C. *S. Tommaso d'Aquino, Saggio contro la dottrina avveroistica dell' unita dell'intelletto.* Lanciano, 1930.

SASSEN, F. *Siger de Brabant et la double vérité. Revue néoscolastique,* 1931.

VAN STEENBERGHEN, F. *Les œuvres et la doctrine de Siger de Brabant.* Brussels, 1938. See above (Les Philosophes Belges, 12-13).

———. *Aristote en Occident.* Louvain, 1946.

제 43 장 프란치스코회의 사상가들

1. 베이컨 : 원저작

BREWER, J.S. *Fratris Rogeri Baconi opera quaedam hactenus inedita.* London, 1859.

BRIDGES, J.H. *The Opus Maius of Roger Bacon,* 2 vols. Oxford, 1897.

———. *Supplementary volume.* Oxford, 1900.

BURKE, R.B. *The Opus Maius of Roger Bacon.* 2 vols. (English). Philadelphia, 1928.

RASHDALL, H. *Fratris Rogeri Baconi Compendium studii theologiae.* Aberdeen, 1911.

STEELE, R. *Opera hactenus inedita Rogeri Baconi.* 16 fascicules so far published. Oxford, 1905-40.

연구서

BAEUMKER, C. *Roger Bacons Naturphilosophie.* Münster, 1916.

CARTON, R. *La synthèse doctrinale de Roger Bacon.* Paris, 1929.

———. *L'expérience mystique de l'illumination intérieure chez Roger Bacon.* Paris, 1924.

———. *L'expérience physique chez Roger Bacon, contribution à l'étude de la méthode et de la science expérimentale au XIIIe siècle.* Paris, 1924.

CHARLES, E. *Roger Bacon, sa vie, ses ouvrages, ses doctrines.* Paris, 1861.

LITTLE, A.G. *Roger Bacon,* Essays contributed by various writers. Oxford, 1914.

2. 아콰스파르타의 마테우스 : 원저작

Quaestiones disputatae de fide et de cognitione. Quaracchi, 1903. A. Daniels (Beiträge, 8, 1-2; Münster, 1909) gives extracts from the *Commentary on the Sentences.*

연구서

LONGPRÉ, E. *Matthieu d'Aquasparte.* Dictionnaire de théologie catholique, vol. 10. 1928.

3. 페트루스 요한네스 올리비 : 원저작

B. Jansen. *Petri Johannis Olivi Quaestiones in 2 librum Sententiarum.* 3 vols. Quaracchi, 1922-26.

Petri Joannis Provencalis Quodlibeta. Venice, 1509.

연구서

CALLAEY, F. *Olieu ou Olivi.* Dictionnaire de théologie catholique, vol. 11. 1931.

JANSEN, B. *Die Erkenntnislehre Olivis.* Berlin, 1931.

————. *Die Unsterblichkeitsbeweise bei Olivi und ihre philosophiegeschichtliche Bedeutung.* In *Franziskanische Studien.* 1922.

————. *Quonam spectet definitio Concilii Viennensis de anima.* In *Gregorianum,* 1920.

4. 로저 마스톤 : 원저작

Fratris Rogeri Marston, O.F.M. *Quaestiones disputatae.* Quaracchi, 1932.

연구서

BELMOND, S. *La théorie de la connaissance d'après Roger Marston.* In *France franciscaine,* 1934.

GILSON, E. *Roger Marston, un cas d'augustinisme avicennisant.* In *Archives d'histoire doctrinale et littéraire du moyen âge,* 1932.

JARRAUX, L. *Pierre Jean Olivi, sa vie, sa doctrine.* In *Études franciscaines,* 1933.

PELSTER, F. *Roger Marston, ein englischer Vertreter des Augustinismus.* In *Scholastik,* 1928.

5. 리카루두스 메디아빌라 : 원저작

Quodlibeta. Venice, 1509; Brescia, 1591.

Supra quatuor libros Sententiarum. 4 vols. Brescia, 1591.

연구서

HOCEDEZ, E. *Richard de Middleton, sa vie, ses œuvres, sa doctrine*. Paris, 1925.

6. 라이문두스 룰루스 : 원저작

Opera omnia, I. Salzinger. 8 vols. Mainz, 1721-42.

Obras de Ramón Lull. Palma, 1745.

O. Keicher (see below) has published the *Declaratio Raymundi* in the Beiträge series.

연구서

BLANES, F. SUREDA. *El beato Ramón Lull, su época, su vida, sus obras, sus empresas*. Madrid, 1934.

CARRERAS Y ARTAU, T.& J. *Historia de la Filosofia Española*. Filosofia Christiana de los Siglos XIII al XIV. Vols. 1 and 2. Madrid, 1939-43.

KEICHER, O. *Raymundus Lullus und seine Stellung zur arabischen Philosophie*. Münster, 1909 (Beiträge 7, 4-5).

LONGPRÉ, E. *Lulle*. In *Dictionnaire de théologie catholique*, vol. 9.

OTTAVIANO, C. *L'ars compendiosa de Raymond Lulle*. Paris, 1930.

PEERS, E.A. *Fool of Love; the Life of Ramon Lull*. London, 1946.

PROBST, J.H. *Caractère et origine des idées du bienheureux Raymond Lulle*. Toulouse, 1912.

———. *La mystique de Raymond Lull et l'Art de Contemplation*. Münster, 1914 (Beiträge, 13, 2-3).

제 44 장 에지디우스 로마누스와 강의 헨리쿠스

1. 에지디우스 로마누스 : 원저작

Ancient editions. See Ueberweg-Geyer, *Die patristische und scholastische Philosophie*, pp. 532-33.

HOCEDEZ, E. *Aegidii Romani Theoremata de esse et essentia, texte précedé d'une introduction historique et critique*. Louvanin, 1930.

KOCH, J. *Giles of Rome; Errores Philosophorum*. Critical Text with Notes and Introduction. Translated by J.O. Riedl. Milwaukee, 1944.
SCHOLZ, R. *Aegidius Romanus, de ecclesiastica potestate*. Weimar, 1929.

연구서

BRUNI, G. *Egidio Romano e la sua polemica antitomista*. In *Rivista di filosofia neoscolastica*, 1934.
HOCEDEZ, E. *Gilles de Rome et saint Thomas*. In *Mélanges Mandonnet. Paris*, 1930.
———. *Gilles de Rome et Henri de Gand*. In *Gregorianum*, 1927.

2. 강의 헨리쿠스 : 원저작

Summa theologica. 2 vols. Paris, 1520; 3 vols. Ferrara, 1646.
Quodlibeta, 2 vols. Paris, 1518; Venice, 1608.

연구서

HOCEDEZ, E. *Gilles de Rome et Henri de Gand*. In Gregorianum, 1927.
PAULUS, J. *Henri de Gand. Essai sur les tendances de sa métaphysique*. Paris, 1938.

제 45~50 장　요한네스 둔스 스코투스

원저작

WADDING, L. *Opera Omnia*. Lyons, 1639. 12 vols.
———. *Opera Omnia* (2nd edition). Paris (Vivès), 1891-95. 26 vols.
B.J.D. Scoti Commentaria Oxoniensia (on the first and second books of the *Sentences*). Quaracchi, 1912-14. 2 vols.
Tractatus de Primo Principio. Quaracchi, 1910.
MULLER, P.M., O.F.M. *Tractatus de Primo Principio*. Editionem curavit Marianius. Freiburg im/B., 1941.
The critical edition of Scotus's works is yet to come.
Cf. *Ratio critcae editionis operum omnium J. Duns Scoti Relatio a Commissione Scotistica exhibita Capitulo Generali Fratrum Minorum Assisii A.D. 1939 celebrato*. Rome, 1939.
For a summary of recent controversy and articles on the works of Scotus, as on his doctrine, cf.:
BETTONI, E., O.F.M. *Vent'anni di Studi Scotisti* (1920-40). Milan, 1943.

연구서

BELMOND, S., O.F.M. *Essai de synthèse philosophique du Scotisme.* Paris, Bureau de 'la France Franciscaine'. 1933.

———. *Dieu. Existence et Cognoscibilité.* Paris, 1913.

BETTONI, E., O.F.M. *L'ascesa a Dio in Duns Scoto.* Milan, 1943.

DE BASLY, D., O.F.M. *Scotus Docens ou Duns Scot enseignant la philosophie, la théologie, la mystique.* Paris, 'La France Franciscaine' 1934.

GILSON, E. *Avicenne et le point de départ de Duns Scot.* Archives d'histoire doctrinale et littéraire du moyen âge. vol. 1, 1927.

———. *Les seize premiers Theoremata et la pensée de Duns Scot.* Archives d' histoire doctrinale et littéraire du moyen áge. 1937-38.

GRAJEWSKI, M.J., O.F.M. *The Formal Distinction of Duns Scotus.* Washington, 1944.

HARRIS, C. *Duns Scotus.* Oxford, 1927. 2 vols. (Makes copious use of the unauthentic De Rerum Principio.)

HEIDEGGER, M. *Die Kategorien — und Bedeutungslehre des Duns Scotus.* Tübingen, 1916.

KRAUS, J. *Die Lehre des J. Duns Skotus von der Natura Communis.* Fribourg (Switzerland), 1927.

LANDRY, B. *Duns Scot.* Paris, 1922.

LONGPRÉ, E., O.F.M. *La philosophie du B. Duns Scot.* Paris, 1924. (Contains a reply to Landry's work.)

MESSNER, R., O.F.M. *Schauendes und begriffliches Erkennen nach Duns Skotus.* Freiburg im/B., 1942.

MINGES, P., O.F.M. *Der angeblich exzessive Realismus des Duns Skotus.* 1908 (Beiträge, 8, 1).

———. *J. Duns Scoti Doctrina Philosophica et Theologica quoad res praecipuas proposita et exposita.* Quaracchi. 1930. 2 vols. (Cites spurious writings; but a very useful work.)

PELSTER, F. *Handschriftliches zu Skotus mit neuen Angaben über sein Leben.* Franzisk. Studien, 1923.

ROHMER, J. *La finalité morale chez les théologiens dès saint Augustin à Duns Scot.* Paris, 1939.

이름찾기

[A]

[B]

[C]

[D]

[E]

[F]

[G]

[H]

[M]

[N]

[O]

[P]

[Q]

[R]

[S]

[T]

[U]

[V]

[W]

[Z]

내 용 찾 기

[ㄹ]

[ㅁ]

[ㅅ]

[ㅇ]

[ㅊ]

[ㅎ]